기독교문서선교회(Christian Literature Center: 약칭 CLC)는 1941년 영국 콜체스터에서 켄 아담스에 의해 시작되었으며 국제 본부는 미국 필라델피아에 있습니다. 국제 CLC는 59개 나라에서 180개의 본부를 두고, 약 650여 명의 선교사들이 이동 도서차량 40대를 이용하여 문서 보급에 힘쓰고 있으며 이메일 주문을 통해 130여 국으로 책을 공급하고 있습니다. 한국 CLC는 청교도적 복음주의 신학과 신앙 서적을 출판하는 문서선교기관으로서, 한 영혼이라도 구원되길 소망하면서 주님이 오시는 그날까지 최선을 다할 것입니다.

추천사

손석태 박사
개신대학원대학교 명예총장

한국에서 아더 W. 핑크(Arthur W. Pink)의 책 『하나님의 언약』이 소개되어 읽힌 적이 있지만, 그의 인간적인 배경이나, 목회 그리고 신학에 대해서 잘 알려지지 않은 것 같아 먼저 간략하게 그를 소개하는 것이 독자들이 그의 책을 읽는 데 도움이 되겠다고 생각되어 약력을 소개하고자 한다.

본인은 이안 머레이(Iain Murray)가 쓴 『핑크의 생애』(The Life of Arther W. Pink)에 대한 존 플레즈닉(John Pleasnick)의 소개서를 참고한 것임을 밝혀 둔다.

핑크는 1886년 4월 1일, 영국 노팅엄에서 기독교인으로서 옥수수 제분업자였던 토마스와 아그네스 사이에서 태어났다. 부모는 그에게 성경과 순교자들의 책(Book of the Martyrs), 그리고 『천로역정』(Pilgrim's Progress)과 같은 책을 읽도록 지도했다. 그러나 나이가 들며 그는 복음적인 사건보다는 당시에 유행하던 신지학(Theosophy)에 관심을 갖게 되었다.

신지학(神智學)은 19세기 말 헬레나 블라바츠키를 중심으로 설립된 신지학 협회에서 비롯된 밀교, 신비주의적인 사상과 철학 체계이다. 이들은 하나님에 대한 지식은 신비한 통찰력과 영적인 황홀경(ecstasy), 그리고 초월적인 세계와의 직접적인 교통을 통하여 얻을 수 있다고 주장하는 자들이었다.

그는 쉽게 이 동양적인 신비주의 세계에 빠져들었고, 상당한 활동을 하였다. 그러나 그의 아버지는 아들을 위하여 기도하며, 성경을 읽어 주며, 권면했다. 그는 그의 나이 18세가 되던 1908년 잠언 14:12 "사람의 눈에는 바른길같이 보이나 필경은 죽음에 이르는 길도 있다"라고 말씀을 들었다. 그는 3일 동안 이 말씀을 붙잡고 고뇌하다가 그리스도께 자신을 바쳤다.

그 후 그는 영국에 온 무디에게 깊은 감명을 받아 그를 따라 미국으로 이주하고 무디신학교(Moody Bible Institute)에 입학하였다. 그러나 그곳에서 가르치는 것은 이미 그가 영국에서 독학을 하는 가운데 다 아는 것들이라서 그곳에서 공부를 계속하는 것은 시간 낭비라고 생각하여 2달 만에 학교를 떠났다. 그리고 그의 나이 20세가 되던 1920년에 콜로라도로 가서 목회를 시작하였다. 2년 후 그는 이유는 알 수 없지만 회중교회를 섬기는 가운데 침례교인이 되었다.

그리고 그는 캘리포니아로 옮겨 가든 그로브(Garden Grove)와 바이올라(Biola)에서 설교를 하다가 2년 후 그의 아버지가 있는 영국의 고향으로 돌아왔다. 이후 그는 다시 미국, 켄터키로 돌아와서 목회를 시작했고, 여기서 그는 그의 아내 베라 러셀(Vera Russell)을 만나 결혼했다. 1916년, 그때 핑크는 30세, 베라는 23세였다.

그들은 다음 해에 또 사우스캐롤라이나 스파턴버그(South Carolina, Spartanburg)로 옮겼다. 여기서 그는 『하나님의 주권』(The Sovereignty of God)을 썼다. 그가 설교를 하며, 그의 책이 읽히기 시작하면서, 사람들 가운데는 그를 껄끄럽게 생각하는 사람들이 생기기 시작하였다. 하나님의 주권에 대한 그의 견해가 그들과 맞지 않고, 또한 목사로서 성도를 위한 심방이 별로 없었기 때문이었다.

그는 사우스캐롤라이나(S. Carolina)에서 일주일에 세 번 설교하고, 1달에 주로 청교도들에 관한 책 12권 정도를 읽었으며, 책과 편지를 쓰는 생활을 했다. 그러나 2년이 지나자 그는 다시 캘리포니아로 와서 기간 목사로 빈 강단을 채우는 설교를 하거나 수양회 강사로 말씀을 전하는 일을 했다.

처음에 그는 수양회 강사의 강의에 대한 후속 교육을 맡았는데, 신앙생활의 본질이나 하나님의 성품 등과 같은 주제들이었다. 그런데 수양회의 강사진들 가운데 그의 신학, 특히 칼빈주의적 성격의 신학에 대하여 불만이 쌓여 갔다.

핑크는 미국에 정착하여 미국과 영국을 오가며 그가 시무할 적절한 교회를 찾으려고 했지만, 그의 선한 양심대로 섬길 만한 곳을 찾기가 쉽지 않았다. 결국, 그는 영국 남동 해안에서 제2차 세계대전 동안 살다가 1940년 스코틀랜드의 해안으로 옮겨 1952년 죽을 때까지 조그마한 아파트를 얻어 아내와 함께 살며, 책을 쓰고 월간지의 원고를 쓰거나 몇몇 친구에 편지를 썼다.

핑크는 자신을 목회자로 생각했다. 그의 관심사는 항상 사람은 어떻게 인생을 살아야 하는가 하는 실험적인 문제였다. 그의 설교는 권면적이고, 그의 글은 교리적이고, 강해적이며, 목회적이었다. 목회적인 설교가 가장 빛났다고 할 수 있다.

그는 책을 별로 남기지 않았다. 그의 목회 초기 20여 년 동안은 그가 바른 일을 하고 있는가 라는 의구심을 가졌었다. 핑크가 살던 당시는 현대주의 운동이 싹트기 시작하였고, 이는 신학에도 영향을 미쳤다. 성경의 초자연적인 사건을 부인하고, 모든 것을 과학적으로 설명하고 비판하며, 성경의 무오를 경시했다. 알미니안주의가 세력을 얻고, 대부흥회가 성행하고, 강단초청(altar calls), 전도 집회, 세대주의와 예언 등이 한창 꽃이 피고 있었다.

그러나 핑크의 책은 강해적이고, 칼빈주의적인 문제에 주된 초점을 모으고, 사소한 생활 문제는 피했다. 그래서 그의 책은 별로 환영받지 못했고, 홍보도 되지 않아, 주로 입소문으로 알려졌다. 대부분의 그의 책은 잡지에 기고한 원고를 취합한 것이었다.

그가 명성을 얻게 된 것은 그가 죽은 후 '진리의 깃발'(Banner of Truth)에서 그의 원고들을 출판하기 시작한 때부터였다. 그는 잡지에 기고할 글을 쓸 뿐만 아니라 목회 차원의 편지를 많이 썼는데 그가 죽기 6년 전, 1946까지 약 20,000통의 편지를 썼다고 알려졌다.

핑크는 교회 생활에 적응하지 못하는 수많은 성도에게 개인적으로 서신을 통해서 목회적인 활동을 했다. 물론 그는 곳곳에 전도 여행을 다니며 설교를 했지만 많은 기독교인이나 여러 교단으로부터 배척을 당하였고, 특히 그의 하나님의 주권에 대한 주제에 대하여는 심한 반감을 불러일으켰고, 심지어 이단으로 취급을 당했다.

『핑크의 생애』를 쓴 이안 머레이에 의하면 그는 기독교인들의 실제 생활에 직접 적용할 수 없는 것이나 인간의 능력이 미치지 못하는 신학적인 문제에 대해서는 관심이 없었다.

그는 성도가 그의 온 마음과 정신을 다해 하나님을 영화롭게 하는 것을 보고자 갈망했던 사람이었다. 그는 이러한 일이 오로지 하나님의 성품을 공부함으로 가능하다고 믿었다는 것이다. 핑크는 사람들과 교제를 좋아하지 않았으며, 말년에는 그를 찾아오는 사람을 별로 좋아하지 않았고, 심지어 짐으로 생각했다. 그는 은둔 생활을 한 것이다.

핑크는 그가 죽은 후, 그의 글과 저서를 통하여 유명하게 되었다. 살아생전에는 별로 빛을 보지 못한 사람이었다. 그러나 핑크는 종교개혁자들과 청교도들, 특히 칼빈과 스펄전에 대한 관심을 불러일으킨 사람이었고, 특별히 말씀 연구를 통하여 하나님께 영광 돌리려고 하는 성도의 열정에 불을 붙인 사람이라고 머레이는 말하고 있다.

  그런데도 우리는 그의 성경 주석은 오늘날의 세대의 성도에게는 당황스러운 점이 많다. 그의 성경 해석은 전형적인 영해라고 할 수 있다. 예를 들면, 여호수아 3:4에 여호수아는 이스라엘이 요단을 건너기 위해 출발하는데 언약궤가 이스라엘보다 2,000규빗쯤 거리를 두고 앞서가도록 명한다. 이 점에 대해 핑크는 그리스도께서 홀로 구속의 사역을 행하셨다는 복되고 경이로운 사실을 그림자로 보여 주는 것이라고 해석한다(p. 206). 언약궤를 그리스도라고 해석하는 것이다.

  그러나 핑크는 여기에서 끝나지 않는다. 이스라엘은 지금 젖과 꿀이 흐르는 땅에 들어가기 위하여 앞에 있는 요단 강을 건너려 하고 있다. 그는 요단을 죽음과 심판의 상징이라고 말한다.

> 여호수아 3:15을 잘 살펴보십시오. 강물이 아담이라는 곳까지 거꾸로 밀려 올라갔다는 의미심장한 언급이 나오는데, 이는 그리스도께서 우리의 모든 죄에 대한 심판을 지셨음을 우리의 자범죄에 대한 책임은 물론 심지어 "원죄"-첫 사람 아담의 범죄로 인하여 우리에게 드리워진 정죄-까지도 지셨음을 암시한다고 하겠습니다.

  여기에서 핑크는 세상 모든 죄인의 죄 짐을 지고 죽음(요단)을 향하여 홀로 앞서가시는 예수께서 "나를 … 도울 자가 없나이다"라는 시편 22:11의 구절처럼 애처로이 외치셨다는 것이다. 베드로는 죽기까지 주를 따르겠다고 외쳤으나 예수께서는 "내가 가는 곳에 네가 지금은 따라 올 수 없으리라"(요 13:36)라고 대답하셨다는 것이다. 여기에서 그는 "요단"을 죽음과 심판에 대한 상징으로 해석할 뿐만 아니라 "강물이 아담이라는 곳까지 거꾸로 밀려 올라갔다"는 사실을 첫 사람, 아담과 연계해서 해석하고 있다.

  창세기 30:6에 나오는 야곱의 아들 이름 "단"이 "하나님이 판단하셨다"는 의미에서 지어진 것이 사실이지만 그 "단"이 "요단"과 무슨 관계가 있는지 이해가 안 되고, 또한 하나님이 창조하신 첫 사람 "아담"과 강물이 밀려 올라가는 지명으로서 "아담"이 어떻게 연관이 될 수 있는지 이해가 되지 않는다.

히브리어 "단"(דן)이라는 말은 '결백함을 입증하다'(vindicate), 혹은 '재판하다'(judge)는 의미로 사용되지만 이를 왜 "야르댄"(ירדן), 요르단 혹은 요단(Jordan)으로 그리고 죽음의 강으로 불리는지 이해가 안 되는 점이다.

'영해'란 저자가 의도하지 않는 '숨겨진 뜻'(hidden meaning)이나 '깊은 뜻'(deeper meaning)을 찾는 해석 방법을 말한다. 유대인들이 이러한 해석을 했으며, 기독교인으로서는 오리겐이 이러한 영해를 많이 했던 사람인데, 중세에 들어 영해는 보편화된 듯했다. 심지어 요사이도 한국에서는 성경 해석을 다이아몬드의 반지에 비유하며, 영해는 다이아몬드 반지에 박힌 다이아몬드라고 높이 평가하는 사람도 있다.

그러나 문제는 영해는 지나치게 그 해석이 자의적이라는 것이다. 그들은 성경이 성경을 해석한다고 주장하지만, 본문이나 어휘의 문맥을 살펴보고 저자가 의도하는 의미를 찾으려고 해야지 자기의 생각이나 자기의 신학에 맞추어 어휘나 본문의 의미를 만들어 강요하는 것은 옳지 않다.

이러한 폐해를 심각하게 생각한 종교개혁자들은 영해를 배격했다. 루터가 영해를 배격하기 시작했고, 이어서 칼빈은 영해를 가리켜 "마귀의 장난"이라고 배격했다. 그리고 개혁자들은 오늘날 우리가 사용하는 역사적, 문법적, 문맥적, 신학적 해석 방법 원리를 발전시켰다. 오늘날은 일반적으로 성경의 저자가 본문에 영해를 사용하였다면 독자가 영해를 하는 것을 원칙으로 하고 있다.

핑크의 여호수아는 창세기에 이어 많은 사람에게 흥미를 줄 수도 있는 책이라고 생각된다. 그러나 많은 사람이 호감을 갖고 읽는 책이라고 해서 다 옳은 것은 아니다.

신앙이나 신학 서적은 반드시 그 계의 권위자들에게 신학적 검증을 받아야 한다. 핑크의 『여호수아 강해』는 영해가 어떤 것인가를 독자에게 잘 가르쳐 주는 책이라고 생각한다.

여호수아 강해

Gleanings in Joshua
Written by Arthur W. Pink
Translated by Kwang Yeon Won
All rights reserved.
Korean Edition Copyright © 2022 by Christian Literature Center, Seoul, Korea.

여호수아 강해

2022년 5월 30일 초판 발행

지 은 이 | 아더 W. 핑크
옮 긴 이 | 원광연

편　　 집 | 도전욱, 이경옥
디 자 인 | 박성숙, 서민정, 박성준
펴 낸 곳 | (사)기독교문서선교회
등　　 록 | 제16-25호(1980.1.18.)
주　　 소 | 서울특별시 서초구 방배로 68
전　　 화 | 02-586-8761-3(본사) 031-942-8761(영업부)
팩　　 스 | 02-523-0131(본사) 031-942-8763(영업부)
이 메 일 | clckor@gmail.com
홈페이지 | www.clcbook.com
송금계좌 | 기업은행 073-000308-04-020 (사)기독교문서선교회
일련번호 | 2022-35

ISBN 978-89-341-2427-6 (93230)

이 책의 저작권은 저자와 (사)기독교문서선교회가 소유합니다.
신저작권법에 의하여 한국 내에서 보호받는 저작물이므로 무단 전재와 무단 복제를 금합니다.

여호수아 강해

아더 W. 핑크 지음 • 원광연 옮김

GLEANINGS
in JOSHUA

CLC

차례

추천사 **손석태 박사** | 개신대학원대학교 명예총장　　　　　　1

제1장 서론　　　　　　　　　　　　　　　　　　　　　　12
제2장 위대한 명령(여호수아 1:1-9)　　　　　　　　　　　40
제3장 믿음의 응답(여호수아 1:10-18)　　　　　　　　　　88
제4장 붉은 줄(여호수아 2:1-24)　　　　　　　　　　　　101
제5장 요단강가에 서서(여호수아 3:1-6)　　　　　　　　　148
제6장 요단강을 건너다(여호수아 3:7-17)　　　　　　　　182
제7장 두 가지 기념물(여호수아 4:1-24)　　　　　　　　　217
제8장 헌신의 상징들(여호수아 5:1-15)　　　　　　　　　236
제9장 여리고성에서 얻은 승리(여호수아 6:1-27)　　　　　280
제10장 죄와 패배와 심판(여호수아 7:1-26)　　　　　　　348
제11장 아이성 정복(여호수아 8:1-35)　　　　　　　　　413
제12장 속임수 중의 존귀(여호수아 9:1-27)　　　　　　　461

제13장 기브온에서의 승리(여호수아 10:1-43)   512

제14장 최후의 정복(여호수아 11:1-12:24)   589

제15장 승리의 전리품(여호수아 13:1-33)   639

제16장 가나안 땅의 분배(여호수아 14:1-16:10)   659

제17장 기업의 완전한 소유와 나태함(여호수아 17:1-19:51)   709

제18장 도피성(여호수아 20:1-9)   735

제19장 레위지파의 성읍들(여호수아 21:1-45)   756

제20장 각 지파들의 해산(여호수아 22:1-34)   776

제21장 실로에서의 작별(여호수아 23:1-16)   800

제22장 여호수아의 고별사(여호수아 24:1-33)   816

제23장 회고하며   841

제1장

서론

1. 여호수아서의 중요성

> 나를 지으심이 심히 **기묘하심**(wonderfully)이라 주께서 하시는 일이 기이하나이다 (시 139:14).

여기서는 하나님의 전지(全知)하심의 산물인 사람의 몸의 놀라움을 말씀합니다.

> 주의 증거들은 **놀라우므로**(wonderful) 내 영혼이 이를 지키나이다 (시 119:29).

사람의 몸을 지으신 그분은 말씀을 내신 장본인이십니다. 사람의 몸도 말씀도 모두 놀라우며(wonderful), 이 둘이 하나님으로부터 비롯되었음이 잘 드러납니다. 사람의 몸은 두 팔과 두 다리, 두 눈과 두 귀, 두 폐와 두 신장 등 두 쌍으로 된 기관들로 이루어져 있고, 말씀 역시 마찬가지로 구약과 신약, 두 권으로 이루어져 있습니다. 둘 다 살아 있는 유기체입니다.

단일하고도 완전한 개체인 동시에 여러 지체로 이루어져 있 습니다. 그 지체들 하나하나가 각기 다른 지체를 완성하는 데 필수적이기 때문에, 그중 어느 하나를 잘라내면 전체가 손상되어 버립니다.

그 지체들은 각기 자기 나름대로 기능을 발휘하며, 성경의 각 책도 각각 고유한 방식으로 전체의 신적 계시에 기여합니다. 사람의 몸의 각 지체가 각기 고유한 직능을 발휘하기에 적합하게 되어 있듯이, 성경의 각 책도 그 특정한 주제에 적합하게 되어 있습니다. 눈과 귀의 구조와 목적이 서로 정말로 다르듯이, 성경의 각 책도 내용과 주요 주제들이 서로 다른 것입니다.

살아 있는 사람의 몸과 하나님의 살아 있는 거룩한 말씀 사이의 유사점들은 그 외에도 많습니다. 우리 몸의 지체들의 디자인과 기능들 가운데는 일반 사람들도 분명히 가늠할 수 있는 것들이 있습니다.

반면에 오로지 훈련받은 의사만이 가늠할 수 있는 것들도 있습니다. 이와 마찬가지로 성경의 책 중에서도 그 목적과 의도가 일반 하나님의 백성들에게 전반적으로 명확히 드러나는 것들도 있습니다. 하지만 어떤 책의 경우는 성령으로부터 자질을 부여 받은(Spirit-qualified) 교사만이 그 특별한 성격과 고유한 특색들을 분별해 낼 수 있는 경우도 있습니다.

이 둘 사이의 이러한 유사점은 한층 더 확대될 수도 있습니다. 사람의 몸의 특정한 선(腺)들에 대해 해부학자들이 지금도 고개를 갸우뚱하듯이, 성경의 책 중에도 학자들의 부지런한 연구에도 그 주제가 여전히 불투명한 상태에 있는 것들이 있습니다. 사람의 몸과 하나님의 말씀에 대해 지나간 수 세기 동안 수많은 사람이 수고하여 탐구해 왔으나, 사람의 몸에 대해서나 하나님의 말씀에 대해서나 여전히 미스터리에 속하는 요소가 남아 있습니다. 뻔뻔한 자들이나 무식한 자들 외에는 아무도 이를 부인하지 않을 것입니다.

자, 성경의 어느 한 책을 공부할 때, 공부하는 자가 그 책의 주요 체제와 그 두드러진 주제가 무엇인지를 확실히 알 수 있다면 분명 상당한 도움을 얻게 될 것입니다. 출애굽기 서론을 다룰 때도 지적한 바 있습니다. 하지만 성경의 각 책에는 그 책에서만 고유하게 두드러지게 나타나는 주요 주제가 있는데, 모든 내용이 그 주제를 중심으로 전개되며, 다른 모든 세부적인 내용들이 그 주제를 부연 설명해 갑니다.

우리는 그 주도적인 주제를 확정 짓는 일을 위하여 기도와 함께 부지런히 수고해야 합니다. 그런 주도적인 주제를 찾아내는 가장 좋은 길은 해당 책을 읽고 또 읽어가면서 그 속에 자주 나타나는 특정한 특색이라든지 표현들—예를 들어 전도서의 경우 "해 아래에"나, 로마서의 경우 "하나님의 의" 등—을 조심스럽게 살피는 것입니다.

우리 이전의 다른 학자들이 수고한 결과들이 이미 나와 있다면, 그들이 발견한 것들을 성경 말씀의 빛에 비추어 점검하여 확증하든지, 부정하든지 하는 것이 우리의 필수적인 임무일 것입니다. 여호수아서의 고유한 성격과 주요 주제를 지적하기 전에, 먼저 그 앞의 책들의 주요 주제를 간단히 살펴보도록 합시다.

창세기는 분명 **시작**의 책입니다. 역사적으로 살펴보면 세 가지 시작이 거기에 기록되어 있습니다. 곧 하늘과 땅의 시작, 홍수 이후의 세상의 시작 그리고 아브람을 부르신 일에서 나타납니다. 하지만 이스라엘 민족의 시작이 그것입니다. 교리적인 면에서 바라볼 때에는 쉽게 예상할 수 있는 일이겠습니다. 하지만 창세기는 선택이라는 초석과도 같은 진리를 실례들을 통해 제시하고 있습니다. 우리의 구원이 하나님의 영원하신 목적 안에서 시작되었기 때문입니다.

이 책에서 우리는 홍수 이전 세대 중에서는 유일하게 노아가 여호와께 은혜를 입었으며(창 6:8), 야벳이나 함이 아니라 셈이 궁극적으로 구주께서 나오시게 될 통로로 택함 받았음(창 9:26)을 보게 됩니다. 창세기에서 우리는 하나님이 아브람을 택하신 민족의 조상으로 택하시는 것을 보게 됩니다.

하나님이 이삭을 택하시고 이스마엘은 그냥 두시며, 야곱을 사랑하시되, 에서는 미워하시는 것을 보게 됩니다. 이 책에서 우리는 하나님이 야곱의 열두 아들 중에서 요셉을 지정하사 그들 모두를 기근으로부터 구원하시는 존귀한 도구로 삼으시는 것을 목도하게 됩니다.

여호와께서 야곱의 맏아들은 그냥 두시고 에브라임에게 장자의 몫을 베푸시는 데에도 이와 동일한 원리가 나타납니다(창 48:13-20). "하나님이 **처음**부터 너희를 택하사 … 구원을 받게 하심"(살후 2:13)이라고 말씀했는데, 바로 그러한 기본 진리가 성경을 시작하는 창세기에서 거듭 거듭 예증됩니다.

역사적으로 보면 출애굽기는 히브리 사람들이 애굽으로부터 벗어나고 그곳을 떠나는 일을 다룹니다. 하지만 교리적으로 보면 출애굽기의 주제는 분명 **속량**(贖良: redemption. 혹은 구속[救贖])입니다. 영적인 사고를 가진 사람은 바로 이것을 예상합니다. 왜냐하면, 성부 하나님의 영원하신 목적이 그리스도의 구속 사역을 수단으로 하여 성취되기 때문입니다.

성경의 첫 번째 책이 누군가는 지나치시고 또 누군가는 택하셔서 구원에 이르게 하시는 주권자이신 하나님을 계시한다면, 출애굽기는 그 구원이 하나님의 권능과 어린양의 피로 말미암아 이루어진다는 것을 알려 줍니다. 모세는 이스라엘 자손에게 다음과 같이 말하라는 명령을 받았습니다.

> 나는 여호와라 내가 애굽 사람의 무거운 짐 밑에서 너희를 빼내며 그들의 노역에서 너희를 건지며 편 팔과 여러 큰 심판들로써 너희를 **속량**하여 … (출 6:6).

앞 부분에서는 그들이 무엇으로부터 속량 받는지를 말씀하며 마지막 부분에서는 그 일이 어떻게 해서 이루어지는지 말씀해 줍니다.

홍해에서 그들은 이렇게 노래합니다.

> 주의 인자하심으로 주께서 **구속하신** 백성을 인도하시되 주의 힘으로 그들을 주의 거룩한 처소에 들어가게 하시나이다(출 15:13).

이 두 구절들 사이에는 어린 양을 죽이는 일과 그 피의 효능에 대한 기록이 나타나고, 그 책의 나머지 부분은 하나님의 거주하심에 관한 교훈들에 할애되고 있습니다.

레위기는 이스라엘의 역사 중 2개월이 채 못 되는 기간을 다룹니다. 이 책 전체가(민수기 1-10장과 함께) 둘째 해 초하루와 그 해 둘째 달 스무날 사이에 일어난 일을 다루기 때문입니다(참조. 출 40:17; 민 10:11). 예상할 수 있는 일이지만, 성경의 세 번째 책인 레위기는 하나님의 백성을 부활의 근거 위에서—중생한 자들로—바라봅니다. 이 책은 교리적이기보다 실천적입니다. 그 열쇠가 그 문 위에 걸려 있습니다.

> 여호와께서 **회막**에서 모세를 부르시고 그에게 말씀하여 이르시되(레 1:1).

이 책은 자연스럽게 필연적으로 출애굽기 다음에 오며, 신적 **교제와 예배**의 책으로써, 우리가 무엇을 위해 구속함을 받는지를 알려 줍니다. 이 책에서 우리는 신자의 그 영광스러운 특권들과, 하나님의 거룩한 요구 사항들과, 그 요구 사항들을 충족시킬 수 있도록 하나님이 베푸시는 그 은혜로운 것들을 보게 됩니다.

이 책은 하나님이 그분을 가까이 하는 자 중에서 거룩함을 나타내실 것임을 선포합니다(레 10:3). 모형론적으로(typically, 혹은 예표론[豫表論]적으로) 이 책은 그리스도로 가득 차 있으며, 그분을 우리의 제단으로, 희생 제물로, 대제사장으로 우리 앞에 세우는 것입니다.

성경의 네 번째 책은 영적 생활의 실천적인 면을 다루며, 세상에서의 신자의 역사를 추적합니다. "4"는 땅의 수(數)이기 때문입니다.

이 책의 열쇠 역시 그 문간에 매달려 있습니다.

여호와께서 시내 **광야** 회막에서 모세에게 말씀하여 이르시되(민 1:1).

"광야"는 타락한 처지에서 하나님께로부터 소외되어 있는 이 세상의 상징이라 하겠습니다. 이 책은 이스라엘의 여정과 임시 체류의 역사를 출애굽기보다 더 길게 기록하고 있습니다. 그러므로 이 책의 주제는 이 생을 지나는 동안의 신자의 **행보**와 **방황**이며, 이 세상에서 신자가 당하는 시험들과 시련들을 묘사합니다. 이 책의 앞에 레위기가 온다는 점을 주목해야 합니다. 왜냐하면, 우리가 먼저 휘장 속에 계신 하나님과 교제를 나누고 나서야 비로소 우리가 세상 속으로 들어가 거기서 하나님 앞에서 행하기에 합당하게 되는 것이기 때문입니다.

모형론적으로 보면 이 책은 죄와 환난의 현장 속에서 당하는 우리의 체험들과, 계속 반복되어 도무지 핑계할 수 없는 우리의 실패들과 하나님의 오래 참으심을 나타낸다고 하겠습니다. 이 책은 하나님이 그의 거룩하신 통치를 지속하시면서도 그의 백성들을 은혜로 다루시며, 또한 불신앙적인 반역자들을 멸하시면서도 신실한 자들은 보존하심을 드러내는 것입니다.

신명기는 그 앞의 네 권의 책과 그 이후의 일곱 권의 책 사이에 놓인 다리와도 같다고 합니다. 그 앞의 책들은 가나안에 들어가기 이전의 이스라엘을 다루고, 그 뒤의 책들은 가나안 정착 이후의 역사를 다루기 때문입니다. 이 책의 명칭은 "두 번째 율법"이라는 뜻입니다—출애굽기 20장의 십계명이 신명기 5장에서 반복됩니다. 이렇게 된 이유는 이스라엘이 가데스바네아에서 범한 끔찍한 죄로 인하여 하나님이 애굽에서 나온 모든 성인 이스라엘 남녀들(이들 중 갈렙과 여호수아만이 유일한 예외였음)이 광야에서 다 죽게 될 것임을 맹세하셨기 때문입니다(민 14장). 그 처절한 맹세가 이제 시행되었고, 신명기에서는 모세가(그 스스로도 죽기 직전에) 광야에서 성장한 세대를 향해 말씀하는 것을 보게 됩니다.

그 새로운 세대는 그들이 어떠한 조건들로 이제 가나안에 들어가게 되었으며, 그들이 어떤 요건들을 지키고 그 땅을 누려야 할지를 알아야 했던 것입니다. 그러므로 모세의 말씀은 다음 두 가지에 집중되었습니다. 과거를 돌아보는 것과, 또한 미래를 위하여 교훈을 주며 하나님이 요구하시는 바들을 강조하는 것이었습니다(신 10:12). 그러므로 "기억하라"(14회), "들으라"(30회 이상), 그리고 "행하라"(대략 100회)가 신명기의 열쇠가 되는 단어들입니다. 이를 우리들에게 적용시키면, 신명기는 전심으로 **하나님에게 순종**하는 것이야말로 우리의 소유물들을 소유하는 위대한 조건임을 드러내줍니다.

여호수아서는 이스라엘의 역사상 가장 흥미롭고도 중요한 한 부분을 기록하고 있습니다. 이 책은 이스라엘이 하나의 민족으로 확립되는 시기를 다룹니다. 창세기는 이에 대해 예언하였고 모세오경의 나머지 책은 이 시기 직전에 그 일을 준비하는 상황을 다루는 것입니다. 여호수아서가 없다면 모세오경은 불완전합니다.

여호수아서는 모세오경의 귀결이며 그 다음에 이어지는 책들의 기초이니 말입니다. 여호수아서를 삭제해 버리면 그 어떤 것으로도 막을 수 없도록 거룩한 역사에 공백이 생기게 되고 맙니다. 여호수아서의 저자는 약속한 땅의 정복과 분배의 과정을 기록함으로써 그 공백을 채우고자 한 것입니다. 그러므로 이 책은 서로 긴밀히 관련을 맺고 있으면서도 서로 별개인 다음 두 가지 관점에서 바라볼 수 있습니다.

첫째, 광야에서 이스라엘의 시련과 방황의 종식으로 바라보는 것이요,
둘째, 가나안 땅에서 이스라엘의 새로운 삶의 시작으로 바라보는 것입니다.

바로 이러한 이중적인 관점이 여호수아서를 영적으로 해석하는 실마리를 제공해 줍니다. 오직 이러한 관점만이 수많은 사람이 이 책에서 수수께끼라 여기는 문제를 해결해 줍니다.

가나안은 여호와께서 지정하시고 이스라엘에게 약속하시고 또 베풀어 주신 기업으로서, 교회가 이 광야 같은 세상에서 목표로 삼고 나아가고 있는 바 하늘(Heaven)을 보여 주는 하나의 모형(a type)이라고들 올바로 보아왔습니다. 그러나 가나안은 맹렬한 전투가 벌어지는 현장이었고, 바로 이 때문에 많은 사람이—그래서는 안 되는데도—아주 심각한 어려움을 토로하고 있습니다.

그들은 하늘은 싸움을 벌이는 곳이 아니고, 영원한 안식과 복락을 누리는 곳이라는 점을 지적하면서, 그런데 어떻게 해서 이스라엘의 가나안 정복의 역사가 저 높은 곳에서 누릴 우리의 안식과 복락을 미리 보여 주는 것일 수가 있느냐고 반문합니다.

그러나 그렇지 않습니다. 오히려 가나안 정복의 역사는 "값 주고 산 소유물"을 누리게 되기 위해서 그리스도인이 반드시 수행해야만 하는 바 임무를 충격적으로, 정확하게 미리 보여 주는 것이라 하겠습니다. 여호수아서는 하나님의 주권적인 은혜나, 그의 언약적인 신실하심이나, 그의 백성들을 대신하여 발휘

되는 강력한 능력만이 아니라, 맡겨진 책무를 수행하는 **하나님의 백성들에게 요구된 것이 무엇이었는가**를 드러내기도 합니다. 곧 그들은 무시무시한 장애물들을 극복해야 했고, 오랜 기간 길게 이어지는 전쟁을 수행해야 했으며, 맹렬한 원수들과 싸워 이겨야만 했고, 그 이후에야 비로소 그 땅을 실질적으로 누리는 상태에 들어가게 되었던 것입니다.

그리스도인 혹은 그리스도인의 삶의 성격을 규정하는 것이 과연 무엇인지에 대하여 우리의 사고가 한쪽으로 치우쳐 있다면, 이처럼 우리에게 주는 수많은 중요한 교훈을 모형으로(typically. 혹은 예표로) 담고 있는 이 책의 내용들을 우리들 자신에게 올바로 적용시키는 데에 어려움이 있게 되는 것도 무리가 아닐 것입니다.

우리의 구원과 관련하여 우리의 시각을 오로지 하나님의 주권적인 은혜에만 제한시키고, 그 구원과 관련하여 감당해야 할 우리의 책무에 대한 모든 성경의 가르침에 대해서는 고의적으로 눈을 감아버린다면, 가나안이 이스라엘에게 값없이 베풀어진 선물이요 그 백성들이 오직 은혜로만 거기에 들어갔다는 사실과, 반면에 이스라엘 백성이 그 땅을 얻기 위해 일일이 싸워야 했다는 사실을 서로 어떻게 조화시켜 이해해야 할지 난감해질 것입니다.

그러나 "영생"이 하나님의 선물이요(롬 6:23), 동시에 신실함으로 쟁취해야 할 "면류관"(계 2:10)이며, 그리스도인의 유업이 어린양의 피로써 값 주고 사는 것일 뿐 아니라 "주 그리스도를 섬기는" 자들에게 베풀어지는 "상"(賞, 골 3:24)이기도 하다는 사실을 깨닫게 되면, 그 모형이 어떻게 원형(原型: antitype)을 제시하는 지를 깨닫는 데에 전혀 어려움이 없을 것입니다.

> 생명으로(즉, 하늘로, 영광에로) 인도하는 문은 좁고 길이 협착하여 찾는 자가 적음이라 (마 7:14).

그리고 "인도하는"(사 35:8) 길은 오직 개별적인 실천적 거룩의 길 하나밖에는 없습니다.

> 거룩함을 따르라 이것이 없이는 아무도 주를 보지 못하리라(히 12:14).

그 "길"은 좁은 길입니다. 세상에 대해 문을 닫아버리고 자기를 기쁘게 하는 것을 완전히 차단시키기 때문입니다. 과연 그렇습니다. 그 길을 걷는 소수의 사람들은 그 이전에 이미 영적 생명에 참여하는 자가 된 자들입니다. 왜냐하면, 중생하지 않은 자는 아무도 그 길을 걷지 않기 때문입니다.

그런데도 과연 그 생명에로 들어가기 위해서는 반드시 그들이 마지막까지 그 길에서 인내해야 하고, 그 길을 버리려는 유혹들과 싸워야 하고, 모든 장애거리를 다 극복해야 합니다. 구원은 과연 은혜로, 오직 은혜로만 됩니다. 인간의 공로는 끼어들 자리가 없습니다. 하지만 선행이 필수적입니다.

왜냐하면, 은혜가 우리에게 베풀어진 것은 바로 우리를 그 선행들에 합당하게 만들기 위한 일이었기 때문입니다. 여호수아서에서 우리는 이러한 이중적인 진리와, 또한 그 필수적인 각 부분들의 완전한 균형을 복된 실례들을 통해 충격적으로 접하게 됩니다. 하나님의 주권적인 은혜와 자기들의 책임을 수행하는 그의 백성들의 역사가 여호수아서에서 함께 나아가는 것을 보게 됩니다. 가나안은 이스라엘에게 베풀어진 하나님의 값없는 선물이었지만, 그러나 그들은 그 땅을 소유하기 위해 싸워야 했습니다. 이 사실을 조심스럽게 상고하기 바라고, 그것이 모형적인 성격을 지녔음을 유념하기 바랍니다.

독자들은 이스라엘이 가나안 땅에 들어간 일이 광야에서 갖가지 시험들을 겪은 **끝**에 일어났다는 점을 계속해서 유념해야 합니다. 이 사실 자체만으로도, 우리가 이 생이 끝날 때에 하늘에 들어가게 될 것을 미리 보여 주는 그림자합니다(계 14:13). 그러나 이스라엘이 가나안에 들어간 일을 여호수아서에 기록되는 모든 사실에 비추어 바라볼 때, 그 이전의 일들을 회심 **이전**에 영혼이 겪는 경험들로 보고, 또한 가나안에서의 이스라엘의 역사를 그 영혼의 새로운 삶을 묘사하는 것으로 보아야 합니다.

출애굽기에서는 죄와 사탄에 종노릇하는 자연인을 봅니다. 레위기에서는 그 사람을 향해 하나님이 말씀하시고, 그의 거룩한 규례들을 알려 주시는 것을 바라봅니다. 민수기에서 그 사람이 크나큰 황량한 광야에 처하여 있는데, 이는 성령의 일깨우심을 받은 자에게 비쳐지는 세상의 모습입니다.

그리고 신명기에서는 그 사람이 율법의 엄정함과 영적인 성격(spirituality)을 배우게 되며, 그것이 그의 자기 의(self-righteousness)를 여지없이 깨뜨리는 것을 깨닫게 되고, 또한 그가 원형의 팔레스타인에서 기업을 받기 위해서는 또 한 분의 모세가 그의 구원의 대장이 되셔야만 한다는 것을 인식하게 됩니다.

독자들은 이스라엘이 가나안 땅에 들어간 사건이 그들의 역사에 있어서 하나의 새로운 단계의 시작을 점한다는 것과 이 역사가 회심한 영혼의 새로운 삶을 보여 준다는 점을 기억해야 합니다. 이러한 사실이 그 모형 속에 어떻게 결정적으로 선명하게 제시되는지를 면밀히 살펴보기 바랍니다.

여기서 다루는 것은 이스라엘의 **새로운** 세대(애굽에서 나온 성인들이 아닌 제2세대)였습니다. 그들은 새로운 지도자—모세가 아니라 여호수아—아래 있었고, 그들은 새로운 영역으로 들어가게 되었습니다. 광야로부터 구원받아 가나안으로 들어가고 있었습니다. 그러므로 여기서 우리는 이미 죄를 깨닫는 시기를 지났고 율법의 끔찍한 것들을 느꼈고 이제 여호수아의 원형이신 예수 그리스도를 믿게 된 자들의 모습을 보는 것입니다.

회심 때에는 옛 삶이 종결되고 새 삶이 시작됩니다. 이스라엘이 가나안에 들어간 사건이 광야 방황의 종결이었듯이, 바로 회심 때에 영혼이 다음과 같은 그리스도의 약속이 참됨을 체험합니다.

내게로 오라 내가 너희를 쉬게 하리라 (마 11:28).

마찬가지로 이스라엘이 가나안에 들어간 일이 가나안 정복의 시작이었던 것처럼, 영원한 안식에 들어가기에 앞서서 우리에게 요구되는 바 "믿음의 선한 싸움"을 회심 때에 시작합니다.

그리스도인의 안식의 그러한 두 가지 면이 히브리서 4장에 잘 제시되어 있습니다.

첫째, "이미 믿는 우리들은 저 안식에 **들어가는도다**"(히 4:3).

중생하고, 각성하고, 죄를 깨달은 영혼이 그리스도를 믿는 그 순간, 그의 죄짐이 사라지고, 양심의 평안과 영혼의 안식과 하나님이 받아 주셨다는 확신이 그의 것이 됩니다. 그러나 아직은 그가 하늘에 들어가 있는 것이 아닙니다. 전에는 전혀 알지 못했던 외부와 내부의 원수들을 이제 의식하게 됩니다.

이제는 육체를 죽이고, 마귀를 대적하며, 세상을 이기도록 부름을 받습니다. 그러나 자기 자신의 힘으로가 아니라 주의 힘으로, 여호수아의 원형이신 그 분의 인도하심 아래에서 그리하는 것이요, 약속된 기업에 들어가기 **위해서** 그리합니다.

둘째, 히브리어 4:11은 "그러므로 우리가 저 안식에 **들어가기**를 힘쓸지니"라고 명령합니다.

그렇습니다. "힘쓰는 것"(참조. 요 6:27; 고후 5:9)이 반드시 필요합니다. "의의 면류관"(딤후 4:7-8)을 얻기 위해서는 선한 싸움을 싸우고, 달려갈 길을 마치며, 믿음을 지키는 것이 요구됩니다!

2. 여호수아의 초년기

여호수아는 애굽 땅에서 출생하였고, 그는 애굽을 떠나온 성인 이스라엘 사람 중 갈렙을 제외하면 광야 방황 40년을 지나 가나안에 실제로 들어간 유일한 인물이었습니다. 여호수아는 출애굽기 17:9에서 처음 지극히 갑작스럽게 언급되며, 그의 가문이나 초년의 역사나 그의 경건에 대해서는 아무것도 언급되지 않습니다. 그 당시는 아말렉이 공격하여 르비딤에서 이스라엘을 상대로 싸움을 벌이던 상황이었습니다.

> 모세가 여호수아에게 이르되 우리를 위하여 사람들을 택하여 나가서 아말렉과 싸우라 (출 17:16).

이 짧은 진술에서 우리는 우리의 주인공 여호수아가 이미 모세의 눈에 들었고, 그의 신뢰를 얻었으며, 따라서 그가 다른 이들을 지휘할만한 용맹과 지략을 갖춘 사람이었음을 보게 됩니다. 그 다음에 이어지는 구절 역시 그를 호의적으로 제시합니다. "여호수아가 모세의 말대로 행하"였다고 합니다. 전혀 머뭇거리지 않았고, 자신의 상관 모세의 명을 받기를 거부하지 않았고, 오히려 명령 받은 그대로 행하며 순종했습니다.

> 여호수아가 칼날로 아말렉과 그 백성을 쳐서 무찌르니라 (출 17:13).

힘써 수고하여 성공을 얻은 것입니다. 위의 내용을 그저 간단히 살펴보았습니다. 하지만 이는 **최초의 언급**의 법칙을 보여 주는 지극히 충격적인 실례라 합니다. 무엇이든 성경에 처음 언급되는 내용은 그 다음에 언급되는 내용들을 이해하는 열쇠가 됩니다. 곧 전체적인 개요를 제시함으로써 그 이후의 용법을 예고해 줍니다. 다시 말하면, 최초로 어떤 주제나 대상—사람이든 사물이든—이 하나님의 말씀에 나타나면, 거기서 그 사람 혹은 사물에 대해 말씀하는 내용이 그 사람 혹은 사물의 의미를 규정해 주며 혹은 최소한 뒤에 나타나는 언급들의 의의를 파악하는 데에 주요 실마리를 제공해 준다는 것입니다.

바로 이 경우가 그렇습니다. 여호수아는 최초로 우리의 시야에 들어올 때에 아주 성공적인 전사(戰士)로 등장합니다. 그리고 조심스럽게 주목해야 할 사실은 그가 무고한 사람들을 살해하는 것이 아니라 여호와의 원수들과의 싸움에서 용맹을 발휘한다는 점입니다. 출 17장의 이 간결한 묘사가 그의 앞에 놓여 있는 그 큰 역사(役事)를 얼마나 잘 그려주는지 모릅니다.

곧바로 이어지는 사실이 이를 확증해 줍니다.

> 여호와께서 모세에게 이르시되 이것을 책에 기록하여 기념하게 하고 (이스라엘이 아니라) **여호수아**의 귀에 외워 들리라 내가 아말렉을 없이하여 천하에서 기억도 못 하게 하리라 (출 17:14).

이는 과연 장차 여호와의 원수들에 신적인 진노를 시행하기 위해 지정된 도구로서 그분이 이룰 역사에 대한 분명한 암시인 것입니다.

개인적으로 우리는 출애굽기 23:20-23의 내용이—물론 여호수아의 이름이 명확히 언급되지는 않지만—분명 여호수아를 지칭하는 것이라고 믿습니다. 이 구절들에는 이스라엘에게 주시는 신적인 예언과 약속이 들어 있고 비슷한 구절들의 경우 흔히 그렇듯이 여기에도 이중적인 의미가 담겨있다고 여겨집니다.

> 내가 사자를 네 앞서 보내어 길에서 너를 보호하여 너를 내가 예비한 곳에 이르게 하리니 (출 23:20).

이는 의심의 여지없이 일차적으로 언약의 사자이신 그리스도를 지칭합니다. 그러나 부차적인 의미에서 이는 하나님의 "사자" 혹은 "천사"인 여호수아를 지칭하는 것이라 여겨집니다. 여호수아야말로 실제로 이스라엘을 인도하여 하나님이 그들을 위해 예비하신 기업에 이르게 한 장본인이었기 때문입니다. 마찬가지로 "내 이름이 그에게 있음이니라"는 말씀(21절)에도 이중적인 의미가 있는 것이 분명한 것 같습니다.

언약의 사자께서 육신을 입으셨을 때에, "그의 이름은 임마누엘이라 하리라"(마 1:23)고 말씀했고 우리의 영웅 여호수아의 이름이 "호세아"에서 "여호수아"(민 13:16)로 바뀌면서, 신적인 이름이 그의 이름 속에 들어가게 되었으니 말입니다!

네가 "그의 목소리를 잘 청종하라는 명령"이 이스라엘에게 주어졌고(출 23:22), 여호수아 1:16에서는 그들이 그에게 "당신이 우리에게 명령하신 것은 우리가 다 행할 것이요"라고 하며 그를 인정하는 것을 봅니다!

여호수아는 출애굽기 24:13에서 다시 언급되는데, 거기서 모세는 여호와께로부터 율법의 돌판들을 받고자 여호수아와 더불어 산으로 올라갑니다.

> 모세가 그의 부하 여호수아와 함께 일어나 모세가 하나님의 산으로 올라가며 (출 24:13).

이 언급에서 우리는 여호수아가 아주 초년병이던 시절부터 특별하고 존귀한 위치에 있음을 알 수 있습니다. 그는 모세의 부하 혹은 시종이었습니다. 곧 저 위대한 하나님의 사람의 개인적인 보좌역이었습니다. 그러나 그보다 더 한 사실이 있습니다. 그는 모세에게 복종하는 위치에 있었으나, 동시에 모세의 사역을 보완하는 역할을 맡기도 했습니다. 모세는 이스라엘을 이끌고 애굽으로부터 나왔으나, 여호수아는 그들을 이끌고 가나안으로 들어가게 될 것이었습니다. 후자가 전자와 단절되어 있지 않았다는 사실은 여호수아서 첫머리에서 분명히 드러납니다.

여호수아가 "모세의 수종자"(수 1:1)로 명확히 지명되는 것은 물론, 여호와께서 그에게 큰 사명을 주실 때에도 그는 "나의 종 모세가 네게 명령한 그 율법을 다 지켜 행하"(수 1:7)라고 명확히 명령하신 것입니다. 그 원형의 경우도 마찬가지입니다. 그리스도께서 "율법 아래에"(갈 4:4) 있게 되신 것입니다.

모세가 진을 떠나 산으로 올라가 여호와께로 나아갈 때에, 그의 수종자 여호수아가 그를 수행했습니다. 물론 어느 정도까지만 그를 수행한 것이 분명합니다. 모세가 여호와께로 가까이 나아갈 때에 그의 수종자 여호수아는 좀 더 낮은 속에 머물러 있었습니다. 그 다음 이어지는 내용에서 우리는 우리의 영웅 여호수아의 성품의 한 가지 값진 일면을 접하게 됩니다. 여호수아는 무려 "사십 일 사십 야"(출 24:18)를 홀로 있었습니다. 그의 믿음, 그의 인내, 그의 충성에 대한 놀라운 테스트가 아닐 수 없었습니다.

진 중에서 아론이 행한 처신과 대조하면, 그 극심한 테스트에 대한 그의 반응이 과연 복스러운 것이었음이 찬란하게 드러납니다. 출애굽기 25-31장은 모세가 받은 명령을 기록하며, 반면에 32절 첫머리는 그 진 중에서 드러난 일을 보여 줍니다.

> 백성이 모세가 산에서 내려옴이 더딤을 보고 모여 백성이 아론에게 이르러 말하되 일어나라 우리를 위하여 우리를 인도할 신을 만들라 이 모세 곧 우리를 애굽 땅에서 인도하여 낸 사람은 어찌 되었는지 알지 못함이니라(출 32:1).

다시는 모세를 보지 못할 것이라는 백성의 두려움을 아론도 함께 공유한 것으로 보입니다. 백성들의 성화에 굴복해버렸으니 말입니다.

자, 이스라엘 백성과 아론의 불신앙과 조급함과는 극히 대조적으로 여호수아는 신뢰를 잃지 않고 인내하며 주인이 돌아오기를 기다렸습니다. 그는 이스라엘을 이끌고 가나안으로 들어가는 중대한 임무를 부과받기 이전에 이처럼 시험을 받아 "거룩하고 주인의 쓰심에 합당한 귀한 그릇"(참조. 딤후 2:21)임을 여실히 드러내 보인 것입니다. 여호수아가 그 사십 주 사십 야 내내 그 산에 남아 있었다는 증거가 출애굽기 32:15-18에 나타납니다.

> 모세가 돌이켜 산에서 내려오는데 … 여호수아가 백성들의 요란한 소리(우상 숭배하며 떠들고 뛰노는 소리. 참조. 6절)를 듣고 모세에게 말하되 진중에서 싸우는 소리가 나나이다 모세가 이르되 이는 승전가도 아니요 패하여 부르짖는 소리도 아니라 내가 듣기에는 노래하는 소리로다 하고(출 32:15-18).

들려오는 소리를 듣고 의아스러워 하면서도 여호수아는 최악의 경우를 상상하지 않고 상황을 좋게 이해하고자 하는 것을 봅니다. 진으로 가까이 가서 그의 앞에서 벌어지는 우상 숭배의 난잡한 상황을 접하고서, 모세는 의로운 분노로 가득 차서 금송아지를 들어 불에 던지고 갈아서 가루로 만들어 물에 섞어서 이스라엘 자손들로 하여금 마시도록 했습니다. 그리고 그의 명령을 받아 레위인들이 삼천 명 가량의 사람들을 죽였고, 그렇게 여호와께서 그 백성을 치셨습니다(출 33:35).

이스라엘 백성이 극심하게 징벌을 받아 낮진 다음, 모세는 "장막을 취하여 진 밖에 쳐서 진과 멀리 떠나게" 합니다. 그 후 그가 장막 속으로 들어갈 때에 구름 기둥이 내려와 장막의 문에 섰고, 여호와께서 모세와 말씀을 나누셨습니다.

> 사람이 자기의 친구와 이야기함 같이 여호와께서는 모세와 대면하여 말씀하시며 모세는 진으로 돌아오나 눈의 아들 젊은 수종자 여호수아는 회막을 떠나지 아니하니라 (출 33:11).

이는 정말이지 놀라운 진술입니다. 하지만 너무 간결하여 이 진술에서 무슨 추론을 제기할 수는 없습니다. 그러나 최소한 모세의 그 존귀한 수종자에게 특별한 사랑이 베풀어지는 것이 거기서 드러납니다. 아론이 아니라 여호수아가, 여기서 그 신성한 회막을 지키는 책임을 맡았으니 말입니다. 물론 여호와께서 회막 문에 서셨을 때에 그가 그 속에 있었는지는 확실히 알 수가 없습니다.

민수기 11장에서도 여호수아가 짧게 언급됩니다. 모세는 백성의 장로 칠십 명을 불러 모아 장막 주위에 세웠고, 그때에 여호와께서 구름 속에 강림하셔서 그에게 말씀하시고, 모세에게 임했던 성령을 취하셔서 그 일곱 장로들에게 주심으로 그들이 예언을 하다가 다시는 하지 않습니다. 장로들 중 다른 두 사람이 무슨 이유인지 진 중에 남아 있었는데, 이제 성령이 그들에게 임하여, 심지어 그들도 진 중에서 예언했습니다.

이 일이 지극히 비정상적이라 여긴 한 젊은이가 모세에게 달려가 그 이례적인 일을 고하였고, "택한 자 중 한 사람 곧 모세를 섬기는 눈의 아들 여호수아가 말하여 이르되 내 주 모세여 그들을 말리소서"(민 11:8)라고 말했습니다.

이 일 역시 그의 성품을 잘 보여 줍니다. 그는 스스로 그 장로들을 질책하지도 않았고, 모세에게 그들을 죽일 것을 고하지도 않았습니다. 그가 모세에게 청한 것은 그의 주인을 위한 열심 때문이었습니다. 이 점은 모세의 답변에서 분명히 암시되고 있습니다.

"네가 나를 두고 시기하느냐?"("네가 나를 위하여 시기하느냐?"의 의미임. 역주).

여호수아는 자기 자신을 위하여 시기한 것이 아닙니다. 오로지 자기가 섬기는 그 분의 존귀를 위한 관심사였던 것입니다.

이제는 여호수아와 관련하여 독자들이 가장 친숙하게 접하는 본문을 살펴보기로 합시다. 여호와께서는 모세에게 각 지파의 두령 한 사람씩 모두 열두 사람을 보내어 "가나안 땅을 정탐"하게 할 것을 명하시는데, 이때에 여호수아는 에브라임 지파에서 뽑힘을 받습니다. 그리고 바로 이때에 그의 이름이 "여호수아"(민 13:16)로 바뀌게 됩니다. 그리하여 성경에서 이름이 바뀌는 사람—모두가 뛰어난 인물들입니다만—중의 하나가 됩니다.

"호세아"(즉, "호수아", 역주)는 "구원"을 의미하며, 따라서 "여호-수아"는 여호와께서 그로 말미암아 구원하실 자라는 의미입니다. 여호수아가 헬라어로 "예수"와 정확히 동일하다는 사실은 덧붙일 필요조차 없는 사실입니다. 사도행전 7:45, 히브리서 4:8을 보십시오. 열두 명의 정탐꾼들이 돌아와 그들이 본 일을 모세에게 보고했습니다. 그 땅이 젖과 꿀이 흐르는 비옥한 땅이지만, 그 거민들이 막강하고 그들의 성(城)들이 강력하여 "우리는 능히 올라가서 그 백성을 치지 못하리라 그들은 우리보다 강하니라"고 한 것입니다. 그러자 모두 극히 심각해졌고 슬픔이 가득했습니다.

갈렙이 "우리가 곧 올라가서 그 땅을 취하자 능히 이기리라"(민 13:30)라고 담대하게 고했으나, 동료 정탐꾼들은 "악평"을 고수했고, 온 회중은 슬피 울며 모세와 아론을 향해 불평하며, 애굽을 떠나온 여정 자체를 안타까워하며, "우리가 한 지휘관을 세우고 애굽으로 돌아가자 하매 모세와 아론이 이스라엘 자손의 온 회중 앞에서 엎드린지라. … 여호수아와 … 갈렙이 자기들의 옷을 찢고 …", 이때에 우리의 영웅(그의 신실한 동료)이 그의 영적인 성격과 능력을 드러내 보입니다. 그들은 이스라엘 회중 전체를 향해 이렇게 말합니다.

> 우리가 두루 다니며 정탐한 땅은 심히 아름다운 땅이라 여호와께서 우리를 기뻐하시면 우리를 그 땅으로 인도하여 들이시고 그 땅을 우리에게 주시리라 … . 다만 여호와를 거역하지는 말라 또 그 땅 백성을 두려워하지 말라 그들은 우리의 먹이라 그들의 보호자는 그들에게서 떠났고 여호와는 우리와 함께 하시느니라 그들을 두려워하지 말라(민 14:7-9).

하나님을 신뢰하는 자세와 그들의 용기를 보게 됩니다. 그 다음 절에서 그들은 백성들에게 간청하는 중에 자기들의 목숨을 그들의 손에 내어 놓기까지 합니다.

이리저리 흔들리며 목이 곧은 이스라엘 백성은 바로 거기서 그들의 죄의 분량을 가득 채우고 맙니다. 그 때에 여호와께서 그들이 그의 안식에 들어가지 못하리라고 맹세하셨으니 말입니다(시 95:11; 히 3:18).

그들은 이렇게 불평했었습니다.

> 우리가 애굽 땅에서 죽었거나 이 광야에서 죽었으면 좋았을 것을(민 14:2).

그런데 여호와께서는 그들의 말을 그대로 취하시고, 이렇게 선언하십니다.

> 너희 시체가 이 광야에 엎드러질 것이라 너희 중에서 이십 세 이상으로서 계수된 자 곧 나를 원망한 자 전부가 여분네의 아들 갈렙과 눈의 아들 여호수아 외에는 내가 맹세하여 너희에게 살게 하리라 한 땅에 결단코 들어가지 못하리라 너희가 사로잡히겠다고 말하던 너희의 유아들은 내가 인도하여 들이리니 그들은 너희가 싫어하던 땅을 보려니와(민 14:29-31).

그 땅에 대해 악평을 한 열명의 정탐꾼들은 "여호와 앞에서 재앙으로 죽었고 … 오직 눈의 아들 여호수아와 여분네의 아들 갈렙은 생존하니라"(민 14:37-38)라고 말합니다.

애굽에서 나온 사람들 중에 오로지 이 두 사람만이 가나안 땅에 들어가게 된 것입니다. 민수기 27장에서는 여호수아가 미래의 이스라엘의 지도자로 임직되는 기사를 접하게 됩니다.

> 여호와께서 모세에게 이르시되 눈의 아들 여호수아는 그 안에 영이 머무는 자니 너는 데려다가 그에게 안수하고(임직의 상징으로) 그를 제사장 엘르아살과 온 회중 앞에 세우고 그들의 목전에서 그에게 위탁하여(임직의 증거로) 네 존귀를 그에게 돌려 이스라엘 자손의 온 회중을 그에게 복종하게 하라 그는 제사장 엘르아살 앞에 설 것이요 엘르아살은 그를 위하여 우림의 판결로써 여호와 앞에 물을 것이며 그와 온 이스라엘 자손 곧 온 회중은 그의(여호수아의, 개역개정에는 '엘르아살의'로 되어 있음. 역주) 말을 따라 나가며 들어올 것이니라 모세가 여호와께서 자기에게 명령하신 대로 하여 여호수아를 데려다가 제사장 엘르아살과 온 회중 앞에 세우고 그에게 안수하여 위탁하되 여호와께서 모세에게 명령하신 대로 하였더라(민 27:18-23).

이렇게 해서 여호와를 경외하며 그의 종 모세를 존경했던 모든 사람 중에 그 어떤 사람도 모세가 떠난 후 이스라엘을 지도할 자로 여호수아가 지명되었음을 의심할 수 없었습니다.

> 애굽에서 나온 자들이 이십 세 이상으로는 한 사람도 … (그) 땅을 결코, 보지 못하리니 … 여분네의 아들 갈렙과 눈의 아들 여호수아는 여호와를 온전히 따랐느니라 (민 32:11-12).

이 진술 역시 여호수아의 영적인 성격과 됨됨이를 조명하고 있습니다. 여호와께서 여호수아가 그를 "온전히 따랐"다고 선언하시는데, 이는 그가 죄 없는 삶을 살았다는 뜻이 아니라, 순종의 길을 걸었고, 자신의 임무를 신실하게 수행했고, 또한 그 가운데서 순전히 하나님의 영광을 목표로 삼았다는 뜻입니다.

그는 불신앙이 가득하고 전반적으로 배도(背道)가 판을 치던 시기에 두려움을 모르고 견고히 섰던 것입니다. 지나가면서 한 가지 지적할 것은 훗날 갈렙은 주저함 없이 "나는 내 하나님 여호와께 충성하였"(수 14:6-8)다고 진술합니다. 이에 대해 매튜 헨리(Matthew Henry)는 다음과 같이 올바로 말씀한 바 있습니다.

> 그가 하나님께로부터 친히 그런 증거를 얻었으므로, 그는 스스로 헛된 영광을 구하고자 그것에 대해 말한 것이 아니었다. 이와 마찬가지로 하나님의 영이 그들의 영과 더불어 그들이 하나님의 자녀임을 증언하는 자들로서는 하나님이 자기들의 영혼을 위해 행하신 일들을 겸손하고도 감사하는 마음으로 다른 사람들에게 알려서 그들을 격려하는 것이 합당하다.

> 너희에게 땅을 기업으로 나눌 자의 이름은 이러하니 제사장 엘르아살과 눈의 아들 여호수아니라(민 34:17).

여기서 우리는 우리의 영웅 여호수아가 대제사장의 지도를 받아(수 14:1) 땅의 기업을 각 지파들에게 분배하는 일을 담당했음을 봅니다.

> 네 앞에 서 있는 눈의 아들 여호수아는 그리로 들어갈 것이니 너는 그를 담대하게 하라 그가 이스라엘에게 그 땅을 기업으로 차지하게 하라(신 1:38).

그렇게 하는 것이 반드시 필요했습니다. 왜냐하면, 모세가 지도자의 위치에서 물러나는 것을 볼 때에 여호수아가 실망에 빠질 것이 뻔했기 때문입니다. 모세가 그의 후계자인 여호수아에게 해 준 격려의 일부가 신명기 3:21에 기록되어 있습니다.

> 그 때에(즉, 바산과 옥의 막강한 왕들을 무너뜨린 일을 다시 돌아보면서) 내가 여호수아에게 명령하여 이르기를 너희의 하나님 여호와께서 이 두 왕에게 행하신 모든 일을 네 눈으로 보았거니와 네가 가는 모든 나라에도 여호와께서 이와 같이 행하시리니 (신 3:21).

모세는 여호수아에게 여호와께서 일을 시작하시면 반드시 끝을 맺으신다는 것을 상기시키고 있다 합니다. 곧 하나님이 그 두 왕을 무너뜨리신 일은 그분이 그의 백성을 대적하는 모든 자를 멸망시키실 것임을 담보하는 하나의 **보증**이라는 사실입니다. 하나님이 그분을 섬기도록 친히 부르시는 자들에게 중도에 "격려"를 베푸신다는 사실을 기억하는 것이 얼마나 복된 일인지요.

우리도 항상 그것을 보아왔습니다.

> 모세가 여호수아를 불러 온 이스라엘의 목전에서 그에게 이르되 너는 강하고 담대하라 너는 이 백성을 거느리고 여호와께서 그들의 조상에게 주리라 맹세하신 땅에 들어가서 그들에게 그 땅을 차지하게 하라 그리하면 여호와 그가 네 앞에서 가시며 너와 함께 하사 너를 떠나지 아니하시며 버리지 아니하시리니 너는 두려워하지 말라 놀라지 말라 (신 31:7-8).

모세가 여호수아에게 다시 베푼 "격려", 곧 여호수아가 전임자인 모세에게서 받은 마지막 당부의 말씀이 여기 기록되어 있습니다. 이 "당부"는 임무를 수행하라는 부름이요, 그 임무를 수행하는 힘이 과연 어디에 있는지를 제시하는 것으로, 교훈과 약속이 거기에 지혜롭게 섞여 있습니다.

여기서 참 복스러운 사실은 여호수아에게 특정적으로 베풀어진 이 약속("너를 떠나지 아니하시며 버리지 아니하시리니"[신 31:8])을 히브리서 기자는 전혀 주저함 없이 하나님의 백성 모두에게 적용시키고 있다는 것입니다(히 13:5). "진리의 말씀을 옳게 분별하는" 일에 대해 할 말이 많은 자들로서는 반드시 이 사실을 깊이 유념해야 합니다.

> 모세가 눈의 아들 여호수아에게 안수하였으므로 그에게 지혜의 영이 충만하니 이스라엘 자손이 여호와께서 모세에게 명령하신 대로 여호수아의 말을 순종하였더라(신 34:9).

이는 모세의 죽음과 장례 기사 바로 다음에 이어지는 내용으로써, 모세오경에서는 마지막으로 여호수아가 언급되고 있습니다. 하나님은 일꾼들은 데려가실지언정, 그의 일은 중단 없이 이어가십니다. 한 사람의 종을 데려가실 때에, 또 다른 종을 일으키십니다. 하지만 항상 그 종의 빈자리를 채우시지는 않습니다. 그의 포도원에서 그 종이 담당했던 부분이 이미 완결되었을 수도 있으니 말입니다. 그럴 경우 그 새 사람은 다른 곳에서 땅을 일구는 일에 부르심을 받을 수도 있습니다. 자, 여호수아의 경우가 바로 그러했습니다.

모세는 특별히 이스라엘을 종노릇하던 데에서 해방시키는 그 힘들고 엄청난 일을 위해 세움을 받았고 하나님이 가능케 하심으로 그 일을 완수했습니다. 모세는 이스라엘이 광야를 지나는 동안 이스라엘의 지도자였습니다. 그러나 이제 그 여정이 끝났습니다. 하나님의 백성들 앞에는 그들의 기업에게로 들어가 그것을 소유하는 전혀 새로운 과제가 놓여 있었고, 따라서 새로운 지도자가 그들에게 필요했던 것입니다.

앞에서 우리는 하나님이 어떻게 해서 이스라엘의 새 지도자를 정당하게 지명하셨고(백성들이 선출한 것이 아니라) 그 다음 그를 공적으로 세우시고 그 직무에 위임하셨는지를 살펴본 바 있습니다. 하나님은 모든 일을 그분을 직접 섬기는 일에 관해서는 특히 더, "품위 있게 하고 질서 있게"(고전 14:40) 할 것을 요구하시는 것입니다.

우리는 여호수아가 자신에게 맡겨질 그 임무를 위해 갖추고 있던 자질도 본 바 있습니다. 하나님이 어떤 일을 위해 사람을 부르실 때에는 그 일에 합당하도록 그 사람을 구비시키시고, 천성적으로나 영적으로나 능력을 부여하시는 법이니 말입니다. 애굽의 바로는 히브리 사람들에게 짚을 주지도 않고 벽돌을 만들도록 할지 몰라도, 여호와 하나님은 그렇지 않습니다.

여호수아는 성령이 거하시는 사람이었고, 비범한 믿음과 인내와 용기를 소유하였으며, 지혜의 영이 충만한 사람이었으니, 이는 다른 어느 누구에게 못지않게 그에게는 필수적인 요건이었습니다(민 27:18). 마지막으로 앞에서 살펴본 대로 이스라엘 자손이 여호수아의 말을 순종하였다고 합니다. 하나님은 언제나 양쪽에서 동시에 일하십니다. 한 사람을 일으켜 섬기게 하실 때에, 그는 그 사람이 섬겨야 할 백성도 함께 예비해 주시는 것입니다.

3. 여호수아서의 개관

이스라엘이 가나안 땅에 들어가 그 땅을 취하기 전에 모세가 열두 명의 정탐꾼을 보내어 그 땅을 살피게 했던 것처럼, 이제 우리도 여호수아서로 명명되어 있는 이 책을 상세히 검토하기 전에 그 책 전체를 조감해 보고자 합니다. 매 장마다 그 내용을 요약 정리하지는 않겠고, 다만 그 내용들을 전체적으로 대략 훑어가면서 그 책의 주요한 의도와 몇 가지 그 두드러지는 특질들을 대별하기로 하겠습니다.

앞에서 이미 언급했습니다만 여호수아서는 이스라엘이 여호와께서 그 조상들에게 주신 그 땅에서 하나의 국가로 세워지던 시기를 다루며, 모세오경의 귀결이며, 그 이후의 역사서들의 기초이기도 합니다.

이 책을 쓴 저자가 성령의 감독 아래 의도했던 목적은 여호와께서 족장들에게 하신 그의 약속들을 이루셨음을 보여 주고자 하는 것이었습니다. 이러한 중요한 사실을 계속 염두에 둔다면, 저자가 인도함을 받아 사용한 자료들을 어떻게 취사선택했고 어떻게 정렬했는지 그 원리를 충실하고도 만족스럽게 해명할 수 있습니다. 그렇게 되면 여호수아가 그 기록된 내용을 왜 기록했는지, 어째서 특정한 사건은 극히 상세히 다루고 또 어떤 사건들은 그저 간략하게만 다루고 지나쳤는지, 그리고 어째서 여러 해 동안의 일은 전혀 침묵하고 지나쳤는지, 그 이유를 더 잘 감지할 수 있습니다.

그는 명확한 계획을 갖고 사건들을 기록했습니다. 그러므로 자신의 계획과 의도에 합당한 일에 대해서만 언급하고, 그 이외에 관계가 적은 일들은 모두 그냥 지나친 것입니다. 성경 기록자들은 모두 이런 동일한 선택의 원리를 채용했습니다. 그러므로 각 책의 구체적인 의도와 계획을 분별해낼 수만 있다면 거기서 다루는 것과 삭제하는 것을 적절히 인식할 수가 있습니다.

지금껏 거의 인식한 적이 없는 사실은 성경의 역사가들이 흥미로운 사건들을 기록하는 언론인들보다 훨씬 이상이었고, 그저 미래의 어느 시대에 살게 될 사람들의 호기심을 충족시키기 위해, 혹은 동시대 사람들을 즐겁게 해 줄 기억에 남을만한 사건들을 상세히 기록하는 연대기 작가들보다 훨씬 높은 뜻을 가진 분들이었다는 점입니다.

그 분들은 **신정적**(神政的, theocratic) 역사가들이었고(신정정치[a theocracy]란 국가의 수반이 하나님의 직속 종들인 그러한 통치 질서인데, 지금껏 하나밖에는 없었습니다),

그들의 목적은 이 땅에서의 하나님의 나라의 진전과 발전을 추적하는 것이었습니다. 곧 역사상 중요한 계기들을 추적하고, **종교적** 관점에서 당대와 미래의 세대에게 깊이 중요한 그런 사건들을 기록하는 것이었습니다.

그런데 우리 앞에 있는 이 책이 바로 그렇습니다. 그리고 그 다음에 이어지는 책들 역시 그렇습니다. 그 책들은 그냥 이스라엘의 역사가 아니라 **이스라엘 속의 하나님 나라**의 역사를 다루며, 그 하나님 나라의 계획이나 주제를 제시하는 것이 목적이요, 그것에 따라 특정한 자료들을 취사선택하거나 거부합니다.

여호수아서는 여호수아에게 주시는 여호와의 지시들을 다루는 것으로 시작합니다. 그는 이미 모세의 후계자로 지명된 바 있는데, 여호와께서는 그에게 요단 강을 건너가서 그분이 그들의 조상들에게 주시겠다고 맹세하신 그 땅을 소유하고, 그것을 그 백성들에게 기업으로 분배하라고 지시하십니다. 그러면서 약속하시기를, 그가 모세로 말미암아 베풀어진 율법을 신실하게 지키면 하나님이 그와 함께 하실 것이요 "네 평생에 너를 능히 대적할 자가 없으리"(수 1:5)라고 하십니다.

바로 이 초두의 몇 절들이 이 책 전체를 이해하는 열쇠를 제공해 줍니다. 여호수아가 하나님의 지시들에 철저히 순종함으로 자신이 받은 사명을 정확히 수행하였고 하나님이 자신이 도우시겠다고 약속하신 바를 은혜롭게 이행하셨다는 것이 이 책의 내용의 전부인 것입니다.

12장까지는 가나안 정복을 다룹니다. 하지만 모든 전투에서 수행한 행진과 싸움을 일일이 다 상세히 다루지는 않습니다. 그 대신 아주 두드러지는 구체적 사실들—곧, 사건들의 진전의 계기가 되는 일들과 하나님의 이적적인 도우심을 가장 선명하게 제시해 주는 사건들, 그리고 이스라엘의 순종과 하나님의 이적적인 도우심 사이의 필연적이며 불가분리의 연관성을 입증해 주는 일들—만을 서술해 가는 것입니다.

그러므로 각종 전투나 성(城)들의 함락, 심지어 특이 사항이 없는 긴 원정(遠征)들 따위와 같은 가나안 정복에 속한 갖가지 다른 일은 그저 짧게 요약하는 식으로만 언급하여, 그 작전 전체의 대략적인 상황과 그 궁극적인 성공을 조감하도록 해 줍니다. 모든 요인을 고려해 보면 가나안 정복에 소요된 기간은 생각보다 상당히 짧습니다. 그 정확한 기간은 산출해낼 수 없지만, 대략적으로는 추정할 수 있습니다. 가나안을 정복하고 난 **이후** 그 영토를 분배할 때즈음하여, 갈렙은 다음과 같이 말합니다.

이제 보소서 여호와께서 이 말씀을 모세에게 이르신(민 14:30에서) 때로부터 이스라엘이 광야에서 방황한 이 사십오 년 동안을 여호와께서 말씀하신 대로 나를 생존하게 하셨나이다 오늘 내가 팔십오 세로되(수 14:10).

그 45년에서 실제로 광야에서 보낸 38년의 기간(신 2:14)을 빼면, 가나안 전쟁 기간은 7년 미만이었다고 합니다.

13-21장에서는 여러 지파들에게 그 땅을 분배하는 과정을 다루는데, 이에 대해서는 주석가가 길게 설명하여 유익을 주기가 매우 어렵습니다. 22장에서는 가나안 정복에서 형제들을 도왔던 두 지파와 반 지파가 요단 강을 건너 자기들의 소유지로 돌아갑니다. 그 후 여러 해 동안의 공백기가 있었는데, 그 동안에 이스라엘이 그 땅에서 정착하게 됩니다. 그러나 이 기간에 대해서 여호수아서 기자는 크게 주목하지 않습니다. 그가 관심을 갖는 특정한 주제에 들어맞는 특기 사항이 하나도 없었기 때문입니다.

마지막으로 여호수아의 인생의 마지막 장면에 이르게 되는데, 이때에 그는 이스라엘의 책임 있는 수령들을 불러 모으고, 그토록 훌륭한 유산을 베풀어 주시는 등 하나님이 그들을 위해 행하신 일들을 회상하면서 하나님께 순종할 것을 새롭게 서원하게 합니다. 결국, 여호수아서는 초두에 기록된 그 약속을 여호와께서 이루셨음을 다시 강조하고, 또한 그들 앞에서 아모리 족속과 기타 여러 민족들을 쫓아내신 여호와를 섬길 것임을 공적인 언약으로 확증하는 것으로 끝을 맺는 것입니다.

여호수아는 가나안 땅으로 올라가 그 땅을 차지하라는 명령을 받은 후, 즉시 두 사람의 정탐꾼을 보냈습니다. 그들의 경험이 상당히 상세히 묘사됩니다. 하지만 이는 그들이 맡은 위험한 임무와 일촉즉발의 상황을 모면한 일들 때문이 아니라, 그 일어난 일들이 과거에 모세에게 주셨던 여호와의 약속이 실제로 그대로 이루어졌음을 생생하게 보여 주는 실례였기 때문입니다.

너희의 하나님 여호와께서 너희에게 말씀하신 대로 너희가 밟는 모든 땅 사람들에게 너희를 두려워하고 무서워하게 하시리니 너희를 능히 당할 사람이 없으리라 (신 11:25).

앞에서 본 바와 같이 여호수아 자신에게도 이 약속이 그대로 반복하여 주어졌습니다. 그리고 라합이 정탐꾼들에게 한 다음의 말이 놀랍게도 그 약속의 말씀과 완전히 일치하는 것을 보게 됩니다.

> 여호와께서 이 땅을 너희에게 주신 줄을 내가 아노라 우리가 너희를 심히 두려워하고 이 땅 주민들이 다 너희 앞에서 간담이 녹나니(수 2:9).

가나안 왕이 염려하여 대비한 것이나, 그가 그 정탐꾼들을 그렇게 맹렬히 추격한 일이나, 정탐꾼들이 임무를 수행하고 난 후 여호수아에게 한 말이나(수 2:24), 모두 실례를 통해 그 사실을 강력하게 증명해 주고 있습니다.

그 다음에는 요단 강을 건너는 사건이 이어집니다. 강의 수위가 이례적으로 높았으나, 초자연적으로 강이 갈라지고, 하나님의 백성이 마른 땅을 밟고 건너갔습니다. 여기서 잠간 멈추고 물어봅시다.

그 굉장한 사건의 의도는 무엇이었을까요?

하나님은 하찮은 이적을 행하시지 않습니다. 합당한 이유가 없이는, 또한 무언가 중요한 목적을 이루고자 하는 것이 아니라면, 기존의 자연 질서를 유보하시는 법이 없습니다.

그렇다면 이런 일이 이루어져야만 했던 그 필연성은 과연 어디에 있었을까요?

당시 요단 강은 걸어서 건너기에는 특히 여자들과 어린아이들에게는 수위가 너무 높았습니다. 하지만 배를 만들거나 강 양쪽을 잇는 다리를 만들었어도 충분히 건널 수 있었을 것입니다. 요단 강은 물살이 세지도 않고 강폭이 과히 넓지도 않았습니다. 그러니 다리를 만들 경우 시간이 지체될 수는 있었겠지만 그다지 오래 걸리지는 않았을 것입니다. 이 이적을 행하신 이유는 성경에 기록되어 있는 다른 모든 이적의 경우와 동일합니다. 곧 물리적인 필연성 때문이 아니라 도덕적인 필연성 때문이라는 것입니다. 모든 이적의 목적은 바로 하나님의 권능과 은혜를 드러내는 데 있습니다.

하나님이 태초에 세워놓으신 자연의 법칙들만으로도 모든 물리적인 목적을 이루는 데에는 충족했습니다. 그 법칙들이 방해를 받는 일은 오로지 우리의 도덕적이며 영적인 필요를 충족시키기 위함입니다. 이적이 전혀 없이도 이스라엘이 가나안을 취할 수도 있었을 것입니다.

하지만 만일 그랬다면 하나님의 전능하심이나, 그의 인자하심이나, 그들과 함께하심 등이 그들에게 영광스럽게 드러나지 않았을 것입니다. 여호와께서 애굽과 홍해와 광야 그리고 이제 가나안 땅에서 행하신 그 엄청난 이적들은 이방 신들은 참 신이 아니요 선도 악도 행할 수 없다는 것을 언약 백성들에게 (또한, 주변의 민족들에게도) 가르치기 위함이었습니다.

오직 여호와 그 분만이 살아계시고 참되신 하나님이요 "온 땅의 주"(수 3:11, 13)이심을 말입니다!

그 이적들이 베풀어진 것은 그 백성들로 하여금 그들이 관계하고 완전히 의지해야만 했던 그 하나님의 무한한 완전하심을 더욱 확실히 깨닫게 하기 위함이었습니다. 그들이 자기들의 힘으로는 도무지 벗어날 수 없는 그런 상황 속에 처하게 된 것은 결국, 그들을 구원하신 분이 과연 그들의 하나님 여호와이심을 배우게 하기 위함이었습니다.

이스라엘은 그들이 구원받은 것이 그들 자신의 용맹함과 힘 때문이 아니요 여호와의 오른손과 강한 팔이 그들에게 승리를 가져다 준 것임을 다양한 방식으로 깨닫게 된 것입니다. 가나안이 그들의 것이 된 것은 그들 자신이 용맹스럽게 정복했기 때문이 아니라 하나님이 그 땅을 선물로 주셨기 때문이었습니다.

여호와께서 요단 강에서 그렇게 굉장한 방식으로 그들을 위해 개입하신 데에는 특별한 이유가 있었습니다. 그것은 마치 여호와께서 친히 그 땅으로 들어가는 문을 열어주신 것과도 같은 것이었습니다. 여호와께서는 그들의 기억에 길이 남을 그 일을 통해 그들이 가나안 전체를 차지하게 될 것임을 그들에게 보증해 주신 것입니다. 동시에 이 일과 관련해 여호수아가 그 백성의 지도자라는 새로운 자격으로 공적인 직무를 행하였고, 이로써 그의 직분의 신적인 권위와 그 증거가 그들의 눈앞에 제시되었으니, 이는 과거 그에게 주신 말씀("내가 모세와 함께 있었던 것 같이 너와 함께 있을 것임이니라"[수 1:5])—이는 그를 홍해 앞에 선 그의 전임자에 비하는 것이었습니다—을 놀랍게 확증해 주는 것입니다.

그 백성이 할례를 받은 일과 유월절을 지킨 일이 그 다음에 이어집니다(5장). 하필 여호수아서의 이 부분에서 이 사건들이 일어나는 사실의 당위성과 의의를 인지하는 데는 하등의 어려움이 없습니다. 그 사건들은 가나안 정복에 속한 것이요, 그 정복 자체가 모세가 명령한 모든 것을 이스라엘이 세밀하게 이행하느냐에 달려 있었기 때문입니다.

"여호와의 군대 대장"이 여호수아에게 나타난 후에 여리고 함락 기사가 이어집니다. 여리고 함락에서도 요단 강을 건널 때와 동일하게 두 가지 특질들이 선명하게 드러나니, 곧 하나님의 명령에 대한 의심 없는 철저한 순종이 그들에게 요구되었다는 것과, 또한 그 때의 승리는 그들의 것이 아니요 여호와의 것이었다는 것입니다. 아이성 정복 사건에서도 동일한 교훈이 제시됩니다. 물론 그 때에는 반대로 그들이 하나님의 지시들에 불순종한 결과로 참담한 패배를 당하게 되지만 말입니다. 그러나 이에 대해서는 계속 이어지는 강해에서 다루게 될 것이므로, 더 이상 미리 예상하지는 않겠습니다.

이 시점에서 하나님의 원수들이 이 책에 대해서 제기하는 공격들에 대한 답변으로 한 말씀드려야 할 것 같습니다. 여호수아서 내용의 윤리적 성격이 불신자들과 불가지론자들에게서 사악하게 비판을 받아 왔습니다. 이스라엘 백성을 가리켜 가나안 민족들을 살육하고 평화로운 한 백성의 땅을 도둑질하는 사나운 유목민의 무리라고 매도해 온 것입니다. 이 비평가들은 하나님을 그런 불의와 만행을 인정하는 분으로 묘사하는 것은 신적인 성품에 전혀 합당치 않다고 주장해 왔습니다.

이에 답하면서 지적해야 할 사실은 가나안은 오래 전에 이미 하나님의 지정하심으로 말미암아 이스라엘의 소유가 되었고(창 15장)—아브라함의 직계 후손들에게 그 약속이 거듭 주어졌으며—그 약속이 지금 성취되어 그들이 그 땅을 받게 되는 것이라는 점입니다. 그들은 하나님께로부터 직접 명령을 하달받아 가나안으로 들어가 그 땅을 소유한 것입니다.

하나님은 그분이 기뻐하시는 대로 인간사에 개입하실 절대적인 권한을 지니신 분이신 것입니다. 더욱이 하나님은 이 일로 그의 의를(그의 주권은 물론) 시행하신 것입니다. 가나안 사람들이 그들의 죄악으로 몰수했던 그 땅을 그들로부터 취하신 것이요, 또한 그의 은혜로 이스라엘에게 주셨으며, 그들 자신이 불성실하고 불순종하는 청지기들로 드러날 경우 그들 역시 그 땅을 빼앗기게 되리라는 명확한 깨달음이 그들에게 있었습니다.

하지만 하나님은 어째서 가나안 사람들을 완전히 멸망시키라는 지시를 내리셨을까요?

그들의 끔찍한 부패와 총체적인 우상 숭배 때문이었습니다. 레위기 18:3, 27, 28을 펴서 3절과 27절 사이에서 그 "가증한 일"에 대해 묘사하는 내용을 보시고, 또한 하나님은 "아모리 족속의 죄악"이 "가득 차"기까지 그들을 심판하지 아니하셨음(창 15:16)을 기억하기 바랍니다.

그런 하나님이 이제 기꺼운 순종으로 그분을 영화롭게 하기를 거부한 그 백성을 멸하심으로써 그의 정의를 영화롭게 하신 것입니다. 이스라엘은 정복의 탐욕에 의해 충동적으로 행동한 것이 아니라, 신적인 진노의 시행자들로 행동한 것입니다. 하나님이 그의 거룩하심을 자극하는 자들을 끊어내고자 홍수와 염병(染病)과 지진 등을 통해 심판을 행하신 것과 같은 것입니다.

하나님이 기뻐하시면, 갖가지 자연적인 요소들이 아니라 사람들을 도구로 사용하기도 하시는 것입니다. "앗수르 사람"은 민족들을 끊어 내는 하나님의 진노의 막대기였습니다. 물론 그 자신은 자신이 그렇게 사용되고 있다는 것을 알지 못했지만 말입니다(사 10:5-7).

그렇다면 하나님이 택한 자와 경건한 민족을 그의 정의로운 복수를 위한 의식있는 도구로 사용하시지 못할 이유가 어디 있겠습니까!

이스라엘은 명확히 하나님의 인도하심을 받고 있었고, 따라서 그들의 성공 역시 분명 하나님의 임재와 권능 덕분이었습니다. 이적적인 능력이 그들과 함께 했고, 또한 이로써 그들이 받았던 지시와 명령들이 광적인 망상들이 아니라 온 땅의 심판주이신 하나님의 명령이었음이 드러난 것입니다. 그분이 길을 여셔서 요단 강을 건너게 하셨고, 여리고의 성벽을 무너뜨리셨고, 우박으로 그들의 원수들을 내리치셨고, 심지어 태양이 그 진행을 잠시 멈추는 일까지도 행하신 것입니다. 살아계신 하나님이 그들 중에 계시다는 것이 과연 오류가 있을 수 없는 사실이었습니다.

그러나 예컨대, 그 땅이 염병으로 인하여 완전히 멸절되도록 하지 않고, 이스라엘이 하나님의 보응을 이루는 특정한 시행자가 되어야만 했던 한 가지 특별한 이유가 있었습니다. 만일 그 땅의 백성들이 염병 같은 것으로 멸절되었다면, 이스라엘 백성들이 자기들 자신의 연약함과 그들 자신이 하나님의 권능에 전적으로 의존하고 있음을 그토록 확연하게 느낄 수 없었을 것입니다.

만일 그랬다면 그들은 그 땅을 그들에게 주신 일에 하나님이 직접 개입하셨음을 금방 잊어버리고 그 일을 이차적인 원인들의 덕분으로 여기게 되었을 것은 물론이고, 가나안 사람들의 일부가 살아남아 이스라엘이 과연 신실하게 여호와를 섬기는지를 지속적으로 시험하는 시련거리가 되는 일도 없었을 것입니다.

그런데 어째서 유독 가나안 사람들을 골라내어 이처럼 즉각적으로 심판하셔야 했을까요?
우상을 섬기는 다른 민족들도 많지 않았습니까?
그들은 어째서 심판을 면제받은 걸까요?

하나님의 정의로운 통치는 모든 민족에게 미치며 각각 자기의 악이 가득 찰 때에 징벌을 받되, 모두가 동일한 수단이나 동일한 정도로 받는 것이 아니고 하나님이 최선이라고 여기시는 대로 징벌을 받는 것입니다. 그러나 가나안 사람들은 우상 숭배자들이었을 뿐 아니라 이교도들 자신도 끔찍스럽게 여기는 온갖 악행들을 범한 자들이었습니다.

여기서 기억해야 할 것은 여호수아가 이끄는 이 이스라엘이야말로 당시의 역사에서 가장 경건한 민족이었고, 타락한 가나안 족속들에 대해서는 물론 아간에 대해서도 동일하게 거룩한 열정으로 타올랐다는 것이요, 또한 훗날 이스라엘이 하나님에게서 돌아서자 하나님은 그들 역시 극심히 징벌하셨다는 사실입니다.

그러므로 이 책에는 지극히 중요한 교훈이 담겨 있다고 봅니다. 이 책은 하나님이 어떻게 인간사에 개입하시는지를 보여 줍니다. 하나님은 개인들은 물론 민족들도 다루신다는 것—그들이 하나님을 존귀하게 하는가 아니면 그분을 불쾌하게 하는가에 따라서 그들에게 긍휼을 베풀거나 심판을 베풀거나 하신다는 것—을 드러내는 것입니다.

여호수아서의 내용과 우리에게 가르쳐 주고자 하는 교훈들은 오늘 우리 세대에게 절실히 필요한 것입니다.

첫째, 오늘날 한쪽으로 치우친 "전도"가 — 죄인이 할 일은 그저 그리스도를 자기 개인의 구주로 영접하는 것뿐이요 그렇게만 하면 하늘을 소유하게 된다고 가르치고, 싸워야 할 싸움을 싸우고 달려갈 길을 달려가야만 면류관을 얻을 수 있다는 사실은 무시해버리는 식의 — 유행하는 상황에 잘 대처하게 해 줍니다.

둘째, 그리스도인에게는 세상과 육체와 마귀와의 전쟁에서 자주, 거의 끊임없이, 패배하는 것밖에는 기대할 것이 없다는—신자가 자신에게 요구되는 조건들에 부응하면 "능력 주시는 그리스도로 말미암아 모든 것을 할 수 있다"라는 진리를 간과하고—식의 비관적인 사고를 잘 물리치게 해 줍니다.

셋째, 성공의 조건이 되는 법칙들과 요구 사항들을 명확한 모범들과 충격적인 실례들을 통해 우리 앞에 제시해 줍니다.

넷째, 신자들이 그들의 기업을 **현재**에 소유하며 누리는 것이 그들의 특권이요 생득권(生得權: birthright)이라는 그 복된 사실—이는 오늘날 그리스도인들이 거의 깨닫지 못합니다만—을 알게 해 줍니다.

제2장

위대한 명령

(여호수아 1:1-9)

1. 믿음에의 부름

여호와의 종 모세가 죽은 후에 여호와께서 모세의 수종자 눈의 아들 여호수아에게 말씀하여 이르시되(수 1:1).

이 절의 첫 단어를 올바로 번역하면, 성경의 축자 영감을 시사해 주는 한 가지 실마리를 보여 줍니다. 그것을 제대로 번역하면 "그리고"라 합니다(개역개정에는 번역되어 있지 않음. 역주).

영감을 받지 않은 저자라면 과연 자신의 책의 첫머리에 그런 접속사를 붙이는 것을 생각할 수나 있었겠습니까!

존 우카르트(John Urquhart)는 자신의 『성경, 그 구조와 목적』(*The Bible: Its Structure and Purpose*) 제1권에서 바로 이 특질을 지적합니다. 구약의 많은 책이 "베"(그리고)라는 접속사로 시작한다는 점이 아주 미세하면서도 상당히 중요한 사실이라는 것입니다. 이는 물론 그렇게 시작하는 그 책이 그 앞의 책들과 긴밀하게 연결되어 있고 사실상 그 **속편들**임을 시사해 줍니다. 그러나 사실은 그보다 더한 의미가 있다고 봅니다. 곧 상당수의 책이 "그리고"로 시작한다는 것은 그 책들이 여러 권의 책이 아니라 한 권의 책의 여러 장(章)임을 의미한다는 것입니다.

다시 말하면, 그 여러 권의 책이 "그리고"라는 접속사를 통해 하나로 묶여져 있다는 것은 그 책들이 근본적으로 하나임을 보여 주는 힌트 이상의 의미가 있습니다. 한 분 저자께서 그 책들을 저작하셨으며 한 가지 믿음의 법칙이 거기에 나타난다는 사실입니다.

창세기에는 맨 첫 절에 "그리고"가 붙어 있지 않습니다. 하지만 이는 그 책이 성경의 첫 번째 책 혹은 첫 번째 장이기 때문입니다. 그러나 출애굽기는 바로 이 접속사 "베"—"그리고"—로 시작합니다(개역개정에는 나타나지 않음. 역주). 레위기도, 민수기도 마찬가지입니다. 그러므로 우리는 이 첫 권들이 서로 떨어질 수 없도록 하나로 엮어져 있고, 그렇게 해서 성경의 첫 단원을 이룬다는 것을 배우게 됩니다. 그러나 우카르트가 지적했듯이, "앞의 네 권을 완성하는 것으로 여겨지는 신명기가 사실 그 책들과 단절되어 있다는 사실은 언뜻 보면 매우 의아스럽습니다"

그는 그런 변화 혹은 차이가 신적인 감독을 입증해 주는 하나의 계획된 증거라는 사실을 염두에 두었을 수도 있습니다. 신명기가 모세오경을 완성하는 것으로 여겨진다는 그 사실이야말로, 성경의 처음 다섯 권의 책이 유대인들의 영감되지 않은 저작물 이외에 아무것도 아니라는—공동 작업을 통해 기록되었고, 그 다섯 번째 책은 그 앞의 책들과 일치되도록 기록된 것이라는—논지를 뒷받침해 줍니다.

신명기 초두에 "그리고"가 빠져 있다는 사실은 그 책이 그 앞의 책들의 부록이 아니고, 오히려 구약성경의 새로운 시작, 혹은 새로운 단원이라는 것을 곧바로 시사해 줍니다. 신명기는 뒤를 돌아보는 것이 아니라 앞을 바라보는 것입니다. 그 내용을 면밀히 공부해 보면 이 점이 입증될 것입니다.

그 다음에 이어지는 여호수아서가 "그리고"로 시작되며, 역대기상에 이르기까지 그 다음에 이어지는 책마다 다 그렇게 시작됩니다!

이러한 특질을 지적했으니, 잠시 멈추고 그 의의를 살펴봅시다.

성경의 처음 네 권의 책은 그리고 그 다음 여덟 권의 책은 어째서 서로 그렇게 연결되어 있을까요?

그리고 신명기는 어째서 첫째 그룹이 아니라 둘째 그룹에 속할까요?

그 해답은 이스라엘의 역사에서 찾아야 합니다. 왜냐하면, 그것이 구약성경의 주제이기 때문입니다. 첫 네 권의 책은 이스라엘에게 기업으로 약속된 그 **땅 밖에서** 이루어진 이스라엘의 역사를 제시해 주며, 그 다음 여덟 권은 그 **땅 안에서** 이루어진 역사를 다루는 것입니다. 신명기는 이스라엘의 가나안 소유가 다가오는 것을 예상하는 가운데, 그 민족의 과거 역사를 다시 조감하여 그들이 그 땅에서 과연 어떻게 처신해야 할지를 알려 줍니다.

> (그리고) 여호와의 종 모세가 죽은 후에(수 1:1).

이스라엘의 우두머리였던 모세가 죽은 것은 그들에게 큰 손실이었습니다. 오랜 세월 동안 그는 그들의 지도자였고 입법자였습니다. 그들이 그 잔인한 애굽의 속박에서 구원받은 것도 그분의 영도 아래 이루어진 일입니다. 길이 열려 그들이 홍해를 건너게 된 것도 그분의 기도가 응답된 덕분이었습니다.

그는 여호와 앞에서는 그들의 대변자로 행하였고 그들 앞에서는 여호와의 대언자의 역할을 한 사람이었습니다. 때로는 그를 신뢰하지 않았고 그에 대해 불평하기도 했으나, 전반적으로 이스라엘은 그를 존경했고 신뢰했습니다.

이제 이스라엘은 과거 어느 때보다 그가 더 필요한 것 같은 그런 상황에 처하여 있었습니다. 그들은 이제 실질적으로 전투 경험도 무기도 거의 없는 처지에서 "가나안 땅 일곱 족속"(행 13:19)과 맞붙어 싸워야 할 입장이었으니 말입니다. 그러나 그는 더 이상 그들의 군대장관이 될 수가 없었습니다. 죽음이 그를 데려 간 것입니다. 육신적으로 보면 이는 깊은 미스터리요, 지극히 아픈 섭리요, 그들의 믿음에 대한 쓰라린 시련이었습니다. 그들이 이를 아주 예민하게 느꼈다는 것이 분명히 드러납니다.

> 이스라엘 자손이 모압 평지에서 모세를 위하여 애곡하는 기간이 끝나도록 모세를 위하여 삼십 일을 애곡하니라(신 34:8).

> (그리고) 여호와의 종 모세가 죽은 후에 여호와께서 모세의 수종자 눈의 아들 여호수아에게 말씀하여 이르시되, '내 종 모세가 죽었으니 이제 너는 이 모든 백성과 더불어 일어나 이 요단을 건너 내가 그들 곧 이스라엘 자손에게 주는 그 땅으로 가라'(수 1:1-2).

하나님의 일은 그분의 종들의 죽음에도 전혀 방해를 받지 않습니다. 그 종들이 아무리 탁월하게 직무를 담당했고, 아무리 그분의 백성들에게 복이 되었다 해도 말입니다. 일꾼들이 사라진다 해도, 하나님의 일은 그 예정된 완성을 향해 전진하는 법입니다.

> 하나님이 일손을 바꾸시는 것은 그가 어느 한 도구에 묶이지 않으시고 그 어떠한 도구라도 사용하신다는 것을 보여 주고자 함이다(헨리[Henry]).

그렇다고 해서 한 교회의 목회자가 죽을 경우에 반드시 또 다른 목회자를 주신다는 뜻은 아닙니다. 그 곳에서의 하나님의 일이 종결될 수도 있으니 말입니다. 혹은 이 잡지(즉, 핑크가 매월 발행한 '성경 연구'지를 뜻함. 역주)의 사역이 종결될 하나님의 때가 올 때에 그가 또 다른 사역을 마련하실 것이라는 뜻도 아닙니다. 그러나 반드시 하나님은 계속해서 이 땅에서 그분의 대의를 이루시고 그분의 백성의 모든 필요를 채우실 것입니다. 이것은 분명한 사실입니다. 그러니 이 어두운 시대를 사는 우리는 이러한 사실에서 위로와 용기를 얻어야 합니다.

여기서 주목해야 할 것은 여호수아가 스스로 나서서 모세가 떠남으로써 생긴 공백을 채우려 하지 않고 여호와께서 명령하시기까지 기다렸다는 점입니다. 여호수아가 그의 전임자 모세와 유지했던 관계는 그냥 관심이 가는 것만이 아니라 깊은 중요성을 지닌 사안이요, 그저 역사적 관점에서가 아니라 모형론적이며 교리적인 관점에서 그러한 것입니다. 이 점에 대해서는 좀 더 깊게 상세히 다루어야 하겠으나, 독자들 중에 과연 우리가 본론으로 들어가게 되겠는지를 궁금해 할 분들이 있지 않을까 싶습니다. 이미 세 차례나 논고를 썼는데 아직도 여호수아서의 첫 절들을 다루지 못하고 있으니 말입니다.

그러나 그 논고들이 교훈적이고 유익하다면 그게 무슨 문제이겠는가라고 할 분들도 계실 것입니다. 그래서 타협안을 취하여, 그 주제에 관한 내용은 잠시 뒤로 미루도록 하겠습니다. 그리고 그 동안 몇몇 분들은 다음의 질문들에 대해 생각하고 스스로 답변을 찾게 될 수도 있습니다.

여호수아와 모세와의 관계는 어떠했는가?
과연 무슨 중요한 진리가 여기서 드러나고 예증되는가?

내 종 모세가 죽었으니 이제 너는 이 모든 백성과 더불어 일어나 이 요단을 건너 내가 그들 곧 이스라엘 자손에게 주는 그 땅으로 가라(수 1:2).

여러 세기 전에 아브라함과 그의 자손들에게 하셨던 그 약속들을 여호와께서 이루실 그 정해진 때가 이제 이르렀습니다. 모세를 통해 이루어진 모든 일은 그 일을 예비하는 것일 뿐이었습니다.

그러나 동시에 그 일들은 이스라엘이 시내산에서 맺은 언약을 철저히 준수하는 한 여호와께서 계속해서 그들을 위해 자신의 능력을 보여 주시리라는 것이라는 확실한 보증이 되는 것이었습니다. 왜냐하면, 그들이 앞서 맺은 그 언약이 여호와께서 이스라엘을 대하시는 모든 일의 근거가 되었기 때문입니다. 그 언약을 지키면 그들이 번성했고, 그 언약을 어기면 여호와의 심판을 경험했던 것입니다. 여호수아가 여기서 여호와께로부터 받은 이 명령은 그가 이스라엘의 우두머리의 자격으로 받은 것이었음을 유념해야 합니다. 곧 여호수아 개인에게가 아니라 그 민족 전체에게 주어진 것입니다.

> 너는 이 모든 백성과 더불어(수 1:2).

그 이후에 이어지는 모든 내용과 관련하여 이 점을 명심해야 합니다.

> 내가 모세에게 말한 바와 같이 너희 발바닥으로 밟는 곳은 모두 내가 너희에게 **주었노니**(수 1:3).

여기서도(앞 절을 보십시오) 여호와께서는 가나안이 그가 이스라엘에게 주권적으로 값없이 주시는 선물이라는 사실을 강조하십니다. 그 땅은 그들이 마땅히 받아야 할 권리를 지닌 것이 아니었습니다. 그들도 그들의 조상들도 그런 기업을 차지하기에 합당한 공로를 세운 것이 없었고, 가나안 족속들을 정복하거나 그들의 소유를 탈취하는 데에 그들이 특별히 공을 세웠다 해서 그로 인해 그들이 그 기업을 벌어들인 것이라고 생각할 수도 없는 것이었습니다.

영적 이스라엘이 영원한 기업을 소유하는 것도 마찬가지입니다. 그들이 마지막에 모여 그 기업을 얻을 때에, 그들은 한 목소리로 이렇게 외치게 될 것입니다.

> 여호와여 영광을 우리에게 돌리지 마옵소서 우리에게 돌리지 마옵소서 오직 … 주의 이름에만 영광을 돌리소서(시 115:1).

심지어 이 땅에 있는 동안에도 그들은 정직하게 이렇게 증언합니다.

> 우리를 구원하시되 우리가 행한 바 의로운 행위로 말미암지 아니하고 오직 그의 긍휼하심을 따라 중생의 씻음과 성령의 새롭게 하심으로 하셨나니 우리 구주 예수 그리스도로 말미암아 우리에게 그 성령을 풍성히 부어 주사(딛 3:5-6).

그들은 하나같이 다음의 선언에 동의합니다.

> 너희는 그 은혜에 의하여 믿음으로 말미암아 구원을 받았으니 이것은 너희에게서 난 것이 아니요 하나님의 선물이라 행위에서 난 것이 아니니 이는 누구든지 자랑하지 못하게 함이라 (엡 2:8-9).

그러나 가나안이 이스라엘에게 주시는 하나님의 선물이었지만 그들이 아무런 노력도 없이 그냥 그 땅을 소유한 것은 아니었습니다. **그들이** 그 일에 동참하는 것이 필수적이었고, 그렇게 함으로써 그들의 책임을 다해야 했던 것입니다! 이러한 사실을 선명히 인식하지 못하면, 그 모형을 우리 자신에게 적용시키는 문제에서 이리저리 헤매는 처지가 될 것이고, 하나님의 "계획" 혹은 구원의 길을 심각하게, 아니 치명적으로, 왜곡시키게 될 것입니다. 이 일에 대해서는 그 어떠한 평계도 허용되지 않습니다.

이 주제에 관한 성경의 가르침이―모형과 그 원형 둘 다―태양 빛만큼이나 선명하기 때문입니다. 가나안은 처음에 아브라함에게 주어졌는데 그는 "믿는 모든 자의 조상"(롬 4:11)입니다. 그러므로 그가 당한 일은 우리의 일의 패턴이 되는 표준 혹은 모델입니다. 아브라함 자신에 대해서는 그가 어떻게 해서 가나안을 얻었는가에 대해 히브리서 11:8이 모든 의심의 여지를 완전히 없애줍니다.

> 믿음으로 아브라함은 부르심을 받았을 때에 **순종하여** (장래의 유업으로 받을) 땅에 나아갈새 갈 바를 알지 못하고 나아갔으며 (히 11:8).

가나안이 그의 소유가 된 것은 바로 믿음의 순종으로 말미암은 일이었습니다. 바로 앞에서 괄호로 묶어 지적한 내용이 창세기 12:1에서 분명히 확증됩니다.

> 여호와께서 아브람에게 이르시되 너는 너의 고향과 친척과 아버지의 집을 떠나 내가 네게 **보여 줄** 땅으로 가라 (창 12:1).

그 땅이 그의 소유가 되어 그에게 주어질 것이라는 약속은 그 당시에는 없었습니다. 그 약속은 여러 해 후에 하나님이, "나는 이 땅을 네게 주어 소유를 삼게 하려고 너를 갈대아인의 우르에서 이끌어 낸 여호와니라"(창 15:7)라고 말씀하실 때에 비로소 주어졌던 것입니다.

아브라함은 먼저 과거의 삶과 완전히 결별하고 세상으로부터 분리되어야 했고, 자기 자신을 전적으로 하나님께 굴복시키고, 믿음으로 행하며, 하나님이 계시하신 뜻에 의심 없이 순종해야 했습니다. 그래야만 **그 다음에** 그 기업이 그의 것이 되었던 것입니다.

그렇습니다. 독자 여러분!

아브라함이 하나님께로부터 받은 소명에는 극히 현실적이며 확실한 요구 사항이 담겨 있었습니다. 그리고 그가 "우리 모든 사람의 조상"(롬 4:16)이므로, 그의 자손은 누구나 그 가족의 모습과 일치해야만 합니다. 아브라함은 은혜로 말미암아 "하늘의 부르심을 받은"(히 3:1) 사람들의 그림자 혹은 원형인 것입니다.

> 믿음으로 아브라함은 부르심을 받았을 때에 **순종하여** 장래의 유업으로 받을 땅에 나아갈새 갈 바를 알지 못하고(히 11:8).

그 땅이 자기에게 주어지리라는 것은 더 더욱 알지 못하고 나아간 것입니다. 구원 얻는 믿음이란 하나님의 명령을 따르는 것이요 동시에 하나님의 약속들을 의지합니다.

사랑하는 여러분!

이 점에 대해 실수해서는 안 됩니다. 그리스도께서는 "자기에게 **순종하는** 모든 자에게 영원한 구원의 근원"이 되시는 것입니다(히 5:9). 아브라함은 말로만 아니라 행동으로 순종했습니다.

"나아갈 새" 이런 점에서 그는 "아버지 가겠나이다"라고 거짓말하고는 가지 않은 사람(마 21:29)과 뚜렷한 대조를 보여 줍니다. 태양과 그 빛을 불과 열기를, 서로 분리시킬 수 없듯이, 믿음과 순종 역시 서로 분리되지 않는 것입니다. 그러므로 우리는 "믿음의 순종"에 관한 말씀을 읽게 됩니다(롬 1:5. 개역개정은 "믿어 순종하게"로 번역함. 역주).

> 순종은 믿음의 딸이다. 믿음은 하나님의 은혜만이 아니라 피조물의 의무와도 결부된다. 은혜를 깨달음으로써 의무를 행하게 하는 것이다. '사랑으로써 역사하는 믿음'(갈 5:6). 믿음은 하나님의 사랑에 대한 갖가지 깨달음으로 영혼

을 가득 채우며, 사랑의 감미로움을 사용하여 우리를 강권하여 더 많은 행위 혹은 순종을 행하게 하는 것이다(토마스 맨튼[Thomas Manton]).

이제 아브라함의 자손들도, 비슷한 믿음으로 처신하며 그 조상에게서 두드러지게 나타난 것과 동일하게 하나님을 향한 절대적인 순종으로 행하라는 부름을 받은 것입니다!

요단 강을 건너고, 성읍들을 함락시키고, 싸워서 가나안 족속들을 정복해야만, 비로소 이스라엘이 그 땅에 들어가 그들의 기업을 소유할 수 있게 되는 것이었습니다. 그렇습니다. 아무런 도움이 없이 순전히 그들 자신의 힘으로 그런 공적을 세워야 했던 것은 아닙니다. 정말 복된 사실은 전능하신 하나님의 권능이 그들을 위하여 발휘될 것이라는 것입니다.

그러나 이와 똑같이 중요한 사실은 오직 이스라엘이 하나님의 권위에 굴복하고 그분의 명령에 따라서 행하는 동안에만 그가 그들을 위해 자신의 강력한 권능을 보여 주시리라는 것입니다. 그 땅은 과연 하나님이 그들에게 베푸시는 선물—그분의 값없는 주권적인 선물—이었습니다. 하지만 그런데도 그들이 스스로 노력과 수고를 기울여야만 그것을 자기들의 소유로 얻게 되리라는 것입니다. 다음과 같은 복음의 부름에 모순이 없듯이, 이 두 가지 사이에도 부조화스러운 것은 아무것도 없는 것입니다.

> 오호라 너희 모든 목마른 자들아 물로 나아오라 돈 없는 자도 오라 너희는 와서 사 먹되 돈 없이, 값 없이 와서 포도주와 젖을 사라(사 55:1).

그런데 여기서 반복되어 언급되는 "사라"가 현대의 '전도'에서 완전히 무시되고 있으니, 이것이야말로 안타까운 일입니다.

> 내가 모세에게 말한 바와 같이 너희 발바닥으로 밟는 곳은 모두 내가 너희에게 주었노니 곧 광야와 이 레바논에서부터 큰 강 곧 유브라데 강까지 헷 족속의 온 땅과 또 해 지는 쪽 대해까지 너희의 영토가 되리라(수 1:3-4).

앞의 글에서 지적한 바와 같이 이 책의 내용들은 두 가지로—출발과 전진으로, 또한 죄인에게와 성도에게—적용할 수 있습니다. 이 점은 성경 정경 속에서 여호수아서가 차지하는 위치에서도 암시된다고 믿습니다. 여호수아서는 이중적인 관계를 갖고 있습니다. 즉, 모세오경 다음에 위치하면서도, 그것과 연결되고 있고, 동시에 역사서의 시작을 이룬다는 것입니다. 이는 여호수아서의 내용이 지니는 이중적인 영적 의의를 강하게 암시해 줍니다. 가나안 땅에 대해서 모세는 이스라엘 회중에게 이렇게 말씀한 바 있습니다.

> 너희가 너희 하나님 여호와께서 주시는 안식과 기업에 아직은 이르지 못하였거니와 (신 12:9).

광야에서 방황하던 시절과는 대조적으로 가나안은 그들의 "안식"이었습니다. 하지만 실질적인 경험에 있어서는 그 땅에 들어간다는 것은 힘겨운 싸움의 세월의 시작을 의미하는 것이었습니다. 죄인이 그리스도를 믿는 순간, 양심의 평안과 영혼의 안식이 그의 것이 됩니다. 그러나 그런데도 육과 영 사이의 맹렬한 싸움이 이제 겨우 시작된 것일 뿐이라는 것입니다.

하나님과의 싸움이 끝나고 주님을 신뢰하게 될 때에 그리스도인은 영혼의 안식을 누리게 되는데, 이는 그분의 기업의 보증이요, 위에서 그를 기다리고 있는 완전하고도 영원한 안식을 미리 맛보는 것입니다. 그리스도를 믿는 첫 행위로 말미암아 "값 주고 산 소유"에 대해 빼앗길 수 없는 권리를 갖게 됩니다. 하지만 실제 거기에 들어가는 일은 아직 미래에 있습니다. 그러나 지금 여기서 "자기 기업을 누리며"(욥 17), 믿음으로 그것들을 누리며, 소망 중에 그것들을 바라보는 것은 그의 특권이요 의무입니다.

하나님이 그리스도 안에서 그에게 주신 그 풍성한 기업의 몫을 믿음으로 사용하며 현 세상에서 누리며 사는 것이야말로 그의 특권이요 의무인 것입니다. 그러나 육체와 세상과 마귀가 대적할 것이며 그리스도인이 자기의 소유를 현세에서 누리지 못하도록 가로막고자 합니다.

성도가 하나님을 영화롭게 하며 주 되신 그리스도 안에서 즐거워하는 것을 보는 것보다 마귀가 혐오하는 것은 없습니다. 그러니 직접적으로, 또한 내주하는 죄나 이 세상의 유혹과 갖가지 근심거리들을 통해 언제나 그리스도인의 그 권리들을 빼앗으려고 애쓰고 있습니다. 그러나 우리가 육체를 죽이고, 끈질기게 마귀를 대적하고, 믿음의 삶을 살고 순종하며 행하면, 우리 자신도, 사탄도, 세상도 다 이길 수 있습니다.

이와 관련하여 여호와께서 일찍이 이스라엘에게 주신 말씀을 기억할 필요가 있습니다.

> 그러나 그 땅이 황폐하게 됨으로 들짐승이 번성하여 너희를 해할까 하여 일 년 안에는 그들을 네 앞에서 쫓아내지 아니하고 네가 번성하여 그 땅을 기업으로 얻을 때까지 내가 그들을 네 앞에서 **조금씩** 쫓아내리라(출 23:29-30).

하나님이 아무렇게나 행하지 않으시고 그분의 백성을 사랑으로 돌아보시며 세심하게 행하시는 분이심을 여기서 잘 볼 수 있습니다. 이스라엘의 근시안적인 사고로는 그들이 가나안의 경계를 넘어 들어간 지 불과 몇 개월 안에 하나님이 가나안 족속들을 멸절시키신다면 그의 자비하심이 더 확실히 드러나게 될 것이라고 여길 수도 있었겠지만, 그렇게 하는 것은 그분의 영광을 위해서도 그들의 유익을 위해서도 최선이 아니었습니다.

악한 우상 숭배자들은 물론 야생 짐승들이 그 땅에 있었는데, 그 우상 숭배자들이 다 사라진다 해도, 이스라엘은 그 땅 전체를 적절히 지배하기에는 아직 숫자가 너무 적어서 그들의 인구가 충분히 늘어날 때까지 기다려야 했습니다.

더 나아가, 가나안 족속을 그들의 앞에서 "조금씩" 쫓아냄으로써 이스라엘은 끊임없이 여호와를 의지하는 처지에 있게 되었습니다. 바로 이것이야말로 여호와께서 사람들을 대하시는 모든 일에 결부되는 그분의 주요 의도 중 하나이니, 곧 자기를 의지하는 데에서 벗어나게 하고 더욱 더 여호와께 기대도록 가르치는 것이 그것입니다.

이를 그리스도인에게 영적으로 적용시키는 일은 단순하고도 유익합니다. 하나님은 그 어디서도 모든 그분의 원수들을 단번에 무찔러 주시겠다고 약속하신 일이 없습니다. 그러니 그런 일을 기대해서는 안 됩니다. 설사 그가 그리 행하신다 할지라도 그리스도인에게는 결코, 유익이 없고, 오히려 곧바로 자긍심만 높이는 계기가 생기게 될 것입니다.

> 그러나 여호와께서 **기다리시나니** 이는 너희에게 은혜를 베풀려 하심이요(사 30:18).

그가 우리에게 하실 말씀이 많지만 지금은 우리가 그것들을 감당할 수 없고(요 16:12), 우리에게 갖가지 승리들을 주실 수도 있으나 우리가 그것들을 누리기에 합당치 못한 것입니다. 이스라엘이 그들의 무력의 효과가 더디 나타나는 것에 실망해서는 안 되었듯이, 우리 역시 승리가 곧바로 우리에게 주어지지 않는다고 망연자실해서는 안 될 것이고, 우리에게는 결코, 승리가 없을 것이라는 식으로 생각해서는 더더욱 안 될 것입니다.

이와 비슷하게 우리의 소유물들을 소유하게 되고, 그리스도 안에 있는 우리의 기업을 얻고 그것을 실제로 누리는 일은 한 순간에 이루어지는 것이 아니라, 점진적으로—"조금씩"—경험합니다.

은혜 안에서 성장하는 일은 새로운 중생처럼 즉각적으로 발생하는 것이 아니라 점진적으로 일어나는 것입니다. 그러니 인내를 온전히 이루어야 합니다. 어쩌면 독자들 중에 요단 강을 건너기 전 여호와께서 하신 또 다른 말씀을 떠올리는 분들이 있을지도 모르겠습니다.

> 오늘 너는 알라 네 하나님 여호와께서 맹렬한 불과 같이 네 앞에 나아가신즉 여호와께서 그들을 멸하사 네 앞에 엎드러지게 하시리니 여호와께서 네게 말씀하신 것 같이 너는 그들을 쫓아내며 **속히** 멸할 것이라 (신 9:3).

그러나 이 본문이 출애굽기 23장의 본문과 전혀 모순이 없다는 것은 구태여 논할 필요조차 없는 사실입니다. 왜냐하면, 하나님의 말씀에는 "모순"이 **전혀 없기** 때문입니다. 이 두 본문을 조금만 주의 깊게 살펴보기만 하면 됩니다.

출애굽기 23:29의 "일 년 안에는 그들을 네 앞에서 쫓아내지 아니하고"라는 말씀은 그 앞 절에서 나타나듯이 히위 족속, 가나안 족속, 헷 족속을 지칭하는 내용인 반면에, 신명기 9:3의 "그들"은 2절에서 나타나듯이 아낙 자손을 지칭합니다.

이를 영적으로 적용하는 것도 전혀 어려움이 없습니다. 그리스도인이 "속히" 극복할 수 있는 원수들이 있고, 또한 이 땅의 삶의 마지막까지 계속해서 시험거리가 되는 다른 원수들이 있습니다.

2. 신적 확신

여호수아서의 중요성은 아무리 강조해도 지나침이 없을 것입니다. 그 내용은 "자녀의 떡"의 본질적인 부분이요, 그들의 복된 삶에 필수적입니다. 이는 교리적으로나 실천적으로나 우리에게 가늠할 수 없을 만큼 큰 가치가 있습니다. 교리적으로는 지난 여러 세기 동안 최고의 신학자들이 깊이 다루어 온 주제, 즉 복음과 율법과의 관계에 대해 선명한 빛을 비추어 줍니다.

그런데 우리가 아는 한 이 부분의 말씀을 그 문제를 해결해 주는 근거로 제시한 사람은 아무도 없습니다. 그러나 여기서 여호수아와 모세와의 관계를 확실히 알게 되면, 복음이 율법과 갖는 관계를 깨닫게 될 것입니다. 사실 이 두 사람의 상호 관계가 율법과 복음 사이의 주요 차별점 중의 한 가지를 개략적으로 시사해 준다는 것을 많은 사람이 인식해 왔습니다.

이스라엘을 이끌어 가나안으로 인도한 사람이 모세가 아니라 여호수아였던 것처럼, 죄인이 자신의 의롭다 하심을 위해 바라보아야 할 것은 율법의 행위가 아니라 그리스도의 공로라는 것입니다. 그러나 그들은 거기서 멈추었습니다. 그들은 처음 시작부분부터 시작하여 그 주제를 추적해 들어가지 않고, 중간 부분에서 시작하여 한 가지 결론을 도출하고 그친 것입니다.

첫째, 여호수아서에서 여호수아에 대해 말씀하는 사실은 그가 "모세의 수종자"(1:1)였다는 것인데, 이는 출애굽기 24:13로 거슬러 올라갑니다. 그러므로 여호수아는 모세를 대적하는 인물로서가 아니라, 그의 부하요 그를 지지하는 자로 제시됩니다. 이를 그 원형에 적용시키면, 복음과 율법이 서로 원수인 것처럼 생각하는 것은 심각한 오류라는 것이 즉시 명백해질 것입니다.

어쩌면 다음과 같이 반론을 제기할 분도 계실 것입니다. 이는 곧 하나님의 아들이 율법에 굴복한다고 보는 것인데, 이것은 "그분을 욕되게 하는 것이 아닌가" 라는 것입니다. 이에 대한 우리의 답변은 "과연 성경이 무어라고 말씀하는가"라는 것입니다. 이 점에 있어서는 불확실성의 여지가 전혀 없습니다.

> 때가 차매 하나님이 그 아들을 보내사 여자에게서 나게 하시고 율법 아래에 나게 하셨도다
> (갈 4:4).

그리스도께서는 제자들에게 "내가 율법이나 선지자를 폐하러 온 줄로 생각하지 말라 폐하러 온 것이 아니요 완전하게 하려 함"—먼저 율법에 대한 완전한 순종을 이루시고, 그 다음 그분의 죄악된 백성을 대신하여 그 형벌을 당하심으로 율법을 "완전하게 하려(성취하려) 함"—이라고 말씀하셨는데(마 5:17), 이는 이 문제에 대해 오류를 범하지 않도록 하고 두려움을 갖지 않도록 하기 위함이었습니다.

둘째, 여호수아의 사명이 모세의 사명을 **보좌**하고 그가 시작한 일을 성공적으로 마치는 것이었음이 신명기에서 명확히 드러납니다. 모세는 이스라엘을 애굽으로부터 인도해내었고 광야의 여정을 통틀어 그들의 지도자였으나, 이스라엘을 이끌고 약속된 기업에로 들어가는 일은 여호수아에게 맡겨졌습니다. 여기서도 우리는 여호수아와 모세 사이의 적대감을 찾아볼 수 없고, 오히려 서로가 서로를 보완하는 것을 보는 것입니다.

이는 복음이 율법과 유지하고 있는 관계에 대한 복스럽고도 충격적인 예시(豫示)라 합니다. 복음은 율법의 원수가 아니라 그 하녀요, 그 파괴자가 아니라 그 성취자인 것입니다. 그리스도께서는 친히 율법을 존귀하게 하시고 높이셨을 뿐 아니라, 구속함을 받은 그분의 백성들의 정서와 삶 속에서도 그 율법이 존귀하게 되고 높임을 받도록 하시는 것입니다.

> 율법은 모세로 말미암아 주어진 것이요 은혜와 진리는 예수 그리스도로 말미암아 온 것이라(요 1:17).

> 율법이 육신으로 말미암아 연약하여 할 수 없는 그것을 하나님은 하시나니 곧 죄로 말미암아 자기 아들을 죄 있는 육신의 모양으로 보내어 육신에 죄를 정하사 육신을 따르지 않고 그 영을 따라 행하는 우리에게 율법의 요구가 이루어지게 하심이니라 (롬 8:3-4).

모세 아래에서는 율법을 받은 자들의 육신의 연약함으로 인하여 율법이 그 정당한 대접을 받지 못했습니다. 그들은 모세에게 "당신은 … 우리 하나님 여호와께서 당신에게 이르시는 것을 다 우리에게 전하소서 우리가 듣고 행하겠나이다"(신 5:27)라고 선언했습니다. 그런 서원에 대해 여호와께서 불쾌히 여기신 것도 아니었습니다. 그처럼 스스로를 자랑하는 건방진 태도에 대해 전혀 정죄하지 않으셨습니다.

> 여호와께서 내게 이르시되 이 백성이 네게 말하는 그 말소리를 내가 들은즉 그 말이 다 **옳도다**(신 5:28).

그러나 그런데도 그들이 무지하나 여호와께서는 알고 계시는 그런 "연약함"이 그들에게 있었습니다.

여호와께서는 계속해서 말씀하시기를, "다만 그들이 항상 이같은 마음을 품어 나를 경외하며 내 모든 명령을 지켜서 그들과 그 자손이 영원히 복 받기를 원하노라"고 말씀하시니 말입니다(신 5:29). 여기서 우리는 그들의 "연약함"이 바로 여호와 자신을 위하는 **마음이 없다**는 것이었음을 배우게 됩니다. 바로 이것이 세상에 속한 자연인의 결핍 상태입니다. 거듭 나기 전에는 아무도 하나님을 향해 경외심을 가질 수도, 그분을 사랑할 수도 없으며, 그것이 결핍된 사람에게는 그것들을 지키고자 하는 열정도, 또한 순전한 노력도, 없는 법입니다.

> 육신의 생각은 하나님과 원수가 되나니 이는 하나님의 법에 굴복하지 아니할 뿐 아니라 할 수도 없음이라(롬 8:7).

이는 말로 표현할 수 없을 만큼 엄숙한 말씀입니다. 은혜라는 기적이 속에 베풀어지기 전에는 필자도 독자도 모두 똑같습니다. 육신의 생각은 하나님의 법에 굴복하지도 않고 굴복할 수도 없습니다. 이는 완전히 **법이 없는** 상태로서, 자기를 기쁘게 하기만을 결심하고 자기 자신의 길만을 고집하는 상태인 것입니다. 이처럼 육신의 생각이 하나님의 법에 굴복하지 않는 이유는 그것이 "하나님과 원수가 되어" 있기 때문입니다.

하나님으로부터 소외되어 있고, 그분을 미워하며, 그분의 말로 다할 수 없는 거룩하심을 혐오하며, 그분의 주권적인 권위를 멸시합니다. 그러나 중생 시에 성령으로 말미암아 하나님의 사랑이 그 마음 속에 환히 비추게 됩니다(롬 5:5). 정반대의 원리가 심겨져서, 하나님을 향한 미움을 대적하고 그 통치권을 파괴시킵니다. 그리하여 중생한 사람의 한쪽에서 하나님의 법에 대해 급진적으로 변화된 기질과 태도가 생겨나게 되어, 결국, "내 속사람으로는 하나님의 법을 즐거워하되 … 내 자신이 마음으로는 하나님의 법을 … 섬기노라"

(롬 7:22, 25)라고 선포하게 됩니다.

셋째, 여호수아는 본래 "모세의 수종자"로서 그의 사역을 보좌하고 그의 사명을 성공적으로 완수하도록 돕는 일을 감당했으나, 여호와께로부터 그분의 백성을 가나안 안으로 인도하라는 명령을 받을 때에 다음과 같은 말씀이 그에게 임했습니다.

> 오직 강하고 극히 담대하여 나의 종 모세가 네게 명령한 그 율법을 다 지켜 행하고 우로나 좌로나 치우치지 말라 그리하면 어디로 가든지 형통하리니, 이 율법책을 네 입에서 떠나지 말게 하며 주야로 그것을 묵상하여 그 안에 기록된 대로 다 지켜 행하라 그리하면 네 길이 평탄하게 될 것이며 네가 형통하리라(수 1:7-8).

여기서 다시 우리는 여호수아가 맡은 임무가 그의 전임자의 임무에 해를 끼치는 것이 아니라 오히려 그것을 존귀하게 하고 높이는 것이었음을 보게 됩니다. 그 명령은 여호수아 개인에게 주는 것이 아니었고, 그의 지도 아래 맡겨진 그 백성에게 주는 것이었습니다. 이스라엘이 "자기 기업을 누리"게 되면, 그들은 여호수아의 지도를 받아 하나님의 법에 준하여 처신해야 했습니다. 하나님은 그리스도께서 위하여 죽으신 그분의 백성들이 자기들 마음대로 살도록 규정하지 않으셨고, 오히려 그들이 "종신토록 주의 앞에서 성결과 의로 두려움이 없이 섬기게 하신 것입니다"(눅 1:75).

바로 여기에 복음의 승리와 영광이 있습니다. 범죄자들이 그저 용서함 받고 죄인들이 다가올 진노로부터 구원받는 것만이 아니라, 그들이 "의와 진리의 거룩함으로 지으심을 받"으며(엡 4:24), 율법을 즐거워하고 그것을 순전하게 섬기는 본성이 그들에게 주어지는 것입니다.

율법이 그들의 마음에 기록되고(히 8:10), 그들의 정서 속에 간직되며, 또한 여호수아의 원형이신 그 분의 지도력 아래에서 그들의 처신이 지배를 받게 됩니다. 그리스도께서는 그들이 발자취를 따르도록 귀한 모범을 남기셨는데(벧전 2:21), 그 분께서는 율법을 존중하셨고, 귀히 여기셨고, 성취하신 것입니다.

그렇습니다. 그들이 그 율법을 순종하고 싶어 하고 순종하기 위해 정직하게 힘쓰지만, **완전하게**는 순종하지 못합니다. 그러나 하나님은 그런 정직한 노력이 있으면 그런 뜻을 행위로 받아 주시는 것입니다. 율법이 무시되는 것이 아닙니다. 신약의 성도는 "그리스도의 율법 아래에" 있으며(고전 9:21), 따라서 그들이 그 사실에 준하여 행하는 한 영적인 삶에서 얻는 "선한 성공"이 그들의 것이 됩니다.

자, 율법과 복음의 관계는 바로 이렇습니다.

첫째, 모세가 여호수아보다 앞서 사역한 것처럼, 하나님은 율법을 죄인으로 하여금 그리스도의 절박한 필요성을 깨우치게 하는 도구로 사용하십니다. "율법으로는 죄를 깨달음"이니 말입니다(롬 3:20).

둘째, 여호수아가 "모세의 수종자"였던 것처럼, 그리스도께서도 율법 아래에 나서서 그 모든 요구 조건을 만족시키셔서, 완전한 의(義)가 그분의 백성들에게 베풀어지게 하셨습니다.

셋째, 여호수아의 사명이 모세의 사명을 보좌하고 보충하는 것이었듯이, 그리스도의 복음이 모든 믿는 자에게 구원에 이르는 하나님의 능력이 될 때에는 율법을 사랑하고 그 율법에 굴복하는 본성이 그 영혼에게 전해지는 것입니다.

넷째, 모세의 율법에 의해서 전적으로 통제를 받는 여호수아에게 순종한 결과로 이스라엘이 가나안 땅에서 성공을 거두었듯이, 그리스도인도 중보자 되신 그리스도의 손에 들려진 율법에 복종하여야만 자기의 기업을 누리게 됩니다. 여호수아서를 계속 묵상하노라면, 이러한 사실이 더욱 더 선명해질 것입니다.

앞에서 우리는 여호수아 1:1-3에 대해 잠시 살펴보았습니다. 4절은 창세기 15:18, 출애굽기 23:31, 민수기 34:3-12, 신명기 11:24과 비교해야 합니다. 이제 5절로 넘어가면, 여호와께서 다음에 이어질 그 위대한 명령의 근거로서 여호수아에게 주시는 복된 약속들을 대하게 됩니다.

> 네 평생에 너를 능히 대적할 자가 없으리니 내가 모세와 함께 있었던 것 같이 너와 함께 있을 것임이니라 내가 너를 떠나지 아니하며 버리지 아니하리니(수 1:5).

이 약속들을 바로 그 다음에 이어지는 내용에 비추어 생각할 때에, 우리는 그 명령의 내용이 여호수아가 개인 자격으로가 아니라 그 민족의 지도자로서 받은 것임을 염두에 두어야 합니다. 곧 하나님이 여호수아에게 요구하신 것은 바로 그 백성들에게도 요구하신 것이요, 그에게 약속하신 것은 그들에게도 약속하신 것이라는 사실입니다.

2절에서도 이러한 사실을 살펴본 바 있습니다. 거기서 여호와께서는 모세에게 "내 종 모세가 죽었으니 이제 너는 이 **모든 백성과 더불어** 일어나 이 요단을 건너 내가 그들 곧 이스라엘 자손에게 주는 그 땅으로 가라"고 말씀하셨습니다. "죽었으니 이제"(핑크의 원문에는 "그러므로"[therefore]로 되어 있음. 역주)라는 문구가 지극히 의미심장합니다. 지도자였던 모세가 죽었으니 그들은 좌절과 절망 속에서 주저앉아 있을 것이 아니고, 오히려 새로운 지도자 아래에서 앞으로 전진해야만 하는 이유가 더욱 더 확연해졌다는 것입니다.

> 네 평생에 너를 능히 대적할 자가 없으리니(신 7:24).

비교하면, 이 약속이 여기서 여호수아가 대표하는 그 민족에게 주어진 것이라는 사실이 선명히 드러납니다. 거기서는 모세가 온 회중에게 말씀하면서, 여호와께서 그들을 그 땅으로 인도해 들이실 때에 그가 무슨 일들을 행하실지에 대해 확신을 줍니다.

> 네 하나님 여호와께서 너를 인도하사 네가 가서 차지할 땅으로 들이시고 네 앞에서 여러 민족 … 을 쫓아내실 때에 네 하나님 여호와께서 그들을 네게 넘겨 네게 치게 하시리니(신 7:1-2).

여호수아 1:2에서 하나님의 부르심이 이스라엘에게 임하듯이—"이제 너는 이 모든 백성과 더불어 일어나 이 요단을 건너 내가 그들 곧 이스라엘 자손에게 주는 그 땅으로 가라"—5절에서는 그들의 그 임무 수행을 위한 하나님의 격려가 주어지는 것입니다. 모세는 당시 세계에서 가장 강력한 왕국이던 애굽의 오만불손한 군주와 휘하의 지혜자들과 술사들을 대해야 했습니다.

하지만 아무도 그의 상대가 되지 못했습니다. 막강한 민족들이 가나안 땅을 소유하고 있었고, 그들 중에 거인인 아낙 자손들도 있었습니다(신 9:2). 그러나 그 누구도 여호수아와 그 휘하의 사람들과 싸워 이길 수 없을 것입니다.

> 네 평생에 너를 능히 대적할 자가 없으리니 내가 모세와 함께 있었던 것 같이 너와 함께 있을 것임이니라(수 1:5).

하지만 이 복스러운 확신이 그 당시의 여호수아와 이스라엘 사람들만을 위한 것이었을까요?

그것이 **우리**를 위한 것이기도 하지 않을까요?(롬 4:23-24)

그렇다면 우리는 이 확신을 실질적으로 사용하고 있습니까?

우리 스스로 이를 자주 상기하고 있습니까?

과연 어려움이 닥칠 때에 은혜의 보좌 앞에 이를 탄원하며, 우리가 경험할 수 있도록 이를 행하시기를 하나님께 구하고 있습니까?

그렇게 하지 않는다면, 그 이유는 무엇입니까?

이 문제에 대한 우리의 실패가 갖가지 다른 실패들을 설명해 주는 것이 아닙니까?

그리스도 안에서 우리의 기업에로 더 충만히 들어가기를 간절히 바라는 것만으로는 안 됩니다. 이 복스러운 확신을 우리 스스로 확고히 갖고서, 영적인 기업을 지금 개인적으로 누리지 못하도록 가로막고 있는 온갖 장애거리들을 다 물리쳐주시기를 하나님께 간구해야 합니다. 우리를 가르치셔서 우리가 마땅히 누려야 할 그 기업들을 빼앗는 저 아낙 자손들을 몰아내게 해 주시기를 그분께 간구해야 합니다.

바로 앞에서 지적한 이 내용의 세대적인 당위성을 의심하고, 오늘날의 그리스도인들이 수천년 전에 여호수아에게 주신 그 특정한 약속을 그들 자신에게 적용시키는 것에 대해 반대하는 사람이 있다면, 그 구절의 마지막 부분을 근거로 모든 의심을 제거해야 합니다.

내가 너를 떠나지 아니하며 버리지 아니하리니(수 1:5).

독자들은 히브리서 13장에서 바로 이 약속을 인용하면서 그로부터 지극히 중요한 결론을 도출하고 있다는 점을 매우 조심스럽게 살피시기 바랍니다.

그가 친히 말씀하시기를 내가 결코, 너희를 버리지 아니하고 너희를 떠나지 아니하리라 하셨느니라 그러므로 **우리가** 담대히 말하되 주는 나를 돕는 이시니 내가 무서워하지 아니하겠노라 사람이 내게 어찌하리요 하노라(히 13:5-6).

성령께서 사도를 감동하사 여호수아에게 주셨던 그 약속을 그리스도인들에게 적용시키셨다는 사실이야말로 그 약속이 이 시대의 신자들에게도 적용된다는 명백한 증거인 것입니다. 한 가지 기본적인 해석이 있되 그것이 여러 차례 정당하게 적용된다는 원리가 여전히 합당하지만, 하나님의 약속들은 흔히 세대 간의 구별을 초월합니다. 그 약속이 또 다른 역사적 맥락 속에서 다시 진술될 경우에는 분명 그렇습니다. 그런 경우에는 그 약속이 다른 시대에 사는 사람들에게도 분명 관련되는 것이요, 따라서 하나님의 자녀들은 그 떡 가운데 자기들이 받을 귀중한 몫을 취하는 것이 마땅한 것입니다.

지금까지 언급한 내용은 너무도 분명하여 더 이상 추가로 설명할 필요가 없습니다. 하지만 독자들 중에 이에 대해 그릇된 가르침을 받은 이들이 있으므로, 그 문제를 좀 더 다루어야 할 것 같습니다.

어느 시대에나 신자들의 필요는 동일하지 않습니까?

하나님은 그들과 동일한 관계를 유지하시고, 또한 그분의 모든 자녀를 동일하게 사랑하시지 않습니까?

그러므로 그가 여호수아를 좌절시키거나 버리지 않으셨다면, 우리 역시 버리지 않으실 것입니다.

오늘날의 그리스도인들이 구약 시대의 성도와 동일하게 영원한 은혜의 언약 아래 있지 않습니까?

그렇다면 그들에게나 우리에게나 공통적인 헌장이 있습니다.

> 이 약속은 너희와 너희 자녀와 모든 먼 데 사람 곧 주 우리 하나님이 얼마든지 부르시는 자들에게 하신 것이라(행 2:39).

"무엇이든지 전에 기록된 바는 우리의 교훈을 위하여 기록된 것이니 **우리**로 하여금 인내로 또는 성경의 위로로 소망을 가지게 함"(롬 15:4)이라는 사실을 잊지 말아야 합니다. 특별한 계기에 특정한 개인들에게 주신 하나님의 약속들은 모든 믿음의 권속들이 일반적으로 사용하도록 주어진 것들입니다. 이러한 원리를 끈질기게 붙잡아야 하겠습니다.

"내가 너를 떠나지 아니하며 버리지 아니하리니"는 그 옛날 여호수아에게 주신 것이며 동시에 지금 나에게 주시는 "보배롭고 지극히 큰 약속"(벧후 1:4) 중의 하나이며, 따라서 내가 믿음으로 붙잡고 누릴 수 있는 약속인 것입니다.

사도께서 동일한 약속을 적용시키는 것을 주목하기 바랍니다.

> 그러므로 우리가 담대히 말하되 주는 나를 돕는 이시니 내가 무서워하지 아니하겠노라 사람이 내게 어찌하리요 하노라 (히 13:6)

"그러므로"라는 단어는 약속을 근거로 하는 추론임을 시사하며, 따라서 하나님에 대한 신뢰와 사람을 향한 용기라는 이중적인 결론에 이르게 됩니다. 이는 하나님의 약속들을 갖가지로 다양하게 적용시킬 수 있음을 시사합니다. 사도가 도출한 결론은 약속하시는 분의 성품에 근거한 것이었고, 믿음은 언제나 그렇게 사고해야 합니다.

하나님이 무한히 선하시고 신실하시며 전능하시고 불변하시므로, 우리는 아브라함과 더불어 "하나님이 자기를 위하여 친히 준비하시리라"(창 22:8)고 하며, 요나단과는 "여호와의 구원은 사람이 많고 적음에 달리지 아니하였느니라"(삼상 14:6)고 하며, 여호사밧과 더불어 "주의 손에 권세와 능력이 있사오니 능히 주와 맞설 사람이 없나이다"(대하 20:6)라고 하며, 바울과 더불어 "만일 하나님이 우리를 위하시면 누가 우리를 대적하리요"(롬 8:31)라고 담대하고도 확신 있게 선언할 수 있습니다.

> 그러므로 우리가 담대히 말하되 주는 나를 돕는 이시니 내가 무서워하지 아니하겠노라 사람이 내게 어찌하리요 하노라 (히 13:6).

여기서 표현이 복수에서 단수로 바뀌는 것을 주의 깊게 살피기 바랍니다. 곧 일반적인 원리들을 우리가 구체적으로 우리에게 해당되는 것으로 여기고 그렇게 사용해야 한다는 것입니다. 일반적인 명령들을 우리 개인에게 적용시켜야 합니다. 주 예수께서 사탄에게 공격을 받으실 때에 신명기 6:13을 개별적으로 적용시키셨듯이 말입니다.

> 주 **너의** 하나님께 경배하고 다만 그를 섬기라 하였느니라 (마 4:10).

하나님의 약속들과 계명들을 우리 자신들에게 개인적으로 적용시킬 때에야 비로소 우리가 그런 약속들과 계명들에 믿음을 섞어서 적절히 유익하게 사용하게 됩니다. 그리고 "주는 나를 돕는 이시니"가 시편 118:6의 인용이라는 점을 유념하기 바랍니다.

이 인용문에서 사도는 구약성경의 언어가 지금의 그리스도인들의 상황에 정확히 들어맞으며, 따라서 그것을 전용하는 것이 지극히 합당하다는 사실을 다시금 가르치고 있습니다. 시편 기자가 말씀한 내용을 "**우리**가 그대로 담대히 말할 수 있다"는 것입니다. 다윗은 쓰라린 괴로움 중에서, 그의 원수들이 그를 삼키려는 위기의 상황에서, 여호와를 향한 그의 신뢰를 그렇게 표현한 것입니다. 피조물의 미약함을 여호와의 전능하심과 대조하면서 마음에 담대함과 힘을 얻었던 것입니다.

아, 하지만 독자께서는 여기에 어떤 것이 결부되었는지를 분명히 감지하십니까?

이는 곧 다윗이 보이는 것으로부터 보이지 않는 것에게로 생각을 완전히 돌렸음을 의미합니다. 그가 눈에 보이는 것이나 혹은 이성이 아니라 믿음에 근거하여 처신했음을 의미합니다. 그의 마음이 전능하신 하나님께 완전히 사로잡혀 있었음을 뜻합니다. 그러나 그보다 더한 의미가 있으니, 곧 전능하신 하나님이 그 자신과 맺으시는 관계에 사로잡혀 있었음을 의미한다는 것입니다.

하나님과 그 자신 사이에 존재하는 영적인 결속을 인식하였고, 그리하여 "주는 **나를** 돕는 이"시라고 올바로 담대하게 말할 수 있었습니다. 그분이 나의 하나님이시요, 나의 구속자시요, 나의 아버지시라면, 내가 쓰라린 곤경 중에 있거나 나의 원수가 나를 삼키려 하거나 나의 양식이 거의 바닥났을 때에 그가 나를 위해 역사하실 것을 믿고 나아갈 수가 있습니다.

그러나 바로 그 "나를"은 **믿음**의 언어요, "나를 돕는 이"는 믿음의 확신이 주저함 없이 도출해낸 결론입니다. 하나님은 흔히 그분의 섭리들을 주도하사 우리를 시련의 상황 속에 처하게 하시고, 그 가운데서 우리에게 믿음을 발휘할 합당한 기회를 베푸시고 그 일을 통해 영광을 받고자 하시는 것입니다. 외적인 모든 것이 철저하게 우리를 대적하는 것처럼 보일 때에 우리 마음에 의심의 여지없는 분명한 확신을 품는 것보다 더 하나님을 존귀하게 하는 것은 없는 법입니다.

그렇습니다. 다윗은 그 수많은 막강한 원수에게서 눈을 돌려 전능하신 하나님을 바라보았습니다. 그러니 우리도 그래야 하겠습니다. 그렇게 하면 하나님은 결코, 우리를 실망시키지 않으십니다. 진정 그분을 신뢰하는 자들을 좌절시키시는 법이 없습니다. 이러한 원리를 보여 주는 또 다른 실례를 살펴보십시다.

한 번은 "모압 자손과 암몬 자손들이 마온 사람들과 함께 와서 여호사밧을 치고자" 했습니다(대하 20:1). "큰 무리가 바다 저쪽 아람에서 왕을 치러 오 … 나이다"라는 보고가 그 왕에게 올라왔고, 그는 이를 "두려워"했습니다. 그러나 그것이 끝이 아니었습니다. 그는 "여호와께로 낯을 향해 간구하고 온 유다 백성에게 금식하라"고 공포하였습니다. 그리고 온 회중이 함께 모인 자리에서 그는 여호와께 기도로 간구하였고, 다음과 같이 결론지었습니다.

> 우리 하나님이여 그들을 징벌하지 아니하시나이까 우리를 치러 오는 이 큰 무리를 우리가 대적할 능력이 없고 어떻게 할 줄도 알지 못하옵고 오직 주만 바라보나이다 (대하 2:12).

그들이 헛되이 하나님을 바라본 것이 아니었습니다. 14-26절에서 그 이후의 결말을 읽어보십시오. 그들 자신은 아무런 조치도 하지 않았는데, 여호와께서 그 원수들을 혼란에 빠지게 하셔서 무너지게 하시고 스스로 완전히 멸절되게 하신 것입니다.

3. 여호와의 훈령

여호와께서 모세를 부르사 애굽으로 내려가 바로에게 그의 요구 조건을 통보하게 하실 때에 그는 그분의 종에게 다음과 같이 확신을 주셨습니다.

> 이제 가라 내가 네 입과 함께 있어서 할 말을 가르치리라 (출 4:12).

예레미야는 선지자로 세워져 열방들에게 파송될 때에 뒤로 움츠러들어서 자신의 임무를 꺼려했습니다. 이때에 하나님은 이렇게 말씀하셨습니다.

> 그들이 너를 치나 너를 이기지 못하리니 이는 내가 너와 함께 하여 너를 구원할 것임이니라 여호와의 말이니라 (렘 1:19).

여호와께서는 그분의 이름으로 나아가도록 부르시는 자들의 마음에 이처럼 확신을 주시는 것입니다. 이와 비슷하게, 부활하신 구주께서는 사도들에게 모든 민족을 제자로 삼고 세례를 베풀 것을 명하시기에 앞서서 먼저, "하늘과 땅의 모든 권세를 내게 주신" 사실을 먼저 강조하셨고, 그 다음 "볼지어다 내가 세상 끝날까지 너희와 항상 함께 있으리라"고 선언하심으로 그들을 위로하셨습니다(마 28:18-20). 그리고 바울에게 고린도에 남아 있을 것을 말씀하시면서도, 다음과 같이 그를 격려하신 것입니다.

> 두려워하지 말며 침묵하지 말고 말하라 내가 너와 함께 있으매 어떤 사람도 너를 대적하여 해롭게 할 자가 없을 것이니 이는 이 성중에 내 백성이 많음이라(행 18:9-10).

여호와께서는 여호수아가 수행하게 될 그 임무를 위하여 이와 비슷한 방식으로 그를 준비시키셨습니다. 우선 그는 여호수아에게 삼중의 확신을 주셨습니다.

> 네 평생에 너를 능히 대적할 자가 없으리니 내가 모세와 함께 있었던 것 같이 너와 함께 있을 것임이니라 내가 너를 떠나지 아니하며 버리지 아니하리니(수 1:5).

이제 그가 이스라엘 백성을 이끌어 요단 강을 건너가서 그 약속의 땅을 정복해야 할 때가 왔습니다. 그 어렵고 위험한 과제를 코앞에 두고 있는 상황에서 여호와께서는 그분의 종을 그렇게 격려하시고 힘을 불어넣으신 것입니다. 그들의 앞에 엄청난 장애물과 위험이 도사리고 있었습니다. 그러나 여기서 그 모든 것을 이길 수 있도록 크나큰 위로가 그에게 베풀어지고 있었습니다. 그런 약속들을 받았으니 여호수아는 과연 큰 은혜를 받은 사람이었습니다.

그러나 그렇다고 해서 여호수아가 자신의 책임을 정당하게 수행할 필요가 없어지는 것이 아니었습니다. 여호수아로서는 "이 언약의 약속들이 반드시 성취될 것이니 나로서는 아무것도 할 일이 없다"는 식으로 생각해서는 안 되는 것이었습니다. 그 약속들은 마치 침대처럼 사용해도 되는 것이 아니었습니다. 오히려 활동할 차비를 갖추도록 허리를 동여매는 허리띠처럼 사용해야 하는 것이었습니다.

강하고 담대하라 너는 내가 그들의 조상에게 맹세하여 그들에게 주리라 한 땅을 이 백성에게 차지하게 하리라 오직 강하고 극히 담대하라(수 1:6-7).

그러므로 하나님이 여호수아에게 확신을 주신 것은 그가 자신의 임무를 열정적으로 시행하도록 그의 마음을 북돋게 하기 위함이었습니다. 이러한 권고와 그 바로 앞의 말씀이 서로 연결된다는 사실은 극히 중요한 실질적인 교훈을 줍니다.

곧, 하나님의 약속들은 그분의 계명들을 무시하게 하기 위한 것이 아니라, 오히려 그가 어떠한 명령을 주시든 간에 온 마음과 힘을 다하여 그것들을 이행하도록 격려하기 위해 주어지는 것이라는 사실입니다. 신적 도우심에 대한 확신이 있다고 해서 우리의 책임을 무시해버리거나 혹은 최선의 노력을 경주할 필요가 없다고 여겨서는 절대로 안 됩니다. 오히려 수많은 보증들이 그렇듯이, 우리가 "항상 주의 일에 더욱 힘쓰는 자들이 되면(우리의 일상적인 임무들을 행하면) 비로소 우리의 "수고가 주 안에서 헛되지 않은 줄" 알게 됩니다(고전 15:58).

스스로 그리스도인이라 여기는 이들 중에, "하나님은 절대로 우리를 떠나시거나 버려두지 않으시겠다고 약속하셨으니 혹 세상과 짝하고 죄와 어울려도 우리는 절대로 안전하다"는 식으로 생각하는 이들이 있다면, 그것은 이들이 아직 중생하지 않은 상태임을 선명히 드러내는 것 외에 아무것도 아닙니다.

너희 안에서 착한 일을 시작하신 이가 그리스도 예수의 날까지 이루실 줄을 우리는 확신하노라(빌 1:6).

이 신적인 선언을 마음에 두고서, 그들 스스로 그들의 부르심과 택하심을 확실히 하거나 혹은 그들을 자라게 해 주는 순전한 말씀의 젖을 사모할 필요도 없다는 식으로 결론짓는다면, 착한 일이 **그들 안에서** 시작되었다는 것이 극히 의심스러울 수밖에 없는 것입니다.

하나님이 반드시 그분의 작정하신 바를 이루시고 그가 영생에 이르도록 정하신 모든 사람을 그리스도께로 이끄실 것이니 우리는 영혼들에 대해 깊이 걱정할 필요도 없고 그들의 구원을 위하여 힘쓸 필요도 없다는 식으로 말하는 자들은 참된 하나님의 자녀의 언어로 말하는 것이 아니요 오히려 진리를 왜곡시키는 것이라 하겠습니다.

하나님의 약속들에 대한 우리의 반응이 게으름과 무관심이라면, 그것은 우리가 그 약속들을 영적으로가 아니라 육신적으로 받아들였다는 증거입니다. 하나님이 격려와 위로로 주신 것들을 올바로 사용하느냐 그릇 사용하느냐가 우리 마음의 진정한 상태를 보여 주는 좋은 지표인 것입니다.

하나님은 앞에서 여호수아에게 "내가 모세와 함께 있었던 것 같이 너와 함께 있을 것임이니라"고 확신을 주신 바 있습니다. 그 언어는 선명하고 무조건적이었습니다. 하지만 그가 자신의 할 일을 쉽게 가벼이 여기고서, 그저 "가만히 서서 여호와께서 … 행하시는 구원을"(출 14:13)—이 말씀을 심각하게 그릇 적용해 온 경우가 많았습니다만—보기만 하면 된다는 뜻은 결코, 아니었습니다.

그렇습니다. 그 말씀들은 우리를 격려하여 임무를 행하게 하고 그리하여 우리의 노력들이 허사가 아님을 알게 하기 위해 주어진 것이었습니다. "강하고 담대한 것", 이것이 바로 그런 확신이 여호수아 속에서 역사할 때에 나타나는 첫 번째 효과였습니다. 그런 효과가 나타나기까지 그는 자신에게 주어진 임무를 감당하기에 합당한 상태가 아니었습니다. 그에게 주어진 임무는 아무리 대담한 사람도 벌벌 떨 만큼의 엄청난 문제들과 위험 요소와 상대하는 것이었습니다. 그러나 여호수아로서는 두려움이나 주저함 없이 그 임무를 수행해야 했습니다.

왜요?

살아계신 하나님 전능하신 여호와께서 아무도 여호수아 앞에 설 수가 없으며, 여호와께서 친히 그를 버리지 않으실 것임을 이미 선언하셨기 때문입니다.

가나안에 들어가면 막강한 원수들을 대면해야 했습니다. 체구가 크고 힘이 센 것으로 유명한 거인 종족들이 그 땅에 거주하고 있었기 때문입니다. 그들은 사납고 호전적인 사람들로서, "철 병거"(수 17:16) 등으로 막강한 무장을 갖추고 있었습니다.

예, 그랬습니다. 하지만 하나님은 "너를 능히 대적할 자가 없으리니"라고 말씀하신 바 있습니다. 엄청난 장애거리들을 극복해야만 했습니다. 가나안 족속들의 성들은 요새화되어 있었을 뿐 아니라, 열 명의 정탐꾼들에 의하면, "크고 성곽은 하늘에 닿아 있었습니다"(신 1:28).

그런 말은 과장된 것으로 불신앙에서 비롯된 것이었습니다. 하지만 반드시 무너뜨려야 할 막강한 요새들이었던 것만은 사실이었습니다. 그러나 그렇다 할지라도, 하나님이 "내가 너를 버리지 아니하리라"고 하셨으니, 그것으로 충족하고도 남는 것이었습니다. 그리고 양식의 문제도 고려해야만 했습니다. 광야에서는 이스라엘 백성이 날마다 하늘로부터 만나를 공급받았으나, 이제는 그것이 중지되게 되어 있었습니다. 요단 강을 건너면 그 수많은 백성은 적진에 주둔하는 것이었습니다.

과연 누가 그 많은 사람들에게 먹을 것을 공급해 주겠습니까?
과연 어떻게 양식을 조달해야 하겠습니까?
그 문제 하나만으로도 여호수아는 움찔할 수밖에 없지 않았겠습니까?

아닙니다. 그가 그런 확신을 받은 이후부터는 그렇지 않았습니다.
가나안 족속이 수가 많고 강력한 원수였던 반면에, 여호수아의 휘하에 있는 사람들은 지극히 가망이 없는 사람들이었습니다. 광야에서 그들이 그의 전임자에게 과연 어떤 물의를 일으켰습니까! 불평하기 일쑤요 늘 애굽으로 돌아가기를 원했고, 목이 곧은 자들이요, 여호와를 향한 믿음이 없는 자들이었습니다.

바로 그들의 직계 후손들에게서 과연 여호수아가 무엇을 기대할 수 있었겠습니까?
그들의 충성과 협력을 어디까지 신뢰할 수 있었겠습니까?
그들의 부모들이 모세에게 그렇게 했던 것처럼, 그분에게서 마음을 돌려버릴 가망이 농후하지 않았겠습니까?

그러나 아무리 그랬더라도, "내가 너를 버리지 아니하리라"고 하신 하나님의 말씀이 있었습니다.
그 신적인 확신이 그의 처지에 얼마나 잘 들어맞는 것이었는지 모릅니다!
그런 확신을 전제하고 보면 여호와께서 그에게 "강하고 담대하라"고 하신 것이 얼마나 근거가 확실한 것이었는지 모릅니다. 여호수아가 충만한 확신과 용기를 갖고 전진할 만한 충족한 근거가 그에게 있었습니다. 그 약속들을 마음에 품고 거기에 믿음을 함께 섞였으니, 그렇게 전진하고자 했던 것입니다. 아, 바로 그것을 통해 모든 일이 이루어진 것입니다. 원인이 결과를 내듯이, 그 약속들을 든든히 붙잡음으로 인하여 강력한 심령과 용감한 처신들이 그에게 나타나게 된 것입니다.
이러한 사실이 오늘날 **우리**에게 어떤 의미가 있을까요?

앞에서 우리는 여호수아 1:5의 약속이 오늘날 우리의 것임을 지적한 바 있습니다. 하지만 여기서는 "강하고 담대하라"는 명령 역시 우리들 개인에게 주시는 것임을 지적해야겠습니다. 하나님이 **우리**에게 그렇게 명령하신다는 것입니다. "깨어 믿음에 굳게 서서 남자답게 강건하라"(고전 16:13), "강하고 담대하라"(시 31:24)라는 말씀들이 하나님이 우리에게 요구하시는 바를 말씀해 줍니다. 원수들을 이기고, 앞에 놓인 장애물들을 헤치고 나가 기업들을 소유하려면, 신자들에게 바로 그러한 은혜들이 특별히 필요합니다.

독자는 이렇게 말할지도 모르겠습니다.

"다 인정한다. 하지만 하나님이 '강하고 담대하라'고 명령하시니 나는 안타까울 뿐이다. 그것이야말로 내가 바라는 것이지만 내가 그렇지 못하다는 것을 내가 알고 있으니."

하지만 그것이 전적으로 여러분의 잘못이라는 것을 여러분의 연약함과 두려움이 믿음을 하나님의 약속들과 뒤섞지 못한 탓이라는 것을 보지 못하십니까?

여호수아 1:5에서 하나님이 하신 말씀 이외에 과연 더 무엇을 원하십니까?

하나님이 여러분을 위하신다면, 누가 여러분을 대적할 수 있겠습니까?

여러분 자신과 여러분의 원수들과 여러분에게 닥친 어려움들을 보지 말고, "내가 너를 떠나지 아니하며 버리지 아니하리라"고 말씀하신 그분을 바라보시기 바랍니다. 그분을 의지하십시오. 그러면 연약함과 두려움이 물러가고 힘과 용기가 생겨날 것입니다.

> 오직 강하고 극히 담대하여 나의 종 모세가 네게 명령한 그 율법을 다 지켜 행하고 우로나 좌로나 치우치지 말라 그리하면 어디로 가든지 형통하리니 (수 1:7).

이 교훈은 앞 장의 약속을 그저 반복하는 것이 아니고, 그 약속을 구체화시키는 것이요 혹은 그 약속을 특정한 임무에 적용시키는 것이라 하겠습니다. 5절의 "강하고 담대하라"는 일반적인 약속이었고, 여기의 이 약속은 특히 하나님의 계명들을 지키며 행하는 일에 관계됩니다. 그의 앞에 놓인 그 위대한 일들을 위해 결연한 의지, 불굴의 자세, 담대함, 인내가 반드시 필요했습니다.

하지만 이와 더불어, 여호수아가 그의 전임자의 법에 완전히 복종하기 위해서 필수적으로 있어야 했던 것은—오늘날 일부에게는 덜 분명할지 모르겠으나—강한 힘과 용기였습니다. 세상은 독립적이며 자기 자신의 선을 지켜나가는 사람을 가장 흠모하고, 온유함과 복종의 자세를 아주 비굴한 것으로 간주합니다. 불신자들은 자유로운 생각과 자유로운 삶을 영위하는 자를 전반적으로 높이 여기고, 순종을 굴종적인 것으로 여겨 경멸합니다.

여호수아는 이제 사실상 여수룬의 왕이 되었습니다. 그러니 이스라엘의 군대장관으로서는 다른 분에게서 명령을 받을 진정한 용기가 절실했고, 특히 그 명령을 수행하는 일에 온갖 위험이 따르는 상황에서는 더욱 그것이 필요했던 것입니다.

그리스도인은 이러한 교훈을 자기 자신에게 신실하게 적용시켜야 합니다. 그러면 여호수아의 심정을 더 절실히 느끼게 될 것입니다.

[너는] 오직 강하고 극히 담대하여 나의 종 모세가 네게 명령한 그 율법을 다 지켜 행하라. 둘 사이에 불가분리의 연관성이 있는 것 아닙니까?

순종을 위해서는 용기가 필요하지 않습니까?

그리스도인 형제 여러분, 여러분의 성품과 행실이 신적인 표준에 부합된다면, 여러분의 생활의 모든 사소한 것이 하나님의 기준에 의해 이루어진다면, 사람들이 과연 여러분에 대해 무어라 생각하겠습니까?

여러분이 미쳤다고 생각하지 않겠습니까?

설교자가 오직 하나님의 경륜만을 선포하므로 사람들에게 "시대에 뒤떨어졌다"는 조롱과 비난을 받으면서도 그런 모든 것을 이기고 꿋꿋이 나아가기 위해서는 용기가, 극히 고귀한 용기가, 필요한 것입니다. 그리고 이름뿐인 많은 교인에게 "괴팍하며" "편협하다"고 조롱을 받을 때, 그리스도인 개개이 순종의 길을 올곧게 나아가기 위해서는 진정한 용기가 있어야만 합니다.

괴팍하다거나 청교도들처럼 유난스럽다는 식으로 비난받는 것을 두려워하는 이들이 얼마나 많은지 모릅니다!

아, 독자 여러분!

대중들의 사고의 도도한 물결을 거슬러 헤엄치기 위해서는 결단과 단호한 용기가 필요한 것입니다. 하나님의 말씀이 요구하는 바를 확실히 깨닫게 되면 일반 사람들의 사고와 달라지는 법이니 말입니다.

오직 강하고 극히 담대하여 나의 종 모세가 네게 명령한 그 율법을 다 지켜 행하고 우로나 좌로나 치우치지 말라 그리하면 어디로 가든지 형통하리니(수 1:7).

여호수아가 여호와께로부터 받은 명령이 있었습니다. 여호수아는 자기 자신의 성향에 이끌리거나 자기의 깨달음에 기대서는 안 되었고, 편의에 따라 좌우되어서도, 휘하의 사람들을 기쁘게 해 주려 해서도 안 되었습니다.

그는 오로지 모든 일을 "여호와께서 말씀하시되"를 기준으로 모든 일을 시행해야 했습니다. 그 명령을 시행하기 위해서 그에게는 힘과 용기가 필요했고, 모세가 글로 그에게 남겨둔 교훈들을 철저히 준수할 만큼 결연한 자세를 취해야 했습니다. 그리고 그 은혜들을 시행하기 위해서는 하나님이 그에게 주신 그 확신 있는 약속들을 가슴 가득 간직하고 있어야만 했습니다.

그러므로 오늘날도 하나님의 종은 반드시 하나님의 백성들에게 그리스도께서 명하신 모든 것을 준수하고, "볼지어다 내가 항상 너희와 함께 있으리라"(마 28:20)라는 약속에 의지해야 합니다. 마찬가지로 그리스도인 개개인도 "너희에게 무슨 말씀을 하시든지 그대로 하라"(요 2:5)라는 말씀을 명심하고, 그의 길을 번성케 하시리라는 그의 약속에 의지해야 합니다.

어느 한 분이 지적한 대로, "여호수아의 경우 신적인 명령에 완전히 순종하는 데에는 요새화된 성들을 함락시키고 창칼로 무장하고 철 병거를 타고 나오는 군사들과 싸워야 하는 엄청난 난관이 가로놓여 있었다." 그리스도의 깃발 아래 싸움에 나서고자 하는 사람은 조용히 앉아 거기에 따르는 비용을 계산할 필요가 있습니다. "어린 양이 어디로 인도하든지 따라간다는 것"(계 14:4)은 결코, 어린애 장난이 아니니 말입니다.

그저 입으로만 신앙을 고백하는 일은 하기 쉽고 유지하기도 쉽지만, 참된 그리스도인이 된다는 것은 자기를 부인하고 십자가를 지고 영문 밖에 있는 그리스도께로 나아가는 것을 뜻합니다. 여호수아는 자신의 순종을 통해 수많은 원수를 만들었습니다. 여리고가 함락되었고 아이성이 사라졌다는 사실이 알려지자, 여러 왕이 그를 대항하여 서로 동맹을 맺은 것입니다.

순종하는 그리스도인은 이런 일을 당하기 마련입니다. 원수를 만들 의지도 없고 노력도 하지 않지만, 그리스도께 신실히 행하면 옛 친구들 중 많은 이가 그를 대적하게 되고 어쩌면 집안 식구들 중에서도 원수가 생겨날 수도 있습니다.

> 모든 사람이 너희를 칭찬하면 화가 있도다(눅 6:26).

여호수아의 순종은 힘과 용기를 요하는 것이었습니다. **인고**(忍苦)의 세월이 이어질 것이었기 때문입니다. 로마는 하루아침에 세워진 것이 아니었으며, 가나안 역시 12개월 동안에 정복되는 것이 아니었습니다. 기나긴 행진과 지리한 원정, 그리고 수많은 맹렬한 싸움을 거쳐야만 비로소 이스라엘이 그들의 기업을 완전히 소유하게 되었던 것입니다.

어느 분은 이렇게 말합니다.

> 그의 전투들을 위해서는 날이 짧았다. 그는 태양이 멈추어 서고 달이 머물기를 명령한다. 그리고 심지어 그 긴 날이 저문 이튿날 아침에도 그의 손에는 여전히 칼이 들려 있었다. 여호수아는 마치 무장을 한 채 잠을 자던 옛 기사(騎士)들과도 같았다. 그는 언제나 싸우고 있었던 것이다.

그리스도인의 삶이 바로 그렇습니다. 처음부터 마지막까지 전쟁입니다. 생명으로 인도하는 좁은 길에는 한시도 싸움이 없는 때가 없습니다. 사탄이 한 발자국도 포기하지 않으니 말입니다. 하나의 정욕과 싸워 승리를 거두면 즉시 또 다른 정욕이 그 추한 머리를 들고 일어납니다. 한 가지 유혹을 이기면 열 가지 다른 유혹이 더욱 교묘하게 공격해오는 법입니다. 휴식 시간도, 휴가도, 허용되지 않습니다.

> 끝까지 견디는 자는 구원을 받으리라(막 13:13)

그 외에는 아무도 구원받지 못합니다. 인간의 힘과 용맹을 넘어서는 무언가가 요구됩니다.

> 나의 종 모세가 네게 명령한 그 율법을 다 지켜 행하고 우로나 좌로나 치우치지 말라(수 1:7).

누군가 잘 지적한 것처럼, "엄밀한 순종이야말로 순종의 본질을 이루는 것"입니다. 사실 하나님의 **모든** 명령을 **다** 지키기를 바라고 순전하게 힘쓰지 않는다면 순전한 순종의 자세가 있는 것이 아닙니다. 주어진 명령들을 취사선택하여 지키는 자는 자기를 기쁘게 하는 자요 하나님을 기쁘시게 하는 자가 아닙니다.

오늘날 기독교계의 대다수 사람들은 지나치게 엄밀해서는 안 된다고 말합니다. 하지만 이는 그들의 외식을 덮기에는 너무 얇은 옷입니다. 마음으로는 하나님의 법에 등을 돌리고 싶어 하면서도 노골적으로 그것을 인정하면 즉시 자기들의 본색이 드러나므로, "너무 세밀해서도, 너무 철저해서도, 너무 구체적이어서도 안 된다"는 식으로 떠벌립니다.

이처럼 임기응변식의 타협적인 태도야말로 기독교 세계를 오늘날처럼 안타까운 지경으로 몰아넣은 주범인 것입니다. 여기서 삭제하고 저기서 인간적인 것을 덧붙이는 식이야말로 악이 홍수처럼 밀려오도록 문을 열어 놓는 것입니다. 여호와께서 오직 우리의 온전한 마음만 받으시듯이, "주의 모든 계명"(시 119:6)을 다 지키는 순종만을 받으시며, 부분적이며 차별적인 순종은 결코, 받지 않으시는 것입니다.

여호수아에게 방종은 허용되지 않았습니다. 그의 앞에 주어진 규범을 시종일관 올곧게 준수해야 했습니다. 그 강령들을 시행하는 일이 아무리 인간의 지혜와 지략에 어긋나고, 그 때문에 그 자신이 이스라엘 백성에게 인정을 받지 못한다 할지라도, 하나님은 그에게 완전하고도 지속적인 순종을 요구하신 것입니다.

그는 오늘날 우리에게도 그것을 요구하십니다. 그렇게 순종하지 않는 이름뿐인 제자들에게 주님은 "너희는 나를 불러 주여 주여 하면서도 어찌하여 내가 말하는 것을 행하지 아니하느냐"(눅 6:46)라고 물으십니다. 그렇습니다. 그들 모두는 과연 "이름뿐인" 제자들입니다. 주님 자신이 이렇게 선언하시니 말입니다.

> 주인의 뜻을 알고도 준비하지 아니하고 그 뜻대로 행하지 아니한 종은 많이 맞을 것이요(눅 12:47).

사도는 "의의 무기를 좌우에 가지고"(고후 6:9)―의란 올바름의 표준, 즉 하나님의 법에 준하여 옳게 행하며 처신하는 것인데―라고 말씀했는데, 이는 아마도 여호수아 1:7을 염두에 두고 한 말씀일 것입니다. 한 청교도에게 어떤 사람이 말하기를, "많은 이들이 자기들의 양심을 절반으로 쪼개어 없애버리는데,

그대가 양심에 조금 흠집을 낸다 한들 어떻겠는가"라고 했답니다. 그러자 그는 이렇게 대답했답니다.
"아니오, 그럴 수 없습니다. 내 양심이 하나님의 것이니 말이오."
마지막으로 순종의 길이 **번영**의 길임을 주목합시다.

> 우로나 좌로나 치우치지 말라 그리하면 어디로 가든지 형통하리니 (수 1:7).

계시된 하나님의 뜻에 따를 때에 시련이 닥칠 수도 있으나 풍성한 보상이 있습니다. 물론 반드시 그럴 것입니다. 주는 절대로 사람에게 빚을 지는 분이 아니시니 말입니다. 그러므로 순종의 길이 곧 축복의 길입니다. 그 길을 걷노라면 사람들이 인상을 찌푸릴 수도 있습니다.

하지만 우리 주님의 미소가 있는데 무슨 상관이겠습니까!

예, 번영이 곧바로 나타나지 않을 수도 있습니다. 믿음이 연단을 받고 인내를 배양해야 하기 때문입니다. 하지만 결국에는 하나님의 계명들을 지킬 때에 "상이 크다"(시 19:11)는 것이 드러날 것입니다. 여호수아가 그렇게 해서 그것을 얻었습니다. 하나님의 법을 철저히 준수했고, 그리하여 그의 수고에 성공의 면류관이 베풀어졌습니다. 그리고 **우리를** 격려하고자 그 사실이 기록되어 있습니다.

> 경건은 범사에 유익하니 금생과 내생에 약속이 있느니라 (딤전 4:8).

이 말씀을 잊지 맙시다. 그러나 그 약속은 우리가 계명들을 지키는 여부에 달려 있습니다.

4. 하나님 말씀의 극한 중요성

이제 여호수아가 여호와께로부터 받은 그 위대한 명령의 마지막 부분을 대하게 되었습니다. 모세가 죽은 후에 그 명령이 그에게 임하였고 그것이 이스라엘의 가나안 정복과 점령에 관한 명령이라는 것은 이미 살펴본 바 있습니다(1-4절). 여호와께서 그의 종에게 베푸셔서 그의 마음을 위로하고 강하게 했던 그 복된 확신들도 살펴보았습니다(5절).

하나님이 그의 백성의 새로운 지도자에게 내리신 일반적인 훈령들도 살펴보았고(6절) 그 의미와 그 시의 적절함을 돌아본 바 있습니다. 그리고 여호와께서 그 훈령을 여호수아에게 구체적으로 적용시키신 사실도 주목했습니다.

곧 그가 모세를 통해 주셨고 그의 뒤를 잇는 모든 이를 위한 하나의 권위 있는 규범으로 영구히 기록해놓으신 그 규례들에 준하여 모든 일을 도모할 것을 그에게 요구하신 사실과, 그에게서 절대적이며 흔들림 없는 순종을 명하셨음을 보았고(7절), 이어서 이 모든 것이 오늘날 우리의 영적 생활에 지극히 현실적이며 실제적인 관계가 있음을 살펴보았습니다.

이제 상고할 내용에서는 그 앞의 모든 내용의 성공적인 실현을 보장하기 위해서 여호수아에게 무엇을 추가로 요구하셨는지를 배우게 됩니다.

> 이 율법책을 네 입에서 떠나지 말게 하며 주야로 그것을 묵상하여 그 안에 기록된 대로 다 지켜 행하라 그리하면 네 길이 평탄하게 될 것이며 네가 형통하리라 (수 1:8).

여호수아는 전적으로 기록된 말씀의 인도와 그 지배를 받아야 했는데, 이는 전례가 없었던 그야말로 유일무이한 일이었습니다. 여호수아 이전에는 그 누구도 **책**의 말씀을 기준으로 처신하라는 명령을 하나님께로부터 받은 일이 없었습니다. 그렇습니다. 아브라함과 그의 식구들은 하나님의 음성을 듣고서 그의 명령과 규례들을 지켰습니다(창 26:5).

모세 역시 신적인 권위를 좇아 처신했습니다. 그러나 이들은 모두 여호와의 입에서 나오는 훈령들을 받았습니다. 그러나 여호수아는 그리고 그의 뒤를 이은 모든 사람은 반드시 이 "율법책"의 지배를 받아야 했던 것입니다. 여호수아와 그 책이 갑작스럽게 같은 절에 함께 나타난다는 점이 놀랍습니다.

> 여호와께서 모세에게 이르시되 이것을 책에 기록하여 기념하게 하고 여호수아의 귀에 외워 들리라 (출 17:14).

그 책은 여호수아를 위해 예비된 것이요, 여호수아는 그 책의 말씀을 이루기 위해 온 것이었습니다. 그 모형적 의미가 여기서 단번에 드러납니다.

여기서 조심스럽게 주목할 것은 하나님의 말씀이 처음 책으로 나타날 때부터 동일한 위치에, 즉 조건 없는 수위(首位)의 위치에, 있었다는 사실입니다.

그 책이 여호수아의 위에 있었습니다. 그의 모든 처신이 그 책으로 말미암아 통제되게 되어 있었습니다.

그리고 주목할 것은 이 책의 권위가 그 양이나 크기와는 전혀 관계가 없다는 점입니다. "모세의 율법", "모세와 선지자", "율법과 선지자와 시편"(눅 24:44) 등이 그 동일한 책에 대한 묘사입니다. 그 내용의 양(量)에서는 차이가 있으나, 그 권위에 있어서나 하나님의 백성과의 관계에 있어서는 차이가 없습니다.

"이 예언의 말씀을 읽는 자와 듣는 자와 그 가운데에 기록한 것을 지키는 자는 복이 있나니"(계 1:3)라는 말씀은 "율법책"의 첫 장들로부터 그것이 정경으로 완성되기까지 그 편찬의 각 단계마다 성경에 동일하게 적용되는 선언입니다. 더 나아가서, 가장 초기의 형태의 성경에 주어진 첫 제목("율법") 속에서 성경의 주도적인 특징이 강조된다는 점을 유념해야 합니다. 성경은 우리에게 적용되는 "율법"이요, 신적인 권위로 옷 입은 **법**이며, 우리의 처신을 규정하는 **규범**인 것입니다.

"이 율법책"(단수. 역주)은 구약성경의 처음 다섯 권(혹은 다섯 장[章])인 모세오경 전체를 포괄합니다. "이 율법책들"(복수. 역주)이 아닙니다. 구약성경 전체를 통틀어 이 다섯 권의 책이 한 단위(a unit)로 간주되기 때문입니다. 회의론자들과 불신자들의 헛소리들에 우리가 주의를 기울이는 예는 거의 드뭅니다. 하지만 여기서는 잠시 그런 모습에서 벗어나야 할 것 같습니다.

스스로 "고등 비평가"(Higher Critics)라 칭하는 자들은 모세오경이 모세가 기록한 것이 아니고 그보다 훨씬 후대에 편찬된 것—어떤 이들은 므낫세 왕 때에, 또 어떤 이들은 에스라 시대에 되었다고 주장하나—이라는 그릇된 주장을 제기합니다.

그러나 이런 주장과는 달리, 구약성경 전체를 통틀어 확정적인 "책"을 거론하며, 끊임없이 그 권위에 호소하며, 그것을 보존하는 문제에 대한 지침들이 제시된다는 명확한 사실이 있습니다.

그러므로 이 문제에 대한 내용들을 간단히 개략적으로 정리하는 것이 독자들에게 필요할 것이라 봅니다. 이 "책"이 처음 언급되는 것은 위에서 말씀한 것처럼, 출애굽기 17:14입니다. 거기서 우리는 그 책이 여호와의 명령에 의하여 기록되었으며 그것을 가리켜 (히브리어로) 책이라 칭한다는 것을 보게 됩니다.

"모세가 여호와의 모든 말씀을 기록하고 … 언약서를 가져다가 백성에게 낭독하여 듣게 하니"(출 24:4, 7)라는 말씀은 그 첫 기록자가 누구였는지를 말해 줍니다. "모세가 여호와의 명령대로 그 노정을 따라 그들이 행진한 것을 기록하였으니"(민 33:2)라고 말씀하는데, 신명기 1:2-3과 신명기 2:14을 비교해 보면 그 "노정"이 이스라엘이 애굽에서 나온 첫해 초부터 삼십팔 년 말까지를 포괄한다는 것을 알게 됩니다.

"모세가 이 율법을 써서 여호와의 언약궤를 메는 레위 자손 제사장들과 이스라엘 모든 장로에게 주어"(신 31:9) 그들이 보관하도록 했으며, 같은 장 26절에 의하면 그가 레위인들에게 "이 율법책을 가져다가 너희 하나님 여호와의 언약궤 곁에 두어 너희에게 증거가 되게 하라"고 지시했음을 알게 됩니다.

그 율법책의 최소한 일부를 필사하였다는 것이 19절에서 분명히 나타납니다. 그러나 표준 필사본은 언약궤 곁에 보존되었고, 그것을 지성소에 보관해 두었습니다. 이스라엘의 각 왕들은 바로 그 표준 필사본을 대본으로 "이 율법서의 등사본을 레위 사람 제사장 앞에서 책에 기록하여야 했던 것입니다"(신 17:18).

칠년마다 한 차례씩 그 율법서 전체를 온 회중이 듣도록 낭독하게 했습니다.

> 온 이스라엘이 네 하나님 여호와 앞 그가 택하신 곳에 모일 때에 이 율법을 낭독하여 온 이스라엘에게 듣게 할지니 곧 백성의 남녀와 어린이와 네 성읍 안에 거류하는 타국인을 모으고 그들에게 듣고 배우고 네 하나님 여호와를 경외하며 이 율법의 모든 말씀을 지켜 행하게 하고 … 네 하나님 여호와 경외하기를 배우게 할지니라(신 31:11-13).

여호수아가 처신의 표준으로 삼아야 할 책이 바로 이것이었습니다. 훗날 성령께서 여호수아를 감동하여 기록하게 하셨고(수 24:26), 사무엘도 거기에 일부를 추가시켰습니다(삼상 10:25). "주의 율례들을 내게 가르치소서", "나의 발걸음을 주의 말씀에 굳게 세우소서"(시 119:12, 133)라고 기도할 때에 다윗이 염두에 두었던 것이 바로 **이 책**이었습니다. 다윗은 임종 시에 솔로몬에게 다음과 같이 당부했습니다.

> 네 하나님 여호와의 명령을 지켜 그 길로 행하여 그 법률과 계명과 율례와 증거를 모세의 율법에 기록된 대로 지키라 그리하면 네가 무엇을 하든지 어디로 가든지 형통할지라(왕상 2:3).

그러나 안타깝게도 솔로몬은 그 당부를 지키지 못하고, 자기 마음의 온갖 악한 계략들을 좇았습니다. 그의 치세에 시작된 이러한 쇠퇴는 여러 세대를 지나는 동안 계속 고조되었으며, 그때에는 "율법책"이 그 백성에게서 사라져 있었습니다. 요시아왕 때에 대제사장이 "여호와의 성전에서 율법책을 발견하였으니"(왕하 22:8), 이는 이스라엘의 배도에도 불구하고 여호와께서 그 책을 보존하게 하신 것이요, 또한 그 경건한 왕이 친히 그 "언약책의 모든 말씀"을 이스라엘 온 회중 앞에서 읽었습니다(왕하 23:2-3).

그 이후 에스라도 동일한 일을 행하는 것을 봅니다(느 8:1, 8). 다니엘도 이 책을 언급합니다.

> 온 이스라엘이 주의 율법을 범하고 치우쳐 가서 주의 목소리를 듣지 아니하였으므로 이 저주가 우리에게 내렸으되 곧 하나님의 종 모세의 율법에 기록된 맹세대로 되었사오니 이는 우리가 주께 범죄하였음이니이다(단 9:11).

그런가 하면 구약성경의 마지막 장에서도 다음과 같이 명령하고 있습니다.

> 너희는 내가 호렙에서 온 이스라엘을 위하여 내 종 모세에게 명령한 법 곧 율례와 법도를 기억하라(말 4:4).

> 이 율법책을 네 입에서 떠나지 말게 하며(수 1:8).

그 누구도, 아무리 지위가 높은 사람도, 하나님의 법 위에 있을 수가 없습니다. 이스라엘의 군대장관으로서 크나큰 권력과 권위를 부여 받았다 할지라도, 여호수아 자신은 하나님의 율법에 복종하는 처지에 있을 수밖에 없었습니다. 그는 자신에게 주어진 그 규범이 권위를 부여하는 것 외에는 그 어떠한 명령도 내릴 수 없었습니다. 새로운 법령이나 규례를 만들어낼 수가 없었고, 오직 "기록된" 규범을 따라 처신해야만 했습니다.

모세가 시작한 일을 완결 짓는 것이 여호수아의 사명이었다면, 모세가 제정한 그 율법을 지켜야만 했던 것입니다. 그로서는 새로운 법을 만들 필요가 없었습니다. 신적인 완전한 헌장이 이미 주어졌으니 그것을 성실히 지키는 것이 그의 임무였습니다. "율법과 증거의 말씀"을 따르고 그것에 준하여 말하지 않으면 그는 빛을 보지 못하고(사 8:20), 그 휘하의 사람들은 영적 어둠 속에 있게 되는 것이었습니다. 그러나 이 명령을 준수하는 한, 하나님의 미소가 그에게 임하고 그의 수고에 번영이 있게 될 것이었습니다.

> 주야로 그것을 묵상하여 그 안에 기록된 대로 다 지켜 행하라(수 1:8).

하나님의 말씀을 묵상하는 것이야말로 모든 은혜와 영적 성장의 수단 중 가장 중요한 것 중 하나입니다. 하나님의 일들에 대한 묵상은 취사선택의 대상이 아니요 의무사항입니다. 하나님이 **우리에게 명령하사** 지키게 하신 것이기 때문입니다. 여호수아가 받은 명령은 그 자신에게만 국한되는 것이 아니라, 하나님의 백성 모두에게 해당됩니다. 그리고 이 말씀만 있는 것이 아닙니다.

> 내가 오늘 너희에게 증언한 모든 말을 너희의 마음에 두고(신 32:46).

> 네 모든 길을 든든히 하라(잠 4:26).

> 너희는 자기의 행위를 살필지니라(학 1:7).

주님은 "이 말을 너희 귀에 담아 두라"고 말씀하시는데(눅 9:44), 그 말씀을 자주 마음에서 되새기지 않으면 그렇게 할 수가 없습니다.

> 무엇에든지 참되며 무엇에든지 경건하며 무엇에든지 옳으며 … 무슨 기림이 있든지 이것들을 **생각하라**(빌 4:8).

하나님의 율법을 밤낮으로 묵상하는 것이야말로 하나님이 "복 있는 자"라 부르시는 사람의 두드러진 특징 중 하나입니다(시 1:1-2). 이것은 다음의 실례에서 보듯이, 성도의 삶과 그들의 모범 중 높이 칭찬받는 거룩한 습관이요 행위입니다. 이삭(창 24:62), 다윗(시 119편), 우리 주님의 모친(눅 1:19, 51)이 그 예입니다. 묵상이 하나의 의무이자 도덕적, 영적 도움을 얻는 큰 수단이지만, 이를 행하는 사람이 별로 없습니다. 이것을 소홀히 하는 자들은 너무 바쁘다거나, 해야 할 일도 많고 신경 쓸 일이 너무 많아서 그렇게 한가하게 보낼 틈이 없다거나 하며 핑계를 댑니다.

그러나 우리의 첫 번째 대답은 그렇다면 여러분은 육체의 에너지로 행하는 것이요 종보다 나을게 없이 살고 있다는 것입니다. 하나님은 노예들을 부리는 애굽의 군졸 같은 분이 아니십니다. 그리스도의 멍에는 쉽고 그의 짐은 가볍습니다. 그러니 만일 여러분의 "짐"이 무겁다면 그 짐은 여러분 스스로 지는 것입니다. 하나님은 여러분의 영혼의 필요를 소홀히 하고 여러분의 영원한 관심사를 잊도록 여러분을 부르신 것이 아닙니다.

"위의 것을 생각하고 땅의 것을 생각하지 말라"(골 3:2)는 것이야말로 하나님의 변함없는 부르심입니다. 그는 절대로 부당하고 불합리한 명령을 주신 일이 없는 것입니다.

그러나 "너무 바빠서 정기적으로 영적인 묵상을 할 수가 없다"는 식의 말은 게으른 변명이요, 아니, 그보다 더 나쁩니다. 그것은 여러분의 악한 마음의 **속임수**입니다. 시간이 없어서가 아니라, 여러분이 하나님의 일들을 향한 **마음이 없기** 때문입니다!

> 네 보물 있는 그 곳에는 네 마음도 있느니라 (마 6:21).

모름지기 마음을 가득 채우고 있는 것에다 정신을 가장 집중하게 되어 있습니다. 생각이 언제나 애착을 따라가기 때문입니다. 그러므로 지극히 작은 일도, 그것을 즐거워하지 않으면 지루하고 무겁게만 느껴지는 것입니다.

수전노의 마음을 가득 채우는 것은 돈이지 않습니까?

주색에 빠진 사람은 오로지 그런 욕망을 만족시키는 것만을 생각합니다. 패역한 청년들은 오로지 쾌락을 좇기에만 관심이 있습니다. 세상 사람은 재물과 명예를 얻는 것에 시간과 정력을 소비합니다. 기회가 없는 것이 아닙니다. 말씀에 대한 흥미와 하나님을 기쁘시게 하고자 하는 욕구가 없는 것이 우리의 실패의 뿌리인 것입니다. 다윗은 "내가 주의 법을 어찌 그리 사랑하는지요 내가 그것을 종일 묵상하나이다"(시 119:97, 한글개역)라고 말씀합니다.

그는 하나님의 율법을 향한 그의 사랑을 끊임없는 묵상을 통해 증명해 보인 것입니다!

그에게 묵상은 의무가 아니라 즐거움이었습니다.

무수한 의무들과 무거운 책임들에 호소하여 정상참작을 시도할 수도 있지만, 하나님 앞에서는 아무런 소용이 없습니다. 여러분은 여호수아보다 더 중요한 위치에 있지도 않을뿐더러 감당해야 할 임무가 그보다 더 많고 힘겹지 않을 것이니 말입니다. 헨리(Henry)의 다음과 같은 발언은 극히 타당하다 하겠습니다.

> 누구든 자기가 맡은 일들을 핑계거리로 삼아 말씀 묵상이나 기타 경건 생활을 하지 못하는 것을 정당화시키려 한다면, 이 당시 여호수아의 사정을 생각해야 할 것이다. 그의 손에 막중한 책임이 지워져 있어서, 그것을 감당하기 위해서는 영혼이 열 개라 해도 모자랄 지경이었다. 그러나 이런 상황에서도 그는 묵상을 위해 시간과 정력을 들여야 했다. 이 세상에서 무슨 일을 담당하고 있든 간에 이 한 가지 일을 소홀히 해서는 안 되는 것이다.

하나님의 진리를 소홀히 한다면, 진리의 하나님이 우리와 함께하시기를 기대할 수가 없습니다. 말씀을 읽는 것이나 전해지는 말씀을 듣는 것만으로는 부족합니다. 그저 일시적인 효과밖에는 얻을 수가 없습니다. 말씀의 일부분을 묵상하고 거듭거듭 우리의 뇌리에 쌓아두면, 그 진리에 대한 인상이 깊어지고 더욱 기억에 남게 되며, 또한 우리의 마음과 손발을 일으켜 일하게 하는 법입니다. 하지만 여호수아에게 그저 일반적인 방식이 아니라 극히 특정한 의도를 갖고서 묵상을 명하고 있음을 주의 깊게 살펴야 합니다.

> 주야로 그것을 묵상하여 그 안에 기록된 대로 다 지켜 **행하라**(수 1:8).

구체적인 목적과 실천적인 목표를 갖고서 정신을 가다듬고 하나님의 말씀을 대하라는 것입니다. 곧 그저 명상에 젖기만 하는 것이 아니라, 그 말씀을 마음에 진지하게 새기고 그 교훈들을 기준으로 삶을 살아나가라는 것입니다. 묵상은 그저 이따금씩 누리는 사치가 아니라, 일상적인—"주야로"—임무를 정규적으로 행함으로써 더 기민하고 더 충실하며 더 합당하게 순종하게 하기 위한 것이었습니다.

하나님은 지성적이며 자발적이며 기꺼운 순종을 요구하십니다. 진정 하나님을 기쁘시게 하고 그분을 영화롭게 하기를 바란다면, 그의 말씀을 친숙하게 접하는 것은 물론이요, 그 거룩한 강령들을 어떻게 우리의 일상생활의 세세한 부분에까지 적용시킬까를 습관적으로 궁리하게 될 것입니다. 이는 "주의 법도들을 묵상하며 주의 길들에 주의하"(시 119:15)는 것 없이는 제대로 행할 수 없는 법입니다.

우리의 삶이 하나님을 진정 기쁘시게 하는 것이 되기를 진정 바란다고 우리 스스로 자부하기는 쉽습니다.

하지만 그런 우리의 바람이 순전하다는 것을 무엇으로 입증할 수 있겠습니까?

하나님이 기뻐하시는 것이 무엇인지는 그의 교훈들에 나타나 있습니다.

하지만 우리는 과연 얼마만큼 진지하게 그것들에 마음과 정신을 쏟고 있습니까?

그 교훈들을 주신 분이 누구신가를 명확히 기억할 때에 비로소 그것들을 더 높이 기리게 되며, 그것들이 나의 유익을 위한 것임을 깨닫고 나의 삶을 그 교훈들에 더욱 맞추어가게 될 것입니다. 기도로 반복하여 묵상할 때에 비로소 그 교훈들의 영적인 성격과 의도를 인지하게 될 것입니다.

예를 들어, 어떤 악행을 금지하는 말씀은 그 반대의 덕행까지 포괄하여 가르치는 것입니다. 곧 그런 명백한 악행 자체만을 금지하는 것이 아니라, 그런 악행을 조장하는 것이나 그것에까지 이어지는 모든 행위를 다 금지한다는 것입니다. 그 교훈들을 묵상함으로써 우리가 그것들을 깨닫고 우리의 양심이 깨우침을 얻고 우리의 의지가 그것들을 행하도록 감동을 받게 됩니다.

> 나의 사랑하는 바 주의 계명에 내 손을 들고 주의 율례를 묵상하리이다
> (시 119:48. 한글개역).

다윗으로 하여금 하나님의 계명들을 높이 기리게 한 것은 바로 그 계명들에 대한 **사랑**이었고, 그것은 두 가지 실질적인 효과를 가져왔습니다.

첫째, 그의 "손을 들었다"는 것인데, 이는 여기서 그 계명들을 지키고자 부지런히 적용하는 것을 뜻합니다.

창세기 41: 44의 말씀인 "네 허락이 없이는 **수족을 놀릴** 자가 없으리라"는 무슨 일을 시도하는 것을 뜻합니다. 그리고 시편 10:12의 "여호와여 일어나옵

소서 하나님이여 **손을 드옵소서** 가난한 자들을 잊지 마옵소서"라는 말씀은 그들을 돕는 적극적인 역사를 행하시라는 뜻입니다. 이어서 히브리서 12:12의 말씀인 "**피곤한 손**과 연약한 무릎을 일으켜 **세우고**"는 왕성하게 행하라는 뜻입니다.

그러므로 이는 비유적인 표현으로서, 마음을 가다듬어 진지하게 어떤 행동을 취하는 것을 의미합니다. "주의 계명에 내 손을 들리이다"는 곧, "내가 부지런히 그 계명들을 지키리이다", "내가 성실하게 노력하여 그것들을 실천하리이다", "그것이 나의 엄숙한 결단이옵니다" 라는 의미인 것입니다.

둘째, 그 결단을 실행에 옮기기 위하여, "내가 주의 율례를 **묵상**하리이다"라고 합니다.

그 율례들을 그저 인정하는 것만으로는 부족합니다. 그것들을 이행하여야만 합니다(약 1:22; 요일 2:4을 보십시오). 순종의 과정을 진지하게 우리 자신에게 각인시키고자 하면, 많은 생각과 묵상이 있어야만 합니다. 그 옛날 이스라엘에 대한 하나님의 중요한 비판 중의 하나는 "나의 백성은 깨닫지 못하는도다"(사 1:3)라는 것이었습니다. 하나님의 율례는 반드시 마음에 깨달아야 하고 항상 생각해야 합니다.

하나님의 계명을 우리의 양심 앞에 오래 세워둘수록 더욱 능력적으로 그것들이 우리를 변화시키게 될 것입니다. 우리는 그것들을 늘 잊어버린다고 불평하면서도, 그것을 고칠 바른 방도를 취하지 않습니다. 말씀을 우리 생각 속에서 계속 되새겨야만 비로소 그것이 우리 생각 속에 고정됩니다.

> 어리석은 자가 되지 말고 오직 주의 뜻이 무엇인가 이해하라(엡 5:17).

은혜는 무슨 부적처럼 역사하지 않고, 우리로 하여금 일을 하게 합니다. 그러므로 영적인 깨달음과 이해를 얻기 위해서는 조심하여 수고해야 하는 것입니다(잠 2:1-5을 보십시오).

> 그리하면 네 길이 평탄하게 될 것이며 네가 형통하리라(수 1:8).

그렇습니다. "그리하면", 곧 "오직 그렇게 해야만 비로소"라는 뜻입니다. 이러한 전제 조건을 지켜야 합니다. 하나님의 계명들이 지시하는 길로 행하는 것만이 영적 전쟁에서의 승리를 보장해 줍니다. 우리가 순종하는 자녀로 행하지 않으면, 우리를 인정하시는 하나님의 미소를 볼 수가 없습니다. 하나님이 베푸신 규범에 의하여 우리 스스로 처신하는 길 외에는 우리의 소유를 소유하고 우리의 유산을 누릴 수 있는 길이 없습니다.

그리고 "그 안에 기록된 대로 **다 지켜 행하기**" 위해서는 "주야로 그것을 묵상하여야" 하는 것입니다!

이 일을 행하는 목적은 마음으로 죄를 더 미워하게 하고 하나님을 기쁘시게 하는 일에 더욱 부지런히 마음을 쏟게 하며 그리하여 우리의 세속적이며 영원한 복지를 증진시키고자 함입니다. 이 구절들을 이렇게 길게 다룬 것은 이 구절들이야말로 측량할 수 없을 만큼 그리스도인의 삶에 중요하기 때문입니다. 여호수아가 그랬던 것처럼 우리도 **번영을 누리기**를 바란다면, 우리도 그가 행한 것처럼 **행해야** 합니다.

5. 마지막 당부

> 내가 네게 명령한 것이 아니냐 강하고 담대하라 두려워하지 말며 놀라지 말라 네가 어디로 가든지 네 하나님 여호와가 너와 함께 하느니라 (수 1:9).

이는 여호와께서 그의 종에게 주신 당부의 마지막 결론 부분입니다. 용기를 가지라는 명령이 세 번째로 여호수아에게 주어집니다. 이처럼 같은 명령이 반복되는 것에 대한 자연스런 추론은 그가 소심하고 우유부단한 사람이었다는 것입니다. 그러나 앞의 기록들을 보면 그런 결론은 합당하지 않습니다.

그는 모세가 가나안 땅을 정탐하기 위해 보낸 열두 명의 정탐꾼 중의 한 사람이었습니다. 열 명의 동료들의 부정적인 보고에 담대히 반대한 사실과 아말렉과의 싸움(출 17장)에서, 그는 용맹을 지닌 사람임을 여실히 보여 준 바 있습니다. 그런데도 하나님은 그에게 이 명령을 세 번씩 반복하는 것을 합당하게 여기신 것입니다. 헨리(Henry)는 이에 대해 이렇게 지적합니다.

> 은혜가 있는 자들은 그 은혜를 시행하고 그것을 발전시켜가도록 거듭 거듭 자극을 받을 필요가 있다.

그 명령은 여호수아가 소심한 사람이었음을 시사하는 것이 아닙니다. 오히려 진정한 믿음을 시행해야 할 상황들이 닥치게 될 것임을 말씀해 주는 것이라 하겠습니다.

그러나 여기서 지적해야 할 것은 물리적인 용기와 더불어 도덕적인 용기가 있는데, 물리적인 용기를 지닌 자들이 모두 도덕적인 용기를 지니는 것은 아니라는 사실입니다.

원수의 포화 앞에서는 전혀 물러섬이 없으면서도 하나님의 말씀을 읽는 모습이 들킬까 두려워하는 자들이 얼마나 많습니까!

온갖 난관들에도 굴하지 않고 온갖 실패들에도 움츠러들지 않는 정신력과 의지력도 있습니다. 여기서 또 주목해야 할 것은 용감히 행하라는 세 차례의 명령이 그저 같은 내용의 반복이기만 한 것이 아니었다는 점입니다. 6절에서 여호수아가 강하고 담대하라는 명령을 받은 것은 그의 앞에 주어진 임무와 관련된 것이었습니다. 그 임무가 물리적인 용맹을 요하는 것이었습니다.

7절의 명령은 개인적이고 도덕적인 용기에 관한 명령이었습니다.

> 율법을 다 지켜 행하라 (수 21:6).

동료들의 조언을 구하지도 말고, 그들의 비판을 두려워하지도 말고, 오직 "율법책"에 준하여 처신하라는 것이었습니다. 새로운 책략들을 좇는 것보다 옛 길을 지키는 것에 더욱 용기가 필요한 법입니다. 하나님의 계명의 길을 걸어가기 위해서는 결연한 마음이 반드시 필요한 것입니다.

> 내가 네게 명령한 것이 아니냐 강하고 담대하라 (수 1:9).

이것은 그저 영적인 용기를 시행하라는 명령 그 이상의 의미가 있는 것 같습니다. 하나님의 자녀는 자신의 연약함과 부족함을 인지하는 만큼 뒤로 움츠러들 소지가 다분합니다. 하지만 그래서는 안 됩니다. 오히려 자기 자신의 외부로 눈을 돌려서 다른 분의 강력한 힘을 붙잡아야 합니다. 여호와께서 그의 종에게 마치 이렇게 말씀하신 것 같지 않습니까?

내가 네게 맡긴 일이 과연 크나 큰 일이다. 그러나 네 자신의 부족함 때문에 뒤로 물러서서는 안 된다.

"내가 네가 명령한 것이 아니냐."

그러한 하나님의 보증을 염두에 두었다면, 여호수아에게 큰 도움이 되었을 것입니다. 명령을 주신 바로 그분이 그 명령을 수행하도록 힘을 주시는 분이시니, 오직 그분을 바라보아야 하는 것이었습니다. 그리스도께서도 친히 그 하나님의 뜻을 염두에 두시고 고난을 당하신 것입니다.

오직 내가 … 아버지께서 명하신 대로 행하는 것을 세상이 알게 하려 함이로라 (요 14:31).

"내가 네게 명령한 것이 아니냐 강하고 담대하라."

하나님의 명령들이, 그의 약속들과 마찬가지로 **믿는 자**에게 주어진다는 점을 충분히 인식하지 못합니다. 하지만 조금만 생각해 보면 과연 그렇다는 것을 알게 됩니다. 우리가 믿고 우리의 규범을 취해야 하는 것이 하나님의 말씀 전체입니다. 주께로 돌아가 사랑으로 그분께 굴복하게 된 사람은 그 말씀의 한 부분은 즐거워하고 또 다른 부분은 멸시하는 식의 자세를 취하지 않습니다. 사실 하나님의 말씀에 속한 모든 것 **하나하나**를 다 마음으로 받아들이지 않는다면, 이는 그 말씀을 믿고 받아들이는 것이 아닙니다.

그렇습니다. 어떤 의미에서는 현재의 임무를 납득하고 받아들이는 것이 미래의 약속들을 확신하는 것보다 더 쉽습니다. 하나님의 계명들에 대한 우리의 순종 여부를 기준으로 우리의 믿음을 시험하고 측정해야 합니다. 행위 없는 믿음은 죽은 것이니 말입니다. 믿음은 사랑을 통해 역사합니다(갈 5:6). 하나님이 내게 명하신 바를 행하는 것이 아니면 과연 어떻게 나의 사랑을 표현한단 말입니까?

나의 계명을 지키는 자라야 나를 사랑하는 자니 (요 14:21).
내가 주의 계명들을 **믿었사오니** (시 119:66).

우리는 어떻습니까?
이 진술이 나타내는 뜻을 선명히 깨닫습니까?
"주의 계명들을 믿는다"는 것은 그 계명들 속에서 하나님의 음성 듣기를 기꺼이 바라고 기다린다는 뜻입니다. 곧 마음이 적절히 감동을 받고 우리의 행위들을 거기에 따라 규정한다는 것입니다. 믿음은 언제나 하나님 자신과 관련 짓습니다. 하나님의 성품과 그의 속성들을 대면하게 하고, 또한 그것들을 지각하여 우리의 심령에 정당한 영향이 미치게 하는 것이 바로 믿음의 역할입니다.

믿음은 하나님의 사랑은 물론 그의 위엄도 진정으로 바라보며, 그의 은혜 안에서 진정으로 즐거워하며 동시에 그의 권위에 굴복합니다. 약속들은 물론 명령들에 대해서도 하나님을 신뢰해야 합니다. 약속들은 물론 명령들 역시 하나님의 입술에서 나오는 것이요 따라서 동일하게 그것에 응답해야 합니다. 계명들은 하나님의 뜻의 표현으로서 우리의 임무를 규정하는 것이요, 감각이 아니라 믿음으로 받아야 합니다. 사실 믿음에서 나오는 순종 이외에는 그 어떠한 순종도 합당한 것이 아닙니다(히 11:8).

믿음은 계명들을 하나님이 내게 요구하시는 것으로 보며 그리하여 그의 권위에 굴복합니다. 약속들이 하나님께로부터 오는 것임을 인정하지 않으면 그 약속들을 진정 높이 받들고 받아들이는 것이 아니듯이, 계명들 역시 그것들을 하나님이 우리에게 부과하시는 명령들로 받아들이지 않으면 우리의 양심으로 그것들을 높이 바라보고 의지로 그것들에 굴복하게 되지 않는 법입니다. 살아 있는 믿음으로 하나님의 약속들을 실질적으로 믿을 때에는 우리의 마음이 헛된 육신적인 것들을 물리치고 그 약속들이 보장해 주는 그것에서 행복을 얻기를 구하게 됩니다.

이와 마찬가지로 살아 있는 믿음으로 하나님의 명령들을 실질적으로 믿을 때에는 우리의 마음이 자아 의지(self-will)의 경로에서 이탈하게 됩니다. 그 명령들을 그 행복을 얻도록 인도하고 우리를 제어해 주는 유일한 규범으로 받아들이고, 그리하여 우리 스스로 하나님의 권위에 굴복하며 "순종하는 자녀처럼"(벧전 1:14) 처신하게 되기 때문입니다. "여호와께서 말씀하시기를"에 의식적으로 굴복하는 것 이외에는 그 어떠한 것도 영혼의 진정한 굴복을 일구어낼 수가 없습니다.

믿음은 명령들을 오직 전능하신 입법자로부터, 곧 절대로 사람이 시비를 걸 수 없는 분으로부터, 오는 것으로 받아들입니다. "입법자와 재판관은 오직 한 분이시니 능히 구원하기도 하시며 멸하기도 하시는"(약 4:12) 분이심을 알기 때문입니다. 중생하지 못한 자들이 하나님의 명령들을 그렇게도 가벼이 여기고 멸시하는 것은 그들이 하나님의 위엄과 권위와 의와 권능을 믿지 않기 때문입니다.

그러나 믿는 자는 모든 것을 정산할 날이, 심판의 날이, 온다는 것을 알며, 불순종에 대한 형벌을 계속 직시합니다. 히브리서 2:1-4은 마치 우리 자신이 시내산에 있었던 것처럼 하나님의 법과 그 반포자의 위엄에 엄숙하게 압도되어야 한다는 것을 분명히 가르쳐 줍니다.

그러나 믿음은 하나님의 계명들의 권위뿐 아니라 그 탁월함도 깨닫는 법입니다. 믿음은 "율법은 거룩하고 계명도 거룩하고 의로우며 선하다"(롬 7:12)는 사실에 인(印)을 칩니다. 아니 더 나아가 사도와 더불어, "내 속사람으로는 하나님의 법을 즐거워한다"고 말씀하는 것입니다(롬 7:22).

사도는 "내가 … 율법이 선한 것을 시인하노니"(롬 7:16)라고 선언했는데, 이때에 그는 완전한 율법에 다스림 받기를 기꺼이 원하는 자신의 뜻을 표현한 것입니다. 그저 수긍하는 것만으로는 충족하지 않습니다. 순종하고자 하는 자세도 있어야 합니다.

"동의"란 판단과 의지가 한데 어우러진 복합적인 행동입니다. 명령들은 하나님의 것으로 받아들일 뿐 아니라 하나님의 것이기에 높이 기리고 받들어야 합니다. 그 탁월함을 납득할수록, 그것들에 순종하는 일도 더 쉬워집니다.

> 여호와께서 우리에게 이 모든 규례를 지키라 명령하셨으니 이는 우리가 … **항상 복을 누리게 하기 위하심**이며(신 6:24).

사탄은 우리를 속여 하나님의 율법을 엄격하며 혹독한 것으로 생각하게 만들고자 하나, 성령은 "그의 계명들은 무거운 것이 아님"을 확신하게 해 줍니다(요일 5:3). 하나님은 계명과 약속들을 서로 뗄 수 없도록 만드셨습니다. 계명을 무시하면 결코, 약속들의 혜택을 누릴 수 없습니다. 우리의 평화와 행복이 계명을 준수하는 여부에 달려 있습니다. 하나님이 우리를 받아 주신다는 확신은 우리의 부지런한 순종보다 더 클 수가 없는 것입니다(요일 2:4을 보십시오).

> 내가 네게 명령한 것이 아니냐 강하고 담대하라 두려워하지 말며 놀라지 말라… (수 1:9).

하나님의 명령들이 우리의 행동뿐 아니라 우리의 **속사람**을 다스리도록 해야 한다는 것을 유념해야겠습니다.

> 보소서 주께서는 중심이 진실함을 원하시오니 …(시 51:6).

하나님의 명령들은 외형적인 이행만이 아니라 우리 마음의 자세와 순종하는 우리의 심정까지도 요구합니다. 탐심은 거짓말과 똑같이 죄악된 것이요, 근심은 도둑질과 똑같이 절망은 살인과 똑같이 죄악된 것입니다. 이 모두가 **하나님께** 불순종하는 것이기 때문입니다. 위의 명령은 여호수아에게 주어진 것이며, 동시에 우리에게 주어지는 것이요, 거기에 뒤따르는 약속도 마찬가지입니다.

> …네가 어디로 가든지 네 하나님 여호와가 너와 함께 하느니라 …(수 1:9).

그는 우리와도 함께 하사 우리를 도우시는 것입니다. 그러므로 우리는 주의 명령들을 믿음의 기도로 바꾸어, 주께서 우리에게 요구하시는 바를 친히 우리 속에서 행하시기를 바라며, 그렇게 해 주시기를 그분께 구해야 합니다!

그럴 때에 비로소 우리가, "내가 주의 계명들을 **믿었사오니**"(시 119:66)라고 진정으로 말할 수 있습니다.

그러므로 여호와께서 여호수아에게 "강하고 담대하라"는 명령을 세 차례나 주신 또 한 가지 이유가 있습니다. 거기에 "기록된 것은 아브라함만 위한 것이 아니요 … 우리도 위함"(롬 4:23-24)이며, 바로 그 때문에 우리가 이 구절들에 그렇게 많은 시간을 할애한 것입니다. 가나안을 정복하고 약속된 기업을 누리게 하기 위해 여호수아에게 주신 지시사항들은 우리가 우리에게 당한 전쟁에서 승리하기 위해서 반드시 따라야 할 훈령들이기도 합니다.

우리는 "믿음의 선한 싸움"을 싸워야 하며, 믿음의 삶이란 무엇보다 하나님의 명령들에 **순종**하는 삶이요, 눈에 보이지 않는 하나님의 권위에 우리 스스로 굴복하며, 그가 우리에게 주신 규범에 따라 우리의 삶을 영위해가는 것입니다.

이는 하나님이 보시기에 기뻐하실 일들을 행할 수 있도록 그가 힘주실 것을 신뢰하는 데 있으며, 그의 약속들을 붙잡고 우리에게 주어진 임무를 행하는 데 있습니다.

그러나 믿음의 삶은 중도에 닥치는 갖가지 난제나 위험요소에 결코, 굴하지 않는 견고한 마음을 요합니다. 육체와 세상과 마귀가 우리를 망하게 하려고 우리를 대적하여 진을 치고 있으니 말입니다.

그리고 우리는 그저 얼마 동안만 그것들과 싸우고 그치는 것이 아닙니다. 평생토록 싸워야 합니다.

그러므로 그리스도인들은 "그리스도 예수의 좋은 병사"(딤후 2:3)가 되기 위해서는 "강하고 담대"해야 하며, 행진이 힘들더라도 넘어져서는 안 되고 원수가 이기는 것 같을 때에도 낙심해서는 안 됩니다.

비록 작은 예비적인 싸움에서는 질 수도 있고 여러 날 동안 땅을 딛고 서기조차 힘에 겨울 수도 있으나, "끝까지 이기"면—이를 위해서는 끈기와 결단과 인내와 주를 신뢰함이 반드시 필요합니다만—승리가 확실한 것입니다.

제3장

믿음의 응답

(여호수아 1:10-18)

> 이에 여호수아가 그 백성의 관리들에게 명령하여 (수 1:10)

그들에게 지시사항들을 하달합니다. 그는 지파들의 두령들의 회합을 열어 그들 중 몇 명이나 그에게 협력할지를 알아보려 하지도 않았고, 그들의 조언이나 충고를 들으려 하지도 않았습니다. 아닙니다. 주의 뜻을 깨달았을 때에 "내가 곧 혈육과 의논하지 아니하였다"(갈 1:16)고 말씀한 사도처럼 처신했습니다. 그리고 망설이는 벨릭스처럼 "틈이 있으면"(행 24:25) 임무를 이행하겠다는 식의 태도를 취하지도 않았습니다.

"철이 뜨거울 때 내리쳐라"는 옛말이 있습니다. 하지만 양심의 가책이 있거나 혹은 성령의 충동이 있을 때에 즉시 응답하십시오. 아니면 이보다는 해야 할 임무가 선명히 드러날 때에 곧바로 그것을 시행하십시오. 뒤로 미루고 지체할수록, 하나님이 요구하시는 일들을 행하기가 더욱 싫어지는 법입니다. 뒤로 미루는 일은 그 자체가 불순종입니다. 하나님의 명령들을 이행할 마음이 없고 하나님의 영광을 위한 진정한 관심이 없다는 증거일 뿐입니다.

하나님께 순종하기를 원한다고 말하면서도 그 일을 계속 미룬다면, 이는 외식 이외에 아무것도 아닙니다. 실행할 마음이 없다는 것 외에는 아무런 방해거리가 없으니 말입니다. 뜻이 있는 곳에는 반드시 길이 있습니다. 진정 마음의 의향이 있다면 절대로 뒤로 미루지 않을 것입니다. 예루살렘 성벽의 재건축이 진행될 즈음에 "이는 백성이 마음 들여 일을 하였음이니라"(느 4:6)라고 말씀합니다.

임무가 발견되면, 반드시 그것을 행해야 합니다. 행해야 할 임무를 알면서도 그것을 소홀히 하면 반드시 위험이 따르는 법입니다.

"**이에** 여호수아가 그 백성의 관리들에게 명령하여."

그는 하나님의 명령에 순종할 뿐 아니라, 즉각적으로 이행했습니다. 당면한 난제들에 골머리를 앓고 있지도 않았고, 임무를 행하지 않을 핑계거리들을 만들어내지도 않았고, 일부러 행동을 지체시키지도 않았습니다. 즉각적으로 순종했습니다. 이것이야말로 우리 각자가 마음에 두어야 할 성공의 또 다른 중요한 비결인 것입니다.

"이에 여호수아가 그 백성의 관리들에게 명령하여."

이것이 그가 받은 명령에 대한 그의 반응이었습니다. 가장 가까운 임무부터 즉각적으로 시행했습니다. 그는 다윗과 더불어 "주의 계명들을 지키기에 신속히 하고 지체하지 아니하였나이다"(시 119:60)라고 말할 수 있었습니다. 즉각적인 순종을 결심했고, 그것을 즉시 실행에 옮겼습니다. 그토록 주권과 권능을 지니신 그 분께서 그런 복된 확신을 주셨으니, 그 분이야말로 온 마음과 힘을 다하여 사랑하고 섬겨 마땅한 분이시라고 생각한 것입니다.

여러분은 과연 어떠합니까?

"무슨 일을 하든지 마음을 다하여 주께 하듯 하라"(골 3:23)고 말씀합니다. 하지만 마음이 있으면 뒤로 미루는 일도 없을 것입니다.

그러니 순종에 대해 기꺼운 자세가 있느냐 아니면 순종을 뒤로 미루느냐 하는 것이야말로 우리 마음의 상태를 보여 주는 좋은 증표라는 것이 분명하지 않습니까?

행하지는 않고 논쟁만 거듭하거나, "달려가"지(시 119:32) 않고 생각만 하고 있다면, 이는 무언가 심각하게 잘못된 것입니다.

아, 절박한 처지에서 기도할 때와 순종할 때의 모습이 어찌 서로 그리도 다른지요?

곤경에 빠지거나 극심한 환난을 당하여 구원을 위해 부르짖을 때에는 우리가 다윗의 간구처럼, "속히 내게 응답하소서"(시 102:2)라고 외치지 않습니까?

그리고 하나님의 응답이 속히 임하지 않으면 얼마나 실망하며 투덜거립니까?

아, 하나님의 응답이 흔히 더디 임하는 이유를 그 전에 우리의 처신에 근거하여 생각해야 하지 않겠습니까?

임무에 대한 하나님의 부르심에 우리가 그렇게 더디 응답한다면, 과연 우리가 무슨 권리로 거룩하신 하나님이 도우심을 구하는 우리의 간구에 속히 응답하실 것을 기대한단 말입니까?

"어느 때까지"(계 6:10) 지체할 것인가를 물을 자격이 있는 것은 우리 자신이 아니라 바로 하나님이십니다. 하나님을 섬기는 일에 있어서 거룩한 신속함이야말로 우리에게 절실히 요구됩니다.

> 우리는 황급히 죄를 짓는 경우가 너무 많다. 오오 하나님께 순종하는 일에 그보다 더 신속하다면 얼마나 좋을까!(찰스 H. 스펄전[Charles H. Spurgeon]).

마음을 일으키는 데에 너무 시간을 허비해온 것이 아닙니까?
"이에 여호수아가 그 백성의 관리들에게 **명령하여**."
여호수아는 쓸데없이 주제넘게 처신한 것이 아니라, 하나님이 그에게 부여하신 권위를 올바로 시행하고 있었습니다. 여호와의 종으로서 그는 그의 주인의 뜻에 따라 행해야 하는 처지였으나, 하나님의 백성의 지도자로서는 자신의 권위를 행사하여 그들을 다스리고 통제하는 일이 합당하며 필수적이었습니다. 이 점에서 그는 복음의 순전한 사역자가 본받아야 할 훌륭한 모범을 남겼습니다.

오늘날의 목사가 여호수아와 모든 점에서 유사한 위치에 있는 것은 아니지만, 그리스도께로부터 부르심을 받고 보내심을 받아 그의 이름으로 설교하고(요 13:20) 그의 회중들을 "다스리는 자"(히 13:17, 개역개정은 "인도하는", 역주)들이니, 그들의 말을 듣는 이들에게 존경을 받도록 스스로 위엄과 예의를 갖추는 것이 합당합니다.

참된 복음 사역자는 교황도 아니요 얼굴만 내세우는 사람도 아닙니다. 그는 하나님의 기업을 스스로 좌지우지하는 디오드레베처럼(요삼 1:9) 처신해서도 안 되고, 다른 이들에게 굴욕적으로 아첨하는 자처럼 처신해서도 안 됩니다. 뻔뻔스러운 독재자와 굴종적인 아첨꾼 사이의 유쾌한 중도적인 역할이 있습니다.

오늘날 설교자들 중에, 마치 청중에게 그리스도와 그분의 대의를 좋게 보아 달라고 구걸하는 듯한 자세를 취하는 이들이 너무도 많습니다. 이들은 너무 변명을 늘어 놓고 아양을 떨며 유약하여, 사람들에게서 존경받을 수가 없습니다.

> 너는 이것을 말하고 권면하며 모든 **권위**로 책망하여 누구에게서든지 업신여김을 받지 말라(딛 2:15).

사역자들이 멸시로부터 자신을 지키는 가장 효과적인 방법은 그리스도의 가르침에 가까이 있고 그분을 닮는 것"(헨리[Henry])인데, 그리스도께서는 "**권위 있는 자**"와 같이 가르치신 것입니다(마 7:29).

> 이에 여호수아가 그 백성의 관리들에게 명령하여 이르되, 진중에 두루 다니며 그 백성에게 명령하여 이르기를 양식을 준비하라 사흘 안에 너희가 이 요단을 건너 너희의 하나님 여호와께서 너희에게 주사 차지하게 하시는 땅을 차지하기 위하여 들어갈 것임이니라 하라(수 1:10-11).

여기서 "명령하여"가 반복되는 것이 놀랍습니다. 처음에는 여호와께서 여호수아에게 "내가 네게 명령한 것이 아니냐"(수 1:9)라고 말씀하셨고, 그 다음에는 그가 관리들에게 명령했고, 그들이 다시 백성들에게 명령했습니다. 성공을 얻으려면 하나님이 베푸신 권위의 시행과 그에 대한 절대적인 순종이 필수적이었습니다. 오늘날 여호와께서 우리를 대신하여 강한 역사를 보이시게 하려면, 이 두 가지가 반드시 필요합니다.

사람들을 "권면하며 모든 권위로 책망하는 것"(딛 2:15)이 복음 사역자에게 필요하다면, 그분의 보살핌을 받는 이들에게는 그들을 "다스리는 자들에게 순종하고 복종하는 것"(히 13:17)이 필요한 것입니다. 하나님은 그분의 백성들에게 목사의 직분에 굴복할 것을 요구하십니다. 이는 국가의 통치자들에게 복종할 것(롬 13장)과 가정에서 남편에게와 부모에게 복종할 것(엡 5:22; 6:1)을 요구하신 것과 마찬가지입니다. 하나님의 집에서도 권징의 질서가 유지되어야 하는 법입니다.

> 양식을 준비하라(수 1:11).

여정을 앞두고 있고, 격렬한 전쟁이 그들의 앞에 놓여있었는데, 이를 예상하고 그들에게 주어지는 명령은 바로 "양식을 준비하라"는 것이었습니다. 이 명령의 영적인 의의와 적용의 필요성이 분명히 드러납니다. 강하고 용맹한 자세를 갖추어 전쟁에 대비하게 되려면, "믿음의 말씀"(딤전 4:6)의 자양분을 잘 받아야 합니다. "양식"은 하나님이 베풀어 주시지만, **우리**가 그것을 "준비"해야 합니다. 하나님은 그 어디서도 게으름을 격려하시지 않습니다. 이 명령을 귀담아 잘 따르지 않으면 우리의 원수들을 이길 수가 없습니다.

이 말씀은 여호수아 때의 이스라엘에게는 물론, 오늘날 우리에게도 직접적으로 주시는 것입니다. "내가 너를 떠나지 아니하며 버리지 아니하리니 … 네가 어디로 가든지 네 하나님 여호와가 너와 함께 하느니라"(수 1:5, 9)라는 약속은 우리 스스로 전용하면서도, "네게 명령한 그 율법을 다 지켜 행하고 … 주야로 그것을 묵상하여 그 안에 기록된 대로 다 지켜 행하라 … 강하고 담대하라 … 양식을 준비하라"는 명령은 무시해 버린다면, 극악한 부정직의 죄를 짓는 처사일 것입니다.

> 양식을 준비하라 사흘 안에 너희가 이 요단을 건너 갈 것임이니라 (수 1:11).

강을 건널 다리가 없었으므로, "**배**를 준비하라"는 명령을 기대하는 것이 자연스러웠을 것입니다. 홍해에도 다리가 전혀 없었지만, 이스라엘은 배가 없이도 안전하게 건넜습니다.

헨리(Henry)가 지적하듯이, "그가 독수리 날개에 태워 그들을 애굽에서 이끌어 내셨으니 가나안에도 그처럼 인도하실 것"이었습니다. 이때에 여호수아는 분명 그렇게 기대했을 것입니다. 그와 그의 휘하의 사람들이 하나님의 뜻에 순종한다면 하나님의 도우심이 반드시 있을 것이라고 확신했습니다. 그리하여 그는 "**이** 요단"이라고 자신 있게 말씀합니다.

전능하신 하나님께는 요단 강이 아무런 어려움이 되지 않으니, 그들 역시 두려워할 필요가 없었습니다. "사흘 안에 너희가 이 요단을 건너 … 갈 것임이니라": "건너 갈 수도 있으리라"거나 "건너기를 시도할지니라"도 아니었습니다. 이는 충만한 확신의 언어였습니다. 백성들도, 여호수아 자신에 대한 확신이 아니었고, 오직 살아계신 하나님에 대한 확신이었습니다.

오늘날 하나님의 백성들에게 말씀을 먹이고 그들을 인도하는 자들의 심정이 바로 이와 같아야 합니다. 그렇지 않으면 백성들의 용기를 북돋기는커녕 오히려 그들을 침체에 빠지게 만들게 될 것입니다.

여기의 "사흘" 속에는 한 가지 중요한 모형적이며 영적인 진리가 포함되어 있습니다. "사흘"은 부활의 숫자입니다. 그리스도인이 스스로 그리스도와 함께 부활한 자로서 처신할 때에 비로소 육체와 세상과 마귀를 이길 수 있게 되는데, 이를 위해서는 믿음과 순종을 시행하는 일이 필요합니다. 내가 하나님이 나를 보시듯 믿음으로 나를 보며, 믿음으로 나 자신을 그리스도의 죽으심과 부활에 동참하는 자로 바라보며, 믿음으로 죄와 사망과 사탄을 이기신 그리스도의 승리를 내 것으로 삼는 것입니다.

> 너희도 너희 자신을 죄에 대하여는 죽은 자요 그리스도 예수 안에서 하나님께 대하여는 살아 있는 자로 여길지어다(롬 6:11).

이것은 믿음으로 "여기는 것"입니다. 느낌과는 전혀 상관이 없습니다. 우리의 의식적인 "경험"과는 전혀 상관없이 하나님의 오류 없는 말씀 위에 든든히 서는 것입니다. 하나님의 율법의 심판을 기준으로 볼 때에, 영혼을 진정 그리스도께 맡기는 자는 이미 "사망에서 생명으로 옮긴 것"이요, 믿음은 하나님의 전충족적인 권위에 대한 그 복된 진리를 받아들이는 것입니다. 신자는 다시 사시고 승리를 거두신 구주와 법적으로나 본질적으로 하나인 것입니다.

지금 막 지적한 사실이 극히 중요합니다. 그리스도인이 거짓말하실 수 없는 하나님의 권위에 근거하여 "우리의 옛 사람이 예수와 함께 십자가에 못 박힌 것"(롬 6:6)과 우리가 "그리스도와 함께 다시 살리심을 받았다"는 것(골 3:1)을 확신하기 전에는 진정한 양심의 평안도, 영혼의 안식도, 항구적인 마음의 기쁨도 있을 수 없습니다.

자신이 부활의 기반 위에 서 있다는 사실을 마음에 영광스럽게 확정 짓기까지는 부활하사 우리 기업의 보증이 되신 그 분과 법적으로 하나가 되고, "이제 그리스도 예수 안에 있는 자에게는 결코, 정죄함이 없다"(롬 8:1)는 사실을 진정 즐거워하기까지는—그렇습니다. 그리스도의 의가 자신에게 전가되었다는 사실을 자랑스러워하게 되기까지는—신자는 부활의 기반 위에서 행할 수 없습니다.

믿음으로 그것을 받아들일 때에야 비로소 "여호와를 즐거워함이 나의 힘"이 됩니다. 하나님이 나를 받으신다는 것을 의심하고 내가 그리스도와 하나가 된 사실을 인식하지 못하면, 앞으로 나아갈 수도, "믿음의 선한 싸움을 싸울" 수도, 가나안 족속들과 싸워 이기기를 기대할 수도 없습니다. 이것이 기본입니다. 그리고 다시 말씀드리지만, 느낌은 이것과 아무런 상관이 없는 것입니다.

내가 법적으로 그리스도와 하나가 되었다는 사실을 체험적으로 실제적으로 구현하는 데로 나아가려면, 믿음을 발휘하는 것—성경 말씀의 선언들에 의지하는 것—외에 더 필요한 것이 있습니다. 곧 그리스도께 순종하는 것이 그것입니다.

> 그가 모든 사람(그의 백성)을 대신하여 죽으심은 살아 있는 자들(법적으로)로 하여금 다시는 그들 자신을 위하여 살지 않고 오직 그들을 대신하여 죽었다가 다시 살아나신 이를 위하여 살게(실제적으로) 하려 함이라(고후 5:15).
>
> 이제는 우리가 얽매였던 것에 대하여 죽었으므로 율법(의 저주)에서 벗어났으니 이러므로 우리가 영의 새로운 것으로(감사와 기쁨의 심령으로) 섬길 것이 … 니라(롬 7:6).

이제부터 그리스도인은 "새 생명 가운데서 행하게"(롬 6:4) 됩니다. 곧 새로운 원리가 그를 움직이게 되니 곧 사랑이요, 새로운 목적이 그를 지배하게 되니 곧 그 주인을 존귀하게 합니다. 중생하지 않았을 때에 그를 지배했던 자기 의지가 사라지고 모든 일에서 그리스도를 기쁘시게 하고자 하는 열의가 생겨납니다. 이것이 바로, 부활의 기반 위에서 "새 생명 가운데서 행하는 것"입니다.

가나안의 원형은 우리의 것이니, 곧 그리스도의 보배로운 피로 값주고 산 소유물이 그것입니다. 그 기업은 **지금** 믿음으로, 소망으로, 위의 것들에 애착을 둠으로, 누리는 것입니다. 그렇게 행하면 체험적으로 우리의 소유물들을 소유하게 됩니다.

> …곧은 자는 좋은 것들을 소유하느니라(잠 28:10, 개역개정은 성실한 자는 복을 받느니라, 역주)

그저 그럴 가망이 있는 것만이 아니라 실제로 그것들을 소유하게 된다는 뜻입니다. 그러나 기업을 누리지 못하도록 우리를 가로막는 강력한 원수들이 있습니다! 사실입니다. 하지만 그것들을 이기고 승리를 거둘 것입니다. 이스라엘이 그랬던 것처럼 말입니다. 믿음을 발휘하며 순종하며 행하는 만큼 승리를 얻을 것…입니다. 여호수아의 언어의 엄밀한 의미를 주목하기 바랍니다.

> … 너희의 하나님 여호와께서 너희에게 **주사** 차지하게 하시는 땅을 차지하기 위하여 들어갈 것임이니라 …(수 1:11).

하나님은 이미 오래 전에 약속으로 가나안을 주셨습니다(3절). 그러나 하나님께 자신을 굴복시키느냐의 여부에 따라서 **그** 세대에게 그 약속이 이루어지게 되어 있었습니다. 우리도 마찬가지입니다. 하나님의 요구 사항을 충족시키면 지금 우리에게 소유를 주실 것입니다.

여호와 하나님이 가나안 땅을 "그들에게 주리라"고 맹세하셨으나(6절), 그렇다고 해서 그들의 편에서 힘쓰고 노력하지 않아도 무방한 것은 아니었습니다. 지금까지 하나님은 그들에게 만나를 베푸셨습니다. 연명할 양식이 광야에 전혀 없었기 때문입니다. 그러나 이제 여호와께서는 "양식을 준비하라"고 명령하십니다. 이는 그들에게서 무언가 요구하시는 것이 있음을 시사해 줍니다. 곧 그들이 자기들의 책무를 행해야 한다는 것입니다.

여호와께서는 절대로 게으름을 용인하시지 않습니다. 그분의 미소를 가장 많이 누리는 자는 그분을 위하여 바깥에서 임무를 다하는 자입니다. 끈질긴 싸움을 계속 싸워야 했고, 성공 여부는 여호수아를 통해 하달된 하나님의 명령들을 무조건적으로 순종하며 지키느냐에 달려 있었습니다. 그렇게 해야만 그가 그 땅을 그들의 소유로 주실 것이었습니다.

이것이 바로 이 책의 중심을 이루는 메시지입니다. 곧 전적인 순종이야말로, 우리의 원수들을 향해 하나님이 그분의 권능을 발휘하사 우리로 하여금 기업을 누리게 하시는 조건이라는 것입니다.

> 여호수아가 또 르우벤 지파와 갓 지파와 므낫세 반 지파에게 말하여 이르되 여호와의 종 모세가 너희에게 명령하여 이르기를 너희의 하나님 여호와께서 너희에게 안식을 주시며 이 땅을 너희에게 주시리라 하였나니 너희는 그 말을 기억하라 (수 1:12-13).

이는 민수기 32장에 기록된 내용을 지칭합니다. 이스라엘이 아모리 사람들과 바산의 왕국들을 정복하자(민 32:33), 이미 "심히 많은 가축 떼를 가지고" 있던(1절) 두 지파와 반 지파가 모세에게 나아와 다음과 같이 요청했습니다.

> 이 땅을 당신의 종들에게 그들의 소유로 주시고 우리에게 요단 강을 건너지 않게 하소서 (민 32:5).

처음에 모세는 매우 불쾌히 여겼습니다. 그들이 불신앙과 앞으로 이어질 전쟁에서 자기 몫을 담당하기를 꺼리는 마음으로 그런 요구를 한다고 여긴 것입니다. 그러나 모세는 그들이 가축들을 위해 우리를 짓고 자녀들을 위해 집을 짓도록 허락을 받되, 그들의 남자들이 다른 지파들과 합류하여 가나안이 정복될 때까지 함께 싸우겠다는 그들의 의도를 확인하고서(16-19절), 그들의 제안을 받아들였습니다(20-24절).

그 때에 모세가 한 말을 주의를 기울여 주목하면, 그 사건이 이 책의 주류가 되는 문제를 보여 주는 아주 놀라운 예증이 된다는 것을 알게 됩니다. 민수기 32:33은 모세가 그 땅의 분깃을 그들에게 **주었다**고 말씀합니다. 그러나 그것은 절대적인 증여가 아니라, 그들이 책무를 성실하게 감당한다는 조건 하에서 잠정적인 의미로 증여한 것이었습니다.

독자들 중에 그 진술이 거슬리고, 자기의 "믿음"에 저촉된다고 여기는 분이 있다면, 그 다음에 이어지는 내용을 면밀히 살펴서 자기의 "믿음"을 교정시킬 필요가 있습니다.

> 모세가 그들에게 이르되 너희가 **만일** 이 일을 행하여 무장하고 여호와 앞에서 가서 싸우되 너희가 다 무장하고 여호와 앞에서 요단을 건너가서 여호와께서 그의 원수를 자기 앞에서 쫓아내시고 그 땅이 여호와 앞에 복종하게 하시기까지 **싸우면** 여호와 앞에서나 이스라엘 앞에서나 무죄하여 돌아오겠고(요단 강 동편의 땅으로) 이 땅은 여호와 앞에서 너희의 소유가 **되리라**(민 32:20-22).

그들도 이에 동의했습니다.

> 주의 종들인 우리는 우리 주의 명령대로 행할 것이라(민 32:25).

그 다음, "이에 모세가 그들에 대하여 제사장 엘르아살과 눈의 아들 여호수아와 이스라엘 자손 지파의 수령들에게 명령하니라"는 말씀이 이어집니다(28절). 그리하여, 이제 모세가 죽었고 이스라엘이 가나안에 들어갈 여호와의 때가 이르렀으므로, 여호수아는 두 지파와 반 지파에게 "여호와의 종 모세가 너희에게 명령하였나니 너희는 그 말을 기억하라"(수 1:13)고 말씀합니다. 이렇게 해서 그는 여호와께서 주신 명령을 그대로 이행했습니다.

여호와께서 "나의 종 모세가 네게 명령한 그 율법을 다 지켜 행하라"고 명령하셨는데(7절), 이것이 그중의 하나였기 때문입니다(민 32:28). 여호수아가 그 지파들의 도움을 청한 것은 천성적인 분별력이나 편의성 때문도, 나머지 지파들로는 가나안 정복을 수행하기에 부족하다는 우려 때문도 아니었습니다. 오직 그의 주인이신 하나님께 순종하기 위해서 그렇게 했던 것입니다.

여호수아는 두 지파와 반 지파가 그들이 동의한 일을 이제 이행하는 것을 당연시하지 않고, 그 일을 명확히 상기시키면서 그대로 이행할 것을 촉구합니다. 여호수아 자신을 위해서 그 일을 이행하라고 간청한 것—내 밑에서 그 일을 행해 주었으면 좋겠다는 식으로—도 아니었고, 그들이 모세에게 한 약속을 기억하라고 명한 것도 아니었습니다.

아닙니다.

그는 하나님의 **말씀**을 그들에게 제시한 것입니다!

이것은 오늘날의 하나님의 종들이 새겨야 할 또 하나의 교훈입니다. 곧 하나님을 존귀하게 하기를 원하면, 우리부터 그분의 요구 사항들을 강하게 제시함으로써 그분의 말씀을 존귀히 여겨야 한다는 것입니다. 아직 구원받지 못한 자들을 향해 "하나님이 … 이제는 어디든지 사람에게 다 회개하라고 **명령하셨다**"(참조. 행 17:30)라고 선포해야 마땅하다는 것입니다.

> 여호와의 종 모세가 너희에게 명령하여 이르기를 너희의 하나님 여호와께서 너희에게 안식을 주시며 이 땅을 너희에게 주시리라 하였나니 너희는 그 말을 기억하라 너희의 처자와 가축은 모세가 너희에게 준 요단 이쪽 땅에 머무르려니와 너희 모든 용사들은 무장하고 너희의 형제보다 앞서 건너가서 그들을 돕되 여호와께서 너희를 안식하게 하신 것 같이 너희의 형제도 안식하며 그들도 너희의 하나님 여호와께서 주시는 그 땅을 차지하기까지 하라 그리고 너희는 너희 소유지 곧 여호와의 종 모세가 너희에게 준 요단 이쪽 해 돋는 곳으로 돌아와서 그것을 차지할지니라(수 1:13-15).

여기서 몇 가지 사항들을 간략하게 언급하고 넘어가려 합니다. "기억하라"는 말은 **깊이 새기라**는 뜻인데, 순종을 촉구하는 의미임이 분명합니다. 그들은 이미 자기들의 몫을 받았으니, 배나 더 의무가 컸습니다. 감사의 마음으로 그 의무를 기꺼이 이행해야 마땅하다는 것이었습니다.

헨리(Henry)는 이렇게 말씀합니다.

> 하나님이 그의 섭리로 우리에게 안식을 베푸실 때에, 우리는 그 유익을 누리면서 어떻게 하면 그분을 존귀하게 할지, 어떻게 형제들을 섬길지를 생각해야 한다.

여기서 실례를 통해 제시되는 다음의 진리에 다시 한 번 주목해야겠습니다. 곧 싸움이 없이는 우리의 기업에 들어갈 수 없다는 것이 그것입니다. 이 두 가지 면이 어떻게 결합되는지를 보십시오. 요단 강 동편의 땅이 분할되어 두 지파와 반 지파에게 주어졌습니다. 그러나 이제 **그들**은 가나안 정복에서 자기들의 몫을 책임져야 했습니다. 아니, 전투에서 선봉에 서야 했습니다.

> 너희 모든 용사들은 무장하고 너희의 형제보다 앞서 건너가서 … (수 1:14).

곧, 이스라엘 군대의 창끝이 되어야 했습니다. 이는 과연 적절하고도 정당한 일이었습니다. 모든 형제 중에 **가장 먼저** 기업을 이미 받았으니, 선두에 서는 것이 마땅했던 것입니다. 자, 이제 그대로 일이 이루어집니다. 요단 강을 건널 때에 그 두 지파와 반 지파가 "모세가 그들에게 이른 것 같이 무장하고 이스라엘 자손들보다 앞서 건너갔으니"(수 4:12). 그렇게 건넌 자들이 "용사들"이었음을 주목하십시오. 그 군대에는 여자들이 없었습니다.

> 그들이 여호수아에게 대답하여 이르되 당신이 우리에게 명령하신 것은 우리가 다 행할 것이요 당신이 우리를 보내시는 곳에는 우리가 가리이다 우리는 범사에 모세에게 순종한 것 같이 당신에게 순종하려니와 오직 당신의 하나님 여호와께서 모세와 함께 계시던 것 같이 당신과 함께 계시기를 원하나이다(수 1:16-17).

만일 이 구절들에 대해 별도의 글을 썼다면, 그 제목을 "여호수아가 받은 격려"라고 붙이고 이 사건과 그 앞의 사건 사이의 관계에 대해 설명했을 것입니다. 하나님을 존귀하게 하는 자들을 존귀하게 하시는 것이 언제나 하나님의 방법입니다. 여호수아는 그가 받은 임무를 즉각적으로 행하였고 하나님의 말씀을 극히 높였는데, 이제는 하나님이 그 두 지파와 반 지파를 움직이사 기꺼이 여호수아의 휘하에서 섬기도록 하신 것입니다.

여호수아는 "여호와께서 너희를 안식하게 하신 것 같이 너희의 형제도 안식하며 그들도 너희의 하나님 여호와께서 주시는 그 땅을 차지하기까지 하라"(15절)라고 말씀했습니다. 그는 전쟁의 결과에 대한 흔들림 없는 믿음으로 그렇게 말씀했었는데, 이제 여호와께서 은혜로이 그 사람들의 마음을 움직이사 그에게 충심으로 협력하게 하신 것입니다.

그 두 지파와 반 지파는 그들이 한 약속이 모세와 행한 것임을 탄원할 수도 있었습니다. 당사자가 죽으면 그와 행한 약속이 무효가 되므로, 모세가 죽음으로써 그들은 자기들의 약속을 지키지 않아도 되는 처지였을 것입니다. 그러나 오히려 그들은 여호수아를 그들의 지도자로 기꺼이 무조건적으로 임정하고 그의 권위에 머리를 숙였습니다. 그들이 여호수아에게 한 약속은 과거에 모세에 행한 맹세의 범위를 훨씬 넘어서는 것이었습니다.

여호수아는 "강하고 담대하라 두려워하지 말며 놀라지 말라 네가 어디로 가든지 네 하나님 여호와가 너와 함께 하느니라"(수 1:9)라는 확약을 받았었는데, 여호와께서는 이제 그 두 지파와 반 지파가 여호수아에게 충성을 서약하며 굴복하는 일을 통하여, 여호수아에게 주셨던 그 약속의 일부를 보증물로 이루어지게 하신 것입니다.

이때에 그들이 여호수아에게 한 약속은 헛말이 아니었습니다. 22:1-6에서 나타나듯이, 그들은 자기들의 약속을 충실히 지켰던 것입니다. "오직 당신의 하나님 여호와께서 모세와 함께 계시던 것 같이 당신과 함께 계시기를 원하나이다"는 여호수아를 위한 그들의 기도로 보아야 합니다.

> 누구든지 당신의 명령을 거역하며 당신의 말씀을 순종하지 아니하는 자는 죽임을 당하리니 오직 강하고 담대하소서(수 1:18).

그들은 이스라엘 군대에 속한 다른 이들이 비겁하게 배반하는 일을 방지하기 위해서 그러한 군사 명령이 발령되어야 함을 말씀한 것입니다. 아마 그들은 여호와께서 모세에게 하신 다음의 말씀을 염두에 두었을 것입니다.

> 내가 그들의 형제 중에서 너와 같은 선지자 하나를 그들을 위하여 일으키고 내 말을 그 입에 두리니 내가 그에게 명령하는 것을 그가 무리에게 다 말하리라 누구든지 내 이름으로 전하는 내 말을 듣지 아니하는 자는 **내게 벌을 받을 것**이요(신 18:18-19).

우리는 그 예언이 궁극적으로 그리스도에게서 성취되었음을 잘 알고 있습니다. 하지만 여호수아는 그리스도의 모형이었습니다. "오직 강하고 담대하소서"라는 말은 "우리 편에서는 당신의 힘을 약화시키는 일을 결코, 하지 않을 것이요, 당신의 일을 위하여 힘을 다할 것이니이다"라는 선언과 동일한 것이었습니다.

그리스도인은 나라의 관리들과 복음 사역자들을 향해 언제나 바로 이러한 자세를 취해야 마땅합니다.

제4장

붉은 줄

(여호수아 2:1-24)

1. 정탐꾼들

1장 후반부에서 성령께서는 여호와께로부터 그 위대한 명령을 받은 후 여호수아가 보인 반응을 기록하셨습니다. 여호수아는 즉시 그대로 행했고, 하나님의 법규를 준수하였으며, 믿음으로 행했습니다. 그가 백성들에게 한 명령(11절)은 요단 강을 건너게 되리라는 것에 대해 그가 전혀 의심하지 않았음을 잘 보여 줍니다. 그리고 두 지파와 반 지파에게 한 말씀(15절)은 그 작전 전체를 여호와께서 도우실 것임을 그가 확신했음을 보여 줍니다. 그런 언어는 과연 하나님을 높이며 그분의 백성들에게 용기를 주는 것이었습니다.

여호와께서는 두 지파와 반 지파로 하여금 여호수아를 그들의 지도자로 인정하고 그분의 권위에 완전히 복종하도록 역사하심으로써 그분의 종에게 보응하셨음을 앞에서 살펴본 바 있습니다. 그런 일들이 기록된 것은 우리를 교훈하고 격려하기 위함입니다. 곧 그 누구도 여호와를 신뢰하고 그분의 말씀에 순종하다가 실패자가 되는 일은 없다는 것을 보여 줍니다. 이제 우리의 주목을 끄는 것은 여호와께서 친히 임무를 다하는 자들을 위하여 강하게 역사하신다는 증거가 더 제시된다는 사실입니다.

여호수아가 부르심을 받아 정복해야 했던 땅은 맹렬하고 막강한 불경한 사람들이 점령하고 있었습니다. 인간적으로 말하면, 가나안 사람들이 여호수아의 임무를 돕거나 덜어줄 것이라고 결론지을 만한 하등의 이유가 없었습니다. 왕들의 태도와 행동을 보면 오히려 그 반대였습니다(민 21:1, 23, 33).

여리고에 관한 정보를 얻기 위해 두 명의 정탐꾼을 보낼 때에도, 그는 그 곳의 거주민 중에서 그들의 어려운 임무를 도와줄 사람이 있으리라고는 기대할 수가 없었습니다. 하지만 그런 일이 일어났습니다. 전혀 예기치 않게 그들이 묵고 있던 집의 여주인이 그들을 도왔습니다. 그 여주인은 그들을 친절히 대했을 뿐 아니라 목숨까지 걸고 그들을 도왔습니다.

잠언 16: 7에 "사람의 행위가 여호와를 기쁘시게 하면 그 사람의 원수라도 그와 더불어 화목하게 하신다"는 말씀이 과연 옳음을 보여 주는 분명한 실례가 아닐 수 없습니다!

그 두 사람은 하나님의 종의 명령을 좇아 임무를 행하였고, 하나님이 그들을 위해 일하셨던 것입니다.

> 눈의 아들 여호수아가 싯딤에서 두 사람을 정탐꾼으로 보내며 이르되 가서 그 땅과 여리고를 엿보라 하매 그들이 가서 라합이라 하는 기생의 집에 들어가 거기서 유숙하더니 (수 2:1).

이스라엘 자손은 한 동안 싯딤 평야에, 곧 여리고 맞은 편 요단 강가에 진을 치고 있었습니다(민 33:49). 이제 여호수아는 이스라엘 군이 나아갈 이 지역의 요새의 현황에 대한 정보를 얻고자 이 두 정탐꾼들을 보냈습니다. 여호수아의 이런 조치에 대해 일부 사람들은 신랄하게 비판을 해 왔습니다. 그들의 주장은 그가 불신앙에 사로잡혀 육신적으로 일을 도모했다는 것이었습니다.

온전히 여호와를 신뢰했어야 했고, 이런 방책을 쓰지 말고 오직 그만을 의지했어야 했다는 것입니다. 그러나 우리는 이처럼 트집을 잡는 이들의 주장에 동의하지 않습니다. 그들의 비판은 그들 자신의 혼란스러운 마음에 기인하는 지극히 해로운 것으로서 전혀 정당하지 않기 때문입니다.

무엇보다도, 여호수아의 이런 조치에는 좋은 선례가 있습니다. 그보다 앞서 모세 역시 정탐꾼들을 보낸바 있고(민 13장), 하나님은 여호수아에게 "율법책에 기록된 대로 다 지켜 행하라"고 명령하신 바 있는데(수 1:7-8), 모세가 정탐꾼을 보낸 사실이 바로 그 책에 기록된 내용 중의 하나였던 것입니다.

그러나 처음 정탐꾼을 보내는 일도 그 일을 추진한 사람들의 불신앙에서 비롯되었고, 모세도 그들의 악한 동기를 간파하지 못했다고 주장하는 이들이 있습니다. 사실 이 문제에 대한 대다수의 저작자들이 그런 견해를 취합니다. 하지만 그것을 뒷받침할만한 증거가 말씀에는 전혀 없습니다.

모세는 "내가 그 말을 좋게 여긴다"고 선언했고(신 1:23), 그 일에 대해 후에 아무런 변명도 하지 않았습니다. 불신앙의 모습은 **그 결말**에서 나타납니다.

열 명의 정탐꾼들의 회의적인 보고에서 불신앙이 드러났고, 믿음 없는 이스라엘 회중이 그 보고를 곧바로 믿어버린 것입니다.

그 열 두 정탐꾼을 보낸 일이 불신앙적인 조치였다는 것에 대해 성경은 침묵할 뿐 아니라, 민수기 13:1-2은 오히려 다음과 같이 분명하게 말씀합니다.

> 여호와께서 모세에게 말씀하여 이르시되 사람을 보내어 내가 이스라엘 자손에게 주는 가나안 땅을 정탐하게 하라 (민 13:1-2).

그리고 그 일이 여호와의 편에서 양보하신 것이라거나, 그가 그 백성을 그들의 마음의 욕심에 내버려두신 것이라는 암시도 전혀 나타나지 않습니다. 여호수아는 좋은 선례와 기록된 실례를 통해 두 정탐꾼을 보내는 일에서 안내를 받은 것입니다. 하지만 설사 그런 선례가 없었더라도, 그의 조치는 비난받기는커녕 오히려 정당한 수단을 사용하는 아주 지혜롭고 영민한 처사였다 합니다.

일을 시행하기 전에 미리 확인하는 것은 그의 임무였습니다. 여리고의 지리를 확인하고, 그 방어진에 공격하기 좋은 약점은 없는지를 알아내고, 그 결과에 따라 계획을 수립하는 것은 당연한 일이었습니다. 그러니 그는 그런 조치를 통해 자신의 책무를 다했을 뿐이었습니다.

"너는 마음을 다하여 여호와를 신뢰하고 네 명철을 의지하지 말라"(잠 3:5)라는 말씀이 적용되는 범위에 대해 오늘날 많은 오해가 있고, 믿음을 광신(狂信)과 혼동하는 경우가 허다합니다. 이와 관련해 믿음으로 행한다고 해서 정당한 수단을 전혀 사용하지 말아야 하는 것은 결코, 아니라는 점을 분명히 해두어야겠습니다. 단, 그 수단에 의지해서는 안 되고 하나님이 그 수단에 복을 주시는 것에 의지해야 합니다.

하나님이 내 재산을 보호하실 것이라는 것을 핑계로, 이웃에 도둑질이 기승을 부릴 때에 집 문과 창문을 잘 걸어 잠그기를 기피한다거나, 화로에 불이 타고 있는 것을 그냥 두고 잠자리에 든다면, 이는 그분을 신뢰하는 것이 아니라 그분을 **시험합니다**. 이것에 동의하지 않는다면, 마태복음 4:6-7을 조심스럽게 살펴보기 바랍니다. 하나님을 신뢰한다고 해서, 위험에 대한 예방 조치나 성공을 위한 합당한 수단의 사용 등, 내가 감당해야 할 임무를 배제시켜야 하는 것은 아닙니다.

크롬웰(Cromwell)이 휘하의 병사들에게 "하나님을 신뢰하고, 동시에 화약을 건조해 놓으라"고 명령한 것이나, 여호수아가 정탐꾼을 보낸 것이나 모두 불신앙 때문이 아니었습니다. 믿음이 있다고 해서 자연스러운 책무들이 면제받는 것이 아닙니다. 여호와께서 싸움을 할 필요도 없이 여리고를 무너지게 하시리라는 것을 여호수아는 아직 알지 못했습니다. 여호와께서는 그 가나안 족속들의 요새가 이스라엘 군대의 직접적인 공격이 없이 그 가나안 족속의 요새를 함락시키시리라는 것을 시간이 지난 후에야 비로소 그의 종에게 계시하시게 됩니다.

하나님의 그러한 은밀한 뜻은 여호수아의 처신을 좌우하는 원리가 전혀 아니었습니다. 그는 그저 성경에 "기록된" 모든 말씀에 따라서 행해야 했고, 우리 역시 마찬가지입니다. 우리의 책무는 하나님의 작정하심이나 성령의 내적인 충동에 의해서가 아니라 오직 말씀에 의해서 가늠됩니다. 이스라엘의 지도자로서 여호수아는 여리고를 향해 진군하기 전에 먼저 그 곳과 그 주변에 관한 모든 사항을 알아야 했습니다. 누가복음 14:31이 우리가 여기서 제시하고 있는 원리의 실례를 잘 보여 줍니다.

> 눈의 아들 여호수아가 싯딤에서 두 사람을 정탐꾼으로 보내며 이르되 가서 그 땅과 여리고를 엿보라 하매 그들이 가서(수 2:1).

예전의 경험(민 13장)에 비추어볼 때, 여호수아가 여기서 믿음과 용기와 지혜의 사람을 조심스럽게 정탐꾼으로 선정했다고 볼만한 충분한 이유가 있다고 여겨집니다. 그러므로 그 정탐꾼들은 그 위험한 작전을 위해 출발하기 전에 먼저 여호와를 찾고, 그분의 손에 모든 것을 의탁하며, 은혜로이 그 일에 성공을 베푸시기를 그에게 구하였다고 결론짓는 것이 정당합니다. 그들이 사실 그렇게 했다면 [그렇게 하지 않았다고 보는 것은 좀 어폐가 있습니다.]

다음과 같은 약속이 그들에게서 성취되었다 합니다.

> 그들이 부르기 전에 내가 응답하겠고 그들이 말을 마치기 전에 내가 들을 것이며 (사 65:24).

그 두 사람이 작전을 수행하기 전에 여호와께서 그들보다 먼저 가셔서, 그들이 유숙하게 될 그 집의 여 주인을 용감하고도 견고한 아군으로 일으키사 그들의 길을 예비하신 것입니다. 필자는—아마도 독자들도 마찬가지이겠습니다만—그런 복된 일을 얼마나 자주 경험해 왔는지 모릅니다.

> 라합이라 하는 기생의 집에 들어가 거기서 유숙하더니 (수 2:1).

물론 그들은 처음에는 십중팔구 사실을 알지 못했을 것이나, 그들이 하필 그 집에 유숙하게 된 것은 하나님의 인도하심에 의한 것이었습니다. 하나님의 섭리는 조용히 은밀하게 "자기의 기쁘신 뜻을 위하여 소원을 두고 행하게 하심"(빌 2:13)으로써 우리 속에서 역사합니다.

그 정탐꾼들은 자기들의 의지에 따라서 극히 자유로이 행하였으나, 하나님이 그들의 발걸음을 정하고 계셨던 것입니다(시 37:23). 그들이 유숙하게 된 집은 라합이라는 기생이 소유하고 있었습니다. 그 당시까지도 라합이 그 악한 일을 행하고 있었던 것은 아니고, 예전에 그런 일을 행하였으므로 그녀에게 여전히 그런 낙인이 찍혀져 있었습니다.

헨리(Henry)는 다음과 같이 지적합니다.

> 나병환자 시몬(마 26:6)은 나병에서 깨끗이 씻음 받았으나 평생 그의 이름에 그 수치가 남아 있었다. '기생 라합'도 마찬가지다. 그녀는 신약에서 믿음과 선행으로 칭송받는데 거기서조차 그 이름 그대로 불린다.

> 어떤 여리고 왕에게 말하여 이르되 보소서 이 밤에 이스라엘 자손 중의 몇 사람이 이 땅을 정탐하러 이리로 들어왔나이다 (수 2:2).

이스라엘 군대가 수개월 째 요단 강 건너편에 진을 치고 있다는 것이 여리고의 모든 사람에게 알려졌을 것이므로, 그들은 이스라엘 군의 움직임을 예의 주시해오고 있었을 것이므로 두 정탐꾼이 들어온 사실도 파악했을 것입니다. 우리 자신과 우리의 대의를 하나님께 맡기고 임무를 행하는 중이라 해도, 시련들이 전혀 없고 모든 일이 순풍을 만난 듯이 이루어지기를 기대할 권리는 우리에게 없습니다.

온 세상이 악한 자에게 처하여 있고(요일 5:9) 참된 경건에 대해 적대적인 처지에 있는 한, 그리스도인들은 반대를 받을 소지가 많습니다.

왜 그렇습니까?

하나님은 왜 그런 일을 허용하실까요?

그들에게 있는 은혜를 시험하고 배양시키시며, 그리하여 그들이 진정 그리스도인인지 그렇지 않은지를 드러내보이게 하기 위함입니다. 과연 그리스도인이라면, 반드시 열매를 맺음으로써 그들의 주재이신 하나님께 영광을 돌릴 것입니다.

여호와께서는 하고자 하셨다면 그 정탐꾼들이 여리고 성에서 발각되지 않도록 막으실 수도 있었습니다. 모세가 열두 정탐꾼을 보냈을 때에는 그렇게 하신바 있지 않습니까?

민 13장에서 우리는 그 정탐꾼들이 가나안 땅을 광범위하게 살피고 돌아와 이스라엘에게 보고했지만, 원수들에게 그들의 활동이 발각되었다는 보도는 없습니다. 하나님은 일률적으로 행하시지 않고, 그때마다 자신이 최선이라 여기시는 방법을 다양하게 사용하시는 것입니다.

이는 하나님 자신의 주권의 실례를 보여 줄 뿐 아니라 우리로 하여금 더욱 더 완전히 그에게 의지하게 해 줍니다. 우리를 위해 개입하시는 그분의 손길이 이런 방식으로 이루어질지 저런 방식으로 이루어질지, 혹은 이쪽에서 올지 저쪽에서 올지를 전혀 모르니 말입니다.

그 두 정탐꾼은 하나님의 직접적인 인도하심과 보호 아래 있었지만, 그는 그들이 여리고에 잠입한 사실이 발각되도록 허용하셨습니다. 그러나 그렇다고 해서 그들이 실패한 것이 아니었습니다. 오히려 끔찍한 죽음에서 건져내시는 하나님의 능력이 그들에게 나타난 것이었습니다.

"이 세대의 아들들이 자기 시대에 있어서는 빛의 아들들보다 더 지혜로움이니라"(눅 16:8)는 말씀은 여러 가지 점에서 사실입니다. 여기서 그 점이 잘 드러납니다.

이 가나안 사람들이 취한 예방 조치가 우리들 대부분에게 부끄러움을 주지 않습니까?

성도보다 불신자들이 자기들에게 해로운 일을 방지하기 위한 경계를 더 잘 하지 않습니까?

그리스도인은 모름지기 원수가 접근하지 못하도록 항상 경계해야 합니다. 그런데 과연 그렇게 하고 있습니까?

안타깝게도 그렇지 못합니다. 그렇기 때문에 사탄이 그를 공격하여 성공을 거두는 예가 그렇게도 많은 것입니다. 사람들이 잠자고 있을 때에 사탄이 가라지를 심어 놓았고(마 13:25), 우리가 게으르고 부주의할 때에 마귀가 우리를 넘어뜨리려 하는 법입니다. 그러므로 우리는 "시험에 들지" 않도록 "기도하며" "살펴야" 합니다(마 26:41). 번연(John Bunyan)의 『거룩한 전쟁』(Holy War)을 읽어 보기 바랍니다.

한편 여기서 예증되고 있는 또 다른 진리도 유념해야 합니다. 면밀히 끊임없이—밤낮으로—살피고 있었던 것이 분명하지만, 그런데도 그 두 정탐꾼이 무사히 여리고 성 안으로 들어갔다는 것입니다! "여호와께서 성을 지키지 아니하시면 파수꾼의 깨어 있음이 헛되도다"(시 127:1)라는 말씀이 여기서 충격적으로 입증되었습니다.

이것을 **우리**에게 어떻게 영적으로 적용시킬 수 있을까요?

하나님의 말씀을 읽고 묵상할 때마다 언제나 마음속으로 이 질문을 제기해야 합니다. 바로 위에서 인용한 구절에 그 해답이 있는 것이 아닐까요?

시험을 피하기 위해서는 살피는 일과 기도가 필수적이므로, 살피는 일과 아울러 기도하는 일 역시 필수적으로 있어야 합니다. 우리가 아무리 촉각을 곤두세워 살핀다 할지라도, 하나님을 신뢰하며 겸손하고도 진지하게, 그분의 도우심을 구하지 않으면 우리의 모든 수고가 허사가 될 것입니다.

> 네 길을 여호와께 맡기라 그를 **의지하면** 그가 이루시고(시 37:5).

좀 더 높은 시각에서 이 세세한 일을 바라보면 "사람의 마음에는 많은 계획이 있어도 오직 여호와의 **뜻만이** 완전히 서리라"(시 19:21)는 진리가 여기서 드러나는 것을 봅니다. 여리고 왕이 일을 도모했으나, 하나님이 그 일을 막으신 것입니다. 여리고 왕은 이스라엘 사람이 전혀 그 성에 들어오는 것을 막으려 했지만, 그의 계획들이 허사가 되고 말았습니다.

주께서 우리 앞에 열린 문을 세우시면 아무도 그 문을 닫을 수가 없습니다(계 3:8). 그런데 주께서 그 두 정탐꾼 앞에 여리고로 들어가는 열린 문을 세우셨으니, 아무리 사람이 그들을 막으려 해도 허사가 되어 버린 것입니다. 반대로 주께서 "닫으면 열 사람이 없는것"(계 3:7) 도 똑같이 사실입니다. 그러나 하나님 자신은 여실 수 있습니다.

그러므로 절대로 패배를 용인하지 않고 오히려 "하나님이 전도할 문을 우리에게 열어 주사 그리스도의 비밀을 말하게 하시기"(골 4:3) 를 위해 기도할 것을 하나님의 백성들에게 구하는 것이야말로 하나님의 종의 특권이요 의무입니다.

> 여리고 왕이 라합에게 사람을 보내어 이르되 네게로 와서 네 집에 들어간 그 사람들을 끌어내라 그들은 이 온 땅을 정탐하러 왔느니라(수 2:3).

독자께 아직 그런 습관이 들어있지 않다면, 지금 우리가 살피고 있는 본문 같은 것을 읽을 때에 매 구절에서 무언가 **독자 자신**에게 실질적으로 중요한 것을—깊고도 오묘한 것이 아니라, 표면에 드러나 있으면서도 **사려 깊은** 독자에게는 명백히 드러나는 그런 것을—찾는 것을 구체적인 목표로 삼기 바랍니다. 여기서 우리는 여리고 왕의 행동에서 중요하고도 필수적인 "교훈"을 얻을 수 있습니다.

이스라엘의 정탐꾼들이 성내로 잠입했다는 정보를 접하고서 그는 무시하고 조롱하거나 부주의하고 무관심하지 않았고, 그 정보를 믿었고 그에 따라 즉각적인 조치를 취했습니다. 위험이 싹이 트고 있는 동안에 시의적절한 경계를 받아들여 그것에 대비한다면 정말 잘하는 일일 것입니다.

양심에서 나오는 최초의 경보에 귀를 기울이지 않고 오히려 시험을 하찮게 여기면 반드시 실패가 뒤따르며, 한 가지 죄를 허용하면 악한 습관이 형성되는 곳으로 이어지는 것입니다.

묵상의 각도를 바꾸어, 왕의 관리들이 라합에게 행한 요구가 두 정탐꾼들에게 어떤 효과를 미쳤을지를 생각해 봅시다. 만일 라합이 관리들의 예방적인 명령에 응하여 자기 집에 온 손님들을 그들에게 넘겼다면, 인간적으로 말하면, 그들은 체포된 간첩들이 흔히 받아온 대로 형벌에 처해졌을 것입니다. 그들은 그 대화를 엿들으면서 지극히 불길한 마음이 들었을 것입니다. 그들 역시 우리와 성정이 같은 사람들이었습니다.

그러니 마음의 섬뜩함과 동요가 가득하지 않았겠습니까?

지금까지는 모든 일이 순조로웠는데 이제는 모든 것이 잘못되어가는 것 같았습니다.

'과연 우리가 이 집에 묵은 것이 옳았을까' 라는 생각이 들지 않았겠습니까?

우리도 비슷한 경험을 한 적이 있지 않습니까?

모든 일을 하나님께 맡기고 그가 복 주시기를 구하며 특정한 일을 시작했습니다. 처음에는 모든 일이 순조로워 하나님이 미소를 지으시는 것처럼 보이다가, 갑자기 위기를 만나 모든 일이 수포로 돌아갈 것 같아 보입니다. 믿음이 시험을 받게 되고, 인내가 그 온전한 임무를 맡게 되는 것이지요.

2. 라합의 처신

> 여리고 왕이 라합에게 사람을 보내어 이르되 네게로 와서 네 집에 들어간 그 사람들을 끌어내라 그들은 이 온 땅을 정탐하러 왔느니라 그 여인이 그 두 사람을 이미 숨긴지라 이르되 과연 그 사람들이 내게 왔었으나 그들이 어디에서 왔는지 나는 알지 못하였고 그 사람들이 어두워 성문을 닫을 때쯤 되어 나갔으니 어디로 갔는지 내가 알지 못하나 급히 따라가라 그리하면 그들을 따라잡으리라 하였으나(수 2:3-5).

이 본문을 주의 깊게 살펴본 분들 중에 적지 않은 사람들이 몇 가지 큰 문제점을 접해 왔으므로, 다음 몇 가지 질문들에 답변하는 것이 독자들에게 큰 도움이 될 것이라 여겨집니다.

첫째, 라합이 왕의 권위를 무시하고 자기 동족을 배반한 일이 과연 옳았는가?
둘째, 라합이 여기서 말한 거짓말을 과연 죄 없다 할 수 있겠는가?
셋째, 만일 무죄한 것이 아니라면 히브리서 11:31, "믿음으로 기생 라합은 정탐꾼을 평안히 영접하였으므로 순종하지 아니한 자와 함께 멸망하지 아니하였도다"를 어떻게 설명해야 하는가?

> 각 사람은 위에 있는 권세들에게 복종하라 권세는 하나님으로부터 나지 않음이 없나니 모든 권세는 다 하나님께서 정하신 바라(롬 13:1).

하나님은 인간 통치자에게 복종할 것을 요구하십니다. 그 법에 순종하고, 그 지정하는 세금을 지불하며, 그 권위를 지지하는 데에 협력하라는 것입니다. 그리스도인들은 특히 법을 준수하는 시민들로서의 모범을 세워야 하며, 가이사가 그의 정당한 권한으로 신민들에게 요구하는 것을 그에게 돌려야 합니다.

예레미야 29:7은 하나님의 백성이 그 거주하는 국가의 복지를 추구할 의무가 있음을 분명히 말씀합니다.

1년 전에 본지에 게재한 바 있는 앤드류 풀러(Andrew Fuller)의 "그리스도인의 애국심"(Christian Patriotism)이라는 설교를 보기 바랍니다. 그러나 한 가지 조건이 있습니다. 곧 위의 권세들이 무엇이든 계시된 하나님의 뜻에 명백히 반하는 것을 내게서 요구하거나, 혹은 하나님의 말씀이 명령하는 바를 행하지 못하도록 금지할 경우에는 하나님의 요구 사항들을 무시하는 그 어떠한 종속적인 권세에게도 충성해서는 안 되고 오직 하나님께만 충성하는 것이 나의 의무라는 것입니다.

세 사람의 히브리 포로들이 느부갓네살의 형상을 예배하기를 거부한 일과 다니엘이 하나님께 기도하지 못하도록 금지한 다리오의 명령을 거부한 일이 이에 대한 좋은 실례가 될 것입니다(단 3:18; 6:10). 오직 하나님께만 드려야 할 것을 가이사에게 드리는 일이 있어서는 절대로 안 됩니다.

베드로전서 2:17의 "하나님을 두려워하며 왕을 존대하라"는 말씀이 우리의 상대적인 의무들을 잘 보여 줍니다. 어떠한 희생을 무릅쓰고서라도 하나님은 경외해야 하고, 왕의 경우는 하나님을 경외하는 일에 부합되는 한도 내에서 그를 기꺼이 전폭적으로 존대해야 합니다. 사도들은 당시의 종교지도자들이 그리스도의 이름으로 말씀을 선포하지 말 것을 종용할 때에, "사람보다 하나님께 순종하는 것이 마땅하니라"(행 5:29)라고 대답했습니다.

라합의 경우도 그러했습니다. 자기의 왕과 나라에 대한 충성과 하나님과 그분의 종들에 대한 충성이 서로 충돌하고 있었습니다. 하나님의 자비하신 섭리로, 오늘날의 성도는 그런 딜레마에 봉착하는 경우가 희귀합니다. 하지만 만일 그런 경우가 닥친다면, 낮은 권세가 높은 권세에게 굴복해야 합니다.

성도가 자신에게 보금자리와 생계를 제공해 주는 그 나라에 대해 선의를 구하는 것은 당연한 의무입니다. 하지만 자기 나라와 동족보다 더 하나님과 그분의 백성을 사랑해야 마땅한 것입니다. 가정 먼저 주 하나님께 충성해야 하고, 그 다음에 자기가 사는 그 땅에 충성해야 하며, 하나님을 향한 충성과 양립할 수 있는 한도 내에서 그 땅에 충성해야 합니다. 라합의 처신을 평가하기 위해서는 히브리서 11:31, 야고보서 2:25, 특히 여호수아 2:9-11을 면밀히 살펴야 합니다.

라합의 언사로 볼 때에, 그녀는 여호와께서 가나안 족속들을 진멸하기로 정하셨음을 충분히 납득하고 있었던 것이 분명합니다. 그러니 그녀로서는 여호와 그분의 백성 편에 서든지, 전능하신 하나님을 대적하여 그분의 심판을 받아 망하든지, 어느 한편에 설 수밖에 없었습니다. 라합의 처신은 하나님이 진정 회심하는 모든 심령에게서 요구하시는 바를 모범적으로 잘 보여 주었으니, 곧 하나님의 원수들에 대한 충심을 버리고—아무리 관계가 끈끈했다 할지라도(눅 14:26)—그들과 합하여 하나님의 백성들을 대적하던 일을 끊어 내는 것이었습니다.

이미 여호와께로부터 자비를 받았고—히브리서 11:31은 여호수아가 그 정탐꾼들을 보내기 전에 이미 그녀가 하나님의 주권적인 은혜로 말미암아 어둠에서 벗어나 하나님의 놀라운 빛 가운데로 들어왔음을 증언해 줍니다—그리고 여호와께서 이미 가나안 땅을 이스라엘에게 주셨음을 알고 있었으므로, 목숨을 걸고서라도 자기가 할 수 있는 한도 내에서 이스라엘의 정탐꾼들을 보호하는 것이 라합의 의무였습니다. 이러한 원리가 신약에 분명히 제시되고 있습니다.

> 우리도 형제들을 위하여 목숨을 버리는 것이 마땅하니라(요일 3:16).

그런데 이제 문제가 제기됩니다. 라합이 자기 집에 묵고 있던 그 두 사람을 보호하기 위해 거짓말을 한 것이 과연 정당한 일이었는가 합니다. 그녀의 처신에 대해 상이한 견해들이 제시되어왔고, 그녀의 입장을 정당화시키고자 갖가지 논지들이 제시되어왔습니다. 훌륭한 주석가들 중 어떤 이들은 심지어 청교도들 중에서도, 여기서의 그녀의 처신은 무죄하다고 강력히 주장했고, 우리가 아는 한 그녀가 여기서 죄를 지었다고 명백히 주장하는 사람은 아무도 없습니다.

기독교 저술가에게 닥치는 가장 어려운 일 중의 하나는 하나님의 사랑하시는 백성의 과실들에 대해 논평하는 일입니다. 한편으로는 자기 우월감이라는 바리새적인 잉크를 묻혀서 글을 쓰는 일이 있어서도, 다른 한편으로는 악행을 가벼이 대하거나 비판해야 할 것을 용인해서도 안 됩니다. 그 자신이 갖가지 연약함으로 둘러싸여 있고 날마다 하나님의 율법을 어기는 자이므로, 형제의 과오를 다룰 때에 자신도 동일한 처지임을 인식해야 합니다.

그러나 하나님의 종으로서 성도에게 말씀을 전하거나 글을 쓰고 있다면, "맡은 자들에게 구할 것은 신실함이니라"(고전 4:2, 개역개정은 "충성이니라"로 번역함. 역주)라는 말씀을 기억해야 할 것이요, 혹 거룩에 대한 하나님의 표준을 의도적으로 낮추어 그것에 저촉되는 경우를 최소화하거나, 죄가 되는 것을 슬며시 숨기거나 한다면 이는 지극히 불충한 일입니다. 온유함으로든 의로움으로든, 연민의 마음으로든 충정의 마음으로든, 어떤 식으로 처신하든 간에 많은 은혜와 지혜가 필요한 것입니다.

성경의 신적 영감에 대한 많은 증거 중의 하나는 그 저자가 거기에 묘사되는 지극히 훌륭한 인물들의 행실을 현실과 진실의 색깔로 그린다는 것입니다. 인간의 전기들은 거의 언제나 그 주인공들의 악행은 무시하거나 숨기고 덕행을 부각시키고 칭송하여 한쪽으로 치우친 시각을 제시하지만, 그와는 달리 성령께서는 지극히 훌륭한 성도의 약점들을 전혀 감추지 않고, 노아, 아브람, 모세, 다윗 등의 과오들을 성실하게 기록하게 하셨습니다. 물론 신약에서는 이들의 죄가 언급되지 않습니다. 하지만 이는 이들 모두가 어린양의 속죄의 피 아래 있다는 충족하고도 복된 사실 때문입니다. 그러나 이들에 대한 기록들이 구약 속에 그대로 남아 있어서 계속해서 우리에게 경고를 줍니다.

라합이 왕의 관리들에게 사정을 얼버무린 사실을 예수회 사람들(Jesuits)은 그들의 유해한 독단적인 가르침을 뒷받침하는 근거로 삼습니다. "목적이 수단을 정당화한다"는 것이 그것인데, 곧 지향하는 목표가 훌륭하다면 그 목표를 이루기 위해 좀 의심쩍거나 심지어 악한 수단을 사용하더라도 허용될 수 있다는 것입니다.

지난 세기 동안 수많은 소위 "개신교도들"이 이런 원리에 사로잡혔고, 예를 들어, 젊은 청년들을 "예배"에로 끌어들이기 위해 온갖 육신적이며 세상적인 기법들을 사용하는 데에서도 볼 수 있듯이, 오늘날 우리 시대에도 이 원리가 기독교 세계 전체에 사악하게 퍼져 있습니다.

그러나 "선이 오도록 악을 행하자"는 식의 정서는 참된 중생한 사람은 누구도 가질 수 없고, 오히려 그에게는 그것이 혐오스럽습니다. 그리고 성경은 그런 정서로 행하는 자는 "정죄 받는 것이 마땅하니라"(롬 3:8)라고 분명히 선언하고 있습니다. 로마 교황주의의 악명 높은 투사인 벨라민(Bellarmine)은 『교황직』(The Pontifice)이라는 그의 저서에서 다음과 같이 대담하게 선언하고 있습니다.

> 교황이 악을 조장하거나 덕행을 금하여 잘못을 범하는 일이 있더라도, 교회는 그 악을 선하다고 믿고 또한, 그 덕행을 악하다고 믿어야 한다(제4권, 5장).

어떤 이들은 라합이 극히 곤란한 입장에 처해있었음을 지적하며, 그러니만큼 그녀에 대해 상당히 너그럽게 이해해야 한다고 주장합니다. 흔히 '상황에 따라 사안이 달라진다'는 것을 주장하는 경우가 있습니다. 하지만 처음 이 말을 한 사람의 의도가 무엇이었는지는 확실치 않으나, 우리가 확실히 아는 것은 그 어떠한'상황'도 선과 악 사이의 근본적인 구별을 없앨 수가 없다는 것입니다.

여러분은 그릇된 일을 행하는 것은 **절대로** 옳지 않으며, 또한 거짓말이 죄악된 것이므로 그 어떠한 상황도 거짓말을 정당화시킬 수가 없다는 점을 마음과 양심에 확고히 해야 합니다. 하나님의 법을 거역하는 모든 행위가 그것들 자체로나 하나님 앞에서나 동등하게 사악하다는 것은 과연 참입니다. 그러나 어떤 죄들은 심지어 종류가 같은 죄라도 그 위중함이 다른 죄보다 더 큽니다. 그러므로 하나님께 하는 거짓말이 사람에게 하는 거짓말보다 더 위중하며(행 5:4), 고의적으로 악의를 갖고 하는 거짓말이 시험을 받아 갑자기 내뱉는 거짓말보다 더 위중한 것입니다.

죄의 위중함의 정도를 결정하려 할 때에는 그 정황을 고려해야 한다는 것 역시 사실입니다. 필자 자신이나 독자가 거짓을 발설하는 것이 라합의 경우보다 훨씬 더 무거운 과실일 것입니다. 우리는 라합보다 훨씬 더 큰 특권과 빛을 받고서도 죄를 범하는 것이기 때문입니다. 라합은 이방 세계에서 자라났습니다. 그러나 그 사실이 그녀의 과실을 경감시킬 수는 있으나, 그것이 핑계가 될 수는 없었습니다. 런던의 한 유명한 교회의 강단에서 한 설교자는 "라합의 거짓말이 정당했는가"라고 질문하고는 그렇다고 대답하면서, 그 이유를 이렇게 제시했습니다.

"라합으로서는 거짓말을 하거나 아니면 그 정탐꾼들을 배신하여 그들로 목숨을 잃게 하거나 둘 중의 하나밖에는 없었다."

그러나 이것은 불신앙의 사고방식입니다. 왜냐하면, **하나님**을 논의에서 배제시키기 때문입니다.

만일 라합이 왕의 관리들 앞에서 침묵을 지키며 그 어떠한 것도 알려 주기를 거부했다면, 혹은 그 정탐꾼들이 자기 집에 있다는 사실을 시인했다면, 과연 여호와께서 그들을 보호하실 수 없었겠습니까?

우리는 토마스 리즐리(Thomas Ridgley)가 그 동시대 사람들에게 해 준 다음과 같은 짤막한 논평이 더 낫다고 봅니다.

> 모든 일을 섭리에 맡기고 정탐꾼들에 대해 아무런 말도 하지 않고 관리들에게 직접 집을 살피게 했다면, 라합이 범죄에서 더욱 깨끗했을 것이다.

라합이 극히 어려운 시련 속에 있었음은 분명합니다. 리즐리는 계속하여 이렇게 지적합니다.

> 이는 정말 매우 어려운 임무였다. 그것으로 자기 목숨을 잃을 수도 있었으니 말이다. 그들과 자기 자신을 보호하고자 거짓말을 꾸며낸 그녀의 선택은 어느 정도 죄책을 지는 것이었고, 그녀의 믿음의 연약함이 거기서 드러난 것이다.

여기 마지막 문장이 문제의 핵심을 보여 줍니다. 라합은 여호와를 온전히 신뢰하지 못하였고, 사람에 대한 두려움이 올무가 된 것입니다.

하나님이 그분의 사자들로 소돔 사람들을 쳐서 앞을 보지 못하도록 하셨고(창 19:11), 선지자를 죽이러 오는 오십 명을 죽이셨는데(왕하 1:9-12), 과연 그 관리들이 정탐꾼들을 찾지 못하도록 막으실 수 없었겠습니까?

심지어 어떤 이들은 한술 더 떠서 히브리서 11:31과 야고보서 2:25을 근거로 하나님이 친히 라합의 거짓말을 **승인하셨다**며 그녀의 결백을 주장했습니다. 그러나 그 구절들에는 여호와께서 라합의 거짓말을 승인하셨음을 암시하는 것이 전혀 없습니다.

히브리서 11:31은 단순히 라합이 "정탐꾼을 평안히 영접하였다"는 것 외에는 더 언급하지 않습니다. 야고보서는 라합의 믿음이 그녀의 "말"이 아니라 "행함으로 의롭다" 하심을 받았음을 지적하고, 이어서 그 "행함"이 구체적으로 그 정탐꾼들을 영접하여 다른 길로 보낸 일을 지칭하는 것임을 분명히 제시합니다. 하지만 이렇게 질문할 수도 있습니다.

"후에 이어지는 섭리의 역사를 볼 때에 하나님이 라합의 조치를 승인하신 것이 아닌가?"

"하나님이 그 일을 성공하도록 하지 않으셨는가?"

이에 대한 대답은 이렇습니다.

곧, 하나님의 섭리가 우리의 처신을 좌우하는 규범이 되는 것은 아닙니다. 모세가 진노하여 바위를 내리치자 물이 거기서 흘러나왔지만, 그렇다고 해서 그것이 하나님이 그분의 종이 분노를 표출시킨 일을 승인하셨다는 증거는 결코, 아니었습니다. 하나님은 라합의 처신에 은혜로 덮으셨으나, 그러나 그 일로 그녀의 무죄가 입증된 것은 아닌 것입니다.

우리는 솔직하게 인정합니다. 참 부끄러운 일이지만, 만일 우리가 라합이 당한 것과 같은 유사한 상황에 처하여 있고 하나님이 모든 일을 우리에게 맡겨두신다면, 우리도 라합이 행한 것보다 더 잘 처신하기는커녕 오히려 더 그릇되게 처신합니다.

하지만 이 점을 인정한다고 해서 라합의 처신이 용납되는 것은 결코 아닙니다. 하나님의 억제하시는 손길이 사라지거나 그분의 전충족적인 은혜가 뒤로 물려지면, 우리 중에 아무리 강한 사람도 물처럼 약해지고 맙니다. 그러므로 그 누구도, 그 어떠한 처지에서도, 라합을 욕하거나 그에게 돌을 던질 입장이 아닌 것입니다.

이 문제에 대해 맨튼(Thomas Manton)은 다소 통명스럽게 정리하기를, "그녀의 거짓말은 연약함이요, 이를 하나님이 용서하셨으니, 사람들이 이를 과장해서는 안 된다"라고 했습니다. 기억할 것은 라합이 여호와를 만난 것이 바로 얼마 전이었다는 점입니다.

어린 회심자들은 진리에 대한 선명한 지식이 별로 없고, 따라서 성숙한 정도에 비해 기대할 것이 적습니다. 그들은 갖가지 실수를 범하면서도, 가르침을 받을 줄 아는 처지에 있고, 진리의 빛이 증가할수록 더욱 더 정리된 모습을 보이는 것입니다.

결론적으로, 본문의 내용에서 배워야 할 세 가지 교훈들을 말씀드리겠습니다.

첫째, 동기가 옳으면 행동도 정당화된다는 식의 오류가 오늘날 유행하고 있습니다. 하지만 여기서 그것에 대한 반박을 보게 됩니다. 무가치한 동기가 선한 행실을 망치는 것은 과연 사실입니다.

예를 들어, 자비롭고 너그럽다는 말을 듣기 위해 구제에 참여하거나, 혹은 사람들에게 칭찬 받기 위해서 종교 행사에 임하는 경우가 그렇습니다. 하지만 동기가 선하다 하여 악한 행위가 선한 것이 되는 것이 결코 아닙니다. 라합의 의도가 두 사람의 하나님의 백성의 목숨을 보호하고자 하는 것이었지만, 그렇다고 해서 그녀가 왕의 관리들을 속인 것이 칭찬받을만한 선한 행위가 되는 것이 아닙니다.

어떤 행위가 하나님 보시기에 "선행"이 되기 위해서는 다음 네 가지가 필요합니다. 거룩한 원리에서 비롯되어야 하고, 의의 법칙에 준해야 하고, 바른 자세로—믿음이나 사랑의 자세로—행해져야 하고, 또한 올바른 목적을—하나님을 영화롭게 하거나 그분의 백성의 유익을 위하거나 하는—염두에 두고 행하는 것이어야 합니다.

둘째, 이 기사가 기록된 것은—성경에 나타나는 모든 성도의 잘못들이 다 그렇듯이—우리에게 엄숙한 경고가 되게 하기 위함입니다. 모방하거나 혹은 피난처로 삼아 그 속에 숨도록 모범 사례를 제시하는 것이 아니라, 그것들은 우리로 하여금 깊이 새기고 위하여 간절히 기도하게 하는 위험 신호들인 것입니다.

우리도 그들과 똑같은 성정을 지닌 사람들입니다. 유약한 부패함이 그들에게도, 심지어 이미 중생한 우리에게도, 여전히 남아 있습니다. 우리 자신은 그들보다 강한 것이 전혀 없고, 육체의 끌림을 저항할 능력 면에서도 그들보다 나은 것이 없습니다. 그러니 우리들 각자에게 필요한 것은 "나를 붙드소서 그리하시면 내가 구원을 얻으리이다"(시 119:117)라고 기도합니다. 그리고 외형적인 죄들을 범하지 않도록 보호하심을 받을 때에라도, 우리의 육체가 여전히 우리의 행위들을 얼룩지게 만듭니다.

라합은 "믿음으로" 그 정탐꾼들을 평안히 영접하고 위험을 감수하고 그들을 집안에 숨겨 주었습니다. 하지만 관리들이 등장할 때에 그녀의 믿음이 무너졌고 결국, 거짓말에 의존하고 말았습니다. 그리스도의 속죄의 피로 깨끗이 씻음을 받지 않으면, 우리의 모든 경건한 행위가 우리를 정죄할 뿐인 것입니다.

셋째, 이 사건은 우리가, "우리를 시험에 들게 하지 마옵시고 다만 악에게서 구하옵소서"라고 외쳐야 할 절박한 현실에 처하여 있음을 보여 줍니다. 사실 이것이 본문에서 취해야 할 가장 중요한 교훈인 것 같습니다. 우리 자신의 연약함을 의식하고서, 그런 상황으로부터 보존되게 해 주시기를 위하여, 라합이 당한 그런 유혹에서 지킴을 받게 해 주시기를 위하여 간절히 구해야 합니다.

이 논고를 준비하는 중에 우리가 네덜란드의 한 나이 많은 독자로부터 오년만에 처음 소식을 들었는데, 이는 그저 우연의 일치가 아니라고 여겨집니다. 지난 2-3년 동안, 적군이 그 나라를 점령하고 있는 동안(제2차 세계 대전 중의 일을 언급하는 듯함. 역자주), 그 형제와 그의 아내는 유대인 세 사람을 그 집에 숨겨주고 있었는데, 해방되기 전 마지막 열흘 동안 실제로 독일군 두 사람이 그의 집을 찾아왔으나 그 유대인들을 발견하지 못했다는 것입니다. 그 독일군 병사들이 유대인을 숨겨놓고 있느냐고 질문했다면 그분이 어찌 처신했을지 저는 모릅니다. 그저 내가 그런 상황에 처하지 않은 것이 감사할 따름입니다.

혹 내가 그런 처지에 있었다면, 그런 병사들이 다가오지 않도록 주께 간구했을 것입니다. 어쩌면 이와 관련되는 한 가지 경험을 이야기해도 무방하지 않을까 싶습니다. 기도에 응답하시는 하나님의 신실하심을 찬양하기 위함이니 말입니다.

한 15년 전쯤 미국 캘리포니아주 할리우드에 거주하고 있을 때, 우리는 가구가 딸린 방갈로에 살고 있었는데 그 주인이 유대인이었습니다. 우리가 다른 데로 이사하겠다고 통지하자, 그 주인은 지역 신문에 광고를 내고 방갈로 입구에 커다랗게 "세 놓습니다"라고 간판을 세워 놓았습니다.

그 주인은 우리가 주일을 거룩히 지키고 주일마다 방에서 우리끼리 예배를 드린다는 것을 잘 알면서도, 그날에 광고를 보고 집을 보기를 원하는 사람이 생기면 그 집을 보여 주겠다고 주장했습니다. 그것이 자기의 권리라는 것이었습니다. 우리가 강하게 반대했지만, 도무지 들으려 하지 않고, "일요일"이 집을 소개하기에 가장 좋은 날이라는 것이었습니다. 우리는 그 주인에게 우리 하나님이 오는 안식일에 집을 보러오는 사람이 하나도 없게 해 주실 것이라고 이야기했고, 그는 그 말을 자기를 조롱하는 말로만 들었습니다.

그 토요일 저녁 나와 내 아내는 그 문제를 주께 내어 놓고 간구했습니다. 주의 천사가 우리를 사방으로 에워싸고 모든 방해꾼을 물려주시고 우리를 보호해 주시기를 위해 기도했습니다. 그 안식일은 구름 한 점 없이 맑은 날이었습니다. 우리는 계속 하나님의 도우심을 구하였고, 하나님이 우리로 하여금 집 주인 앞에서 당혹스런 일을 당하게 하지 않으실 것을 확신했습니다.

그날 아무도 집을 보러온 사람이 없었고, 그날 밤 우리는 아무런 방해를 받지 않고 평상시처럼 작은 예배 모임을 가졌습니다. 그 여주인은 비슷한 방갈로 두 개를 소유하고 있었습니다. 하지만 이튿날 그가 찾아와서 말하기를, 십 년 동안 방갈로를 세놓았지만 "일요일"에 아무도 찾는 사람이 없었던 적이 이번이 처음이라는 것이었습니다.

오오, 독자 여러분!
결단코 하나님은 **그분을** 온전히 신뢰하는 이들을 그냥 지나치지 않으십니다. 하나님을 신뢰하고 그에게 맡기면 그가 보호하실 것입니다.

"우리를 시험에 들게 하지 마옵시고, 다만 악에게서 구하옵소서."

3. 기생 라합의 믿음

여호수아는 거의 인식하지 못했겠지만, 두 정탐꾼들을 "그 땅과 **여리고**"(2:1)로 보내어 살피게 하는 것은 하나님의 역사요 그분의 인도하심이었습니다.

왜 그럴까요?

하나님의 택한 자 한 사람이 그 성에 거주하고 있었고, 그분의 양 가운데 그 누구도 멸망하지 말아야 했기 때문입니다. 그들이 그 긍휼의 그릇에게로 인도된 것은 그녀를 보호하기 위한 조치들이 이루어져서 "믿지 아니한 자와 함께 멸망하지 아니하게"(히 11:31. 개역개정은 "순종하지 아니한 자"로 번역함. 역주) 하기 위함이었습니다. 그러므로 그 두 정탐꾼이 여리고에 들어가 라합과 대화를 나누게 된 것은 비단 군사적인 목적을 위한 것만이 아니었고, 그보다 더 중요하고도 복된 목적이 있었습니다. 이는 하나님이 일하실 때에 언제나 **양쪽** 방향에서 동시에 일하신다는 사실을 보여 주는 또 하나의 중요한 사례입니다.

에디오피아 내시와 전도자 빌립의 경우나 고넬료와 베드로의 경우처럼, 이 경우도 마찬가지입니다. 두 사람이 여리고에 발을 들여놓기 전에 여호와께서 이미 라합의 마음속에서 일하셔서 그녀에게 구원을 베푸셨고, 이제 믿음을 고백하고 그 증거를 받고, 다른 이들에게 복이 될 기회가 그녀에게 주어지는 것입니다.

정탐꾼들이 여리고에 들어갈 필요가 있었다는 사실은 요한복음 4장을 상기시킵니다. 거기에 기록된 내용과 라합의 사례 사이에 충격적인 유사점이 있습니다.

첫째, 주 예수께서 "사마리아를 통과해야 하겠는지라"(4절)라고 말씀합니다.

"통과하여야"는 지리적인 요인이 아니라 도덕적인 요인을 지칭하는 것으로, 예수께서 사마리아를 통과**하셔야** 한다는 것이 영원 전에 이미 작정되었음을 말씀합니다. 거기에 하나님의 택하신 한 사람이 있었습니다. 그 사람은 사마리아인으로서 "이스라엘 나라 밖의 사람"(엡 2:12)이었으나, 그를 저버릴 수는 없었습니다.

선한 목자께서는 이렇게 선언하십니다.

이 우리에 들지 아니한 다른 양들이 내게 있어 내가 인도해야 할 터이니(요 10:16).

창세 전에 아버지께서 그리스도께 주신 자들이 사마리아에 있었고, 그는 그들을 반드시 구원하셔야 했던 것입니다. 그러니 여러분이 하나님의 택한 자 중의 하나라면, 아직 중생하지 못한 처지라 할지라도, **여러분**을 구원하실 당위성이 주 예수께 있습니다. 오랜 세월 동안 그로부터 도피해오고 있으나, 정한 때가 이르면 그가 여러분을 붙잡으실 것입니다. 다소 사람 사울처럼 가시채를 뒷발질할 수도 있으나, 그가 여러분의 반역과 머뭇거림을 이기시고 여러분을 그에게로 이끄실 것입니다.

둘째, 요한복음 4장에서 그리스도께서 찾으사 구원하셔야 했던 사람은 여자요 이방인이었을 뿐 아니라, 도덕적 성품 면에서 방종한 자였습니다.

예수께서는 그 여자에게 "너에게 남편 다섯이 있었고 지금 있는 자도 네 남편이 아니니"(18절)라고 말씀하셨습니다. 여리고의 택함 받은 자도 그러했습니다. 마음과 몸이 우상 숭배와 간음으로 더럽혀져 있었습니다(기생 라합). 모두가 그런 것은 아니지만, 하나님의 택하신 자들 중 많은 이들이 회심하기 전에 간음, 우상 숭배, 도둑질, 술취함, 약탈, 등의 극심한 악에 빠져 있던 자들입니다.

너희 중에 **이와 같은 자들**이 있더니 주 예수 그리스도의 이름과 우리 하나님의 성령 안에서 씻음과 거룩함과 의롭다 하심을 받았느니라(고전 6:9-11).

그런 자들을 그분의 형상에 합한 자들로 만드시니, 하나님의 주권적인 자비와 그분의 무적의 능력이 얼마나 놀랍게 드러나는지 모릅니다! 하나님이 세상의 천한 것들과 멸시를 받는 것들과 없는 것들을 택하셨습니다.

왜 그러셨을까요?

그것은 "아무 육체도 하나님 앞에서 자랑하지 못하게 하"(고전 1:26-29)고, 그리하여 그분의 놀라운 **은혜**가 더 선명하게 드러나게 하시기 위함이었습니다.

그러나 은혜는 그것을 받는 이들을 기존의 상태대로 내버려두지 않습니다. 결코, 그렇지 않습니다. "우리를 양육하시되 경건하지 않은 것과 이 세상 정욕을 다 버리고 신중함과 의로움과 경건함으로 이 세상에 살고 복스러운 소망과 우리의 크신 하나님 구주 예수 그리스도의 영광이 나타나심을 기다리게 하셨"습니다(딛 2:12-13).

구원 얻는 믿음에는 언제나 복음적 회개가 뒤따라옵니다. 곧 과거에 지은 죄들에 대한 탄식과, 다시는 그것들을 반복하지 않으리라는 결심이 그것입니다. 구원 얻는 믿음은 언제나 순종으로 이어지며, 선행에서 열매를 맺습니다. 하나님의 은혜를 받는 이들은 그들 자신의 구원에 대해 감사하는 것은 물론, 다른 이들의 구원에—특히 자기들과 가까운 친밀한 자들의 구원에—깊은 염려와 관심을 갖습니다.

그리스도께서 사마리아의 그 간음한 여자에게 자신을 나타내시자, "여자가 물동이를 버려두고 동네로 들어가서 사람들에게 이르되 내가 행한 모든 일을 내게 말한 사람을 와서 보라 이는 그리스도가 아니냐 하니, 많은 사마리아인이 예수를 믿었습니다"(요 4:28-29, 39). 라합 역시 자기 아버지의 집에 자비를 베푸시기를 구하였고, 그녀의 온 가족이 구원을 얻었습니다(수 2:12, 18).

라합의 사례는 면밀히 주목할 만한 가치가 있습니다. 왜냐하면, 여러 가지 놀라운 점에서 하나님의 긍휼의 풍성하심을 극대화시켜 실증해 주기 때문입니다. 이교도 세계에서 태어나고 자랐고, 멸절되어야 할 민족에 속해 있던 그녀의 구원은 하나님의 통치를 여실히 보여 주는 놀라운 증거였습니다. 하나님은 그 기뻐하시는 자를 그분의 자비의 수혜자가 되도록 지정하실 뿐 아니라, 그 자비를 베푸시는 데에서도 그 무엇에게서도 구애받으시지 않습니다.

> 라합은 이방인일 뿐 아니라, 전면적으로 멸망에 바쳐진 종족인 아모리 민족의 소속이었다. 그러므로 그녀는 실정법의 시행에서 그의 보시기에 선하신 대로 행하시는 하나님의 주권을 보여 주는 하나의 실례라 할 것이다. 하나님은 오직 그 자신의 기쁨을 위하여, 그녀가 소속된 민족의 모든 사람에게 선고된 그 멸망에서 그녀를 벗어나게 하신 것이다(존 오웬[John Owen]).

하나님은 최고의 권능자로서 오직 그 자신의 주권적인 뜻 이외에는 그 어떠한 법이나 고려 사항에도 예속되지 않으시므로, "하나님께서 하고자 하시는 자를 긍휼히 여기시고 하고자 하시는 자를 완악하게 하신"는 것입니다(롬 9:18).

라합을 구원하고 그분의 백성의 회중에 들이시는 하나님의 역사에서 우리는 이제 신약 시대에 들어와 보다 선명하게 드러나게 되는 바 그 분의 영원하신 목적의 충만한 범위를 미리 보여 주는 선명하고도 영광스러운 그림자를 감지할 수 있습니다.

라합은 가나안 사람이었으므로 본성적으로 아브라함의 자손으로부터 끊어져 나간 자였고, 따라서 "약속의 언약들에 대하여는 외인"(엡 2:12)이었습니다. 그런 그녀가 회심하여 이스라엘 회중의 일원으로 받아들여짐으로써, 이방인들을 부르시고 그들을 그리스도의 신비한 몸의 지체로 받아들이시는 역사를 보여 주는 하나의 예표가 되고 보증이 되었습니다.

라합과 룻의 경우에서, 하나님은 그분의 구속의 목적이 하나의 단일 민족에게 국한된 것이 아니며 모든 민족 중에서 그의 은혜를 받는 개개인들에게까지 이어진다는 암시를 일찍부터 주신 것입니다. 이들이 결혼을 통해 히브리 민족의 일원이 된 사실은 "돌감람나무"가 "참감람나무"에 접붙임 받아 그 "뿌리의 진액"을 함께 누리게 되는 사실을 미리 보여 주는 복된 예시(豫示)라 합니다(롬 11:17). 우리가 믿기에는 이것이야말로, 최소한 부분적으로는 현재 다루는 이 부분의 예표적이며 경륜적인 의의인 것입니다.

그러나 이 놀라운 사례의 두드러진 특색은 바로 라합을 향한 하나님의 값없는 차별적인 은혜입니다. 라합은 이방민족에 속할 뿐 아니라 오명을 지닌 기생이었는데, 하나님은 유독 그녀를 선택하셔서 차별적인 구원의 은혜를 받게 하심으로써 그가 사람의 얼굴을 보는 분이 아니시라는 점을 분명히 하셨습니다. 라합은 자신의 선택으로 극히 악한 죄에 빠져 있었으나, 하나님의 선택으로 말미암아 그 진흙 구덩이에서 구원을 받고 그리스도의 보배로운 피로써 눈보다 희게 씻음을 받아 하나님의 가족의 일원이 되도록 예정되었습니다.

아무런 공로가 없이 은혜를 베푸시는 하나님의 역사하심이 바로 이런 사례들에서 더욱 밝히 드러나는 것입니다. 그 타락한 여인에게는 하나님의 은혜로운 호의를 끌어낼 만한 것이 아무것도 없었습니다.

그러나 죄가 넘치는 곳에 은혜도 그 이상으로 넘쳐서 아무런 자격이 없는 자에게 하나님의 호의가 베풀어졌으니, 영생의 선물(롬 6:23), 구원 얻는 믿음의 선물(엡 2:8-9), 복음적 회개의 선물(행 5:31)이 그것이었습니다. 그분은 과연 "모든 은혜의 하나님"(벧전 5:10)이시며, 따라서 그는 베푸시고 값없이 주시는 하나님이시지, 값을 받고 거래하고 장사하는 분이 아니십니다. 그분의 베푸심은 "돈 없이, 값 없이"(사 55:1) 이루어지는 것이요, 영적으로 파산한 자들과 빈민들을 위한 것입니다.

라합의 사례에서 우리는 신적인 주권이 시행되며 신적 은혜가 나타나는 것을 볼 수 있으며, 동시에 하나님의 권능의 놀라운 역사를 우러러 바라볼 수도 있습니다. 특히 거기에 사실상 유례를 찾아볼 수 없는 특별한 요소가 거기에 개입되어 있는 것을 잘 생각해 보면 이것이 명확히 드러납니다.

곧 여기서 성령께서 일상적인 은혜의 수단과는 전혀 상관없이 역사하신다는 것입니다. 여리고에서는 안식일을 지키는 일도 없었고, 읽을 성경도 없었고, 선지자들이 하늘의 메시지를 선포하는 예도 없었는데도, 라합이 새 생명으로 일깨움 받았고 참되신 하나님을 아는 구원 얻는 지식으로 인도함 받았다는 사실입니다. 전능하신 여호와는 특정한 대리자들을 사용하셔야 하거나 수단이 없어 방해를 받으시는 법이 없습니다.

그가 기뻐하시는 대로 그런 수단들을 사용하시거나, 아니면 그런 수단이 없이도 얼마든지 그분의 뜻을 이루시는 것입니다. 말씀하시면 그대로 이루어지고 명령하시면 그대로 견고히 서는 것입니다(시 33:9). 과거에 노골적으로 죄 가운데 행하던 이 여인이 정탐꾼들이 그녀의 집에 오기 **전에** 중생하고 회심했다는 사실을 유념해야 합니다. 그들의 방문은 그녀의 믿음이 확인되고 공개적으로 드러나는 기회가 되었을 뿐입니다.

라합이 두 정탐꾼과 처음 대화를 나누기 전에 이미 회심했다는 사실은 구약과 신약 모두에서 매우 분명히 드러납니다. 정탐꾼들에게 한 그녀의 언사는 신자의 언사였습니다.

> 여호와께서 이 땅을 너희에게 주신 줄을 내가 아노라 … 너희의 하나님 여호와는 위로는 하늘에서도 아래로는 땅에서도 하나님이시니라(수 2:9, 11).

그렇습니다. 이러한 확신은 오늘날 스스로 신자라 칭하는 많은 이들을 부끄럽게 만들기에 족합니다.

> **믿음으로** 기생 라합은 정탐꾼을 평안히 영접하였으므로 순종하지 아니한 자와 함께 멸망하지 아니하였도다(히 11:31).

토마스 스콧(Thomas Scott)는 다음과 같은 말로 이 때의 라합의 처신 전체를 정리하는데, 우리는 그것에 십분 동의합니다.

그러므로, 이 사건 이전에, 그녀의 믿음과 더불어 과거 '기생 라합'이라는 오명을 갖게 만들었던 그 죄악된 행위들에 대한 깊은 회개가 함께 있었다는 것을 합리적으로 의심할 수가 없다.

그러나 일부 세대주의의 오류에 젖은 자들과 말씀의 문자와 자구에 종노릇하는 이들은 십중팔구 이를 반대하면서, 라합에 관하여 "회개"라는 단어가 한 번도 성경에 나타나지 않으니 그런 주장은 전혀 억측이라고 말합니다. 그런 분들에게 도움을 드리기 위해 이 문제에 대해 잠시 다루기로 하겠습니다.

회개하고 복음을 믿으라 (막 1:15).

유대인과 헬라인들에게 하나님께 대한 회개와 우리 주 예수 그리스도께 대한 믿음을 증언한 것이라 (행 20:21).

회개의 심령과 복음을 받아들이는 마음이 서로 뗄 수 없도록 관련되어 있으므로, 그중 한 가지가 언급되면 언제나 그 나머지가 전제됩니다. 예를 들어, 전도의 대 명령을 기록한 본문들을 보십시다. 마가복음 16:16에서는 믿음이 강조되고, 반면에 누가복음 24:47에서는 "회개"가 강조됩니다. 그런데 이 두 요소가 함께 마태복음 28:19의 "제자로 삼아"를 설명해 줍니다.
한 가지가 없다면 다른 하나도 존재할 수가 없습니다. 회개하지 않는 마음이 믿는다는 것은 불신자가 회개하는 것과 마찬가지로 도덕적으로 불가능합니다. 마음의 깨어짐이 전혀 없이 머리로만 진리에 동의하는 경우도 있을 수 있고, 믿음이 전혀 없는 자연적인 회한도 있을 수 있으나, 복음적 회개가 없이는 구원을 얻는 믿음이 있을 수 없는 일입니다.
히브리서 11장에서 선명히 드러나듯이 라합의 믿음이 구원을 얻는 믿음이었으므로, 죄에 대한 경건한 회한과 삶의 개혁이 반드시 거기에 수반되었을 것입니다. 회개가 없이는 즉, 우리의 악한 행실을 슬퍼하고 그것을 버리는 것이 없이는 죄 사함도 있을 수 없는 것입니다 (사 55:7; 눅 24:47; 행 3:19).
회개는 마음의 변화로서, 그저 생각이나 신앙고백의 변화보다 더 깊고 더 많은 것을 내포합니다. 그것은 변화된 마음이요, 새로운 지각으로서 과거와는 전혀 다르게 사물을 바라보는 것입니다. 이는 새로운 마음에서 나타나는 필수적인 효과입니다. 회개란 하나님에 대하여, 죄에 대하여, 자기 자신에 대하여, 세상에 대하여 생각이 급진적인 변화되는 것에 있습니다. 과거에는 하나님을 저항했으나, 이제는 그분을 우리의 정당한 주(主)로 인정합니다. 과거에는 죄를 기뻐했으나, 이제는 그것을 후회하고 미워합니다. 과거에는 자기 자신을 높였으나, 이제는 그것을 혐오합니다.

   과거에는 우리가 세상에 속해 있어서 세상과 친하려고 하고 그 일을 귀하게 여겼으나, 이제는 우리 마음이 세상과 결별하였고 세상을 원수로 여깁니다. 모든 것을 과거와는 전혀 다른 눈으로 보며, 그것들에 대해 과거와는 완전히 달리 평가합니다.

   회개하지 않은 자는 그리스도로부터 그분을 흠모할 아무런 아름다움도 보지 못합니다. 하지만 회개하는 상한 마음은 그 분이야말로 자기 자신에게 완전히 합당한 분이심을 지각합니다. 회개는 영혼의 굳은 땅을 부드럽게 하여 복음의 씨를 잘 받아들이게 만들어 줍니다.

   회개는 반드시 행실의 변화로 이어집니다. 마음의 변화는 행동의 변화를 만들어내기 때문입니다. 그러므로 회개와 삶의 변화는 서로 뗄 수가 없습니다. 라합의 경우도 분명 그랬을 것입니다. 기생이었던 그녀가 정숙한 여성이 되었을 것이요, 방탕한 쾌락을 추구하는 삶이 정직히 일하는 삶으로 바뀌었을 것입니다. 우리의 이런 결론을 지나친 비약이라 여길 분들도 있겠으나, 우리로서는 그녀의 변화된 삶의 모습에 대한 분명한 암시가 나타나 있다고 봅니다.

   여호수아 2:6은 "그가 이미 그들을 이끌고 지붕에 올라가서 그 지붕에 벌여 놓은 **삼대**에 숨겼더라"고 말씀합니다.

   성경에는 불필요하거나 무의미한 단어가 없는데, 그렇다면 성령께서는 어째서 라합이 두 정탐꾼들을 덮어 숨기는 데에 사용한 대의 종류를 이렇게 구체적으로 명시하게 하신 걸까요?

   "삼"은 노동하는 여인들이 힘들여 모아 지붕에 벌려 놓아 말려서 여러 겹으로 꼬아 짜서 사용합니다. 다량의 삼이 라합의 집 지붕에 벌여 놓여 있었다는 것은 그녀가 이제 유익한 삶을 살고 있었다는 증거였습니다.

   그러나 "삼"이 있었다는 사실이 그것만 말씀해 주는 것은 아닙니다. 성구사전을 찾고 성경을 성경과 비교하는 수고를 하면, 무언가 찬양할 만한 내용을 더 발견하게 됩니다.

잠언 마지막 장에는 "현숙한 여인"에 대한 상세한 묘사가 나타나는데 그중 한 가지 특질이 바로 "양털과 삼을 구하여 부지런히 손으로 일"하는 것입니다!

바로 이것이 이 놀라운 자비를 보여 준 라합의 성품이요 그녀의 직업이었다는 확신을 갖게 됩니다. 회개의 또 다른 표지는 하나님의 백성을 대하는 태도의 변화입니다. 과거에는 그들의 존재가 역겨웠습니다. 그들의 경건한 모습이 우리를 정죄하기 때문이었습니다. 그러나 신적인 은혜의 역사로 말미암아 마음이 변하게 되면, 그들과 함께 하며 교제를 나누는 일을 사모하게 되고 값진 일로 여기게 됩니다.

라합과 그 두 이스라엘의 정탐꾼이 그러했습니다. 라합이 그 두 "정탐꾼을 평안히 영접하였다는 것"(히 11:31)이 신적인 증언입니다. 그들을 자기 처소에 들이기를 꺼리고 불평하며 그들을 맞은 것이 아니라, 선의를 갖고서 진심으로 환영하며 맞아들인 것입니다. 그러므로 우리는 성령께서 그녀의 성품에 미치사 이루어내신 그 복된 변화를 높이 기려야 합니다.

이제 라합의 믿음을 좀 더 구체적으로 살펴보기로 합시다.

첫째, 그 **근거**입니다.

믿음은 들음에서 나며 들음은 그리스도의 말씀으로 말미암았느니라(롬 10:17).

이 말씀은 믿음의 근원이 하나님의 말씀을 듣는 데에 있다는 뜻이 아닙니다. 태양 빛이 눈먼 자에게 비친다고 해서 그에게 없던 시력이 생기는 것이 아니듯이 말입니다. 그렇지 않습니다. 믿음은 성령의 주권적인 역사로 말미암아 베풀어지며, 그 다음에 말씀에 의하여 훈육받고 양육받습니다. 건강한 눈이 태양으로부터 빛을 받음으로써 사물을 감지할 수 있게 되듯이, 믿음이 하나님의 증거를 취하여 그것에 준하여 시행됩니다.

내가 진리를 받아들임으로써 믿음이 생겨나는 것이 아니라, 내가 진리를 받아들인다는 것이 나에게 믿음이 있음을 증명해 주며 그 진리가 나의 믿음이 의지하는 확고한 근거가 된다는 말입니다. 라합은 정탐꾼들에게 이렇게 말했습니다.

> 여호와께서 이 땅을 너희에게 주신 줄을 내가 아노라 우리가 너희를 심히 두려워하고 이 땅 주민들이 다 너희 앞에서 간담이 녹나니 이는 너희가 애굽에서 나올 때에 여호와께서 너희 앞에서 홍해 물을 마르게 하신 일과 너희가 요단 저쪽에 있는 아모리 사람의 두 왕 시혼과 옥에게 행한 일 곧 그들을 전멸시킨 일을 우리가 들었음이니라 우리가 듣자 곧 마음이 녹았고 너희로 말미암아 사람이 정신을 잃었나니 너희의 하나님 여호와는 위로는 하늘에서도 아래로는 땅에서도 하나님이시니라 (수 2:9-11).

라합과 광야에서 죽어 시체가 된 이스라엘 세대와 어쩌면 그렇게 서로 다른지요!

그 백성들은 여호와께서 그분의 백성을 위해 행하신 그 놀라운 일들을 듣기만 한 것이 아니라 실제로 목격했습니다. 여호와께서 홍해를 가르시고 그 가운데 길을 내셔서 이스라엘이 마른 땅을 통과하게 하시고 이어 물이 다시 합쳐지게 하셔서 바로와 그의 군대를 수장시키신 일을 직접 보았습니다.

여호와의 임재가 시내산에 나타나는 그 엄숙한 광경을 목격하기도 했고, 날마다 하늘로부터 먹을 것을 초자연적으로 공급받았고, 쪼개진 바위틈에서 솟아나오는 물로 식수를 공급받기도 했습니다. 그런데도 그들의 마음은 요지부동이었고 그들 속에 아무런 믿음이 생기지 않았습니다. 뿐만 아니라 하나님의 음성도 들었으나 (히 3:5-6) 응답하지 않았고, 결국 약속한 땅에 들어가지 못했습니다.

> 그들이 믿지 아니하므로 능히 들어가지 못한 것이라 (히 3:19).

아, 독자 여러분!

그리스도의 시대에 다시 분명히 드러납니다. 하지만 영적으로 죽어 있는 자들에게 믿음이 생겨나기 위해서는 이적이나 하나님의 권능이 외형적으로 드러나는 것을 목격하는 것 이상의 무언가가 있어야 합니다.

라합과 나머지 그녀의 동족들도 서로 얼마나 큰 차이가 있는지 모릅니다! 여호수아 2:9-11의 라합의 말에서 선명히 드러나듯이, **그들 역시** 여호와의 권능으로 일어난 놀라운 일들에 대해 들었으나 그들에게서는 믿음이 생기지 않았습니다.

그들은 그 놀라운 일들을 접하고서 그야말로 놀라움과 공포에 사로잡혔고, 한 동안 용기를 잃었습니다. 하나님의 종들의 신실한 말씀 선포를 통해 많은 이들이 심판의 선언을 접하고서도 전혀 주께 굴복하지 않았습니다. 하나님은 이스라엘에게 이렇게 선포하셨습니다.

> 오늘부터 내가 천하 만민이 너를 무서워하며 너를 두려워하게 하리니 그들이 네 명성을 듣고 떨며 너로 말미암아 근심하리라 (신 2:25).

이는 여리고 거민들에게서 문자 그대로 성취되었습니다. 그러나 그들에게서는 영적인 변화가 조금도 일어나지 않았습니다.

그들에게는 믿음이 없었고, 그들에게 믿음이 없었던 것은 그들의 영혼 속에 은혜의 이적이 일어나지 않은 까닭이었습니다. 아무리 건전한 설교라도 그 자체만으로는 듣는 이들에게 영적인 변화를 이루어내지 못하는 법입니다.

그러나 라합의 경우는 달랐습니다.

> 믿음으로 기생 라합은 … 순종하지 아니한 자와 함께 멸망하지 아니하였도다 (히 11:31).

왜 그렇습니까?

주권자이신 하나님이 그녀를 다른 이들과 다르게 만드신 것입니다(고전 4:7). 라합은 하나님의 역사하심을 믿는 믿음을 부여 받았고(골 2:12), 그 결과 여호와의 역사하심을 다른 이들처럼 그저 겉으로만 듣지 않고, 마음의 귀로 들었고, 그리하여 "믿지 않은" 다른 이들과는 전혀 다른 자세로 그 소식에 응답한 것입니다.

"여호와께서 이 땅을 너희에게 주신 줄을 내가 아노라"는 말에서 분명히 드러나듯이, 라합은 여호와께서 아브라함과 그의 후손에게 주신 그 약속들을 들었고 믿었으며, 그분이 과연 긍휼을 베푸시는 은혜로우신 하나님이심을 지각하였고, 마음 속에 소망을 갖게 된 것이었습니다. 이 긍휼의 그릇을 구별하여 그에게 하나님이 베푸시는 은혜를 바라보십시오. 복음을 그저 듣기만 하는 것 외에 다른 무언가가 있어야만 우리 속에 믿음이 생겨난다는 것을 깨닫기 바랍니다.

> 듣는 귀와 보는 눈은 다 여호와께서 지으신 것이니라(잠 20:12).

오직 "전한 것"을 믿는 자에게 "여호와의 팔"이 나타나는 법입니다(사 53:1). 훗날 루디아의 경우가 그랬던 것처럼, 라합도 "주께서 그 마음을 열어" 말씀을 따르게 하신 것입니다(행 16:14).

믿지 않은 라합의 동료들의 사례가 보여 주는 경고는 과연 엄중합니다. 우리가 아는 한, 그들은 라합이 들은 것과 똑같은 이야기를 들었습니다. 그들은 그런 소식에 회의론이나 경멸의 자체를 취하지 않았습니다. 오히려 그 소식에 깊이 영향을 받았고, 공포에 떨었습니다. 하나님의 심판이 애굽 사람들과 인근의 아모리 족속에게 임했다는 소식을 접하고, 그들은 이제 곧바로 그들의 차례가 될 것이라는 두려움에 떨었습니다.

그렇다면 그들은 어째서 즉각 하나님께 긍휼을 구하며 간절히 부르짖지 않았을까?

이렇게 묻는다면 전도서 8:11의 다음 말씀이 그 해답을—최소한 부분적으로는—제시해 줍니다.

> 악한 일에 관한 징벌이 속히 실행되지 아니하므로 인생들이 악을 행하는 데에 마음이 담대하도다(전 8:11).

회개를 위한 여지가 주어졌으나, 그들이 회개하지 않았습니다. 이스라엘 군대가 여리고 성 둘레를 행진하던 그 엿새 동안 회개할 기회가 그들에게 주어졌으나, 그 동안 아무 일도 일어나지 않은 채로 이스라엘 군대가 다시 돌아가자, 여리고의 주민들은 계속해서 마음을 완악하게 했습니다. 오늘날 우리 주위의 대다수의 사람의 모습이, 심지어 이따금씩 하나님의 종들의 신실한 사역을 통해 경고를 받은 이들의 모습이 이와 같은 것입니다.

본성적인 두려움과 불편한 양심의 흔들림이 일어나도 금방 가라앉습니다. 영적인 뿌리가 없으니 견디지 못합니다. 여리고 성의 모든 사람 중에 오직 한 사람만이 악인을 무너뜨리는 여호와의 역사에 대한 소식을 접하고서, 신적인 감동을 받아 반응했습니다.

흔히 수많은 염소가 참된 양 떼들과 함께 섞여 있어서, 멀리서 보거나 혹은 겉만을 보면 마치 양 떼가 상당히 규모가 큰 것처럼 보이나, 하나님의 양 떼의 숫자는 언제나 극히 적었습니다. 숫자만 적은 것이 아니라 여기저기에 고립되어 있는 경우가 많습니다. 하나님의 자녀들이 "흩어져" 있으니 말입니다(요 11:52).

다윗은 이렇게 외쳤습니다.

> 나는 광야의 올빼미 같고 황폐한 곳의 부엉이 같이 되었사오며 내가 밤을 새우니 지붕 위의 외로운 참새 같으니이다(시 102:6-7)

이런 다윗의 경험은, 결코 유독 그에게만 있는 것이 아니었습니다. 하나님의 생각과 그분의 길은 우리의 것과 같지 않고, 무한히 더 지혜롭고 더 나으며, 오직 지정된 눈만이 그것을 감지할 수 있습니다. 외로운 양 떼를 염소와 늑대의 무리 중에서 보존하심으로써 하나님의 보호의 능력이 더욱 놀랍게 드러나 그가 영광을 받으시나, 그 외로운 신자는 더욱 더 하나님을 의지하는 법입니다.

그런데 바로 이러한 성도의 **외로움**이야말로 그의 믿음의 순전함을 드러냅니다. 주변의 관계하는 모든 이가 믿는 것을 믿는다면 거기에 놀라울만한 것이 아무것도 없습니다. 그러나 회의론자들에 둘러싸인 상태에서 믿음이 나타난다면 이는 주목할 만한 것입니다.

다른 모든 사람이 악을 위하여 뭉쳐 있을 때에 홀홀단신으로 의로운 대의를 위하여 일어선다는 것은 그야말로 희귀한 일입니다. 그런데 라합이 바로 그랬습니다. 여리고에는 그녀가 함께 교제할 수 있는 사람이 아무도 없었고, 마음에 용기를 주고 경건한 조언과 모범을 통해 힘을 불어넣어 주는 이가 하나도 없었습니다.

그러니 그녀로서는 과연 하나님의 은혜로 충족하다는 사실을 증명해 보이기에 더할 나위 없는 기회였습니다! 히브리서 11장에 기록된 목록을 천천히 살펴보시고, 그 각 사람이 처한 정황을 돌아보십시오.

아벨이나 에녹이나 노아가 과연 영적인 교제를 나눌 사람이 있었습니까?

요셉과 모세와 기드온이 과연 주위의 형제에게서 도움을 받은 일이 있었습니까?

과연 엘리야, 다니엘, 느헤미야에게 용기와 담대함을 불어넣어 준 사람이 주변에 있었습니까?

그러니 여러분이 전혀 혹은 거의 홀로 걸어가도록 부르심을 받는다고 해도, 같은 생각을 가진 사람이나 함께 길을 가며 여러분에게 도움을 줄 사람을 만나지 못한다고 해도, 그것을 이상하게 여기지 마시기 바랍니다.

지난 6년 동안 이 잡지를 갖가지 다른 영적 싸움을 벌이는 수많은 이들에게 보내고 있으나, 단 하나의 예외도 없이 모두들 자기들의 처지가 라합의 경우와 비슷하다는 것을 알려 왔습니다. 어떤 이들은 영국인들과, 어떤 이들은 유럽인들과, 어떤 이들은 미국인들과 함께 있었고, 어떤 이들은 해군에, 또한 육군과 공군에 속한 이들도 있었습니다. 그러나 모두의 대답은 똑같이 동료 그리스도인들과의 접촉이 완전히 끊어져버렸다는 것입니다.

"성경 연구지"가 해군의 여러 예하 부대에 소속된 사람들에게 보내졌고, 또한 그들이 깊은 영향을 받았습니다. 하지만 모든 사람이 각기 다른 선단에 흩어져 불경한 자들에 둘러싸여 있는 처지였습니다. 주의 뜻이라면 얼마든지 그들을 한데 불러 모으셔서 동일한 배에 배속되도록 하실 수도 있었을 것입니다. 하지만 주께서는 그렇게 하시지 않았습니다. 그가 그렇게 하시지 않은 것은 그들의 **선**(善)을 위함이었습니다. 그렇지 않다면 분명 달리 일을 지도하셨을 것입니다(롬 8:26).

믿음은 반드시 시험을 받아 그 가치를 입증해야만 합니다. 믿음은 마치 조금만 서리를 맞아도 곧바로 시들어버리는 온실의 꽃과 같은 것이 아닙니다. 그렇습니다. 믿음은 강인하고 끈기가 있어서, 바람과 비 때문에 산산조각 나지 않습니다. 오히려 그런 기회를 통해 더 깊이 뿌리를 내리고 더욱 왕성하게 자라는 것입니다.

라합이 고립되어 있었다는 사실은 "여호와께서 이 땅을 너희에게 주신 줄을 **내가** 아노라"는 그녀의 말에서 드러납니다. 다른 사람들은 본성적으로 일시적으로 영향을 받았으나, 그녀는 영적으로 영구히 영향을 받았습니다. 귀로 들은 사실이 신적인 권능으로 그녀의 영혼에 와닿은 것입니다.

다시 말씀하거니와, 라합이 달라지도록 만드신 것은 바로 하나님이셨습니다. 그녀의 마음은 본성적으로 다른 동료들과 다르지 않았으나, 새 생명을 누리도록 초자연적으로 일깨움을 받아, 말씀을 온유함으로 받아들인 것입니다. 모든 사람이 다 거듭나는 것이 아니요, "믿음은 모든 사람의 것이 아니니라"(살후 3:2).

믿음은 중생 때에 전달되는 영적 생명의 속성과 활동 가운데 하나입니다. 믿음이 근거하는 바견고한 토대는 확실한 하나님의 말씀이요 신적 증언입니다.

오직 이것을 통해서만 믿음이 뒷받침되고 세워지는 것입니다. 정서와 느낌들은 믿음과 아무런 관계가 없으며, 영적인 신뢰도 그것들로써 생겨나거나 자라지도 않습니다. 확신은 말씀을 마음으로 받아 그것에 의지하는 데에서 생겨납니다. 라합의 경우가 바로 그랬습니다.

"여호와께서 이 땅을 너희에게 주신 줄을 **내가** 아노라 … 이는 … 여호와께서 … 행한 일을 우리가 **들었음**이니라."

라합은 그 일들을 "사람의 말로 받지 아니하고 하나님의 말씀으로"(살전 2:13) 받아들인 것입니다.

독자 여러분은 어떻습니까?

그렇게 하셨습니까?

라합의 언어가 얼마나 분명하고 확신에 넘치는지를 살펴보십시오. "만일"이라거나 "혹시"라는 식의 언사도 없고, " …를 바란다"는 식의 의심쩍은 말도 없고, 확실하고도 적극적인 "내가 아노라"가 나타납니다. 그것은 과연 구원 얻는 믿음의 지식이었습니다. 믿음과 확신이 서로 구별될 수도 있는 것은 사실이지만, 믿음과 순종을 서로 분리할 수 없듯이, 그 둘도 그렇습니다. 행함이 없는 믿음은 죽은 것이요, 확신이 없는 믿음은 성경에 전혀 언급이 없는 이상스런 것입니다. 물론 **구원 얻는** 믿음이 그렇다는 말씀입니다.

그 믿음은 무엇입니까?

그것은 하나님을 그분의 말씀 그대로 취하는 것이요, 그것을 나 자신의 소유로 삼는 것이요, 거짓말하실 수 없는 그 분의 증언에 인격적으로 의존합니다. 그렇게 하고 있거나, 그렇게 하고 있지 못하거나 둘 중의 하나뿐입니다. 만일 내가 그렇게 하고 있다면, 그렇게 하고 있다는 것을 의식할 수밖에 없습니다. 하나님을 신뢰하고 그분의 약속에 의지하면서도 그렇게 하고 있다는 것을 인식하지 못할 수는 없기 때문입니다.

신약의 서신서들을 읽어 보십시오. 그 어디에도 하나님이 받으셨음을 의심하는 성도에게 주는 권면의 말씀이 없고, 언제나 "우리가 **아노니**"라는 언어가 나타납니다(고후 5:1; 갈 4:9; 엡 6:9; 빌 1:6; 골 3:24; 살전 1:4; 벧전 1:18-19).

라합의 믿음에 확신이 수반된 것은 물론, 그것이 그녀의 행동으로 이어졌습니다. 하나님의 택한 자들의 믿음은 하나의 살아 있는 역동적인 원리요 "사랑으로 역사하며"(갈 5:6) 하나님의 영광을 위하여 열매를 맺는 법입니다. 그 믿음은 입으로만 인정하는 자들의 명목뿐인 거품과도 같은 믿음과는 전혀 다른 것입니다. 순종의 삶이 수반되지 않고 선한 행실이 풍성하게 뒤따르지 않는 믿음은 "그 자체가 죽은 것"입니다(약 2:17).

라합의 믿음은 그런 것과는 거리가 멀었습니다. 야고보서는 라합에 대해, "이와 같이 기생 라합이 사자들을 접대하여 다른 길로 나가게 할 때에 행함으로 의롭다 하심을 받은 것이 아니냐"라고 말씀합니다(약 2:25). 이는 라합의 선행이 하나님이 그녀를 받으시도록 공로를 세운 근거였다는 뜻이 아니고, 그것이 하나의 영적인 원리가 그녀에게 전해졌음을 사람들 앞에 드러내 보인 증거였다는 뜻입니다. 그녀의 선행은 그 원리의 열매로서 그녀의 믿음을 증명해 주었고, 그녀가 믿음의 가족의 일원임을 드러내 보인 것이었습니다.

> 만일 라합이 '하나님이 너희 편이요 가나안도 너희 것임을 내가 믿으나, 감히 너희를 선대하지 못하겠노라'라고 말했다면 그녀의 믿음은 죽은 것이요 행위가 없는 것이었을 것이고, 따라서 그녀를 의롭게 하지 못했을 것이다 … 하나님을 위하여 마음으로 모험을 감행하고, 하나님의 사람들을 자기의 사람으로 맞아들이고, 그들과 모든 것을 함께할 수 있는 자들만이 참된 신자들이라 할 것이다(헨리[Henry]).

이것이야말로 공허한 겉모양의 고백이 가득한 이 시대에 끊임없이 강조해야 합니다. 회심으로 이어지지 않는 것은 구원 얻는 믿음이 아니며, 회심이란 급진적인 행실의 변화요, 입장의 전환이요 과거의 삶의 방식의 전환입니다. 구원 얻는 믿음에는 그 이전에 마음을 사로잡고 있던 것들을 내어버림과, 과거에 신뢰하던 것들을 포기하는 것과, 거룩하신 삼위 하나님을 대적하는 모든 것을 저버리는 일이 반드시 수반됩니다. 그러므로 자기 자신을 부인하는 것과 옛 동무들을 버리는 일이 뒤따르는 법입니다.

아브람이 그랬습니다. 그는 갈대아 우리의 옛 상황을 완전히 떠나 하나님의 부르심을 따라야 했습니다. 모세 역시 마찬가지였습니다. 그는 "바로의 공주의 아들이라 칭함 받기를 거절하고 도리어 하나님의 백성과 함께 고난 받기를 잠시 죄악의 낙을 누리는 것보다 더 좋아하고 그리스도를 위하여 받는 수모를 애굽의 모든 보화보다 더 큰 재물로 여겼습니다"(히 11:24-26).

룻도 그랬습니다. 그녀는 "그의 백성과 그의 신들에게로 돌아간" 오르바와는 전혀 대조적으로 시어머니 나오미를 저버리기를 거부하고, "어머니의 백성이 나의 백성이 되고 어머니의 하나님이 나의 하나님이 되시리라"고 맹세했습니다(룻 1:15-16). 라합도 그랬습니다. 모든 것을 포기하고 과거에 관계하던 것들과 결별하지 않는 믿음은 아무런 가치도 없는 것입니다.

그렇습니다. 라합의 믿음은 자기를 부인하는 믿음이었고, 복음을 듣는 모든 이에게서 요구되는 응답에 모자람이 없는 믿음이었습니다. 예수님은 이렇게 말씀하신 바 있습니다.

> 누구든지 나를 따라오려거든 자기를 부인하고 자기 십자가를 지고 나를 따를 것이니라 (막 8:34).

> 누구든지 자기 십자가를 지고 나를 따르지 않는 자도 능히 내 제자가 되지 못하리라 (눅 14:27).

아, 독자 여러분!
여러분은 "요한복음 3:16을 믿는다"라고 고백할지도 모르겠습니다. 하지만 이렇게 물어보는 것을 용서하십시오.
"그렇다면 누가복음 14:27도 진정으로 **믿습니까?**"
여러분 스스로 정직하게 대답해 보십시오.
여러분의 일상생활이 과연 그런 믿음을 증명해 주고 있습니까?
라합의 자기를 부인하는 믿음은 자국의 안전보다 하나님의 뜻을 따르고 그 두 정탐꾼들을 보호하는 일을 동료 시민들을 기쁘게 하는 것보다 우선시하는 데서 나타났습니다. 그녀의 그런 믿음은 참되신 하나님을 예배하는 여호수아가 보낸 정탐꾼들을 배신하기보다 차라리 자신의 목숨을 거는 데에서 더욱 선명하게 드러났습니다.
하나님을 믿는 믿음과 그분의 백성을 향한 사랑으로 인하여 그녀는 자기가 받을 그 어떠한 조롱도, 그녀를 위협하는 그 어떠한 위험도, 다 이겼습니다. 구원 얻는 믿음은 언제든 하나님이 우리를 부르시면, 즉시 가까이 두고 사랑하던 이 세상의 모든 것과 결별할 준비를 갖추는 법입니다.
자기를 부인하는 순종의 행위들이야말로 진정 신령한 믿음의 가장 확실한 증거인 것입니다. 인간적이며 세상적인 면에서 보면 라합은 믿음으로 인하여 잃은 것이 있었습니다.

토마스 스코트는 다음과 같이 말합니다.

> 믿음으로 인하여 그녀는 "멸망에 바쳐진 가나안 사람들 가운데서 가졌던 모든 관심사를 버려야 했고, 목숨까지 걸어야 했고, 하나님의 백성을 향한 사랑을 표현하다가 지극히 잔인한 고통들을 당할 위험에 자신을 노출시켜야 했습니다.

이런 것이 바로 인간의 영혼 속에 이적을 일으키며, 타락한 인간의 본성에 역행하는 모습을 자아내고, 새로운 원리와 동기에 준하여 행동하게 하고, 그리스도를 위하여 고난당하기를 택하게 하며, 이 세상의 헛된 것들을 좇기보다는 하나님의 백성들의 편에 서다가 환란을 당하는 편을 좇게 하시는 성령의 역사인 것입니다.

다소 사람 사울에게 일어난 놀라운 변화가 바로 그런 것이었으니, 그는 그리스도를 믿는 믿음으로 인하여 다가올 박해를 담대히 무릅쓰고 그리스도를 위하여 자신이 고난당하게 되는 것을 즐거워했습니다. 그때 이후 수많은 유대인 회심자와 이방인 회심자가, 특히 선교사들의 기록들에서 무수히 드러나듯이 교황주의와 이교도가 만연해 있는 나라들에 속한 회심자들이, 믿음으로 말미암아 맺은 복된 열매가 바로 그런 모습이었습니다. 그리고 모든 회심한 영혼에게서 이러한 모습이 어느 정도 나타나는 것입니다.

라합은 "정탐꾼을 평안히 영접"함으로써, 자기의 마음이 하나님의 백성들을 향해있고 그들을 돕기 위해 할 수 있는 일을 다 할 준비가 되어 있음을 분명히 드러내었습니다. 이 짧은 문구가 여호수아 2장에서 묘사되는 바 두 이스라엘 사람을 향해 베푼 그녀의 친절을 정리해 줍니다. 그녀는 그들을 환영하여 집으로 들였고, 그들과 신령한 대화를 나누었으며, 그들의 안전을 위해 힘썼고, 그들을 배반하기를 거부했습니다.

> 그녀의 그런 행실 전체에서 여호와를 향한 경건한 두려움과, 그분의 말씀에 대한 전적인 신뢰와, 그분의 은혜를 구하는 간절한 소망과, 그분의 백성을 향한 애정과, 또한 그분의 대의를 위하는 일에 모든 것을 걸고, 모든 것을 버리는 성향이 잘 드러난다(스코트).

우리는 히브리서 13장에 그녀의 친절(아브람의 친절과 더불어)에 대한 무언의 언급이 나타난다고 봅니다. 야고보서 2:25에서 "사자들"로 번역된 단어가 히브리서 13:2에서는 "천사들"로 번역되기 때문입니다.

> 형제 사랑하기를 계속하고 손님 대접하기를 잊지 말라 이로써 부지중에 천사들을 대접한 이들이 있었느니라 (히 13:1-2).

오늘날 수많은 이들이 그렇게 행하기는커녕, 오히려 의견이 다르다고 해서 서로를 찢어 놓으려 하는 모습을 보이니, 정말 안타까운 일입니다.

그러나 이미 말씀한대로, 라합의 믿음은 우리의 믿음과 마찬가지로 결점이 없지 않았습니다. 하나님을 온전히 신뢰하지 못한 자에게서 나오는 거짓이 그녀에게서도 나왔으니 말입니다. 이는 일반적으로 우리가 아무리 최선을 다해도 우리의 일에는 연약함과 어리석음이 끼어 있기 마련이라는 부끄러운 사실을 실례로 보여 줍니다.

그러나 여기서 유념해야 할 것은 그녀의 그런 처신이 기록된 것이 우리에게 그것을 빌미로 핑계를 대도록 하기 위함이, 결코 아니라는 점입니다. 오히려 하나의 엄숙한 경고로, 또한 믿음에는 그 시초부터 갖가지 흠과 티가 있다는 것을 가르쳐 주기 위하여, 그것을 기록해 놓은 것입니다.

하나님은 특히 그분의 양 떼 중 어린양들에게서 나타나는 많은 연약함을 참아주십니다. 믿음이 있는 자들이 언제나 믿음으로 행하는 것이 아니고, 육체에 속하는 많은 행실들이 영에 속하는 일에 뒤섞이는 경우가 많습니다. 이교도 출신의 이 젊은 회심자의 경우는 우리와 상황이 매우 다릅니다. 헨리(Henry)의 구약 주석 편집자는 다음과 같이 아주 올바르게 지적하고 있습니다.

> 율법에 대한 그녀의 사고는 극히 희미하고도 옹색했을 수밖에 없다. 계시의 빛을 누리고 있는 이들이 이와 비슷한 거짓 것을 이야기하기도 하지만, 그런 것은 아무리 동기가 훌륭하다 해도 더 무거운 책망을 받아 마땅할 것이다.

> 여호와께서 이 땅을 너희에게 주신 줄 내가 아노라 … 너희의 하나님 여호와는 위로는 하늘에서도 아래로는 땅에서도 하나님이시니라 (수 2:9, 11).

우리는 여기서, 성령께서 마음속에 은밀히 생겨나게 하신 것을 라합이 공개적인 서원으로 드러내는 것을 보게 됩니다. 그녀는 여호와께서 참되신 하나님이시며 이스라엘이 그가 사랑하시고 소유하시는 백성이심을 시인했고, 자신이 그들의 일원이 되기를 소망한 것입니다. 오늘날의 믿은 죄인에게서도 그에 못지 않은 것이 요구됩니다.

> 네가 만일 네 입으로 예수를 주로 시인하며 또 하나님께서 그를 죽은 자 가운데서 살리신 것을 네 마음에 믿으면 구원을 받으리라 (롬 10:9).

여호와께서는 비겁하여 자신을 숨기는 제자들을 자기 백성으로 소유하지 않으십니다.

> 누구든지 사람 앞에서 나를 시인하면 나도 하늘에 계신 내 아버지 앞에서 그를 시인할 것이요 누구든지 사람 앞에서 나를 부인하면 나도 하늘에 계신 내 아버지 앞에서 그를 부인하리라 (마 10:32-33).

요셉은 애굽에서 그의 하나님을 고백하기를 부끄러워하지 않았고, 다니엘 역시 바벨론에서 그렇게 처신하지 않았습니다. 그리고 바울은 우상 숭배하는 뱃사람들과 군졸들 앞에 서서 자신이 하나님의 사자로부터 확실한 메시지를 받았음을 말씀하고는 그 하나님을 이렇게 묘사합니다.

> 내가 속한 바 곧 내가 섬기는 하나님 (행 27:23).

그러므로 어떤 상황에 처할지라도 우리의 색깔을 드러내고 우리가 과연 누구의 깃발 아래서 섬기는지를 확실히 나타내기를 두려워하지 말아야겠습니다.

> 그러므로 이제 청하노니 내가 너희를 선대하였은즉 너희도 내 아버지의 집을 선대하도록 여호와로 내게 맹세하고 내게 증표를 내라 그리고 나의 부모와 나의 남녀 형제와 그들에게 속한 모든 사람을 살려 주어 우리 목숨을 죽음에서 건져내라 (수 2:12-13).

인간적인 친절이 굳어져버린 굳은 마음을 지닌 사람들은 라합의 이런 요구를 매우 주제 넘는 것이라 여길 것입니다. 우리는 개인적으로, 그녀의 마음이 버림받은 몹쓸 죄인인 자신을 주께서 구원해 주신 것에 대한 감사가 가득하여 믿음으로 신적인 긍휼의 무한함에 대해 무언가를 감지하였고, 그리하여 그런 하나님이시라면 그녀의 가족 전부에게 기꺼이 은혜를 보여 주실 것임을 믿었다고 봅니다. 그녀는 실망하지도 않았습니다.

더욱이, 헨리(Henry)가 적절히 지적하듯이, "자비를 베푸는 자들은 자비를 받기를 기대하는 법"입니다. 에벳멜렉이 선지자 예레미야에게 자비를 베푼 일에 대해 하나님은 그가 최악의 곤경에 처하여 있을 때에 "노략물 같이 목숨을 얻을 것"임을 약속하셨습니다(렘 39:18).

라합의 이러한 청이 그저 마음의 조급함의 표현이 아니었다는 사실은 그 전체적인 기조에서 분명히 드러납니다. 그녀의 언어가 믿음의 언어였다는 것은 그녀가 가나안이 이스라엘 앞에서 무너질 것임을 의심의 여지없이 확신하고 있었던 데에서 나타납니다. "여호와로 내게 맹세하라"는 라합의 말은 그녀가 엄숙한 맹세가 문제를 확실히 매듭짓는다는 것을 믿음으로 알고 있었음을 시사해 줍니다. 그녀는 "증표를 내라"고 함으로써 자신의 구원에 대한 보장을 요구한 것입니다.

증표라는 단어는 창세기 9장에서 하나님이 무지개가 "언약의 증표"가 될 것임을 선언하신 데에서 처음 나타납니다. 자신의 온 가족의 구원을 간청하는 라합의 모습은 오늘날 우리에게 귀중한 모범이 됩니다. 우리는 우리와 가까운 사랑하는 자들에게 하나님이 자비를 베푸시기를 간절히 바라는 자세를 가져야 마땅합니다.

그렇지 않다면 이는 우리가 자연스러운 애정조차 없는 자들이라는 것을 스스로 증명하는 것밖에 안 될 것입니다. 그런 자연스런 애정이 만일 하나님의 주권을 무시하고, 그에게 간청이 아니라 지시를 한다면, 분명 잘못된 것입니다.

그러나 그렇지 않다면, 우리는 마땅히 그러한 애정을 가져야 마땅합니다. "너희의 믿음대로 될지어다"라고 말씀하신 그분이 라합의 믿음에 그대로 응답하시니 이 얼마나 복된 일인지 모릅니다(수 6:22).

4. 붉은 줄

라합은 그 두 정탐꾼에게 그녀와 엄숙히 언약을 맺어 다가오는 여리고의 멸망에서 그녀의 가족을 보존해 주기를 보증해달라고 요청했는데(수 2:12-13), 이로 인하여 그 정탐꾼들은 매우 난처한 입장이 되었습니다. 아니, 좀 더 정확히 말하자면, 우리 현대인들이 올바로 해결하지 못하는 한 가지 예리한 문제를 제기합니다. 바로 얼마 전에 이스라엘은 가나안 민족들을 대하는 문제에 관하여 다음과 같은 명령을 받은 바 있습니다.

> 네 하나님 여호와께서 그들을 네게 넘겨 네게 치게 하시리니 그 때에 너는 그들을 진멸할 것이라 그들과 어떤 언약도 하지 말 것이요 그들을 불쌍히 여기지도 말 것이며 (신 7:2).

그런 분명한 금지 명령에 비추어 볼 때에, 과연 그 정탐꾼들은 어떻게 처신해야 옳았을까요?

이 질문에 대한 바른 답변은 하나님의 명령들에 대한 구별이 필요하다는 사실을 적절히 적용시키는 데에 있습니다. 이는 시대마다 교육을 받은 학자들이 제기해온 것으로, 도덕법(moral laws)과 실정법(positive laws)을 구별하는 것인데, 곧 본질적인 공의에 기초하는 법과 주권에 기초하는 법을 서로 구별합니다. 하나님이 우리에게 부여하신 도덕성에 준하여 우리는 부모가 자녀를 아끼고 보호해야 하며 자녀는 부모를 공경해야 한다는 것을 압니다. 그러나 그런 도덕성이 그리스도인에게 세례나 성찬을 시행하도록 가르침을 주지는 않습니다. 이 경우는 실증적인 제도에 속하니 말입니다.

하나님의 실정법을 통해 베풀어지는 명령들은 전적으로 그분의 주권적인 뜻에 달려 있으며, 그 이외에는 다른 요인이 없습니다. 그러나 하나님의 도덕적인 계명들을 통해 제시되는 명령들은 그분의 뜻의 권위로써나 그가 창조세계 속에서 이루어 놓으신 사물의 본질과 질서로써 반드시 지켜져야만 합니다. 실정법은 하나님의 뜻에 따라 바뀔 수 있는 것으로서 하나님의 고유한 대권(大權)으로 지정되는 것이나, 도덕법은 항구적인 것으로서 그것에 따라 선과 악이 필연적으로 구별됩니다.

이스라엘에게 주신 모든 의식법은 전자에 속했습니다. 그러나 마음을 다하여 주 너의 하나님을 사랑하고 네 이웃을 네 몸과 같이 사랑하라—십계명의 요체—는 명령은 후자에 속하는 것이었습니다.

전자는 신적 계시에 의하여 그것을 받는 자들에게만 제한적으로 적용되는 것이요, 후자는 도덕적인 책임을 지니는 모든 사람에게 보편적으로 적용됩니다. 실정법에 순종하는 것이 도덕법의 원칙들을 명백히 위반하는 것이 될 때에는 언제나 하급법은 상급법에 따라야 합니다.

하나님이 우리의 타락한 성향에 반대되는 많은 것들을 믿고 행하도록 요구하시지만, 그가 우리에게 주신 도덕성에 반대되는 것을 우리에게서 요구하시는 일은 절대로 없기 때문입니다.

다윗과 그의 부하들이 시장한 처지에서 그가 진설병 다섯 덩이를 요구한 사례(삼상 21장)에서 이러한 구별에 대한 실례를 잘 볼 수 있습니다. 제사장 아비멜렉은 그 떡덩이들이 일상적인 용도가 아니고 "여호와께 거룩히 구별된 것"들임을 지적하였으나, 그 사람들이 더럽힘이 제거된 처지임을 알고서 그 떡덩이들을 다윗에게 주어 먹게 했습니다. 다른 누구도 아닌 우리 주님께서도, 거룩한 떡덩이를 먹는 것이 금지되어 있었으나 그것을 먹은 그들이 죄가 없었다고 말씀하셨습니다(마 12:3-6).

이처럼 제사장이 다윗과 그의 부하들에게 거룩한 떡을 주지 못하도록 금지하도록 규정된 실정법이 상황의 절실함에 양보하게 된 것입니다.

> 다윗의 자손께서는 그 일을 승인하심으로써, 제사보다 자비가 우선하며, 의식 준수보다 도덕적인 의무가 우선하며, 또한 달리 도무지 방법이 없이 시급한 섭리적인 필연성이 있는 경우에 그렇게 할 수 있다는 것을 보여 주시는 것이다(헨리[Henry]).

그러므로 신명기 7:2에 제시되어 있는 법은 실정법으로서 모든 사안에 다 절대적으로 힘을 발휘하는 것이 아닙니다. 왜냐하면, 정의 그 자체가 우리가 언제나 핍절한 자들에게 자비를 베풀어야 하고 절대로 선을 악으로 갚아서는 안 된다는 것을 요구하기 때문입니다. 라합은 그 두 정탐꾼들에게 자비를 보였고, 스스로 위험을 무릅썼었습니다. 인간의 본능은 자비를 베푼 자들을 향해서 자비로운 감정을 갖기 마련입니다.

감사의 마음은 자연의 법칙인데, 자연의 법칙이 실정적인 강령보다 우선합니다. 그러므로 경건한 그 두 정탐꾼은 신명기 7:2이 그들의 안전을 확보해 주었던 그녀에 대해 정의롭고도 자비롭게 처신하지 못하게 가로막지는 않는다는 것을 지각할 만큼 충분한 도덕적 감수성과 영적 분별력이 있었습니다. 그러므로 그들이 해야 임무는 분명했으나, 그렇다고 해서 성급하고도 경솔하게 그 임무를 이행할 것은 아니었습니다. 그 어떠한 조치나 약속도 별 생각 없이 순간적인 충동으로 해서는 안 되는 것이었습니다.

우리 스스로 책임을 질 일을 면밀히 따져보기까지는 명확한 약속을 하지 말아야 합니다. 우리의 말이 우리를 얽어맬 수밖에 없기 때문입니다. 그러니 그 어떠한 엄숙한 약속을 하더라도 우리는 그 전에 미리 기도하면서 모든 관련되는 사안을 철저하게 숙고하여야만 합니다.

> 그 사람들이 그에게 이르되 네가 우리의 이 일을 누설하지 아니하면 우리의 목숨으로 너희를 대신할 것이요 여호와께서 우리에게 이 땅을 주실 때에는 인자하고 진실하게 너를 대우하리라(수 2:14).

라합의 요구에 대한 이행 여부에 "네가 … 아니하면"이라는 단서를 붙였다는 점을 주목하십시오. 그럴 수밖에 없습니다.

여호수아 2:12, "여호와로 내게 맹세하고 내게 증표를 내라"는 그녀의 말이 시사하듯이, 그 정탐꾼들은 그녀와 언약을 맺고 있었으며(참조. 삼상 20:16-17; 시 89:3), 언약이란 한쪽에서 특정한 조건들을 이행하면 다른 한쪽에서도 특정한 일들을 행할 것을 서로 간에 약속합니다.

그들이 합의한 일은 세 가지였는데, 그 첫째는 그녀가 계속해서 그들의 안위를 위해 힘쓴다는 것이었습니다. 여기서 우리는 라합으로 하여금 이 합의 조건을 지키도록 하기 위한 그들의 주도면밀함을 보게 됩니다.

> 양심적으로 약속을 지키려 하는 사람은 그 약속을 하는 일에 매우 신중을 기하는 법이며, 혹 경박스럽게 보일 수 있는 특정한 조건들을 제시하기도 한다(헨리[Henry]).

그리스도인은 어떠한 약속을 할 때에라도 항상 "주의 뜻이면" 혹은 "주께서 하게 하시면"이라는 단서를 붙여야 합니다. 그들은 여리고를 완전히 함락시킬 때에 그녀를 보존시켜 주겠다고 엄숙히 약속했습니다. "우리의 목숨으로 너희를 대신할 것이요"(14절)라는 그들의 말은 그들이 자기들의 목숨만큼이나 그녀의 안전을 소중히 여기겠다는 확증인 동시에 만일 그들이 이 부분의 약속을 이행하지 못할 시에는 하나님의 심판이 임해도 좋다는 명확한 자기 저주였습니다.

"인자하고 진실하게 너를 **대우하리라**"는 그들의 말이 빈 말이 아님이 드러날 것이요 약속이 반드시 실제로 이행되리라는 보증이 담긴 것이었습니다. 그리고 여기서 그들이 믿음의 언어를 쓰는 것을 보십시오.

"여호와께서 우리에게 이 땅을 주실 때에는."

모든 일의 결말에 대해서 그들은 전혀 의심이 없었고, 오히려 가나안이 정복되리라는 것을—그러나 "여호와로 말미암아"서, 또한 그의 "선물"로서—확신하고 있었습니다. 우리 역시 마지막 결말에 대한 충만한 확신으로 믿음의 싸움을 싸워야겠습니다.

주께서 최종적으로 승리를 주실 것이므로, 우리 각자가 "내가 여호와의 집에 영원히 살리로다"(시 23:6)라고 외쳐야 합니다. "인자하고 진실하게 너를 대우하리라"고 말함으로써, 그들은 자기들이 잔인한 마음이 전혀 없고, 이방인들이 가나안을 정복하는 자들에 대해 폄훼하듯 피에 굶주린 것과는 전혀 거리가 멀다는 것을 입증해 보인 것입니다.

> 라합이 그들을 창문에서 줄로 달아 내리니 그의 집이 성벽 위에 있으므로 그가 성벽 위에 거주하였음이라(수 2:15).

정탐꾼들로부터 약속을 받자마자, 라합은 그들의 도피를 도왔습니다. 그녀의 집이 성벽 위에 있었으니 그들로서는 극히 편리했습니다. 만일 성의 한 복판에 있었다면, 그들이 발각되어 체포되기 십상이었습니다.

그러나 외곽 벽 위에 집이 있었으므로, 밤에 사람들의 눈을 피해 성 아래 바깥으로 피할 수 있었습니다. 그러나 그런 편의성은 우연히 그렇게 된 것이 아니고 여호와께서 그렇게 **정해 놓으신 것**임을 여기서 지적해야 하겠습니다. 그가 모든 사람을 위해 "거주의 경계를 한정"해놓으셨으니(행 17:26), 곧 주권자이신 하나님이 우리 각자가 출생하여 거주할 곳을 지정해놓으셨다는 것입니다.

그러나 라합의 집의 특정한 위치가 정탐꾼들의 도피를 돕기만 한 것이 아니라, 하나님의 권능을 더욱 선명하게 드러내는 역할을 하기도 했습니다. 여리고 성벽이 "무너져 내렸는데"(수 6:20), 그런 완전한 함락의 와중에 유독 그녀의 집만 보존되어 여호와의 권능과 자비를 밝혀 주는 기념물로 우뚝 서게 되었던 것입니다.

> 라합이 그들에게 이르되 두렵건대 뒤쫓는 사람들이 너희와 마주칠까 하노니 너희는 산으로 가서 거기서 사흘 동안 숨어 있다가 뒤쫓는 자들이 돌아간 후에 너희의 길을 갈지니라(수 2:16).

여기서 참으로 기막힌 것은 신적인 권능과 인간적인 예방조치가 이 사건 전체에 함께 섞여 있음을 보게 된다는 점입니다. 신적 보호하심이라는 위대한 진리의 전형적인 실례가 여기서 나타나지만, 그 보호하심이 중요한 국면마다 수단을 사용하여 이루어진다는 점입니다. 곧 받은 명령을 이행함으로써 라합이 보호하심을 받았고, 창문에 매단 줄 때문에 그녀의 집이 보호되었으며, 산속에 몸을 숨김으로써 정탐꾼들이 보호하심을 받은 것입니다.

"성도의 영원한 안전"을 가르치는 분들은 그것과 더불어 하나님이 그들을 보호하기 위해 사용하시는 보호 장치들을 함께 제시해야 합니다. 하나님의 영원한 은혜의 목적을 이루는 일이 피조물의 행위에 따라 좌우되지 않는다는 것이 분명한 사실입니다.

그러나 하나님은 목적을 정해 놓으신 것은 물론 그 목적에 이르는 수단까지도 지정해 놓으신 것입니다. 하나님은 누구에게라도 그 자신의 능력들을 발휘하거나 자기 책임을 전혀 다하지 않아도 하늘에 들어가게 해 주시겠다고 약속하신 일이 없습니다. 그는 시종일관 우리를 도덕적 행위자로 대하시며, 그리하여 그분의 경고들을 직시하고서 우리를 망가뜨리는 요인을 **회피할 것**을 우리에게 요구하시는 것입니다(고전 9:27).

내 영혼과 그 영원한 운명을 주의 손에 맡긴다고 해서 내가 모든 의무에서 해방되는 것이 결코 아닙니다. 우리의 삶의 한계를 정하신 하나님은 그 삶을 보살피는 일을 우리에게 맡기셨고, 그 삶을 보존하도록 갖가지 수단을 우리에게 베푸셨으며, 우리 스스로 위험을 직시하도록 만드셨으니, 우리는 스스로 조심하고 해결책을 마련해야합니다. 그러니 우리의 의무가 무엇인가가 분명히 드러납니다.

이 인용문은 존 웨슬리(John Wesley)같은 알미니안주의자가 아니라 종교개혁자 존 칼빈(John Calvin)의 글에서 취한 것입니다!

그런데 안타깝게도 칼빈주의자라 주장하는 이들 중에 지혜와 교리의 균형을 놓치고 있는 이들이 얼마나 많은지 모릅니다. 하나님의 보호하심의 진리는 게으름이나 방종의 피난처로 주어진 것이 아닙니다.

하나님의 약속들은 스스로 죄를 가득 채우고 죄를 즐거워하는 자들이 아니라, 죄와 대적하여 정직하게 힘써 싸우며 죄로 인하여 넘어질 때에 슬퍼하는 자들을 위하여 주어지는 것입니다. 하나님은 그분의 성도가 악에 빠지지 않고 **거룩**한 가운데 있도록 그들을 지키시는 분이기 때문입니다. 하나님이 우리의 발을 돌려 생명으로 인도하는 길에 들어서게 하셨다면, 우리는 반드시 그 길을 계속 걸어가야 합니다. 그렇지 않으면 절대로 원하는 목적지에 이르지 못합니다. 앞에 놓인 그것을 바라보고 계속 전진하는 자들만이 그 목표에 이르는 것입니다.

구원 얻는 믿음은 그저 하나의 개별적인 행동이 아닙니다. 그것은 그것이 전해지는 자들에게서 계속해서 발휘되는 하나의 영적인 원리입니다. 하나님의 보존케 하시는 역사는 그리스도인의 인내를 통해 이루어집니다. 은혜가 우리에게 주어졌다고 해서 우리의 노력이 쓸데없어지는 것이 아닙니다. 그 은혜가 우리의 노력들을 효과 있게 만들어 줍니다.

하나님은 그분의 자녀들을 그저 수동적인 상태로 영광으로 데려가시는 것이 아니라, 그들 속에 역사하셔서 하나님의 기뻐하시는 일을 향해 뜻을 갖고 행하게 하시며, 죄를 미워하고 두려워하게 하시고, 거룩을 사모하고 그것을 위해 힘쓰게 하시며, 그분의 경고들을 귀담아 듣게 하시고, 멸망을 자초하는 일들을 피하게 하시고, 그분의 계명들을 **지키**게 하시는 것입니다.

그리스도인은 처음 시작한 대로 계속 나아가야 합니다. 왜냐하면, 그리스도인의 인내는 경건한 애착과 실행을 유지하는 것이기 때문입니다. 과연 우리는 "하나님의 능력으로 보호하심"을 받으나, 그 일은 "믿음으로 말미암아" 이루어지는 것입니다(벧전 1:5).

따라서 우리 속에 육체가 남아 있고 우리가 세상 속에 있는 한, "오직 오늘이라 일컫는 동안에 매일 피차 권면하여 너희 중에 누구든지 죄의 유혹으로 완고하게 되지 않도록 하라"(히 3:13)는 권고를 새겨듣고 실천해야 합니다.

바로 다음에 이어지는 구절들에서 애굽에서 나온 자들 가운데 많은 이들이 가나안에 들어가지 못했다는 사실을 엄숙하게 상기시키고 있으니 말입니다.

> 그들이 믿지 아니하므로 능히 들어가지 못한 것이라 (히 3:19).

> 라합이 그들에게 이르되 두렵건대 뒤쫓는 사람들이 너희와 마주칠까 하노니 너희는 산으로 가서 거기서 사흘 동안 숨어 있다가 뒤쫓는 자들이 돌아간 후에 너희의 길을 갈지니라 (수 2:16).

이 부분이 바로 앞에서 말씀한 내용을 실례로 제시하여 한층 강조해 주는 것을 주목하십시오. 그 정탐꾼들은 하나님의 직접적인 보살피심 아래 있었으며, 그들 역시 자기들의 모든 일을 하나님의 손에 맡겼었으니, 하나님이 분명 그들을 안전하게 여호수아에게로 돌아가게 하실 것이었습니다.

그런데도 그들은 신중을 기하고 조심해야 했고, 또한 그렇게 했습니다. 22절에서 드러나듯이 그들은 라합이 일러준 그대로 정확히 시행했습니다. 그들은 '사흘 동안 산속에서 시간을 허비하고 있을 수가 없고, 오히려 할 수 있는 대로 신속히 움직여 여호수아에게로 가서 보고해야 한다'는 식의 주장을 늘어 놓지 않았습니다. 그런 주장은 열병에 걸린 육체의 에너지일 뿐이었습니다.

이사야 28:16, "믿는 이는 다급하게 되지 아니하리로다." 라는 말씀과 "천천히 하되 확실히 하는 것이야말로 일을 확실하게 잘하는 것이다"라는 옛 금언이 오늘날 무시되고 있으니, 참 안타까운 일입니다.

그리고 그 정탐꾼들은 하나님을 신뢰한다는 것을 핑계로 그들을 추격하는 자들에게 체포될 위험을 무시하고 막무가내로 행하지도 않았습니다. 만일 그랬다면 그것은 하나님을 시험하는 행위요, 믿음으로 행하는 것이 아니라 주제넘게 행하는 것이었을 것입니다. 하나님은 우리가 면밀히 살피고 건전한 판단을 시행하여 행할 것을 요구하시는 것입니다.

> 그 사람들이 그에게 이르되 네가 우리에게 서약하게 한 이 맹세에 대하여 우리가 허물이 없게 하리니 우리가 이 땅에 들어올 때에 우리를 달아 내린 창문에 이 붉은 줄을 매고 네 부모와 형제와 네 아버지의 가족을 다 네 집에 모으라 (수 2:17-18).

그 정탐꾼들이 자기들의 안전을 위하여 필요한 예방조치들을 해야 했다면, 라합 역시 그들이 명한 대로 행하는 것이 필수적인 일이었습니다. 그렇게 하지 않으면 정탐꾼들은 약속을 지킬 의무에서 벗어나게 되고, 그들이 행한 맹세가 무효가 되었을 것입니다. 앞에서 지적했다시피 그들의 맹세는 그들이 라합과 맺은 언약을 확증하기 위한 것이었고, 언약이란 쌍방 간의 상호 약속이므로, 어느 한쪽이 약속을 지키지 않으면 무효가 되어 버리는 것입니다.

그런데 복음 자체가 하나의 언약입니다. 복음 안에서 하나님이 베푸시는 것을 우리가 받아들이고 그가 제시하시는 조건들을 이행하는 경우에 그가 우리에게 특정한 복들을 베푸시고 약속하시며(시 50:5; 렘 50:5), 우리는 "그의 언약 … 을 영원히 기억하고"(대상 16:15), "그의 언약 … 을 지켜야 하는 것"입니다(시 25:10).

붉은 줄을 창문에 매달게 한 것은 그녀의 집을 명확히 지목하여 이스라엘이 여리고를 공격할 때에 어느 집이 라합의 집인지를 알게 하여 그 집은 남겨두도록 하기 위함이었습니다.

여기서 염두에 두어야 할 것은 정탐꾼들이 그렇게 하도록 지침을 줄 당시에는 여호와께서 이적을 행하시고 이스라엘 군대의 직접적인 공격이 전혀 없이 성벽을 넘어뜨리시리라는 것을 전혀 알지 못했다는 점입니다. 그 일은 나중에 여호수아 6:5에 가서야 비로소 여호수아에게 알려지게 되는데, 이는 하나님의 뜻이 한 번에 한 걸음씩만 우리에게 알려진다는 사실을 실례로 보여 줍니다. 하나님은 시작부터 마지막 끝을 보고 계시지만(행 15:18), 우리에게는 그렇게 하도록 허용하시지 않습니다(수 13:7). 그 줄은 그녀가 요구했던 그 "증표"(12절)로서, 이스라엘 군대는 그 줄을 보고서 그녀의 집이 어느 것인지를 확증할 수 있었습니다. 애굽에서 죽음의 사자가 각 집마다 장자를 죽이러 올 때에 히브리인들이 문설주에 피를 뿌려놓음으로써 그들의 집을 넘어가게 했던 것처럼(출 12:23), 심판을 면하는 택함 받은 십사만사천의 "이마에 인"을 쳐서(계 7:3) 그들이 여호와께 순종하는 자들임을—순종이야말로 하나님의 자녀를 마귀의 자녀들과 분명히 구별 짓는 특징이므로—나타내는 것처럼(계 14:1-5) 말입니다.

> 누구든지 네 집 문을 나가서 거리로 가면 그의 피가 그의 머리로 돌아갈 것이요 우리는 허물이 없으리라 그러나 누구든지 너와 함께 집에 있는 자에게 손을 대면 그의 피는 우리의 머리로 돌아오려니와(수 2:19).

이렇게 해서 그들은 떠나기 전에 라합에게 그들의 언약 혹은 약속의 조건들을 명확히 제시하고 조심스럽게 설명했습니다. 라합의 가족 중에 그 성에 임하는 전면적인 멸망에서 보호하심을 받고자 하는 자들은 그 집 안에 있어야 했고, **악인에게서 분리되어 있어야** 했습니다. 만일 그들의 보금자리를 버리고 나가 여리고의 이교도 거민들과 뒤섞이면, 그들과 함께 멸망하고 말 것이었습니다.

노아와 그의 가족이 홍수 때에 불경한 자들에게서 스스로 분리시켜 방주 안에 들어가 있었던 것처럼 말입니다. 모형적으로 다가올 멸망에서 피하려면 세상으로부터 분리되는 것이 필수적이라는 것을 가르쳐 줍니다.

라합의 가족이 그녀의 집에 격리되어 있어야만 보존될 수 있다는 사실은 행 27장의 보도와도 일치합니다. 거기서는 하나님의 사자가 바울에게 "아무도 생명에는 아무런 손상이 없을 것임"을 확신시켜 주지만(행 27:22), 그러나 뱃사람들이 배를 버리려 하자 바울은 "이 사람들이 배에 있지 아니하면 너희가 구원을 얻지 못하리라"(행 27:31)고 외쳤습니다. 그러므로 그리스도인들이 이 악한 세상으로부터 분리된 상태를 유지하지 않고서는 그 세상과 더불어 멸망되기를 피할 수가 없는 것입니다.

> 네가 우리의 이 일을 누설하면 네가 우리에게 서약하게 한 맹세에 대하여 우리에게 허물이 없으리라 하니(수 2:20).

"성도의 영원한 안전"이라는 위대한 진리를 선포하는 자들은 거기에 "만일 … 하면"이라는 단서를 정당하게 포함시켜야—하나님 편에서의 불확실성이 아니라 인간의 책임을 강조하는 의미에서—합니다.

로마서 8:13; 11:22; 고린도전서 15:2; 골로새서 1:23; 히브리서 3:6, 14에 나타나는 "만일 … 하면"이라는 문구를 조심스럽게 살펴보기 바랍니다. 성경은 기계적인 안전이 아니라, 인간적인 수단의 사용과 위험 요소의 회피를 통해 얻어지는 안전을 가르치는 것입니다. 라합이 멸망하지 않고 보호하심을 받기 위해서는 하나님의 사자들의 지시들을 순종해야 했고 그들이 지정해 준 대로 수단을 사용해야 했습니다.

첫째, 그 사자들의 임무를 발설하거나 그들을 원수들에게 밀고하지 말아야 했습니다. 곧 그들에게 충심을 다해야 했고 그들의 관심사에 부응해야 했는데, 이는 형제들에 대한 사랑의 표상이라 합니다.

둘째, 창에 붉은 줄을 매달아서 그녀의 집을 인지할 수 있도록 해야 했습니다. 우리는 하나님의 자녀임을 증명해 주는 표지를 지녀야 합니다.

셋째, 자기 집 안에 있어야 했습니다. 우리는 세상으로부터 분리된 상태를 유지해야 합니다.

> 라합이 이르되 너희의 말대로 할 것이라 하고 그들을 보내어 가게 하고 붉은 줄을 창문에 매니라(수 2:21).

그녀는 순종함으로써 자신이 택함 받은 자요 중생한 자임을 드러내 보였습니다. 하나님께 순종하며 행하지 않고서는 여러분이 "영원토록 안전하다"는 것을 보장해 주는 성경적 확증이 없습니다. 그녀의 믿음과 순종에 대한 상급이 다른 구절들에 나타나고 있습니다.

첫째, 그녀는 "순종하지 아니한 자와 함께 멸망하지 아니하였습니다"(히 11:31).

둘째, "그가 … 이스라엘 중에 거주하였습니다"(수 6:25). 이교도인들의 여리고의 시민이었던 그녀가 여호와의 회중의 일원이 된 것입니다.

셋째, 그녀는 유다의 한 귀족의 존경받는 아내가 되고, 보아스의 어머니가 되고, 다윗의 조상 중의 한 사람이 되었습니다(마 1:5).

넷째, 우리 구주님의 조상 중의 한 사람이 되었습니다(마 1장).

이렇게 해서 하나님은 그녀가 구하거나 생각한 모든 것을 뛰어넘어 풍성하게 역사하셨습니다. 깊고 깊은 죄와 수치에서 구해내셔서 최고의 존귀와 영광을 누리는 자리로 올리신 것입니다.

제5장

요단 강가에 서서

(여호수아 3:1-6)

1. 요단 강

오랜 준비 기간이 막바지에 다다랐고, 이제 이스라엘 앞에 닥친 그 힘겨운 과제들을 처리해야 할 시점이 이르렀습니다. 그들이 광야에서 보낸 사십 년은 두 가지 관점에서 바라볼 필요가 있습니다.

첫째, 그것은 어른 세대에 대한 하나님의 심판이었습니다. 그토록 큰 은혜로 말미암아 애굽에서 해방되었고 그토록 놀랍게 홍해에서 구원을 받았으면서도, 오히려 악한 불신앙의 마음에 틈을 내어주어 가나안 정복의 전망을 방해하고(민 13:28-33) "애굽으로 돌아가기를 결심"했는데(민 14:1-4), 이들은 모두 광야에서 죽어 넘어졌습니다(고전 10:5, 10; 히 3:8-17).

둘째, 그 사십 년은 약속의 땅을 점령해야 할 젊은 세대를 위한 훈련 기간이었습니다. 이 점은 충분히 인식하지 못해 왔습니다. 그 사십 년 동안 많은 남녀들이 출생했는데, 이들은 과거 그 어느 세대에도 유례가 없었던 정도로 여호와의 놀라운 역사하심을 목도했습니다.

날마다 하늘로부터 양식을 공급하여 그렇게 수많은 사람의 생명을 유지하게 하여 여호와의 신실하심과 권능이 눈에 보이도록 드러난 것은 물론, 그 마지막 시기에 모세는 "너희 몸의 옷이 낡아지지 아니하였고 너희 발의 신이 해어지지 아니하였다"고 말할 수 있었습니다(신 29:5).

이것이 그분의 백성들을 대하시는 여호와의 방식이 아닙니까?

그분은 마음을 다하여 그분을 신뢰하고 자기들의 생각을 의지하지 말 것을 명하시기 전에, 먼저 그분을 신뢰할만한 선명한 증거를 그분의 백성들에게 베풀어 주십니다. 그분은 세상을 이기고 정욕을 죽이고 마귀를 대적할 것을 그 백성들에게 촉구하시기에 앞서서, 먼저 그들의 속사람을 그분의 성령으로 능력으로 강건하게 하십니다. 그분은 영광에 이르는 유일한 길, 곧 "많은 환난"을 통과하는 길을 걸어가라고 명하시기 전에, 먼저 이 세상으로부터 마음을 떠나게 하시고, 죄에 대한 그들의 사랑에 치명적인 상처를 가하시며, 그 영광의 풍성한 보증을 허락하시는 것입니다.

그러니 주님이 얼마나 은혜로우시며, 그분의 길이 얼마나 사랑스러운지요!

그분은 꺼져가는 심지를 끄지 않으시고, 은혜의 불씨에 성령의 기름을 부어 주십니다. 어린양들이 걸을 수 있을 때까지 그분은 그들을 그분의 품에 안으십니다(사 40:11). 우리가 그 분에 대한 인격적이며 체험적인 지식을 가질 때에야 비로소 그들이 당할 수밖에 없는 갖가지 시험과 환난 중에서도 마음을 지탱할 수 있습니다.

여호와께서는 이와 동일한 방식으로 그분의 종들을 대하시고 그들의 필요를 채워주십니다. 여호수아의 전임자 모세의 경우도 그랬습니다. 여호와께서 처음 그에게 나타나셔서 히브리인들을 애굽에서 인도하여 내는 목적을 위하여 그를 사용하실 것을 알려 주셨을 때에, 그는 두려워했습니다.

여호와께서 손을 펴시사 모든 기사로 애굽을 치시고 대적들이 보는 앞에서 그분의 백성들에 대한 사랑을 드러내시겠다고 선언하심에도 불구하고, 모세는 계속 반론을 제기하면서 그분을 믿거나 그분의 음성을 들으려 하지 않았습니다.

그때에 주는 그에게 지팡이를 땅에 대라고 명하셨고, 그 지팡이가 뱀이 되었으며, 그 끝을 잡으라고 말씀하셨고, 그것이 다시 지팡이가 되었습니다. 손을 가슴에 대라고 명하셨고, 그 손이 나병환자의 손처럼 하얗게 변했으며, 다시 손을 거두자 정상이 되었습니다(출 4:1-4).

이 일을 통해 모세는 확신을 얻고 그의 사명을 행했습니다. 열한 제자의 경우도 마찬가지였습니다. 그들이 평생의 사역에 돌입하여 "모든 민족으로 제자를 삼게 하기"에 앞서서 삼년을 그리스도와 함께 보내면서 그분의 이적들을 직접 보며 그분에게서 교훈을 받게 하신 것입니다(막 3:14).

여호수아의 경우에 대해서는 이미 살펴본 바 있습니다.

모세가 죽은 후에 여호와께서 그에게 말씀하셨고, 그가 믿음으로 의지할 수 있을만한 지극히 확실한 약속들을 주셨습니다(1:1-6). 그리고 이미 요단 강 동편에 기업을 분배받은 두 지파와 반 지파가 기꺼이 가나안 정복에 함께할 것을 약속하며 "우리는 범사에 모세에게 순종한 것 같이 당신에게 순종하려니와"(수 1:12-18)라고 맹세함으로써 그에게 힘이 더하여졌습니다. 그리고 그는 두 정탐꾼들을 보내어 그 땅을 탐지하게 했었는데, 그들이 전혀 예기치 않게 라합의 환영과 도움을 받은 후 돌아와서 여호수아에게 이렇게 보고했습니다.

> 진실로 여호와께서 그 온 땅을 우리 손에 주셨으므로 그 땅의 모든 주민이 우리 앞에서 간담이 녹더이다(수 2:24).

이스라엘과 그 지도자가 무엇을 더 원할 수 있었겠습니까!
여호와께서 그들을 앞서 가시며 길을 예비하시고, 그에 대한 공포심을 갖도록 그 거주민들에게 역사하신 것입니다(수 2:9). 그러니 여호수아와 모든 백성이 그들의 기업이 될 가나안으로 들어가며 얼마나 확신에 차 있었겠습니까!
오늘날 그리스도인도 그래야 하지 않겠습니까?

> (그가) 자기 양을 다 내놓은 후에 앞서 가면 양들이 그의 음성을 아는 고로 따라오되(요 10:4).

우리의 시선이 그분을 향해 있고 우리의 귀가 그분의 음성에 반응한다면, 아무것도 두려울 것이 없는 것입니다. 하지만 이제 그 다음에 이어지는 결말로 넘어가야겠습니다.
독자 여러분은 그 **본질**이 무엇이라 생각하십니까?
쓰라린 믿음의 시련일까요?
많은 이들이 분명 그렇게 봅니다. 하지만 우리는 그것보다는 살아계신 하나님을 믿는 믿음을 시행할 영광스러운 기회라고 말하고 싶습니다.
독자 여러분!
고통스러운 상황과 어려운 처지들을 믿음의 쓰라린 시련으로만 보지 말고, 오히려 감사하는 마음으로, 자기를 온전히 신뢰하는 자들을 절대로 넘어지게 하시지 않는 여호와의 충족하심이 새롭게 드러나는 황금 같은 기회로 여기시기 바랍니다.
하나님이 그분의 백성에게 은혜를 베푸시는 것은 그들의 마음을 위로하시기 위함이며 동시에 자신을 위하여 그들을 사용하시기 위함이기도 합니다. 말씀

속에 확실한 약속들을 주신 것은 그저 우리를 놀라게 하기 위함이요 또한 선한 일을 위해 우리를 사용하시기 위함입니다. 계속해서 우리를 격려하시고 강건하게 하시는 것은 우리로 하여금 계속 우리의 일을 행함으로 그분의 이름을 높이게 하시기 위함입니다. 그분의 백성들에게 믿음을 주시는 것은 그 믿음을 사용하여 그분을 높이도록 하기 위함입니다.

우리가 보기에는 여호수아 1, 2장과 지금 현재 우리가 다루고자 하는 본문 사이의 관계가 부분적으로 바로 이와 같습니다. 이스라엘은 어마어마한 장애물을 만났으나 하나님이 지금까지 그들을 위해 행하신 일에 비추어볼 때 두려워 떨 이유가 전혀 없었던 것입니다.

앞에서 말씀드렸습다만 여호수아 1, 2장과 지금 우리가 다룰 본문 사이의 관계가 **부분적으로** 그런 것 같습니다. 그러나 그것과는 다른 것도 있는데, 그것을 고의로 무시해 버리면 하나님의 말씀을 악의적으로 다루어 그분의 백성들을 심각하게 오도하는 죄를 짓는 것이 될 것입니다.

그 '그것과는 다른 것'을 아예 폐기해버리는 일이 오늘날 일어나고 있습니다. 은혜가 의로 말미암아 왕 노릇하며(롬 5:21) 불경과 세상적인 정욕을 부인하고 근면하며 의롭고 경건하게 살도록 가르친다(딛 2:11-12)는 사실을 강조하지 않음으로써 하나님의 은혜를 방종의 기회로 만들어 버리는 자들이 있습니다.

그런가 하면 말뿐인 신자들에게 역겨움을 줄 만한 모든 것을 열심히 삭제해 버리는 이들도 있습니다. 세상적인 육욕에 젖어 있는 그들의 환심을 사고 그들에게서 후원을 받기 위해 그렇게 합니다.

이런 삯꾼들은 하나님의 은혜, 그분의 약속들을 계속 강조하면서 하나님은 그저 믿음 외에는 아무것도 요구하시지 않는다고 속삭여 대며, 하나님의 거룩하심, 그분의 계명들, 그리고 순종이 반드시 필수적이라는 사실을 악의적으로 강조하지 않습니다.

독자 여러분!

여호수아 1, 2장에는 보배로운 약속들과 은혜로운 격려보다 더한 내용이 포함되어 있습니다. 여호수아 1, 2장에서는 하나님의 요구 사항들도 확연히 드러나고 인간의 책임도 극히 강조합니다. 독자 여러분의 기억을 되살려 보시기 바랍니다.

첫째, 여호와께서는 여호수아에게 다음과 같이 명령하셨습니다.

> 오직 강하고 극히 담대하여 나의 종 모세가 네게 명령한 그 율법을 다 지켜 행하고 우로나 좌로나 치우치지 말라 그리하면 어디로 가든지 형통하리니 이 율법책을 네 입에서 떠나지 말게 하며 주야로 그것을 묵상하여 그 안에 기록된 대로 다 지켜 행하라 그리하면 네 길이 평탄하게 될 것이며 네가 형통하리라(수 1:6-8).

이처럼 여호수아 자신이 여호와의 계시된 말씀에 지극히 철저하게 굴복해야만 했습니다. 그렇게 해야만 성공이 뒤따라오리라는 것이었습니다. 이에 여호수아는 "그 백성의 관리들에게 명령하여" 구체적인 지시사항들을 백성들에게 전달하도록 하였고, 두 지파와 반 지파에게도 임무를 주면서, "여호와의 종 모세가 너희에게 **명령**하였나니 너희는 그 말을 기억하라"고 당부했습니다(1:7-13).

오직 마음이 하나님께 합당하여 계명의 길로 행하는 자들을 위해서만 여호와께서 그 자신을 강하게 보여 주시리라는 것이었습니다. 그분을 믿는 믿음이 그분의 계명들에 대한 순종을 통해 증명되어야 했고, 그 외에 다른 믿음은 인정하지 않으신다는 것이었습니다.

여기서 여호수아 3장 역시 2장처럼 "그리고"라는 단어로 시작한다는 점을 주의깊게 살펴야 합니다. 이는 그 세 장이 서로 긴밀하게 연결되어 있음을 보여 줄 뿐만 아니라 앞에서 주목했던 내용을 계속 마음에 두고 있어야 한다는 것을 말씀해 줍니다. 여호수아와 그 백성들은 이제 새로운 도전을 시작함에 있어서, 이미 받은 지침들을 철저히 준수해야 했습니다.

우리 역시 마찬가지입니다!

이 기념비적인 사건을 우리 자신에게 올바로 적용하려면 바로 앞의 단락들의 내용을 염두에 둘 필요가 있습니다. 이스라엘의 행로에 극히 엄청난 장애물이 놓여 있었습니다. 요단 강이 가나안 입성을 가로막고 있었는데, 그 장애물을 어떻게 극복하는지를 잘 보아야 합니다.

이 부분을 개인적으로 실천적으로 적용시키려면, 이스라엘의 앞을 가로막은 그 강을 복음 사역자나 일반 그리스도인들을 가로막는 각양 문제점이나 장애거리를 예증하는 것으로 보아야 하고, 자신의 난관을 극복하고 전진해 나아가려면 어떻게 해야 할 지를 이 본문을 근거로 확실히 깨달아야 합니다.

또 여호수아가 아침에 일찍이 일어나서(수 3:1).

성령께서 이 점을 주목하셨다는 것을 잘 살피기 바랍니다!
그는 여기뿐 아니라 6:12; 7:16; 8:20에서도 똑같은 사실을 다시 기록하셨습니다!
이처럼 일찍 일어나는 일에서—물론 다른 많은 점에서도 그렇지만—여호수아는 원형의 여호수아이신 우리 구주 예수님의 그림자였습니다.
마가복음 1:35; 누가복음 4:42 등을 보십시오. 여호수아가 "일찍" 일어났다는 것은 그가 안락함을 추구하는 게으름 꾼이 아니라 일에 마음을 쏟고 부지런히 그 일을 담당하는 자였음을 보여 줍니다. 이 점에서 그는 오늘날 그리스도의 종들이 따라야 할 훌륭한 모범을 남기고 있습니다.
복음 사역자라면 게으르거나 나태해서는 안 되고 오히려 "부끄러울 것이 없는 **일꾼**"(딤후 2:15)이어야 마땅합니다. 일찍 일어나든, 혹은 (필자처럼) 한밤중까지 등을 밝히며 일하든, 농부가 밭에서, 사무원이 사무실에서, 노동자가 공장에서 일하듯이, 매일 최소한 여러 시간을 서재에서 임무를 감당할 책임이 있음을 통감하고 이를 실천해야 합니다. 그렇게 스스로 자기를 부인하고 근면하게 일하지 않으면, 하나님이 자기를 사용하실 것을 기대할 아무런 근거가 없는 것입니다.

그와 모든 이스라엘 자손들과 더불어 싯딤에서 떠나 요단에 이르러 건너가기 전에 거기서 유숙하니라(수 3:1).

싯딤까지는 모세가 이스라엘을 인도했고(민 25:1), 그가 죽은 후 여호수아는 거기서 두 정탐꾼을 보낸 바 있습니다(수 2:1). 그들이 돌아와 호의적인 보고를 했고, 이제 그 후의 이야기가 이어집니다. "아침 일찍" 일어났다는 사실로써 여호수아는 그가 바로 앞에 놓인 험난한 과제로 인하여 움츠러들지 않았고 오히려 그것을 반드시 이기고자 하는 열심을 가졌다는 증거를 보였습니다. 여호와는 그 백성들로 하여금 그와 협력하게 하심으로써 그분의 근면함에 상을 주셨습니다.
"여기서 그토록 오랫동안 이곳에 진을 치고 있었는데 이곳을 떠나 요단 강으로 가본들 무슨 소용이 있으랴?

건널 다리도 없고 배도 없으니 어찌하랴?"

그들은 그렇게 하지 않고 "사흘 안에 너희가 이 요단을 건너 … 들어갈 것임이니라"(1:11)라는 약속을 굳게 붙잡고서 믿음과 순종으로 전진했습니다.

그 장애물을 **어떻게** 극복할지는 알지 못했습니다. 그 당시 그들에게는 그것이 문제가 아니었습니다. 그들의 책임은 할 수 있는 만큼 임무를 이행하는 길로 전진하며, 하나님이 그들에게 계속해서 길을 열어주실 것을 믿고 의지하는 것이었습니다.

사흘 후에 관리들이 진중으로 두루 다니며(수 3:2).

언뜻 생각하면, 그렇게 큰 무리가 사흘 동안이나 아무런 명령도 받지 못하고 거기에 진을 치고 있었다는 것이 이상하게 여겨질 것입니다. 그러나 조금만 생각해 보면 그 때의 여호와의 계획을 감지하게 되고 여기서 중요한 교훈을 얻게 될 것입니다.

이 사건을 잘 살펴보고, 마음의 눈으로 이 광경을 그려봅시다. 이스라엘의 무리는 남자들로만 이루어진 군대가 아니었고, 각종 짐들과 가축 떼들은 차치하고라도 남자와 여자와 아이들이 함께 섞여 있는 거대한 회중이었고, 강에 막혀 더 이상 나아가지 못하게 되었습니다. 최근 혹은 오늘날 요단 강의 폭과 깊이가 어떠하든 간에, 여호수아의 시대에는 도저히 건너지 못할 장애물이었음이 분명하며, 더욱이 그때는 물이 넘치는 시기였습니다(3:15).

그런데 그들은 사흘 동안 강을 바라보고만 있었고, 그들 스스로 건널 수 있는 수단이 전혀 없다는 사실에 직면해 있었습니다!

왜 그랬을까요?

이 일에서 여호와의 목적은 무엇이었습니까?

이스라엘로 하여금 그들 자신이 철저하게 속수무책의 상태에 있음을 더욱 깊이 깨닫게 하기 위함이 아니었을까요?

더욱 더 철저하게 여호와만을 의지하게 하기 위함이 아니었을까요?

하나님이 우리에게 섭리를 베푸시는 주요한 목적이 바로 이것인 경우가 허다하지 않습니까?

우리 스스로 해결할 수 없는 상황 속에 우리를 넣으시고, 인간의 방법과 힘으로는 도무지 넘을 수 없는 장애물을 만나게 하셔서, 우리의 무능력과 부족함을 깨닫게 하시는 경우 말입니다. 본성적으로 우리는 교만하고 스스로를 의지하는 자들이요, 육체의 힘이 연약하기 그지없다는 사실을 모르는 자들입니다. 그러므로 심지어 난관을 만나도 우리 자신의 힘으로 그것들을 해결하거나 우리 자신의 노력으로 곤경에서 벗어나려고 애를 씁니다. 그러나 주는 은혜로 우리를 낮추고자 하십니다.

그렇기 때문에 난제들이 늘어나고 곤경이 더 심화되고, 한동안 우리가 홀로 남게 됩니다. 요단 강 앞에서 이스라엘이 그랬던 것처럼 말입니다. 그 어려움을 제대로 가늠하고, 우리 스스로는 그것을 해결할 능력이 전혀 없음을 발견할 때에야 비로소, 진정 우리 자신의 무능함으로 깨닫고서 홀로 우리를 위해서 일하사 그 곤경에서 우리를 구해 주실 수 있는 그 분께로 돌아서게 됩니다. 우리가 그토록 무딘 학생들이므로, 그것을 실행에 옮기기까지 그 교훈을 거듭거듭 받아야만 합니다.

그 무적의 강가에 있던 그 사흘은 그 이후에 이어지는 일을 위해 필수적인 준비 과정이요, 그 다음에 나타날 이적을 이스라엘에게 더욱 선명하게 각인시키는 배경이었습니다. 사람의 극한 곤경이야말로 하나님이 그분의 권능을 드러내실 가장 적절한 기회입니다. 사람이 자신의 극한 처지를 처절하게 인식할 때에야 비로소 주께로 돌이켜 그분의 개입하심을 구하는 법입니다. 이 진리는 강력한 예증과 실례들을 통해 시편 107편에 잘 기록되어 있습니다.

주리고 목이 말라 그들의 영혼이 그들 안에서 피곤하였도다 이에 그들이 근심 중에 여호와께 부르짖으매 그들의 고통에서 건지시고 (시 107:5-6).

그가 고통을 주어 그들의 마음을 겸손하게 하셨으니 그들이 엎드러져도 돕는 자가 없었도다 이에 그들이 그 환난 중에 여호와께 부르짖으매 그들의 고통에서 구원하시되수 (시 107:12-13).

그들은 그들의 모든 음식물을 싫어하게 되어 사망의 문에 이르렀도다 이에 그들이 그들의 고통 때문에 여호와께 부르짖으매 그가 그들의 고통에서 그들을 구원하시되 (시 107:18-19).

그들의 모든 지각이 혼돈 속에 빠지는도다 이에 그들이 그들의 고통 때문에 여호와께 부르짖으매 그가 그들의 고통에서 그들을 인도하여 내시고(시 107:27-28).

그들은 자기들의 수단으로는 어찌 해 볼 도리가 없는 절박한 상황에 처하게 됩니다. 그리고 그 때에 그들이—그저 몇 마디 간구를 냉담하게 내뱉는 것이 아니라—"여호와께 **부르짖고**", 그 부르짖음이 그분의 구원의 역사로 응답됩니다.

아, 독자 여러분!

여러분 앞에 닥치는 요단 강에 대해—문제점과 난관과 장애물에 대해—눈을 감지 말고, 그것과 담대히 대면하십시오. 그것을 최소화하려 하지 말고, 그것을 있는 그대로 온전히 받아들이십시오. 그것을 감당할 수 없는 여러분 자신의 무기력함을 분명히 인식하기까지 계속 깊이 생각하십시오. 그리고 그 일을 능히 해결하시는 그분을 신뢰하고 그에게로 돌이키십시오.

가령 여러분이 복음 사역자로서 말씀 듣는 자들이 구원받기를 진정 바란다고 합시다.

도저히 해결할 수 없는 장애물이 중간에 있어서 여러분의 그런 열정이 실현되지 못하도록 가로 막고 있지는 않습니까?

그렇습니다. 청중의 완악한 무관심과 무반응이 있습니다. 바로 그것이 여러분을 가로막는 "요단 강"입니다. 회중의 영적 무감각 말입니다.

그리고 "요단 강"은 **죽음**의 상징입니다!

그 청중이 마치 요단 강의 물처럼 그들 속에 영적 생명이 없다는 것을 충실히 인식하고 있습니까?

이스라엘이 요단 강을 건널 길을 열지 못했던 것처럼, 여러분이 그들의 마음을 열어 복음을 받아들이도록 할 수는 없다는 것을 인식하십니까?

그런 사실에 부합하게 행하고 있습니까?

오늘날 그렇게 하는 사역자도, 교회들도 거의 없는 현실입니다! "부흥"을 얻기 위해서 외부에서 전도자를 불러오고, 특별한 노래 따위를 중요하게 여기고, 주께 부르짖는 일은 무시합니다.

사흘 후에 관리들이 진중으로 두루 다니며 백성에게 명령하여 이르되 너희는 레위 사람 제사장들이 너희 하나님 여호와의 언약궤 메는 것을 보거든 너희가 있는 곳을 떠나 그 뒤를 따르라(수 3:2-3).

사흘 동안 이스라엘 회중은 약속의 땅으로의 진입을 가로막고 있는 그 강가에 진을 치고 있었고, 그리하여 그 무적의 장애물 앞에서 자기들의 무기력함을 철저히 깨닫게 되었습니다. 요단 강은 죽음의 상징입니다. 그러므로 성도가 자신의 모든 본성적인 능력에 죽음이 씌워 있다는 엄숙한 진실을 처절하게 깨닫고서야 비로소 실제로 영적인 진전을 이루거나 실질적으로 기업을 누리는 방향으로 나아가게 됩니다.

바로 **이것**이 믿는 자들의 조상이, 그분의 바라던 것이 이루어지고 열매를 맺기 전에, 배운 큰 교훈이었습니다. 사라가 불임이었으므로 그는 바라던 아들을 하갈을 통해 얻으려 했으나, 가정 내에 분란만 일으켰습니다. 그리고 자기와 자기 아내의 본성적인 무능력을 참으로 깨닫고서야 비로소 죽은 자를 살리시는 하나님을 온전히 신뢰하게 된 것입니다(롬 4:17-21).

사도 중의 으뜸인 바울의 경우도 그랬습니다.

> 형제들아 우리가 아시아에서 당한 환난을 너희가 모르기를 원하지 아니하노니 힘에 겹도록 심한 고난을 당하여 살 소망까지 끊어지고 우리는 우리 자신이 사형 선고를 받은 줄 알았으니 이는 우리로 자기를 의지하지 말고 오직 죽은 자를 다시 살리시는 하나님만 의지하게 하심이라 그가 이같이 큰 사망에서 우리를 건지셨고(행 19:22-41) 또 건지실 것이며 이 후에도 건지시기를 그에게 바라노라(고후 1:8-10).

그분의 백성들이 "힘에 겹도록 심한 고난을 받"도록 섭리하셔서 그들 자신의 노력으로는 구원받을 가망이 전혀 없는 절망의 상태에까지 이르게 하시는 것이 하나님의 방법입니다. 그렇게 되면 그들은 죽음이 그들 모두에게 드리워져 있음을 발견하게 되고, "우리가 대적할 능력이 없고 어떻게 할 줄도 알지 못하나이다"(대하 20:12)라고 고백하게 됩니다. 아, 그러나 그 다음에 곧바로 이어지는 말씀을 주목하십시오.

"오직 주만 바라보나이다."

바울과 그의 동료들이 "사형선고"를 받은 처지에 있었던 것은 바로 "자기를 의지하지 말고 오직 죽은 자를 다시 살리시는 하나님만 의지하게 하심"이었습니다.

본성적으로 우리는 자기를 신뢰하는 자들이요, 실질적으로는 상당한 정도로 자기를 의존하는 자들입니다. 그러나 이런 모습들은 영적인 삶에는 전혀 끼어들 자리가 없고, 완전히 사라져야 할 것들입니다. 그리스도의 의가 우리에게 전가되기에 앞서서 우리 자신의 의를 버려야 하듯이, 그리스도의 능력이 우리 속에서, 또한 우리를 위하여, 역사하기에 앞서서 우리 자신의 지혜와 힘을 버려야 합니다.

"누구든지 나를 따라오려거든 자기를 부인하고 자기 십자가를 지고 나를 따를 것이니라"(막 8:34)야말로 그리스도께서 친히 하신 불변의 요구입니다. "자기를 부인"하는 것은 사람이 자기 자신에 대한 모든 신뢰를 버리며, 자기 자신의 능력 있음을 부정하고, 자기를 비우는 것입니다. 이를 위하여 하나님은 흔히 사람을 자기 자신에게 안심할 거리가 전혀 없다는 것을 깨달을 수밖에 없는 상황에 처하게 하십니다.

자기 자신의 모든 시도가 헛되다는 것을 깨닫게 되기까지는 자신의 처절한 무기력함을 아직 배운 것이 아니요, 그렇게 되기까지는 진정 자기 바깥으로 시선을 돌려 주께로 향하는 것이 아닙니다. 넘실대는 요단 강가에 진을 치고 있던 그 사흘 동안 이스라엘은 자기들의 철저한 무능력을 느낄 수밖에 없었으니, 이는 그들로 하여금 전능자를 의지할 차비를 갖추게 하기 위함이었습니다.

그러나 "자기를 부인"하는 것이 자기 자신의 의와 지혜와 힘을 다 버리는 것만이 아니라, 자기의 모든 뜻과 자기를 기쁘게 하는 모든 것을 포기하는 것을 뜻하기도 한다는 것을 지적해야겠습니다. "자기"의 전체를 다 제쳐두고 "십자가"를 져야 합니다. 곧 자기 희생의 원리가 그 자신을 지배하고 주도해야 하며, "그리스도를 따르기" 위해서 그렇게 해야 한다는 것입니다.

자기를 부인하는 일은 소극적인 것으로, 목적에 이르기 위한 수단입니다. 순종의 삶 혹은 그리스도의 주 되심을 실질적으로 누리는 일을 위한 예비적인 조처입니다. 우리가 "우상을 버리고"—그중 가장 큰 우상은 **자기 자신**입니다만—하나님께로 돌아오는 것은 "살아 계시고 참되신 하나님을 섬기"기 위함이요(살전 1:9), 그에게 굴복하고 그에게 다스림을 받기 위함입니다. 바로 이것이 여기서 제시되는 중요한 진리입니다. 이스라엘은 요단 강을 쳐다보는 데에서 돌이켜 "언약궤"에다 시선을 고정시키라는 명령을 받은 것입니다.

그런데 언약궤는 과연 무엇을 누구를, 말씀합니까?

독자들은 **그리스도**에 대해 말씀한다고 대답합니다. 예, 그렇습니다. 그러나 이 대답은 너무 일반적이어서 명확한 내용을 감지하기가 어렵습니다.

그리스도에 대해서라고요?

그분의 위격인가요, 그분의 사역인가요, 아니면 그분의 직분의 성격인가요? 그분의 직분에 대해서라면, 구체적으로 어떤 면에 대해 말씀하는 것인가요?

주의 깊은 분들은 이 본문에 대한 영적인 해석이—교리적으로도 실천적으로도—위의 질문들에 대한 우리의 대답에 달려 있다는 것을 분명히 알 것입니다. 언약궤는 여기의 이적적인 사건에서 중심을 이루는 물건으로서, 3장과 4장에서 최소한 열여섯 차례, 또한 "그것"이라는 대명사를 사용하여 다섯 차례 언급되고, 모두 스물 한 차례 언급되는데, 이는 7 x 3으로서, 성경의 숫자적인 언어에서는 하나님이 완전히 나타나심을 의미합니다.

그렇다면 언약궤는 무엇이며 무슨 목적으로 만들어졌을까요?

언약궤는 조각목으로 만들어진 상자 혹은 궤로서 겉과 속을 순금으로 입혀 놓은 것이었습니다(출 25:10-11). 그 속에 두 돌비를 넣어 보관하도록 되어 있었으므로(출 25:16), 성막의 모든 거룩한 가구가 완비되자 모세가 "증거판을 궤 속"에 넣어서(출 40:20) 솔로몬 시대까지 보관되었습니다(왕상 8:9).

이 거룩한 기구의 영적인 의미를 올바로 인지하기 위해서는 이 사실을 주의를 기울여 유념하는 것이 지극히 중요합니다. 신명기 10:1-5에서 선명하게 나타나듯이, 언약궤가 율법을 위하여 만들어진 것이지, 율법이 언약궤를 위하여 만들어진 것이 아니었습니다.

위에서 언급한 이유 때문에 그 궤를 가리켜 "증거궤"라 불렀습니다(출 26:33-34, 등). 하나님의 손가락으로 십계명이 기록된 그 돌판을 가리켜 "증거판"이라 불렀는데(출 31:18), 이는 그 돌판들이 그 궤 속에 보관되었으므로 그렇게 불렀고, 또한 그 궤가 장막 중에서 가장 중요한 물건이었으므로 그 장막을 가리켜 "증거의 성막"이라 부른 것입니다(민 1:51, 53, 등).

그 돌판을 가리켜 "증거"라 불렀고, 그 궤를 가리켜 "증거궤"라 불렀으며, 그 장막을 가리켜 "증거의 성막"이라 불렀으니, 이는 그것들이 한 결 같이 **하**

나님이 어떤 분이신가를 선포하며, 그가 어떤 조건들 하에서 그분의 백성과 교제를 유지하시는지를 알려 주는 것이기 때문이었습니다.

율법은 여호와의 의의 계시로서, 그분의 성도에게서 믿음과 사랑과 순종을 요구하는 것이었습니다. 그것은 직접적으로 하나님의 거룩하심을 증언함과 동시에 필연적으로 이스라엘의 죄성(罪性)에 대한 증언을 함축하는 것이었습니다. 성막은 하나님이 거하시는 곳으로 이스라엘은 거기서 그 분과 만나게 되어 있었습니다. 거기서 그 분과 만나 그분의 뜻에 대해 지식을 얻고 그와의 교제를 유지할 뿐 아니라(출 25:21-22), 율법이 언제나 증거하는 바 그들의 죄를 현저하게 깨닫고, 또한 지정한 수단을 사용하여 그 분의 호의와 축복을 받는 상태를 회복했던 것입니다.

그 증거막에서 여호와의 말할 수 없는 거룩하심과 위엄이 선명하게 드러났을 뿐 아니라 그 자신을 낮추시는 은혜로운 역사하심과 그분의 풍성한 자비도 드러났으나, 최근의 저술가들은 이를 충분히 인지하지 못했습니다. 증거막은 율법을 범한 자들이 죄 사함을 얻고 더럽혀진 자들이 정결함을 얻도록 하나님이 마련해 주신 놀라운 조치들을 증거하는 것이었습니다. 그 바깥뜰에는 놋 제단이 서 있었는데 거기서 속죄의 제사들이 행해졌습니다. 그리고 거기에 손과 발을 씻도록 물대야가 있었습니다(출 30:18-20).

그리고 보다 더 의미심장하고 복된 사실은 율법이 보관되어 있는 그 궤 위에 속죄소가 얹혀져있었다(출 25:21)는 사실입니다!

그 속죄소는 이스라엘에서 여호와의 보좌를 이루는 것이었습니다. 바로 거기서 여호와께서 그룹 사이에 "좌정하사"(시 80:1, 등) 그분의 백성을 다스리셨기 때문입니다. 그러므로 그 궤와 그 덮개와 속죄소는 여호와께서 "공의를 행하며 구원을 베푸는 하나님"(사 45:21)이심을 증언하는 것이며, 율법은 그분의 엄정한 공의를 선포하는 것이요, 속죄소는 그분의 백성의 허물들에 대한 그분의 은혜의 조치들을—그들이 그에게 가까이 나아와 삶을 누리도록 그가 자비로 덮어주심을—증언하는 것이었습니다.

이제 수 3:3이하에 나타나는 사실—그 궤를 가리켜 **언약**궤라 부른다는 점—을 특별히 주목하고자 합니다. 여기의 "언약"은 여호와께서 시내산에서 이스라엘과 맺으신 약정(約定)을 가리키는데, 그들은 스스로 그것을 준수할 것을 엄숙히 선언했습니다(출 19:1-6; 24:1-8). 시내산 언약이 세워짐으로써 하나님과 이스라엘의 상호 관계가 형식이 완결된 상태가 되었습니다.

여호와께서는 아브라함 언약(창 17:7-8, 등)을 통해 아브라함의 후손에게 필요한 모든 복을 신실하게 베푸실 것을 친히 맹세하셨었는데, 이제 그 약속의 언약이 율법의 언약―이는 은혜로우신 하나님이 정의롭게 요구하시는 바순종을 책임 있게 돌려드릴 의무를 그 후손들에게 지우는 것이었는데―을 통해 보충된 것이었습니다.

그리하여 친밀하고도 항구적인 관계를 위한 외형적인 기반이 세워져서, 아브라함의 하나님과 아브라함의 책임을 다하는 후손들 사이의 복스러운 교제가 이루어지게 되었습니다. 시내산에서 그 언약이 비준된 이후 곧바로 성막을 만들어 세우는 일에 대한 지침들이 주어진 것은 바로 그 목적을 확실히 보장하고자 하는 의도였던 것입니다.

십계명은 시내산에서 맺어진 언약의 **조건들**이었습니다(출 34:28).

> 여호와께서 그의 언약을 너희에게 반포하시고 너희에게 지키라 명령하셨으니 곧 십계명이며(신 4:13).

하나님은 그들이 십계명을 준수할 것을 근거로 이스라엘을 대하시고 아브라함에게 주신 약속들을 그들에게 이루실 것이었습니다. 그들을 위하여 여호와께서 자신의 엄정하심을 보이고자 하셨음이 곧바로 드러났습니다.

> 그들이 여호와의 산에서 떠나 삼 일 길을 갈 때에 여호와의 언약궤가 그 삼 일 길에 앞서 가며 그들의 쉴 곳을 찾았고(민 10:33).

그런데 안타깝게도 바로 그 다음에 "백성이 악한 말로 원망"한 사실과, 이를 들으시고 여호와께서 "진노하사" 엄중하게 그들을 징계하신 일이 기록되고 있습니다(민 11:1).

그 다음에는 모세의 친 형제와 자매가 그를 대적하다가 여호와께서 미리암을 나병으로 치신 사실을 보게 됩니다(민 12장). 그리고 곧바로 열두 정탐꾼을 가나안 땅에 보낸 사실, 그들이 돌아와 서로 달리 보고한 일, 그 백성의 불신앙과 반역, 그리고 그 백성들이 모세를 지도자로 인정하지 않고 애굽으로 돌아가기로 결정하는 일 등이 이어집니다(민 13:1; 14:5).

이스라엘의 이러한 악행을 시편 기자는 다음과 같은 지엄한 말로 정리해 줍니다.

> 그들이 하나님의 언약을 지키지 아니하고 그의 율법 준행을 거절하며(시 78:10).

그들이 언약을 어겼으므로 여호와의 편에서도 그 패역한 세대에게 아브라함에게 하신 선언들을 그대로 시행하실 의무가 사라졌고, 그리하여 그는 그들에게 이렇게 말씀하셨습니다.

> 너희의 시체는 이 광야에 엎드러질 것이요 … 너희는 그 땅을 정탐한 날 수인 사십 일의 하루를 일 년으로 쳐서 그 사십 년간 너희의 죄악을 담당할지니 너희는 그제서야 내가 싫어하면 어떻게 되는지를 알리라 하셨다 하라(민 14:32-34).

그들은 계속해서 비참한 일을 당함으로써 "약속을 지키지 않는 것"(출 19:5의 "만일"과 비교할 것)이 과연 어떠한 끔찍한 비극을 초래하는지를 알아야 했던 것입니다. 그 특정한 세대의 불신앙과 불순종으로 인하여 여호와께서는 아브라함과 모세에게 주신 약속들을 그들에게 이행하지 않으셨고, 그들의 후손들에게 그것들이 온전하게 이루어질 것이었습니다. 훗날 여호수아 자신이 증언한 것처럼 말입니다.

> 여호와께서 그들의 모든 원수를 그들의 손에 넘겨 주셨음이니라 여호와께서 이스라엘 족속에게 말씀하신 선한 말씀이 하나도 남음이 없이 다 응하였습니다(수 21:44-45).

사십년 동안 광야에서 방황하는 기간이 끝났고, 모세가 죽고, 또한 죄를 범하여 형벌을 당한 모든 이 역시 죽음으로써, 사십년 동안의 광야 방황 기간이 끝났습니다. 여호수아는 새로운 젊은 세대들을 지도하게 되었고, 이제 이스라엘의 역사에 새로운 장이 열렸습니다.

위에서 지적한 내용은 요단 강을 건너는 일과 그 이후의 사건들에서 언약궤가 차지한 그 중요한 위치만이 아니라, 그것이 거기서 왜 "언약궤"라 불리는지를 설명해 줍니다. 이스라엘의 성공은 아니 여호와께서 그들을 위하여 자신을 보여 주심은 시내산에서 맺은 언약을 지키고 하나님께 전폭적인 순종으로 행하느냐의 여부에 달려 있습니다.

이스라엘이 언약궤에 시선을 고정시키고서 요단 강을 건너는 사실은 그들이 **율법의 인도를 받아** 가나안으로 행진하였음을 뜻하는 것입니다!

방금 강조한 사실은 그저 역사적인 중요성만 지닌 것이 아닙니다. 그것이 기록된 것은 모든 세대의 하나님의 백성들을 가르치기 위함이요, 따라서 이 기록을 통해 그들은 하나님의 가능케 하심을 위하여 신실하게 기도의 자세를 견지해야 합니다. 이는 거룩하신 하나님이 우리를 위해 일하셔서 우리에게 닥치는 그 어떠한 "요단 강"도 다 건너도록 길을 열어주시기 위해 우리에게 요구하시는 가장 중요한 것들을 계시해 줍니다.

이는 시대마다 그분의 백성들을 다스리시는 하나님의 역사하심의 기본 원리—우리를 위한 그분의 권능의 시행 여부가 그분을 향한 우리의 복종에 따라 이루어진다는 사실—를 드러내줍니다. 하나님은 죄의 보호자이실 수가 없으며, 따라서 반역한 백성들을 위해서는 결코, 강력히 역사하지 않으십니다.

이미 말씀드린 대로, 우리는 우리 자신을 부인하고 우리의 십자가를 지고 그리스도를 따라가야 하는데, 바로 그것이 의미하는 바가 바로 여기 이스라엘이 언약궤를 "좇아가는" 데에서 선명하게 드러납니다. "그의 안에 산다고 하는 자는 그가 행하시는 대로 자기도 행할지니라"(요일 2:6)라고 말씀하는데, 그는 하나님의 율법에 완전히 굴복하여 행하는 것입니다!

2. 언약궤

> 백성에게 명령하여 이르되 너희는 레위 사람 제사장들이 너희 하나님 여호와의 언약궤 메는 것을 보거든 너희가 있는 곳을 떠나 그 뒤를 따르라 그러나 너희와 그 사이 거리가 이천 규빗쯤 되게 하고 그것에 가까이 하지는 말라 그리하면 너희가 행할 길을 알리니 너희가 이전에 이 길을 지나보지 못하였음이라 하니라(수 3:3-4).

이미 앞에서 살펴본 주요 사실들을 정리해 봅시다. 이제 이스라엘의 새로운 세대가 그들의 기업에로 들어가려 하고 있으며, 그 기업은 그리스도인이—이 생에서—누려야 할 분깃과 특권들을 미리 보여 주는 것이었고, 언약궤는 그리스도 자신을 보여 주는 선명한 모형이었으며, 여기서 그것에 붙여진 특정한 명칭은 신자가 그리스도에게서 바라보고 또한 따르는 특별한 성품을 나타내는 것이요, 이스라엘이 요단 강을 건너 가나안으로 들어가는 것은 오늘날 우리에게 주는 지극히 중요한 실천적인 교훈으로 가득 차 있다는 사실입니다. 이제 계속 살펴보기로 합시다.

그 언약궤는 속에 두 돌판을 보관해 놓은 신성한 함(函)이었고, 그리하여 그것은 율법을 베푸시는 분으로서의 그리스도를 지시해 주는 것이었습니다 (시 40:8; 요 14:15). 십계명은 시내산에서 여호와와 이스라엘이 서로 맺은 언약의 조건들이었는데(출 34:28), 여호와께서는 그들이 그 엄숙한 조건들을 준수하느냐 준수하지 않느냐에 준하여 이스라엘을 대하시고 아브라함에게 주신 약속들을 실행하시기로 하셨습니다.

그러므로 그 궤를 가리켜 여호수아 3, 4장을 통틀어 언약궤라 부르는 것입니다. 이렇게 해서 그 언약궤는 여기서 신자의 **언약적 우두머리**이신 그리스도를 미리 보여 줍니다. 언약적 우두머리라는 말이 지극히 중요한데도, 안타깝게도 이 의미를 깨닫는 경우가 거의 없습니다. 그리스도께서 우리에게 언약적 우두머리로 제시되시며 우리가 그 언약의 조건들에 부합함으로써 영혼이 그 분과의 언약 속으로 들어간다는 사실이 복음 속에 있습니다.

> 너희는 귀를 기울이고 내게로 나아와 들으라 그리하면 너희의 영혼이 살리라 내가 너희를 위하여 영원한 언약을 맺으리니 곧 다윗에게 허락한 확실한 은혜이니라
> (사 55:3).

이것은 복음의 제시 혹은 제안이요, 또한 이를 받아들이는 것이 바로 "여호와와 연합하여 그분을 섬기며 여호와의 이름을 사랑하는" 것이요, 그것이 곧 그분의 "언약을 굳게 지키는"것입니다(사 56:6).

여기서 우리가 다루는 사실의 기본 진리를 가장 잘 드러내주는 것은 바로 **결혼 계약**(marriage contract)입니다. 결혼이란 두 사람이 서로 자발적으로, 사랑으로, 엄숙히 맺는 언약으로서 각자 자기 자신을 상대방에게 주고, 다른 경쟁 상대들을 다 버리고, 자기 자신을 상대방에게 주고, 끝없이 정절을 맹세하고, 상대방의 관심사와 복지를 자기 것으로 취할 것을 서약하는 것이니 말입니다.

주께서 사람들에게 요구하시는 것이 결코, 이보다 덜하지 않습니다. 전도자는 청중에게 그리스도에 대한 적개심의 모든 무기를 내던지고, 다른 모든 사랑

하는 것을 다 버리고서, "너희는 오라 잊을 수 없는 영원한 언약으로 여호와와 연합하라"(렘 50:5)고 선포하는 자들과 친히 하나가 될 것을 촉구합니다.

창세기 24장에서 이것이 놀랍고도 복스럽게 그림자로 제시된 바 있습니다. 아브라함(성부 하나님의 모형)이 그의 종 엘리에셀(첫째는 성령의 모형이지만, 그분의 역사하심을 받아 사역하는 전도자의 모형)을 보내어 그의 아들 이삭(그리스도의 모형)의 아내(집단적인 의미로는 교회를, 개별적으로는 신자의 모형)를 찾게 했습니다. 이 모든 내용은 복음 선포의 광경을 하나님의 주권적 은혜와 동시에 인간의 책임을 강조하는 관점에서 지극히 교훈적으로 제시하고 있습니다. 대다수의 칼빈주의적 저술가들이 인간의 책임에 대한 강조를 소홀히 하고 있지만 말입니다.

엘리에셀이 전도자의 모형으로서 아브라함에게서 받은 그의 임무에 대한 구체적인 지침에 대해서, 또한 그 종이 그 임무를 순종적으로 이행한 사실에 대해서(창 24:10), 주목할 수 있습니다. 그리고 엘리에셀이 여호와께서 그를 "순조롭게" 하사 임무를 완수하게 해 주시기를 간구하였음을 보게 되는데(창 24:12), 이는 엘리에셀을 성령의 모형으로만 보아서는 안 된다는 것을 시사해 주는 분명한 암시라고 봅니다.

아브라함의 종은 그가 찾던 여자와 만나 그녀에게 선의의 증표를 주고(22절), 자기 주인의 고귀함을 높이 칭송했습니다(창 24:35). 그 다음 그녀에게 개인적인 결단을 요구하고 있음을 봅니다.

> 네가 이 사람과 함께 가려느냐(창 24:58).

그녀 스스로 자유로이 의도적으로 결단해야 했습니다. 복음의 요건이 제시하는 대로 죄인에게 바로 그런 개인적인 단호한 결단이 요구됩니다. 도덕적인 행동자로서 자신의 책임을 시험하고 행동하도록 촉구합니다.

"가겠나이다."

그녀는 기꺼이 응낙하고 자신의 옛 삶에 등을 돌렸고, 자신의 가족을 버리고 이삭의 아내가 되었고(67절), 그런 자신의 결단을 절대로 후회하지 않았습니다. 이것이야말로 그 백성을 영원히 사랑하시는 주 예수님과 영원한 언약을 맺는 영혼의 위대한 모형이요 그림입니다.

우리 주님이 친히 복음의 질서에 대해 주신 다음의 말씀도 창세기 24장의 이 놀라운 모형과 완전히 일치합니다.

> 천국은 마치 자기 아들을 위하여 **혼인** 잔치를 베푼 어떤 임금과 같으니 (마 22:2).

이에 대해 헨리(Henry)는 다음과 같이 단언합니다.

> 복음 언약은 그리스도와 신자 간의 혼인(결혼) 언약이니, 하나님이 주관하시는 혼인이다. 이 직유적인 표현은 언급되기만 할 뿐 여기서 시행되는 것이 아니다.

곧, 그 혼인 잔치와 그 하객들은 후에 가서 주로 다루어진다는 것입니다. "혼인"의 모형 자체의 의미에 대해 토마스 스코트는 다음과 같이 적절히 말씀한 바 있습니다.

> 하나님의 아들이 인간의 본성을 취하심으로써 사람과 연합하심, 그분이 그분의 교회와 그 각 구성원을 사랑의 관계 속으로 받아들이심, 이 신성한 관계로 말미암아 그들이 누리는 신령한 존귀와 풍성함과 복, 그분의 자기를 낮추시는 신실한 사랑으로부터와 그와의 하나된 교제로부터 그들이 얻는 바 위로, 그리고 그와의 관계로 말미암아 그들이 지게 되는 상호적 의무 등, 이 모든 것이 이 혼인이라는 은유를 통해 암시된다.

그러나 대다수의 설교자들은 습관적인 편파성과 균형의 상실로 인하여 이 중 앞의 네 가지만을 주로 다루고, 그 관계에 내포되어 있는 "상호적 의무"에 대해서는 치명적으로 침묵하고 있습니다. 하지만 여기서 바로 그것에 대해 강조합니다.

마태복음 22:11("임금이 손님들을 보러 들어올새 거기서 예복을 입지 않은 한 사람을 보고")에 대한 설명에서도 똑같이 한쪽으로 치우친 점이 다시 나타납니다. 토마스 스코트의 다음과 같은 설명이 지극히 옳습니다.

> 이는 참된 신자가 아닌 누군가가 복음의 잔치에 환영받는 손님으로 가장하고 그 지극히 신성한 규례에 침입해 들어오는 것을 나타낸다.

그러나 그의 다음 논평은 요점을 벗어난 것으로 보입니다.

예복을 전가된 그리스도의 의로 보느냐, 아니면 성령의 거룩하게 하심으로 보느냐 하는 것은 실질적으로 중요하지 않다. 둘 다 필수적이며 언제나 함께 가기 때문이다.

이 비유는 하나님 편에서의 일을 다루는 것이 아니라 오히려 인간의 책임과 그 실패를 드러내는 것입니다. 3, 5, 6절은 인간의 완악함과 적개심을 보여 주고, 11절은 헛된 고백이 드러나는 것을 그려줍니다.

복음이 혼인 잔치라면, 예복은 복음과 또한, 복음에 대한 입술의 고백에 합당한 마음의 상태와 삶의 모습을 지칭한다(헨리[Henry]).

많은 이들이 마음과 삶의 새로움이 전혀 없이 복음을 시인하고 그리스도와 연합했음을 주장합니다. 그리스도와 그분의 계명에 합당한 기질과 행위가 없습니다. 일상에 나타나는 실천적인 거룩이 전혀 없습니다.

이들은 혼인의 "증서"가 없는 것입니다!

개인적으로 체험적으로 사망에서 생명에로 옮겨졌고, 그 분과 확실하고도 엄숙한 언약을 맺었고, 그리스도―이 분은 여호수아의 원형(anti-type)이십니다―의 계명에 따라 처신하는 사람들 이외에는 하나님이 그분의 백성들을 위해 예비하신 그 유산에 들어갈 수도, 누릴 수도 없습니다. 이것이야말로 여기 여호수아 3, 4장에서 그리는 위대하고도 고귀한 진리입니다. 이것이 과연 중요한 것인데도 오늘날 이를 거의 인지하지 못하고 있기 때문에, 이 본문에 대해 이렇게 길게 수고롭게 말씀드리는 것입니다.

중생 때에 영혼이 사망에서 생명에로 옮겨지며, 이때에 하나님의 권능의 주권적인 역사로 말미암아―여기서 우리는 전적으로 수동적입니다―영적으로 살아나 그에게로 돌이킬 능력을 갖추게 됩니다.

이 은혜의 이적은 그 수혜자가 일깨움을 받아 하나님을 향한 자신의 끔찍한 적개심을 지각하는 데에서, 그의 양심이 자신의 죄책과 버려진 처지를 깨닫는 데에서, 그의 애착이 죄에 대해 거슬림을 갖게 되어 이제 그것을 혐오하게 된 데에서, 그의 의지가 하나님 쪽으로 기우는 데에서, 드러나게 됩니다. 그리고 이 모든 일은 순전한 회심 혹은 돌아섬―즉, 자신의 악한 길을 버리며, 자신의 우상들을 버리며, 세상으로부터 돌아서며, 그리스도를 자신의 절대적인 주요,

전충족적인 구주요 영원한 분깃으로 취하는 것—으로 귀결됩니다.

이러한 회심—이것 외에는 구원 얻는 회심이란 없습니다—은 그리스도 안에서 하나님과 언약을 맺는 것이요, 그와 혼인하며, 그와 연합합니다. 고린도 교인들의 회심이 다음과 같이 묘사되는 것을 봅니다.

> 그들이 먼저 자신을 주께 드리고 또 하나님의 뜻을 따라 우리에게 주었도다 (고후 8:5).

즉, 그들 자신을 주께 기꺼이 기쁨으로 내어드렸으며—주의 소유권과 권위의 정의로운 요구 사항들을 시인하고서, 또한 스스로 결코, 갚지 못할 빚을 지고 있음을 인정하고 주의 구원을 베푸시는 사랑이 제기하는 요구 사항들에 응답했으며—그들 자신을 주의 종들에게 주어 그들에게서 지도를 받았습니다. 이것은 세례로써 확증됩니다. 세례 시에 우리가 우리 자신을 주의 백성들에게 **공개적으로** 내어주니 말입니다. 바울은 그렇게 회심한 자들에게 약간 다른 비유를 통해 이를 상기시킵니다.

> 내가 하나님의 열심으로 너희를 위하여 열심을 내노니 내가 너희를 정결한 처녀로 한 남편인 그리스도께 드리려고 중매함이로다 (고후 11:2).

사도는 그들과 그리스도 사이에 혼인을 통한 연합과도 같은 연합을 이루는 도구의 역할을 했는데, 헌신, 충절, 사랑의 순종이 바로 그 연합의 의무 사항입니다. 사도는 그 연합을 보존하고 증진시키는 일을 위해 그들을 위하여 경건한 질투심으로 수고한 것입니다.

중생 시에 성령께서 우리를 그리스도와 본질적으로 연합하게 하시며, 회심 시에 우리가 개인적으로 실천적으로 우리 자신을 그에게 온전히 드립니다. 회심이란 우리가 그리스도를 우리의 남편이요 주로 맞아들이는 것이며, 그리하여 그에게서 다스림과 보호하심을 받게 됩니다. 회심이란 그리스도께서 그분이 우리의 유일한 하나님이 되시고 우리가 그분의 신실한 백성이 되도록 그분과 언약을 맺는 것입니다.

언약의 관계가 혼인의 연합이라는 사실은 예레미야 31:32, 호세아 2:18-19(참조. 렘 2:2; 겔 16:60) 등에서 분명히 드러납니다. 그렇기 때문에 이스라엘의 우상 숭배를 가리켜 흔히 (영적) 간음으로—다른 신들을 좇아감으로써 여호와를 저버리는 것으로—간주합니다.

회심이 우리가 그리스도 안에서 하나님과의 언약 속으로 들어가는 것이므로, 그리스도인의 삶의 중대한 문제는 바로 "그분의 언약을 **지키는** 것"입니다(시 25:10). 즉, 어느 때에든지 그 요건들에 준하여 행합니다. 아니면, 회심이 그리스도와의 혼인의 연합이므로, 그리스도인의 삶의 총체적인 목적은 사랑하며 의무를 다하는 아내가 그 남편에게 하듯 행하는 데에 있습니다. 이 모든 것이 다음의 포괄적인 말씀으로 정리됩니다.

그러므로 너희가 그리스도 예수를 주로 받았으니 그 안에서 행하되(골 2:6).

곧, 너희가 시작한 그대로 계속 행하고, 너희가 처음 그에게 굴복할 때와 동일한 동기와 원리들에 준하여 처신하고, 너희의 회심이 너희의 그리스도인으로서의 삶을 통해 영구히 실현되게 하고, 전적으로 그에게 헌신하라는 것입니다.

지금까지 참된 정상적인 그리스도인의 삶의 정의와 묘사로 독자들 앞에 제시하고자 애쓴 내용이 바로 여호수아 3, 4장에서 모형적으로 그려지는 것입니다. 언약궤는 그리스도의 모형입니다. "주 너희 하나님의 언약궤"는 그리스도께서 우리의 언약의 우두머리요, 우리가 회심할 때에 함께 엄숙한 약속과 헌신으로 들어가서 이제 영원토록 오직 그분의 것이 되는 바로 그 분이심을 제시합니다.

이스라엘이 언약궤를 따라간 것은 우리가 그 언약을 따르며, 우리의 주이시며 법제정자이신 그리스도께 실질적으로 굴복하는 것을—우리가 그 혼인 관계를 신실히 지키며, 언제나 우리 영혼의 영원한 연인이신 그분을 기쁘게 하고 그 분의 관심사들을 증진시키고자 힘쓰는 것을—모형으로 보여 줍니다. 우리 스스로 그렇게 처신하는 여부에 따라서 이스라엘이 경험한 일들이 우리 것이 될 것입니다.

그들이 여호수아의 명령에 복종함에 따라, 그들이 순종하며 언약궤를 따라감에 따라, 하나님은 그분의 권능의 역사를 그들을 위해 일으키셨고, 그리하여 그들이 현재의 "안식"(히 4:3)에 들어간 것입니다. 그가 그들의 원수들을 무찌르셨고, 젖과 꿀이 흐르는 땅이 실제로 그들의 소유가 되었습니다. 그런데 필자나 혹은 독자가 그런 경험들을 하지 못하고 있다면, 이는 오로지 여기 이스라엘이 행한 것처럼 행하지 않기 때문인 것입니다.

이 사건 이면에 깔려 있는 근본적인 원리들을 설명하고 이로부터 배워야 할 주요 교훈들을 상세히 살펴보았으니, 그 구체적인 일들에 대해서는 많은 시간을 들일 필요가 적을 것입니다.

> 너희와 그 사이 거리가 이천 규빗쯤 되게 하고 그것에 가까이 하지는 말라 그리하면 너희가 행할 길을 알리니 너희가 이전에 이 길을 지나보지 못하였음이니라 (수 3:4).

이는 여호와께서 그들의 부모들과 언약을 맺으실 때에 그 언약의 조건들을 그들에게 알려 주시면서 주셨던 다음의 엄숙한 금지 명령과 일치합니다.

> 너는 백성을 위하여 주위에 경계를 정하고 이르기를 너희는 삼가 산에 오르거나 그 경계를 침범하지 말지니 산을 침범하는 자는 반드시 죽임을 당할 것이라 (출 19:12).

이 두 금지 명령을 우리에게 어떻게 영적으로 적용시켜야 하는 지가 다음의 말씀에 제시되어 있습니다.

> 하나님은 거룩한 자의 모임 가운데에서 매우 무서워할 이시오며 둘러 있는 모든 자 위에 더욱 두려워할 이시니이다 (시 89:7).

혹은 신약의 언어로는 다음과 같이 표현되어 있습니다.

> 그러므로 우리가 흔들리지 않는 나라를 받았은즉 은혜를 받자 이로 말미암아 경건함과 두려움으로 하나님을 기쁘시게 섬길지니 우리 하나님은 소멸하는 불이심이라 (히 12:28-29).

언약궤가 그렇게 앞서서 행진해야 했던 자연스러운 이유는 그 엄청난 무리들 모두가 그것을 쉽게 볼 수 있도록 하기 위함이었습니다. 언약궤와 백성 사이에 공간이 없었다면, 바로 그 뒤를 따르는 자들이 시야를 가려서, 다른 이들이 그것을 볼 수 없었을 것입니다. 그러나 반 마일 정도 앞서서 제사장들이 언약궤를 지고 가면, 온 무리들이 다 그것을 볼 수 있었습니다.

그러나 여기서 얻을 수 있는 모형적이며 영적인 교훈은 다음과 같은 것들입니다.

첫째, 우리 자신이 본성적으로 죄인이므로 거룩한 하나님께로부터 그렇게 멀리 떨어져 있음을 항상 인식해야 한다는 것.

둘째, 우리는 죄인들로서 우리 죄를 지시는 그리스도—언약궤의 덮개에 있는 속죄소가 이를 말씀해 줍니다—를 바라보아야 한다는 것. 놋뱀(그 백성들을 위하여 저주를 지시는 그리스도의 상징물임)이 온 회중이 볼 수 있도록 장대 끝에 높이 달려 있었던 것처럼, 언약궤도 그렇게 백성들의 전면에 있었습니다.

셋째, 성도로서 우리는 꾸준히 그리스도에게 시선을 고정시키고, "믿음의 주요 또 온전하게 하시는 이인 예수를 바라보아야 한다"는 것(히 12:2). 이것이 그가 우리를 부르사 살게 하신 믿음의 삶이요, 또한 그 삶을 위한 힘이 오직 그 분께만 있으니 말입니다.

넷째, 그리스도께서 그분의 백성에게 모범을 보이사 그들로 하여금 그분의 발자취를 따르도록 하심: "자기 양을 다 내놓은 후에 앞서 가면 양들이 그의 음성을 아는 고로 따라오되"(요 10:4). 우리의 임무는 "어린 양이 어디로 인도하든지 따라가는 것"입니다(계 14:4).

다섯째, 그리스도께서 그분의 백성보다 측량할 수 없을 만큼 월등하심—"[그가] 친히 만물의 으뜸이 되려 하심이요"(골 1:18). 그리스도께서 머리이시고, 우리는 그분의 몸의 지체일 뿐입니다. 언제나 이것을 염두에 두고 있어야 합니다. 그가 비록 그들의 친족으로서 기업을 무를 자이시며 따라서 그들을 "형제"라 부르는 것이 부끄러움이 없으나, 그런데도 그는 그들의 주시요 그들의 하나님이시니 그렇게 알고 그렇게 경배해야 마땅한 것입니다—"이는 … 아버지를 공경하는 것 같이 아들을 공경하게 하려 하심이라"(요 5:23).

여섯째, 우리는 스스로 거룩하지 못한 친숙함을 배제하고서 우리의 하나님이신 주를 합당한 예절로써 대해야 한다는 것.

일곱째, 그리스도께서 우리를 위해 하늘을 소유하기 위해 원형의 가나안에 미리 들어가셨다는 것: "그리로 앞서 가신 예수께서 … **우리를 위하여** 들어 가셨느니라"(히 6:20)—우리의 유산의 현재적 소유와 미래적 소유가, 시초의 소유와 완전한 소유가, 모두 여기에 나타나는 것입니다.

> 그러나 너희와 그 사이 거리가 이천 규빗쯤 되게 하고 그것에 가까이 하지는 말라 그리하면 너희가 행할 길을 알리니 너희가 이전에 이 길을 지나보지 못하였음이니라 (수 3:4).

언약궤를 백성들보다 앞서 진행시킨 몇 가지 그럼직한 이유를 지적했으니, 이제는 이 절의 마지막 내용의 의미를 살펴볼 차례가 되었습니다. 개인적으로 우리가 보기에는 주석가들과 설교자들이, "너희가 이전에 이 길을 지나보지 못하였음이니라"는 말씀을 "너희가 **전혀 낯선** 길로 지나려 하고 있음이니라"의 의미로 잘못 이해하고 있다고 여겨집니다.

물론 히브리어 원어와 영어 번역(한글 번역도 마찬가지임. 역주)이 이런 이해를 결정적으로 뒷받침하는 것처럼 보이나, 주위의 문맥에 비추어 조심스럽게 잘 따져보면 이것과는 전혀 다르게, "너희가 지금까지는 너희가 이런 **방식**으로 행진하지 않았느니라"의 의미로 이해해야 할 것 같습니다.

이는 결코, 본문을 뒤트는 것이 아닙니다. 대다수의 경우 히브리어 단어 "데렉"은 "길"(way)로 번역해야 하나, 예를 들어, 창세기 19:31; 이사야 10:24-25의 경우처럼 "방식", "양상"(manner)의 의미로 번역하는 경우도 8차례 나타납니다.

이때에 이스라엘 자손이 언약궤를 따라가야 할 이유를 "너희가 새로운 낯선 길을 지나려 하고 있기 때문이다"로 보는 것은 거의 혹은 전혀 의미가 없어 보입니다.

왜냐하면, 광야를 지나온 지난 여정에서 그들은 언제나 그런 식으로 행진해 왔으니 말입니다!

그렇다면 이 본문이 과연 무엇을 염두에 둔 말씀인가 라고 물을 것입니다. "지금까지는"이라는 문구가 있는 것으로 보건대, 이 본문이 예전의 행진에서 두드러지게 나타났던 것과는 전적으로 다른 어떤 특징을 지칭하는 것이라 여겨집니다. 바로 앞뒤의 문맥은 이스라엘에게 그들이 언제 행진할지를 알려 주는 내용입니다.

> 너희는 레위 사람 제사장들이 너희 하나님 여호와의 언약궤 메는 것을 보거든 [**그때에**] 너희가 있는 곳을 떠나 그 뒤를 따르라 (수 3:3).

지금까지는 구름이 움직일 때만 그들이 움직였습니다(출 3:21-22; 38장, 40장).

> 구름이 저녁부터 아침까지 있다가 아침에 그 구름이 떠오를 때에는 그들이 행진하였고 구름이 밤낮 있다가 떠오르면 곧 행진하였으며(민 9:21. 참조. 19:14).

지난 40년 동안 이스라엘은 그 초자연적인 "구름 기둥"의 인도를 받았었으나, 이제부터는 그 구름이 더 이상 그들과 함께 있지 않습니다. 그 구름은 여호와의 임재를 나타내는 눈에 보이는 증표로서 특히 모세에게 베풀어진 것이었으나, 그분의 죽음과 더불어 그것도 사라진 것입니다.

이제 이스라엘의 여정에 관하여 하나님의 뜻을 아는 새로운 조치와 새로운 수단이 그 백성에게 계시되었고, 이제부터는 여호와의 임재에 대한 또 다른 상징물이 그의 원수들의 마음에 공포를 자아내게 된 것입니다. 이제는 언약궤가 중요한 의미에서 새로운 위치를 차지하게 되었습니다. 과거에는 언약궤가 무리들 가운데서 행진했었습니다.

사실 예전에도 한 번은 언약궤가 이스라엘에 앞서 가며 "그들의 쉴 곳을 찾은 적"이 있었습니다(민 10:33). 그러나 바로 그 다음 구절은 "그들이 진영을 떠날 때에 낮에는 여호와의 구름이 그 위에 덮였었음"을 알려 주는데, 이미 본 바와 같이 그 일 바로 다음에 그 세대의 치명적인 배도(背道)의 사건이 일어납니다. 구름이 언약궤 위를 덮어서(참조. 레 16:2), 모든 백성이 그것을 쉽게 보고 불편함 없이 그 궤를 따라 갈 수 있었습니다.

그러나 이제 그 구름이 더 이상 그들과 함께 있지 않으므로 언약궤가 그들을 인도하는 눈에 보이는 안내자가 된 것입니다. 이 새로운 조치에 대한 암시가 그 언약궤를 지는 자들에게서도 나타납니다. 과거에는 고핫 자손들이 언약궤를 지도록 하라는 구체적인 명령이 있었으나(민 3:30-31; 4:15), 이제는 "제사장들"이 언약궤를 지도록 지명된 것입니다. 이렇게 해서 새로운 세대로 하여금 그 일을 감당하도록, 과거와는 다른 절차가 지정되었습니다.

"너희가 지금까지는 이런 방식으로 행진하지 않았느니라."

이스라엘의 첫 세대는 애처롭게도 철저한 실패였으나, 여호와 하나님에게는 그리고 그분의 영원한 작정의 시행에 있어서는 절대로 그 어떠한 실패도 있을 수 없습니다.

하나님은 그분의 영광과, 또한 그 백성의 충만한 최종적인 복을 언제나 중요히 여기시며, 그것들이 그분의 손길에서 벗어나는 것을 절대로 허용하시지 않습니다. 하나님은 그의 기이한 지혜와 놀라운 은혜로 그 둘을 서로 뗄 수 없도록 하나로 묶으셨으므로, 이루기 위해 모든 일이 합력하여 그 각각을 이루십니다. 그는 그분의 백성과 그들의 복을, 그분의 영광을 구성하는 요소로—"나의 영광인 이스라엘"(사 46:13)—삼으셨기 때문입니다.

그러니 가나안에 들어가는 과정에서 언약궤가 열두 지파에 앞서서 행진했다는 것이 얼마나 적절했는지를 잘 볼 수 있습니다. 그 땅에야말로 여호와께서 그분의 백성 중에서 자기 자신을 충만히 드러내 보이실 곳이었으니 말입니다. 여호와께서 바로와 그의 휘하의 애굽 사람들 앞에서와 이스라엘의 출애굽과 관련하여 홍해에서 그 자신의 위엄을 드러내셨듯이, 이제 가나안 사람들이 보는 앞에서 그분이 그분의 백성을 위하여 그분의 손을 보이심으로써 그 자신의 위엄을 드러내고자 하시는 것입니다.

하나님이 그 자신의 영광을 나타내심으로써 스스로 그 백성의 선을 위해 일하셨고 동시에 그가 그 백성의 선을 증진시키셨다는 사실은 과연 놀랍고도 복스러운 진리입니다. 이는 과연 거룩한 확신을 강화하고 동시에 거룩하지 못한 행실을 방지하도록 역사함으로써 우리 마음과 삶에 강력한 영향을 미쳐야만 되는 진리입니다. 이는 이 땅에서 하나님의 뜻이 왕성이 이루어지기를 위해, 혹은 우리 개인이 열매를 맺게 해 주시기를 위해 기도할 때에, 강력한 호소의 요인이 됩니다.

오 주여!

주의 크신 이름의 존귀를 위하여 이를 이루소서.

바로 그것을 근거로 모세는 쓰라린 위기 속에서 간구를 올렸고(민 14:15-17), 여호수아(7:9), 히스기야(왕하 19:19), 요엘(3:17)도 그렇게 간구했습니다. 그러나 하나님께 기도한 그 어떤 사람보다 무한히 더 크신 그분께서는 "때가 이르렀사오니 아들을 영화롭게 하사 아들로 아버지를 영화롭게 하게 하옵소서"라고 간구하셨습니다(요 17:1).

그러니 그리스도인도 각자 이렇게 기도해야 하지 않겠습니까?

'아버지여 주의 자녀인 나에게 역사하사 내가—나의 분량대로—주를 영화롭게 하옵소서!'

그러나 이 놀라운 진리는 특권뿐 아니라 의무와도 관계됩니다.

나의 유익과 하나님의 영광이 서로 뗄 수 없도록 하나가 되어 있으니, 그분의 이름을 욕되게 할 만한 모든 것을 피하기 위해 내가 얼마나 조심해야겠습니까! 하나님과의 하나된 교제만이 걸어야 할 그런 길을 걷기를 얼마나 힘써야겠습니까! "무엇을 하든지 다 하나님의 영광을 위하여"(고전 10:31)라고 하기에 얼마나 부지런해야겠습니까!

> 여호수아가 또 백성에게 이르되 너희는 자신을 성결하게 하라 여호와께서 내일 너희 가운데에 기이한 일들을 행하시리라 (수 3:5).

여기 "성결하게 하다"(혹은 "거룩하게 하다")라는 단어는 성경에서 사용되는 용어들 중에 정의를 내리기가 가장 어려운 것 중 하나입니다. 부분적으로는 그 단어가 극히 다양한 대상들에 사용되기 때문이기도 하고, 그 단어의 의미의 폭이 극히 넓기 때문이기도 하며, 교리적으로나 체험적으로 생각할 때에 거룩하게 하는 일에 신적인 쪽과 인간적인 쪽이 함께 개입되어 있는데 그 두 가지 방면을 서로 조정하기가 결코, 쉽지 않기 때문이기도 합니다.

칼빈주의적인 저술가들과 설교자들은 늘 그렇듯이 편파적인 입장을 취하여, 거의 전부 아버지께서(그분의 영원한 작정으로, 교회를 택함 받지 않은 자들로부터 구별하심으로), 성자께서(교회의 죄들을 깨끗이 씻으시고 그분의 공로로 관 씌우심으로), 그리고 성령께서(교회를 중생시키시고 날마다 새롭게 하심으로) 교회를 거룩하게 하시는 것을 뜻하는 것으로만 보고서, 그리스도인이 **스스로 거룩하게 하는** 일의 필수성과 그 의무에 대해서는 거의 아무런 언급도 하지 않습니다.

반면에 알미니안주의 저술가들과 설교자들은 거의 배타적으로 인간적인 면에만 관심을 기울이는 나머지, 신자가 자기 자신을 하나님께 드리고 그분을 섬기는 일과 말씀으로 자기 자신을 깨끗이 씻어야 할 일상적인 의무만을 강조합니다. 사실 청교도들의 시대 이후에는 이 중요한 진리를 완전하고도 충실하게 제시한 사람이 별로 없습니다.

성경에 그 용어가 처음 나타나는 곳은 창세기 2:3인데, 언제나 그렇듯이, 이 최초의 언급에서 그 본질적인 의미와 내용이 곧바로 드러납니다.

> 하나님이 그 일곱째 날을 복되게 하사 거룩하게 하셨으니 (창 2:3).

여기서는 분명 하나님이 그날을 나머지 6일과 분리시키사 그 자신의 특별한 용도를 위해 구별하셨다는 것을 의미합니다. 그리고 이것이 그 이후에 하나님이 친히 행동자로 나타나는 용례들에 담겨 있는 근본 사상입니다. 그 다음으로는 출애굽기 13:2에 그 단어가 나타납니다.

> 이스라엘 자손 중에서 사람이나 짐승을 막론하고 태에서 처음 난 모든 것은 다 거룩히 구별하여 내게 돌리라 이는 내 것이니라(출 13:2).

이는 여호와께서 **이스라엘 자손에게서** 요구하시는 일을 가리킵니다. 곧 태에서 처음 난 모든 것을 온전히 그에게 바쳐 그분의 것으로 돌리는 일이 그것입니다. 세 번째로는 출애굽기 19장에 언급됩니다.

> 여호와께서 모세에게 이르시되 너는 백성에게로 가서 오늘과 내일 그들을 성결하게 하며 그들에게 옷을 빨게 하고 준비하게 하여 셋째 날을 기다리게 하라 이는 셋째 날에 나 여호와가 온 백성의 목전에서 시내 산에 강림할 것임이니(출 19:10-11, 또한 15절을 보라).

여기서는 "성결하게 하다"라는 단어가, 이스라엘 백성이 삼중적으로 거룩하신 하나님(참조. "거룩하다 거룩하다 거룩하다", 사 6:3. 역주)께 가까이 나아가기에 합당하도록 자기들 자신을 깨끗이 씻는 것을 뜻하는 것이 분명합니다.

자, 5절에서 여호수아가 이스라엘에게 준 명령이 모세가 출애굽기 19장에서 그 백성을 위하여 받은 명령과 정확히 의미가 일치한다는 것이 분명해졌습니다. 여호와께서 이제 그들을 위하여 나타나실 것이었으니, 그들로서도 거기에 합당한 모습을 갖추어야 했습니다. 하나님이 야곱에게 벧엘로 가서 거기서 제단을 쌓으라고 명령하셨는데, 이때에 그는 가솔들에게 이렇게 말씀했습니다.

> 너희 중에 있는 이방 신상들을 버리고 자신을 정결하게 하고 너희들의 의복을 바꾸어 입으라(창 35:2).

우상들과 여호와께 드리는 예배는 서로 어울리는 것이 아닙니다. 베들레헴의 장로들에게 선지자 사무엘은 "내가 여호와께 제사하러 왔으니 스스로 성결하게 하고 와서 나와 함께 제사하자"라고 말씀했습니다(삼상 16:5).

매 경우마다 먼저 의식적인 부정(不淨)을 제거하는 일, 곧 외형적인 오염을 모두 없애는 일을 언급하고, 이어서 그들이 대할 그 분께 합당하도록 마음을 정비하는 일을 언급합니다. 그저 겉모양만의 정결함이나 예배 형식의 엄수 같은 것은, 결코 하나님이 기뻐하지 않으시기 때문입니다(사 29:13-14).

거룩한 임무들을 위해서는 그것을 행하는 자들의 편에서 면밀한 준비가 필요합니다. 세상으로 가득 찬 마음이나 부정한 손으로 거룩한 일들을 행해서는 안 됩니다(시 26:6; 딤전 2:8).

"마음에 뿌림을 받아 악한 양심으로부터 벗어나고[즉, 모든 죄를 버리고 고백하고] 몸은 맑은 물로 씻음을 받은" 다음에 그리스도인들이 "하나님께 나아가"야 할 것을 말씀합니다(히 10:22). 일상적인 삶이 말씀에 준하여 이루어져야 하고, 말씀으로 정결케 되어야 한다는 것입니다. 우리의 부주의함과 부도덕함으로 그분을 욕되게 해서는 안 되기 때문입니다.

그러기 위해서는 고린도후서 7:1, "하나님을 두려워하는 가운데서 거룩함을 온전히 이루어 육과 영의 온갖 더러운 것에서 자신을 깨끗하게 하라"는 말씀을 언제나 마음깊이 생각해야 합니다. 그리고 우리 "자신을 깨끗하게 하라"는 것이 "그 아들 예수의 피가 우리를 모든 죄에서 깨끗하게 하시는 것"(요일 1:7)과 똑같이 하나님의 영감된 말씀의 일부라는 점과, 특히 후자의 말씀에 "그가 빛 가운데 계신 것 같이 우리도 빛 가운데 행하면"이라는 단서가 붙어 있다는 점(안타깝게도 이를 인용하는 경우가 거의 없습니다!)을 유념해야 합니다.

거룩하신 하나님은 우리에게 내적으로나 외적으로나 우리 자신을 거룩하게 할 것을 요구하십니다. 그리고 그렇게 하지 못하면 우리가 드리는 예배를 받으실 수가 없는 것입니다.

> 누구든지 이런 것[즉, 불의한 것들]에서 자기를 깨끗하게 하면 귀히 쓰는 그릇이 되어 거룩하고 주인의 쓰심에 합당하며 모든 선한 일에 준비함이 되리라(딤후 2:21).

> 주를 향해 이 소망을 가진 자마다 그의 깨끗하심과 같이 **자기를 깨끗하게 하느니라** (요일 3:3).

어떻게요?

날마다 회개하고 거룩히 구별된 우리의 모습을 새롭게 함으로써, 우리의 정욕들을 죽이고 그분의 은혜들을 배양합니다.

그러므로 "너희 자신을 거룩하게 하라"는 것은 모든 시대마다 하나님의 백성들에게 주신 하나님의 명령이요 요구 사항이었습니다. 언약이 바뀜으로써 생긴 유일한 차이는 옛 언약 아래서는 거룩하게 하는 일이 주로 의식적으로 외형적으로 깨끗하게 하는 일에 관한 것이었으나, 새 언약 아래서는 그것이 주로 도덕적이며 내적으로 깨끗하게 하는 일에 관한 것이 되었다는 것이요, 이 점을 확실히 하면 외형적인 삶은 우리의 법칙에 맞게 조정된다는 것입니다.

하나님이 그분의 백성들에게 주시는 그 명령과 요구 사항을 강조하지 않는다면, 그 어떠한 그리스도의 종이라도 "하나님의 뜻을 다"(행 20:27. 역주) 전하는 것이라 할 수 없고, 그것에 대해 침묵한다면 그것은 하나님의 백성들에게 "유익한 것"(행 20:20. 역주)을 감추어두는 것과도 같습니다.

하나님이 우리를 가까이 하시게 하려면, **우리가** "하나님을 가까이 하여야 합니다"(약 4:8). 그리고 이어서 계속 말씀하듯이, 우리가 하나님을 가까이 하려면 반드시 "손을 깨끗이 하고", "마음을 성결하게 하여야 하는 것"입니다. "여호와의 산에 오를 자가 누구며 그의 거룩한 곳에 설 자가 누구인가"(시 24:3).

이를 신약성경의 언어로 말하면, "하나님이 누구를 합당한 예배자로 받으시겠는가?"

이런 뜻이요, 이에 대한 영감된 답변은 바로 이것입니다.

> 손이 깨끗하며 마음이 청결하며 뜻을 허탄한 데에 두지 아니하며 거짓 맹세하지 아니하는 자로다(시 24:4).

그런데 안타깝게도 이런 본문들을 깊이 새기는 경우가 너무도 희귀합니다.

> 여호수아가 또 백성에게 이르되 너희는 자신을 성결하게 하라 여호와께서 내일 너희 가운데에 기이한 일들을 행하시리라(수 3:5).

이는 백성들의 도덕적 책임을 강조하는 말씀이었습니다. 그들 자신을 깨끗하게 하고 여호와 하나님께 그들 자신을 드리라는 촉구였습니다. 기도와 묵상으로 스스로를 준비하고, 과거에 하나님의 은혜로이 개입하신 일들을 되돌아보며, 그 분의 말로 할 수 없는 거룩하심, 처절한 위엄, 놀라운 권능, 그리고 풍성한 자비를 숙고함으로써 경배에 합당한 마음을 갖추고, 믿음과 경외와 앙모로써 여호와께서 이제 그들을 위해 행하실 그 위대한 역사를 바라볼 자세를 갖추라는 명령이었습니다.

하나님의 영광이 나타나는 그 놀라운 일을 직접 목도하기에 합당한 자세가 그들에게 있어야 했습니다. 여호와께서 그들을 "위하여 능력을 베푸시기"를 바라면(대하 16:9), 그들의 마음이 "전심으로" 그분을 향해야만 했습니다.

곧 순전하고 올바르며, 정직하고 거룩해야 했습니다.

하나님이 지금 교회들 속에서 놀라운 역사들을 보이시지 않는 이유가 여기서 설명되고 있지 않습니까?

교회들이 너무도 육신적이고 세상적이기 때문입니다!

우리 개인의 "요단 강"을 건널 수 있는 길이 열리지 않는 것이 바로 이 때문이 아닙니까? 하나님의 놀랍고도 복된 영광이 나타나지 않는 이유는 바로, 우리가 우리 자신을 깨끗하게 하지 않았고, 실질적으로 세상으로부터 합당한 만큼 분리되어 있지 않은 데에 있습니다.

"여호수아가 또 백성에게 이르되 너희는 자신을 성결하게 하라 여호와께서 내일 너희 가운데에 기이한 일들을 행하시리라."

여호수아의 적극적이고도 확신에 찬 언어를 주목하십시오. 그는 이스라엘의 언약의 하나님이 그들을 위하여 이적을 일으키시리라는 것에 대해 마음에 의심이 전혀 없었고, 그리하여 확신을 가졌습니다.

그리스도의 종이 따라야 할 놀라운 모범이 아닐 수 없습니다!

목자가 불신앙과 두려움이 가득하다면, 양떼들이 용기백배하기를 기대할 수가 없습니다. 그리고 스스로를 깨끗하게 해야 할 의무를 백성들에게 강조할 때에, "여호와께서 기사를 행하시리라"는 격려도 놓치지 말아야 합니다.

우리를 더럽히는 것들을 삼가고 하나님의 영광을 위해 우리 자신을 헌신할수록, 그가 우리 속에서, 우리를 위해, 능력으로 역사하실 것이 분명하기 때문입니다. 어쩌면 이때에 여호수아는 "궤가 떠날 때에는 모세가 말하되 여호와여 일어나사 주의 대적들을 흩으시고 주를 미워하는 자가 주 앞에서 도망하게 하소서 하였고"(민 10:35)라는 말씀을 마음에 두었을지도 모릅니다. 언약궤가 행진하면 요단 강 물이 흩어질 것임을 여호수아는 확신하고 있었습니다.

> 여호수아가 또 제사장들에게 말하여 이르되 언약궤를 메고 백성에 앞서 건너라 하매 곧 언약궤를 메고 백성에 앞서 나아가니라 (수 3:6).

백성들에게 할 일을 지시한 다음, 여호수아는 이제 제사장들에게 지침을 내립니다. 이로써 그는 그 자신이 받은 명령("이 율법책[즉, 모세오경] … 안에 기록된 대로 다 지켜 행하라"[1:8])을 철저히 이행했습니다. 모세 역시 여호와께서 시내 산에 강림하시기 전 그 일을 위해 백성들에게와 제사장들에게 분명한 지침을 제시한 바 있었습니다(출 19:22).

여기 제사장들에게 준 명령에서 우리는 하나님의 계시된 뜻에 복종하고 있음을 그들이 어떻게 증명해 보였으며, 그들의 믿음과 용기가 어떻게 시험받았으며, 여호와의 임재의 상징물을 존귀하게 대하는지를 그들이 어떻게 드러내 보여야 했는지를 보게 됩니다. 오늘날 복음 사역자들이 그들과 같은 입장인데, 이들에 대해 토마스 스코트는 다음과 같이 말씀합니다.

> 그들은 특히, 위험천만한 처지 혹은 힘겨운 상황 속에서 다른 사람들이 지나가기를 두려워할 때에, 그들 앞에서 순종과 인내와 하나님을 향한 흔들림 없는 확신을 모범으로 보여야 하며, 또한 그 과정에서 특별한 지원과 보호하심을 기대할 수 있을 것이다.

백성들은 제사장들이 언약궤를 지고 가는 한 그들을 따르도록 명령을 받았습니다. 오늘날 하나님의 자녀들 역시 하나님의 종들의 말씀을 귀담아 듣고 순종할 책임이 있습니다(히 13:7, 17).

그러나 이는 그들이 언약궤가 그림자로 보여 주는 그 분, 곧 그리스도를 선포하고 그분을 존귀하게 할 때에만 적용됩니다. 그러나 그냥 구주만이 아니고, 삼중적인 직분을 지니신 분으로—우리의 선지자나 혹은 교사로서(언약궤 속의 율법), 우리의 제사장으로서(속죄 사역), 우리의 왕이요 주로서("**언약**궤")—충실하게 선포하고 존귀할 때에만 적용됩니다.

그러나 복음 사역자는 신실하게 그리스도를 전하는 것 그 이상, 즉 그분을 **사는 것**이 요구됩니다.

말과 행실과 사랑과 믿음과 정절에 있어서 믿는 자에게 본이 되어(딤전 4:12).

범사에 네 자신이 선한 일의 본을 보이며(딛 2:7; 참조. 살전 2:10; 벧전 5:3).

사역자는 사람들 앞에 경건한 모범을 세워야 합니다. 닥쳐오는 고난과 위험 거리들을 견디는 데에 스스로 앞장서지 않으면(자기 자신의 편안함과 안위에만 신경 쓰는 모습을 보이면), 자기를 부인하고 용감히 행하라는 그분의 온갖 권면들이 듣는 이들에게 아무런 힘을 발휘하지 못합니다.

제6장

요단 강을 건너다

(여호수아 3:7-17)

> 여호와께서 여호수아에게 이르시되 내가 오늘부터 시작하여 너를 온 이스라엘의 목전에서 크게 하여 내가 모세와 함께 있었던 것 같이 너와 함께 있는 것을 그들이 알게 하리라 너는 언약궤를 멘 제사장들에게 명령하여 이르기를 너희가 요단 물 가에 이르거든 요단에 들어서라 하라 (수 3:7-8).

1. 이적

모세가 죽기 전 여호와께서는 여호수아가 그의 후계자가 되어 백성을 인도할 것임을 나타내셨고, 그분은 그를 엄숙히 구별하여 그 직분에 세운 바 있습니다(민 27:18-23). 모세는 여호수아가 "그 땅을 기업으로 차지하게 할 것"임을 이스라엘에게 공포하였고(신 1:38), 그들이 "여호와께서 모세에게 명령하신 대로 여호수아의 말을 순종하였습니다"(신 34:9).

모세가 죽은 후 이스라엘 백성은 여호수아가 하는 명령을 다 행하고 그가 이끄는 대로 어디든 기꺼이 갈 것임을 서원했고, 하나님의 도우심이 그에게 베풀어지기를 바라는 마음을 표명했습니다.

> 오직 당신의 하나님 여호와께서 모세와 함께 계시던 것 같이 당신과 함께 계시기를 원하나이다 (수 1:16-17).

두 정탐꾼이 그의 명령을 받아 여리고를 탐색하는 동안, 이스라엘 백성은 싯딤으로부터 요단 강까지 그를 따라갔고(수 3:1), 거기서 사흘 동안 머물렀습니다. 이제 여호와께서 그분의 종을 보다 더 확실히 보증하실 때가 다가온 것입니다.

여호수아는 자신의 임무를 성실히 수행해 왔고, 이제 그가 상급을 받을 것이었습니다. 그는 하나님의 말씀을 믿는 믿음을 실행에 옮김으로써 그 백성 앞에 고귀한 모범을 세운바 있었고, 하나님이 그분의 약속을 성실히 이행하실 것이라는 확신을 신뢰성 있게 표현한 바 있었는데(수 1:11, 15), 이제 여호와께서 자신을 우러러 높인 그를 존귀하게 하실 것이었습니다.

여호수아는 그저 몇 가지를 신실히 행하였는데 수많은 이들의 통치자가 되었습니다. 하나님은 그분께 드리는 헌신을 결코, 그냥 지나치지 않으십니다. 그는 과거에 홍해와 시내산에서 모세에게 하셨듯이, 이제 이스라엘이 보는 앞에서 여호수아에게 특별한 존귀를 베풀어 주실 것이었습니다.

> 여호와께서 모세에게 이르시되 내가 빽빽한 구름 가운데서 네게 임함은 내가 너와 말하는 것을 백성들이 듣게 하며 또한, **너를 영영히 믿게 하려 함**이니라 모세가 백성의 말을 여호와께 아뢰었으므로(출 19:9).

그는 과연 그렇게 모세를 존귀하게 하셨습니다. 그런데 여기 요단 강가에서 그는 여호수아를 존귀하게 하셨습니다. 그에게 권위를 베푸셨고, 그가 이스라엘의 인도자로 지명받은 자임을 확증하신 것입니다. 그 결과가 여호수아 4: 14에 잘 기록되어 있습니다.

> 그날에 여호와께서 모든 이스라엘의 목전에서 여호수아를 크게 하시매 그가 생존한 날 동안에 백성이 그를 두려워하기를[존경하고 순종하기를] 모세를 두려워하던 것 같이 하였더라(수 4:14).

그러나 바로 앞에서 지적한 것보다 훨씬 더 영광스러운 사실을 그냥 지나치지 않도록 조심해야 합니다. "내가 오늘부터 시작하여 너를 온 이스라엘의 목전에서 크게 하리라"는 말씀에서 우리는 여호수아보다도 무한히 높으신 분의 의도를 감지하는 데에로 나아가지 않을 수 없습니다.

곧 하나님이 여기서 그분의 종을 위해 행하신 일은 훗날 같은 요단 강가에서 그분의 아들에게 친히 행하실 일의 그림자였다는 사실입니다. 거기서 그가 세례를 받으시자마자 이런 일이 있었습니다.

> 하늘이 열리고 하나님의 성령이 비둘기 같이 내려 자기 위에 임하심을 보시더니 하늘로부터 소리가 있어 말씀하시되 이는 내 사랑하는 아들이요 내 기뻐하는 자라 하시니라(마 3:16-17).

그때 거기서 그분이 "이스라엘에 나타내신바 된 것"(요 1:31)입니다. 그때 거기서 그분의 위대한 사명이 공적으로 드러났습니다. 그때에 하나님이 그를 높이 드러내신 것입니다. 더욱 놀라운 것은 요단 강가에서 일어난 일의 모형입니다.

> 이 일은 … 베다니에서 일어난 일이니라(요 1:28. 핑크가 사용하는 영어 흠정역에는 베다니를 벳다바라[Bethabara]로 읽음. 역주).

벳다바라는 "지나가는 곳"(the place of passage)이라는 뜻이므로, 그리스도께서는 바로 이스라엘이 강을 건넜고 여호수아가 큰 위엄을 얻은 바로 그 곳에서 아버지께로부터 확증을 얻으신 것입니다!

그러나 두 사이의 대조점이 과연 엄숙했습니다. 요단 강가에서 일어난 일로 말미암아 이스라엘은 여호수아가 신적으로 지명받은 지도자요 통치자라는 것을 알았고, 그리하여 "그가 생존한 날 동안에 … 그를 두려워했고"(수 4:14), 그분의 명령에 전폭적으로, 무제한적으로 순종했습니다.

> 이스라엘이 여호수아가 사는 날 동안 … 여호와를 섬겼더라(수 24:31).

그러나 여호수아의 원형이신 예수의 위엄이 요단 강에서 그보다 훨씬 더 찬란하게 드러나 성육신하신 하나님의 아들로 선포되시고, 친히 아버지께서 기뻐하시는 자이심이 명확히 밝혀졌습니다.

과연 다음에 이스라엘은 어떤 반응을 보였습니까?
그들이 그분을 사랑하고 경배했습니까?
그들이 그분을 두려워하고 순종했습니까?

아닙니다. 그런 것과는 거리가 멀었습니다.

[그분이] 자기 땅에 오매 자기 백성이 영접하지 아니하였으나(요 1:11).

그들의 마음이 그에게서 멀었고 그들의 귀를 닫아 그분의 말씀을 듣지 않았습니다. 사람이 한 번도 말해 본 적이 없는 것처럼 말씀하셨으나, 두루 다니시며 선을 행하시고 권능과 자비의 이적들을 행하셨으나, 그들은 그분을 멸시하고 배척했으며, 얼마 후에는 "그분을 십자가에 못박아야 하겠나이다, 십자가에 못박으소서"라고 외쳤습니다.

사랑하는 그리스도인 여러분, 영광의 주이신 그분이 우리 사람들과 우리의 구원을 위해서 그런 홀대를 견디셨다니 이 얼마나 놀라운 일입니까!

기꺼이 사람들에게서 미움 받기를 기꺼이 당하실 뿐 아니라 우리 죄를 없이 하기 위해 하나님께로부터 채찍을 맞으셨으니, 우리를 향하신 그분의 사랑이 얼마나 놀라운지 모릅니다.

너는 언약궤를 멘 제사장들에게 명령하여 이르기를 너희가 요단 물 가에 이르거든 요단에 들어서라 하라(수 3:8).

기름부음 받은 눈을 가진 사람은 여기서 다시 한 번 여호수아보다 더 크신 분의 그림자를 보지 않을 수 없습니다!

하나님이 그분의 백성들 앞에서 여호수아를 높이신 사실을 언급한 다음, 우리는 그가 높은 권위를 발휘하여 제사장들에게 명령하는 모습을 봅니다. 그런데 요단 강에서 아버지께서 그분을 확증하시고 존귀하게 하신 바로 다음 거의 첫 그리스도의 공적인 활동이 마태복음 5-7에 기록되어 있습니다.

그 산상설교에서 우리는 구주께서도 정확히 동일한 일을 행하시는 것을 보게 됩니다. 곧 "나는 너희에게 이르노니"라는 자주 되풀이되는 말씀에서 드러나듯이 그가 높으신 권위를 발휘하시며, 제자들에게 명령을 발하시는 것입니다. 새 언약 아래 있는 그리스도의 제자들은 옛 언약 아래서의 제사장들에 상응합니다.

그러므로 그 설교에서 그 용어와 모형이 이중적으로 나타난다는 것은 극히 충격적인 일입니다. 앞에서 지적한 바와 같이 언약궤를 지고 갈 때의 "제사장들"은 공적인 임무를 수행하는 그림자들이었습니다. 그러나 하나님께 가까이 나아갈 특권을 지녔다는 점에서 "제사장들"은 그리스도로 말미암아 구속함을 받은 모든 사람의 모형이었습니다(벧전 2:5, 9).

마태복음 5장 첫 절에서 그리스도께서 그분의 종들을 가르치시고 그들에게 명령을 주시는데, 거기서 "제자들"은 "사도들"로 이해해야 합니다(참조. 10:1-2; 28:16-20). 그러나 그 놀라운 강화(講話)를 읽노라면, 그것이 복음 사역자들에게만 적용되는 것이 아니라 그분의 백성 모두에게 주시는 말씀이라는 것을 금방 깨닫게 됩니다. 거기서 우리는 신적 권위를 지닌 주이신 그분으로 말미암아 구속함 받은 자들에게 무엇이 요구되는지를 배우게 됩니다.

곧, 그에게 전적으로 굴복하며 계시된 그분의 뜻에 전적으로 따르는 것이 그것입니다. 이스라엘의 제사장들이 여호수아에게서 받은 명령에 따라 처신해야 했던 것처럼, 복음 사역자들도 그들의 신적인 주께로부터 명령을 받아야 하며, 따라서 구속함 받은 그분의 모든 백성도 그들을 구원하신 대장의 명령에 따라 처신해야 합니다.

그들을 위해 온갖 수욕과 고난을 당하신 그 분께는 그렇게 하는 것이 당연하며, 그들을 위해 죽으신 그 분께 모든 것을 다 드리는 것이 합당한 일입니다. 그렇게 하는 것이야말로 그분을 향한 감사와 헌신을 드러내는 길입니다.

> 너희가 내 이름으로 무엇을 구하든지 내가 행하리니 이는 아버지로 하여금 아들로 말미암아 영광을 받으시게 하려 함이라 (요 14:13).

"너는 언약궤를 멘 제사장들에게 명령하여 이르기를 너희가 요단 물 가에 이르거든 요단에 들어서라 하라."

그들의 믿음과 순종 여부를 시험하는 결정적인 순간이 다가오고 있었습니다!

물이 불어 도저히 건널 수 없는 강이 그들의 앞에 있는데, 그 강으로 들어가 그 속에 서 있으라는 명령이 주어지다니요!

이성적인 자연인이 보기에 이것은 그야말로 지각없는 처사였을 것입니다!

하나님이 복음에 지정하신 수단 역시 그처럼 지각없게 보입니다.

> 하나님의 지혜에 있어서는 이 세상이 자기 지혜로 하나님을 알지 못하므로 하나님께서 전도의 미련한 것으로 믿는 자들을 구원하시기를 기뻐하셨도다 (고전 1:21).

목회자 여러분!

 십자가에 달리신 그리스도를 전한다는 것은 전적으로 믿음과 순종의 문제입니다. 우리의 본성적인 지성과 지각으로 보기에 그것은 영원한 열매를 내기에 전혀 합당치 못해 보이기 때문입니다.

 그리고 우리의 비천한 능력으로 최선을 다하여 그리스도를 전한 후에도 우리의 수고가 전혀 효과가 없는 것처럼 보일 때가 다반사여서, "우리의 싸우는 무기는 육신에 속한 것이 아니요 오직 어떤 견고한 진도 무너뜨리는 하나님의 능력이라"(고후 10:4)라는 말씀에 반하여 행하고픈 유혹이 심각하게 밀려옵니다. 그러므로 이 말씀이 제시하는 교훈을 귀담아 새기는 은혜를 구해야 합니다. 제사장들이 그랬던 것처럼, 최선을 다해 여러분의 책무를 시행하고 그 문제를 하나님께 온전히 맡겨드리기 바랍니다.

 그러나 8절에는 비단 실망에 처한 그리스도의 종들에게만이 아니라 모든 계층의 하나님의 백성에게 특히 갖가지 상황으로 쓰라린 시련을 겪는 이들에게 절실하게 필요한 메시지가 담겨 있습니다. 이들의 믿음과 순종은 반드시 시련을 겪어야만 합니다. 그래야만 그 실상이 드러날 테니까요.

 주의 명령들 중에는 어려움을 덜 제기하는 것들도 있습니다. 그 명령들이 국가의 법들 속에 구체화되어 있고, 대개의 사람들이 잘 준수하기 때문입니다. 그러나 그분의 명령들 중에는 사람들에게 지극히 힘겨운 시련을 가져다주며 또한 중생하지 못한 자들에게서 비웃음 당하는 것들도 있습니다. 그런데도 우리의 임무는 분명합니다. 취사선택은 있을 수 없습니다.

> 너희에게 무슨 말씀을 하시든지 그대로 하라 (요 2:5).

 하지만 내가 힘을 다해 순종하고자 했으나 여전히 모든 상황이 나를 대적하며, 내 힘으로는 도저히 감당할 수 없는 상황이 닥치고, 너무 깊고 넓어서 도저히 건널 수 없는 "요단 강"이 앞을 가로막는 것을 봅니다. 좋습니다. 바로 그런 경우에 정확히 들어맞는 말씀이 바로 여기에 있습니다. "요단 물 가"로 나오고, 그 다음 "요단에 들어서"는 것입니다. 곧 한계점에 이르기까지 계속 임무를 다하고, 그 다음 전능하신 하나님이 여러분을 위해 행하실 것을 신뢰하라는 것입니다.

> 여호수아가 이스라엘 자손에게 이르되 이리 와서 너희의 하나님 여호와의 말씀을 들
> 으라 하고(수 3:9).

여기서 다시 한 번 모형을 넘어서서 그 원형이신 분에게로 생각이 옮겨갑니다. 그분은 이스라엘을 향해 , "내 교훈은 내 것이 아니요 나를 보내신 이의 것이니라"(요 7:16)라고 말씀하셨고, 다시 "내가 내 자의로 말한 것이 아니요 나를 보내신 아버지께서 내가 말할 것과 이를 것을 친히 명령하여 주셨으니"(요 12:49)라고 말씀하셨습니다. 그러므로 그분을 지극히, 부지런히 생각하고 그 분께 의심 없는 최고의 순종을 드려야 합니다.

> 또 말하되 살아 계신 하나님이 너희 가운데에 계시사 가나안 족속과 헷 족속과 히위
> 족속과 브리스 족속과 기르가스 족속과 아모리 족속과 여부스 족속을 너희 앞에서 반
> 드시 쫓아내실 줄을 이것으로서 너희가 알리라(수 3:10).

"살아 계신 하나님"이라는 칭호는 성경에서 이교도들의 죽은 우상들과의 대조를 지적하기 위해 사용되며(왕하 19:4; 살전 1:9), 여기서 여호수아가 그 칭호를 사용한 것은 모든 거짓 신의 무능함과 무가치함을 강조하기 위함이었음이 분명합니다.

우상들은 전혀 도움을 줄 능력이 없고, 그것들을 섬기는 이들을 위해 이적을 행할 수는 더더욱 없습니다. 그러므로 이는 우상 숭배의 죄에 빠질 위험이 농후한 이스라엘에게는 경고이기도 했습니다. 여호수아가 여호와를 "살아 계신 하나님"이라 칭했듯이, 그리스도께서도 자기를 보내신 분이 "살아 계신 아버지"(요 6:57)이심을 인정하셨습니다.

"또 말하되 살아 계신 하나님이 너희 가운데 계시사"

바로 그 다음에 이어지는 진술을 조심스럽게 주목하기 바랍니다.

"가나안 족속과 헷 족속과 히위 족속과 브리스 족속과 기르가스 족속과 아모리 족속과 여부스 족속을 너희 앞에서 반드시 쫓아내실 줄을 이것으로서 너희가 알리라."

우리는 여기서 여호수아가, "하나님이 너희를 위하여 이 요단을 건널 길을 여시리라"고 말할 것을 자연스럽게 기대했었습니다. 그러나 그 대신 그는 "가나안 땅 일곱 족속"(행 8:19)을 정복할 것에 대해 확신을 주고 있습니다.

왜요?

요단 강의 이적이 여호와께서 그들을 위해 계속해서 강하게 역사하실 것에 대한 신적인 보증이요 확실한 보장이라는 사실을 이스라엘에게 확신시키고자 함이었습니다. 이스라엘이 초자연적으로 요단 강을 건넌 일은 우리의 중생을 보여 주는 하나의 모형이었습니다.

중생 시에 우리가 죽음에서 생명에로 옮겨지며 과연 살아 계신 하나님이 우리에 관한 일을 완성시키시리라는 것을 그 중생의 경험이 보증해 줍니다(시 138:8). 다시 말하면 중생은 우리가 누릴 궁극적인 영화(榮化: glorification)의 오류 없는 보증입니다. 그러나 이스라엘이 하나님의 뜻과 일치하여 스스로 가나안 족속을 몰아내기 위해 적극적으로 힘을 기울인 것처럼, 우리의 기업을 소유하기 위해서는 우리도 정욕들을 죽이고 세상을 이기기 위해 힘써야 합니다.

하지만 이 일은 말하기는 쉬워도 행하기는 어렵다고 대답하는 분도 있습니다. 사실입니다. 하지만 우리가 그렇게 행하는 것이 불가피한 일이지만, 현재의 본문과 우리들에게 주는 영적인 적용을 주의 깊게 잘 살펴보면 성공의 비결에 관하여 지극히 값진 교훈을 발견하게 될 것입니다.

이제 살펴볼 세부적인 내용에 대해 지나친 기대는 하지 말고, 바로 위에서 말씀한 내용과 관련되는 주요 요점들을 정리해 봅시다.

첫째, 이스라엘은 하나님을 전적으로 신뢰하고서 행해야 했습니다. 그러므로 우리 역시 전쟁에서 승리하려면, 그렇게 행해야 합니다. "믿음의 선한 싸움을 싸우라"는 주의 명령이 우리에게 주어졌으니 말입니다.

둘째, 이스라엘은 하나님이 계시하신 뜻에 정확하게 순종해야 했습니다. 그러므로 주의 계명의 길로 걸어감으로써만 우리의 정욕들을 이기고 우리의 소유를 소유할 수 있습니다.

셋째, 이스라엘은 "언약궤"에 시선을 고정시켜야 했습니다. 그러므로 우리는 모든 일에서 그리스도께 굴복하고 그분의 정결케 하는 피를—언약궤의 덮개에 형성되어 있는 속죄소를—날마다 사용해야 합니다.

넷째, 이스라엘은 여기서 하나님을 "온 땅의 주"(13절)—통치권이 무한하신 하나님—의 성격을 지니신 분으로 보았습니다. 그러므로 우리도 그분의 전능하신 능력을 의지하고, 우리를 능히 이기게 하실 그분을 신뢰해야 합니다.

> 보라 온 땅의 주의 언약궤가 너희 앞에서 요단을 건너가나니 이제 이스라엘 지파 중에서 각 지파에 한 사람씩 열두 명을 택하라 온 땅의 주 여호와의 궤를 멘 제사장들의 발바닥이 요단 물을 밟고 멈추면 요단 물 곧 위에서부터 흘러내리던 물이 끊어지고 한 곳에 쌓여 서리라 (수 3:11-13).

이 말씀으로 여호수아는 성경에 기록된 가장 놀라운 이적들 중의 하나를 명확히 선언하고 묘사하고 있습니다. 제사장들은 물가의 가장자리까지 행진하여 거기서 멈추어야 했습니다. 여호와의 임재 앞에서 요단 강물이 물러가는 것이 더욱 분명히 드러나게 하기 위함이었습니다.

헨리(Henry)는 다음과 같이 말합니다.

> 하나님은 제사장들이 없이도 강을 갈라놓으실 수 있었으나, 그들은 하나님이 없이는 그렇게 할 수 없었다. 여기서 제사장들은 백성들 앞에서 선한 모범을 보이며, 하나님을 섬기는 일에 최선을 다하며 난관에 처할 때의 도움을 위해 그분을 신뢰할 것을 가르치는 것이다.

11절의 앞부분에서 **언약궤**를 집중적으로 주목할 것을 강조한다는 점을 주목하기 바랍니다. 이미 지적했습니다. 하지만 언약궤가 율법을 위해 만들어진 것이요, 율법이 언약궤를 위해 만들어진 것이 아닙니다. 언약궤는 "율법 아래에 나신" (갈 4:4) 그리스도의 그림자로서, 율법을 높이고 존귀하게 하는 것이었습니다 (사 42:21).

언약궤 덮개에 위치한 속죄소도 기억하기 바랍니다. 그것은 그저 신성한 관(棺)의 덮개만이 아니었고, 율법과 하나님의 백성 사이를 막는 **보호 장치**이기도 했습니다. 언약궤 속에 있던 중심적인 물건은 율법이었으며 (왕상 8:9), 속죄소 위의 그룹들 사이에 여호와의 보좌가 있었습니다 (시 99:1).

그렇기 때문에 여호수아 3장과 4장 전체에서 그것을 가리켜 "언약궤"라 칭하는데, 이는 모세가 두 번째로 시내산에 올라갔을 때에 "여호와께서 언약의 말씀 곧 십계명을 그 판들에 기록하셨기 때문입니다"(출 34:28). 여기서 조심스럽게 기억해야 할 것은 옛 언약 아래서도 율법을 주는 일보다 약속이 선행한다는 점입니다(출 3:17; 12:25). 그러나 그 약속의 성취를 위해서는 그들이 주어진 책임을 다 해야 했습니다.

이와 비슷하게 십계명 자체도 "나는 너를 애굽 땅, 종 되었던 집에서 인도하여 낸 네 하나님 여호와니라"(출 20:2)라는 선언이 붙어 있는데, 이는 이스라엘을 향한 그분의 선하심과 그들의 원수들을 향한 혹독하심을 드러냅니다. 십계명은 그와 언약을 맺으신 하나님의 성품을 증언하는 것이었습니다.

11절에서 언약궤와 관련하여 여호와께 붙여지는 구체적인 칭호가 13절에서도 반복된다는 점을 잘 새겨야 합니다. 이는 곧바로 그 칭호가 특별한 무게와 의의를 지니는 것임을 시사해 줍니다. "온 땅의 주"라는 칭호는 모세오경에는 나타나지 않고, 여기 여호수아 3장에서 처음 나타나는데, 그 의미는 10절과 거기서 일어난 이적의 본질과 시기에서 암시됩니다.

여기서는 그것이 성부 하나님을 지칭하는 것으로 그분의 절대적인 주권과 우주적인 통치권을 의미합니다. 그분은 그분이 창조하신 땅의 소유자요 통치자이시며, 아무도 그분을 성공적으로 저항할 수 없는 분이시라는 것입니다. 이 칭호는 성경에 일곱 차례 등장합니다. 여호수아 3장에 두 차례, 시편 97:5, 미가 4:15, 스가랴 6:5에 나타납니다. 스가랴 4:14에서는 언약적인 성격을 지니신 삼위 하나님을 보게 됩니다.

> 이는 기름 부음 받은 자 둘[그리스도와 성령]이니 온 세상의 주 앞에 서 있는 자니라 (슥 4:14).

그러나 이사야 54:5에서는 성육신하신 아들을 봅니다.

> 그의 이름은 만군의 여호와이시며 네 구속자는 이스라엘의 거룩한 이시라 그는 온 땅의 하나님이라 일컬음을 받으실 것이라 (사 54:5).

이는 그가 "중간에 막힌 담"을 무너뜨리사 유대인과 이방인들이 똑같이 그분을 그들의 **하나님**으로 소유하게 하실 것을 뜻하는 선지자적 암시라 합니다.

여호수아의 과거의 신실함에 대한 상급으로, 또한 그의 앞에 닥친 큰 과제를 감당할 수 있도록 그를 더욱 철저하게 구비시키시기 위해, 여호와께서는 그분의 종에게 특별한 존귀를 덧입히셔서, 권능의 하나님이 모세와 함께 하셨던 것처럼 그의 후계자에게도 함께 하실 것임을 이스라엘이 확신하게 하셨습니다(수 3:7).

그러므로 우리는 곧바로 출애굽기 14장으로 생각을 되돌리게 됩니다. 홍해에서 일어난 사건과 여기 요단 강에서 일어난 사건을 서로 비교하여 여러 대조점과 유사점을 살피는 것은 매우 흥미롭고도 교훈적이라 합니다. 먼저 그 두 사건의 차이점들을 살펴봅시다.

첫째, 홍해 사건은 이스라엘이 종노릇하던 집에서 해방된 일을 종결지었고, 요단 강 사건은 약속의 땅으로의 입성을 시작하게 했습니다.

둘째, 앞의 이적은 이스라엘로 하여금 애굽 사람들에게서 피하게 하기 위한 것이었으나, 뒤의 이적은 가나안 족속들에게 다가가 그들을 정복할 수 있게 하기 위한 것이었습니다.

셋째, 홍해 사건에서는 여호와께서 강한 동풍이 불게 하셔서 바다가 갈라지게 하셨으나(출 14:21), 요단 강 사건에서는 그 어떠한 수단도 사용되지 않았으니, 이는 그가 수단에 종속되지 않으시며, 그분의 기뻐하시는 뜻에 따라 수단을 사용하거나 사용하지 않거나 하신다는 것을 증명해 보이는 것이었습니다.

넷째, 앞의 이적은 밤에 일어났으나(출 14:21), 뒤의 이적은 밝은 대낮에 일어났습니다.

다섯째, 홍해에서는 수많은 무리들이 죽었습니다. 여호와께서 "물이 다시 흘러 병거들과 기병들을 덮게" 하셔서 "그들의 뒤를 따라 바다에 들어간 바로의 군대를 다 덮으니 하나도 남지 아니하였습니다"(출 14:28). 반면에 요단 강에서는 단 한 사람도 죽지 않았습니다.

여섯째, 홍해 사건의 경우는 바로 직전에 불신앙이 가득하여 모세에게 다음과 같이 불평하던 백성들을 위해 일어났습니다. "애굽에 매장지가 없어서 당신이 우리를 이끌어 내어 이 광야에서 죽게 하느냐? 어찌하여 당신이 우리를 애굽에서 이끌어 내어 우리에게 이같이 하느냐?"(출 14:11). 그러나 요단 강 사건의 경우는 믿고 순종하는 백성들을 위해 이적이 일어난 것입니다(수 2:24; 3:1).

일곱째, 앞의 사건의 경우는 이적을 통해 유익을 얻은 성인 남녀들 중 갈렙과 여호수아를 제외한 모든 사람이 불신앙으로 인하여 광야에서 죽었으나, 뒤의 사건의 경우는 한 사람의 낙오도 없이 모두가 그들의 "소유를 소유하게" 되었습니다.

여덟째, 홍해에서는 물이 갈라졌으나(출 14:21), 여기 요단 강에서는 그렇게 되지 않고 오히려 물이 "한 곳에 쌓여 섰습니다"(수 3:13).

아홉째, 홍해 사건은 신자가 죄에 대해 법적으로 죽는 일의 모형이었으나, 요단 강 사건은 부활하신 그리스도와 법적으로 하나가 되는 일의 모형입니다.

열째, 그 결과, 전자의 경우에는 사건에 앞서 "자신을 성결하게 하라"는 명령이 없었으나, 후자의 사건에는 그런 명령이 베풀어졌습니다(수 3:5).

열한째, 홍해에서는 여호와께서 이스라엘을 위해 개입하시는 일을 보고서 이스라엘의 원수들이, "내가 뒤쫓아 따라잡아 탈취물을 나누리라, 내가 그들로 말미암아 내 욕망을 채우리라, 내가 내 칼을 빼리니 내 손이 그들을 멸하리라"고 외쳤으나(출 15:9), 요단 강 사건의 경우에는 "요단 서쪽의 아모리 사람의 모든 왕과 해변의 가나안 사람의 모든 왕이 여호와께서 요단 물을 이스라엘 자손들 앞에서 말리시고 우리를 건너게 하셨음을 듣고 마음이 녹았고 이스라엘 자손들 때문에 정신을 잃었습니다"(수 5:1).

열두째, 앞의 사건이 일어난 후에는 "이스라엘이 바닷가에서 애굽 사람들이 죽어 있는 것을 보았으나"(출 14:30), 뒤의 사건이 일어난 후에는 열두 돌을 세워 그 사건을 기념했습니다(수 4:20-24).

그러나 두 사건 사이에 이처럼 차이점들이 있는 만큼, 유사점도 많다는 것은 놀라운 일입니다. 사실, 주의 깊게 관찰해 본 사람이라면 이 점이 성경 전체에서 두루 나타나는 하나의 원리를 잘 보여 준다는 것을 간파합니다. 젊은 학도는 특히 이 점을 주의 깊게 새기기를 바랍니다.

"둘"은 **증언**의 숫자입니다. 주께서 그를 증언하는 일을 위해 사도들을 보내실 때에 둘씩 짝지어 보내신 것처럼 말입니다. 이 숫자는 율법 아래에서는 증언을 위한 최소의 숫자였습니다(요 8:17). 서로 다른 두 사람이 맹세로 제시한 증언이 합치하면 그것으로 문제가 종결되는 것으로 간주되었습니다. 이처럼 "둘"은 비교와 대조의 숫자이기도 합니다. 그러므로 홍해의 이적과 요단 강의 이적 등, 동일한 종류에 속하는 이적이 오직 둘만 있을 시에는 뚜렷한 유사점과 차이점이 항상 있기 마련입니다.

구약과 신약, 시내산과 시온산, 그리스도의 초림과 재림, 모세와 여호수아의 생애들, 엘리야와 엘리사의 사역 등의 유사점들과 대조점들을 스스로 살펴보고 싶어 하는 이들도 있습니다. 다음에서 보듯이 하나의 헬라어 단어가 오직 두 번 나타나는 경우들이 있는데, 거기서 이런 원리의 실례를 볼 수 있습니다. "아포프니고"(눅 8:7, 23), "아포쿠에오"(약 1:15, 18), "파노플리아"(눅 11:22;

엡 6:11). 두 가지 비유, 이적, 사건 등이 함께 병렬되는 경우도 마찬가지입니다. 두 사건 사이의 몇 가지 유사점은 다음과 같습니다.

① 두 이적 모두 물과 연관됩니다.
② 두 이적 모두 몇 사람만이 아니라 이스라엘 백성 전체가 목격했습니다.
③ 두 이적 모두 그에 앞서 하나님의 종이 그에게 요구된 행동을 했습니다. 모세는 손을 내밀었고(출 14:21), 여호수아는 백성에게 명령을 내렸습니다.
④ 두 이적 모두 이스라엘의 행로를 가로막은 엄청난 장애물을 제거했습니다.
⑤ 두 이적 모두 이스라엘의 지도자가 하나님이 인정받은 자들임을 확인하고자 하는 의도로 베풀어졌습니다.
⑥ 두 이적 모두 이스라엘의 믿음과 순종에 대한 극도의 시험을 제기했습니다(출 14:15; 수 3:3).
⑦ 두 경우 모두 이스라엘이 마른 땅을 밟고 지나갔습니다.
⑧ 두 이적 모두 뒤에 일어나게 될 여리고성 함락 때처럼(수 6:9, 20) 승리의 외침이나 나팔 소리 등이 없이 조용한 가운데 일어났습니다.
⑨ 이스라엘이 건너간 후, 홍해의 물과 요단 강물 모두 다시 정상으로 돌아왔습니다.
⑩ 두 이적 모두 이스라엘 역사상 새로운 전환점이 되었습니다.
⑪ 두 이적 모두 이스라엘의 원수들을 깜짝 놀라게 할 만큼 여호와의 권능이 놀랍게 나타났습니다.
⑫ 두 이적 모두 찬양의 노래로 여호와께 영광을 돌렸습니다.

독자 중에는 위의 마지막 열두 번째 요점이 다소 무리라 여기는 이들이 있을지도 모르겠습니다. 이들은 아마도 출애굽기 15장의 이스라엘의 노래를 기억하고서, "요단 강에서 이스라엘이 불렀다는 찬양의 노래가 어디에 나타나느냐"라고 물을 것입니다. 그들이 찬양의 노래를 불렀다는 별도의 기록은 없습니다. 그러나 두 이적들을 함께 묶어서 특별한 찬송의 주제로 삼는 실례가 시편 114편에 나타나는데, 이제 이에 대해 주목하고자 합니다.

시(詩)의 유익한 점에 대해 사려 깊은 의견을 낼 수 있는 자격 있는 많은 이들이 자유로이 증언하지만, 이 시에서는 신성한 시적 감상이 절정에 이르고 있습니다. 그 어떠한 인간의 사고로도 그 내용의 장려함을 따라갈 수가 없으며 그것을 뛰어넘을 수는 더더욱 없습니다. 그 시는 생명이 없는 것들 중 가장 뛰어난 것들이 그 조물주에게 복종하는 것을 지극히 생생하게 묘사하고 있습니다.

어떤 분은 이를 다음과 같이 멋지게 정리하고 있습니다.

> 야곱의 하나님을 강과 바다와 산을 향해 명령하시는 분으로, 자연 전체가 그분의 위엄 앞에 머리를 숙여 경의를 표하는 것으로 높이 그리고 있다.

시편 114편은 몇 가지 점에서 극히 놀랍습니다.

첫째, 서문이 전혀 없습니다.

마치 저자의 영혼이 너무도 높이 올라 있고 신적인 영광에 대한 지각으로 가득 차 있어서, 서문을 작성하기 위해 쉬어갈 틈이 없이 곧바로 그의 주제를—옛 이스라엘을 위해 일어난 (그들이 직접 목격하고 또 직접 은혜를 입은) 그 놀라운 역사들을—토해낼 정도였던 것 같습니다.

둘째, 문법의 법칙이 무시됩니다.

2절에서는 앞의 선행사도 없이 소유격 대명사가 사용되는 것을 보게 됩니다. 1절에는 하나님의 임재가 숨겨져 있습니다. 아이작 왓츠(Isaac Watts: 1674-1748)가 다음과 같이 지적한 바와 같습니다.

> 하나님이 앞에 등장하셨더라면 산들이 뛰고 바다가 물러가는 일에 대해 전혀 놀라움이 없었을 것이다. 그러므로, 자연의 요동치는 일들이 과연 깜짝 놀랄 만한 일이었음을 드러내기 위해 그분의 이름이 나중에 가서야 언급되는 것이다.

셋째, 이 시편은 훗날 모든 유대인이 유월절 식사 때에 부르게 되는 "할렐루야"의 일부분이 되었습니다.

넷째, 이 시편에 묘사되는 모든 내용은 그리스도의 구속 사역을 통해 일어나는 더 크고 놀라운 일들을 예표하는 것이었습니다.

이 시편은 여호와께서 옛날 그분의 백성들을 위해 행하신 기이한 역사들, 특히 출애굽과 홍해와 요단 강을 건너게 하신 일을 찬송합니다. 하나님의 권능과 은혜가 발휘된 그 영광스러운 역사들은 절대로 잊어서는 안 되고, 기쁜 찬송으로 항상 널리 기려야 마땅합니다.

> 이스라엘이 애굽에서 나오며 야곱의 집안이 언어가 다른 민족에게서 나올 때에 유다는 여호와의 성소가 되고 이스라엘은 그의 영토가 되었도다(시 114:1-2).

여호와께서는 그분의 백성들을 종 노릇하던 집에서 구하셔서 예배와 율법 순종의 임무를 통해 그분을 섬기며 그분을 찬송하게 하셨습니다. 그 일을 위해서 그는 그들 가운데 "성소"를 세우셨고—먼저는 장막 속에, 그 다음에는 성전 속에, 그리고 최종적으로는 그분의 성육신 하신 아들 그리스도 안에—거기서 그분의 임재의 특별한 증표들을 주셨습니다.

더 나아가서 그분은 그들 가운데 그분의 "영토"(혹은 "통치", "dominion") 혹은 보좌를 세우시고, 친히 그들의 주와, 왕과, 재판장이 되셨습니다. 모든 곳에서 그렇듯이 여기서도 특권과 의무가, 하나님의 자비와 인간의 책임이 **하나**로 나타난다는 사실을 잘 살피기 바랍니다.

하나님이 은혜로이 행하셨습니다. 그가 자신의 의의 권리들을 유지하셨습니다. 이스라엘은 하나님의 "성소"로서 그분을 위하는 고유한 백성으로, 주를 향해 거룩한 제사장 나라로 구별되었습니다. 그들은 하나님의 "통치"로서 그에게서 직접 통치를 받는 신정국가였습니다. 이와 마찬가지로 **우리**가 구속함 받은 것은 "종신토록 주의 앞에서 성결과 의로 두려움이 없이 **섬기**기 위함"입니다(눅 1:75). 그 분의 "성소"의 자비를 누리려면, 또한 그분의 "통치"에 굴복해야 합니다.

> 바다가 보고 도망하며 요단은 물러갔으니 산들은 숫양들 같이 뛰놀며 작은 산들은 어린 양들 같이 뛰었도다(시 114:3-4).

영감된 시인은 여기서 생명이 없는 피조물이 그 조물주 앞에서 뛰노는 모습을 묘사합니다. 홍해가 그들 앞에서 도망한 것은 여호와께서 이스라엘의 "성소"요 "통치"이셨기 때문입니다. 시내산이 두려워 떨었고 요단의 물들이 효과적으로 물러갔습니다. 전능자께서 그분의 백성들의 머리 위에 계시므로, 아무것도 그분의 앞에 서거나 그분을 저항할 수 없었습니다.

"바다가 보고", 즉 바다가 예전에 한 번도 본 일이 없는 것, 곧 여호와의 임재의 상징인 "구름 기둥"(출 14:19)을 목도했고, 그 광경을 견딜 수 없어서 오른쪽으로 왼쪽으로 도망하여 히브리인들이 지나가도록 틈을 내었습니다. 요단 역시 언약궤가 그 가장자리에 들어서자 뒤로 물러가 그 급히 흐르는 물살이 멈추고 물러갔습니다. 이 회화적인 표현들은 바로 도저히 막을 수 없는 하나님의 은혜의 역사가 그분의 택한 자들의 마음속에 일어나는 것을 그리는 것입니다.

하나님의 권능이 역사할 때에, 날뛰는 반역도들의 기가 죽고, 맹렬한 정욕들이 가라앉고, 교만한 상상들이 물러나고, 지혜를 자랑하며 떠들던 자들이 "어린 아이"가 되어 그리스도의 나라에 들어가는 것입니다!

> 바다야 네가 도망함은 어찌함이며 요단아 네가 물러감은 어찌함인가 너희 산들아 숫양들 같이 뛰놀며 작은 산들아 어린 양들 같이 뛰놂은 어찌함인가(시 114:5-6).

이것은 거룩한 아이러니의 언어입니다. 전능자께 대적할 수 있고 그분의 손이 하는 일을 피조물들이 뒤집을 수 있다고 어리석게 상상하는 사람들의 불신앙적인 생각들에 대해 하나님의 영이 멸시를 퍼붓는 것입니다.

시인은 조롱합니다.

"네가 도망함은 어찌함이냐?"
"네가 그렇게 무서워 도망하느냐?
네가 그렇게도 힘을 자랑하더니 이제 그게 완전히 무너져버렸느냐?
이제 마음이 무너져 내려 도무지 저항할 수 없어졌느냐?"

그런 질문은 자연에서 벌어지는 경이로운 일들을 바라볼 때에 무지각한 방관자로서 그냥 바라보기만 하는 것이 아니라 그 이유를 주의 깊게 살펴보는 것이 필요하다는 사실을 우리에게 가르쳐 줍니다. 이는 악인들이 마지막 저 큰 날에 철저히 무능할 것임을 그림자로 보여 주며 확실히 예언하는 것이라 하겠습니다.

여호와께서 그 위에 강림하실 때에 시내산의 그 화강암 절벽들이 밑바닥까지 흔들린다면, 그 끔찍한 심판주 앞에 설 때에 제아무리 완악한 마음을 가진 자들이라도 그분 앞에서 얼마나 큰 두려움과 공포에 사로잡히겠습니까!

> 땅이여 너는 주 앞 곧 야곱의 하나님 앞에서 떨지어다(시 114:7).

홍해와 요단 강에서 일어난 이적들을 찬양하는 것은 비단 시편 114편만이 아닙니다. 하박국 선지자도 여호와의 의도에 대해 더 밝히 드러내주는 언어로 이 두 이적들을 서로 연결시킴으로써, 어느 사건이나 주제에 대해 완전히 조감하기 위해서는 성경과 성경을 조심스럽게 비교하는 것이 극히 중요하고 필수적임을 가르쳐 줍니다. 각 본문마다 나름대로 전체의 내용에 공헌하니 말입니다.

여호수아서에서 우리는 여호와께서 아브라함의 자손을 위하여 그분의 주권적인 은혜와 언약의 신실함으로 행하심을 더 비중 있게 바라본다면, 하박국서는 그가 원수들을 향해 **의로운 분노**를 발하시는 모습을 보여 줍니다.

그들이 지극히 끔찍한 우상 숭배와 말할 수 없는 부도덕에 몰입했었기 때문입니다. "아모리 족속의 죄악이 가득찼을 때"(창 15:16)에 하나님은 애굽 사람들과 가나안 족속들을 향해 거룩한 분노를 발하셨습니다.

하박국 3장은 지극히 회화적이며 장엄합니다. 하지만 여기서는 그저 일부분을 인용하는 것으로 만족해야 합니다. 거룩하신 하나님이 시내산을 포함하여 유다 남부에 걸쳐 있는 그 지역 전체에서 모습을 드러시는 것으로 생생하게 그리고 있습니다.

> 그의 영광이 하늘을 덮었고 그의 찬송이 세계에 가득하도다(합 3:3).

> 그가 서신즉 땅이 진동하며(합 3:6).

또한 그 다음에 오는 병행법적인 묘사에 드러나듯이 "그가 보신즉[그저 쳐다보시기만 했는데] 여러 나라가 전율하"는 것입니다.

이 6절은 자연의 세력들을 다스리시는 하나님의 권능을 실례로 보여 주는 "교과서"로 보아도 무방합니다.

여호와여 주께서 말을 타시며 구원의 병거를 모시오니 [주께서 무적의 정복자로서 임하시니] 강들을 분히 여기심이니이까 강들을 노여워하심이니이까 바다를 향해 성내심이니이까(합 3:8).

이는 요단 강의 아랫물을 흩으시고 윗물을 한 곳에 쌓이게 하신 일을 지칭합니다.

산들[시내산의]이 주를 보고 흔들리며 창수가 넘치고 바다가 소리를 지르며 손을 높이 들었나이다(합 3:10).

[마치 조물주에게 굴복하며 그에게 경배한다는 증표처럼(참조. 수 3:15,16)] 말입니다.

해와 달이 그 처소에 멈추었나이다(합 3:11. 참조. 수 10:12, 13).

주께서 노를 발하사 땅을 두르셨으며 **분을 내사** 여러 나라를 밟으셨나이다(합 3:12).

여호수아 3장으로 다시 돌아갑니다.

보라 온 땅의 주의 언약궤가 너희 앞에서 요단을 건너가나니 … 온 땅의 주 여호와의 궤를 멘 제사장들의 발바닥이 요단 물을 밟고 멈추면 요단 물 곧 위에서부터 흘러내리던 물이 끊어지고 한 곳에 쌓여 서리라(수 3:11, 13).

그대와 함께 하시는 언약의 하나님께 모든 나라와 모든 피조물을 명령하시고 통제하시고 사용하시고 처분하실 권리와 능력이 있도다. 그는 과연 '온 땅의 주'이시니, 그대가 필요하지도 않으시고, 그대에게서 유익을 얻으실 수도 없다. 그러므로 그가 그대와 언약을 맺으셨다는 것은 그대의 존귀와 행복이요, 그가 기뻐하시면 모든 피조물이 그대를 섬기고 그대를 위해 사용될 것이다.
하나님을 이스라엘의 하나님으로, 또한 그리스도로 말미암아 우리의 하나님으로, 찬양하고 예배할 때에 그가 온 땅의 주이심을 반드시 기억하고 그에게 경외와 신뢰를 드려야 할 것이다 … . 하나님의 계명들을 우리의 법칙으로, 그분의

> 약속들을 우리의 버팀목으로, 또한 그분의 섭리를 우리의 안내자로 삼는 한, 의무를 다하는 중에 그 어떠한 어려움을 당한다 해도 결코, 두려워할 필요가 없다 (헨리[Henry]).

여기서 우리는 그 언약궤가 백성들보다 한참 먼저 행진한(수 3:4) 또 다른 이유를—앞에서 지적한 이유들과는 다른—보게 됩니다. 그것은 하나님이 이제 이스라엘을 위해 행하실 그 이적을 온 회중이 더 잘, 더 선명하게, 보도록 하기 위함이었습니다. 이스라엘 백성이 한참 뒤에 서게 되면 하나님의 그 영광스러운 권능을 더 확실하게 보고 그분을 찬양할 수 있게 될 것이었으니 말입니다.

2. 요단 강 도강에서 얻는 교훈

여호수아 3장에 나타나는 진리의 다른 면들을 일부 언급하기 전에 거기 기록되어 있는 이적을 살펴봅시다.

> 백성이 요단을 건너려고 자기들의 장막을 떠날 때에 제사장들은 언약궤를 메고 백성 앞에서 나아가니라. 요단이 곡식 거두는 시기에는 항상 언덕에 넘치더라. 궤를 멘 자들이 요단에 이르며 궤를 멘 제사장들의 발이 물가에 잠기자 … (수 3:14-15).

먼저, 이 이적이 일어난 **시기**를 잘 살펴보기 바랍니다. 그 때는 강물이 불어나는 봄이었습니다. 레바논 산(요단 강의 발원지 가까이에 있는)의 눈이 녹아내려서 봄마다 연례행사처럼 골짜기에 홍수가 찾아왔습니다. 하나님은 강의 상태가 그분의 권능을 선명하게 드러내시기에 가장 적합한 조건을 갖추고 있던 시기를 택하셨습니다.

그는 강의 수위가 가장 낮아지는 여름철 끝까지 도강을 연기하시지 않고, 강이 가장 넓고 가장 깊은 시기를 택하셔서 그분의 권능의 손길이 더욱 선명하게 드러나도록 하신 것입니다. 역대상 12:15에 의하면 다윗 시대에도 정월에 요단 강이 넘쳐흘렀음을 알 수 있습니다.

다음으로, 성경의 보도의 철저한 정확성과 그 역사적 진실성을 놀랍게 입증해 주는 아주 사소한 내용 하나를 주목하게 됩니다. 여호수아 3:15은 그 때가 "곡식 거두는 시기"였음을 말해 줍니다. 그런데 "보리 추수"가 먼저 있고(룻 1:22), 한 달 가량 뒤에 "밀 추수"(룻 2:21-23)가 이어졌습니다. 그런데, 요단 강 도강은 첫째 달 십일(수 4:19), 혹은 보리 추수 시기와 일치하는 유월절 나흘 전에 있었습니다.

출애굽기 9:31에 의하면 보리가 익는 시기에 우박 재앙이 있었는데, 그 때는 유월절 하루나 이틀 전이었습니다. 그 절에서 우리는 "삼"도 같은 시기에 무르익었다는 것을 배우게 되는데, 팔레스타인의 기후가 애굽과 거의 다르지 않았으므로 가나안에서도 그랬을 것이 분명합니다. 그러므로 여호수아 3:13과 4:19을 출애굽기 9:31과 비교해 보면 보리와 삼이 익는 시기에 이스라엘이 요단 강을 건넜음을 알게 됩니다.

그런데 라합이 정탐꾼들을 "지붕에 벌여 놓은 **삼대**"에 숨겼다고 보도하고 있으니(수 2:6), 과연 성경의 진실성을 확증해 주는 확실한 무언의 증거라 합니다!

이것은 블런트(J. J. Blunt)가 쓴 그의 책 『의도하지 않은 우연의 일치』(Undesigned Coincidences)에서 성경의 진실성을 입증하며 제시하는 여러 유사한 실례 중 하나입니다.

> 곧 위에서부터 흘러내리던 물이 그쳐서 사르단에 가까운 매우 멀리 있는 아담 성읍 변두리에 일어나 한 곳에 쌓이고 아라바의 바다 염해로 향해 흘러가는 물은 온전히 끊어지매 백성이 여리고 앞으로 바로 건널새(수 3:16).

첫째, 상류로부터―산으로부터―흘러내리는 물이 초자연적으로 완전히 가로막혀서 쌓였습니다. 그것은 마치 눈에 보이지 않는 거대한 수문이 갑자기 닫혀서 발원지에서부터 물의 흐름이 끊어진 것과도 같았습니다.

둘째, 이미 흘러내려온 막대한 양의 물은 거꾸로 돌아 올라가 거대한 벽처럼 쌓였습니다. 우리가 판단하기에 이는 홍해에서 일어난 것보다 더 굉장했을 것입니다. 아무것도 떠받치는 것이 없는데도 마치 엄청나게 큰 버팀대처럼 견고한 물벽이 우뚝 나타났을 것입니다.

셋째, 이미 요단 강 골짜기로 흘러내려간 물은 속히 사해로 **빠져나가서**, 강바닥 전체가 완전히 말라버렸을 것입니다.

> 강 상류 쪽은 물이 넘실댔고, 하류 쪽은 완전히 말라 있었을 것이다(헨리[Henry]).

R. 고스(R. Gosse)는 이 엄청난 광경을 지극히 생생하게 그리고 있습니다.

> 어느 때든 그토록 수많은 무리가 아내들과 자녀들과 가축 떼들과 모든 짐을 지고서 그 강을 건너는 데에는 온갖 엄청난 어려움이 있었을 것이다. 그러나 깊고 강한 급류가 둑에까지 차올라 흐르고 있었고, 강폭이 1마일 이상 되었을 것이며, 또한 가나안 족속들의 무리들이 요새로부터 물밀듯 밀려나와 그 현장을 주시하고 있다가 이스라엘 백성이 강을 건너오기 전에 그들을 살육하려 할 수도 있었다.
> 그러나 이런 난제들은 전능자의 권능에는 아무 문젯거리가 되지 못했고, 오히려 이제 곧 일어나게 될 그 엄청난 이적의 효과를 한껏 고조시킬 뿐이었다. 제사장들의 발이 넘치는 강물에 닿자마자 불어난 물들이 그들로부터 물러났고, 폭이 넓은 하류의 골짜기뿐 아니라 깊은 강바닥까지도 물이 다 사라져버렸고, 강바닥이 말라서 자갈이 드러났다. 강에 넘실대던 물들이 속히 내려갔고, 상류로부터 내려오던 물은 이적적으로 가로막혀 거대한 벽을 쌓은 것처럼 되었으니, 위로 아담에까지 이르렀고 … 디베랴 바다로부터 사해에 이르기까지 요단 강 하류 전체가 완전히 바닥이 드러난 것이다.

> 여호와의 언약궤를 멘 제사장들은 요단 가운데 마른 땅에 굳게 섰고 그 모든 백성이 요단을 건너기를 마칠 때까지 모든 이스라엘은 그 마른 땅으로 건너갔더라(수 3:17).

이는 제사장들의 믿음과 순종에 대한 크나큰 시험이었습니다! 8절의 경우보다 훨씬 더 극심한 시험이었습니다. 거기서는 요단 강 물가에 들어서라는 명령만 받았을 뿐입니다. 그 일은 일시적으로 불편을 느낄만한 일이었습니다. 이적이 일어나기 **전에** 그렇게 해야 했으니, 하나님의 뜻에 무조건 굴복해야만 그렇게 할 수 있었습니다.

그러나 여기서는 더 나아가서 강바닥에 발을 디디고 서 있어야 했습니다. 보기만 해도 위험천만한 상황이었습니다. 강물이 갑자기 밀려 내려와 그들을 덮칠 수도 있는 처지였습니다. 그러나 그들은 참고 견디며 그 자리에 서 있었습니다. 그 큰 무리가 걸어서 건너려면 여러 시간이 족히 걸렸을 것이니 말입니다. 하나님의 종들은 하나님의 명령에 완전한 순종으로 그분을 향한 무조건적인 신뢰의 모범을 보여야 할 뿐 아니라, 위험이 닥칠 때에도 앞장서서 용기있게 인내로 모범을 보여야 합니다.

여호와께서는 그들이 다 강을 건널 때까지 그 도도히 흐르는 물길을 붙잡아 두심으로써 제사장들의 순종을 완전히 가납하셨음을 입증하셨고, 그리하여 물을 갈라놓은 그 능력이 그들을 보호하였음을 보이셨습니다.

이제 여기서 가르치는 몇 가지 교훈을 살펴봅시다.

첫째, 하나님이 그분의 백성들에게 요구하시는 근본적인 것들을 보게 됩니다.

① 그들 자신을 "성결하게" 하기를 요구하셨는데(5절), 그 가장 핵심적인 요소는 죄와 세상으로부터 분리되는 것이요, 우리 자신을 하나님께 전적으로 거룩히 드리는 것이요, 이로써 우리의 마음이 그에게 집중되어 있음을 드러내 보이는 것입니다.
② 순종으로 언약궤를 따르고 그것에 준하여 처신해야 했습니다. 언약궤 속에는 하나님의 율법이 있었으니, 곧 언약의 조건 사항들이 그것이었습니다. 그들은 모든 일에서 하나님의 뜻에 준하여 살기를 결심하고 그 일을 위해 성실하게 힘쓰고, 그가 무엇을 명하시든 그대로 행해야 했습니다.
③ 언약궤 덮개를 이루고 있는 속죄소를 꾸준히 감사함으로 바라보아야 했습니다. 여기서 우리는 복스러운 균형을 보게 됩니다. 언약궤는 하나님이 우리에게 주시는 의로운 요구사항들을 그리고 속죄소는 우리를 향하신 그분의 은혜로운 보살피심을 말씀해 줍니다. 여러분의 각종 죄를 하나님께 겸손히 아뢰고, 감사함으로 그리스도의 깨끗하게 하는 피를 구하십시오. 이런 세 가지 기본 법칙에 준하여 처신한다면 모든 일이 잘 될 것입니다.

둘째, 우리가 섬기는 하나님이 얼마나 은혜로우신 분이십니까!

그는 무한한 권능과 지혜를 소유하신 분이십니다. 모든 권세와 자연의 요소가 그에게 복종하며 그분의 임재에 길을 내어 줍니다. 그는 자신이 기뻐하시면 얼마든지 그 요소들의 모든 속성을 변화시키고 자연의 경로를 바꿀 수 있는 분이십니다.

홍수처럼 흘러가는 물을 고체의 장벽으로 바꾸어 놓으셨고, 태양을 한 동안 그대로 서 있게 만드셨고(아니, 거꾸로 가게 하셨고. 왕하 20:11), 단단한 반석에서 샘이 솟아나게 하셨고, 까마귀가 엘리야를 먹이도록 하셨고, 철이 물에 뜨게 하셨고, 불이 있되 타지 않게 하신 분이시니, 그 어떠한 일도 그에게는 어렵지 않습니다.

> 강이 변하여 광야가 되게 하시며 샘이 변하여 마른 땅이 되게 하시며 … 옥토가 변하여 염전이 되게 하시며 또 광야가 변하여 못이 되게 하시며 마른 땅이 변하여 샘물이 되게 하시고 주린 자들로 말미암아 거기에 살게 하사 그들이 거주할 성읍을 준비하게 하고(시 107:33-36).

그런 하나님이 우리를 위하신다면, 과연 누가 우리를 대적할 수 있겠습니까?

셋째, 인간의 극한 곤경은 하나님의 기회가 됩니다.

그는 은혜를 베풀기 위해 기다리고 계십니다. 그는 상황이 위급해지기까지 기다리셨다가 그 후에 우리를 위해 모습을 드러내시는 경우가 많습니다. 여기서 이스라엘은 가나안에 들어갈 준비가 되어 있었으나 요단 강물이 "언덕에까지 넘치는 상황"이었습니다. 육신적인 이성의 눈에 이는 전혀 바람직한 처지가 아니었으나, 이런 상황이야말로 여호와께서 그분의 충족하심을 드러내시기에 지극히 적절한 기회였던 것입니다.

> 하나님의 백성을 구원하는 길에 드리워진 그런 악조건으로 인해 온갖 상상을 하게 되지만, 하나님은 능히 그것을 정복하실 수 있고 정복하실 것이다. 요단 강물이 언덕에까지 차고 흘러넘치기까지 하더라도 전능자께서는 손쉽게 그 물을 갈라놓으시고 마르게 하실 것이다. 모든 것이 한 결 같이 하나님께 달려 있는 것이다(헨리[Henry]).

그러니 그리스도인 독자께서는 그 처한 상황이 어려워 도저히 자신의 능력으로는 해결할 수 없다 할지라도 절망에 빠져서는 안 됩니다. 여러분의 괴로움이 이미 언덕에까지 이르렀고, 강물이 넘쳐흘러 모든 것을 잃어버린 것 같을 때에라도, 여호와께서 여러분을 위해 강하게 역사하시기를 기대할 수 있습니다.

넷째, 로마서에서 제시되는 위대한 진리를 실증하는 한 가지 사례가 여기에 있습니다.

> 우리가 알거니와 하나님을 사랑하는 자 곧 그분의 뜻대로 부르심을 입은 자들에게는 모든 것이 합력하여 선을 이루느니라 (롬 8:28).

안타깝게도 많은 그리스도인들이 믿음이 없이 야곱처럼 "이는 다 나를 해롭게 함이로다"(창 42:36)라는 식으로 말할 때가 많습니다. 그리고 그렇게까지는 아니더라도, 어떤 일이 자기들에게 어긋나게 되어간다는 두려움을 가져본 일이 없는 사람은 거의 없을 것입니다.

홍수처럼 밀려오는 요단 강 물이 이스라엘을 대적하며 그들을 망하게 할 것처럼 보이지 않았습니까?

그러나 사실은 요단 강이 넘쳐흐르는 그것이야말로 그 어떠한 것보다도 그들을 유익하게 해 준 것이었습니다. 왜냐하면, 그들의 하나님이 그분의 권능을 더욱 확실하게 드러내 보이실 기회를 제공해 주었고, 그리하여 홍수가 방해거리가 되기는커녕 오히려 여호와를 향한 믿음을 강건하게 하고 그들의 유익을 증진시켜 주었기 때문입니다.

오늘날 마음에 강한 압박을 받는 성도에게는 이 얼마나 확신을 주는 일인지 모릅니다!

여러분을 절망에 빠뜨릴만한 그런 일이 오히려 속에 축복의 모습을 감추고 있었음이 드러나게 되며, 그리하여 여러분은 다윗과 함께 "고난 당한 것이 내게 유익이라"(시 119:71)라고 시인하게 될 것입니다. 하나님의 어둔 섭리의 역사는 여러분이 경험하는 환난들이 여러분의 은혜를 시험하고 증진시키기 위한 것입니다.

다섯째, 여기서 우리는 창세기 1:6-9의 진술의 한 가지 실례를 봅니다.

다시말해 여호수아 3장의 이 이적은 창세기 1:6-9의 진실성을 실례로 보여 준다는것입니다.

"하나님이 궁창을 만드사 궁창 아래의 물과 궁창 위의 물로 나뉘게 하시니" "궁창 위의 물"이란 대기 중에 떠 있는 일상적인 습기가 아닌 다른 무엇을 즉, 창세기 7:11-12의 "큰 깊음의 샘들"을 지칭하는 것으로 여겨집니다. [요단 강에서] 물들을 갈라놓으시고 마른 땅이 드러나게 하심으로써, 하나님은 모세가 신적인 계시로 창조의 역사에 관하여 가르친 내용을 그들에게 상기시키고자 하셨을 것이다. 그들이 요단 강의 현장에서 그런 놀라운 일을 목도함으로써, 거기서 읽는 그 일들에 대한 믿음이 견고해졌을 것이며, 또한 그들이 예배하는 그 하나님이 세상을 지으신 바로 그 하나님이시요 그 때에 임했던 권능이 바로 그들을 위해 임한 권능임을 알게 되었을 것이다(헨리[Henry]).

여섯째, 우리의 구속의 일을 이루시는 그리스도의 충격적이며 엄숙한 모형을 여기서 보게 됩니다. 언약궤는 그 백성의 언약의 우두머리이신 그리스도를 그려줍니다. 언약궤를 제사장들이 메고 간 것은 그의 사역이 그의 공적인 성격으로 이루어졌음을 의미합니다.

언약궤가 이스라엘 백성보다 훨씬 앞에서 가도록 하나님이 정하셨는데 (수 3:4), 이는 그리스도께서 홀로 구속의 사역을 행하셨다는 복되면서도 경이로운 사실을 그림자로 보여 주는 것이었습니다. 그는 "나를 … 도울 자 없나이다"(시 22:11)라고 애처로이 외치셨습니다. 베드로는 죽기까지 주를 따르겠다고 외쳤으나 그는 이렇게 대답하셨습니다.

> 내가 가는 곳에 네가 지금은 따라올 수 없으리라(요 13:36).

왜요?

그리스도는 이제 곧 그 백성을 대신하여 하나님의 진노를 견디시고 그 끔찍한 율법의 저주를 당하실 것이었기 때문입니다. "요단"은 죽음의 상징이었을 뿐 아니라 **심판**—"단"은 "심판"을 뜻합니다(창 30:6)—의 상징이기도 했습니다.

그리고 여호수아 3:15을 잘 살펴보십시오. 강물이 아담이라는 곳까지 거꾸로 밀려올라갔다는 의미심장한 언급이 나오는데, 이는 그리스도께서 우리의 모든 죄에 대한 심판을 지셨음을 우리의 자범죄에 대한 책임은 물론 심지어 "원죄"—첫 사람 아담의 범죄로 인하여 우리에게 드리워진 정죄—까지도 지셨음을 암시한다 하겠습니다.

일곱째, 어려움이나 위험을 당할 때에는 어떻게 처신해야 하는지를 보게 됩니다. 앞에서 이 문제에 대해 다소 길게 다룬바 있으나, 이것이야말로 가장 중요한 실제적인 교훈이라 생각되므로 이 점에 대해 좀 더 말씀드리고자 합니다. 그리스도인은 누구나 때때로 거대한 장애물들과 더불어 혼란스런 문제점들과 당혹스러운 상황을 만납니다.

그럴 때에는 어떻게 처신하면 좋을까요?

그 장애물을 정확히 파악할 필요성이나, 그것을 제거할 수 없는 무기력함, 우리 자신의 이해력에 기대서도 안 되고 육신적인 편이성에 의지해서도 안 된다는 사실에 대해서는 다시 장황하게 말씀드리지 않겠고, 다만 한 가지, 중심이 되는 점만을 강조하고 싶습니다.

여호와께서 길을 열어 "요단 강"을 건너게 하실 것을 의지하며, 신뢰성 있게, 기대를 갖고, 인내로 그분을 바라보는 것입니다. 다시 말해서, 그 언약궤의 원형이신 그분을 향해 믿음의 눈을 올곧게 고정시키며, 다음과 같은 그분의 약속을 든든히 붙잡는 것입니다.

> 네가 물 가운데로 지날 때에 내가 너와 함께 할 것이라 강을 건널 때에 물이 너를 침몰하지 못할 것이니 대저 나는 여호와 네 하나님이요 이스라엘의 거룩한 이요 네 구원자임이라 (사 43:2).

여덟째, 그리스도인에게는 죽음에서 두려워할 것이 아무것도 없다는 것이, 여호수아 3장 전체에서 중요하게 기록되어 있는 또 하나의 진리입니다. 그러나 죄를 제외하고 일부 하나님의 자녀들에게 그처럼 두려움의 대상이 되는 것이 없다는 것도 엄연한 사실입니다. 죄에 대한 두려움은 영적인 원리에서 비롯되나, 죽음은 그들의 본성에서 비롯됩니다.

그러나 요단 강이 이스라엘 자손에게 아무런 해를 끼치지 않았듯이, 죽음도 성도에게 전혀 해를 줄 수가 없습니다. 언약궤라는 모형이 요단 강을 이겼듯이, 그리스도께서도 죽음을 이기셨으니 말입니다. 언약궤가 강 가장자리에 닿자, 강물이 도망했고, 결국, 그것을 따르는 모든 사람이 마른 땅을 딛고 건너갔습니다. 마찬가지로 그리스도께서 그분의 백성들에 앞서 죽음 속으로 나아가심으로써 죽음을 무기력하시고 전혀 해를 받지 않으셨으며, 그리하여 그 백성들은 다음과 같이 기쁨으로 외칩니다.

> 사망아, 너의 승리가 어디 있느냐 사망아, 네가 쏘는 것이 어디 있느냐 사망이 쏘는 것은 죄요 죄의 권능은 율법이라 우리 주 예수 그리스도로 말미암아 우리에게 승리를 주시는 하나님께 감사하노니(고전 15:55-57).

그리스도께서 우리를 대신하여 율법의 형벌을 당하심으로써 죽음의 치명적인 화살을 제거하셨습니다. 그러므로 신자에게 죽음이란 하늘의 가나안으로 들어가는 입구인 것입니다.

3. 제사장의 활동

여호수아 4장의 내용과 요단 강의 이적을 기념하기 위해 하나님이 명하신 **기념물**들을 살펴보기 전에, 3장의 두드러지는 세부 내용 중에 앞에서 충분히 주목하지 못한 부분을 좀 더 면밀히 살펴보고자 합니다. 이는 3장과 4장 사이를 연결시켜 주는 중요한 내용인데, 곧 언약궤를 지는 제사장들의 두드러진 역할이 그것입니다.

"온 땅의 주"이신 여호와의 언약궤 앞에서 요단 강의 하류 쪽 물이 도망했고 상류 쪽 물은 "한 곳에 쌓였습니다". 여기서 우리는 이스라엘 민족이 하나님과 맺은 중요한 관계를 보게 됩니다. 출애굽기, 레위기, 민수기에서 우리는 하나님이 그들과 관계를 맺으시고 모세를 통해 그분의 뜻과 목적을 선포하신 것을 보는데, 모세는 하나님이 지정하신 그들의 대장이요 중보자였으며, 아론은 그들의 큰 대제사장이었습니다. 그런 관계가 여호수아서 초두에서 재확인된 바 있습니다.

> 내가 모세와 함께 있었던 것 같이 너와 함께 있을 것임이니라 내가 너를 떠나지 아니하며 버리지 아니하리니 강하고 담대하라(수 1:5-6).

이렇듯 여호수아 개인을 모세의 후계자로 삼으신다는 확신을 주셨으나, 대제사장과 레위지파의 제사장직은 이스라엘 회중 가운데서 그대로 지속되었습니다. 제사장들은 언약궤의 책무와 실로에 세워진 성막에 관한 사항을 담당했는데(수 18:1), 이에 대해서는 여호수아도, 그의 군대도, 관여할 수가 없었습니다.

언약궤와 성막은 각기 여호와께서 직접 지정하신 것들이요, 이 둘이 함께 활동함으로써—하나님의 성소에서든, 이스라엘 진 중에서든—여호와의 위엄과 거룩하심에 관한 그분의 뜻을 실행에 옮겼고, 결국 그분의 백성의 영광이었습니다. 제사장과 성막은 예배자들로서 하나님께 나아가는 데에 필수적이었으며, 언약궤는 모든 원수가 보는 앞에서 하나님과 이스라엘의 관계를 외형적으로 드러냈습니다.

아론이 광야에서 섬기던 동안이나, 요단 강물이 도망할 당시 레위인들이 여호수아와 함께 사역하던 때에나, 혹은 여리고성 주위를 행진하여 그 성벽이 무너져 내리던 때에나, 그 점은 동일했습니다. 출애굽 때부터 줄곧 모세와 아론이 함께 각기 역할을 분담하여 섬긴 것과 마찬가지로 가나안 땅을 이스라엘 지파들에게 분배할 당시 제사장과 이스라엘 군대의 대장이 실로의 성막 문 앞에 함께 있었습니다(수 18:10).

하나님은 처음에(출 4:14-15에 이미 나타납니다!) 그 두 가지 구별된 직분자를 세우셨을 뿐 아니라, 호르 산에서 아론이 죽자, "모세가 아론의 옷을 벗겨 그의 아들 엘르아살에게 입혔고", 그는 "여호와의 명령을 따라 그들과 함께 회중의 목전에서" 그 일을 행했습니다(민 20:27-28). 그리고 아바림 산("산"은 언제나 통치의 상징입니다)에 이르러 자신의 죽음이 임박해오자, 모세는 "한 사람을 이 회중 위에 세워주시기"를 여호와께 구했고(민 27:16), 이에 여호와는 그에게 명령하셨습니다.

> 여호와께서 모세에게 이르시되 눈의 아들 여호수아는 그 안에 영이 머무는 자니 너는 데려다가 그에게 안수하고 그를 제사장 엘르아살과 온 회중 앞에 세우고 그들의 목전에서 그에게 위탁하라(민 27:18-19).

이 두 사람 사이의 연결점과 서로 간의 대조점이 다음과 같이 암시되고 있습니다.

> 그[여호수아]는 제사장 엘르아살 앞에 설 것이요 엘르아살은 그를 위하여 우림의 판결로써 여호와 앞에 물을 것이며 그와 온 이스라엘 자손 곧 온 회중은 엘르아살의 말을 따라 나가며 들어올 것이니라(민 27:21).

이러한 사실은 여호수아서에서 그는 비록 이스라엘의 군대 장관이었음에도 제사장 엘르아살에게 복종하는 것처럼 보이는 사실을 잘 설명해 줍니다. 두 사람이 네 차례에 걸쳐서 함께 언급되는데, 매 경우마다 엘르아살이 우위에 있음을 보게 됩니다. 이러한 질서와 하나님의 지정하신 일들이야말로 여호수아와 지명된 제사장과 그들이 지고 간 "너희 하나님 여호와의 언약궤"가 당시 이스라엘의 역사의 기초였습니다.

그 언약궤는 하나님의 백성 한 가운데 여호수아의 존재를 증언하는 것이었을 뿐 아니라 그와 그들과의 관계의 상징이기도 했습니다. 하나님은 언제나 그 자신의 영광을 중요하게 돌보시면서도, 동시에 그분의 영원한 목적에 따라 그분의 백성이 충만히 복을 누리도록 하십니다.

그는 그 두 가지가 분리되거나 그 자신의 직접적인 통제로부터 벗어나는 것을 절대로 허용하지 않으시고, 그 둘이 함께 이루어지도록 역사하시니, 이는 그가 그 백성의 복락을 그분의 영광의 본질적인 부분으로 삼으셨기 때문입니다. 그러니 이스라엘 열두 지파가 그들의 기업을 향해 그리고 하나님의 거룩한 산 시온을 향해 전진할 때에, 언약궤가 그들의 앞에서 행진하는 것이 얼마나 적절한 일이었는지 모르는 것입니다.

그러나 여기서 잠시 멈추고 이 사실이 우리들 자신에게 주는 실천적인 교훈을 살펴보아야겠습니다. 그 크신 하나님이 그 자신의 찬란한 영광과 그분의 백성들의 유익을 서로 뗄 수 없도록 관련지으셨다는 것은 과연 지극히 놀랍고 복된 일입니다. 그러나 이로써 우리는 마음이 뜨거워지고 그것을 부지런히 바라보며 거기에 합당하게 우리의 삶을 이끌어가야 합니다.

세부적인 내용은 말씀드리지 않겠고, 그 위대한 진리로 말미암아 우리가 지게 되는 의무들을 짧게 두 가지로 정리하도록 하겠습니다.

첫째, 우리의 현재 하나님과의 하나된 교제와 우리에게 계시된 하나님의 영광의 길을 서로 분리시키지 않도록 항상 경계해야 합니다. 우리가 "거룩한 길"(사 35:8)을 걸어가는 동안에만 하나님과의 하나된 교제가 유지될 수 있습니다. 하나님께 순종하는 삶을 살지 않고서는 그에게 영광을 돌릴 수가 없기 때문입니다.

둘째, 그리스도 자신을 항상 바라보고(히 12:2) 그분에게 마음을 집중시켜야 하며(아 8:6), 그분에게 애착을 두어야 하며(골 3:1-2), 그분을 위하여 살아야 합니다(빌 1:21). 하나님의 영광과 그분의 백성의 현재의 축복과 영원한 복락이 바로 **그리스도 안에서** 만나기 때문입니다. 시편 78:61에서는 언약궤를 가리켜 "그의 영광"이라 부르며, 또한 하나님이 그 언약궤가 블레셋 사람들에게 탈취 당하도록 허용하셨을 때에(이스라엘에 대한 그분의 진노하심과 그들이 그분과의 하나된 교제를 깨어버린 사실에 대한 증표로서) 대제사장의 며느리는 이렇게 외쳤습니다.

> 영광이 이스라엘에서 떠났다(삼상 4:22).

그러나 여기 여호수아 3장에서는 그 "영광"이 이스라엘의 맨 앞에서 행진하며 그들을 위해 가나안으로 들어가는 길을 열었습니다. 그러나 모든 사람의 시선이, 그들보다 앞서 가시며 그 자신에게 합당한 "안식처"를 찾으러 그들보다 앞서 가시는 "너희 하나님 여호와의 언약궤"에 집중되어야 했습니다. 그러므로 우리는 이스라엘의 전성기에 번영을 누리고 있을 당시에 솔로몬이 시온 산에 성전을 세우고 헌당을 하며 다음과 같이 기도하는 것을 봅니다.

> 여호와 하나님이여 일어나 들어가사 주의 능력의 궤와 함께 주의 평안한 처소에 계시옵소서. 여호와 하나님이여 원하옵건대 주의 제사장들에게 구원을 입게 하시고 또 주의 성도에게 은혜를 기뻐하게 하옵소서(대하 6:41).

이 기도는 요한복음 17:24에서 그리스도께서 하신 기도가 응답될 때에 비로소 그 최종적이며 완전한 성취를 볼 것입니다.

자, 언약궤를 지도록 지명받은 "레위 사람 제사장들"이 "언약궤를 메고" 행진을 시작하는 것을 보면 이스라엘은 그 "있는 곳을 떠나" 그 뒤를 따라야 했습니다(수 3:3). 이스라엘 회중이 그렇게 행하면서 가장 먼저 그들이 바라본 것은 하나님이 친히 영광을 얻으시는 방식이었습니다. 곧 그는 그들의 길에 가로막힌 것을 물리치시고 그들을 위하여 "너희 하나님 여호와"로서의 그분의 놀라운 능력을 발휘하신 것입니다.

우리가 지금 특별히 관심을 갖는 것은 바로 다음의 사실입니다. 곧 "궤를 멘 제사장들"의 발이 물 가에 잠기자 곧 위에서부터 흘러내리던 물이 그쳐서 사르단에 가까운 매우 멀리 있는 아담 성읍 변두리에 일어나 한 곳에 쌓이고, 아라바의 바다 염해로 향해 흘러가는 물은 온전히 끊어지매 백성이 여리고 앞으로 바로 건넜다는 것입니다(수 3:15-16).

　이로써 제사장들이 특별한 위치를 부여 받아 가장 전면에 서게 됩니다. 그들이 거룩히 구별되어 성소의 일을 섬기도록 지명되었기 때문입니다. 그러나 그들이 이처럼 특별히 두드러졌으나, 그 백성의 지도자로서의 여호수아의 존귀가 약화된 것은 아니었습니다. 그가 제사장들에게 지시를 내린 장본인이었으니 말입니다(수 3:6).

　이 점은 매우 특별하며 따라서 잘 살펴야 합니다. 여호와께서는 여호수아에게 "내가 오늘부터 시작하여 너를 온 이스라엘의 목전에서 크게 하여 내가 모세와 함께 있었던 것 같이 너와 함께 있는 것을 그들이 알게 하리라"(수 3:7)고 말씀하시고, 곧바로 "너는 언약궤를 멘 제사장들에게 **명령**하여 이르기를 너희가 요단 물 가에 이르거든 요단에 들어서라 하라"(수 3:8)고 명하셨습니다. 대제사장 엘르아살이 각 지파들의 기업을 분배하는 일에서 전면에 가담하지만, 그때에도 하나님이 여호수아에게 부여하신 위치를 가리는 일은 전혀 없었습니다.

　이 영감된 성경의 기록에서 크게 두드러지는 사항 가운데 하나는 엘르아살과 여호수아가 함께 행동할 경우 **연합하여 활동**한다는 사실입니다. 제사장직이 그에 합당한 존귀한 위치를 차지하면서도 동시에 여호수아가 그들을 권위로 다스리는 동일한 특질이 6장의 여리고성 함락 기사에도 나타납니다. 언약궤가 모든 용사보다 앞서 행진한 것은 물론, 그 앞에 "일곱 양각 나팔을 잡은 일곱 제사장"이 행진했는데(4절), 이 제사장들에게 명령을 한 것이 바로 여호수아였던 것입니다(6절).

　여호수아서의 이러한 두드러진 특질에 대해 좀 더 길게 다룬 것(주께서 허락하시면 뒤의 장들을 다루면서 이에 대해 좀 더 상세히 언급하게 될 것입니다)은 이에 대해 저술한 분들이 대개 그 점을 소홀히 해 왔기 때문이기도 하나, 그보다는 주 예수 그리스도와 및 하나님의 백성과의 연관성으로 인하여 그 중요성이 매우 크기 때문입니다.

　사실 여호수아가 우리 주님의 그림자로 인정되는 구약의 뛰어난 인물들 가운데 하나라는 것은 널리 인정받아 왔습니다. 하지만 우리가 이 여호수아 시리즈를 완성하게 된다면, 그가 그리스도의 그림자였음을 보여 주는 점들을 최소한 오십 가지는 보여드릴 수 있으리라 봅니다.

그러나 **엘르아살** 역시 동등하게 그리스도의 모형이었으며 따라서 두 사람을 함께 연결시켜 바라보아야 완전한 그림이 완성된다는 것을 인지한 사람은 매우 적습니다. 그들의 전임자들을 살펴보면 이 점이 금방 드러납니다. 모세와 아론을 함께 연결시켜야만, 하나님이 지정하신바 "우리가 믿는 도리의 사도이시며 대제사장이신 예수"(히 3:1)의 완결된 모형을 얻게 되니 말입니다. 여호수아와 엘르아살 역시 그랬던 것입니다.

이스라엘 자손의 역사가 모형적 성격을 지닌 것이요, 따라서 은혜로 선택받은 모든 이의 구원과, 그들의 경험, 그리고 그들을 위한 갖가지 배려들을 그려준다는 사실은 기름부음 받은 눈이라면 놓칠 수가 없을 만큼 너무도 명백합니다. 바로에게서 받은 그들의 압제와 애굽의 벽돌 가마에서 토로했던 그들의 탄식은 사탄에게 종노릇하며 죄 아래 속박되어 있는 우리의 모습을 아담 안에서 타락한 결과로 생겨난 우리의 본성적인 처지를, 그리는 그림이라는 것이 확실합니다.

애굽인들의 잔인한 멍에에서 스스로를 자유롭게 하지 못한 그들의 처절한 무능력함은 스스로 우리의 처지를 조금도 낫게 만들 수 없는 우리 자신의 타고난 무력함을 그리는 것일 수밖에 없습니다. 모세라는 구원자를 일으키신 하나님의 주권적인 은혜는 장차 그분의 백성을 해방시키기 위해 신적인 구원자가 오실 것에 대한 하나의 행위 예언(a prophecy in action)이었습니다. 유월절 밤에 어린 양과 또한 그 피가 죽음의 사자를 물리는 피난처가 된 사실은 복음을 통해 이제 충만히 선포되는 바를 더욱 선명하게 드러내는 것이었습니다.

한편, 홍해에서 바로와 그의 군대가 넘어져서 이스라엘이 "바닷가에서 애굽 사람들이 죽어 있는 것"(출 14:30)을 바라본 사실은 하나님 앞에서 우리의 구속과 우리 죄를 제거하는 일이 완결되었음을 말씀해 줍니다.

그 이후의 광야에서의 이스라엘의 역사와 거기서 그들이 당하게 되는 시련과 어려움, 그들의 실패와 성공, 여호와께서 그들을 위해 베푸신 은혜로운 공급하심 등은 성도가 그들의 영원한 기업을 향해 나아가며 겪는 갖가지 경험들을 그림자로 보여 주는 것으로 올바로 간주해 왔습니다.

그러나 출애굽기 후반부와 레위기의 상당 부분이 지니는 모형으로서의 가치는 전반적으로 잘 인식되지 못했습니다. 하나님의 백성을 그들의 원수들로부터 구해내신 일은 그보다 훨씬 더 큰 목적—즉, 그들을 이끄사 하나님과 가까이하고 그에게 호의를 받는 위치에 이르게 하고자 하는 목적—을 위한 하나의 수단에 지나지 않았습니다.

출애굽기 25-40장과 레위기의 대부분에서 하나님은 그 백성들과 그 분 자신과의 하나된 교제를 유지하기 위해 그가 베푸신 것들을 알려 주시며, 그리하여 말로 형언할 수 없는 그분의 거룩하심이 요구하는 것들을 정당하게 유지하고, 또한 그들이 도덕적 행동자들로서 지니는 의무들과 구속받은 백성으로서 행해야 할 임무들을 적절히 수행하게 하시는 것이었습니다.

여호와와 그들의 관계가 한편으로는 신적으로 지명된 제사장을 통해, 다른 한편으로는 하나님의 계명들에 대한 그들의 순종을 통해, 유지되었습니다. 오직 그 덕분에 그들이 합당한 예배자들로서 거룩하신 그 분께 가까이 나아갈 수 있었고, 오직 그 덕분에 그들이 그 분께로부터 앞으로의 일들을 위한 필수적인 지침들을 받을 수 있었습니다.

여호수아서가 갖는 모형적 의미는 앞의 책들에서 이미 알려진 진리를 지탱시키고 강화시키는 동시에, 그 이전의 역사를 보충 보완해 주는 역할을 합니다. 바로 이 책에서 비로소 이스라엘이 하나님 아래서 그들의 소유를 소유하게 되고, 조상들에게 약속되었던 그 안식에 들어가게 됩니다. 이 점과 관련해 이 문제를 다루기에 우리보다 더 나은 자격을 갖춘 한 분의 말을 직접 듣는 것이 좋겠다 싶습니다.

> 지상의 가나안은 하나님이 그분의 백성들이 차지하게 될 궁극적이며 합당한 기업으로 계획하신 것이 아니었고, 그들 역시 처음부터 그것을 그렇게 이해하지 않았다. 그것에 대해 전해진 말씀과 그들이 가졌던 소망은 분명 가나안 땅의 경계 내에서 실현될 수 있는 것이 아니었다. 그 기업은 부활의 자녀가 된 자들만이, 그것도 영혼과 육체가 죄의 모든 효과와 결과로부터 완전히 구속함 받은 후에야—혹 하늘의 아담의 형상을 따라 지음 받아 전혀 죄를 범하지 않았을 경우보다도 더 영광스럽고도 복된 상태가 된 후에야—비로소 누릴 수 있는 것이었다. 그리고 기업을 받는 자들이 그 기업에 걸맞아야 하므로, 그 기업이란 오직 사람의 본래적인 소유가 회복되는 것일 수밖에 없다. 곧 땅이 죄로 인하여 드리워진 저주로부터 구속함을 받아, 사람 자신이 그렇듯이, 하나님의 아들을 닮게 된 교회와 및 그 모든 지체의 적절한 거소가 되는 것이다.

> 아브라함의 후손이 지상의 가나안을 점령한 일은 구속함을 받은 교회가 그 받을 영광의 기업을 받는 것을 그려주는 하나의 모형이었고, 따라서 그들이 자기들의 잠정적인 소유지에 들어간 사실에 관한 모든 일은 교회가 그 영구

한 소유 가운데 세워지는 것에 속한 일들을 나타내고 그림자로 보여 주도록 그렇게 정렬된 것이다. 그러므로 그 약속—이는 가나안 땅을 포함하나, 거기서 종결되지 않았다—을 주시는 일과, 또한 그것을 통해 미래의 더 나은 기업을 내다보며 전망하는 일 사이에 중요한 사건들이 개입되는데, 그 사건들을 그 더 나은 기업에 관하여 앞으로 드러나게 될 일들의 모형들로서 바라보는 것이야말로 그것들을 바라보는 지극히 적절한 방법이라 할 것이다. 이런 질문들을 할 수도 있을 것이다.

약속의 상속자가 현대의 식민지처럼 온 땅을 소유하기까지 전쟁이나 피 흘림이 없이 조용히 그 땅에 스며들어가서 그 땅 전체를 차지하지 않고, 어째서 그 땅을 소유하기까지 그렇게 오랜 세월 동안 나그네로 떠돌아다니고 낯선 지역에 갇혀 있었는가?
어째서 그들이 압제자에게 끔찍한 심판을 집행하고서야 비로소 해방될 만큼 이방 권세의 잔인한 압제를 받는 처지로 떨어졌던가?
어째서 그들이 가나안을 소유하기 전에 시내산 언약을 통해 율법의 통치를 받고, 은혜와 약속의 언약에 더하여 그 철저한 규칙들과 갖가지 섬김의 의무사항들을 부여 받게 되었는가?
잠정적으로 그 기업을 소유하도록 허용 받은 백성들이 그 기업 자체에 대한 소유권을 부여 받았음을 입증해 보여야 했음에도 그들이 계속해서 가증스러운 일들을 행하여 그 기업을 오염시킴으로써, 그들을 완전히 멸절시키고서야 비로소 그곳이 약속의 상속자들이 거주할만한 적절한 곳이 될 수 있었던 것은 어째서일까?

이런 모든 질문에 완전하고도 만족스럽게 대답하기 위해서는 그 모든 일을 더 높은 경륜에 속한 더 나은 것들과 연결시키는 것 외에는 방법이 없다. 곧 그것은 하나의 일관된 계획의 첫 부분이요, 그 다음 부분에서 구속함 받은 피조 세계의 영광된 모습들이 이어지게 되는데, 교회는 비슷한 관계들 속에 처하고 지상적인 기업과 관계되는 경험과 유사한 일들을 통과함으로써 그 최종적 결과들을 준비할 필요가 있다는 것이다.
야곱과 더불어 약속의 언약을 확증한 일과 실제로 그 약속된 땅을 소유하는 일 사이에 일어난 모든 일은—또한, 특별히 그중에 가장 큰 일, 즉 시내산에서 율법을 받은 일은—하나님의 상속자들이 그 값 주고 사신 소유를 기업으로 누리게 되는 방식과 양식을 모형으로 그려주는 것으로 보아야 할 것이다. 한편, 교회가 분명히 바라보고 간과하지 말아야 할 두 가지 중요한 교훈이 있다.

첫째, 그 기업이 언제 어떤 식으로 오든지 간에 그것은 주권자이시며 진정한 주인이신 하나님이 그분의 은혜의 교제로 부르신 자들에게 베풀어 주시는 것으로, 그분의 값없는 선물이라는 점이다.

둘째, 그 기업에 대한 소망이 그들의 마음에 활력을 주는 원리로서 반드시 있어야 하며, 그것이 그들의 모든 처신에 영향을 미쳐야 한다는 점이다. 그들의 자세와 성품이 하늘에 속한 그 더 나은 본향을 고대하는 상속자들에게 걸맞는 것이어야 한다.

그리스도께서 '영광의 소망'으로 형성되기 전에는 그가 마음속에 진정으로 형성되는 것이 아닌 것이다(페어번[Patrick Fairbairn], 성경의 모형론[*The Typology of Scripture*], 제1권, 1865년).

제7장

두 가지 기념물

(여호수아 4:1-24)

1. 모형적 적용

    여호수아서에 기록된 내용은 모세오경에 제시된 진리를 그대로 유지하지만, 그 모형적 가르침은 거기에 제시된 내용의 범주를 상당히 넘어서는 데에까지 우리를 이끌어갑니다. 이는 충분히 예상되는 일입니다. 여기서 다루는 것이 이스라엘의 **새로운** 세대였다는 점을 염두에 두고 보면 특히 더 그렇습니다.

    요단 강을 초자연적으로 건넌 사실이 가르치는 교훈은 홍해 사건이 가르치는 것보다 복음을 더 한 층 밝히 드러내 줍니다. 홍해 사건에서는 하나님의 권능이 그분의 언약 백성을 위해, 그들을 포로로 사로잡아 두고 내보내기를 거부했던 그 적대 세력을 완전히 파괴시키는 것으로 나타났습니다.

    그러나 여기서는 그들의 기업에 들어가는 길을 가로막고 있던 장애물을 치우는 것으로 나타났습니다. 사탄에게 사로잡혀 있던 자들이 중생의 이적을 통해 자유를 얻을 때에, 사탄이 그들을 무시하고 그냥 평화로이 내버려두는 것이 아닙니다.

    "값 주고 산 소유"에게로 들어가는 일은 막을 수 없었지만, 그는 항상 이런 저런 방식으로 그 소유를 **지금** 누리는 일을 방해하려 애씁니다. 우리 대적의 그런 책략들을 무력화시키기 위해 우리에게 요구되는 일들이 무엇인지를 여호수아서를 다루는 과정에서 보여 주고자 합니다. 그러나 앞 장에서 우리가 더 관심을 가졌던 것은 하나님 편에서 행하신 일들이요, 그가 이스라엘을 가나안 땅으로 들어가게 하시고 그 땅을 차지하게 하기 위해 베푸신 일들이었습니다.

    첫째, 여호수아를 이스라엘의 지도자로, 우리의 "구원의 창시자"(히 2:10)의 모형으로, 지명하시고 자격을 갖추게 하신 일이었습니다.

둘째, 이스라엘의 한 가운데 계신 여호와의 임재를 증언하며 그가 그들과 맺으시는 관계를 상징하는 언약궤를 마련하게 하신 일이었습니다.

셋째, 제사장 제도인데, 이는 "실로에 세워진 장막"에서 행한 그들의 봉사에서 잘 드러났습니다. 그러므로, 이제 앞으로 증명해드리기를 바랍니다. 하지만 여호수아서에서 이스라엘을 통해 우리에 대해 영적으로 묘사된 내용들의 원형이 되는 진리들을 찾기 위해서는 로마서, 에베소서, 골로새서 등의 바울서신과, 히브리서를 살펴야 합니다.

우리가 알기로 이 사실을 주목할 것을 촉구한 저술가는 오로지 한 분밖에 없는데, 그는 우리가 출생하기 전에 한 잡지 「**성경의 보배**」(*The Bible Treasury*)에 "여호수아서와 히브리서"라는 제목으로 기고한 한 글에서 그 사실을 제시한 바 있습니다. 우리는 그 분의 논지를 자유로이 사용하였음을 밝혀둡니다.

이제 여호수아가 받은 하나님의 명령에 주목하고자 합니다. 그는 "요단 가운데 제사장들의 발이 굳게 선 그 곳에서"(수 4:3) 돌 열둘을 취하여 그것들로 미래의 세대들에게 "기념"이 되도록 하고, 또한 "요단 가운데 … 돌 열둘을 세울 것"(9절)을 명하셨습니다. 홍해에서는 이스라엘이 그 바닥에 돌 열둘을 세우지도 않았고, 돌 열둘을 가지고 건너지도 않았었습니다.

하나님은 그 대신 바로와 그의 택한 지휘관들과 병거들과 군대를 거기에 가라앉히셨고, 그리하여 이스라엘은 "깊은 물이 그들을 덮으니 **그들이 돌처럼 깊음 속에 가라앉았도다**"(출 15:4-5)라고 노래했습니다. "그러나 이스라엘 자손은 바다 가운데를 육지로 행하였고 물이 좌우에 벽"이 되었으며, "그날에 여호와께서 이같이 이스라엘을 애굽 사람의 손에서 **구원**"하셨고(출 14:29-30), 그들은 구원의 노래를 불렀습니다.

> 그는 높고 영화로우심이라(출 15:1, 13).

여호와는 전에 "어린양의 피" 아래서 피난처를 찾았었고, 이제 그가 그 자신에게로—"주의 처소"로—나아오게 하신 그 백성을 위하여 홍해에서 친히 강하게 역사하신 것입니다(출 15:13, 17).

그러나 요단 강에서는 이스라엘이 피와 권능으로 구속함을 받는 진리를 넘어서는 보다 장대한 교훈을 얻었으니, 바로 **부활**의 진리가 그것이었습니다.

그리스도의 십자가가 우리에게 가르치는 진리가 근본적이며 복된 것이지만, 그보다 더 본질적이고 영광스러운 것이 있으니, 우리 무덤을 이기신 우리 주님의 승리가 바로 그것입니다.

"누가 능히 하나님이 택하신 자들을 고발하리요?"

사도는 이렇게 도저히 반박할 수 없는 도전의 질문을 던지고서, "의롭다 하신 이는 하나님이시니 누가 정죄하리요 죽으실 뿐 아니라 다시 살아나신 이는 그리스도 예수시니"(롬 8:33-34)라고 승리의 대답을 제시합니다.

그리스도의 부활이 복음의 핵심적인 내용일 뿐 아니라 그 차별적인 확실한 특징이라는 것이 고린도전서 15장(특히, 3-4, 14, 17)에서 선명하게 드러납니다.

그러므로 십자가만 전하는 전도자는 복음을 절반밖에는 전하지 않는 것입니다. 그러나 성도의 믿음과 영적 깨달음이 그리스도의 속죄의 죽으심에서 멈춘다면, 그들은 그야말로 실패한 자들일 것입니다. 우리의 보증이신 그리스도의 죽으심에서 우리가 죄에 대해 죽었음을 깨닫는 것이 말할 수 없이 보배로운 일이지만, 우리가 그리스도와 언약적으로 하나라는 사실과 죽음을 이기신 그분의 승리를 기업으로 누릴 권리가 우리에게 있다는 것을 깨닫는 것이 그보다 더 복된 일이기 때문입니다.

요단 강에서는 하나님의 구속받은 백성들이 강에 놓인 열두 돌과 거기서 취한 열두 돌을 통해 그들 자신이 죽음과 부활을 통과했음을 보았습니다. 이때에 이스라엘의 역사는 새로운 단계로 접어들었습니다. 그러나 전에 여호와의 특별한 백성으로서 그들이 보여 주었던 그 모든 필수적인 특질을 영구히 보존하는 문제는 길갈에서 베푼 새로운 할례와, 유월절을 기념하고 지키는 일, 그리고 여호와의 군대장관이 칼을 빼들고 나타나는 사건을 다룰 때에(5장) 살펴보게 될 것입니다.

아무튼, 위에서 말씀한 대로, 요단 강 도강 사건의 특질들은 홍해에서 일어난 일과는 날카로운 대조를 이룹니다. 홍해에서는 언약궤를 멘 제사장들이 보이지 않고, 이스라엘의 원수들이 여호와의 진노로 말미암아 수장된 사실이 두드러집니다. 반면에, 요단 강 사건에는 가나안 족속이 등장하지 않고, 단 한 사람의 대적도 나타나지 않습니다.

그러나 홍해에서 물이 돌아와 바로의 군대를 수장시킨 끔찍한 심판의 역사와 똑같이 제사장들과 언약궤로 말미암아 여호와와 이스라엘이 영광과 승리를 얻게 됩니다. 그 영광과 승리는 이어지는 사건들에서 속히 나타납니다.

앞에서 지적한 바와 같이 요단 강은 죽음의 상징이었을 뿐 아니라 심판의 상징이기도 했습니다. 이 점은 "요단"이라는 단어 자체에서도 나타납니다. "요르"는 문자적으로 "퍼지다"라는 뜻이고, "단"은 "심판하는"이라는 뜻입니다(창 30:6). 신약 시대에 "요단 강"의 용법이 이를 확증해 줍니다. 요단은 주님의 선구자인 요한이 사역을 행하던 곳이었는데, 요한에 대해 "주의 길을 예비하라"는 예언이 있었습니다.

그런데 그가 어떻게 그 일을 했습니까?
그분을 영접하도록 사람들을 준비시켰습니다.
어떤 방식으로요?

그는 "회개하라"(즉, **네 자신을 심판하라**)고 선포하였고, 거기에 응한 사람들은 요단 강에서 "자기들의 죄를 자복하고"(마 3:6) 그에게 세례를 받았고, 또한 그 "죄 사함을 받게 하는 회개의 세례"(막 1:4)를 받음으로써 그들은 죽음이 그들이 받을 몫임을 시인한 것이요, 그리하여 그들은 스스로 (상징적으로) 물속 무덤 속에 들어간 것입니다.

거기서 주 예수께서는 보증과 그 백성의 죄를 지시는 분으로서 요단 강 물속에 들어가심으로써 자기 자신을 그들과 동일시하셨고, 그리하여 참으로 회개하고 스스로 죽어야 마땅함을 인정하는 모든 자의 필요에 부응하시기 위해 친히 그 죽음의 "세례"(눅 12:50)를 받으사 하나님의 진노의 모든 "파도와 물결"(시 42:6)이 자기 위에 드리워지게 하실 것임을 약속하신 것입니다.

선한 목자께서 그분의 양떼를 위하여 심판의 강에 들어가셨고, 자신의 속죄의 죽으심으로 그들을 위해 새 언약을 세우셨고, 그리하여 그분을 따르는 모든 사람을 심판으로부터 구해내신 것입니다.

> 이것은 죄 사함을 얻게 하려고 많은 사람을 위하여 흘리는 바 나의 피 곧 언약의 피니라(마 26:28).

그는 십자가에 달리시기 불과 몇 시간 전에 자신의 죽음을 기념하는 성례를 제정하시면서 그렇게 선언하셨습니다. 제사장들이 언약궤를 메고 요단 강으로 들어간 일이 바로 그것을 모형으로 보여 준 것입니다. 언약궤가 강물에 들어서자 물의 흐름이 멈추어 그 뒤를 따르는 백성들이 마른 땅을 디디고 건넜고, 언약궤는 백성 전체가 안전하게 건너기까지 요단 강에서 나오지 않았습니다 (수 3:17). 다음의 말씀은 깊은 의미를 담고 있습니다.

> 여호와께서 여호수아에게 명령하사 백성에게 말하게 하신 일 곧 모세가 여호수아에게 명령한 일이 **다 마치기까지** 궤를 멘 제사장들이 요단 가운데에 서 있고 백성은 속히 건넜으며 (수 4:10).

이는 다음의 말씀을 상기하게 합니다.

> 그 후에 예수께서 **모든 일이 이미 이루어진 줄 아시고** 성경을 응하게 하려 하사 이르시되 내가 목마르다 하시니 … 예수께서 신 포도주를 받으신 후에 이르시되 다 이루었다 하시고 머리를 숙이니 영혼이 떠나가시니라 (요 19:28, 30).

하나님의 공의가 요구하는 모든 것이, 율법("모세가 명한 것")이 요구하는 모든 것을 여호수아의 원형이신 그 분께서 다 부응하신 것입니다.

> 그 모든 백성이 요단을 건너가기를 마치매 여호와께서 여호수아에게 말씀하여 이르시되 백성의 각 지파에 한 사람씩 열두 사람을 택하고 그들에게 명령하여 이르기를 요단 가운데 제사장들의 발이 굳게 선 그 곳에서 돌 열둘을 택하여 그것을 가져다가 오늘밤 너희가 유숙할 그 곳(곧, 길갈, 19절)에 두게 하라 하시니라 (수 4:1-3).

그 열두 돌이 큰 돌들이었다는 것은 그들이 "어깨"에 지고 갔다는 사실에서 분명히 드러납니다(4:5). 돌을 지고 갈 사람들을 사전에 미리 선정하여(3:12), 그 임무를 미리 준비하도록 했습니다. 당장 무수한 무리들이 밤을 보낼 수 있도록 적절한 곳에 진을 쳐야 하는 당면 과제를 수행하기에 차질이 없게 하기 위함이었습니다.

그들이 진을 친 곳은 후에 길갈이라 불렸는데, 그 곳은 요단 강과 여리고성 사이의 중간 쯤 되는 곳이었다고 합니다. 여호수아 4:4에 의하면, "여호수아가 이스라엘 자손 중에서 각 지파에 한 사람씩 준비한 그 열두 사람을 불렀는데", 우리는 개인적으로 이것이 여호수아의 원형이신 우리 주님이 사역 초기에 "열두 제자를 부르신 것"(막 6:7)을 미리 그림자로 보여 주는 것이었다고 봅니다.

> 그들에게 이르되 요단 가운데로 들어가 너희 하나님 여호와의 궤 앞으로 가서 이스라엘 자손들의 지파 수대로 각기 돌 한 개씩 가져다가 어깨에 메라 이것이 너희 중에 **표징**이 되리라 후일에 너희의 자손들이 물어 이르되 이 돌들은 무슨 뜻이냐 하거든 그들에게 이르기를 요단 물이 여호와의 언약궤 앞에서 끊어졌나니 곧 언약궤가 요단을 건널 때에 요단 물이 끊어졌으므로 이 돌들이 이스라엘 자손에게 영원히 **기념**이 되리라 하라 하니라(수 4:5-7).

여기서 "표징"과 "기념"이라는 두 단어는 그 돌들에게 부여된 이중적인 의도를 주목하게 합니다. 여호수아가 그 열두 돌을 "길갈"에 세웠다는 점(20절)을 염두에 둔다면 그 의도를 잘 감지할 수 있습니다. 그 돌들을 땅에 묻은 것이 아니고, 질서 있게 세워서 이정표 혹은 기념물이 되게 했습니다. "세우다"의 히브리어 단어는 "서 있게 하다, 솟게 하다"라는 의미입니다.

영어 흠정역은 20회에 걸쳐 이 단어를 "세우다"(set up)로 번역합니다. 이 단어는 성막을 세우는 일과 관련해서도 사용됩니다(출 40:2 등). 그러므로 그 큰 돌들은 훗날 사람들이 주목하고 그것에 대해 궁금증을 갖도록 하는 방식으로 정렬되었을 것이고, 어쩌면 하나씩 쌓아올려 석탑처럼 되게 했을 지도 모릅니다.

첫째 그 돌 기념물은 이스라엘에게 하나의 "표징"이 되도록 의도되었습니다. 귀가 아니라 눈을 통해 그들의 마음에 하나의 메시지를 주고자 한 것입니다. 돌로써 영구히 남는 설교가 되게 한 것이라 하겠습니다. 이 "표징"이라는 단어는 아주 충족한 것입니다. 우리 주님의 이적들을 가리켜 "표징"이라 칭하니 말입니다(요 20:30; 행 2:22. 개역개정은 "표적"으로 번역함. 역주).

모세가 형제들 앞에서 능력으로 행한 두 가지 이적들도 "표징"이라 불렸으니(출 4:1-9), 이는 그가 여호와께서 지명하신 그들의 지도자임을 증명하는 것이요, 또한 전능자의 권능이 그와 함께 한다는 것을 드러내는 것이었습니다.

신명기 11:18(개역개정은 "표"로 번역함. 역주)과 사사기 6:17에서는 각각 "표징"이, 이스라엘이 하나님의 말씀을 삶의 법칙으로 삼는다는 것과 여호와께서 친히 기드온에게 맡기신 일에 성공을 주신다는 증표 혹은 표시였습니다. 다른 본문들의 경우 "표징"은 미래에 관한 일에 대한 징조 혹은 보증의 성격을 지녔습니다(삼상 10:1-9; 왕하 19:29).

여호수아 4:6의 "표증"은 이런 여러 의미들로 이해할 수 있습니다. 그 돌탑은 이스라엘이 요단 강을 건넌 것이 그들 자신의 능력으로써가 아니라 하나님의 이적을 행하시는 권능에 의해서 된 일임을 의미하는 것이었습니다. 그들에게 그것은 그들이 그 강의 마른 바닥을 딛고 건넜음을 나타내는 것이었습니다.

보다 구체적으로 말하면, 그것은 하나님이 그들을 위해 일하실 것임을 확증해 주는 하나의 보증이요 **서약**이었습니다.

둘째, 그 기념물은 이스라엘이 죽음의 강을 건넜음과, 이제 (모형적으로) 부활의 땅에 서 있음과, **심판이 이미 지나갔음**을 나타내는 하나의 "기념"이었습니다. 요단 강을 건너 가나안 땅에 서있는 이스라엘은 우리 구주께서 요한복음 5:24에서 표현하신 그 복된 진리를 그려주는 것이었습니다.

거기서 그는 그분의 말씀을 듣고 그분을 보내신 분을 믿는 자는 누구든지 "영생을 얻었고 심판에 이르지 아니하나니 사망에서 생명으로 옮겼다"는 것을 명확하게 선언하셨습니다. 그런 자가 심판에 이르지 않는 이유는 그분의 보증이 되는 그 분 안에서 그가 이미 정죄를 받았고 그의 모든 죄에 대해 하나님의 충만한 심판을 받았으므로, 이제 법적으로 그리스도와 하나가 된 자로서, "사망"[죄의 삯인 바로 그 사망]에서 "생명"[율법의 상급이요 구주께서 "크게 하며 존귀하게 하신 그 생명"(사 42:21)]으로 옮긴바 되기 때문입니다.

언약궤가 죽음과 심판의 강을 건널 때에 그 언약궤를 따르는 모든 이가 안전하게 건널 때까지 그 물의 흐름이 중지되었는데, 이와 마찬가지로 그리스도께서도 하나님의 다함없는 진노를 당하심으로써, 그와 법적으로 하나가 되었고 자의로 그분을 따르는 모든 자가 그의 속죄의 죽으심으로 말미암아 모든 미래의 심판에서 건짐을 받게 하신 것입니다.

가나안 쪽의 요단 강가에 기념물이 세워진 것과 더불어, 다음의 사실도 나타납니다.

> 여호수아가 또 요단 가운데 곧 언약궤를 멘 제사장들의 발이 선 곳에 돌 열둘을 세웠더니 오늘까지 거기에 있더라(수 4:9).

이렇게 해서 **이중의** 기념물이 세워져서 이스라엘이 심판의 장소를 통과했음을 영구히 기념하게 되었으니, 그 하나는 요단 강가에, 다른 하나는 길갈의 이스라엘 진중에 세워졌습니다.

과연 기름부음 받은 눈이라면 이 두 기념물에서 그리스도께서 제정하신 **두 가지 표징**과 기념물을 보지 못할 수가 있겠습니까!

그것들은 그리스도의 백성이 그분의 속죄의 죽으심을 믿는 믿음의 결과로 죽음과 심판에서 벗어났을 뿐 아니라 이제 부활하신 그리스도와 연합하여 "하나님께 대해 살아 있게 되었음"을 상징하기 위해 그가 친히 제정하신 것이니 말입니다. 그리스도께서 제정하신 그 두 규례의 의미가 이 점을 분명히 확증해 줍니다. 그것들은 각기 죽음과 부활에 대해 말씀하니 말입니다.

> 무릇 그리스도 예수와 합하여 세례를 받은 우리는 그의 죽으심과 합하여 세례를 받은 줄을 알지 못하느냐? 그러므로 우리가 그의 죽으심과 합하여 세례를 받음으로 그와 함께 장사되었나니 이는 아버지의 영광으로 말미암아 그리스도를 죽은 자 가운데서 살리심과 같이 우리로 또한, 새 생명 가운데서 행하게 하려 함이라 (롬 6:3-4; 또한, 참조. 골 2:12).

세례는 신자 자신이 세상에 대해 죽었고 이제 새 생명 가운데서 행할 것을 결심했다는 개인적인 고백일 뿐 아니라, 그가 그리스도의 죽으심과 장사되심과 부활에서 그와 연합하였음을 상징합니다.

그리고 성찬도 우리가 그리스도와 함께 죽음을 통과했음을 기념하는 것일 뿐 아니라 이제 부활을 통해 심판이 지나갔으므로 복락과 승리가 우리 것이 되었다는 의미가 덧붙여져 있습니다.

요단 강가에 있었던 **열두 개**의 돌이 길갈의 진에서 **하나**의 석탑이 되었다는 것—이는 "하나님의 이스라엘"(갈 4:16) 전체가 "한 몸"이 되었음을 보여 주는 모형이었습니다만—이 열두 지파가 그 건널 수 없는 강을 건넜다는 증표였던 것처럼, 과거에 버려진 죄인들로서 정죄 아래 있던 자들이 함께 참여하는 주의 성찬도, 그들이 심판을 이미 건넜으며 부활의 땅에 서서 심판이 아니라 그들의 소망과 복락의 완성을 기대할 수 있게 되었음을 나타내는 하나의 증표인 것입니다고린도전서 11:26에서 이 점에 분명히 드러납니다. "너희가 이 떡을 먹으며 이 잔을 마실 때마다 주의 죽으심을 **그가 오실 때까지** 전하는 것이니라."

성찬은 십자가를 뒤돌아보는 것일 뿐 아니라 그리스도께서 영광 중에 오실 것을 기대하며 바라보는 것이요, 따라서 그것을 가리켜 금식이 아니라 "명절"이라 부르며(고전 5:8), 또한 "쓴 나물"(출 12:8)을 먹는 대신 즐거움을 주는 "포도주"를 마시는 것입니다.

2. 실천적 적용

하나님이 이스라엘이 요단 강을 건넌 일을 그리는 데에 그분의 말씀의 두 장 전체를 할애하게 하셨다는 것은 그 기념비적인 사건의 서술이 그 이후에 이어지는 세대의 하나님의 백성들에게 크게 중요하고도 가치 있는 가르침을 구성한다는 점을 여실히 보여 줍니다. 만일 그리스도인들이 관심을 신약성경에만 집중시키고 구약성경은 영혼의 유익을 주는 중요한 내용이 별로 담겨 있지 않다는 식으로 생각한다면, 잃는 것이 지극히 클 것입니다.

신약성경이 구약성경에 빛을 비추어주고 설명해 주는 반면에, 신약성경의 내용 중에 구약성경이 없이는 적절히 이해할 수 없는 것도 사실입니다. 앞에서 우리는 이스라엘이 죽음과 심판의 강을 건넌 사실의 모형적 영적 의미를 밝히고자 했습니다.

여기서는 거기 기록된 내용에서 배워야 할 몇 가지 실천적 교훈들을 지적하고자 합니다. 4장의 내용을 일일이 다 설명하지는 않고, 갖가지 구체적인 사항들만을 지목하여 설명하고, 길갈에 세워진 기념비에서 드러나는 많은 유익한 진리들을 논하고자 합니다.

> 여호와께서 여호수아에게 명령하사 백성에게 말하게 하신 일 곧 모세가 여호수아에게 명령한 일이 다 마치기까지 궤를 멘 제사장들이 요단 가운데에 서 있고 백성은 속히 건넜으며 (수 4:10).

여기서 세 가지 사실을 살피고 가늠하는 것이 합당합니다.

첫째, 제사장들의 전폭적인 순종과 끈질긴 인내입니다. 제사장들은 존귀와 위험의 위치를 자처한 자들이었습니다. 그들은 언약궤를 지고 간 자들이었습니다. 언약궤의 존재를 통해 하나님의 보이지 않는 손에 의해 물길이 일어나 한 곳에 쌓였습니다. 그들은 "요단 가운데"로 나아가서 무수한 이스라엘의 무리가 모두 강 건너편으로 건너기까지 오랜 시간 그 자리에 서 있었습니다.

이는 그들의 용기와 인내에 대한 혹독한 시험이었습니다. 이는 복음 사역자들이 마지막까지 인내로 임무를 다하고, 백성들에게 타협 없는 충성과, 불굴의 용기와, 끈질긴 인내의 모델이 되어야 한다는 것을 보여 주는 하나의 모범입니다.

둘째, 여기서 여호수아가 모세로부터 받은 명령을 면밀히 이행했고, 하나님의 명령이 없는 일은 전혀 하지 않았음을 다시 한 번 보게 됩니다. 그리고 제사장들 역시 여호수아의 명령을 좇아 그대로 행했는데, 이는 곧 복음 사역자들이 오직 그리스도께만 다스림을 받아야 한다는 것을 잘 보여 줍니다.

셋째, 여기서 "백성"이 이동한 사실은 일반 성도가 복음 사역자들이 제시하는 영적인 사실들을 좇아 행동하는 것을 언제나 특징으로 삼아야 한다는 점을 보여 줍니다. 그들은 곧바로 서둘러 요단 강을 건넜습니다. 이는 그들이 사려 깊게 제사장들을 배려한 것을 의미합니다. 그들은 불필요하게 행진을 지체시키지 않도록 신속히 움직였습니다. 그들의 행진이 느려질수록 제사장들은 그만큼 더 오래 언약궤를 지고 서 있어야 했으니 말입니다.

여기서 배워야 할 실천적 교훈은 하나님의 백성은 할 수 있는 만큼 최선을 다하여 하나님의 종들의 영적인 몫을 덜어주기에 힘써야 한다는 것입니다. 그 종들의 지침을 즉각적으로 따르고, 성실한 기도로써 그들을 후원하며, 사려 깊게 그들을 위로할 수 있습니다. 이기심으로 인하여 다른 이들에 대한 무관심이 팽배한 오늘날에는 특히 이 점들을 마음에 담아두어야 합니다.

하나님이 이런 세세한 사항들에 주의를 기울이셨고, 또한 성령께서 백성들의 신속한 행진을 특별히 기록하셨다는 것(참조. "바로 건널새", 3:16. 역주)은 과연 엄숙하고도 복된 일입니다. 주께서는 우리가 행하는 일만이 아니라 우리가 어떻게 그 일을 행하는지도 주목하시는 것입니다.

> 방백들도 **즐거이** 희생을 드려(대하 35:8).

> 귀족들은 그들의 주인들의 공사를 분담하지 아니하였으며 … 삽배의 아들 바룩이 한 부분을 **힘써** 중수하여(느 3:5, 20).

> 르우벤 자손과 갓 자손과 므낫세 반 지파는 모세가 그들에게 이른 것 같이 무장하고 이스라엘 자손들보다 앞서 건너갔으니 무장한 사만 명 가량이 여호와 앞에서 건너가 싸우려고 여리고 평지에 이르니라(수 4:12-13).

여기서는 성경의 한 부분을 다른 부분에 의존하여 설명하고 해석해야 한다는 원리를 보여 주는 실례가 나타납니다. 어째서 이 특정한 사람들이 이스라엘의 군대가 되었는지를 알기 위해서는 민수기로 돌아가야 합니다. 많은 가축을 거느린 그 두 지파와 반 지파는 가나안이 아니라 야셀과 길르앗의 비옥한 땅을 그들의 몫으로 갖기를 바랐습니다(민 32:1-5).

모세가 머뭇거리자 그들은 어린아이들을 위해 가축의 우리와 성읍을 짓고 난 후에 무장을 하고서 나머지 지파들이 기업을 확보할 때까지 이스라엘 자손의 선봉에서 싸우겠다고 서약했습니다(민 32:16-17). 모세는 그들의 제안을 받아들였고 그들과의 약속을 비준했습니다. 그리고 모세는 엘르아살과 여호수아더러 그들의 약속이 이행되도록 할 것을 명령했습니다.

여기 여호수아 4장에서 바로 그 일이 성취됩니다. 그 두 지파와 반 지파는 가족과 가축을 지킬 부담이 전혀 없었고, 따라서 그들이야말로 전쟁에 참여할 군대로서 아주 적절한 처지였습니다. 하나님이 은혜로 모든 일이 합력하여 그분의 백성에게 선이 되게 하시는 것을 확증하게 됩니다.

> 그날에 여호와께서 모든 이스라엘의 목전에서 여호수아를 크게 하시매 그가 생존한 날 동안에 백성이 그를 두려워하기를 모세를 두려워하던 것 같이 하였더라(수 4:14).

여기서 우리는 여호와께서 3:7에서 여호수아에게 주신 말씀을 그대로 이루시는 것을 보게 됩니다.

> 너희를 부르시는 이는 미쁘시니 그가 또한, 이루시리라(살전 5:24).

본문의 사실이 하나님의 말씀 속에 영구히 기록된 것은 모든 주의 종을 격려하기 위함이었습니다. 주의 약속 중 어느 하나도 땅에 떨어지지 않으므로, 복음 사역자들은 그 약속들을 절대적으로 신뢰하고 임무를 수행할 수 있습니다. 여호와께서는 그분의 말씀에 대해 이렇게 말씀하신바 있습니다.

> 내 입에서 나가는 말도 이와 같이 헛되이 내게로 되돌아오지 아니하고 나의 기뻐하는 뜻을 이루며 내가 보낸 일에 형통함이니라(사 55:11).

그러므로 그분의 약속에 대해 조금도 의심할 필요가 없는 것입니다. 그리스도께서는 "아버지께서 내게 주시는 자는 다 내게로 올 것"이요 그들이 "그들의[사역자들의] 말로 말미암아 나를 믿을 것"이라고 선포하셨습니다(요 6:37; 17:20). 그러므로 인간 본성의 부패함도, 사탄의 반대 공작도 그 일을 막을 수가 없습니다.

그는 그분의 종들에게 "볼지어다 내가 세상 끝날까지 너희와 항상 함께 있으리라"(마 28:20)라고 약속하시고, 그런 사실에 준하여 처신하도록 하셨습니다. 그리고 여호수아 4:14과 그 전후의 문맥에서 배워야 할 것은 사역자들이 사람들에게서 존경을 받는 가장 확실한 길은 그들 스스로가 부지런히 하나님을 높이고 그에게 순종하며 그들의 복지를 위해 힘쓰는 것이라는 사실입니다.

> 여호와께서 여호수아에게 말씀하여 이르시되 증거궤를 멘 제사장들에게 명령하여 요단에서 올라오게 하라 하신지라 여호수아가 제사장들에게 명령하여 이르기를 요단에서 올라오라 하매(수 4:15-17).

이는 과연 충격적입니다. 여호와의 명령이 있기까지 제사장들이 한 발자국도 움직이지 않았다니 말입니다. 그들은 이스라엘의 광대한 무리가 안전하게 요단 강 건너편에 도착하기까지 몇 시간이고 그 자리에 그대로 서 있었습니다. 이동하라는 명령이 하달되기까지 인내로 참고 견뎠습니다. 자기들의 충동이나 주도적인 생각대로 행동하지 않고 묵묵히 하나님의 때를 기다린 것입니다.

그 자리에 서 있을 것을 명령했던 여호수아가 이동하라고 명령하기까지 제사장들은 그 자리를 떠나지 않았고, 여호수아는 여호와께서 명령하시기까지 임의로 명령하지 않았다. 이처럼 모든 당사자가 하나님의 말씀에 순종했고, 그분의 보호하심을 전적으로 신뢰했던 것이다(헨리[Henry]).

우리도 하나님께 무조건적인 순종을 드리고, 그 결과들을 그에게 맡겨야 하며, 그 과정에서 조금도 두려워하거나 머뭇거릴 필요가 없습니다. 그러면 반드시 실패하지 않고 승리합니다. 필자도 자주 체험한 사실이지만, "나를 존중히 여기는 자를 내가 존중히 여기리라"(삼상 2:30)는 말씀이야말로 낮이 있은 후에 밤이 온다는 사실보다 더 확실한 것입니다.

여호와의 언약궤를 멘 제사장들이 요단 가운데에서 나오며 그 발바닥으로 육지를 밟는 동시에 요단 물이 본 곳으로 도로 흘러서 전과 같이 언덕에 넘쳤더라(수 4:18).

언약궤를 멘 제사장들이 가나안의 해변으로 올라오자마자 요단 강이 다시 정상적인 상태로 돌아갔습니다. 아니, 물이 밀려내려 홍수가 났으니 비정상적으로 회복되었습니다. 방금 전에 일어났던 그 이적이 다시 일어났고, 그리하여 강물이 흐름을 멈춘 일이 모종의 비정상적인 자연적인 원인에 기인한 것이 아니었고, 창조주께서 그분의 영광을 드러내시고 그분의 백성들에게 하신 약속을 이루기 위해 일시적으로 자연 법칙을 유보시키셨던 결과였음이 더욱 확실히 증명되었습니다.

눈에 보이지 않게 댐을 이루고 있던 강의 윗물과 물이 쌓여 있던 아랫물이 갑자기 예전처럼 합쳐지는 광경을 바라보면서, 이스라엘은 그것이야말로 그들을 위해 그렇게도 영광스럽게 역사하셨던 그들의 언약의 하나님의 임재와 능력이라는 것을 분명히 확증했을 것입니다!

"요단"이라는 단어의 의미를 생각하면 18절을 어떻게 영적으로 적용할 것인지가 분명해집니다. 요단 강이 흐름을 멈추게 된 것은 바로 언약궤를 멘 제사장들이 그 한가운데에 있다는 사실 때문이었습니다. 세상을 향한 하나님의 심판을 멈추게 하는 것은 바로, 하나님의 종들이 하나님의 백성들에게 주시는 신적인 복 아래에서 다른 이들에게 미치는 그들의 도덕적 영향력을 통해 보여 주는 그들의 경건한 모범과 그들의 신실한 사역입니다. 그들이야말로 중생하지 못한 무리들의 썩은 시신들이 완전한 부패로 바뀌지 않도록 막아 주는 땅의 소금입니다.

그러나 그 "소금"이 지나간 두 세기 동안 꾸준히 **사라져**왔습니다. 세상의 인구가 증가했으나, 그에 비하여 의인이—의인인 체하는 경우가 널리 퍼져 있음에도 불구하고—줄어들었고, 그리하여 죄가 더욱 더 가득 차게 되었고, 따라서 하나님의 심판도 그렇게 되었습니다.

의인 노아와 그의 가족이 방주에 들어간 것이 홍수가 개시되는 신호였듯이, 의인 롯이 소돔에서 사라지자마자 곧바로 하늘로부터 불과 유황이 떨어졌듯이, 하나님의 훌륭한 종들과 성도가 땅에서 사라진 다음 하나님의 심판이 뒤를 이은 사실이 드러났고 지금도 드러나고 있습니다. 이렇게 볼 때에 여호수아 4:18은 은혜의 때가 종결될 때에 있을 끔찍한 사실—그 때에 세상이 하나님의 진노의 광풍으로 완전히 가득합니다만—을 미리 그림자로 보여 주는 것이었습니다.

> 첫째 달 십일에 백성이 요단에서 올라와 여리고 동쪽 경계 길갈에 진 치매 (수 4:19).

성경에는 무의미한 것이나 무가치한 내용이 없습니다. 여기서 그 **시기**가 나타내는 바를 무시하고 그냥 놓쳐버린다면 큰 손실이 될 것입니다. 육신적인 비평가는 이 사건이 구체적으로 어느 달 며칠에 일어났든 그것이 무슨 상관이냐고 말합니다. 하지만 신자에게는 결코, 그렇지 않습니다.

하지만 이 세부적인 사항의 의미가 무엇인지를 어떻게 알 수 있을까요? 성구사전을 살펴보면 거기서 "첫째 달 십일"이 성경에 처음 등장하는 본문(출 12:2-3)이 그 열쇠를 제공해 준다는 것을 알게 됩니다. 그날은 바로 유월절 어린양을 선택했습니다! 그리고 십사일에 그 어린양을 죽였습니다(출 12:6, 또한 수 5:10을 보라). 하나님이 그분의 백성을 위해 모든 일의 때를 얼마나 놀랍게 맞추셨는지 모릅니다!

> 여호와께서는 이스라엘이 그 엄숙한 유월절 나흘 전, 그 준비가 시작되는 바로 그날에 가나안으로 들어가도록 일을 지도하셨다. 그들이 그 종교적 절기와 더불어 은혜를 누리는 가운데 가나안에 들어가게 하시며 그들이 애굽에서 구원받은 사실을 상기하게 하셨으니, 이 둘이 합쳐져서 하나님이 그들의 복의 알파와 오메가로서 영광을 받으시고자 하신 것이다 (헨리[Henry]).

여호수아가 요단에서 가져온 그 열두 돌을 길갈에 세우고(수 4:20).

아마도 그 큰 돌들은 다른 기념물이 없는 유명한 곳에 세워졌을 것입니다. 그 돌들이 "이스라엘 자손에게 영원히 기념"이 되게 하고자 했으니 말입니다(7절). 어떤 이들은 상당히 그럴 듯하게 추정합니다. 곧 바리새인들과 사두개인들이 요한에게 세례를 받으러 왔을 때에 그는 그들에게 "속으로 아브라함이 우리 조상이라고 생각하지 말라 내가 너희에게 이르노니 하나님이 능히 **이 돌들**로도 아브라함의 자손이 되게 하시리라"(마 3:9)라고 말했는데, 그것이 바로 여호수아가 세운 그 돌탑을 지칭했을 것이라는 것입니다.

이에 대해 요한복음 1:28이 확증을 제시해 줍니다. 거기서는 요한이 "요단 강 건너편 베다니"(영어 흠정역은 "베다니"를 "벳다바라"[Bethabara]로 표기함. 역주)에서 세례를 베풀었다고 보도하는데, "벳다바라"는 "통과의 집"이라는 뜻으로, 이스라엘이 그 강을 건넌 곳을 의미합니다.

> 이스라엘 자손들에게 말하여 이르되 후일에 너희의 자손들이 그들의 아버지에게 묻기를 이 돌들은 무슨 뜻이니이까? 하거든 너희는 너희의 자손들에게 알게 하여 이르기를 이스라엘이 마른 땅을 밟고 이 요단을 건넜음이라 너희의 하나님 여호와께서 요단 물을 너희 앞에서 마르게 하사 너희를 건너게 하신 것이 너희의 하나님 여호와께서 우리 앞에 홍해를 말리시고 우리를 건너게 하심과 같았나니(수 4:21-23).

정상적인 어린아이들은 궁금증이 많으므로 부모에게 질문을 할 때에 그들을 나무라거나 막아서는 안 됩니다. 오히려 부모들은 그들의 호기심을 교훈을 위한 기회로 삼아 적절한 지식을 갖도록 지도해야 합니다. 어린 아이들의 호기심으로 질문을 제기하는 것이야말로 어른들로서는 하나님의 놀라운 역사들을 그들에게 알려 주어 그들의 정신이 일깨움을 얻고 마음으로 그분의 완전하심에 경의를 갖게 되도록 해 줄 좋은 기회가 됩니다.

그러나 주목하십시오. 자녀들에게 하나님의 일들을 가르칠 주된 책임이 "아버지"(가장)에게 있다는 사실입니다(엡 6:4). 그러니 그 임무를 아내에게 미루어서도 안 되고, "주일학교 교사들"에게 미루어서는 더더욱 안 될 일입니다.

> 이는 땅의 모든 백성에게 여호와의 손이 강하신 것을 알게 하며 너희가 너희의 하나님 여호와를 항상 경외하게 하려 하심이라(수 4:24).

하나님이 그분의 백성을 이적적으로 구원하신 일에는 세상의 모든 이를 위한 메시지가 있습니다. 그리고 그가 중생하지 않은 이들에게 그 동일한 메시지를 거룩하게 하기를 기뻐하시면 그들이 깊은 감동을 받게 됩니다(단 3:29; 6:25-27). 요단 강의 이적으로 인하여 생긴 효과들이 여호수아 5:1에 다음과 같이 기록되어 있습니다.

> 요단 서쪽의 아모리 사람의 모든 왕들과 해변의 가나안 사람의 모든 왕들이 여호와께서 요단 물을 이스라엘 자손들 앞에서 말리시고 우리를 건너게 하셨음을 듣고 마음이 녹았고 이스라엘 자손들 때문에 정신을 잃었더라(수 5:1).

가나안 족속은 간담이 서늘하여 두려움으로 가득했습니다. 전능하신 하나님이 친구요 보호자가 되시는 백성을 성공적으로 방어하기에는 그들 자신이 전적으로 무기력하다는 것을 깨달았기 때문입니다. 그러나 여기서 우리는 요단 강을 이적적으로 건넌 일을 기념하기 위해 길갈에 세운 기념물로부터 몇 가지 교훈을 받아야 합니다.

첫째, 하나님의 놀라운 일들은 우리의 기억에 보배로이 간직할 가치가 있으며, 또한 그는 과연 그러하다는 사실을 확실히 깨닫도록 힘쓸 것을 우리에게 요구하십니다. 여호수아는 지극히 엄정한 일을 수행하는 동안에도 여호와의 존귀를 드높이는 일을 소홀히 하는 것이 허용되지 않았다는 것을 조심스럽게 새겨야 합니다.

무수한 사람이 모든 짐(천막 등)과 가축을 데리고 요단 강을 건너는 일을 감독하는 동안에도, 하나님은 그에게 각 지파에서 한 사람씩을 취하여 길갈에 가져가 세울 열두 돌을 취할 것을 명하셨습니다(수 4:2-3). 그는 머뭇거리지도 않았고, 좀 더 편리한 때에 하도록 허용해 주시기를 구하지도 않았습니다.

둘째, 하나님이 이 기념물에 대해 명령하신 사실은 하나님이 과거에 우리를 위해 행하신 일들을 우리 마음이 잊어버리기가 얼마나 쉬운지를 생각나게 해 주는 엄숙한 도구입니다. 이스라엘이 "여호와께서 행하신 것과 그들에게 보이신 그의 기이한 일을 잊었으며", 그들이 "그가 행하신 일을 곧 잊어버렸다"(시 78:11; 106:13)고 말씀합니다.

안타깝게도 우리도 마찬가지가 아닌가요?

그리스도께서는 사도들에게조차 이렇게 물으셨습니다.

"너희가 아직도 깨닫지 못하느냐?

떡 다섯 개로 오천 명을 먹이고 주운 것이 몇 바구니며 떡 일곱 개로 사천 명을 먹이고 주운 것이 몇 광주리였는지를 **기억하지 못하느냐**?"(마 16:9).

셋째, 우리가 잊기를 잘 하므로, 이를 방지하도록 적절한 수단을 사용할 필요가 있습니다. 우리는 "여호와께서 이 사십 년 동안에 네게 광야 길을 걷게 하신 것을 기억하라"(신 8:2)는 말씀을 명심해야 하고, 또한 그 명령을 소홀히 하지 않도록 그것을 진지한 **기도**로 바꾸어야 합니다.

하나님이 신실하심으로 우리를 부드럽게 보살피신 과거의 경험들을 자주 떠올려야 합니다. 그렇게 하면 감사의 마음이 강화되어 하나님을 새롭게 찬송하게 되며, 또한 그분을 향한 우리의 신뢰가 깊어져 갖가지 위급한 처지에서도 그가 계심을 주지하고 그가 베푸실 구원을 신뢰로 기대하게 될 것입니다. 그렇게 하면 할수록 죽음의 경험을 덜 두려워하게 됩니다.

우리가 사망의 음침한 골짜기를 지나도록 부르심을 받을 때에 이스라엘이 요단 강을 안전하게 건너게 하신 것만큼이나 확실하게 그가 우리를 위해 일하실 것임을 확신하게 될 것입니다(고후 1:10).

넷째, 하나님이 과거에 베푸신 구원의 역사만이 아니라 지나간 시대에 그분의 백성에게 긍휼을 베푸신 일들을 우리의 뇌리에 새겨야 합니다.

여호와의 팔이 "옛날 옛 시대에" 하신 일들을 믿음으로 뒤돌아보고서, "넓고 깊은 물을 말리시고 바다 깊은 곳에 길을 내어 구속 받은 자들을 건너게 하신 이가 어찌 주가 아니시니이까?

여호와께 구속 받은 자들이 돌아와 노래하며 시온으로 돌아오니 영원한 기쁨이 그들의 머리 위에 있고 슬픔과 탄식이 달아나리이다"(사 51:9-11)라고 노래해야 합니다. "주께서 경건한 자를 시험에서 건지실 줄 아신다"(벧후 2:5-9)는 것을 확신시켜 주고자 하심이 아니라면, 하나님이 노아를 홍수에서 구원하신 일과 롯을 소돔에서 구원하신 일을 어째서 기록해 놓으셨겠습니까?

"무엇이든지 전에 기록된 바는 우리의 교훈을 위하여 기록된 것"(롬 15:4)일 뿐 아니라, 과거에 하나님이 행하신 일은 그가 우리를 위해 무엇을 하실 수 있고 하실 것인지를 가르치기 위함입니다.

여호와여 주의 옛 규례들을 내가 기억하고 스스로 위로하였나이다(시 119:52).

다섯째, 길갈에 세워진 기념물은 자라나는 세대를 생각해야 하고 그들을 배려해야 한다는 것을 가르쳐 줍니다. 그 돌탑을 세운 것은 분명 훗날 그것을 바라보는 이들에게서 궁금증을 유발시키게 하고자 하는 바램에서였습니다. 하나님은 그분의 권능과 자비의 이적들이 후대에까지 보존되기를 원하십니다.

하나님이 그분의 백성을 위해 행하신 일들에 대한 영구한 증인이 있어야 했습니다. 그들 자신은 무능하고 허약했으나, 그런데도 그들은 넉넉히 가나안 땅에 들어간 것입니다. 그 기념물은 하나님이 이스라엘을 위해서 자신의 강한 능력을 계속 보여 주시며 그 땅을 차지하고 있는 무리들을 무찌르게 하시리라는 확실한 보증이었습니다.

여섯째, 여호수아가 지시를 받아 세운 그 두 기념물들의 **본질**과 성격에서, 우리는 하나님의 생각과 길이 사람의 그것과 얼마나 다른지를 보게 됩니다. 쓸데없이 값비싼 것들로 화려하게 치장해놓은 것이 아니라, 단순하고 평범한 돌탑으로 그 사건을 기념한 것이었습니다.

장엄한 건축물의 모든 특색을 갖춘 거대한 주상이나 아치는 승리를 축하하는 기념물로서 절대로 적절치 못했고, 오히려 요단 강 물길에서 가져온 열두 개의 투박한 돌이 여호와의 언약궤의 인도 아래 이스라엘이 이적적으로 강을 건너 가나안에 이른 일을 기념하기에 합당했던 것입니다.

하나님이 오늘날 우리를 위해 지정하신 그 두 가지 표증과 기념물의 경우도 마찬가지입니다. 제사장들과 사제들의 온갖 장식들을 빼버렸으니, 세례와 성찬의 규례들이 얼마나 평범하고 단순하면서도 동시에 의미심장하며 감동적인지 모르는 것입니다. 그리스도께서 그분의 사자들을 택하신 일에서도 동일한 원칙이 실제로 적용되는 것을 봅니다. 지극히 무식한 어부들을 택하셨으니 말입니다.

일곱째, 그 기념물은 하나님의 백성들의 공동체적 **하나됨**을 인식하고 인정해야 할 것을 가르쳐 줍니다. 그 돌탑은 각 지파로부터 뽑힌 열두 명이 취한 열두 개의 돌을 가져다가(수 4:2) 길갈에 세운 것입니다. 두 지파와 반 지파는 요단 강 동편에 기업을 이미 받았으므로, 이 기념물이 더욱 눈에 띄었습니다. 그러나 이스라엘의 하나됨을 나타내기 위해, 요단 강 서편에 세워진 이 돌탑이 아홉 개나 열 개가 아닌 열두 개의 돌로 이루어졌던 것입니다.

열왕기상 18장에서도 동일한 것을 다시 보게 됩니다. 그로부터 여러 세기가 지난 후 이스라엘의 북왕국과 남왕국이 서로 분열해 있을 때에, 엘리야가 "야곱의 아들들의 지파의 수효를 따라 … 돌 **열두 개**를 취하니 이 야곱은 옛적에 여호와의 말씀이 임하여 이르시기를 네 이름을 이스라엘이라 하리라 하신 자더라. 그가 여호와의 이름을 의지하여 그 돌로 제단을 쌓"(31-32)았다 고 합니다.

비록 눈에 보이는 현실과 괴리가 있었으나 그는 하나님의 말씀을 믿는 믿음에 의지했습니다. 그들은 모두 하나님의 택한 자들이요 형제들이었습니다.

그러므로 우리는 지금 현실적으로 갖가지 분파들로 나뉘어 있고 교단적인 장벽이 있으나, 그들을 하나님의 자녀들로 바라보아야 하며, 같은 가족에 속하여 동일한 관심사를 지닌 한 형제요 한 자매들로 대해야 합니다. 믿음의 가족 전체를 마음으로 포용하며 그들 모두를 위해 기도해야 합니다.

제8장

헌신의 상징들

(여호수아 5:1-15)

1. 할례

이제 우리가 관심을 가져야 할 것은 여전히 이스라엘 앞에 놓여있는 진정한 과제의 준비 단계에 관한 것입니다. 엄밀히 말해서 이는 여호수아서의 본 내용—이스라엘의 가나안 정복과 점령이 그 주요 주제입니다—이 아니라 서론에 해당됩니다.

그러나 이 초두의 장들에서 성령께서는 모형의 형식을 통해 그리스도인이 전쟁에서 승리하고 그리스도께서 그들을 위해 확보하신 그 유산을 현재에 누리는 근본 비결을 계시하셨습니다. 그러므로 여기서 풍성한 유익을 얻으려면, 진행 속도를 천천히 늦추고서 이 처음에 계시된 진리들을 철저하게 곱씹는 것이 더욱 필요합니다.

이스라엘이 가나안을 소유하는 데 가장 먼저 절대적으로 필수 불가결했던 것은 요단 강을 건너는 것이었습니다. 이미 살펴본 대로, 그 일은 그리스도인이 그분의 보증이 되시는 그리스도 안에서 죽음과 심판을 통과하는 것과 그 다음에 "생명"에 들어가는 것을 나타내는 그림자였습니다.

오직 부활의 근거 위에 있는 자만이 자신의 소유를 소유하지 못하도록 방해하는 대적들을 물리칠 자격을 갖추었다 하겠습니다. 마찬가지로 그리스도인이 길갈에서의 이스라엘의 역사를 영적으로 실질적으로 체험하는 것 역시 필수적인 일입니다.

> 그 때에 여호와께서 여호수아에게 이르시되 너는 부싯돌로 칼을 만들어 이스라엘 자손들에게 다시 할례를 행하라 하시매 (수 5:2).

5장은 바로 이 말씀으로 시작한다고 보아야 합니다. 1절은 앞장을 결론짓는 것이 분명하니 말입니다. 성령께서는 여기 2-9절에서 길갈에서 일어난 일, 즉 이스라엘에게 할례를 베푼 일을 기록하셨습니다. 그 중요한 사건 기록은 그 일이 언제 일어났는지를 알리는 것으로 시작합니다. 이 점은 우리 자신에게 필요한 영적 적용을 위해서 간과해서는 안 될 내용입니다. "그 때에"는 다음의 다섯 가지의 "때"를 의미합니다.

첫째, 이스라엘의 하나님 여호와께서 그들을 위하여 놀라운 긍휼의 이적을 행하심으로 그 자신을 강력히 드러내 보이신 때에.
둘째, 죽음과 심판을 뜻하는 강을 막 건너자마자.
셋째, 약속된 기업의 경계 내에 그들이 발을 들여놓자마자.
넷째, 유월절 나흘 전에. 나흘의 기간은 그 백성들이 유월절 잔치에 참여할 조건을 갖추는 데에 필수적인 요건이었습니다.
다섯째, 그들이 자기들의 소유지를 소유하기 위해 기존에 그 땅을 점유하고 있던 자들을 몰아내는 과업을 시작하기 전에.

먼저 이스라엘에게 주는 문자적 역사적 의미를 살펴보고, 그 다음 이것이 영적 이스라엘, 즉 그리스도의 교회와 관련한 적용과 의미를 살펴보겠습니다. "이스라엘 자손들에게 다시 할례를 행하라"는 말씀에 대해서는 설명이 필요합니다. 이미 할례를 받은 사람들에게 고통스런 수술을 다시 반복하라는 뜻이 아니고, 과거에 이스라엘에게 행해졌던 전반적인 할례와 대조시키는 의미인 것이 분명합니다.

여호수아 24:14, 에스겔 20:7-8; 23:3에 비추어 보면 이스라엘 자손은 오랫동안 애굽에 체류하는 동안 하나님이 그 조상들에게 주셨던 계시와 율례들에서(창 26:5) 심하게 멀어져 있었습니다. 모세의 아들의 경우(출 4:24-25)를 근거로 볼 때에, 할례의 규례가 전반적으로 무시되었거나 잊혀진 것이 거의 사실이었을 것으로 보입니다.

"하나님이 아브라함과 이삭과 야곱에게 세운 그의 언약을 기억하사"(출 2:24; 6:5)라는 말씀은 이스라엘이 그 언약을 잊어버렸다는 것을 암시합니다. 할례를 받은 자들 이외에는 아무도 유월절에 참여하지 못하도록 한 명확한 금령(출 12:48-49)과 거기에 덧붙여진 "온 이스라엘 자손이 이와 같이 행하되 여호와께서 모세와 아론에게 명령하신 대로 행하였으며"(50절)라는 진술은 결국, 할례가 시행되었음을—아마도 "캄캄한 흑암"이 "애굽 온 땅"에 있었던 그 "삼일"이 시작되던 시점에(출 10:22)—뜻합니다.

여호수아 5:4-7은 그때에 이스라엘 남성 전체—어른과 아이들 모두—에게 할례를 베풀어야 했던 이유 를 잘 보여 줍니다.

> 그 나온 백성은 다 할례를 받았으나 다만 애굽에서 나온 후 광야 길에서 난 자는 할례를 받지 못하였음이라(수 4:5).

창세기 17:9-11에 비추어볼 때에 이는 정말 심각한 일이었습니다. 이스라엘이 어째서 그렇게 긴 세월동안 이처럼 핵심적인 예식을 행하지 못했는지에 대해 상당한 추측이 있어왔습니다.

토마스 스코트는 "할례를 행하지 않은 이유가 분명히 드러나지 않는다"고 말하고, 존 길(John Gill)은 "수시로 움직여야 하는 처지 때문에, 언제 그들이 천막을 치고, 얼마 동안 머물며, 언제 천막을 다시 걷어야 할지가 항상 불확실했으므로 할례를 행하기가 매우 불편했기 때문이었다"고 말합니다. 그러나 가장 대중적인 설명은 그들의 죄악된 소홀함 때문이었다는 것입니다.

하지만 절대다수가 그랬다 하더라도 그들 중에 할례를 시행한 경건한 이들이 있지 않았을까요?

전면적인 불신앙이 원인이었다면, 어째서 모세가 그런 위중한 죄에 대해 책망했다는 기록이 없을까요?

여호수아는 어째서 모압 평지에 머무는 동안 할례를 시행하도록 하지 않고, 구태여 요단 강을 건너기까지 기다렸을까요?

헨리(Henry)는 다소 불확실하고도 애매하게 설명하지만, 참된 설명에 아주 가까이 다가갔습니다. 우리가 보기에 진정한 이유는 가데스바네아에서 일어난 사건에 있었습니다.

이스라엘의 불평과 불신앙이 바로 그곳에서 최고조에 이르렀습니다. 열 명의 정탐꾼이 한 거짓 보고에 귀를 기울이고, "우리가 한 지휘관을 세우고 애굽으로 돌아가자"라고 말하며 가나안 땅에 들어가기를 거부하였고, 여호수아와 갈렙이 그들을 설득하려 하자 "온 회중이 그들을 돌로 치려한 끔찍한 사건"이 바로 거기서 벌어진 것입니다(민 14:1-10).

바로 그 때에 여호와께서 진노하시며 그들이 그분의 안식에 들어가지 못하리라고 맹세하셨습니다(시 95:11). 그 때에 그는 이렇게 선언하셨습니다.

> 너희의 시체는 이 광야에 엎드러질 것이요 너희의 자녀들은 너희 반역한 죄를 지고 너희의 시체가 광야에서 소멸되기까지 사십 년을 광야에서 방황하는 자가 되리라 너희는 그 땅을 정탐한 날 수인 사십 일의 하루를 일 년으로 쳐서 그 사십 년간 너희의 죄악을 담당할지니 너희는 그제서야 내가 싫어하면 어떻게 되는지를 알리라 (민 14:32-34).

곧, 그들이 배도하여 언약을 어김으로써 여호와께서 그들을 가나안으로 인도하실 약속에서 벗어나신 것이요, 바로 여기에 여호수아 5장을 이해하는 열쇠가 있는 것입니다!

거듭 잘못을 범해온 이스라엘이 결국, 약속의 땅을 멸시하고 가데스바네아 너머로 나아가기를 거부함으로써 반역을 노골화되자, 하나님은 그 세대 중 오직 두 사람만이 그 땅에 들어갈 것이며 나머지는 정죄받아 모두 광야에서 멸망할 것임을 맹세하셨습니다.

그리하여 38년 동안(신 2:14) 이스라엘은 배도(背道: apostasy)의 상태에 있었고, 그 기간 동안 그들의 자녀들은 "언약의 표징" 혹은 "증표"(창 17:11)—사람들은 이를 "언약의 인(印: 혹은 보증)"으로 불러왔는데, 할례는 아브라함 이외에는(롬 4:11) 어느 누구에게도 아무것도 보증해 준 일이 없으므로 이는 그릇된 것입니다—가 없이 지내야 하는 치욕을 견뎌야 했습니다.

민수기 14:32-34의 끔찍한 선고가 지속되는 동안, 이스라엘은 거부당한 민족이었고, 따라서 그들의 자녀들은 하나님과 언약 관계에 있음을 나타내는 표시를 지닐 자격이 없었습니다.

그러나 그들의 자녀들에 대해서 하나님은 긍휼의 증표를 다 물리지 않으셨고, 그들의 여정 전체를 통틀어서 그들을 지키시고 인도하셨습니다. 날마다 만나를 베푸신 일, 구름기둥과 불기둥, 성막을 세운 일 등은 비록 하나님이 이스라엘 백성들을 버리셨으나 그 자손들을 향한 그분의 사랑이 결국, 회복될 것임을 보여 주는 암시들이었습니다.

요단 강을 이적적으로 건넌 일은 이스라엘이 다시 한 번 하나님의 사랑에로 회복되었음을, 여호와께서 그들과의 언약 관계를 재개하셨음을, 죽음의 강을 건넜으니 이제 심판이 이루어졌음을, 그들의 선조들에게 내리신 선고가 이제 완결되었음을 보여 주는 분명한 증거였습니다.

요단 강을 건넌 이적은 이제 여호와께서 이스라엘을 그분의 백성으로 받으셨다는 명확한 증거였고, 따라서 그들은 이제 다시 그들의 몸에 그 언약의 증표를 받기에 합당한 신민이 되었습니다. 할례는 과연 아브라함 언약의 표징이었습니다(창 17:11).

할례는 자연적인 아브라함의 자손이 여호와와 언약을 맺은 백성으로서 다른 모든 민족과 구별되며 여호와께 순종해야 할 특별한 의무를 지닌 자들이라는 표시였습니다. 그것은 그 언약 중에 약속의 땅을 아브라함의 자손에게 보장해 준 약속 부분에 대한 표징이었습니다(창 17:8).

그러므로 이제 이 제2 세대가 할례를 받는 것이 합당한 일이었습니다. 더 나아가 할례가 회복되면서, 유월절(이는 할례가 선결요건이었습니다) 등, 광야에서는 중지되었던 다른 제도들이 다시 재개되었습니다. 이스라엘이 가나안에 들어가게 되자, 과거보다 더 철저한 제재 아래 있게 된 것입니다(신 6:1; 12:1, 8).

> 그 때에 여호와께서 여호수아에게 이르시되 너는 부싯돌로 칼을 만들어 이스라엘 자손들에게 다시 할례를 행하라 하시매(수 5:2).

이스라엘은 과거에 불신앙적인 선배들이 그 거주민들이 "강하고" "성읍이 견고하다"고 했고 "모든 백성은 신장이 장대한 자들"이라고 보고한 바 있었던(민 13:28, 32) 바로 그 땅에 발을 들여놓은 상태였습니다. 그러니 할례의 문제는 여호수아의 믿음을 시험하는 큰 요인이었습니다.

이스라엘의 모든 남자가 이제 며칠 동안 전혀 움직일 수 없고 싸울 수도 없게 되어 버릴 것이니 말입니다(창 34:25).

그러나 하나님은 이스라엘 진이 그 어떠한 세상적인 조치가 아니라 하나님 자신에 의해 다스림을 받는다는 사실을 분명히 드러내고자 하신 것입니다.

> 적국에서 여호수아처럼 전쟁을 시작한 장군이 과연 있었던가? 전쟁의 상황에서 종교 행사에 온통 관심을 기울이는 일에 대해서는 누구나 쓸데없이 시

간을 소비하는 짓이라고 생각하기 마련이다. 그러나 과연 하나님의 도우심이 성공을 위한 최선의 비결이라면, 적군의 칼날보다 하나님의 진노가 더욱 두렵다면, 매 전투마다 죄의 회개와 여호와께 드리는 엄숙한 예배로 시작함으로써 그분의 보호하심을 안전하게 확보하는 것이야말로—물론 육신적인 사람의 눈에는 성공을 저해하는 것처럼 보이겠지만—참된 조치일 것이다(토마스 스코트).

여호수아가 부싯돌로 칼을 만들어 ⋯ 이스라엘 자손들에게 할례를 행하니라(수 5:3).

전쟁에 참여할 병력을 그렇게 무력화시키는 것이 그야말로 그의 믿음에 대한 심각한 시험이었으나, 여호와의 보호하심을 신뢰하고서 그는 그 일에서 승리하게 됩니다. 물론 그처럼 굉장한 작업이 요구되는 일을 여호수아 자신이 직접 행하지는 않았지만 그 일이 그의 명령과 감독 하에서 시행되었기 때문에 얼마든지 여호수아가 한 일이라 할 만합니다.

요한복음 4:1-2에서 "예수께서 제자를 삼고 세례를 베푸시는 것이 요한보다 많다 ⋯ 예수께서 친히 세례를 베푸신 것이 아니요 제자들이 베푼 것이라"는 말씀의 경우처럼 말입니다. 여호와의 이 명령은 여호수아만이 아니라 이스라엘 백성의 믿음에 대해서도 심각한 시험이 되는 것이었습니다. 그들이 이 명령에 복종하느냐의 여부가 과연 그들이 하나님의 약속의 진실성을 신뢰하고 있느냐를 가늠해 주는 것이었습니다(민 14:7-8).

더 나아가, 할례는 그들의 순종에 대한 시험으로 계획된 것이었습니다. 하나님이 모세를 통해 주신 모든 명령을 철저히 지킬 때에 비로소 가나안 정복이 이루어질 것이었기 때문입니다(수 1:8). 기꺼이 할례에 참여하는 것이야말로 그들이 여호수아 1:17-18에서 여호수아에게 한 약속을 이행하는 것이요, 그들이 이스라엘의 모든 세대 가운데 최고라는 것을—모세의 기도(시 90:13-17)에 대한 응답으로—다시 한 번 입증하는 것이었습니다.

또 그 모든 백성에게 할례 행하기를 마치매 백성이 진중 각 처소에 머물며 낫기를 기다릴 때에 여호와께서 여호수아에게 이르시되 내가 오늘 애굽의 수치를 너희에게서 떠나가게 하였다 하셨으므로 그 곳 이름을 오늘까지 길갈이라 하느니라(수 5:8-9).

이상하게도 주석가들은 "애굽의 수치"라는 표현의 의미에 대해 해석이 분분한데, 대다수는 그것을 이스라엘이 애굽인들의 종이었을 때에 받은 낙인(烙印)을 지칭하는 것으로 봅니다. 그러나 그 수치는 여호와께서 그분의 백성을 크신 권능으로 애굽에서 건지시고 홍해를 안전히 건너게 하시고 거기서 바로와 그의 군대를 궤멸시키셨을 때에 이미 영원히 사라졌습니다.

아닙니다. "애굽의 수치"란 오히려 출애굽기 32:12에 기록된 애굽의 조롱을 빗대는 것이 분명합니다. 하나님께 이스라엘이 거부당하던 38년 동안에는 그들이 광야에서 멸망할 것이라는 애굽의 조롱이 설득력 있어 보였습니다.

그러나 이제 여호와께서 이스라엘에게 돌아오심으로써 이제 그런 조롱의 근거가 사라졌습니다. 여호와께서는 이스라엘과 맺으신 언약의 증표를 회복시키심으로써, 그들을 위한 여호와의 능력의 역사가 다시 시작되었으며 그들이 과연 그분의 백성이요 그가 그들의 하나님이시라는 것을 드러내 보이신 것입니다.

이제 이 내용을 우리 자신들에게 적용할 차례가 되었습니다. 구약 시대의 모든 의식과 제도들이 그렇듯, 할례 역시 신약 시대의 성도에게 실질적이며 본질적인 의미를 지니기 때문입니다. 우선 간단히 말하자면, 할례는 죄를 죽이는 일, 곧 육체의 더러움을 끊어 내는 일에 관한 것이었습니다.

이에 대해서는 좀 더 상세히 설명할 필요가 있습니다. 절대다수의 그리스도인들이 이 문제에 대해 아주 가볍게 생각하며 로마 교회의 오류들로부터 물려받은 그릇된 사고들을 갖고 있기 때문입니다. 하나님의 자녀들 중에, "죄를 죽이는 일"이 몇몇 특정한 죄의 행실들을 죽이는 것이나, 이런저런 구체적인 부패한 점들을 극복하는 것을 의미하는 것으로 생각하는 사람들이 너무나도 많습니다. 그러나 이것은 심각한 잘못입니다.

몇몇 구체적인 죄의 행실들을 경계하고 단호히 배격하여 그것들을 이기는 정도로는 진짜 죄를 죽이는 것에는 턱없이 부족합니다. 이는 그런 것들 중에 본성적인 상태에 있는 사람들의 능력 밖에 있는 것이 하나도 없고 실제로 그것들을 극복한 이들이 적지 않다는 사실만 보아도 분명히 알 수 있습니다. 하나님의 은혜의 능력에 대해 아무것도 마음으로 알지 못하는 많은 남녀들이, 격하게 끓어오르는 분노를 잘 제어하기도 하고 과도한 음주벽을 이기는 모습을 볼 수 있습니다.

그리고 그리스도인도, 철저한 극기 훈련의 결과로 몇 가지 끈질기게 괴롭히는 죄를 극복하거나, 혹은 기도에 대한 응답으로 하나님이 가능케 하셔서 몇 가지 특정한 정욕거리를 이겨내기도 했습니다. 이 점은 인정해야 합니다.

하지만 그런데도 그 악한 본성이, 그 뿌리가, 계속 흘러내리는 더러운 물의 샘(泉)이, 죄의 몸 전체가, 속에 여전히 남아 있는 것입니다!

그렇습니다. 죄를 죽인다는 것은 그보다 훨씬 더하고, 불쌍한 저 교황주의자들이 아는 것보다 훨씬 더 크고 장대한 문제입니다. 죄에 대해 죽는다는 것은 그저 몇 가지 죄의 행위들에서 구원받는 것보다 더 고상하고 거룩한 신비입니다. 그것은 그리스도와 연합함으로써, 죄에 대한 죽으심에서 그와 하나가 되는 것에 있습니다(롬 6:10-11).

그것은 우리를 위한 그리스도의 죽으심, 그리고 성령의 능력으로 말미암는 우리 안에서의 그리스도의 죽으심의 효과와 열매요, 이로써 우리가 그리스도의 죽으심에 근거하여 살며 그와 교제를 누리며, "그의 부활의 능력"에 참여하게 됩니다. 우리의 머리이신 그분을 믿는 믿음이 발휘되면서, 우리가 그분의 죽으심과 부활의 덕과 효능을 우리 마음과 삶 속에서 실행하게 됩니다.

할례로써 그림자로 나타내었던 것, 즉 육체의 더러움을 벗어버리는 것의 골자를 모든 신자는 그리스도 안에서 발견하며, 그들의 영혼 속에서 그것을—이 땅에서는 어느 정도로만, 그리고 죽음에 이르러서는 완전히—실현하게 됩니다. 그리스도인의 할례에 대한 완전한 견해를 얻기 위해서는 먼저 연합의 측면으로(federally) 그리고 법적으로 보고, 그 다음으로 영적으로, 체험적으로 보고, 실천적으로 그리고 명시적으로 보아야 합니다.

첫째, 모든 신자는 법적으로 그리스도 안에서 할례를 받았습니다. 할례가 예표하는 것은 죄의 오염을 제거하는 것인데, 그 일이 신자들의 머리이신 그리스도의 죽으심에서 법적으로 그들을 위해 이루어진 것입니다. 할례는 죄를 죽이는 일 전체를 상징하는데, 이는 바로 그리스도께서 그분의 백성을 위해 죽으심의 효과요 열매입니다.

> 너희도 그[그리스도] 안에서 충만하여졌으니 그는 모든 통치자와 권세의 머리시라 또 그 안에서 너희가 손으로 하지 아니한 할례를 받았으니 곧 육의 몸을 벗는 것이오 그리스도의 할례니라(골 2:10-11).

구속받은 그분의 백성들이 그들의 언약의 머리이신 그리스도 안에서 이미 진정 법적으로 할례를 받았다는 복된 사실을 여기서 보게 됩니다. 이 할례를 그 모형이 되는 구약의 육체적인 할례와 구별하기 위해, 또한 그것이 우리의 노력의 결과가 아니라는 것을 보여 주기 위해, "손으로 하지 아니한 할례"라고 말씀합니다. 골로새서 2:11은 우리의 믿음에 호소하는 진술입니다. 그것은 우리의 실질적인 체험의 영역 바깥에 있는 것을 우리가 그리스도 안에서 누리는 것을 지칭하기 때문입니다.

사도는 성령의 감동하심을 받아 그 동일한 사실을 극히 다양한 용어들을 사용하여 묘사합니다. 로마서 6:2에서 그는 모든 신자가 "죄에 대하여 죽은" 사실을 말씀합니다. 그리고 고린도전서 6:11에서는 "너희 중에 이와 같은 자들이 있더니 주 예수 그리스도의 이름과 우리 하나님의 성령 안에서 씻음과 거룩함과 의롭다 하심을 받았다"라고 말씀합니다. 갈라디아서 2:20에서는 그 자신이 모든 성도의 대표 격으로 "그리스도와 함께 십자가에 못 박혔다"고 합니다. 그리고 여기 골로새서 2:11에서는 "그 안에서 너희가 손으로 하지 아니한 할례를 받았으니"라고 말씀하는데, 이는 곧 하나님의 율법과 공의 앞에서 죄의 오염과 더러움 전체가 영원히 제거되었음을 뜻합니다.

> 내가 네 허물을 빽빽한 구름 같이 네 죄를 안개 같이 없이하였으니(사 44:22).

> 나의 사랑 너는 어여쁘고 아무 흠이 없구나(아 4:7).

> 전에 악한 행실로 멀리 떠나 마음으로 원수가 되었던 너희를 이제는 그의 육체의 죽음으로 말미암아 화목하게 하사 너희를 거룩하고 흠 없고 책망할 것이 없는 자로 그 앞에 세우고자 하셨으니(골 1:21-22).

이 본문들은 그리스도와 교회가 연합의 측면에서, 또한 법적으로 하나임을 성부 하나님이 그분의 사랑하시는 자 안에서 그들을 받으시고 그들을 의롭고 거룩한 자들로 바라보신다는 것을, 그가 이제 그들을 흠이나 티 같은 것이 없는 자들로 바라보신다는 것을, 그가 그들이 영원히 깨끗이 씻음 받고 복 받은 자들이라는 것을 선언하셨음을 증언해 줍니다. 하나님의 백성들 중 많은 이들이 그들의 실질적인 범죄들의 죄책과 정죄가 그리스도로 말미암아 완전히 속함 받았다는 복된 사실을 믿음으로 감지합니다. 그러나 그들의 악한 본성 자체와 그들의 모든 부패성이 그리스도의 희생으로 말미암아 법적으로 종식되었다는 것을 믿음으로 아는 사람은 극히 드뭅니다.

하나님이 그들을 율법의 저주에서 깨끗이 씻음 받은 자들로 보시므로 그들에게 정죄가 없다는 것은 믿음으로 알고 있습니다. 그러나 그들이 그 본성에서 죄의 존재와 더러움 그 자체에서 씻음 받았으므로 하나님의 공의가 그들 속에 더러움이 없는 것으로 보신다는 것은 인지하지 못하고 있습니다.

그러나 전자만큼이나 후자 역시 진실입니다. 그들의 "옛 사람이 예수와 함께 십자가에 못 박혔습니다"(롬 6:6). 그들은 그리스도 안에서 할례를 받았습니다. 이 사실을 "죄의 몸을 벗는 것"이라 묘사합니다. 죄인의 속에 내주하는 죄를 가리켜 "몸"이라 부르는데, 이는 그것이 각양 지체들과 부분들로 이루어져 있기 때문입니다. 그 "죄의 몸"을 벗은 것입니다.

예, 그 몸이 "파괴되었고", 혹은 로마서 6:6에서 말씀하는 것처럼 "죽었습니다." 그뿐만 아닙니다. 그리스도의 거룩함이 그들의 영혼에게 전가되었으므로 하나님은 친히 그들에 대해 "왕의 딸은 속이 영화롭도다"(시 45:13, 개역개정은 "왕의 딸은 궁중에서 모든 영화를 누리니"로 번역함. 역주)라고 선포하십니다. 그저 "겉"에만 그리스도의 의의 예복을 입고 있는 것이 아닙니다.

다시 말씀하거니와 골로새서 2:11은 믿음에게 주시는 신적인 선포이지(위에서 인용한 아가서 4:7과 시편 45:13도 그렇습니다만), 그리스도인의 체험을 묘사하는 것이 아닙니다. 물론 믿음의 분량만큼 그것을 깨닫고 그것이 주는 위로와 기쁨을 경험하지만 말입니다. 안타까운 일은 독자들 중에는 십중팔구 의심과 두려움으로 인해 그 위로와 기쁨을 거부하는 나머지 부주의함과 죄를 하찮게 여기는 데로 나아갈 소지가 다분한 분들이 있습니다.

하나님은 그분의 자녀들에게 "너희 자신을 죄에 대하여는 죽은 자 … 로 여길지어다"(롬 6:11)라고 명하십니다. 이것은 곧 "너희 자신을 과연 그리스도 안에서 할례받은 자로, 곧 육에 속한 죄의 몸을 벗은 자로, 여길지어다"라는 것과 동일한 의미입니다. 아주 위험한 경향을 지닌 무슨 일을 하라고 명령하시는 것이 아닙니다. 그들 자신의 상태를 그렇게 간주하라고 권면합니다. 그렇게 할 만한 선하고 견고한 근거가 이미 그들에게 있기 때문입니다.

그리스도께서 그들의 죄의 죄책과 더러움을 제거하기 위해 고난당하시고 죽으셨을 때에, 그들의 머리되신 그분이 그들의 대표자로서 그 일을 행하신 것입니다.

우리가 그분의 죽으심에서 그리스도와 하나가 되지 않으면, 우리에게는 죄 용서도 깨끗이 씻음도 있을 수 없습니다. 그러므로 성도는 하나님 앞에서의 자신들의 상태가 바로 그리스도의 상태와 동일한 것으로 여겨야 합니다. 곧 죄의 권세로부터 구원받았고 아버지의 선명한 사랑으로 인정받은 상태라는 것입니다.

지난 번 강론에서 이미 지적한 바 있습니다. 하지만 길갈에서 이스라엘의 모든 남자에게 할례를 행한 일은 교회의 할례를 보여 주는 하나의 모형이었습니다.

첫째, 모든 신자는 그리스도 안에서 법적으로 할례를 받았습니다. 십자가에서 "육의 죄의 몸[혹은 전체]"를 벗어버렸습니다. 즉 하나님의 율법과 정의의 면전에서 완전히 영원히 제거되었습니다. 골로새서 2:11이 가르치는 복스러운 의미가 바로 이런 것입니다. 하나님의 택한 자들에게는 그들과 연합한 자요 그들을 대표하는 존재이신 그들의 머리가 계셨고, 따라서 그가 죄에 대해 죽으셨을 때에 그들도 죄에 대해 죽은 것입니다.

따라서 그 진리를 새기고 그 사실을 근거로 안식을 누리는 것이 믿음의 임무요 특권입니다. 지난 강론에서 우리는 죄를 죽이는 복음의 방법을 살펴보았지만 교황주의자들의 육신적인 기법들과 얼마나 복된 대조를 이루는지 모릅니다.

죄를 죽이는 일은 우리가 주 예수님의 죽으심에서 그와 연합하는 데에서 비롯되며, 믿음이 그 덕성과 효능을 받아 누리는 것입니다. 모든 참되고 영적인 죄 죽임의 샘이 십자가에서 열렸습니다.

하나님은 그분의 사랑하시는 아들의 위격과 사역의 존귀를 지극히 귀중히 여기시므로, 그리스도와 그 샘에서 벗어나는 모든 이탈 행위는 죄가 우리에게와 우리 속에서 저질러놓은 각양 상처들에 대해 치료하고자 육신의 생각이 고안해낸 온갖 방법들은 반드시 실패할 수밖에 없습니다. 구원을 위해서는 죄의 책임으로부터는 물론 죄의 권세와 오염으로부터—예, 죄의 존재로부터도 마찬가지입니다—구원을 얻기 위해서는 오직 그리스도만을 바라보아야 합니다.

둘째, 이제는 그리스도께서 그분의 백성과 연합하신 그 머리이시며, 동시에 필수적인 혹은 생명을 주시는 그들의 머리시라는 점을 지적해야겠습니다. 육체의 몸에 붙어 있는 머리가 그 모든 지체에 영향을 미치고 그것에 생명과 움직임을 부여하듯이(뇌의 한쪽 부분이 마비되면 몸의 한쪽 부분이 함께 마비되므로), 그리스도께서도 그분의 신비한 몸, 즉 교회의 지체들에게 생명과 영향력을 부여하십니다.

그분은 그분의 영을 그들의 마음속에 내려보내심으로 그 일을 행하십니다. 그리스도께서 그들을 위해 행하시고 값주고 사신 그것을 성령께서 그들에게 전달하시는 것입니다. 이로 말미암아 그들은 영적으로, 또한 체험적으로, "할례"를 받는 것입니다. 이로써 우리가 다룰 주제의 두 번째 대지를 대하게 되었습니다.

> 무릇 표면적 유대인이 유대인이 아니요 표면적 육신의 할례가 할례가 아니니라 오직 이면적 유대인이 유대인이며 할례는 마음에 할지니 영에 있고 율법 조문에 있지 아니한 것이라 그 칭찬이 사람에게서가 아니요 다만 하나님에게서니라(롬 2:28-29).

이 두 절 속에는 깊은 중요한 도리들이 많이 있으나, 오늘날, 특히 세대주의자들과 "예언"에 치중하는 저술가들이, 그것들을 거의 이해하지 못하는 실정입니다. 그러나 그 구절들을 상세히 해설하거나 혹은 심지어 사도의 논지의 과정 같은 것을 다루는 것은 지금으로서는 논외의 일일 것입니다. 우리로서는 그 구절 속에서 현재 우리가 다루는 주제와 직접 관련된 내용만을 다룰 수밖에 없습니다.

"할례는 마음에 할지니 영에 있고 육체에 있지 아니한 것이라."

여기서 진정한 "할례"에 대해 명확한 가르침을 봅니다. 하나님이 가장 인정하시는 할례는 내적인 할례라는 것입니다. 현대인들은 이 사실조차도 거의 이해하지 못하고 따라서 그들의 가르침에도 전혀 나타나지 않습니다.

우리 독자들 중에서도 영적인 "할례"가 무슨 의미인지에 대해 명확한 이해를 가진 분들이 과연 얼마나 될지 궁금합니다. 아마 거의 없지 않을까 싶습니다. 그러니 우리가 여기서 그저 여호수아서의 주제들을 그저 전체적으로 대략 살피고 속히 지나가지 않고, 이 주제를 취하여 살피는 일이 더욱 필요합니다. 성경을 조금이라도 주의를 기울여 읽어온 모든 분은 인지하셨겠습니다.

하지만 "중심이 진실함을 원하시는"(시 51:6) 여호와께서는 구약 시대에서조차도 이스라엘에게서 그저 할례의 외형적인 의식에 순종하는 것보다 훨씬 더한 것을 요구하셨습니다. "그러므로 너희는 마음에 할례를 행하고 다시는 목을 곧게 하지 말라"(신 10:16)라는 말씀은 너무도 분명하여 오해의 여지가 없습니다. 레위기 24:41과 예레미야 9:26의 마지막 부분에서 확실히 드러나거니와, 여호와께서는 "마음에 할례를 받지 못한" 상태 때문에 이스라엘을 징벌하셨습니다. 스데반 역시 당시의 유대인들이 동일한 잘못을 저지르고 있음을 책망했습니다(행 7:51).

"너희는 스스로 할례를 행하여 너희 마음 가죽을 베고 나 여호와께 속하라"(렘 4:4)는 것은 여호와의 정당한 요구였습니다. 존 길(John Gill)은 "여호와께서 이를 행하라고 사람들에게 권고하신다"는 것을 인정하며(안타깝게도 그분을 사모하는 많은 이들이 이를 행하기를 거부합니다만), 이렇게 올바로 덧붙이고 있습니다.

"그러나 다른 곳에서는 그가 그 일을 행하시겠다고 그들에게 약속하신다."

하나님은 언제나 외형적인 겉모양만이 아니라 그 속의 진실을 요구하셨습니다. 외형적이며 의식적인 것만이 아니라 내적이며 도덕적인 순결을 요구하신 것입니다.

> 예루살렘아 네 마음의 악을 씻어 버리라(렘 4:14).

이러한 영적 할례 혹은 마음을 씻는 일은 중생의 소극적인 면, 혹은 다른 저술가들이 더 적절히 표현했듯이 "결핍"의 면에 해당합니다. 엄밀히 말하면, 이것은 무언가의 결핍이나 보류나 제거를 통해 생겨나는 결과를 의미하는데, 이를 정확히 규정할 수 있는 영어 단어가 없으나(한국어도 마찬가지입니다. 역주) "결핍의 면"(the privative side)이 가장 근접한 표현이라 여겨집니다.

이것은 사람이 은혜라는 기적의 주체가 될 때에 그 사람에게서 일어나는 "위대한 변화"의 일면 혹은 일부분입니다. 그것에 대해서는 최근에 아주 상세히 다룬 바 있으므로, 여기서는 길게 다룰 필요가 적습니다. 하지만 "중생"이라는 넓은 의미의 용어 속에 영적 상황이 포함되어 있으므로, 그것을 아예 무시할 수는 없을 것이라 여겨집니다.

"위대한 변화"를 다루는 논고에서 강조한 바와 같이 너무나도 많은 저술가들이 중생을 다루면서 오로지 한 가지 면—새 생명 혹은 새 "본성"이 전해지는 것—에만 주의를 집중시키는 경향이 있습니다. 그러나 그것은 중생을 한 각도에서만, 그것도 적극적인 면에서만, 바라보는 것입니다. 중생에는 소극적인 혹은 결핍의 면도 있습니다. 출산에는 괴로움과 고통이 있습니다.

어쩌면, 칭의에 다음 두 가지 부분이 있다는 점을 상기하면, 우리가 지금 말씀하는 이 내용을 더 잘 이해할 수 있을지 모르겠습니다. 결핍의 면과 적극적인 면, 즉 무언가 제거되는 것과 무언가 베풀어지는 것. 칭의의 결핍의 면은 모든 죄에 대한 책임과 형벌이 취소되고 제거됩니다. 씻음(용서)이란 "떠나보내는 것"을 의미하기 때문입니다. 칭의의 적극적인 면은 믿는 죄인의 계좌에게로 그리스도의 순종의 공효를 전가시키는 것입니다.

"의롭다 하다"라는 한 개인이 (순전할 뿐 아니라) 의롭다고 선언하는 것을 뜻하기 때문입니다. 이 두 가지가 스가랴 3:4의 사랑스러운 모형 속에 함께 등장합니다. "내가 네 죄악을 제거하여 버렸으니"는 결핍의 면이요, "네게 아름다운 옷(눅 15장에서는 "제일 좋은 옷")을 입히리라"는 적극적인 면입니다.

자, 중생 때에 무언가가 베풀어지는 것은 물론 무언가가 제거됩니다.

> 너희 육신에서 굳은 마음을 제거하고 부드러운 마음을 줄 것이며 (겔 36:26).

이것이 은유적인 표현이지만 그 의미를 쉽게 이해할 수 있습니다. 악과 결별하고 선한 것과 연합하는 정서가 있다는 것입니다. 하나님이 은혜의 기적으로 말미암아 죄에 대한 사랑을 제거하시고 거룩에 대한 사랑을 심어주시는 것입니다.

죄에 대한 극단적이며 고질적인 애착이 어떻게 해서 타락한 사람에게서 제거됩니까?

성령의 조명하심을 통해 죄의 극한 죄악성을 그 사람에게 드러내심으로써, 죄의 엄청난 규모와 그 사악함에 대해 그를 책망하심으로써, 지금껏 전능하신 하나님을 상대로 전쟁을 벌여왔다는 사실을 양심에 드러내사 공포와 두려움을 갖게 하심으로써, 영광의 주께서 피를 흘리시고 죽으신 것이 바로 자기 자신의 죄 때문임을 확연히 인식하게 하심으로써, 제거됩니다.

그렇게 되면 죄에 대한 사랑이 그의 영혼 속에서 치명상을 입게 됩니다. 그렇게 되면 그 사람이 "마음에 찔려" 고뇌와 절망 속에서 "우리가 어찌할꼬"라고 외치게 됩니다(행 2:37). 이것을 달리 말하면, 그 때에 그의 영혼이 영적으로 체험적으로 할례를 받는 것이요, 그 때에 죄에 대한 그의 사랑에 관한한 그가 죄악된 "육의 몸"을 벗는 것입니다(골 2:11).

성도 속에서 역사하시는 성령님의 사역은 여러 면을 지니지만, 그 큰 의도와 성취는 바로 그리스도께서 성도를 위해 행하신 일이 그에게 그대로 효과를 내도록 합니다. 혹 다른 말로 표현하자면, 성령께서 성도가 연합의 측면에서와 법적으로 그리스도 안에서 누리는 바를 영적으로 체험하게 하시고 실제로 그 효력을 누리게 하시는 것이라 하겠습니다.

그리스도께서 죄에 대해 죽으셨습니다. 그가 "우리를 위해 죄가 되셨고"(법적으로), 또한 그분의 죽으심은 곧 우리의 죄가 형벌을 받아 죽은 것이었습니다. 결국, 성령께서 우리에게 베풀어지시면 그 때에 그는 먼저 우리 마음속에 죽음을 이루십니다. 즉, 우리의 자기 의(self-righteousness)를 죽이시고, 우리의 갖가지 애착들 속에 있는 죄에게 치명상을 입히십니다. 사도는 자신의 회심의 한 가지 면에 대해 말씀하는 중에, "계명이 이르매 죄는 살아나고 나는 죽었도다"(롬 7:9)라고 말씀합니다.

즉, "탐내지 말라", 음욕을 품지 말라, 불법한 것을 탐하지 말라는 등의 말씀들이 신적인 능력으로 그의 영혼 속에 와 닿을 때에, 자신의 죄의 끔찍한 본성과 그 범위가 그의 양심 속에 생생한 현실로 다가왔고, 그리하여 자기 자신에 대해 좋게 평가하던 모든 생각이 죽었다는 것입니다. 우리의 자기 의를 영적으로 죽이고 죄를 혐오하도록 만듦으로써, 우리의 영혼이 체험적으로 "그분의 죽으심을 본받"는(빌 3:10) 것입니다.

> 네 하나님 여호와께서 네 마음과 네 자손의 마음에 할례를 베푸사 너로 마음을 다하며 뜻을 다하여 네 하나님 여호와를 사랑하게 하실 것이며(신 30:6).

여기서 우리는 중생 혹은 은혜의 기적의 두 가지 근본적인 면이 함께 제시되는 것을 봅니다.

첫째, 제거의 면인데, 마음의 할례가 그것입니다. 이 일이 행해지면 마음이 귀하게 간직해오던 죄들과 기꺼이 결별하게 되고, 마음의 애착들이 모든 악에게서 멀어집니다. 이는 적극적인 면을 위한 것인데, 바로 마음이 그 모든 기능과 힘으로 여호와를 사랑하게 되는 것이 그것입니다. 하나님을 향한 그런 사랑이야말로, 존 길이 올바로 지적하듯이, "모든 사람의 의무"요 따라서 중생하지 않은 자들의 의무이기도 합니다. 그러므로 존 길은 그의 추종자들과는 반대로 "의무로서의 믿음"만이 아니라 "의무로서의 사랑"도 가르칩니다.

그런데도, 하나님이 친히 그 마음에 할례를 베푸시기까지는 아무도 이 의무를 행할 수가 없습니다. 하나님이 마음에 할례를 베푸실 때에 비로소 택함 받은 자의 영혼이 자연인으로부터 "새로 지으심을 받는 것"(갈 6:15)으로 변화됩니다. 문자적인 할례를 "여덟째 날"(레위 12:3)에 시행하도록 규정되어 있다는 사실이,

"옛 사람과 그 행위를 벗"는(골 3:9) 도덕적 변화를 예표하는 것으로 제시되었습니다. "여덟"이라는 숫자는 언제나 새로운 시작을 의미하며, 따라서 "새로 지으심 받은 것"을 의미하기 때문입니다.

둘째, 이 주제에 대해 면밀히 주의를 기울여야 할 또 다른 면이 있습니다. 하지만 그리스도인의 할례의 실천적이고 명시적인 면이 그것입니다. 그리스도께서 그분의 백성을 위해 이루신 일을 성령께서 그들의 속에서 효력을 발생하게 하시므로, 그들은 일상생활과 행동거지에서 그것이 드러나도록 해야 합니다. 그리스도 안에서 이루어진 우리의 연합적이며 법적인 할례는 우리의 본질적이며 체험적인 할례를 위한 것이니, 이는 그분의 백성을 대신하여 그가 행하신 사역의 공로로 말미암아 주 예수께서 그분의 백성에게 베풀어지는 성령의 선물과 은혜를 확보하셨기 때문입니다(갈 3:13-14).

성령의 역사로 말미암아 우리에게 베풀어지는 내적인 할례는 우리 하나님을 영화롭게 하고 우리의 책무를 더욱 잘 감당하도록 우리를 구비시켜 주시기 위함이었습니다. 중생 때에 성령께서 그리스도의 백성들이 가졌던 애착에 치명상을 입히셨고, 또한 동시에 거룩을 사랑하고 사모하는 성향을 그들의 마음에 심어주셨지만, 그런데도 악한 원리를 그에게서 완전히 제거하시는 것은 아니며, 따라서 이 땅의 나그네의 삶 마지막까지 "육체"가 그 영혼 속에 남아 있습니다.

결국, 이제 그 사람 속에 끊임없는 갈등이 있고(갈 5:17), 그러므로 그는 "믿음의 선한 싸움"을 싸워 나가야 하고, 자신의 부패성의 물길을 거슬러 헤엄쳐야 하며, 자기를 부인하고, 땅에 속한 자신의 지체들을 죽여야 합니다.

그리스도인이 싸워나가야 할 원수들은 강력하고 힘 있는 존재입니다. 육체와 세상과 마귀라는 저 악한 삼위일체가 지칠 줄 모르고 그를 파괴하기 위해 달려듭니다.

그러니 그런 치명적인 싸움에서 어떻게 해야 승리를 거둘 수 있을까요?

이 질문에 대해 극히 다양한 답변들이 제시되어왔고, 온갖 원칙들과 규정들이 제정되어왔습니다. 하지만 그것들 대다수가 돌팔이 의사들에게서 나온 것들입니다. 이 싸움이 "믿음의 싸움"이라는 사실을 너무나 일반적으로 간과하고 있습니다. 마귀는 오직 계속해서 "믿음을 굳건하게"(벧전 5:9)하여야만 성공적으로 물리칠 수 있습니다.

> 세상을 이기는 승리는 이것이니 우리의 믿음이니라 (요일 5:4).

그러므로 믿음이 발휘되지 않고서는 우리 속에 내재된 죄에 대해 승리를 거둘 수가 없습니다. 그런데, 여러분의 믿음은 언제나 그리스도와 관계됩니다. 그분이 그 위대한 대상이시요(히 12:2), 그 지탱자이시며(빌 1:21), 그것을 강하게 하시는 자이십니다(빌 4:13). 바로 성부 하나님이 그렇게 정해놓으셨습니다.

그분의 백성이 모든 일에 대해서 그분의 사랑하시는 아들을 바라보고, 그에게 모든 것을 돌리고, 오직 그분의 머리 위에 존귀와 영광의 면류관을 씌워드리게 하시고자 그렇게 하신 것입니다. 그리스도야말로 죄의 책임과 오염에서는 물론 죄의 권세와 공격에서까지 우리를 구원하시는 유일한 구원자이신 것입니다.

이러한 실천적 할례, 곧 우리의 죄를 죽이는 문제에 있어서, 땅이 하늘 아래 있는 한 다른 모든 것이 그렇듯이 사람의 생각과 길이 하나님의 그것에 훨씬 못 미칩니다. 사람은 저것을 얻기 위해서 이것을 해야 한다거나, 저것을 누리기 위해서는 이것을 피해야 한다거나, 선에 속하기 위해서는 악을 멀리해야 한다는 식으로 생각합니다. 그러나 그런 일을 행할 힘을 대체 어디에서 얻어야 할지를 모릅니다.

그러나 이와는 사뭇 대조적으로 하나님의 길은 의무를 이행하는 데 필요한 모든 것을 그가 친히—그것도 값없이—구비시켜 주셔서 우리로 하여금 기쁨으로 감사로 부응하게 하시는 것이요, 사랑을 우리에게 부어주셔서 그분을 사랑하는 것으로 갚아드리지 않을 수 없게 하시는 것이며, 그리스도가 우리에게 과연 어떤 일을 행하셨는지를 먼저 알게 해 주신 다음 그 구주의 은혜에 합당하게 처신할 것을 명하시는 것입니다.

그는 먼저 우리를 주 안에서 "빛"이 되게 하시고, 그 다음 우리에게 "빛의 자녀들처럼 행하라" 할 것을 명하십니다(엡 5:8). 먼저 우리를 성도로 삼으신 다음 우리에게 "성도에게 마땅한 바대로 행할 것"을 명하십니다(엡 5:3). 그는 우리를 거룩하게 만드시고, 그 다음 우리에게 거룩에 합당하게 처신할 것을 촉구하시는 것입니다(딛 2:3).

그리스도인들에게 스스로를 죄에 대해 죽은 자로 여기고 우리 주 그리스도 안에서 하나님께 대해서는 살아 있는 자로 여기라고 명령한 다음, 그들에게 다음과 같이 권면합니다.

> 그러므로 너희는 죄가 너희 죽을 몸을 지배하지 못하게 하여 몸의 사욕에 순종하지 말고(롬 6:11-12).

법적으로는 이미 죄에 대해 죽었으나, 죄가 그들의 속에서 전혀 죽은 상태가 아니라는 것입니다. 하나님 앞에서의 법적인 지위에 관한한 그들이 더 이상 "육신에" 있지 않지만(롬 8:9), 그런데도 "육신"이 여전히 그들 속에 있습니다.

그리스도께서 죄의 책임과 오염 전체를 다 씻으셨지만, 죄의 권세로부터는 아직 완전히 구원하신 것이 아닙니다. 이는 그들로 하여금 그분의 은혜의 충족함과, 그의 오래 참으심의 놀라움과, 그들을 유지시켜 주시는 능력의 실체를 증명하게 하고자 함이요, 또한 그들에게 주어진 은혜가 시험과 시련을 통해 발전할 기회가 있게 하고자 함입니다.

그러나 물론 악한 원리(혹은 "본성")가 완전히 박멸되는 것은 아니지만, 그리스도인에게는 "그러므로 … 죄가 너희 죽을 몸을 지배하지 못하게 하라"는 권면이 주어집니다. 이 "그러므로" 속에서 우리는 그리스도인들에게 임무를 다 할 것을 권고하는 사도의 복음적 방법의 실례를 봅니다. 더 많은 복을 얻기 위해서가 아니라 이미 그리스도 안에서 그들이 누리고 있는 그것 때문에 임무를 다해야 한다는 것입니다.

그 "그러므로"는 그 앞의 단락 전체(1절부터 시작되는)를 뒤돌아보는 것이지만, 특별히 6:10-11을 염두에 두는 것이라 하겠습니다. "그러므로 죄가 지배하지 못하게 하라"는 것은 그저 우리의 의지를 실행에 옮기라는 탄원이 아닙니다. 그것은 법적이며 본질적인 그리스도와의 연합 덕분에 이미 우리의 것이 된 그 지위와 신분의 모든 것을 믿음으로 우리 자신의 것으로 만들라는 말씀입니다.

그리스도 안에서 죽고 부활함으로 우리가 얻은바 그리스도 안에서의 우리의 죄 없음을 믿음으로 깨닫고 누리라는 것입니다. 이것이야말로 우리의 일상생활 속에서 죄를 이기고 승리하는 유일한 올바른 방법입니다. 하나님은 결코, 불신앙을 장려하시지 않고, 언제나 믿음을 권고하십니다.

그리스도께서 죄를 제거하셨으므로 죄가 우리를 지배할 권리가 하나도 없다는 것을 믿음으로 인지하고 그렇게 여기라는 것입니다. 죄의 욕망거리들에 복종하기를 거부해야 합니다. 이미 권좌에서 쫓겨난 그리스도의 원수에게 더 이상 굴종하지 말고, 우리를 지배하고자 엄습하는 모든 공격을 막기 위해 끊임없이 힘써야 한다는 것입니다.

그리고 그런 노력을 위한 힘을 얻기 위해서는 우리를 위해 고난당하시고 죽으신 그리스도의 사랑으로부터 동기와 격려를 이끌어내야 합니다. 죄를 저항하는 힘은 그리스도를 바라보는 믿음의 눈과, 또한 그리스도를 죽으시게 만든 그것을 죽이고자 하는 사랑의 결의를 그리스도께로부터 이끌어 내는 데에서 비롯됩니다.

모든 일에서 언제나 그리스도인의 힘을 북돋는 것은 "그리스도의 사랑"입니다. 그러나 먼저 나를 향하신 그리스도의 사랑을 확신해야만, 그에 대한 감사의 복종과 섬김 속에서 나의 애정이 그분을 향해 솟아나오는 법입니다. 두려움에서 비롯되거나 상급에 대한 기대감에서 촉발되는 섬김은 그 어떠한 것이라도 율법적이거나 탐욕적인 것이므로 그리스도께서 받으시지 않습니다. 죄를 용서하시는 긍휼을 영혼 속에서 깨닫지 않고서는 우리 속에 내재하는 죄를 도무지 이길 수가 없습니다.

그리스도 안에서 우리는 법적으로 죄에 대해 죽은 자들일 뿐 아니라 죄를 이기는 승리자들이기도 합니다. 그리스도로 말미암아 죄가 법적으로 완전히 정복되었다는 사실을 믿음으로 바라볼 때에, 실질적으로 그리스도와의 교제를 갖기를 추구하게 됩니다.

오랫동안 고착된 죄들을 버리고, 애착을 가졌던 우상들을 깨뜨리는 일은 본성에게는 쓰라리고 고통스런 경험이며, 그렇기 때문에 그것을 가리켜 할례요 우리 지체를 죽이는 것이라고 묘사합니다. 그렇습니다. 그것이 얼마나 괴로운 일인지, 우리 주님은 그것을 오른 눈을 빼내고 오른손을 잘라내는 것에 비하셨습니다(마 5:29-30).

그러나 그 일은 필수적으로 있어야 하고, 또한 유익한 임무일 뿐 아니라, 진정 주를 사랑하는 자들에게는 그 일에 참으로 바라고 사모하는 일이 됩니다. 그들의 마음이 영적으로 그리스도의 사랑으로 채워질수록 그분을 향한 애착이 더욱 강해지며, 또한 마음으로 죄를 더욱 미워하게 되고, 또한 죄를 미워할수록 애착 속에서 우리가 죄에 대해 더욱 죽어가는 것입니다.

지난 강론에서 우리는 여호수아 5:2의 첫 부분에 대해 말씀하면서 하나님이 길갈에서 이스라엘에게 요구하신 바를 우리 스스로 영적으로 실천적으로 적용하고자 애쓰는 것이 중요하다는 점을 지적했습니다. "그 때에", 곧 죽음과 심판을 말해 주는 그 강을 건너자마자 그들에게 할례를 요구하셨습니다.

이와 마찬가지로 그리스도인이 그리스도의 죽으심과 부활에서 그와 연합하였음을 확신하자마자, "죄가 너희 죽을 몸을 지배하지 못하게 하라"는 명령이 그에게 주어지는 것입니다. 믿음으로 그 연합을 깨달음으로써, 죄의 계략을 저항할 동기가 우리 속에 생기게 되고 그럴 만한 힘을 얻게 됩니다.

그리고 앞에서 말씀드린바 있습니다. 하지만 우리가 영원토록 정죄로부터 벗어났다는 확신이 없이는 신뢰와 기쁨으로 하나님을 섬길 수가 없습니다(롬 8:1). 그러므로 이제는 로마서 6:12을 깊이 인식하지 않고서는 그리스도인의 삶에서 전진할 수가 없다는 말씀을 덧붙여야겠습니다. 이러한 사실이 그 다음 절에서 더욱 확대되고 있습니다.

> 너희 지체를 불의의 무기로 죄에게 내주지 말고, (1) 오직 너희 자신을 죽은 자 가운데서 다시 살아난 자 같이 하나님께 드리며, (2) 너희 지체를 의의 무기로 하나님께 드리라(롬 8:12).

"너희가 살아났으니 이제 죽음의 모든 거치는 것을 버리고, 옛 사람을 벗어 버리고, 육체의 정욕을 죽이라. 아무것도 남김없이 너희 자신을 하나님께 온전히 포기해드리라"는 것입니다.

그러나 다시 반복하여 말씀합니다. 하지만 로마서 6:12-13에 대해 순종하는 일은 그리스도 안에서 우리가 누리는 완전한 지위(11절)에 대한 확신을 유지하고, 거룩의 실천을 위한 동기와 힘을 거기서 이끌어내고, 또한 그리스도의 충만하심(요 1:16)에 의지하여 끊임없이 그리스도로부터 도우심을 구할 때에만 가능합니다. 이것이 언제나 복음적인 순서입니다.

> 서로 친절하게 하며 불쌍히 여기며 서로 용서하기를 하나님이 그리스도 안에서 너희를 용서하심과 같이 하라(엡 4:32).

> 너희가 죽었고 너희 생명이 그리스도와 함께 하나님 안에 감추어졌음이라 … 그러므로 땅에 있는 지체를 죽이라(골 3:1-5).

> 이제는 너희가 이 모든 것을 벗어 버리라 곧 분함과 노여움과 악의와 비방과 너희 입의 부끄러운 말이라. … 옛 사람과 그 행위를 벗어 버렸음이라(골 3:8-9. 개역개정은 옛 사람과 그 행위를 벗어 버리고로 번역함. 역주).

> 보라 아버지께서 어떠한 사랑을 우리에게 베푸사 하나님의 자녀라 일컬음을 받게 하셨는가 … 그가 나타나시면 우리가 그와 같을 줄을 아노라(요일 3:1).

믿음으로 이 사실들을 확신하고 누림으로 어떤 결과가 생깁니까?

> 주를 향해 이 소망을 가진 자마다 그의 깨끗하심과 같이 자기를 깨끗하게 하느니라 (요일 3:1-5).

그러나 그리스도인 독자는 이렇게 말합니다.
"내 마음이 그리스도께 몰두하고 내 믿음이 올곧게 그에게 집중된 상태를 유지하기 위해 최선의 노력을 다 하지만, 죄가 날마다 나를 이기는 것을 경험합니다."
그러면 그런 사실로 여러분에게 어떤 효과가 생깁니까?
그 사실이 괜찮습니까?
아닙니다. 그 정반대입니다. 손톱 밑을 베인 것처럼 아픕니다. 그것 역시 실천적인 "할례"의 본질적인 부분입니다. 자기를 부인하는 일이, 죄와 싸우는 모든 싸움과 수고가, 죄를 죽이는 일이, 실천적인 할례의 하나하나가 그렇게 아픕니다. 하지만 그 뿐 아니라 모든 경건한 슬픔이, 모든 복음적 회개가, 죄에 대한 모든 통회 자복이 그렇게 아픈 법입니다.
실수와 타락한 일들에 대해 "애통하는" 자는 복 있는 자들입니다!
그것이야말로 그들이 '영에 있고 율법 조문에 있지 아니한 마음의 할례'(롬 2:29)—형식적이고 의식적인 할례가 아니라 효력 있는 진정한 할례—를 받은 자들에 속한다는 증거이기 때문입니다.

2. 유월절

　이스라엘이 약속의 땅으로 처음 들어갈 때의 이스라엘의 처신을 관찰해 보면 복스럽기 그지없습니다. 왜냐하면, 자연의 행위가 아니라 신적 은혜의 열매들이 거기서 드러나기 때문입니다. 하나님이 요단 강에서 그토록 놀랍게 역사하신 후, 그들은 성급하게 서두르거나 그들의 기업을 즉시 소유하려 하지 않았습니다.

　요단 강물이 이적적으로 갈라져서 그들이 마른 땅을 디디고 건넜으니, 가나안 족속들은 크게 기가 죽어 있었을 것이고, 그러니 이스라엘로서는 손쉽게 승리를 거둘 발판이 이미 마련된 셈이었습니다. 원수들이 제정신을 차리기 전에 이런 공포를 최대한 이용하여 즉각적으로 결정타를 가하는 것이 군사적인 면에서는 "좋은 정책"이었을 것입니다. 그러나 하나님의 백성은 세상의 방법을 따르거나 세상의 수단을 사용하지 않습니다.

　그들은 "여호와의 소유된 백성"이요, 중생하지 않은 자들과는 구별되고 분리된 백성이므로, 육신적인 지혜와 편의에 따라 처신하지 않으며, 영적인 사고를 따라 처신하는 법입니다. "그것을 믿는 이는 다급하게 되지 아니하리로다"(사 28:16)가 그들이 따라야 할 원칙들 중의 하나입니다. 왜냐하면, "빠른 경주자들이라고 선착하는 것이 아니며 용사들이라고 전쟁에 승리하는 것이 아니"(전 9:11)기 때문입니다.

　즉시 여리고를 공격하지 않고, 이스라엘 자손은 길갈에 진을 치고 거기서 한동안 머물렀습니다. 이는 모범적인 정책이었고, 오늘날처럼 속도에 미쳐 있는 세대에서는 더욱 마음에 담아야 할 부분일 것입니다. 출애굽 이후 벌써 기나긴 세월이 흘렀으나 아직 이스라엘이 그들이 열정적으로 원하던 목표에 이르지 못했다는 점을 생각하면, 길갈에서 진을 치고 지체하고 있는 것이 더욱 눈에 두드러집니다.

　그러나 이 때의 그들의 처신에는 그저 자발적인 절제보다 훨씬 더 칭송할만한 무언가가 있었으니, 곧 하나님의 영광이 그들 앞에 있다는 것이었습니다. 그들은 그분의 권위를 보았고, 그분의 제도들을 높이 기렸으며, 그분의 지정하시는 바를 믿음으로 순종하였습니다. 이것이야말로 하나님의 백성—전체든 개인이든—에게서 언제나 드러나야만 하는 표지입니다.

"그리스도를 위해 세상을 얻는 것"이나 개개인 그리스도인이 친척들과 동료들의 구원을 위해 힘쓰는 것이 교회의 첫째가는 과제가 아닙니다. 교회의 첫째가는 과제는 전적으로 하나님의 말씀에 순복하여, 우리를 "어두운 데서 불러 내어 그의 기이한 빛에 들어가게 하신 이의 아름다운 덕을 선포하는 것"(벧전 2:9)입니다. 하나님은 그 어디에서도 모든 일에 그에게 순종하는 양심을 지니지 않은 자들을 사용하시겠다고 약속하신 일이 없는 것입니다.

그들에게는 그들 자신의 원하는 바를 이루는 것이 아니라 하나님의 지정하신 바가 최우선이었습니다.

첫째, 여호수아는 여호와의 요구에 복종하여 광야에서 출생한 모든 이스라엘 남자에게 할례를 행했습니다.

앞에서 살펴보았듯이, 지난 삼십팔 년 동안 그 의례를 준수하지 않은 것은 결코, 죄악된 소홀함에서 비롯된 것이 아니라, 그들의 선조들이 가데스바네아에서 배도한 때문이요 그 결과로 여호와께서 "내가 싫어하면 어떻게 되는지를 알리라"(민 14:32-34)고 선언하셨고, 그러므로 그들의 자녀들이 "언약의 표징"(창 17:1)을 지니는 것이 허락되지 않은 것입니다.

그러나 이스라엘이 죽음의 강에서 나옴으로써 심판에서 벗어나서 다시 한 번 하나님의 은혜로 회복되었고, 하나님이 그들과의 언약 관계를 재개하셨음이 요단 강을 이적적으로 건넌 사실에서 드러났습니다. 그러므로 이 제 2세대들이 다른 모든 민족과 구별되어 하나님을 섬길 특별한 의무를 부여받은 존재라는 표징을 부여받는 것이 합당해진 것입니다.

뿐만 아니라 여호와께서 여호수아에게 그 백성에게 할례를 베풀도록 명하신 것이 그의 믿음과 순종 여부에 대한 실질적인 테스트였다는 점도 살펴보았습니다. 할례로 인하여 온 전투 병력이 수 일 동안 심각한 장애를 겪을 수밖에 없었으니 말입니다. 그러나 그는 여호와를 신뢰하고 그분의 보호하심에 의지하였고 결국, 그 시험에서 승리하였습니다.

둘째, "이스라엘 자손들이 길갈에 진 쳤고 … 유월절을 지켰"(수 5:10)다고 말씀합니다. 헨리(Henry)는 다음과 같이 적절히 지적합니다.

> 가나안 사람들이 깜짝 놀랐다는 것은 충분히 상상할 수 있다. 그들은 적들의 움직임을 관찰하고서 매우 이상스럽게 여기지 않을 수 없었을 것이다. 전쟁

에 대비해야 하는 상황이니, 병사들은 종교 의식에서 면제시켜야 한다는 생각이 일반적이다(그들은 그런 일에 참여할 시간도 여유도 없다). 그러나 여호수아는 전쟁을 개시하면서도 예배의 행위를 잇달아 행하고 있다. 훗날 또 다른 여호수아에게 주신 다음의 말씀이 이와 일치한다. "여호수아야 너와 네 앞에 앉은 네 동료들은 … 사람들을 놀라게 할 자들이라"(슥 3:8, 개역개정은 '이들은 예표의 사람들이라'로 번역함. 역주). 그러나 여호수아는 올바른 방법을 취한 것이다.

그러므로 독자 여러분!
하나님의 영광을 향한 열심에 따라 행동하고 처신하면, 세상 사람들이 우리를 보고 놀라게 됩니다. 놀라지 않을 수가 없습니다. 자연인은 오로지 자기 사랑과 자기 의지의 정신으로만 행동하고, 그의 목적 또한, 자기를 기쁘게 하고 자기 성취를 이루는 데 있으니 말입니다.

그러므로, 자기를 부인하고 자기의 관심사를 하나님을 존귀하게 하는 데에 굴복시키는 사람을 보면 그 사람의 그런 처신에 대해 깜짝 놀라는 것입니다. 그러니 여러분, 우리의 처신에 대해 사람들이 깜짝 놀라며 미친 짓이라고 비웃는 일이 없다면, 이는 곧 우리가 "첫 사랑을 버렸"고 이 세상에 굴복했기 때문인 것입니다.

이스라엘이 유월절을 지킨 것도, 그 백성이 할례를 시행한 것과 똑같이 여호와를 향한 순종의 행위였습니다. 사실 유월절과 할례는 그중 하나가 없이는 다른 것도 있을 수 없습니다. 왜냐하면, "할례 받지 못한 자는 [유월절을] 먹지 못할 것이니라"(출 12:48)라고 명시되어 있기 때문입니다. 바로 그 때문에 그 민족이 하나님의 진노 아래 있는 동안 유월절을 지키지 않았던 것입니다. 애굽에서 나온 그 이듬해에는 유월절을 지켰습니다만(민 9:5), 그 이후 삼십팔 년 동안은 지키지 않았습니다.

하나님은 아모스서에서 이렇게 말씀하셨습니다

> 내가 너희 절기들을 미워하여 멸시하며 너희 성회들을 기뻐하지 아니하나니 너희가 내게 번제나 소제를 드릴지라도 내가 받지 아니할 것이요 너희의 살진 희생의 화목제도 내가 돌아보지 아니하리라(암 5:21-22).

25절에서 드러나듯이 이는 선지자의 당대에 적용되는 것임은 물론 이스라엘이 광야에서 머물던 당시를 특별히 지칭하는 것이기도 합니다.

그러나 이제 여호와께서 이스라엘과의 언약 관계를 재개하셨고 그들의 할례의 문제가 정리되었습니다. 그렇습니다. 이제 그들이 유월절을 지키는 것이 필수적인 과제가 되었습니다. 여호와께서 다음과 같이 엄히 명령하신바 있기 때문입니다.

> 너희는 이 일을 규례로 삼아 너희와 너희 자손이 영원히 지킬 것이니 너희는 여호와께서 허락하신 대로 너희에게 주시는 땅에 이를 때에 이 예식을 지킬 것이라(출 12:24-25).

지난 논고들에서 우리는 여호수아의 영도 아래 있는 이 세대가 그 이전 세대보다 훨씬 더 나았을 뿐 아니라 그 이후의 어느 세대보다도 훨씬 영적이었다는 점을 주목한 바 있습니다. 그 성인 남자들이 주저하지 않고 기꺼이 할례를 받은 사실에서 그 실례를 볼 수 있습니다. 하지만 이제 우리 앞에 있는 이 일에서도 그 사실이 다시 한 번 나타납니다.

여호와께서는 이스라엘이 애굽을 떠나온 지 거의 일 년쯤에 모세에게 "이스라엘 자손에게 유월절을 그 정한 기일에 지키게 하라"(민 9:2)고 구체적으로 명령하신 바 있습니다. 하지만 이는 마치 그렇지 않으면 그들이 출애굽기 12:24-25의 명령을 준수하지 않게 되기라도 할 것을 암시하는 것처럼 들립니다. 그러나 여기서는 하나님이 그들의 임무를 그들에게 일깨우신다는 언급이 없습니다. "이스라엘 자손들이 … 유월절을 지켰다"고 말씀합니다(10절). 그런데 그것만 말씀하는 것이 아닙니다.

"그 달 십사일"이라는 내용이 덧붙여지는데 이는 그저 역사적인 사실을 서술하는 것 이상의 의미를 지닙니다. 곧 이스라엘이 유월절을 "그 정한 기일에"(민 9:2) 지켰음을 말씀해 줍니다. 이것이 전부가 아닙니다. 거기에 "저녁에"라는 문구가 덧붙여지는데, 이 역시 여호와께서 정하신 사항이었습니다.

성령께서 어쩌면 이렇게 순종의 세세한 내용을 주목하시고 기록해 놓으셨는지요!

타협적인 기독교 세계가 "주의 만찬"("만찬"[supper]은 저녁 식사를 뜻함. 역주)을 바꾸어 놓았으나, 이스라엘 백성은 이 신적 규례를 자기들의 편의에 맞게 수정하여 오전에 지키는 식으로 바꾸지 않았습니다. 하나님의 명령을 자구 하나하나에 맞추어 철저히 준수하지 않는다면, 이는 "순종"이 아니라 "자의적 예배"(will worship)인 것입니다.

유월절을 지키는 이스라엘의 행위는 순종의 행위요 기념의 행위이기도 했습니다.

> 너희는 이 날을 기념하여 여호와의 절기를 삼아 영원한 규례로 대대로 지킬지니라 … 이 후에 너희의 자녀가 묻기를 이 예식이 무슨 뜻이냐 하거든 너희는 이르기를 이는 여호와의 유월절 제사라 여호와께서 애굽 사람에게 재앙을 내리실 때에 애굽에 있는 이스라엘 자손의 집을 넘으사 우리의 집을 구원하셨느니라 하라 … 이 밤은 … 여호와 앞에 지킬 것이니 이는 여호와의 밤이라 (출 12:14, 26-27, 42).

그러므로 이 절기를 지정한 것은 그분의 백성을 향하신 여호와의 크나 큰 선하심과 그들을 죽음에서와 종의 집에서 구원하신 일을 기념하기 위함이었습니다. 그 절기는 지극히 절실하던 날 밤에 여호와께서 그들을 위해 베푸신 그 충족하고도 복된 배려를 마음에 새기게 하고자 마련된 것이었습니다.

그리고 그 절기는 여호와의 특별하신 은혜에 대한 감사의 자세를 새로이 표현하는 것이기도 했습니다. 본래의 "희생"은 죄를 속하는 것이었으나, 그것에 대한 기념은 성찬의 의미를 지니는 것으로, 그 절대로 잊어서는 안 될 그 밤에 명확하게 나타난 그 하나님의 완전하신 역사를 드러내기 위한 것이었습니다.

유월절은 하나님의 주권을 명확히 드러내 보이는 것이었습니다. 그는 "애굽 사람과 이스라엘 사이를"—즉, 버림받은 자들과 그분의 택하신 자들 사이를—구별하셨고(출 11:7), 전자를 위해서는 어린양을 준비하지 않으셨습니다!

이는 하나님의 은혜를 나타내는 것이었습니다!

본질상 이스라엘 자손은 애굽 사람보다 나을 게 하나도 없었고, 에스겔 20:7-8과 23:3에서 선명히 나타나듯이 그들의 행실 역시 마찬가지였습니다. 여호와의 재앙이 이스라엘을 비켜가게 하신 것은(출 12:23)은 순전히 그분의 선하신 기뻐하심과 값없는 호의에서 비롯된 것이었습니다.

유월절은 죄에 대한 "벌을 면제하지는 아니하"(출 34:7)는 하나님의 의를 드러내는 것이었습니다. 그들은 극악한 죄인들이었고, 또한 "죄의 삯은 사망"입니다. 희생의 어린양이 죽임을 당할 때에 죽음이 그들의 집 안에서 역사해야 했고 역사한 것입니다.

유월절은 대리자를 마련함으로써 하나님의 놀라우신 자비를 드러냈습니다. 유월절은 하나님의 진노를 가라앉히는 것이었습니다. 하나님은 보복의 천사에게 이스라엘의 장자에 대해, "그를 건져서 구덩이에 내려가지 않게 하라 내가 대속물을 얻었다"라고 말씀하심으로(욥 33:24), "피 흘림이 없이는 사함이 없다"는 기본 원칙의 실례를 보여 주신 것입니다.

유월절은 그리고 하나님의 신실하심을 증언하는 것이었습니다. "내가 피를 볼 때에 너희를 넘어가리니 재앙이 너희에게 내려 멸하지 아니하리라"(출 12:13)고 말씀하시고, 그대로 행하셨습니다. 유월절은 이스라엘을 택하사 그분의 친 백성이 되게 하신 그분의 사랑을 널리 알리는 것이었습니다(신 10:15).

그리고 유월절은 기념일뿐 아니라 예고의 성격을 지니는 것이기도 했습니다. 과거의 일을 기념하는 것이며 동시에 장차 올 것을 그림자로 보여 주는 것이었습니다. 유월절의 제정과 그 예식은 구약성경에 나타나는 내용 중에 그리스도의 위격과 사역을 가장 놀랍게 그려주는 것 가운데 하나입니다. 유월절이 그리스도의 모형이었다는 것은 고린도전서에서 분명히 나타납니다.

> 우리의 유월절 양 곧 그리스도께서 희생되셨느니라(고전 5:7).

그러므로 출애굽기 12장의 내용을 그리스도의 십자가 사역을 그림자로 드러내는 것으로 간주할 근거가 바로 여기에 있습니다. 그렇기 때문에 그 장을 깊은 관심으로 살피는 것입니다. 유월절은 매년마다 지키도록 하나님이 이스라엘에게 정해 주신 "절기들" 중 가장 중요한 것이었으니, 이는 신자들이 누리는 모든 복의 원천이 되는 구속이라는 위대한 진리를 제시해 주기 때문입니다.

이스라엘이 가나안에 들어가면서 유월절을 지킨 것은 애굽으로부터 구원받은 것은 물론 그 기업을 소유하게 되는 것이 그 어린양의 피의 공로 덕분이라는 것을 나타내고자 함이었습니다. 그리스도께서도 친히 유월절을 지키시며, 사도들에게 이렇게 말씀하셨습니다.

> 내가 고난을 받기 전에 너희와 함께 이 유월절 먹기를 원하고 원하였노라(눅 22:15).

이런 사실들에 비추어 볼 때, 이에 대한 성경의 가르침에 각별히 주의를 집중해야 마땅한 것입니다.

첫째, 유월절 제정의 정황을 살펴봅시다.

그 때는 애굽에 대한 하나님의 심판들이 끝날 즈음이었습니다. 그는 다음과 같이 선포하셨습니다.

> 밤중에 내가 애굽 가운데로 들어가리니 애굽 땅에 있는 모든 처음 난 것은 왕위에 앉아 있는 바로의 장자로부터 맷돌 뒤에 있는 몸종의 장자와 모든 가축의 처음 난 것까지 죽으리니 애굽 온 땅에 전무후무한 큰 부르짖음이 있으리라 그러나 이스라엘 자손에게는 사람에게나 짐승에게나 개 한 마리도 그 혀를 움직이지 아니하리니 여호와께서 애굽 사람과 이스라엘 사이를 구별하는 줄을 너희가 알리라(출 11:4-7).

5절의 정확한 표현을 주의 깊게 살피기 바랍니다. "애굽 땅에 속한 모든 처음 난 것은 죽으리라"고 하지 않고 "애굽 땅에 있는 모든 처음 난 것은 죽으리라"고 말씀하는데, 애굽 사람들의 것이든 이스라엘 사람의 것이든 똑같이 이에 다 해당합니다. 그러나 7절에서는 여호와께서, "애굽 사람과 이스라엘 사이를 구별"하실 것이라고 하셔서 후자가 심판을 완전히 면하게 될 것임을 말씀하셨습니다. 불신자들은 이것을 "명백한 모순"이라 여기지만, 그리스도인은 진리의 말씀에는 그런 것이 하나도 없음을 잘 압니다.

그렇다면 이것을 어떻게 설명할까요?

그 신적인 선언들 하나하나가 다 문자 그대로 이루어졌습니다. 애굽 땅에 있는 모든 처음 난 것이 죽었으나, 이스라엘의 처음 난 것은 죽음의 사자에게서 구원받았습니다.

하지만 어떻게 그런 일이 있을 수 있었을까요?

분명 두 가지 다 일어날 수는 없었을 겁니다!

하지만 그 일이 일어났고, 거기서 우리는 복음의 내용에 대한 복된 예증을 보게 됩니다. 여기서 제기되고 하나님이 처리하신 것은 바로 죄의 문제였고, 따라서 양쪽 모두 그분의 의로운 심판에 동등하게 개입되었습니다. 이스라엘 사람들은 본성적으로는 물론 실질적으로도 죄인들이었습니다. 연약함의 죄들은 물론 우상 숭배라는 노골적인 죄까지도 범했습니다(레 17:7; 수 24:14).

하나님의 거룩하심은 그 어떤 죄도 소홀히 지나갈 수 없습니다. 천사들도 죄를 범하자 하나님은 "용서하지 않으셨습니다"(벧후 2:4). 공의는 반드시 시행되어야 하고, 죄는 반드시 삯을 지불해야 합니다. 집행정지란 있을 수 없습니다.

그렇다면 죄 지은 이스라엘은 반드시 멸망해야 할까요?

그렇게 되어야 할 것처럼 보일 수도 있습니다. 인간의 지혜로는 이를 피할 길이 없습니다. 그러나 하나님의 지혜는 공의를 양보하지 않고서도 그것을 피했습니다.

어떻게요?

대리자를 수단으로 했습니다. 무죄한 희생자에게 죄의 책임이 법적으로 전가되었고 그에게 사형선고를 집행시킨 것입니다. 이스라엘을 위해서 어린양이 준비되었고, 그 어린양이 그들을 대신하여 죽은 것입니다.

그 다음 유월절 제정의 본질을 살펴봅시다.

> 이것이 여호와의 유월절이니라(출 12:11).

이 말씀은 오늘날 복음적 설교에서 상당히 소홀히 다루는 진리의 한 가지 근본적인 면을 제시합니다. 그리스도의 죽으심이 그분을 믿는 자들을 위해 이룬 일에 대해서는 복음 설교자들이 많은 말을 합니다. 하지만 그것이 하나님께 미친 영향에 대해서는 별로 말을 하지 않습니다. 그러나 성경에 "어린 양"이 처음 직접적으로 언급되는 곳에서부터 그 점이 명확히 제시됩니다.

> 번제할 어린 양은 하나님이 자기를 위하여 친히 준비하시리라(창 22:8).

그저 "하나님이 어린 양을 준비하시리라"고 하지 않고, 그가 "자기를 위하여 친히 준비하시겠다"고 말씀하는 것입니다!

어린 양의 원형이신 그분이 지명되시고 이 땅에 오신 것은 하나님을 영화롭게 하고, 그분의 보좌를 증명하고, 그분의 법을 높이며, 그분의 공의와 거룩하심을 만족시키기 위함이었습니다. 그리스도의 생애와 죽으심은 혹 그로 말미암아 죄인이 구원받는 일이 없었더라도, 하나님께 무한한 영광이 되는 것이었습니다. 그리스도의 속죄의 두 가지 주요한 면—하나님을 향한 면과 우리를 향한 면—이 속죄일을 위한 의례 속에서 다시 그림자로 드러났습니다.

> 그 두 염소를 가지고 회막 문 여호와 앞에 두고 두 염소를 위하여 제비 뽑되 한 제비는 여호와를 위하고 한 제비는 아사셀을 위하여 할지며(레 16:7-8).

여기서 아사셀은 이스라엘의 죄들을 사람이 살지 않는 곳으로 지고 갈 그들의 대리자였습니다. 그리스도께서는 먼저 여호와께서 받으시는 "여호와의 유월절"이셔야만 했고, 그 다음에야 비로소 그가 우리가 받을 "우리의 유월절"(고전 5:7)이 되실 수 있었습니다.

이제 이스라엘을 위하여 하나님이 은혜로 예비하신 것의 골자, 즉 "어린 양"에 대해 살펴봅시다. 이에 대해 상세히 다룰 수는 없으나, 젊은 설교자들에게 도움이 되도록 폭넓은 개요를 제공해드리고자 합니다. 어린 양이 구주님의 상징으로 얼마나 적절한가 하는 것이 즉시 드러납니다.

어린 양은 부드럽고 순진하며, 온유하고 해가 없고, 다른 이들을 해치는 법도 없고, 해를 받을 때에 분노를 발할 능력조차 없어 보이며, 삶에 유용하고(양털), 죽이면 음식으로도 큰 값어치가 있습니다.

① 유월절 어린 양은 "양이나 염소 중에서 취하였습니다"(출 12:5).
"내가 그들의 형제 중에서 … 선지자 하나를 … 일으키고"(신 18:18).
그리스도께서는 그분의 인성에 따라 "다윗의 자손이 되셨습니다."
"자녀들은 혈과 육에 속하였으매 그도 또한, 같은 모양으로 혈과 육을 함께 지니셨습니다"(히 2:14).

② 유월절 어린 양은 그 달 첫 날이 아니라 "열흘에" 양떼에서 취했습니다(출 12:3). 하나님의 아들은 죄가 세상에 들어오자마자 성육신하신 것이 아니고, 충만한 시기가 되었을 때에(갈 4:4, "때가 차매"), 즉 인간 역사가 사십 세기를 경과한 후에—즉, 사람이 충만히 시험을 받아(10은 사람의 책임의 수입니다) 사람의 시험 기간이 완결되었을 때(10 x 10 x 40년)에—그가 세상에 오신 것입니다.

③ "너희 어린 양은 흠 없어야" 했습니다(출 12:5, 또한 참조. 레 22:21-22).
완전한 제물 이외에는 그 어떠한 것으로도 무한히 완전하신 하나님을 만족시킬 수 없었습니다. 스스로 조금이라도 죄를 범한 자는 죄인들을 위해 속죄할 수가 없었습니다.
그런데 어디서 그런 자를 찾을 수 있었을까요?
타락한 사람의 아들들 가운데서는 어디서도 찾을 수 없었습니다!
그 "흠 없는" 어린 양은 그리스도의 흠 없는 순결하심을 지시하는 것이었습니다(히 7:26-27; 벧전 1:19).

④ 그 어린 양은 "일 년 된 수컷"이어야 했습니다(출 12:5).

곧, 너무 어리거나 너무 늙은 것은 안 되었고, 힘이 충만한 상태에서 죽을 수 있는 것이어야 했습니다. 이처럼 그리스도께서는 유년기에나 노년기에 죽으신 것이 아니라 남성의 전성기에 죽으셨습니다. 그는 "중년에" 죽으신 것입니다(시 102:24).

⑤ 그 어린 양을 "이 달 열나흘 날까지 간직하여야" 했습니다(출 12:6).

희생 제물용으로 구별된 그 어린 양을 나흘 동안 별도로 매어두고 흠이 없는지를 완전히 검사하도록 했습니다. 이 일의 원형은 두 가지로 볼 수 있습니다. "하루를 일 년으로"(민 14:34; 겔 4:6) 계산하는 원리에 따라서—그분의 공생애 사역(이는 3년과 4년 사이였을 것입니다)이 시작되기 전, 성부께서 그 어린양의 완전하심을 증언하신 사실(마 3:17)이 그 원형이라 할 수 있습니다.

한편, 문자적인 의미를 취하여, 마지막 40일 동안 그리스도께서 사람들에게 지극히 면밀한 조사를 받으셨고 심지어 그분의 재판관조차 "내가 그에게서 아무 죄도 찾지 못하였노라"(요 19:4)라고 고백한 사실이 그 원형이라 할 수 있습니다.

⑥ 그 어린 양은 죽임 당해야 했습니다.

"해 질 때에 이스라엘 회중이 그 양을 잡고"(출 12:6). 이는 매우 충격적입니다. 모세나 아론이나 레위인들이 양을 죽인 것이 아니라, 이스라엘 각 가정의 우두머리들이 죽였다니 말입니다. 그리스도의 경우도 그분을 살해한 책임이 대제사장들과 장로들만이 아니었습니다.

빌라도가 바나바나 그리스도 중에 누구를 석방할지를 결정할 때에 일반 백성들의 대중적인 의견을 물었는데, 그들 모두가 그리스도를 십자가에 못 박으라고 외쳤습니다(막 15:6, 15). 이와 마찬가지로 그리스도께서 반드시 죽으셔야만 했던 것은 바로 각 개개인 신자의 죄(갈 2:20)와 교회 전체의 죄(엡 5:25) 때문이었습니다.

그리고 그날 밤 수만 마리의 어린 양이 죽임을 당했으나, "이스라엘이 그 양[복수가 아니라 단수]을 잡으라"고 명령하고 있다는 사실이 두드러집니다.

> 하나님 앞에서는 오직 한 마리 양, 즉 갈보리의 어린 양만이 있었을 뿐이다 (울쿠하르트[Urquhart]).

⑦ 그 피를 발라야 했습니다.

> 그 피를 양을 먹을 집 좌우 문설주와 인방에 바르고(출 12:7).

그리스도를 인격적으로 영접하지 않고 그냥 복음에 정신적으로 동의만하는 것으로는 심판으로부터 구원받을 수가 없습니다. 그리스도를 모시는 것이, 즉 "그 피를 믿는 믿음"이 있어야만 합니다(롬 3:25). 구주께서 베풀어지셨다는 사실이 아니라, 구주를 받아들였다는 사실이 실제로 구원을 이루는 것입니다.

⑧ 문설주에 발라놓은 피가 안전히 지켜 주었습니다.

> 문 인방과 좌우 문설주의 피를 보시면 여호와께서 그 문을 넘으시고 멸하는 자에게 너희 집에 들어가서 너희를 치지 못하게 하실 것임이니라(출 12:23).

왜요?
그곳에서는 이미 죽음이 임무를 다했기 때문입니다! 하나님의 눈은 그 집이나 그 집의 사람들이 아니라, 속죄의 피를 보고 계셨던 것입니다.

⑨ 그 피는 "은총의 표적"이었습니다(시 86:17).

> 그 피가 너희가 사는 집에 있어서 너희를 위하여 표적이 될지라(출 12:13).

이 표적은 그들이 마음으로 확신을 갖게 해 주기 위함이었습니다. 라합이 받은 "증표"가(수 2:12) 그녀가 보호받게 될 것을 보증해 주는 것이었듯이 말입니다. 하나님은 고통 중에 부르짖는 애굽 사람들의 소리를 듣는 중에도 그분의 백성들의 마음이 완전한 평화를 누리게 하고자 하신 것입니다.

그분의 확실한 약속에 의지하는 한 아무런 해도 없고 괴로움을 두려워할 필요도 없다는 것이었습니다!

신자로서는 자신의 안전의 근원과 자신의 평화의 근거를 서로 구별하는 것이 지극히 중요합니다. 심판으로부터 안전히 피할 방도를 베풀어 주는 것은 죽임당한 어린양과 그분의 뿌려진 피였고, 마음에 확고한 안정을 주는 것은 바로 거짓말하실 수 없는 그 분의 말씀이었습니다.

⑩ "그 밤에 그 고기를 … 먹되"(출 12:8). 이는 집 안에 있는 자들을 위한 하나님의 은혜로운 배려였습니다.

먹는다는 것은 교제를 뜻합니다. 그 백성의 양식은 그리스도요, 그분을 믿음으로써 양식을 얻고 영혼의 힘과 활기를 유지합니다.

⑪ "그 고기를 불에 구워"(출 12:8)야 했습니다.

여기의 "불"은 언제나 그렇듯이 죄를 미워하시는 하나님의 진노를 뜻합니다. 어린 양을 불에 굽는다는 것은 그리스도께서 그 백성을 대신하여 "저주가 되"실 때에(갈 3:13) 하나님의 끔찍한 진노를 견디시면서 감내하신 그 고난을 의미합니다. "목마르다"라고 외치신 그분의 절규의 깊은 의미가 바로 이것이니, 곧 하나님의 진노의 맹렬한 열기를 감내하시면서 겪으신 영혼의 고뇌였던 것입니다.

"물에 삶아서 먹지 말라"는 것은 죄를 지시는 그분이 아무런 방해를 받지 않고 "불"의 직접적인 효과를 오롯이 당하셨음을 말씀해 줍니다. 하나님은 과연 "자기 아들을 아끼지 아니하셨습니다"(롬 8:32).

⑫ "쓴 나물과 아울러"(출 12:8), 혹은 양심의 회한을 갖고 먹으라고 합니다.

그리스도의 고난이 자기의 죄 때문이었다는 것을 기억하지 않고서는 그리스도인이 그분의 고난에 동참할 수가 없는 것입니다.

⑬ 우리가 나그네의 모습을 유지할 때에야 비로소 그리스도와의 교제가 성립됩니다.

> 너희는 그것을 이렇게 먹을지니 허리에 띠를 띠고 발에 신을 신고 손에 지팡이를 잡고 급히 먹으라(출 12:11).

⑭ "뼈도 꺾지 말지며"(출 12:46; 또한, 참조. 요 19:33-36). 유월절이 구원의 모든 주요 특질 대부분을 그림자로 보여 주었고, 하나님은 이스라엘이 해마다 그 절기를 지킴으로써 마음속에서, 또한 눈에 보이도록 그 특질들을 유지해 가도록 하신 것입니다.

그러나 유월절은 복음을 생생하게 그려주는 역할만 한 것이 아니었습니다. 그것은 이스라엘의 육체적 필요들을 선하고 은혜롭게 채우는 수단이기도 했습니다. 또 하루가 시작되기 전에 그들은 애굽을 떠나 약속하신 땅을 향해 출발해야 했고, 따라서 어린 양을 먹음으로써 그들 앞에 놓인 여정을 위해 힘을 비축할 수 있었습니다.

그리스도인도 마찬가지입니다. 이 광야 같은 세상을 지나는 동안 힘을 얻기 위해서는 그리스도를 양식으로 삼아야 합니다. 세상에서는 영혼의 양식을 공급받을 수 없기 때문입니다. 길갈에서도 그랬습니다(수 5:10).

유월절은 이스라엘이 애굽에서 구원받고 광야의 역사를 시작하는 서막이었고, 가나안에서의 새로운 경험의 시작을 예고하는 서막이기도 했습니다. 그 절기는 그들이 하나님의 명령에 따라 행하는 동안 하나님의 권능의 역사에 의지할 수 있다는 사실을 상기시켜 주는 복된 행사였습니다. 애굽에서 어린양의 고기를 먹음으로써 광야의 여정을 위한 에너지를 공급받았듯이, 이제 곧 닥치게 될 가나안 전쟁을 위해서도 그들에게 힘이 필요했던 것입니다.

유월절 이튿날에 그 땅의 소산물을 먹되 그날에 무교병과 볶은 곡식을 먹었더라 (수 5:11).

성령께서 성도의 순종의 세부적인 사항들을 주목하시고 기록해두신 사실을 다시 한 번 보게 됩니다. 유월절 어린 양은 반드시 누룩 없는 "무교병"과 함께 먹어야 한다는 명확한 명령이 있었는데(출 12:8), 그 명령을 철저하게 준수하고 있음을 보게 됩니다.

그들은 "그저 떡이면 되지, 그 외에 다른 무슨 조건이 필요한가?" 이런 식으로 말하지 않았고, 하나님의 뜻에 온전히 순복했습니다. 성경 전체를 통해 "누룩"은 부패와 악을 상징하는 의미를 지닙니다. 그러므로 "흠 없는" 어린 양을 통해 그리스도의 흠 없는 순결을 드러내는 절기에 누룩이 섞인 떡을 사용한다는 것은 얼토당토않은 일이요 극히 부적합한 일이었습니다.

하나님이 정하신 규례를 조금이라도 고치면 그 의미가 사라지고, 그 아름다움이 손상되고, 주제 넘는 사람의 행위가 되고 맙니다. 하나님의 규례들의 자구(字句)를 그대로 준수하지 않으면, 그 정신도 없어지고 맙니다. 참된 사랑은 모든 면에서 그 대상을 기쁘시게 하고자 애쓰는 법이기 때문입니다.

이레 동안은 누룩이 너희 집에서 발견되지 아니하도록 하라 무릇 유교물을 먹는 자는 타국인이든지 본국에서 난 자든지를 막론하고 이스라엘 회중에서 끊어지리니 (출 12:19).

그러므로 여호수아 5:10에서 이스라엘 자손이 길갈에 진치고 있으면서 "유월절을 지켰"다고 말씀할 때에, 우리는 그들이 한 주간 내내 그 절기를 지켰다는 뜻으로 이해해야 옳습니다. 헨리(Henry)는 다음과 같이 지적합니다.

> 그들은 여리고의 평원에서, 주위를 에워싸고 호시탐탐 노리고 있는 가나안 사람들 앞에서 마치 보란 듯이 유월절을 지켰으나, 그들은 아무런 방해도 하지 못했다. 이렇게 해서 하나님은 그의 약속을 일찍부터 그대로 지키셨다. 하나님은 그들이 절기를 지키러 올라갈 때에 그 땅이 하나님의 섭리의 특별한 보호 아래 있게 해 주시겠다고 약속하신 바 있었다. '아무도 네 땅을 탐내지 못하리라'(출 34:24); '주께서 내 원수의 목전에서 내게 상을 차려 주시고 기름을 내 머리에 부으셨으니 내 잔이 넘치나이다'(시 23:5).

"유월절 이튿날에 그 땅의 소산물을 먹되 그날에 무교병과 볶은 곡식을 먹었더라."

가나안 땅에 들어갈 때에 이미 그들에게 먹을 양식이 있었습니다. 아마도 가나안 주민들이 여리고성 안으로 피난하면서 버리고 간 곡식들이 있었을 것으로 보입니다. 여호와는 그분의 백성에게 지푸라기도 공급해 주지 않고서 벽돌을 만들라고 요구하는 애굽의 감독과는 전혀 다른 분이십니다.

그런데 "여호와의 무교절"은 엿새 동안 지키게 되어 있었으므로(레 23:6), 풍부한 곡식이 준비되어 있었습니다. 그들이 곡식을 자기들을 위해 사용하기 전에 여호와께 경배하기 위해 무교병을 만드는 데에 사용했다는 복된 사실을 주목하기 바랍니다.

이렇게 해서 그들은 "네 재물과 네 소산물의 처음 익은 열매로 여호와를 공경하라"(잠 3:9)라는 필수적인 계명을 준수한 것입니다. 그리고 주 예수께서 가르치신 대로, 우리는 "먼저 그의 나라와 그의 의를 구하여야 합니다"(마 6:33).

모든 일에서 오직 그분을 최우선으로 대해야 합니다. 우리가 그분을 존귀하게 대하면 그 역시 우리를 존귀하게 대하실 것입니다. 이스라엘이 처음 가나안 땅에 들어가면서 곡식을 공급받은 일은 하나님이 모세를 통해 주신 약속에 대한 하나의 보증물이었습니다.

네 하나님 여호와께서 네 조상 아브라함과 이삭과 야곱을 향해 네게 주리라 맹세하신 땅으로 너를 들어가게 하시고 네가 건축하지 아니한 크고 아름다운 성읍을 얻게 하시며 네가 채우지 아니한 아름다운 물건이 가득한 집을 얻게 하시며 네가 파지 아니한 우물을 차지하게 하시며 네가 심지 아니한 포도원과 감람나무를 차지하게 하사 네게 배불리 먹게 하실 때에(신 6:10-11).

이 약속의 완전한 성취는 여호수아 24:13에 기록되어 있습니다. 모형적으로 "그 땅의 소산물"(수 5:11)은 만나와 똑같이 그리스도에 대해 말씀하는 것이지만(요 12:24), 그 성격은 매우 다릅니다. 만나—"작고 둥글며 서리 같이 가는 것"(출 16:14)—은 땅에 떨어져 있는 것으로 이스라엘이 광야에서 먹은 양식으로서, 낮아지심(humiliation)에서의 그리스도를 상징하는 것이었습니다.

그러나 가나안 땅의 소산물은 높아지심(exaltation)에서의 그리스도를 지적합니다. 그리스도인은 4복음서에서 도덕적 완전하신 모습들 속에서 우리에게 나타나시는 모습만이 아니라 서신서들에서 제시되는 바 그분의 직분상의 영광들에 근거해서도, 특히 히브리서에서 큰 대제사장과 간구자로 그려지는 모습에 근거해서도, 그리스도를 묵상하고 그분을 믿어야 합니다.

앞의 강론들에서 우리는 여호수아서의 영적 가치와 실질적인 적용이 그리스도인이 그의 기업을 현재에 소유하며 누리는 원리들이 무엇인가 하는 것과 그리스도인들에게 맡겨진 믿음의 선한 싸움과 영적 전투를 성공적으로 싸우는 비결들이 거기서 제시되는 것을 볼 수 있다는 점이라는 사실을 상당히 강조한 바 있습니다. 여호수아서 1-4장에 기록된 역사적 사건들을 통해 예증되고 예시되는 그 기본적인 원리들과 필수적인 비결들이 무엇인지를 명확히 밝히고자 했습니다.

하지만 이제 5장의 첫 두 단락을 마무리 짓기 전에 이스라엘 사람들의 할례와 그리고 유월절을 지킨 일에서 두 가지가 더 제시된다는 사실을 강조하고 싶습니다. 새 생명 가운데서 행하기 위해서는 그리스도인이 부지런히 자기의 정욕들을 죽여가야 하며, 또한 육체와 세상과 마귀를 이길 힘을 얻기 위해서는 날마다 그리스도로—그는 제물이 되는 어린 양이시요 동시에 큰 대제사장이십니다—양식을 취하는 것이 똑같이 중요합니다. 실질적으로, 가나안의 소산물은 우리의 기업의 일부분으로서 지금 현재 믿음으로 누리는 것입니다.

> 또 그 땅의 소산물을 먹은 다음 날에 만나가 그쳤으니 이스라엘 사람들이 다시는 만나를 얻지 못하였고 그 해에 가나안 땅의 소출을 먹었더라(수 5:12).

> 이는 그 일이 우연히 혹은 눈이나 우박처럼 일반 섭리에 의해서가 아니라 신적 지혜와 선하심의 특별한 지정하심으로 일어난 일임을 보여 주기 위함이다. 만나가 그들이 필요할 때에 베풀어졌듯이, 그들이 필요한 동안에는 계속 공급되었으나 그 후에는 더 이상 공급되지 않은 것이다(헨리[Henry]).

여기서 우리가 취해야 할 실질적인 교훈은 일상적인 방식으로 필요를 채울 수 있을 때에는 이적적인 방식으로 그것이 채워지기를 기대해서는 안 된다는 것입니다. 하나님은 불필요한 이적들을 행하시는 분이 아닙니다. 참으로 귀한 사실은 이스라엘이 만나를 멸시할 때에도, 주께서는 만나를 공급하기를 그치지 않으셨다는 것입니다(민 11:6).

심지어 주께서 그 악한 세대와의 언약 관계를 끊으셨을 때조차도, 그는 그 만나를 공급하는 일을 중단하지 않고 그 자녀들을 위하여 그 일을 계속하셨는데, 이제 그들이 성장하여 가나안에 들어간 것입니다. 여기서 여호수아서의 첫 주요 단원이 끝을 맺습니다. 1:1부터 9절까지는 서론이며, 1:10부터 5:12까지는 요단 강을 건너는 일에 관한 내용이며, 5:13부터 12장까지는 가나안 정복에 관한 내용입니다.

> 여호수아가 여리고에 가까이 이르렀을 때에 눈을 들어 본즉 한 사람이 칼을 빼어 손에 들고 마주 서 있는지라 여호수아가 나아가서 그에게 묻되 너는 우리를 위하느냐 우리의 적들을 위하느냐 하니(수 5:13).

이 절에서 여호수아서의 새로운 단락이 시작되는데도, "그리고"라는 단어가 맨 앞에 붙어 있는데(개역개정에는 없음. 역주), 이는 이야기의 연속성을 보존하기 위함일 뿐 아니라 특별히 이 사건을 바로 앞의 사건과 연결 짓기 위함이기도 합니다. 하나님은 그분을 높이는 자를 높이시겠다고 약속하셨고, 여호수아는 백성들에게 할례를 베풂으로써, 또한 유월절과 무교절을 철저히 지킴으로써 하나님을 높였습니다.

그러니 이제 여호와께서 그분의 종에게 유별난 호의를 베푸시는 것입니다. 우리 하나님이 받으셔야 마땅한 완전하고도 무조건적인 순종을 그에게 드리지 못함으로 인해 우리가 잃는 것이 얼마나 많은지 모릅니다! 주님은 이렇게 선언하십니다.

> 나의 계명을 지키는 자라야 나를 사랑하는 자니 나를 사랑하는 자는 내 아버지께 사랑을 받을 것이요 나도 그를 사랑하여 그에게 나를 나타내리라 (요 14:21).

그는 순종하는 여호수아에게 바로 이것을 그대로 시행하시는 것입니다!
하나님이 영혼에게 그 자신을 영적으로 나타내시는 역사를 우리의 불순종으로 인하여 놓쳐버리는 것입니다.
"여호수아가 여리고에 가까이 이르렀을 때에 눈을 들어 본즉."
아마도 여호수아는 여리고 성을 공략할 최선의 계획을 수립할 생각으로 그 외곽을 둘러싼 성을 정찰하고 있었을 것입니다. 이스라엘의 지도자로서 그 일이 그의 임무였기 때문입니다. 여호와께서 친히 그분의 백성을 위해 강하게 역사하시리라는 확고한 기대가 있다고 해서 그가 자신의 임무를 소홀히 할 수는 없었을 것이니 말입니다. 하나님이 우리를 위하시고 우리를 위해 일하실 것을 확신할 때 조차도, 우리는 이성적인 피조물들로서 모든 합당한 수단들을 사용해야 하고 최선의 노력을 기울여야 합니다.
하나님이 우리를 위해 모든 것을 다 해 주실 것으로 여기고 그에게 전적으로 의지한다는 것을 핑계 삼아 우리의 할 일을 거부해버리는 것은 믿음이 아니라 주제 넘는 짓입니다. 그리스도께서는 이제 곧 그가 친히 이적적으로 고기들을 가득 잡게 해 주실 것이면서도, 베드로에게 명하셨습니다.

> 깊은 데로 가서 그물을 내려 고기를 잡으라 (눅 5:4).

그렇습니다. 우리 자신의 이해력에 의지해서도, 우리 자신의 힘에 의존해서도 안 됩니다. 그러나 동시에 우리의 이해력과 힘을 발휘해야 합니다.
여호와께서는 여호수아가 자신의 임무를 수행하던 중에 그를 만나셨습니다! 우리가 임무를 수행하고 있어야 그분의 도우심을 기대할 수 있습니다.
"여호수아가 여리고에 가까이 이르렀을 때에 눈을 들어 본즉."

여기서 두 개의 동사가 함께 사용되는데, 이는 여호수아의 행동의 두 가지 의의를 알려 주는 것 같습니다. 곧 자연적인 면과 영적인 면이 그것입니다. 원수들의 거대한 성벽을 본 후에 그가 여호와께 아뢰었다는 것입니다. 그가 자연스럽게 "눈을 들었다"라는 것은 전체적으로 상황을 살폈다는 의미인데, 이런 표현은 창세기 13:10, 14에도 나타나며, 또한 영적인 의미로도 사용됩니다.

여호와여 나의 영혼이 주를 우러러보나이다(시 25:1).

"본즉"(즉, "보았다"는 동사)에 대해서는 창세기 8:13과 출애굽기 2:23을 보십시오.

"한 사람이 칼을 빼어 손에 들고 마주 서 있는지라."

이는 여호수아의 용맹을 진짜 시험하는 것이었습니다. 하나님은 그에게 "강하고 담대하라"(1:6)라고 명령하신바 있는데, 이제 그가 그것을 증명할 처지가 된 것입니다. 여호수아가 이 사람을 환상 가운데 만났다는 것을 암시해 주는 요인이 전혀 없습니다. 그 사람이 객관적으로 손에 잡히도록 그의 앞에 나타났다고 보아야 합니다. 그가 손에 "칼을 빼어 들고" 있었으나, 이스라엘의 지도자는 겁에 질려 도망하지 않고, 담대하게 그에게 "나아"갔습니다. 임무를 행하는 동안 우리는 두려움에 사로잡혀서는 안 됩니다. 하나님의 약속을 굳게 신뢰해야 합니다.

여호와의 천사가 주를 경외하는 자를 둘러 진 치고 그들을 건지시는도다(시 34:7).

그리고 여호수아는 성급하게 칼을 뽑으며 이 사람과 싸우려 하지도 않았습니다. 그 대신 그 사람에게 묻습니다.

"너는 우리를 위하느냐, 우리의 적들을 위하느냐?"

여호수아는 이 사람이 이스라엘 사람이 아니라 낯선 외인임을 알아차렸습니다. 그러나 잠시 후 그는 이 사람이 그저 "사람"인 것이 아니라 그 이상인 분이라는 것을 알게 됩니다. 전에는 여호와께서 여호수아에게 말씀하셨습니다만 (1:1; 3:7; 4:1, 15), 눈에 보이도록 그 자신을 드러내신 일은 지금까지 없었습니다.

하나님이 그분의 성도의 상황과 필요에 맞추어 그 자신을 나타내신다는 것을 잘 살펴보십시오. 아브라함이 장막에 있을 때에 하나님은 지나가는 여행객으로 나타나셨고(창 18:1-2, 13), 광야 서쪽에 있던 모세에게는 떨기나무 속에서 나타나셨으며(출 3:1-2), 가나안 전쟁의 시초에 여호수아에게는 "군대 대장"으로 나타나십니다(참조. 출 15:3). 유월절을 지킬 때에는 그리스도께서 죽임 당하는 어린 양을 통해 모형으로 등장하셨는데(11절), 여기 13절에서는 그가 칼을 손에 들고서 "유다 지파의 사자(獅子)"로 나타나신 것입니다(계 5:5).

이는 성육신 이전에 하나님의 아들이 인간의 형체로 나타나신 예 중의 하나입니다. 이는 지극히 복되고 깊고도 신비한 주제인데, 이에 대해 몇 가지 상세한 내용을 말씀드리는 것이 독자들에게도 좋으리라 여겨집니다.

신격에 관해서는 삼위 하나님은 똑같이 눈에 보이시지 않습니다. 삼위일체 하나님은 오로지 그리스도안에서만 보이시는 것입니다. 사람의 눈에 하나님의 존재가 보이지 않는다는 사실은 구약과 신약에서 똑같이 선명하게 가르칩니다.

> 네가 내 얼굴을 보지 못하리니 나를 보고 살 자가 없음이니라(출 33:20).

> 본래 하나님을 본 사람이 없으되(요 1:18).

> 오직 그에게만 죽지 아니함이 있고 가까이 가지 못할 빛에 거하시고 어떤 사람도 보지 못하였고 또 볼 수 없는 이시니(딤전 6:16).

그런데 여기서 의문이 생깁니다. 곧 구약의 다음과 같은 본문들을 어떻게 이해해야 하는가 합니다.

> 야곱이 그 곳 이름을 브니엘이라 하였으니 그가 이르기를 내가 하나님과 대면하여 보았으나 내 생명이 보전되었다 함이더라(창 32:30).

> 이스라엘의 하나님을 보니(출 24:10)

여러 구절에서 하나님이 그저 환상이나 상징물 속에서만이 아니라 집단적으로 실제로 나타나시기도 하는 것을 봅니다. 예를 들어 모세에게 그렇게 나타나셨습니다.

> 너희 중에 선지자가 있으면 나 여호와가 환상으로 나를 그에게 알리기도 하고 꿈으로 그와 말하기도 하거니와 내 종 모세와는 그렇지 아니하니 그는 내 온 집에 충성함이라 그와는 내가 대면하여 명백히 말하고 은밀한 말로 하지 아니하며 그는 또 여호와의 형상을 보거늘 너희가 어찌하여 내 종 모세 비방하기를 두려워하지 아니하느냐 (민 12:6-8).

이것들을 가리켜 불신자들은 "모순들"이라 부릅니다.

신약성경은 성부 하나님과 동일 본질이신 또 다른 분이 하나님을 그분의 백성에게 나타내시는 임무를 지니신 것으로 말씀합니다.

> 본래 하나님을 본 사람이 없으되 아버지 품 속에 있는 독생하신 하나님이 나타내셨느니라 (요 1:18).

> 예수께서 이르시되 … 나를 본 자는 아버지를 보았거늘 (요 14:9).

> 그는 보이지 아니하는 하나님의 형상이시니 (골 1:15 또한, 참조. 히 1:3).

이 두 분 사이의 긴밀한 하나된 교제가 출애굽기 23:20-21에 나타납니다.

> 내가 사자를 네 앞서 보내어 길에서 너를 보호하여 너를 내가 예비한 곳에 이르게 하리니 너희는 삼가 그의 목소리를 청종하고 그를 노엽게 하지 말라 그가 너희의 허물을 용서하지 아니할 것은 내 이름이 그에게 있음이니라 (출 23:20-21).

한 분께서 또 다른 분에 대해, 그 두 분을 한 분으로 볼 수 없도록 하는 언사를 사용하여 말씀하고 계시면서도 두 분 다 신적인 분들이심을 주목하기 바랍니다. 그러므로 구약의 성도에게 주시는 이 말씀에서 성부 여호와를 배제시키고 즉시 모든 메시지를 아들의 것으로 규정해서는 안 됩니다. 성자는 물론 성부 하나님이 개입되시는 것을 인정해야만 합니다. 신적인 속성을 지니신 그 두 분께서 여호와라는 이름을 공히 사용하시되, 한 분은 보내시는 자요, 다른 분은 보내심을 받는 자—이 분이 뒤에 직접 사람들과 소통하시는 분이십니다—이심이 드러나는 것입니다.

이 매 경우마다 성자 하나님이 신적 현현(theophanic manifestation)을 통해 나타나시되, 때로는 천사의 형제로, 따로는 사람의 형체로 나타나신 것입니다. "아브라함과 이삭과 야곱의 하나님"이라 불리든, "이스라엘의 하나님"이라 불리든, "언약의 사자"라 불리든, 다 동일한 분이십니다. 그 신비한 현상들은 성자께서 심지어 그 때에도 중보자의 성격을 지니시고 자기 자신을 공개적으로 드러내셨다는 여러 가지 암시들이었습니다. 그러므로 하갈에게(창 16:7), 아브라함에게(창 18:1), 야곱에게(창 32:24-30), 이스라엘에게(삿 2:1), 기드온에게(삿 6:12-18), 마노아에게(삿 13:21) 그렇게 나타나신 분은 바로 성자 하나님이셨던 것입니다.

말라기 3:1에서는 "사자" 혹은 "언약의 사자"를 가리켜 "그의 성전의 주"라 부릅니다. 이러한 신적 현현들은 삼위 하나님의 위격적 구별을 드러내줄 뿐 아니라 우리 구속주의 선재하심(先在)과 그분의 신격(神格)을 보여 줍니다. 광야에서 이스라엘에게 거듭 거듭 자신을 드러내신 여호와께서 다름 아닌 중보자이셨다는 것을 고린도전서 10장에 선명하게 제시하고 있습니다.

> 다 같은 신령한 음료를 마셨으니 이는 그들을 따르는 신령한 반석으로부터 마셨으매 그 반석은 곧 그리스도시라 … 그들 가운데 어떤 사람들이 주를 시험하다가 뱀에게 멸망하였나니 우리는 그들과 같이 시험하지 말자 (4, 9절, 또한 히브리서 11:26을 보라).

하나님의 아들께서 인간의 형체로 사람들에게 나타나신—때로는 환상 중에(겔 1:26; 단 10:5-6), 때로는 예언 중에(시 89:17; 단 7:13), 때로는 손에 잡히도록(창 32:24; 수 5:13)—이런 여러 가지 예들은 장차 말씀이신 성자께서 육체가 되실 것을 예고하는 것이었고 복된 교감을 통해 교회로 하여금 그 머리이신 성자의 위격을 깨닫게 하기 위함이었습니다. 그런 실례들은 그리스도께서 그분의 성도에게(다른 어느 누구에게도 아닌!) 그분의 사랑을—그가 "인자들을 기뻐하심"(잠 8:31)을—친밀하게 드러내신 사례들이었습니다.

주 예수께서 과거 오래 전에 세상에서 사랑을 갖가지 다양한 방식으로—환상과 실질적인 계시를 통해 모형과 손에 잡히는 현현을 통해서—자신의 인격적인 사랑을 그분의 백성에게 보이셨다가, 후에 때가 차매 육신을 입으시고 사람들 가운데 장막을 치셨다는 것이야말로 정말로 복된 사실이 아닐 수 없습니다. 과거의 그 모든 현현들은 그분의 백성들로 하여금 장차 신약 시대에 그가 인자가 되사 그분의 사랑에 대한 최고의 증거를 베푸시게 될 것을 미리 대비하게 하기 위함이었습니다.

그가 그처럼 은혜로운 방식으로 자신을 드러내신 것은 장차 그 때가 이를 때에 그 백성들의 죄를 제거하시고 그들을 영원한 의 가운데 거하게 하실 것을 그 자신이 얼마나 고대하셨는지를 암시해 줍니다.

> 그가 이르되 아니라 나는 여호와의 군대 대장으로 지금 왔느니라 하는지라 여호수아가 얼굴을 땅에 대고 엎드려 절하고 그에게 이르되 내 주여 종에게 무슨 말씀을 하려 하시나이까(수 5:14).

이제 여호수아는 그의 앞에 서 있는 자가 "사람"보다 훨씬 더한 분이심을 깨닫고서, 그분의 앞에 엎드려 겸손히 그분의 뜻을 구합니다. 만일 그 방문자가 천사에 지나지 않았다면, 여호수아가 자신에게 경배하는 것을 책망했을 것입니다(계 19:10; 22:8-9).

그러나 이 분은 그의 경배를 받아들이셨고, 이로써 자신의 신격을 증명하신 것입니다!

하나님의 신실한 종 여호수아는 이제 가나안의 거민들을 칼로 쓰러뜨리는 그 위대한 사업을 시작하기에 즈음하여 주님의 특별하신 방문을 접한 것입니다. 그것은 완전한 승리가 이스라엘의 것임을 보여 주는 표적이요 증거였고, 그 전쟁의 승리에 대한 보장이었습니다. 이 '칼을 빼어 손에 든' "한 사람"은 그 전쟁을 한가하게 구경하는 방관자로 오신 것이 아니었고, 그들의 싸움의 매 움직임 하나하나마다 명령하고 지시하기 위해 오신 것이었습니다.

"나는 여호와의 군대 대장으로 지금 왔느니라."

천사들의 상하체계의 머리 위에 "우리 구원의 대장"이신(히 2:10. 개역개정은 이를 "구원의 창시자"로 번역함. 역주) 여호와의 사자가 서 계신 것입니다.

> 여호와의 군대 대장이 여호수아에게 이르되 네 발에서 신을 벗으라 네가 선 곳은 거룩하니라 하니 여호수아가 그대로 행하니라(수 5:15).

여호수아에게 말씀하는 이 분이 천상의 피조물 중의 가장 높은 존재보다 무한히 더 높은 분이셨다는 또 하나의 증거가 나타납니다. 천사장의 앞이었다면 여호수아가 서 있는 땅이 거룩하지 않았을 것이니 말입니다. 그는 사실상 다름 아닌 그분의 앞에서 스랍들이 얼굴을 가리고서 "거룩하다 거룩하다 거룩하다 만군의 여호와여"(사 6:3; 참조. 요 12:41)라고 외쳤던 바로 그 위엄 있는 분이셨습니다.

주목할 것은 여호수아가 깊은 우러름의 증표로 취하도록 명령받은 그 자세가, "아브라함의 하나님, 이삭의 하나님, 야곱의 하나님"이 불타는 떨기나무(출 3:5-6) 가까이에서 모세에게 요구하신 것과 동일하다는 점입니다. 발에서 신을 벗으라는 명령은 그 두 사건을 함께 연결시켜 주는 것은 물론, 그분의 종 여호수아에게 주신 하나님의 약속("내가 모세와 함께 있었던 것 같이 너와 함께 있을 것임이니라 내가 너를 떠나지 아니하며 버리지 아니하리니", 수 1:5)에 대한 확신을 더욱 강화시켜 주는 것이기도 했습니다.

그것은 과연 믿음을 얼마나 크게 격려하는 것인지 모릅니다!

만군의 여호와의 군대장관을 누가 가로막겠습니까?

그런 지도자를 앞에 둔 이스라엘이 과연 무엇을 두려워하겠습니까?

신을 벗으라는 명령에 여호수아가 즉시 순종한 사실을 성령께서 다시 확실히 기록하고 계심을 주목하기 바랍니다.

"여호수아가 그대로 행하니라."

하나님은 아무리 작은 사실도 놓치시는 법이 없습니다. 그는 우리의 모든 행동 하나하나를 다 기록해 두십니다.

이 얼마나 엄숙한 일이며, 또 얼마나 복된 일입니까!

제9장

여리고성에서 얻은 승리

(여호수아 6:1-27)

1. 닫혀진 성

이제 우리는 이 책에 기록된 사건 중에 가장 흥미롭고 가장 교훈적인 사건, 즉 가나안 사람들의 주요 요새였던 것으로 보이는 여리고 성의 함락을 다루게 되었습니다. 지금까지의 모든 일은 어떤 면에서 서론적이요 예비적인 것들이었고, 이제야말로 이스라엘이 해결해야 할 진짜 과제가 그들 앞에 놓여 있었습니다.

이스라엘이 자기들의 경건한 유산을 소유하기 위해서는 가나안 족속들을 쫓아내어야 했으니 말입니다. 그들은 이미 요단 강을 건널 때에 주께서 그분의 권능으로 역사하신 사실에서 극히 큰 격려를 받은 바 있습니다. 할례의 중요한 의무를 준수하고 유월절을 지켰으니, 이제 그들은 앞으로 전진할 준비를 갖추었습니다.

이는 그리스도인의 삶의 시작을 보여 주는 하나의 놀라운 비유가 아닐 수 없습니다!

중생이라는 이적을 경험한 주체가 되었고, 마치 불타는 상태에서 건져진 심지처럼 죄인이 하나님의 은혜로 구원을 받아 이제 새로운 삶으로 들어갑니다. 이스라엘이 광야를 뒤로 하고 떠난 후의 이스라엘의 모습처럼 완전히 달라진 삶의 모습입니다.

세례의 규례에 순종하였고, 원형이신 어린 양의 살을 먹었으니, 신자는 그 상태에서 그저 안주하는 것이 아니라 영적인 싸움에 돌입하여 "예수 그리스도의 병사"(딤후 2:3)로서 하나님께 영광을 돌리며, 하나님의 깃발 아래에서 섬기며, 전과를 올리고, 원수들을 무찌르고 그분의 기업을 현재에 소유하라는 부름을 받는 것입니다.

여리고는 변경에 위치한 성이요 주요 도시로서, 이스라엘의 가나안 진입을 가로막는 막강한 요새였습니다. 가나안 땅을 정복하고 소유하기 위해서는 다른 어떠한 일보다도 먼저 그 성을 함락시키는 것이 불가피했습니다. 그 성은 원수들의 주요 요새였으니, 그들로서는 그 성을 지키는 것이 절대적으로 중요했을 것입니다.

그 성이 함락되면 이스라엘에게 크나 큰 전과가 될 것은 물론이고, 남은 가나안 족속들을 더욱 더 당황하게 할 것이 분명했습니다. 그 성을 함락시키는 역사에서 우리는 하나님의 방법이 사람의 방법과 얼마나 다르며 그가 얼마나 손쉽게 자신의 목적들을 이루시는지를 보게 됩니다. 여기서 우리는 하나님을 대적하는 자들의 수고가 얼마나 무익하며 그들이 헛되이 추구하는 피난처들이 얼마나 가치 없는 것인지를 잘 볼 수 있습니다.

이 기념비적인 사건에서 우리는 하나님이 그 백성을 위하여 강하게 역사하시게 하기 위해서는 그분의 백성이 어찌 처신해야 하는지를 배웁니다. 육신적인 작전이나 세상적인 방법론들은 여기에 끼어들 자리가 없습니다. 원수들에게 승리를 거두기 위해서는 그 대신, 믿음과 순종과 용기, 인내를 발휘해야 합니다.

여기서 우리는 이스라엘이 방어적으로 행동하며 다른 이들의 공격에서 자기들 자신을 보호해야 하는 위치에 있는 것이 아니라, 오히려 하나님의 명령을 받아서 선제 공격을 감행하고 있습니다. 이러한 사실은—우리 가운데 잊고 있는 경우가 허다합니다만—그리스도인의 영적 전쟁에 소극적인 면이 있지만, 동시에 적극적인 면이 있음을 말씀해 줍니다.

그런데 여기서 간과하지 말아야 할 점은 앞의 논고에서 주의를 집중시켰던 주제와 지금 우리 앞에 놓인 이 주제 사이에 긴밀한 연관성이 있다는 사실입니다. 거기서 우리는 여호수아가 홀로 여리고성 주위를 다니며 정찰 임무를 행하며 그 성의 막강한 위용을 주목하고 있음을 보았습니다.

이스라엘이 가나안 땅으로의 입성을 가로 막고 있던 그 물이 가득한 요단 강을 확실히 파악한 사실(수 3:1-2)에 대해 우리가 지적한 내용과 비교해 보시기 바랍니다. 그런 임무를 수행하는 중에 이스라엘의 지도자 앞에 갑자기 신비에 쌓인 한 인물이 칼을 손에 들고 등장합니다.

"너는 우리를 위하느냐 우리의 적들을 위하느냐?"

이런 질문을 받고 그는 이렇게 대답합니다.

> 아니라 나는 여호와의 군대 대장으로 지금 왔느니라(수 5:14).

　모세가 이스라엘 자손을 종노릇하던 집에서 이끌고 나오는 위대한 임무에 돌입하기 전에 여호와께서 불타는 가시떨기 사이에서 그에게 나타나셔서, 하나님이 "그들을 애굽인의 손에서 건져내고 그들을 그 땅에서 인도하여 아름답고 광대한 땅, 젖과 꿀이 흐르는 땅 … 에 데려가려"(출 3:8)고 내려오셨다는 확신을 얻은 것처럼, 이제 여호수아도 모든 것에 충족하신 지도자께서 이스라엘 군대를 지휘하셔서 그들에게 완전한 승리를 주시리라는 약속을 받은 것입니다.

　이처럼 출애굽기 3:1-10과 여호수아 5:13-15이 서로 연결되는 것을 보아야 합니다. 둘 다 여호와께서 나타나셔서 "발에 신을 벗으라"고 명령하신 사실이 두드러지는 것입니다.

　앞의 논고에서 말씀한 바와 같이 여호수아서의 두 번째 주요 단락이 5:13에서 시작되며(이 단락은 가나안 정복의 주제를 다룹니다), 따라서 그 처음 시작하는 절들을 더욱 눈여겨볼 필요가 있습니다. 거기서 묘사하는 사건은 다음 여섯 장에 걸쳐 이어지는 내용의 서론일 뿐 아니라, 그 내용을 올바로 해석하는 열쇠를 제공하기도 합니다.

　여호와의 사자가 불타는 가시떨기 사이에서 모세에게 나타나신 것은 그저 그의 마음을 강하게 하기 위한 것만은 아니었고, 그 당시 "쇠 풀무 불"(신 4:20), "고난의 풀무 불"(사 48:10) 가운데 있던 하나님의 백성들을 상징적으로 나타내는 것이었고, 또한 여호와께서 친히 그런 처지에 있는 그분의 백성들과 함께 계심을 나타내는 것이기도 했습니다.

> 그들의 모든 환난에 동참하사 자기 앞의 사자로 하여금 그들을 구원하시며(사 63:9. 참조. 마 25:36; 행 9:11).

　그러나 여호수아 5:13-15에서는 더 이상 여호와께서 그분의 백성들 속에서 그들과 함께 고난을 당하시는 모습이 아니라 그들의 군대 장관으로 우뚝 서서 싸움에서 그들을 지휘하시고 이끄시는 모습으로 나타나십니다. 이는 그 전쟁이 그저 이스라엘이 여호와의 도우심을 구하여 치러내야 할 그들의 전쟁이 아니라 여호와 자신의 전쟁이요 이스라엘은 그의 "만군" 중에 소속된 일개 병력에 지나지 않는다는 암시였습니다.

이스라엘의 전쟁들을 가리켜 "여호와의 전쟁"이라 명확히 부르고 있습니다 (민 21:14). 이스라엘이 가나안 족속들을 궤멸시킨 일은 사사로운 복수가 결코, 아니었고 신적인 복수였습니다. 그들의 악행들이 이제 "가득 찼기" 때문이었습니다(창 15:16; 레 18:25-28).

표면적으로 나타나는 것보다 훨씬 더한 것이 개입되어 있었습니다. 성경을 성경과 조심스럽게 비교해 보기만 해도 표면 뒤에서 진짜로 일어난 일을 발견할 수가 있습니다. 가나안 족속들이 그들의 고향에서 쫓겨난 일에 대해 불편한 마음을 가질 이유는 없습니다.

왜냐하면, 이스라엘의 편에서 그것이 결코, 불의한 일이 아니었기 때문입니다. 오히려 그들은 그렇게 오랜 세월 동안 가증스런 일들을 지속적으로 자행하여 이제는 그들을 몰살시키는 것 외에 다른 방도가 남아 있지 않았으므로, 이스라엘은 하나님의 거룩한 심판의 도구로 사용된 것일 뿐이었습니다.

여기서 우리는 인간적인 면을 뛰어 넘어서 "여호와의 전쟁"이라는 표현에 비추어 이를 살펴볼 필요가 있습니다. 그들의 전쟁이 과연 여호와의 전쟁이었으니 말입니다. 양쪽에서 서로 대치하고 있던 것은 그저 인간의 군대만이 아니었습니다. 하나님의 군대와 지옥의 군대가 서로 대치하고 있었습니다. 여호와께서 친히 사탄과 그의 졸개들을 상대로 전쟁에 돌입하고 계셨던 것입니다.

가나안 족속은 각종 점쟁이나 길흉을 말하는 자나 요술하는 자나 무당이나 진언자나 신접자나 박수나 초혼자들과 더불어 우상 숭배와 점술에 빠져있었으며, 모세가 선언한 대로, "이런 가증한 일로 말미암아 네 하나님 여호와께서 그들을 네 앞에서 쫓아내시는 것"이었습니다(신 18:9-14).

사도의 말씀처럼, "무릇 이방인이 제사하는 것은 귀신에게 하는 것이요 하나님께 제사하는 것"이 아닙니다(고전 10:20). 그러므로 하나님은 여기서 어둠의 권세들을 향해 전쟁을 일으키고 계신 것이요, 또한 홍해에서 명확히 드러나는 대로 아무도 그분을 대적할 수가 없었던 것입니다.

이 주제는 분명 미스터리하지만, 그럼에도 하나님의 말씀이 이에 대해 충족한 빛을 밝혀주므로, 그 진면목을 감지할 수가 있습니다. 사람이 하나님께로부터 떠나 배도(背道)하면, 그는 마귀의 포로가 된 것이요, 그리스도께서 종노릇하는 그분의 백성들을 구속하기 위해 오셨을 때에 그는 먼저 그들을 사로잡고 있는 자를 이기셔야 했습니다.

그리스도의 싸움은 그분을 미워한 사람들과의 싸움이 아니었고, 이 세상 임금—바로 "유다에게 들어가" 그분을 움직여 그 사악한 일을 행하게 한 사탄—과의 싸움이었습니다. "강한 자가 무장을 하고" 자기 집을 지키고 있었고 그 소유가 안전하게 있었습니다.

그런데 "더 강한 자가 와서" 그분을 굴복시키고 "그가 믿던 무장을 빼앗고 그의 재물을 나눕니다"(눅 11:21-22. 또한, 참조. 사 53:12). 곧 "죽음을 통해 죽음의 세력을 잡은 자 곧 마귀를 멸하시며"(히 2:14), "통치자들과 권세들을 무력화하여 드러내어 구경거리로 삼으시고 십자가로 그들을 이기신 것"입니다(골 2:15).

이와 마찬가지로 그리스도의 군사들 역시 "마귀의 간계를 능히 대적하기 위하여 하나님의 전신 갑주를 입으라"는 명령을 받습니다. 그 이유는 바로 다음과 같습니다.

> 우리의 씨름은 혈과 육을 상대하는 것이 아니요 통치자들과 권세들과 이 어둠의 세상 주관자들과 하늘에 있는 악의 영들을 상대함이라(엡 6:11-12).

이런 사실을 깨닫는 사람이 어찌 그리 적은지 모릅니다!

> 이스라엘 자손들로 말미암아 여리고는 굳게 닫혔고 출입하는 자가 없더라(수 6:1).

이 점이 즉시 우리의 주목을 사로잡습니다. 그들은 나아가 공개적으로 이스라엘을 상대로 싸울 생각이 없었습니다. 여호와에 대한 두려움이 그들에게 임해 있었습니다. 여호와께서 그에게 순종하는 백성들을 위해 요단 강에서 행하신 일로 인하여 그들의 심령이 공포에 사로잡혔습니다. 이스라엘과 함께 하시는 그분은 도저히 대적할 수가 없다는 것을 깨닫게 된 것입니다.

> 요단 서쪽의 아모리 사람의 모든 왕들과 해변의 가나안 사람의 모든 왕들이 여호와께서 요단 물을 이스라엘 자손들 앞에서 말리시고 우리를 건너게 하셨음을 듣고 마음이 녹았고 이스라엘 자손들 때문에 정신을 잃었더라(수 5:1).

결국, 그들은 이제 여리고의 높고 강력한 장벽밖에는 희망이 없었습니다. 그 안에서 숨어 있었지만, 마음은 편치 않았습니다. 하나님의 백성 가운데 성령께서 근심하시지 않는 상태로 계시면, 그들 자신은 성령의 생명을 주시며 열매를 맺게 하시며 위로하시는 역사를 누리게 되지만, 동시에 외부에 있는 사람들은 그분의 권능에 겁에 질리게 되는 법입니다! 현재 사회가 이처럼 무법한 것은 바로 성령의 억제하시는 권능이 없는 데 있습니다.

"여리고는 굳게 닫혔고."

주의 깊은 독자라면 난외주에 "굳게 닫았고 또한, 닫혔더라"고 되어 있는 것을 관찰합니다(개역개정에는 나타나지 않음. 역주). 이것은 히브리어에서 두드러지게 나타나는 강조법으로, "죽고 죽으리라"(창 2:17, 개역개정은 "반드시 죽으리라"로 번역함. 역주), "복 중에 내가 네게 복을 주고"(창 22:17, 개역개정은 "내가 네게 큰 복을 주고"로 번역함. 역주) 등에서 볼 수 있습니다. 모든 출입구가 완전히 막혀버렸습니다.

무거운 정문들을 굳게 걸어 잠갔고, 거주민들이 그 단단한 성벽 속에 몸을 숨기고 있었습니다. 하지만 그런 방법들이 그들에게 무슨 소용이 있었습니까?

그분이 성의 철문이 "저절로 열리"(행 12:10)게 하고 옥의 "문이 곧 다 열리"(행 16:26)게 하실 수 있는데, 아무리 막아놓은들 무슨 소용이란 말입니까?

과연 그렇습니다.

여호와께서 성을 지키지 아니하시면 파수꾼의 깨어 있음이 헛되도다(시 127:1).

물질주의적 사고에 사로잡힌 이 세대가 어찌 이런 일을 깨닫겠습니까! 인간사에 개입하시는 하나님의 역사를 거의 혹은 전혀 생각조차 하지 않으니 말입니다. 그러니 죽음의 순간이 올 때에, 장차 올 그 종말의 날에, 사람들이 얼마나 크게 놀라게 되겠습니까!

그리스도 이외에 죄인들이 보금자리로 여기고 추구해온 다른 모든 피난처가 그 처절한 시험의 때에 마치 가나안 족속의 여리고 성보다 조금도 나을 게 없었다는 것이 온 우주가 모여 있는 앞에 드러나게 될 것이니 말입니다!

여리고성은 가나안의 아주 막강한 요새 가운데 하나로, "성읍은 견고하고 심히 클 뿐 아니라"(민 13:28), 정탐꾼들이 보기에 함락시키기가 전혀 불가능해 보였습니다(신 1:28).

그러므로 그 성은 요단 강이 그랬던 것처럼 믿음에게 큰 도전이었습니다. 하나님은 그 첫 이적을 이스라엘의 믿음이 확증되기 전에 행하지 않으셨고, 그 이후에 행하셨습니다.

언약궤를 지는 제사장들이 여호수아 3:8에 "너희가 요단 물 가에 이르거든 요단에 들어서라"는 명령을 하나님으로부터 받았습니다. 그리고 그들이 그 명령대로 행한 다음에 비로소 여호와께서 그들을 위해 놀라운 역사를 행하셨습니다. "궤를 멘 자들이 요단에 이르며 궤를 멘 제사장들의 발이 물 가에 잠기자 곧 위에서부터 흘러내리던 물이 그친 것"(수 3:15-16)입니다. 여리고 성에서도 마찬가지였습니다.

여호와의 군대 장관이 그가 이스라엘을 위해 싸우시겠다고 이미 선언하셨으나, 그 성은 여전히 그들 앞에 서 있었습니다!

여호와께서 친히 그 성문들을 여시지도 않았고, 그 성의 임금이 겁에 질려 그들에게 항복하지도 않았습니다. 아닙니다. 여리고는 굳게 닫혔습니다.

겉으로 볼 때에는 현실의 모습이 그랬습니다!

오늘날 우리의 경험에서도 그렇습니다.

"네 믿음대로 될지니라."

이러한 현실에서 믿음으로 응답할 때에 하나님이 역사하시는 것입니다.

> 여호와께서 여호수아에게 이르시되 보라 내가 여리고와 그 왕과 용사들을 네 손에 넘겨 주었으니(수 6:2).

정말로 복된 일입니다.

전쟁이 시작되기 전에 주께서 그분의 종에게 찾아오셔서 그 전쟁의 완전한 승리를 확신하게 해 주시다니요!

그러나 이러한 자비로운 역사 바로 직전에 있었던 일을 잊지 말도록 합시다. 이 두 사건 사이에는 불가분리의 도덕적 연관성이 있기 때문입니다. 여호수아 자신과 제사장들과 온 이스라엘 백성은 하나님의 뜻에 모범적으로 순종했고, 그리하여 그들이 하나님의 영광을 극히 중요시한다는 것을 드러내 보였습니다. 곧 할례를 행하고 유월절을 지킨 것이 그것입니다.

언제나 하나님과 우리의 영혼이 올바른 관계에 있을 때에 자유로이 우리를 만나 주시는 것이 그분의 방법입니다. 그러므로 성령께서 근심하시지 않는 상태로 성도

가운데 임재하실 때에 항상 일어나는 또 다른 효과를 거기서 실례로 본 것입니다.
　외부의 사람들을 깜짝 놀라 공포에 떨게 하시는 것은 물론, 내부의 사람들에게는 하나님과의 교통이 보장됩니다. 이것을 이따금씩 비정상적으로 체험하는 것으로 그쳐서는 안 되고, 그것을 정상적이고 일상적으로 체험해야 마땅합니다. 주 예수께서도 이렇게 선언하신 바 있습니다.

> 나의 계명을 지키는 자라야 나를 사랑하는 자니 나를 사랑하는 자는 내 아버지께 사랑을 받을 것이요 나도 그분을 사랑하여 그에게 나를 나타내리라(요 14:21).

　위에서 우리는 여리고 성이 "굳게 닫힌" 현실이 믿음에게는 도전이었고 하나님은 우리의 믿음에 따라 행하신다는 점을 말씀한 바 있습니다. 그러나 믿음이 근거할 토대가 반드시 있어야 하고, 여기서 그 한 가지가 베풀어졌습니다.
　"보라 내가 여리고와 그 왕과 용사들을 네 손에 넘겨 주었으니"라는 말씀은 교훈적이요 강한 의미를 담고 있습니다. "보라"는 육신의 눈이 아니라 영의 눈으로 사물을 보라는 명확한 요청입니다. "이 장애물을 육신적인 이성으로가 아니라 믿음으로 바라보라"는 것입니다. 마치 홍해에서 이스라엘에게 주어진 다음의 말씀과도 같습니다

> 너희는 두려워하지 말고 가만히 서서 여호와께서 오늘 너희를 위하여 행하시는 구원을 보라 너희가 오늘 본 애굽 사람을 영원히 다시 보지 아니하리라 여호와께서 너희를 위하여 싸우시리니 너희는 가만히 있을지니라(출 14:13-14).

　그러나 그들은 "이스라엘 자손에게 명령하여 앞으로 나아가게 하라"는 하나님의 명령(출 14:15)에 믿음과 순종으로 응답한 후에야 비로소 그 "구원"을 외형적으로 볼 수 있었습니다. 육신의 눈에 보이도록 구원의 역사가 이루어지기 전에, 하나님의 약속하신 그 구원을 믿음의 눈으로 먼저 보아야 했던 것입니다.
　여기서도 마찬가지입니다.
　"보라 내가 여리고와 그 왕과 용사들을 네 손에 넘겨 주었으니."

독자 여러분!
전에 "듣기만" 했던 그 복되신 분을 이제 그렇게 "뵈었"(욥 42:5)습니까?
보이지 아니하는 자를 보셨습니까?(히 11:27).
죄와 사망을 이기는 여러분의 최종적이며 완전한 승리를 보셨습니까?
여러분의 구속자께서 여러분을 위해 예비하러 가신 그 곳을 보셨습니까?

믿음이란 바로 이것입니다.

바라는 것들의 실상이요 보이지 않는 것들의 증거니(히 11:1).

2. 승리를 위한 훈령들

여호와께서 여호수아에게 이르시되 보라 내가 여리고와 그 왕과 용사들을 네 손에 넘겨 주었으니(수 6:2).

이러한 은혜로운 선언은 믿음을 발휘하라는 도전이요, 하나님의 풍성하심의 증거이기도 했고, 또한 자기를 만족시키는 모든 인간적인 일을 행하지 않도록 하기 위함이기도 했습니다. 교만한 육체가 모든 하나님의 백성에게 여전히 남아 있었고, 아무리 훌륭한 사람도 오직 하나님께만 돌려야 할 신뢰와 찬송을 자기들 자신이 취할 소지가 다분했습니다.

그러나 "보라 [주목하고 계속 마음에 두라] 내가 여리고 … 를 네 손에 넘겨 주었으니"라고 하신 것은 모든 교만한 자랑을 없애기 위함이었습니다. 그 말씀은 격려하고 사기를 진작시키는 말씀이었을 뿐 아니라 겸손하게 낮추는 말씀이기도 했습니다. 이 모든 싸움의 성공을 오직 여호와 자신의 덕분으로 돌려야 한다는 뜻이었습니다.

그분을 "떠나서는 … 아무것도 할 수 없는 것"입니다(요 15:5). 우리의 원수들을 이기는 승리를 결코, 우리 자신의 능력 탓으로 여겨서는 안 됩니다. 오히려 우리는 언제나 이렇게 외쳐야 합니다.

여호와여 영광을 우리에게 돌리지 마옵소서 우리에게 돌리지 마옵소서 오직 주는 인자하시고 진실하시므로 주의 이름에만 영광을 돌리소서(시 115:1).

여리고는 하나님이 친히 이스라엘에게 주신 선물이었습니다. 그러니 그 성을 함락시키는 일을 전적으로 모든 은혜의 하나님께 돌려야 마땅했던 것입니다.

누가 너를 남달리 구별하였느냐 네게 있는 것 중에 받지 아니한 것이 무엇이냐 네가 받았은즉 어찌하여 받지 아니한 것 같이 자랑하느냐(고전 4:7).

스스로 자랑하며 헛된 영광을 좇는 오늘의 기독교계에 대해 과연 이 얼마나 절실하게 필요한 진리인지 모르는 것입니다!

루스드라 사람들은 발을 쓰지 못하는 사람이 고침 받는 광경을 지켜보고서, 바나바와 바울을 마치 신처럼 여겨 그들에게 경배하려 하자, 그들은 "옷을 찢고 무리 가운데 뛰어 들어가서 소리 질러 이르되 여러분이여 어찌하여 이러한 일을 하느냐 우리도 여러분과 같은 성정을 가진 사람이라"(행 14:14-15)라고 외쳤습니다.

그처럼 자기를 낮출 줄 아는 심령이 얼마나 절실한지 모릅니다!

오늘날 신앙을 고백하는 수많은 그리스도인이 티끌의 벌레와도 같은 사람을 향해, "참 위대한 분이시다", "굉장한 설교자다", "놀라운 성경 교사다"라는 식으로 칭송하는데, 이것이 사실상 하나님을 얼마나 욕되게 하는 것인지 모릅니다!

이런 칭송에서 과연 주님이 무슨 영광을 받으십니까?

전혀 받지 않으십니다. 오늘날 성령의 기름부음이 전반적으로 사라진 것이 전혀 무리가 아닙니다. 더 나아가, 설교자를 향해 아첨하며 그분을 추켜세우는 것보다 설교자를 쓰임받지 못하도록 망치기 쉬운 것이 없습니다.

그처럼 사람을 예배하는 우상 숭배의 자세처럼 성령을 욕되게 하고 그로 하여금 축복을 물리시도록 만드는 것이 없습니다. 그보다는 오히려, "하나님께로부터 그토록 놀랍게 은사를 받았으니 그 설교자야말로 주께서 기뻐하시리라"거나 "오늘 오전 설교에서 하나님이 목사님을 무척이나 크게 도우셨다"라고 말하는 것이 훨씬 더 나을 것입니다.

온갖 좋은 은사와 온전한 선물이 다 위로부터 빛들의 아버지께로부터 내려오나니(약 1:17).

말로 전해지는 설교에 대해서든, 글로써 전해지는 말씀에 대해서든, 우리로서는 그 좋은 은사와 선물을 주시는 하나님께 감사를 올려야 하고, 그분의 종들을 통해 우리에게 각양 복을 베푸시는 그 분께만 찬송을 드려야 합니다.

여호와께서 여호수아에게 이르시되 보라 내가 여리고와 그 왕과 용사들을 네 손에 넘겨 주었으니(수 6:2).

이 절 전체를 보면 여호와께서 그분의 영광에 대해 주의를 기울이시는 것을 감지할 수 있습니다. 그는 자신의 영광에 대해 특별한 관심을 지니고 계십니다.

나는 내 영광을 다른 자에게 … 주지 아니하리라(사 42:8).

헤롯이 벌레에게 먹혀 죽은 것이 그가 영광을 하나님께로 돌리지 아니했기 때문임을 잊지 맙시다(행 12:23). 여호와께서 여기서 이스라엘의 지도자에게 이렇게 공언하시는 것은 바로 이스라엘로 하여금 이런 죄를 범하지 않도록 방지하기 위함이었습니다. 그분의 백성들로 하여금, 그가 "기이한 일을 행하사 그의 오른손과 거룩한 팔로 자기를 위하여 구원을 베푸셨음"(시 98:1)을 깨닫고 인정하게 하기 위함이었습니다.

성경이 이런 진술들을 얼마나 자주 기록하고 있는지 모릅니다.

여호와께서 오늘 이스라엘 중에 구원을 베푸셨음이니라(삼상 11:13).

여호와께서 그날에 이스라엘을 구원하시므로(삼상 14:23).

여호와께서는 온 이스라엘을 위하여 큰 구원을 이루셨으므로(삼상 19:5).

그날에 여호와께서 크게 이기게 하셨으므로(삼하 23:10).

여호와께서 전에 … 구원하게 하셨음이라(왕하 5:1).

그런데 오늘날 이런 언어를 듣기가 얼마나 어려운지요!
다음의 말씀에서 드러나듯이, 다윗은 이처럼 하나님을 높이고 자기를 낮추는 진리를 배웠었습니다.

나의 반석이신 여호와를 찬송하리로다 그가 내 손을 가르쳐 싸우게 하시며 손가락을 가르쳐 전쟁하게 하시는도다(시 144:1).

우리의 영적 전쟁과 관련해서, 그리스도인의 삶에서 우리가 얻는 모든 성공에 대해서, 그러한 사실을 인정하고 하나님께 찬송을 올려야 마땅합니다.

너희 모든 군사는 그 성을 둘러 성 주위를 매일 한 번씩 돌되 엿새 동안을 그리하라 제사장 일곱은 일곱 양각 나팔을 잡고 언약궤 앞에서 나아갈 것이요 일곱째 날에는 그 성을 일곱 번 돌며 그 제사장들은 나팔을 불 것이며 제사장들이 양각 나팔을 길게 불어 그 나팔 소리가 너희에게 들릴 때에는 백성은 다 큰 소리로 외쳐 부를 것이라 그리하면 그 성벽이 무너져 내리리니 백성은 각기 앞으로 올라갈지니라(수 3:3-5).

앞 절의 내용을 볼 때에, 몇몇 독자는 여기서 매우 이상한 요건이 제시되는 것에 충격을 받을 수도 있습니다. 여호와께서 여리고를 여호수아의 손에 넘겨주실 것이 확실하다면, 어째서 이처럼 세세하고도 꼼꼼하게 그 일을 준비하게 하시는가 하고 말입니다. 그런 난제의 중압감을 느끼는 분들은 이제 우리가 말씀할 내용에 주의를 기울이시기 바랍니다.
사실상, 이 절들은 우리가 깨달아야 할 지극히 중요한 원리를 실제적인 사실들로써 보여 줍니다. 그 원리는 이렇게 말씀할 수 있습니다. 곧 하나님의 은혜로우신 목적과 그 성취가 절대적으로 확실하게 이루어질 것임을 알려 주신다고 해서 우리가 우리의 책임을 다할 필요가 없는 것이, 결코 아니라는 사실입니다.
하나님이 그분의 목적이 성공을 거둘 것에 대한 확신을 우리에게 주신다고 해서 수단을 사용해야 할 필연성이 사라지는 것이 아닙니다. 그러므로 어디서도 마찬가지이지만 여기서도 진리의 균형을 잘 유지해야 합니다.

그러므로 하나님의 약속들은 우리 편에서 아무 일도 하지 않는 것을 조장하기 위한 것이 결코, 아닙니다. 그 약속들은 우리로 하여금 동일한 일을 위해 최선을 다하도록 박차를 가하기 위해, 우리의 수고가 하나님의 법칙에 따라 이루어질 때에 그 모든 것이 헛수고가 되지 않을 것이라는 확신을 주기 위해, 주신 것입니다. 하나님이 여리고를 이스라엘의 손에 주셨다는 그 은혜로운 선언은 이스라엘로 하여금 손을 놓고 자기들의 임무를 행하지 않도록 하기 위함이 아니라, 그들이 행할 임무가 반드시 성공을 거두리라는 확신을 주기 위함이었습니다.

이러한 원리는 하나님의 뜻이 이루어지는 모든 일에 일관되게 적용됩니다. 선택의 진리를 계시하신 것은 운명론적 사고를 갖고 안일에 빠지게 하기 위함이 아니라, 아담의 후손 전체가 멸망에 이르게 되어 있다는 사실을 앎으로써 우리가 마음으로 기뻐하게 하기 위함입니다.

그리고 택함 받은 자들이 그들 자신의 수고가 전혀 없이 그저 기계적으로 멸망에서 구원받는 것이 아닙니다. 하나님이 그들을 "택하"셨으나 그런데도 그들이 "성령의 거룩하게 하심과 진리를 믿음으로 구원을 받게 하신 것"(살후 2:13)입니다. 이 진리를 깨닫지 않고서는 구원이 그들의 것이 될 수가 없습니다. 왜냐하면, "믿지 않는 사람은 정죄를 받을 것"(막 16:16)이기 때문입니다.

이와 마찬가지로 그리스도께서 "자기 영혼의 수고한 것을 보고 만족하게 여길 것"(사 53:11)이요, "아버지께서 그에게 주시는 자는 다 그에게로 올 것이"(요 6:37)라는 진리가 계시되어 있다고 해서, 모든 사람에게 복음을 전하는 일이 불필요하게 되지 않는 법입니다. 왜냐하면, 복음 전하는 일이 바로 하나님이 지정하신 수단이요, 성령께서 그 수단을 사용하셔서, 그리스도께서 위하여 죽으신 자들을 그에게로 효과적으로 이끄시기 때문입니다. 하나님이 하나되게 하신 것을 우리가 나누려 해서는 안 될 것입니다.

하나님이 하나로 연결해 놓으신 것을—그리하여 그가 서로 의존하도록 만들 것을—나누어 놓음으로써, 그렇게도 많은 악이 생겨났고, 하나님의 백성들 사이에 불필요한 분열을 야기되었습니다. 예를 들어, 하나님의 보호하심과 그리스도인의 인내라는 쌍둥이 진리를 보십시오. 장차 영화로움을 입을 것을 확신한다고 해서, 우리 편에서 주의하고 조심할 필요가—자기를 부인하고 죄를 상대로 싸울 필요가—사라지는 것이 아닙니다. 생명에 이르기 위해서는 좁은 길을 걸어가야 하고(마 7:14), 상을 얻기 위해서는 달려야 할 경주를 달려야 합니다(히 12:1; 빌 3:14).

우리가 과연 "하나님의 능력으로 보호하심을 받지"만, 그런데도 "믿음으로" 행할 필요가 없어지는 것이 아닙니다(벧전 1:5). 믿음은 하나님의 계명들을 하나님의 약속들과 동등하게 바라보고 사용하며, 또한 하나님의 훈계와 경고들을 깊이 생각하는 동시에 하나님의 위로와 격려들을 잘 사용하는 법입니다.

하나님은 어디에서도 무모한 자들과 주제넘는 자들을 보호하시겠다고 선포하신 일이 없습니다. 그는 육신적이고 세상적인 자들이 아니라 믿음과 거룩함이 있는 자들을 보존하시는 것입니다. 그리스도께서는 특정한 무리들의 영원한 안전을 보장하셨습니다.

그러나 그는 그 무리에 속하는 자들의 특징들을 먼저 조심스럽게 묘사하십니다.

> 내 양은 내 음성을 들으며 나는 그들을 알며 그들은 나를 따르느니라 내가 그들에게 영생을 주노니 영원히 멸망하지 아니할 것이라(요 10:27-28).

그러나 그분의 음성을 듣지 않고 자기 뜻대로 자기를 기쁘게 하는 삶을 따르는 자들에게 그런 확신을 주시는 것이 아닙니다. 신자들에게 하늘에 대한 하나님의 약속이 주어진다고 해서, 그가 그 곳을 향해 싸우며 나아갈 필요가 없어지는 것이 결코, 아닌 것입니다.

지정된 수단을 지정된 목적과 분리시켜서는 절대로 안 됩니다. 육체의 힘은 입을 통해 얻어지고, 위생의 법칙들을 준수하지 않고서는 건강을 유지할 수가 없습니다. 밭을 갈고 씨를 뿌리지 않으면 곡식을 거두어들일 수가 없습니다. 그런데 영적인 문제들에 관해서는 하나님이 지정하신 수단만을 사용하고 그 이외의 것들은 사용하지 않도록 특별히 조심할 필요가 있습니다.

> 경기하는 자가 법대로 경기하지 아니하면 승리자의 관을 얻지 못할 것이며(딤후 2:5).

하나님을 섬기는 일을 위해서 우리에게 가장 그럴 듯해 보이는 방법들과 수단들을 택하여 사용한다면, 이는 주제 넘는 짓이요, 사람의 뜻을 따르는 것으로서, "이것을 누가 너희에게 요구하였느냐"(사 1:12)라는 책망을 들을 수밖에 없습니다. 그리고 그런 일에 복 주시기를 하나님께 구한다면, 그것은 하나님을 우리의 생각에 맞추고자 하는 시도에 지나지 않습니다.

여호와께서 정하신 "규례대로 그에게 구하지 아니하"(대상 15:13)여 여호와께서 이스라엘을 징계하셔서 웃사가 죽임을 당했는데, 이 사건이 주는 지엄한 경고를 잊어서는 안 될 것입니다.

하나님의 인정하심을 받으려면 그가 정하신 "규례대로" 면밀히 행해야 합니다. 이것이야말로 여기서 여호수아가 가르침 받은 놀라운 교훈 가운데 하나였습니다. 그는 자기 자신의 방법을 마음대로 따를 자유가 없었고, 하나님이 그에게 주신 계획을 철저히 준수해야만 했습니다. 여리고성을 이스라엘 앞에서 무너뜨리려면, 하나님이 주신 훈령을 글자 하나까지 철저히 지켜 행해야 했던 것입니다.

그런데, 그런 훈령들이 얼마나 이상스러워 보였는지요!

그 큰 작전을 위한 수단치고는 정말로 어울리지 않는 것이었습니다!

육신적인 이성의 판단으로 볼 때에 얼마나 하찮게 보이는 것이었는지 모릅니다!

> 참호를 파놓는 것도, 방어용 차단벽을 설치하는 것도, 공격용 망치를 준비하는 것도 없었고, 군사적인 준비가 아예 하나도 없었다(헨리[Henry]).

사람들이 무리를 지어 주위를 걸어 다닌 것 때문에 막강한 요새가 완전히 무너졌다는 이야기를 과연 누가 들어나 보았겠습니까?

아, 독자 여러분!

하나님의 길은 사람의 길과 완전히 다를 뿐 아니라, 그 길은 사람의 교만을 무너뜨리고 오직 하나님만이 영광을 받으시게 하는 길인 것입니다. 이스라엘의 지도자요 율법 제정자인 모세는 갈대 상자에서 보호하심을 받았습니다. 블레셋의 용사 골리앗은 물맷돌에 죽임을 당했습니다. 엘리야 선지자는 과부의 남은 소량의 식량으로 생명을 유지했습니다.

그리스도의 선구자인 요한은 광야에 거주했고, 약대 털과 가죽 띠로 의복을 삼았고, 메뚜기와 석청으로 식량을 삼았습니다. 구주 예수님은 강보에 싸여 구유에 누워계셨습니다. 그에게 사신들로 택함 받은 자들은 대부분 학식이 없는 어부들이었습니다.

이 모두가 "사람 중에 높임을 받는 그것은 하나님 앞에 미움을 받는 것" (눅 16:15)임을 보여 주는 놀라운 실례들이 아닐 수 없습니다!

그러니 이 원리를 항상 우리 앞에 두는 것이 얼마나 절실한지 모르는 것입니다.

만일 여호수아가 전쟁 대비 전략 회의를 소집하여, 각 지파의 두령들에게 어떻게 하는 것이 최선의 방책인지에 대해 의견을 청취했다면, 얼마나 많은 방책들이 중구난방으로 제기되었겠습니까?

어떤 사람은 여리고를 함락시키는 유일한 방책은 성을 계속해서 포위하여 그 거주민들을 굶어죽게 하는 것이라고 생각했을 것입니다. 성벽에 사다리를 대고 무장한 군사들을 올려 보내어 공격하는 방법을 제시했을 것입니다. 공격용 망치를 대대적으로 사용하는 것이 아군의 희생을 최소화하여 효과적으로 공격하는 방법이라고 하는 사람도 있었을 것이고, 은밀하게 성벽 밑에 갱도를 파서 기습 공격을 시도하는 것이 좋겠다고 하기도 했을 것입니다. 이 모든 방법이 다 사람의 생각에서 나온 것들이요, 각자 자기의 계획이 최선이라고들 주장했을 것입니다.

그러나 여호수아는 혈육과 상의하지 않고, 여호와께로부터 직접 훈령을 받았고, 이런 점에서 그는 그 이후의 모든 여호와의 종에게 모범을 보인 것입니다. 복음 사역자는 그리스도께 책임을 다해야 합니다. 그는 바로 그 분의 종이요, 그에게서 부르심 받고 세움 받았으니, 오직 그에게서만 명령을 받아야 합니다. 그에게는 그리스도께서 주신 것 이외에는 그 어떠한 것도 권위가 없고, 그 외에 다른 권위가 필요하지도 않습니다.

여호수아는 하나님께로부터 받은 훈령들에 대해 제사장들과 장로들의 판단을 묻지 않았고, 오히려 그 훈령대로 즉시 행동에 돌입했습니다. 동료들이 어떻게 생각하든 개의치 않고 오직 여호와의 축복에 모든 것을 걸고 움직인 것입니다.

> 주께서 우리가 적절하다고 여기는 수단과 도구들을 사용하셔서 그분의 목적들을 이루신다면, 우리는 그 수단과 도구들만을 바라보고서, '모든 일을 그의 뜻의 결정대로 일하시는' 주님을 지나쳐버리기가 쉬울 것이다. 이런 위험을 줄이기 위해 주께서는 때때로 일상적인 상식을 벗어나셔서, 전혀 소기의 성과를 이

룰 것 같아 보이지 않는 그런 방법들과 도구들을 사용하시며, 때로는 전혀 상관 없는 엉뚱한 방법들을 사용하기도 하신다(민 20:6-9; 겔 37:1-10; 요 9:4-7).

그러나 우리는 오직 주께서 지정하시거나 허용하시는 수단만을 사용하고 그분의 뜻에 복종하며 그분의 복 주심에 의지하고, 인내로 기다리며, 자기를 부인하고 근면히 행하고 그 결과를 기대해야 할 의무가 있다. 그렇게 하면 참된 선을 이루는 일에 성공을 거두게 될 것이다. 주님은 사람들의 주의를 그 자신의 진리와 규례들에 집중시키도록 인도하시는 데에서, 그들이 믿음과 인내를 발휘하고 그들의 생각들을 그분의 가르침에—그들의 뜻을 그분의 권위에—전폭적으로 굴복시키도록 연단시키시고, 그리하여 그 자신이 친히 찬송과 감사를 받도록 하시는 데에서 특별한 기쁨을 누리시는 것이다.

참 신앙을 증진시키시는 일에서는 그가 특히 세상의 교만한 자들과 학식 있는 자들과 부유한 자들이 전반적으로 멸시하는 그런 수단과 도구들을 사용하셔서 일하신다. 육체로 오신 하나님이신 그리스도의 십자가에 달리심의 교리야말로 죄인들이 영접함 받을 소망의 유일한 근원이요 거룩하게 하시는 은혜의 유일한 원천이다. 그리고 출생도 미천하고 능력도 부족하고 탁월한 학식이나 언변의 유리함이 전혀 없고, 때로는 그 외모도 지극히 초라한 사역자들로 하여금 그 교리를 전하도록 하시는 것이다(토마스 스코트).

이제 여호수아가 이때에 여호와께로부터 받은 그 훈령들을 자세히 살펴보면 "언약궤"가 다시 한 번 존귀의 자리를 부여 받아 행진의 정 중앙에 위치했음을 보게 됩니다. 먼저 "용사들"이 행진하고, 그 뒤에 일곱 제사장들이 "양각 나팔"을 불며 언약궤 앞에서 행진했고, 모든 백성이 그 뒤를 따라 행진했습니다. 언약궤는 여호와의 임재의 상징이었고, 또한 그것이 이스라엘 회중의 앞에서 행진한다는 것은 곧 승리가 여호와께로부터 오는 것임을 나타내는 것이었습니다.

과연 정말 많은 것이 우리가 하나님의 임재를 인식하느냐에 달려 있습니다. 육체를 제어하는 데에서도 그렇고, 영을 격려하는 일에서도 그렇습니다. 주께서 우리를 위하실 뿐 아니라 그가 우리와 함께 계신다는 것을 확신하면, 두려움이 물러가고 거룩한 확신이 생깁니다.

그리스도의 종들로서는 그분의 명령의 내용들 하나하나를 철저히 준수하는 것은 물론, "볼지어다 내가 세상 끝 날까지 너희와 항상 함께 있으리라"(마 28:19-20)라는 그분의 복된 약속에 의지하는 것이 지극히 중요합니다. 뿐만 아니라 각급 하나님의 백성들은 "내가 너를 떠나지 아니하며 버리지 아니하리니"(1:5)라고 하신 말씀을 붙잡는 것이 극히 중요합니다.

여호수아는 "여호와의 군대 대장" 이 그에게 나타남으로써(수 5:13-15) 이에 대해 개인적인 확신을 얻었고, 또한 이스라엘의 온 회중은 언약궤가 중심에 눈에 띄도록 자리를 잡은 사실에서 여호와의 함께 하심에 대한 확신을 얻었습니다. 모두가 그들의 구원의 대장께 시선을 고정시키고 행진해야 했습니다. 그 어느 누구도 그분이 나아가는 길을 대적할 수가 없었으니 말입니다.

그러나 그 언약궤는 십계명이 새겨진 돌비들을 보관하는 함(函)이기도 했습니다. 그러므로 그 일은 이스라엘이 이제 하나님의 율법에 복종하여 행진한다는 의미이기도 했습니다. 율법의 조항들에 순종하여 행할 때에만 그들이 성공을 기대할 수 있었기 때문입니다. 요단 강을 건너는 일을 다룰 때에 이미 지적한 바 있습니다. 하지만 이스라엘은 율법에 인도함을 받아 가나안으로 행진해 들어갔습니다. 그러므로 여기서 그 땅을 정복하는 일 역시 율법의 요구 사항들에 순종하는 여부에 달려 있음이 나타나는 것입니다.

그러나 한 가지, 언약궤의 존재는 율법이 가나안 족속들에게 보응하는 사역자임을 암시해 준다는 사실입니다. 그들의 악행의 잔이 이제 가득 찼으니 그 보응을 받아야만 했습니다. 여기서 율법은 21절에서 드러나듯이 "사망의 직분자"(참조. 고후 3:7)였던 것입니다.

3. 칠일 간의 행진

앞에서 우리는 여호수아가 여리고에 대해 여호와로부터 받은 훈령들을 살펴보았습니다. 이제는 그 훈령들을 그들이 어떻게 실행에 옮겼는지를 살펴볼 차례가 되었습니다.

> 눈의 아들 여호수아가 제사장들을 불러 그들에게 이르되 너희는 언약궤를 메고 제사장 일곱은 양각 나팔 일곱을 잡고 여호와의 궤 앞에서 나아가라 하고 또 백성에게 이르되 나아가서 그 성을 돌되 무장한 자들이 여호와의 궤 앞에서 나아갈지니라 하니라 (수 6:6-7).

그러므로, 여호수아가 하나님이 하신 약속을 잘 이해했다는 것이 이 절들에서 명확히 드러납니다. "보라 내가 여리고와 그 왕과 용사들을 네 손에 넘겨 주었으니"(2절)라는 약속은 만일 이스라엘이 여호와의 지시대로 성실하고도 정확히 시행하면—오직 그렇게 할 때에만—그 성이 초자연적으로 무너질 것이라는 뜻이었습니다.

그 약속을 통해 여호수아는 가나안 족속들이 여리고 성을 성공적으로 방어할 수 없으며, 여호와께서 그 성을 이스라엘에게 주셨음을 분명히 보여 주시리라는 확신을 얻었습니다. 그러나 그들은 여호와께서 계시하신 뜻에 전적으로 복종하여 처신해야 했던 것입니다.

여리고성을 함락한 이 사건은 오늘날 모든 하나님의 백성이 조심스럽게 살피고 마음에 담아두어야 할 사건 중의 하나입니다. 특히, 하나님의 종들에게는 더욱 그렇습니다. 이 사건을 마음에 담아두면 믿음에 큰 청량제가 되는 것은 물론 오늘날 만연되어 있는 침울한 영적 자세를 효과적으로 이길 수 있기 때문입니다.

그런데 안타깝게도 오늘날 그리스도인이라 자칭하는 대다수의 사람들은 모든 "때와 시기"(행 1:7)를 손에 쥐고 계신 분에게보다는 "시대의 표적"이라 불리는 것들에 훨씬 더 마음을 빼앗기고 있습니다. 믿음으로 행하기보다는 눈에 보이는 것을 좇아 행하며, 보이지 않는 것들보다는 눈에 보이는 것들에 마음을 쓰고 있습니다.

그 결과 많은 이들이 현재의 상황들로 인하여 침울해져 있고 의욕을 상실해 있습니다. 그리고 설교자들도 이런 상황을 소망이 없는 것으로 간주하는 경우가 너무나 많습니다. 그러나 이런 것은 "우리는 능히 올라가서 그 백성을 치지 못하리라 그들은 우리보다 강하니라"(민 13:31)라고 보고한 믿음 없는 정탐꾼들과 동일한 자세요, 당면한 어려움들을 극대화시켜서 패배주의의 사고에 굴복합니다.

복음 사역자가 교인수가 적다거나 설교에 잘 응답하지 않는 것에 마음을 쓰고, 젊은 청년들이 관심을 가지지 않는다는 것에 대해 지나치게 염려하며, 언제나 모든 일에서 가능한 만큼 우울하게 해석하는 침륜의 선지자들의 말을 듣는다면, 낙심에 빠질 소지가 다분합니다.

그러나 언제나 하나님의 말씀에 따라 생각하고 그 말씀에서 영적인 자양분을 공급받는다면, 낙심할 이유가 전혀 없다는 것을 알게 될 것입니다. 성경은 어디에서도 하나님이 세상을 회심시키기 위해 애쓰신다고 가르치지 않습니다. 오히려 그가 "자기 이름을 위할 백성을 취하시려고"(행 15:14) 이방인들에게 찾아가신다고 선포합니다.

그리스도께서는 그분의 종들에게 교훈하시는 중에, "염려하지 말라"고 하십니다. 살아계신 하나님이 그들의 모든 필요를 공급하실 것을 신뢰하고 마음을 편안히 쉬게 하라고 하시며, 또한 말씀하셨습니다

> 적은 무리여, 무서워 말라 너희 아버지께서 그 나라를 너희에게 주시기를 기뻐하시느니라(눅 12:22, 32).

그는 언제나 그들이 하나님의 목적이 실패하는 일이 없음을 강하게 신뢰하고 나아가도록 하고자, "아버지께서 내게 주시는 자는 다 내게로 올 것이라고 선언하시는 것"(요 6:37)입니다.

복음 사역자의 할 일은 다니엘의 거대한 우상의 열 발가락에 대한 불필요한 사색으로 골치를 썩이는 것이 아니라 그가 주께로부터 받은 사명을 신실하게 수행하는 데에 있습니다(마 28:19-20).

최근 크레믈린의 위협들과 바티칸의 협박들의 상황을 보도하는 신문이나 텔레비전과 씨름할 것이 아니라, 다음과 같은 교훈을 실천하는 일에 더 성실히 임해야 합니다.

> 너는 진리의 말씀을 옳게 분별하며 부끄러울 것이 없는 일꾼으로 인정된 자로 자신을 하나님 앞에 드리기를 힘쓰라(딤후 2:15).

사탄의 졸개들의 활동에 관심을 쏟는 대신, 지극히 높으신 하나님을 확신하고 믿음을 발휘해야 합니다. 그 이유는 다음과 같습니다

> 이는 비와 눈이 하늘로부터 내려서 그리로 되돌아가지 아니하고 땅을 적셔서 소출이 나게 하며 싹이 나게 하여 파종하는 자에게는 종자를 주며 먹는 자에게는 양식을 줌과 같이 … 내 입에서 나가는 말도 이와 같이 헛되이 내게로 되돌아오지 아니하고 나의 기뻐하는 뜻을 이루며 내가 보낸 일에 형통함이니라(사 55:10, 11).

하나님의 말씀은 낡아지지 않습니다.

> 천지는 없어질지언정 내 말은 없어지지 아니하리라 (마 24:35).

그러니 그 말씀의 충족성을 전폭적으로 신뢰하고서 그 말씀을 순전하게, 그리고 온전히 전하시기 바랍니다. 그리스도의 복음은 쇠하지 않습니다. 여전히 "모든 믿는 자에게 구원을 주시는 하나님의 능력"(롬 1:16)입니다. 그러므로 복음을 선포하기 바랍니다. 다른 복음을 선포하는 모든 사람에게 하나님의 저주가 임한다는 사실을 유념하시기 바랍니다(갈 1:8). 혹 이렇게 대답할 수도 있습니다. "비록 초라하지만 지금까지 복음을 내가 아는 방식으로 신실하게 진정으로 전했는데 열매가 없었고, 그래서 지극히 실망했습니다."

그렇다면 여기 우리 앞에 있는 이 사건에 주의를 기울이기 바랍니다. 지금 당장 무릎을 꿇고 하나님이 이 글이 여러분에게 복이 되게 해 주시기를 구하십시오. 마음을 열고 그 복을 받도록 간절히 구하십시오. 그리고 "믿음으로 칠 일 동안 여리고를 도니 성이 무너졌으며"(히 11:30)라는 말씀을 새롭게 묵상하십시오. 그러면 분명 "믿는 자에게는 능히 하지 못할 일이 없다는 것"(막 9:23)을 확신하게 될 것입니다.

이스라엘의 여리고성 함락이 복음을 통해 얻는 승리를—복음을 신실하게 선포할 때에 하나님의 복이 함께 한다는 진리를—그려준다는 것은 구태여 억지로 별난 수고를 기울여 설명할 필요가 없는 명확한 사실입니다. 앞에서 이미 지적한 바와 같이 여리고는 원수들의 요새들 중에 견고하고 심히 큰 것이었습니다(민 13:28). 여리고는 아마도 그중 가장 막강하게 요새화된 성이었을 것이고, 그렇기 때문에 여호수아와 이스라엘 백성에게 엄청난 장애물이었을 것입니다. 그러나 그들이 여호와께로부터 받은 명령을 철저하게 준수하자 그 성이 그들 앞에서 무너졌습니다.

사도는 다음과 같이 선언 했습니다.

> 우리의 싸우는 무기는 육신에 속한 것이 아니요 오직 어떤 견고한 진도 무너뜨리는 하나님의 능력이라 모든 이론을 무너뜨리며 (고후 10:4).

바로 이 사건을 두고 하는 말씀인 것이 분명합니다.

과연 바울 자신의 사역 중에 이 사실이 얼마나 분명하고도 복되게 증명되었는지요!
루터 시대에도 그 동일한 진리가 얼마나 영광스럽게 나타났습니까!
그 이후 세계의 각처에서 그 동일한 진리가 얼마나 자주 사실로 드러났는지요!

복음 사역의 동지된 여러분도 그 동일한 영광스러운 복음을 전하기 바랍니다. 그러면 그 동일하신 전능의 하나님이 여러분의 수고에 복을 베푸실 것입니다!
"하지만, 나는 여호수아도, 바울도, 루터도 아니다"라고 대답하겠습니까?
그렇다면 육체를 자랑하는 그런 분들에게 자기를 낮추고 하나님을 높이는 사도 자신의 말씀을 상기하기 바랍니다.

> 그런즉 아볼로는 무엇이며 바울은 무엇이냐 그들은 주께서 각각 주신 대로 너희로 하여금 믿게 한 사역자들이니라 나는 심었고 아볼로는 물을 주었으되 오직 하나님께서 자라나게 하셨나니 그런즉 심는 이나 물 주는 이는 아무것도 아니로되 오직 자라게 하시는 이는 하나님뿐이니라 (고전 3:5-7).

시대마다 하나님이 가장 훌륭하게 쓰신 사람들은 자기 자신을 무명인(無名人)으로 여겼다는 사실입니다!
하지만, 여러분이 "나는 너무도 약하고 자질이 부족한 사람이니"라고 말하고 싶으십니까?
오, 독자 여러분!
그것이 여러분의 진솔한 언어이기를 바랍니다. 그렇지 않으면 여러분이 스스로를 유능하고 자질을 다 갖춘 사람으로 여기는 것일 테고, 그렇다면 여러분은 그리스도의 종이 아니니 말입니다. 바울은 자신의 모든 은사와 은혜를 염두에 두고서도 자기 앞에 놓인 임무를 생각하며 이렇게 말합니다.

> 누가 이 일을 감당하리요 (고후 2:16).

동일한 성도에게 편지하면서 그는 그들 중에서 자신이 전도의 수고를 감당하던 시절을 다시 돌아봅니다.

> 형제들아 내가 너희에게 나아가 하나님의 증거를 전할 때에 말과 지혜의 아름다운 것으로 아니하였나니 내가 너희 중에서 예수 그리스도와 그가 십자가에 못 박히신 것 외에는 아무것도 알지 아니하기로 작정하였음이라 내가 너희 가운데 거할 때에 약하고 두려워하고 심히 떨었노라(고전 2:1-3).

그리스도를 위한 봉사는 자기 부정의 자세가 결코, 무자격 요건이 아닙니다.

악의 세력들과 싸울 때에 바울이 사용한 무기는 그 자신의 훌륭함이 아니라 하나님의 전능하심이었습니다!

그 무기가 무엇이었습니까?

바로 기도와 "성령의 검 곧 하나님의 말씀"(엡 6:17)과 그분을 세워 보내신 그분을 믿는 믿음이었습니다. 기도가 첫 번째라는 점을 주목하기 바랍니다.

최고의 설교자 예수님의 모범이 그것을 가르쳐 주지 않습니까?(막 1:35; 눅 6:12, 13)

열두 사도가 "우리는 오로지 (1) 기도하는 일과 (2) 말씀 사역에 힘쓰리라"(행 6:4)라고 선언하지 않았습니까?

그러니 여러분도 그렇게 하시기 바랍니다. 믿음에 대해서는 히브리서 11:30을 다시 여러분에게 소개합니다.

자, 설교자 동지 여러분!

그 동일한 세 가지 "무기"는 우리에게도 있습니다. 그러니 그리스도를 영화롭게 하고 그가 주신 사명을 수행하는 데는 다른 것이 필요가 없는 것입니다.

설교자 여러분!

바로 앞의 문장을 잘 주목하기 바랍니다. 여러분이 탁월하게 "성공적인" 임무를 감당하는 데에 다른 무기가 필요 없다고도, 그 동일한 무기들을 사용할 때에 당장 "가시적인 성과"가 나타날 것이라고도, 말씀하지 않았습니다. 그런 것이 여러분의 주요 관심사가 되어서는 안 됩니다. 만일 그런 것을 목표로 삼는다면, 질투하시는 하나님이 십중팔구 여러분의 수고에 복을 주시기는커녕 오히려 모든 것을 무너뜨리실 것입니다.

여러분의 최고의 관심사와 가장 중요한 의도는 바로 하나님을 영화롭게 하는 것이어야 합니다(고전 10:31). 그분의 훌륭하심을 드러내고, 그분의 손으로 지으신 피조물들에게 하나님의 정의로운 요구들을 강조하고, 사람들에게 하나님을 대적하려는 무기들을 던져버리고 그 분과 화목하라고 촉구하는 것이 여러분의 최상의 목표여야 합니다.

여러분이 진정 하나님의 종이라면, 그는 그리스도를 존귀하게 하는 일을 위해 여러분을 보내신 것입니다. 죄인들을 구원하는 일은 거기에 종속되는 부차적인 목적입니다.

하나님은 그리스도의 위격과 사역의 그 비할 데 없는 가치가 우주 안에서 증언되는 것을 원하십니다. 복음은 바로 그리스도의 완전하심에 대한 "증언"인 것입니다(마 24:14). 하나님은 그분의 사랑하시는 아들이 아버지의 뜻에 완전히 헌신하셔서 "죽기까지 복종하셨으니 곧 십자가에 죽으"(빌 2:8)셨다는 그 놀라운 사실을 널리 선포하고자 하신 것입니다.

복음의 본질에 대해 지극히 분명히 하는 것이 가장 중요한 문제입니다. 복음은 "예수 그리스도" 곧 "그의 아들에 관한 하나님의 복음"입니다(롬 1:1, 3).

그 복음 속에서 구주님의 위엄들이—그가 영광의 주시요, 생명의 왕이요 왕 중의 왕이시며, 우주의 창조주시요 지탱자이시라는 것이—드러납니다. 그 복음 속에서 그 분의 자기를 낮추신 놀라운 역사가—아버지의 말씀에 순종하여 그가 자의로 기꺼이 종의 형체를 취하셔서 죄의 육체와 같은 모양이 되셨고 잠시 동안 장막을 치시고 현 세상 속에 모습을 드러내셨음이—드러납니다.

그 복음 속에서, 선지자요 제사장이요 왕으로서 그가 지니신 공적인 영광들이 비쳐옵니다. 복음 속에서는 죄인들을 향하신 그분의 은혜가, 의로운 분으로서 불의한 자들을 위하여 죽으신 그분의 죽으심이, 선포됩니다.

그가 하나님의 법을 존귀하게 하시고 그것을 높이심으로 아버지를 최고로 영화롭게 하셨음이 복음 속에서 선포됩니다. 하나님이 육신을 입으신 그분의 아들을 죽은 자 가운데서 다시 살리심으로 그에게 상을 베푸셨고, 그분을 그분의 우편에 높이 앉히셨음을 복음 속에서 알게 됩니다.

설교자 동지 여러분!

우리의 임무는 바로 그 복음을 순결하고도 충만하게 선포하여 하나님께 영광을 돌리고 그의 아들을 드높이는 일인 것입니다.

우리의 사명은 너무나도 분명합니다. 그것은 이것 외에 다른 것일 수가 없습니다. "그들이 듣든지 아니 듣든지 그들에게 고하여 이르"(겔 3:11)는 것입니다. 우리의 할 일은 "하나님의 뜻"을 선포하고 영혼들에게 유익한 것은 아무것도 꺼리지 않고 다 전하는 것입니다(행 20:27, 27). 우리에게 주어진 전진의 명령은 요나의 것이나 신명기의 명령과 동일합니다.

> 내가 네게 명한 바를 그들에게 선포하라(욘 3:2).

> 내가 너희에게 명령하는 말을 너희는 가감하지 말라(신 4:2).

오로지 그렇게 해야만 하나님이 영광을 받으시고 우리의 영혼들이 저 끔찍한 불충의 혐의에서 자유로운 것입니다. 그러나 우리가 그렇게 하면—그리고 오직 하나님의 은혜로 신실하고도 꾸준히 행할 때에—모든 것을 거두어들이시는 주님께 "결과들"을 안전하게 맡길 수 있습니다. 아니 더 나아가, "나를 존중히 여기는 자를 내가 존중히 여기리라"(삼상 2:30)고 하신 하나님의 약속을 온전히 신뢰함으로 안식을 누릴 수 있습니다.

그러나 그가 언제 어떻게 "존중히 여기실지"는 그 분께 맡겨두어야 합니다. 장차 올 그날에 주께서 "잘하였도다 착하고 충성된 종아"(마 25:21)라고 칭찬하실 것입니다.

지금은 우리가 "구원 받는 자들에게나 망하는 자들에게나 하나님 앞에서 그리스도의 향기"(고후 2:15)인 것입니다!

자, 이제 여호수아 6:6에서 이스라엘의 제사장들에게 주어진 지침들을 좀 더 확실하게 살펴봅시다. 여기서 아주 의미심장한 내용이 빠져 있음을 잘 살피시기 바랍니다. 그것이 위에서 말씀한 내용을 침묵으로, 그러나 결정적으로, 확인해 줍니다.

여호수아는 2절과 5절에서 여호와께로부터 받은 약속들을 제사장들에게 선언하지 않고, 단순히 행동 개시 명령을 내립니다. 그들의 수고의 결과로 반드시 얻게 될 성공에 대해서는 아무 언급도 하지 않았습니다.

여기서, 거의 모든 점에서 그렇습니다. 하지만 여호수아는 그리스도의 모형이었습니다. 그리스도께서는 (영원한 언약 속에서) 임무의 성공에 대해 아버지께로부터 확실한 약속을 받으셨지만(참조. 사 53:10-12), 그분의 종들을 보내실 때에는 구체적으로 명령하시면서도 그들의 수고가 열매를 거둘 것에 대해서는 아무 말씀도 하지 않으셨습니다(마 28:19, 20; 막 15:15, 16; 눅 24:46-49; 요 20:21-23; 행 1:7, 8).

여기 여호수아의 경우도 그렇습니다. 제사장들은 그들이 행할 일에 대해서만 들었을 뿐입니다. 묻지 않고 전적으로 명령에 순종하는 것이 바로 그들이 할 일이었습니다. 그 이상도, 그 이하도 아니었습니다.

그들에게 주어진 임무는 세 가지 입니다.

첫째, "언약궤를 메는 것"이었습니다.
둘째, "양각 나팔 일곱을 잡는 것"이었습니다.
셋째, "여호와의 궤 앞에서 나아가는 것"이었습니다.

이제 이 내용이 지니는 모형적인 의미를 살펴봅시다.
언약궤는 여호와께서 "인도자와 명령자"(사 55:4)로서 그들에게 임재하심을 나타내는 상징물이었습니다. 이와 비슷하게 그리스도께서도 그분의 종들에게 "볼지어다 내가 세상 끝날까지 너희와 항상 함께 있으리라"(마 28:20)라고 확신을 주셨습니다. 이것은 감각으로가 아니라 믿음으로 깨달아야 할 사항입니다.
복음 사역자는 모름지기 자신이 혼자가 아니라는 복된 의식을 갖고서 싸움에 나아가야 합니다. 구원의 대장께서 자신과 함께 계시다는 충만한 확신으로 나아가야 하는 법입니다.
그런 사실을 시종일관 확신하고 나아간다면 얼마나 달라지겠습니까!
그렇게 행하기 바랍니다. 그리스도의 임재를 인식함으로써 육체가 제어되고, 열정에 박차를 가하게 되기 바랍니다. 언약궤를 메는 제사장들은 부여 받은 메시지를 소리 높여 전하는 복음 사역자를 묘사하는 것임이 즉시 나타납니다.

> 크게 외치라 목소리를 아끼지 말라 네 목소리를 나팔 같이 높여 내 백성에게 그들의 허물을 … 알리라 (사 58:1).

> 내가 또 너희 위에 파수꾼을 세웠으니 나팔 소리를 들으라 (렘 6:17).

> 시온에서 나팔을 불며 나의 거룩한 산에서 경고의 소리를 질러 이 땅 주민들로 다 떨게 할지니 (욜 2:1).

사도는 이러한 모형을 사용하여, "만일 나팔이 분명하지 못한 소리를 내면 누가 전투를 준비하리요"(고전 14:8)라고 말씀합니다. 제사장들이 나팔 소리를 낸 데에는 두 가지 의도가 있었습니다. 가나안 사람들의 마음에 공포를 일으키며, 또한 하나님의 백성 편에서는 용기와 확신을 불러일으키고자 함이었습니다. 이는 그리스도의 종들의 이중적인 임무를 보여 줍니다.

첫째, 사람들의 모든 불경과 불의에 대해 하나님이 계시하신 진노를 엄숙히 선포하는 것입니다(롬 1:18). 죄 가운데서 계속 행하는 자들에 대해 하나님의 전쟁을 선언하며, "믿지 않는 자는 심판을 받으리라"고 담대히 선포합니다. 최고의 전도자이셨던 주님이 바로 그렇게 하셨습니다(마 11:23, 24; 요 3:18, 36).

둘째, 하나님의 백성의 마음을 강건하게 합니다.

> 너희 땅에서 너희가 자기를 압박하는 대적을 치러 나갈 때에는 나팔을 크게 불지니 그리하면 너희 하나님 여호와가 너희를 기억하고 너희를 너희의 대적에게서 구원하시리라 (민 10:9).

> 너희가 싸울 곳에 가까이 가면 제사장은 백성에게 나아가서 고하여 그들에게 말하여 이르기를, 이스라엘아 들으라 너희가 오늘 너희의 대적과 싸우려고 나아왔으니 마음에 겁내지 말며 두려워하지 말며 떨지 말라 그들로 말미암아 놀라지 말라 너희 하나님 여호와는 너희와 함께 행하시며 너희를 위하여 너희 적군과 싸우시고 구원하실 것이라 할 것이며(신 20:2-4).

설교자는 육체와 세상과 마귀와 더불어 싸움을 치르고 있는 성도를 바로 이와 같이 격려해야 합니다.

> 눈의 아들 여호수아가 제사장들을 불러 그들에게 이르되 너희는 언약궤를 메고 제사장 일곱은 양각 나팔 일곱을 잡고 여호와의 궤 앞에서 나아가라 하고 또 백성에게 이르되 나아가서 그 성을 돌되 무장한 자들이 여호와의 궤 앞에서 나아갈지니라 하니라(수 6:6, 7).

앞에서는 지면의 부족으로 인해서 이 두 절에 대한 설명을 완결 짓지 못했습니다. 거기서는 앞절에 대해서 길게 다루면서 이스라엘의 제사장들이 복음 사역자들의 그림자였음을 제시했고, 또한 그들에게 지정된 (영적) 무기들이 "어떤 견고한 진도 무너뜨리는 하나님의 능력"(고후 10:4)임을 말씀했습니다.

그 표현을 '믿음의 유비'(the Analogy of Faith)의 원리에 합당치 않은 방식으로 취하여 육신적으로 이해하지 않도록 조심할 필요가 있습니다. 그 말씀은 복음이 "엔마스"(en masse), 즉 무더기로 사람들을 회심시킨다는 뜻이 아닙니다.

예컨대, 알미니안주의자들의 슬로건처럼 "글래스고우를 그리스도께로", 아니면 "시카고를 그리스도께로"와 같은 식이 아니라, 개개인의 영혼을 자연인이 사로잡혀 있는 그 강력한 "거짓의 피난처"로부터 구원해낸다는 뜻입니다. 고린도후서 10:4의 참된 의미를 바로 그 다음 절이 잘 설명해 줍니다.

> 하나님 아는 것을 대적하여 높아진 것을 다 무너뜨리고 모든 생각을 사로잡아 그리스도에게 복종하게 하니 (고후 10:5).

자연인의 마음은 완강하게 하나님을 대적하며, 그분을 향한 적개심으로 가득 차 있습니다. 죄에 대한 사랑으로 요새를 삼고서 거룩을 향한 모든 호소를 물리칩니다. 중생하지 않은 자들은 온갖 악한 습관과 행실로 굳어져 있어서, 성령께서는 다음과 같이 선언하셨습니다.

> 구스인이 그의 피부를, 표범이 그의 반점을 변하게 할 수 있느냐 할 수 있을진대 악에 익숙한 너희도 선을 행할 수 있으리라 (렘 13:23).

그들의 의지가 죄에 사로잡혀 있어서 그리스도께로 "오기를 원하지 아니하는"(요 5:40) 것입니다. 그들은 율법의 두려운 요소들이나 복음의 매력적인 요소들 모두에 대해 완강하게 거부합니다.

더 나아가 그들은 마귀의 포로들(눅 11:21; 딤후 2:26)이며, 그 상태로부터 그들 자신을 해방시킬 능력이 없습니다. 오직 은혜의 이적만이 그들을 자유하게 할 수 있으며, 그 이적을 이루기 위해 성령께서 사용하시는 수단이 바로 선포되는 말씀입니다. 그 말씀이 그분의 능력으로 마음에 효과적으로 전파될 때에 그들이 자유를 얻는 역사가 일어납니다. 그러면 교만하기 그지없던 역도(逆徒)가 하나님 앞에서 티끌 속으로 낮아지고, 죄와 사탄의 권세로부터 구원받고, 그리스도의 사랑하시는 충성된 종으로 변화됩니다.

여호수아 6:7에서는 백성들에게 지침이 하달되었습니다.

이때에 비로소 백성들이 제사장들의 뒤를 따르게 되었습니다!

요단 강을 건널 때에는 제사장들이 "백성에 앞서"(수 3:6) 강으로 들어가, 백성들이 다 지나가기까지 "요단 가운데에"(수 4:10) 홀로 서 있었습니다. 거기서 제사장들은 그분의 백성을 위하여 죽으심으로 앞서서 길을 여신(히 6:20) 우리의 큰 대제사장의 모형이었습니다. 그런데 여기서는 제사장들이 복음 전파의 수고를 담당하는 그리스도의 종들의 모형이 됩니다. 이제는 결국 이스라엘의 군대가 그들을 따르게 됩니다.

오늘날 각계 각급의 하나님의 백성들에게 이 얼마나 귀한 말씀인지요!

다만 복음 사역자들이 홀로 앞서 나아가야 하는 경우가 너무 많아서 문제지요. 복음 사역자들이 당연히 받아야 할 도덕적 영적 뒷받침을 제대로 받지 못하는 경우가 많습니다.

기도회에 잘 모이지 않고 은혜의 보좌 앞에서 손을 잡아주는 사람들이 별로 없는 것 때문에 실망하는 설교자들이 그렇게 많은 것도 무리가 아닙니다!

오, 하나님이 이 작은 글을 사용하셔서 그리스도인들을 일깨우셔서 경건한 모든 사역자를 위해 좀 더 열정적으로 기도하게 된다면 얼마나 좋겠습니까!

하나님의 백성의 마음이 자기와 함께 있다는 확신을 가질 때에 상황이 얼마나 달라질지는 오직 설교자만이 아는 것입니다!

> 여호수아가 백성에게 이르기를 마치매 제사장 일곱은 양각 나팔 일곱을 잡고 여호와 앞에서 나아가며 나팔을 불고 여호와의 언약궤는 그 뒤를 따르며(수 6:8).

여기서 다음을 주목하십시오.

첫째, 제사장들의 행동의 시점이 얼마나 정확한지 모릅니다. 그들은 여호수아에게서 받은 지침에 따라, 백성들이 자기들에게 주어진 위치에 이르기까지 앞으로 나아가지 않았습니다. 행동의 연합이 있어야 했습니다. 곧 제사장들에게 백성들이 함께 했는데, 위의 문단에서 말씀한 바를 실제 모범으로 보인 것입니다.

둘째, 성경에 언급되는 내용에는 무의미하거나 피상적인 것이 없으므로, 성령께서 제사장들의 나팔의 자연 그대로의 특성을 다시 강조하고 있음을 주목하십시오. 이 장에서 다섯 차례나 이때에 사용된 나팔들이 "양각 나팔"이었음이 명시되고 있습니다. 이보다 재료의 자연 그대로의 특성을 지닌 나팔은 생각할 수 없습니다.

"양각 나팔"들은 이스라엘 진에서 보통 사용되던 "은 나팔"(민 10:1-10)과 큰 대조를 보이는 것이었습니다. 이는 하나님이 이스라엘의 교만을 가리고 오직 그 자신만 영광을 받으시도록, 그 사용되는 수단에—이는 사람의 눈에는 보잘 것 없는 것들이었습니다—멸시를 퍼부으시는 것이었습니다. 언제나 사람의 연약함을 통해 그분의 강하심이 완전히 드러나니 말입니다.

이스라엘의 제사장들이 여기서 그리스도의 참된 종들의 그림자였다는 것을 염두에 두면, 그들이 양각 나팔을 사용한 사실이, 육체를 자랑하는 교만한 마음에게는 매우 역겨울지 모르나, 의미가 깊다 합니다. 그것은 하나님이 그분의 은혜의 목적을 이루시기 위해 사용하시는 수단의 미천함을, 즉 그가 "전도의 미련한 것으로 믿는 자들을 구원하시기"(고전 1:21)를 기뻐하심을 강조해 주는 것은 물론, 하나님이 어떤 타입의 사람들을 그분의 대언자들로 사용하시는지를 암시하기도 합니다.

우리 주님은 사람들을 그분의 사도들과 사신들로 택하실 때에, 세상의 지체 높은 자들이나 학식이 탁월한 자들을 택하지 않으시고, 일자무식의 어부들과 멸시받는 세리를 택하셨습니다. 그들이 바로 "은 나팔"과 대조를 이루는 "양각 나팔"의 원형이었습니다. 곧 출신이 미천하여 높고 지혜로운 자들에게서 멸시받는 자들 말입니다!

하나님은 모든 일 중에 가장 위대한 일을 이루시는 데에 자연인의 눈에 지극히 부적당한 수단처럼 보이는 자들을 사용하셔서, 그분의 지혜와 권능이 확연히 드러나도록 하시는 것입니다. 안타깝게도 오늘날의 교회들이 사실을 직시하지 못합니다. 하지만 복음 사역의 성공은 인간의 지혜에 달려 있지 않습니다.

육체의 무익함을 보여 주는 동일한 진리가 고린도전서 1:26-31에서 선명히 드러납니다. 고린도전서 1장과 2장에서 사도가 가졌던 직접적인 의도는 신자들의 마음에서 일어나는 그 크고 광대한 변화는 전하는 자가 소유한 그 어떤 지혜나 능력에 달려 있지 않고(그는 하나님이 임하셔서 일하시며 사용하시는 하나의 통로에 불과합니다), 전적으로 그의 메시지에 효력을 부여하시는 하나님의 은혜에 달려 있는 것임을 보여 주고자 하는 것이었습니다.

고린도의 그리스도인들은 도구에 불과한 인간들을 서로 경쟁시켜서 그들을 자랑하고 있었고(고전 1:12을 보라), 따라서 사도는 그런 식의 자랑이 얼마나 근거 없는 어리석은 짓인지를 보여 줍니다.

그는 바울의 학식으로도, 아볼로의 언변으로도, 한 영혼도 회심시킬 수 없고, 오직 하나님이 처음부터 마지막까지 그 일을 이루시는 것임을 지적했습니다. 그는 하나님이 죄인들에게 복을 주시기 위해 쓰시는 그런 도구들의 종류를 묘사함으로써 그 사실을 증명합니다.

> 형제들아 너희를 부르심을 보라[즉, 너희 자신들이 어둠에서 부르심 받아 하나님의 놀라운 빛에 들어간 사실을 생각해 보라] 육체를 따라 지혜로운 자가 많지 아니하며 능한 자가 많지 아니하며 문벌 좋은 자가 많지 아니하도다(고전 1:26).

> 그러나 하나님께서 세상의 미련한 것들을[그의 종들로] 택하사 지혜 있는 자들을 부끄럽게 하려 하시고 세상의 약한 것들을 택하사 강한 것들을 부끄럽게 하려 하시며 하나님께서 세상의 천한 것들과 멸시 받는 것들과 없는 것들을 택하사 있는 것들을 폐하려 하시나니(고전 1:27).

이처럼 26-28절을 24, 25절만이 아니라 문맥 전체와 연결 지어야 합니다. 이 본문 속에서 우리는 "양각 나팔들"을—하나님이 육신적인 요인으로는 철저히 부적절해 보이는 도구들을 하나님이 사용하신다는 것을—다시 바라보게 됩니다. "아무 육체도 하나님 앞에서 자랑하지 못하게 하려 하심"(고전 1:29)이라는 말씀이 이러한 해석이 참임을 선명하게 확증해 줍니다.

고린도의 그리스도인들은 자기들 자신을 자랑하지 않았으나 그들의 사역자들을 자랑하고 있었습니다(고전 1:12; 3:4).

그 다음에 이어지는 말씀이 이에 대해 쐐기를 박습니다.

> 너희는 하나님으로부터 나서[바울이나 아볼로나 땅의 벌레 같은 사람으로부터 난 것이 아니라] 그리스도 예수 안에 있고(고전 1:30).

이렇게 해서 바울은 고린도의 그리스도인들이 구원의 복음을 들은 것이 학식 있는 철학자들이나 고도로 훈련받은 학자들을 통해 된 것이 아니라, 멸시

받는 미천한 자들을 통해 된 것임을 보여 주고 있습니다.

확증이 더 필요하다면, 31절이 채워줍니다!

하나님은 자신의 존귀에 대한 질투가 크시므로 그것을 다른 어느 누구와도 나누시지 않습니다. 그러므로 하나님은 일반적으로 번쩍이는 업적이 전혀 없는 자들을 평범하고 단순하고 미천한 사람들을 그분의 도구로 택하기를 기뻐하십니다

하나님이 가장 크게 쓰시는 도구는 은반의 혀를 지닌 웅변가들이 아니라, "양각 나팔"을 닮은 모습 이외에는 듣는 이들에게 아무것도 내보일 것이 없는 자들입니다!

가장 훌륭한 그분의 종들은 왕족 출신도, 귀족 출신도, 지체 높은 가문 출신도 아니고, 낮은 계급에서 택함을 받은 자들이었습니다.

저 위대한 종교개혁에서 주요 일꾼으로 하나님께 쓰임 받았던 루터(Martin Luther)는 광부의 아들이었습니다. 번연(John Bunyan)은 땜장이에 지나지 않았으나 그의 책 『천로역정』(Pilgrim's Progress)이 학식 있는 오웬(John Owen)과 굿윈(Thomas Goodwin)의 저작을 합친 것보다 더 많은 언어로 번역되었고 널리 배포되었습니다.

스펄전(Charles Spurgeon)은 대학교육도 받은 적이 없고, 신학교를 졸업한 일도 없는 사람이었습니다. 그러나 하나님이 사역을 위해 부르신 후 이들은 열심히 공부했고 오랜 기간 동안 자기를 갈고 닦았습니다. 교회들이 교육과 신학적 학식을 우상으로 삼는 일에 열심을 낼수록 그 교회들의 사역은 영적으로 메말라지는 법입니다. 아무리 듣기에 거북해도 이것은 엄연한 사실입니다.

셋째, 다음으로 8절에서 주목해야 할 것이 있습니다. 곧 일곱 제사장들이 일곱 양각 나팔을 메고 "여호와 앞에서 나아갔다는 사실"이 그것입니다. 일반적으로 이것을 그들이 언약궤보다 앞서서 행진했다는 의미로 이해합니다. 하지만 여기에 당연한 말이 불필요하게 반복되고 있다는 결론을 그대로 묵인하지 않는다면, 그것이 그런 의미일 수는 없을 것입니다. 그 문구 바로 다음에 "여호와의 언약궤는 그 뒤를 따르며"라는 표현이 다시 반복되니 말입니다.

그렇다면 그들이 "여호와 앞에서 나아갔다는 것"은 무슨 의미일까요?

그것은 그저 순전히 역사적인 세부 사항보다는 훨씬 더한 의미를 지닌 것입니다. 그저 역사적인 세부적 사실에 불과하다면, 오늘날 우리와는 전혀 관계

가 없을 것이고, 그러니 이를 자기들 자신에게 적용시키고자 성경 전체를 탐색하는 경우를 거의 보지 못하는 것이라 하겠습니다.

그러나 여기에는 그리스도의 종들이 관찰하여 마음에 새겨야 할 지극히 중요하고도 복된 무언가가 있습니다. 이 간략한 진술은 제사장들의 내적인 상태를 우리에게 알려 줍니다. 곧 여호와를 향한 그들의 자세를 나타내는 것이요, 진리의 성령께서 바로 그것을 기록하기를 기뻐하신 것입니다. 사람은 겉으로 드러나는 모습을 바라보지만, 하나님은 마음을 보십니다. 이스라엘의 제사장들의 마음이 하나님께 가 있었고, 그에 따라서 처신한 것입니다. 성경과 성경을 조심스럽게 비교해 보면 이 문구의 의미를 확실히 알 수가 있습니다.

창세기 5:24에서는 "에녹이 하나님과 동행했다"고 보도합니다. 사무엘상 2:21은 "아이 사무엘은 여호와 앞에서 자라니라"고 말씀합니다. 신명기 13:4에서는 이스라엘에게 "너희의 하나님 여호와(의 뒤)를 따르"라는 명령이 주어집니다. 골로새서 2:6에서는 그리스도인들에게 "너희가 그리스도 예수를 주로 받았으니 그 안에서 행하라"고 말씀합니다. 이 네 본문에 나타나는 전치사들에서, 성도가 하나님과 관계에서 누리는 특권과 의무의 개요를 볼 수 있습니다.

"하나님과 동행"하는 것은 그와 이미 화목한 사람에게만 가능합니다.

"두 사람이 뜻이 같지 않은데 어찌 동행"하겠습니까?(암 3:3)

그러므로 그것은 하나님과의 거룩한 교제를 나타냅니다. "여호와 앞에서" 행한다는 것은 우리의 모든 행위를 하나님이 면밀히 살피신다는 것을 인식하고서 처신한다는 뜻입니다.

> 대저 사람의 길은 여호와의 눈 앞에 있나니 그가 그 사람의 모든 길을 평탄하게 하시느니라(잠 5:21).

그러므로 이는 거룩한 두려움을 나타낸다고 하겠습니다. "여호와의 뒤를 따라 행한다"는 것은 그가 계시하신 뜻에 전적으로 굴복하여 산다는 뜻입니다.

> 왕이 자기 처소에 서서 여호와 앞에서 언약을 세우되 마음을 다하고 목숨을 다하여 여호와를 순종하고 그의 계명과 법도와 율례를 지켜 이 책에 기록된 언약의 말씀을 이루리라 하고(대하 34:31).

이 표현은 곧 남김이 없는 전적인 순종을 나타냅니다. "그리스도 안에서 행한다는 것"은 포도나무의 가지처럼 연합을 나타내며, 하나님이 가능하게 하심을 따라, 그가 힘주시는 대로, 곧 골로새서 2:7이 설명하는 것처럼 "그 안에 뿌리를 박으며 세움을 받은 상태로 사는 것"을 의미합니다.

그러나 제사장들이 "여호와 앞에서" 행하는 것에 관한 이 말씀을 보다 선명하게 설명해 주는 것은 창세기 17:1입니다. 거기서는 여호와께서 아브라함에게 "나는 전능한 하나님이라 너는 내 앞에서 행하여 완전하라"고 말씀하십니다.

첫째, 그가 조급하여 하갈에 대해 육신적으로 처신한 것에 대해 책망하시는 말씀입니다.
둘째, 이 말씀은 그분을 격려하고 교훈을 주기 위한 말씀입니다.

곧, 어느 때에나 모든 문제를 자기 뜻대로 처리하지 말라는 것입니다. 여호와께서는 이제 친히 아브라함에게 "전능자"—엘 샤다이—로, 즉 능력이 완전하신 분이요, 육신적인 방법에 전혀 의지하지 않고서도 아브라함의 모든 필요를 채우실 수 있는 분으로, 자신을 알려 주신 것입니다. 이를 염두에 두시고서 아브라함을 향해 "너는 내 앞에서 행하여 완전하라"고 명하십니다. 즉, 여호와의 무한한 재원(財源)을 유념하라는 것입니다.

그러므로 이스라엘의 제사장들이 "여호와 앞에서 나아 갔다는 것"은 그들이 하나님의 충족하심을 완전히 의지하고서, 그가 그들을 위해 역사하심을 확신하여 그 점을 계산에 넣고 행했다는 뜻입니다.

잠언 5:21에 비추어 볼 때에 이는 그들이 하나님을 두려워하여, 곧 그의 눈이 그들에게로 향해 계심을 의식하고서, 움직였음을 뜻합니다. 그러므로 그들은 그가 주신 명령에서 감히 벗어나려 하지 않은 것입니다.

이 글을 읽는 설교자는 이것이 기록된 것이 그 자신도 배움을 얻고 인도함 받고 격려를 얻게 하기 위함임을 인식하시기 바랍니다.

첫째, 그 자신이 모든 것을 보시는 주님의 눈 아래 있음을 그의 행동들이 "여호와의 눈 앞에" 있으며 "그가 그 사람의 모든 길을 평탄"하게 하심을 깨닫기를 힘쓰기 바랍니다(잠 5:21). 강단에서 내려와 있는 동안 이것을 마음에 두기 바랍니다. 그가 게으름을 피우는지, 혹은 그저 "설교 준비"를 위해서만이 아니라 기도와 말씀 연구에 신실하게 시간을 드리는지를 살피시는 분 앞에서 청지기로서 직고해야 한다는 것을 생각해야 합니다.

둘째, 자신이 하나님의 충족하심 앞에서 행한다는 사실을 믿음으로 바라보고, 그 분의 지침들에서 벗어나기를 거부하고, 자신을 통해 그 분의 목적을 이루어 가시는 그 분의 역사하심을 신뢰하며 나아가기 바랍니다. 그분이 다름 아닌 "전능자"이시요, 모든 것에 충족하신 여호와이심을 끊임없이 생각하기를 바랍니다. 다른 공급원도 다른 보호자도 필요 없습니다.

아브라함은 이 사실을 잊었기 때문에 육신의 방법에 눈길을 돌렸습니다. 우리 역시 이 사실을 잊어버리면, 곧바로 하나님의 통치로부터 이탈하여 육신적인 방법들에 의지하게 되기가 너무도 쉽습니다. 오늘날 교회들에서 육신적이며 세상적인 방법론들이 그렇게 흔하게 사용되는 이면에는 하나님에 대한 불신이 자리잡고 있습니다.

> 그 무장한 자들은 나팔 부는 제사장들 앞에서 행진하며 후군은 궤 뒤를 따르고 제사장들은 나팔을 불며 행진하더라 (수 6:9).

여기서는 제사장들에게서 시선을 돌려서 나머지 이스라엘 자손들을 보게 됩니다. 그런데 그들은 두 그룹으로, 언약궤 앞에서 행진하는 자들과 그 뒤를 따르는 자들로, 나뉩니다. 선두 그룹은 용사들로 구성되어 있었는데, 그들은 여리고 성이 무너질 때에 진군하여 성 내에 있는 자들을 살육할 자들이었습니다.

이런 식의 정열은 본래 여호수아의 생각에서 나온 것이 아닙니다. 그는 한 순간도 자기 자신의 생각에 의지해서는 안 되었으니 말입니다. 여호와께서 전에 모세를 통해 이미 명령을 주신바 있었습니다. 곧 르우벤과 갓 지파의 용사들이 "무장하고 여호와 앞에서 가서 싸우되 … 여호와께서 그분의 원수를 자기 앞에서 쫓아내"(민 32:20, 21)실 때까지 그렇게 하라는 것이었습니다.

여기서 여호수아는 그 명령에 따라 행동한 것입니다. 이 두 그룹에서 우리는 여호와의 백성 중에 용기 있는 자세를 소유하여 공격할 때에 선봉에 설 준비가 되어 있는 자들이 몇 명 되지 않았다는 암시를 얻을 수 있습니다.

여호수아가 백성에게 명령하여 이르되 너희는 외치지 말며 너희 음성을 들리게 하지 말며 너희 입에서 아무 말도 내지 말라 그리하다가 내가 너희에게 명령하여 외치라 하는 날에 외칠지니라 하고(수 6:10).

여호수아가 "백성"에게 준 지침 가운데 세 번째 항목을 여기서 봅니다.

첫째, "성을 돌라"는 명령을 받았습니다.
둘째, 그들 중 무장한 자들이 "여호와의 궤 앞에서 나아가라"는 명령을 받았는데(수 6:7), 이제 긴 행렬이 여리고 주위를 둘러싸는 동안 철저히 침묵을 지키라는 명령을 받습니다. 이때 매우 정확하고도 강한 의미를 지닌 명령이 하달되었습니다. 세 가지 금지 사항이 주어지는데—"외치지 말며, 너희 음성을 들리게 하지 말며, 너희 입에서 아무 말도 내지 말라"—이는 잠언 4:14, 15의 반복되는 경고의 말씀을 상기시켜줍니다.

사악한 자의 길에 들어가지 말며, 악인의 길로 다니지 말지어다, 그의 길을 피하고 지나가지 말며 돌이켜 떠나갈지어다(잠 4:14-15).

하나님의 뜻을 모른다는 것은 핑계가 될 수 없습니다. 하나님이 하지 말라고 금지하시는 일들도, 그가 우리에게 요구하시는 일들만큼이나 그의 말씀에 명확히 제시되어 있습니다.

아무런 설명도 없이 그저 명령만 백성에게 하달됩니다. 그들로서는 하나님이 그리 요구하신다는 것만으로 족한 것입니다. 성경에 비추어 생각해 보면 이에 대해 몇 가지 이유와 의미를 추리할 수도 있습니다.

첫째, 일반적인 의미에서 철저히 침묵을 유지하라고 하신 이 훈령은 그들의 순종 여부에 대한 하나의 시험이었습니다. 어째서 그런 조치가 필요한지를 설명해 주지 않은 점을 볼 때에 더욱 그렇습니다. 그처럼 광대한 무리가 성 주위를 행진하는 동안 줄곧 입을 닫고 있어야 하는 것은 여호와의 계시하신 뜻에 대한 그들의 복종을 가늠하는 결코, 작지 않은 시험이었습니다.
둘째, 좀 더 구체적으로, 그처럼 침묵을 유지하는 것은 이때에 그들에게 아주 잘 어울리는 행동이었습니다.

왜 그랬을까요?

"하나님은 거룩한 자의 모임 가운데에서 매우 무서워할 이시오며 둘러 있는 모든 자 위에 더욱 두려워할 이"(시 89:7)이신데, 바로 그 하나님이 그들 가운데 계시기 때문이었습니다.

이는 많은 설교자들이 회중들에게 강조할 필요가 있는 구절입니다. 회중들 가운데 기도하는 집에서 불경한 일들을 일으키는 자들이 많으니 말입니다.

스랍들이 여호와 앞에서 얼굴을 가렸다면, 우리의 예배가 얼마나 경건해야 하겠습니까!

언약궤는 여호와의 임재의 상징물이었는데, 그것이 이때에 이스라엘 가운데에 있었으니 그들로서는 그 사실에 지극히 합당하게 처신해야 했습니다. 하나님이 가나안 사람들을 향해 크게 심판의 음성을 발하시려 하므로, 인간의 음성은 모두 잠잠히 행하는 것이 합당한 일이었습니다.

> 잠잠할 때가 있고 말할 때가 있으며(전 3:7).

바로와 그의 군대가 이스라엘 자손을 추격하다가 홍해를 만났을 때에, 이스라엘 자손에게 "여호와께서 너희를 위하여 싸우시리니 너희는 가만히 있을지니라"(출 14:14)는 명령이 주어졌습니다. 여기의 상황도 그와 유사합니다.

여호와께서 그분의 권능의 팔을 높이 드시고 친히 그분의 백성을 대신하여 강하게 역사하시기 직전이었습니다. 그러므로 그들로서는 그 사건의 추이를 경건하게 기대하면서 여호와 앞에서 잠잠히 행하는 것이 합당한 일이었습니다.

> 주 여호와 앞에서 잠잠할지어다 이는 여호와의 날이 가까웠으므로 여호와께서 희생을 준비하고 그가 청할 자들을 구별하셨음이니라(습 1:7).

> 모든 육체가 여호와 앞에서 잠잠할 것은 여호와께서 그의 거룩한 처소에서 일어나심이니라(슥 2:13).

이스라엘의 무리들의 깊은 침묵으로 인하여 그들의 행진의 무게와 엄숙함이 크게 강화된 것입니다. 그뿐만 아니라, 이때에 이스라엘이 입을 열지 말라는 명령을 받은 일은 하나님의 길과 사람의 길의 차이를 선명하게 보여 주는 또 다른 실례와 예증이 됩니다. 어떤 이들은 이런 진술을 별 중요치 않은 하찮은 것으로 간주하기도 합니다. 하지만 정작 그들이야말로 여기서 그 진술의 중요성을 진정 깨달아야 할 사람들일 것입니다. 하나님의 역사하심은 그가 정하신 방식으로 이루어지게 되어 있습니다.

그러나 오늘날 소위 "하나님의 일"이라 칭하는 많은 일들이 세상의 방식으로 행해지고 있습니다. 하나님은 침묵 속에서 일하십니다. 창조에서도, 섭리에서도, 혹은 은혜에서도 그렇습니다. 식물은 성장하는 과정에서 소리를 내지 않습니다.

개인에 대해서도 나라들에 대해서도 하나님의 경영하심은 소리 없이 은밀하게 이루어집니다. 중생의 이적은 비록 그 효과와 열매들이 금방 겉으로 드러나지만, 그 이적 자체는 우리의 감각으로 지각할 수가 없습니다.

우리의 영혼을 다루시는 일 역시도 그렇습니다. 여호와께서는 바람 속에도, 지진 속에도, 불 속에도 계시지 않고, 오직 "세미한 음성" 중에 계시는 것입니다(왕상 19:11, 12). 그러므로 우리 역시 똑같이 조용한 중에 지정받은 임무를 행해야 합니다. "온유하고 안정한 심령"이 하나님 보시기에 "값진 것"입니다(벧전 3:4).

셋째, 이때에 "백성"에게 침묵을 요구하신 사실은 이 사건이 지니는 모형적 성격에 또 한 가지 중요한 단서를—물론 오늘날 기독교계에서 많은 이가 이 점을 논하지 않습니다만—제공해 줍니다. 이스라엘의 여리고 성 함락 사건은 복음이 이룩한 승리들을 모형으로 보여 주는 것임이 분명합니다.

제사장들이 양각 나팔을 분 것은 하나님의 종들이 그분의 말씀을 선포하는 것의 모형이었습니다. "백성"들에게 입을 열지 말라고 명령한 사실은 진리를 입으로 선포하는 일이 일반 그리스도인의 임무가 아니라는 것을 나타냅니다. 그들은 말씀 사역을 위한 자격도, 부르심도 없습니다.

서신서 어느 곳에서도 성도 개개인더러 공적인 전도에 가담하거나, "영혼을 구하는 일"을 위해 힘쓸 것으로 권면하는 경우를 볼 수 없습니다. 오히려 그들은 각종 일터에서와 가정에서 일상적인 행실로써 그리스도를 증언하라는 권고를 받습니다. 그들은 하나님을 향한 찬송을 말로써 전하기보다 삶으로 드러내 보여야 하고, 그들의 빛을 비추어야 합니다. 삶을 통한 증언이 입술에 발린 가벼운 말보다 훨씬 더 효과적이요, 행동이 말보다 훨씬 더 소리가 큰 법입니다.

여기 여호수아 6장에서 제시되는 모형적 상황이 오늘날의 소위 "전도"에서 보는 상황과 얼마나 다른지 모릅니다!

여기서는 모든 일이 질서 있고 단정하며 경건하게 이루어졌습니다. "백성"이 뒤를 따르고, 여호와의 임재의 상징인 "언약궤"가 중간에 위치하고, "일곱 제사장들"이 나팔을 불며, "용사"들이 선두에 섭니다. 온 이스라엘 무리가 완전한 침묵을 유지하고 있는 것이 여리고의 시민에게 깊은 인상을 주었을 것입니다. 싸움터에 나갈 때에 큰 소리를 지르는 그들의 습관과 완전히 달랐으니 말입니다.

그러나 현대의 "전도"는 비단 고요한 침묵과 진지함과 엄숙함과 경외의 자세 등, 하나님께 예배드리는 모든 모임에 합당한 요소가 없을 뿐 아니라, 소란스럽고 천박하고 육신의 정욕을 부추기는 것을 특징으로 보여 줍니다. 오늘날처럼 부패한 시대의 스스로를 광고하며 다니는 "전도자들"의 행태가 "귀신이 자기를 앎으로 말하는 것을 허락하지 아니하시고" 그리고 나병환자를 고치신 후 그에게 "삼가 아무에게 아무 말도 하지 말라"(막 1:34, 44)고 명하신 최고의 전도자이신 주님의 모습과 얼마나 다른지 모릅니다!

여호와의 궤가 그 성을 한 번 돌게 하고(수 6:11).

그 다음에 어떻게 됩니까?
여리고 성이 단 번에 무너졌습니까?
아니요, 그렇지 않습니다.

그들이 진영으로 들어와서 진영에서 자니라(수 6:11).

그의 모든 수고가 허사였습니까?
아닙니다. 하지만 아무 일도 일어나지 않았습니다.
한 걸음도 전진하지 못했고, 전에 있던 그 자리에 그대로 머물러 있었습니다!
이것은 눈에 보이는 대로 상황을 판단하는 것이요, 이는 그릇된 결론입니다. 많은 일이 일어났습니다. 최고로 중요한 일이 이미 이루어졌습니다.
하나님이 존귀와 영광을 받으신 것입니다!

어떻게요?

여호수아와 제사장들과 이스라엘 온 회중의 전폭적인 순종을 통해서요!

오오, 우리의 순종만큼 하나님을 존귀하게 하는 것이 없다는 것을 사역자들과 평신도들이 더 철저하게 깨닫기를 소원합니다.

순종이 제사보다 낫고 듣는 것이 숫양의 기름보다 나으니(삼상 15:22).

아무리 화려한 헌물을 드린다 해도, 드리는 사람의 뜻이 하나님께 굴복해 있지 않다면 그가 받지 않으십니다. 교회의 집회에 참석하고, 주의 대의를 위하여 자비롭게 헌금하고, 소위 "그리스도인의 봉사"에 우리 자신을 아낌없이 내어준다 해도, 하나님의 계명을 좇는 길로 행하지 않는다면, 그 모든 것이 무가치한 것이요 외식에 지나지 않는 것입니다.

공적인 하나님의 종들과 사사로운 그리스도인이 지금까지 말씀한 내용을 마음에 담지 않는다면, 이 사건이 주는 가장 중요한 교훈들을 놓치고 마는 것입니다. 앞에서 지적한 바와 같이 그리스도를 가장 존귀하게 하는 설교자는 눈에 보이는 가장 큰 효과를 산출하는 자가 아니라, 주의 명령을 가장 가까이 준수하며 말씀을 가장 신실하게 전하는 자입니다.

성도도 마찬가지입니다. 가정에서와 부엌에서 가사 일을 돌보며 하나님이 주신 임무들을 성실히 수행하는 그리스도인 주부가, 해외의 복음 전선에서 자기를 부인하며 일하는 신실한 선교사와 똑같이 그리스도를 기쁘시게 하고 그분을 높이는 것입니다.

구주 예수님의 생애와 사역에서 성령께서 다른 무엇보다도 더 강조하신 한 가지 훌륭하신 점은 무엇입니까?

그분을 보내신 아버지의 뜻 행하기를 양식으로 삼으신 것이 아닙니까!(요 4:34)

아버지의 권세에 복종하는 데에는 한계가 없었습니다. 그는 십자가에 달려 죽으시기까지 그에게 복종하신 것입니다!(빌 2:8)

여기서 이스라엘이 이룬 것이 아무것도 없었다고 말하지 마십시오. 하나님을 존귀하게 하는 그들의 순종을 높이 우러러보며, 그들을 본받기를 힘쓰기 바랍니다.

> 또 여호수아가 아침에 일찍이 일어나니 제사장들이 여호와의 궤를 메고(수 6:12).

우리가 모든 것을 직고해야만 하는 그 분의 눈은 모든 것을 다 보시므로 아무것도 피할 수가 없습니다. 인간의 생각에 이것은 별 의미 없는 극히 사소한 일처럼 보이는데, 성령께서는 이것을 주목하시고 썩어지지 않는 기록 속에 남겨두기를 기뻐하셨습니다.

이유가 무엇일까요?

그것이 주님의 종들의 부지런함과 충성과 열정을 보여 주기 때문입니다. 주의 종들은 "부끄러울 것이 없는 일꾼으로 인정된 자로 자신을 하나님 앞에 드리기를 힘쓰라"(딤후 2:15)는 명령을 받습니다.

주님이 "새벽 아직도 밝기 전에"(막 1:35) 일어나셨고, "아침에 다시 성전으로 들어오사 사람들을 가르치셨으니"(요 8:2), 그분의 종들이라 주장하는 자들이 게으름과 태만을 보인다는 것은 합당치 않습니다. "남보다 더하는 것이 무엇이냐?"(마 5:47)라는 주님의 날카로운 질문은 많은 사람들에게 정당하게 적용될 수 있고, 특히 설교자에게 적용될 것입니다.

과연 설교자가 하루에 서재에서 보내는 시간이 과연 일용할 양식을 위해 일하는 자들보다 더 많습니까, 아니면 적습니까?

> 제사장 일곱은 양각 나팔 일곱을 잡고 여호와의 궤 앞에서 계속 행진하며 나팔을 불고 무장한 자들은 그 앞에 행진하며 후군은 여호와의 궤 뒤를 따르고 제사장들은 나팔을 불며 행진하니라(수 6:13).

"나팔"을 뜻하는 히브리어 "쇼파르"는 출애굽기 19:16, 19에서 처음 나타나는데, 그 큰 소리를 통해 시내산에서 이스라엘 백성을 두려움에 싸이게 했습니다. 하지만 여기 여호수아 6장에서 그것이 열네 차례—7 x 2, 혹은 완전한 증인의 숫자—나 언급되고 있다는 사실이 크게 의미심장합니다. "양각 나팔"을 뜻하는 히브리어 "요벨"은 레위기 25장에서 사용되는데, 거기서 스무 차례나 "희년"으로 번역되므로, 이 단어는 "양각 나팔"을 대체하는 것으로서 "희년 나팔"이라 불러도 무방합니다.

희년에는 모든 종이 해방되어 자유를 얻으며, 또한 모든 소외되었던 재산이 본래의 소유주에게로 회복되었습니다. "너희는 각각 자기의 소유지로 돌아가며"(레 25:10, 13, 27, 28)와 "자기의 소유지"(27절)라는 표현이 자주 반복되는 것에 비추어 볼 때에, 이제 이스라엘이 그들의 기업을 소유하기 시작하는 때에 "희년 나팔"을 부는 것이 매우 적절했다는 것을 감지하게 됩니다.

제사장들의 "양각 나팔"의 이러한 이중적인 의미와 목적에서 우리는 하나님이 그분의 종들에게 지정해 주신 그 이중적인 사역의 본질에 대한 분명한 암시를 보게 됩니다. 그 나팔들은 가나안 족속과 이스라엘 모두를 향해 사명과 사역이 있었습니다. 곧 가나안 족속들에게는 공포와 두려움을 주고, 이스라엘에게는 위로를 주고 사기를 드높이는 것이 그것이었습니다.

복음 사역자는 하나님의 거룩하심, 그분의 율법의 요구들, 죄의 죄악성, 그리고 끔찍한 죄의 삯의 실체를 신실하게 선포함으로써, 불경한 자들의 마음에 공포를 불러일으키고(고후 5:10), "장차 올 진노를 피하라"고 강권해야 합니다.

악한 행실을 버리고 복음을 믿었다는 증거를 보이는 자들을 향해서는 그들이 그리스도 안에서 누리는 자유와 그리스도께서 그들을 위해 값주고 사신 그 영광스러운 기업의 본질을 선포함으로써 그들의 믿음을 강건하게 하고 그들의 마음에 용기를 주는 것이야말로 그의 특권이자 의무입니다.

다시 말해서, 큰 희년의 소식을 선포하는 것이요, 그리하여 구원 받은 자들이 확신과 기쁨을 현재의 소유로 누리도록 합니다. 서신서들에서 바로 그 복음의 복된 내용들이 가장 충만하게 성도에게 펼쳐지는 것입니다.

> 그 둘째 날에도 그 성을 한 번 돌고 진영으로 돌아오니라 엿새 동안을 이같이 행하니라 (수 6:14).

문맥을 조심스럽게 읽어보면 여호수아에게는 주께서 여리고를 그의 손에 주셨다는 신적인 확신이 있었으나, 제사장들이나 백성들, 혹은 용사들에게 명령을 줄 때에 이에 대해 아무런 언급을 하지 않았음을 알 수 있습니다. 모두가 세상이 쓰는 말처럼 "눈먼 복종"으로 행해야 했습니다. 결과에 대한 그 어떠한 약속도 없이 말입니다.

여호수아는 며칠 동안 몇 회나 원수의 성을 돌아야 그 성벽이 초자연적으로 붕괴될 것인지를 하나님께로부터 들어서 잘 알고 있었음에도 불구하고(수 6:3-5), 이를 자기만 알고 그의 휘하에 있는 모든 사람에게는 알려 주지 않았다는 것입니다. 그리하여 그들은 이 이상스런 방식과 절차가 얼마나 오래 계속되어야 하는지를 전혀 몰랐다는 것입니다. 그런 정보가 없었으므로, 이스라엘은 이때에 더 큰 믿음과 순종으로 나아가야만 했습니다.

여호와의 거룩한 언약궤를 중간에 높이 지고서 그 성을 한 번 완전히 돈 후에, 이스라엘의 온 무리가 아무런 손에 잡히는 결과도 없이 그냥 진으로 돌아와야 했으니, 똑같은 일을 두 번씩 반복한 것은 그들 편에서 아주 대견한 일이었습니다. 그러나 하나님이 그들을 대신하여 일하신다는 최소한의 증표도 그들에게 나타나지 않았습니다!

그러니 "엿새 동안을 이같이 행하니라"는 14절의 증언이 얼마나 놀랍습니까! 여리고 성을 두 번째와 세 번째 돌았는데도 눈에 보이는 결과가 아무것도 없었으니, 그 백성이 불평하면서, "이 일을 지루하게 계속 해야 할 이유가 무엇인가?"라며 불평한다 해도 전혀 무리한 일이 아니었습니다. 그러니 그들의 인내가 참으로 훌륭했습니다.

이 세대의 모습은 광야를 방황했던 그들의 선조들의 모습과 얼마나 다른지 모릅니다!

그들은 지도자에 대해 얼마나 속히 실망하며 투덜거렸는지 모릅니다!

그러니 자기들의 기업을 절대로 소유하지 못한 것입니다!

이와 대조적으로 그들의 자녀들은 여호수아에게 맹세했습니다.

> 당신이 우리에게 명령하신 것은 우리가 다 행할 것이요, 당신이 우리를 보내시는 곳에는 우리가 가리이다 (수 1:16).

그리고 그들이 말한 대로 성실하게 지켰습니다. 이 역시 우리에게 교훈을 주고 격려하기 위해 기록된 것입니다.

동료 사역자 여러분!

그리스도께서 친히 자기를 알려 주시는데도 여러분이 "주여, 내가 어떻게 하기를 원하시나이까?"

이렇게 물은 때가 없었습니까?

그때 그가 "아들아, 오늘 가서 내 포도원에서 일하거라"고 따뜻하게 대답하지 않으셨나요?

여러분의 시간과 재능 전부를 그분을 섬기는 일에 다 쏟아 부으라는 그분의 부르심을 받을 때에, 그 일에 온 정력을 기울이겠노라고 약속하지 않았나요?

그렇다면 선히 그 일을 행하는 중에 낙심하지 말기 바랍니다. 넘어지지 않고 꾸준히 나아가면 정한 때에 거두게 될 것입니다. 우리가 아무리 조급해도, 주님은 절대로 서두는 법이 없으십니다. 그러니 우리는 그분의 때를 기다려야 합니다. 하나님의 경륜 하나하나가 그 정해진 기간이 있습니다. 긍휼 자체도 그렇거니와, 그 긍휼의 시기도 똑같이 전적으로 하나님의 손에 달려 있습니다.

> 이 묵시는 정한 때가 있나니 그 종말이 속히 이르겠고 결코 거짓되지 아니하리라 비록 더딜지라도 기다리라 지체되지 않고 반드시 응하리라(합 2:3).

그것은 우리의 뜻에 달린 것이 아닙니다. 전능하신 하나님의 역사를 속히 오게 할 수도, 더디 오게 할 수도 없습니다. "그것을 믿는 이는 다급하게 되지 아니하"(사 28:16)고, 오히려 꾸준히 그날의 임무를 계속해 나가는 것입니다. 실망하여 넘어져서도, 일을 속히 처리하고자 우리 자신의 수단을 사용해서도 안 됩니다. 우리에게 두 가지가 필요합니다. 곧 하나님이 우리에게 주신 지침들을 철저히 준수하는 것과, 그 일에 하나님이 복 주시기를 신뢰와 소망 가운데 기다리는 것입니다. 인내가 그 일을 온전히 이룰 것입니다.

여기 이스라엘이 그랬습니다. 여리고의 성벽들이 첫째 날이나 둘째 날에, 심지어 다섯째 날이나 여섯째 날에도 전혀 무너질 기미가 보이지 않는다고 해서 좌절하지 않았고, 자기들 나름대로 다른 방법을 강구하려 하지도 않았습니다. 오히려 그들은 "여호와를 바라고 그의 도를 지"(시 37:34)켰던 것입니다.

"여호와 앞에 잠잠하고 참고 기다리라"(시 37:7)는 것이야말로 이 사건을 통해 제시되는 위대한 교훈이었습니다. 여호와의 선하심을 신뢰하고, 그분의 능력에 의지하고, 전적으로 그분의 권위에 복종해야 합니다. 그렇지 않으면 그분을 기다리는 것도 있을 수가 없습니다. 이스라엘은 여호수아를 통해 지침들을 주신 그 하나님을 전적으로 신뢰해야만 했습니다. 그러니 우리 역시 마찬가지입니다. 종들로서 순종하며, 신자들로서 기대감을 갖고 그분을 기다려야 합니다. 미래에 대해 열정적으로 기대하면서도 현재에 하나님의 뜻에 온유하게 복종해야 합니다.

> 여호와를 바라고 그의 도를 지키라 그리하면 네가 땅을 차지하게 하실 것이라 (시 37:34).

"여호와를 바라고" 기다리지 못하는—욕심이 넘치는 육체로 인해서—것이 "그의 도", 즉 그분의 길에서 벗어나도록 만드는 것입니다. 결과물을 얻으려고 지나치게 서두는 자는 하나님이 지정해 주시지 않은 "지름길"을 취하기 마련입니다. 그처럼 거룩하지 못한 조급함으로 행동하는 자는 나중에 반드시 후회하게 될 것입니다. 그러나 하나님의 시간에 맞추어 천천히 인내하면, 그가 지정해 주신 그 방법을 그대로 고수하게 될 것입니다. 설교자나 평신도나 마찬가지로 "나를 바라는 자는 수치를 당하지 아니하리라"(사 49:23)는 약속을 붙잡아야 하겠습니다.

> 일곱째 날 새벽에 그들이 일찍이 일어나서 전과 같은 방식으로 그 성을 일곱 번 도니 그 성을 일곱 번 돌기는 그날뿐이었더라(수 6:15).

그들의 믿음과 순종과 인내가 정말 컸습니다!

하루에 한 번씩 아무런 효과도 없이 여리고 성을 돌기를 엿새 동안이나 계속했는데, 이제 일곱째 날에도 그 똑같은 일을 행해야 했고, 게다가 한 번도 아닌 일곱 번씩이나 그 일을 행해야 했으니 말입니다! 여기서 "전과 같은 방식으로"라는 문구를 주목하기 바랍니다. 절차에 변화가 없어야 했습니다. 눈에 실패처럼 보인다고 해서 다른 수단을 취할 명분이 주어지는 것이 아니었습니다. 하나님이 지시하신 지침들을 끝까지 철저하게 준수해야 했던 것입니다.

오늘 우리에게 정말 필요한 교훈이 아닐 수 없습니다!

그들의 시험이 계속 지루하게 이어진 것은 물론 점점 더 가혹해졌습니다. 하루에 한 번씩 엿새 동안 행했는데도 아무 일이 일어나지 않았고, 일곱째 날에는 여섯 차례나 더 돌았는데도, 하나님이 개입하실 기미가 전혀 보이지 않았습니다.

그런데도 여전히 그들은 인내했습니다!

그런데 우리는 얼마나 쉽게 지쳐버리고 속히 실망에 빠져버리니, 얼마나 부끄러운 일인지 모릅니다!

여기서 일곱이라는 숫자가 거듭하여 나타나는 것에 대해 간략하게나마 말씀할 필요가 있습니다. 일곱 제사장, 일곱 나팔, 칠일, 그리고 일곱째 날 여리고성을 일곱 번 돌았는데, 여기에 의도와 의미가 없을 수가 없을 것입니다. 이에 대해서는 존 오웬(John Owen)의 다음과 같은 설명이 가장 훌륭하다고 봅니다.

> 하루 한 번씩 엿새 동안 그 성 주위를 돌고난 후 일곱째 날에 그리로 들어간 일은 창조의 역사에 관한 일이었다. 하나님은 태초로부터 세우시거나 지으신 일이 없는 그런 유례없는 새로운 정착과 엄숙함의 길에서 그의 안식에—이는 그분을 예배하는 일에 관한 것인데—들어가고 계신 것이었다. 그러므로 그는 흔히 그 안식을 가리켜 '그의 안식'이라 부르신다(시 95:11; 132:8, 14; 히 3:11; 4:3, 11). 그리고 그것은 그리스도의 안식과 결부되며, 그의 안에서 신자들의 안식과 연결되는 새 창조의 모형이었다. 그러므로 여기서 하나님은 엿새 동안의 수고와 일곱째 날에 얻은 상급에 준하는 것을 주고자 하신 것이다.

4. 믿음의 순종

> 일곱째 날 새벽에 그들이 일찍이 일어나서 전과 같은 방식으로 그 성을 일곱 번 도니 그 성을 일곱 번 돌기는 그날뿐이었더라(수 6:15).

이제 이스라엘은 지금까지 겪어온 것보다 훨씬 더 힘겨운 테스트에 임하게 됩니다. 하루에 여리고 성 주위를 한 번씩 엿새 동안을 계속 돌았는데, 이제 일곱째 날에는 무려 일곱 번이나 돌아야 했던 것입니다. 이는 하나님의 방법에 속하는 한 가지 원리를 보여 줍니다. 여호와께서는 그의 백성을 대하시는 중에 갖가지 시련들을 부과하심으로써 그들의 은혜를 배양하게 하시는데, 갈수록 그 시련들이 더 견디기 어려워지는 것입니다.

"믿는 모든 자의 조상"(롬 4:11)의 경우가 그랬지 않습니까?

첫째, 아브라함은 어디로 갈지도 모르면서 그의 고향을 떠나라는 부름을 받았습니다. 그리고, 아들을 주시겠다는 약속을 하나님께로부터 받은 후에도 여러 해 동안 그의 아내가 임신하지 않은 상태로 있었습니다.

그리고 마지막으로 아들이 출생하여 성장했을 때에 아브라함은 그 아들을 번제로 드리라는 명령을 받았습니다. 여러분의 행로가 쉬워질 것을 기대하지 마십시오. 시험이 더욱 심해질 것을 예상해야 합니다.

왜 그렇습니까?

하나님의 은혜가 충족하다는 것을 알게 하기 위함입니다.

여기서 이스라엘이 지나온 과정을 눈에 그려보기 바랍니다. 여러분이 그들 가운데 있다고 생각해 보십시오. 그들이 여러분과 "성정이 같은" 사람임을 기억하십시오. 엿새 동안 그들은 가나안 족속의 눈에 바보처럼 보였으나, 그들은 아무런 불평 없이 그 일을 행했습니다.

여섯 번이나 똑같은 과정을 반복했으나, 하나님의 간섭도, 성공의 기미도, 전혀 없었습니다. 여리고의 강력한 성벽은 여전히 든든히 서 있었습니다.

지금까지 엿새 동안 돌았는데도 아무런 결과가 없었는데, 과연 또 다시 그 일을 반복하는 것은 아무 소용도 없습니다. 그러나 그들은 불평하지 않고, 시간과 정력의 낭비처럼 보이는 그 일을 마다하지 않았습니다. 그들은 그저 명령받은 대로 행할 뿐이었습니다. 이것이야말로 성경에 기록되어 있는 공동체의 연합된 순종을 보여 주는 가장 놀라운 사례입니다. 성령께서는 여기 이 절에서 "성을 일곱 번" 돈 사실을 두 번 반복하여 말씀합니다.

그러므로 그들 속에서, 또한 그들을 통해 그토록 영광스럽게 역사하신 하나님의 은혜를 높이 기리기 바랍니다. 그들의 부패한 면들을 억누르시고 그들로 하여금 그분의 권능의 날에 기꺼이 순종하게 하신 분이 바로 하나님 자신이셨습니다. 시련들이 더욱 극심하게 늘어나지만, 그것들을 견디도록 은혜도 더 풍성히 임하는 것입니다.

성경에서 언제나 그렇듯이, 여기서 우리는 신적인 면과 인간적인 면이 복되게 연합되며, 인간적인 면이 신적인 면에 그대로 따르는 것을 보아야 합니다. 하나님이 은밀하게 그들에게 마음의 성향과 동기를 부여하는 역사를 행하셨고, 그들은 순종하는 행동으로 그것을 실행에 옮겼습니다. 이 일곱째 날 그들에게 훨씬 더 혹독한 테스트가 주어졌지만, "새벽에 그들이 일찍이 일어났다"고 명확하게 기록되어 있습니다.

이것이 바로 우리가 주어진 임무와 과제들을 행하는 자세입니다. 억지로, 혹은 마지못해서가 아니라 진지한 마음과 열정으로 행합니다. 과제가 힘에 겨울수록 속히 그 일과 씨름하여 행해야 합니다. 임무가 어려울수록 더욱 열정적으로 그 일을 행해야 합니다.

> 네 손이 일을 얻는 대로 힘을 다하여 할지어다 (전 9:10).

이 때는 그리스도인이 편안히 한가히 행할 때가 아닙니다. 안식에 들어가기에 앞서 먼저 "힘써야" 하는 것입니다(히 4:11). 그리스도인은 한가히 소풍을 즐기도록 부르심 받은 것이 아니라 "믿음의 선한 싸움을 싸우도록 부르심 받았"으며, 이는 곧, 강력한 반대가 있을 것이요, 따라서 우리 속에 있는 모든 것을 다 거기에 쏟아 부어야만 승리가 우리의 것이 될 것임을 암시합니다.

> 일곱 번째에 제사장이 나팔을 불 때에 여호수아가 백성에게 이르되 외치라 여호와께서 너희에게 이 성을 주셨느니라 (수 6:16).

여기서 언제 그 약속이 이스라엘에게 주어졌는지를 주목하기 바랍니다. 그들이 완전히 임무에 돌입한 후에, 그들의 순종과 인내가 극심하게 시험받고 난 후에, 이스라엘이 그 성을 여섯 번이나 돌기를 마친 후에야 비로소 하나님이 그 성을 그들의 손에 넘겨주실 것이라는 약속이 주어집니다.

우리가 약속들만 너무 마음에 담고, 혹은 그 약속에 함께 덧붙여진 명령들을 너무 가벼이 여기는 경향이 있음을 여기서 볼 수 있지 않을까요?

많은 설교자들과 저술가들이 바로 이 점에서 균형을 잃는 안타까운 모습을 봅니다. 위로를 주는 본문들만을 주변의 문맥에서 떼어내고, 거기에 단서로 붙어 있는 조건들은 빼버리고, 약속들만 바라보는 것입니다. 하나님을 존귀하게 하는 것이 아니라 성도를 위로하는 것을 강단의 목표로 삼는 경우가 너무나 많습니다. 우리의 삶속에서 "착한 행실"(마 5:16)을 드러내고 "열매를 많이"(요 15:8) 맺는 것이야말로 아버지를 가장 영화롭게 합니다.

"일곱 번째에 제사장들이 나팔을 불 때에 여호수아가 백성에게 이르되 외치라."

전에는 그들에게 철저히 침묵을 지키라고 명령했었습니다(10절). 그들 자신의 오만한 즐거움으로 소리를 질러서는 안 되고, 오로지 지도자가 명령할 때에 그 명령에 따라서만 외쳐야 했습니다. 그의 명령에 완전히 복종해야 했습니다. 그런데 이제 드디어 함께 큰 소리로 외칠 때가 왔습니다.

그 이유는 무엇이었습니까?

승리가 확실하다는 것을 알리기 위함이었습니다.

그러나 이 나중의 명령이 그 이전의 명령보다 더 힘든 것이었습니다. 모두 함께 침묵을 지키라는 명령은 그저 그들의 사기를 시험하는 것일 뿐이었으나, 힘을 다해 한 목소리로 외치라는 이 명령은 그들의 믿음과 순종을 진짜로 시험하는 것이었습니다. 거대한 여리고 성벽이 여전히 그들의 앞에 우뚝 서 있는 상태에서 그런 명령을 받았으니 말입니다.

승리를 얻은 후에 외치는 일은 쉽습니다. 하지만 승리에 대한 확신을 갖고 있는 상태에서 그 명령이 주어졌습니다. 그러니 그 외침은 승리를 믿는 믿음의 외침이었습니다. 이는 발람이 예언적으로 선언했던 대로였습니다. 그는 감동을 받아 이스라엘에 대해 이렇게 선언한 바 있습니다.

> 여호와 그들의 하나님이 그들과 함께 계시니 왕을 부르는 소리가 그중에 있도다 (민 23:21).

> 이 성과 그 가운데에 있는 모든 것은 여호와께 온전히 바치되 기생 라합과 그 집에 동거하는 자는 모두 살려 주라 이는 우리가 보낸 사자들을 그가 숨겨주었음이니라 (수 6:17).

이는 그 당시에 일어난 일의 어두운 단면을 보여 줍니다. 라합과 그의 가족 외에 여리고 성 내에 있던 모든 사람이 다 죽었습니다. 우상 숭배자들이요 사악한 자들이었던 그들이 저주를 받은 것입니다. 그러므로 그들이 "여호와께 온전히" 바쳐졌습니다. 즉, 멸망하여 하나님의 정의를 위해 영광스러운 찬송이 되도록 구별되었던 것입니다.

> 여호와께서 온갖 것을 그 쓰임에 적당하게 지으셨나니 악인도 악한 날에 적당하게 하셨느니라 (잠 16:4).

과연 그렇습니다. 하나님은 그분의 선택의 목적에 따라서 사람들을 구별하셨습니다. 그러나 이 사람이 "구원을 받게"(살후 2:13)되도록 택함 받았고, 혹은 저 사람이 "옛적부터 이 판결을[정죄를] 받기로 미리 기록되었다"(유 1:4)해도, 둘 다 하나님의 영광을 위해 창조된 자들입니다.

전자의 경우는 하나님이 그분의 긍휼의 풍성하심을 드러내시고, 후자의 경우는 그분의 거룩하심의 순결함과 그분의 의로우심의 엄정함을 드러내시는 것입니다. 죄에 대한 하나님의 불타오르는 혐오와 그에게 저주받은 모든 자에 대해 보응을 시행하시는 그분의 권능이 여기 여리고에서 준엄하게 드러난 것입니다.

> 너희는 온전히 바치고 그 바친 것 중에서 어떤 것이든지 취하여 너희가 이스라엘 진영으로 바치는 것이 되게 하여 고통을 당하게 되지 아니하도록 오직 너희는 그 바친 물건에 손대지 말라 은금과 동철 기구들은 다 여호와께 구별될 것이니 그것을 여호와의 곳간에 들일지니라 하니라(수 6:18-19).

전쟁에서 얻은 재물들을 하나도 손대지 말라는 명령은 이스라엘의 순종에 대한 또 하나의 시험이었습니다. 이 금지 명령은 그들에게 세상적인 부(富)에 마음을 두지 말고, 물질의 풍요를 자기들 자신을 위해 쌓지 말 것을 가르치는 것이었습니다. 헨리(Henry)는 이렇게 지적합니다.

> 하나님은 그들에게 은금이 가득한 땅이 아니라 젖과 꿀이 흐르는 땅을 약속하셨으니, 이는 그들이 그 땅에 편안히 거하며 기꺼운 마음으로 그분을 섬기되, 먼 나라들과 거래하거나 후일을 위해 재물을 축적하기를 탐하지 말기를 원하셨기 때문이다.

여기서 이스라엘에게 이러한 금지 명령을 부과하신 데에는 한 가지 특별한 이유가 있었으니(그 뒤에는 이런 금지 명령이 되풀이되지 않으므로), 곧 여리고가 가나안의 첫 열매였으며, 그렇기 때문에 그 성이 여호와께 전적으로 바쳐지고 그 성의 보화들이 온전히 그에게 거룩히 드려지는 것이 지극히 합당했던 것입니다. 여기서 주목해야 할 점은 여호수아가 자신의 주도로 행동하지도 않았고, 가나안 족속들의 소유물들을 금지할 때에도 자신이 이해한대로 처신한 것이 아니었다는 점입니다. 왜냐하면, 모세가 이미 분명하게 명령한 바 있기 때문입니다.

> 너는 그들이 조각한 신상들을 불사르고 그것에 입힌 은이나 금을 탐내지 말며 취하지 말라 네가 그것으로 말미암아 올무에 걸릴까 하노니 이는 네 하나님 여호와께서 가증

히 여기시는 것임이니라 너는 가증한 것을 네 집에 들이지 말라 너도 그것과 같이 진멸 당할까 하노라 너는 그것을 멀리하며 심히 미워하라 그것은 진멸 당할 것임이니라(신 7:25, 26).

여기서 우리는 여호수아가 그의 원형이신 그리스도처럼, 모든 일에서 하나님의 율법에 따라 처신했음을 다시 한 번 주목하게 됩니다. 그리고 이러한 금지 명령이 여리고성 함락 사건이 모형으로서 제시해 주는 바와 한 가지로 우리에게 주는 교훈을 지적하고자 합니다. 곧 그리스도의 종들의 수고가 성공을 거둘 때에 그 공로를 자기 자신에게 돌리지 않도록 각별히 경계해야 한다는 것입니다.
모든 영광을 오직 하나님 한 분께 돌려야 하는 것입니다!

이에 백성은 외치고 제사장들은 나팔을 불매 백성이 나팔 소리를 들을 때에 크게 소리 질러 외치니 성벽이 무너져 내린지라 백성이 각기 앞으로 나아가 그 성에 들어가서 그 성을 점령하고(수 6:20).

이스라엘의 용기와 순종과 인내에 대한 커다란 상급이 여기에 있습니다. 한 가지 관점에서 바라보면 여리고 성이 오직 하나님의 역사하심으로 무너졌다고 말해야 합니다. 왜냐하면, 인간의 수고나 능력이 조금도 거기에 기여한 바가 없었기 때문입니다. 그러나 또 다른 관점에서 보면 그 이적의 공로가 이스라엘에게 있었다고 보는 것이 합당합니다.

믿음으로 칠 일 동안 여리고를 도니 성이 무너졌으며(히 11:30).

또 다른 각도에서 보면 여리고 성이 그들의 절대적인 순종에 대한 응답으로 무너졌다고 말해도 무방하고 그것이 옳습니다. 이 세 가지 진술 사이에 조금도 모순이 없습니다. 이 진술들은 모순이기는커녕, 오히려 위의 순서를 지켜서 바라보면 서로 상호보완적인 성격을 갖습니다. 하나님이 제한을 받으시는 것이 분명 아니지만, 그러면서도 하나님은 일반적으로 그분의 백성의 믿음과 순종에 대해 응답하심으로 일하기를 기뻐하시는 것입니다.
믿음이 하나님의 약속들을 의지하는 것에만 한정된다는 생각은 매우 심각한 오류입니다. 하나님의 계명들을 준수하는 데에도 믿음이 똑같이 발휘됩니다.

하나님을 신뢰하는 것은 믿음의 일 중 한 부분에 지나지 않습니다. 하나님의 계시된 뜻에 따라 행하는 일에도 믿음이 요구된다는 것을 인식하는 경우가 너무 적습니다. 믿음은 언제나 하나님과 관계됩니다. 하나님이 그 대상이요 그분의 말씀이 그 규범이며 규정입니다.

노아와 그의 가족이 홍수에서 구원받은 것이 믿음으로 말미암은 것이었으나, 그가 하나님이 주신 경고를 마음에 새기고 두려움으로 그분의 지침들을 따라 "방주를 준비하여 그 집을 구원"(히 11:7)하는 일을 추구했기 때문이었습니다. 아브라함이 가나안 땅을 기업으로 받은 것이 믿음으로 된 일이었으나, 그 일을 위하여 먼저 본토 아비 집을 떠나라는 부름을 받을 때에 그는 "순종하여 … 갈 바를 알지 못하고 나아갔습니다"(히 11:8).

하나님의 마음에 합한 사람은 그분을 의지하는 것 이상의 무언가를 행했습니다. 그는 "내가 주의 계명들을 믿었사오니"(시 119:66)라고 선언했습니다. 하나님의 약속들과 똑같이 하나님의 계명들도 그의 믿음의 대상들이었습니다.

여러분, 그것들이 과연 여러분의 믿음의 대상입니까?

> 믿음으로 칠 일 동안 여리고를 도니 성이 무너졌으며(히 11:30).

본지를 읽는 많은 젊은 설교자들의 유익을 위해 여기서 이 구절을 본문으로 설교문을 제시하고자 하는데, 동시에 여호수아 6장에 나타나는 일을 정리해드리고자 합니다. 그들의 믿음의 담대함을 생각해 봅시다. 이스라엘이 요단 강을 건널 때에, 그들은 말하자면 다시 건너편으로 돌아갈 다리들과 배들을 다 불태운 상태였습니다.

그저 "용사들"만이 아니라 이스라엘 회중 전체가 다 거기에 개입되었습니다. 도피는 불가능했고, 그들을 보호해 줄 요새도 없었고, 그들이 쉴 집조차도 없었습니다. 그들은 이제 적의 영역에 들어와 있었고, 그들에게 완전히 노출되어 있었습니다. 여리고를 향해 나아가 조용히 그 성벽(그 안에 용맹한 군사들이 진치고 있었으니) 주위를 행진한다는 것은 위험천만한 일이었습니다.

가나안의 적군들이 그들을 공격해오거나 위에서 돌을 떨어뜨린다면 과연 무엇으로 그것들을 막을 수 있었겠습니까?

그 일은 과연 믿음의 모험이었고, 그런 모험적인 믿음을 하나님이 존귀히 받으시는 것입니다. 불신앙은 주저하고 머뭇거리지만, 담대한 신앙은 확신과 용기로 나아가는 법입니다.

> 악인은 쫓아오는 자가 없어도 도망하나 의인은 사자 같이 담대하니라(잠 28:1).

오오, 여러분!
주 안에서와 주의 강력한 권능 안에서 강하기를 바랍니다.
믿음에는 세 가지 정도(程度)가 있습니다.

첫째, 복음 진리 위에 안식하는 믿음이 있습니다. 힘겹고 무거운 짐을 진 죄인이 그리스도께 나아와 그분의 속죄의 희생에 의지하여 영혼이 쉼을 얻는 경우가 이에 해당합니다.
둘째, 약속을 지키시고 우리를 위해 행하시는 하나님의 신실하심과 그분의 정확하심을 고려하는 믿음입니다(롬 4:21; 딤후 1:12).
셋째, 감수하는 믿음이 있습니다. 곧 담대히 여호와를 위해 무언가 모험을 거는 믿음입니다.

이 믿음은 모세가 애굽의 왕을 대면하여 그에게 여호와의 요구 사항들을 전하는 모험을 감수하는 데에서 잘 드러납니다. 이러한 담대한 믿음은 다윗이 물맷돌로 거대한 장수 골리앗을 상대한 데에서 잘 나타납니다.
그리고 엘리야가 홀홀단신으로 갈멜산에서 수많은 이세벨의 선지자들의 무리를 상대한 데에서도 잘 드러납니다. 그뿐만 아니라 다니엘이 바벨론 왕의 우상 숭배의 칙령을 따르기보다 사자굴에 던져지는 일을 감수하는 데에서, 또한 그의 세 친구가 풀무불로 위협하는 것도 거부한 데에서도 그러한 믿음이 드러납니다. 사도 바울의 사역과 그의 여정에서도 그런 믿음을 거듭거듭 보게 됩니다. 그는 그리스도의 말할 수 없는 부요하심을 전하기 위해서 상상할 수 있는 온갖 종류의 위험들을 다 겪었습니다.
위에서 말씀한 모든 일의 결말에서 우리는 그처럼 하나님을 신뢰하는 용감한 마음을 그가 어떻게 존귀하게 하시는지를 봅니다. 하나님이 극심한 시험을 부과하실 수도 있으나 결국, 오직 그에게 시선을 고정시키고 그분의 영광을 구하며 꾸준히 나아가는 자들을 결코, 혼란에 빠뜨리거나 수치를 당하게 하지 않으신다는 것이 드러날 것입니다.

하나님은 모험을 거는 믿음을 상 주시기를 항상 기뻐하시는 것입니다. 중풍병자를 그리스도께 가까이 데려가지 못하자 지붕을 뚫고 그 환자를 달아내릴 때에, 주님은 그들을 건방지거나 예의 없다고 책망하지 않으시고, "그들의 믿음을 보시고"(막 2:5) 그분을 고쳐주셨습니다.

베드로가 바다에서 예수님께로 걸어올 때에, 그는 베드로의 경솔함이 아니라 그의 믿음이 흔들리는 것을 꾸짖으셨습니다. 루터는 동료들이 보름스로 가지 말라고 만류함에도 불구하고, 집들의 지붕의 모든 기와가 다 마귀들이라 해도 자신은 그리로 가겠노라고 말했습니다. 조지 뮐러(George Mueller)는 하나님을 신뢰하고서 이천 명이나 되는 고아들을 먹이고 입히는 일을 두려워하지 않았습니다. 그는 간접적으로나 직접적으로나 비용을 모금하는 따위의 일을 전혀 하지 않았습니다.

그런 실례들이 오늘날의 교회들을 얼마나 부끄럽게 하는지요!

주를 섬기는 일을 위해 어떠한 위험도 감수하기를 각오하는 자들이 얼마나 적은지 모릅니다!

그 다음, 이스라엘의 믿음의 순종을 생각해 봅시다.

여기서 다른 무엇보다 그것이 가장 두드러집니다. 여호수아 자신과 제사장들과 용사들과 백성의 무리 전체가 그들에게 주어진 지침을 문자 그대로 이행했습니다. 하나님이 정해 주신 방법과 그가 지정하신 수단은 사람의 이성의 눈에는 그야말로 완전히 부적절하게 보였고, 또한 터무니없어 보였습니다. 그러나 그들은 철저하게 그대로 준수했습니다.

제사장들이 양각 나팔을 부는 것 외에 아무것도 하지 않고 여리고의 그 막강한 성벽 주위를 그저 돌기만 하는 것은 유치하고 어리석기 그지없는 행사처럼 보였습니다.

그러나 그렇게 하는 것이 그들에게 주어진 명령이었습니다. 하나님이 계시하신 뜻에 의심 없이 복종하며, 그분의 지침들을 정확히 이행하며, 그가 지정하신 수단 외에 그 어떠한 것도 채용하지 않는 것이, 우리의 일상적인 임무들을 수행하는 데에서나 그분을 예배하고 그분을 위해 섬기는 특별한 일들에 대해서나, 바로 하나님이 우리에게 요구하시는 것입니다.

우리 자신의 이해에 기대서도 안 되고, 우리 자신의 도구들에 의지해서도 안 됩니다. 하나님이 그분의 뜻을 성경에 명확히 선포해놓으셨으니, 성경이 우리의 모든 행위를 위한 유일한 규정이요 규범이 되어야 마땅합니다.

우리의 수고에 여호와께서 복 주시기를 바란다면, 그에게 전적으로 순종하는 것이 절대적으로 필수 요건인 것입니다.

독자 여러분!

육신의 지혜가 보기에 하나님의 계명들과 규례들이 이상스러울 경우가 많습니다.

나병이 걸린 나아만 장군에게 요단 강물에 가서 씻으라고 여호와께서 명령하셨으니, 그 명령이 얼마나 어리석어 보였습니까?

하지만 그가 그 명령에 순복할 때에 비로소 그에게 치유의 역사가 일어났습니다. 하나님이 그분의 선지자를 아무것도 없이 그저 약간의 가루와 기름밖에 없는 한 과부에게 보내어 여러 달을 그 집에서 양식을 공급받게 하셨다는 것은 인간의 생각과는 전혀 어긋나는 일이었습니다. 그러나 하나님이 역사하심으로 그 일이 과연 충족한 결실을 낳은 것입니다. 그리스도께서 시몬에게 그물을 이편으로 던지라고 말씀하신 것은 시몬으로서는 큰 시험이었습니다. 그가 다른 동료들과 밤새 수고했으나 한 마리도 잡지 못하였으나, 사도는 "말씀에 의지하여 내가 그물을 내리리이다"(눅 5:5)라고 말했습니다.

물고기 두 마리와 떡 다섯 개 밖에는 없는 상황에서 그리스도께서 제자들을 명하여 무수한 무리들을 앉게 하라고 하실 때에, 그 일이 얼마나 엉뚱해 보였겠습니까!

그러니 교회 안으로 갖고 들어온 모든 육신적이며 세상적인 도구들을 다 던져버리고 오직 기도와 금식으로 하나님이 그 자신의 말씀을 전하는 일에 복 주실 것을 기대하는 것이, 과연 대다수의 설교자들과 교인들에게 얼마나 어리석게 보이겠습니까!

"믿음의 순종"(롬 16:26)입니다.

이 말씀을 잘 새기기 바랍니다. 순종이 믿음의 효과나 열매라고 믿어온 일이 얼마나 많은지 모릅니다. 그러나 순종은 믿음의 필수적인 요소입니다. 마치 태양의 빛과 열기를 서로 분리시킬 수 없듯이, 믿음과 순종은 서로 분리될 수가 없습니다. 진정한 순종이 없다면, 하나님을 향한 진정한 믿음도 없는 것입니다. 복음은 의존하는 것만큼 순종하는 것도 요구합니다.

왜냐하면, 반역한 죄인더러 하나님을 대적하던 모든 무기를 내던지고 자신의 사악함을 회개하고 그리스도의 주되심에 굴복하고 그분의 멍에를 지라고 명하기 때문입니다.

베드로후서 2:21에서는 복음을 가리켜 "거룩한 명령"이라 칭하고, 데살로니가후서 1:8에서는 그리스도께서 "우리 주 예수의 복음에 복종하지 않는 자들에게" 형벌을 내리실 것을 말씀하는데, 이것이 바로 "하나님의 복음을 순종하지 아니하는 자들의"(벧전 4:17) 그 마지막은 어떠한가?

이런 심각한 질문에 대한 답변이 됩니다. 곧 "주의 얼굴과 그의 힘의 영광을 떠나 영원한 멸망의 형벌을 받는 것"(살후 1:9)이 그들의 마지막이 된다는 것입니다. 복음은 그저 "그리스도를 개인적인 구주로 영접하라"는 초청과 그렇게 하는 자에게 죄 용서가 베풀어진다는 것만이 아닙니다. 복음은 가장 먼저, 우리가 우리의 악한 길을 버리고 그리스도의 의로운 조건들에 우리 자신을 굴복시키라는 하나님의 거룩한 요구사항들을 알게 합니다.

그리스도께서는 "자기에게 순종하는 모든 자에게"—그저 그분을 신뢰하는 자들에게가 아니라—"영원한 구원의 근원"(히 5:9)이 되셨습니다. 이와 마찬가지로 하나님은 "자기에게 순종하는 사람들에게" (행 5:32)성령을 주십니다. 처음 시작할 때와 똑같이 그렇게 계속 순종하며 나아가며, 다윗과 더불어, "내가 주의 계명들을 믿었사오니 좋은 명철과 지식을 내게 가르치소서"(시 119:66)라고 말할 수 있어야 합니다. 주를 향한 순종의 자세를 하나님이 받으시기까지 그분의 계명들로 인해 양심이 흔들리거나, 그 마음의 자세가 기울어지지 않는 법입니다.

> 육신적인 헛된 것들에게서 오는 행복을 구하던 데에서 마음이 돌아서지 않으면 그 약속들을 살아 있는 믿음으로 믿는 것이 아니듯이, 하나님의 계명들을 행복을 얻는 길로 우리를 인도하는 유일한 규범으로 여겨 그것들을 이행하기로 완전히 결심하고서 그것들을 지켜나가지 않는 한 그 계명들을 올바로 믿는 것이 아니다(맨튼).

하나님의 계명들을 믿는다는 것은 그 계명들 속에서 그분의 음성을 듣는 것이요, 그분의 권위에 굴복하는 것이요, 우리의 마음과 행동으로 하여금 그분의 계시된 뜻에 의하여 다스림을 받게 합니다.

우리의 현재의 임무들에 대해 하나님의 뜻을 들으려 하지 않는다면, 미래에 올 특권들에 대해서 그분을 신뢰하고 있다고 우리 스스로 상상한다 해도 그것은 우리 자신을 속이는 것일 뿐입니다. 하나님의 계명들 그 자체를 선하고 복된 것으로 동의하고 받아들이며, 우리 아버지께로부터 나오는 것들로 여겨 사랑해야 합니다.

5. 믿음의 훈련

> 믿음으로 칠 일 동안 여리고를 도니 성이 무너졌으며(히 11:30).

앞에서 우리는 이 기념비적인 사건에서 이스라엘의 믿음의 담대함과 그 순종에 대해 살펴보았습니다. 하지만 이제 그 믿음의 훈련을 살펴볼 차례가 되었습니다. 여호수아 6:10에서 우리는 이스라엘 백성이 다음과 같은 명령을 받았음을 배웠습니다.

> 너희는 외치지 말며 너희 음성을 들리게 하지 말며 너희 입에서 아무 말도 내지 말라 그리하다가 내가 너희에게 명령하여 외치라 하는 날에 외칠지니라(수 6:10).

이 명령은 그들의 사기에 대한 큰 시험이었습니다. 이스라엘 군대 전체가 여리고 성 주위를 행진하는 동안 철저히 침묵을 지킨다는 것은 그들의 자연스런 정서를 극심하게 제한하는 일이었고, 그뿐만 아니라 그렇게 침묵해야 할 이유에 대한 설명이 전혀 없었으니 더욱 그랬을 것입니다.

침묵을 지키는 것이 우리의 생각을 표명하는 것보다 훨씬 힘들 때가 있습니다. 사람의 혀는 제멋대로 움직이는 지체이지만, 하나님은 그것을 통제할 것을 요구하십니다. 그리고 그렇게 침묵을 지키는 것이 하나님께 영광을 돌리는 은혜의 표현일 경우들이 있습니다.

여호와께로부터 불이 내려와 주제넘게 처신하는 아론의 아들들을 삼켰을 때에 그 아버지 아론이 "잠잠"히 있었고(레 10:3), 다윗이 하나님께 쓰라린 채찍을 맞았을 때에 "잠잠하고 입을 열지 아니"(시 39:9)했는데, 이런 경우들이 거기에 해당합니다.

우리의 그리스도인 동료들이라 하면서 우리의 규범을 철저히 지키도록 격려하기는커녕 오히려 이 세상과 짝을 짓게 만들고자 우리를 비판하는 자들의 사려 깊지 못하고 무정한 행위들로 인해 믿음의 힘줄이 잘려나가는 경우가 얼마나 많은지요!

그리스도의 종들이 오직 영적인 무기들만을 사용하고자 애쓸 때에, 교회원들의 하나님을 욕되게 하는 권고들과 육신적인 제안들로 인해 방해를 받는 경우가 얼마나 많은지요!

우리 앞에 놓인 난제들에 대해서만 계속해서 이야기하는 자들로 인해서 얼마나 많은 그릇된 일들이 벌어지는지요!

그리스도의 군사들은 반드시 훈련받아야 합니다. 믿음이 훈련받아야 합니다. 주의 각급 군대에 속한 자는 각자 "잠잠할 때가 있고 말할 때가 있"(전 3:7)다는 것을 배워야 합니다. 이스라엘 자손은 가나안 족속의 병영을 향해 욕을 해서도 안 되고, 공격자들이 흔히 쓰는 전쟁의 고함소리도 내지 말고, 그 대신 신성한 행진 중에 엄숙한 침묵을 지키며 성을 돌기만 해야 했습니다.

이는 마치 그들이 사기와 열정을 잃어버린 것처럼 보이게 할 수도 있고, 그리하여 적들이 보기에 그들의 모습이 더 초라해 보일 수도 있었을 것입니다. 그러나 그것이 바로 그들이 처신해야 할 방식이었습니다. 하나님은 보잘것없는 도구들과 수단들을 사용하심으로써 오직 자신만이 영광 받으시기를 기뻐하시는 것입니다.

이제 그 다음으로 넘어가서, 여기서 두드러지게 드러나는 그들의 믿음의 인내를 살펴봅시다. 여리고성은 이스라엘이 주위를 행진하던 첫날에도 여섯째 날에도 무너지지 않았고, 일곱째 날에 가서야 비로소 무너졌습니다. 그리고 일곱째 날에도 첫 번째 행진할 때에 무너진 것이 아니라, 그날 일곱 번을 다 돌고난 다음에야 비로소 무너졌습니다. 그 성 주위를 무려 열 세 차례나 돈 다음에야 비로소 하나님의 권능이 나타난 것입니다.

그 이유는 무엇이었을까요?

그들의 용기와 순종은 물론 그들의 인내를 시험하기 위함이었습니다. 그들이 계속해서 여호와를 기다리고 있어야 했던 것입니다.

> 약속된 구원의 역사가 하나님의 방식으로 이루어지기를 기대해야 하듯이, 또한 하나님의 시간에 그 일이 이루어지기를 기대해야 하는 것이다(헨리[Henry]).

이스라엘은 그들이 받은 명령들을 수행하며 그 임무를 행하는 가운데 인내하면서 모든 일을 여호와께 맡겨야 했습니다. 경주의 승리가 재빠른 자에게 있는 것도, 싸움의 승리가 강한 자에게 있는 것도 아니요, 올곧고 끈질긴 자들에게 있는 법입니다.

> 사람이 여호와의 구원을 바라고 잠잠히 기다림이 좋도다 (애 3:26).

한 성경말씀이 다른 성경말씀에 어떻게 빛을 비추어 주는지를 관찰합시다. 히브리서 11:30은 이스라엘이 일곱째 날 여리고 성을 일곱 번 돌았다는 것을 말씀해 주지 않고, 여호수아 6장은 그들이 "믿음으로" 그 일을 행했다는 것을 말씀해 주지 않습니다.

앞에서 지적했듯이, 제사장들도, 백성들도, 그들의 수고 끝에 성공을 거두리라는 확신을 여호수아에게 받은 일이 없습니다. 여호수아서에서는 그들이 그저 받은 지침에 따라 철저하고도 끈기 있게 순종하는 모습만 나타납니다. 그런데 히브리서 11장에서는 그들이 믿음으로 행하였음을 성령께서 밝히 드러내십니다.

그런데 그들이 의지할 약속이 없었는데 어떻게 그렇게 행했을까요?

그 문제로 인해 어려움을 느끼는 독자 분이 혹 계실지 모르겠습니다. 그렇지 않기를 바랍니다. 왜냐하면, 무언가 하나님께로부터 정확한 약속의 말씀이 있어야만 하나님을 믿는 믿음도 있을 수 있다는 식의 생각은 잘못된 것이기 때문입니다.

성경이 우리에게 가르쳐 주는 사실은 아브라함이 이삭을 제물로 드리라는 말씀을 받을 때에 그는 이삭이 다시 그에게 회복되리라는 약속을 받지 못했으나, 그런데도 그가 "하나님이 능히 이삭을 죽은 자 가운데서 다시 살리실 줄로 생각"(히 11:19)하고 "믿음으로" 이삭을 제물로 드렸다는 것입니다.

다윗은 자신이 골리앗을 이기리라는 약속을 전혀 받지 않았음에도 하나님이 그 일을 이루실 것을 확신했습니다. 다니엘은 사자들에게서 구원되리라는 보장이 전혀 없었으나 자신이 보호받을 것을 확신했으니 이는 그가 "자기의 하나님을 믿음"(단 6:23)이었습니다.

믿음은 우리가 아는 하나님을 대하는 것이요, 영혼에게 살아계시는 실체이신 분과, 우리를 위해 일하신다고 신뢰할 수 있는 분과 상대합니다. 곧 그분의 계시된 성품을 지니시고, 그분의 말씀 속에서 우리에게 알려지시며, 우리와 그리스도 안에서 언약 관계에 계신 하나님이시요, 믿음의 대상이신 바로 그 분이십니다. 옳습니다. 확실한 약속이 있으면 믿음을 발휘하기가 더 쉽습니다.

하지만 약속하시는 분이 약속들보다 더 크시고, 선물을 주시는 분이 그분의 모든 선물보다 더 크신 것이 아닙니까!

우리의 구체적인 정황에 정확히 들어맞는 약속을 지정할 수 없다고 해서 하나님 자신에 대해 전적인 신뢰를 드리지 못할 것이 없습니다. 다윗은 간음과 살인의 죄를 범했을 때에 그런 범죄에 합당한 희생 제사가 율법에 없었으나 그가 알고 있는 하나님의 자비에—무한하신 하나님의 무한하신 자비에—의지했고(시 51:1), 그의 이런 의지가 좌절되지 않았습니다.

여리고 성 앞의 이스라엘도 마찬가지였습니다. 그들은 여러 해 동안 광야에서 초자연적으로 양식을 공급받았고 언제나 구름기둥과 불기둥으로 인도를 받아온 터였습니다. 요단 강을 건너는 길을 여시는 여호와의 권능의 역사도 이미 목도한 바 있습니다. 그러니 이제 그 막강한 성 여리고를 무너뜨리는 일에서도 하나님이 친히 강하게 역사하시리라는 것을 확신하고 있었습니다.

그들이 하나님이 그들을 위해 일하실 것을 신뢰하고 행하였으나, 이는 "믿음으로" 말미암는 것이었고, 믿음에서 나오는 담대함과 순종이었습니다. 그러나 하나님은 그들의 믿음을 혹독한 시험에 몰아넣으셨고, 그들은 하나님이 지정하신 길을 가는 중에 그분을 신뢰하고 "소망의 인내"(살전 1:3)를 실천하고 견뎌야 했습니다.

그렇습니다. 하라고 명하신 일을 거듭거듭 반복해도, 여전히 그들의 수고가 상을 받으리라는 최소한의 징후도 나타나지 않았습니다.

왜 그랬을까요?

가나안 정복의 역사가 그들이 아니라 여호와 자신께 속한 것임을 더욱 분명히 하기 위함이었습니다. 성 주위를 돌면서도 아무런 효과를 보지 못할 때마다, 그들의 적들을 무너뜨리는 일이 그들의 힘이 아니라 하나님의 힘으로 되는 것임이 더욱 뚜렷해졌습니다. 우리 모두를 위한 놀라운 교훈이 아닐 수 없습니다.

> 나의 영혼아 잠잠히 하나님만 바라라 무릇 나의 소망이 그로부터 나오는도다 (시 62:5).

> 여호와께서 기다리시나니 이는 너희에게 은혜를 베풀려 하심이요 … 그분을 기다리는 자마다 복이 있도다(사 30:18).

바로 이 점이 우리들 대부분이 가장 많이 실패하는 부분 아닌가요?

우리의 수고가 즉각 성공을 거두지 않거나, 우리의 기도가 속히 응답되지 않으면, 곧바로 실망에 빠지는 일이 얼마나 많습니까?

육체가 어찌 그리도 조급한지요!

> 너희에게 인내가 필요함은 너희가 하나님의 뜻을 행한 후에 약속하신 것을 받기 위함이라(히 10:3).

과연 그렇습니다.

마치 시스라에 대해 그의 어머니가 "그의 병거가 어찌하여 더디 오는가?

그의 병거들의 걸음이 어찌하여 늦어지는가?"(삿 5:28)

이렇게 말한 것처럼, 우리 모두가 주께 그렇게 말할 소지가 다분하니 말입니다.

주 예수께서는 제자들을 향해 , "항상 기도하고 낙심하지 말아야 할 것"(눅 18:1)을 말씀하셨습니다. 이 말씀을 과연 마음에 새기는 일이 우리에게 얼마나 절실한지 모릅니다.

승리가 거의 눈앞에 와 있을 때에 기진하여 쓰러진 일이 얼마나 많습니까!

우리의 "여리고 성"이 첫날에 혹은 둘째 날에 무너지지 않는다며 얼마나 실망했습니까!

우리들 대부분이 믿기보다 기다리는 것이 훨씬 더 어렵다고 여깁니다. 하지만 우리의 투덜거리며 조급해 하는 것이 아무런 소용이 없고, 우리가 바라는 일이 한 순간에 이루어지지도 않는다는 것을 고통스런 경험을 통해 증명할 뿐입니다. 성령께서 우리 속에 이 인내의 은혜를 이루어주시기를 더욱 분명하게 간절히 간구하고, "포기하지 아니하면 때가 이르매 거두리라"(갈 6:9)는 것을 확신하고서 인내로 "모든 기도와 간구"(엡 6:18)를 하여야 합니다.

여기서 잠시 그들의 믿음의 확신을 생각해 봅시다. 여호수아 6:20에 기록된 내용 중에 그들이 이것에 대해 보여 준 놀라운 증거가 나타납니다. 거기서는 이렇게 말씀합니다.

> 이에 백성은 외치고 제사장들은 나팔을 불매 백성이 나팔 소리를 들을 때에 크게 소리 질러 외치니 성벽이 무너져 내린지라(수 6:20).

성령께서는 여호와께 존귀를 올리는 일을 여기에 두 차례나 기록하셨습니다. 여리고 성을 돌 때마다 그들은 철저한 침묵을 유지하라는 명령을 받았었습니다. 그러나 그들의 순종과 인내가 충분히 입증되자, "여호와께서 너희에게 이 성을 주셨"으니 "외치라"(수 6:16)는 명령이 그들에게 하달되었습니다.

그러나 여기서 잘 주목하기 바랍니다. 그 강력한 성이 미동도 없이 우뚝 서 있는 상태에서 그렇게 외쳐야 했다는 점입니다. 그러니 그들의 외침은 믿음의 외침이요, 하나님을 향한 신뢰에서 나오는 외침이요, 그가 그들을 위해 역사하시고 "낙심하지 않고 선을 행하는" 그들의 인내를 갚아주시리라는 충만한 확신에서 비롯되는 외침이었습니다. 그 외침은 승리가 확실하다는 그들의 강한 확신을 의미하는 것이었습니다.

이것이 바로 확신입니다. 하나님이 그분의 말씀을 이루시리라는 흔들림 없는 믿음이요, 부지런히 그분을 찾는 자에게 그가 반드시 상을 주시리라(히 11:6)는 견고한 의존의 자세인 것입니다.

실제로 사건이 일어나기 전에 이스라엘이 한 마음으로 크게 외친 것은 확신에 가득 찬 기대감의 표현이었습니다. 그런 확신으로 말미암아 하나님이 크게 영광을 받으시는 것입니다. 아브라함이 백세가 거의 임박했고, 그의 아내도 이미 불임이었으나, 아들을 주시리라는 약속을 받고서 그는 "약속하신 그것을 또한 능히 이루실 줄을 확신"(롬 4:21)하였습니다.

수넴 여인의 아들이 죽었을 때에, 그녀의 믿음이 얼마나 강했는지, 전에 아무도 목숨이 돌아온 일이 없었음에도 그 아들이 다시 소생할 것을 확신하고 기대했습니다(왕하 4장). 21절의 행동과 23절의 말이 이를 증명해 줍니다. 우리 주님의 모친에 대해서, 다음과 같이 말씀합니다.

주께서 하신 말씀이 반드시 이루어지리라고 믿은 그 여자에게 복이 있도다(눅 1:45).

좌절에 빠진 뱃사람들에게 바울은 이렇게 말씀했습니다.

여러분이여 안심하라 나는 내게 말씀하신 그대로 되리라고 하나님을 믿노라 (행 27:25).

현실적으로 전혀 절망적인 처지에서 이들의 마음이 하나님을 온전히 의지했으니, 이 얼마나 놀라운 사례들입니까!

모펫(Moffatt) 선교사는 베추아나 주민들(the Bechuanas)을 위해 여러 해 동안 수고했음에도 아무런 사역의 열매를 보지 못했으나, 잉글랜드의 친구들이 편지를 보내어 무슨 선물을 원하느냐고 물었을 때에, "성찬기 세트"를 원한다고 대답했습니다.

수개월 후 그 선물이 도착했을 때에는 열 두 명이 넘는 회심자들이 그와 더불어 둘러앉아 주의 죽으심을 기념할 수 있었다고 합니다. "이 얼마나 놀라운가"라고 말하지 말고, "내가 하나님을 온전히 신뢰하지 못하니 이 얼마나 한심한가"라고 말하기 바랍니다.

그들의 믿음의 포기에도 주목하기 바랍니다. 이스라엘은 전쟁의 전리품을 취하지 말라는 명령을 받았고, 은과 금은 여호와께 "바친 것"(수 6:18-19)이라는 말씀을 들었습니다. 하지만 이는 참된 믿음은 자신에게 아무런 것도 돌리지 않고 오직 모든 존귀와 영광을 그것을 주신 분에게 올려드리는 법이라는 것을 우리에게 가르쳐 줍니다. 믿음은 모든 자랑과 자기를 추겨 세우는 법이 없습니다(엡 2:8-9). 믿음은 "심령이 가난한 자"들의 것입니다.

라오디게아 사람들처럼 자기를 높이는 처신을 조장하기는커녕, 오히려 우리를 티끌에까지 낮추며, 우리 자신이 아니라 하나님께 시선을 고정시키는 법입니다. 믿음은 자기를 비우는 은혜요, 우리를 움직여 마치 걸인처럼 하나님께 손을 내밀게 합니다. 그러므로, 믿음은 자기를 찬양하지 않으며, 모든 것을 그것을 베푸신 분에게 돌립니다. 믿음의 언어는 바로 이것입니다.

> 여호와여 영광을 우리에게 돌리지 마옵소서 우리에게 돌리지 마옵소서 오직 주는 인자하시고 진실하시므로 주의 이름에만 영광을 돌리소서(시 115:1).

바로 이것이 아브라함에게서 실례로 나타납니다. 여호와께서 그돌라오멜에 대해 승리를 주셨을 때에, 소돔 왕이 그 전리품들을 취하라고 권고하자, 아브라함은 이렇게 대답했습니다.

천지의 주재이시요 지극히 높으신 하나님 여호와께 내가 손을 들어 맹세하노니, 네 말이 내가 아브람으로 치부하게 하였다 할까 하여 네게 속한 것은 실 한 오라기나 들메끈 한 가닥도 내가 가지지 아니하리라 (창 14:22, 23).

마지막으로 믿음의 승리를 보십시오.

이에 백성은 외치고 제사장들은 나팔을 불매 백성이 나팔 소리를 들을 때에 크게 소리질러 외치니 성벽이 무너져 내린지라 백성이 각기 앞으로 나아가 그 성에 들어가서 그 성을 점령하고 (수 6:20).

믿음 앞에서는 아무것도 버틸 수가 없습니다. 아무리 엄청난 장애물이라도 그 앞에서는 물러서고 맙니다. 히브리서 11장 전체가 선명하게 보여 주듯이, "믿는 자에게는 능히 하지 못할 일이 없느니라"(막 9:23). 기대감으로 충만한 믿음의 언어는 이렇습니다.

우리가 하나님을 의지하고 용감하게 행하리니 그는 우리의 대적을 밟으실 이심이로다 (시 60:12).

믿음은 자기 자신에게서 시선을 돌려서, 자신의 모든 부족함과 한계점들을 그대로 전능하신 하나님께 맡겨드리기 때문입니다.

세상을 이기는 승리는 이것이니 우리의 믿음이니라 (요일 5:4).

그 믿음이 발휘되면, 세상이 흔들거나 위협할 수가 없습니다. 마음이 피조물보다 높이 올라가 하나님을 향하기 때문입니다. 이스라엘이 여리고 성을 함락시킨 사건이 기록되어 있는 것은 모든 세대의 성도를 격려하기 위함입니다.
그러므로 하나님의 목적이 반드시 이룬다는 것과 그분의 권능이 충족하다는 것, 그리고 그분의 계시된 뜻에 전적으로 순종하고 그분의 상 주심을 신뢰하고 나아가는 자들에게 그것을 기꺼이 이루신다는 것을 이 사건을 통해 명확히 깨달음으로써 우리에게 새로운 활기가 생기게 되지 않는다면, 우리가 이 사건을 길게 살펴본 것이 모두 허사가 되고 말 것입니다.

그 성 안에 있는 모든 것을 온전히 바치되 남녀 노소와 소와 양과 나귀를 칼날로 멸하니라 (수 6:21).

여러 세기 동안 하나님은 오래 참으시고 이 일을 기다리셔야만 했습니다. 왜냐하면, "아모리 족속의 죄악이 아직 가득 차지 아니"(창 15:16)했기 때문이었습니다. 사십 년 전 출애굽하던 첫 해에, 여호와께서는 가나안 경계에까지 이스라엘의 검을 보내셨다가 한 동안 그분의 손길을 거두시고, 그들에게 좀 더 기한을 주셨습니다.

그러나 이제 기다리는 기한이 끝났습니다. 이스라엘의 그 하나된 외침이야말로 여호와께서 더 이상 지체하지 않으시며 그분의 진노의 날이 다가왔다는 표시였습니다.

여리고의 모든 죄악된 거주민이 하나님의 정의를 이루는 엄숙하고도 끔찍한 희생제물이 된 것입니다.

> 가나안 족속의 멸망의 때가 찼고, 여호와께서는 그들을 전염병이나 기근이나 지진, 혹은 하늘로부터 불을 내리시는 방법이 아니라, 이스라엘 백성을 그의 복수의 시행자로 사용하기를 기뻐하셨으니, 이는 그들에게와 이 기록들을 읽는 모든 이에게 경고와 교훈을 삼으시기 위함이었다.
>
> 만일 천사가 그들을 죽일 임무를 받았다 할지라도(산헤립의 군대에게 일어났던 것처럼, 왕하 19:35), 과연 하나님을 악하다거나 잔인하다고 책할 자가 누구였겠는가?
>
> 모든 공적인 재난에 어린아기들이 포함되고 해마다 큰 고통 중에 수만 명이 죽고 있다. 그런데 이런 재난들이 하나님이 개입하신 것이 아니거나—흔히 사람들이 그런 주제에 대해 논할 때에 그렇게 전제하지만, 이것은 무신론에서 결코, 멀지 않다—혹은 지극히 완전한 정의와 선하심으로 이루어진 일이든지, 둘 중의 하나다.
>
> 그렇다면 하나님이 그분의 백성의 검으로 죄악된 무리들을 멸하도록 명령하시는 일에 무슨 불의가 있을 수 있겠는가?
>
> 아니면, 하나님이 부인할 수 없도록 이적들을 통해 재확인시켜 주신 그 분명한 명령을 시행하는 그들에게 과연 무슨 불의가 있을 수 있겠는가?

하나님이 이차적 원인들을 사용하는 일상적인 과정을 통해 그분의 원수들을 멸하셨을 경우보다도, 이처럼 이적적인 사건들에서 하나님의 손길이 훨씬 더 뚜렷하게 드러났으리라는 것이 분명한 일이다. 죄의 사악함과, 죄인들을 향한 하나님의 진노, 그리고 그들에게 합당한 형벌을 베푸시는 하나님의 권능과 결심이 훨씬 더 확실하고도 충격적으로 드러난 것이다.

요컨대, 나이나 처한 장소에 상관없이, 이 끔찍한 심판들의 기사를 읽고서 죄의 사악함을 더 깊이 지각하여 회개하고 주께 긍휼을 구해야 한다는 경고를 받은 사람은 누구나, 조급하고 불신앙적인 자들의 신성모독적인 언행이 난무하는 세대 가운데서도, 영원토록 하나님의 지혜와 선하심에 영광을 돌릴 것이다(토마스 스코트).

그러므로 하나님의 인자하심과 준엄하심을 보라(롬 11:22). 하나님의 준엄하심도 그분의 인자하심에 못지않게 진정 그분의 완전하심인 것입니다. 로마서 11:22-25에서 우리는 여호수아 2:14-19에서 라합에게 주신 약속이 어떻게 그대로 실행되었는지를 봅니다.

> 믿음으로 기생 라합은 정탐꾼을 평안히 영접하였으므로 순종하지 아니한 자와 함께 멸망하지 아니하였도다(히 11:31).

거기서 우리는 진정으로 하나님께 돌아와 그분을 믿는 자들에게 주시는 그분의 자비를 봅니다. 가나안 거주민들은 여호와께서 홍해의 물을 말리신 일이며 이스라엘이 시혼과 옥을 멸하였다는 이야기를 들었으나 오직 라합만이 여호와께서 "이 땅을 너희에게 주신 줄"(수 2:9, 10)을 믿었습니다.

그녀는 자신의 목숨까지 걸고(이는 믿음이 언제나 자기 부인을 요구한다는 원리를 잘 보여 줍니다) 그 두 정탐꾼들을 선의로 맞아들여 그 하나님의 종들을 원수들의 위험에서 보호함으로써, 그들의 지시를 그대로 이행함으로써, 자신의 믿음을 입증했습니다.

그 결과 그녀는 "순종하지 아니한 자와 함께 멸망하지 아니하는 복"을 누렸습니다. 성벽의 다른 곳들이 무너지는 와중에도 "성벽 위에" 있는 그녀의 집(수 2:15)이 보존된 것은 분명 놀라운 이적이었으며, 또한 이는 여호와를 신뢰하는 자들의 영원한 안전을 모형적으로 보여 줍니다.

이제 여호수아 6장에서 실례로 드러나는 많은 중요한 교훈들 중 몇 가지를 간단히 정리하기로 합시다.

① 하나님이 우리를 위하시고 우리와 함께 하실 때에는 닫힌 문과 높은 성벽이 아무런 장애가 되지 않습니다(수 6:1, 행 12:10).
② 믿음은 이성과 눈에 보이지 않는 것을 바라보는 것입니다(수 6:2; 요 8:56; 히 11:1).
③ 하나님의 약속들이 있다고 해서 책임을 이행하는 것이 필요 없는 것이 아닙니다(수 6:3).
④ 하나님은 세상의 눈에 하찮게 보이는 수단을 지정하심으로써 인간의 교만을 무너뜨리십니다(수 6:4).
⑤ 하나님의 격려(수 6:5)는 제멋대로 이리저리 따지지 않고 근면하고 신실한 자에게 주는 것(수 6:16)입니다.
⑥ 율법이 들어 있는 "언약궤"와 복음을 선포한 "희년 나팔"은 설교자의 이중적인 임무를 말씀해 줍니다(수 6:6).
⑦ 각급의 하나님의 백성은 사역자들을 후원하고 청종해야 합니다(수 6:7).
⑧ 주께서 임재하시다는 것(마 28:20)이 그분의 사역자들에게 활기를 주고 그들을 제어합니다(수 6:7).
⑨ 존귀의 자리는 언약궤와 제사장들에게 있습니다(수 6:9; 히 13:7, 17; 살전 5:12, 13,).
⑩ 복음의 나팔을 억제하지 말고, 분명하게 소리를 내게 해야 합니다(수 6:9; 고전 14:8).
⑪ "듣기는 속히 하고 말하기는 더디" 하여야 합니다(수 6:10, 약 1:19; 벧전 3:15).
⑫ 하나님을 향해 투덜거리는 것과 그분의 종들에 대한 부당한 불평들을 다 제재해야 합니다(수 6:10).
⑬ 하나님은 그가 맡기신 모든 임무를 철저하게 완수하는 것을 살피시고 인정하십니다(수 6:11).
⑭ 그리스도의 종은 시간 엄수, 부지런함, 전심을 기울임을 언제나 특징적으로 실천해야 합니다(수 6:12).
⑮ 눈에 보이는 결과가 없어도, 제사장들은 그들의 나팔을 "계속" 불어야 합니다(수 6:13).

⑯ 하나님이 주신 모든 임무를 수행하는 데에 반드시 인내가 요구됩니다
(수 6:14).
⑰ 임무가 괴롭고 힘들수록 더욱 순전하게 그 일에 헌신해야 합니다
(수 6:15).
⑱ 성공이 연기될 때에도 더욱 힘써 노력해야 합니다(수 6:15).
⑲ 성공이 일찍 이루어지지 않는다고 실망해서는 안 되고, 인내를 온전히
이루어야 합니다(수 6:15).
⑳ 성취의 기미가 보이지 않을 때에도 항상 하나님의 약속을 신실하게 의지
해야 합니다(수 6:16).
㉑ 성도가 공적으로 말씀 선포할 사명이 없다 할지라도, 입으로 주를 찬송
해야 합니다(수 6:16).
㉒ 주께서 항상 존귀하게 하기를 기뻐하시는 것은 바로 그분을 전적으로 신
뢰하는 것입니다(수 6:16).
㉓ 온 세상이 악한 자에게 가 있고 하나님의 진노 아래 있습니다(수6:17).
㉔ 세상적인 것들에 애착을 가지면, 우리 스스로 어려움을 초래하게 됩니다
(수 6:18).
㉕ 하나님은 그분을 신뢰하고 순종하는 자들을 절대로 당혹케 하시는 법이
없습니다(수 6:18).
㉖ 위대한 일을 행하실 때에 하나님은 가장 엉뚱한 것처럼 보이는 수단을
사용하십니다(수 6:20).
㉗ 영원한 멸망이 그리스도 바깥에 있는 모든 자의 몫이요(수 6:21), 영원한
안전이 그분을 신뢰하는 자들의 몫입니다(수 6:22-23).
㉘ 여러분이 파괴했거나 포기한 것을 다시 세우지 마십시오(수 6:26, 갈 2:18;
참조. 시 85:8).

제10장

죄와 패배와 심판

(여호수아 7:1-26)

1. 아이 성에서의 굴욕

여호수아 7장은 앞장에서 우리의 관심을 집중시켰던 상황과는 전연 딴판의 상황이 벌어집니다. 그 대조가 너무도 놀라워서, "진실은 허구보다 더 이상스럽다"는 옛 말을 떠올리게 됩니다. 여기까지는 모든 일이 이스라엘을 위해 부드럽게 복되게 이루어졌었습니다. 그런데 이제 그들의 전진이 갑자기 멈추어집니다. 지금까지는 하나님의 은혜로 그들이 승승장구하는 모습을 보아왔습니다. 하나님의 명령에 대한 철저한 순종이 그들의 움직임 하나하나에서 드러났습니다.

그런데 여기서는 그 모든 것이 역전됩니다. 그들은 할례의 필수적인 문제에 대해서도 정당하게 순종했고, 지정된 유월절 절기도 지켰었습니다. 하나님 편에서도 그들을 위해 놀랍게 역사하셔서 요단 강을 마른 땅을 디디고 건너게 하셨고, 가나안의 주요 요새인 여리고 성을 이스라엘이 손 하나 대지 않고 이적적으로 무너뜨리셨습니다.

그런데 이제 정말 깜짝 놀랄만한 대조적인 현상이 나타납니다. 여리고 성을 무너뜨린 그 기념비적인 승리에 곧바로 이어서, 그보다 훨씬 유약한 아이 성에서 이스라엘이 그야말로 굴욕적인 패배를 당했습니다. 유다 지파의 일원 중에 악한 범죄를 저질렀고, 그 결과로 이스라엘 민족 전체가 패배를 맛보게 되었습니다. 에덴동산에 뱀이 있었고, 사도들 중에 유다가 있었듯이, 순종하는 이스라엘 가운데 아간이 있었습니다.

이제 살펴볼 본문에 일련의 안타까운 실패의 사건들이 제시됩니다. 이스라엘 민족 전체에 대해 다음과 같이 묘사합니다.

백성의 마음이 녹아 물 같이 된지라(수 7:5).

하나님의 백성의 이러한 낙심은 삼천 명의 용사들이 보인 비겁함 때문이었습니다. 그들은 "아이 사람"들 앞에서 도망하였고, 그들 중에 삼십육 명이 그 뒤를 쫓아온 원수들에게 죽임을 당했습니다(수 7:5). 그 사건 바로 직전에는 여호수아 자신의 실수가 있었습니다. 그는 여호와의 뜻을 구하지 않고, 그의 정탐꾼들의 육신적인 조언에 따라 처신했습니다(수 7:3).

아이성을 탐색하기 위해 여호수아가 보낸 사람들은 자신들의 위치를 잊어버리고, 돌아와 단순히 사정을 보고만 한 것이 아니라 주제넘게도 대장군 여호수아께 이스라엘이 취할 작전으로 자기들의 눈에 가장 좋아 보이는 방식을 천거했습니다(수 7:3).

그러나 이 모든 일 전에, 여리고에서 아간이 범한 죄로 인하여 여호와의 진노가 이스라엘을 향해 촉발되었습니다(수 7:1). 바로 이것이 그 다음에 이어지는 모든 일을 설명해 줍니다. 아간의 죄가 그 모든 일의 원인이었습니다. 썩은 사과 하나가 곧바로 그 상자의 다른 좋은 사과들을 다 망치게 됩니다. 혹은 좀 더 성경적인 비유를 하자면, "적은 누룩이 온 덩어리에 퍼지는 것"(고전 5:6)입니다.

역사에 비추어 보면 위에 언급한 이 안타까운 실패에는 전혀 이상한 점이 없습니다. 왜냐하면, 인간의 미천한 본성은 "물의 끓음"처럼 불안정하니 말입니다(창 49:4). 그러나 이 세대가 이스라엘의 그 어떤 세대보다도 가장 훌륭한 세대였다는 사실과 여호와께서 친히 가나안 정복에서 그들의 군대장관(수 5:15)이 되셨다는 사실을 볼 때에, 지금과 같이 한심한 타락상을 보였다는 것이 아주 이상하게 보입니다.

그런 일이 발생하도록 하나님이 허용하셨다는 것을, 아니 그가 그렇게 정하셨다는 것을 어떻게 이해해야 할까요?

성경의 전반적인 가르침을 볼 때에, 주께서 그런 잘못을 허용하신 것이 다음과 같은 이유들 때문이었다고 말할 수 있지 않을까요?

첫째, 이어지는 모든 그분의 백성의 세대들에게 여호와의 권능이 그들을 위해 가장 위대하게 드러난 직후만큼 그들이 마음의 교만에 스스로 굴복할 위험이 큰 경우가 없다는 것을 가르치기 위함이었습니다.

둘째, 우리가 하나님의 통치의 축복을 계속 누리려면 그분의 거룩하신 뜻에 계속 꾸준히 굴복해야 한다는 기본 진리를 실례로 보여 주기 위함이었습니다.
셋째, 거룩하신 하나님은 자신의 영광에 대해 질투하시며 따라서 그 자신의 백성에게 죄가 있는 것을 용인하지 않으신다는 것을 그분의 성도에게 지속적으로 경계하기 위함이었습니다.
넷째, 하나님에게는 그 어떠한 것도 숨길 수가 없음을 강조하기 위함이었습니다. 지극히 은밀한 개인의 행위들도 그에게는 낱낱이 드러나는 법입니다(잠 15:3).

여호수아 7:1 앞의 "그러나"(한글개역/개정판에는 나타나 있지 않음. 역주)가 얼마나 불길한지요!

이는 그 다음에 이어질 안타까운 내용을 암시하는 것으로, 6장 마지막 절과 대조적인 양상을 지적하기에 아주 알맞은 표현일 것입니다. 거기서는 "여호와께서 여호수아와 함께 하시니 여호수아의 소문이 그 온 땅에 퍼지니라"고 기록합니다. 하지만 여기서는 "[그러나] 이스라엘 자손들이 온전히 바친 물건으로 말미암아 범죄하였으니 이는 … 아간이 온전히 바친 물건을 가졌음이라 여호와께서 이스라엘 자손들에게 진노하시니라"고 합니다. 두 가지 점에서 대조가 나타납니다.

여호와께서 여호수아와 함께 계셨으나, 여기서는 이스라엘을 향해 그분의 진노가 촉발되었습니다. 전자의 결과로 여호수아의 소문이 널리 퍼졌으나, 후자의 결과로 그가 굴욕을 당하고 언약궤 앞에 엎드려 머리에 티끌을 뒤집어썼습니다(수 7:6).

지극히 밝은 전망이 죄로 인해 어두워지고, 지극히 희망적인 계획들이 죄로 인해 방해를 받는 경우가 얼마나 많은지 모릅니다!

사울 왕이 그랬고, 후에 솔로몬이 그랬습니다. 가나안 정복에서 이스라엘의 행보가 그랬습니다. 여리고 성에서의 승리 뒤에 아이 성에서의 패배가 이어지는 것입니다. 성공의 시기야말로 우리가 가장 경계해야 할 시점이요, "떨며 즐거워할"(시 2:11) 시기라는 것을 이 사건이 얼마나 잘 보여 주는지 모릅니다.

만월(滿月)인 때 이외에는 월식(月蝕)이 일어나는 법이 없습니다!

하나님이 우리에게 주시는 은혜를 잘 사용하여 그분의 축복이 저주로 바뀌는 일을 겪지 않도록 우리에게 은혜가 필요한 것입니다.

그러므로 여기서 우리는 우리의 소유들을 소유하고 우리의 영적 유산을 누리는 일과 관련하여 마음에 새겨야 할 지극히 중요한 또 하나의 실질적인 교훈을 대하게 됩니다. 하나님이 그분의 말씀에서 빛을 비추시고 우리에게 길을 여사 지나가게 하실 때에, 교만하여 그 일을 우리 자신의 공적으로 돌리지 않도록 주의해야 합니다.

어떤 정욕에 대해 승리하거나 강력한 유혹에서 벗어날 때에, 자랑하지 말고, 오히려 더욱 경계하기를 힘쓰기 바랍니다. 하나님이 목회자에게 영혼들을 맡기시고 그의 수고로 번창하게 하실 때면, 겸손한 은혜로 말미암아 다음과 같은 느부갓네살의 자세를 본받지 않도록 부지런히 힘써야 합니다.

> 이 큰 바벨론은 내가 능력과 권세로 건설하여 나의 도성으로 삼고 이것으로 내 위엄의 영광을 나타낸 것이 아니냐 (단 4:30).

다음의 엄숙한 경고를 기억하기 바랍니다.

> 그런데 여수룬[이스라엘]이 기름지매 발로 찼도다 네가 살찌고 비대하고 윤택하매 자기를 지으신 하나님을 버리고 자기를 구원하신 반석을 업신여겼도다 (신 32:15).

우리 스스로 경계를 게을리하지 말고, 라오디게아 사람들처럼 스스로 교만하여 자기를 자랑하는 이 악한 시대와 싸워야 합니다. 우리가 "스스로 작게 여기고"(삼상 15:17), "심령이 가난한" 상태를 유지하지 않으면, 여리고 성을 무너뜨리는 경험을 할 때에, 필경 아이성에서 패배하는 결과가 뒤따르게 될 것입니다.

> 이스라엘 자손들이 온전히 바친 물건으로 말미암아 범죄하였으니 이는 유다 지파 세라의 증손 삽디의 손자 갈미의 아들 아간이 온전히 바친 물건을 가졌음이라 여호와께서 이스라엘 자손들에게 진노하시니라 (수 7:1).

이 끔찍한 범죄는 여리고성 내에서, 그것도 하나님이 이적적으로 그 성을 무너뜨리신 직후에, 일어났습니다. 그 성의 파괴와 황폐화와 관련해서, 그 어떠한 생명도 살려두어서는 안 되며 전리품을 스스로 취해서도 안 된다는 구체적인 지침이 이스라엘에게 사전에 내려져 있었습니다(수 6:17-19). 이것이 주는 영적 교훈은 그리스도인이 싸워야 할 "믿음의 선한 싸움"이란 육체를 죽이는 것이요, 자기를 부인하는 것이요, 세상에 대한 애착을 버리는 것이라는 것입니다. 아간의 범죄는 그냥 보통의 도둑질보다 훨씬 악한 것으로, 여호와께 "바쳐진 물건"을 도둑질하는 극히 사악한 행위였습니다.

여기서 성령께서 이 범법자의 계보를 밝히고 계시다는 점을 주목해야 합니다. 진리의 말씀에는 무의미하거나 중요치 않은 것이 하나도 없으므로, 우리로서는 이런 세세한 사항을 면밀히 살펴야 마땅한 것입니다. 아간은 "세라"의 직계 손이었는데, 그는 유다가 간음하여 낳은 아들이었습니다(창 38:15-30). 조상의 죄들이 자녀에게까지 이어지는 지엄한 사례가 아닐 수 없습니다!

이스라엘 전체의 평화와 번영을 어지럽힌 이 인물의 이름 역시 의미심장합니다. 아간이란 "괴로움"이라는 뜻이니 말입니다. 성령께서 아간의 죄를 지칭하여 쓰신 표현도 얼마나 지엄하며 충격적인지 모릅니다. 그는 "이스라엘 자손들 중 하나가"라고 하지 않으시고, "이스라엘 자손들이 온전히 바친 물건으로 말미암아 범죄하였다"고 기록하고 계시는 것입니다. 하나님은 그들을 한 단위로 간주하셨고, 따라서 한 개인의 죄를 민족 전체의 죄로 간주하신 것입니다. 이 점은 뒤이어지는 내용에서 잘 드러납니다. 이스라엘 회중 전체가 영향을 받았으니 말입니다.

> 여호와께서 [아간 개인에게가 아니라] 이스라엘 자손들에게 진노하시니라(수 7:1).

신약성경의 한 지교회에서도 유사한 일을 봅니다.

> 만일 한 지체가 고통을 받으면 모든 지체가 함께 고통을 받고…(고전 12:26).

그리고 이에 대한 실례가 같은 책 고린도전서 5:1-7에 나타납니다. 이스라엘은 사전에 분명히 경고를 받았습니다. 곧 그들 중에 누구든지 저주받은 물건을 취하면, "너희가 이스라엘 진영으로 바치는 것이 되게 하여 고통을 당하게"(수 6:18) 될 것이라고 말씀했으나, 이기적이고 반역적인 아간에게는 그 지엄한 경고가 귀에 들어오지 않았습니다. 여리고의 성벽이 무너질 때까지 모두가 철저하게 대열을 지켰으나, 성벽이 무너지자 그들은 "각기 앞으로 나아가 그 성에 들어가서 그 성을 점령"하였습니다(수 6:20). 승리가 눈앞에 들어온 순간 이 타락한 사람은 오로지 자기만을 생각한 것입니다.

> 여호수아가 여리고에서 사람을 벧엘 동쪽 벧아웬 곁에 있는 아이로 보내며 그들에게 말하여 이르되 올라가서 그 땅을 정탐하라 하매(수 7:2).

여호수아는 잠시라도 쉬려 하지 않고, 공격하여 함락시킬 그 다음 성을 살피도록 정탐꾼들을 보내어 그의 앞에 놓인 임무를 계속 수행했습니다. 그런 엄청난 승리를 얻은 후에도 그는 스스로 가만히 앉아 쉬거나 스스로 잔치를 벌일 권리가 있다고 여기지 않았고, 오히려 철이 뜨거울 때에 때려야 한다는 것을 믿었습니다.

바람이 불고 있을 때가 돛을 올릴 최고의 적기이므로, 그 시기를 최대한 이용하는 것이 합당합니다. 영적으로도 그렇습니다. 하늘로서 부는 바람(요 3:8)의 힘을 받을 때에는 영적인 역사를 위해 과연 호기인 것이 틀림없습니다. 그러나 여호수아는 열정이 있었으나 신중함으로 절제했습니다.

그는 맹목적으로 경솔하게 앞으로 전진하지 않았고, 지혜롭게 그 다음 일 어날 일에 대해 미리 살펴보고자 했습니다. 그리스도인들이 그들에게 주어진 과제를 충실히 감당할 자질을 갖추었는지를 "먼저 앉아", "헤아리"지 않고 (눅 14:31), 성급하고도 경솔하게 처신하는 것은 육체의 열병과도 같은 에너지일 뿐입니다. 무모함과, 또한 무정함으로 전락하는 신중함의 중간에 해당하는 아주 복된 중용(中庸)이 있는 법입니다.

아이는 거신성하게 기념할만한 장소였습니다. 창세기 12:8에 의하면, 아브라함이 "벧엘 동쪽 산으로 옮겨 장막을 치니[이는 이 땅에서 '이방인이요 나그네'라는 표시였습니다] 서쪽은 벧엘이요 동쪽은 아이(여호수아 7장의 '아이'와 동일한 곳)라 그가 그 곳에서 여호와께 제단을 쌓고(예배자임을 드러내는 상징적인 행위)여호와의 이름을 불렀다"고 합니다.

그런데 멸망할 자들로 지목된 사악한 자들이 이곳을 점령하고 있었습니다. 여호와께서 이스라엘을 심판의 도구로 사용하셔서 가나안 족속들을 멸하신 것은 그들의 가증스러운 우상 숭배와 부도덕성 때문이었습니다(레 18:24, 25; 신 18:10-12). 이에 대한 증거가 여호수아 7:2에 언급되는 이름들에서 나타납니다.

"벧아웬"은 "허영의 집", 혹은 "불의의 집"이란 뜻입니다. 지나가면서 여기서 장소에 대한 언급에 있어서 성경이 극히 사소한 것도 정확히 기술하고 있는 한 가지 예를 접하게 됩니다.

여호수아는 "올라가서 그 땅을 정탐하라"고 명합니다. 성령께서는 창세기 12:8에서 아브라함이 "거기서 벧엘(이는 '하나님의 집'이라는 뜻입니다) 동쪽 산으로 옮겨 장막을 치니."

아, 독자 여러분!

성경 말씀에는 "모순"이란 없습니다. 다만 전체를 통틀어 지극히 완전한 조화만 있을 뿐입니다. 그러나 오직 경건하고 부지런한 학도만이 그것을 감지할 수 있습니다.

> 이스라엘 자손들이 온전히 바친 물건으로 말미암아 범죄하였으니 이는 … 아간이 온전히 바친 물건을 가졌음이라 여호와께서 이스라엘 자손들에게 진노하시니라 여호수아가 여리고에서 사람을 … 아이로 보내며 그들에게 말하여 이르되 올라가서 그 땅을 정탐하라 하매(수 7:1-2).

이 절이 함께 연결되어 엄숙한 교훈이 제시됩니다. 여호수아가 아간의 악행에 대해 몰랐고 따라서 여호와의 진노가 이스라엘을 향해 촉발되었음을 전혀 알아채지 못했던 것이 분명합니다. 여호와의 진노를 촉발시킨다는 것은 정말 심각한 일이요 섭리를 통한 여호와의 미소를 앗아가는 처사입니다.

그러나 오늘날의 "교회들" 중에 여호와의 진노가 그들을 향해 촉발되고 있음을 인식하는 경우가 얼마나 드문지요!

여기 이스라엘을 향해 촉발되는 것과 동일한 이유로—즉, "온전히 바친 물건"을 가로채는 것 때문에—그들을 향해 여호와의 진노가 촉발됩니다. 세대주의자들은 이것을 부인하여, 그 일은 과거 "율법의 세대"에 일어난 것이요 "은혜의 세대"에는 그런 것이 없다고 말할 지도 모르겠습니다. 여기서 그들의 지독한 무지가, 혹은 정말 두렵습니다.

하지만 중생하지 못한 그들의 처지가—거룩하신 주를 모르는 마음이—드러납니다. 아나니아와 삽비라의 경우(행 5장; 계 2:14-16, 20-23)와 우리 중의 성령을 소멸시키는 사례들이 너무도 분명하게 제시되고 있으니 말입니다.

그 사람들이 올라가서 아이를 정탐하고 여호수아에게로 돌아와 그에게 이르되 백성을 다 올라가게 하지 말고 이삼천 명만 올라가서 아이를 치게 하소서 그들은 소수이니 모든 백성을 그리로 보내어 수고롭게 하지 마소서 (수 7:2-3).

여호수아의 명령을 수행하는 중에는 그들이 훌륭하게 처신했으나, 돌아와 그들의 대장께 보고하면서 보인 처신은 혐오스럽기 짝이 없습니다. 하급 부하들에 불과한 그들은 주제넘게도 여호수아에게 구체적인 조치의 방향을 주문합니다. 그가 그들에게 의견을 물었다면 별문제였을 것이지만, 의견을 묻지도 않았는데도 자기들의 사사로운 생각을 섞어서 보고했으니, 이는 건방진 처사였습니다. 물론 그들의 제언은 이스라엘 민족 대다수가 불필요한 정력을 쏟을 필요가 없다는 뜻으로, 여호수아를 극진히 아껴서 해 주는 극히 친절한 언어처럼 들렸습니다.

그러나 말로는 아주 그럴 듯해 보였으나 그것은 육신적인 조언이요, "주여 그리 마옵소서"라는 베드로의 말처럼, 그분을 향한 지극한 마음에서 나오는 것처럼 보였으나 실상은 사탄에게서 오는 것이었습니다 (마 16:22, 23). 이에 대해 주님은 "네가 하나님의 일을 생각하지 아니하고 도리어 사람의 일을 생각하는도다"라고 대답하셨습니다. 그들은 자기 교만의 자세로 가득 차 있었고, 육신의 팔에 기대고 있었습니다.

정탐 임무에서 돌아온 이 사람들은 교만으로 한껏 부풀어 올라 있었습니다. 앞의 여리고 전투의 승리에 도취되어 그들의 언어 자체가 지극히 건방졌습니다. 자기들의 나라가 위대하니 아무도 그 앞에서 견딜 수 없다는 식의 생각을 품기 시작한 것입니다. "그들은 소수이니"라는 말에서 드러나는 대로, 그들은 아이 성을 아주 손쉬운 먹잇감으로 가볍게 보았습니다. 그러니 전군이 그리로 갈 필요가 없고, 우리 중에 적은 무리만 가도 충분하다고 여긴 것입니다. 그들을 위해 놀라운 역사를 일으키신 그분을 의지하는 자세가 전혀 없었습니다.

그들은 일부의 군대만으로도 놀라운 승리를 얻을 수 있으니 이스라엘이 그 일에 전력을 기울일 필요가 없다고 느꼈습니다.

아, 오늘날의 하나님의 종들과 백성들이 어쩌면 그들을 그렇게 닮았는지요! 주께서 영혼들을 구원하시는 일에 그분의 능력을 발휘하기를 기뻐하시는데, 설교가 손쉬워 보여서 목사들이 설교 준비를 소홀히 하려는 유혹에 넘어갑니다. 하나님이 강력한 정욕거리에 승리하도록 성도에게 힘을 베푸시는데, 정작 그는 진지하게 기도할 필요를 덜 느끼기가 쉽습니다. 그러나 그런 자세는 정말 재난을 불러일으키는 것입니다. 우리 자신의 연약함을 계속해서 지각하고 있어야만 위로부터 오는 힘을 구하게 됩니다. 본문의 사건에서 경계를 받고, 교만과 주제 넘는 자세를 버려야 하겠습니다. 특히 하나님이 어느 정도의 성공을 주셨을 때에는 더욱 그래야 합니다.

> 백성을 다 올라가게 하지 말고 이삼천 명만 올라가서 아이를 치게 하소서 그들은 소수이니 모든 백성을 그리로 보내어 수고롭게 하지 마소서(수 7:3).

이런 교만에 가득 찬 언어가 최초의 정탐꾼들의 언어와 얼마나 다른지 모릅니다.

> 진실로 여호와께서 그 온 땅을 우리 손에 주셨도다(수 2:24).

승리를 거둔 다음 태만으로 이어져서는 안 됩니다. 하나님이 지정하신 수단을 온전히 사용하지도 않으면서 무턱대고 주께서 우리를 위해서 모든 일을 해 주시기를 바라고 기댈 권리는 우리에게 없습니다. 여리고 성 싸움에서는 온 이스라엘이 싸움터에 모였습니다. 아무도 장막에 남아 있지 않았고, 멀리서 구경꾼으로 바라보기만 한 사람은 아무도 없었습니다. 그들이 보기에는 쓸데없는 "인력낭비"로 보였으나, 하나님이 그것을 요구하셨고, 그들이 순종할 때에 승리를 주셨습니다. 그 일은 다가올 일에 대한 전례가 되었습니다.

그러나 육신적인 지혜가 끼어들었습니다. 아이는 규모가 훨씬 작은 성으로 보였고, 따라서 큰 규모의 병력이 없어도 무너뜨릴 수 있을 것처럼 보였습니다. 자기를 신뢰하는 자세로 보니 손쉽게 승리할 것 같았고, 그러니 구태여 군대를 다 동원할 필요가 없다고 여긴 것입니다.

여호와께서 친히 그들을 위해 강하게 역사하시는 것을 목도하는 것을 이스라엘의 복된 특권으로 여기지 않고, 이 사람들은 "백성을 다 올라가게 하지 말고", 혹은 다른 곳에서 여덟 차례에 걸쳐서 번역된 것처럼 "귀찮게 하지 말고"—구약의 맨 마지막 부분에서 타락한 이스라엘이 하나님께 예배하는 것을 가리켜 "이 일이 얼마나 번거로운고"(말 1:13)라고 말한 것처럼—라고 말한 것입니다.

> 백성 중 삼천 명쯤 그리로 올라갔다가 (수 7:4).

지극히 엄숙한 일입니다. 하나님의 종들 가운데 가장 존귀한 자들이 그들 홀로 있을 때의 모습을 보여 주니 말입니다. "지극히 훌륭한 자들"이라고 말하지는 않습니다. 이는 육체의 냄새를 너무 많이 풍기기 때문입니다. 그러니 "지극히 사랑받는 자들"이라 하는 것이 좋겠습니다. 우리가 어떤 특권들을 누려왔든, 하나님께 가까이 가는 것이 우리에게 허락되었든, 여전히 우리는 하나님께 의존하는 존재요, 따라서 그분의 보존하시는 은혜가 지속적으로 필요한 존재들입니다.

우리 중 누구에게서든 그 은혜가 단 한 시간이라도 사라지면, 실패와 죄의 비참한 결과가 나타날 수밖에 없습니다. 지탱시키시는 성령께서 이제 잠시 여호수아에게서 물러갔고(왜 그랬는지는 뒤에 말씀하겠습니다), 그러니 그는 자연인이 하듯 그렇게 아랫사람들의 조언을 취하여 육신적인 방식을 따르고 만 것입니다.

"갑옷 입는 자가 갑옷 벗는 자 같이 자랑하지 못할 것이라"(왕상 20:11)라며 그들을 꾸짖어야 옳았는데, 그렇게 하지 않고 그들의 육신적인 방책을 취한 것입니다. 여호수아가 이런 일을 행했다는 것은 더욱 서글픈 일이요 변명의 여지가 없었습니다. 왜냐하면, 다음과 같은 명확한 지침이 그에게 주어져있었기 때문입니다.

> 그는 제사장 엘르아살 앞에 설 것이요 엘르아살은 그를 위하여 우림의 판결로써 여호와 앞에 물을 것이며 그와 온 이스라엘 자손 곧 온 회중은 엘르아살의 말을 따라 나가며 들어올 것이니라 (민 27:18-21).

아뿔싸! 아간의 범죄의 악한 누룩이 역사하여 "전부 부풀게" 하고, 모든 동료를 은밀하게 더럽히고 있었습니다. 여호와의 뜻을 구하지 않음으로, 여호수아는 이제 영적인 지각을 잃어버렸고, 그리하여 그의 앞에 제시되는 계획의 육신적인 악함을 분별하지 못한 것입니다. 그런 계획이 여리고에서 주신 하나님의 계획의 패턴과 전연 다르다는 것을 즉시 간파했어야 했습니다. 여리고에서는 모든 일 하나하나를 계시된 하나님의 뜻에 온전히 순종하여 진행했습니다.

오직 하나님께만 의지했고, 그러면서도 인간적인 도구의 사용을 조금도 소홀히 하지 않았으며, 이스라엘 온 회중이 각자 맡은 역할을 충실히 담당했었습니다. 그런데 여기서는 하나님의 뜻을 묻는 것도, 그분의 개입에 의존하는 것도 전연 없었고, 무장한 일부 군대만으로 그 일 전체를 행하기에 충족하다고 여겼습니다.

그리하여 대다수의 군대는 한가하게 놀았고, 이스라엘 회중은 하나님의 권능의 역사를 친히 목도하는 그 큰 특권을 빼앗기고 말았습니다. 여리고 성이 무너질 때에는 온 이스라엘이 그 성을 무너뜨리는 여호와의 위대한 역사를 직접 목도했고, 그에게 영광을 돌릴 수 있었습니다. 그러므로 지금 여호수아가 취한 계획은 하나님의 의도를 깨뜨리는 것이었습니다.

이 점에서 "너희는 인생을 의지하지 말라 그의 호흡은 코에 있나니 셈할 가치가 어디 있느냐"(사 2:22)라는 교훈이 얼마나 엄숙하게 다가오는지 모릅니다. 목회자가 교회 직분자들의 육신적인 권고에 개의치 말고 오직 다윗처럼, "나의 영혼아 잠잠히 하나님만 바라라"(시 62:5)라고 말해야 한다는 경고를 이 사건에서 접하게 됩니다.

"혈육과 의논하지 아니"(갈 1:16)한 사도를 본받으십시오. 여호와께 인정을 받는다면, 다른 사람들이 여러분에 대해 어떻게 생각하든 무어라 말하든 전혀 상관없습니다. 사람들이 제안하는 것이 아무리 그럴 듯해 보여도, 다른 누구에게서도 말고 오직 주께만 명령을 받으십시오.

가나안 정복 전쟁의 시초에 여호수아는 이미, 여호와께서 온 이스라엘에게 안식을 주시기까지 르우벤 지파와 갓 지파와 므낫세 반 지파가 요단 강 동편의 자기들의 기업에 들어가지 말고 "이쪽 땅에 머무르게" 하라는 명령을 받았었습니다(수 1:12-15).

곧 원수를 완전히 무찌르고 승리를 얻을 때까지 이스라엘 열두 지파 전체가 다 하나가 되어 싸움에 참여해야 한다는 사실이 강조되었던 것입니다. 그러나 지금 따르는 계획은 이스라엘을 갈라놓고 하나됨을 깨뜨리는 것이었습니다. 육신적인 방법들을 따르게 되면 일반적으로 하나님의 백성 가운데 분열이 생겨납니다. 후에 여호와께서는 여호수아에게 이렇게 말씀하십니다.

군사를 다 거느리고 일어나 아이로 올라가라(수 8:1).

성공을 보기 위해서는 먼저 하나님의 계획으로 돌아가야 하는 것이었습니다.

이스라엘이 아이 성에서 패배한 이 안타까운 사건은 기도와 더불어 극히 신중하게 공부해야 할 내용입니다. 모든 하나님의 백성이, 특히 그분의 종들이, 마음에 담아두어야 할 일반적인 경고의 성격을 지니고 있기 때문이기도 하지만, 좀 더 구체적으로는 그 사건이 기록되어 있는 책과 거기에 실례를 통해 드러난 위대한 진리 때문에도 그렇습니다.

여호수아서를 한 장씩 살펴가면서 우리가 명확히 염두에 두어야 할 것은 여호수아서의 주제가 이스라엘의 가나안 입성과 정복이며 이것이 그리스도인이 믿음으로 하늘의 기업을 소유하게 되는 과정을 모형으로 보여 준다는 점입니다. 앞에서 이미 이 사실을 상당히 강조한 바 있고, 성도가 실제로 "자기 기업을 누리"(욥 17)기 위해서 이생에서 반드시 새기고 지켜야 할 원리들을 자주 지적한 바 있습니다.

그런데 안타깝게도 자기 기업을 누리는 이들이 매우 적습니다. 그 원리에 따라 행하지 못하기 때문입니다. 그 원리들을 새삼스레 다시 열거할 필요는 없습니다. 다만 그 모든 원리는 하나님의 계시된 뜻에 철저하게 순종하는 것에 있다는 한 마디로 요약된다는 것을 말씀드리는 것으로 족합니다. 이스라엘이 그 원리를 준수하는 동안, 모든 일이 그들에게 잘 풀려나갔습니다.

그러나 그 원리에서 벗어나는 순간 모든 것이 망가지는 결과가 이어졌습니다. 이런 일이 기록된 것은 우리로 하여금 배우게 하기 위함입니다(롬 15:4). 필자에게나 독자에게나 그런 교훈을 배울 심령이 베풀어지기를 바라는 마음 간절합니다.

성실한 자는 복을 받느니라(잠 28:10).

성실한 자란 하나님께 똑바로 시선을 고정시키고 그분의 권위에 복종하고 그분의 은혜에 의지하여 행하는 자들입니다. 이러한 특질을 유지하는 동안, 그들은 그리스도께서 값주고 사신 "복"을 그저 약속과 미래의 전망으로만이 아니라 현재의 "소유"로 누리며, 영원한 그들의 기업을 실질적으로 맛보는 축복을 누리게 됩니다.

그러나 자기 의지와 자기를 기쁘게 하는 억지스러운 자세가 끼어들면 그들의 어리석음의 결과로 생기는 쓰라린 열매들을 먹을 수밖에 없게 됩니다. 그러므로 우리가 지금 공부하는 이 책에서 요단 강을 건너는 일과 여리고 성의 함락에서 이스라엘이 여호와께 순종함으로 누린 그 복된 결과들이 나타나고, 반면에 아이에서의 수치스러운 패배에 대한 기록에서는 이스라엘의 불순종이 거두어들일 수밖에 없었던 악한 결과들이 있는 그대로 제시됩니다.

전자의 사건들에서는 성공의 비결들을 혹은 하나님의 권능의 역사가 우리를 위해 발휘되기를 바랄 때에 반드시 우리가 준수해야 할 일들을 배우게 됩니다. 그리고 후자의 사건들에서는 여호와의 불쾌하심과 우리의 영적 실패의 몇 가지 전조 증상들을 배우게 됩니다. 전자도 우리에게 필요하지만, 후자 역시 우리에게 반드시 필요한 교훈입니다.

이를 약간 다른 형식으로 다른 각도에서 말하자면, 이렇게 말할 수 있습니다. 여호수아서에서 전개되는 주된 주제는 원수들을 정복하기 위해서는 어떻게 해야 하는지를 하나님의 백성들에게 보여 주는 것이라 하겠습니다. 이스라엘로서는 그들의 기업을 차지하기 전에 먼저 가나안 족속들을 몰아내야 했으니 말입니다.

이와 마찬가지로 그리스도인이 실질적으로 하늘의 기업을 누리기 위해서는 먼저 마귀와 세상과 육체를 반드시 이겨야만 합니다. 가나안 땅의 일곱 족속들을 상대로 한 이스라엘의 전쟁은 신자와 그의 영적 원수들과의 싸움의 모형이었습니다.

이 모형에서 제시되는 큰 교훈은 바로, 우리의 원수들을 물리치는 길은 오직 여호와께 의지하는 것밖에 없다는 것이요, 우리가 완전히 그에게 굴복하고 그에게 전적으로 의지하는 상태를 유지해야만 그가 우리를 위해 싸우시리라는 것입니다.

> 너희가 만일 내가 너희에게 명하는 이 모든 명령을 잘 지켜 행하여 너희의 하나님 여호와를 사랑하고 그의 모든 도를 행하여 그에게 의지하면 여호와께서 그 모든 나라 백성을 너희 앞에서 다 쫓아내실 것이라 (신 11:22, 23).

이 교훈이 여리고에서 실질적인 예를 통해 복되게 제시되었고, 또한 아이에서는 그 반대의 경우가 제시되었습니다. 전자는 우리를 격려하기 위해서 기록되었고, 후자는 우리로 하여금 가슴에 새겨야 할 지엄한 경고로서 기록되어 있습니다.

우리가 새겨야 할 첫 번째 사실—여리고에서의 승리 직후에 아이에서의 패배를 대하면서—은 하나님이 유별나게 복 주시고 번성하게 하셨을 때보다 하나님의 백성이 교만과 건방진 자세를 취하게 될 위험이 커지는 경우가 절대로 없다는 충격적인 사실입니다. 그러므로 주의 은혜가 성도에게 생생하게 역사하여 그 마음에 활기가 가득할 때만큼 더욱 면밀히 주께 온전히 의지하여 처신해야 할 필요가 절실한 때가 없습니다.

그렇게 하지 않으면, 자기를 신뢰하는 자세가 끼어들게 되고, 그리하여 우리에게 계속해서 "은혜 위에 은혜"를 더하시는 그분에게가 아니라 본래 주어진 은혜 자체를 더 의지하게 됩니다. 우리의 믿음이 아무리 강하고, 우리의 마음이 아무리 기쁘고, 우리의 은혜가 아무리 에너지가 넘쳐도, 속사람이 새롭게 은혜를 공급받기를 바라고 사모해야 합니다.

그렇지 않으면 우리에게 있는 은혜들이 단 한 시간도 힘을 발휘하지 못합니다. 오직 우리 자신의 연약함을 실제로 의식하는 처지에 있어야만 우리가 진정 강한 법입니다. 마치 걸인(乞人)이 빈손을 계속 내어밀듯이 해야만 우리가 "예수 그리스도의 성령의 도우심"(빌 1:19)을 받는 것입니다. 안타깝게도, 우리가 여호와께 다음과 같이 탄식하실 기회를 얼마나 자주 드리는지 모릅니다.

> 네가 평안할 때에 내가 네게 말하였으나 네 말이(네 스스로를 충족히 여기는 자세로) 나는 듣지 아니하리라 하였나니(렘 22:21).

이스라엘이 아이에서 패배한 은밀한 원인은 바로 은밀하게 여호와를 향해 악한 범죄를 저지른 아간의 죄에 있었으며(수 7:1), 그 다음에 이어지는 내용에서 드러나듯이 그것은 여호와의 진노를 촉발시킬만한 극히 엄숙하고도 심각한 문제였습니다. 이 경우 여호와의 불쾌하심은 그가 이스라엘로 하여금 자기들의 지혜와 힘으로 행하도록 내버려두셔서 결국, 재난밖에 아무 결과도 얻지 못하도록 하신 데에서 잘 드러났습니다.

여기서 우리는 성령께서 근심하지 않으시는 상태로 회중 가운데에서 역사하시면 그가 그 지도자들과 회원들의 생각들을 지도하셔서 지혜롭고도 어울리는 처신을 하도록 하시지만, 반대로 성령께서 가벼이 여김을 받으시면 그분의 은혜로운 역사하심이 뒤로 물려지고 그들이 육체의 에너지로 행하도록 내버려져서 결국, 주께 욕이 되고 그들 자신도 실패하고 괴로움을 당하게 된다는 중요한 진리를 실제적인 사례로 접하게 됩니다. 여기서 그런 일이 일어났습니다.

아간의 범죄라는 감추어진 뿌리로부터 아이 성 싸움의 대패라는 더욱 분명히 드러나는 원인들이 자라난 것입니다. 교만과 건방짐이 역사하고 있었습니다. 아이를 멸시의 눈으로 바라보았고, 그들 스스로도 무너뜨릴 수 있는 손쉬운 먹잇감으로 보았으나(3절), 오히려 그들 자신이 무너진 것입니다.

이 사건에서 배워야 합니다. 우리 원수들의 힘을 과소평가하는 것이야말로 치명적인 실수라는 것을 말입니다. 우리의 영적 원수들의 힘이 너무도 커서 우리를 압도한다는 것을 진정 깨달을 때에 비로소 여호와의 도우심과 그분의 힘의 역사를 진정 구하게 됩니다.

안타깝게도 여호수아는 그 아이성을 무시하는 자들의 조언을 받아들였습니다.

> 백성 중 삼천 명쯤 그리로 올라갔다가(수 7:4).

그런데 그런 육신적인 자기 과신의 필연적인 결과가 무엇이었습니까? 바로 이것이었습니다.

> 아이 사람 앞에서 도망하니(수 7:4).

굉장한 구경거리였습니다!

겸손히 하나님을 의지하는 처지를 떠난 결과가 어떤 지를 주의 깊게 살펴보십시오! 우리 자신의 방법들을 따를 때에 일어나는 결과를 잘 주목하기 바랍니다. 그들 혼자 내버려지니, 이 사람들의 용기가 완전히 사라지고 말았습니다.

오직 "하나님의 전신 갑주를 취"할 때에야 비로소 우리가 "악한 날에 너희가 능히 대적하고 모든 일을 행한 후에 서"게 됩니다(엡 6:13). 그렇지 않고 육체의 팔에 기대면, 실패가 기정사실이 되고 맙니다. 이 삼천 명의 이스라엘 용사들이 이방 사람들 앞에서 공포에 질려버리다니 정말 안타깝기 그지 없습니다. 특히 "여호와께서 여호수아와 함께 하시니 여호수아의 소문이 그 온 땅에 퍼지니라"는 6장 마지막의 진술에 곧바로 이어서 그런 안타까운 기록이 이어지니 더욱 그렇습니다.

병졸들의 그 치욕적인 패배가 과연 이스라엘의 대장군의 이름과 명성에 어떤 결과를 미쳤겠습니까!

더욱 안타까운 것은 우리의 죄악된 실패들이 우리 자신과 우리와 관계하는 하나님의 백성에게 해를 끼치는 것은 물론 그것들이 우리의 구원자 되신 그리스도의 영광을 실추시킨다는 사실입니다.

이것을 깨닫는다면, 우리가 "두렵고 떨림으로" 우리의 구원을 이루어가야 하지 않겠습니까?

> 아이 사람이 그들을 삼십육 명쯤 쳐죽이고 성문 앞에서부터 스바림까지 쫓아가 내려가는 비탈에서 쳤으므로 백성의 마음이 녹아 물 같이 된지라 (수 7:5).

앞에서 거듭 지적한 일을 이 사건이 얼마나 강력하게 보여 주는지 모릅니다. 가나안 정복에서 이스라엘의 성공은 여호와께서 그들을 위해서 그분의 강하심을 보여 주시느냐의 여부에 전적으로 달려 있었고, 그렇기 때문에 그들은 무조건적으로 그에게 순종해야만 했습니다.

헨리(Henry)가 올바로 지적한 것처럼 여기서 그들이 받은 점검은 "그들이 여전히 선하게 처신하고 있음을 그들 스스로 알도록" 해 주었습니다. 성공이 그들 자신의 용맹함이 아니라 하나님께로부터 오는 것이었으나, 그 성공은 하나님이 이미 주신 패턴을 지킬 때에만 그들에게 베풀어지는 것이었습니다.

그 패턴의 한 가지 필수적인 요소는 이스라엘의 하나 됨이 반드시 유지되어야 한다는 것이었습니다. 이스라엘 전체가 하나가 되어 원수들 앞에 서야 한다는 것입니다. 그러므로 이스라엘의 "모든 군사"와 "백성은 다" 여리고 성을 돌며 행진해야 했습니다(수 6:3, 5). 그러나 아이 성 싸움에서는 정탐꾼들이 여호수아에게 전혀 다른 조언을 했습니다.

> 모든 백성을 그리로 보내어 수고롭게 하지 마소서 (수 7:3).

여호수아가 이를 그대로 따랐습니다.

> 백성 중 삼천 명쯤 그리로 올라갔다가 (수 7:4).

그런데 그들이 도망하고, 일부는 죽임을 당하고, 나머지는 "스바림"(의미심장하게도 이는 "위반[違反]들"이란 뜻입니다)까지 추격을 당했습니다.

그 다음으로 이 사건으로 인해 이스라엘 회중에 미친 치욕적인 결과들이 제시됩니다. 형제들이 패퇴했고 그중 일부가 살육 당했다는 소식을 듣고서, "백성의 마음이 녹아 물 같이 된지라."

왜 안 그랬겠습니까?

전에 여호수아가 이스라엘 온 백성에게 다음과 같이 확신을 주지 않았습니까?

> 살아 계신 하나님이 너희 가운데에 계시사 가나안 족속 … 을 너희 앞에서 반드시 쫓아내실 줄을 이것으로서 너희가 알리라(수 3:10).

이제 더 이상 그가 백성들을 승리로 이끌지 못했고 오히려 적들에게 제압을 당하도록 두고 보았으니, 백성으로서는 의기를 완전히 상실하기에 충분했습니다. 이점에 대하여 헨리(Henry)가 진술하듯이, "하나님이 진노하실 때에 참된 이스라엘 사람들은 두려워 떠는 법"입니다.

여기서 다시 또 다른 충격적인 대조를 접하게 됩니다. 여호와께서 이스라엘을 위해 권능의 역사를 일으키사 요단 강 물을 마르게 하셨을 때에, "가나안 사람의 모든 왕들"이 그 소식을 듣고서 "마음이 녹았고 이스라엘 자손들 때문에 정신을 잃었다"고 합니다(수 5:1).

그런데 여기서는 이스라엘의 마음이 녹아 물처럼 되었습니다(수 7:1). 그러나 그런데도 하나님은 이스라엘에게 긍휼을 베푸셨습니다. 그 혹독하고도 치욕적인 섭리를 통해 그는 감추어져 있던 어둠의 일들을 밝히 드러내시고 그 백성들에게 아간의 범죄로부터 그들 자신을 분리시키고 그 죄인을 벌할 기회를 주신 것입니다.

> 여호수아가 옷을 찢고 이스라엘 장로들과 함께 여호와의 궤 앞에서 땅에 엎드려 머리에 티끌을 뒤집어쓰고 저물도록 있다가(수 7:6).

여기서 조심스럽게 주목해야 할 것은 여호수아가 병사들의 비겁한 처신에 대해서나 사기를 잃은 그들의 자세에 대해 호되게 책망했다는 언급이 전혀 없다는 점입니다. 그는 "전쟁의 승패"에 대해서 논하지 않았고, 부끄러워하지 말라고 위로하거나 하여 그들의 사기를 올리려 애쓰지 않았습니다. 오히려 그는 사태의 심각성을 인지했습니다. 무언가가 심각하게 잘못되었음을 깨닫고서 "평화로다, 평화로다"라고 되뇌지 않았습니다.

"장로들"—이스라엘의 책임 있는 두령들—역시 그 패배가 여호와께서 진노하신 것 때문임을 깨달았고, 그리하여 그들 역시 여호와 앞에서 스스로를 낮추었습니다. 옷을 찢는 행위는 극심한 애통과 회개를 상징하는 행위였고(창 37:24; 삼하 1:11), 머리에 티끌을 뒤집어쓰는 것은 극심한 고뇌와 슬픔을 표현하는 것이었습니다(삼상 4:12; 욥 2:12).

그들의 이런 처신이 오늘날 팽배해 있는 저 어리석고도 치명적인 "낙관론"과, 또한 주께서 불쾌해 하셔서 그분의 복을 거두어들이신다는 사실을 인정하기를 거부하는 자세와 어쩌면 그렇게 다른지요.

개개인 그리스도인이나 지교회의 일이 심각하게 잘못 되어 갈 때에는 면밀하고도 엄정하게 자신들을 살피는 일이 무엇보다 절실합니다. 하나님이 이맛살을 찌푸리시는 섭리로 행하실 때에 그것을 무시하거나 혹은 형편없는 인간의 방법을 최대한 이용하여 그것을 극복하려 한다면, 이는 더 무거운 채찍을 버는 일입니다. "매가 예비되었"(미 6:9)음을 깨달아야 하고, 그것을 무시하거나 고개를 뻣뻣이 세우고 그것을 대적할 마음을 먹어서는 안 됩니다.

우리가 해야 할 첫 번째 일은 그런 섭리를 행하시는 그 분 앞에 우리 자신을 겸손히 내려놓는 것입니다. "온유한 자를 정의로 지도하심이여 온유한 자에게 그의 도를 가르치시"(시 25:9)기 때문입니다. 하나님이 우리를 괴롭게 하시면, 우리가 우리 자신을 괴롭게 해야 합니다.

> 여호와의 날 [언제든 여호와께서 자신의 불쾌하심을 드러내사 심판으로 행하시는 때] 이 크고 심히 두렵도다 당할 자가 누구이랴 … 너희는 이제라도 금식하고 울며 애통하고 마음을 다하여 내게로 돌아오라 하셨나니 너희는 옷을 찢지 말고 마음을 찢고 너희 하나님 여호와께로 돌아올지어다 그는 은혜로우시며 자비로우시며 노하기를 더디하시며 인애가 크시사 뜻을 돌이켜 재앙을 내리지 아니하시나니(욜 2:11-13).

이것이야말로 지난 삼십 년 동안 기독교 세계 전체를 향해, 특히 우리나라를 향해, 하나님이—섭리를 통해—해오신 말씀입니다. 그러나 안타깝게도, 옛 이스라엘에 대해서처럼 우리에 대해서도 이렇게 말씀할 수밖에 없습니다.

주께서 그들을 치셨을지라도 그들이 아픈 줄을 알지 못하며 그들을 멸하셨을지라도 그들이 징계를 받지 아니하고 그들의 얼굴을 바위보다 굳게 하여 돌아오기를 싫어하므로 (렘 5:3).

"여호수아가 옷을 찢고 이스라엘 장로들과 함께 여호와의 궤 앞에서 땅에 엎드려."

여기서 조심스럽게 관찰할 부분이 있습니다. 그는 이제 자신을 낮추어 그냥 티끌을 뒤집어 쓴 것이 아니라 여호와의 보좌와 임재의 상징물인 여호와의 궤 앞에서 그렇게 했다는 점입니다. 그런 자세와 또 그 위치 설정은 지극히 적절했습니다. 왜냐하면, 거룩한 궤야말로 극심하게 무시를 당했기 때문입니다!

요단 강을 건널 때와 여리고 성을 돌며 행진할 때에 제사장들은 언약궤를 높이 들어 올렸고, 그리하여 그들의 승리가 그들의 언약의 하나님이 정당히 영광 받으시는 데에 달려 있음을 이스라엘에게 널리 알렸었습니다. 여호와께서 그분의 전능하신 능력으로 친히 그분의 백성을 위해 길을 만드심으로써 그분의 영광이 확연하게 드러난 것입니다. 그러므로 언약궤를 그 합당한 위치에 올려놓지 못한 것은 여호수아의 쓰라린 잘못이었고, 그것이 바로 아이성 싸움에서 이스라엘이 굴욕을 당한 직접적인 원인이었습니다.

정탐꾼들의 그 교만한 제안을 귀담아 들어 반영시킴으로써 이스라엘의 하나 됨이 깨어진 것은 물론이요, 언약궤의 인도와 도움이 무시되었고, 그리하여 여호와께서 진노를 발하신 것이었습니다! 여호수아가 이제 그 언약궤 앞에서 머리를 조아린 것은 바로 이런 잘못을 인식한 까닭이었다고 믿습니다.

과거에도 단 한 번 이스라엘이 이교도들의 손에 패퇴한 적이 있었습니다. 그러므로 지금 우리 앞에 놓인 이 사건에 대해 좀 더 확실한 빛을 얻기 위해서는 그 두 사건을 서로 비교하는 것이 필요합니다. 광야에서 일어난 패배와 지금 가나안 땅에서 일어난 패배는 그 원인이 동일하게 이스라엘의 교만이었습니다.

광야에서 패배한 사건은 가데스바네아에서 일어난 위기 직후에 일어났습니다. 곧 이스라엘이 불신앙에 빠져 여호수아와 갈렙의 조언을 따르기를 거부하고 열 명의 정탐꾼들의 하나님을 깎아내리는 보고에 귀를 기울일 때였습니다. 그들이 모두 광야에서 죽으리라는 하나님의 선언을 들은 후에, 그들의 죄에 대해 슬피 울며 고백하는 일이 있은 후, 그들은 정반대의 극단으로 치우쳐 교만하여 우리가 여호와께서 허락하신 곳으로 선포했습니다.

모세는 즉시 그들을 꾸짖었습니다.

> 너희가 어찌하여 이제 여호와의 명령을 범하느냐 이 일이 형통하지 못하리라. 여호와께서 너희 중에 계시지 아니하니 올라가지 말라 너희의 대적 앞에서 패할까 하노라. 아말렉인과 가나안인이 너희 앞에 있으니 너희가 그 칼에 망하리라. 너희가 여호와를 배반하였으니 여호와께서 너희와 함께 하지 아니하시리라 하나, 그들이 그래도 산 꼭대기로 올라갔고 여호와의 언약궤와 모세는 진영을 떠나지 아니하였더라. 아말렉인과 산간지대에 거주하는 가나안인이 내려와 그들을 무찌르고 호르마까지 이르렀더라 (민 14:41-45).

이처럼 역사는 반복됩니다. 여기서는 이스라엘이 스스로 미친 자신감으로 삼천 명이 언약궤가 없이 아이로 올라가 싸웠다가 패배를 당한 것입니다.
"여호수아가 옷을 찢고 이스라엘 장로들과 함께 여호와의 궤 앞에서 땅에 엎드려."
여호수아의 이러한 행동과 자세는 하나님의 권능의 손 아래서 자신을 낮추는 하나의 표현이었으며, 자신의 실패에 대한 아낌없는 자기 정죄였으며, 동시에 확고한 소망의 자세의 표현이기도 했습니다. 어떻게 그러냐고 물을 독자가 계실 것입니다. 언약궤의 덮개를 이루는 것이 "속죄소"였는데, 그 곳은 하나님의 진노를 누그러뜨리는 역사에 근거하여 죄 사함을 얻을 수 있는 곳이었기 때문입니다.
여기서 "속죄소"를 거론하는 것이 본문을 너무 무리하게 억지로 비트는 것이라 여기지 않습니다. 오히려 여호수아가 "저물도록" 계속해서 그렇게 있었다는 성령의 보도를 볼 때에 반드시 그렇게 이해해야만 하는 것이라 여깁니다. 이스라엘의 하나님이 이미 다음과 같이 지정해놓으셨다는 점을 기억한다면, 그 일이야말로 극히 복된 일이었음을 알 수 있습니다.

> 네가 제단 위에 드릴 것은 이러하니라 매일 일 년 된 어린 양 두 마리니 한 어린 양은 아침에 드리고 한 어린 양은 저녁 때에 드릴지며 (출 29:38-39).

그렇다면 여호수아가 저녁 제사 때까지 언약궤 앞에 그대로 있었다는 것이, 어린양을 통해 긍휼을 얻음으로써 "화평의 응답"을 듣기를 기대하고서 그렇게 했다는 우리의 생각을 확증해 주는 것이 아니겠습니까!

독자들께서 열왕기상 18:36; 에스라 9:4, 5; 다니엘 9:21 들을 비교해 보시기 바랍니다!

이 절을 넘어가기 전에 또 다른 각도에서 그 중심인물을 살펴볼 필요가 있습니다.

여호수아가 "땅에 엎드려" 얼굴을 묻은 것이 신인이신 구주 예수님을 다시 한 번 모형으로 그려주지 않습니까!

지금 여기서 여호수아가 슬피 울며 자복하고 있는 문제, 곧 아이성에서의 재난의 근본 원인이 아간이 "온전히 바친 물건"을 탈취한 범죄였다는 점을 기억하면, 여호수아의 겸비함이 겟세마네에서의 구주 예수님의 고뇌를 엄숙하게 미리 모형으로 보여 준 것이었다는 사실을 깨달아야 하지 않겠습니까?

주님은 그분의 고난의 절정에 이르러 그 백성을 위한 보증물로서 하나님 앞에서 그들을 위해 "저주가 되실 즈음"에, "얼굴을 땅에 대시고 엎드려 기도하셨다"고 성경은 말씀해 줍니다(마 26:39). 그런데 여기서 여호수아가 바로 그 다음에 한 일이 기도였습니다(7절).

여호수아가 자기 자신의 안타까운 실패를 시인하고 있었던 것이라고 반론을 제기한다면, 그렇다면 우리는 그것은 그가 모형이었음을 더욱 예리하게 드러내 준다고 대답할 수 있습니다. 왜냐하면, 거룩하신 주님은 겟세마네에서 죄를 지시는 자이셨고, 그 백성의 허물들이 그에게 지워져 있었기 때문입니다.

그러나 모든 일에서 그는 높고 귀하셨습니다. 물론 겟세마네에서의 그분의 기도는 여기서 여호수아가 한 기도와 매우 달랐습니다. 모형은 유사점으로는 물론 차이점으로도 우리에게 교훈을 주기 때문입니다. 이스라엘은 만나를 먹었어도 그 뒤에 죽었으나, 생명의 떡을 먹는 자들은 그렇지 않으니 말입니다(요 6:49, 50).

> 이르되 슬프도소이다 주 여호와여 어찌하여 이 백성을 인도하여 요단을 건너게 하시고 우리를 아모리 사람의 손에 넘겨 멸망시키려 하셨나이까(수 7:7).

여기서 구약의 기도들 가운데 신약에 나타나는 기도들과 그 어조나 내용이 상당히 유사한 하나의 기도가 시작됩니다. 그러므로 여기서 기도란 무엇인가? 라는 질문을 제기하는 것이 합당합니다.

이 질문에 대해서는 여러 다양한 각도에서 여러 가지로 답변할 수 있습니다.

첫째, 기도란 하나님과의 교류요 그분을 사모함입니다. 기도란 그분께 찬송을 올려드리는 것이요, 그분의 모든 자비하심에 대해 감사드리는 것입니다.
둘째, 기도란 우리의 필요를 하나님께 아뢰는 것이요, 그 필요의 공급을 그에게 구합니다. 이와 마찬가지로 우리의 죄들을 그분 앞에 내어 놓고 시인하며, 그분의 용서와 회복을 구하는 것이기도 합니다.
셋째, 기도란 다른 이들의 짐을 우리가 지고서 그들을 위하여 간구합니다.
그러나 여기 여호수아 7장에서 우리는 기도의 이런 면들과는 사뭇 다른 무언가를 대하게 됩니다.

여기서 여호수아는 완전히 압도당하며, 무거운 짐을 지고 깊이 고뇌하고 있으며, 그는 하나님 앞에 있는 그대로 그의 마음을 쏟아놓고 있습니다. 물론 그의 과오들은 피하려고 애써야 하겠으나, 우리 역시 비슷한 상황에서 그렇게 할 특권과 의무가 있습니다. 그렇게 하면 압도되고 짓눌린 심령에 안도감이 생길 것입니다.

여호수아의 기도에는 미사여구도 없고, 하나님의 약속들에 호소하는 것도 없고, 간구의 내용을 정확히 표현하는 것도 없습니다. 그 대신 아무런 제재도 받지 않고 여호와 앞에 자기 자신의 모든 짐을 자의적으로 내려놓는 것을 보게 됩니다. 비판적이고 트집을 잡는 이들은 이 기도에서 흠을 찾아내고서 앞뒤가 다르고 일관성이 없다며 비판합니다.

그러나 이 기도에서 무엇을 찾아내든지 간에 이 기도를 하나님이 들으셨다는 사실을 간과해서는 안 될 것입니다! 그러므로 우리들은 각자 다음과 같은 시편 102편의 제목에 비추어 여호수아 7:7-9을 잘 뜯어 살피는 것이 합당합니다.
"고난당한 자가 마음이 상하여 그의 근심을 여호와 앞에 토로하는 기도 …"
이 말씀에 대해 하나님의 각별한 사랑을 받는 존귀한 종은 이렇게 쓰고 있습니다.

여러분과 저도 갖가지 환난을 당할 수 있습니다. 우리도 때로는 동일한 괴로움에 압도되기도 합니다. 그러니 우리가 여기 시편 기자가 행하는 것처럼 행한다면 좋을 것입니다. 저는 평생토록 나의 환난을 혼자서 지고 가거나 그 누구에게 슬픔에 압도되어 감정을 토로해서 유익을 얻어본 일이 없습니다. 아닙니다. 그리스도의 학교에서 아무리 높은 점수를 받은 성도 역시 마찬가지일 것입니다. 그러나 내 아픔을 주 앞에 쏟아부을 때에는 언제나 응답을 얻습니다. 그의 이름을 찬송하리로다.

2. 회개하는 지도자의 기도

앞에서 우리는 아이성에서 이스라엘이 굴욕적인 패배를 당한 후 여호수아가 여호와의 궤 앞에 엎드려 기도한 사실을 살펴보았습니다. 거기서 그는 옷을 찢고 머리에 티끌을 뒤집어 쓴 채 엎드려 스스로를 책하며 낮추었습니다. 저녁 제사 시각까지 그는 하나님께 입을 열었습니다. 아마도 그는 이런 심정이었을 것입니다.

> 내가 내 원통함을 그분 앞에 토로하며 내 우환을 그의 앞에 진술하는도다"(시 142:2).

여호수아의 기도는 설교자들과 저술가들이 거의 상세히 다룬 적이 없는 내용을 제시해 줍니다. 우리 마음이 정리되어 있고 영적인 자세를 갖추었을 때에만 하나님께 나아가야 한다는 식의 생각은 잘못입니다. 은혜의 보좌 앞에 나아가 "자비"를 구하며, 깊은 고뇌 중에 있을 때에 흐느끼며 우리의 슬픔을 토로하는 것이야말로 우리의 특권입니다. 다윗은 자신이 그렇게 했음을 말씀해 줍니다.

> 내 영이 내 속에서 상할 때에도 주께서 내 길을 아셨나이다(시 142:3).

우리의 온갖 화들을 "우리의 연약함을 동정하"시는 분께 아뢴다는 것이야말로 우리의 위로입니다. 아무도 우리를 위로하거나 우리의 슬픔을 안돈시켜 주는 자가 없을 때에, "주는 가장 자비하시고 긍휼히 여기시는 이"(약 5:11)이시니 그는 상한 갈대를 꺾지 않으시고 꺼져가는 등불도 끄지 않으시리라는 것(사 42:3)을 기억하고서, 하나님의 발등상 앞에 우리 자신을 내어 놓고 긍휼을 구해야 합니다.

괴로운 심정으로 마음을 쏟아내는 성경의 실례를 다룰 때에는 성경 강해자의 임무가 쉽지도 않고 유쾌하지도 않습니다. 심령이 끓어오르는 지점에 이를 때에는 적지 않은 찌꺼기들이 표면으로 드러나기 때문입니다.

시편 142:2의 "원통함"은 잘못을 들춰내는 것이 아니라 오히려 욥기 7:13과 9:27에서처럼 고통과 고뇌를 유발시키는 무엇을 뜻합니다. 하나님께 원통함을 토로하며 그분 앞에 우리 자신의 짐을 꺼내놓을 수는 있습니다. 그러나 하나님에 대해 원통해 하거나 그분의 행하심에 대해 불평한다는 것은 결코, 있을 수 없습니다.

그러나 이런 면에서 죄가 없는 사람이 과연 어디 있겠습니까?

오로지 한 분, 곧 "심한 통곡과 눈물" 중에도 "나의 원대로 마시옵고 아버지의 원대로 하옵소서"라고 말씀하신 그 분밖에는 없습니다. 만일 트집을 잡는 자세로 우리의 "원통함"을 점검한다면, 합당치 않은 내용이 표현 중에 들어 있는 것을 어렵지 않게 찾을 수 있습니다. 그러므로 여호수아의 이 기도를 바리새인의 자세로 면밀히 살피지 말고, 다음의 말씀을 마음에 새기고서 살피기 바랍니다.

> 너희 중에 죄 없는 자가 먼저 돌로 치라 (요 8:7).

그러나 다른 한편으로, 허물들을 그냥 지나치지도, 혐오스러운 점들을 의도적으로 묵인하지도 말아야겠습니다.

여기의 여호수아의 언사에서 적지 않은 인간적인 허물이 발견되었고, 그 원인도 쉽게 파악할 수 있으나, 그것을 빌미로 우리 자신의 잘못들을 정당화시키려 해서는 안 될 것입니다. 우리에게 그런 경우가 허다하게 있고, 특히 깊은 괴로움 중에 있을 때에는 더욱 그렇지만, 우리 앞에 있는 여호수아의 이 기도에서는 육체와 영이 이상하게 뒤섞여 있는 것이 드러납니다.

그의 표현들 중에는 몇몇 인정할 수 없는 것들도 있으나, 여기서 염두에 두어야 할 것은 여호수아가 여호와께서 그 자신에게 직접 행하신 일에 대해 투덜거리는 것이 아니고, 그의 나라에 떨어진 일에 대해 극심한 괴로움을 토로하며 여호와의 이름에 대해 가해진 그 치욕에 대해 깊이 괴로워하고 있었다는 점입니다. 그런 점을 고려하면 그의 과오가 좀 누그러질 수도 있으나, 그렇더라도 그런 점들이 그를 완전히 사로잡은 것은 결코, 아니었습니다.

사실은 여호수아 역시 주권적인 놀라운 은혜로 말미암아 구원받은 죄인이었다는 사실이요, 또한 이 사건에서 그 사실이 선명하게 드러났다는 것입니다. 그러므로 여기서 여호수아의 행실의 이러한 오점을 있는 그대로 기술하고 있는 성경 저자요 역사가의 불편부당함과 성실성을 다시 한 번 높이 평가합시다.

그리고 여기서 성경이 그 지극히 위대한 영웅들의 오점들을 감추지 않고 각 인물마다 있는 그대로 진실된 색채로 그려줌으로써 그 신적인 영감에 대한 또 하나의 증거를 드러내고 있음을 올바로 인식하도록 합시다.

대제사장을 통해 여호와의 인도하심을 구하지(민 27:21) 않고 정탐군들의 주제 넘는 권고를 귀담아 들은 데에서, 또한 언약궤를 그 존귀한 위치에 두지 않고 오히려 그것을 무시하는 데에서, 여호수아가 일시적으로 무너져 내렸음이 드러났습니다. 하지만 여기서 그가 하나님을 향해 입으로 토로한 그의 굳은 생각들에서 그 점이 더욱 잘 드러납니다.

> 슬프도소이다 주 여호와여 어찌하여 이 백성을 인도하여 요단을 건너게 하시고 우리를 아모리 사람의 손에 넘겨 멸망시키려 하셨나이까 우리가 요단 저쪽을 만족하게 여겨 거주하였더면 좋을 뻔하였나이다(수 7:7).

필자나 독자나 모두 여호수아처럼 그렇게도 존귀한 인물의 이러한 실패를 대하면서, 우리의 연약함을 인식하고서 하나님 앞에서 겸손히 행하고 그분을 붙들어야 한다는 것을 깊이 절감하게 됩니다. 믿음의 주요 또 온전케 하시는 주께서 지탱시켜 주시지 않을 때에 그 믿음이 얼마나 속히 무너지고 마는지를 이처럼 실례를 통해 배우게 됩니다. 문제는 여호수아의 마음이 하나님께로부터 받았던 그 분명하고도 확실한 약속들에 가 있지 않았다는 점입니다.

왜 그랬을까요?

육신적인 이성의 눈으로 사물을 바라보았고, 보이는 것으로 행하였기 때문입니다(참조. 고후 5:7). 그는 아이성에서 패배를 당하고서, 그것이 완전한 패배의 전조(前兆)라고 경솔하게 결론지었습니다. 불신앙은 올바른 균형 잡힌 안목으로 사물을 바라볼 수 없게 만듭니다.

삼천 명 전원이 죽은 것이 아니라, 삼십육 명이 죽은 것인데도 말입니다!

사도께서 하늘의 부르심을 받은 자들에게 성령의 감동으로 촉구하기를, "너희 중에 누구든지 죄의 유혹으로 완고하게 되지 않도록 하라"(히 3:13)고 한 것이 이유가 있는 일이었습니다. 우리가 그렇게 될 소지가 항상 있으므로, 우리는 언제나 그것을 경계하고 삼가 행해야 합니다.

심지어 "믿는 모든 자의 조상"(롬 4:11)이라 칭하는 그 분의 믿음조차도 무너졌습니다. 그 땅에 기근이 일어나자 하나님이 모든 필요를 채우실 것을 신뢰하지 못하고(엘리야와는 달리), 그는 "애굽에 거류하려고 그리로 내려갔으니"(창 12:10)말입니다. 아브라함의 믿음이 무너져 내린 것은 여호수아의 경우와 동일한 원인, 곧 하나님과의 하나된 교제에서 벗어나 있었기 때문입니다.

먼저, 그는 벧엘("하나님의 집")에서 제단을 쌓은 다음 그 곳을 떠나 "점점 남방으로", 즉 애굽을 향해 옮겨갔습니다(창 12:9). 이렇듯 그는 여호와께 뜻을 묻지 않고, 그 대신 경솔하게도 아랫사람들의 육신적인 생각을 취했습니다. 그리고 재난이 이어지자, 불신앙적 자세가 그를 사로잡았습니다. 그러므로, 하나님이 지정해 주신 은혜의 수단을 통해 하나님과의 긴밀한 교제를 유지할 때에 비로소 믿음이 건강한 상태가 보존됩니다.

> 이르되 슬프도소이다 주 여호와여 어찌하여 이 백성을 인도하여 요단을 건네게 하시고 우리를 아모리 사람의 손에 넘겨 멸망시키려 하셨나이까(수 7:7).

매우 안타깝습니다. 과거 광야에서 시체들이 된 바로 그 세대가 쓰던 언어를 여호수아가 지금 쓰고 있으니 말입니다. 그들에 대해서 이렇게 기록되어 있습니다.

> 장막 중에서 원망하여 이르기를 여호와께서 우리를 미워하시므로 아모리 족속의 손에 넘겨 멸하시려고 우리를 애굽 땅에서 인도하여 내셨도다(신 1:27).

이스라엘의 이런 낙담한 태도에 대해 모세는 "이 일에 너희가 너희의 하나님 여호와를 믿지 아니하였도다"라고 책망했습니다(32절). 그런데 지금 여호수아가 바로 그와 똑같은 불신앙을 표현하는 죄를 범하고 있습니다.

이 일은 더욱 안타까운 것은 과거에 그가 (갈렙과 더불어), "다만 여호와를 거역하지는 말라 또 그 땅 백성을 두려워하지 말라 그들은 우리의 먹이라 그들의 보호자는 그들에게서 떠났고 여호와는 우리와 함께 하시느니라 그들을 두려워하지 말라"(민 14:9)라고 말하여, 의심하는 이스라엘 회중을 책망했었기 때문입니다. 그 때에는 하나님을 신뢰하는 언어가 역력했었습니다.

그러나 여호와를 믿는 믿음이 연약하고 희미한 자들을 강하고 용감하게 만들듯이, 불신앙은 제아무리 강인한 마음을 지닌 자들이라도 공포에 떨게 만드는 법입니다. 불신앙의 언어가 얼마나 앞뒤가 맞지 않고 일관성이 없는지를 살펴보기 바랍니다.

여호수아는 이스라엘로 하여금 요단 강을 건너게 하신 것이 여호와이셨음을 시인하고서, 그가 그렇게 하신 것이 오로지 그들을 이교도들의 손에 멸망당하게 하시기 위함이었느냐고 물었습니다. 언제나 그렇습니다. 이 세상의 지혜자들은 믿음의 자녀들을 쉽사리 믿어버리는 단순무식쟁이들로 바라봅니다. 하지만 사실은 그들 자신이 그런 단순무식쟁이들입니다. 성경 말씀을 믿는 것만큼 합리적인 것은 없습니다.

왜냐하면, 그것은 거짓말하실 수 없는 하나님의 말씀이기 때문입니다. 그러나 "수많은 틀림없는 증거들"에 의해 입증되는 하늘로부터 온 계시를 거부하고, 절대로 반박할 수 없는 증거를 통해 확인되는 것을 지성이 아니라 미친 것의 표지라며 욕하는 자들처럼 비합리적이고 억지를 부리는 자들이 없는 것입니다. 하나님의 자녀가 불신앙을 용인하면 그의 영적인 지성이 탈선하게 되고, 그렇게 되면 터무니없는 그릇된 결론을 내리게 될 뿐입니다. 다윗의 사례에서 또 다른 실례를 봅니다.

> 그 마음에 생각하기를 내가 후일에는 사울의 손에 붙잡히리니 블레셋 사람들의 땅으로 피하여 들어가는 것이 좋으리로다 (삼상 27:1).

하나님이 친히 그가 왕이 되리라는 확신을 주셨는데, 그가 그렇게 생각했다니, 어떻게 그런 일이 있을 수 있습니까?

그 역시 여호와의 뜻을 묻지 않았었고, 그래서 지금 인간의 간사한 마음으로 그런 바보 같은 말을 내뱉는 것입니다.

그러므로 그리스도인에게 필요한 것은 "주여, 내가 믿나이다 나의 믿음 없는 것을 도와 주소서"(막 9:24)라고 외치는 일입니다. 그리고 그 기도가 진실하다면, 자신의 불신앙을 변명하기는커녕 그것에 대해 탄식해야 옳을 것이고, 그저 자신이 부족한 탓이니 책망하기보다는 동정해야 한다는 식으로 생각하기는커녕 오히려 그런 악한 생각들과 싸워야 마땅합니다.

하나님의 백성들의 육신적인 두려움과 의심들을 마치 영적인 은혜와 겸손의 증거로, 또한 "깊은 체험"의 증거로 포장하며 그것을 높이 떠받드는 자들이 있습니다. 하지만 이들에 대해 도무지 참을 수가 없습니다. 하나님을 향한 불신을 가벼운 것으로 만들거나 하나님의 자녀들로 하여금 자기들의 실패와 잘못들에 대해 스스로를 동정하게 만드는 그런 가르침들은 정죄받고 사라져야 마땅합니다.

하나님의 약속들에 대해 의문을 제기하는 것은 하나님을 거짓말쟁이로 만드는 처사요, 이는 누구에게든지 사악한 범죄입니다. 믿음이 하나님을 존귀하게 하듯이 불신앙은 하나님을 욕되게 합니다. 믿음은 하나님께 영광을 돌린다고 말씀합니다(롬 4:20). 그러므로 불신앙은 하나님께 돌려야 마땅한 영광을 그에게 돌리지 않는 것입니다. 하나님의 백성에게 있는 불신앙은 그야말로 하나님이 그분의 불쾌하심을 가장 극심하게 선언하신 죄입니다.

모세와 아론이 가나안에 들어가지 못하게 된 것은 바로 그들의 불신앙 때문이었습니다(민 20:12). 세례 요한의 아버지는 하나님이 계시하신 바를 믿지 않은 것 때문에 벙어리가 되었습니다(눅 1:20). 그리스도께서 제자들을 가장 책망하신 것은 무엇보다도 그들의 불신앙이었습니다(마 8:26; 눅 24:25). "주여, 우리에게 믿음을 더하소서"가 날마다의 간구가 되어야 하겠습니다.

우리가 요단 저쪽을 만족하게 여겨 거주하였더면 좋을 뻔하였나이다(수 7:7).

이것이 여호와의 언약궤를 바로 앞에서 대면하고 있는 자의 언어라니, 그럴 수는 없었습니다!

오오, 독자 여러분!

여호수아서가 사람이 꾸며낸 역사였다면, 그런 말도 안 되는 비정상적인 일을 거기에 기록해 놓지는 않았을 것입니다. 그렇지만, 이것은 그야말로 진솔한 삶의 기록입니다. 안타깝게도 수많은 성도가 체험으로 이런 심정을 압니다. 조금 전에는 "여호와께서 여호수아와 함께 하시니 여호수아의 소문이 그 온 땅에 퍼졌었는데"(수 6:27), 여기서는 여호와께서 이스라엘을 대하시는 것에 대해 원망하여 스스로를 욕되게 합니다. 전에는 자기를 낮추는 자세였는데, 지금은 자기의 뜻을 강변하는 언사를 내뱉습니다.

야곱은 르우벤에 대해서 말하기를, 그가 물이 끓는 것처럼 불안정하다고 했는데(창 49:4), 그처럼 처신하는 자들이 하나님의 백성 중에 얼마나 많은지 모릅니다. 겸손하게 말씀으로부터 오는 빛을 구하고는 정작 그것이 이루어지면 스스로 우쭐해집니다. 인내를 더하시기를 기도하고는 하나님의 섭리들이 우리 안에서 역사할 때면 투덜거립니다(약 1:2). 혈혈단신으로 팔백오십 명의 거짓 선지자들을 상대로 용맹스럽게 싸우고는(왕상 18장), 곧바로 한 여인의 위협을 받자 공포에 질려 도피합니다(왕상 19:2, 3). 에브라임만 "뒤집지 않은 전병"(호 7:8)—한쪽에는 잘 구워졌으나 다른 쪽은 반죽 그대로 남아 있는 상태인—이었던 것이 아니었습니다.

육체는 영을 대적하여 탐하고 영은 육체를 대적하니, 그리스도인이야말로 모순되고 일관성 없는 상태가 뒤섞여있는 존재입니다!

오오, 주께서 우리를 그리 오래 참아주시다니요!

아무리 훌륭한 하나님의 자녀들이라도(과연 훌륭한 자녀들이 있다면!) 불신앙의 변덕과 사랑의 불평에 계속 휩싸입니다. 오늘은 선한 일들을 행하리라고 진지하게 결심하지만, 내일은 자기들의 열정이 다소 사그라지고 감정이 불확실해지고 일관성을 잃어버립니다. 소망을 가지다가도 곧바로 실망에 빠집니다. 하나님을 찬송하다가도 이내 슬픔에 젖고, 하나님의 계명의 길로 순종하며 나아가다가도 이내 곁길로 빠지는 것입니다.

그들 자신의 모습이 이처럼 시시각각 다르니, 그들의 본 모습과 그렇게 다를 수가 없습니다!

아니, 그들이 그렇게도 훌륭하게 보여 주는 바로 그 은혜들에서 그들이 얼마나 실패했는지 모릅니다!

모세는 이 땅에서 가장 온유한 사람이었으나, 반석을 두 번 치고서 입술로 불경한 말을 내뱉음으로써 고집 센 격정을 토로했습니다. 베드로는 사도 중에 가장 열정적이며 용기 있는 사람이었으나, 어린 사환 앞에서 죄악된 두려움에 굴복하고 말았습니다. 어떤 형편에서는 하나님께 영광을 돌리다가도 형편이 달라지면 하나님께 욕을 돌리는 이들도 있습니다. 하나님이 낮추실 때에는 거기에 맞게 처신하다가도 스스로 높아지면 하나님을 향해 불평을 늘어 놓을 수도 있습니다. 반대로, 모든 일이 잘 될 때에는 부드럽게 반응하다가도 차가운 환난의 바람이 불어오면 온통 불평으로 가득 차기도 합니다.

"우리가 요단 저쪽을 만족하게 여겨 거주하였더면 좋을 뻔하였나이다"

안타깝습니다.

사람이 대체 무엇입니까?

자기만 남겨질 때에 과연 성도의 모습이 어떻습니까?

하나님의 은혜가 억제하지 않으면 뿌리 깊은 그의 부패한 모습들이 여지없이 겉으로 드러낼 수밖에 없습니다!

정말 끔찍하게도 아간의 죄가 여호수아 자신에게까지 영향을 미쳤습니다. 그러나 아무리 그렇다 해도 그 자신의 그런 욕된 언사는 변명의 여지가 없습니다. 여호수아는 여기서 지극히 높으신 하나님께 직접 문제를 제기하고, 그분의 섭리에 대해 공개적으로 항의하고, 원망하고 있었습니다.

필자도, 독자들도, 그리스도인이 된 후에 그런 터무니없는 범죄를 저지른 적이 과연 한 번도 없었습니까?

아, 치욕 속에 머리를 내민 일이 없었습니까?

과거에 반역의 자세로 몸을 일으켰던 일들을 기억하고서, 우리의 악행들을 눌러주시고 그리하여 우리의 의지가 그분의 의지에 더 충실하게 굴복하도록 해 주시기를 하나님께 간구해야 하지 않겠습니까?

여호수아의 그 안타까운 언어에 놀랄 것이 아니라, 그 속에서 우리 자신의 변덕스러운 마음을 보고 "나를 붙드소서"(시 119:117)라고 외쳐야 할 절박한 처지를 바라보아야 합니다.

"우리가 요단 저쪽을 만족하게 여겨 거주하였더면 좋을 뻔하였나이다."

이것이 "건전한 사고"에서 나올만한 발언이 아니었다는 것이 너무도 확실합니다. 그것도 여호수아처럼 광야에서의 일들을 경험한 사람에게서 나올 수 있는 말은 더 더욱 아니었습니다. 그는 그분의 민족의 한 세대 전체가 광야에서 불만족을 표시하고 거듭거듭 애굽의 식물들을 탐하는 것을 목도했었습니다. 그런 소원을 표명한다는 것은 과연 어리석음의 극치였습니다.

더욱이 그것은 "만족"의 문제가 전혀 아니었습니다. 그들이 광야를 떠난 것은 하나님의 명령에 따른 일이었지, 그들 자신이 불만족했기 때문이 아니었습니다. 그들이 그런 미친 행태를 보인 과정을 잘 주목하기 바랍니다.

먼저, 하나님과의 교제가 단절되자, 곧바로 불신앙의 악한 마음에 휩쓸렸고, 그 다음에는 하나님이 섭리로 베푸신 일들에 대해 불평했고, 이제는 영적인 건전함까지 벗어던졌습니다.

이는 사실상 가나안보다 광야를 더 바라는 처사이니 말입니다!

하지만 여호와와의 교제가 끊어지고 불신앙이 우리를 덮치면 언제나 이런 일이 일어나지 않습니까?

메마른 광야는 멸망을 향해 가는 세상의 그림자입니다. 그리스도인이 그리스도와의 접촉이 사라지고 불신의 마음이 그를 사로잡게 되면, 그는 이 땅의 일들에 온 관심을 쏟게 되고, 그리하여 하나님의 은혜로 말미암아 제정신으로 돌아오지 않으면, 위에 있는 것들보다 그런 것들에 더욱 더 집착하게 됩니다.

"주여 … 내가 무슨 말을 하오리이까."

이제 여기서 비로소 그가 정상으로 돌아온 것 같습니다. 앞 절에서 거칠게 내뱉었던 말이 이제 물러갔으니 말입니다. 이제 그 자신이 과연 누구에게 말씀하는 것인지를 깨닫기 시작하면서 자신의 경솔한 언사에 대해 부끄러움을 느끼는 것처럼 보입니다. 그러나 그는 여전히 마음이 혼란스러운 상태요, 자신의 의사를 어떻게 표현할 지를 잘 모르는 상황입니다.

주여 이스라엘이 그의 원수들 앞에서 돌아섰으니 내가 무슨 말을 하오리이까(수 7:8).

그는 이스라엘을 참으로 사랑했으나 그들을 위해 무슨 말을 해야 할지를 몰랐습니다. 그들의 비겁한 패배에 대해 변명을 늘어 놓을 수는 없었으니 말입니다. 그러나 그는 자신의 질문에 대해 어떻게 답할 지를 분명히 알고 있었어야 했습니다. 여호와는 변덕스럽게 행하는 분이 아니시며, 더욱이 "인생으로 고생하게 하시며 근심하게 하시는 분"(애 3:33)도 아니십니다. 다만 사람들이 원인을 제공할 경우에만 그렇게 하시는 것입니다. 그러므로 여호수아는 여호와께서 이스라엘에게 심판을 베푸신 이유가 무엇인지를 알려 주시기를 겸손히 간청해야 마땅했습니다.

"오 여호와여, 어째서 주께서 주의 백성을 향해 그렇게 진노를 발하시나이까?

우리가 무슨 범죄를 저질렀기에 주께서 이리 행하셨나이까?"

블레셋과의 싸움에서 패하였을 때에, 이스라엘의 장로들은 이렇게 물었습니다.

여호와께서 어찌하여 우리에게 오늘 블레셋 사람들 앞에 패하게 하셨는고(삼상 4:3).

그 땅에 삼년 동안 기근이 있자, "다윗이 여호와 앞에 간구하였고"(삼하 21:1), 여호와께서는 즉시 그 원인을 알려 주셨습니다. 방금 지적한 사실은 우리로서는 정말 귀담아 들어야 할 큰 교훈을 제시합니다.

> 주 여호와의 말씀이니라 나의 삶을 두고 맹세하노니 나는 악인이 죽는 것을 기뻐하지 아니하고 악인이 그의 길에서 돌이켜 떠나 사는 것을 기뻐하노라 이스라엘 족속아 돌이키고 돌이키라 너희 악한 길에서 떠나라(겔 33:11).

그러나 그분의 백성을 때리는 일은 여호와께서 그보다 더 원치 않으시는 일입니다. 그러나 그는 그 자신의 영광을 유지하셔야만 하고, 따라서 그분의 은혜에 따라서는 물론 그분의 거룩하심에 따라 그들을 처리하기도 하십니다. 그러므로 하나님의 징계에서 유익을 얻고자 하면 그가 "징계하여도 공경하여야" 하고, "그의 거룩하심에 참여하여야" 합니다(히 12:10,11).

하나님이 섭리를 통해 우리에게 그분의 불쾌하심의 표징을 주셔서 모든 일이 잘못되어 갈 때에, 그 섭리에 대해 눈을 감아도, 혹은 절망 가운데서 손을 휘저으며 반항해도, 문제가 해결되지 않습니다. 한편으로 하나님은 "내 아들아 주의 징계하심을 경히 여기지 말라"(히 12:5)고 말씀하셨으나, 다른 한편으로는 "그에게 꾸지람을 받을 때에 낙심하지 말라"(히 12:5)고도 말씀하십니다.

그렇다면 우리는 어떻게 처신하고 말해야 하겠습니까?

여호와의 강한 손 아래에서 스스로 겸비하며, "내게 가르쳐서 나의 허물된 것을 깨닫게 하시며 … 무슨 까닭으로 나와 더불어 변론하시는지 내게 알게 하"셔서 그릇된 것은 바로잡아 다시 한 번 주의 미소를 보게 하옵소서(욥 6:24; 10:2)라고 기도해야 합니다. 진심으로 겸손하게 그런 간구를 드리면, 그 간구가 헛되지 않을 것입니다.

"주여 이스라엘이 그분의 원수들 앞에서 돌아섰으니 내가 무슨 말을 하오리이까."

이 말씀을 우리 자신에게 적용합시다.

오늘날의 신앙계가 과연 얼마나 안타까움에 처해 있습니까?
이에 대해 신자는 어떻게 반응해야 할까요?
그리스도의 대의가 이 땅에서 외형적으로 끔찍하게 쇠퇴하는 것을 바라보면서, 또한 성령의 역사하심이 소멸되어온 상황을 인식하면서, 과연 무슨 일을 하고 무슨 말을 해야 하겠습니까?

첫째, 엄숙하게 자기 자신과 자신의 길들을 살피고, 여호와의 복이 교회들로부터 사라지게 된 일에 자신의 죄들이 어디까지 관여되었는지를 확실히 깨닫기를 구해야 합니다.

> 예루살렘의 황폐함의 기간 동안 다니엘은 여호와께 구했습니다. 하지만 그는 이렇게 우리에게 말씀합니다. 내 하나님 여호와께 기도하며 자복하여 이르기를 … 우리는 이미 범죄하여 패역하며 행악하며 …(단 9:2-5).

우리 각자도 그렇게 합시다.

둘째, 기독교 세계에 만연된 처지들로 인해 하나님의 이름에 가해지는 치욕으로 인해 깊이 마음이 상하여 하나님 앞에서 애통해야 합니다(시 119:53, 136; 렘 9:1을 보십시오).

셋째, 요한계시록 3:2의 권고를 진지한 기도로 변환시켜서, "남은 바 죽게 된 것을 굳건하게 해 주시기"를 주께 구해야 합니다.

넷째, "원수가 홍수처럼 밀려올 때에 여호와께서 그 기운에 몰려 급히 흐르는 강물 같이 오실 것임이로다"(로 되어 있음. 역주)라는 주의 약속에 의지하여 그에게 간구해야 합니다.

> 하나님이 뜻을 돌이키시고 그 진노를 그치사 우리가 멸망하지 않게 하시리라 그렇지 않을 줄을 누가 알겠느냐(욘 3:9).

> 가나안 사람과 이 땅의 모든 사람이 듣고 우리를 둘러싸고 우리 이름을 세상에서 끊으리니 주의 크신 이름을 위하여 어떻게 하시려 하나이까(수 7:9).

이제 여호수아의 간구가 훨씬 더 진지하게 드러납니다. 이 절 전반부는 간구로 보아야 합니다. 이스라엘이 여호와의 초장에서 기르시는 양들임을 그가 기억해 주시기를 구하는 것이요, 그러니 늑대들의 먹이가 되는 데로 떨어지지 않도록 살려주시기를 구하는 것이라 하겠습니다.

그러므로 여호수아는 이스라엘이 현재 처하여 있는 위험을 지적한 것이요, 다음으로 그는 여호와의 사랑과 긍휼하심을 바라본 것입니다. 이방 백성들에게서 완전히 궤멸된다면 여호와께서 친애하시는 이스라엘의 이름이 세상에서 끊어질 것이라는 것인데, 이는 하나님이 조상들에게 주셨던 약속들에 간접적으로 호소하는 것이라 하겠습니다(창 15:19, 등).

다섯째, 그는 가나안 족속들이 완전히 승리하게 되면, 하나님께 욕이 돌아가게 될 것임을 지적합니다. 이처럼 여호수아의 탄원의 표면 아래로 꿰뚫고 들어가 보면 그 중심에 하나님의 영광에 대한 염려가 있고 그것이야말로 이 기도를 하게 만든 직접적인 이유임을 보게 됩니다.

그는 이스라엘의 언약의 하나님의 신실하심과 권능에 미치는 악한 효과를 도무지 견딜 수 없었던 것입니다. 여기서 그는 여호수아의 원형이신 그리스도의 그림자였습니다. 그리스도 역시 깊은 영혼의 고뇌 가운데서, "무슨 말을 하리요? 아버지여 나를 구원하여 이 때를 면하게 하여 주옵소서", 아니 그보다 "아버지여, 아버지의 이름을 영광스럽게 하옵소서"(요 12:27, 28)라고 간구하셨습니다.

이것이 우리의 간구가 되게 합시다. 그러면 이는 반드시 이루어질 것입니다.

3. 하나님의 심문

여호수아서 7장은 그 앞의 장들에 나타나는 일들과는 매우 다른 일을 그리고 있습니다. 이 장은 "그러나"라는 의미심장한 단어로 그 다음에 이어지는 엄숙한 내용을 예상하게 합니다(개역개정에는 "그러나"가 없음. 역주).

첫째, 아간의 사악한 죄입니다. 그 당시에 이스라엘이 그것을 알지 못했으나, 그것 때문에 여호와께서 이스라엘을 향해 "그의 맹렬한 진노"(수 7:26)를 쏟으셨습니다. 아간의 범죄의 악한 효과와 여호와의 진노하심의 결과들이 금방 나타났습니다. 여호수아가 아이성 탐색을 위해 보냈던 정탐꾼들이 그들의 육신적인 이성을 발휘하도록 내버려졌고, 그 결과 그들이 보고할 때에 주제넘게도 지도자에게 어떻게 해야 할지에 대해서까지 권고하게 되었습니다.

아이성을 손쉬운 먹잇감으로 여기고서 이스라엘 민족 전체가 다 그 일에 가담할 필요가 없고, 자기들의 일부 군사로 족하다고 간언했습니다. 결국, 그들은 여호와께서 요단 강에서와 여리고성에서 그분의 백성들에게 명하셨던 패턴에서 이탈할 것을 제안했고, 분열을 조장한 것입니다.

여호수아는 여호와의 뜻을 묻지 않고, 그들의 어리석은 계획을 채택했습니다. 그리하여 언약궤를 진 뒤에 남겨두고, 3천 명만 아이성으로 보냈고, 결과는 대패였습니다. 비겁한 심령이 삼천 명의 군대를 사로잡았고, 그들은 가나안 족속들을 피하여 도망했고, 그중에 삼십육 명이 죽임을 당한 것입니다.

이스라엘 온 회중은 완전히 망연자실했습니다.

> 백성의 마음이 녹아 물 같이 된지라 (수 7:5).

이스라엘의 치욕적인 패배의 근본 원인을 전혀 모르는 상태에서 여호수아와 이스라엘의 장로들은 옷을 찢고 머리를 티끌에 대고, 멸시를 당한 여호와의 언약궤 앞에 얼굴을 땅에 묻었습니다. 그들은 "저녁" 소제를 드릴 때까지 거기서 그런 상태로 있었습니다. 그때에 여호수아는 여호와께 아뢰며, 자신의 괴로운 마음을 그분 앞에 토로했습니다. 정황을 고려할 때에 여호와의 존귀한 종의 연약한 면들이 이때에 드러난 것도 무리가 아니었습니다. 그런 사정에서 우리가 늘 행하듯이, 여호수아의 간구에는 육신과 영이 이상하게 뒤섞여 있었습니다.

그가 입으로 뱉어낸 말들 중에는 닮기는커녕 용납할 수도 없는 것들이 있었지만, 그런데도 그는 여호와께서 그를 개인적으로 처리하신 일에 대해서 불평하는 것이 아니고, 하나님의 백성에게 가해진 일에 대해 깊이 상심하고 그것을 토로했다는 것을 염두에 두어야 합니다. 처음의 표현들은 과했으나, 마지막 말들은 그의 마음이 진실로 여호와를 향하고 있다는 것과 그가 과연 여호와의 이름의 존귀에 대해 각별한 열정이 있었음을 보여 주었습니다.

> 여호와께서 여호수아에게 이르시되 일어나라 어찌하여 이렇게 엎드렸느냐 (수 7:10).

다소 의아한 이 말씀을 살펴보기에 앞서서, 여호수아의 연약함이 그대로 드러났음에도 불구하고 하나님이 그분의 종의 간구를 들으셨다는 점을 주의 깊게 살펴야겠습니다.

그가 우리의 체질을 아시며 우리가 단지 먼지뿐임을 기억하시며"(시 103:14). "상한 갈대를 꺾지 아니하며 꺼져가는 심지를 끄지 아니하시니"(마 12:20), 주의 이름을 찬송할지어다!

여호수아는 이렇게 외쳤었습니다.

> 주여 이스라엘이 그의 원수들 앞에서 돌아섰으니 내가 무슨 말을 하오리이까 가나안 사람과 이 땅의 모든 사람이 듣고 우리를 둘러싸고 우리 이름을 세상에서 끊으리니 주의 크신 이름을 위하여 어떻게 하시려 하나이까(수 7:8-9).

이 내용에서 그는 경건한 탄식의 언어를 사용하여 실질적으로 자신의 실패를 고백했고, 하나님의 영광에 대한 깊은 염려를 드러냈었습니다.

이런 요소들이 은혜의 보좌 앞에서의 우리의 간구에 제시된다면 좋겠습니다. 거룩하시면서도 은혜로우신 하나님은 그런 심령을 절대로 물리치시지 않습니다. 여호와께서는 "상하고 통회하는 마음"(시 51:17)을 나타내는 여호수아를, 저녁 제사(죽임 당한 어린양!)을 근거로 하여 만나주십니다.

오늘날 실패하지만 회개하는 신자들에게 이것이 얼마나 격려가 되는지 모릅니다!

"여호와께서 여호수아에게 이르시되 일어나라 어찌하여 이렇게 엎드렸느냐?"

이 절을 해석할 때에 주의가 필요합니다. 이 부분을 문맥에서 떼어내면 그릇된 결론으로 잘못 뛰어들 가능성이 다분합니다. 곧 이를 여호와의 불쾌하심의 표현으로 보는 것입니다. 그러나 서두의 "그리하여"(개역개정에는 나타나지 않음. 역주)를 정당하게 주목하고서 그 앞의 내용과 곧바로 이어지는 내용을 잘 살피면, 이 절에 담긴 전반적인 기조를 어렵지 않게 읽어 낼 것입니다. 하나님 앞에서 티끌에 얼굴을 묻은 자를 정죄하는 것은 그 분의 방법이 아닙니다. 오히려 여호와께서는 그렇게 하지 않는 자들을 정죄하십니다.

물론 그가 용서하신다 해도 우리의 과오들을 그냥 용인하시지는 않습니다(참조. 시 85:8; 요 5:14). 여호수아의 기도가 복합적이었듯이, 여호와의 응답도 복합적입니다. 하나님은 그 기도를 들으셨고 그분의 종의 회개를 무시하지도 않으셨습니다. 하지만 그를 부드럽게 책망하기도 하셨습니다. 그것은 부드러운 책망이요 교훈의 말씀이기도 했습니다.

"어찌하여 이렇게 엎드렸느냐?"

'왜 이리 낙심하여 있느냐? 네가 할 다른 일이 있다'는 것이었습니다. 그러나 그 일을 행하기 전에 주께로부터 지시를 받아야 했습니다. 아간의 범죄 사실이 그 재난의 근본 원인이었으나, 지금까지 여호수아는 그것에 대해 까맣게 모르고 있었습니다.

> 이스라엘이 범죄하여 내가 그들에게 명령한 나의 언약을 어겼으며 또한, 그들이 온전히 바친 물건을 가져가고 도둑질하며 속이고 그것을 그들의 물건들 가운데에 두었느니라(수 7:11).

이 부분 역시 먼저 그 주변 정황에 비추어 살펴야 합니다. 그렇게 하면, 본문이 한 가지 중요하고도 복스러운 실제적인 진리를 실례를 통해 보여 준다는 것을 알게 될 것입니다. "여호와의 친밀하심이 그분을 경외하는 자들에게 있음이여"(시 25:14). 진정으로 여호와의 존귀와 그분의 영광을 구하면, 머지않아서 그것을 깨닫고 그것을 촉진하는 최상의 길을 알게 될 것입니다.

여기서 바로 그랬습니다. 여호와께서 이제 여호수아에게 이스라엘이 아이 성에서 패배한 연유가 무엇이었는지를 알려 주시는 것입니다. 이와 마찬가지로 우리가 개인적으로나 교회적으로 신실하고도 진지하게 하나님께 구하면, 하나님이 우리의 수고에 복을 유보하신 이유가 무엇인지를 곧 우리에게 알려 주실 것입니다.

"이스라엘이 범죄하여 나의 편에 실패가 있었던 것이 아니다. 나는 변하지 않았고, 언제나 내 백성을 위해 기꺼이 역사할 준비가 되어 있느니라. 그러나 그들이 그 복의 통로를 막아버렸느니라."

언제나 그렇습니다. 우리는 하나님이 친히 몸을 숨기시는 일에 대해 이야기합니다. 하지만 사실은 우리가 그에게서 떠난 것입니다. 하나님께로부터 돌아서고, 하나님의 능력과 보호하심과 번영을 스스로 사라지게 만드는 것은 언제나 사람입니다.

여호와께서 여호수아에게 주신 위의 말씀에서 가장 두드러지는 것은 아간의 범죄의 위중함을 제시하고 강조합니다. 무려 여섯 가지 내용이 그 끔찍한 탄핵 속에 명시되어 나타납니다.

첫째, "이스라엘이 범죄"했다는 일반적인 혐의가 제시되고, 그 다음에 "내가 그들에게 명령한 나의 언약을 어겼다"는 무서운 정죄가 이어져서 그들의 죄가 크게 가중되었습니다. 그 정죄가 한 개인이 아니라 온 민족 전체를 향해 선언되고 있음을 주목하기 바랍니다.

　　"이스라엘이", "그들이" 하나님 보시기에 그들은 한 공동체요 언약에 속한 한 단위였기 때문입니다. 기독교 시대의 지교회가 그리스도 앞에서 도덕적으로 하나의 단위인 것처럼 말입니다(참조. 고전 12:20, 26; 5:6).

　　이러한 성격은 "언약"을 언급하는 데서도 더 강조됩니다. 왜냐하면, 이스라엘 온 회중이 다 엄숙하게 여호와와 "언약"을 맺었기 때문입니다(출 24장). 그 다음에는 하나님의 법이 전면에 등장하는 것을 봅니다.

　　　　그들이 온전히 바친 물건을 가져가고 (수 7:11).

　　이는 신명기 13:17의 분명한 금지 명령을 어기는 것이었습니다.

　　　　너는 이 진멸할(온전히 바친) 물건을 조금도 네 손에 대지 말라 (신 13:17).

　　그리고 한 가지 더 있습니다. "도둑질하며." 그리하여 그 범죄의 사악함을 한층 더 가중시켰습니다. 이는 십계명의 제 팔 계명을 직접적으로 범한 것이었으니 말입니다.

　　"도둑질하며"는 그 범죄의 또다른 흉악한 특질을 강조하는 것이었습니다. 곧 사전에 모의를 하고 은밀하게 저지른 범죄라는 것이었습니다. 아간이 예상치 못한 유혹에 빠져 갑자기 충동적으로 저지른 범죄가 아니라, 그 자신의 거짓된 악한 마음의 움직임에 따라, 여호와께서 알아채지 못하실 것을 예상하고, 의도적으로 은밀하게 모의하여 저지른 범죄였다는 것입니다.

　　전지하신 분의 눈을 속일 수 있다는 식의 사고를 갖는 것이야말로 정말 추악한 불경입니다. 우리의 악행이 은밀할수록, 부끄러움이 드러날 위험을 최소한으로 줄이고자 힘써 계획하고 일을 꾸미는 마음의 부패함과 부지런함이 더 드러나기 마련입니다. 다윗이 우리야를 죽일 계획을 모의할 때도 그랬습니다 (삼하 11:14-15). 아나니아와 삽비라가 성령을 속이는 짓을 은밀하게 공모했을 때도 마찬가지였습니다(행 5:2-7).

그러니 은밀한 죄들을 범하지 않기를 위해 얼마나 기도해야 하겠습니까!

이들이 특히 사악한 것은 그들이 속임수를 미리 공모했다는 점 때문입니다. "속이고"는 그의 범죄가 더욱 추악했음을 보여 줍니다. 이스라엘이 아이성에서 치욕스러운 패배를 당하여 온 민족이 슬픔에 빠졌을 때에, 아간은 외식하며, 그런 패배를 당한 일에 대해 자신은 아무 죄가 없는 체한 것입니다. 그 패배가 그 자신의 악행 때문이었는데도 말입니다. 마지막으로 "여호와의 곳간"에 들이지 않고(수 6:19) "그것을 그들의 물건들 가운데에 두"었습니다.

> 그러므로 이스라엘 자손들이 그들의 원수 앞에 능히 맞서지 못하고 그 앞에서 돌아섰나니 이는 그들도 온전히 바친 것이 됨이라 그 온전히 바친 물건을 너희 중에서 멸하지 아니하면 내가 다시는 너희와 함께 있지 아니하리라(수 7:12).

이 진술을 비중 있게 주목하기 바랍니다. 오늘날 그리스도의 대의가 눈에 보이게 서글픈 처지에 놓여 있는 이유에 대해 밝은 빛을 던져주기 때문입니다. 아이성에서 벌어진 일은 전 세계의 수많은 교회들에서 수없이 복제되어오고 있습니다. 여호와의 축복을 누리는 것이 아니라, 그분의 이맛살 찌푸리심을 당하며, 원수를 이기기는커녕 그분 앞에서 치욕을 당하고 있습니다.

복음 사역자들 중에 능력을 최고로 발휘하여 말씀을 신실하게 전한 이들이 얼마나 많습니까?

하지만 교회의 규모를 상당히 줄이지 않고서는 그것이 아무런 효과도 없습니다!

목회자가 한 교회에 잘 적응하지 못하고 담임목사직을 사임하고 다른 곳의 주의 포도원으로 임지를 옮기지만 거기서도 금방 똑같이 마음 아픈 처지를 당하는 일이 얼마나 많습니까!

주의 교회에 영적 죽음의 그림자가 드리워 있습니다. 기도회는 냉랭하고 소수만 참석하고, 설교는 무거운 부담으로 다가옵니다. 설교자의 지극히 신실한 호소들이 허공만 울리고 다시 돌아오는 것 같습니다. 성령의 능력의 부재가 두드러집니다. 영혼들이 회심하지도, 각성하지도 않으니 말입니다.

위의 구절들은 "여호와의 길", 혹은 그가 통치하시며 취하시는 방법들을 규정하는 여러 원리들 중의 하나를 알게 해 줍니다. 하나님과 언약 관계에 있다고 주장하는 무리가 그 언약의 조건들을 어기고 멋대로 그분의 계명들을 범하면, 그분의 축복이 그들에게서 물러집니다. 그들이 아무리 열정적이고 능동적이어도, 하나님이 그들의 수고를 번성하게 하시지 않습니다. 원수들을 무찌르기 위해 나선다 해도, 여호와께서 그들을 위해 싸우시지 않습니다. 그들 스스로 내버려지니, 그들의 벌거벗음과 수치가 금방 드러납니다.

그러나 하나님은 전혀 개의치 않으십니다. 하나님의 아드님께서는 버가모 교회를 향해, "네게 두어 가지 책망할 것이 있나니"라고 선포하신 후에 그 책망할 점들을 조목조목 제시하시고, 이어서 "회개하라 그리하지 아니하면 내가 네게 속히 가서 내 입의 검으로 그들과 싸우리라"고 덧붙이십니다(계 2:14-16).

마찬가지로 그는 두아디라 교회를 향해서도, "내가 사망으로 그의 자녀를 죽이리니 모든 교회가 나는 사람의 뜻과 마음을 살피는 자인 줄 알지라 내가 너희 각 사람의 행위대로 갚아 주리라"(계 2:23)라고 경고하십니다.

안타깝게도 오늘날 대다수의 교회들이 이러한 엄한 사실에 대해 아무것도 알지 못합니다. 교회 안에서 그리스도의 임재를 누리려면 교회가 거룩해야 하는데, 이에 대한 교훈을 거의 받지 못하고 있으니, 정말 안타까운 일입니다. 저주받은 "그 온전히 바친 물건"이 그들 중에 한 자리를 차지해 왔을 뿐 아니라, "그것을 그들의 물건들 가운데에 두었습니다."

거룩하신 하나님이 바로 이 물건으로 인하여 그들에 대해 거슬림을 가지신다는 것을 알지 못하니, 이 얼마나 안타까운 일입니까!

그들 자신의 영적 빈곤과 무기력함과 세상이 보는 앞에서 굴욕을 당하는 현실이 그들의 죄에 대한 하나님의 심판 때문이라는 것에 대해 그렇게도 무지하니, 참 안타깝습니다. "그 온전히 바친 물건을 너희 중에서 멸하지 아니하면 내가 다시는 너희와 함께 있지 아니하리라"는 하나님의 선고를 전혀 알아채지 못하고 있으니, 정말 안타깝습니다. 바울은 고린도 교회가 그들 중의 도덕적인 악을 용인하는 것에 대해 책망하지 않을 수 없었습니다. 그리하여 그는 이렇게 명합니다

너희는 누룩 없는 자인데 새 덩어리가 되기 위하여 묵은 누룩을 내버리라(고전 5:1-7).

여호와께서는 "너희 중에서 멸하지 아니하면"이라는 말씀을 통해 이스라엘의 책무를 크게 강조하셨습니다. 아이 성에서의 패배와 여호수아에게 주신 하나님의 이 엄한 말씀에서, 신명기 20장에서 베풀어진 약속이 절대적인 것이

아니었다는 것이 얼마나 분명하게 드러나는지 모릅니다. 거기서 하나님은 이렇게 명하신바 있습니다.

> 너희가 싸울 곳에 가까이 가면 제사장은 백성에게 나아가서 고하여 그들에게 말하여 이르기를 이스라엘아 들으라 너희가 오늘 너희의 대적과 싸우려고 나아왔으니 마음에 겁내지 말며 두려워하지 말며 떨지 말며 그들로 말미암아 놀라지 말라 너희 하나님 여호와는 너희와 함께 행하시며 너희를 위하여 너희 적군과 싸우시고 구원하실 것이라 할 것이며 (수 7:2-4).

 이 말씀이나 그 앞이나 뒤의 말씀 어디에도 조건에 대한 언급이 없었습니다. 그 약속은 단서가 전혀 붙어 있지 않은 절대적인 약속의 모습을 취하고 있습니다. 그 자체만 보면 그랬습니다. 그러나 신명기의 다른 본문들과 연결시켜 보면 그런 것이 아니었습니다. 아이성에서 일어난 사건과 그 이후의 이스라엘의 경험들이 이를 입증해 줍니다.
 어떠한 구절이든지 성경은 성경으로 비교해야만 그 충만한 의미에 도달할 수 있습니다. 우리가 너무 게을러서, 단서를 제시하거나 의미를 확대시켜 주는 다른 본문들을 찾는 필수적인 작업을 소홀히 하게 되면, 성경의 진술의 진정한 의미를 깨닫지 못하는 처지에 있게 되는 것이 전적으로 우리 자신의 잘못이 됩니다. 20장에 나타나는 그 본문을 올바로 이해하기 위해서는 신명기 전체를 다 읽을 필요가 있습니다.
 여호수아 7장을 공부하면서 신명기 20:2-4을 주목하는 우리의 목적은 하나님의 말씀을 왜곡하기가 얼마나 쉬운지를 보여 주기 위함이요, 또한 오늘날 흔히 나타나는 부주의하고도 부정직한 성경 이해에 대해 경고하고 항의하기 위함입니다.
 여호수아서와 그 다음에 이어지는 책들을 읽어갈 때에 신명기 6:16-18과 11:8-9 등의 본문들을 꾸준히 염두에 두어야 합니다. 그 본문들이 거기에 기록되어 있는 많은 사건들을 이해하는 열쇠를 제공해 주기 때문입니다. 그리고 여호수아 20:2-4의 약속과 관련해서도 우리는 특히 다음과 같은 진술들을 옆에 두고 함께 바라보아야 합니다.

너희가 만일 내가 너희에게 명하는 이 모든 명령을 잘 지켜 행하여 너희의 하나님 여호와를 사랑하고 그의 모든 도를 행하여 그에게 의지하면 [그때에] 여호와께서 그 모든 나라 백성을 너희 앞에서 다 쫓아내실 것이라 너희가 너희보다 강대한 나라들을 차지할 것인즉(신 11:22-23).

네가 네 하나님 여호와의 말씀을 삼가 듣고 내가 오늘 네게 명령하는 그의 모든 명령을 지켜 행하면 네 하나님 여호와께서 너를 세계 모든 민족 위에 뛰어나게 하실 것이라(신 28:1).

그러나 만일 그들이 순종하지 않으면 여호와의 저주가 반드시 그들에게 임할 것이라고 경고합니다(신 28:15).

하나님의 약속들만 강조하고 거기에 단서로 붙어 있는 조건적인 내용들을 무시한다면—예컨대, 요한복음 8:32을 인용하면서 31절을 무시하거나, 요한복음 10:28을 인용하면서 27절에 대해 침묵한다면—이는 하나님의 말씀을 거짓으로 다루는 것입니다. 히브리서 3:6, 14도 히브리서 8:10-12과 똑같이 필요한 말씀입니다. 과연 하나님은 그분을 향해 마음이 온전한 자들을 위해 그분의 역사를 강하게 보여 주시겠다고 약속하셨습니다.

그러나 자기 뜻대로 불순종하는 자들을 위해 싸워주시겠다고 선포하셨다는 것은 어디에서도 찾아볼 수 없습니다.

너는 일어나서 백성을 거룩하게 하여 이르기를 너희는 내일을 위하여 스스로 거룩하게 하라 이스라엘의 하나님 여호와의 말씀에 이스라엘아 너희 가운데에 온전히 바친 물건이 있나니 너희가 그 온전히 바친 물건을 너희 가운데에서 제하기까지는 네 원수들 앞에 능히 맞서지 못하리라(수 7:13).

이 말씀은 "일어나라 어찌하여 이렇게 엎드렸느냐?"라는 말씀에 뒤이어 주신 말씀이었습니다. 이는 여호와께서 이제 그분의 종에게 해야 할 임무를 지시하시는 말씀입니다. 그저 "일어나기"만 하라는 것이 아니라, 이제 마음을 가다듬고 여호와께서 주시는 임무를 온전히 행하라는 뜻입니다. 이제 이스라엘 민족이 곧 목도하게 될 그 놀랍고도 엄하며 영광스러운 일을 위해 주시는 명령인 것입니다.

여호와께서 시내산에서 율법을 주시기 직전에도 그랬습니다(출 19:10). 다베라에서 이스라엘 백성이 불평하자 이어서 여호와께서 "강림하사"(민 11:17) 모세와 말씀을 나누실 때에도 그랬습니다. 여호와께서 이스라엘 백성을 위해 요단 강에서 놀랍게 개입하시기 직전에도 그랬습니다(수 3:5).

매 경우마다 이스라엘 백성에게 거룩히 할 것을 즉, 여호와 앞에 겉모습으로나 속마음으로나 경건한 자세를 가질 것을 촉구하신 것입니다. 여호수아에게도 백성들에게 "너희는 내일을 위하여 스스로 거룩하게 하라"고 명하라는 명령을 받았습니다.

곧 "여호와께서 지정하신 그 엄숙하고도 뼈아픈 시련을 위해 너희 스스로 정당하게 준비를 갖추라, 거룩하신 하나님의 강림하심에 합당한 상태가 되도록 너희 자신을 철저히 점검하고 겸비하라"는 뜻이었습니다.

아이성에서의 치욕적인 패배 후에 이어진 여호수아의 기도에 대한 여호와의 응답이 계속됩니다. 이스라엘이 위중한 범죄를 저질렀고 그 때문에 그들의 수고에 그분의 축복이 임하지 않은 것임을 알려 주신 후에, 여호와께서는 그분의 종에게 "일어나서 백성을 거룩하게 하라"고 명령하셨습니다.

이 말씀들의 즉각적인 역사적 적용을 살펴보기 전에, 이 명령들에서 이 책에서 제시되는 바구주 예수님에 대한 모형적인 묘사를 관찰해 보기로 합시다. 여호수아서의 각장을 다루어오면서, 독자들에게 여호수아가 주 예수님을 모형적으로 그려주는 갓가지 것들을 소개해 왔습니다. 이제 백성들을 거룩하게 하라는 이 명령에서도 또 한 가지 구체적인 사실이 나타납니다. 이 명령은 교회를 거룩하게 하시는 분이신 그리스도를 예표하는 것이었습니다.

> 그러므로 예수도 자기 피로써 백성을 거룩하게 하려고 성문 밖에서 고난을 받으셨느니라(히 13:12).

그런데 그가 그렇게 하실 당시 그분의 백성들의 도덕적인 상태가 어떠했습니까?

여기의 이스라엘의 처지와 정확히 동일했습니다. 율법의 저주 아래에서 더러워진 처지였습니다. "여호와 … 의 맹렬한 진노"(7:26; 참조. 엡 2:3)가 그들에게 드리워져 있었습니다. 바로 그런 처지에서 그들을 구하시기 위해 여호수아의 원형이신 예수께서 그들의 죄의 형벌을 충만히 당하셨고, 그리하여 그의 공효가 있는 하나님이 받으시기에 합당한 희생 제사를 통해 그들을 거룩히 하나님께 구별하신 것입니다.

그리고 이 일이 일어난 시점을 주목하기 바랍니다. 여호수아가 "땅에 엎드려 머리에 티끌을 뒤집어쓰고 있은(수 7:6) 직후"에 "백성을 거룩하게 하라"는 명령이 주어졌습니다.

마찬가지로 주 그리스도께서도 겟세마네 동산에서 엎드리신 지 불과 몇 시간 후에 십자가에서 그분의 백성을 거룩하게 하신 것입니다. 여호수아에게 주신 명령의 영적이며 신비한 의미로부터 그 명령의 문자적이며 역사적인 의미에로 시선을 돌리자면, "백성을 거룩하게 하라"는 하나님의 명령은 곧, 이스라엘 백성을 질서 있게 공식적으로 그리고 경건하게 여호와 앞에 정렬시키라는 것이었습니다. 이 명령은 아마도 훗날 이스라엘의 선지자가 받은 명령과 정확히 일치하는 것이었으리라 여겨집니다.

> 너희는 시온에서 나팔을 불어 거룩한 금식일을 정하고 성회를 소집하라 백성을 모아 그 모임을 거룩하게 하고 장로들을 모으며 어린이와 젖 먹는 자를 모으며 신랑을 그 방에서 나오게 하며 신부도 그 신방에서 나오게 하고(욜 2:15-16).

왜냐하면, 여기서 모든 이스라엘이 하나님의 재판정에 출석해야 했던 것이 다음에서 선명히 나타나기 때문입니다.

> 너는 일어나서 백성을 거룩하게 하여 이르기를 너희는 내일을 위하여 스스로 거룩하게 하라 이스라엘의 하나님 여호와의 말씀에 이스라엘아 너희 가운데에 온전히 바친 물건이 있나니 너희가 그 온전히 바친 물건을 너희 가운데에서 제하기까지는 네 원수들 앞에 능히 맞서지 못하리라(수 7:13).

여호와께서 여기서 방금 바로 앞 절에서—이스라엘이 저주받은 물건이 되었다고 책망하시면서, 또한 그로 인하여 그들이 원수들 앞에서 견딜 수가 없었다고 말씀하시는 중에—언급하신 내용을 반복하시는 것이 아주 놀랍고도 흥미롭습니다.

이처럼 같은 말씀을 반복하신다는 것은 그들의 범죄가 거룩하신 여호와 앞에서 얼마나 사악한 것이었는지를 보여 줄 뿐 아니라 그 백성더러 "너희는 스스로 거룩하게 하라"—"내일을 위하여"가 아니라, 말하자면 내일 일어날 그 엄중한 일에 대비하여—라고 명령하시는 것이 지극히 합당한 일이었음을 보여 줍니다. 그들은 그 때에 행해질 하나님의 심문을 죄인이 명확하게 가려지고 거기에 합당한 형벌을 받게 될 그 때를, 양심으로 정당하게 예상해야 했습니다. 그러므로 "너희는 스스로 거룩하게 하라"는 것은 "이스라엘아 네 하나님 만나기를 준비하라"(암 4:12)와 동일한 말씀이었습니다.

"너는 일어나서 백성을 거룩하게 하여 이르기를 너희는 내일을 위하여 스스로 거룩하게 하라."

시내산에서도 동일한 요구가 있었습니다. 그것에 대해 기록된 말씀이 이 말씀에 빛을 비추어 줍니다. 그들은 몸과 의복을 깨끗이 씻어야 했고, "여인을 가까이 하지 말아야" 했습니다(출 19:14, 15). 그러므로 여기의 "거룩하게 하라"는 정결하게 하라는 의미가 담겨 있습니다.

> 염소와 황소의 피와 및 암송아지의 재를 부정한 자에게 뿌려 그 육체를 정결하게 하여 거룩하게 하거든(히 9:13; 또한, 참조. 딤후 2:21).

율법 아래에서는 "거룩하게 함" 혹은 "여호와께 거룩히 구별하고 정결하게 함"이란 깨끗이 씻는 과정을 통해 확보되었습니다. 요엘 2:15, 16과 그 문맥(12, 13, 17절)을 비교해 보면 의식적으로 정결하게 하는 것 외에 도덕적으로 자기 자신을 깨끗하게 씻는 것을 의미한다는 것이 분명히 드러납니다.

그러므로 "너희는 스스로 거룩하게 하라"는 자기를 점검하고, 자기를 낮추며, 간구하라는 엄숙한 명령을 암시하고, 또한 그것을 포함하는 것이요, 이는 다시 그들의 생각들을 다른 모든 걱정거리나 관심사에게서 완전히 분리시켜서 스스로 흐트러짐 없이 올곧게 그 엄숙한 임무들에 임하라는 의미였던 것입니다.

일상적인 일들과 이 세상의 근심거리들로부터 벗어나야만 그러한 헌신의 행위들을 합당하게 행할 수 있습니다. 율법을 받기 전에 그들이 스스로 거룩하게 하라는 명령을 받았던 것처럼, 이제 처절한 형벌이 집행되는 것을 목도하기에 앞서서도 그렇게 하라는 명령을 받은 것입니다.

어쩌면 이런 의문이 생기는 분들이 있을지도 모르겠습니다.

그저 한 개인이 이 범죄를 저질렀을 뿐인데, 혹은 기껏해야 그의 가족들의 묵인 하에 그런 범죄가 저질러진 것뿐인데(수 7:21), '온 백성을 모두 불러 모아서 자신들을 점검하도록 하는 것이 과연 적절한 일이었을까?

스스로 그런 심각한 범죄를 저지르지 않은 사람들은 과연 어떻게 그런 일에 진지하게 임할 수 있었을까?'

그러나 진정 하나님의 영광에 열정을 지닌 분들은 "우리가 다 실수가 많"(약 3:2)다는 사실을 고통스럽게 의식하는 사람들은 그런 반론을 어렵지 않게 반박합니다.

아이 성에서 원수들이 승리를 거둠으로써 여호와의 이름이 극심하게 욕을 당했었고 그분의 성도로서는 쓰라린 눈물로 회개하는 것 외에는 그 상황을 극복할 길이 없었습니다. 더욱이, 군병들이 가나안 족속의 앞에서 도망함으로써 이스라엘 민족 전체가 치욕을 당했었습니다. 여호와의 "맹렬한 진노"(수 7:26)에 노출됨으로써 이스라엘 온 민족이 임박한 위험에 처해있었으므로, 여호수아와 이스라엘의 장로들의 실례에서 드러나듯이(수 7:6), 온 회중이 여호와 앞에서 겸비해야 할 지극히 합당한 이유가 있었습니다.

더 나아가, 헨리(Henry)는 "근친끼리 상간하는 고린도의 신자들의 추문이 오히려 교회를 개혁하는 복된 계기가 되었듯이(고후 7:11), 다른 사람들의 죄를 우리가 선용하여 우리 자신을 더욱 거룩하게 할 기회로 삼을 수도 있다."고 지적습니다. 한 성도가 과오를 범하는 일이 있을 때마다 그 동료들은 "선 줄로 생각하는 자는 넘어질까 조심하라"(고전 10:12)는 경고를 새기는 계기가 되어야 마땅합니다.

이 부분을 지나가기 전에 한 가지 다른 의문을 주목할 필요가 있습니다. 곧 만일 여호수아에게 "백성을 거룩하게 하라"는 임무를 부여하신 것이 그리스도께서 그분의 교회를 거룩하게 하시는 것을 미리 그림자로 보여 주는 것이었다면, 그가 백성들에게 "너희는 스스로 거룩하게 하라"고 명한 것은 영적으로 무슨 의미를 담고 있을까? 라는 것입니다. 거룩하게 하는 일이 이중적으로 나타났습니다.

하나는 여호수아의 거룩하게 함이요 다른 하나는 백성들의 거룩하게 함입니다!

이와 같은 진리의 이중성은 하나님의 백성들과 관련하여 거듭거듭 나타납니다. 주 예수를 믿는 신자들로서 성도는 이미 구원받았지만(행 16:31), 그 구원을 이루라는 명령을 받습니다(빌 2:12; 또한, 참조. 딤전 4:16). 그들은 그리스도 안에 있는 새로운 피조물이지만, 그럼에도 새 사람을 입으라는 권면이 그들에게 주어집니다(엡 4:24). 그들은 이제 깨끗하지만, 그럼에도 발을 씻을 필요가 있습니다. 그들은 그리스도 안에서 충만한 상태에 있으나(골 2:10), 은혜 안에서 계속 자라야 하고, 그들의 믿음에 덕을 덕에 지식을 더해가야 합니다(벧후 1:5).

신자는 누구나 "온전하게" 되었지만(히 10:14), 그럼에도 그가 온전히 이룬 것이 아님을 고백합니다(빌 3:12). 여기서 후자는 모두 그리스도 안에 있는 그들의 상태를 가리키며, 전자는 [그리스도와의 관계를 전제하지 않은] 그들 자신의 실질적인 상태를 가리킵니다. 그리스도인 독자들이 이러한 구별을 간파하기를 배우지 못하면, 서신서의 많은 내용들이 모순 덩어리는 아닐지라도, 거의 무용지물이 되어 버릴 것입니다.

하나님이 보시는 신자의 모습과 그 자신과 동료들이 보는 신자의 모습은 서로 엄청나게 다릅니다. 신자는 그리스도의 의(義)의 무한한 가치를 지니고서 하나님 앞에 서지만, 그는 실질적인 경험 속에서는 세상과 육체와 마귀를 상대로 전쟁을 벌이고 있고, 따라서 자주 그것들에게 패배하니 말입니다.

"거룩하게 함"(성화[聖化])은 이보다 더 복합적입니다. 그 주요 특질들을 조감하기 위해서는 우리의 연대적 거룩함(federal holiness), 개인적 거룩함, 실천적 거룩함 등, 세 가지를 구별해야 하기 때문입니다. 아담 안에서의 우리의 타락으로 말미암아, 우리는 하나님의 사랑을 잃었고 우리 본성의 순결함도 잃었습니다. 그러므로 하나님과 화목되어야만 하고, 우리 속 사람이 거룩해져야 합니다.

전자는 그리스도의 사역을 통해 확보되며, 후자는 성령의 역사하심으로 실현됩니다. 전자는 법적인 성격을 띠고, 후자는 본질적인 성격을 띱니다. 그리스도께서 그분의 백성의 언약의 머리이시며 대표자이신데, 그가 거룩하신 자이시므로 그분 안에 있는 모든 자가 거룩합니다. 그분은 그들의 의로움이시요 그들의 거룩함이십니다.

> 너희는 하나님으로부터 나서 그리스도 예수 안에 있고 예수는 하나님으로부터 나와서 우리에게 지혜와 의로움과 거룩함과 구원함이 되셨으니(고전 1:30).

그는 하나님이 그분을 "우리를 대신하여 죄로 삼으신 것"(고후 5:21)과 정확히 동일한 방식으로, 즉 전가(轉嫁: imputation)의 법적 절차를 좇아서, 우리를 대신하여 거룩함이 되십니다. 그러나 그것이 전부가 아닙니다. 신자들은 연대적으로, 법적으로만이 아니라 그들 스스로 개인적으로, 본질적으로 거룩함을 얻습니다. 그리스도와의 언약적 연합의 결과로, 성령께서 보내심 받아 그들을 새 생명에로 일깨우시고, 그들 속에 거주하시며 그들과 영원토록 함께 계십니다. 이것이 바로 "성령의 거룩하게 하심"(살후 2:13)인 것입니다.

신자가 그리스도 안에서 거룩해지며 성령이 내주하시므로 생겨나는 열매가 갖가지 방식과 양상으로 그들의 일상생활에서 드러나는데, 이를 가리켜 우리는 실천적 거룩함이라 부릅니다. 거룩의 원리가 중생 시에 부여되면 그 원리가 역사하는 효과들이 곧바로 삶의 행실에서 나타납니다.

성령의 거룩하게 하심은 그 대상자에게 참되고 급진적인 변화를 일으키고, 그리하여 그 사람의 행실이 "그리스도의 복음에 합당하게" 변화됩니다. 각 신자의 속에서 이루어진 역사가 말씀이신 그리스도에게서 드러나는 바거룩의 길로 행하는 모습을 통해 겉으로 드러납니다. 이것이야말로 그들이 "하나님을 따라 의와 진리의 거룩함으로"(엡 4:24) 지으심 받았다는 증거입니다.

실천적 거룩함을 위해 그들을 권면하는 것은 바로 그들이 그리스도와 연대적으로, 또한 본질적으로 하나가 되었음을 근거로 합니다.

> 그의 안에 산다고 하는 자는 그가 행하시는 대로 자기도 행할지니라 (요일 2:6).

그리고 그런 권면들이 성령께서 이루어 놓으신바 그들의 새로운 본성에 정확히 부합되는 것은 바로 성령의 거룩하게 하심 덕분입니다.

> 너희 중에서 그 이름조차도 부르지 말라 이는 성도에게 마땅한 바니라 (엡 5:3).

성령께서 "성도"(즉, "거룩하게 된 자들")로 만드신 자들은 모름지기 그런 자들 답게 처신해야 하는 것입니다(롬 16:2). 이스라엘 민족은 여호와께 구별되었습니다. 그러므로 "스스로 거룩하게 하라"는 말씀은 곧 거룩히 구별된 자답게 행하라는 것과 같은 뜻이었습니다. 우리에게 그 말씀은 곧 이런 의미입니다.

> 우리는 하나님을 두려워하는 가운데서 거룩함을 온전히 이루어 육과 영의 온갖 더러운 것에서 자신을 깨끗하게 하자 (고후 7:1; 또한, 참조. 벧전 1:15).

> 너희는 내일을 위하여 스스로 거룩하게 하라 이스라엘의 하나님 여호와의 말씀에 이스라엘아 너희 가운데에 온전히 바친 물건이 있나니 너희가 그 온전히 바친 물건을 너희 가운데에서 제하기까지는 네 원수들 앞에 능히 맞서지 못하리라 (수 7:13).

여호와께서는 곧바로 그 범죄를 지적하지 않으시고 그 문제를 잠시 동안 애매한 상태로 남겨두셨다가 마지막에 점점차로 그것을 드러내시는데, 이는 관리들과 백성들로 하여금 자기들에게 주어진 임무를 행하며 서로에 대해 점검하기를 계속하기를 배우게 하기 위함이요, 또한 문제의 해결 과정이 절차를 따라 서서히 이루어짐으로써 그 문제의 심각성이 더 부각되고, 그리하여 그들 자신을 더욱 조심스럽게 점검하며 율법 아래에서 제정된 모든 방법으로 그들 자신을 거룩하게 하도록 하기 위함이었다(토마스 스콧).

구주 예수께서도 사도들에게 이와 비슷하게 말씀하신 바 있습니다.

> 내가 너희 열둘을 택하지 아니하였느냐 그러나 너희 중의 한 사람은 마귀니라 (요 6:70).

후에 그는 바로 그들 중의 한 사람이 자기를 배반할 것임을 그들에게 알려 주셨습니다. 하지만 누가 과연 그런 끔찍한 악을 저지를 자인지를 명확히 지적하지는 않으셨습니다. 그래서 열한 제자는 각기, "주여 나는 아니지요?"라고 물었습니다(마 26:22; 막 14:19).

우리가 소속되어 교제를 나누는 성도의 무리에게 하나님이 그 얼굴의 빛을 더 이상 비추지 않으신다는 것이 분명해지면, 우리 모두가 최우선적으로 그런 자세를 가져야 마땅합니다.

마음을 살피시는 하나님 앞에 엎드려 이렇게 아뢰어야 합니다.

"주의 은혜를 물리신 것이 저 때문이옵니까?"

이런 자세가 회중 가운데 있다면, 머지않아 그의 집의 존귀를 크게 여기시는 하나님이 그분의 불쾌하심의 원인을 알게 해 주실 것입니다.

너희는 아침에 너희의 지파대로 가까이 나아오라 여호와께 뽑히는 그 지파는 그 족속대로 가까이 나아올 것이요 여호와께 뽑히는 족속은 그 가족대로 가까이 나아올 것이요 여호와께 뽑히는 그 가족은 그 남자들이 가까이 나아올 것이며(수 7:14).

우선, 이 절의 첫 말씀은 악행이 알려지면 그것을 처리하는 데에 지체해서는 안 된다는 것을 가르쳐 줍니다. 온 회중 전체의 악행이든 한 개인의 악행이든 똑같이 그렇게 해야 합니다. "온전히 바친 물건"의 문제가 발생하면 하나님의 존귀하심을 위해서도, 우리 자신의 복지를 위해서도 속히 대처해야 합니다. 그런 사안에 대해 지체한다는 것은 마치 불(火)을 갖고 장난하는 것과도 같습니다. 그런 일에 머뭇거린다는 것은 우리의 마음이 하나님과 올바른 관계에 있지 못하다는 확실한 증표입니다.

모든 수단을 통해 철저하게 조사하되 하나님이 공적으로 가벼이 여김을 받으셨음을 확실히 해야 하고, 해당 범죄자를 처리하는 일에 우물쭈물해서는 안 됩니다. 그 다음으로 우리는 여호수아가 전에 무시했던 일, 즉 이스라엘의 하나 됨을 여호와께서 강조하심을 주목해야 합니다.

정탐꾼들의 간언을 받아들여 삼천 명을 이스라엘 민족으로부터 분리시킴으로써(수 7:3), 그는 요단 강을 건널 때와 여리고성 전투에서 하나님이 그에게 주신 패턴에 역행한 것입니다. 하나님은 "이스라엘이 범죄하였다"(수 7:11)고 선언하셨고, 이제는 모든 지파가 아간의 범죄의 부끄러움에 동참한 것으로 간주하셨습니다. 그리고 후에는 그가, "군사를 다 거느리고 일어나 아이로 올라가라"(수 8:1)고 명령하셨습니다.

"너희는 아침에 너희의 지파대로 가까이 나아오라 여호와께 뽑히는 그 지파는 그 족속대로 가까이 나아올 것이요 여호와께 뽑히는 족속은 그 가족대로 가까이 나아올 것이요."

범법자의 이름은 부르지 않았고, 그의 정체가 드러나기 전에 먼저 예리한 조사가 이루어져야 했습니다. 그 절차가 극히 엄숙했습니다. 아마도 온 회중이 성막 앞에 모였을 것입니다. "드리다"(레 1:2, 10)라는 단어는 일반적으로 희생 제물을 바치는 일과 관련해서 사용됩니다. 그러므로 여기서 "나아오다"(이는 "드리다"와 동일한 단어임. 역주)는 말은 백성들이 여호와의 조사를 위해 서 있는 것을 의미합니다. 의심의 여지도 없이 각 지파의 두령들이 각각 여호수아와 엘르아살 앞에 나왔습니다.

이 절에 "여호와께 뽑히는 이"라는 표현이 세 차례나 나옵니다. 그러므로 이 의미가 무엇인지 궁금해지는 것이 당연합니다. 여호와께서 과연 "어떤 방식으로, 어떤 과정을 통해 그 일을 행하셨을까" 합니다. 성경을 성경과 비교하면, 여호와는 여기서 대제사장의 흉패에 달려 있는 우림과 둠밈을 수단으로 무죄한 자들과 유죄한 자들을 구별하신 것이 분명한 것 같습니다.

여호수아는 처음 직무를 위해 거룩히 구별되었을 때에, "그는 제사장 엘르아살 앞에 설 것이요 엘르아살은 그를 위하여 우림의 판결로써 여호와 앞에 물을 것"(민 27:21)이라는 명령을 하달 받은바 있습니다. 특정한 정황 하에서 하나님은 그분의 뜻을 우림과 둠밈을 통해 알리시므로, 분명 엘르아살이 여호와의 뜻을 물었을 것입니다. 여호수아는 여기서 그런 절차를 취하고 있습니다.

사울이 "여호와께 묻자오되 여호와께서 꿈으로도, 우림으로도, 선지자로도 그에게 대답하지 아니하"(삼상 28:6)셨다고 말씀합니다만, 이는 배교한 왕 사울이 여호와께 버림받았다는 증거였습니다. 거기서 우리는 특정한 시기들마다 우림과 둠밈을 사용하여 하나님의 인도하심을 받았음을 보게 됩니다. 이 사실은 에스라 2:63에서도 드러납니다.

느헤미야는 "우림과 둠밈을 가진 제사장이 일어나기 전"에는 제사장들의 신원이 확실치 않은 자녀들이 지성물을 먹지 못하도록 금하였습니다. 왜냐하면, 우림과 둠밈을 통해 그 문제에 대한 하나님의 뜻을 확인할 수 있었기 때문입니다. 이런 본문들을 근거로 고(故) 불링거 박사(Dr. Bullinger)는 다음과 같이 추론한 바 있습니다.

> 우림과 둠밈은 아마도 여호와의 판단을 알기 위해 제비를 뽑는 데에 사용된 두 개의 보석이었을 것이다. '제비는 사람이 뽑으나[히브리어로, '품에 품다'] 모든 일을 작정하기는 여호와께 있느니라'(잠 16:33). 제비를 의복으로 덮어 가슴에 품는 것을 뜻한다(참조. 출 4:6-7; 룻 4:16) … .
> 그러므로 그 두 개의 보석을 '가방'이나 '보자기' 속에 넣어두고 그중에서 하나를 꺼내면 그것이 법적인 결정을 내려주며, 그것이 '여호와의' 결정으로 인정되는 것이었다. 그리하여 흉패 그 자체가 '판결 흉패'(출 28:15)라 불렸다. 필요할 경우 그것을 통해 여호와의 판결을 얻었기 때문이다. 그러므로 '제비'를 통해 가나안 땅을 분배할 때에도(민 26:55), 대제사장 엘르아살이 반드시 임석해야만 했던 것이다(민 34:17; 수 17:14).

"우림"과 "둠밈" 모두 복수형인데, 어쩌면 그것이 "위엄을 나타내는 복수"라고 알려진 그것—해당 물건의 중요성 혹은 위엄을 강조하고자 하는 목적으로 복수형을 사용하는 것—일 수도 있습니다(히브리어에서는 그런 경우가 자주 나타납니다). 그러나 확실한 것은 알 수 없으나, "우림"이 하나의 보석이었고 "둠밈"이 또 하나의 보석이었을 가능성이 큽니다.

칠십인역에서는 그것들을 "델로시스"와 "알레떼임"이라 번역하는데, 이는 "나타난 것"과 "진리"를 뜻합니다. 대제사장이 손을 자신의 흉패의 주머니(참조. 출 28:16의 "두 겹") 속에 넣었다가, 거기서 "우림"을 꺼내면 여호와의 '그렇다'(yes)를, "둠밈"을 꺼내면 '아니다'(no)를 뜻했을 것이고, 어쩌면 그 반대였을 수도 있습니다.

십중팔구 지금 우리가 살피고 있는 이 경우에 "우림"이 나타나면 죄인임을 드러내는 것이었고, 반면에 "둠밈"이 나타나면 해당 사람의 무고함을 선언하는 것이었을 것으로 보입니다. 그렇게 해서 각 지파의 두령들이 엘르아살 앞에 설 때마다 그에게서 계속 둠밈이 나오다가 유다 지파의 차례가 되자 우림이 나온 것입니다.

죄악된 지파가 지목되자 그 지파에 대해서 계속 동일한 절차가 진행되었습니다. 그 지파에 속한 "가족들"의 두령들이 각기 여호와의 대리인 앞에 섰고, 그중 특정한 가족이 지정되자, 그 가족에 속한 남자들이 똑같이 여호와의 대리인 앞에 섰고, 마침내 범죄자 자신이 모든 백성 앞에 드러나게 된 것입니다.

> 온전히 바친 물건을 가진 자로 뽑힌 자를 불사르되 그와 그의 모든 소유를 그리하라 이는 여호와의 언약을 어기고 이스라엘 가운데에서 망령된 일을 행하였음이라 (수 7:15).

위에서 설명한 그 일의 과정은 정말 엄숙했고, 거기에 참여하는 모든 사람에 대한 두려운 심문이었습니다. 이처럼 천천히 여유 있게 조사 과정을 진행한 데에는 세 가지 이유를 제시할 수 있습니다.

첫째, 땅의 모든 사람의 심판자이신 하나님의 냉정하심과 철저하심이 드러납니다. 그는 언제나 질서의 하나님이시며, 심판 중에도 그분의 일상적인 기조를 벗어나시지 않습니다.

둘째, 이스라엘 백성들은 그 끔찍한 괴로움을 통해 그들이 하나님과 맺은 그 거룩한 언약의 현실을 강하게 인식했을 것이고, 또한 하나님의 법의 위엄을—요단 강물을 통제하는 데에서도, 여리고의 성벽을 무너뜨리는 데에서도, 이제 범법자를 응징하는 데에서도 그것이 드러납니다만—다시 한 번 절감했을 것입니다.

셋째, 죄인에게 회개할 기회를 다시 한 번 주셨으나, 안타깝게도 그의 마음이 완악해져서 앞으로 나아와 자기가 그 모든 재난의 원인이었음을 자복하기를 거부했습니다. 그를 "불사르라"는 끔찍한 선고를, 반드시 그를 산 채로 불에 태워 죽이라는 의미로만 볼 필요는 없습니다. 25절이 그렇지 않다는 것을 분명히 보여 주는 것 같습니다.

이미 돌에 맞아 죽은 상태인데, 굳이 그들과 그들의 소유를 불에 태울 이유가 없지 않았을까?

이렇게 의문을 제기할 수도 있겠습니다. 하지만 하나님은 그렇게 하심으로써 그분의 극한 혐오하심을 또한, 저주받은 물건은 그 어떠한 것이라도 그냥 남겨두어서는 안 된다는 것을 더 한층 생생하게 표현하신 것이라 하겠습니다.

4. 심판

> 이에 여호수아가 아침 일찍이 일어나서 이스라엘을 그의 지파대로 가까이 나아오게 하였더니(수 7:16).

여기서 우리는 여호수아가 자신이 받은 명령(14절)에 기꺼이 순종하고자 하는 순전한 자세를 가졌음을 봅니다. 그 임무가 아무리 고통스러워도 지체할 수는 없었습니다. 여호수아 3:1에서 우리는 하나님의 종이 즐거운 임무를 위해 일찍 일어나는 것을 본 바 있습니다.

하지만 여기서는 괴로운 임무를 행해야 하는 처지에서도 동일하게 민첩하게 행동하는 것을 봅니다. 혈과 육으로는 쓰라린 시련이었으나, 여호수아는 마음을 다해 임무에 임했습니다. 여호와의 존귀하심이 드러나기를, 이스라엘 민족이 다시금 그분의 은혜를 회복하게 되기를 간절히 소원했습니다.

여기서도 여호수아의 원형이신 그리스도의 모습이 간접적으로 그려집니다. 그는 보라 때가 가까이 왔으니 인자가 죄인의 손에 팔리느니라고 말씀하신 후에, 즉시, "일어나라 함께 가자"라고 덧붙이셨습니다(마 26:45, 46). 어디서나 그러시지만, 여기서 주님은 과연 위대하신 분이셨습니다. 그날 밤에 주무신 일이 없으니, 아침 일찍이 일어나는 일도 없었던 것입니다! 그 어둠의 시간 내내 그는 여기저기 끌려 다니셨습니다.

겟세마네에서 안나스 앞에 서셨고, 다시 가야바에게로, 다시 빌라도에게로, 다시 헤롯에게로, 또다시 빌라도에게로, 그에게서 십자가로 끌려 다니셨고, 그것도 맨발로, 온 몸에 피나는 상처들이 가득한 채로, 졸린 눈을 감지도 않으신 채로 그 일을 당하신 것입니다!

그런데도, 그는 그의 피에 목말라 하는 이들에게로 나아가셨고(요 18:4), 어린양이 되사 기꺼이 도살장에로 끌려가신 것입니다. 여호수아가 아침 일찍이 일어나서 이스라엘을 그의 지파대로 가까이 나아오게 하였더니 유다 지파가 뽑혔고. 여호수아 자신도, 유다 지파 전체도, 이 일에 엄청난 충격을 받았을 것입니다. 유다에 대해 놀라운 일들이 예언된 바 있었습니다.

유다 지파는 제왕적인 통치를 담당할 지파였습니다(창 49:10). 여호와께서는 유다 지파의 사람 중 하나에게 성막 기구와 관련하여 특별한 기술을 발휘하도록 초자연적으로 능력을 부여하셔서 그 지파를 존귀하게 하셨습니다(출 31:3-5). 그 지파에서 탁월한 갈렙이 배출되었습니다(민 13:8). 이스라엘이 광야를 건너 행진할 때에 유다 지파가 선두에 섰습니다(민 10:14). 유다 지파는 가나안의 가장 큰 부분을 기업으로 받았습니다(신 34:2).

그런데 여기서 그들의 이름이 더럽혀지고 말았습니다!

창세기 38:2, 15, 16에서 나타나는 것처럼 그런 일이 처음은 아니었습니다. 여호수아 7:18에서 보듯이, 아간은 창세기 38:30의 세라의 직계 후손입니다.

> 이 일은 그들의 위엄과 능력을 저해하는 일로서 그들의 교만을 다스리는 역할을 했다. 그 지파의 영광이었던 자들이 많았으나, 이 사람은 그 지파의 치욕거리였다. 그러니 아무리 훌륭한 가문이라도 그들의 후손 중에 슬픔과 수치를 가져오는 자가 있다고 해도 전혀 이상한 일이 아니다. 유다가 가나안에 가장 큰 기업을 갖게 되어 있었으므로, 그 지파에 속한 자가 자기 몫을 기다리는 것으로 만족하지 못하고 하나님의 기업을 범하려 했으니 이는 더 더욱 용납할 수 없는 일이다(헨리[Henry]).

아간은 유다 지파에 속한 자가 죄를 범했다는 것이 알려진 지금에도 아간은 여전히 고집을 부렸습니다. 이스라엘이 아이 성에서 패배하여 백성의 마음이 물 같이 녹았을 때에 자신의 범죄를 고백하지 않았듯이(수 7:5), 자기 "족속"이 지목되고(수 7:17절), 또 그중에서 자기 "가족"이 지목되었을 때에도(수 7:18) 여전히 침묵을 지키고 있었습니다.

그러나 이제 잠시 후면 "너희 죄가 반드시 너희를 찾아낼 줄 알라"(민 32:23)라는 하나님의 선언의 증거를 받게 될 것이었습니다. 그는 "자기의 죄를 숨기는 자는 형통하지 못하리라"(잠 28:13)라는 것도 배우게 될 것이었습니다. "죄를 숨기는 것"은 그것을 우리 가슴 속에 품어두고 하나님 앞에 정직하게 고백하여 드러내기를 거부합니다. 어떤 이들의 경우는 교만 때문에 그렇게 합니다. 자기 자신을 높이 치켜세우니 죄를 지었으면서도 자기들 좋은 대로 그 죄들을 판단합니다.

또 불신앙의 방해를 받기도 합니다. 믿음이 없는 자들은 죄를 회개하면 하나님이 용납하실 것이라 믿고서, 회개하지 않으면서도 하나님이 자기들을 용납하신다고 생각하려 애씁니다. 그러나 대다수의 사람들은 두려움과 수치 때문에 자기들의 죄를 숨깁니다. 죄는 그야말로 흉악한 괴물이므로, 그들은 절대로 자기 것으로 인정하려 하지를 않습니다. 그러나 원인이 무엇이든 그들은 결코, "형통하지 못 한 법"입니다.

> 유다 족속을 가까이 나아오게 하였더니 세라 족속이 뽑혔고 세라 족속의 각 남자를 가까이 나아오게 하였더니 삽디가 뽑혔고 삽디의 가족 각 남자를 가까이 나아오게 하였더니 유다 지파 세라의 증손이요 삽디의 손자요 갈미의 아들인 아간이 뽑혔더라 (수 7:17-18).

범죄자가 명확하게 드러나기까지 모든 무고한 자가 의혹의 대상이 되었다는 점을 유념해야 합니다. 더 나아가, 미래의 세대들의 유익을 위해서도 무고한 자들에게 낙인을 찍어서는 안 되었습니다.

> 범죄자의 지파, 족속, 가족 등이 명확하게 기록된 것은 같은 이름을 가진 다른 사람에게 혹 오명이 드리워지지 않도록 하기 위함이었다(토마스 스콧).

아간이 "뽑혔다"는 것은 곧 그가 대제사장을 통해 제시되는 오류 없는 판단에서 "우림"을 받아 지목되었음을 뜻합니다. 하나님의 정의가 그를 잡았다는 것이 이스라엘 온 회중 앞에서 명확히 드러났습니다. 사람의 은밀한 죄가 드러날 때에는 하나님의 역사하심을 인정해야 합니다. 범죄자는 요셉의 형들처럼, "하나님이 종들의 죄악을 찾아내셨나이다"(창 44:16)라고 시인해야 합니다.

> 감추인 것이 드러나지 않을 것이 없고 숨긴 것이 알려지지 않을 것이 없나니(눅 12:2). 그러므로 여호수아가 아간에게 이르되 내 아들아 청하노니 이스라엘의 하나님 여호와께 영광을 돌리며 그 앞에 자복하고 네가 행한 일을 내게 알게 하라 그 일을 내게 숨기지 말라 하니(수 7:19).

여기서도 우리는 여호수아를 넘어서, 사도행전 17:31에서 다음과 같이 거론되는 그분을 바라보아야 합니다.

> 이는 정하신 사람으로 하여금 천하를 공의로 심판할 날을 작정하시고 이에 그를 죽은 자 가운데서 다시 살리신 것으로 모든 사람에게 믿을 만한 증거를 주셨음이니라(행 17:31).

하나님이 친히 심판하실 것입니다. 하지만 직접적으로 하시지 않고, 그리스도를 통해 간접적으로 심판하실 것입니다. 그러므로 여기서, 아간에게 여호와 하나님께 영광을 돌릴 것을 명하면서도, 여호수아는 곧바로 다음과 같이 덧붙입니다.

"네가 행한 일을 내게 알게 하라 그 일을 내게 숨기지 말라."

"내 아들아"라는 표현은 여기서는 부드러움이나 친절의 뜻을 담은 것이 아니었고(오늘날 우리 경우와는 달리), 위엄과 권위를 지닌 자가 아랫사람을 부르는 어법이었습니다. 사울도 다윗에게 "내 아들"이라고 불렀고(삼상 24:16), 요압도 사독의 아들 아히마아스에게 "내 아들아"라고 말했으며(삼하 18:22), 역으로 윗사람을 "아버지"라 불렀습니다(왕하 5:13; 6:21). 그러나 여호수아가 아간을 아주 부드럽게 대하는 것이 매우 충격적입니다.

이는 만일 하나님이 우리를 우리 자신의 손에 내버려두셨더라면 우리 자신이 과연 어떻게 행했을지 알 수 없으니, 자기들 자신의 사악함으로 인하여 비참한 처지에 있는 자들에 대해 모욕적인 자세를 가져서는 안 되고, 범죄자라 할지라도 온유한 자세로 대해야 한다는 것을 모두에게 보여 주는 실례라 할 것이다(헨리[Henry]).

"그러므로 여호수아가 아간에게 이르되 내 아들아 청하노니 이스라엘의 하나님 여호와께 영광을 돌려 그 앞에 자복하고."

매우 충격적이고도 지극히 복스러운 언어입니다. 여호와의 종 여호수아의 마음에 가장 절실하게 자리 잡고 있던 것이 바로 여호와의 영광이었으니 말입니다. 여호수아의 원형이신 그리스도 역시 언제나 그러셨습니다(요 8:50; 12:23).

하지만 아간의 고백이 어떻게 하나님께 영광을 돌릴 수 있었습니까?

아간의 죄악된 은밀한 행동을 아시고 허다한 무리 중에서 그를 범죄자로 지목하여 찾아내어 드러내시는 데서 하나님의 전지하심이 증명되었습니다. 아간의 사악함을 혐오하시는 데서 하나님의 거룩하심이 드러나고, "주께서는 눈이 정결하시므로 악을 차마 보지 못하시며 패역을 차마 보지 못하"(합 1:13)신다는 것이 확인되었습니다. 아간을 그렇게도 불쾌히 여기시는 데서 하나님의 의로우심과 그분의 공의가 입증되었습니다. "범죄하는 그 영혼은 죽으리라"(겔 18:4)는 그분의 엄정한 선언이 틀림없이 시행되었습니다.

하나님의 영광이 그분의 완전하심의 총체가 아니고 무엇이겠습니까?

그가 기록된 말씀 속에서, 또한 인격적인 말씀이신 성자에서 그는 그 완전하신 속성들을 통해 우리에게 알려지시는 것입니다. 그러므로 그에게 영광을 돌린다는 것은 우리가 그 하나님의 속성들을 인정하고 시인하며 그것들에게서 합당하게 영향을 받는 것을 뜻합니다.

반대로 말로나 행위로나 그분의 완전하신 속성들을 부인한다면 그것은 그분을 만홀히 여기는 죄를 범합니다. 그분의 법을 짓밟는 것은 그분의 권위를 부인하는 것이요, 그분에게 반항하는 것은 그분의 권능을 멸시하는 것이요, 그분에게서 죄를 숨길 생각을 하는 것은 그분의 전지하심을 부인합니다.

"내 아들아 청하노니 이스라엘의 하나님 여호와께 영광을 돌려 그 앞에 자복하고."

우리 중에 이 점을 깨닫는 경우가 거의 없으나, 이것이 우리가 하나님께 영광을 돌리도록 하나님이 지정하신 방식 가운데 하나입니다. 죄를 자복하는 문제에 관해서 우리는 우리의 양심이 깨끗해지고 하나님과의 교제가 회복되는 일에만 생각을 집중시키기가 너무 쉽습니다.

바꾸어 말하면, 우리가 너무 우리 자신들 속에 갇혀 있고, 우리가 다가가는 그 하나님의 고귀하심에 대해서는 거의 생각할 줄 모른다는 말입니다. 참으로 회개하는 자는 하나님의 통치를 바라보며, 우리를 다스리시는 그분의 권리와 전적으로 그에게 굴복하는 삶을 살아야 할 우리의 의무를 인정하며, 우리의 반항을 탄식합니다.

하나님의 의로우심을 바라보며 "율법은 거룩하고 계명도 거룩하고 의로우며 선하"(롬 7:12)며 그것을 저버리면 도무지 핑계할 수 없다는 것을 인정합니다. 하나님이 죄를 범하는 자를 즉시 끊어내시지 않고 오래 참으사 회개할 기회를 주심을 바라봅니다. 하나님이 그분의 거룩하심에 어긋나지 않으시면서도 풍성한 긍휼로 용서받을 길을 열어 놓으셨음을 바라보며, 그분의 약속을 붙잡습니다.

> 만일 우리가 우리 죄를 자백하면 그는 미쁘시고 의로우사 우리 죄를 사하시며 우리를 모든 불의에서 깨끗하게 하실 것이요(요일 1:9).

죄를 고백하지 않는 것은 우리가 받을 위로를 스스로 없애버리는 것이며, 하나님께 드려야 마땅한 것을 드리기를 거부하는 것과 같은 것입니다.

하나님이 받으시는 고백은 그저 입만 움직이는 것을 훨씬 넘어서는 것입니다. 속 마음의 탄식으로부터 우러나오는 것이 아닌 그저 말뿐인 고백은 아무런 가치도 없습니다. 그리고 우리 죄의 죄악성을 깨닫고 그것에 큰 찔림이 있기까지는 속 마음의 탄식이 일어나지 않습니다. 우리가 저지른 범죄가 하나님의 본성과 뜻에 역행하는 것을 깨닫고 그것이 얼마나 하나님의 완전하심을 더럽히는 것이요, 그분의 권위를 멸시하고 그분의 순결하심에 정면으로 도전하는 것인지를 인식하기까지는 그 범죄의 무한한 사악함을 진정 인식하는 가운데 참으로 죄를 고백하게 되지 않는 법입니다.

하나님께 최고의 존귀를 드려야 마땅할 지극히 큰 임무를 지닌 자들이 그런 범죄를 행한다는 것이야말로 과연 지극히 배은망덕한 일이라는 것을 깨닫기 전에는 진정으로 상한 마음과 당혹스런 얼굴로 죄를 고백할 수가 없습니다.

우리에게 빛과 특권들, 선하심과 긍휼, 권면들과 경고들이 있으므로(스 9:10-15), 그것들을 거스려 범죄할 때에는 우리의 악행의 위중함이 더욱 배가된다는 것을 인식하기 전에는 우리가 자신을 혐오하면서 진정으로 죄를 고백하게 되지 않는 법입니다. 죄의 사악함에 대해 마음과 양심에 찔림을 받기 위해서는 그 사악한 죄를 속하시기 위해 그리스도께서 어떠한 희생을 치르셨는지를 자주 묵상할 필요가 있습니다. 죄에 대한 우리의 미움의 깊이가 우리의 고백의 진정성과 열의에서 드러나는 것입니다.

> 여호수아가 아간에게 이르되 … [이제] 네가 행한 일을 내게 알게 하라 그 일을 내게 숨기지 말라 하니(수 7:19).

여기의 "이제"는 책망과 비난의 말이었습니다. 범법자가 그렇게 오랫동안 침묵을 지키고 있었으니 말입니다. 아간은 더 이상 자기의 죄과를 숨길 수 없을 때까지, 조사 과정을 통해 자기가 지목을 받게 되기까지, 침묵을 지키고 있었습니다. 일찍 고백을 할수록 하나님께 더 영광이 되고, 그의 양심에 평안이 회복되었을 것입니다. 하지만 아예 고백하지 않은 것보다는 나았습니다. 뒤로 미루는 자는 바보요, 고백하기를 맹렬하게 거부하는 자는 배도자입니다. 다음의 경고는 몸서리치도록 엄숙합니다.

> 그가 어둠을 일으키시기 전, 너희 발이 어두운 산에 거치기 전, 너희 바라는 빛이 사망의 그늘로 변하여 침침한 어둠이 되게 하시기 전에 너희 하나님 여호와께 영광을 돌리라(렘 13:16).

"고백한다"는 것은 "숨기지 않는다"는 것과 같은 것이고, 고백하지 않는 것은 부인하는 것과 다를바 없는 것입니다(요 1:20). "네가 행한 일을 내게 알게 하라 그 일을 내게 숨기지 말라"는 여호수아의 말은 죄의 고백이 무엇인지를 보여 줍니다. 죄의 고백이란, 아무리 수치스럽고 굴욕적이라 할지라도 숨기거나 자기변명을 시도하지 않고, 자신의 과실을 정직하게 온전히 인정합니다. 그렇게 함으로써 하나님의 금지 명령이 의로운 것이었고 그분의 형벌이나 징계가 정당한 것임을 증언합니다.

아간이 여호수아에게 대답하여 이르되 참으로 나는 이스라엘의 하나님 여호와께 범죄하여 이러이러하게 행하였나이다(수 7:20).

이는 "내가 범죄하였나이다 내가 여호와의 명령과 당신의 말씀을 어겼나이다"(삼상 15:24)라는 사울 왕의 시인(是認)이나, 혹은 "내가 무죄한 피를 팔고 죄를 범하였도다"(마 27:4)라는 가룟 유다의 후회스러운 맹세와 마찬가지로 순전한 뉘우침이 아니었습니다. 그 다음에 이어지는 내용에서는 죄의 고백이 상세해야 한다는 것이 나타납니다.

내가 노략한 물건 중에 시날 산의 아름다운 외투 한 벌과 은 이백 세겔과 그 무게가 오십 세겔 되는 금덩이 하나를 보고 탐내어 가졌나이다 보소서 이제 그 물건들을 내 장막 가운데 땅 속에 감추었는데 은은 그 밑에 있나이다(수 7:21).

눈을 통해 유혹이 들어왔고, 그것이 그의 부패한 마음의 정욕을 부추겼습니다. 다른 곳에서 선지자가 말씀한 것처럼, "내 눈으로 보니 내 심령이 상하는도다"(애 3:51). 욥은 "내가 내 눈과 약속하였나니"(욥 31:1)라고 말씀했는데, 이런 거룩한 모범을 본받는 것이 우리에게 얼마나 절실한지 모릅니다. 하나님께 진정으로 간절하게 "내 눈을 돌이켜 허탄한 것을 보지 말게 하시고 주의 길에서 나를 살아나게 하소서"(시 119:37), 하나님이 보시듯이 사물을 보게 하시고 주의 말씀의 가르침에 따라서 그것들을 높이기도 하고 버리기도 하게 하옵소서, 라고 외쳐야 합니다.

아간이 그 물건들을 믿음의 눈으로 바라보았더라면, 하나님이 선언하신 대로 그것들을 "온전히 바친 물건"으로 바라보았더라면, 얼마나 좋았겠습니까!

아간은 불신앙의 눈으로 그것들을 "보고 탐내어 가졌습니다." 이는 우리 각자에게 주는 극히 엄숙한 경고입니다! 탐심은 흔히들 생각하는 것보다 악함의 정도가 훨씬 크고 하나님의 진노를 더욱 촉발시키는 것입니다.

골로새서 3:5은 탐심이 "우상 숭배"임을 선언합니다. 왜냐하면, 오직 창조주께 드려야 합당한 존경과 사랑을 피조물에게 베푸는 것이기 때문입니다. 우리의 무절제한 정욕을 죽이지 않으면, 그것은 우리 가슴 속에 독뱀을 품는 것입니다. 그것이 만족과 충족히 여기는 자세의 뿌리 자체를 물어뜯기 때문입니다(히 13:5). 우리의 욕망이 하나님이 현재 베풀어 주신 우리의 몫을 넘어서면,

더 이상 그것에 만족을 느끼지 못하고, 그것을 감사히 누릴 수가 없습니다.

"내가 … 탐내어 가졌나이다."

그리하여 그는 하와가 취한 행동과 정확히 동일하게 처신했습니다.

"아담과 그의 아내가 여호와 하나님의 낯을 피하여 동산 나무 사이에 숨은 지라"(창 3:8; 참조. 약 1:14, 15).

거기서도 "죄의 간사함"과 그것에서 비롯된 근심걱정을 보게 됩니다.

> 그 전리품을 소유하자마자 그것이 그의 짐이 되었다! 유혹거리들은 멀리서 볼 때와전 전혀 다르게, 막상 취하고 나면 염려거리가 되어 그것을 향한 열망이 사라지고 만다(토마스 스코트).

탐심의 마음에 굴복하는 자들은 "많은 근심으로써 자기를 찌르는 법입니다"(딤전 6:8-10).

"이에 여호수아가 사자들을 보내매 그의 장막에 달려가 본즉."

이스라엘 회중은 여호수아만큼 여호와의 영광을 위하여 열정이 있었습니다.

> 물건이 그의 장막 안에 감추어져 있는데 은은 그 밑에 있는지라 그들이 그것을 장막 가운데서 취하여 여호수아와 이스라엘 모든 자손에게 가지고 오매 그들이 그것을 여호와 앞에 쏟아 놓으니라(수 7:22-23).

그렇게 한 것은 아간의 죄에 대한 결정적인 증거를 온 백성이 보는 앞에 제시하고 그리하여 어둠 속에 감추어진 일들을 밝히 드러내기 위함이었습니다.

그 절차를 통해 여호와 앞에서 무엇이라도 감추려는 시도가 전혀 허사임을 백성들에게(또한, 우리에게) 엄숙히 경고했습니다.

여호와의 눈은 과연 지켜보십니다.

> 어디서든지 악인과 선인을 감찰하시느니라(잠 15:3).

"그것을 여호와 앞에 쏟아 놓으니."

즉, 여호와의 대표인 대제사장의 발 아래에, 어쩌면 그보다는 언약궤 앞에 쏟아놓았다는 뜻일 것입니다. 그 온전히 바친 물건들을 여호와께서 받으시도록 그에게 드린 것이 아니라, 그가 멸하시도록 그의 앞에 쏟아놓은 것입니다. 후에 이어지는 내용에서 드러나듯이 그 물건들은 여호와의 곳간에 들여지지 않았고, 완전히 파괴되었습니다.

> 여호수아가 이스라엘 모든 사람과 더불어 세라의 아들 아간을 잡고 그 은과 그 외투와 그 금덩이와 그의 아들들과 그의 딸들과 그의 소들과 그의 나귀들과 그의 양들과 그의 장막과 그에게 속한 모든 것을 이끌고 아골 골짜기로 가서(수 7:24).

여기서 모두가 하나로 행했습니다. 이스라엘 전체가 그 범죄와 거리를 두어야 했고, 따라서 그 범죄자를 벌하는 데에 모두가 참여하였습니다. 거기에 참여하지 않는 자는 누구든 죄를 용납하는 것으로 간주되었을 것입니다. 교회의 회원 중에 누구든 비슷한 일에 참여하기를 거부하는 것도 마찬가지입니다.

아간과 그와 관련된 모든 사람이 진 밖으로 끌려갔습니다. 다음과 비교하기 바랍니다.

> 그 일 행한 자를 너희 중에서 쫓아내지 아니하였느냐(고전 5:2).

그 다음에 이어지는 내용이 본문 13절의 "스스로 거룩하게 하라"는 여호수아의 명령에 힘을 더해 주고 그 추가적인 이유를 보여 주는 것을 주목하기 바랍니다. 스스로 실수를 저지르는 피조물들로 하여금 동료 중 한 사람을 심판하는 자리에 참석함으로써 스스로를 철저히 점검하게 하기 위함이었습니다.

교회는 거룩한 권징을 시행하기에 앞서서 그 직원들과 회원들이 모든 죄를 고백하고 그리스도의 깨끗이 씻는 피에 호소함으로써 하나님 앞에서 자신을 낮추고 자신들의 양심을 깨끗이 하는 일이 필요합니다.

그럴 때에 비로소 경건한 두려움과 떨림으로 행할 수 있습니다. 그럴 때에야 비로소, "너희 중에 죄 없는 자가 먼저 돌로 치라"(요 8:7)라는 말씀 때문에 그 고통스러우나 필수적인 임무를 시행하지 못하는 일이 방지될 것입니다.

> 여호수아가 이르되 네가 어찌하여 우리를 괴롭게 하였느냐 여호와께서 오늘 너를 괴롭게 하시리라 하니 온 이스라엘이 그를 돌로 치고 물건들도 돌로 치고 불사르고(수 7:25).

아간을 향한 이러한 극심한 조치로 말미암아 현재 아직 유아기에 있는 여호수아의 통치의 존귀함이 유지되었고, 또한 이스라엘이 약속의 땅 가나안에 입성할 즈음에 그 땅을 받는 조건들을 뼈저리게 경험하게 되었다(헨리[Henry]).

성막 예배가 시작될 즈음에 아론의 두 아들들을 향해 하나님이 극심한 심판을 내리셨듯이(레 10:1, 2), 여기서도 이스라엘이 가나안 땅에 들어갈 즈음에도 그러했고, 또한 기독교가 첫 출발 하던 때에도 아나니아와 삽비라의 죽음과 관련해서도(행 5장) 같은 실례를 보게 되는데, 이는 깊이 생각할 가치가 있습니다. 이 일은 경건한 두려움을 배가시키고, 임무를 다하는 중에 경계하도록 격려하며, 일반적인 악을 방지하게 하기 위함이었습니다.

사람들이 보는 앞에서 그처럼 엄한 일들이 일어나니, 과연 그들의 하나님이 그의 진노를 촉발하는 자들에게 "소멸하는 불"이시라는 것을 잊기가 더 어려웠을 것입니다.

> 그처럼 가혹하게 형벌한 일은 아간의 범죄와 가나안 정복의 계획 전체와의 관계를 통해 가늠해야 할 것이다. 가나안 족속을 멸망시키는 일이 과연 하나님의 보응하심을 시행하는 것이었다면, 그 일은 모든 인간적인 동기들이 완전히 배제된 상태로 시행되어야 했다. 그래야만 사람들이 여호와께서 그분의 백성들 마음대로 마구 가나안 사람들을 유린하게 내버려두셨다는 식으로 말 못할 것이었다.
> 사울을 벌한 일(삼상 15:21-23)과 에스더 9:10, 15, 16에서 반복되어 나타나는 진술(8:11에서 왕이 허락했음에도 불구하고)—'그들의 재산에는 손을 대지 아니하였다'—은 동일한 원리를 보여 주는 사례들이다(엘리콧).

게다가, 여기서 염두에 두어야 할 것은 아간은 신명기 13:17의 명확한 명령을 고의로 어겼고, 여호수아가 바로 직전에 선언한 그 끔찍한 저주(수 6:17-19)를 만홀히 여겨 처신했으며, 여호와의 임재가 그분의 백성 중에 그렇게도 확연히 나타나는 그런 때에 여호와를 거역했으며, 그의 범죄는 그저 도둑질한 것만이 아니라 신성모독이었고(여호와께 바쳐진 물건을 사사로이 쓰려고 했으니), 그의 범죄로 인하여 하나님의 백성이 이교도들이 보는 앞에서 치욕을 당하게 되었다는 점들입니다.

이제는 위의 사건이 마지막에 있을 대 심판의 주요 특질들 대부분을 그림자로 보여 준다는 것을 간단히 지적하기로 하겠습니다.

① 그 때에는 하나님의 완전하신 속성들이 충만하게 최종적으로 나타날 것이요, 그분의 신적인 영광이 뚜렷하게 비쳐질 것입니다.
② 여기서 "이스라엘 모든 사람"이 참석하는 것처럼, 그 때에는 모든 인류가 여호수아의 원형이신 그리스도 앞에 서게 될 것입니다.
③ 유다 지파가 다른 지파로부터 뽑힌 것처럼, 그 때에는 염소들이 양 떼로부터 분리될 것입니다.
④ 숨겨져 있던 어둠의 일들이 백일하에 드러날 것입니다.
⑤ 죄인이 심판을 받기 전에 무고한 자들이 혐의를 벗었던 것처럼, 불의한 자들이 정죄받기 전에 의인들이 신원될 것입니다.
⑥ 아간이 자기 죄를 부인하거나 자기의 형벌을 회피하려 하지 않은 것처럼, 정죄 받은 자들이 그들에게 내려진 선고의 정의로움을 인정합니다.
⑦ 온 이스라엘이 하나로 아간의 가족을 돌로 친 것처럼, 성도가 "세상을 판단할 것"입니다(고전 16:2).
⑧ 범인이 죽은 후에 그를 불로 태운 것처럼, 영원한 불이 버림받은 자들의 몫이 될 것입니다.
⑨ 하나님의 은혜를 기리는 영 구한 "기념물"과 더불어(수 4:7) 그분의 거룩하심을 기리는 기념물이 있었듯이(수 7:26), 구속함 받은 자들이 영원토록 하나님의 사랑을 실제로 보여 줄 것이요, 또한 버림받은 자들이 그분의 진노를 보여 줄 것입니다.

여백이 부족하므로 7장의 마지막 절에 대해 말씀을 덧붙이지는 않겠습니다.

> 온 이스라엘이 그를 돌로 치고 물건들도 돌로 치고 불사르고 그 위에 돌 무더기를 크게 쌓았더니 오늘까지 있더라 여호와께서 그의 맹렬한 진노를 그치시니 그러므로 그 곳 이름을 오늘까지 아골 [괴로움] 골짜기라 부르더라 (수 7:25-26).

여기서 세 가지를 주목하기 바랍니다. 그 기념물은 이스라엘로 하여금 아간의 죄와, 여호와의 화목과, 사형 집행의 장소에 주어진 이름을 엄숙히 기억하게 하기 위한 것이었습니다. 열두 돌을 요단 강에서 가져와서 길갈에 영구히 세워서(수 4:20-23) 여호와께서 거기서 은혜로이 베푸신 그 이적을 영원히 기억하도록 한 것처럼, 거룩하신 여호와를 사악하게 거역한 자에게 그분의 보응이 임한 그 장소에 돌을 쌓아 기념하게 했습니다.

그 쌓인 돌무더기는 신성모독의 범죄에 대해 끔찍한 경고를 주기 위함이었고, 은밀한 죄를 범하고도 안전하다고 상상하는 자들을 책망하고 하나님의 백성 중에 괴로움을 일으키는 자가 된다는 것이 얼마나 끔찍한 일인지를 증언하기 위함이었습니다.

"여호와께서 그분의 맹렬한 진노를 그치시니"라는 말씀에는 교훈적인 강조점이 있습니다. 이는 여호와의 다스림의 일환인 심판과 채찍질을 피하려면 그분 백성의 집회들이 여호와의 이름의 영광을 위하여 철저하고도 거룩하게 징계를 시행해야 한다는 것을 가르쳐 줍니다.

이 진술의 긍정적인 면을 살펴서 읽으면, 이스라엘이 "온전히 바친 물건"을 버리고 그들의 평안을 깨뜨리는 자를 신실하게 처리하고 나면 그들이 다시 하나님의 은혜로 회복된다는 뜻이 됩니다. 성경에는 이 장소에 대하여 매우 의미심장하고도 복스러운 두 가지 언급들이 더 나타납니다.

나쁜 길로 되돌아가려는 이스라엘을 향해 여호와께서는 그들을 회복시키고자 하는 목적을 선포하시며 이렇게 말씀하십니다.

> 거기서 비로소 그의 포도원을 그에게 주고 아골 골짜기로 소망의 문을 삼아 주리니 (호 2:15).

우리가 여호와를 거스르는 것을 제거하면 하나님이 우리를 향해 다시 은혜를 베푸실 소망의 근거가 생긴다는 것입니다.

> 사론은 양 떼의 우리가 되겠고 아골 골짜기는 소 떼가 눕는 곳이 되어 나를 찾은 내 백성의 소유가 되려니와(사 65:10).

곁길로 나가다가 다시 회개하는 성도마다 이 약속의 영적인 의미를 헤아려 하나님께 간구해야 합니다.

제11장

아이성 정복

(여호수아 8:1-35)

1. 격려와 지시

여호와께서 여호수아에게 이르시되 두려워하지 말라 놀라지 말라 군사를 다 거느리고 일어나 아이로 올라가라 보라 내가 아이 왕과 그의 백성과 그의 성읍과 그의 땅을 다 네 손에 넘겨 주었으니 (수 8:1).

앞 절에서는 "여호와께서 그의 맹렬한 진노를 그치시니"라고 말씀합니다. 아간의 문제를 처리한 다음, 여호수아가 그것을 예상했으리라는 것에 대해서는 의심의 여지가 있을 수 없습니다. 하지만 아직 여호와께서는 그 점에 대해 아무런 증표도 주시지 않았습니다. 그런데 이제 하나님께로부터 격려의 말씀과 지시의 말씀을 또한, 믿음으로 붙잡을만한 약속의 말씀을 받습니다.

우리가 죄의 문제를, 하나님과 우리 사이를 가로막는 그 온전히 바친 물건을 제거하고 나면, 오직 그 때에야 비로소, 하나님께로부터 위로의 말씀을 듣기를 기대할 수가 있다. 하나님은 그리스도인으로서의 행보와 싸움을 어떻게 계속해나갈지를 우리에게 지시해 주시는데, 이것이야말로 그가 우리와 화목하여 계시다는 좋은 증표다 (헨리[Henry]).

즉, 여호와와의 교제가 이제 회복되었다는 것입니다. 이 주석가가 말씀하는 "오직 그 때에야 비로소"를 주목하기 바랍니다. 신실하고도 실천적인 청교도들은 "부드러운 일들"을 제시하는 사람들도 아니었고, 듣는 이들과 독자들에게 영적 유익이 없는 문제들을 주입시키는 이들도 아니었습니다.

"일어나라"는 여호와의 말씀은 아간과 그의 가족을 돌로 처단한 후에 여호수아가 다시 여호와 앞에 머리를 조아리고 무릎을 꿇고서 여호와께로부터 위로와 앞으로의 일에 대해 지침을 얻기를 구했다는 것을 암시해 줍니다.

가나안을 정복하고 그 땅을 소유하고자 하는 이스라엘의 움직임이 추하게 방해를 받았었고, 또한 그것을 방해하는 요인이 제거되었으나, 여호와께서 그분의 뜻을 새로이 알려 주실 때까지 여호수아는 감히 전진을 시도할 수 없었습니다.

이는 죄의 문제가 남김없이 정리된 후에라도—개개인 그리스도인이든 아니면 교회든—그 다음 어떻게 행할 지에 대해 하나님의 지침을 겸손히 기다려야 한다는 것을 가르쳐 줍니다. "두려워하지 말라 놀라지 말라"는 여호와의 말씀은 아간의 범죄와 그로 인한 재난의 결과들이 여호수아에게 전혀 예상치 못한 쓰라린 아픔이었으며 이로 인해 그가 거의 기진맥진한 상태였음을 보여 줍니다.

> 교회 내부의 부패의 요소들은 교회 외부로부터의 반대보다 훨씬 더 힘을 약화시키고 교회를 인도하고 돕는 자들의 사기를 꺾는다. 반역한 이스라엘 백성이 사악한 가나안 족속들보다 더 두려움에 떠는 것이 당연한 일이다(헨리[Henry]).

"두려워하지 말라 놀라지 말라"는 말씀은 여호수아 개인에게만이 아니라 이스라엘 회중 전체에게 주는 말씀이기도 했습니다. 이스라엘은 아이 성에 대한 첫 공격에서 안타깝게 실패했고, 깊은 굴욕을 당했으며, 그리하여 "백성의 마음이 녹아 물 같이"(수 7:5) 되었습니다.

여호수아 7:15의 여호와의 명령에 순종하여 범죄자와 그 모든 소유를 완전히 멸하였으나, 그들이 다시 하나님의 은혜에로 회복되었다는 것과 그가 다시 그들에게 승리를 베푸실 것임을 알리는 고지(告知)가 그들에게 정말로 필요한 상황이었습니다. 겸손히 회개하는 그리스도인 역시 이와 마찬가지로 확신의 말씀을 붙잡는 것이 똑같이 절실합니다.

불법이 기승을 부리고(시 65:3) 원수에게 굴욕을 당하면, "너무 많은 근심에 잠길"(고후 2:7) 소지가 다분하고, 사탄이 그를 그런 침체의 수렁 속에 가두어 두기가 쉽습니다. 하지만 이는 불필요하고 어리석을 뿐 아니라 하나님을 욕되게 하는 것이기도 합니다. 진심으로 회개하고 죄를 버렸으면, 하나님의 긍휼을 확신하고 의지하고(잠 28:13) 그분의 약속을 신뢰하며 나아가야 합니다.

> 만일 우리가 우리 죄를 자백하면 그는 미쁘시고 의로우사 우리 죄를 사하시며 우리를 모든 불의에서 깨끗하게 하실 것이요(요일 1:9).

위로와 확신의 말씀에 이어서 지시의 말씀이 뒤따랐습니다.
"군사를 다 거느리고 일어나 아이로 올라가라."
여호수아와 그 휘하의 백성들은 이제 그 다음 행할 일에 대해 여호와께로부터 확실한 지침을 받습니다. 여호수아는 이제 은혜의 보좌로부터 돌아서서 싸움터로 나아가게 되었습니다. 신자가 은밀한 기도의 처소를 떠나 세상에서 싸우기 위해 나아가듯이 말입니다.

이 두 말씀을 연결시키면, 여호와께서는 그분의 종에게 아이성에서 겪은 실패로 당혹해하지 말고 강하고 담대할 것을 명하고 계셨습니다. 이와 비슷하게 그는 죄를 범한 후 회개한 자들에게 새롭게 원수들과 싸울 것을 촉구하십니다. 처음에는 성공하지 못한다 해도 계속해서 시도하라고 하십니다. 최악의 상황을 당하여 상처를 입었다 해도 싸움을 중단하지 말고, 그 실패가 여러분의 책임이었다 해도, 그 일을 하나님께 고백한 다음에는 싸움을 다시 시작하라는 것입니다. 이것이 바로 "은혜의 견인" 혹은 "성도의 견인"의 일부입니다.

> 나의 대적이여 나로 말미암아 기뻐하지 말지어다 나는 엎드러질지라도 일어날 것이요 (미 7:8).

"군사를 다 거느리고 일어나"라는 말씀을 개인에게 적용시킬 때에, 여러분의 모든 힘과 은혜를 다 동원하여 전력투구해야 한다는 점을 명심해야 합니다.
"내가 아이 왕과 그의 백성과 그의 성읍과 그의 땅을 다 네 손에 넘겨주었으니."
이는 여호와의 목적을 보여 주는 말씀이었습니다. 그는 "내가 넘겨주리라"고 하시지 않고, "내가 넘겨주었으니"라고 말씀하십니다. "없는 것을 있는 것으로 부르시는" 하나님은 불임의 아내를 둔 늙은 족장에게 "내가 너를 많은 민족의 조상으로 세웠다"고 말씀하셨습니다(롬 4:17).

아브라함에게 주신 그 말씀이 그의 믿음을 향해 주신 것이듯이, 여기서 여호수아에게 주신 이 말씀도 그러했습니다. "보라 내가 아이 왕과 그의 백성과 그의 성읍과 그의 땅을 다 네 손에 넘겨주었으니"라는 말씀은 그 일을 이미 이루어진 사실로 간주하고, 이미 승리를 얻은 것을 네 영안으로 바라보라는 뜻입니다. 그러므로 그리스도의 군사들도 복된 결과를 완전히 확신하고서 영적 전쟁에 임해야 합니다. 사도는 이를 이렇게 표현한 바 있습니다.

> 나는 달음질하기를 향방 없는 것 같이 아니하고 싸우기를 허공을 치는 것 같이 아니하며(고전 9:26).

즉, 목표에 도달할 지, 혹은 원수를 물리칠 지의 여부에 대해 조금도 의심이 없다는 것입니다. 이것이 우리가 부르심 받은 "믿음의 선한 싸움"입니다. 그러나 우리의 이성이나 느낌에 의해 그 일을 해나간다면 곧바로 그 싸움이 불신앙의 싸움이 되고 맙니다. 여호수아 8:1의 "보라"(믿음으로)는 출애굽기 14:13과 여호수아 6:2의 그것과 아주 비슷한 것이었습니다.

다음 절로 넘어가기 전에, 목회자를 위해—특히 온갖 수고에도 불구하고 눈에 보이는 성공도 열매도 없어서 실망과 좌절 속에 있는 분들을 위해—시의적절한 한 가지 메시지가 여기에 담겨 있음을 지적해야겠습니다.

첫째, 하나님 앞에서 자기 자신을 살피고 자신의 메시지와 그 방법을 말씀을 통해 점검하고, 자신이 성령을 거스른 점은 없는지, 또한 그로 인해 그의 사역에 하나님의 복이 임하지 못하도록 방해한 것은 없는지를 살펴보아야 합니다. 만일 그렇다면, 그의 죄가 남김없이 심판받고 버림받을 수밖에 없습니다. 그렇게 면밀히 자기를 살폈음에도 특별한 방해 요인이 드러나지 않으면, 여호와의 이 말씀들을 자기 자신에게 주시는 말씀으로 취하기 바랍니다.

"두려워하지 말라 놀라지 말라."

그것은 실망감과 좌절감을 일으키는 두려움일 뿐이니 말입니다. 그럴 때에는 "내가 두려워하는 날에는 내가 주를 의지하리이다"(시 56:3), 혹은 "보라 하나님은 나의 구원이시라 내가 신뢰하고 두려움이 없으니"(사 12:2)라고 외치기 바랍니다.

"군사를 다 거느리고 일어나라"

기도로 함께 할만한 성도를 진지하게 구하고, 그럴 동료가 있든지 없든지 상관없이, 반드시 "하나님의 전신갑주"를 취하기 바랍니다. 더 나아가 이사야 55:11, 마태복음 28:20의 약속들을 믿음의 눈으로 바라보기 바랍니다.

그렇게 해야만 두려움이 잦아들게 될 것입니다.

> 너는 여리고와 그 왕에게 행한 것 같이 아이와 그 왕에게 행하되 오직 거기서 탈취할 물건과 가축은 스스로 가지라 너는 아이 성 뒤에 복병을 둘지니라 (수 8:2).

원수에게 자비를 베풀지 말고, 그와 휴전도 하지 말고, 그 전의 경우처럼(수 7:21) 모든 거민을 다 "진멸"해야 했습니다. 이는 그리스도인은 모든 형태의 악에 대해 그 모양까지도 버리는(살전 5:22) 타협이 없는 자세를 취해야 할 것을 가르쳐 줍니다. 이때에는 이스라엘이 각종 전리품과 가축을 탈취해도 좋다는 하나님의 허가가 주어집니다. 모든 산의 가축이 다 여호와의 것이며(시 50:10), 그분의 기뻐하시는 대로 그가 그것들을 분배하십니다.

여리고에 속한 것들은 모두가 "여호와께 구별될 것"(수 6:19)이므로 이스라엘은 그중에서 아무것도 취해서는 안 되었습니다. 이를테면 그것은 여호와께 속한 특별한 "처음 거둔 열매"(출 23:19; 잠 3:9)였습니다. 그러므로 여리고에 대해 내려졌던 금지 명령은 다시 반복되지 않았습니다.

여기서 탈취물을 취하도록 허용하신 것은 여호수아 7:25에서의 그들의 순종에 대한 은혜로운 상급으로 볼 수 있습니다. 그러니 아간이 탈취물에 대해 탐심을 품은 것은 정말 어리석은 처사였습니다. 하나님의 때를 기다리는 것은 결코, 잃는 것이 아닙니다. 그 때를 우리 스스로 앞당기려는 것이야말로 어려움을 자초합니다.

아이성을 취한 방법은 가나안 족속들의 첫 성을 취할 때와는 전혀 달랐습니다. 하지만 이는 무엇보다 하나님이 획일적으로 일하지 않으신다는 것을 보여 줍니다. 토마스 스코트는 다음과 같이 지적합니다.

> 여리고 성은 이적을 통해 함락되었으니 … 이는 그 백성들에게 하나님을 의지하고 모든 성공의 영광을 그에게 돌릴 것을 가르치기 위함이었다. 그러나 그 백성들은 원수들을 얕잡아 보아도 괜찮다고 여기고서 스스로 교만에 빠졌다. 그러므로 그 다음에 하나님은 그들로 하여금 모든 힘을 다 쏟아 부지런히 싸

움에 임하게 하셨고 그렇게 승리를 얻게 하신 것이다.

　이러한 설명에 충분히 동의하지만, 이것이 모든 것을 다 설명해 주는 것은 아니라 생각합니다. 하나님이 절대적인 주권자이시므로 그분의 뜻에 따라 자유로이 행하시지만, 사람들을 대하시는 그분의 방식은 변덕스럽지 않고 일반적으로 그 사람들의 행실과 조화를 이룹니다.

　아이 성을 처음 공격할 때에 경솔히 처신함으로써 이스라엘이 하나님의 최선을 놓쳤으므로, 이제는 그들이 그의 차선으로 만족해야만 했다고 보는 것이 나을 것입니다. 그들이 실패한 근원적인 원인은 아간의 사악한 범죄였습니다. 하지만 그보다 직접적인 원인은 정탐꾼들의 교만과 그들의 육신적인 제안을 받아들인 여호수아의 어리석음에 있었습니다.

> 이에 여호수아가 일어나서 군사와 함께 아이로 올라가려 하여 용사 삼만 명을 뽑아 밤에 보내며 그들에게 명령하여 이르되 너희는 성읍 뒤로 가서 성읍을 향해 매복하되 그 성읍에서 너무 멀리 하지 말고 다 스스로 준비하라(수 8:3-4).

　이제 아이성을 무너뜨리기 위해서 이스라엘이 얼마나 많은 괴로움을 겪어야 했는지 모릅니다!

　아아, 독자 여러분!

　한 번 복된 처지에서 이탈한 다음 다시 그 길로 돌아가기 위해서는 적지 않은 괴로움을 겪어야만 합니다!

　하나님은 갖가지 방식으로, 우리 자신의 이해에 의지하거나 자의적으로 처신하는 것이 어리석은 일임을 느끼게 하시며, 또한 하나님의 최선을 놓침으로써 우리 스스로 자초하게 되는 일을 맛보게 하십니다.

　그리고 여호와께서 이스라엘의 실패들을 얼마나 정확하게 바로잡으시는지를—그 전의 방식을 역전시키시는지를—주목하기 바랍니다. 정탐꾼들은 아이 성을 정탐하고 돌아와 여호수아에게 "백성을 다 올라가게 하지 말고 이삼천 명만 올라가서 아이를 치게 하소서"라고 말했습니다.

　이것은 여호수아 6:3에서 하나님이 이스라엘에게 주신 패턴과 정면으로 어긋나는 것이었고, 이제는 그 본래의 패턴으로 돌아가게 하신 것입니다.

군사를 다 거느리고(수 8:1).

"그들은 소수이니"(수 7:3)라는 정탐꾼들의 말에서 그들이 아이 성을 아주 손쉬운 먹잇감으로 멸시했음을 보여 주며, 또한 그저 이삼천 명만 보내도 족할 것이라고 제안한 것은 분명 교만의 언어였습니다. 아이 성 싸움에서는 여호와께서 여리고성을 무너뜨리는 데에 사용된 방식보다 훨씬 더 굴욕적인 방식을 지정하심으로써 그들의 교만을 꺾으셨습니다.

여리고 성 싸움에서는 성의 주위를 공개적으로 행진했었는데, 그보다 더 작고 약한 성을 무너뜨리는 데는 뒤에서부터 습격하도록 은밀하게 매복하는 굴욕적인 방법이 부과되었습니다. 처음 아이 성을 공격했을 때에 여호수아는 정탐꾼들의 제안을 여호와께 내어 놓고 지침을 받지 않았고, 그리하여 재난이 임했었습니다.

그 결과 그는 여러 시간 동안 언약궤 앞에 "머리에 티끌을 뒤집어 쓰고 난 후"에 비로소 이스라엘의 굴욕적인 패배에 대한 원인이 드러났습니다. 그리고 후에 다시 엎드리고서야 비로소 새로운 공격계획에 대한 명령을 받을 수 있었습니다(수 8:1).

하나님의 종은 자기 자신의 궁리대로 행해서는 안 되고, 언제나 그의 주인의 말씀에 따라 처신해야 합니다. 그래야만 하나님의 축복을 기대할 수 있습니다. 하나님이 사용하라고 명하신 수단이 아무리 굴욕적이었어도 여호수아와 그 휘하의 백성들은 하나님이 주신 지시대로 실행했습니다. 여호와께로부터 평안의 응답과 그들을 향한 그분의 뜻에 대한 말씀을 받고, 즉시 그 일을 실행한 것입니다.

"이에 여호수아가 일어나서 군사와 함께 아이로 올라가려 하여."

이것은 순종의 행위였으며 동시에 믿음의 행위이기도 했습니다. 믿음으로 "내가 아이 왕 … 을 다 네 손에 넘겨주었으니"라는 여호와의 말씀에 응답한 것입니다. "하지만 여호와께서 그렇게 선언하셨다면 여호수아와 이스라엘 온 군대가 구태여 싸움에 나설 이유가 없지 않았을까?" 혹시, 이렇게 질문한다면 이는 하나님의 주권과 인간의 책임 모두에 대한 무지를 드러내는 것일 뿐입니다. 하나님이 결말을 예정해놓으셨다고 해서 수단을 사용할 필요가 없어지는 것이 아닙니다.

오히려 하나님의 예정에는 인간적인 수단의 사용이 포함되며, 그분의 예정이 인간의 수단을 통해 이루어지는 것입니다. 여호와께서 선지자 중 하나를 통해 히스기야에게 "내가 네 수한에 십오 년을 더하리라"(사 38:5)고 알리셨다고 해서, 히스기야가 음식을 먹고 잠을 자지 않아도 괜찮다는 뜻이 아니며, 마찬가지로 하나님이 바울에게 배가 난파되어도 "너희 중 아무도 생명에는 아무런 손상이 없으리라"고 확신을 주셨다고 해서, 아무도 목숨을 보전키 위해 애쓸 필요가 없어지는 것이 아니었습니다(행 27:22-24, 31).

하나님이 그분의 백성들에게 은혜로 확신을 주시는 것은 그들 중에 나태함을 조장하기 위함이 아니고, 오히려 "우리의 수고가 주 안에서 헛되지 않은 줄 앎"(고전 15:58)으로 더욱 부지런히 움직이도록 자극하고 격려하기 위함인 것입니다. 하나님이 승리를 주시지 않으면 우리가 아무리 수고해도 얻을 수가 없다는 것이 사실이지만, 그런데도 열심을 다해 수고하는 것은 우리의 필수적인 의무입니다.

아이 성의 함락이 분명했으나, 이스라엘은 그들의 책무를 다하라는 부름을 받았습니다. 하나님이 우리에게 주시는 약속들은 게으름을 조장하기 위해서가 아니라 그분의 계명에 순종하도록 박차를 가하기 위함입니다. 믿음이란 부지런히 열정적으로 일하는 것의 대안이 아니고, 부지런히 일하도록 만드는 촉매제의 역할을 합니다.

소망은 임무의 시행을 면제시키는 것이 아니라, 그 임무의 시행을 격려하기 위한 것입니다. 마지막에 승리가 확실하기 때문에 그리스도의 군사들이 싸우도록 부르심을 받습니다. 그 확신이 그들에게 에너지를 불어넣는 촉매제가 됩니다. 믿음을 순전히 시행하는 것은 옛 사람을 죽이고 새 사람을 살리고자 하는 그리스도인의 수고에 강력한 영향을 미칩니다. 이는 로마서 6:11 이하에서 선명히 드러납니다.

우리는 우리 자신이, 죽으시고 부활하신 주 예수 그리스도와 법적으로 하나임을 믿음으로 인식해야 하고, 그럴 때에 우리가 우리의 정욕들을 이기고 우리의 은혜들을 선용하는 데에 성공을 기대할 수 있습니다(롬 6:13). 믿음이야말로 "세상을 이기는 승리"(요일 5:4)이지만, 바로 앞 절에서 분명히 드러나는 대로, 하나님의 계명을 지키는 데서 그 믿음이 발휘됩니다.

그러므로, 이스라엘은 하나님이 주신 성공에 대한 확신을 믿는 믿음을 가지는 동시에 하나님이 지정하신 전략을 철저히 준수해야 했습니다. 여호수아는 아이 성 뒤에 매복하게 될 삼만 명의 군사들에게 극히 명확한 명령을—어디로 갈지, 무슨 일을 할지, 그리고 어떤 자세를 갖추어야 할지를—하달합니다.

> 너희는 성읍 뒤로 가서 성읍을 향해 매복하되 그 성읍에서 너무 멀리 하지 말고 다 스스로 준비하라 (수 8:4).

그리스도인의 영적 전투에 대해 주어진 지침 역시 이와 똑같이 명확합니다. 승리의 여부가 그것들을 얼마나 면밀히 준수하느냐에 크게 달려 있습니다. 그러므로 사도는 신자들에게 "너희가 주 안에서와 그 힘의 능력으로 강건하여지"라고 명령(이는 오로지 주를 믿는 믿음으로만 시행될 수 있습니다)한 후에, "마귀의 간계를 능히 대적하기 위하여 하나님의 전신 갑주를 입으라"고 명령하는데(엡 6:10-11), 곧 그분의 명령대로 행하지 않으면 그들이 원수의 무력 앞에 넘어지게 될 것이라는 뜻이 거기에 담겨 있습니다.

이 점이 더욱 뚜렷이 드러납니다. 사탄의 통제 아래 있는 엄청난 세력들에 대해 알림으로써 그의 권면을 더욱 강화시킨 다음(엡 6:12), 그는 다시 반복하여, "그러므로 하나님의 전신 갑주를 취하라 이는 악한 날에 너희가 능히 대적하고 모든 일을 행한 후에 서기 위함이라"(엡 6:13)라고 말씀하고 있습니다. 하나님이 전신갑주를 베푸셨으나, 우리가 그것을 "취하"고 "입"어야만—그것도 그 일부가 아니라 전체를 다—합니다.

앞에서 우리는 여호수아 8:1에서 여호와께서 그분의 종에게 격려의 말씀, 명령의 말씀, 그리고 약속의 말씀을 주셨음을 지적한 바 있습니다. 이스라엘이 아이 성에서 치욕적인 패배를 겪은 후, 여호수아는 "두려워하지 말라 놀라지 말라"는 여호와의 말씀을 통해 은혜로이 확신을 회복했습니다.

이를 더 넓게 적용시키면, 그 말씀은 이스라엘 전체에 위로를 주는 메시지였습니다. 백성의 장로들이 여호와 앞에 정당하게 자신을 낮추었으므로, 불필요하게 침울해할 필요도 없고 절망감에 빠져 사탄의 공격에 넘어질 필요도 없다는 것이었습니다. 교훈의 말씀은 여호수아와 그의 휘하의 군대가 행해야 할 일에 대한 여호와의 뜻을 알리는 것이었습니다.

"군사를 다 거느리고 일어나 아이로 올라가라."

여호수아 7:3에서 취했던 그들의 주제 넘는 처신을 물리고, 6:3에서 받은 바 하나님의 패턴을 그대로 지키라는 명령입니다. 그리고 그들의 믿음에 대해 약속의 말씀이 주어졌습니다.

"보라 내가 아이 왕과 그의 백성과 그의 성읍과 그의 땅을 다 네 손에 넘겨 주었으니."

이 명령은 하나님의 역사하심의 확실성을 전제하는 것이었고, 따라서 의심 없이 그것을 믿음으로 받아야 했습니다.

2절에서 교훈의 말씀이 확대되어 제시됩니다. 곧 아이 성과 그 거민이 완전히 멸해지리라는 것이었습니다. 이때에는 물건과 가축을 취해도 된다는 허락이 이스라엘에게 주어졌습니다.

마지막으로 그들이 취해야 할 전략이 제시되었습니다. 곧 매복했다가 뒤에서 공격하는 것이었습니다. 그리고 이어서 다음과 같이 기록되어 있습니다.

> 이에 여호수아가 일어나서 군사와 함께 아이로 올라가려 하여 용사 삼만 명을 뽑아 밤에 보내며 (수 8:3).

이는 순종만이 아니라 믿음의 행동이기도 했고, 아니 "믿음의 순종"이었습니다(롬 1:5). 하나님을 믿는 믿음만 있으면 우리가 임무를 행하거나 모든 정당한 수단의 사용이 불필요하다고 생각한다면 이는 큰 잘못입니다. 오히려 우리가 임무를 행하고 정당한 수단을 사용함으로써 우리의 믿음이 큰 활력을 얻습니다.

하나님을 신뢰하는 것이 수동적 자세를 만들어 내는 것도 아니요, 부지런한 수고가 자신을 신뢰하는 교만을 불러일으키는 것도 아닙니다. 참된 믿음은 언제나 선행으로 이어지지만, 그러면서도 주를 의지하는 자세로 그런 행위들이 시행됩니다. "사람의 길이 자신에게 있지 아니하니"(렘 10:23)라고 기록되어 있지만, 또한 "이것이 바른 길이니 너희는 이리로 가라"(사 30:21)라고도 기록되어 있습니다.

그러므로 성경이 언제나 성경을 뒷받침하는 것입니다!

> 그들에게 명령하여 이르되 너희는 성읍 뒤로 가서 성읍을 향해 매복하되 그 성읍에서 너무 멀리 하지 말고 다 스스로 준비하라 (수 8:4).

하나님이 승리를 보장해 주셨지만, 그렇다고 해서 그들이 책임을 다할 필요가 없어지는 것이 아니었습니다. 하나님을 믿는 믿음이 그의 명령들을 이행하는 데서 나타나야 했습니다. 그리하여 여호수아는 그 삼만 명의 군사들에게 어디로 갈지, 어떻게 처신할지에 대해, 매우 구체적인 명령을 하달했습니다.

바로 앞에서 말씀한 바와 같이 그리스도인의 영적 전투에 대해서도 똑같이 구체적인 명령이 주어져 있으며 그것들을 얼마나 면밀히 준수하느냐에 따라 승리의 정도가 달라지는 법입니다. 여기서 특히 아이 성 뒤에 매복할 군사들을 "밤에" 보냈다는 것을 주목하기 바랍니다(3절).

그 군사들은 쉬지도 못하고 그들 편에서 자기를 부인해야 했습니다. 이것이야말로 신자에게 지정된 첫째가는 중요한 임무입니다. 이스라엘이 가나안 족속을 이기고 물리친 다음에야 비로소 그들이 그들의 기업으로 들어갈 수 있었듯이, 우리 역시 육체와 세상과 마귀에 대해 승리를 거두어야만 우리의 소유를 소유하고 누릴 수 있습니다. 그리스도를 따르기에 앞서서, 먼저 자기를 부인해야 하고 십자가(자기 희생)를 우리의 삶을 규정짓는 원리로 받아들여야 하는 것입니다(마 16:24).

방금 위에서 지적한 내용이 고린도전서 9:24-27에서 확인됩니다. 거기서 바울은 먼저, "운동장에서 달음질하는 자들이 다 달릴지라도 오직 상을 받는 사람은 한 사람인 줄을 너희가 알지 못하느냐 너희도 상을 받도록 이와 같이 달음질하라"고 말씀하여, 그리스도인의 삶을 경주하는 것과 비교합니다. 경주는 왕성한 훈련과 힘을 다하는 수고와 참고 견디는 인내를 요합니다. 그리고 이어서 그 일에 성공하기 위해서는 과연 그리스도인에게 무엇이 필수적으로 요구되는지를 말씀합니다.

이기기를 다투는 자마다 모든 일에 절제하나니 (고전 9:15).

즉, 모든 욕구에 재갈을 물리고, 위로 거리들을 사용하는 데에서도 절제하는 등, 모든 면에서 철저히 자기를 통제한다는 것입니다. 그 다음 사도는 방금 말씀한 내용의 실례를 자기 자신의 삶을 통해 제시하는데, 이것은 우리에게 모범이 됩니다.

"그러므로 나는 달음질하기를 향방 없는 것 같이 아니하고"

승리를 확실히 하기 위해서는 자기 절제가 절대적으로 필요하다는 것을 인식하고 자 자신도 실천한다는 것입니다.

이 말은 "나 자신도 결과를 확실히 하기 위해 필수적인 방식으로 처신하고 내 삶을 이어가고 있다." 즉, 명확히 그어진 경계선(lines) 내에서—하나님이 지정해 주신 임무의 길을 지키며—달려가고 있고, 목표에 이르기까지 최선을 다해 경주해가고 있다는 것입니다.

그리고 표현을 약간 바꾸어, 여호수아 8장에서 나타나는 바에 좀 더 가까이 나아가, 사도는 이렇게 덧붙입니다.

"내가 내 몸을 쳐 복종하게 함은."

즉, 내가 경기의 법칙을 준수하여 행함으로써 의심의 여지가 전혀 없이 "우리를 사랑하시는 이로 말미암아 넉넉히 이기도록 그렇게 처신한다는 것"입니다. 바울은 날마다 자기를 부인하고, 정욕을 죽였고, 그 결과 그에게 주어질 생명의 면류관을 확신했습니다. 그는 에너지를 허비하거나 헛되이 힘을 쓰지 않았습니다. 육체의 정욕을 제어하고 모든 지체를 하나님께 굴복시키는 큰 목적을 위해 모든 노력을 경주했습니다. 안타깝게도 오늘날 스스로 그리스도인이라 칭하는 이들 중에 하나님이 부여하신 적이 없는 그런 헛된 일을 위해 에너지를 탕진하는 이들이 얼마나 많은지 모릅니다!

이어서 바울은 끔찍한 일을 솔직하게 진술합니다.

> 내가 남에게 전파한 후에 자신이 도리어 버림을 당할까 두려워함이로다(고전 9:27).

곧, 내 지체를 하나님께 드림으로써(롬 6:19), 내가 내 몸을 쳐서 복종시키지 못하고 육체의 정욕과 사탄의 시험을 상대로 싸우지 못하면, 영원한 치욕이 내 몫이 될 것이라는 것입니다.

마지막으로 사도 바울은 10장에서도(첫 절에서 나타나는 대로) 자기를 부인하고 경계해야 할 것을 이스라엘을 예로 들면서 계속 권면하고 있습니다. 이스라엘은 홍해를 건넜으니 이제 모든 위험 요소는 다 지나갔고 가나안 입성이 확실하다고 느꼈으나, 악한 정욕에 빠짐으로 인하여 광야에서 망하고 말았습니다(고전 10:1-15).

여기서 우리는 여호수아와 그의 사람들이 준수해야 했던 원리들이 영적 싸움을 싸우는 그리스도인들이 준수해야 하는 원리들과 동일한 것을 봅니다.

> 구약과 신약은 우리의 두 눈처럼 서로를 보좌하고 돕는다(시얼[A. Searle]).

그들은 하나님을 철저히 신뢰하는 동시에 그에게 온전히 굴복하여 행해야 했습니다. 그의 확실한 약속을 믿고 행해야 했고, 동시에 그의 명령에 전적으로 순종해야 했습니다. 여호와께서 아이성을 그들의 손에 내어주셨음을 온전히 확신하고 나아가야 했고, 동시에 그가 명확히 제시하신 전략을 철저하게 준수해야 했습니다.

그러므로 "평강의 하나님께서 속히 사탄을 너희 발 아래에서 상하게 하시리라"(롬 16:20)고 말씀하지만, 동시에 우리는 믿음을 굳게 하여 사탄을 대적해야 합니다(벧전 5:9). 우리 안에서 "착한 일을 시작하신 이가 그리스도 예수의 날까지 이루실 줄을" 우리가 확신하지만(빌 1:6), 그 다음 장에서는 "항상 복종하여 두렵고 떨림으로 너희 구원을 이루라"는 명령을 받는 것입니다(12절). 힘 있는 막강한 원수들이 싸움에 나서지만, 그 궁극적인 결과는 의심의 여지가 없습니다.

> 이는 너희 수고가 주 안에서 헛되지 않은 줄 앎이라(고전 15:58).

아이 성 뒤편에 매복할 삼만 명의 군사들에게 여호수아는 "그 성읍에서 너무 멀리 하지 말고 다 스스로 준비하라"—정신을 바짝 차리고 깨어 있고, 적절한 시기가 오면 즉시 나아갈 준비를 갖추고 있으라—라고 말한 바 있습니다. 예수 그리스도의 군병들도 이러한 준비 태세를 갖추고 있어야 합니다.

> 근신하라 깨어라 … 믿음을 굳건하게 하여 그를 대적하라(벧전 5:8-9).

이어서 여호수아는 다음과 같이 덧붙였습니다.

> 나와 나를 따르는 모든 백성은 다 성읍으로 가까이 가리니 그들이 처음과 같이 우리에게로 쳐 올라올 것이라 그리 할 때에 우리가 그들 앞에서 도망하면(수 8:5).

여리고 성 주위를 행진하던 것과 얼마나 다른 전략입니까!
가나안 족속들에게 등을 돌리고 도망해야 하다니, 이 얼마나 굴욕적이었겠습니까!
이스라엘이 하나님의 최선을 놓쳐버렸다는 것이 이런 전략에서 분명히 드러납니다!

그렇습니다. 원수가 철저히 무너졌고 여리고 성이 잿더미가 되었습니다. 그러나 여호와께서 여기서 이스라엘로 하여금 사용하게 하신 방법에서, 그들이 여호와의 차선을 부여 받았다는 사실이 명확히 드러납니다.

> 그들이 나와서 우리를 추격하며 이르기를 그들이 처음과 같이 우리 앞에서 도망한다 하고 우리의 유인을 받아 그 성읍에서 멀리 떠날 것이라 우리가 그들 앞에서 도망하거든 (수 8:6).

이 말씀은 여호수아가 1절에서 여호와께로부터 받은 말씀을 근거로 추리해 낸 사실을 전합니다. 여호와께서 아이 성의 왕과 그 백성과 성을 이스라엘의 손에 주셨다고 선언하시고 이어서 그 성을 뒤에서 매복하라는 지침을 주셨는데(수 8:2), 그런 전략이 성공을 거두려면 아이 성의 군대를 유인해 내어야 한다는 것이 논리적으로 당연한 일이기 때문입니다.

그러나 전후의 문맥에 비추어 보면 이것은 그저 머리로 추리해낸 것만이 아니라 믿음의 결론이었다는 것이 분명합니다. 여호수아는 이 계획의 성공적인 결과를 완전히 확신하였고, 여호와께서 명령하신 수단을 그대로 사용하였습니다. 그는 1절에서 주신 여호와의 약속을 의지하고 있었고, 그리하여 원수의 군대를 성에서 유인해 내어 성이 무방비 상태가 되도록 여호와께서 복 주실 것을 확신하고 있었습니다.

이 사실이 기록되어 있는 것은 우리로 하여금, 특히 복음 사역자들로 하여금, 이것을 배우고 격려를 얻게 하기 위함입니다. 곧 하나님이 지정하신 방법과 수단을 철저히 준수하고, 또한 그 일에 여호와께서 복 주실 것을 기대하고 그분을 바라보고 나아가면, 그가 무엇을 목적하셨든지 그 일이 분명히 이루어진다는 것입니다.

위의 내용에서 우리는 과거의 경험이, 특히 재난을 당했던 경험이, 우리에게 유익이 된다는 사실을 보게 됩니다. 5절에서 여호수아는 "그들이 처음과 같이 우리에게로 쳐 올라올 것이라"고 선언했었습니다. 그 지식이 이제 그에게 큰 유익을 줍니다. 여호와의 명령대로 행함으로써 여호수아는 과거의 패배를 승리로 바꾸어 놓게 됩니다. 아이 성 왕의 반응을 여호수아가 감지한 것처럼, 그리스도인들도 저 큰 원수 마귀의 계략을 모르지 않습니다.

우리는 그 계책을 알지 못하는 바가 아니로라 (고후 2:11).

그리고 세상의 갖가지 유혹과 함정에 대해서도, 우리의 마음의 사악함과 얄팍함에 대해서도, 모르는 바가 아닙니다. 이 점에 대해 극히 주의를 기울이고 정직히 행해야 합니다. 사탄이 성도를 유혹하고 공격한다는 것을 말씀이 극히 명확히 가르치고 있으며, 동시에 우리 자신의 죄악된 성향으로 인해 사탄에게 복종하기가 너무나 쉽기 때문입니다. 어떤 일이 우리 자신의 정욕에서 비롯된 것인지 아니면 마귀에게서 비롯된 것인지를 확인한다는 것이 언제나 쉽지 않습니다.

하지만 우리 자신이 동조하지 않는다면 마귀가 조금도 이득을 얻을 수가 없습니다. 그러므로 언제든 유혹에 넘어가면, 그에 대한 책임은 우리에게 있습니다. 그러므로 사탄을 탓해서는 안 되고 전적으로 우리 자신을 탓하고 하나님께 우리의 죄과를 고백해야 합니다.

6절의 이러한 상세한 내용에서 우리 자신이 얻어야 할 주요 실천적 교훈은 바로 이것입니다. 곧 원수의 책략과 전술을 알고서 그것을 잘 이용해야 한다는 것입니다. 그렇지 않으면 하나님이 진리의 말씀 속에 그것을 알려 주신 것에서 아무런 유익을 얻지 못합니다.

"우리는 그 계책을 알지 못하는 바가 아니로다."

성경에 계시된 내용으로부터, 우리 동료들의 실패들을 조심스럽게 관찰함으로써, 또한 우리 자신의 개인적인 경험에서 배우는 바를 통해 우리는 사탄이 흔히 쓰는 방법들, 미끼들, 함정들을 인지하고 있습니다. 그리고 그런 것을 아는 만큼, 항상 경계하고, 그 책략들을 방어할 조치들을 취하고, 또한 여호수아가 여기서 행한 것처럼, 그것들을 이용할 책임이 뒤따릅니다. 미리 경고를 받는다는 것은 곧 미리부터 유리한 고지를 점하는 것이요, 또한 사탄의 공격이 어느 방향으로 올 가능성이 가장 높은지를 미리 알면, 그것을 이용하여 우리가 승리를 거둘 수 있습니다.

사탄이 흔히 쓰는 수법은 불신자들로 하여금 진리에 대해 편견을 갖게 만들고, 또한 세상의 쾌락거리들로 그들을 에워싸서 영혼에 대한 관심사와 다가올 세상의 그 측량할 수 없는 가치에 대해 시선을 두지 못하게 하며, 신자가 제시하는 그리스도에 대한 증언을 훼손시키고, 또한 분쟁과 시기의 마음을 심어둠으로써 그리스도인의 공동체들의 평화를 깨뜨리게 만드는 것입니다.

이 문제를 넘어가기 전에, 젊은 설교자에게 말씀드리고자 합니다. "사탄의 책략"에 대해 설교를 준비하려면, 적절한 자료를 성경에서 가능한 많이 찾아낼 수 있습니다. 그 경우 주로 창세기 3장의 하와에 관한 내용과 마태복음 4장의 우리 주님에 관한 내용에 관심을 집중시켜야 합니다. 물론 완전한 목록은 아니지만, 다음의 내용들을 보조 자료로 사용할 수도 있습니다.

사탄은 우쭐거리게 만들고(대상 21:1), 하나님의 섭리들에 대해 반역의 마음을 부추기며 하나님에 대해 완악한 생각을 갖게 만듭니다(욥 1:11; 2:7-9).

베드로의 경우처럼 그리스도를 배반하도록 비겁한 자세를 갖게 하여 꾀며(눅 22:31), 노골적인 그리스도의 원수들과 타협하고 협상하게 하며(요 13:2), 스스로 절망하여 자포자기하게 만들며(마 27:5), 탐심의 마음을 조장하고 성령께 요구하게 하며(행 5:3), 성적 부도덕에로 유혹하고(고전 7:5), 가혹하게 행하게 만들고(고후 2:6-11), 우리의 마음을 부패시켜 그리스도만을 사모하게 하지 못하게 하며(고후 11:2), 빛의 천사로 가장하며 자기의 졸개들을 의의 사역자들로 위장시키며(고후 11:14-15), 진리를 부인하게 하고(딤후 2:25-26), 위협하게 하고(벧전 5:8), 그리스도의 종들과 성도를 비방하게 만드는 것입니다(계 12:10).

> 너희는 매복한 곳에서 일어나 그 성읍을 점령하라 너희 하나님 여호와께서 그 성읍을 너희 손에 주시리라 (수 8:7).

여호수아는 여전히 아이 성 후면에 매복하여 기회가 오기를 기다리게 될 삼만 명의 군사들에게 말씀하고 있습니다. 이스라엘의 주력 군대가 아이 성을 공격하여 아이 성의 수비군을 성 밖으로 이끌어내고, 도망하는 체하면서 후퇴하여 그들을 유인하여 그들이 이스라엘 군을 추격하면, 그 성이 무방비 상태가 될 것입니다. 그렇게 되면 지체 없이 일어나 성을 공략합니다.

이 전략의 성공을 위해서는 여호수아의 군사들의 완전한 협력이 필요했습니다. 모든 군사가 한 자리에 배속된 것도, 동일한 임무를 부여 받은 것도 아니었고, 각자 자기의 위치에서 자기의 맡은바 책무를 충실히 이행하는 것이 필요했습니다. 여호수아를 따르는 군대가 아이 성의 사람들을 유인하지 않았다면, 성 뒤에서 매복하며 때를 기다리던 군사들이 아무리 오래 기다려도 허사였을 것이며, 또한 그들이 신속하게 행동을 취하여 성을 점령하지 않았다면, 여호수아의 전략이 실패하고 말았을 것입니다. 그렇기 때문에 여호수아가 그들에게 즉시 공격할 수 있도록 "다 스스로 준비하라"고 명령했던 것입니다.

이 사건에서 우리에게 필요한 영적 교훈은 분명합니다. 곧 주의 백성들이 영적 싸움에서 함께 협력해야 한다는 것입니다. 모든 사람이 똑같은 위치에 배속된 것도 아니요, 모두가 동일한 임무를 부여 받은 것도 아니지만, 원수에게 굴욕을 당하지 않으려면, 서로 긴밀히 연계하여 주인의 대의를 증진시키는 일을 위해 서로 협력해야 한다는 것입니다. 교회 직분자들의 완전한 협력이 없다면 목회자가 심각한 어려움을 겪게 되고, 각급 일반 교회원들이 서로 협력하지 않으면 아무리 수고해도 승리의 면류관을 얻을 수가 없을 것입니다.

그뿐만 아니라 하나의 지 교회가 그 영적 기능을 다한다 해도 그것으로 족한 것이 아닙니다. 그리스도의 군사에 속한 여러 지대(支隊)들이 상호 화합하고 협력해야만 비로소 원수를 무찌를 수 있습니다.

현대의 기독교의 상대적인 무기력함의 원인이 하나님의 백성들에게 그런 연합된 노력이 없는 애처로운 현실 때문이 아닐까요?

시기와 불화의 자세가 팽배해 있고 분열이 보편화되면, 함께 협력하는 교제가 불가능합니다. 그리고 그런 교제가 없는 곳에서는 어둠의 권세 앞에서 단일대오를 취하는 것도 있을 수 없고, 따라서 하나님의 영광을 위해 아이 성을 정복하는 일도 있을 수 없는 것입니다.

그러므로 지금 우리 앞에 있는 이 본문에서 실례로 제시되는 그 복된 진리의 균형을 잘 살펴야겠습니다. 앞에서 살펴본 서너 절에서는 인간의 책임이라는 면을 이스라엘 군대에 속한 여러 부대들에게 맡겨진 갖가지 임무들을 특히 상세히 살펴보았습니다. 그러나 여호수아가 가장 특별히 관심을 쏟은 것은 여호와의 영광을 지키는 것이었고, 그의 군사들로 하여금 하나님의 축복이 있어야만 그들이 승리를 얻을 수 있다는 것을 알게 하는 것이었습니다. 이 점은 다음의 그의 말에서 분명히 드러납니다.

"너희는 매복한 곳에서 일어나 그 성읍을 점령하라 너희 하나님 여호와께서 그 성읍을 너희 손에 주시리라."

하나님의 은혜라는 면이 있었습니다! 이 두 가지는 상호 모순이 아니고 상호 보완적입니다. "손이 부지런한 자는 부하게 되며", 또한 "여호와께서 주시는 복은 사람을 부하게 하는 것"입니다(잠 10:4, 22). 두 가지 면이 모두 일관성이 있습니다. 후자가 주요 원인이며, 전자는 그 종속적이며 수단적인 원인입니다. 둘 중 어느 하나만으로는 효력이 없습니다. 게으른 자는 부지런함이 없이 번영을 구하고, 스스로 자족하거나 실질적인 무신론자는 오로지 부지런하기만 합니다.

하지만 균형 잡힌 그리스도인은 부지런함을 실천하는 중에 하나님께로부터 오는 복을 구하는 법입니다. 이 두 가지가 지혜롭게 조화를 이루면, 능동적이면서도 겸손하게 되며, 에너지가 충만하면서도 하나님께 의존하게 됩니다.

"여호와께서 집을 세우지 아니하시면 세우는 자의 수고가 헛되"(시 127:1)지만, 또한 사람이 집을 세우지 않으면 "집"이 있을 수 없는 것입니다!

2. 매복 작전

> 너희가 그 성읍을 취하거든 그것을 불살라 여호와의 말씀대로 행하라 보라 내가 너희에게 명령하였느니라 (수 8:8).

이 말을 마지막으로 여호수아가 아이 성 뒤편에 매복할 삼만 명의 군사들에게 준 명령이 종결되었습니다. 그는 그들이 위치할 곳을 지정해 주었고, 철이 뜨거울 때에 때릴 수 있도록 준비를 갖추도록 지시했습니다. 그의 주력군이 담당할 임무도 설명해 주어 그들의 부담을 훨씬 줄여 주었습니다. 여호와 하나님이 아이 성을 그들의 손에 맡기셨다는 사실도 공포했습니다.

그러고 나서 이제는 그들이 자기에게 맡겨진 임무를 완결짓기 위해 어떻게 해야 할지를 말씀합니다. 성을 함락시키면 그것은 임무의 절반을 완수한 것이었습니다. 그 성을 잿더미로 만들어야 했습니다.

이는 우리에게 큰 교훈을 줍니다. 곧 우리의 수고에 대해 하나님이 어느 정도의 성공을 허락하셨을 때에도 임무를 수행하는 일에 느슨해져서는 안 되고 계속해서 그의 모든 명령을 충실히 이행해야 한다는 것입니다. 이는 말처럼 쉽지 않다고 말하는 독자가 있습니다.

하지만 사실 그렇습니다. 그러나 우리가 전심으로 간절히 구하면, 그 일을 끝까지 완결짓도록 해 주시는 은혜가 임합니다. 주께서 우리의 수고에 복을 주기를 기뻐하시면, 우리 편에서 안일한 자세로 게으름을 부리는 것이 아니라 더욱 박차를 가하여 주의 이름으로 더 큰 일을 시도해야 합니다.

여기서 조건을 다시 살펴봅시다.

"너희가 그 성을 취하거든 그것을 불살라 여호와의 말씀대로 행하라."

그 명령을 수행하는 데에 마지못해 하는 식의 자세는 있을 수 없었습니다. 하나님이 은혜를 베푸사 우리 각자가 다음과 같이 단언할 수 있어야겠습니다.

> 주의 계명들을 지키기에 신속히 하고 지체하지 아니하였나이다(시 119:60).

우리에게 주어진 명령이 분명해지만, 그 명령을 지체없이 행해야 합니다. 유쾌하지 않은 명령일수록 속히 행하는 것이 낫습니다. 죄와 하찮게 씨름한다든가 악한 정욕에 빠질 여유가 조금도 없습니다.

원수들에게 틈을 보여서는 안 됩니다. 아이 성을 완전히 진멸해야 합니다!

우리 편에서 조금도 여지를 남겨두지 말고 하나님의 계시된 뜻을 완전히 이행해야 합니다. 여호수아의 군사들에게 완전한 순종이 요구되었듯이, 아이 성을 함락시킬 뿐 아니라 그것을 불살라야 했던 것처럼, 주 예수님의 군사들도 이와 마찬가지입니다.

이 사람들은 자기들의 할 일을 즉각 시행해야 했습니다. 가옥들이 불에 타면, 아이 성의 왕과 그 군사들이 그것을 보고 당혹해하며 공포에 사로잡힐 것이었고(수 8:20), 또한 여호수아는 매복한 그의 군사들이 성을 장악했다는 신호로 인식하고, 병력을 돌이켜 아이 성의 군대를 쳤을 것입니다.

그러니 우리 편에서 게으름을 피운다면 이는 다른 형제들에게 큰 방해거리로 작용하게 됩니다!

> 그들을 보내매 그들이 매복할 곳으로 가서 아이 서쪽 벧엘과 아이 사이에 매복하였고(수 8:9).

여호수아 휘하의 군사들이 그 지도자의 명령에 아무런 반론도 제기하지 않았다는 것은 그들의 사기와 충성심을 잘 보여 줍니다. 지난번에 형제들에게 재난이 일어난 사실을 직시하고서(수 7:4-5), 그들은 전혀 불평하지 않았습니다. "밤에"(5절) 출병하여 쉬지도 못하는 것에 대해서도 그들은 전혀 불평하지 않았습니다. 그리고 그들이 가서 주둔하고 있어야 할 위치도 매우 위험했다는 것을 유념해야 합니다. 이스라엘의 주력군에서 고립된 상태이므로, 인간적인 면에서 보면 그들이 원수들에게 쉽게 발각되어 살육 당하게 될 위험이 매우 컸기 때문입니다.

그러므로 그들이 여호수아의 명령을 즉각 시행했다는 점에 대해 그들의 용기를 높이 평가해야 합니다. 신적인 면에서 보면 하나님이 일하실 때에는 언제나 양쪽 편 모두에게 일하신다는 것을 감지할 수 있습니다. 여호수아에게 승리의 확신을 주신 다음, 여호와께서는 이 사람들에게도 그들의 임무를 신실하게 행할 마음의 끌림을 주셨습니다.

여기서도 우리는 성경의 세세한 정확성을 관찰할 수 있습니다. 이 절과 창세기 12:8의 장소들을 비교해 보면 벧엘과 아이가 아주 가까운 곳에 위치하고 있음을 보게 됩니다.

> 여호수아는 그 밤에 백성 가운데에서 잤더라 (수 8:9).

그는 삼만 명의 군사들과 동행하지 않았습니다. 그가 살펴야 할 다른 중요한 일이 있었기 때문입니다. 그는 자신의 군대의 주 병력과 함께 있으면서 해야 할 중요한 임무가 있었으니, 곧 그 군대의 사기를 유지시키는 일이었습니다. 불과 하루 이틀 전만 해도, 아이 성에서의 패전 소식을 접하고서 그들의 "마음이 녹아 물 같이"(수 7:4, 5)되었었습니다.

그러므로 그는 그들에게 신뢰와 용기를 주어 그들의 사기를 북돋고, 바로 전에 있었던 패배에서부터 마음을 돌려 여호와의 약속을 신뢰하도록 돕고자 했습니다. 징계를 시행해야 하는 것은 물론, 다른 사람들에게 대신 맡길 수 없고 그가 친히 행해야 할 임무들이 있었습니다. 내일을 위해 준비해야 할 갖가지 일들을 감독해야 했으니 말입니다. 그러나 그 외에 다른 임무도 있었습니다. 여호수아가 달리 행했다고 믿을 근거가 전혀 없습니다. 다른 어디에서도 그런 진술이 나타나지 않습니다.

그렇다면 여기서 "여호수아는 그 밤에 백성 가운데에서 잤더라"는 점을 어째서 강조하는 걸까요?

우리는 성령께서 여호수아의 원형이신 그리스도를 바라보셨기 때문이라고 믿습니다. 주 예수께서는 이 땅에서 집이 없는 분이셨고, "머리 둘 곳"도 없으셔서 산에서 밤을 지내셨습니다(요 7:53; 8:1). 우리가 아는 한, 복음서에는 단 한 번 예외가 기록되어 있습니다.

십자가에 달리시기 바로 전날 밤 제자들과 베다니에서 유숙하신 것이 전부였습니다(막 14:3; 참조. 14:10; 요 13:3).

> 여호수아가 아침에 일찍이 일어나 백성을 점호하고 이스라엘 장로들과 더불어 백성에 앞서 아이로 올라가매(수 8:10).

아이 성을 매복하는 임무를 받아 떠난 자들에게 게으름이란 있을 수 없었던 것처럼, 그들의 군대장관인 여호수아 역시 게으름이란 있을 수 없었습니다. 정신을 바짝 차리고 경계하는 자세를 유지해야 했습니다.

> 영적 싸움을 지속하는 자들은 안락함을 좋아해서는 안 된다(헨리[Henry]).

목회자는 교인들에게 진지함과 부지런함과 열정의 모범을 보여야 합니다. 여호수아는 자신의 임무를 소홀히 하지도, 다가오는 작전을 하찮게 대하지도 않았습니다. 다가올 진군을 대비하여 모든 것이 질서정연하게 준비되었습니다. "백성을 점호"했다는 것은 소속 지파에 따라 각 사람의 준비 태세를 확인했다는 뜻으로 이해됩니다. 그리고 그는 지파의 우두머리들과 함께 전군을 지휘하여 아이 성을 향해 올라갔습니다.

목회자들도 교회의 직분자들과 협력하고 그들의 후원을 받아야 하고, 직분자들은 다시 용기와 솔선수범으로 일반 교인 한 사람 한 사람을 격려해야 합니다. 여기서 이스라엘의 "장로들"이 존귀한 지위를 부여 받는 것을 보게 됩니다. 하나님 앞에서 스스로 겸비한 자들이(7:6) 결국, 높임을 받게 됩니다.

> 그와 함께 한 군사가 다 올라가서 그 성읍 앞에 가까이 이르러 아이 북쪽에 진 치니 그와 아이 사이에는 한 골짜기가 있더라(수 8:11).

이스라엘 전군이 매복을 마쳤고, 길갈에는 여자들과 어린아이들과 기타 전쟁에 나설 수 없는 이들이 남아 군대가 돌아오기를 기다리는 상태였습니다. 여기서 창세기 12:8과 비교해 보면 여기의 "올라가서"라는 문구가 지리적으로 적절하다는 것을 알 수 있습니다. 그곳의 보도에 따르면 벧엘과 아이는 산간 지역에 위치했습니다.

여호수아와 군사들은 그가 앞서 삼만의 군대와 약속한 대로(5절) "그 성읍 앞에 가까이 이르"렀습니다. 이는 약속들을 지키시는 우리의 구원의 대장되신 그리스도의 신실하심을 예표한다 하겠습니다. 여호와께서는 여호수아를 따르는 군대의 두려움(수 7:5)을 다 제거하셔서 대장을 기꺼이 따르고자 하는 의지를 그들 속에 심어주셨습니다.

이는 여호수아 7:7-12의 기도에 대한 여호와의 은혜로우신 응답의 일부로 보아야 합니다!

"그와 아이 사이에는 한 골짜기가 있더라"는 진술에도 영적인 의미가 있습니다. 그들은 높은 곳에 진을 치고 있었습니다. 그리스도인들 역시 자신이 "하늘의 부르심을 받은"(히 3:1) 자들임을 생각하고서 그에 합당하게 처신해야만 믿음의 선한 싸움에서 승리를 얻을 수 있습니다.

> 그가 약 오천 명을 택하여 성읍 서쪽 벧엘과 아이 사이에 매복시키니(수 8:12).

여호수아는 성급하게 원수들에게 공격을 감행하지 않았고, 먼저 자신의 병력을 질서 있게 정돈시켰습니다. 여기의 오천 명이 삼만 명의 병력 중에서 뽑아낸 자들인지에 대해 일부 주석가들 사이에 논란이 있다는 것이 이상하게 여겨집니다. 우리가 보기에는 본문의 내용상 이들이 별도의 임무를 부여 받은 별동대였다는 것이 너무 분명하니 말입니다. 여호수아의 계획은 분명했습니다. 그의 작전은 두 가지 목적을 위한 것이었습니다.

벧엘로부터 아이 성으로 오는 지원군을 막는 것이요, 여호수아의 군대가 우회하여 그들을 덮칠 때에 아이 성의 군대가 도망하지 못하도록 하기 위함이었습니다. 이는 전략가들이 흔히 말하는 측면 공격법이었습니다. 여기서 우리는 여호수아의 전략의 치밀함을 봅니다. 이미 "내가 아이 왕과 그의 백성과 그의 성읍과 그의 땅을 다 네 손에 넘겨 주었으니"(수 8:1)라는 여호와의 약속을 받았었지만, 그는 가능한 모든 수단을 사용하여 승리를 확실히 얻도록 작전을 짜고 준비했습니다. 다시 말하면, 그는 자신이 사용할 수 있는 모든 수단을 충실히 사용하였습니다. 우리 역시 이렇게 해야 합니다.

> 이와 같이 성읍 북쪽에는 온 군대가 있고 성읍 서쪽에는 복병이 있었더라 여호수아가 그 밤에 골짜기 가운데로 들어가니(수 8:13).

길갈로부터 오르막길을 행진한 후에 여호수아는 아침까지 그의 군사들을 거기에 주둔시켰습니다. 이는 "믿는 이는 다급하게 되지 아니하리로다"(사 28:16)

라는 중요한 원리의 실례라 합니다. 그날 아침 일찍 일어났으나 한 밤중까지 여호수아는 쉬지 않았습니다. 예수 그리스도의 군사들에게는 휴가란 허용되지 않습니다. 원수들이 휴가를 가지 않으니 말입니다. 우리의 영적 싸움을 위해서는 끊임없는 경계가 필요합니다.

여호수아가 그 밤을 어떻게 보냈는지는 알려져 있지 않습니다. 어떤 이들은 지형이나 길을 확인하기 위해 정탐을 했을 것이라고도 하지만, 밤에 그런 일을 했을 가능성은 별로 없습니다. 또 어떤 이들은 그가 다가올 싸움에 여호와께서 복 주시기를 위해 기도로 밤을 지새웠을 것이라고도 주장합니다.

그러나 그 일을 위해 진을 벗어날 이유는 없었을 것입니다. 여기서 여호수아가 단신으로 아이 성 가까이에 나아간다는 것은 큰 모험이었습니다. 이는 여호수아 1:9에서 여호와께서 주신 말씀에 합한 행동이었습니다. 여호수아의 원형이신 그리스도께로 주의를 돌리면 9절에 대한 우리의 이해가 확증됩니다. 우리 주 예수 그리스도께서는 그 위대한 싸움이 있기 전날 밤—겟세마네로부터 빌라도의 법정에 이르기까지—홀로 낮아지심의 "골짜기"에 계셨던 것입니다.

> 아이 왕이 이를 보고 그 성읍 백성과 함께 일찍이 일어나 급히 나가 아라바 앞에 이르러 정한 때에 이스라엘과 싸우려 하나 성읍 뒤에 복병이 있는 줄은 알지 못하였더라 (수 8:14).

여호수아가 그 밤에 골짜기에서 무슨 일을 했든 간에, 날이 밝자 아이 성의 사람들에게 그의 활동이 노출되었음이 이 절 첫머리에서 드러납니다. 그들로서는 그것을 도전으로 받아들였을 것입니다. 이 역시 우리 주님의 모습을 상기하게 합니다. 그는 자신을 붙잡으려는 원수들에게서 숨으시기는커녕, 담대하게 "나아가"셨습니다(요 18:4). 그들이 "일찍이 일어났다"는 것은 그들이 아무런 의심도 없이 이스라엘 군대를 손쉬운 먹잇감으로 간주하여 그들을 도륙하기를 고대하고 있었음을 암시해 줍니다. 어쩌면 새벽 공격을 통해 이스라엘을 기습하려 했을지도 모릅니다.

안타깝게도, 우리가 끊임없이 경계하는 일을 소홀히 하다가 기습 공격을 당해 무너지는 경우가 얼마나 많은지 모릅니다. 그리스도의 종들이 "잠" 자는 틈에 원수가 가라지를 뿌리는 법입니다(마 13:25). "정한 때에 이스라엘과 싸우려 하나"라는 문구가 무슨 의미인지를 결정하는 데에 약간의 문제가 있습니다. 어쩌면 이는 전에 이스라엘에게 승리를 거두었을 때와 동일한 시각(수 7:5)을 "행운의 시각"으로 여겼을지도 모릅니다.

"성읍 뒤에 복병이 있는 줄은 알지 못하였더라."

이는 그저 일상적인 묘사처럼 보입니다. 하지만 사실은 전혀 그렇지 않습니다. 매복군이 발각되지 않아야만 이스라엘 군의 전략이 성공을 거둘 수 있었고, 이는 하나님이 아이 성의 왕에게 은밀하게 역사하심에 달려 있었습니다. 무려 삼만 명이나 되는 매복군이 성에서 그렇게 가까운 거리에서, 그것도 몇 분이 아니라 사십팔 시간이나 발각되지 않고 숨어 있다는 것은 거의 불가능에 가까운 일이었습니다.

그것은 10장에서 여호수아의 명령에 해가 제자리에 멈춘 사건만큼이나 기적이었습니다. 그 일은 과연 여호와의 능력으로 이루어진 일이었습니다. 그가 아이 왕으로 하여금 정탐꾼들을 내보내어 뒤에 숨어 있는 매복군을 찾아내는 일을 하지 않도록 역사하신 것입니다.

> 왕의 마음이 여호와의 손에 있음이 마치 봇물과 같아서 그가 임의로 인도하셔서 (잠 21:1).

때로는 지혜롭게, 때로는 어리석게 차신하게 하십니다. 때로는 하나님의 백성을 선대하게 하시고(스 6:22), 바로 왕의 경우처럼 때로는 그들을 미워하게 하십니다. 여기 본문에 나타나는 사실에서, 모든 사람을 다스리시는 하나님의 통치와 악인에 대한 그의 완전한 통제하심의 충격적인 실례를 접하게 됩니다. 그의 통치의 역사로 말미암아, 이 이방의 왕은 성과 백성을 보호하기 위해 필수적인 가장 기초적인 예방 조치조차 행하지 않은 것입니다.

심지어 오늘날의 하나님의 백성들도 방금 지적한 이 점을 거의 지키지 않는 예가 허다합니다. 세상을 다스리시는 전능하신 통치자께서 그분의 백성의 선을 위하여 악인들에게 억지력(restraining influence)을 발휘하신다는 사실을 잊고 있습니다. 그러나 성경은 그런 구체적인 많은 실례들을 기록하고 있습니다. 아브라함이 그랄에 거류할 당시, 두려움 때문에 사라가 자기 아내라는 것을 부인함으로써 (인간적으로 보기에) 그녀의 존귀가 극한 위경에 처해 있었습니다. 그 곳의 왕이 그녀를 취하려 했기 때문입니다.

그러나 그는 사라를 "가까이 하지 아니하였습니다." 하나님이 그에게 "네가 데려간 이 여인으로 말미암아 네가 죽으리니 그는 남편이 있는 여자임이라"고 말씀하셨기 때문입니다(창 20:1-6). 여호와께서 은밀하게 말씀하지 않으셨더라면, 아비멜렉이 사라를 심하게 욕보였을 것입니다.

독자 여러분!

여러분의 은혜로우신 하나님이 악한 자가 여러분을 손대지 못하도록 막으신 일이—도둑이 여러분의 집에 침입하는 일 등을 막으신 일이—얼마나 많습니까!

다시 말씀합니다. 하지만 지극히 높으신 하나님의 억지력을 깨닫는 일이 너무나도 적습니다. 또 한 가지 두드러진 실례는 발람의 예입니다. 그는 이스라엘을 저주하도록 모압 왕에게 매수되었고, 그 역시 그렇게 하여 "불의의 삯"을 얻고자 하는 마음이 가득했습니다. 그러나 여호와께서 그를 막으셨고, 결국, 그는 이렇게 시인할 수밖에 없었습니다.

> 여호와께서 꾸짖지 않으신 자를 내가 어찌 꾸짖으랴 … 내가 축복할 것을 받았으니 그가 주신 복을 내가 돌이키지 않으리라(민 23:8, 20).

야곱의 장인 라반이 그를 속여 열 차례나 품삯을 변경했으나 야곱은 정산할 때에, "하나님이 그를 막으사 나를 해치지 못하게 하셨으며"(창 31:7)라고 말씀했고, 또한 그 바로 뒤에 이어지는 내용에서는 여호와께서 또다시 라반이 야곱에게 화를 발하지 못하도록 막으셨다는 증거가 다시 나타납니다(29절).

요셉의 형들이 요셉을 미워하여 그를 "멀리서 보고 죽이기를 꾀하"(창 37:18)였으나, 여호와께서 개입하셔서 그들의 의도를 무산시키셨습니다. 하나님의 억지력은 비단 개인에게만 한정되는 것이 아니라 온 공동체와 온 민족들에 대해서도 역사합니다.

그러므로, "하나님이 그 사면 고을들로 크게 두려워하게 하셨으므로 야곱의 아들들을 추격하는 자가 없었더라"(창 35:5)고 말씀합니다. 수 세기가 지난 후 시편 기자는 그 감동을 받아 그 현상을 다음과 같이 언급합니다. "그 때에 그들의 사람 수가 적어 그 땅의 나그네가 되었고 이 족속에게서 저 족속에게로, 이 나라에서 다른 민족에게로 떠돌아 다녔도다. 그러나 그는 사람이 그들을 억압하는 것을 용납하지 아니하시고 그들로 말미암아 왕들을 꾸짖"(시 105:12-14)으사 그들의 욕심을 억제하셨고, 늑대가 어린 양과 함께 거하고 표범이 어린아이와 함께 눕게 하셨습니다.

> 내가 이방 나라들을 네 앞에서 쫓아내고 네 지경을 넓히리니 네가 매년 세 번씩 여호와 네 하나님을 뵈려고 올 때에 아무도 네 땅을 탐내지 못하리라(출 34:24).

사람들이 인력으로 농터를 지키지 못할 때에, 하나님이 주변의 이방인들의 탐욕스런 욕심과 계략들을 억제하신 것입니다. 바로 앞에서 지적한 바와 같이 아이 성의 왕이 미리 사방으로 정탐꾼들을 보내지도 않고 전군을 출병시켜 성을 무방비 상태로 놓아둔 것은 하나님의 억지력에 기인한 일이었습니다. 그들은 "일찍이 일어나 급히 나가 아라바 앞에 이르러 정한 때에 이스라엘과 싸우려 하였습니다"(14절).

전에 거둔 승리에 취하여 자만심이 가득 차서 결국, 완전한 멸망 속으로 스스로 돌진하고 만 것입니다. 바로와 그의 군대 역시 마찬가지로 이스라엘 백성을 뒤쫓다가 홍해에 수장되고 말았습니다. 하나님은 악인을 멸하시기 전에 먼저 그들에게 미친 마음에 버려두십니다. 아직도 죄 가운데 있는 그리스도인이 이 글을 읽는다면, 그 일을 멈추고 여기서 제시되는 엄한 경고를 깊이 생각하기를 간청합니다. 전에 하나님의 심판을 면했다고 해서, 앞으로도 안전하리라는 거짓된 생각을 품어서는 안 됩니다.

> 위험에 처해 있을수록 그것을 더 알아채지 못하는 법이다(헨리[Henry]).

아이 성의 왕은 정확한 사리분별에 눈이 멀어 있었습니다.
혹시 여러분도 그렇지 않습니까?
그는 지극히 기초적인 예방 조치도 하지 않았습니다.
혹시 여러분도 그와 비슷한 우를 범하고 있지 않습니까?
여러분의 하나님을 만나 뵐 준비가 전혀 되어 있지 않은 처지로 영원을 향해 달려가고 있지는 않습니까?

> 너희는 여호와를 만날 만한 때에 찾으라 가까이 계실 때에 그를 부르라(사 55:6).

> 너희가 오늘 그의 음성을 듣거든 … 너희 마음을 완악하게 하지 말지어다(시 95:7, 8).

> 아이 왕이 이를 보고 그 성읍 백성과 함께 일찍이 일어나 급히 나가 아라바 앞에 이르러 정한 때에 이스라엘과 싸우려 하나 성읍 뒤에 복병이 있는 줄은 알지 못하였더라 (수 8:14).

성경에서 "이 일이 있었으니"(개역개정에는 나타나지 않음. 역주)라는 문구는 이야기의 서두에 붙거나 혹은 어떤 사건을 도입하는 형식적인 문구를 넘어서서, 하나님의 작정하심이 그의 뜻대로 정확히 이루어졌음을 의미합니다. 하나님은 경건한 자들에 대해서와 똑같이 악인의 처신들도 예정해놓으셨기 때문입니다. 그들이 정확히 무엇을 보았는지는 알 수 없으나, 그들은 그것을 조사하지 않았고, 이성이 아니라 감각을 의지하다가 결국, 죽음을 향해 돌진해 들어간 것입니다.

전에 거둔 승리(7:5)에 도취된 나머지, 자신이 전능하신 여호와를 상대로 싸우고 있다는 것을 전혀 의식하지 못한 채, "목을 세우고 방패를 들고 하나님께 달려"들었습니다(욥 15:26). 아이 성의 왕은 손쉽게 승리하리라고 확신했으나, 결국, 하나님의 목적을 이루는 데에 이바지한 것입니다(전 3:1).

다시 잘 생각해 보면 많은 주석가들을 갸우뚱하게 만든 그 "정한 때에"라는 문구의 의미가 바로 그것이라는 것―곧, "하나님이 정하신 때에"―이 명확해집니다. 하나님이 각 사람의 죽을 시각을 정해놓으셨으니 말입니다(욥 7:1).

> 여호수아와 온 이스라엘이 그들 앞에서 거짓으로 패한 척하여 광야 길로 도망하매 (수 8:15).

그들은 거짓으로 공포에 질린 체하면서, 가나안 족속들을 상대로 견고히 싸우려 하지 않고, 광야 길로 뿔뿔이 도망했습니다. 이스라엘 주력 군으로서는 스스로 비겁하게 처신하는 일이 싫고 모욕적이었으나, 그들의 계획이 성공을 거두기 위해서는 반드시 그렇게 해야만 했습니다. 이와 마찬가지로 그리스도인들 역시 다른 동료들이 정당하게 일을 수행하도록 하기 위해 자신을 낮추고, 굴욕적인 처신을 해야 할 경우도 있습니다.

왕의 모든 신하가 동등한 위치에 있지 않듯이, 교회에서도 모든 사람이 똑같이 존귀한 위치에서 존귀한 일들을 담당할 수는 없습니다. 싸우는 군사들은 물론 부엌에서 일하는 사람들도 똑같이 필요한 법입니다. 다윗의 시대에 검을 차고 다윗을 보좌하여 싸움터에 나갔던 이들도 있었고, 뒤에 남아서 허드렛일을 돌보던 자들도 있었으나, 전리품을 분배할 때에 그는 이렇게 명령했습니다.

> 전장에 내려갔던 자의 분깃이나 소유물 곁에 머물렀던 자의 분깃이 동일할지니 같이 분배할 것이니라(삼상 30:24).

> 이제 하나님이 그 원하시는 대로 지체를 각각 몸에 두셨으니 … 눈이 손더러 내가 너를 쓸 데가 없다 하거나 또한, 머리가 발더러 내가 너를 쓸 데가 없다 하지 못하리라. 그뿐 아니라 더 약하게 보이는 몸의 지체가 도리어 요긴하고 … 너희는 그리스도의 몸이요 지체의 각 부분이라(고전 12:18, 21, 22, 27).

여호수아 8:9에 대해 말씀할 때에, 우리는 그 삼만 명의 군대가 보여 준 자기 희생과 순종과 용기의 자세가, "밤에" 쉬지도 못하고 출병해야 하고 위험스러운 위치에서 지키고 있어야 하는 괴로움을 묵묵히 감내한 사실이 얼마나 귀한지를 지적한 바 있습니다. 그와 똑같이 여호수아를 뒤따르는 이 군대의 처신도 칭송을 받아 마땅합니다. 그들에게 이런 불평이 있었을지도 모릅니다.

겨우 이런 일을 하라고 길갈로부터 올라왔단 말인가?
이렇게 겨우 꼭대기까지 올라오자마자 원수들에게 등을 내주고 도망쳐야 한단 말인가?
아니면, 여호와께서 아이 성을 우리의 손에 주셨는데(1절), 어째서 우리가 이방 사람의 앞에서 이런 치욕스런 짓을 해야 한단 말인가?

그러나 그렇게 하지 않았습니다. 그들은 순순히 명령에 복종했고 지도자 여호수아를 충성스럽게 따랐습니다. 그러나 방금 주목하여 살핀 부분에서 우리는 하나님의 은밀한 권능이 역사하여, 지극히 초보적인 임무도 행하지 않게 하고 그리하여 여호수아의 군대에게 협력하게 하심으로써 그분의 뜻을 성취하셨음을 깨달아야 합니다. 이 역시 여호수아 7:6-9의 기도에 대한 하나님의 은혜로운 응답의 일부로 보아야 합니다.

우리가 그분 앞에서 진정 우리 자신을 낮추고 오직 그분의 이름의 영광에만 관심을 집중시킬 때에 그는 과연 놀랍게 역사하십니다!

그가 일을 순조롭게 하십니다. 그렇습니다. 그가 우리 편에서 강하게 역사하실 때에는 모든 일이 순적하게 이루어지는 법입니다. 그런데, 하나님의 섭리를 면밀히 관찰하고 그것을 그 전에 우리가 드린 간구들과 연결시키지 않음으로써 우리가 그 섭리를 깨닫지 못하는 경우가 얼마나 많은지 모릅니다.

여기서 유사 칼빈주의적 사고를 지닌 독자들을 위해서 지적하자면, 이스라엘 사람들의 행위를 높이 기리면서도 하나님의 은혜로운 역사하심도 동일하게 높이 찬송하는 것은 사도가 골로새의 교인들에게 그들의 질서 있는 모습과 그들의 "믿음이 굳건한 것"을 기뻐한다고 말씀하는 것—그 모든 영적인 열매를 베푸시는 분이 바로 하나님이시라는 것을 충분히 알고 있음에도 불구하고—과 마찬가지로(골 2:5), 전혀 모순이 아니라는 사실입니다.

"하나님으로부터 나지 않은 권세"가 세상에 없지만, 그렇다고 해서 우리가 "존경할 자를 존경하지 말아야 하는 것"이 아닌 것입니다(롬 13:1, 7).

여호수아와 온 이스라엘이 그들 앞에서 거짓으로 패한 척하여 광야 길로 도망하매 (수 8:15).

여기에는 그저 역사적인 관심사를 넘어서고, 심지어 우리 마음에 실질적인 교훈을 주기까지 하는 무언가가 있습니다. 언뜻 보면 아무것도 아닌 것처럼 보이고, 전혀 어울리지 않는 것처럼 보이기도 하지만, 이 때의 여호수아의 처신이—바로 그 다음의 결말에 비추어 생각해 보면—부요하신 자로되 우리를 위해 가난하게 되사 그분의 가난하심과 비천함과 고난으로 말미암아 우리로 하여금 부요하게 되게 하신 그분을 그림자로 보여 주는 점이 명백히 놀랍게 드러나는 것입니다.

여호수아가 이 전략에서 행한 일은 그의 원형이신 우리 주 예수님께 적용할 수 있다. 여호수아는 자기를 굽히고, 마치 자기가 정복당한 것처럼 행동함으로써 정복했는데, 이처럼 우리 주 예수님도 머리를 숙이고 영이 떠나가실 때에 마치 죽음이 그에게 승리를 거둔 것처럼 보였고, 마치 그와 그의 모든 관심사가 망가지고 실패한 것처럼 보였다. 그러나 그의 부활로써 다시금 공격을 개시하셨고, 죽음의 권세를 완전히 패배시키셨다. 뱀으로 하여금 자신의

> 발꿈치를 상하게 하도록 허용하심으로써 그 뱀의 머리를 치신 것이다. 이 얼마나 영광스러운 전략인가!(헨리[Henry]).

하나님의 길이 얼마나 놀라운지 모릅니다.

그는 하늘에 해를 세우셨을 뿐 아니라 어린양에게 하늘의 특징을 부여하셨고, 열매 맺는 포도를 그리스도의 표상으로 지정하실 뿐 아니라, 구약의 사건들을 일으키사 그리스도의 위격과 사역을 미리 그림자로 드러내게 하셨으니 말입니다!

> 그 성읍에 있는 모든 백성이 그들을 추격하려고 모여 여호수아를 추격하며 유인함을 받아 아이 성읍을 멀리 떠나니(수 8:16).

이 일 역시 "여호와께로부터" 비롯된 일이니, 우리 눈에는 그저 놀랍게 보입니다. 여기서도 여호수아의 책략에, 아니 여호와께로부터 받은 명령에 순종하여 그대로 이행한 것에 대해, 하나님이 베푸신 승리를 봅니다.

아이 성의 왕이 모든 병력을 이끌고 성 밖으로 나올 뿐 아니라—"그들이 처음과 같이 우리 앞에서 도망한다"라고 크게 함성을 지르며(6절)—이스라엘이 도망하는 것처럼 보이자 전투에 가담하지 않았던 일반 백성들까지 불러서 함께 추격하게 했으며, 그리하여 매복해 있던 삼만 명의 군대의 임무가 훨씬 더 손쉬워졌습니다. 하나님이 이 계획에 복을 주지 않으셨다면, 삼만 명이나 되는 군대가 발각되지 않은 채 숨어 있을 수가 없었으리라는 것이 너무나도 분명합니다.

창세기 30:37-43에서 야곱이 쓴 방법과 마찬가지로 결코, 성공하지 못했을 것입니다.

> 어리석은 자들의 번영은 그들을 망하게 하고, 그들의 패망은 그들의 마음을 완악하게 한다(헨리[Henry]).

전에 하나님이 아이 성의 왕을 사용하사 이스라엘을 추격하게 하셨기 때문에, 그 왕과 그의 백성은 그런 승리에 우쭐해지고 만 것입니다.

여기서 성령께서 사용하시는 그 엄밀한 표현을 주목하기 바랍니다. 아이 성의 거민들이 "유인함을 받아 아이 성읍을 멀리 떠나니." 이 문구들은 지극히 높으신 하나님이 세상에서 행하시는 또 다른 은밀한 역사하심을 제시해 줍니다. 앞에서 우리는 하나님이 사람들에게 행하시는 억지력에 주목한 바 있는데, 여기서는 그분의 강제력(impelling influence)이 나타납니다.

여호와께서는 그분의 백성에게 "내가 영원한 사랑으로 너를 사랑하기에 인자함으로 너를 이끌었다"(렘 31:3)라고 말씀하시지만, 그러나 물리적인 완력을 통해서가 아니라, 본성적인 적대감을 이기고 죄의 권세로부터 의지를 자유하게 하시는 도덕적인 설복을 통해 그렇게 하신 것입니다.

내가 사람의 줄 곧 사랑의 줄로 그들을 이끌었고(호 11:4).

곧 야생 짐승들에게 하듯 외형적인 압력을 가하는 것이 아니라, 이성을 가진 피조물들의 지정의에 영향을 주기에 적합한 대로 말로 설득하고, 부드럽게 감동을 주고, 동기와 의무를 깨닫게 함으로써 그렇게 하셨다는 것입니다. 이는 성령의 초자연적인 권능의 적용으로 말미암는 효력이기도 합니다. 죄에 종노릇하며 사탄에게 사로잡힌 자들을 자유하게 하는 데는 이와 같은 하나님의 이끄심이 절대적으로 필요한 것입니다. 주 예수님은 이를 명확히 선언하신 바 있습니다.

나를 보내신 아버지께서 이끌지 아니하시면 아무도 내게 올 수 없으니(요 6:44)

이는 자연인의 교만한 마음에게는 너무도 역겨운 진리이므로, 그리스도께서 이 말씀을 하신 것입니다.
"그 때부터 그의 제자 중에서 많은 사람이 떠나가고 다시 그와 함께 다니지 아니하더라"(요 6:63, 66).

진리의 말씀은 여호와 하나님의 이끄시는 능력을 알릴뿐 아니라, 택함 받지 못한 자들에 대해서도 그가 역사하심을 계시합니다. 그러나 그들의 경우에는 하나님이 매우 다른 이유들과 유인거리들을 사용하시는 것은 물론입니다.

"내가 바로의 마음을 완악하게 한즉 바로가 그들의 뒤를 따르리니"(출 14:4)
—애굽 왕으로 하여금 여호와의 백성을 홍해까지 추격하도록 하셨습니다. 그는 가나안의 다른 왕들에게도 똑같이 역사하셨습니다.

> 그들의 마음이 완악하여 이스라엘을 대적하여 싸우러 온 것은 여호와께서 그리하게 하신 것이라(수 11:20).

드보라는 바락에게 하나님 여호와의 말씀을 다음과 같이 선언했습니다.

> 내가 야빈의 군대 장관 시스라와 그의 병거들과 그의 무리를 기손 강으로 이끌어 네게 이르게 하고 그를 네 손에 넘겨 주리라 하셨느니라(삿 4:7).

> 내가 너로 말미암아 이방 사람의 눈 앞에서 내 거룩함을 나타내어 그들이 다 나를 알게 하려 함이라(겔 38:16)

그가 노여움으로 그렇게 하시겠다는 말씀입니다(18절).

> 내가 만국을 모아 데리고 여호사밧 골짜기에 내려가서(욜 3:2).

아이 성 사람들의 경우도 마찬가지입니다. 본문 16절에서 "유인함"으로 번역된 히브리어가 예레미야 32:24에서는 "넘긴 바 되었으니"로, 예레미야 12:12에서는 "삼키니"로, 욥기 18:14에서는 "뽑히며"로 번역됩니다.

> 아이와 벧엘에 이스라엘을 따라가지 아니한 자가 하나도 없으며 성문을 열어 놓고 이스라엘을 추격하였더라(수 8:17).

아이 성의 왕이 미친 정신에 버려졌다는 또 다른 증거가 나타납니다. 그는 성을 방비할 최소한의 인원도, 비상 상황이 발생할 경우 퇴로를 도울 인원도, 전혀 남겨두지 않고 휘하의 모든 병력을 다 동원하여 이스라엘을 추격한 것입니다. 이 왕의 어리석음에 비견되는 경우는 오로지 바로 왕의 어리석음밖에 없을 것입니다. 그는 여호와의 권능과 그분의 진노가 명백히 드러나는 것을 친히 목격했으면서도, 아들이 죽자 곧바로 이스라엘을 추격했고, 홍해를 통과하려 했습니다. 두 경우 모두 교만과 완고함에 눈이 멀어버렸던 것입니다.

그러나 17절을 잘 살펴보면 아이 성의 사람들이 자기 의지로 성 밖으로 나갔음을 알 수 있습니다. 성경은 이처럼 언제나 사람의 자유 행위와 하나님의 역사하심의 이 두 가지 면을 함께 제시하면서도, 그 두 가지의 "일관성"에 대해 철학적인 해명을 하지 않습니다. 하나님이 저항할 수 없도록 끌어내시지만, 반면에 사람의 의지의 활동을 조금도 해치지 않고 인간의 책임을 조금도 저해하지 않으면서, 그렇게 하시는 것입니다.

이 두 가지 중 어느 하나라도 부인한다면, 이는 성경에 분명히 계시되어 있는 사실을 근거도 없이 배격합니다. 이러한 사실은 분명 깊은 신비를 담고 있습니다. 그러나 그 때문에 그것을 거부한다면 이는 부당한 것입니다. 왜냐하면, 완전히 납득할 수 있는 것만을 믿는다면, 우리의 신조는 지극히 작아질 수밖에 없습니다. 우리가 자의로 처신한다는 것은 우리의 의식 자체가 증언합니다. 불경한 자들도 때때로 "높은 권세"가 이런저런 일을 행하게 했다는 식으로 인정하기도 합니다.

17절의 내용을 성도의 영적 싸움과 연결 지어 살펴보면 이 세상에 속한 모든 사람의 손이—영적으로 말해서—하나님을 대적한다는 것을 볼 수 있습니다. 그들 중에 그리스도인에 대해 전반적으로 친절하고 너그러운 이들이 많습니다. 그러나 스스로 의식하지 못하는 중에 그들은 그리스도인의 영원한 관심사들을 대적합니다.

그들의 관심사는 전적으로 세상적이요 절대로 천상적이지 않습니다. 그리스도를 향해서 세상이 보인 태도는 어떠했습니까?

단 하나의 예외도 없이 적대적이었습니다. 바리새인들과 사두개인들, 제사장들과 서기관들, 정치가들과 일반 백성들, 로마 군병들과 심지어 그와 함께 십자가에 달린 강도들까지—그들을 예배자로 변화시키는 은혜의 이적이 일어나기까지—그를 혐오했습니다. 그리스도를 닮아갈수록 세상의 적대적인 자세와 박해를 더 경험하게 되는 법입니다.

> 여호와께서 여호수아에게 이르시되 네 손에 잡은 단창을 들어 아이를 가리키라 내가 이 성읍을 네 손에 넘겨 주리라 여호수아가 그의 손에 잡은 단창을 들어 그 성읍을 가리키니 (수 8:18).

여호수아는 여호와의 후속적인 말씀을 기다려왔습니다. 여리고에서도 그랬으니, 아이 성에서도 마찬가지였습니다. 성을 함락시키고 멸하는 과정의 매 단계마다 여호와께로부터 명령을 받아서 진행해야 했던 것입니다. 모세도 그가 행하는 모든 일마다 그렇게 했습니다. 사도들도 그랬습니다. 그러므로 그리스도의 종은 무슨 일이든 반드시 하나님의 인준을 받고 행해야 한다는 것을 배우게 됩니다.

여기서 여호수아의 손이 가장 먼저 아이 성을 가리켰다는 사실이 매우 귀합니다. 여기서 우리에게 주는 교훈이 분명하지 않습니까?

여호수아의 원형이신 그리스도께서 우리를 대신하여 손을 들으시면, 그 때가 바로 우리가 행동을 취할 최적기인 것입니다. 여호와께서 여호수아에게 언제 그의 손을 들어야 할지를 알려 주실 필요가 있었던 것이 분명합니다. 왜냐하면, 그것은 매복하고 있던 군사들로 하여금 아이 성의 사람들이 성을 떠났다는 것을 알고서 신속하게 성 안으로 진군하도록 하는 신호였기 때문입니다.

여호와는 그분의 종을 실망시키지 않으셨고, 결정적인 순간에 명령의 말씀을 주셨습니다.

"네 손에 잡은 단창을 들어 아이를 가리키라."

그 행동은 매복해 있던 사람들에게 신호였을 뿐 아니라, 26절에서 분명히 드러나듯이, 완전한 승리를 얻기까지 모든 작전을 주도하는 것이었습니다. 이제 여호수아의 승리의 시각이 가까이 오고 있었습니다. 이스라엘이 아이 성을 정복하게 되어 있었고, 여호수아가 뺀든 단창이 그 상징이었습니다. 이것 역시 우리의 복되신 구주 예수님의 그림자였습니다.

22절과 24절에서 분명히 드러나는 대로, 여호수아는 가나안 정복을 통틀어 그의 군대에게 명령을 하달하는 뛰어난 위치를 차지했습니다. 하지만 이 점에서 그는 높으신 그리스도를 보여 주는 모형이었습니다. 그리스도께서 베다니에서 그분의 제자들과 함께 계셨던 것처럼, 그는 아이 성 싸움 바로 전날 밤 백성들과 함께 유숙했습니다(9절). 그리고 우리 주님이 겟세마네와 유대인과 로마인의 재판정에서 시간을 보내셨듯이, 여호수아는 그 다음 날 밤에는 "골짜기에" 홀로 있었습니다(13절)만, 이는 깊은 낮아짐의 상징이었습니다(사 40:4; 눅 1:52).

그리고 이어서 마치 매를 맞은 것처럼 원수 앞에서 도망했는데(15절), 이와 마찬가지로 그리스도께서도 마치 패배하신 모습으로 원수들에 의해 죽임을 당하셨습니다. 그런데 이제 승리의 하나님을 확신하고 있습니다(18절). 하나님이 그리스도의 원수들이 그분의 발등상이 되게 하시겠다고 약속하셨듯이 말입니다.

이제 이 부분을 마무리하면서 우리는 여호수아 8장에 나타나는 예표적인 가르침을 면밀히 상고할 것을 제안하고자 합니다. 본문을 살피는 과정에서 우리는 그 내용에 대한 실천적으로 적용할 문제들도 언급했고, 또한 여호수아가 우리 주님을 예표하는 몇 가지 부문들에 대해서도 지적한 바 있습니다. 그러나 지금은 질문을 드려야겠습니다.

아이 성을 함락하고 멸망시킨 이 일이 이 책의 구체적인 주제에 무엇을 보태고 있습니까?

그리스도인의 영적 전투에 대해서 우리가 얻어야 할 주요 교훈들은 무엇입니까?

이 질문은 하기는 쉬워도 답변하기는 어렵습니다.

앞의 여호수아 3장과 4장을 살펴볼 때보다도 이 부분을 살피면서 더 어려움을 겪었다는 것을 인정할 수밖에 없습니다. 그러나 그것은 예상되던 것이었습니다.

첫째, 이스라엘은 여기서 하나님의 차선만을 누릴 뿐이며, 그런 상황에서는 하나님의 역사하심이 상당 부분 감추어질 수밖에 없고, 인간의 어리석은 처신이, 말하자면, 뿌연 안개처럼, 시야를 가려서 하나님의 역사하심이 선명하게 드러나지 못하게 되기 때문입니다.

둘째, 인간적인 면이 더욱 두드러지기 때문입니다. 갓난아기는 안고 가지만, 걸음마를 배워야 할 시기가 곧 오게 됩니다. 마찬가지로 성도도 자기가 받은 은혜들을 계발하고 정욕거리들을 굴복시켜야 합니다.

요단 강을 건널 때와 여리고 성을 함락시킬 때에는 여호와께서 이스라엘을 위해 이적들을 일으키시고 모든 일을 친히 다 행하셨습니다. 그러나 아이 성에 대해서는 그들에게 더 많은 부분이 요구되었습니다. 영적 삶에 있어서도 마찬가지입니다. 중생은 은혜의 기적이며, 우리는 그 일에서 전적으로 수동적이었습니다. 그러나 은혜 안에서 우리가 영적으로 성장하기 위해서는 우리의 모든 기능들이 제대로 발휘되어야만 합니다. "어린 양"은 그리스도께서 가슴에 안으시지만(사 40:11), "양"은 그분을 따라가야 합니다(요 10:27).

회심한 직후에는 하나님의 능력이 역사하여 신자가 대개 사탄의 공격과 그 자신의 내적인 부패한 요인들의 부추김으로부터 한 동안 평안을 경험합니다. 그러나 금방 뱀의 적대감을 의식하고 그리하여 자기의 마음속에서 강력한 원수들의 활동을 고통스럽게 인식하게 됩니다. 그리고 믿음의 싸움이 더욱 맹렬해지고, 때로는 그 싸움에서 굴욕적인 패배를 맛보게 되기도 합니다.

그러나 여기에 우리의 선을 더욱 증진케 하시는 하나님의 지혜가 있음을 분별할 수 있습니다. 우리의 능동적인 행함이 동시에 있지 않고 하나님이 우리를 위해 모든 일을 다 해 주신다면, 그래서 우리가 오로지 승리만을 항상 경험한다면, 우리가 곧바로 교만해지고 자신이 전부인 줄 알게 될 것입니다. 여리고 전투 이후의 이스라엘이 그랬던 것처럼 말입니다!

그러나 하나님의 채찍들과 그분의 교훈들을 통하여, 과거의 패배를 승리로 바꾸는 법을—하나님이 지정하시는 수단을 사용함으로, 또한 그 일에 하나님이 복 주심으로—배우게 됩니다.

3. 승리 가운데 예배함

> 그가 또 아이 왕을 저녁때까지 나무에 달았다가 해 질 때에 명령하여 그의 시체를 나무에서 내려 그 성문 어귀에 던지고 그 위에 돌로 큰 무더기를 쌓았더니 그것이 오늘까지 있더라. 그 때에 여호수아가 이스라엘의 하나님 여호와를 위하여 에발 산에 한 제단을 쌓았으니 … 돌로 만든 제단이라(수 8:29-31).

이 두 사건이 의도적으로 서로 대조시키는 의미가 있다는 것에는 의심의 여지가 거의 없습니다. 앞의 사건에서는 아이 성 왕의 치욕이 드러나고, 뒤의 사건에서는 왕 중의 왕이신 여호와께 드리는 예배를 목도하게 됩니다.

전자는 원수의 무덤을 표시하는 것이었고, 후자는 거룩하신 여호와의 영광을 드러내는 것이었습니다. 돌무더기에 쌓인 시체와 돌 제단 위의 제단 사이의 대조는 그야말로 엄청납니다. 전자의 경우는 율법의 저주가 시행된 사실을 증언하는 것이었고, 후자는 율법의 강령을 새겨놓는 것이었습니다. 전자는 아이(심판의 장소-암 5:10)의 "성문" 어귀에 있었고, 후자는 산에 있었습니다. 전자는 악을 행하는 자들에 대한 엄숙한 경고를 주는 것이었고, 후자는 선을 행하고자 하는 자들에게 주는 교훈이었습니다.

"그 때에 여호수아가 이스라엘의 하나님 여호와를 위하여 에발 산에 한 제단을 쌓았으니."

이 서두로 이어지는 사건 하나하나가 깊은 중요성을 지니므로, 면밀히 주목할 필요가 있습니다. 여기서 성령께서 시점에 대한 표시를 남겨두셨습니다. 이 예배를 드린 사건은 아이 성의 함락과 그 모든 거민을 처단한 즉시 이어졌습니다. 이스라엘이 여리고와 아이를 함락시킨 후 계속해서 가나안 땅 점령 작전을 진행시킬 것으로 예상하는 것이 지극히 자연스럽습니다.

변경 지역의 성들을 정복했으니, 원수들에게 공포가 극도에 달해 있을 동안에 계속 전진하여 가나안 땅의 심장부에까지 나아가는 것이 지극히 정상적인 행보일 것 같습니다. 그런데, 이스라엘은 엄숙한 종교적 규례를 준수하기 위해 구태여 에발 산에까지 나아가는 길고 어려운 여정을 감내했습니다. 군사 작전의 와중에 여호와께 영광을 돌리는 일을 위해 긴 시간 동안 공격을 중지한 것입니다.

> 이스라엘 진이 가나안 땅으로부터 잠시 물러선 것은 원수와 싸우기 위함이 아니라, 제사를 드리고 율법의 말씀을 듣고 그 축복과 저주 사항들에 대해 아멘으로 화답하기 위함이었다(헨리 [Henry]).

이때에 여호와께 번제물과 화목제물을 드린 것은 여호와께서 그들에게 복 주셨음을 인정하는 것이었고, 또한 그분의 권능과 선하심으로 승리를 거둔 일에 대해 여호와 앞에서 즐거워하는 것이었습니다. 르비딤에서 이스라엘은 모세가 하늘 보좌를 향해 손을 들어 올림으로써 아말렉을 이기고 승리를 거두었다는 교훈을 얻었고, 모세는 이를 기념하여 거기에 제단을 쌓고 그 곳을 "여호와닛시", 즉 "여호와 나의 깃발"이라고 이름 붙인바 있습니다(출 17:15). 그와 마찬가지로 여기서도 여호수아는 이스라엘의 대장군으로서 "그의 손에 잡은 단창을 들어 그 성읍을 가리키고"(수 8:18), 승리가 완전히 마무리될 때까지 계속 그 자세로 있었고(수 8:26), 이제 제단을 쌓아 승리에 대해 감사를 표시한 것입니다.

30절 첫머리의 "그 때에"가 이 점을 분명히 보여 줍니다. 그러나 이때의 여호수아의 처신은 이보다 더한 의미를 지닙니다. 이스라엘은 이제 겨우 가나안의 작은 부분을 얻었을 뿐인데, 거기서 백 수십 킬로미터의 긴 여정을 감행하여 에발 산에까지 나아가 거기서 여호수아가 이 제단을 세운 것입니다. 그러므로 그것은 놀라운 믿음의 행위였고, 가나안 온 땅의 정복을 여호와께 온전히 맡기는 처신이었습니다.

이처럼 이스라엘의 승리가 완결되기까지 기다리는 대신, 여호수아는 그 승리를 확신하고서 분명한 소망 가운데 그 일을 행한 것입니다!

여기서 여호수아서에서는 처음으로 "제단"이 등장하며, 또한 출애굽기 20:24에 언급되는 제단과 몇 가지 놀랍게 병행되는 점들이 여기 나타납니다. 두 경우 모두 산에 제단을 세웠고, 둘 다 그저 모세와 여호수아의 영적인 충동만이 아니라 여호와의 명확한 명령에 따라 세웠습니다. 둘 다 여호와의 율법을 존귀하게 하기 위함이었고, 또한 은혜가 의를 통해 통치한다는 위대한 사실을 실례로 보여 주었습니다.

그리고 제단 위에 번제물과 화목제물을 드렸습니다(출 24:5). 출애굽기의 제사는 이스라엘이 초자연적으로 종살이에서 해방되어 홍해를 건넌 직후에 드려졌고, 여호수아의 제사는 이스라엘이 이적적으로 요단 강을 건너 약속의 땅에 들어간 직후에 드려졌습니다.

여호수아(그는 놀라운 그리스도의 모형이었습니다)는 그의 처신들에서 끊임없이 하나님의 기록된 말씀의 인도를 받았습니다. 이 점은 여호수아 8:29에서도 잘 드러납니다. 아이 성의 왕의 시신을 끌어내린 것은 신명기 21:23에서 요구하는 일이었습니다. 그뿐만 아니라 여기 여호수아 8:39에서도 실례가 나타납니다. 그 제단을 쌓은 것이 모세를 통해 주어진 명령을 그대로 준수한 것이었기 때문입니다.

신명기에는 광야 여정이 거의 막바지에 이를 무렵 약속의 땅에 들어가서 어떻게 처신해야 하는지에 대해 이스라엘에게 주는 갖가지 교훈들이 담겨 있습니다. 그런데 거기에 여호수아 8장 마지막 부분에 기록된 사건을 설명해 주는 내용이 있습니다.

> 너희가 요단을 건너거든 내가 오늘 너희에게 명령하는 이 돌들을 에발 산에 세우고 그 위에 석회를 바를 것이며 또 거기서 네 하나님 여호와를 위하여 제단 곧 돌단을 쌓되 그것에 쇠 연장을 대지 말지니라. 너는 다듬지 않은 돌로 네 하나님 여호와의 제단을 쌓고 그 위에 네 하나님 여호와께 번제를 드릴 것이며 또 화목제를 드리고 거기에서 먹으며

> 네 하나님 여호와 앞에서 즐거워하라 … . 너희가 요단을 건넌 후에 … 백성을 축복하기 위하여 그리심 산에 서고 … 저주하기 위하여 에발 산에 서고(신 27:4-7, 12, 13).

제단은 하나님과 사람이 만나는 곳(the meeting place)이었습니다. 이 제단을 세우는 데에서 그 지극히 단순하며 선명한 성격이 잘 드러났습니다. 인간의 기술이 어느 곳에서도 적용되지 않았습니다. 성막과 그 안의 기구들을 제작하는 데에 풍성한 재료와 정교한 기술이 사용되었음을 생각할 때에 이 점이 매우 이상스럽게 보일 수도 있습니다.

그러나 제단과 그 주요 대상의 목적을 상기한다면, 이런 난제가 사라지고, 그 지극히 평범한 모습의 적절함이 드러나게 될 것입니다. 제단은 거룩하신 하나님과 타락한 피조물이 죄와 구원에 대해 관계를 맺는 곳이었습니다. 멀어진 자들이 화목하고, 죄를 범한 자들이 용서함 받고, 깨끗함을 입은 자들이 여호와와 교제를 갖는 자리였습니다.

그러므로 여호와께서는 사람이 그분을 만나기로 정하신 그 분 앞에 나아올 때에 자신의 철저한 무가치함과 무능력함을 상기하도록 하셨습니다. 사람으로 인해 땅이 여호와의 저주를 받았으니(창 3:15), 사람으로서는 아무리 노력해도 그 저주를 제거할 수가 없습니다. 제단을 값비싼 금속으로 치장한다면, 그 제단이 만들어진 목적이 가려질 것이었고, 사람들이 자기들의 비참한 처지를 잊게 만들 것이었습니다. 그러므로 하나님은 제단을 자연의 모습 그대로, 혹은 다듬지 않은 돌들로 세우도록 전반적인 지침을 주신 것입니다(출 20:24, 25; 참조. 왕상 18:31, 32).

그러므로 그 제단은 사람의 기술로 치장하지 않고 오직 하나님이 세우신 것이어야 했으니, 이는 사람이 자기가 만들어 놓은 것을 자랑하지 못하도록 하기 위함이었습니다. 하나님이 죄인인 사람과 만나기 위해 정하신 그 장소는 하늘의 하나님과 그가 지으신 땅이 서로 직접적으로 접촉한다는 인상을 주는 ─"산"에 있는─곳이어야 했던 반면에, 그 제단은 단순하고도 치장되어 있지 않은 천연 그대로의 모습이어야 했습니다. 그리하여 하나님이 친히 내려오심과 죄인의 비천함이 모두 강조되도록 한 것입니다.

제단을 쌓은 재료를 통해 드러나는 그 주요한 의미가 그 이름을 통해 확증되었습니다. 성경은 고대의 통상적인 용법에서 이탈하여, 사람의 비천함과 하나님의 은혜의 면을 동시에 생생하게 드러내는 그런 용어를 사용하고 있습니다. 그 이름은 '미츠베아흐'로서 살육의 장소라는 뜻입니다. 거기서 짐승을 죽였기 때문입니다.

그리하여 처음부터 하나님은 피 흘림이 없이는 그 자신과 타락한 피조물 사이에 교제가 있을 수 없으며, 죄 지은 자들에 내려진 사형 선고가 반드시 집행되어야 한다는 엄숙한 사실을 그분의 백성들에게 가르치신 것입니다. 훗날, 성소를 위해 고정적인 제단이 지정되었을 때에, 그 제단은 금과 은이 아니라 나무로 만들고 그 위에 구리를 입혀야 했습니다.

> 그 때에 여호수아가 이스라엘의 하나님 여호와를 위하여 에발 산에 한 제단을 쌓았으니 이는 여호와의 종 모세가 이스라엘 자손에게 명령한 것과 모세의 율법책에 기록된 대로 쇠 연장으로 다듬지 아니한 새 돌로 만든 제단이라 무리가 여호와께 번제물과 화목제물을 그 위에 드렸으며(수 8:30-31).

앞에서 말씀드린 내용에 덧붙여서 또 한 가지 지적할 사실은 그 제단이 우리 주 예수 그리스도의 모형이었다는 점입니다. 그리스도야말로 삼중적으로 거룩하신 하나님과 죄악된 사람들이 서로 만나는 유일한 장소이십니다.

> 다른 이로써는 구원을 받을 수 없나니 천하 사람 중에 구원을 받을 만한 다른 이름을 우리에게 주신 일이 없음이라(행 4:12).

그리스도로 말미암지 않고는 아무도 아버지께로 나아올 수가 없습니다. 사도들의 공로로나 혹은 마리아의 중보에 의지하여 하나님께 나아가려 하는 자들은 처참하게 속고 있습니다. 오직 그리스도께서 친히 여기의 제단의 원형이시요, 죄를 위한 희생제물이시며, 하나님이 받으실만한 유일한 제사장이십니다. 그림자와 원형 모두에서 이 세 가지를 서로 구별 지을 수 있으나, 그것들을 서로 분리시켜서는 안 됩니다.

그 세 가지가 모두 그리스도 안에서 만나기 때문입니다. 예물을 거룩하게 하는 제단(마 23:19)이 그렇듯이, 그리스도의 위격의 존귀가 그분의 제사에 무한한 가치를 부여합니다. 더 나아가 그는 우리의 제단이시요(히 13:10), 우리는 그에게 찬송의 제사를 드리며(히 13:15), 또한 그분의 공로로 말미암아 그 찬송이 향연이 되어 하나님께 드려지는 것입니다(계 8:3, 4).

에발 산에 쌓은 돌무더기는 죄인들을 심판하기 위해 던져질 것들이 아니었고, 죄인들을 위해 제물을 드리는 제단이 되었습니다. 제단의 돌들에 대한 금지명령이 매우 분명했습니다.

"그것에 쇠 연장을 대지 말지니라. 너는 다듬지 않은 돌로 네 하나님 여호와의 제단을 쌓고."

그 다듬지 않은 통째의 돌은 구주 예수님이 사람들과 하나님 앞에 각기 나타나시는 대로 그분의 굴욕과 완전하심을 나타냈습니다. 이스라엘의 육신의 눈에는 그에게 "고운 모양도 없고 풍채도 없었고", 그에게는 흠모할 만한 아름다움도 전혀 없었습니다. 그러나 아버지께서 보시기에 그는 "보배로운 모퉁이 돌"이셨고, 그에게 기뻐하심을 받는 분이셨습니다. 그리스도의 삶에는 쪼아내어야 할 부분이 하나도 없는 완전한 삶이었습니다. 그분의 행위에는 수정해야 할 점이 하나도 없었습니다. 그렇습니다.

출애굽기 20:25이 선언하는 대로, "정으로 그것을 쪼면 부정하게" 할 뿐이었습니다. 그리스도의 행위 중 어느 하나도 더 좋게 다듬을 수가 없었습니다. 만일 그분의 삶 전체에서 조금이라도 부족한 부분이 있었다면 모든 것이 망가져버렸을 것입니다. 우리 주님의 속옷이 "호지 아니하고 위에서부터 통으로 짠 것"(요 19:23)이라는 사실에서도 이와 동일한 상징적인 면이 드러났습니다.

그 제단이 세워진 시점이나 그 제단의 재료들보다 더 두드러지는 것은 그것이 세워진 에발 산이라는 장소였습니다. 이스라엘이 도착한 곳에는 두 개의 산—그리심 산과 에발 산—이 있었는데, 우리는 자연히 그 제단이 그리심 산에 세워질 것을 기대했을 것입니다. 왜냐하면, 에발 산에서는 저주가 선포된 반면에 그 곳에서는 순종하는 자들에게 율법의 복들이 선언되었기 때문입니다(신 11:29). 그러나 "하나님의 길은 완전하며"(삼하 22:31, 개역개정은 "하나님의 도는 완전하며"로 번역함. 역주).

따라서 여기의 모든 하나하나가 그렇게 시행된 것은 역사상 가장 끔찍하고도 가장 복된 제사의 사건을 예표하기 위함이었습니다. 에발 산에서 드려진 각양 제물들은 교회의 머리되신 그리스도께서 저주의 처소에 들어가심을, 그분의 지체들을 위해 친히 저주를 지심을 예표하는 것이었습니다.

그러므로 여기서 묘사되는 내용은 시내산의 제단(출 24:4)과 매우 흡사하며, 똑같이 예상을 뛰어넘는 것이요 보배로운 것이었습니다. 신명기 27:4-7의 말씀은 두 제단 사이의 유사점을 더욱 완전하게 보여 줍니다. 여호와께서는 에발산에서 화목제물을 드린 후에 "[그 화목제물을] 거기에서 먹으며 네 하나님 여호와 앞에서 즐거워하라"(신 27:7)고 명령하셨는데, 그들에 앞서서 그들의 선조들도 시내 산에서 똑같이 그렇게 했습니다(출 24:11).

그 때에도 하나님의 은혜가 놀랍게 드러났던 것입니다!

저주의 산에서 즐거워하다니, 과연 누가 이를 생각이나 할 수 있었겠습니까!

> 여호수아가 거기서 모세가 기록한 율법을 이스라엘 자손의 목전에서 그 돌에 기록하매(수 8:32).

이 역시 신명기 27:8의 명령에 순종하여 행한 놀라운 일이었습니다. 그 제단은 이스라엘의 승리하게 하신 하나님의 자비를 기념하기 위해 세워졌습니다. 하지만 그러나 그것은 그들이 거둔 승리에 기인하는 것이 아니라 그 위에 기록된 십계명의 판본에 기인하는 것이었습니다. 우리가 거기서 얻을 위대한 실천적 교훈은 하나님의 자비를 기념하는 최고의 방법은 바로 그분의 율법을 잊지 않는 것이라는 것입니다.

거널(잉글랜드의 청교도 목회자 William Gurnall[1616-1679]을 지칭하는 것으로 보임. 역주)이 훌륭하게 말씀했듯이, "우리 삶의 성품으로 읽을 수 있도록 기록되지 않은 것은 잊혀진 자비로 여기시는 것"입니다. 이스라엘에게는 제단의 돌에 십계명을 기록한 일은 그들이 가나안을 소유하게 되는 것이 아브라함에게 주신 약속에만 근거한 것이 아니고 그들 스스로 엄숙히 서약한 율법의 조건들에 따른 것임을 상기시켜 주는 것이었습니다(신 11:29-32).

이 두 가지는 분리시켜서는 안 되었습니다. 제단에 제물을 드리는 것은 그들이 하나님께 말씀드리는 것이었고, 돌 위에 기록된 율법에서는 하나님이 그들에게 말씀하시는 것이요, 그분의 거룩한 강령들을 그들에게 강력히 심어주시는 것이었습니다. 그리스도께서는 그분의 백성을 율법의 형벌로부터―율법의 계명들에 대한 순종으로부터가 아니라―구하기 위해 죽으신 것입니다.

신명기 27:8에 대해서 존 길(John Gill: 1697-1771)은 다음과 같이 적절히 설명합니다.

> 율법을 돌들 위에 기록한다는 것은 율법의 지속성을 나타내준다. 율법은 구약 시대나 요한의 시대나 그리스도 안에서 성취되는 시기만이 아니라 지금도

여전히 지속되고 있다. 그리스도께서 그분의 백성을 그 저주와 정죄로부터 구속하셨지만, 그런데도 그것이 여전히 그 백성들의 생활과 처신을 지도하는 하나의 규범으로 그분의 손 안에 있는 것이다. 율법은 복음의 도리로 인해 무효가 된 것이 아니다. 복음만큼 율법에 대한 순종을 강화시키는 것이 없다. 도덕법은 본질상 불변하며, 항구적이다.

그런데 안타깝게도 길을 흠모하는 이들 중에 그분의 가르침에서 벗어나는 이들이 얼마나 많은지 모릅니다. 토마스 스코트 역시 이렇게 말씀한 바 있습니다.

우리는 위대한 구속자이신 그리스도의 속죄에 소망을 걸어야 하며, 동시에 계속해서 우리 앞에 있는 하나님의 거룩한 율법을 감사의 순종을 드리는 법칙으로 삼아 지켜나가야 한다.

하나님의 율법을 즐거워하고 그것을 섬기는 것(롬 7:22, 25)이 없는 상태에서 하나님의 아들을 주신 하나님을 신실하게 찬송하고 있다고 생각한다면 이는 우리 스스로를 속이는 것입니다. 하나님은 결코, 반역도들이 뇌물처럼 드리는 예배를 받지 않으시는 것입니다(참조. 삼상 15:22; 시 106:12, 13).

다음에 이어지는 절을 간략히 설명하기에 앞서, 본문에 나타나는 놀랍고도 복된 그리스도의 예표를 높이 흠모하도록 합시다. 성령께서는 사람이 뜨지 않은 자연 그대로의 돌들로 제단을 쌓으라는 하나님의 명령을 세 차례나―출애굽기 20:25; 신명기 27:5; 여호수아 8:31―기록하고 있습니다.

그만큼 성령께서 주의를 기울여 그리스도의 영광을 보호하셨다 하겠습니다. "산 돌"이지만 만지고 가꾸어가야 할 부분이 많은 우리와는 너무나도 대조적으로 그리스도의 성품에는 거친 부분이나 날카로운 모서리가 전혀 없었고, 따라서 아버지께서 기뻐 받으시도록 그의 삶을 치장할 필요가 전혀 없었습니다.

하나님은 무엇이든 그 모형의 성격을 망가뜨릴 때에 크게 분노하셨습니다. 아론의 아들들이 제단에 "다른 불"을 지피자마자 곧바로 하늘로부터 내리는 불에 타죽었으며(레 10장), 언약궤를 제사장들이 어깨에 메지 않고 수레에 싣고 가자 웃사에게 심판이 임했습니다(삼하 6장).

하나님은 그분의 사랑하시는 아들의 존귀를 지극히 귀히 여기셔서, 성막의 모든 물건을 그가 보여 주시는 "모양"에 따라 만들 것을 모세에게 거듭거듭 명하셨는데(출 25:6, 등), 이는 거기에 속한 모든 것이 중보자 그리스도의 위격과 완전하심을 드러내는 것이요 미리 보여 주는 것이기 때문이었습니다. 제단의 돌들에 율법을 기록한 일은 그리스도께서 율법의 존귀를 지속시키심을 곧, 오직 그분 안에서 율법이 굳게 세워짐(롬 3:31)을 말씀해 줍니다.

> 온 이스라엘과 그 장로들과 관리들과 재판장들과 본토인뿐 아니라 이방인까지 여호와의 언약궤를 멘 레위 사람 제사장들 앞에서 궤의 좌우에 서되 절반은 그리심 산 앞에, 절반은 에발 산 앞에 섰으니 이는 전에 여호와의 종 모세가 이스라엘 백성에게 축복하라고 명령한 대로 함이라(수 8:33).

온 민족이 그 책임 있는 우두머리들이 여호와 앞에 모여 있는 이것이야말로 지극히 엄숙하고도 복된 모임이었습니다. 이 기념비적인 일에 즈음하여 "언약궤"—이는 여호수아에서 마지막으로 등장합니다—가 성막 바깥으로 나들이했습니다. 본래의 율법의 돌판들은 성막 안에 보존되어 있었고, 이제 그 제단의 돌 위에 그 강령들이 기록되었습니다.

여기서 벌어진 일은 그들의 선조들이 시내산에서 맺은 언약을 이스라엘의 신세대가 엄숙히 비준하는 것으로 보아야 합니다. 온 회중이 듣는 데서 율법의 내용이 선포되었고 그들은 "아멘"으로 화답함으로써(신 22:15-16, 등), 모든 이스라엘이 그 언약의 조건들에 동의했습니다. 여기서 "이방인"이 언급된다는 사실은 이방인들이 장차 교회 안에 모여들 것을 예고하는 것이었습니다.

이스라엘의 회중 전체가 이 두 산 중간의 골짜기에 운집해 있는 광경은 정말로 굉장했을 것입니다. 사십 년 전 시내산에서 있었던 그들의 엄숙한 집회 이후 그런 일은 처음이었습니다. 사실 여기서 일어난 일은 거기에서 일어난 일—이스라엘이 하나님의 율법을 지킬 것임을 엄숙히 언약하는 일—의 반복이었습니다. 시내산에서의 일이 하나님의 은혜와 권능이 그들을 위해 놀랍게 드러난 후에 일어났듯이, 여기서도 그랬습니다.

그러므로 두 경우 모두 여호와께 굴복과 순종을 드린 것이, 그분을 향한 그들의 사랑과 그분의 은혜 베푸심에 대한 감사의 표현이었다 합니다. 바로 그것이 율법이 그리스도인에게서 차지해야 할 위치입니다. 주 예수께서 죄를 지셨고 그를 하나님과 화목하게 하셨으므로, 모름지기 그리스도인은 하나님의 율법을 받음으로써 감사함을 표해야 하고(고전 9:21) 그리하여 다음과 같은 그리스도의 말씀에 부응해야 합니다.

너희가 나를 사랑하면 나의 계명을 지키리라 (요 19:15).

여호수아 8장의 마지막 부분에 나타나는 장면에 버금가는 것은 오직 출애굽기 24장에 나타나는 장면뿐입니다. 거기 묘사되는 사건은 본문의 사건과 모든 점에서 병행을 이루며, 본문의 사건을 설명해 줍니다. 두 사건 모두 이스라엘 회중 전체가 여호와 앞에 모인 공적인 집회였습니다. 모두 언약이 엄숙하게 맺어졌으며, 모두 산 위 제단이 세워지고 거기서 행해졌으며, 하나님의 율법이 크게 높임 받았고, 백성들이 여호와 앞에서 먹었습니다.

둘 사이의 차이는 전자의 경우 방금 애굽으로부터 나온 이스라엘의 첫 세대가 그 일에 개입된 반면에, 후자의 경우는 방금 가나안 땅에 들어온 첫 세대가 그 일에 개입되었다는 점입니다. 여호와의 명령이 충격적이면서도 감동적인 방식으로 이 새 세대에게 전해졌고 그들은 그 명령들을 확실히 인정하고 그것에 복종해야 했습니다.

먼저 제단을 세웠고 거기에 제물을 드렸습니다. "화목제물"을 드린 것은 지극히 적절했습니다. 그 제물의 일부는 여호와를 위한 것이요 나머지는 그 제물을 드린 자들이 먹도록 되어 있었으니 말입니다(레 7:32, 34). 언약이란 두 당사자 간의 상호적인 약정이며, 따라서 여기서 여호와와 그분의 백성이 함께 동참한 것입니다.

그 제단의 돌들 위에 십계명이 기록되었습니다. 모형적으로 그 일은 그리스도께서 율법을 극히 높이신 사실을 제시해 줍니다(사 42:21). 그리스도께서는 그의 가르침 속에서 율법의 권위를 그대로 유지하셨고(마 5:17), 그분의 삶 속에서 율법에 완전히 복종하셨고, 또한 그분의 죽으심에서 율법의 그 처참한 형벌을 감내하셨습니다. 실천적으로는 구속받은 자들이 구속자이신 그리스도께로부터 율법을 받아야 한다는 것을 가르침 받습니다.

그리스도께서 그분의 백성을 위해 율법을 지키신 것은 그들을 그 거룩한 요구 사항들로부터 자유하게 하기 위함이 아니라, 율법을 지킴으로 하나님을 높이게 하기 위함이요, 그분의 명령대로 사는 모범을 남겨주시기 위함이었습니다.

이를 위해, 그는 그 자신에게 감사할 지극히 깊은 의무들을 그들에게 부과하시며 그분의 계명들을 지킴으로 그분을 향한 사랑을 표현할 것을 명하실 뿐 아니라. 성령이라는 그 고귀한 선물을 주셔서 그로 하여금 그분의 법들을 그들의 마음에 두고 그들의 생각에 기록하게—곧, 그 법들을 향한 사랑을 심어주고, 또한 그 법들의 소중함과 권위와 영적인 성격으로 그들을 감동시키게—하신 것입니다(히 10:16). 그러므로 진정 중생한 사람은 그 속사람을 좇아 하나님의 법을 즐거워하며, 또한 마음으로 그 법을 섬기는 것입니다(롬 7:22, 25).

여기서 신중히 주목해야 할 것은 그 고귀한 자리에 모인 무리들에 대해 묘사하는 중에 성령께서 "본토인뿐 아니라 이방인까지"라고 선명하게 언급하고 계시다는 점입니다(수 8:33). 앞에서 지적한 것처럼, 이는 이방인들이 여호와의 회중에 들어오게 될 그 때를 예고하는 것이었습니다. 모세의 율법에 나타나는 "이방인"에 대한 갖가지 언급들에 대해 주목하는 것이 정당한 일인데도, 주석가들이 그렇게 하지 않았습니다. 할례를 받으면 "이방인"에게도 유월절에 참여할 기회가 주어졌습니다.

그렇습니다. "본토인에게나 너희 중에 거류하는 이방인에게 이 법이 동일하니라"(출 12:48, 49)라는 사실이 명확히 나타납니다. 심지어 도피성도 이스라엘 사람과 똑같이 이방인에게도 주어졌습니다(수 20:9). "너희와 함께 있는 거류민을 너희 중에서 낳은 자 같이 여기며 자기 같이 사랑하라"(레 19:34)는 명령이 이스라엘 사람들에게 내려졌습니다.

이처럼 이스라엘의 특권을 공유하게 되었으니, 의무도 공유해야 했습니다. 그러므로 그들 역시 하나님과 언약을 맺음으로써(신 29:11, 12), 혹 그들이 여호와의 이름을 망령되이 일컬을 경우 그 죄를 범한 히브리인에게 가해지는 것과 동일한 형벌이 그들에게도 가해졌습니다(레 24:16).

> 그 후에 여호수아가 율법책에 기록된 모든 것 대로 축복과 저주하는 율법의 모든 말씀을 낭독하였으니 모세가 명령한 것은 여호수아가 이스라엘 온 회중과 여자들과 아이와 그들 중에 동행하는 거류민들 앞에서 낭독하지 아니한 말이 하나도 없었더라 (수 8:34-35).

이렇게 해서 온 회중 전체가 그들에게 복을 주시며 그들을 통치하시는 여호와의 의로운 요구 사항들을 귀로 들었습니다. 신명기 27장은 율법의 엄숙한 저주 사항들 하나하나를 레위인들이 "큰 소리로" 외치면 "모든 백성은 응답하여 말하되 아멘"이라고 거기에 엄숙히 화답해야 했음을 알려 줍니다 (수 8:14-15). 헨리(Henry)는 이에 대해 다음과 같이 지적 했습니다.

> **첫째**, 그 율법들이 진리임을 믿는 그들의 믿음을 고백하는 것이었고,
> **둘째**, 그들의 평등함을 시인하는 것이었으며,
> **셋째**, 저주가 선포되는 그 악한 행위들에 그들 스스로 절대로 가담하지 않을 것임을 강력하게 보증하는 일종의 자기 저주(an imprecation upon themselves)였다.

이는 하나님의 말씀의 긴 단락들을 공적으로 읽는 일의 중요성—아무리 싫은 부분이 있더라도 그 부분까지도 절대로 삭제되어서는 안 된다는 것—을 보여 주는 놀라운 사례였다 하겠습니다. "이방인"에게 율법을 읽어 주었다는 것은 이방인들이 율법 아래 있음을 암시해 줍니다. 여호수아서에서는 "언약궤"가 더 이상 언급되지 않습니다. 이제 이스라엘의 제 이 세대를 통해 언약이 비준되었기 때문입니다.

이스라엘은 기록된 하나님의 율법에 의해서 가나안으로 행진해 들어갔습니다(수 3:11-17). 언약궤야말로 여호와께서 친히 손가락으로 이스라엘이 지키겠다고 언약한 내용을 기록하신 그 돌판들을 보관하도록 그가 친히 지정하신 함(函)이었습니다.

그 동일한 언약궤가 우상을 숭배하는 가나안 족속들에게 보응을 시행하는 사역자가 되어 여리고 성 주위를 돌았습니다(수 6:4). 그 동일한 율법이 이제 에발 산의 돌 제단 위에 기록되었고(수 8:32), 그리하여 그 땅의 법이 되었습니다.

이것이—그에게 복종하는 백성 뿐 아니라 그들의 그 복된 순종이 인근의 여러 민족들 앞에서 밝히 드러나도록 하는 것이—이스라엘로 하여금 가나안을 정복하게 하신 하나님의 목적이 아니었을까요?

의심의 여지도 없이 과연 그렇습니다.

모세가 다음과 같이 선언하고 있으니 말입니다.

> 내가 나의 하나님 여호와께서 명령하신 대로 규례와 법도를 너희에게 가르쳤나니 이는 너희가 들어가서 기업으로 차지할 땅에서 그대로 행하게 하려 함인즉 너희는 지켜 행하라. 이것이 여러 민족 앞에서 너희의 지혜요 너희의 지식이라. 그들이 이 모든 규

례를 듣고 이르기를 이 큰 나라 사람은 과연 지혜와 지식이 있는 백성이로다 하리라 (신 4:5, 6; 참조. 왕상 10:8, 9).

그리고 여러 세기가 지난 훗날 여호와께서는 다시 그들의 후손에게 그들이 "나의 증인, 나의 종으로 택함을 입었"(사 43:10; 참조. 말 3:12)음을 상기시키십니다.

제12장

속임수 중의 존귀

(여호수아 9:1-27)

1. 원수들의 대응

이 일 후에 요단 서쪽 산지와 평지와 레바논 앞 대해 연안에 있는 헷 사람과 아모리 사람과 가나안 사람과 브리스 사람과 히위 사람과 여부스 사람의 모든 왕들이 이 일을 듣고 모여서 일심으로 여호수아와 이스라엘에 맞서서 싸우려 하더라(수 9:1-2).

본문을 언뜻 보면 8장 마지막 부분에 묘사된 일 뒤에 곧바로 이어지는 내용을 이처럼 상세히 기록하는 것이 별로 적절치 못한 것 같아 보이기도 합니다. 그러나 조심스러운 독자라면 본문이 "그리하여"(개역개정에는 나타나지 않음. 역주)로 시작된다는 점을 눈여겨볼 것이고, 또한 앞의 글들을 계속 읽어온 분들은 여기서 그것이 주는 의미를 알 것이라 생각합니다.

이처럼 앞의 내용과 연결시키는 문구가 붙어 있으므로, 그 바로 앞의 내용에 주의를 기울여야만 그 연결점이 더 잘 드러날 것입니다. 사건들의 순서를 제대로 파악하게 해 주는 것은 물론이고, 그보다 특별히 본문이 제시하는 영적인 교훈들도 더 확실히 접하게 될 것입니다.

여호수아서는 이스라엘의 가나안 정복과 소유에 대한 단순한 역사적 기록만이 결코, 아니고, 그리스도인들이 싸워가야 할 영적 싸움을 모형으로 보여 주는 것이라 하겠습니다.

그리스도를 믿는 신자들은 그분의 "증인"(행 1:8)—그분을 향한 찬송을 드러내며, 도덕적으로 완전한 그분의 성품의 면모들을 반영하는—이며 "어린 양이 어디로 인도하든지 따라가는"(계 14:4) 그분의 제자들일 뿐 아니라, 예수 그리스도의 병사들이기도 하며(딤후 2:3), 따라서 특히 여호수아서에서 제시하는 교훈들에 관심을 기울여야 합니다.

그렇다면 여호수아 9:1-2에 기록된 내용에서 이끌어내야 할 교훈들은 어떤 것일까요?

이 절들과 그 문맥 사이에 두 가지 연결점이—바로 앞의 본문들과, 또한 좀 더 넓은 문맥과의 연결점이—나타나는 것에 준하면 두 가지 교훈이 있다 하겠습니다.

다시 말해서, 가나안 왕들이 함께 모여 이스라엘을 향해 연합 공격을 감행하기로 합의했다는 사실은 먼저 여호수아 8장 마지막 부분에 나타나는 내용—곧, 이스라엘의 새 세대가 에발산에서 십계명을 높이 기리고 여호와와 언약을 맺은 사실—과 관련되고, 그 다음에는 여리고와 아이를 함락시킨 이야기가 전개되는 여호수아 6-8장 전체와 관련된다는 것입니다. 서두의 "그리하여"가 여호수아 9:1 마지막의 "이 일을 듣고"와 연결됩니다. 여기서 주목하는 것은 바로 여호수아 6-8장의 사건들에 대한 원수들의 반응입니다.

이에 대한 기록이 비록 간결하지만, 이 두 절은 자신의 소명을 신실하게 감당하기를 소원하는 목회자들이 특히 염두에 두어야 할 매우 중요한 사실을 제시한다 하겠습니다. 성령께서, 에발산과 그리심산에서 일어난 일을 묘사한 직후에 가나안 왕들이 여호수아와 이스라엘을 상대로 싸우기 위해 동맹을 맺은 이 사실을 언급하시는 것은 하나님의 법에 대한 인간의 적대적 자세에 대한 엄중한 실례를 모형적으로 제시합니다.

여호수아가 에발산에 제단을 세웠고 그 돌들 위에 여호와의 십계명을 새겼다—이로써 십계명이 그 땅의 법이 되었다—는 소식을 접하자마자, 그들은 하나님의 백성을 상대로 공동 전선을 형성하고 무력을 사용하기로 결정한 것입니다. "이 일을 듣고"(수 9:1)가 이를 분명히 시사해 줍니다. 지극히 높으신 하나님의 권리와 권세를 시인하고 스스로 그가 계시하신 뜻에 굴복하는 것이야말로, 중생하지 않은 자들이 분개하며 또 반대하는 일입니다. 그들은 자기들이 주인이 되기를 바라며, 고집스럽게 자기들의 길을 추구합니다. 이들 모두가 행동으로 표현했고, 또한 실제로 많은 이들이 입으로 외치는 언어는 바로 자기 의지에 사로잡힌 교만한 바로의 말과도 같습니다.

여호와가 누구이기에 내가 그의 목소리를 듣겠느냐(출 5:2).

그들은 자기들이 기뻐하는 대로 행하기로 결심한 것입니다. 인간의 부패성의 본질이 바로 여기에 있습니다. 죄란 하나님을 상대로 반기를 드는 것이요, 그에게 굴복하기를 거부합니다. 죄는 자기 자신의 성향을 따르기로 결심하는 것이요, 동시에 우리의 창조주요 통치자이신 하나님을 상대로 싸우는 것입니다.

"육신의 생각은 하나님과 원수가 되나니."

이 선언은 말할 수 없이 엄숙하며, 또한 인간의 감수성에 지극히 역겨운 것입니다. 그런데도 이는 반박할 수 없는 사실입니다. 그 증거가 그 다음에 이어지는 내용에서 제시됩니다.

> 이는 [자연인의 생각이] 하나님의 법에 굴복하지 아니할 뿐 아니라 할 수도 없음이라 (롬 8:7).

하나님의 법에 복종하지 않고 그것을 반대하는 것만큼 중생하지 못한 자의 하나님을 향한 뿌리 깊은 적대감을 분명하게 드러내는 것은 없습니다. 하나님을 미워한다는 것을 공개적으로 인정할 사람은 거의 없을 것이고, 그 끔찍한 사실을 깨닫는 사람은 더 적을 것입니다. 왜냐하면, 죄가 지극히 간사하여 (히 3:13) 판단을 어둡게 하기(엡 4:18) 때문입니다.

이 사실을 무엇보다 분명하게 보여 주는 것은 우상 숭배의 현상입니다. 사람들이 참되신 하나님을 기뻐했다면, 그토록 많은 거짓 신들을 만들어내지는 않았을 것입니다. 그들은 자기들의 부패한 성향에 적합하게 들어맞는 하나님과 종교 체계를 바란 것입니다.

나무나 돌로 만든 주상 앞에 절하지 않는 사람들이 허다하지만, 그런 사람들 역시 자기들의 정서와 상상에 맞고 또 아무런 적대감을 가질 일이 없는 자기들 나름대로의 신을 믿고 있는 것입니다!

그러나 성경에 나타나 있는 대로 참되고 살아계신 하나님의 성품을 깨닫게 되면, 그런 적대적인 자세가 더욱 선명해집니다. 하나님이 전적으로 그가 기뻐하시는 뜻에 의하여 어떤 자는 존귀를 얻는 그릇으로 또 다른 자는 치욕을 얻을 그릇으로 지으시는 그 권능자이시며, 악을 그냥 바라보실 수 없고 불법을 행하는 모든 자를 미워하시는 말할 수 없이 거룩하신 분이시며, 또한 모든 사람을 심판하시며 죄 지은 자를 사면하는 일이 결코 없으신 의로운 재판장이시라는 사실이 적나라하게 드러나면, 타락한 피조물은 그런 하나님을 대적하고 미워할 수밖에 없습니다.

그런 피조물들에게 그분의 법을 주시고 그것에 대해 무조건적인 순종을 요구하시므로, 그들이 즉시 반발합니다. 하나님이 그의 주권자로서의 권리들을 보류하시면, 그들의 반대가 사그라지고, 그가 자신의 규(珪)를 옆으로 내려놓으시면 사람들이 그분을 대적하지 않을 것입니다.

그러나 하나님이 그렇게 하기를 거부하시니, 피조물의 뜻이 창조주의 뜻을 반대하며, 그분의 보좌에 굴복하기를 거부합니다. 죄인의 본성이 하나님을 정면으로 대적하는 것이라는 결정적인 증거가 하나님의 통치에 대한 그의 치명적인 반대에서 나타납니다. 도덕법은 그 주인이신 하나님의 성품을 드러내는 것이요 그분의 뜻을 표현하는 것이므로, 사람이 그것을 거부하는 것이야말로 거룩함을 반대하는 죄의 성격을 여실히 드러냅니다.

방금 지적한 사실은 율법 제정자이신 하나님이 육신을 입으시고 이 땅에 거하셨을 때에 가장 선명하게 드러났습니다. 신앙이 있는 자들이나 신앙이 없는 자들이나 똑같이 그분을 향해 능동적으로 악의를 드러냈기 때문입니다. 그분을 멸시하고 거부한 것은 물론이고, 그가 분명히 선포하셨듯이, "이유 없이 나를 미워하였습니다"(요 15:25).

그들은 자기들의 악의를 숨기려 하지도 않았습니다. 그가 병든 자들을 고치시고 무리들에게 떡과 물고기로 먹이시는 동안에는 그들의 적대감이 유보되었으나, 그가 자신이 주(主, Lordship)이심을 주장하시고, 제자도의 조건들을 밝히시고 그분의 나라의 성격과 요구 사항들을 알리시자, 곧바로 그들의 적개심이 터져 나왔습니다. 그가 자기 땅에 오시자 "자기 백성이 영접하지 아니하였고"(요 1:11), "그 백성이 그를 미워하여 사자를 뒤로 보내어 이르되 우리는 이 사람이 우리의 왕 됨을 원하지 아니하나이다"(눅 19:14)라고 하기까지 했습니다.

그리스도께서 십자가에 달리신 것이 "유대인의 왕"의 자격으로 그리되셨음을 잊어서는 안 됩니다!

> 세상의 군왕들이 나서며 관원들이 서로 꾀하여 여호와와 그의 기름 부음 받은 자를 대적하며, '우리가 그들의 맨 것을 끊고 그의 결박을 벗어 버리자' 하는도다(시 2:2-3).

그리고 하나님의 율법을 조롱하며 그의 권위에 굴복하기를 거부하는 자세에 대해서는 사도행전 4:25-27을 참조하십시오.

그러므로, 에발과 그리심 산에서 여호와의 율법을 반포한 직후에 가나안 왕들이 "여호수아와 이스라엘에 맞서서 싸우려"고 모인 사실에서, 우리는 우리 주님이 십자가에 달리시기 직전 몇 시간 동안 일어난 일에 대한 모형과 율법에 대한 사람의 적대적 자세의 실례를 보았습니다.

그때까지는 가나안 족속들은 수세적인 처지에 있었으나, 이제 여호수아 9:1, 2에 와서는 공세적인 자세를 취할 준비를 갖추고 연합하여 하나님의 백성에 대한 공격을 감행합니다. 거기 언급된 왕들은 민족 출신도, 관심사도 다양했습니다. 그러나 여기서 우리는 각자의 차이들을 뒤로 제쳐두고 한 가지 목적을 위해 함께 연합했습니다. 제사장들과 서기관들과 바리새인들과 사두개인들이 연합하여 육신을 입으신 율법 제정자를 반대한 것처럼 말입니다.

오늘날도 마찬가지입니다. "세대주의적"(dispensational)인 알미니안주의자들과 "반율법주의적"(antinomian)인 칼빈주의자들이 그리스도인의 삶의 법칙으로서의 십계명을 배격하기 위해 공동전선을 펴고 있습니다.

이렇게 해서 참된 그리스도의 종이 드러나게 될 것입니다. 율법이 성경에서 차지하는 위치를 사역 중에 그대로 인정해야 합니다. 하나님의 명령("하나님의 뜻"[참조. 행 20:27]에는 "모든 은혜의 교리들"이라 부르는 것들보다 훨씬 더 많은 내용이 포함된다는 점을 기억하십시오) 을 행하는 중에 성실히 임해야 하며, 그리스도의 왕 되심과 십계명의 철저함과 영적인 성격을 불신자들과 신자들 모두에게 전해야 합니다.

앞에서 우리는 여호수아 9장 첫머리의 "그리하여"라는 단어가 두 가지 의미가 있음을 지적한 바 있습니다. 곧 다음에 이어지는 내용입니다.

첫째, 여호수아 8장 말미에 기록된 내용—이스라엘의 새 세대가 에발산에서 십계명을 높이 기리고 모세 언약을 갱신한 일—과 연결된다는 점을 암시하며,

둘째, 여리고 성과 아이 성 정복에 관한 여호수아 6-8장의 내용 전체와 연결된다는 것을 암시한다는 것입니다. 다시 말해서, 여호수아 9장의 내용들은 그 사건들에 대한 원수들의 반응을 알려 준다는 것입니다.

사건들이 두 가지였으니 원수들의 반응도 두 가지였습니다.

첫째, 가나안 왕들은 소식을 듣고서 "일심으로" "여호수아와 이스라엘에 맞서서 싸우기"를 도모했습니다. 그 때까지 그들은 수비적으로 처신했으나, 이제 그들 자신이 위협을 받게 되니 이스라엘을 상대로 대대적인 공격을 감행하고자 한 것입니다.

> 여기[수 9:1] 사용되는 갖가지 표현들은 서부와 북부의 경계선에까지 걸친 그 땅의 모든 거민을 포함한다(토마스 스코트).

즉각적인 공격이 계획된 것은 아니었으나, 이스라엘의 전진을 중단시키고 그들 자신의 영토를 방어하는 최선의 전략이 무엇인지를 함께 논의한 것이었습니다.

과연 "해 아래에 새 것이 없습니다"(전 1:9). "민족들의 동맹" 혹은 모든 역량을 합치기 위해 서로 다른 사람들이 하나로 뭉치는 일은 현대에 와서 생긴 일이 아니고, 인간의 역사만큼이나 오랜 일입니다. 경쟁적인 왕들이 하나님의 백성을 대적하는 공동의 목표를 위해 하나가 되었습니다. 이들은 서로 지원하고 도와서 궁극적으로 이스라엘을 공격하기로 "최정상급"의 합의를 도출했고, 여호수아 9:1-5에 나타나는 대로 그 합의를 실행에 옮겼습니다.

잠시 자기들 각자의 차이를 기꺼이 내려놓고 함께 연합한 것입니다. 이때에 처음 그런 일이 일어난 것은 아닙니다. 아브라함 시대에도 이미 그런 일이 있었습니다. "당시에 시날 왕 아므라벨과 엘라살 왕 아리옥과 엘람 왕 그돌라오멜과 고임 왕 디달이 소돔 왕 베라와 고모라 왕 비르사와 아드마 왕 시납과 스보임 왕 세메벨과 벨라 곧 소알 왕과 싸우니라. 이들이 다 싯딤 골짜기 곧 지금의 염해에 모였더라"(창 14:1-3).

이는 "서방 민족들"이 "동부의 세력"에 맞서는 "서부 민족 동맹"이었다 하겠습니다. 그리고 더 후대에 가서 여러 민족들이 이스라엘을 대적하여 "한마음으로 의논하는 일"이 있었습니다(시 83:4-8을 보십시오).

여호수아 9:1-2에 기록된 내용은 믿음의 선한 싸움을 싸우는 이들에게는 과연 실질적인 가치가 있습니다. "미리 경고를 받는 것이 미리 이기는 길이다"라는 옛 격언에는 과연 지혜가 담겨 있습니다. 특정한 조치가 적에게 어떤 효과를 낼지에 대해 신빙성 있는 정보를 얻는 것이 정말 큰 도움이 되는 경우가 많습니다.

이스라엘이 여호와와의 언약을 엄숙히 갱신한 직후에 그런 조치가 취해지는 것을 봅니다. 이것이 주는 교훈은 분명합니다. 곧 하나님의 백성이 그들의 책무들을 가장 의식하고 있고, 은혜로 그 책무들을 시행할 결심을 가장 크게 하고 있고, 여호와께 자신들을 거룩히 드리고자 하는 열정으로 충만해 있을 바로 그 때에, 사탄의 분노가 가장 맹렬하게 터져 나온다는 것입니다.

이미 지적한 바 있듯이 지금까지는 이 가나안의 왕들은 침묵하고 있었으나, 이제는 그들이 공격을 계획합니다. 이들이 애초에 이스라엘이 요단 강을 건널 때부터 그들을 경계하여 적대적인 행동을 취하지 않았다는 것이 오히려 이상스런 일입니다. 이스라엘이 다가오고 있음을 그들이 이미 알고 있었기 때문입니다(수 2:9, 10). 그리고 이들은 여리고가 여호수아 휘하의 이스라엘에게서 심각한 위협을 받고 있을 때에 그 성을 전혀 지원하지 않았었습니다.

그러나 여기서 이 왕들이 하지 않은 일을 주목하기 바랍니다. 이들은 이스라엘에게 항복하지 않았습니다. 그들은 스스로 중과부족이라 생각하지도 않았고, 여호수아의 자비에 자기들을 내어맡기지도 않았습니다. 요단 강을 건넌 일과 여리고성을 무너뜨린 일이 모두 이적적으로 이루어진 것을 알고 나서도, 그들은 항복하지 않았습니다.

그리스도인의 대적들도 마찬가지입니다. 하나님이 아무리 우리에게 놀랍고도 엄청난 승리를 주시더라도, "이제 최악의 싸움은 지나갔구나" 라는 식으로 결론지어서는 안 됩니다. 사탄의 활동은 끊임없이 움직이는 "영구 운동 기관"과도 같습니다. 그는 패배를 받아들이는 법도, 싸움터에서 도망치는 법도 없습니다. 사람이라면 임마누엘을 공격하는 일이 전혀 헛되다는 것을 인정할 법하지만, 사탄은 그렇게 하지 않았습니다. 그의 공격이 완전히 무력화된 후에도 사탄은 그저 "얼마 동안"(눅 4:13) 그리스도를 떠났을 뿐입니다.

그런데 그리스도를 따르는 자가 어째서 자기의 경우는 예외일 것이라고 생각해야 한단 말입니까!

"육체"와 그 모든 악한 정욕의 경우도 마찬가지입니다. 내주하는 죄는 절대로 새 사람에게 굴복하지 않을뿐더러 공격을 그치는 법도 없습니다. 그리스도인이 영적 유산을 체험하고 그것을 누리는 데서 더 깊이 나아갈수록 싸움이 더욱 맹렬해지고, 그를 무너뜨리려는 원수들의 노력도 더욱 결연해지고 사나워지는 법입니다.

여호수아 9:1에서 성령께서 그 왕들의 서로 다름을 꼬집어 언급하시는 것이 매우 놀랍습니다. 산악 지역의 왕들과, 골짜기 지역의 왕들과, 또한 해변 지역의 왕들이 두루 언급됩니다. 그처럼 넓은 지역에 흩어져 있는 그들이 이스라엘을 상대하고자 동맹을 맺은 것입니다. 이는 온갖 종류의 영적인 대적들이, 온갖 형체의 세상적인 것들이—지극히 세련되고 고상한 것들도 있고 지극히 저급하고 추잡한 것들에 이르기까지—하나님의 백성들을 상대로 공격한다는 것을 실례로 보여 줍니다. 그들 자신의 악한 정욕들도 마찬가지로 다양하고 그 수가 허다합니다.

악의와 교만, 불신앙, 게으름, 비겁함, 조급함, 불만 등 온갖 것들을 다 무찌르고 죽여야 합니다. 그리스도인들은 분열되어 있으니, 이처럼 이교도 민족들이 하나로 뭉치는 사실에 대해 부끄러움을 느껴야 마땅합니다. 그리고 이들이 이스라엘을 대적하여 하나로 뭉치는 것을 보고서, 신자는 자신이 싸우도록 부르심을 받은 싸움에 임하면서 자신의 모든 은혜가 함께 발휘되도록—믿음이 소망을 강하게 하고, 사랑이 믿음과 소망에 활력을 주도록—힘써야 한다는 것을 깨달아야 마땅합니다.

이 왕들이 그렇게 오랫동안 잠잠히 있었다는 것이 이상하게 보인다면, 육신적인 이성의 눈으로 볼 때에는 그들이 하나님이 그분의 백성을 위해서 행하신 '그 강력한 역사들을 목격했는데도 이런 공격 계획을 세운다는 것이 더 이상하게 보일 것입니다. 그러나 실제로 여호와께서는 그 이면에서, "너희 민족들아 함성을 질러 보아라 그러나 끝내 패망하리라"(사 8:9)라고 말씀하십니다. 하나님의 교회를 대적하는 원수들도 결국, 그렇게 될 것입니다.

그러나 이제 이스라엘이 거둔 최근의 승리들에 대해 가나안 족속들이 보인 두 번째 대응을 살펴보아야겠습니다. 이번의 대응은 그 전과 매우 다르며, 여호수아 9:3-6에 기록되어 있습니다. 본문은 이렇게 말씀합니다.

> 기브온 주민들이 여호수아가 여리고와 아이에 행한 일을 듣고, 꾀를 내어 사신의 모양을 꾸미되 해어진 전대와 해어지고 찢어져서 기운 가죽 포도주 부대를 나귀에 싣고, 그 발에는 낡아서 기운 신을 신고 낡은 옷을 입고 다 마르고 곰팡이가 난 떡을 준비하고, 그들이 길갈 진영으로 가서 여호수아에게 이르러 그와 이스라엘 사람들에게 이르되, 우리는 먼 나라에서 왔나이다 이제 우리와 조약을 맺읍시다 하니 (수 9:3-6).

여호수아 10:2에서는 "기브온은 왕도와 같은 큰 성임이요 아이보다 크고 그 사람들은 다 강함이라"고 보도합니다.

그럼에도 그들은 이스라엘을 두려워했습니다. 여기서 우리는 하나님의 주권을 목도합니다. 바로 앞 절에 언급된 왕들의 경우와는 달리 하나님이 기브온 사람들을 "크게 두려워하게"(창 35:5)하신 것입니다. 그러나 하나님이 아무렇게나 변덕스럽게 행하신 것은 아니었습니다. 그는 자신의 지혜로우신 이유들로 인해서 기브온 사람들이 예외가 되게 하신 것입니다.

> 기브온 주민들이 여호수아가 여리고와 아이에 행한 일을 듣고(수 9:3).

이는 여호수아 2:9-10에서 라합이 정탐꾼들에게 한 다음의 말과 전적으로 일치합니다.

> 여호와께서 이 땅을 너희에게 주신 줄을 내가 아노라 우리가 너희를 심히 두려워하고 이 땅 주민들이 다 너희 앞에서 간담이 녹나니, 이는 너희가 애굽에서 나올 때에 여호와께서 너희 앞에서 홍해 물을 마르게 하신 일과 너희가 요단 저쪽에 있는 아모리 사람의 두 왕 시혼과 옥에게 행한 일 곧 그들을 전멸시킨 일을 우리가 들었음이니라 (수 2:9-10).

여기서 이 역사의 일관성과 진실성을 입증해 주는 실례를 보게 됩니다. 영적으로 생각하면, 이는 다음의 원리를 실증해 줍니다. 곧 불신 세계가 하나님의 놀라운 역사하심에 대해 무지한 상태로 있는 것이 아니며, 따라서 그들의 불신앙이 더욱 용서받을 수 없으며 그들의 죄과를 더욱 가중시킨다는 원리가 그것입니다.

그리스도께서 행하신 이적들은 어느 한 모퉁이에서 은밀하게 일어난 것이 아니라, 모든 사람이 보는 앞에서 공개적으로 일어났습니다. 그러므로 심지어 그분을 반대하는 원수들조차도 그 이적들이 실제로 일어났다는 사실을 시인할 수밖에 없었고(요 11:47), 헤롯 역시도 그 사실을 보고받았습니다(눅 23:8).

오늘날도 마찬가지입니다. 지극히 높으신 하나님의 간섭하시는 섭리들도, 그분의 택하신 자들 속에서 일하시는 성령의 초자연적인 역사도, 똑같습니다. 어느 때든지 성령의 능력이 명확하게 충격적으로 드러날 때마다, 중생하지 않은 자들 중에 그 일로 감동을 받고 매료되어 자신도 그런 일을 누리게 되고자 가담하는 자들이 있습니다.

아브라함의 경우에도 그런 사례를 봅니다. 그는 하나님께로부터 유효적인 부르심을 경험했고, 이것이 초자연적인 효과를 내게 됩니다. 그가 자기 집을 떠나고 자기 조상의 땅을 버릴 때에 "갈 바를 알지 못하고" 나아갔다는 것은 자연의 이치에 반(反)하는 일이었기 때문입니다. 하나님이 그에게 특별히 구별되는 역사를 행하신 것이었습니다.

여호와께서 친히 우리에게 "내가 그를" 불렀노라고(사 51:2) 말씀하시니 말입니다. 그런데도, 그의 아버지와 조카가 아브라함이 변화되어 과거의 삶의 양식과 완전히 결별하기로 결단하는 것을 보고서 그의 아버지와 조카가 크게 감동을 받아, 그가 갈대아를 떠날 때에 함께 그를 따라나선 사실을 보게 됩니다(창 11:31).

물론 그의 아버지는 가나안에 이르기 전에 죽었고, 그의 조카 역시 가나안 땅에서 전혀 행복을 누리지 못했지만 말입니다. 이와 비슷하게, 이스라엘 자손이 애굽을 떠나 그들의 기업을 향해 나아갈 때에 "수많은 잡족 … 이 그들과 함께 하였으며"(출 12:38), 그리하여 하나님의 백성에게 악한 영향을 미쳤습니다(민 11:4). 포로로 잡혀 있던 유대인들이 고레스의 칙령에 의하여 팔레스타인으로 돌아가던 당시에도 마찬가지였습니다.

후에 모세의 율법이 회복되었을 때에, 그들이 "섞인 무리를 이스라엘 가운데에서 모두 분리"하였으니 말입니다(느 13:3).

여호와께서 그 땅에서 행하신 그 놀라운 역사들에 즈음하여 이처럼 가나안 족속들이 두 가지로 반응한 사실에서—한 번은 이스라엘을 대적하여 무력을 사용하기로 결의했고, 또 한 번은 우정을 가장하여 이스라엘과의 연합을 꾀한 일에서—우리는 하나님과 그분의 백성의 철천지원수가 취하는 두 가지 원칙적인 대응 전략과 방법의 실례를 보게 됩니다. 성경은 마귀를 울부짖는 사자로도, 교활한 뱀으로도, 묘사합니다.

사자의 모습으로는 무력을 사용하여 공포를 조장하려 합니다. 그리고 뱀의 모습으로는 간교하게 독을 퍼뜨리고 부패시키는 공작을 실행합니다. 사자의 모습으로는 공개적으로, 겉으로 공격해옵니다. 그러나 뱀의 모습으로는 은밀하게 공격하고 내부로부터 부패하게 만드는 것입니다.

그는 첫 사람 아담과 하와를 상대할 때에는 거짓말로 속이는 뱀의 모습으로 나타났으나, 가인을 동원하여 의인 아벨을 죽일 때에는 사자의 힘과 잔인함이 드러나는 것입니다(요일 3:12).

여기 본문의 경우도 마찬가지입니다. 가나안 왕들을 부추겨 여호수아를 상대로 싸우도록 만들 때에는 사탄이 무력을 사용하는 데에 의존했으나, 기브온 사람들을 움직여 그들의 정체를 숨기고 거짓으로 꾸며서 이스라엘을 속여 그들과 조약을 맺게 만드는 데에서는 자기의 누룩을 떡에다 섞어 놓으려 하는 그의 잔꾀가 드러나는 것입니다.

이 본문들에서는 하나님이 고정적인 계획에 따라 역사하시지 않는다는 지적을 자주 합니다. 그러나 그런 무한한 다양성이야말로 하나님의 역사하심의 특징입니다. 마귀의 경우도, 물론 그 정도가 덜합니다. 하지만 마찬가지입니다. 기독교의 역사 전체에서 거듭거듭 입증되듯이, 한 가지 계획이나 방법이 실패하면 그에게는 언제나 또 다른 것이 준비되어 있습니다.

그리스도를 상대할 때에는 그가 전술을 바꾸었습니다. 먼저 아기 예수를 죽이려는 공작을 시행했고, 그 다음에는 빛의 천사와 흡사한 모습으로 나타나 그분을 시험했고, 그 다음에는 어둠의 권세로서(눅 22:53) 그분의 발꿈치를 상하게 한 것입니다. 주 예수님을 따르는 자들의 경우도 마찬가지입니다.

처음에는 공개적으로 직접적으로 박해하고, 그 다음에는 아첨하고 속이며, 그 다음에는 거룩하지 못한 조약을 통해 부패시킵니다. 네로를 비롯한 로마 황제들의 잔혹한 반대가 실패하자, 콘스탄틴 황제가 기독교의 후견인 노릇을 자처하여 기독교를 국가 종교로 만듦으로써 사탄의 계략을 성공시켰고, 또한 그로부터 여러 세기 후에는 독일의 군주들의 지원을 받게 되어 정치적 자유를 누리게 되면서 루터를 통해 일어난 위대한 종교개혁의 영성과 권능이 약화되고 말았습니다.

그러므로 진리의 말씀이 우리 손에 있는 한 "우리는 그 계책을 알지 못하는 바가 아니로라"(고후 2:11)라는 사도의 선언은 전혀 놀랄 것이 아닙니다. 그리고 지난 19세기의 역사가 우리 앞에 있으므로, 사탄의 전략에 대해 우리가 무지하다는 것에 대해 핑계를 댈 수가 없는 것입니다.

여호수아 9:3-6에 기록된 부정직한 기브온 사람들의 일에 관한 내용은 겉모양만 있고 은혜를 모르는 자들이 하나님의 백성의 대열에 "가담"하고자 하는 현상을 모형적으로 그려줍니다. 그들은 자기들의 정체를 액면 그대로 이스라엘 앞에 드러냈다가는 자기들의 원하는 바를 이룰 가망이 전혀 없다는 것을 알고서, 자기들의 모습을 위장하는 속임수를 썼습니다.

> 꾀를 내어 사신의 모양을 꾸미되(수 9:4).

사탄이 매우 교묘하지만 육체 역시 지극히 간교하며, 그 목적을 이루기 위해 갖가지 일을 꾸밀 능력이 있다는 점을 간과해서는 안 됩니다. 야곱이 털가죽으로 에서로 가장했고, 사울 왕이 스스로 위장하고 엔돌의 신접한 여인을 만났고(삼상 28:8), 여로보암의 아내가 신분을 감추고 눈이 어두워 잘 보지 못하는 아이야 선지자를 만났으며(왕상 14:1-6), 그리스도의 시대에 늑대들이 양의 옷으로 가장하는 예들을 잘 보아야 합니다.

바울은 "거짓 사도요 속이는 일꾼이니 자기를 그리스도의 사도로 가장하는 자들"에 대해 고린도의 성도에게 경고했고(고후 11:13), 또한 유다는 성도의 회중에 "가만히 들어온" 불경한 자들에 대해 경고합니다(유 1:4).

오늘날에는 교회 안에 그런 자들이 가득합니다. 기브온 사람들은 "사자"로 가장합니다. 이들은 자기들을 평화로운 의도를 지니고 방문한 사람들로, 이스라엘과 공식적으로 의견을 교환하고 언약을 맺는 중요한 임무를 행하기에 합당한 자들로, 위장한 것입니다. 오늘날 교회의 회원이 되려는 수많은 외식자들이 바로 이런 식으로 위장합니다. 이들은 스스로 주의 백성들의 교제의 장에 소속되기에 합당한 자격 요건을 갖춘 것처럼 처신하며, 하나님의 평화가 자기들의 마음속에 있다고 주장합니다.

이 기브온 사람들은 먼 나라로부터 온 사람들처럼 꾸미고 나타났습니다. 그들은 "해어진 전대와 해어지고 찢어져서 기운 가죽 포도주 부대를 나귀에 싣고 그 발에는 낡아서 기운 신을 신고 낡은 옷을 입고 다 마르고 곰팡이가 난 떡을 준비"했습니다. 그런 위장 작업이 매우 철저해서, 정말 그럴 듯해 보였습니다.

이들은 심지어 말이 아니라 나귀를 사용함으로써, 이스라엘 특유의 습관에 맞추기까지 했습니다. 이와 마찬가지로 헛된 거짓 신자들도 자기들의 품행에서 변화된 모습을 보여 주고, 있지도 않은 내적인 은혜를 꾸며대고자 많은 노력을 기울여 하나님의 백성을 속이려 듭니다. 마치 자기들이 "심령이 가난"하고, 죄를 깨닫고 있으며, 또한 생명의 떡으로 인하여 주려 있는 것처럼 처신하고, 자신들의 무가치함에 대해 떠드는 것입니다.

이 사건은 그리스도의 교회들에게 외식자들을 회원으로 받아들이지 않도록 기도로 경계해야 한다는 사실에 대해 엄하고도 시급하게 경고해 주며, 동시에 개개인 그리스도인이 그 속에 있는 원수들에게서 영향을 받을 위험이 상존한다는 사실을 깨닫게 해 주는 것이기도 합니다.

우리의 정욕들이 온갖 다양한 모습을 취할 뿐 아니라 우리의 친한 친구인 체하는 경우가 허다하니 말입니다. 그리스도인은 성경으로부터, 또한 일상적인 경험을 통해 "육체의 소욕은 성령을 거스른다는 것"(갈 5:17)을 잘 알지만, 자기 자신의 부패한 모습들이 덕스러운 모습을 위장하여 그 자신에 선한 의도를 갖고 있다는 식으로 설득할 수 있는 능력이 얼마든지 있다는 것을 깨닫지 못하는 경우가 허다합니다.

그의 악한 정욕들이 한 동안 적극성을 띠지 않기도 하고, 심지어 잠든 모습을 보이기도 하지만, 경건의 겉옷으로 치장하고 더 나은 모습으로 다가오기도 합니다. 예를 들면, 성소의 균형을 좇아 모든 것의 무게를 달아보고 성경 말씀으로 자기의 동기들을 엄정하게 테스트하지 않으면, 그리스도인이 자기의 뜻을 하나님을 위한 거룩한 열정으로 착각하거나, 자기의 조급함을 과연 신령한 진지함으로, 혹은 자기의 게으름을 거룩한 신중함으로 착각하기가 지극히 쉬운 법입니다.

"육체" 혹은 죄악된 본성이 스스로 온갖 그럴듯한 모습으로 위장하고, 또한 실제로 우리와 극히 가까이 있는—예, 우리들 자신의 일부인—그 육신적인 원수들이, 마치 기브온 사람들이 자기들이 멀리서부터 온 것처럼 이스라엘 앞에서 연극한 것처럼, "먼 나라"로부터(눅 19:12), 하늘로부터, 온 것처럼 위장하는 예가 허다합니다. 위장된 겸손의 경우가 특히 그렇습니다.

기브온 사람들은 자주색의 멋진 세마포로 치장하지 않고, 누더기와 더러워진 옷차림을 하고 나타났습니다!

마찬가지로 우리의 교만이 아주 검소한 모습과 자태로 나타나 속이는 법입니다. 하나님의 말씀의 가르침을 받아 인간의 전적 부패에 대해 지적으로 납득하고, 자기 자신의 죄악됨과 무가치함을 철저히 인정하면서도, 그 마음이 영향을 받아 하나님 앞에 엎드려 통회하는 자세가 전혀 없을 수도 있습니다.

심지어 죄를 죽이는 일에서 자신이 상당히 진보했다고 상상하여, 자신이 거룩하지 못한 세상적인 정욕들을 날마다 더 죽여가고 있다는 식의 안일한 생각을 품고 있으면서도, 그런 안일함이야말로 교만이 기승을 부리고 있다는 확실한 증표라는 것을 깨닫지 못할 수도 있습니다.

오오, 여러분!
"죄의 유혹"(히 3:13)이 얼마나 강력하고 끔찍한지 모릅니다. 여호수아가 이 외식적인 가나안 족속들에게 속아 넘어갔다면, 우리가 이 사건에 우리 자신을 대입시켜서 영적 유익을 얻는 일에 얼마나 신중하고도 조심스럽게 임해야 하는지 모르는 것입니다.

독자 여러분!
여기서 오해가 있어서는 안 됩니다. 참된 그리스도인이라 할지라도, 대적하여 제거해야 할 수많은 "기브온 사람들"을 가슴에 품고 있다는 사실입니다. 위에서 지적한 사실에 덧붙여서, 우리가 우리 자신의 선한 행실에 매몰될 수도 있고 심지어 우리 자신의 부패성을 알고 지각하는 것을 즐기기까지 할 수도 있다는 점을 말씀하고 싶습니다. 과연 "만물보다 거짓되고 심히 부패한 것은 마음"입니다.

누가 그것을 알 수 있겠습니까?
그러나 신실하고도 부지런히 우리 자신을 살피고, 하나님의 말씀의 예리하고 거룩한 가르침들과 우리 마음의 활동을 대조하고, 날마다 말씀의 거울에 우리 자신을 비추어본다면, 우리 마음의 "간교함"을 더욱 깨닫게 될 것입니다. 참된 겸손은 절대로 그 자체를 보증하지도 않고, 그 자체를 기뻐하지도 않으며, 오히려 그 부족함과 교만의 작용들에 의해 항상 공격을 받고 있음을 깨닫고 슬퍼하는 법입니다.

참된 겸손은 자기를 중요시하고 자기를 높이는 것으로부터 구원하며, 우리 스스로 "사신들"인 체하지 않도록—높이 대접받기를 바라지 않도록—막아줄 것입니다.

2. 기브온 주민들

앞에서 우리는 여리고와 아이에서 여호와께서 이스라엘에게 주신 놀라운 승리에 즈음한 가나안 족속들의 이중적인 대응에 대해 살펴보았습니다. 곧 가나안의 왕들이 연합하여 무력을 사용하기로 결정했다는 것(수 9:1-2)과 기브온 사람들이 이스라엘에게 속임수를 썼다는 것(수 9:3-6)이 그것인데, 이는 사탄이 하나님의 백성들을 대적하여 사용하는 방법의 두 가지 성격을—포효하는 사나운 사자와, 또한 속임수를 쓰는 간교한 뱀의—실례로 보여 줍니다.

이 중에 후자가 전자보다 훨씬 더 위험하고 성공적이라는 것을 영적 역사와 교회 역사 모두 입증하고 있습니다. 노골적인 박해로도 신실한 자들을 박멸하거나 회유하는 데 실패하면, 사탄이 은밀한 간계를 써서 그들의 증언을 부패시킵니다. 그 이유도 어렵지 않게 알 수 있습니다.

맹렬한 박해는 훨씬 더 쉽게 드러나며, 동시에 신자들로 하여금 여호와께서 주시는 힘과 결연한 의지에 기대도록 만들며, 따라서 그들에게 오히려 복이 됩니다. 그러나 사탄의 간교한 공작에 대해서는 경계를 게을리 하기가 매우 쉽습니다. 그리고 스스로 교만하여, 자기들이 진리에 확실히 서 있기 때문에 오류에 빠지거나 외식자들에게 속아 넘어가지 않을 것이라는 식의 생각을 갖게 되면, 사탄의 올가미에 빠지기가 더 쉬운 것입니다.

지금 우리가 살피고 있는 이 사건이야말로 방금 지적한 이 사실을 선명히 보여 주는 사례라 하겠습니다. 하나님의 역사하심으로 말미암아 여호수아와 그 휘하의 사람들은 가나안의 왕들과 그들의 거대한 군대를 손쉽게 해치웠습니다만(수 9:1-12), 사무엘하 21:1에서 보듯이, 이 기브온 사람들의 후손들은 오랫동안 이스라엘에서 가시 같은 존재가 되었습니다. 그러나 그 잘못은 전적으로 그들 자신의 부주의와 교만 때문이었습니다. 이는 우리 주님의 다음과 같은 말씀의 엄숙한 실례였다 하겠습니다.

> 천국은 좋은 씨를 제 밭에 뿌린 사람과 같으니 사람들이 잘 때에 그 원수가 와서 곡식 가운데 가라지를 덧뿌리고 갔더니(마 13:24-25).

그는 이 비유적인 말씀을 해석하시면서, "밭은 세상이요 좋은 씨는 천국의 아들들이요 가라지는 악한 자의 아들들"이라고 말씀하셨습니다(마 13:38). 바로 이런 일이 지금 여기서 벌어진 것입니다. 원수가 곡식 가운데 독초와 엉겅퀴가 아니라 진짜 곡식과 흡사한—겉모양이 너무도 흡사하여 추수 때까지 도무지 구별할 수 없는—가짜 "가라지"를 뿌리고 갔다는 점을 주목해야 합니다. 이처럼 이 기브온 사람들이 자기들의 본 모습을 감추고, 먼 나라에서 온 것처럼 가장하고 나타난 것입니다.

앞에서 말씀한 대로, 이 기브온 주민들에 대해 세 가지로 바라볼 수 있습니다.

첫째, 세상이 기독교와 연합하고 국가에 병합시킴으로써 그 고유한 증언과 천상적인 성격을 파괴시키기 위해, 후원의 손길을 뻗치는 것으로 볼 수 있습니다. "간음한 여인들아 세상과 벗된 것이 하나님과 원수 됨을 알지 못하느냐"(약 4:4)라는 극한 책망에 비추어 볼 때에, 그런 거룩하지 못한 조약에 대한 제안이나 하나님을 향한 지독한 불신앙적인 행위는 즉각적으로 거부해야 마땅합니다.

둘째, 외식자들이 지교회의 회원이 되고자 하는 것으로 볼 수 있습니다.

> 너희는 믿지 않는 자와 멍에를 함께 메지 말라 의와 불법이 어찌 함께 하며 빛과 어둠이 어찌 사귀며 그리스도와 벨리알이 어찌 조화되며 믿는 자와 믿지 않는 자가 어찌 상관하리요(고후 6:14-15).

이런 하나님의 금지 명령에 비추어, 각 그리스도인의 교회마다 교회의 교제에 가담하고자 하는 자들의 자격 요건을 기도하며 조심스럽게 점검해야 마땅합니다.

셋째, 우리의 악한 정욕이 그 본색을 감추고 더 나은 은혜의 모습으로 치장하고 나타나 우리로 하여금 경계를 늦추고 그것들에 설득 당하도록 만든다는 것입니다. 그런 데에 넘어간다면 그야말로 변명의 여지가 없다는 것이 여기서 다루는 내용에서 잘 드러납니다.

> 그들이 길갈 진영으로 가서 여호수아에게 이르러 그와 이스라엘 사람들에게 이르되 우리는 먼 나라에서 왔나이다 이제 우리와 조약을 맺읍시다 하니(수 9:6).

여기서 길갈이 언급된다는 것은 이스라엘이 신명기 27:4, 5의 여호와의 명령에 순종하기 위해 에발산에까지 멀리 나아가(수 8:30) 거기서 잠시 머물다가 다시 본진으로 돌아왔음을 암시해 줍니다. 그러나 그보다 훨씬 더한 의미가 거기에 담겨 있습니다. 이스라엘이 하필 이 특정한 장소에서 그런 유혹에 넘어갔다는 것은 더욱 더 핑계의 여지가 없습니다.

이는 그 다음에 이어지는 내용에서 분명히 드러납니다. "길갈"은 5:9에서 처음 언급되는데, 거기서 우리는 그곳이 이스라엘의 남자들이 할례를 받아 "애굽의 수치"를 떠나보낸 곳이었음을 알 수 있습니다.

다시 말하면, 그곳은 바로, 그들이 여호와와 언약을 맺음으로써 다른 모든 민족에게서 분리되었고(창 17:9-10) 그리고 그분을 섬기는 일을 위해 구별되었다는 외형적인 표시와 표지를 받은 곳이었습니다. 그곳은 그들이 유월절을 지킨 곳이기도 했습니다(수 5:10). 여호와의 규례에 복종하고 그분의 계명에 따라 행하는 자들만이 그와의 하나 된 교제를 누릴 수 있었습니다.

바로 앞에서 지적한 사실로 볼 때에, 각 본문의 행간을 잘 살피고 성경에 사용된 고유명사들의 의미를 확실히 알 필요가 있습니다. 우리가 너무 꾸물거리거나 혹은 너무나 황급히 행하면, 분명 실패하고 만다는 것입니다. 이는 그리고 이 사건의 특정한 모형적인 의미를 깨닫게 해 주는 열쇠가 되기도 합니다. 할례란 하나님께 헌신을 의미하며 육체의 정욕을 죽이는 일에 대한 구약의 모형이었습니다(렘 4:4; 신 10:16).

이 두 가지는 여호와의 백성들의 모든 행위 중에서도 사탄이 가장 미워하고 항상 대적하는 요소입니다. 이 두 요소야말로 그들을 세상과 구별지어주며 하나님의 영광을 증진시키는 것이기 때문입니다. 마귀가 가장 역점을 두고 파괴시키려 하는 것은 바로 성도가 하나님께 헌신하고 불경한 자들과 구별되게 행하는 그분의 고유한 백성의 모습을 드러내는 것입니다(롬 12:1-2). 성도는 이런 상황에서 "거류민과 나그네"(벧전 2:11)로서 처신해야 합니다.

여호와께서는 발람을 통해 "이 백성은 홀로 살 것이라 그를 여러 민족 중의 하나로 여기지 않으리로다"(민 23:9; 참조. 신 33:28)라고 선언하신바 있습니다. 그 원수가 이 기브온 주민들을 통해서—인간을 도구로 사용하는 것("사탄의 일꾼들": 고후 11:14-15)이야말로 그가 항상 쓰는 방법이므로—이스라엘의 거룩한 상태를 깨뜨리기 위해 공격하고, 이교도들과 연합하여 구별을 요구하시는 하나님의 명령을 무시하도록 미혹합니다.

그러므로 여호수아서의 특별한 주제에 비추어 보면 여기서 우리가 얻을 귀한 교훈은 신자의 영적 싸움의 핵심적인 면이 하나님께 거룩히 헌신한 상태를 유지하고 죄를 죽이는 일을 꾸준히 행하고, 이를 방해하는 마귀의 궤계를 철저히 경계하는 데에 있다는 것입니다. 그리고 더 있습니다.

바로 이런 일을 행하는 동안 교만이 작용하지 않도록 극히 부지런히 경계해야 한다는 것이 그것입니다. 이 점 역시 이 사건에서 분명히 암시되어 있습니다. 에발산까지의 힘든 여정을 감내하고 거기서 하나님께 온전한 순종을 드린 후에 길갈로 돌아왔으나, 바로 여기서 사탄의 계략에 속아 넘어가고 만 것입니다.

아, 여러분, 우리의 마음이 얼마나 거짓된지요!

우리 속에서와 우리를 통해 역사하는 하나님의 은혜의 역사에 스스로 우쭐해지기가 얼마나 쉬운지 모릅니다. 우리가 우리 자신의 헌신으로 교만해지고, 우리 자신을 부인하는 우리의 모습을 즐거워하고, 우리의 순종에 들뜨고, 우리의 기도생활과 하나님을 의지하는 자세를 자랑스러워하게 된다면, 이는 패망으로 향해 나아가고 있다는 징후인 것입니다.

> 교만은 패망의 선봉이요 거만한 마음은 넘어짐의 앞잡이며(잠 16:18).

이때에 교만이 이스라엘 안에서 역사하고 있었음이 분명합니다. 오오, 여러분! "높은 마음을 품지 말고 도리어 두려워하라"(롬 11:20)와, "떨며 즐거워할지어다"(시 2:11)라는 명령을 깊이 새기는 일이 얼마나 절실한지 모릅니다.

사실 하나님은 이스라엘에게 다음과 같이 말씀하신바 있습니다.

> 네가 어떤 성읍으로 나아가서 치려 할 때에는 그 성읍에 먼저 화평을 선언하라 그 성읍이 만일 화평하기로 회답하고 너를 향해 성문을 열거든 그 모든 주민들에게 네게 조공을 바치고 너를 섬기게 할 것이요(신 20:10-11).

신명기 20:26-27을 읽을 때에 우리는 이 본문의 말씀을 유념해야 하고, 여호와께서는 거룩한 진노 중에도 "긍휼을 잊지 않으신다"(합 3:2)는 사실을 염두에 두어야 합니다. 그러나 현재의 본문에 나타나는 내용은 이것과는 전혀 다른 문제입니다.

이 기브온 주민들에게서는 여호수아가 "너는 스스로 삼가 네가 들어가는 땅의 주민과 언약을 세우지 말라 그것이 너희에게 올무가 될까 하노라"(출 34:13)라는 여호와의 명확한 명령을 무시해도 정당했다고 볼만한 점을 찾아볼 수 없습니다.

거룩하지 못한 뒤섞임보다 여호와께 가증스러운 것은 없습니다.

네 포도원에 두 종자를 섞어 뿌리지 말라 그리하면 네가 뿌린 씨의 열매와 포도원의 소산을 다 빼앗길까 하노라 너는 소와 나귀를 겨리하여 갈지 말며 양 털과 베 실로 섞어 짠 것을 입지 말지니라(신 22:9-11).

여기 더 원리를 선명하게 진술하고 있으며, 또한 요한계시록 3:15-16은 그 동일한 원리를 무시하는 행위에 대한 여호와의 혐오하심을 입증해 줍니다. "라오디게아 교회의 행위"는 바로 세상과 교회가 하나로 뒤섞이는 것이기 때문입니다.

이스라엘 사람들이 히위 사람에게 이르되 너희가 우리 가운데에 거주하는 듯하니 우리가 어떻게 너희와 조약을 맺을 수 있으랴 하나(수 9:7).

하나님의 백성들을 속이고 미혹시켜 죄에 빠지게 하려는 분명한 목적으로 갖고 나아온 이 변장한 가나안 주민들에게 답변한 것은 이스라엘 회중의 책임 있는 족장들이었습니다.

그들의 말에서 세 가지가 두드러집니다.

첫째, 그들은 율법 교육을 잘 받았습니다. 이 제안에 동의하는 것이 잘못된 일이라는 것을 잘 알고 있었으니 말입니다.

둘째, 믿음의 근거가 그들에게 있었습니다. "우리 가운데에 거주하는 듯하니"라는 표현에서 마치 가나안 전체가 이미 자기들의 소유라는 그들의 인식이 드러납니다.

셋째, 그들의 요청을 즉시 충동적으로 허락하지 않고, 불신의 목소리를 냈습니다. 이런 점들을 볼 때에, 그 뒤에 이어지는 결말은 더욱 위중합니다. 그럴싸한 말에 속아 넘어가지 않으려면, 신중해야 하고 속이는 자들에 대해 의혹을 가져야 합니다.

귀인들을 의지하지 말며(시 146:3).

그리고 우리들의 시대에는 "각기 이웃을 조심하며 어떤 형제든지 믿지 말아야 합니다"(렘 9:4). 이런 경고들을 무시하게 되면, 반드시 속임을 당합니다.

조심스러운 독자는 이 "기브온 주민들"(수 9:3)이 7절에서는 "히위 사람"들로 지칭된다는 것을 관찰했을 것이고, 또한 성경에는 결코, 하찮은 내용이 없다는 것을 확신하고서 이런 세세한 내용이 어째서 기록되었는지를 확인하려 합니다. 성령께서 여기서 이 속이는 자들이 히위 족속에 속한다는 것을 우리에게 말씀해 주는 데에는 합당한 이유가 반드시 있을 것이니, 여기서 성령의 의도가 과연 무엇인지를 발견할 의무가 우리에게 있습니다.

우리 편에서는 다소 어려움이 있겠으나(부지런히 찾지 않는 자들에게는 말씀의 의미가 감추어지는 일이 다반사이므로), 이 사건에 빛을 밝혀 준다면 그럴 만한 가치가 있습니다. 성령의 의도를 발견하는 유일한 길은 성구사전을 이용하여 다른 본문들, 특히 그 앞의 책들에서 "히위 족속"이 언급되는 부분을 찾아보는 것입니다. 멀리까지 갈 필요도 없습니다.

창세기 34장에서 우리는 야곱의 아들들이 세겜과 그의 아비(그는 "히위 족속"이었습니다—2절)를 속인 일(13절)과 그들을 무자비하게 살육하고 성을 노략한 일을 접하게 됩니다(14-29절). 그리고 후에 여기서 더 쓰라린 사건이 나타납니다. 그렇게 히위 족속을 사악하게 속였던 자들의 후손이 이제 거꾸로 그들에게 속임을 당하는 것입니다!

앞에서 우리는 여호와를 향한 두려움이 여호수아 9:1의 왕들에게는 임하지 않았으나 기브온 주민들에게 임했다는 것과, 거기서 여호와께서 그분의 기뻐하시는 뜻대로 각 사람을 달리 대하시면서도 변덕스럽게 처신하지 않으신다는 것을 보여 주는 한 가지 실례를 접하게 됩니다.

이제 그 진술을 좀 더 상세히 다루기로 합시다. 이 히위 족속을 다루시는 여호와의 역사에 임의적인 면은 없습니다. 오히려 그분은 그분의 통치의 원리들에 준하여 그들을 대하고 계셨습니다. 때때로 그분의 맷돌이 천천히 작동하기도 하지만, 그런데도 그 결과는 확실합니다.

여러 세기 전 야곱의 아들들이 기브온 족속들을 사악하게 함정에 몰아넣었었는데, 이제는 그들의 후손들이 그 속임수의 결과들을 거두게 됩니다. 그러므로 지금 이 본문의 내용은 분명 "시적인 판단"이라 칭할 만한 사례입니다. 그러나 이스라엘로 하여금 그런 일을 당하도록 허용하신 하나님의 처사가 의로웠지만, 그렇다고 해서 이스라엘의 책임이 상쇄되거나 그들의 부주의한 처사가 정당화될 수는 없습니다.

여호수아와 백성의 족장들은 지극히 자유로이 처신한 것이요, 또한 14절에서 명확히 드러나듯이, 여호와께 그 문제에 대해 아뢰지 않은 책임이 그들에게 있었습니다. 하나님의 말씀이—그분의 은밀한 뜻이 아니라—우리가 책임을 져야 할 규범인 것입니다.

> 그들이 여호수아에게 이르되 우리는 당신의 종들이니이다 하매 … (수 9:8).

이는 존경의 뜻을 표하는 언어로서, 그 자신들의 열등함을 나타내며 동시에 무슨 임무가 주어지든 이행하겠다는 기꺼운 의지를 표명하는 것이었습니다. 이것이 이스라엘을 함정에 빠뜨리는 미끼였음은 물론입니다.

"우리가 당신을 위해 험한 일도 마다하지 않고 얼마든지 돕겠습니다."

그러나 여호수아는 그런 불명확한 진술에 만족하지 않았습니다. 그들을 경계하기는 했으나, 그 경계가 충족하지 못했습니다.

> … 여호수아가 그들에게 묻되 너희는 누구며 어디서 왔느냐 하니 (수 9:8).

그가 실패한 것이 바로 이 점이었습니다. 그들과 대면하지 말고 별도로 여호와께 물었어야 옳았습니다 (수 9:14). 그는 분명 그들을 의심했습니다. 그리고 "믿음을 따라 하지 아니하는 것은 다 죄"입니다 (롬 14:23). 심지어 이 세상의 지혜도 우리를 경고합니다.

"의심이 될 때에는 아무 일도 하지 말라."

그러나 하나님의 말씀은 신자에게 그보다 훨씬 더 나은 권면을 해 줍니다.

> 너희 중에 누구든지 지혜가 부족하거든 모든 사람에게 후히 주시고 꾸짖지 아니하시는 하나님께 구하라 그리하면 주시리라 (약 1:5).

원수와 교섭한다는 것은 언제나 극한 어리석음입니다.

더욱이 그들을 그렇게 심문함으로써 여호수아는 이 기브온 주민들로 하여금 계속 거짓말을 하도록 시험했습니다!

독자 여러분!

이것을 기억하고, 영혼들에게 "당신은 구원받았습니까?"

혹은 "내가 빌려드린 잡지가 좋던가요?"

이런 질문을 할 경우, 매우 천천히 하기를 바랍니다. 그렇지 않으면 그 영혼들에게 (체면을 지키고자) 거짓을 말할 기회를 제공하는 우를 범하게 될 것이니 말입니다.

> 그들이 여호수아에게 대답하되 종들은 당신의 하나님 여호와의 이름으로 말미암아 심히 먼 나라에서 왔사오니, 이는 우리가 그의 소문과 그가 애굽에서 행하신 모든 일을 들으며, 또 그가 요단 동쪽에 있는 아모리 사람의 두 왕들 곧 헤스본 왕 시혼과 아스다롯에 있는 바산 왕 옥에게 행하신 모든 일을 들었음이니이다 (수 9:9-10).

기브온 주민들은 이미 이스라엘의 족장들에게 거짓말을 한 터에(6절. 참조 15절), 여호수아가 심문하며 그들에게 자기들의 정체를 밝힐 기회를 주었는데, 그들은 그것을 기회로 삼아 죄를 더 가중시켰습니다. 본래 그들은 "우리는 먼 나라에서 왔나이다"라고 진술했었으나(수 9:6), 지금은 "심히 먼 나라에서 왔사오니"라고 말하는데, 여기서 우리는 거짓말이 반복될수록 그 정도가 더 심해진다는 엄숙한 사실의 실례를 봅니다.

그러니 여러분! "거짓 행위를 내게서 떠나게 하소서"(시 119:29)라는 진지한 기도가 우리에게 얼마나 절실한지 모릅니다!

주께서 그분의 자녀들에게 다음과 같이 교훈하신 사실이 매우 수치스러우면서도 동시에 얼마나 감사한지 모릅니다.

> 그런즉 거짓을 버리고 각각 그 이웃과 더불어 참된 것을 말하라 (엡 4:25).

과정은 거짓말이고, 지키고자 하는 진정한 의도가 없이 약속하는 것 역시 거짓말입니다. 누군가에게 "만나서 반갑습니다"라고 말할 때, 정말 그렇게 생각해서 그런 말을 하십니까?

거짓을 말할 수도 있고, 거짓으로 행동할 수도 있습니다.

이 기브온 주민들이 여호수아에게 한 이야기를 면밀히 살펴보면 그들의 말 하나하나가 이스라엘의 교만을 부추기고자 하는 의도를 담은 것임이 드러납니다.

첫째, 그들은 자기들이 심히 먼 나라에서 왔다고 주장했는데, 이는 여호수아로 하여금 자신이 그토록 먼 곳의 사람들에게까지 그의 명성이 퍼졌다고 생각하게끔 부추기는 것이었습니다.

히스기야의 자기중심적 사고를 부추겨서 그를 실패하게 만든 유혹에서도 그런 특색이 드러납니다. 그는 바벨론 왕이 친교를 가장하고 그에게 다가오자 그를 환대하고 그의 사자들에게 자신의 모든 보고를 다 보여 주었습니다.

하나님의 종이 그에게 이에 대해 묻자, 그는 "그들이 원방 곧 바벨론에서 내게 왔나이다"라고 대답했습니다(사 39:3).

독자 여러분!

여러분에게 아첨하는 모든 자를 경계하고, 또한 "여호와께서 모든 아첨하는 입술과 자랑하는 혀를 끊으시리"(시 12:3)라는 것을 기억하기 바랍니다.

둘째, "당신의 종들"이라는 거듭된 언사는 하급의 굴종적인 위치를 기꺼이 취하고 이스라엘에게 복종하겠다는 그들의 의사를 강조하는 것이었습니다.

셋째, 그들은 그토록 먼 나라에서조차도 그의 놀라운 역사들에 대한 "소문"을 들을 정도로 여호수아의 하나님의 명성이 크다는 식으로 암시를 주었습니다. 이 점 역시 여호수아에게 아첨할 목적으로 말한 것이었습니다. 자기들도 여호수아의 보호 아래 들어오고 싶다는 뜻을 드러내 보인 것이니 말입니다.

한 히브리어 학자는 여기의 "종들은 당신의 하나님 여호와의 이름으로 말미암아 심히 먼 나라에서 왔사오니"를 "당신의 하나님 여호와의 이름에게로"의 의미로, 즉 유대교로 기꺼이 전향하겠다는 의사 표명으로, 이스라엘의 신앙을 포용하기를 원한다는 뜻으로, 번역할 수도 있다고 주장하는데, "우리가 그의 소문과 그가 애굽에서 행하신 모든 일을 들었다"는 말이 그런 번역을 확증해 주는 것 같습니다.

이렇게 본다면, 이는 이스라엘의 경건을 높이 인정하는 강한 호소의 의미를 지닌 발언이었다 하겠습니다. 그들은 하나님이 행하신 그 놀라운 이적들로 깊은 감동을 받았고 그 때문에 이스라엘과 화친하고자 하는 것처럼 보이고자 했고, 이를 위해서 아주 힘겨운 여정을 마다하지 않고 그들에게 나아오게 된 것처럼 꾸민 것입니다. 그들의 이야기는 아주 면밀히 꾸며낸 것이었고 모두 일관성이 있었습니다.

여호와께서 애굽에서와 아모리 사람들의 왕들에게 행하신 일에 대해 알고 있음을 언급하는 한편, 요단 강을 이적적으로 건넌 일에 대해서나 최근 여리고와 아이에서 거둔 이스라엘의 승리에 대해서는 전혀 언급하지 않는 세심함을 보였습니다.

그런 최근의 일들에 대한 소문이 벌써 "심히 먼 나라"에까지 도달했을 리가 없었으니 말입니다! 외식자들이 하나님의 백성의 환심을 사기 위해 어느 정도까지 노력하는지를 여기서 잘 볼 수 있습니다.

3. 여호수아의 실패

여호수아 9장 앞부분에서 우리는 이스라엘이 요단 강을 초자연적으로 건넌 일과 여리고와 아이를 함락시킨 일로 인해 기브온 주민들의 마음에 두려움과 공포가 가득했다는 사실을 보았습니다. 결국, 이제 곧 이스라엘의 공격을 받게 될 지역에 거주하던 가나안 사람들은 하나님의 군대를 속임수로 속여 자신들의 삶을 보존하기로 결정했습니다.

그들은 자기들이 "먼 나라"에—가나안 땅의 경계 너머에—거주하는 자들로서 히브리 사람들과 평화 조약을 맺기를 원하는 것처럼 가장하고 오랜 여정에 지친 모습으로 꾸미고 길갈의 이스라엘 진을 찾아왔습니다. 그들은 그럴 듯한 말을 꾸며대며, 여호와의 명성이 자기들의 귀에까지 들렸다고 말하고, 자기들도 그분의 보호하심 아래 있기를 바라고 그분을 믿는 신앙을 갖기를 바란다는 뜻을 전했습니다.

그리고 자기들의 남루한 차림에 대해서, 오랜 여정 때문에 그렇게 되었다고 설명했습니다. 이적을 일으키시는 하나님의 권능에 대한 소문이 그렇게 멀리까지 전해져서 이처럼 자기들과 합류하기를 바라는 자들이 생겨나기까지 했다고 생각하게 만들어, 결국, 교묘하게 이스라엘의 교만한 마음을 부추기는 것이었습니다. 그러나 사실상 이는 여호와께서 하지 말라고 금지하신 명확한 명령을 정면으로 거스르도록 이스라엘을 유혹하는 것이었습니다.

이 기브온 주민들은 히위 족속에 속했고(수 9:7), 유명한 히브리학자인 존 길(John Gil)에 의하면 "히위라는 이름은 뱀을 의미한다"고 합니다. 여기서 그들은 과연 뱀처럼 "꾀를 내어" 처신했습니다(수 9:4). 거짓말을 통해 여호수아와 휘하의 족장들을 철저히 속였습니다. 그러나 이스라엘로서는 그렇게 속아 넘어가지 말았어야 옳았습니다. 인간적인 면에서조차 이들의 처신은 변명의 여지가 없었습니다.

아이 성 공략에서 교묘한 전략에 넘어간 것이 불과 얼마 전의 일이었으니, 그런 어려움을 다시 겪지 않도록 배나 더 조심했어야 했습니다. 이스라엘 사람들은 사실 의심을 했습니다. "너희가 우리 가운데에 거주하는 듯하니 우리가 어떻게 너희와 조약을 맺을 수 있으랴"(수 9:7)라고 말했으니 말입니다. 그들은 분명, "네 하나님 여호와께서 그들을 네게 넘겨 네게 치게 하시리니 그 때에 너는 그들을 진멸할 것이라 그들과 어떤 언약도 하지 말 것이요 그들을 불쌍히 여기지도 말 것"(신 7:2)라는 여호와의 말씀을 기억하고 있었을 것입니다.

> 너희는 누구며 어디서 왔느냐(수 9:8).

이런 질문에서 나타나듯이, 여호수아 자신도 이들의 말에 만족하지 않았었습니다. 그러나 이들의 의심은 금방 사그라지고 말았습니다.

> 그들이 여호수아에게 대답하되 종들은 당신의 하나님 여호와의 이름으로 말미암아 심히 먼 나라에서 왔사오니(수 9:9).

여호수아가 그들에게 "너희는 누구며 어디서 왔느냐"라고 분명하게 물었으나, 그들은 자기들의 소속도, 출신 지역도, 밝히지 않았습니다. 그러므로 모형적으로 생각하면, 정말 본질적인 점에서 그들의 신빙성이 충족되지 않았습니다. 교회들이 가장 면밀히 살피고 확인해야 할 것이 교회의 교제에 가입하고자 하는 자들의 영적인 중생의 문제이니 말입니다.

"우리가 그분의 소문과 그가 애굽에서 행하신 모든 일을 들으며 또 그가 요단 동쪽에 있는 아모리 사람의 두 왕들 … 에게 행하신 모든 일을 들었음이니이다"(수 9:9-10)라고 말함으로써, 그 일들에서 깊은 감동을 받았음을 넌지시 흘립니다.

그러므로 우리 장로들과 우리 나라의 모든 주민이 우리에게 말하여 이르되 너희는 여행할 양식을 손에 가지고 가서 그들을 만나서 그들에게 이르기를 우리는 당신들의 종들이니 이제 우리와 조약을 맺읍시다 하라 하였나이다(수 9:11).

이들은 자기들이 사신을 보내어 이스라엘과 언약을 맺도록 원로들의 회의를 통해 공식적으로 결정한 것처럼 진술했습니다. 곧 자기들이 전권을 부여 받았으니 이스라엘로서는 가짜 사신들에게 사기를 당할 위험이 전혀 없다는 식으로 공언한 것입니다.

이 기브온 주민들이 한 이야기가 사실이고, 또한 그들이 "심히 먼 나라"에서 온 자들이었다면, 여호와께서 가나안의 거민들에게 행하라고 명하신 그 극단적인 조치들(신 7:1-2)이 그들에게는 해당되지 않을 것이었습니다. 이는 신명기 20:15-17에서 선명히 드러납니다. 거기서는 서로 다른 두 가지 경우를 제시하고 각기 명확히 구별하여 명령하고 있습니다.

> 네가 네게서 멀리 떠난 성읍들 곧 이 민족들에게 속하지 아니한 성읍들에게는 이같이 행하려니와(즉, 화평을 선언하려니와, 수 9:10-11).

> 오직 네 하나님 여호와께서 네게 기업으로 주시는 이 민족들의 성읍에서는 호흡 있는 자를 하나도 살리지 말지니 곧 헷 족속과 아모리 족속과 가나안 족속과 브리스 족속과 히위 족속과 여부스 족속을 네가 진멸하되 네 하나님 여호와께서 네게 명령하신 대로 하라(신 20:15-17).

그러나 이 기브온 주민들은 다른 땅의 주민이 아니었고, 히위 족속에 속한 자들이었으며(수 9:7), 또한 창세기 10:15, 17에서 나타나는 대로 "히위 족속"은 저주받은 가나안(창 9:25)의 직계 후손이었습니다.

> 우리의 이 떡은 우리가 당신들에게로 오려고 떠나던 날에 우리들의 집에서 아직도 뜨거운 것을 양식으로 가지고 왔으나, 보소서, 이제 말랐고 곰팡이가 났으며 또 우리가 포도주를 담은 이 가죽 부대도 새 것이었으나 찢어지게 되었으며 우리의 이 옷과 신도 여행이 매우 길었으므로 낡아졌나이다(수 9:12-13).

이들은 "보소서"라는 말을 반복하여 이스라엘의 감각에 호소했습니다. 이 기브온 주민들의 양식과 복장이 그들의 이야기와 부합되었습니다. 그러나 이스라엘의 귀도, 그들의 눈도, 속임을 당해서는 안 되는 것이었습니다. 그들이 눈으로 보는 것이 아니라 믿음으로 행했더라면, 그렇게 될 수가 없었을 것입니다. 믿음은 언제나 하나님과 그분의 말씀의 다스림을 받기 때문입니다. 믿음은 하나님께 의지하는 심령의 표현이며, 그것은 우리 자신으로는 충족하지 못하다는 인식에서 나옵니다.

이스라엘이 이곳 "길갈 진영"(수 9:6)에서 그들에게 속았다는 것은 배나 더 변명의 여지가 없습니다. 길갈에는 제사장과 성막이 있는 곳이요, 따라서 여호와의 뜻을 찾고자 하면 얼마든지 찾을 수 있는 곳이었습니다. 여호수아는 그 길을 분명히 알고 있었습니다. 모세가 그에게 다음과 같이 명령했기 때문입니다.

> 그는 제사장 엘르아살 앞에 설 것이요 엘르아살은 그를 위하여 우림의 판결로써 여호와 앞에 물을 것이며 그와 온 이스라엘 자손 곧 온 회중은 엘르아살의 말을 따라 나가며 들어올 것이니라 (민 27:21).

이때에 이스라엘이, 특히 여호수아가, 실패한 것은 하나님의 은혜로우신 배려가 있음에도 그 방도를 따르지 않았기 때문이며, 그렇기 때문에 그들의 처신이 극히 잘못된 것이었습니다.

이와 마찬가지로 그리스도인이 외모에 속아 넘어가거나, 어떻게 임무를 다할 지에 대해 하나님의 뜻을 모르는 상태에 있다는 것도 변명의 여지가 없습니다. 주께서 이미 그분의 뜻을 알 수 있는 통로를 마련해두셨기 때문입니다.

엘르아살의 원형이신 그리스도께 나아가 그분의 뜻을 물을 수 있는 거룩한 특권이 우리에게 있습니다. 영적 이스라엘의 큰 대제사장이신 그에게 나아가면, 그는 그분의 말씀의 우림과 둠밈(이는 "빛과 완전함"을 뜻합니다)을 통해 우리를 분명한 길로 인도하십니다.

> 너는 마음을 다하여 여호와를 신뢰하고 네 명철을 의지하지 말라 (잠 3:5).

이것이 여호와의 요구 사항입니다. 그러므로 우리가 그 요구 사항에 따르면—이는 물론 그의 은혜로 말미암는 일입니다. 그는 겸손히 그것을 구하는 자에게 언제나 기꺼이 베풀어 주십니다(약 4:6)—"그리하면 네 길을 지도하시리라"(잠 3:6)는 것이 그의 분명한 약속입니다. 또 누군가 적절히 표현했듯이, "이것이야말로 하나님의 자녀의 북극성이니, 곧 아버지의 섭리들과 약속들과 은혜를 믿는 것이다." 시선을 위로 향하면, 모든 것이 빛이 될 것입니다(마 6:22; 참조. 시 32:8; 34:5).

"마음을 다하여 여호와를 신뢰"한다는 것은 곧 우리 자신의 꾀와 지혜를 다 버리는 것이요, 이성의 교만한 지배에 의존하기를 거부하는 것입니다. "범사에 여호와를 인정"한다는 것은 곧 여호와의 소유권과 지상권을 인정하며, 그분의 인도하심을 구하며, 그분의 영광을 추구하며, 그분의 뜻에 맞추는 것입니다. 이 조건들에 맞게 행하면, 하나님의 인도하심이 보장됩니다. 그분의 성령께서 우리의 상황에 정확히 들어맞는 본문을 뇌리에 떠오르게 하시고 그 본문의 가르침을 기준으로 삼아 처신하도록 인도하실 것입니다.

그런데 안타깝게도, 우리가 마음을 다하여 여호와를 신뢰하기보다는 오히려 다른 누군가를, 혹은 다른 무엇을 신뢰하는 경향이 다분합니다. 시험과 위경을 만날 때마다 오직 하나님만을 바라보고 그분의 공급하심을 의지해야 하는데, 바로 그 일에 늘 실패를 거듭하니, 이 얼마나 슬픈 일인지 모릅니다. 날마다 매 순간마다 우리 자신의 모든 염려를 하나님께 올려드리고 그에게서 힘을 얻는 일에 너무나 더디기 때문에, 바로 이런 권면이 우리에게 절실하게 필요한 것입니다.

그 다음에 이어지는 권면도 마찬가지입니다. 하나님이 과연 우리에게 명철을 주셨으니, 그것을 행사하는 것은 물론 부지런히 그것을 배양하는 것도 우리의 임무입니다. 그리고 그 명철을 예리하게 만드는 방법 중에 성경을 연구하고 묵상하는 것보다 나은 것은 없습니다.

그러나 한편, 그것에 의존해서는 안 됩니다. 타락으로 인해서 사람의 생각이 부패해졌고 우리 속에 내주하는 죄로 인해서 그것이 어두워진 상태이므로, 아무리 잘해도 그것은 불안전한 안내자일 수밖에 없습니다. 심지어 거듭난 사람인 하나님의 선지자의 조언조차도 안전하지 못했습니다(삼하 7:2-5).

신자는 여전히 타락한 피조물로서, 자기 자신의 명철에—자기의 어리석은 생각과 거짓된 상상에—기대며 그것을 이성의 신(神)으로 삼는 경향이 있습니다. 그런 경향에 굴복하면 할수록 그만큼 범사에 하나님을 인정하지 못하게 됩니다. 우리 자신의 명철에 의지하게 되면 우리 스스로 온갖 어려움을 자초할 수밖에 없습니다. 하나님은 우리가 우리 자신의 어리석음의 결과를 고스란히 거두도록 허용하실 것이니 말입니다. 지금 우리가 살펴보고 있는 이 사건에서 이스라엘은 바로 이런 점들에서 실패하고 말았습니다.

> 무리가 그들의 양식을 취하고는 어떻게 할지를 여호와께 묻지 아니하고(수 9:14).

모든 문제의 핵심이 바로 여기에 있었습니다. 안타깝게도 이스라엘이 잘못을 범했습니다. 여호와를 합당하게 높이지 못했고, 그분의 은혜로우신 뜻을 대제사장을 통해 알려고도 하지 않았습니다. 그런데 그들의 실패의 원인이 여기서 명확히 드러납니다.

이 절의 전반부와 후반부가 서로 뗄 수 없도록 연결되어 있기 때문입니다. "무리가 그들의 양식을 취하였다"는 것은 그것들을 '먹어보았다'는 뜻으로 이해해서는 안 됩니다. 그 양식에 곰팡이가 끼어 있었으므로 그렇게 할 필요가 없었습니다. 아닙니다. 기브온 주민들의 말이 맞는지를 확인하기 위해 그들 스스로 그 양식을 면밀히 조사했다는 뜻으로 보아야 합니다.

다시 말해서, 그들은 눈에 보이는 것에 근거하여 처신했고 자기들의 감각에 의존했습니다. 그들은 영적으로 행하지 않고 본성적으로 행동한 것입니다. 그들이 여호와의 종을 통해 그에게서 인도하심을 구하도록 그분의 말씀이 지정하고 있음에도, 그들은 자기들 자신의 지혜를 신뢰했고, 자기들 자신의 판단에 의지했고, 따라서 하나님께 의뢰하는 일은 애초부터 배제되었습니다. 그들은 "여호와께 묻지 아니하였습니다."

그렇게 했더라면 이 기브온 주민들의 양식을 그들 스스로 테스트해볼 필요조차 없었을 텐데 말입니다!

그렇게 했더라면 그 사람들에게서 속지도 않았을 텐데 말입니다!

이 일은 전적으로 그들 자신의 탓이었습니다.

이 일은 이스라엘이 가나안에 들어온 이후 두 번째로 저지른 잘못이었고, 여호수아가 이 일에서 무죄할 수는 없었습니다. 첫 번째 잘못은 첫 번째 아이 성 공격 시에 일어났었습니다. 아이 성을 정탐하고 온 자들이 여호수아에게 이렇게 보고했었습니다.

> 백성을 다 올라가게 하지 말고 이삼천 명만 올라가서 아이를 치게 하소서 그들은 소수이니 모든 백성을 그리로 보내어 수고롭게 하지 마소서(수 7:3).

여리고 성에서 이룬 승리에 우쭐해지고 자기를 신뢰하는 정서에 휩쓸려, 그들은 여리고 성 함락이 그들의 전략의 탁월함이나 군대의 용맹함 때문이 아니었고 오직 이적을 일으키신 여호와의 권능 때문이었다는 사실을 잊어버렸습니다. 자기들 자신이 무적이라고 생각했고, 그러니 이제 남은 가나안의 나머지 성들을 함락시키는 것은 그저 단순한 임무일 뿐이라는 식으로 생각했습니다.

그리하여 그들은 자기들의 군대의 일부만으로도 아이 성을—"만 이천 명"의 병력이 그들에게 있었음에도—충분히 함락시킬 것이라고 여겼습니다. 그리하여 어리석게도 그들의 지도자에게—여호와께 인도하심을 구하지 않고—자기들의 제안을 받아들이기를 구한 것입니다.

충분히 예상할 수 있듯이, 여호와께서는 그들의 육신적인 조치에 타격을 가하셨고 그들의 교만한 마음을 낮추셨습니다. 원수들 앞에서 이스라엘이 수치를 당했고, 놀라서 도망했으며, 온 회중이 완전히 충격에 휩싸였습니다(수 7:4-6).

여호수아와 이스라엘의 편에서 또 다시 실패하게 된다면, 그 이전의 실패와는 양상도 전혀 다르고 원인도 매우 다를 것이라고 생각하는 것이 자연스러울 것입니다. 눈을 크게 떠서 첫 번째 패배에 대한 원인을 잘 인지한 다음이니, 똑같은 잘못을 되풀이하지 않도록 경계를 배가 시킬 것이니 말입니다.

하지만 안타깝게도, 인간의 본성은 실패에서 유익한 교훈을 얻는 데에 얼마나 더딘지 모릅니다. 믿는 자들의 아버지인 아브라함조차도 첫 번째의 과오를 되풀이했습니다. 임시로 거주하려고 애굽에 내려간 일도 잘못이었는데, 거기서 사라와의 관계에 대해 부인하는 더 심각한 과오를 저질렀고, 그로 인해서 바로에게서 수치를 당했음에도(창 12:10-20), 그랄에 임시로 거주하는 동안 똑같은 잘못을 다시 저질렀습니다(창 20:1-2). 베드로 역시 마찬가지였습니다. 그는 비겁한 마음이 들어 그리스도를 부인했는데, 훗날 다시 안디옥에서 동일한 연약함에 굴복하고 말았습니다.

예루살렘으로부터 특정한 사람들이 왔을 때에 "할례자들을 두려워하여" 이방인 신자들과 스스로 교제를 중단했습니다(갈 2:12). 두 경우 모두 사람을 두려워하여 그런 올무에 빠진 것이요(잠 20:25), 이런 올무에 빠지는 것은 우리가 "여호와를 신뢰하지 않은 결과"입니다. 지금 우리가 살피고 있는 이 사건도 마찬가지입니다. 여호수아가 그 이전의 과오에 다시 빠진 것입니다.

아이 성에서 과오를 범한 이후, 이스라엘과 그들의 지도자는 그 바로 다음에 이어진 테스트에서도 똑같은 방식으로 실패하고 말았습니다. 여호와께 묻지 않고, 자기들의 "상식"에 의지했습니다. 그 결과 이스라엘과 여호수아 모두 기브온 주민들의 그럴듯한 이야기에 속아 넘어갔고, 그들의 차림과 그들이 보여 준 음식물의 상태를 곧 믿고서 그릇된 판단을 한 것입니다. 그런데 이 사건이 기록된 것은 우리를 교훈하고자 함입니다.

> 무엇이든지 전에 기록된 바는 우리의 교훈을 위하여 기록된 것이니(롬 15:4).

그러나 이 본문들을 그냥 읽기만 해서는 안 됩니다. 말씀에서 진정 유익을 얻기 위해서는 각 사건을 면밀히 살피고, 세세한 내용 하나하나를 조심스럽게 따져보고, 우리 마음에 새겨야 합니다. 훌륭한 성도가 실패한 사례들이 기록되어 있는 것은 우리의 게으름을 조장하거나 우리를 실망에 빠뜨리기 위함이 아니라, 영은 원하지만 육체는 연약하다는 것을 실례들을 통해 깨닫게 하기 위함이요, 또한 특히 "선 줄로 생각하는 자는 넘어질까 조심하라"(고전 10:12)는 권면의 절실함을 알게 하기 위함입니다.

무언가 고통스러운 일을 당해 영적 각성을 얻은 후, "이번에 이 일을 통해 정말 큰 교훈을 얻었다. 이제 이런 식으로는 또다시 속지 않을 것이다"라는 식으로 말한다면, 이는 우리가 아직도 깨닫지 못했다는 확실한 증표인 것입니다.

위에서 말씀한 경우들이 우리에게 엄한 경계가 되는 것은 매 경우마다 어리고 경험 없는 제자가 아니라 성숙한 성도의 잘못으로 일이 그르쳐졌다는 점에 있습니다. 아브라함이나 베드로나 여호수아는 모두 하나님과 오랫동안 동행해 온 분들이었습니다.

귀 있는 자는 듣고, 깊이 새기기 바랍니다!

그러나 좀 더 구체적으로 말하면, 지금 이 문제는 우리가 현재 살피고 있는 이 책 전체와 거기서 전개되는 특별한 주제에 비추어 바라보아야 합니다. 자주 말씀드렸습니다. 하지만 여호수아서는 성도의 영적 전쟁과 그들이 현재에 영적 유산을 받고 그것을 누리는 사실을 모형적이며 실제적인 방식으로 제시해 줍니다.

그리고 성령께서는 이 책에서 이스라엘의 승리는 물론 패배까지도 묘사하셨고, 따라서 기도와 더불어 이 책을 공부함으로써 믿음의 선한 싸움을 싸우는 중에 성공의 비결과 실패의 원인들을 깨닫게 됩니다. 이런 사실들을 염두에 두고서 한 장 한 장, 한 사건 한 사건을 살펴가면서 그 내용들을 우리 마음과 삶 속에 적용시켜 가노라면, 이 책에서 진정한 유익을 얻게 될 것입니다.

그러면 이 사건에서 드러나는 여호수아의 실패의 본질을 조심스럽게 살펴봅시다. 이는 긍정적인 면보다는 부정적인 면이 더 많습니다. 여호수아의 처신은 여호와의 뜻보다 자기의 뜻을 앞세운 고의적인 불순종이나 반역적인 행동이 전혀 아니었습니다.

만일 그런 요소가 있었다면, 그 과실이 훨씬 더 위중했을 것이고, 하나님께로부터 받는 채찍 역시 훨씬 더 쓰라렸을 것입니다. 여기서 여호수아가 범한 과실은 의도적인 것이 아니었고, 오히려 "과실에 미혹된"("overtaken in a fault", 갈 6:1. 개역개정은 "범죄한"으로 번역함) 경우였습니다. 그렇다고 해서 그가 핑계를 댈 수 있는 것은 아닙니다.

하지만 그가 실제로 범한 과실보다 더 심한 죄를 지은 것으로 여겨서도 안 될 것입니다. 여호수아 9:3-4과 여기서(수 9:14, 15) 그는 너무 충동적으로, 즉흥적으로 처신했습니다. 그 일에 대해 여호와께 지침을 주시기를 구하지 않고, 두 경우 모두 인간적인 사리에 근거하여 순간적인 충동에 따라 처신했고, 믿음으로 행하지 않고 눈에 보이는 것에 따라 행동했습니다.

"믿는 이는 다급하게 되지 아니하리로다"(사 28:16)라고 말씀하지 않았습니까!

무슨 일이든 기도할 새도 없이 급하게 행동하고, 육체의 에너지에 의존하여 처신하면, 이는 여호와를 불쾌하시게 하며 그분의 대의(大義)를 방해하며 우리 스스로 화를 초래하게 됩니다. 이 사건이 우리에게 주는 주된 교훈은 믿음의 선한 싸움을 성공적으로 싸우기 위해서는 하나님께 의존하는 우리 자신의 위치를 철저히 준수하고 위로부터 오는 지혜를 끊임없이 구해야 한다는 것입니다.

그들은 "어떻게 할지를 여호와께 묻지 아니하고"(수 9:14) 여호와와는 상관없이 일을 처리했습니다. 어쩌면 여호수아가 이 문제를 하나님께 아뢰기에는 너무나 사소한 일로 여겨서 그리했을지도 모릅니다. 그러나 그런 일에서도 우리 자신의 명철에 기대서는 안 됩니다.

> 아무것도 염려하지 말고 다만 모든 일에—큰 일이든 작은 일이든, 극히 위중한 문제든 사소한 문제든 간에—기도와 간구로, 너희 구할 것을 감사함으로 하나님께 아뢰라 (빌 4:6).

정말로 거룩한 특권이 아닐 수 없습니다!

그러나 "기도와 간구"는 그저 형식적으로 하늘을 향해 간청을 올리는 것이 아니라, 단호히 하나님께 의뢰하는 것이요, 부지런히 그에게 구합니다. 여호수아로서는 여호와의 뜻을 구하려면 시간과 정력이 소요되었습니다. 왜냐하면, 대제사장에게 나아가야 하고 그를 통해 여호와의 뜻을 여쭈어야 했기 때문입니다.

사사기 20:27-28에서 보듯이, "이스라엘 자손이 여호와께 물으니라. 그 때에는 하나님의 언약궤가 거기 있고 아론의 손자인 엘르아살의 아들 비느하스가 그 앞에 모시고 섰더라. 이스라엘 자손들이 여쭈기를, '우리가 다시 나아가 내 형제 베냐민 자손과 싸우리이까 말리이까' 하니, 여호와께서 이르시되, '올라가라 내일은 내가 그를 네 손에 넘겨 주리라' 하시는지라"(또한 참조. 삼상 23:9, 12).

"하나님의 마음에 맞는 사람" 다윗(행 13:22)이 얼마나 자주 하나님께 물었는지를 보기 바랍니다(삼상 22:10; 23:2, 4; 25:8; 삼하 2:1, 5, 19). 에스라 8:21에 나타나는 광경 역시 아름답습니다.

> 여호수아가 곧 그들과 화친하여 그들을 살리리라는 조약을 맺고 회중 족장들이 그들에게 맹세하였더라(수 9:15).

이는 여호수아에게는 명예로운 기록이 아니지만, 성령에 감동받은 역사가의 철저한 신빙성을 드러내 줍니다. 성경은 극히 유명한 인물들의 오점들을 기록하는 데에 편파성이 전혀 없습니다. 하나님의 충성된 종은 유다와 베냐민 지파를 대적하는 자들에게 "너희는 우리와 상관이 없느니라"(스 4:3)라고 답했는데, 여호수아 역시 기브온 주민들에게 그렇게 대답했어야 했습니다.

하나님의 거룩하심을 지속적으로 증언하기 위해, 그분의 백성은 세상과 구별된 삶을 살아야 했습니다. 그런데 여기서 여호수아는 하나님의 저주 아래 있는 자들과 조약을 맺고 있습니다. 불경한 자들과 분리된 삶을 살도록 부르심 받은 성도의 증언을 망치는 것, 바로 이것이야말로 사탄의 큰 목표입니다.

그런데 안타깝게도 사탄이 승리하도록 성도 스스로 허용하는 경우가 얼마나 많은지 모릅니다!

빛이 어둠과 교제할 일이 어디 있습니까?

거룩하신 하나님과 언약 관계 속에 있는 백성과 우상 숭배자들 사이에 무슨 화합이 있습니까?

전혀 없습니다.

그러므로 성도는 바로 이 점과 관련해서 언제나 부지런히 경계하고, 그에 준하여 처신하며, 타협을 조장하는 사탄의 간계를 불굴의 자세로 물리쳐나가야 합니다.

마지막으로 기억합시다. 그리스도인은 자기 속의 원수들과 절대로 화목해서는 안 되고, 끊임없이 그것들과 싸워야 한다는 것을 말입니다.

청교도인 제임스 더함(James Durham)은 이렇게 말한 바 있습니다.

> 영적인 활동들에서 무언가 은혜로운 상태에 이르는 것과 그런 상태를 유지하는 것 중에, 하나님과 화평을 이루는 일과 화평을 이루고 난 후 그것을 지키는 일 중에 어느 쪽이 더 힘든지를 알기가 어렵다.

이러한 지적은 하나님의 말씀의 가르침에서는 물론 하나님의 자녀들의 경험에서도 확증됩니다. 일반적인 경험으로도 무언가를 이루기보다는 이미 이룬 것을 없애기가 훨씬 더 쉽듯이, 영적인 일에서도 이루기보다는 없애기가 훨씬 더 쉬운 법입니다. 시편 85:8은 이렇게 말씀합니다.

> 내가 하나님 여호와께서 하실 말씀을 들으리니 무릇 그의 백성, 그의 성도에게 화평을 말씀하실 것이라 그들은 다시 어리석은 데로 돌아가지 말지로다(시 85:8).

이러한 교훈이 우리에게 얼마나 절실한지 모릅니다. 어린아이가 불에 손가락을 데이면 불을 무서워하게 되기 마련인데, 이와 마찬가지로 신자가 하나님을 불쾌하시게 하는 어리석은 처신으로 어려움을 당하게 되면, 그런 일을 반복하지 않도록 배나 더 경계해야 마땅합니다.

그런데 성도가 자기에 대한 신뢰를 줄이고 여호와 앞에서 순전히 행하지 않고, 교만을 죽이는 노력을 게을리하고, 의의 길로 나아가며 하나님과의 교제를 유지하도록 그가 지정하신 수단을 사용하는 데에 소홀히 하다가, 동일한 죄에 다시 빠지는 경우가 비일비재하다는 것입니다.

신자들에게 "다시 어리석은 데로 돌아가지 말지로다"라고 권면하고 있다는 사실은 그들이 그렇게 할 소지가 다분하다는 것을 시사해 줍니다. 그러나 그런 일에 대해 결코, 여지를 남기지 않고 분명하게 금하고 있습니다. 더 나아가, 바로 그 직전의 내용을 볼 때에도 그런 과실을 반복하는 것은 더욱 위중합니다.

여호와께서 그분의 성도에게 은혜를 베푸사 "화평을 말씀"하셨으면, 곧 그들의 범죄를 용서하셔서 그들의 양심을 가볍게 해 주셨으면, 감사의 마음이 가득하여 하나님을 불쾌하게 하시고 그분의 영을 근심하게 하는 모든 일 하나하나를 더욱 신중하게 회피하는 것이 마땅합니다.

헨리(Henry)는 다음과 같이 올바로 지적합니다.

> 지나간 죄들을 씻은 것은 앞으로 범할 죄들을 허용하는 것이 아니라 오히려 그것들을 막고 재갈을 물리는 것이다.

죄로부터 돌아서는 자들에게 하나님이 화평을 말씀하시므로, 만일 우리가 그 죄들에게로 다시 돌아가면 화평이 우리에게서 물러간다는 뜻이 여기에 담겨 있습니다. 하나님이 베푸시는 화평을 귀하게 여기는 만큼, 그 화평을 깨뜨리는 요인들을 피하기 위해 부지런히 힘쓰게 될 것입니다. 죄는 율법을 어기는 것이며(요일 3:4), 따라서 그것은 하나님을 향해서는 "범죄"(롬 5:17), 혹은 욕이요, 그 자신을 향해서는 어리석음, 혹은 우리의 유익에 반하고 "자기에게 베푸신 은혜를 버리는"(욘 2:8) 처사입니다.

죄는 모두가 어리석은 것입니다. 그러나 죄에 다시 빠지는 것은 배나 더 어리석은 일입니다. 죄에 빠지는 부패한 성향이 우리에게 있으므로, 우리 모두가 위와 같은 경계를 마음에 깊이 새겨야 합니다. 우리가 조금이라도 경계를 늦추면 곧바로 우리를 과실에 빠뜨릴 태세를 갖추고 있을 만큼 죄가 교활하므로, 더욱 더 경계해야 마땅합니다.

앞에서 지적한 바와 같이 미리 계획하여 범하는 것만이 죄가 아닙니다. 기브온 주민들과 언약을 맺은 여호수아의 과실은 고의적인 불순종이 아니라, "과실에 미혹된"(갈 6:1) 면이 더 많았고, 여호와께로부터 뜻을 구하지 않고 급하게 처신함으로써 범한 실수였습니다. "과실에 미혹되는 것"은 죄를 계획하고 모의하는 것과 매우 다릅니다. 고의적인 범죄가 아니라 부주의함으로 빚어진 실수이니 말입니다.

그리스도인 자신에게 고유한 힘이 하나도 없다는 사실을 항상 염두에 두어야겠습니다. 그리스도인은 믿음으로 서는 것이요(롬 11:20), 믿음은 자기를 신뢰하는 것과 정반대입니다. 그러므로 끊임없이 기도하며 경계하고 스스로 절제하지 않으면, 갑작스럽게 엄습하는 유혹의 강력한 힘에 압도되거나 자신의 죄악된 정욕의 열기에 넘어가기 십상인 것입니다.

여호수아는 그저 그 전과 비슷하게 과실을 범한 것만이 아니었습니다. 그는 이미 여호와께로부터 책망을 받았었고 그 자신의 어리석음에 대해 지적을 받은 바 있습니다(수 7:10-11). 그런 실패를 다시 반복한 사실을 성령께서 기록하신 것은 우리의 연약함과 변덕스러움을 깨닫게 하기 위함입니다.

전반적인 기조로 볼 때에 그 성품과 행실이 하나님을 그렇게 존귀하게 한 사람도 그처럼 순간적으로 실수에 빠졌다면, 필자와 독자 여러분이야 얼마나 더하겠습니까?

그러므로 "높은 데 마음을 두지 말고 두려워하라"는 권면을 새길 필요가 있습니다. 안타까운 사실은 신자가 죄에 빠질 뿐 아니라—여호와께 전적으로 의존하는 자세를 견지하지 않으면—육체의 연약함으로 인해 동일한 죄에 다시 빠질 수도 있다는 것입니다.

삼손이 그랬습니다(그는 신자였습니다—히 11:32). 처음에는 블레셋 여자와 결혼함으로써(이는 하나님의 율법으로 분명히 금지된 행위였습니다) 죄를 범했고, 그 다음에는 블레셋 기생과 동침함으로써(삿 16장) 또 다시 동일한 죄에 빠졌습니다. 여호사밧은 사악한 왕 아합과 조약을 맺는 큰 죄를 범했고(대하 18:1-3) 그로 인해 책망을 받았으나(대하 19:2), 또다시 동일한 죄에 빠졌습니다(대하 20:35). 우리도 비슷한 어리석음에 빠질 때에, 절망할 필요는 없지만, 더욱 깊이 회개해야 합니다.

> 여호수아가 곧 그들과 화친하여 그들을 살리리라는 조약을 맺고 회중 족장들이 그들에게 맹세하였더라 그들과 조약을 맺은 후 사흘이 지나서야 그들이 이웃에서 자기들 중에 거주하는 자들이라 함을 들으니라(수 9:15-16).

존 길은 다음과 같이 지적합니다.

그 조약은 그들이 도착한 그날에 행해진 것으로 보입니다. 기브온 주민들은 자기들의 정체가 발각되지 않을까 노심초사하며 그 조약이 속히 체결되기를 바랐다. 그리고 여호수아와 이스라엘의 지도자들은 그들의 정체를 파악하는 수고를 전혀 하지 않고 곧바로 그들과 화친해 버렸다.

그런데 기브온 주민들의 속임수와 이스라엘 지도자들의 성급한 어리석음이 드러났습니다. 예외가 거의 없이 거짓말은 곧바로 드러나기 마련입니다. 오직 진리만이 오래오래 견디는 법입니다. 야곱이 그의 아버지 이삭을 속인 것이나, 여로보암의 아내가 선지자를 속인 일이나(왕상 14:1-6), 아나니아와 삽비라의 거짓말(행 5장)이 금방 발각되었듯이, 거짓은 속히 발각됩니다.

그 앞에서 "만물이 벌거벗은 것 같이 드러나"는 하나님을 거짓으로 속이려는 시도가 얼마나 어처구니없는 짓인지 모릅니다. 외식적인 겉치레로 행하는 자들이 전능하신 하나님을 속일 수도 없거니와, 성경의 저울에 조심스럽게 달아보면 그분의 백성도 속아 넘어가는 일이 없을 것입니다.

우리가 이 끔찍한 시대를 살고 있으므로, 이 실천적인 주제에 대해 좀 더 말씀할 필요가 있습니다.

> 진실한 입술은 영원히 보존되거니와 거짓 혀는 잠시 동안만 있을 뿐이니라 (잠 12:19).

그러므로 우리가 영원을 바라보며 말하는 것이 얼마나 중요한지 모릅니다. 설교자들의 경우는 배나 더 중요합니다! 진리를 공언하는 것이 현재에는 불편하기도 하고 사람들에게서 곤란한 일을 당하는 계기가 될 수 있으나, 그것이야말로 하나님께로부터 영원한 상급을 받을 것입니다.

그 반대로, 순간적인 이득과 명성을 얻기 위해 진리를 억누르고 거짓을 조장하는 설교자는 영원한 치욕과 화를 거두게 될 것입니다. 그러나 그 구절은 우리 모두에게 적용됩니다. 헨리(Henry)가 퉁명스럽게 표현했듯이, "거짓을 피난처로 삼는 자들은 거짓된 피난처를 찾게 될 것"입니다. 거짓과 속임수는 그 자체로도 악하지만, 어리석은 방법입니다. 그 본색이 곧바로 드러나게 되어 모든 문제에서 의심과 불신을 받게 될 것이니 말입니다.

당사자가 회개하지 않는 한 동료들은 그의 본색을 모르겠지만, "거짓말을 뱉는 자는 망할 것"입니다(잠 19:9). 거짓말보다 우리를 마귀처럼 만드는 것은 없습니다. 마귀는 처음부터 거짓말쟁이기 때문입니다(요 8:44). 그러니 "거짓 행위를 내게서 떠나게 하소서"(시 119:29)라는 진지한 기도가 우리에게 얼마나 절실한지 모릅니다!

> 그들과 조약을 맺은 후 사흘이 지나서야 그들이 이웃에서 자기들 중에 거주하는 자들이라 함을 들으니라(수 9:16).

이는 다른 각도에서 본 것일 가능성이 얼마든지 있습니다. 속임수가 곧바로 발각된다는 것이 하나의 일반적인 법칙이기도 하지만, 하나님을 향해 참된 마음을 쏟는 자들에게는 그가 그들이 속임을 오래 당하도록 버려두시지 않는다는 것도 똑같이 사실입니다. 그들은 밤이 아니라 낮에 속한 자녀들이요, 따라서 길가에 놓인 장애물들에 걸려 넘어져야 할 하등의 이유가 없습니다. 주님은 이렇게 선포하셨습니다.

> … 나는 세상의 빛이니 나를 따르는 자는 어둠에 다니지 아니하고 생명의 빛을 얻으리라(요 8:12).

그러나 그리스도를 따른다는 것에는 그분을 "믿는 것"보다 훨씬 더 많은 의미가 포함되어 있습니다. 그것은 하나도 남김없이 우리 자신을 전적으로 그분에게 맡기며, 그분의 계명대로 행하며, 그분이 남기신 모범을 좇아가는 것을 뜻합니다. 몇 가지 잘못이 있기는 하지만, 여호수아와 이스라엘이 가나안 땅에 입성한 이후 줄곧 그렇게 행해 왔습니다. 여호와께 순종했었고, 모든 일에서 그가 계시하신 뜻을 준수했었습니다.

물론 일시적으로 하나님께 뜻을 구하지 못한 적도 있고, 그로 인해서 기브온 주민들에게 속아 넘어가기도 했으나, 그들의 삶의 주도적인 과정이 하나님을 기쁘시게 하는 데에 있었으므로 그는 금방 그들의 잘못을 깨닫게 하셨습니다. 주께서 우리를 얼마나 부드럽게 대하시는지요!

> 이스라엘 자손이 행군하여 셋째 날에 그들의 여러 성읍들에 이르렀으니 그들의 성읍들은 기브온과 그비라와 브에롯과 기럇여아림이라(수 9:17).

이는 앞 절에 대한 설명으로서, 이스라엘의 성급한 조치가 얼마나 불필요한 것이었는지를 보여 줍니다. 잠시 동안이라도 자기들의 판단과 결정을 유보했더라면 그 기브온 주민들이 결코, 먼 나라에서 온 자들이 아니라는 것을 그들이 자연스레 알게 되었을 것입니다.

여기의 "이스라엘 자손"은 이스라엘 회중 전체를 뜻하는 것이 아닙니다. 이스라엘의 본진이 길갈에 남아 있었기 때문입니다(수 10:17). 이는 이스라엘 병사들과 각 지파의 수장들을 지칭한다 하겠습니다. 십중팔구 그들이 이 먼 거리로 나아온 것은 그들이 받은 정보를 조사하기 위함이었을 것입니다.

여기의 "셋째 날"은 그들이 여정을 시작한 때로부터 사흘이 지났다는 뜻이 아니라—길갈로부터 그 여러 성읍들까지의 거리가 하룻밤이면 닿을 수 있을 정도였으므로(수 10:9)—기브온 주민들이 인근의 성읍에 속한 자들이라는 것을 처음 들은 때로부터 사흘이 지났다는 뜻입니다. 이 사실이 분명히 확인되었습니다. 성령께서 다시 "셋째 날"이라는 표현을 강조하신다는 것은 독자들이 이런 세부적인 사항을 주의 깊게 바라보아야 한다는 것을 암시해 줍니다. 이 점에 대해 좀 더 소상히 말씀드리겠습니다.

요한복음 8:12에서 그리스도께서는 그분을 따라오는 자들이 그냥 단순한 빛이 아니라 "생명의 빛"을 얻으리라고 말씀하셨다는 것을 유념해야겠습니다. 그런데 바로 여기 여호수아 9:16-17에서 정확히 그것을 모형적으로 묘사하고 있다 하겠습니다. "셋째 날"이라는 표현은 부활을 상징하기 때문입니다. 여호수아와 그의 동료들은 믿음이 아니라 눈에 보이는 것에 따라 처신했고, 여기서 성령께서 그 사실을 입증해 보이십니다.

그들은 하나님과 끊임없는 교제를 누리고 그분의 인도하심을 받는 특권을 누리는 깨어 있는 심령으로서 처신한 것이 아니라, 그저 자연의 수준에서, 감각에 의존하여 행동했습니다. 그들은 한 동안 육신적인 처신에 다시 빠져들어 갔습니다. 그런데 "셋째 날에" 부활의 땅으로 다시 돌아가서 참된 빛 가운데에서 사물을 보게 된 것입니다.

그리스도인 역시 마찬가지로 하나님의 은혜와 권능으로 죽음에서 생명으로 옮겨졌으므로, 이제부터는 "새 생명 가운데서 행함"(롬 6:4)고, "새 사람을 입으라"(엡 4:24)는 부름을 받고 있습니다. 곧 하늘의 원리들에 다스림을 받아, 그리스도 안에 있는 새로운 피조물로서 행해야 한다는 것입니다.

만일 그렇게 하지 못하면, 자기가 가야 할 길에 대한 분별과 지혜가 없게 되고, 그릇된 본성적인 판단에 따라 처신할 수밖에 없어집니다. 눈을 떠서 오직 하나님의 영광을 바라볼 때에 비로소 빛으로 충만해질 것입니다.

> 그러나 회중 족장들이 이스라엘의 하나님 여호와로 그들에게 맹세했기 때문에 이스라엘 자손이 그들을 치지 못한지라 (수 9:18).

이스라엘의 족장들이 다시 부활의 땅으로 돌아갔다는—여호와와의 교제를 회복하고 스스로 중생한 사람들로 처신했다는—또 하나의 증거가 여기 나타납니다. 하나님을 향한 두려움이 그들에게 있었고, 그들은 그에 따라 처신했습니다.

만일 육체에 따라 처신했더라면, 그들은 "그때 그때의 정황"에 따라 행하기를 주장했을 것입니다. 곧 기브온 주민들이 거짓말을 했으니 그들과 맺은 조약은 원천 무효라고 얼마든지 주장할 수 있었습니다. 육신의 생각은 상대방의 거짓으로 인해 맺어진 언약이니 전혀 구속력이 없다는 식으로 추론합니다. 그러나 그 족장들은 그런 식의 부패한 원리를 따르지 않았습니다. 그들 스스로 뱉은 말이니 구속력을 그대로 유지한다고 여겼습니다.

> 우리가 거짓에 속아 넘어갔더라도, 그것에 반격할 자유가 우리에게 있다고 생각해서는 안 된다. 엄숙한 약속이 행해졌으니, 우리가 해를 입더라도 양심적으로 그것을 준수해야 한다 (토마스 스코트).

그릇된 처신을 두 번 행한다 해도 절대로 일이 바로잡히지 않습니다. 하나님의 자녀가 세상 사람들의 죄악된 수준에까지 내려간다면 이는 배나 더 악한 처사입니다. 아무리 이 가나안 사람들이 속임수를 썼다 해도, 그것이 이스라엘의 경솔한 처신의 평계가 될 수는 없습니다. 그들 스스로 경솔히 문제를 처리했으니 이제 그 결과도 그대로 당하는 것이 마땅했습니다.

> 그러므로 회중이 다 족장들을 원망하니 (수 9:18).

이스라엘의 족장들이 그런 속임수에 넘어갔으니 전적으로 그들 자신의 책임이었습니다. 은혜로 말미암아 그들이 여호와의 존귀하심을 드러내며, 스스로 행한 언약을 파기하기를 거부했으나, "어떻게 할지를 여호와께 묻지 않"(14절)음으로써 초래된 그 악한 결과를 뼈저리게 느끼게 되었습니다. 전에는 이스라엘 회중의 편에서 "원망"했다는 언급이 전혀 없었습니다.

그런데 이제 그들의 연합이 깨어진 것입니다!

이것은 우연한 사건이 결코, 아니었고, 들을 귀 있는 자들이 듣도록 크게 외치도록 하기 위한 하나님의 섭리였습니다. 이는 하나님의 채찍이었고, 하나님이 불쾌히 여기신다는 외형적인 표시였습니다.

하지만 이 얼마나 부드러운 채찍이었습니까!

이 "원망"의 직접적인 이유는 분명합니다. 유감스럽게도 이스라엘 군대가 그 성읍들을 함락시키고 약탈하지 못하고 멈추는 일이 벌어졌으니 말입니다. 그런데도, 여호수아와 족장들이 자기들이 판단하지 않고 여호와의 지시를 기다렸더라면, 일반 백성의 육신적인 탐욕으로 그렇게 원정하는 일도 없었을 것이고, 불만과 분열의 자세도 표출되지 않았을 것입니다. 하나님은 우리의 잘못들을 법적으로 용서하시지만, 흔히 우리의 어리석음에서 나온 열매들을 우리 스스로 먹도록 역사하시는 것입니다.

> 모든 족장이 온 회중에게 이르되 우리가 이스라엘의 하나님 여호와로 그들에게 맹세하였은즉 이제 그들을 건드리지 못하리라 (수 9:19).

족장들의 일치된 견해와 조화를 여기서 봅니다. 그들 중 일반 백성들의 반대로 인해 연약해진 자가 아무도 없었습니다. 그들 자신이 한 말이 결부되어 있었을 뿐 아니라 그들의 말이 신적인 맹세 하에서 뱉어졌으므로, 그것을 깨뜨린다면 이교도들 앞에서 그들 자신의 맹세를 깨뜨리는 것은 물론 그들의 하나님의 신뢰성까지도 심각하게 해치게 될 것이었습니다. 이스라엘 회중도 그 맹세에 대해 분명 알고 있었을 것이지만 그들이 일시적으로 그것을 잊고 있었다고 믿어야 합니다.

여기 이스라엘 회중의 원망은 종교적인 지도자들이나 정치적인 지도자들이 거룩하고 고귀한 원리들에 준하여 어떤 일들을 시행하고 법규를 제정할 때에 밑의 사람들이 그들의 동기를 잘 인식하고 함께 그것을 추구하기보다는 오히려 그것들을 비판하고 반대할 소지가 다분하다는 것을 보여 주는 하나의 실례라 합니다. 이 족장들이 견고히 서서 백성이 아니라 하나님을 두려워하는 모습을 보여 주니, 이는 참 복된 일입니다. 여호와께서 이 일에서 그들을 존귀히 대하셨습니다. 백성들이 족장들을 원망했다는 언급이 더 이상 나타나지 않으니 말입니다. 여호와께서 백성의 탐욕을 가라앉히신 것입니다.

4. 존귀한 맹세

> 우리가 그들에게 맹세한 맹약으로 말미암아 진노가 우리에게 임할까 하노니 이렇게 행하여 그들을 살리리라 (수 9:20).

앞 절에서 우리는 이스라엘이 가나안 족속의 일부 사람들에게 속임을 당한 사실을 보았습니다. 그들은 지극히 먼 나라에서 온 것처럼 속이고, 자기들이 자기 민족을 위해 여호수아와 평화 조약을 맺을 권한을 지닌 사신들인 것처럼 행세했습니다. 그 사기꾼들은 그럴듯한 이야기를 준비한 것은 물론 멀리서부터 온 사람들인 것처럼 헤어진 의복과 썩은 양식들까지도 철저히 준비했습니다.

여호수아와 이스라엘의 족장들은 이 일에 관해 여호와의 뜻을 묻지 않고, 자기들의 감각에 의존하여 눈에 보이는 대로 처신했습니다(수 9:14). 결정을 유보하고 기브온 주민들의 주장을 면밀히 조사하는 대신, 이스라엘은 황급히 그들의 목숨을 살려주기로 그들과 언약을 맺었습니다. 조건부로 약속하지도 않고, 그들은 맹세로 서로 간의 조약을 엄숙히 비준해 버렸습니다(수 9:15).

이 모든 일을 우리는 경솔한 처신을 피하라는 예리한 경고로 받아들여야 합니다. "믿는 이는 다급하게 되지 아니하리로다"(사 38:16)라는 교훈을 따르는 것이야말로 지혜로운 처신인 것입니다.

사흘 만에 이스라엘의 어리석음이 드러났습니다. 그들이 나아온 가나안 땅으로 조금 더 깊이 들어가 기브온 주민들의 성읍들에까지 이르게 되었으니 말입니다(수 9:16-17). 여기서 주목해야 할 것은 이스라엘이 기브온 주민들의 술수를 발견하게 된 것이 영적인 분별력을 발휘한 때문이 아니라—하나님의 영광을 위하는 "성한 눈"이 그들에게 그대로 유지되었더라면 분명 그랬을 것입니다만(마 6:22)—외부적인 수단에 의해서 그렇게 되었다는 사실입니다.

더욱이, 여호와께서 그들이 오랫동안 속임을 당하지 않도록 허용하셨지만, 비교적 부드러운 방식으로나마 족장들에 대한 그분의 불쾌하심을 그분의 섭리를 통해 드러내셨습니다. 이스라엘 회중이 그들에 대해 "원망"한 사실을—물론 그것이 정황상 매우 자연스러운 일이었으나—하나님의 채찍으로 보아야 합니다. 하나님이 그 백성들로 하여금 잠잠히 있지 않고 불만의 목소리를 내게 하신 것입니다.

그리하여 잠시 동안이나마 이스라엘의 화목이 방해를 받았고, 그들의 연합이 심각하게 위협받았습니다. 그러나 족장들이 한결같이 사람이 아니라 하나님을 두려워했고 결코, 사람과의 타협을 바라지 않았습니다. 오직 "위로부터 난 지혜는 첫째 성결하고 다음에 화평하다는 것"(약 3:17)을 잘 깨닫고 있었습니다.

일반 백성들은 분명 기브온 주민들에게 복수하고 그들의 성읍들을 약탈하기를 바랐을 것이지만, 족장들은 그 백성들의 욕망에 굴복하지 않고 든든히 서서, "우리가 이스라엘의 하나님 여호와로 그들에게 맹세하였은즉 이제 그들을 건드리지 못하리라"고 말했습니다(수 9:19).

헨리(Henry)는 다음과 같이 아주 적절히 말씀합니다.

> 그들은 어찌 처신할지를 엘르아살에게 묻지도 않았고, 가나안 족속과는—이 교도들과는—믿음을 지킬 필요가 없다는 식으로 처신하지도 않았다. 그들은 지극히 거룩한 언약을 회피하고 심지어 거짓 맹세들을 신성시하기까지 하는 로마 교회의 현대적인 술책들에 대해서는 전혀 문외한들이었다.

아닙니다. 그들은 자기들이 세운 언약을 그대로 준수하기로 결정했습니다. 지도자들과 통치자들이 그들의 책무들을 그대로 준수하는 나라야말로 복스러운 나라입니다. 이 족장들은 그야말로 실질적인 시련을 만났습니다. 그러나 그들의 신실한 처신으로 백성들이 잠잠해졌습니다. 그들은 양심을 거슬러 처신하기를 거부했던 것입니다. 하나님이 족장들의 한결같은 일치된 태도를 사용하셔서 원망하는 회중을 잠잠하게 하셨다는 것은 의심할 여지가 거의 없습니다.

그리고 이는 다스림 받는 자들의 불만을 잠재우는 최선의 방법은 다스리는 자들이 보여 주는 견고하고도 확고한 자세라는 것을 우리에게 가르쳐 줍니다. 그러나 이 족장들이 그렇게 처신한 것은 그저 편의상 그것이 좋기 때문이 아니었고, 그들이 하나님을 두려워했고 그리하여 그분을 욕되게 하지 않으려고 결심했기 때문이었습니다.

> 너는 네 하나님 여호와의 이름을 망령되게 부르지 말라 여호와는 그의 이름을 망령되게 부르는 자를 죄 없다 하지 아니하리라 (출 20:7).

맹세에 관해 근본적인 법이 있습니다. 그러므로 그것과 연결지어야 합니다.

> 네 하나님 여호와를 경외하며 그를 섬기며 그의 이름으로 맹세할 것이니라 (신 6:13).

그러므로 맹세는 여호와의 무서운 이름에 엄숙히 호소하는 것이요, 맹세하는 자로 하여금 지극히 높으신 하나님의 처절한 임재와 인식을 의식하게 하는 거룩하고도 능력 있는 행위입니다. 상세히 말씀하자면, 맹세에는 네 가지가 결부됩니다.

첫째, 진실성에 대한 공식적인 언명(言明)입니다. 하지만 맹세의 형식을 취하지 않아도 언제나 그렇게 말해야 하는 것은 물론입니다.
둘째, 우리가 하는 진술을 확증하는 증인으로서 거룩하신 하나님을 엄숙히 부름으로써 그분의 임재를 시인합니다.
셋째, 우리가 맹세하는 내용이 오로지 진실임을(롬 9:1) 하나님이 우리 양심에 증언해 주시기를 구하는 하나의 기원입니다.
넷째, 저주인데, 이는 맹세하는 자가 혹 자신이 거짓을 말할 경우 그것에 대해 하나님이 보응하시고 벌하실 것을 구합니다. 맹세는 이처럼 하나님께 기원하는 것이요, 그에게 영광 돌리며 그분을 심판자로 불러들이는 하나의 예배 행위인 것입니다.

그러므로 맹세를 어긴다는 것은 그야말로 지극히 위중한 사안이라는 것이 분명합니다. 그것은 하나님의 이름을 망령되게 부르는 것으로 제 삼 계명을 어기는 것이요, 하나님은 결코, 이를 죄 없다고 여기지 않으십니다. 레위기 19:12에서 드러나듯이 하나님의 이름으로 거짓 맹세하는 것은 그분을 욕되게 하는 행위입니다. 이처럼 무서운 사실을 고려할 때에, 맹세를 두려워해야 하며(전 9:2), 한 번 행하면 깨뜨릴 수가 없고 거기에 매인다는 것입니다(민 30:2).

입다의 경우에서 그 엄한 사례를 볼 수 있습니다(삿 11:30, 31). 그러므로 가벼운 마음으로 맹세해서도 안 되고, 진정 중요한 문제를 제외하고는 결코, 맹세해서는 안 되며, 맹세할 경우에는 지극히 진지한 마음과 자세로 임해야 합니다.

신명기 6:13에서 나타나는 대로, 엄숙한 맹세로써 하나님께 호소하는 것이 우리의 임무가 되기도 합니다. 곧 맹세가 없이는 적절히 해결될 수 없는 그런 문제들을 결정짓기 위해서 피치 못하게 맹세하는 경우입니다. 여기서 살펴야 하는 것은 맹세를 요구하고 맹세가 정당한 것으로 보증을 받은 일은 시내산에서 율법이 베풀어지기 여러 세기 이전이었다는 점입니다.

아브라함은 아비멜렉에게 맹세했고(창 21:23-24), 또한 이삭의 아내를 구하러 종을 보내면서 그에게 맹세를 요구하기도 했습니다(창 24:8-9). 야곱은 라반에게 요셉은 그의 아버지에게 맹세했습니다. 이런 사례들이 모세의 율법 제정과 관련이 없으므로, 우리로서는 그리스도인의 시대에도 맹세를 금지하는 것이 전혀 없다고 결론짓게 됩니다. 바울 역시 하나님을 증인으로 불러서 자신의 증언을 확증하는 것을 봅니다(고후 1:23; 갈 1:20).

> 우리가 그들에게 맹세한 맹약으로 말미암아 진노가 우리에게 임할까 하노니 이렇게 행하여 그들을 살리리라(수 9:20).

여호와의 장막에 거하며(그와의 친밀한 교제를 누리며) 그의 성산에 거하는(하늘에서 영원히 사는) 자의 두드러지는 특징은 "그의 마음에 서원한 것은 해로울지라도 변하지 아니하는 것"입니다(시 15:1, 4). 즉, 그 어떠한 손실이 생기더라도 자기가 한 맹세를 도로 물리지 않는다는 것입니다. 반대로, "거짓 맹세하는 자"는 아버지를 죽이는 자와 어머니를 죽이는 자나, 음행하는 자나, 인신매매를 하는 자, 등과 동일한 부류로 간주됩니다(딤전 1:9, 10).

이스라엘의 족장들은 여기서 기브온 주민들과 맺은 조약을 결코, "휴지조각"처럼 여기지 않았습니다. 히틀러와 무솔리니는 그처럼 거짓된 맹세를 함으로써 그들 자신은 물론 그들의 백성들에게까지 하나님의 진노를 당하게 했습니다. 구약 역사의 마지막 때에 이스라엘이 특징적으로 범한 범죄 중의 하나가 바로 이것이었다는 사실은 우리를 지극히 엄숙하게 합니다(참조. 슥 5:4; 말 3:5; 대하 36:11-13).

> 여호와의 진노를 그의 백성에게 미치게 하여 회복할 수 없게 하였으므로(대하 36:16).

영국이 그 맺은 조약의 의무 사항들을 존중하고 지킬 때에—그 어떠한 희생이 따른다 할지라도—비로소 그 백성들에게 "치료"의 소망이 있습니다.

> 무리에게 이르되 그들을 살리라 하니 족장들이 그들에게 이른 대로 그들이 온 회중을 위하여 나무를 패며 물을 긷는 자가 되었더라(수 9:21).

이 족장들은 이스라엘의 각 지파의 두령들로서 모두 열두 명이었습니다(민 1:15, 16, 44). 이스라엘이 기브온 주민들의 목숨을 살려준 일에 대해 하나님이 기뻐하셨다는 사실은 그 다음에 이어지는 내용, 곧 바로 다음 장에서 여호와께서 이스라엘에게 모든 전쟁 중에서 가장 영광스러운 승리를 주신 사실에서 분명히 드러납니다.

더 나아가, 여러 세기 후 하나님은 이 족속의 후손들에게 행한 그릇된 일로 인해 사울을 극심하게 보복하셔서, 사울이 바로 이 조약을 어기고서 그들을 해친 일을 극히 불쾌히 여기셨음을 보이셨습니다(삼상 21:1).

이와 관련해서 "하나님의 마음에 합당한 사람"인 다윗은 사울의 손자인 므비보셋을 정당한 복수로부터 사면시킴으로써 자신이 요나단에게 행한 맹세를 그대로 지켰습니다(수 9:7). 이 기브온 주민들은 비록 목숨은 보존되었으나, 자유를 잃고, 이스라엘의 종들이 되었습니다. "나무를 패며 물을 긷는 자"가 된다는 것은 힘겨운 일일뿐 아니라 지극히 낮고 천한 지위에 해당되는 것이었습니다(참조. 신 29:11).

위의 사건에서 드러나는 내용과 그 이후에 이어지는 내용에서 우리는 여호와를 경외하고 그분의 이름을 존귀하게 한다고 해도 결코, 최종적으로 패배자가 되지 않는다는 것을 알 수 있습니다. 여호수아와 족장들은 너무도 성급하게 기브온 주민들과 조약을 체결했고, 그것을 다시 무효화시키기에는 이미 늦었습니다. 그러나 하나님이 그 자신의 영광과 그분의 백성의 유익을 위해 그 조약을 뒤집으셨고, 그 자신과 그 백성들에게 아주 유용한 종들을 베풀어 주셨습니다.

하나님은 우리가 저지른 잘못된 일들을 얼마든지 유익하게 바꾸실 수 있고 친히 놀라운 방식으로 그렇게 바꾸어 놓기도 하시는 것입니다. 그 방식은 물론 우리에게 가장 선하고도 영광스러운 방식은 아닙니다. 그러나 복이 없게 되지는 않을 것입니다.

이 사건은 그리고 우리 손으로 일을 처리하려 하는 것이나 하나님의 지정하신 일을 우리 마음대로 예측하려는 일이 전혀 쓸모없음을 가르쳐 줍니다. 이스라엘 회중은 여호수아 9:17에 언급되는 기브온 주민들의 성읍들을 함락시키고 도륙하고픈 욕망을 절제함으로써 아무런 해도 당하지 않았습니다. 여호수아 18:25-28을 보면 훗날 그 땅을 분배할 때에 여기에 언급되는 첫 세 성읍이 그들의 것이 됩니다.

하나님의 시간을 기다리는 것이 결코, 우리에게 해가 되지 않는 것입니다!

> 여호수아가 그들을 불러다가 말하여 이르되 너희가 우리 가운데에 거주하면서 어찌하여 심히 먼 곳에서 왔다고 하여 우리를 속였느냐 (수 9:22).

이스라엘의 지도자 여호수아가 이처럼 스스로 절제하는 이 복된 모습을 높이 기리는 마음으로 잘 관찰해 봅시다. 그 기브온 주민들은 이제 자신의 처분에 전적으로 맡겨진 처지인데, 그는 자기의 힘을 폭군처럼 마구 사용하지 않았습니다. 그들의 속임수에 대해 화를 발하거나, 비열한 거짓말쟁이라고 그들을 탄핵하지도 않았습니다. 그는 오히려 그들의 거짓말에 대해 가볍게 질책하고서 그들 스스로 그 일에 대해 해명할 기회를 주었습니다.

헨리(Henry)가 올바로 지적한 것처럼, "의로운 대의는 그것을 방어하려고 화를 낼 필요가 없고, 악한 대의는 화를 내도 더 나아지지 않는 법"인 것입니다. 여호와께서는 우리의 원수가 무너질 때에 악한 마음으로 즐거워하지 말라고 하십니다(잠 24:17).

그는 그리고 에돔 족속이 "유다 자손이 패망하는 날에 기뻐한 것"에 대해 그들을 극심하게 채찍질하셨습니다(옵 1:12). 굴욕을 당하는 왕을 조롱한 시므이는 그 죄로 인하여 목숨을 잃었습니다(왕상 2:8-9). 여호수아가 이처럼 기브온 주민을 온유하게 처리한 사실에서 우리는 "그리스도의 온유와 관용"의 복스러운 그림자를 보게 됩니다(고후 10:1).

> 그러므로 너희가 저주를 받나니 너희가 대를 이어 종이 되어 다 내 하나님의 집을 위하여 나무를 패며 물을 긷는 자가 되리라 (수 9:23).

이 말씀은 여호수아가 이제 그들에게 저주를 선포했다는 뜻이 아니라 그들이 저주받은 자손에 속하는 것처럼 보이게 되었다는 뜻입니다. 앞에서 우리는 9:7에서 이 기브온 주민들을 "히위 사람"들로 부른 이유는 그들이 가나안의 자손들이었음(창 10:5-7)을 나타내기 위함이었다는 것을 지적한 바 있습니다. 그런데 여기서 우리는 그 아버지의 죄로 인해 가나안에게 선고되는 형벌의 실례를 접하게 됩니다. 노아는 예언의 영으로 다음과 같이 선포한 바 있습니다.

> 가나안은 저주를 받아 그의 형제의 종들의 종이 되기를 원하노라 (창 9:25).

그 저주는 종이 되리라는 것이었는데, 여기서 이 기브온 주민들이 이스라엘의 궂은일을 담당하는 종이 되는 데에서 그 예언의 일부가 성취됩니다.

하나님이 얼마나 신비롭고도 놀랍게 그분의 섭리를 통해 그분의 말씀을 그대로 이루어가시는지요!
그는 이스라엘의 족장들을 지도하셔서 이 사람들을 궂은 일을 맡는 종들이 되는 벌을 내리게 하셔서 그 옛날의 예언이 이루어지게 하셨으니 말입니다!
열두 족장들의 선고를 여호수아가 확정짓는 사실에서 우리는 그리스도께서 열두 사도들에게 하신 자신의 약속을 이행하시는 모습의 놀라운 그림자를 보게 됩니다.

> 무엇이든지 너희가 땅에서 매면 하늘에서도 매일 것이요 무엇이든지 땅에서 풀면 하늘에서도 풀리리라 [확정되리라] (마 18:18).

> 그들이 여호수아에게 대답하여 이르되 당신의 하나님 여호와께서 그의 종 모세에게 명령하사 이 땅을 다 당신들에게 주고 이 땅의 모든 주민을 당신들 앞에서 멸하라 하신 것이 당신의 종들에게 분명히 들리므로 당신들로 말미암아 우리의 목숨을 잃을까 심히 두려워하여 이같이 하였나이다 (수 9:24).

이러한 답변을 통해 기브온 주민들은 하나님이 이스라엘에게 하신 약속 중의 한 가지를 이행하셨고 모세를 통해 주신 예언을 성취하셨음을 증언했고, 자신들은 이스라엘의 하나님의 무적의 권능과 그가 이스라엘을 위해 행하신 놀라운 역사들에 대한 명성을 접하고서 충격을 받아 마음이 완전히 녹아내렸다고 고백합니다.

> 내가 내 위엄을 네 앞서 보내어 네가 이를 곳의 모든 백성을 물리치고 네 모든 원수들이 네게 등을 돌려 도망하게 할 것이며(출 23:27).

여호와께서는 "오늘부터 내가 천하 만민이 너를 무서워하며 너를 두려워하게 하리니 그들이 네 명성을 듣고 떨며 너로 말미암아 근심하리라"(신 2:25)라고 선포하심으로써 출애굽기 15:14의 예언—"여러 나라가 듣고 떨며 블레셋 주민이 두려움에 잡히리라"—을 성취하셨습니다. 가나안 인근의 여러 나라들이 두려움에 사로잡히고 완전히 사기를 잃고, 자기들의 앞날에 대한 공포로 가득하게 될 것임을 예언하셨는데, 바로 그 일이 여기서 이루어진 것입니다.

> 너희의 하나님 여호와께서 너희에게 말씀하신 대로 너희가 밟는 모든 땅 사람들에게 너희를 두려워하고 무서워하게 하시리니 너희를 능히 당할 사람이 없으리라(신 11:25).

하나님이 가나안 족속들에게 그런 두려움이 임하게 하시고 그들 자신의 무기력함을 직시하게 하시며, 그들 스스로 그분의 백성의 성공에 굴복하게 하시리라는 것입니다. 앞에서 라합이 이미 이 일이 이루어질 것을 공언한 바 있습니다. 그녀는 이적을 일으키시는 여호와의 권능에 대한 소문이 그들에게까지 전해져서 "우리가 너희를 심히 두려워하고 이 땅 주민들이 다 너희 앞에서 간담이 녹"(수 2:9)는다고 털어 놓았었습니다.

이와 마찬가지로 하나님은 그가 주신 모든 약속과 예언을 반드시 이루실 것입니다. 그러므로 여기서 주목해야 할 점은 이스라엘 민족이 그들의 하나님 여호와의 명령에 따라 처신하는 것이지 그들 자신의 잔혹성과 탐욕에 굶주려서 마구 살육하는 것이 아니라는 것을 이 기브온 주민들이 자의로 증언하고 있다는 사실입니다. 그들은 자기들이 했던 거짓말을 정당화시키려 하지 않고, 오히려 자기들이 목숨을 잃을까 두려워 자신을 보존하고자 하는 동기에서 그런 일을 꾸몄음을 정직하게 시인한 것입니다.

> 보소서 이제 우리가 당신의 손에 있으니 당신의 의향에 좋고 옳은 대로 우리에게 행하소서(수 9:25).

이 말은 곧, "우리는 이제 전적으로 당신의 권세 아래 있고, 당신의 처분에 우리의 모든 문제를 전적으로 맡기겠나이다"라는 말과도 같습니다. 하나님이 그분의 백성에게 하신 약속들과 그분의 원수들을 향한 저주의 경고들이 분명 이루어질 것임을 그들이 들었을 뿐 아니라 그것을 믿었다는 것이 바로 앞의 그들의 진술에서 드러납니다.

하나님의 말씀은 거역할 수가 없고 그분의 권능은 무한하다는 것을 깨달았고, 따라서 그들로서는 그 분의 처분에 자신들의 모든 것을 내어맡기는 것 외에 달리 방법이 없었습니다. "당신의 의향에 좋고 옳은 대로 우리에게 행하소서"라는 그들의 말에서, 최선의 자비를 기대하는 그들의 심정을 볼 수 있습니다. "정의와 자비의 법칙에 준해서 우리를 대해 주시고, 특히 바로 앞에서 맺은 조약과 맹세에 따라 행하소서"라는 것입니다.

죄인들이 그리스도 안에서 하나님께 나아올 때에도 바로 이러한 심정과 자세로—자기들의 죄를 깨닫고, 하나님의 경고의 엄정함을 납득하고서, 하나님의 선하신 뜻에 자신들을 맡기며, 그분의 자비를 바라고, 전적으로 그분의 뜻에 굴복하며, 그분의 멍에를 기꺼이 지는 자세로—나아오는 것입니다.

> 여호수아가 곧 그대로 그들에게 행하여 그들을 이스라엘 자손의 손에서 건져서 죽이지 못하게 하니라 그날에 여호수아가 그들을 여호와께서 택하신 곳에서 회중을 위하며 여호와의 제단을 위하여 나무를 패며 물을 긷는 자들로 삼았더니 오늘까지 이르니라(수 9:26-27).

여기서 여호수아의 원형이신 그리스도께서 그림자로 복스럽게 나타나고 있습니다. 이 사람들의 죄과가 분명히 드러났고, 더욱이 그들이 저주받은 민족의 일원이었으나, 그는 맹세로 맺은 언약에 근거하여 그들의 목숨을 살려준 것입니다! 이처럼 그는 선하고 의로운 일을 행했습니다. 사실 그는 그들이 요청했거나 상상했던 수준을 뛰어넘는 지위를 그들에게 베풀었습니다.

곧 그들을 "여호와의 제단"을 섬기는 자들로 지정하는 자비를 베풀고 존귀를 부여했고, 그리하여 그들은 우상 숭배로부터 구원받아 참되신 하나님을 예배하도록 가르침을 받게 된 것입니다.

  여기서 주목해야 할 놀라운 사실은 오직 여호와에 대해 들은 바를 시인하는 자들만이(2:10; 9:24) 그분의 심판에서 구원받았다는 것입니다. 훗날 이 기브온 주민들의 후손들—"느디님 사람들" 혹은 바쳐진 사람들—은 성전을 섬기는 존귀한 지위를 부여 받게 됩니다(대상 9:2; 스 8:20; 느 7:60).

제13장

기브온에서의 승리

(여호수아 10:1-43)

1. 화친

첫 절에서 드러나는 대로 여호수아 10장은 6장, 8장, 9장과 긴밀하게 연결되는데, 오늘날 주의 백성들에게 주시는 영적 교훈들을 발견하고 누리기 위해서는—하나님의 말씀을 읽을 때마다 언제나 이것이 우리의 주요한 목표가 되어야 합니다만—이 점을 유념할 필요가 있습니다. 6장과 8장에서는 이스라엘이 여리고 성과 아이 성을 정복한 기사를 대하는데, 9장에서는 사뭇 다른 주제가 제시됩니다.

아이성 싸움 이후 전쟁이 잠시 소강상태에 접어들었고, 이스라엘은 큰 수고를 들이지 않고 기브온 주민들을 손에 넣었습니다. 그리스도인의 경험에서도 그런 일이 자주 일어납니다. 주께서는 그리스도인들이 원수와의 싸움에 능동적으로 임하여 뚜렷한 승리를 얻고 난 후, 잠시 동안 비교적 조용한 휴식기를 주시는 것입니다. 그러나 그렇다 해도, 이제 싸움의 가장 힘든 부분이 끝났으니 잠시 편안히 쉬어도 안전하다는 식으로 결론지어서는 안 됩니다.

이제 우리가 살펴볼 내용은 오히려 그 반대의 사실을 시사해 주며, 또한 사탄이 그렇게 쉽사리 패배를 인정하지 않는다는 점을 제시해 줍니다. 이스라엘의 전쟁이 끝난 것도 아닐뿐더러, 가나안 족속들의 더욱 결연한 항전이 일어날 것이기 때문입니다.

한 왕의 군대가 아니라 다섯 왕들의 군대 전체가 무더기로 몰려드는 것을 감당하고 그들을 패퇴시켜야 합니다. 우리 구주 예수님의 역사에서도 똑같은 사실이 나타납니다. 그분의 은혜로운 사역이 진행될수록, 그분을 향한 반대의 세력이 더욱 맹렬하게 공격했습니다. 주님이 그러셨으니, 그분의 제자들이 그럴 것은 너무도 당연합니다.

이제 좀 더 구체적인 내용에 들어가자면, 여호수아 10장 첫 부분이 바로 앞 장의 결론 부분을 적용하면서 제시한 모형적인 논의를 확증해 주는 것을 보게 됩니다. 앞 장 마지막 부분에서 우리는 기브온 주민들에 대해 기록되어 있는 내용은 죄인들이 그리스도께 굴복하는 모습을 혹은 청교도들이 자유롭게 제시한 표현을 빌자면, 그들의 "하나님과의 화목"을 그려준다는 점을 지적한 바 있습니다.

좀 더 최근에 어떤 이들은 그 표현에 결정적인 예외가 있음을 지적했습니다. 죄인은 하나님과의 화목을 위해 아무 일도 할 수가 없고, 또한 그리스도께서 십자가에서 피 흘리심으로 "화목"을 이루셨으므로 죄인이 그 일을 시도할 필요가 전혀 없다는 주장입니다.

그러나 이런 논지는 서로 다른 것을—그리스도께서 값주고 사신 것과 그것을 우리에게 실제로 적용시키는 것을—혼동합니다. 문제는—이는 가장 중요한 문제입니다만—그리스도께서 하나님과 이루신 그 법적인 "화목"의 혜택들에 개인적으로 참여하게 하기 위해서 하나님이 죄인에게 요구하시는 것이 무엇인가 합니다.

이에 대해 어떤 이들은 오로지 믿음 외에는 아무것도 요구하시지 않는다고 답합니다. 그리스도께서 우리의 모든 죄를 위해 충만히 속죄하셨다는 것을 그저 믿고 그분의 희생의 충족성에 의지하기만 하면 된다는 것입니다. 그러나 이것은 절반 정도만 답한 것이고, 믿는 일보다 선행되어야 할 필수적인 요건은 그냥 남겨두는 것이라 합니다.

> 회개하고 복음을 믿으라(막 1:15).

> 유대인과 헬라인들에게 하나님께 대한 회개와 우리 주 예수 그리스도께 대한 믿음을 증언한 것이라(행 20:21).

이 본문들에서 보듯이, 믿음처럼 회개가 필수적입니다. 아니, 더 나아가서, 회개가 없는 마음은 구원 얻는 믿음을 발휘할 수가 없다고 단언합니다. 그리스도께서는 이스라엘의 지도자들에게 "너희는 … 끝내 뉘우쳐 믿지 아니하였도다"(마 21:32)라고 책망하셨습니다. 그들이 자기들의 죄악되고 버려진 처지를 전혀 인식하지 못했고, 그 때문에 그리스도의 선구자인 요한의 사역에 응답하지 않았다는 것입니다.

회개는 오로지 유대인에게만 필요한 것이라고 말하는 "세대주의자들"은 성경의 지극히 초보적인 진리들에 대한 그들의 무지를 드러낼 뿐입니다. 그리스도께서는 그분의 지상명령에서 그분의 종들에게 "그의 이름으로 죄 사함을 받게 하는 회개가 예루살렘에서 시작하여 모든 족속에게 전파될 것"(눅 24:47)을 명령하셨고, 또한 그분의 사도는 하나님이 "이제는 어디든지 사람에게 다 명하사 회개하라 하셨"(행 17:30)다고 선포하니 말입니다.

이는 당연한 일입니다. 그런 부름은 그것을 무시해온 자들에게—그분의 권위를 부인하고, 그분의 법을 가벼이 여기고, 전적으로 자기들을 기쁘게 하는 삶을 살아온 자들에게—주시는 그리스도의 거룩한 요구를 절실하게 제시하기 때문입니다. 오늘날 기독교 세계에 이름뿐인 신자들이 가득한 이유는 바로 회개를 거의 선포하지 않는 데 있습니다.

회개는 나 자신을 대적하고 하나님의 편에 서는 것이요, 하나님을 대적하는 끔찍한 나의 적대적 자세를 내려놓는 것입니다. 이것은 회심의 사사로운 면입니다. 하나님을 향해 돌아설 수 있으려면 무언가로부터 돌아서는 일이 반드시 있어야 하기 때문입니다. 회개는 죄에 대한 거룩한 두려움과 혐오, 마음으로 완전히 죄를 버리는 일, 그리고 하나님께 그것을 순전하게 고백하는 일로 이루어집니다.

참된 회개에는 언제나 하나님을 불쾌하시게 하는 처신을 버리고자 하는 깊은 바람과 순전한 결단이 뒤따르는 법입니다. 그러므로 영혼이 계속 하나님을 거역하고 그가 금하시는 일을 고집하는 한, 정직하게 하나님의 사하심을 구하는 일이 본질적으로 불가능합니다. 그러므로 회개란 죄인이 하나님과 화평을 이루는 것이요, 반역의 무기들을 내던지고 그분을 향한 전쟁을 중단합니다.

여기에는 "율법주의적"이거나 공로를 세우는 문제가 조금도 개입되지 않습니다. 왜냐하면, 회개하거나 혹은 하나님과 화평을 이룬다 해도, 우리가 과거에 저지른 악행들의 과실은 사함 받지 못하며, 하나님이 우리에게 은혜를 베푸시도록 변하시지도 않기 때문입니다.

회개는 믿음과 마찬가지로 대가를 치르고 구원을 사는 것이 아닙니다. 하지만 회개도 믿음과 마찬가지로 필수불가결한 것입니다. 하나님의 자비와 풍성한 용서를 받기에 앞서서, 악인이 "그의 길을 … 버리고 여호와께로 돌아와야 하는 것"입니다(사 55:7. 또한, 참조. 왕상 8:47-50; 행 3:19).

그 때에 여호수아가 아이를 빼앗아 진멸하되 여리고와 그 왕에게 행한 것 같이 아이와 그 왕에게 행한 것과 또 기브온 주민이 이스라엘과 화친하여 그중에 있다 함을 예루살렘 왕 아도니세덱이 듣고 크게 두려워하였으니 이는 기브온은 왕도와 같은 큰 성임이요 아이보다 크고 그 사람들은 다 강함이라 (수 10:1, 2).

이스라엘의 혁혁한 전공에 대해 소문을 들은 자들의 반응들이 제각기 달라지는 것을 다시 한 번 보게 됩니다. 일부는 이스라엘의 성공을 여호와의 탓으로 돌렸으나, 그렇게 하지 않은 이들도 있었습니다. 라합(수 2:9-11)과 기브온 주민들(수 9:9)은 전자의 실례요, 9:1의 왕들과 아도니세덱은 후자의 실례입니다. 예루살렘 왕 아도니세덱은 훌륭한 의미를 지닌 이름을 가졌으면서도 그 생각에 하나님이 전혀 없었고, 이스라엘의 전진에 아연실색했습니다. 여리고 성이 함락되었다는 소식에 마음이 불편했었는데, 아이 성의 함락 소식을 접하고서는 더 불편해졌습니다.

하지만 기브온 주민들이 여호수아와 화친을 맺었다는 소식을 접하고서는 "크게 두려워하였는데", 이는 십중팔구 이스라엘 군대를 저항하는 데에 그들이 지원해 줄 것을 짐짓 기대하고 있던 터였기 때문일 것입니다.

그리고 여기서 때를 나타내는 표현을 성령께서 강조하고 계신 사실을 주목할 수 있습니다.

… 아도니세덱이 듣고 [들었을 때에] (수 10:1).

성경에는 무의미하거나 불필요한 내용이 하나도 없습니다. 그러므로 이러한 세부적인 내용에서, 그 다음에 이어지는 일의 영적 의미를 깨닫게 해 주는 열쇠를 얻는 경우가 많습니다. 여기서는 예루살렘 왕이 기브온을 치기 위해 다른 네 왕과 연합하는 일이 곧바로 이어지는데, 9장 마지막 부분에 비추어 보면 이것이 모형으로 보여 주는 것이 무엇인지를 어렵지 않게 간파할 수 있습니다.

곧, 죄인들이 하나님과 화평하고 그분의 백성에 합류하기 위해 옛 주인을 섬기던 생활과 세상과 짝하던 일을 버리게 되면, 곧바로 불경한 자들에게서 박해를 당할 것을 예상하고 미리 준비를 갖추어야 한다는 것입니다.

그렇기 때문에 구주께서는 그분의 제자가 될 모든 사람에게 먼저 앉아서 "비용을 계산하"라고 명하셨고(눅 14:28-33), 또한 그분의 종은 신자들에게 "형제들아 세상이 너희를 미워하여도 이상히 여기지 말라"(요일 3:13)고 경고합니다. 아도니세덱이 기브온 주민들을 살육하기로 결심하는 일에서 우리는 구주의 "후손"을 향한 뱀의 맹렬한 적개심을 떠올리게 됩니다. 전에는 사탄이 그의 궁궐을 지키고 있어 "그 소유가 안전"(눅 11:21)했으나, 그가 자기의 포로들을 하나라도 잃어버리게 되면 그들을 향해 끝을 모르는 분노를 발합니다.

이 단락을 넘어가기 전에 이 첫 절에서 한 가지 다른 내용을 살펴보기로 합시다. 곧 이스라엘이 여리고 성과 아이 성을 완전히 "진멸"한 사실이 그것입니다. 여기 이 단어에는 지극히 중요한 교훈이 담겨 있습니다.

지금 우리의 기업을 소유하지 못하도록 방해하는 요인들을 제거하는 데에는 철저한 수단이 필요하다는 점입니다. 우리의 정욕에 대해서는 타협이 있어서는 안 되고, 유혹을 물리치는 일도 단호해야 하며, 세상에 곁눈질하는 것도 있어서는 안 됩니다.

물론 우리 속에 있는 부패성이 이를 강하게 저항합니다. 아이 성 사람들이 이스라엘의 공격을 필사적으로 막았던 것처럼 말입니다. 아이 성의 왕이 한번 우위를 점하여 이스라엘이 당황스런 일을 당했으나, 그들은 싸움을 포기하지 않았습니다. 오히려 여호와 앞에 스스로를 낮추었고, 그는 그들에게 은혜를 베푸사 승리하게 하셨습니다.

그렇다고 해서 그들 스스로는 아무 일도 하지 않고 하나님이 그들을 대신하여 행하시는 일들을 수동적으로 구경하기만 하고 있을 수 있게 된 것이 아니었습니다. 아니오, 그렇지 않습니다. 그들 편에서도 전술을 바꾸어 자기의 임무를 이행해야 했습니다. 그들이 전폭적으로 여호와의 명령에 따라 행할 때에, 그가 그들에게 복을 주사 아이 성을 "진멸"하게 되었습니다. 다시 말해서 완전한 승리를 얻게 된 것입니다.

그러나 아이 성을 함락시키고 무너뜨리는 일은 이스라엘에게 손쉬운 일도 유쾌한 임무도 아니었습니다. 그 과정에서 그들이 굴욕적이며 당혹스런 경험을 했기 때문입니다. 자신의 정욕을 남김없이 죽여야만 하는 그리스도인의 임무 역시 마찬가지입니다. 우리 주님은 그것을 오른쪽 눈을 빼고 오른손을 잘라내는 일에 비유하셨습니다(마 5:29, 30).

이런 어법을 통해 주님은 그가 우리에게 부과하신 그 일이 힘겹고 혹독한 일임을 암시하셨습니다. "눈"은 자연인에게 가장 사랑스러운 것이요, "손"은 그가 가장 유익하게 사용하는 도구입니다. 그러므로 눈 하나를 빼고 손 하나를 잘라낸다는 것은 곧 자기를 부인하는 일이 그만큼 혹독하다는 것을 보여 주며, 또한 우상이 아무리 귀하고, 불의한 처신이 아무리 육체에게 유리하다 할지라도 그리스도를 위해 반드시 제거해야 한다는 것을 뜻합니다.

육체에게 아무리 곤욕스런 일일지라도 정욕들은 남김없이 제거해야 합니다. 그것들을 하나님께 굴복시키지 않으면 영혼이 심각한 위경에 빠지기 때문입니다. 그런데 하나님의 은혜로 이 힘겨운 임무가 불가능하지 않습니다. 아이 성을 "진멸"한 사실이 기록된 것은 우리를 격려하고 본보기를 보이기 위함입니다.

그러나 기억하십시오. 그런 승리 뒤에 잠시 소강상태가 올 수 있지만, 남은 우리의 원수들도 굴복되리라고 낙관해서는 안 됩니다. 오히려 그 원수들이 우리의 영적 전진을 막기 위해 더욱 결연하게 저항해올 것을 예상해야 합니다.

> 크게 두려워하였으니 이는 기브온은 왕도와 같은 큰 성임이요 아이보다 크고 그 사람들은 다 강함이라(수 10:2).

성경께서 기브온에 관한 이런 세세한 사항을 우리에게 알려 주시는 의도는 다음 세 가지라 봅니다. 곧 그들을 굴복시키신 하나님의 은혜를 높이 기리기 위함이요, 뒤이어지는 아도니세덱의 처신의 정황을 제시하기 위함이요, 또한 뒤이어지는 내용이 지니는 모형적 의미에 빛을 비추기 위함입니다.

여기서 기브온 주민들에 대해 말씀하는 내용을 보면 그들이 여호수아와 화친한 사실도 놀랍거니와 그들이 전혀 머뭇거림이 없이 종이 되어 이스라엘을 위해 기꺼이 나무패는 일과 물 긷는 일을 감당했다는 사실도 놀랍기 그지없습니다. 여기서 우리는 본성적으로 하나님을 대적하던 한 백성이 하나님의 권능의 날에 기꺼이 그에게 굴복하고, 그분의 은혜의 능력으로 말미암아 지극히 쓰라리고 굴욕적인 일을 담당하는 것을 봅니다.

회심의 역사에 나타나는 기적의 본질이 바로 여기에 있습니다. 하나님을 향한 끔찍한 적개심을 죽이고, 교만한 마음을 낮추고, 완악한 의지를 꺾고, 그리스도의 주 되심에 완전히 굴복하게 하셔서, "순종하는 자식"(벧전 1:14)으로 만드시는 것입니다.

> 크게 두려워하였으니 이는 기브온은 왕도와 같은 큰 성임이요 아이보다 크고 그 사람들은 다 강함이라(수 10:2).

기브온은 변경의 막강한 성이었고 동시에 그 지역의 수도였는데, 그런 큰 성이 이스라엘에게 그렇게 길들여졌으니, 예루살렘 왕이 크게 놀랄 만도 했습니다. 자기들의 강력한 우군이라 여기던 성을 잃었을 뿐 아니라, 다른 성들이 그 뒤를 따르지 않을까 두려워 떨었습니다.

그렇게 막강한 성이 공격을 받지도 않은 상태에서 그대로 넘어가버렸으니, 과연 누가 여호수아와 그의 백성을 상대로 결연히 맞서려 하겠습니까?

그는 크게 불안을 느꼈을 뿐 아니라 기브온 주민들을 향한 적개심이 끓어올라 그들을 무너뜨리기로 결심했는데,

여기서 우리는 성령의 세 번째 의도를 보게 됩니다. 은혜로 말미암아 그리스도께 드려지는 헌신의 트로피가 클수록, 또한 그의 지위가 귀할수록, 원수들에게서 당하는 반발이 그만큼 더욱 거세진다는 사실입니다. 그리스도께서 그분의 복음 사역자들을 삼으시는 사람들이 사탄의 적개심의 주요 표적이 되는 것이 바로 이 때문입니다.

그러나 결코, 놀래거나 당황할 필요가 없습니다. 그리스도를 위해 고난당하는 것이 높고 존귀로운 일이요, 뿐만 아니라 신실한 사역자가 겪는 반대야말로 하나님이 그를 사용하셔서 마귀의 왕국에 침투해 들어가신다는 선한 증표인 것입니다.

> 예루살렘 왕 아도니세덱이 헤브론 왕 호함과 야르뭇 왕 비람과 라기스 왕 야비아와 에글론 왕 드빌에게 보내어 이르되 내게로 올라와 나를 도우라 우리가 기브온을 치자 이는 기브온이 여호수아와 이스라엘 자손과 더불어 화친하였음이니라 하매(수 10:3-4).

북쪽과 서쪽 지역의 가나안 족속들의 왕들이 이미 이스라엘을 대항하여 동맹을 맺고 연합 세력을 구축했다는 것을 기억해야 합니다(수 9:2). 그러므로 이때에는 그들의 연합군이 이미 이스라엘을 공격할 태세를 갖추고 있었을 것입니다. 그러나 기브온 사람들이 여호수아의 편에 섰다는 소식을 접하자 이 다섯 왕들은 격노했습니다. 그들의 성읍들은 이스라엘이 당시 진출해 있던 지점에서 더 가까웠으므로, 그들은 이스라엘의 계획을 미리 예상하고서 기브온을

치기로 결정했습니다.

예루살렘 왕으로서는 여호수아가 북쪽과 서쪽의 가나안 군대들의 임박한 공격에 대비하여 휘하의 군대를 정비하느라 기브온을 지원할 여력이 없을 것이라고 생각했습니다. 그러므로 이 다섯 왕들로서는 변절한 기브온을 쳐서 쉽게 함락시킬 절호의 기회가 그들에게 온 것처럼 보였습니다. 그러나 그런 그들의 행동은 그들의 멸망을 재촉할 뿐이었습니다.

2절은 그들이 "크게 두려워하였"다는 보도로 시작합니다만(개역개정에는 나타나 있지 않음. 역주), 그 앞 절은 예루살렘 왕 외에는 아무도 언급하지 않으니, 본문을 "그가 크게 두려워하였다"고 읽어야 하지 않을까? 하고 기대하게 됩니다. 여기의 복수형의 표현이 예루살렘 왕과 그의 신복들을 다 포함하는 표현일 가능성이 높으나, 동시에 "그들"이 그 다음 절에 언급되는 네 왕을 미리 언급하는 것일 개연성이 큽니다.

그렇다면 그 네 왕들이 아도니세덱의 요청을 기꺼이 받아들인 이유가 여기에 암시되어 있다 하겠습니다. 이스라엘이 얻은 승리들의 소문으로 끔찍한 공포가 얼마나 널리 퍼져 있었는지를 여기서도 다시 보게 됩니다. 이는 여호와께서 출애굽기 23:27과 신명기 11:25에서 선언하신 일의 성취일 뿐 아니라, 복음이 선포될 때에 일어날 일을 모형적으로 그려주는 것이기도 합니다.

앞에서 지적한 바 있듯이, 여호와의 권능의 팔이 행한 역사들을 접할 때에 사람들이 각기 매우 다르게 반응했습니다. 그 왕들에게도 기브온 주민들과 마찬가지로 여호수아와 화친할 기회가 있었으나, 그들은 그 기회를 저버렸습니다. 이는 그리스도의 복음이, 믿고 구원 얻는 사람에게는 "생명으로부터 생명에 이르는 냄새"지만, 그것을 거부하여 버림받는 이들에게는 "사망으로부터 사망에 이르는 냄새"라는 사실(고후 2:15, 16)을 실증적으로 보여 주는 엄한 실례이기도 한 것입니다.

그리고 두려움이 생겼다고 해서 모든 죄인이 하나님을 대적하는 모든 무기를 던지고 투항하는 것이 아닙니다. 이는 여기 본문의 경우에서도 나타나고, 또한 바로의 경우에서도, 또한 "장차 오는 심판"에 대한 바울의 말씀을 들으면서 "두려워"한 벨릭스의 경우에서도 나타납니다(행 24:25).

아도니세덱은 자기를 낮추고 여호수아와 화친하기를 원치 않았을 뿐 아니라, 인근의 다른 부족들 중에서도 그렇게 하는 이들이 없기를 바라서 자신의 뜻을 따르도록 그들을 설득했습니다. 여기서 우리는 강한 인물이 다른 이들에게 영향력을 행사하여 함께 악에 빠지게 만드는 안타까운 사례를 보게 됩니다.

자기 혼자 범법자가 되는 것도 악한 일인데, 하물며 악의 무리의 괴수가 된다는 것은 극심한 부패를 드러내는 것이요 배나 더 정죄를 받아 마땅합니다.

"내게로 올라와 나를 도우라"는 아도니세덱의 발언은 "우리가 기브온을 치자"라는 발언에 비추어 이해해야 합니다. 곧 자기가 의도하는 임무를 모두에게 떠맡기는 것입니다. 언뜻 보면 그들이 무슨 이득을 얻으려고 그런 처신을 했을까 하는 의문이 생깁니다.

여호수아의 군대가 자기 땅을 침입할 때를 대비하여 방비하는 편이 더 지혜로운 일이 아니었을까요?

아마도 그들의 의도는 기브온을 본보기로 삼아서 다른 성읍들이 그들을 뒤따르지 않도록 경고하고자 함이었을 것입니다. 그러나 그 주동자를 부추긴 동기는 그가 동료들에게 호소하는 이유에서 분명히 드러납니다. "기브온이 여호수아와 이스라엘 자손과 더불어 화친하였기 때문"이며, 또한 1절에서 덧붙이는 대로 그들이 "이스라엘 … 중에 있기 때문"이었습니다.

그러므로 그 왕들이 연합 전선을 구축한 것은 그저 자기 보존의 본능 때문만이 아니었고, 하나님의 백성과 하나가 된 사람들을 향한 적개심이 개입되어 있었습니다. 그들이 과거에 자기들과 나누던 모든 교제를 끊었다는 사실이 그들의 분노를 불러일으킨 것입니다.

2. 선전포고

모형적 가르침은 구약 성경의 지극히 놀랍고도 복된 특질 중 하나입니다.

모형적 가르침은 구약 성경이 하나님의 저작임은 물론, 장차 올 실체를 너무도 정확하게 그려주는 모형을 제시하여 신약 성경을 공부하는 이들에게 값진 교훈을 주기도 합니다.

때때로 우리는 "구약 속에 신약이 들어 있고, 신약 속에서 구약이 설명된다"는 것을 기억합니다. 하지만 신약이 전반적으로 구약을 대체시켰다고 추론하지 않으면 위험합니다. 그렇다고 해서 구약이 신약에 상당한 빛을 비추어주며 그 세세한 내용의 많은 부분들을 밝혀주는 열쇠들을 제공한다는 것을 부인하는 것이 결코, 아닙니다. 오히려 신약과 구약은 마치 우리 몸의 두 눈과도 같다 하겠습니다. 완전한 시력을 위해서는 둘 다 필요하며, 둘이 서로를 보완해 줍니다.

그리스도와 그분의 사도들이 한 예언들을 이해하기 위해서는 선지자들에게 크게 의존해야 하며, 뿐만 아니라 서신서들의 실천적인 가르침과 강령들에 대한 생생한 예화들과 사례들을 역사서의 많은 부분에서 얻을 수 있으며, 유대교의 각종 규례들과 의식들은 복음 진리의 여러 가지 면들을 미리 모형으로 보여 주며 그것들을 밝혀주기도 합니다. 여호수아서를 살펴보는 동안 우리는 이 점을 특히 중요하게 제시했고, 여호수아서의 중심인물이 온갖 방식으로 주 예수님을 미리 모형으로 제시해 주며, 가나안 정복 중에 이스라엘이 겪은 경험들이 그리스도인의 영적 싸움을 그려주며, 또한 엄숙하고도 고귀한 복음의 모형들이 거기에 담겨 있음을 지적해 왔습니다.

지난 19세기에는 구약의 모형들의 중요성과 가치에 대해 강조하고 구약 역사서에 기록된 많은 사건들이 "구원의 길"을 제시한다는 것을 주장함으로써 기독교 세계에 값진 유익을 가져다 준 이들이 있었습니다. 그러나 매우 아쉬운 것은 그들의 구약 모형 선택이 극히 부분적이며, 구원의 길의 특정한 면들에 대한 강조 역시 매우 균형이 맞지 않는다는 점입니다.

라합이 믿음으로 행함으로써 멸망에서 구원받아 하나님의 백성의 반열에 들어간 사실이나, 도피성들이 율법에 의해 징벌을 받을 처지에 있는 자들이 그리스도 안에서 찾게 되는 안전을 묘사해 준다는 것 등을 제시한 것은 복스러운 일입니다.

하지만 진리의 균형을 유지하기 위해서는 기브온 주민들이 여호수아와 화친한 사실 역시 앞의 경우들과 마찬가지로 "복음"의 역사를 놀랍게 그려준다는 점을 강조해야 마땅합니다. 모형들 중에는 하나님의 은혜를 보다 더 특별히 묘사하는 것들도 있고, 그분의 거룩하심을 그림자로 보여 주는 것들도 있습니다. 어떤 모형들에서는 하나님의 자비하심의 자유로움이 강조되고, 다른 모형들에서는 죄인의 책임이 강조되기도 합니다.

기브온 주민들에 대한 앞의 논고들(여호수아 9장에 관한)을 비판적으로 읽어온 분들은 우리가 다룬 내용들이 모순이라고 결론지었을지도 모르겠습니다. 앞에서는 그들의 이야기를 겉모양뿐인 신자들과 외식자들이 하나님의 백성과 하나가 되고자 하는 처신을 실례로 보여 주는 것으로 바라보았으나, 뒤에서는 그들을 그리스도께 나아오는 회개하는 죄인들의 모형들로 간주한다는 것이 그것입니다.

앞에서 한 진술을 우리가 잊어버린 것도 아니고, 이 둘 사이에 모순이 있는 것도 아닙니다. 하나님의 말씀에는 사람의 글에는 해당되지 않는 충만함이 있고, 따라서 어느 한 본문에서 정당하게 이끌어낼 수 있는 "적용"도 다양하게 많습니다.

창세기 22장에서 이삭은 앞에서는 그의 아버지의 뜻에 복종하며 기꺼이 제물로 드려질 자세를 갖고 있는 데에서 그리스도의 모형으로 나타납니다. 그러나 뒤에 어린 양이 그를 대신해서 죽는 데서는 죄인의 모형으로 나타납니다. 출애굽기 16장에서는 만나와 그리고 생명의 떡이신 그리스도 사이에 갖가지 충격적인 비교점들을 이끌어낼 수 있습니다.

그러나 요한복음 6장에서는 그리스도께서 둘 사이의 명확한 차이점들을 지적하십니다. 성경의 몇몇 인물들은 구원받지 못한 자들과 타락한 신자들 모두를 그려주는데, 이런 것은 전혀 불합리한 것이 아닙니다. 기브온 주민들 역시 마찬가지입니다. 이들의 처음 행동과 나중의 행동에서 뚜렷한 변화를 보게 되는데 이에 따라 두 가지 관계 속에서 이들을 바라볼 필요가 있습니다.

기브온 주민들이 사탄의 부추김으로 부정직하게 처신하고 이스라엘을 미혹시키던 때의 모습과, 후에 그들이 성령의 감동으로 여호수아에게 항복하고 자기들에게 드리운 멍에를 기꺼이 지게 되는 모습을 서로 구별해야 합니다.

본성적인 상태에서 죄인은 외식자이며, 심지어 그리스도를 신실하게 구하는 상태에서도 적지 않은 육신적인 면이 그의 노력에 뒤섞여 있습니다. 여호수아 9:3-6의 기브온 주민들의 악한 행동과, 여호수아 9:24-25에 나타나는 그들의 정직함과 온유함 사이에 매우 뚜렷한 차이가 있으며, 따라서 성경 강해자가 제시하는 각 본문에 대한 "적용" 역시도 뚜렷하게 차이가 있을 수밖에 없는 것입니다.

10장에 이어지는 내용이 9장 마지막 절들에 대해 우리가 말씀한 내용을 확증해 줍니다. 기브온 주민들이 여호수아와 화친하자마자 원수들의 분노가 그들을 향해 촉발되었습니다. 구원받은 죄인의 경험 역시 마찬가지입니다.

죄인이 참으로 회심하게 되면―그의 마음과 삶 속에서 그리스도를 온전히 높이고, 세상과 철저히 단절하게 되면―전에 교류하던 동료들이 그를 축하해 주기는커녕 적대적인 자세를 취하고, 이런저런 식으로 그를 박해하며, 그를 망가뜨리기 위해 혈안이 됩니다. 그러나 기브온 주민들을 대적한 자들을 좀 더 면밀히 관찰할 필요가 있습니다.

아모리 족속의 다섯 왕들이 그들을 멸하기 위해 서로 연합했습니다. 그들은 이웃의 가나안 족속들이었고 아주 가까운 이웃들이었습니다. 그러므로 우리는 그들이 그저 일반적인 그리스도인의 대적들의 모형보다는 좀 더 구체적으로 그리스도인이 자기에게 해가 되리라는 식의 의심을 전혀 하지 않는 그런 존재들을 지칭하는 것으로 봅니다.

어린 회심자가 불경한 자들과의 교제를 깨뜨리고 나면, 속된 세상의 적개심에 대해서는 다소나마 대비하게 되지만, 그리스도를 믿는다고 고백하는 자들에 대해서는 그렇지 못합니다. 오히려 그리스도의 이름을 지니고 있는 자들이니 그들이 자기의 친구들이 되어줄 것이라고 기대합니다.

그러나 아뿔싸, 그는 "사람의 원수가 곧 자기의 집안 사람"(미 7:6)이라는 것을—예수님은 마태복음 10:36에서 이를 인용하십니다만—깨달아야 합니다. 이것은 그리스도인이 자신의 영적 싸움과 관련해서 배워야 할 또 하나의 교훈이요, 특히나 고통스런 교훈입니다.

그러나 그리스도의 제자로서는 그의 주님과 처지가 같아진다 해도 그것으로 만족해야 합니다. 주님의 경우는 "그 형제들까지도 그를 믿지 아니"했고(요 7:5), 그분의 친족들이 그를 향해 "그가 미쳤다"고 했고(막 3:21), 그분의 제자 중 하나에게 배반당하기까지 하셨습니다.

방금 지적한 내용은 기브온 주민들을 공격한 자들에게서 선명하게 나타납니다.

첫째, 이미 말씀한 것처럼, 그들은 가까운 이웃이요 동료 가나안 족속이었습니다.

둘째, 그들은 산지에 거주했는데(수 10:6), 언제나 명심할 것은 하나님의 말씀에는 아무리 사소한 내용도 무의미한 것이 없다는 점입니다. 이 왕들이 산지에 거주했다는 사실은 바꾸어 말하면 그들이 유리한 고지를 차지하고 있었다는 뜻입니다.

안타까운 일입니다. 하지만 종교적 영역에서 이와 비슷하게 높은 위치에 있는 자들이 주님의 미천한 자들을 가장 홀대하는 경우가 많습니다. 최고의 대접을 받기를 바라므로, 그들은 자기들에게 굴복하지 않는 자들에게는 무자비합니다. 산헤드린이 그리스도를 박해하여 죽음에 이르게 했고 그분의 사신들이 그분의 이름으로 복음을 전하지 못하도록 금한 것처럼 말입니다. 산지는 또한,

교만의 상징이기도 합니다(사 40:4). 누구든 디오드레베를 닮은 자는 교만으로 가득 차 있습니다.

셋째, 이 왕들의 귀하게 들리는 이름들에서도 같은 특질이 나타납니다(수 10:3).

이 음모의 주동자인 아도니세덱의 이름은 "의의 주(主)"를 뜻하며, 호함은 "야(하나님)가 보호하신다"라는 뜻이며, 비람은 "거친" 혹은 "맹렬한"이라는 뜻이며, 야비아는 "높은" 혹은 "고귀한"이라는 뜻이며, 드빌은 "화자(話者)"라는 뜻인데, 거짓으로 치장된 자들 다운 이름이라 하겠습니다!

예루살렘 왕 아도니세덱은 네 왕에게 사신을 보내어 이렇게 말했습니다. "내게로 올라와 나를 도우라 우리가 기브온을 치자"(수 10:4). 기브온 주민들은 이스라엘과 화친을 맺자마자 남부 가나안의 가장 강력한 세력들의 공격을 받게 되었습니다. 그들은 잘못 행한 것이 없고, 오히려 동료 가나안 족속들에게 가장 지혜로운 최상의 처신을 모범으로 보였습니다. 그러나 바로 이런 처신이야말로 그 주모자가 가장 끔찍하게 혐오하는 것이었습니다(수 10:1-2).

여기서 주목할 점은 그 옛날 예루살렘이 팔레스타인 땅에서 주도적인 영향력을 발휘했다는 점입니다. 그 왕이 여기서 주도적인 역할을 하며, 뿐만 아니라 그의 성이 다른 부족들의 집합 장소가 되니 말입니다. 그러나 아도니세덱은 자기의 군대에 대해 충족한 확신을 갖지 못하여 네 명의 다른 동료들의 협력을 구한 것으로 보입니다.

만일 단순히 그를 돕는 문제였다면, 과연 그들이 그렇게 호의적으로 협력했을지 의문입니다. 왜냐하면, 그들은 서로 경쟁하는 관계였기 때문입니다. 인간의 본성과 부족 간의 쟁투는 그때나 지금이나 같습니다. 그러니 그들이 참전한 데에는 자기들에게 이득이라고 보았기 때문일 것입니다. 기브온이 "왕도와 같은 큰 성"(수 10:2)이었으니, 기브온을 서로 차지하고 싶었을 것입니다.

그 다음으로, 아도니세덱이 제시한 원정의 이유를 살펴보기로 합시다. "이는 기브온이 여호수아와 이스라엘 자손과 더불어 화친하였음이니라"(4절). 그분의 분노를 촉발시킨 것은 바로 그들이 하나님의 백성과 연합했다는 것이었습니다. 여기서 "화친"에 대한 언급이 세 번째로 나타난다는 점을 주목해야 합니다(수 9:15; 10:1).

그 문구가 나타나는 배경을 살펴보면 그 정확한 의미가 분명하게 드러납니다. 그것은 관계의 변화를 의미하며 옛 삶의 질서의 완전한 역전을 뜻합니다. 영적으로 말하자면, 그것은 "너희는 하나님과 화목하라"(고후 5:20)—하나님을 향한 너희의 적대적 자세를 중지하라—는 복음의 부름에 대한 우리의 응답입니다.

"내 힘을 의지하고 나와 화친하며 나와 화친할 것이니라"(사 27:5)는 말씀에 바로 그 표현이 나타납니다. 이는 우리 자신을 하나님께 완전히 굴복시키는 것으로, 회심과 동일하며, 완전한 방향전환을 의미합니다.

순전한 회개에는 언제나 행실의 변혁이 수반됩니다. 죄를 사함받기 위해서는 악인이 자기 의지로 가득한 삶의 모습을 버리고 "여호와께로(아담의 배교 속에서 그가 그에게서 돌아서 있었습니다) 돌아가야 하는 것"입니다(참조. 사 55:7; 잠 28:13).

오늘날의 거짓 "전도"에 의도적으로 빠져 있는 결정적인 내용이 성경에 가득 차 있습니다. 현대의 거짓 전도에서는 죄인에게 그리스도를 믿는 믿음 이외에 아무것도 필요 없다고 퉁명스럽게 선언합니다. 그러나 회개하지 않는 마음은 결코, 믿어 구원에 이를 수 없고, 육신적이며 세상적인 삶을 계속하기로 마음먹고 있는 자들에게는 죄 사함이 있을 수 없습니다.

> 이제 너희 중에 있는 이방 신들을 치워 버리고 너희의 마음을 이스라엘의 하나님 여호와께로 향하라 (수 24:23).

곧, 하나님을 사랑하고 그분을 섬기기 이전에 먼저 우상들을 치워버려야 합니다. "너희가 회개하고 돌이켜"라는 것이 하나님의 요구 사항입니다. 그리고 바로 그 뒤에 "너희 죄 없이 함을 받으라"는 말씀이 이어지는 것입니다(행 3:19). 마가복음 4:12에서도 동일한 순서가 다시 나타납니다.

> …돌이켜 (행 3:19).

> …죄 사함을 얻지 못하게 하려 함이라 (막 4:12).

> …여러분에게 복음을 전하는 것은 이런 헛된 일을 버리고 … 살아 계신 하나님께로 돌아오게 함이라(행 14:15).

그리고 바울은 자신의 임무가 사람들을 돌이켜서 "어둠에서 빛으로, 사탄의 권세에서 하나님께로 돌아오게 하는 것"임을 선언하며, 다시 덧붙이기를, "죄 사함 … 을 얻게 하기 위함"이라고 합니다(행 26:18). 마찬가지로 그리스도인은 먼저 "어둠의 일을 벗어야"만 그 다음에 "빛의 갑옷을 입을 수 있는 것"입니다(롬 13:12).

> 아모리 족속의 다섯 왕들 … 이 함께 모여 자기들의 모든 군대를 거느리고 올라와 기브온에 대진하고 싸우니라(수 10:5).

이는 앞 절의 "화친"에 대항하여 제시되는 것으로, 하나님과 화친한다는 것은 곧 그를 대항하던 싸움을 중지하는 것임을 분명히 가르쳐 줍니다. 그리고 우리가 그렇게 하면 그를 대적하는 자들이 우리를 대적하게 되고, 이는 우리가 아무리 신중하게 처신해도 피할 수 없다는 것을 보여 줍니다. 모든 사람과 평화로이 지내는 것이 그리스도인의 바람이지만, "나는 화평을 원할지라도 내가 말할 때에 그들은 싸우려 하는도다"(시 120:7)라는 시편 기자의 말을 따라하게 될 수밖에 없습니다.

하나님의 원수들이 주의 멍에를 지고 그분의 백성에 합류하는 자들을 그냥 내버려두지 않을 것이니 말입니다. 기브온 사람들은 이스라엘과 화친함으로써 이교도 이웃들과의 관계를 절연했습니다. 네 왕은 아도니세덱의 계획에 반대하지 않고 오히려 그들의 동료인 기브온 사람들을 없애는 일에 동참했습니다.

이 얼마나 가나안 족속들의 성격을 적나라하게 보여 주는 사건인지 모릅니다!

그들이 과연 여호와의 심판을 받아 마땅한 자들이라는 것이 얼마나 확실히 드러나는지 모릅니다!

이 다섯 왕이 모두 아모리 족속에 속한다는 점도 주목해야 합니다. 아모리 족속은 예로부터 하나님의 백성의 원수들이었습니다(민 21:21-23). 당시에는 한 성읍을 함락시키고자 할 때에, 즉시 군대를 투입하여 공격하지 않고, 그 주위를 포위하고 식량을 고갈시키는 과정을 통해 그 주민을 약화시키는 방법을 쓰는 것이 통례였습니다. 고대의 성읍들은 높고 두터운 성벽으로 둘러싸여 있고 단단한 성문의 보호를 받고 있었으므로, 정면 공격은 희생이 클 수밖에 없었습니다.

그러므로 이 왕들의 무리들은 "기브온에 대진한 것"입니다. 그들은 성공에 대해 의심조차 하지 않았음이 분명합니다.

아마도 여호수아가 출병하는 수고를 감내하면서까지 기브온 주민들과의 조약을 존중하지는 않을 것이라고 생각한 것으로 보입니다. 그리고 이스라엘의 진이 거리가 너무 멀리 떨어져 있어서 기브온이 함락되어도 병력을 보내기가 어렵기도 했습니다. 그러므로 그들로서는 기브온 공격이 아주 단순한 작전이었습니다. 그러나 그 이전과 그 이후의 다른 많은 싸움에서 드러나듯이, "빠른 경주자들이라고 선착하는 것이 아니며 용사들이라고 전쟁에 승리하는 것이 아니었습니다"(전 9:11).

옛날 애굽의 왕 바로처럼 이 왕들은 여호와를 계산에 넣지 않았습니다!

그리고 여호와께서는 그들이 여호와와 언약을 맺은 자들을 상대로 전쟁을 벌이는 것보다 오히려 더 확실하게 행악자들에 대해 진노하시고 그들을 멸망시키신다는 것을 드러낸 것입니다.

하지만 하나님은 어째서 구태여 이런 공격을 허용하셨을까요?

그는 어째서 기브온 주민들이 그처럼 당혹스런 일을 당하게 하신 걸까요?

기왕에 그들이 그와 화친을 했으니, 다른 가나안 족속들도 그들과 화친하도록 하셨으면 좋았을 텐데, 왜 그렇게 하지 않으셨을까요?

여러 가지 이유가 있습니다.

첫째, 그들 자신의 기원에 대해 깨우치기 위함입니다. 그들 역시 "같은 진흙 덩어리"였고, 그들이 본성적으로 어떤 존재인가 하는 것이 동료들의 사악한 침략에서 엄숙하게 드러난 것입니다. 이러한 고통스러운 방법을 통해 여호와는 그들에게 이렇게 말씀하고 계셨습니다.

> 생각하라 너희는 그 때에 육체로는 이방인이요 … 세상에서 소망이 없고 하나님도 없는 자이더니 (엡 2:11-12).

그들을 변화시켜서 그들이 자기들을 죽이려 하는 자들과 다른 존재가 되게 하신 것은 오직 하나님의 주권적인 은혜였습니다. "너희를 떠낸 반석과 너희를 파낸 우묵한 구덩이를 생각하여 보라"(사 51:1)라는 하나님의 교훈을 마음에 새기는 것이야말로 우리에게 절실합니다. 그렇게 생각해 보면 우리에게서 교만이 사라질 것이요, 또한 우리 자신의 합당한 위치―하나님 앞에서 티끌 속에 있는―를 지키게 될 것입니다.

기브온 주민들은 이 다섯 왕들과 똑같이 저주받은 민족에 속한 자들이었습니다. 그런 그들이 저주로부터 보호하심을 받은 것은 오직 그들을 구별하신 하나님의 긍휼이었습니다.

독자 여러분!

이 점을 기억해야 합니다. 여러분이 세상에게서 박해를 받고 있을 때에, 그 박해자들에 속해 있던 여러분을 구원해내신 분이 과연 누구신지를 스스로 물어보시기 바랍니다.

하나님이 어째서 기브온 사람들에게 그런 상황을 허용하셨는지에 대해 많은 다른 답변들을 제시할 수 있습니다. 그것은 그들의 믿음을 시험하고, 자기들이 최근에 취한 그 급진적인 행동들을 지금 후회하는지 아닌지가 분명하게 드러나게 하기 위함이었습니다.

과거의 동료들을 대적했다니 정말 바보 같은 짓이었다고 생각할 수도 있고, 혹은 여호와를 위해 기꺼이 환난을 견디리라고 생각할 수도 있습니다. 그리스도의 깃발 아래 소속되기 전에 먼저 앉아서 "비용을 계산"하라는 그의 권면(눅 14:28)을 깊이 생각하는 사람들은 맹렬한 시련이 다가올 때에 그것을 "이상히 여기지 않을 것"입니다.

그리고 하나님이 기브온 사람들에게 시련을 허용하신 이유는 그들이 마치 양들이 늑대들의 한 가운데에 있듯이 적대적인 세상에 살고 있다는 것을 그들 스스로 깨닫게 하기 위함이었습니다. 신자는 누구나 조만간 그런 불편한 사실을 실증하게 됩니다.

> 형제들아 세상이 너희를 미워하여도 이상히 여기지 말라(요일 3:13).

우리 주님이 그런 일을 당하셨으니, 그에게 신실하게 처신할수록 그분의 고난을 우리도 당하게 될 것입니다. 뿐만 아니라, 기브온 사람들이 당한 시련은 그들로 하여금 더욱 더 여호와께 매달리게 하고, 여호와와 상관없는 자들과의 교류를 유지하기를 바라는 자세를 완전히 끊어내도록 하기 위함이었습니다.

마지막으로 그들의 시련은 하나님의 충족하심을 그분의 사랑과 신실하심과 권능을 실증할 기회를 주시기 위함이었습니다.

그러면 기브온 사람들은 그런 위경에 처한 상황에서 어떻게 반응했습니까?

그들은 이스라엘과의 화친 관계를 무효화하거나 아도니세덱에게 그들을 배반한 일에 대해 사과하지 않았습니다. 강력한 그들의 성벽을 신뢰하지도 않았고, 그들이 처한 상황에 절망하여 망연자실하지도 않았습니다.

오히려, "기브온 사람들이 길갈 진영에 사람을 보내어 여호수아에게 전하되 당신의 종들 돕기를 더디게 하지 마시고 속히 우리에게 올라와 우리를 구하소서 산지에 거주하는 아모리 사람의 왕들이 다 모여 우리를 치나이다"(수 10:6)라고 했습니다. 아마도 임박한 공격에 대한 정보를 사전에 입수해서 곧바로 여호수아에게 사자들을 보냈을지도 모르고, 아니면 원수들이 성 주위에 쳐놓은 포위망을 뚫고서 여호수아에게 메시지를 전했을 수도 있습니다.

이 와중에 그들은 정말 복스럽게 처신했습니다. 최근 그들에게 자비를 보여 목숨을 살려준 바로 여호수아에게 도움을 호소했으니 말입니다. 그들은 그를 완전히 신뢰했고, 그가 과연 군대를 보내 도움을 줄지, 아니면 과연 그에게 그럴 능력이 있을지를 전혀 의심하지 않았습니다.

여호수아에게 도움을 요청함으로써 그들은 자기들만으로 충족하다는 사고를 버렸습니다. 자기들 스스로 원수를 얼마든지 물리칠 수 있다고 자신하기는커녕, 여호수아에게서 올 구원만을 애타게 바랐습니다. 기브온 사람들은 본성적으로 강했으나(수 10:2), 그들은 자기들의 용맹이나 기술에 의존하지 않고, 스스로 낮추어 다른 곳에다 도움을 요청했습니다.

독자 여러분!

믿음의 싸움에서 승리를 거두고 싶으시다면, 이 점을 잘 유념하기 바랍니다. 여러분이 대면하고 있는 세력들이 여러분 자신의 지혜나 힘으로는 도저히 감당할 수 없이 막강하다는 것을 깨달아야 합니다. 여호수아의 원형이신 그리스도를 의지하고 그를 바라보십시오.

우리의 약함을 깨닫고 의식하는 것이야말로 우리의 강함입니다(고후 12:10). 우리에게 능력이 있다는 헛된 망상을 완전히 물리치는 것 외에는 주 안에서와 그의 힘의 권능에서 강하게 되는 길이 없습니다. 여호와는 "무능한 자에게 힘을 더하십니다"(사 40:29). 반대로, "말을 의지하며 병거의 많음과 마병의 심히 강함을 의지하는 자들에게는 화가 있습니다"(사 31:1). 오직 여호와를 "믿는 자는 부끄러움을 당하지 아니하리라"(벧전 2:6).

3. 구원

> 하나님은 우리의 피난처시요 힘이시니 환난 중에 만날 큰 도움이시라(시 46:1).

한창 젊은 시절 "곤고한 날이 이르기 전"에는 이런 말씀이 비교적 우리에게 크게 의미 있게 다가오지 않습니다. 번영의 햇살을 누리는 동안에는 우리가 폭풍을 위해 준비된 피난처에 거하지 않습니다. 그러나 하나님은 모든 그분의 자녀가 조만간 그분의 말씀에 그런 구절이 있다는 것을 극히 감사하게 하시고 경험적으로 그 구절의 진실성과 고귀함을 입증할 수 있도록 해놓으셨습니다.

그러므로 우리는 어둔 구름이 소나기를 뿌려서 메마른 대지를 촉촉이 적셔 주듯이, "환난"이 변장한 축복임을 발견하게 됩니다. 환난이 언제나 눈에 보이는 축복으로 귀결되지는 않습니다. 그러나 그럴 경우는 우리에게 책임이 있습니다. 사람들이 불경스럽게 "나쁜 운수"나 "나쁜 운명"의 탓으로 돌리는 갖가지 괴롬은 사실 경솔한 결정이나 어리석은 행동 때문에 닥치는 것입니다.

그러나 그리스도인이 환란이 과연 자기 때문임을 인정하고, 그런 환난을 불러온 자신의 죄악을 하나님께 고백하고, 그 환난으로 말미암아 자신을 거룩하게 하시는 은혜를 베푸시기를 구하면 그 기도가 응답되고 하나님의 역사하심이 악에서 선을 이룰 수 있다는 것을 스스로 깨닫게 될 것입니다.

시편 46:1에서 강조하는 것이 점층적이라는 사실이 매우 귀하게 다가옵니다.

첫째, 하나님 자신이 친히 "피난처시요 힘"이십니다.

곧, 하나님이야말로 우리가 구원이 필요하고 피난처가 필요할 때에 호소할 수 있는 분이요, 그분의 은혜로 모든 필요를 충족히 채우시는 분이시라는 것입니다.

둘째, 환난 중에 있는 그 백성에게 그는 진정한 "도움"이십니다.

그는 좋을 때에만 친구가 되는 그런 분이 아니고, 역경과 괴로움이 가득할 때에 믿고 의지할 수 있는 분이시라는 것입니다.

셋째, 이 사실이 확대됩니다.

곧, 그는 그냥 "도움"이 아니라 현재의 도움이시요, 먼 거리에 계시지 않고 바로 우리 옆에―"손과 발보다 더 가까이에―계신 "도움"이시라는 것입니다. 그리고 이 사실을 더욱 강조하여 "큰 도움"이라고 말씀합니다. 스펄전의 말을 빌리면, "환난 그 자체보다 더 가까이서 함께 하는 도움"입니다.

잘 보시기 바랍니다. 여호와께서 "환난 중에" 큰 도움이시라고만 말씀하지 않고―많은 이들이 이런 식으로 잘못 인용합니다만―환난 그 자체 속에서 만나는 큰 도움이시라고 말씀합니다. 그러므로 하나님의 도우심은 절대적으로 확실하게 신뢰할 수 있습니다.

그는 환난 중에 늘 함께 계시는 도움이시며, 환난을 견디도록 우리를 지탱시키시고, 환난 중에 우리를 위로하시고, 그것을 이기게 하시며 그 환난 속에서 우리를 거룩하게 하시는 분이신 것입니다. 시대마다 모든 하나님의 백성이 이 사실을 풍성하게 입증해오고 있습니다. 그는 라반과 에서의 미움을 가라앉히심으로 야곱에게 "환난 중에 만난 큰 도움"이 되셨고, 애굽에 있는 동안 요셉에게, 사르밧 과부에게, 사자굴 속에 있던 다니엘에게도 그러하셨습니다.

그러니 그는 오늘날도 동일하신 것입니다! 우리가 아무리 치밀하게 계획하고 신중하게 처신한다 해도, 이런저런 형태의 환난은 피할 수 없습니다. 마치 불꽃이 위로 튀듯이 사람이 환난을 당하도록 태어났기 때문입니다(욥 5:7).

나 자신이 잘못을 반복하는 타락한 피조물이요, 악한 자들에 속한 세상에 거하고 있으니, 어찌 그렇지 않을 수 있겠습니까?

그렇다고 해서 당혹해 하거나 움츠러들 필요는 없습니다. 오히려 하나님을 의지하는 확신의 정당성과 가치를 개인적으로 입증하는 기회로 삼기를 바랍니다. 괴로움이 오는 것은 하나님께로부터 멀리 떠나게 하기 위함이 아니라 오히려 하나님께 가까이 가게 하기 위함입니다.

시편 기자를 본받아야 합니다. "나의 환난 날에 내가 주를 찾았으며"(시 77:2)―문젯거리들을 스스로 처리하고, 그릇된 것들을 자기 손으로 바로 잡으려 하지 않았습니다. 그러면 문제가 더 악화될 뿐이기 때문입니다. 신자의 임무와 특권은 분명합니다. 다음의 보배와도 같은 약속의 중요성을 깨닫고, 그것에 의지하여 간구합니다.

> 환난 날에 나를 부르라 내가 너를 건지리니 네가 나를 영화롭게 하리로다 (시 50:15).

여러분은 괴로움을 잊어버리거나 쾌락 속에 가라앉히거나 이를 갈며 보복하려는 세상의 헛된 방법을 좇아서는 안 됩니다.

살아계신 하나님을 의지하고, 그분의 인자하심과 부드러운 긍휼을 생각하십시오. 그에게 권능과 무한한 자원이 있으니 그에게는 어려운 일이 하나도 없다는 것을 명심하기 바랍니다.

독자 중에 이런 말을 할 분이 계실 것입니다. 내가 계속해서 주께 아뢰었지만 나의 괴로움이 없어지지도 않았고 심지어 완화되지도 않았다고 말입니다. 하지만 주님은 그렇게 약속하신 일이 없습니다.

시편 50:15에서 그는 "내가 너를 건지리니"라고 말씀하셨는데, 이것이 바로 그런 뜻이 아닙니까?

아니요, 그렇지 않습니다. 아니, 그보다 훨씬 나은 것입니다. "환난"보다 훨씬 더 나쁘고 끔찍한 것이 있으니, 바로 우리가 빠져 들어가기가 너무나도 쉬운 죄악된 길이 그것입니다. 본문은 "환난 날에 나를 부르라 내가 너를 건지리"라고 약속합니다. 환난으로부터 건지시겠다는 것이 아니라, 너 자신으로부터 건지시겠다는 것입니다. 겸손히, 신뢰하는 자세로, 인내로, 내게 부르라, 그리하면 내가 "너를 건지리라"—나를 대적하는 노골적인 반역으로부터, 자포자기로부터, 절망에 빠져 헤매는 데에서 너를 건지리라는 뜻입니다.

그런데 그 뒤에, "네가 나를 영화롭게 하리로다"라는 말씀이 덧붙여져 있습니다. 곧 내가 너를 위해 지정한 고난을 온유하게 인내로 견딤으로써, 내게 더욱 끈질기게 의지함으로써, 환난을 통해 선을 이루어가는 것입니다. "불 가운데에서 여호와를 영화롭게 하(사 24:15, 참조. 영어흠정역 "in the fires", 개역개정은 "동방에서 여호와를 영화롭게 하며"로 번역함. 역주)는 것"이야말로 우리의 임무요 특권입니다.

건강할 때에나 고난의 침상에 누웠을 때에나 그분을 영화롭게 하는 것이 언제나 우리의 목표가 되어야 합니다. 환난을 당하는 성도는 스스로를 동정하여 자기 자신을 "상황의 희생자"로 여긴다거나 하지 말고, 결연히 일어나 그것들을 이기고 승리하게 하시는 은혜를 구해야 합니다.

너는 여호와를 기다릴지어다 강하고 담대하며 여호와를 기다릴지어다(시 27:14).

환난이 언제나 우리의 그릇 행함이나 사려 깊지 못한 처신 때문에 오는 것은 아닙니다. 전혀 그렇지 않습니다. 그리스도를 향한 우리의 충성 때문에, 그로 인해 사탄이 우리를 향해 적개심을 발하기 때문에, 환난이 임할 수도 있습니다. 기브온 주민들의 경우가 바로 그러했습니다.

여호수아와 화친하여 그가 그들을 "여호와의 제단"을 위한 종들로 삼은지 불과 얼마 후에 아모리 족속의 다섯 왕들이 그들을 멸하기로 결의하고, "함께 모여 자기들의 모든 군대를 거느리고 올라와 기브온에 대진하고 싸우니라"(수 10:5). 이런 사태를 당하자, "기브온 사람들이 길갈 진영에 사람을 보내어 여호수아에게 전하되 당신의 종들 돕기를 더디게 하지 마시고 속히 우리에게 올라와 우리를 구하소서 산지에 거주하는 아모리 사람의 왕들이 다 모여 우리를 치나이다 하매"(6절).

그들의 이런 행동은 정말 칭찬해야 마땅합니다. 절박한 처지에서 그들은 자기들에게 은혜를 베풀어 목숨을 살려주고 그들과 언약을 맺은 여호수아에게 구원을 요청했습니다. 그의 너그러움과 능력, 그리고 기꺼이 그들을 도울 그분의 뜻을 신뢰한 것입니다. 그리스도인은 여호수아의 원형이신 그리스도께 언제나 이와 같이 해야 합니다.

너희 염려를 다 주께 맡기라 이는 그가 너희를 돌보심이라(벧전 5:7).

기브온 주민들이 여호수아에게 호소한 일은 신자들이 주께 아뢰는 기도를 모형적으로 그려준다 할 수 있습니다. 이렇게 생각해 보면 이 일에는 매우 중요한 교훈이 담겨 있습니다.

첫째, 그들은 스스로를 "종들"의 위치에 있는 자들로 간주했습니다. 그런 언사에서 그들 자신의 의존적 자세, 그들 자신의 힘이나 역량을 완전히 내려놓는 자세가 드러났습니다. 우리가 은혜의 보좌에 나아갈 때에 바로 이런 자세를 가져야 합니다. 연약함을 고백하고, 빈손으로 걸인의 자세로 나아가야 합니다.

둘째, 그들은 여호수아에게 자신들의 절박한 사정을 알렸습니다. 바로 이런 것이 언제나 우리의 특권입니다. 홀로 우리에게 진정한 안식을 주실 수 있는 그리스도께 우리의 마음을 토로하는 것 말입니다.

셋째, 그들의 요구 사항을 아뢰었습니다. "돕기를 더디게 하지 마시고 … 우리를 구하소서."

넷째, 상황의 다급함과 절박함을 호소했습니다.

> 속히 우리에게 올라와 우리를 구하소서 … 아모리 사람의 왕들이 다 모여 우리를 치나이다 (수 10:6).

이는 명령의 언어가 아니요 괴로움의 토로요, 또한 그들과 여호수아의 사이에 확립된 관계에 호소합니다. 보호해 줄 것을 전제로 굴복하는 것이니 말입니다.

그러나 여기에는 우리 독자들이 보기에 하나님께 드리는 기도에서 사용하기에 부적절하다고 여길만한 한 가지 단어가 있습니다. 기브온 사람들은 "속히 우리에게 올라와주기"를 간청했습니다. 하나님의 말씀이 이에 대해 결정하도록 합시다. 교훈과 지침을 얻으려면 언제나 말씀에게로 나아가야 하니 말입니다. 그 문제를 논하기 전에, 이 사람들이 일상적인 상황이 아니라 지극히 극한 어려움을 당하는 처지였으므로, 즉각적으로 조치를 취하지 않으면 효과적인 도움을 얻을 수가 없었다는 점을 명심해야 합니다.

그러므로 여기서 우리는 모든 경우에 해당되는 일반적인 법칙을 성경에서 찾을 것이 아니라, 오히려 성경에 기록되어 있는 기도들 중에, 절박한 상황에서 조속한 조치를 간구하는 언어를 사용하는 것이 하나님의 백성에게 합당하다는 것을 암시해 주는 것이 있는지를 확인하고자 합니다. 그런 경우들이 성경에 많이 나타납니다. 다윗은 이렇게 외쳤습니다.

> 내게 귀를 기울여 속히 건지소서 (시 31:2).

> 속히 나를 도우소서 주 나의 구원이시여 (시 38:22).

그는 지체 없이 곧바로 도우시기를 간구하기도 했습니다.

나는 가난하고 궁핍하오니 하나님이여 속히 내게 임하소서(시 70:5).

시의적절한 도움을 구하는 절박한 간구가 나타나는 것입니다.

하나님의 때가 언제나 최상의 때입니다. 하지만 극심한 압박을 당할 때에는 지체 없이 도와주시기를 하나님께 간청할 수도 있습니다.

여호와여 속히 내게 응답하소서 내 영이 피곤하니이다(시 143:7).

위급한 처지에서는 급박하게 간구할 수도 있습니다.

나의 하나님이여 속히 나를 도우소서(시 71:12).

환난의 극심한 압박으로 인해 그런 외침이 터져나올 수도 있고, 또한 정말 절실한 경우에는 하나님께 시급한 조치를 구할 수도 있다는 것을 알 수 있습니다. 원수가 홍수같이 밀려와 하나님의 대의가 경각 중에 있고 그분의 백성이 쓰라린 곤경을 당할 때에, 아삽은 이렇게 기도했습니다.

주의 긍휼로 우리를 속히 영접하소서[지켜주소서] 우리가 매우 가련하게 되었나이다(시 79:8).

그러므로 절박한 괴로움 중에는 하나님이 속히 조치해 주시기를 구할 수 있습니다. 이 점과 관련해서 더욱 중요한 것은 우리 주님의 모범입니다. 메시야 시편에서 우리는 그가 다음과 같이 간구하시는 것을 봅니다.

여호와여 멀리 하지 마옵소서 나의 힘이시여 속히 나를 도우소서(시 22:19, 참조. 40:13).

내가 환난 중에 있사오니 속히 내게 응답하소서(시 69:17).

내가 부르짖는 날에 속히 내게 응답하소서(시 102:2).

> 여호수아가 모든 군사와 용사와 더불어 길갈에서 올라가니라 (수 10:7).

여호수아는 절박한 처지에 있는 기브온 주민들에게 사자를 보내어 그들 스스로 싸워야 한다고 하거나, 이미 감당해야 할 일이 차고 넘쳐서 그들을 위해 싸움에 개입할 수가 없다고 말하지 않았습니다. 그렇게 멀리까지 원정하는 일이 너무도 어렵다고 반론을 제기하지도 않았습니다. 구원을 청하러 온 사람들을 그런 식으로 조롱하려 하지도 않았습니다. 오히려 그는 곧바로 그들의 절박한 요청에 응답했습니다.

이 점에서도 우리는 여호수아가 구주 예수님을 얼마나 복되게 모형적으로 그려주는지를 다시 한 번 보게 됩니다. 사복음서를 보면 주 예수님은 도움을 구하는 손길에 한 번도 응답하지 않으신 적이 없습니다.

유대인이든 이방인이든, 부자든 가난한 자든, 성도든 죄인이든 간에, 그는 언제나 응답하셨습니다. 로마의 백부장의 종의 경우도, 그의 사도의 장모의 경우도, 똑같이 요청을 들어주셨고, 비천한 나병환자의 요구를 들어주셨고, 나사로를 살리기까지 하셨습니다. 밤에 찾아왔다고 니고데모를 만나기를 거절하거나, 그 자신이 십자가의 고통을 당하시는 중에 죽어가는 강도의 요청에 모른 체하지도 않으셨습니다.

그러므로 독자 여러분!

그는 어제나 오늘이나 항상 동일하십니다. 그가 취하시는 위치는 현저히 다를지라도, 기꺼이 절박한 자를 구원하고자 하시는 그의 의도는 전혀 변함이 없는 것입니다.

방금 지적한 내용은 우리에게 매우 친숙하고, 그 고귀함도 누구나 인지하고 있지만, 우리는 모두 그 사실을 상기할 필요가 있고, 큰 압박을 받을 때에는 특히 더 그렇습니다. 이는 우리가 언제나 불신앙의 악한 마음에 양보해버리기 쉽기 때문이기도 하거니와, 쓰라린 어려움이 엄습할 때에 마음이 온통 거기에 빠져서 복되신 주님을 시야에서 놓쳐버리기가 쉽기 때문입니다. 그가 환난을 보내시거나 허용하시는 한 가지 목적은 우리를 그에게 가까이 이끄시기 위함이요, 그리하여 그 어떠한 위경 중에서라도 우리를 도우시는 그분의 충족하심을 더욱 온전히 입증하시기 위함입니다.

이 땅에 육체로 계실 때에도 주께서는 괴로움을 호소하는 자들을 외면하거나 그분의 도움을 구하는 손길에게 응답을 거부하신 일이 한 번도 없으셨거니와, 지극히 높으신 이의 오른편에 앉아계신 지금도 그는 결코, 그렇게 하지 않으실 것입니다.

"주여 나를 구원하소서"라는 다급한 외침에 베드로를 즉시 구해 주셨듯이, 신자들이 환난의 바다에 빠져죽을까 두려워하여 구원을 청할 때에 그는 강한 손을 펴사 응답해 주실 것입니다. 기브온 주민들은 긴급 상황에서 이스라엘의 대장에게 호소하여 도움을 얻었습니다. 그리스도인도 여호수아의 원형이신 그리스도를 신뢰하고 그에게 간구하면 반드시 도움을 얻는 법입니다.

여호수아가 모든 군사와 용사와 더불어 길갈에서 올라가니라 (수 10:7).

여기서 여호수아가 앞에서 겪은 실패(수 7:3-6)를 교훈으로 삼았음을 알 수 있습니다. 이번에는 최소한 그의 주력 부대를 동원해서 직접 그들을 이끌었기 때문입니다. "최소한 그의 주력 부대"라고 말했습니다. 왜냐하면, 아무런 방비 대책도 없이 여자들과 어린아이들만 홀로 진중에 남겨두었으리라고는 상상할 수 없기 때문입니다.

그러므로 본문은 아마도 성경에 나타나는 "모든"이라는 단어가 아무런 조건이 없는 절대적인 의미가 아닌 많은 사례 중에 하나일 것입니다. 여기의 "모든 군사와 용사"란 모든 지파에서 뽑은 주력군을 뜻합니다.

여기서 우리는 여호수아가 기브온 주민들과 맺은 언약의 요건을 그대로 이행하는 것을 봅니다. 기브온 주민들이 하나님의 백성과 운명을 같이 하기로 하여 그들이 여호수아의 보호 아래 있게 되었기 때문입니다(참조. 룻 2:12).

이러한 이스라엘군의 원정은 극히 용감한 조치였고, 앞에서 본 원정과는 사뭇 달랐습니다. 앞에서 본대로 여리고와 아이에서는 한 부족만을 상대했으나, 여기서는 무려 다섯 왕들의 연합군을 한꺼번에 상대해야 했고, 더욱이 상대편이 높은 산지에 주둔하여 극히 유리한 위치를 점하고 있기도 했습니다.

여기의 여호수아는 모형적으로, 위험에 빠진 양떼를 구하기 위해 나아가시는 선한 목자의 그림자였다 하겠습니다. 그리고 "모든 군사와 용사와 더불어"라는 표현에서 우리는 그리스도의 무궁한 권세를 보게 됩니다("하늘과 땅의 모든 권세를 내게 주셨으니", 마 28:18).

그 때에 여호와께서 여호수아에게 이르시되 그들을 두려워하지 말라 내가 그들을 네 손에 넘겨 주었으니 그들 중에서 한 사람도 너를 당할 자 없으리라 하신지라 (수 10:8).

여호수아가 여기서 "여호와께 물었다"는 기록이 없는데, 그렇게 물었을 가능성도 거의 없습니다. 그 문제에 대해서는 하나님의 뜻이 무엇인지를 물을 필요가 없었고, 자신의 의무를 그대로 이행해야 하는 것이 너무도 뚜렷했습니다. 기브온 주민들이 그의 통치 아래로 들어왔고 그의 멍에에 굴복했으므로, 여호수아로서는 나아가 기브온 주민들을 도와야 할 명확한 의무를 지고 있었기 때문입니다.

그러나 여호수아는 이런 고되고 위험한 임무를 준비하는 동안 분명 그의 마음이 하나님께로 향해 그로부터 지혜를 구하고 그 일에 성공을 베푸시기를 청했을 것입니다. 그의 경건한 삶의 전반적인 기조에서도 이를 추리할 수 있고, 만일 여호수아가 독자적으로 자기만을 의지하는 자세로 나아갔더라면 거룩하신 하나님이 그런 상황에서 본문처럼 확신의 말씀을 주셨을 리도 없을 것입니다.

여호와께서 이때에 여호수아에게 나타나심으로써 기브온 주민들을 살리고 (수 9:18-20) 원수들에게서 그들을 구원하기 위한 이스라엘의 출정을 친히 승인하셨음을 드러내셨고, 그리하여 이런 격려와 확신의 메시지를 그에게 주신 것입니다.

"그들을 두려워하지 말라."

이는 과연 은혜로운 말씀이었습니다. 여호와께서는 처음부터 그분의 종의 마음을 완전히 평안하게 해 주셨고, 그리하여 여호수아는 다가오는 싸움에 더 효과적으로 임하게 되었습니다.

두려움은 불신앙 때문에 생기는 것이요, 우리를 위하시는 하나님의 전능하심에 우리의 믿음을 고정시키지 못하고 오히려 우리를 대적하여 정렬해 있는 자들의 자그마한 힘에 마음이 사로잡혀 있는 데에서 오는 것입니다.

그러나 여호와께서는 그분의 종을 그냥 권고하시기만 하는 것이 아니라, 그에게 마음의 평안을 유지할 충족한 이유를 제시하셔서 불안한 심정이 완전히 사라지게 하셨습니다.

"내가 그들을 네 손에 넘겨 주었으니."

그러므로 완전한 마음의 평안이 여호와를 전적으로 의뢰하는 데에서 오는 열매임을 여기서도 배우게 됩니다.

내가 신뢰하고 두려움이 없으리니 주 여호와는 나의 힘이시며 나의 노래시며 나의 구원이심이라 (사 12:2).

두려움이 없어지는 것은 언제나 여호와를 신뢰하는 결과로 옵니다―여호와를 온전히 신뢰할 때에 그 무엇도 두려울 것이 없어지는 것입니다. "그들 중에서 한 사람도 너를 당할 자 없으리라"는 여호와의 말씀에서 우리는 여호수아 2:1, 5에서 그가 주셨던 본래의 약속이 재확인되는 것을 보게 됩니다.

하나님이 한두 번 하신 말씀을 내가 들었나니 권능은 하나님께 속하였다 하셨도다 (시 62:11).

안타깝게도, 우리들 대부분은 메시지를 듣는 데 너무 둔하여, "한두 번"이 아니라 그보다 훨씬 더 자주 반복해야만 비로소 그것을 진정으로 믿게 됩니다.

여호수아가 길갈에서 밤새도록 올라가 갑자기 그들에게 이르니 (수 10:9).

첫째, 여호와께서 확신을 주셨으나 여호수아가 그 확신을 핑계 삼아 게으름을 피우지 않고 오히려 최선을 다해 달려갔다는 점을 유념해야 합니다. 승리가 분명해졌으니 열심을 다할 필요가 없다는 식으로 생각하지 않고, 오히려 그 확신에 자극을 받아 자기를 희생시키는 노력을 경주했습니다. 산줄기를 타고 행진하는 힘겹고 위험천만한 일을 아침까지 미루지 않고, 자신의 편안함을 제쳐두고 밤새도록 행진한 것입니다.

둘째, "속히 우리에게 올라와 우리를 구하소서"라는 기브온 주민들의 급박한 요청에 대해 그가 즉각적으로 은혜를 베푸는 모습을 보게 됩니다. 그는 지체 없이 곧바로 그들을 위해 출병했습니다.

헨리(Henry)는 이에 대해 다음과 같이 지적합니다.

이스라엘 지파 중 하나가 위험에 처했더라도 기브온 주민들을 위해 행한 것보다 더 열정적으로 그들을 돕지는 않았을 것이다. 그러므로 그 땅에서 난 자에 대해서나 회심하여 편입된 이방인에 대해서나 한 가지 동일한 법이 적용되어야 마땅하다는 점을 기억해야 할 것이다.

셋째, 그는 적들이 가장 방심하고 있을 때에 "갑자기" 그들 앞에 나타났습니다. 아마도 동이 트기 전, 그들이 각자의 위치에서 정렬을 가다듬기 전에, 그곳에 도달하여 그들을 혼란과 공포 속에 몰아넣었을 것입니다.

> 여호와께서 그들을 이스라엘 앞에서 패하게 하시므로 여호수아가 기브온에서 크게 살륙하고 벧호론에 올라가는 비탈에서 추격하여 아세가와 막게다까지 이르니라 (수 10:10).

그리스도의 종들과 군사들 중에 그리스도의 대의를 위해, 또한 고통을 당하는 형제들을 돕기 위해, 하룻밤을 기꺼이 지새우고자 하는 사람들이 더 많다면, 여호와께서 그분의 강력한 팔을 펼치시고 그들을 위해 강하게 역사하시는 광경을 더 자주 보게 될 것입니다.

성령께서 하나님의 영광을 위해 얼마나 열심히 일하시는지를 보기 바랍니다!

여호수아가 유능한 전략가였고 그 휘하의 군대는 과연 용사들이었습니다. 하지만 그들은 최선을 다했습니다. 그러나 그 모든 것이 하나님께로부터 온 것이요 따라서 모든 존귀를 그에게 돌려야 마땅했습니다. 영적 은사들만이 아니라 육체적인 힘이나 본성적인 재능이나 정신적인 능력, 군사적인 기술과 성공 등, 모든 것이 조물주이신 하나님이 사람들에게 부여하신 것입니다.

> 네게 있는 것 중에 받지 아니한 것이 무엇이냐 (고전 4:7).

우리는 이런 사실을 충족하게 인식하지 못하고 있습니다. 이를 충족히 인식한다면, 우상 숭배와 같은 영웅 숭배가 훨씬 적을 것입니다.

4. 이적들

오늘날 우리 시대의 영적 무지와 회의적인 자세를 볼 때에, 주저함 없이 분명한 자세로 이 문제에 대한 하나님의 말씀의 가르침을 견지해야 합니다. 성경의 계시를 다가오는 세대 앞에 제시하는 것이야말로 모든 설교자와 주일학교 교사의 의무입니다.

이적의 문제는 상상에 의존하지 않으면서도 회화적(繪畵的)인 생생한 언어를 사용하여, 청소년들에게 깊은 관심을 불러일으킬 수 있습니다. 폭넓게 이야기하면, 성경의 이적에는 두 종류가 있습니다.

첫째, 악인들에게 하나님이 가하시는 분명한 초자연적인 심판들입니다.
둘째, 그분의 백성을 위한 하나님의 은혜로우시고 강력한 개입하심이 그것입니다.

전자의 실례로는 소돔과 고모라가 하늘로부터 내리는 불로 멸망한 사건을 들 수 있고, 후자의 실례로는 홍해가 갈라져 이스라엘이 마른 땅을 건넌 일을 들 수 있습니다. 이적을 간단히 정의하자면, 하나님의 섭리의 특별한 역사로 말미암아 발생하는 초자연적인 사건이요, 하나님의 권능이 놀랍게 나타나는 것이라 할 수 있습니다.

이적은 자연 세계에 일어나는 사건이면서도, 이성적으로 오직 하나님의 직접적인 역사에 기인한다고밖에 볼 수 없는 성격을 지닙니다. 이처럼 하나님의 특별하고도 더욱 선명한 개입이므로, 이적은 그분의 일상적인 보통의 섭리와는 다릅니다.

불신자들은 자연과 그 확립된 질서에 반한다고 하며 이적에 대해 반대하지만, 이는 전혀 설득력이 없습니다. 왜냐하면, 그런 논리는 자신이 기뻐하시는 대로 그런 자연의 법칙들을 뛰어넘고 그 법칙들의 효력을 변경하실 수 있는 분이 직접 개입하심으로 이적이 발생한다는 사실을 아예 논외로 취급하기 때문입니다. 하나님이 갖가지 방식과 수단을 통해 우주를 다스리신다는 사실은 그분의 완전한 자유하심과 그분의 주권을 확연히 드러냅니다

물질은 형체들에 의해 다스림 받고, 육체는 영혼에 의해, 열등한 물체들은 천상의 존재들에 의해, 눈에 보이는 세계는 눈에 보이지 않는 천사들에 의해, 천사들과 영혼들은 하나님에 의해 직접 다스림을 받습니다. 뿐만 아니라 동일한 사물이라고 해서 언제나 동일한 경로나 과정을 유지하는 것이 아닙니다. 모세의 시대에는 흐르는 바닷물이 벽처럼 세워졌고, 바위틈에서 물이 강처럼 흘러내렸습니다. 여호수아의 때에는 찬란한 태양이 하루 온 종일을 그 운행을 정지하여 제자리에 머물러 있었습니다.

엘리야의 생애 중에는 철이 물 위로 떠올랐고, 다니엘의 생애 중에는 불이 타오르지 않았습니다. 그리스도께서 사역하시던 동안에는 자연을 뛰어넘는 사건이 그분의 대권(大權)으로 일어나 하나님의 영광을 드러낸 일이 무수하게 일어났습니다. 이처럼 자연의 운행에서 드러나는 다양한 일들은 자연의 주이신 하나님의 완전한 자유하심과 그분의 관여하심을 선명하게 드러내줍니다.

불신자들에게 이적이 온갖 철학적인 난제들을 가져다준다 할지라도, 성경이 그것들에 대해 제시해 주는 설명이 인간의 지혜가 제시하는 그 어떠한 설명보다 더 합리적이고 만족스럽습니다. 무신론자들이 제시하는 이론들과 가설들은 신빙성이 없고 비합리적입니다. 그것들이 비철학적이요 동시에 비과학적이기 때문입니다. 그러나 살아계신 하나님을 영원하시고 전능하시며, 지혜와 선하심이 무한하신 그분을 그 이적들을 일으키신 분으로 상정하게 되면, 초자연적인 일들이 자연스러워집니다.

이적들이 "불가능하다"라는 말은 터무니없는 오만의 극치입니다. 그런 주장을 하는 그 사람은 결국, 그 스스로 전지(全知)를 소유하고 있다고—모든 지식을 지니고 있다고—가정하는 격이 되기 때문입니다. 이적의 존재를 부인하는 것은—그것이 가능하다면—그보다 더 어처구니가 없는 처사입니다. 왜냐하면, 그것은 각 방면에서 우리에게 다가오는 현상에 대해 고의로 눈을 감아버리는 것이기 때문입니다. 창조는 하나의 이적입니다. 그것은 자연인의 역량이나 이해력을 무한히 초월하기 때문입니다.

이 세상의 모든 물리학자와 과학자의 재능과 재원을 모두 합쳐도 풀잎 하나조차도 창조할 수가 없습니다. 그러니 여호와께서 하찮은 인간에게 다음과 같이 물으시는 것도 전혀 무리가 아닙니다.

> 내가 땅의 기초를 놓을 때에 네가 어디 있었느냐 네가 깨달아 알았거든 말할지니라 (욥 38:4).

창조세계가 유지되고 보존되는 것도 하나의 이적입니다. 그처럼 무수한 피조물들을 유지하는 일은 오직 그것들을 존재하게 하신 그 분 외에는 어느 누구에게도 불가능한 일입니다. 이 세상의 지혜자들이 만일 풀잎 하나를 생겨나게 할 수 있다 해도, 흙이 없다면, 또한 하나님이 베푸시는 물과 햇볕이 없다면, 단 하루도 그것을 살아 있게 할 수가 없습니다.

창조세계의 변함없는 체제도 하나의 이적입니다. 일광 절약을 위해 사람이 시계를 조정할 수는 있지만, 태양을 한 시간 일찍 뜨게 하거나 일찍 지게 할 수는 없습니다. 날씨가 무덥다거나 혹은 차다거나 하며 죄악된 푸념을 늘어 놓을 수는 있어도, 그것을 바꾸거나 수정할 수는 없습니다. 바닷물의 조수(潮水)도 마찬가지입니다. 섭리는 수억 명의 사람들은 물론 무수한 동물과 공중의 새들과 바다의 물고기들의 필요를 공급해 주는 것으로 하나의 지속적인 이적입니다.

> 주께서 주신즉 그들이 받으며 주께서 손을 펴신즉 그들이 좋은 것으로 만족하다가 주께서 낯을 숨기신즉 그들이 떨고 주께서 그들의 호흡을 거두신즉 그들은 죽어 먼지로 돌아가나이다(시 104:28-29).

세상이 이처럼 창조주의 자비에 의존하고 있습니다. 사람은 자기에게 필요한 양식을 공급하려 하지만, 하나님이 기근을 베푸시면 전혀 속수무책인 것입니다. 엄밀히 말해서, 이적이란 그냥 이례적인 사건이나 불가사의한 신비한 현상이 아닙니다. 전신(電信) 같은 통신수단은 오늘날에는 자연의 법칙을 통해 설명되지만, 천 년 전에 살았던 사람들이 보았다면 이적으로 여겼을 것입니다.

반대로, 진정한 이적의 현상을 확실히 인정할수록, 그런 현상이 모든 자연의 힘을 뛰어넘으며 하나님의 직접적인 개입으로 일어난다는 것이 더 분명해집니다.

그런 개입의 사건들을 자연 질서를 무질서하게 깨뜨리는 것으로 보는 것은 정당하지 않습니다. 그 사건들은 오히려 하나님의 목적을 이루도록 이끌어 가시는 하나님의 뜻의 간섭이라 보아야 합니다. 모든 이적 하나하나가 그분의 작정에 철저하게 준하여 일어나는 것입니다. 웨스트민스터 신앙고백서는 이를 다음과 같이 훌륭하게 표현하고 있습니다.

> 하나님은 그의 일상적인 섭리에 있어서는 수단을 사용하시지만, 그의 기뻐하시는 대로 그 수단이 없이도(호 1:7), 그것들을 초월해서도(롬 4:19), 또한 그것들을 거슬려서도(왕하 6:6; 단 3:27), 자유로이 일하신다(제 5장 3조).

창조주께서 그 자신의 손을 묶는 그런 체계나 법칙을 만드셨다는 식으로 생각해서는 안 됩니다. 그렇지 않습니다.

> 여호와께서 그가 기뻐하시는 모든 일을 천지와 바다와 모든 깊은 데서 다 행하셨도다 (시 135:6).

"자연"이나 "자연의 법칙" 등의 표현들은 극히 조심해서 사용해야 합니다. 그것들은 살아계신 하나님에 대한 지식도 없고 믿지도 않는 자들이 지어낸 표현들로서, 우주 속에 하나님이 존재하시고 역사하신다는 사고를 배제시키는 사람들이 주로 사용하기 때문입니다.

그러나 성경은 회의론자들이 "자연적 원인들"의 탓으로 돌리는 모든 일을 하나님의 손길이 직접 관여하시는 것으로 바라보도록 가르쳐 줍니다. 그리스도인은 우주가 무의식적으로, 필연적으로, 획일적으로 작동하는 하나의 거대한 기계 외에 아무것도 아니라는 사고를 거부합니다.

그는 그 대신 하나님이 창조뿐 아니라 섭리에서도 임재하셔서 역사하심을 인정합니다. 조그만 씨앗들에서 피어나 그 본래의 아름다움을 새롭게 드러내는 꽃들을 바라보면서, 아론의 지팡이에 싹이 나도록 하신 역사와 동일하게(민 17:8), 그 속에서 창조주의 직접적인 영향력을 깨닫습니다.

씨앗이 퍼져나가는 일 역시 이에 못지않게 하나님의 역사하심으로 바라보며, 그것이 수백만 개로 늘어나고 해가 거듭할수록 더욱 퍼져가는 것에 놀랍니다. 불신자들이 "자연적인 과정"이라 부르는 그것은 하나님의 행하심에 다름 아닙니다. 사람들이 그분을 보지 못하지만, 그가 오른손과 왼손으로 역사하시며, 끊임없이 만물을 지탱하시고 지도하시는 것입니다. 그분의 역사하심이 없이는 "참새도 땅에 떨어지지 아니하는 법"입니다(마 10:29).

소위 "자연의 법칙"이 하나님의 뜻의 개입으로 인해 그 움직임이 계속 수정된다는 사실이 해마다 기후가 뚜렷하게 달라진다는 사실에서 분명히 나타납니다.

루이스(Lewis: 영국 스코틀랜드의 북단의 섬. 역주)는 서쪽 끝에 위치하고 있으나, 필자는 7월 중에 눈이 내리는 것을 보아왔습니다. 그런 일은 물론 매우 이례적이지만, 이는 바로 앞에서 말씀한 사실을 실례로 보여 줍니다. 날씨가 순환한다고 주장하는 자들조차 "일기 예보"가 틀리는 경우가 잦습니다. 서로 다른 개개인들의 장수(長壽)에서도 같은 현상이 나타납니다.

백세가 된 분들이 그렇게 나이가 들도록 동일한 음식을 먹은 것도 아닐뿐더러, 그중 많은 사람이 몸이 왜소하고 예민한 성격을 지녔습니다. 육체적인 조건과 법칙이 유일한 결정적 요인이라면, 가장 강한 자가 가장 오래 살고 가장 약한 자가 가장 일찍 죽어야 마땅할 것인데 말입니다. 물질세계에도 그런 예외들이 허다합니다.

> 달팽이의 머리는 잘라내도 다시 자란다. 그러나 게의 머리를 잘라내면 다시는 자라나지 않는다. 게의 집게발을 잘라내면 다시 자라나지만, 개의 다리를 잘라내면 다시는 자라나지 않는다(로저: 『생리학』[Physiology]).

계절의 변화가 그토록 뚜렷한 것은 무슨 까닭일까요?
같은 가족의 구성원들인데도 건강과 정신적인 역량 면에서 그렇게 차이가 나는 걸까요?

> 하나님께는 자연이 그 정해진 경로를 벗어나게 하는 것이나 그 정해진 경로에 머물러 있게 하는 것이나 똑같이 쉬운 일이다(카녹[Charnock]).

> 우리 하나님은 하늘에 계셔서 원하시는 모든 것을 행하셨나이다(시 115:3).

로버트 할데인(Robert Haldane)은 다음과 같이 올바로 진술하고 있습니다.

> 자연법은 유보나 변경이 불가능하다는 주장은 자연법에게 신적 속성을 부여하는 것이요 또한, 그것에게 최고의 지위를 부여하는—자연법 위에 더 높은 존재가 없다는—선언과도 같다. 따라서 하나님의 존재도, 이적의 존재도, 배제하는 것이요, 혹은 하나님을 그 자신이 만드신 법칙에 종속하는 분으로 만드는 것이다(『계시의 증거 및 권한』[Evidence and Authority of Revelation, Vol. 1]).

다시 말씀하거니와, "자연의 과정"이라 부르는 것은 오직 하나님의 직접적인 역사요, 그분의 뜻과 지혜와 권능이 시행되는 것일 뿐입니다. 창조주께서 그분의 에너지를 물리시면 "자연"은 움직임을 멈출 수밖에 없습니다.

자연이 그 자체를 만들어낼 수 없듯이, 그 자체로 움직일 수도 없는 것입니다. 하나님이 물질세계를 운용하시는 일반적인 법칙들은 본래 하나님에 의해서 맞추어졌고 지금까지 그분의 권능으로 보존되어온 것이요, 따라서 언제든 그가 원하시면 얼마든지 바뀔 수 있습니다.

> 그들이 이스라엘 앞에서 도망하여 벧호론의 비탈에서 내려갈 때에 여호와께서 하늘에서 큰 우박 덩이를 아세가에 이르기까지 내리시매 그들이 죽었으니 이스라엘 자손의 칼에 죽은 자보다 우박에 죽은 자가 더 많았더라(수 10:11).

기브온 주민들이 여호수아와 화친을 맺고 그의 휘하에 들어갔을 때에 아모리 족속의 다섯 왕들이 연합하여 군대를 몰아 기브온을 침공한 사실을 기억하기 바랍니다. 이에 기브온 사람들은 여호수아에게 전령을 보내어 긴급히 도움을 호소했고, 그는 즉시 밤중에 군대를 이끌고 스스로 선봉에 서서 그곳으로 왔습니다.

가나안 족속들이 전혀 예상치 못하는 중에, 어쩌면 그들이 전열을 가다듬고 공격 준비를 마치기 전에, 갑자기 나타나 그들을 기겁하게 했을지도 모릅니다. 더욱이, 여호와께서 이스라엘 앞에서 그들을 혼비백산하게 하시고 그들을 크게 살육하심으로써, 기브온 사람들의 생명을 살리기 위한 이스라엘의 조치를 승인하셨음을 보여 주신 것입니다. 그들이 벌인 전쟁 가운데 가장 영광스러운 승리를 거두게 되었으니 말입니다.

아모리 족속의 잔당들이 도망하자, 여호와께서는 하늘의 대포를 동원하여 멸하셨습니다. 여호와를 원수로 삼은 자들의 처지가 얼마나 처절한가 하는 것이 너무도 선명하게 드러나는 것입니다. 아모리 족속을 향해 거대한 우박이 떨어지는 사건에서 우리는 하나님이 과연 다양한 수단을 사용하셔서 그분의 뜻을 시행하신다는 것을 관찰할 수 있습니다.

노아홍수 이전의 세상을 비의 홍수를 사용하셔서 권능을 드러내셨고, 소돔을 멸망시키실 때에는 하늘로부터 불이 떨어지게 하셨으며, 홍해에서 바로와 그의 수하들을 무너뜨리실 때에는 그들의 수레들의 바퀴를 제거하사 그들을 수장(水葬)시키셨습니다. 이러한 사실에서 우리는 그분의 주권적 역사의 실례를 봅니다.

하나님이 우박을 심판의 사자로 삼으신 것이 이 번이 처음은 아니었습니다. 애굽에 내린 일곱째 재앙에서도 그렇게 하신 일이 있습니다(출 9:22-26). 전천년주의자들 중 많은 이들은 "우박"을 하나님이 이 땅을 심판하실 때에 사용하실 무기 중의 하나로 꼽습니다(계 16:21). 가나안 족속들에게 일어난 이 끔찍한 일은 그 전에 이미 예언된 바 있습니다.

> 네가 눈 곳간에 들어갔었느냐 우박 창고를 보았느냐 내가 환난 때와 교전과 전쟁의 날을 위하여 이것을 남겨 두었노라(욥 38:22-23).

욥기는 아마도 요셉이 나기 전에 기록되었을 것입니다. 여호수아 10장의 우박에 대해서는 세 가지 고유하면서도 충격적인 특질이 나타납니다.

첫째, 그 엄청난 크기입니다.

둘째, 그 힘과 효력—기관총에서 발사되는 탄환들과도 같아서 사람들을 곧바로 살육했습니다. 이따금씩 우박이 이례적인 규모로 발생하여 곡식과 가축에 큰 해를 끼치는 예를 접하게 됩니다. 하지만 사람들을 이처럼 대대적으로 살육하는 경우는 거의 없었습니다.

셋째, 그 차별성입니다. 이스라엘 중에서는 아무도 죽은 사람이 없었습니다! 이것이야말로 이 우박 현상의 이적적인 성격을 가장 분명하게 드러내는 특징이었습니다. 십중팔구 여호수아의 병사들이 가나안 족속들과 근접하여 전투를 벌이고 있었고 그들을 추격하느라 그들과 뒤섞여 있었을 것인데도, 그 치명적인 우박이 하나님의 백성에게는 하나도 떨어지지 않은 것입니다.

이 현상은 애굽에 내린 일곱째 우박 재앙에서 일어난 것보다 훨씬 더 놀랍습니다. 하나님은 애굽 땅 전역에는 우박을 보내셨으나 고센 땅에는 하나도 떨어지지 않게 하셨으나(출 9:26), 여기서는 이스라엘 사람들 주위로 온통 우박이 가득하게 떨어졌는데도 그들 중 한 사람도 해를 당하지 않은 것입니다. 다음의 말씀이 실제로 이루어진 예를 여기서 접하게 됩니다.

> 천 명이 네 왼쪽에서, 만 명이 네 오른쪽에서 엎드러지나 이 재앙이 네게 가까이 하지 못하리로다(시 91:7).

이 이적과 그 비슷한 다른 이적들에 대한 암시가 시편 18:13-14에 나타나는 것 같습니다.

> 여호와께서 하늘에서 우렛소리를 내시고 지존하신 이가 음성을 내시며 우박과 숯불을 내리시도다 그의 화살을 날려 그들을 흩으심이여 많은 번개로 그들을 깨뜨리셨도다 (시 18:13-14).

그분의 진노를 피하는 자가 하나도 없었습니다. 그분을 진노하시게 하는 모든 자의 처지가 이처럼 가련한 것입니다. 그가 정하신 복수의 때가 이르면, 아무도 피할 수가 없습니다. 여호와를 조롱하고 그분의 백성을 박해하는 모든 자가 이런 일을 당하게 될 것입니다. 그들이 영원히 버림 받아서, "살아 계신 하나님의 손에 빠져 들어가는 것이 무서운 일"(히 10:31)이라는 것을 깨닫게 될 것입니다. 우박에 죽은 자가 이스라엘의 검에 죽은 자보다 더 많았다는 사실은 여호수아에게 주신 다음의 하나님의 말씀이 과연 참이었음을 보여 줍니다.

> 너희의 하나님 여호와께서 이 두 왕에게 행하신 모든 일을 네 눈으로 보았거니와 네가 가는 모든 나라에도 여호와께서 이와 같이 행하시리니 너희는 그들을 두려워하지 말라 너희의 하나님 여호와께서 친히 너희를 위하여 싸우시리라(신 3:21, 22).

그리스도인은 영적 싸움에서 하나님을 바라보아야 합니다.

> 만일 하나님이 우리를 위하시면 누가 우리를 대적하리요(롬 8:31).

시편 44편의 첫 세절은 지금 우리가 살펴보는 이 일을 놀랍고도 복되게 설명해 줍니다.

> 하나님이여 주께서 우리 조상들의 날 곧 옛날에 행하신 일을 그들이 우리에게 일러 주매 우리가 우리 귀로 들었나이다. 주께서 주의 손으로 뭇 백성을 내쫓으시고 우리 조상들을 이 땅에 뿌리 박게 하시며 주께서 다른 민족들은 고달프게 하시고 우리 조상들은 번성하게 하셨나이다. 그들이 자기 칼로 땅을 얻어 차지함이 아니요 그들의 팔이 그들을 구원함도 아니라. 오직 주의 오른손과 주의 팔과 주의 얼굴의 빛으로 하셨으니

주께서 그들을 기뻐하신 까닭이니이다(시 44:1-3).

이것이야말로 하나님을 존귀하게 하는 고백이었습니다. 가나안은 이스라엘에게 주신 그분의 선물이었고, 그가 그들을 이스라엘의 소유로 주신 것이었습니다. 이스라엘의 용사들이 아무 일도 하지 않고 가만히 있지는 않았으나, 그들을 용기백배하게 한 것은 바로 그분의 얼굴빛이었으니, 하나님이야말로 가나안의 정복자이셨습니다.

그들 속에서와 그들을 위해서 역사하시는 하나님의 권능이 없었다면, 그들의 모든 수고는 허사가 되고 말았을 것입니다. 여호와께서는 그 다섯 왕들을 향해 하늘로부터 포탄이 떨어지게 하심으로써, 이를 더욱 분명하게 드러내신 것입니다.

그러면 우리는 이 사건을 어떻게 적용해야 할까요?

첫째, 하나님에게 드려야 마땅할 존귀를 올리고, 우리가 승리를 얻을 때마다 그 공로를 그에게 올려드려야 합니다. 우리가 성공을 얻으면 언제나 그것은 전적으로 하나님의 권능과 선하심 덕분입니다. 그분의 복 주심이 없이는 우리가 아무리 애써도 소용이 없습니다.

둘째, 그분의 주권적인 은혜가 우리를 위하시는 그분의 모든 역사하심의 샘이요 근원임을 깨달아야 합니다. "다만 너희를 사랑하심으로 말미암아"(신 7:8).

셋째, 이적을 일으키시는 하나님의 권능을 특히 그가 우리를 위해 행하신 역사들을 우리 자녀들에게 알려야 합니다.

넷째, 그가 우리를 위해서 일하고 계심을 계산에 넣어야 합니다. 그 때에나 지금이나 그는 동일하신 전능한 하나님이시며 구주이시니 말입니다! 성경에서 읽는 내용이나 우리 선조들에게서 듣는 이야기들을 통해 믿음을 강건하게 하고, 기도를 독려하고, 소망을 자극하도록 해야 합니다.

하나님이여 주는 나의 왕이시니 야곱에게 구원을 베푸소서(시 44:4).

주는 나의 주권자시요, 모든 원수를 이기는 확실한 나의 방패시요, 모든 일에 충족하신 구속자시니, 나를 위해 개입하사 나의 원수들을 물리쳐주시고 내게 승리를 주옵소서.

주께서 말씀만 하시면 그대로 이루어지며, "명령"하시면 그대로 곧게 서 나이다!

> 여호와께서 그들을 이스라엘 앞에서 패하게 하시므로 여호수아가 그들을 기브온에서 크게 살륙하고(수 10:10).

여기서 우리는 마태복음 18:6의 다음과 같은 그리스도의 말씀의 엄숙한 실례를 보게 됩니다.

> 누구든지 나를 믿는 이 작은 자 중 하나를 실족하게 하면 차라리 연자 맷돌이 그 목에 달려서 깊은 바다에 빠뜨려지는 것이 나으니라(마 18:6).

여호와께서는 전에 애굽에 대해서는 그 원리에 준하여 행하셨었습니다. 바로가 히브리인들을 극심하게 압제하고 괴롭혔으므로 그분의 땅과 백성에게 여호와께서 베푸시는 열 가지 재앙이 임했습니다. 그런데 이제 가나안의 다섯 왕들은 기브온에 대한 공격으로 인하여 지극히 높으신 자의 진노를 촉발시켰으니(수 10:4-5), 이는 기브온 주민은 여호수아와 이스라엘 자손과 더불어 화친했고 동맹을 맺어서 여호와의 보호하심 아래로 들어와 있었기 때문입니다.

앞에서 지적한바 있거니와 기브온 주민은 어린 회심자들로 보아야 하며, 따라서 그들을 멸망시키려는 아모리 족속의 행위는 하나님께 역겨운 일이었습니다. 선지자가 그분의 백성에게 확신 있게 말씀했듯이, "너희를 범하는 자는 그의 눈동자를 범하는 것"이기 때문입니다(슥 2:8, 또한 참조. 행 9:1, 4).

아모리 족속 중 많은 이들이 이스라엘의 칼에 넘어졌으나, 그보다 더 많은 사람들이 여호와께서 하늘로부터 내리신 거대한 우박에 죽임을 당했습니다(수 10:11). 어느 방향으로 도망하든 하나님의 복수가 그들을 덮쳤습니다. 이사야 28:21에서 나타나듯이 여호와께서 그들을 향해 "진노"하신 것입니다.

가나안 족속들이 크게 살륙을 당했으나, 그 잔당들이 계속 저항했습니다. 여호수아는 날이 저물어 완전한 승리를 얻지 못하게 되는 것을 원치 않았습니다. 더욱이 그와 그의 병사들이 기브온 사람들을 보호하고자 침입자들을 기습 공격하기 위해 그 전날 밤을 새워 행군을 했었고(수 10:9), 또한 산골짜기까지

퇴각하는 군사들을 추격하며 그들과 싸웠으나, 임무를 완전히 수행하기 전에 작전을 중단시키기를 원치 않았습니다. 그리하여 그는 자기를 희생시키는 부지런함에 덧붙여 놀라운 믿음을 드러내 보입니다.

> 여호수아가 … 이스라엘의 목전에서 이르되 태양아 너는 기브온 위에 머무르라 달아 너도 아얄론 골짜기에서 그리할지어다 하매 (수 10:12).

일반적인 입장에서 보면 이것은 미친 사람의 행동처럼 보이고, 심지어 영적인 면에서 보다라도 교만의 극치인 것처럼 보입니다. 그러나 여호수아의 그런 처신은 둘 다 아니었습니다. 오히려 그것은 이적을 행하시는 하나님을 신뢰하는 충만한 확신에서 비롯되는 처신이었습니다. 육신적인 이성을 잣대로 믿음을 판단해서는 안 됩니다.

그러나 믿음이 무언가 견고한 근거에 의지해야 하지 않느냐고, 하나님의 말씀 가운데 무언가 붙들 수 있는 근거가 있어야 하지 않느냐고, 반문할 수 있습니다. 일반적으로는 그렇습니다. 그러나 매 경우마다 구체적인 근거가 반드시 있어야 하는 것은 아닙니다. 예를 들어, 다윗이 우리야에게 끔찍한 죄를 저질렀을 때에, 그 경우에 대해서는 그가 근거할만한 아무런 배려도, 하나님의 약속도, 전혀 없었습니다.

그렇다면 그는 어떻게 했습니까?

시편 51편에서 이를 볼 수 있습니다. 그는 자신이 아는 하나님의 성품에 매어 달렸습니다. 살인자에게 해당되는 희생 제사도 지정된 것이 전혀 없었고, 따라서 죄를 지은 그는 "주께서는 제사를 기뻐하지 아니하시나니 그렇지 아니하면 내가 드렸을 것"(시 51:16)이라고 아뢰었습니다.

그렇다면 과연 어떻게 했을까요?

"주의 인자를 따라 내게 은혜를 베푸시며 주의 많은 긍휼을 따라 내 죄악을 지워 주소서"(시 51:1)라고 간청했습니다.

시편 32:5은 그 간청이 응답되었음을 보여 줍니다!

그리고 다니엘이 사자 굴에 던져졌을 때에도, 성경에서 나타나는 것으로만 보면 구원해 주시겠다는 하나님의 확고한 말씀이 그에게는 없었습니다. 그러나 그는 구원받았으니 "이는 그가 자기의 하나님을 믿음이었습니다"(단 6:23). 자신의 경우에 해당되는 명확한 약속이 없었으나, 다니엘은 그의 하나님의 충족하신 권능이 그를 위경에서 건져주실 것을 믿음으로 신뢰했고, 하나님은 그를 실망시키지 않으셨습니다.

왜 아니 그렇겠습니까!

하나님을 신뢰하는 것이야말로 언제나 안전한 일입니다.

지금 본문의 경우, 여호수아가 성령으로 말미암아 그 마음에 비범한 충동이나 감상을 갖게 된 것이 거의 틀림없습니다. 왜냐하면, 그렇게 경건한 사람이 이런 유례없는 일을 행하시도록 하나님께 간구했고 하나님 편에서도 전무후무한 요구를 그렇게 가납하셨다는 사실에 부합되는 만족스러운 설명이 그것밖에는 없으니 말입니다. 여기서 여호수아가 그렇게 간구했다는 것을 암시해 주는 내용이 하나도 없다고 반박할 수도 있습니다.

하지만 열왕기상 17장의 경우에도 엘리야가 가뭄이 오게 해 주시기를 여호와께 간구했다는 내용이 없으나, 야고보서 5:17에서는 그가 그렇게 간구했음을 보도해 줍니다.

> 그가 비가 오지 않기를 간절히 기도한즉 삼 년 육 개월 동안 땅에 비가 오지 아니하고 (약 5:17).

그러나 더 나아가, 본문이 다음과 같이 보도한다는 사실을 유념해야 합니다.

> 여호와께서 아모리 사람을 이스라엘 자손에게 넘겨 주시던 날에 여호수아가 여호와께 아뢰어 (수 10:12).

이 사실이 바로 앞에서 말씀한 내용을 확증해 줍니다. 곧 여호수아가 위로부터 임한 놀라운 충동에 반응하여 행동했다는 것입니다. 구약 시대에는 하나님의 훌륭한 종들이 이렇게 처신하는 경우가 왕왕 나타났습니다.

> 여호와께서 아모리 사람을 이스라엘 자손에게 넘겨 주시던 날에 여호수아가 여호와께 아뢰어 이스라엘의 목전에서 이르되 태양아 너는 기브온 위에 머무르라 달아 너도 아얄론 골짜기에서 그리할지어다 하매 (수 10:12).

여기서 주목할 것은 두 가지 일이 하나로 엮어지며 그 순서가 둘 사이의 관계를 암시해 준다는 것입니다. 영감 받은 기자가 여기 기록하는 내용은 확고히 단언하기에는 너무 짧습니다. 그러나 우리가 보기에는 여호수아가 태양에게 명령하도록 하나님의 허락을 구했거나, 아니면 그가 하나님과 교통하는 중에 그로부터 그렇게 하라는 명령을 받은 것처럼 보입니다.

헨리(Henry)는 이에 대해 다음과 같이 지적합니다.

> 하나님의 은혜에 의해 주도된 것이 아니었다면 그 기도가 신적인 권능으로 허락되지도 않았을 것이다. 하나님이 먼저 이 믿음을 그에게 베푸셨고, 그 다음에 '네 믿음대로', 또한 믿음의 기도에 대해, '그대로 이루어지리라'고 말씀하신 것이다. 만일 하나님이 그에게 먼저 그런 믿음을 베풀지 않으셨다면 그런 일에 대한 생각 자체가 그에게 떠올랐을 수가 없었을 것이다.
>
> 어떻게 해야 승리를 종결지을 수 있을까에 대해 온갖 생각과 계획들을 다 떠올렸다 해도, 태양을 멈추는 것을 생각해낼 수는 없었을 것이다. 구약 시대의 성도 속에서조차 '성령께서 하나님의 뜻에 따라 간구하신' 것이다. 하나님은 기도하는 그의 백성의 마음을 움직이셔서 그가 그들에게 베풀고자 하시는 그 일을 구하게 하시고, 그들이 구하는 바를 행하시는 것이다(겔 36:37).

여호수아가 태양이 멈추도록 명령한 일은 그의 믿음과 하나님에 대한 전적인 신뢰를 영광스럽게 드러내는 것이었고, 동시에 하나님을 섬기고자 하는 그의 열정을 드러내는 것이기도 합니다. 이 점은 이미 앞에서 주목한 사실을 염두에 두면 더욱 분명히 드러납니다. 그는 그 전날 밤새도록 오르막길을 행군하여 기브온에 당도하여 그날 새벽부터 늦은 시간까지 싸움을 벌였습니다.

그는 태양과 달에게 명령했는데, 이는 그 시점이 태양이 지고 달이 떠오를 즈음이었음을 암시해 줍니다.

날이 어두워지자 그는 그 자신과 휘하의 군병들이 휴식을 취할 때가 왔다고 환영한 것이 아니라, 오히려 밝은 낮 시간의 상태가 더 연장되어 원수를 전멸시키는 자신의 임무를 완결지을 수 있게 되기를 마음으로 바랐습니다. 여기서 여호수아는 예언의 영으로 말미암아 "주의 집을 위하는 열성이 나를 삼켰나이다"(시 69:9)라고 선포하신 주님을 모형으로 보여 주고 있습니다.

그리고 우리들 편에서는 이 세부적인 내용을 우리 자신에게 적용시켜, 우리의 영적 싸움을 위해 끈기 있게 수고하고 힘써야 하며 부분적인 승리에 안주해서는 안 되고 최종의 승리를 얻기까지 계속 싸워야 한다는 분명한 교훈을 얻어야 합니다. 여호수아와 그의 군병들은 "여호와를 앙망하는 자는 새 힘을 얻으리니"(사 40:31)라는 말씀을 실제로 체험한 것이 분명했고, 그렇게 행하면 우리 역시도 그것을 체험합니다.

> 여호수아가 여호와께 아뢰어 이스라엘의 목전에서 이르되 태양아 너는 기브온 위에 머무르라 달아 너도 아얄론 골짜기에서 그리할지어다 하매(수 10:12).

이스라엘의 군대 전체가 보는 앞에서 그렇게 선포했다는 사실에서 우리는 그의 믿음의 확신이 얼마나 강했는지를 볼 수 있습니다. 여호수아는 혹시 여호와께서 그 백성 앞에서 자신을 당혹스럽게 하시지 않을까? 하는 두려움이 전혀 없었습니다.

자신의 그런 마음의 외침이 하나님께로부터 온 것임을 확신했고, 따라서 그대로 응답될 것을 조금도 의심치 않았습니다. 그는 바로 태양과 달을 창조하신 전능하신 하나님을 바라보았고, 그에게는 능치 못한 일이 없는 것입니다. 동시에 그는 여호와께서 그의 언약 백성을 특별히 사랑하신다는 사실도 염두에 두고 있었습니다.

더 나아가, 여호와께서 이미 "내가 그들을 네 손에 넘겨주었으니"(8절)라고 말씀하신바 있으니, 아모리 족속의 잔당들이 야음을 틈타서 도피할 기회를 갖도록 내버려둘 수는 없는 일이었습니다. 영적 안목을 지닌 사람이라면, 시선을 높여 여기 여호수아의 행동에서, 수많은 이적과 표적을 통해 자신이 약속된 메시아이시며 육체로 나타나신 하나님 자신이시라는 증거를 보이신 그리스도를 놀랍게 그리고 있다는 점을 놓칠 수가 없습니다.

여호수아가 태양과 달의 운행을 멈추게 한 사실은 과연 바람과 바다를 꾸짖으심으로써 그의 제자들로 하여금 "이이가 어떠한 사람이기에 바람과 바다도 순종하는가"(마 8:27)라고 하며 깜짝 놀라도록 만드신 바로 그분을 생생하게 기억하게 만드는 것입니다.

태양이 머물고 달이 멈추기를 백성이 그 대적에게 원수를 갚기까지 하였느니라 (수 10:13).

이 본문은 불신자들이 흔히 조롱하는 본문 중의 하나입니다. 그들은 스스로 지혜를 자랑하면서, 여기서 묘사하는 그런 일은 과학과 철학에 위배되는 것이라고 주장합니다. 그런 자들에게 대응하며 시간을 낭비하지는 않겠습니다.
오래 전 왓슨 감독(Bishop Watson)은 다음과 같이 지적한 바 있습니다.

우주라는 기계는 하나님의 손안에 있으며, 그는 우리가 시계를 멈추는 것보다도 더 쉽게 그 한 부분이나 혹은 그 전체의 작동을 멈추실 수 있다.

인간 엔지니어가 브레이크를 작동시켜 고속 열차의 속도를 늦추거나 증기를 차단하여 완전히 정차시킬 수 있다면, 신적인 엔지니어이신 하나님 역시 그 스스로 창조하시고 운행하시는 물체를 얼마든지 그의 뜻대로 움직이실 수 있습니다. 태양은 하나님이 그분의 선하신 뜻을 이루시기 위해 지으신 하나의 도구에 지나지 않습니다.
하나님이 태양에 의존하거나 제한을 받으시는 것이 절대로 아니라는 것은 태양이 지음받기 전에 이미 빛이 존재했고 땅에 채소가 뒤덮여 있었다는 사실에서 분명히 드러납니다(창 1장).
여호수아 10:13과 이사야 38:8의 이적들을 통해 날마다 뜨고 지는 태양이 그저 맹목적인 자연의 본능에 의해 움직이는 것이 아니라 지극히 높으신 하나님이 친히 그 경로를 통제하신다는 것이 명확히 드러나는 것입니다.

그가 해를 명령하여 뜨지 못하게 하시도다 (욥 9:7).

"태양이 머물고."
여러 다른 본문의 경우처럼 여기서도 우리는 여호와 하나님이 그분의 손으로 지으신 모든 만물을 주관하심을 보게 됩니다. 그는 천사들과 사람은 물론 (단 4:35) 공중의 새들과(왕상 17:4) 들의 짐승들에게는 물론(단 6:22), 생명이 없는 사물들에게도 명령을 보내십니다. 구름에게도, 태양 빛에게도 칙령을 발하시고, 즉시 그것들이 순종합니다. 마치 이성 있는 피조물이기라도 하듯 빛에게 말씀하시고, 즉시 그 빛이 광채를 발하기도 하고 광채를 거두기도 합니다.

하늘의 천체들이나 땅의 사물들이 모두 전적으로 하나님의 처분 아래 있습니다. 조물주께서 뜻만 밝히셔도 자연의 운행 경로 전체가 움직이거나 멈추거나 합니다.

하나님이 여호수아를 통해 말씀하시자 태양이 멈추어 섰고, 또한 히스기야의 시대에는 그 태양이 거꾸로 물러가기도 한 것처럼(사 38:8), 그가 명하시면 어느 때든지 그 동일한 태양이 그 찬란한 빛을 물리는 것입니다.

> 그가 번갯불을 손바닥 안에 넣으시고 그가 번갯불을 명령하사 과녁을 치시도다 (욥 36:32).

전능하신 하나님을 믿는다고 공언하면서도, 그 하나님이 우리가 극히 제한적인 경험을 통해 알고 있는 방식이 아니고는 그분의 권능을 발휘하실 수 없다거나 혹은 발휘하시지 않는다는 식으로 추리하고 결론짓는다면 이는 그야말로 어리석음의 극치일 것입니다. 태양이 자연의 과정 속에서 뜨고 움직이는 것은 사실입니다. 하지만 오로지 하나님의 명령에 따라 그리합니다.

태양이 떠오르는 것만큼 자연에서 일상적인 것이 없지만, 하나님은 언제라도 그가 원하시면 그 운행을 중단시키실 수 있습니다. 애초에 그가 태양이 떠오르도록 명령하셨으니, 뒤로 물리는 일도 얼마든지 쉽게 하실 수 있습니다.

태양보다 신속히 움직이는 것이 과연 무엇입니까?

그에 비하면 땅의 모든 피조물은 굼벵이에 지나지 않고, 공중의 독수리도 그에 비하면 달팽이와 마찬가지입니다. 그러나 하나님은 그런 태양을 즉시 멈추실 수 있습니다. 그가 금지 명령을 발하시면 다시 그 명령이 해제되기까지는 꼼짝도 할 수 없습니다. 애굽에는 사흘 동안이나 비치지 않은 적도 있었습니다(출 10:22).

태양이 빛을 발하지 않도록 하실 수 있었다면, 그가 하실 수 없는 일이 과연 무엇이겠습니까!

하나님의 권능은 정말 위대합니다. 그리고 그 태양이 악인에게와 감사할 줄 모르는 이들에게도 비치게 하시니 그분의 선하심도 그와 마찬가지로 위대합니다.

그런데 세상이 이것을 전혀 깨닫지 못하다니요!

오오, 사람들이 하나님이 그들에게 행하시는 그 놀라운 일들을 바라보며 그분의 선하심을 찬송하게 되면 얼마나 귀하겠습니까!

사계절이 계속 이어지는 일보다 더 "자연스러운" 것은 없습니다. 하지만 여름과 여름이, 겨울과 겨울이, 서로 얼마나 크게 차이가 나는지(심지어 같은 장소에서도) 모릅니다. 그러므로 깨달음을 얻는 이들이 보기에는 그 하나하나를 하나님이 새롭고도 구체적인 섭리로 통제하시고 운행하신다는 것이 분명히 드러납니다. 한 눈먼 걸인이 "다윗의 자손이여 나를 불쌍히 여기소서"라고 외칠 때에 "예수께서 머물러 서서 그를 부르라"고 명하시고 곧바로 그를 고쳐주셨습니다(막 10:48-49).

자, 보십시오!

의로운 태양이신 그가 비천한 죄인의 호소에 응답하셔서 가던 길을 멈추셨습니다!

어떤 이들은 스가랴 14:7의 "어두워 갈 때에 빛이 있으리로다"라는 말씀에 근거하여, 여기의 여호수아의 행동이 그리스도께서 재림하셔서 이스라엘을 구원하실 때에 하실 일을 모형으로 보여 준다고 생각하기도 합니다. 예언에 대한 사색들에 대해서는 매우 신중해야 한다는 것을 오랜 경험을 통해 배워온 터여서, 필자로서는 이에 대해 찬성이든, 반대든, 명확한 견해를 제시할 수는 없습니다. 다만 확실히 아는 것은 주께서 미래에 이 땅에 행하실 일에 대해 무엇을 뜻하셨거나, 약속하셨거나, 경고하셨거나 간에, 그것이 반드시 이루어질 것이라는 사실입니다.

우리로서는 이 이적이 오늘날 우리에게 주는 실질적인 메시지에 관심을 갖는 것이 좋을 것입니다. 그리스도인이라면 이 사건을 살핌으로써 주를 향한 신뢰가 한층 강화되어야 마땅합니다. 하나님이 더 이상 태양의 경로를 중지시키시지 않지만, 그런데도 그는 여전히 그 백성의 믿음의 간구에 응답하셔서 갖가지 놀라운 일들을 행하십니다.

조지 밀러(George Muller)가 중요한 설교 행사를 위해 대서양을 건너던 중, 짙은 안개로 인해 뉴펀들랜드 연안에서 배가 멈추었습니다. 그러자 밀러는 선장에게 이렇게 말했답니다.

저는 지금껏 한 번도 약속 시간에 늦은 일이 없었습니다. 함께 이를 위해 기도합시다.

그러자 그와 거의 동시에 안개가 사라져 배가 제 시간에 항구에 도착했다는 것입니다. 한 번은 필자 부부가 시카고에서 피츠버그까지 열차 여행을 한 일이 있는데(1931년 4월), 열차 안에서 한 그리스도인 부인이 매우 당황해 하는 것이었습니다. 그녀는 완행열차를 타야 했는데, 역 승무원이 실수하여 그녀를 급행열차에 태운 바람에 목적지를 수백 킬로미터나 지나서 내릴 수밖에 없다는 것이었습니다.

필자 부부는 그녀에게 하나님께는 능치 못하심이 없다고 일러주고, 함께 특별히 기도했습니다. 그리고는 주께서 열차를 세워주실 것이라는 확신이 생겨서 그녀에게 그렇게 말해 주었습니다. 몇 시간 후 그녀는 내릴 차비를 하고 기다렸고, 정말 열차가 불과 몇 초 동안 멈추어 선 것입니다.

독자들 중 펜실베이니아주에 거주하는 분들 중에 이 사건을 기억하실 분도 있습니다. 그 부인이 제 아내에게 편지를 보내어, 그 일로 이적을 행하시는 하나님을 더 온전히 신뢰하게 되었다고 증언한 것을 그들이 보았으니 말입니다.

> 태양이 머물고 달이 멈추기를 백성이 그 대적에게 원수를 갚기까지 하였느니라 야살의 책에 태양이 중천에 머물러서 거의 종일토록 속히 내려가지 아니하였다고 기록되지 아니하였느냐 (수 10:13).

야살의 책이란 일반적으로 민수기 21:14에 언급되는 "여호와의 전쟁기"와 동일한 것으로 여겨집니다. 사무엘하 1:18에도 동일한 책이 언급됩니다. 이 책은 이스라엘의 전쟁에 속한 뚜렷한 사건들을 연대기로 엮어 놓은 책이었을 것입니다. 이 이적이 여호수아의 생전에 그런 책에 기록되었다는 사실은 이 현상이 사람들의 뇌리에 깊은 감동을 주었음을 시사해 주며, 또한 그 사건의 진실성을 입증해 줍니다.

훗날 이스라엘이, "사울이 죽인 자는 천천이요 다윗은 만만이로다"(삼상 18:7)라고 노래한 것처럼, 그들은 여호수아를 통해 자연의 틀 전체에 엄청난 효과를 내고 변화를 일으킨 그 놀라운 역사를 환호하고자 한 것입니다. 이보다 더 중요한 것은 선지자들의 영감된 기록들에서 이 이적이 언급된다는 점입니다.

> 해와 달이 그 처소에 멈추었나이다 (합 3:11).

이적이 하나님이 일으키시는 것이듯이—하나님의 직접적인 권능으로 외부 세상에서 일어나는 사건이므로—이적들은 신적인 증언을 통해—보통 최소한 "두 증인" 이상의 증언을 통해—입증됩니다. 이 사건이 과연 놀랍지만, 이런 규모의 사건이 이것 하나만 있는 것이 결코, 아닙니다. 이미 앞에서 출애굽기 10:22과 이사야 38:8을 실례로 제시했습니다.

하지만 "별들이 … 그들이 다니는 길에서 시스라와 싸웠도다"(삿 5:20)라는 진술이나, 또한 별이 이적적으로 움직여 동방박사들을 동쪽에서부터 아기 예수가 있던 집에까지 인도하게 하신 일(마 2장)과 비교해 보기 바랍니다. 그러나 현재의 본문에 대해 정당하게 제시할 수 있는 신비적인 해석을 해보겠습니다. 하나님이 태양의 움직임을 통제하셔서 밝게 비치게도 하시고 어둔 구름 위에 드리우게도 하시듯이, 영적인 빛도 마찬가지입니다.

아프리카와 아시아의 일부 지역은 기원 후 삼세기 동안 의의 태양의 복된 빛을 받은 후에 모하멧주의(이슬람교. 역주)의 검은 통치 아래 있게 되었고, 이탈리아와 스페인 같은 지역은 바울 당시에 복음의 영광된 빛을 받아 누린 이후 오랫동안 교황주의의 어둠 아래에서 괴로움을 당해 왔습니다. 반면에 이교도 지역들은 오늘날 복음화되어가고 있습니다. 하나님은 자연의 빛과 어둠은 물론, 영적인 빛과 어둠도 그분의 명령을 받아 운행하도록 하시는 것입니다.

이 이적과 관련해서 가장 인상적인 것은 그것이 하나님의 지극히 높으심과 만물에 대한 그분의 절대적인 통제권을 선명하게 입증해 준다는 점입니다. 여호수아 자신은 자연의 틀 전체를 그렇게 놀랍게 바꾸어 놓도록 영향력을 발휘하는 능력이 전혀 없었습니다.

그렇습니다. 여호와께서 친히 이루실 그 일을 스스로 선포하는 권한을 그가 여호와께로부터 부여 받았다는 것이 분명히 드러납니다. 그는 먼저 기도로 여호와께 아뢰었고, 그로부터 확신을 얻었으며, 그 다음 그의 말에 따라서 하늘의 태양과 달이 여러 시간 동안 멈추어 선 것입니다.

살아계신 하나님이 과연 알파와 오메가이시며, 제1 원인이시요 최종의 목적이심을 지혜로우신 계획자시요, 만사를 진행하시는 관리자로서, 모든 일을 그 자신의 뜻에 따라 그 자신의 영광을 위해 행하시는 모습이 바로 이 일에서 드러납니다.

그러므로 믿음으로 매 사건에서 하나님의 지혜와 선하심과 능력을 깨닫게 됩니다. 이것에 미치지 못한다면, 그것이 무엇이든 간에 사실상 무신론입니다.

이 세상을 주관하시는 하나님의 지위를 인정하지 않으니 말입니다. 여호수아 10:13에 대해서 존 길(John Gil)은 이렇게 말합니다.

> 나로서는 이 일이 코페르니쿠스의 체계와 어떻게 조화를 이루는지 혹은 과연 그 체계와 조화를 이루기는 할지에 대해 궁금해 하지 않을 것이다.

지혜로운 사람은 하나님이 계시하지 않으신 일에 대해 이렇게 저렇게 이해하고 있는 체하지 않는 법입니다. 이보다 더 지혜로운 일은 하나님이 이미 알게 해 주신 일에 대해 의문을 던지면서 임의대로 이론을 제기하거나, 혹은 "거짓된 지식의 반론"(딤전 6:20)에 근거한 가설을 통해 그것을 "조화시키는" 해석을 제시하는 프러시아의 천문학자의 행위를 거부하는 것일 것입니다.

5. 막게다

> 태양이 머물고 달이 멈추기를 백성이 그 대적에게 원수를 갚기까지 하였느니라 (수 10:13).

여기서 여호와의 절대적인 지고하심과 무적의 권능이 너무도 분명하게 드러났습니다. 그날 여호와께서는 그분의 백성을 위해 세 가지 큰 이적을 행하셨습니다. 그 이적들은 오직 하나님이 일으키셨다는 것 외에는 달리 설명할 길이 없습니다.

첫째, 하나님이 하늘로부터 내리신 큰 우박이 있었는데, 그 거대한 크기와 그 효능과 그 차별적 효과—아모리 족속 중에 이스라엘의 칼에 죽임을 당한 자들보다 우박에 맞아 죽은 숫자가 더 많았고, 또한 이스라엘 사람 중에는 아무도 우박으로 해를 입지 않았습니다—가 정말 이례적이었습니다.

둘째, 태양이 "거의 종일토록" 중천에 그대로 멈추어 서 있었습니다.

셋째, 달이 움직이지 않고 운행을 멈추었습니다. 여호수아는(그리스도의 모형으로서) 달에게 직접 명령했습니다.

태양아 너는 기브온 위에 머무르라 달아 너도 아얄론 골짜기에서 그리할지어다
     (수 10:12).

 여호수아는 두 천체들이 서로 연동되어 자동적으로 움직인다고 믿지 않았음이 분명합니다. 만일 그랬다면 태양에게만 명령했을 것이요 구태여 달에게까지 직접 명령할 필요는 없었을 것이니 말입니다. 그러므로 달이 운행을 정지한 것은 태양의 정지와 별개의 이적이었습니다. 성령께서도 13절에 달의 운행 정지를 별도로 언급하시니 말입니다.
 여기서 주목해야 할 지극히 엄숙한 사실은 이처럼 하나님의 권능이 놀랍게 나타나는 일들이 가나안 족속에 대한 심판의 일환이었다는 것입니다. 노아 시대의 그 엄청난 홍수나, 애굽 사람들을 향해 하늘로부터 불이 쏟아져 성읍들이 파괴된 일과 무서운 역병들이 일어난 일과 마찬가지로 여호수아 10장의 이적들 역시 악인을 멸하시는 명확한 목적을 이루기 위해 여호와께서 친히 개입하신 사건이었습니다.
 이러한 일들은 오늘날 대다수의 교회 강단들이 고의로 무시하거나 억제하고 선포하지 않아온 하나님의 성품의 일면을 명확히 드러내줍니다. 지난 오십여 년 동안 그런 상태가 계속되어온 나머지 지금에 와서는 심지어 기독교 세계에서조차도 성경이 말씀하는 하나님이 "알지 못하는 하나님"이 되어 버렸습니다.
 그러나 이런 이적들은 하나님의 거룩하심이 그분의 은혜와 똑같이 그분의 공의가 그분의 자비와 마찬가지로 그분의 진노가 그분의 사랑과 똑같이 진정한 그분의 속성이라는 사실을 선명하게 보여 줍니다.
 그러므로 그의 사역자라 스스로 공언하는 자들은 마땅히 그런 속성들도 똑같이 명확하게 선포해야 마땅합니다. 버림받은 자들이 당할 끔찍한 일에 대해, 선지자도 사도도 그리스도만큼 그렇게 선명하게 자주 말씀하지는 않았습니다. 그는 "하나님의 사랑"에 대해서보다 훨씬 더 자주 "하나님의 진노", "지옥 형벌", "불못에서 슬피 울며 이를 갊", "벌레도 죽지 않는 꺼지지 않는 불" 등에 대해 선포하셨던 것입니다.
 오늘날 우리나라에 만연되어 있는 도덕적 부패상은 상당 부분 지난 두세 세대 동안 그 많은 교회들의 강단의 뚜렷한 부정직 때문입니다. 그 옛날 여호와께서는 이스라엘에 속한 자들 중에 "입술로 지식을 지켜야할 임무"를 받은 자들이 "내 길을 지키지 아니하고 율법을 행할 때에 사람에게 치우치게 하였음"

을 책망하셨습니다(말 2:7, 9).

그러니 역사가 반복되어온 것입니다. 신실하지 못한 자들은 "하나님의 뜻을 다"(행 20:27) 라고 선포하지 않습니다. 중생하지 못한 다수의 청중에게 역겨움을 줄만한 내용은 고의적으로 빼버리고, 진리 가운데서 자기들의 명성을 높여줄만한 부분들만을 다루는 것입니다.

하나님에 대해 그처럼 한편으로 치우치게 가르치니 그분을 두려움으로 섬기지 않게 되었고, 도덕법을 유대인들에게만 적용되는 것으로 만드니 죄를 가볍게 여기게 되었으며, 하나님이 모든 사람을 사랑하신다고 가르치니 다가올 진노에 대한 모든 두려움이 사라져버렸습니다.

생각 있는 수많은 사람은 그런 유약한 사역을 버리게 되었고, 그런 사역 아래 남아 있는 이들은 잠든 상태에 있게 되었습니다. 전자의 후예들은 대부분 신앙을 완전히 버렸고, 후자의 후예들은 비정상적인 감상이 만들어낸 허구의 "신"(神)을 믿게 되었습니다.

독자 여러분!

하나님을 높이 우러르는 자세와 그분의 법을 높이는 자세가 없어지면, 인간의 법에 대한 순전한 존중도 사라지고 마는 것입니다.

그처럼 "교회들"에 만연된 부패상과 그로 인해 일반 사회에 미치는 그 파괴적인 효과들의 결과로 모욕을 당하시는 하나님이 기독교 세계를 은혜로가 아니라 심판으로 다스리고 계십니다!

우리의 평생에 "세대주의"만큼 그렇게 오류를 명확히 드러내는 것은 없었습니다. 로버트 앤더슨 경(Sir Robert Anderson: 1841-1918. 영국의 경찰이요 평신도 설교자. 역주)과 그를 추종하는 자들이 "침묵하는 하늘"을 주장했으나, 그들의 주장과는 전혀 달리 하늘은 지금까지 크게 뇌성을 발해 왔습니다.

과거의 모든 시대와 달리 그리스도 이후의 시대에 들어서는 하나님의 진노가 나타나지 않은 것이 아니고, 오히려 지금까지, 그리고 지금도, 그분의 진노가 자주 극심하게 나타나고 있습니다. 구원의 날이 아직 다하지 않은 것은 사실입니다. 복음을 받아들이는 모든 사람에게는 영원히 꺼지지 않는 불에서 구원받을 길이 아직도 열려 있습니다.

그러나 하나님의 권위를 가벼이 여기고 그분의 의로우신 요구 사항들을 무시해온 자들에 대해서는 그가 책임을 물으시는 것입니다. 분명한 사실은 영적인 빛을 가장 크게 누리면서도 고의로 그 빛에 대해 눈을 감아온 자들에게 가장 무거운 하나님의 심판이 임했다는 것입니다. "세미한 음성"을 발하시는 부드러운 방식의 사용을 중단하시고, 오히려 지진과 불을 통해 큰 음성으로 말씀해오신 것입니다(왕상 19장).

> 여호와께서 사람의 목소리를 들으신 이같은 날은 전에도 없었고 후에도 없었나니 이는 여호와께서 이스라엘을 위하여 싸우셨음이니라(수 10:14).

이 말씀은 12절에 대해 우리가 드린 말씀을 결정적으로 확인해 줍니다. 곧 이 이적들이 하나님이 그분의 종의 간구에 대한 응답으로 행하신 것들이라는 것 말입니다. 여호수아는 먼저 홀로 여호와께 아뢰었고, 그 다음에 이스라엘이 듣는 데에서 하늘의 태양과 달을 향해 명령했습니다. 여기서 우리는 지극히 높으신 하나님이 놀랍게도 자신을 낮추시는 모습을 봅니다. 황송하게도 그분의 피조물들의 음성에 귀를 기울이실 뿐 아니라 그들의 호소에 응답하기까지 하시니 말입니다.

여기서 지적할 것은 성경에서 흔히 나타나는 일이지만 이 구절의 말씀은 절대적이 아니라 상대적인 의미를 지닌다는 점입니다. 곧 그 전에도 그 후에도 하나님이 사람의 음성에 귀를 기울이신 경우가 흔히 있으나, 천체의 운행을 변경시키기까지 하신 예는 없었다는 뜻입니다. 이 특별한 사건에서 우리는 여호와께서 3:7에서 여호수아에게 주신 약속을 이루셨음을 보게 됩니다.

> 너를 온 이스라엘의 목전에서 크게 하여 내가 모세와 함께 있었던 것 같이 너와 함께 있는 것을 그들이 알게 하리라(수 3:7).

이 구절의 마지막 진술—"이는 여호와께서 이스라엘을 위하여 싸우셨음이니라"—에서는 여호와께서 이때에 어째서 그렇게 행하셨는지를 잘 볼 수 있습니다. 곧 그가 친히 이스라엘의 군대 장관이시라는 것과 그가 권능의 팔로 역사하시면 그 어떠한 원수도 그의 앞에 설 수 없음을 더욱 분명히 드러내시기 위함이었다는 것입니다. 이 초자연적인 현상들은 인근의 가나안 족속들에게와 특히 점성술을 공부하던 자들에게 깊은 영향을 미쳤을 것입니다.

> 여호수아가 온 이스라엘과 더불어 길갈 진영으로 돌아왔더라(수 10:15).

이 절에는 난제가 있습니다. 17-20절에 기록된 내용으로 볼 때에, 여호수아와 그의 군대가 한 동안 기브온 인근에 머물러 있었던 것으로 나타나기 때문입니다. 게다가 21절은 더욱 분명하게 다음과 같이 진술합니다.

> 모든 백성이 평안히 막게다 진영으로 돌아와 여호수아에게 이르렀더니 (수 10:21).

더 나아가, 토마스 스코트가 지적한 바와 같이 "여호수아가 승리를 거둔 와중에 곧바로 그의 군대를 이십 내지 삼십 마일을 행군하게 했을 리 만무한 것"입니다. 특히 그 전날 밤새도록 행군하여 이튿날 초자연적으로 길어진 하루 동안 사력을 다해 싸움에 임했었는데, 곧바로 다시 철군했다는 것은 이치에 맞지 않습니다.

그런데 본문에 "그 후에"라는 단어가 서두에 없으므로, 본문을 그런 의미로—이스라엘 군대가 즉시 "길갈 진영으로" 돌아왔다는 뜻으로—볼 필요는 없다는 것입니다. 그리고 43절에 정확히 동일한 진술이 나타나므로, 여기 15절의 진술은 그 때에 곧바로 일어난 일을 기술한 것이 아니라 뒤에 일어날 일을 예상하는 의미를 지니는 것으로 볼 수 있습니다.

그들은 이스라엘 회중에게 그들의 승리를 알리고, 하나님께 공적으로 감사를 올리며, 북방 원정(수 11:1-17)을 위한 준비를 재개하여 완결짓기 위해 결국, 길갈로 다시 돌아가게 됩니다. "온 이스라엘과 더불어" 역시 또 하나의 이적이었습니다.

우박에 맞아 죽거나 가나안 족속들에게 살육 당한 자가 단 한 사람도 없었다니 말입니다!

> 그 다섯 왕들이 도망하여 막게다의 굴에 숨었더니 (수 10:16).

이 왕들은 3절에서 기브온 함락을 결의했던 자들과 동일 인물들입니다. 그 날 아침 그들은 군대의 선봉에 자랑스럽게 서 있었으나, 그들은 휘하의 병사들이 이스라엘의 칼에 의해서, 또한 하늘의 우박에 의해서, 완전히 전멸되는 것을 목도하게 되었습니다. 상황이 완전히 역전되어 그들 자신이 보복을 당한 것입니다.

남은 병력을 정비하고 최후의 결전을 준비할 새도 없이, 그들은 완전히 공포에 질려버렸고, 자기들의 목숨을 부지하기 위해 치욕을 무릅쓰고 도망했습니다. 그들을 공격하는 것이 단순히 사람만이 아님을 깨달았을 것이고, 그리하여 공포에 질려서 그 처절한 분노를 피하려 한 것입니다.

그들은 어둠 속에 숨어버리면 혹 피할 수 있지 않을까 하는 일말의 희망을 가졌을 것입니다. 대낮의 태양 빛이 그렇게 초자연적으로 길어지는 것에 완전히 질려버렸을 것이니 말입니다. 그들은 기브온에서 상당히 멀리까지 도망했으나, 그들의 목숨을 거두고자 하는 이스라엘 군대의 맹렬한 추격이 계속되었습니다(수 10:10).

성경에는 "굴"에 얽힌 사건들이 상당히 다양하게 기록되어 있습니다. 첫 번째로 눈에 띠는 것은 롯과 그의 딸들이 긍휼을 입어 소돔으로부터 구원받은 후 언급하기조차 민망한 사건을 벌인 장소였습니다(창 19:30-38).

그 다음은 아브라함이 값을 치르고 에브론의 밭을 매입한 사건인데, 그의 아내 사라를 매장한 굴이 그 밭에 있었습니다(창 23:17, 19). 그리고 나사로를 위한 임시 무덤 역시 굴이었습니다(요 11:38). 그러나 구주 예수님의 무덤은 그렇지 않았습니다. 그의 거룩한 시신은 "바위 속에 판" 새 무덤에 안치되었습니다(마 27:60). 다윗과 그의 충성스런 부하들은 사울의 살해의 손길을 피해 아둘람 굴에 은신했습니다(삼상 22:1).

그 후 오바댜는 여호와의 선지자 오십 명에게 굴을 은신처로 제공하여 사악한 이세벨의 손아귀에서 피하게 했는데(왕상 18:4), 히브리서 11:38에서 그 사실을 암시해 줍니다. 마지막으로 굴이 언급되는 것은 요한계시록 6장인데, 어린 양의 진노의 큰 날—여호수아 10장은 희미하게나마 그날을 그려줍니다. 그날에도 하늘의 일월성신들이 영향을 받게 될 것이니 말입니다—땅의 왕들과 귀인들이 산의 바위와 동굴 속에 몸을 숨기고 이렇게 말하게 될 것입니다.

> 우리 위에 떨어져 보좌에 앉으신 이의 얼굴에서와 그 어린 양의 진노에서 우리를 가리라(계 6:16).

> 어떤 사람이 여호수아에게 고하여 이르되 막게다의 굴에 그 다섯 왕들이 숨은 것을 발견하였나이다 하니(수 10:17).

어쩌면 이 벌을 15절과 연결시켜서, 거기의 진술이 여호수아가 길갈로 즉시 돌아갈 계획을 세웠었다는 뜻으로 이해할 수도 있습니다. 그러나 실제로 그 계획을 시행에 옮기기 전에, 기브온을 공격한 그 주모자들에게 완전한 복수를 시행하기로 결정한 것으로 보입니다.

여기서 여호수아가 보고를 받은 사실로 볼 때에, 그가 사전에 그 왕들을 수색하여, 그들이 포로 중에 있는지를 확인하거나 아니면 전쟁터에서 그들의 시신이라도 찾아낼 것을 명령한 것으로 보입니다.

그 도피한 왕들이 은신한 장소를 여호수아에게 알려 준 것이 이스라엘 군병들인지 아니면 그들과 함께 도피해 있던 가나안 족속 중의 일부가 목숨을 부지하고자 여호수아의 "정보원"으로 변신했는지는 알 수 없습니다. 그저 그 왕들이 은신하려 했으나 그것이 실패로 돌아갔다는 사건의 개요만 진술되고 있을 뿐입니다.

여기서 염두에 두어야 할 것은 그들은 단순히 이스라엘의 칼만 피하려 한 것이 아니라, 하나님의 보복까지도 피하려 했다는 점—"여호와께서 이스라엘을 위하여 싸우셨으므로"(14절) - 입니다. 그러나 그에게서 피신한다는 것은 불가능한 일이었습니다.

> 여호수아가 이르되 굴 어귀에 큰 돌을 굴려 막고 사람을 그 곁에 두어 그들을 지키게 하고(수 10:18).

싸움의 열기 속에서조차 극히 침착한 이스라엘의 지도자의 모습을 보기 바랍니다. 방금 받은 보고에 우쭐해지거나 흥분하거나, 곧바로 길갈로 회군할 계획에 차질이 생겨 분노하거나 하지 않고, 그는 그 왕들이 도망하지 못하도록 적절한 방비 대책을 조용히 명했습니다. 후에 그들을 불러 합당한 형벌을 내릴 적절한 시기가 오기까지 그들을 굴속에 가두게 한 것입니다.

그 다음 두 절에서 드러나는 대로 이스라엘의 임무가 아직 완결되지 않았기 때문입니다.

> 그 왕들은 우박도 칼도 피했으나 결국, 그보다 더 치욕적인 죽음을 위해 남겨졌을 뿐이었다. 그들이 몸을 숨긴 그 굴이 먼저는 그들의 감옥이 되었고 그 다음에는 그들의 무덤이 되었다(토마스 스코트).

바로의 경우도 이와 매우 흡사합니다. 그는 애굽 땅에 임한 열 재앙에서 살아남았으나, 결국은 하나님의 진노와 권능을 드러내는 더 크고 더 뚜렷한 기념물이 되고 말았습니다. 두 경우 모두 다음의 엄한 선언을 실례로 보여 줍니다.

주께서 … 불의한 자는 형벌 아래에 두어 심판 날까지 지키시며 (벧후 2:9).

너희는 지체하지 말고 너희 대적의 뒤를 따라가 그 후군을 쳐서 그들이 자기들의 성읍에 들어가지 못하게 하라 너희 하나님 여호와께서 그들을 너희 손에 넘겨 주셨느니라 하고 (수 10:19).

아이 성을 상대로 싸울 때에는 여호수아가 그의 병사들이 다 볼 수 있는 곳에 서서 명령을 하달한 것으로 보입니다(수 8:18, 26). 그러나 이번에는 그들이 지형이 울퉁불퉁한 가나안의 산악 지대에 주둔해 있었으므로 그렇게 할 수는 없었습니다. 싸움이 끝난 후 가나안 족속들이 여러 갈래로 도망한 사실이 10절에서 분명히 드러납니다. 그들의 주력 군이 궤멸되자, 여호수아는 아마도 나머지 잔존 세력들은 우박이 처리해 줄 것이라 결론지었고 따라서 본부로 회군할 준비를 시작할 생각이었을 것입니다.

그러나 새로운 정보를 얻은 후 계획을 수정했고, 그리하여 19절의 명령을 내린 것입니다. "지체하지 말"라는 말에서, 이스라엘 군이 잠시 머무르며 쉬고 있었음을 알 수 있습니다. 여호수아는 그의 군대로 하여금 다시 일어서서 마지막 수고를 하도록 명령한 것입니다. 그들은 지금껏 최선을 다해 잘 싸웠고, 이제 매우 지쳐 있었을 것이지만, 한가히 앉아서 서로 즐거워할 여유가 없었던 것입니다.

여기서 여호수아가 휘하의 군대로 하여금 다시 일어나 그들에게 맡겨진 일을 완수하도록 격려하기 위해 제시하는 논지를 주목합시다.

"너희 하나님 여호와께서 그들을 너희 손에 넘겨 주셨느니라."

십중팔구 그들은 그렇게까지 무자비하게 처신하기를 꺼렸을 것이고, 그런 처신에 대해 의구심이 있었을 것입니다. 기왕에 싸움에서 그들을 완전히 무찔렀고, 또한 더 많은 적군이 우박에 맞아 죽은 것을 보았으니, 남은 잔존 세력들은 그냥 내버려두어도 되지 않을까? 라고 생각했을 것입니다. 그러나 여호수아도 그의 휘하의 병사들도 이 일에서 자기들의 뜻대로 처신할 자유가 없었습니다.

> 네 하나님 여호와께서 그들을 네게 넘겨 네게 치게 하시리니 그 때에 너는 그들을 진멸할 것이라 그들과 어떤 언약도 하지 말 것이요 그들을 불쌍히 여기지도 말 것이며 (신 7:2, 참조. 16-23).

그러한 하나님의 명령은 일반적인 명령이었으나 보편적인 명령은 아니었고, 시간적으로 제한된 것이었으며, 신명기 20:10-11의 단서에 준하는 것이었습니다. 언제나 이스라엘 군대의 임무는 바로 그 하나님의 명령을 준수해야 했습니다. 이 경우에도 그래야 한다는 것이 8절에서 여호수아에게 주신 여호와의 말씀에서 너무도 분명했고—"내가 그들을 네 손에 넘겨 주었으니"—따라서 그들은 아모리 족속의 군대를 무자비하게 진멸해야 했던 것입니다.

> 여호수아와 이스라엘 자손이 그들을 크게 살륙하여 거의 멸하였고 그 남은 몇 사람은 견고한 성들로 들어간 고로 (수 10:20).

아모리 족속의 대다수가 궤멸되었으나 그들 중 일부가 도피에 성공했음을 이 절의 마지막 부분에서 알 수 있습니다. 그들 중 일부가 그렇게 도피하리라는 것이 "그 후군을 치라"는 앞절의 여호수아의 명령에서 암시되었습니다. 그들을 모두 치기에는 이미 너무 늦었고, 후미에 있는 자들만 추격하여 무찌를 수 있을 뿐이었습니다.

그리스도인의 영적 싸움에서도 마찬가지입니다. 지극히 큰 승리를 거둔 후에도, 원수들의 일부는 여전히 살아남습니다. 하나님이 이스라엘에게 역사하신 이 사건을 볼 때에, 그런 일에 놀랄 필요가 없습니다. 여호와께서는 훗날 이렇게 말씀하십니다.

> 나도 여호수아가 죽을 때에 남겨 둔 이방 민족들을 다시는 그들 앞에서 하나도 쫓아내지 아니하리니 이는 이스라엘이 그들의 조상들이 지킨 것 같이 나 여호와의 도를 지켜 행하나 아니하나 그들을 시험하려 함이라 (삿 2:21-22).

> 모든 백성이 평안히 막게다 진영으로 돌아와 여호수아에게 이르렀더니 혀를 놀려 이스라엘 자손을 대적하는 자가 없었더라 (수 10:21).

"모든 백성이 평안히 진영으로 돌아"왔다는 보도는 이스라엘 중에 원수에게서 죽임 당한 자가 아무도 없었음을 보여 줍니다. 영적으로도 마찬가지입니다. 그 어떠한 장애물이 신자들을 가로막더라도, 그의 은혜 중에 그 어떠한 것도 사탄으로 인해 파괴될 수 없습니다. 이스라엘 백성이 평안히 여호수아의 진영으로 돌아왔다는 것은 원수들에 대해 승리를 거두었을 때에 성도가 어떻게 처신해야 하는지를 보여 줍니다.

성도는 모름지기 여호수아의 원형이신 그리스도를 찾고 그와의 교제를 누려야 합니다. 그들을 혀로 대적하는 자가 아무도 없었다는 사실은 하나님을 향한 두려움이 가나안 사람들에게 가득했음을 보여 줍니다. 완전히 겁에 질린 나머지, 승리자들을 저주하거나 그들을 욕하는 말을 뱉는 자가 아무도 없었던 것입니다.

이스라엘의 가나안 정복과 분배는 그리스도인의 영적 싸움과 현세에서 누리는 영적 유산을 모형으로 그려준다는 사실을 다시 한 번 강조하고자 합니다. 그 싸움에는 여러 면이 있으며, 주께서 그분의 백성에게 요구하시는 "섬김"의 주요 부분 중의 하나입니다. 섬김이 없이는 다른 모든 활동을 주께서 받지 않으시는 것입니다. 안타깝게도 우리는 심각한 어둠과 터무니없는 무지의 시대를 살고 있습니다.

성도가 물리치고 정복해야 할 원수들에 대한 성경적 가르침이, 심지어 기독교 세계 안에서조차도 거의 무시되고 있습니다. 성도를 대적하는 최악의 원수는 세상도 마귀도 아니요, 오히려 "육체"입니다. 성도에게 가장 심각하게 해악을 끼치고 가장 크게 위협하는 것은 외부로부터의 유혹이 아니라 내부의 정욕입니다.

신자는 모름지기 언제나 "영혼을 거슬러 싸우는 육체의 정욕"을 제어하며, 타고난 부패성에 저항해야 합니다(벧전 2:11). 이 일을 소홀히 하는 동안에는 아무리 다른 방식으로 노력해도 하나님을 기쁘시게 할 수가 없기 때문입니다.

> 너희 중에 싸움이 어디로부터 다툼이 어디로부터 나느냐 너희 지체 중에서 싸우는 정욕으로부터 나는 것이 아니냐(약 4:1).

하나님이 그분의 자녀들에게 주신 평생의 과제는 바로 그들의 정욕을 죽이고 그들이 받은 은혜들을 배양하는 일입니다. 신약성경 중에 서신서들은 직접 성도에게 말씀하는 것으로, 거기에는 전도 활동에 참여하는 문제나 개인적인 사역에 관한 가르침은 거의 찾아볼 수가 없습니다. 반면에 그 서신서들에는 다음과 같은 교훈들이 풍성하게 담겨 있습니다.

> 너희 지체를 불의의 무기로 죄에게 내주지 말고 오직 너희 자신을 죽은 자 가운데서 다시 살아난 자 같이 하나님께 드리며 너희 지체를 의의 무기로 하나님께 드리라(롬 6:13).

> 밤이 깊고 낮이 가까웠으니 그러므로 우리가 어둠의 일을 벗고 빛의 갑옷을 입자(롬 13:12).

> 그런즉 사랑하는 자들아 이 약속을 가진 우리는 하나님을 두려워하는 가운데서 거룩함을 온전히 이루어 육과 영의 온갖 더러운 것에서 자신을 깨끗하게 하자(고후 7:1).
> 너희는 유혹의 욕심을 따라 썩어져 가는 구습을 따르는 옛 사람을 벗어 버리고 오직 너희의 심령이 새롭게 되어 하나님을 따라 의와 진리의 거룩함으로 지으심을 받은 새 사람을 입으라(엡 4:22-24).

> 그러므로 사랑하는 자들아 너희가 이것을 바라보나니 주 앞에서 점도 없고 흠도 없이 평강 가운데서 나타나기를 힘쓰라(벧후 3:14).

그런데, 이런 질문이 자주 제기됩니다.
"주께서 나를 위해 해 주신 그 모든 것에 대해 어떻게 해야 내가 갚아 드릴 수 있을까요?"
"어떻게 하면 그분의 놀라운 자비하심에 대한 나의 감사한 마음을 가장 잘 표현할 수 있을까요?"
이에 대한 성경의 해답은 바로, "더욱 네 마음을 지키라"(잠 4:23)는 것입니다. 참된 경건은 머릿속에서나 손발로 이루어지는 것이 아니라, 마음에서 이루어지는 것입니다. 그분을 향한 섬김의 영역이 바로 마음에 있습니다. 남은 여생 우리가 부지런히 가꾸어가야 할 것은 무엇보다 마음입니다.
메마른 광야, 아니 버려둔 밭(잠 24:30, 31)을 변화시켜 주께서 기뻐 받으실 만한 정원으로 일구며, 가라지를 뽑아내고 가시와 엉겅퀴들을 불태우고 향기로운 꽃들과 풍성한 과일들을 심는 것입니다. 그렇게 해야만 비로소, "나의 사랑하는 자가 그 동산에 들어가서 그 아름다운 열매 먹기를 원하노라"(아 4:16)라고 말할 수 있게 됩니다.

그러나 안타깝게도, 교만과 육체의 끈질긴 에너지로 인하여, 두렵고 떨림으로 자기 자신의 구원을 이루어가기보다는 형제들의 영혼에 대해 온통 관심을 쏟는 경우가 허다합니다. 다른 이들에게 설교하는 것은 쉬우나, 자기 자신의 죄악성을 정복하는 것은 훨씬 어려운 법입니다. 수많은 그리스도인들이, "나의 포도원을 내가 지키지 못하였구나"(아 1:6)라고 고백하게 될까 심히 두렵습니다.

> 그러므로 땅에 있는 지체를 죽이라 곧 음란과 부정과 사욕과 악한 정욕과 탐심이니 탐심은 우상 숭배니라(골 3:5).

신자가 담당해야 할 임무와, 그에게 부과된 큰 과제가 여기에 있습니다. 본문의 동사의 시제는 지속적인 행동을 나타냅니다. 곧 그저 한 번 행하고 그치는 것이 아니라 그 일에 날마다 관심을 쏟고 실천해야 한다는 것입니다. 악한 정욕을 가리켜 여기서 "지체"라 칭하는데, 이는 신자들 속에 내주하는 죄를 사람의 장기(臟器)—"옛 사람"(엡 4:22), "이 사망의 몸"(롬 7:24)—에 비합니다. 우리의 본성적인 몸 외에, 영혼을 완전히 아우르는 부패의 몸이 있으니, "육의 몸"(골 2:11)이 바로 그것입니다.

"땅에 있는 지체"라고 덧붙인 것은 본문을 우리의 육체의 몸을 죽인다는 뜻으로 잘못 오해하지 않도록 하기 위함입니다. 육체를 절단하는 것은 아무 소용이 없기 때문입니다. 본성적인 몸이 지체들을 사용하듯이, 우리의 부패한 본성이 이 정욕들을 이용합니다.

죄가 그리스도인들 속에 과연 살아 있습니다. 육체 혹은 악한 본성은 언제나 성령을 대적하며(갈 5:17), 그것을 제어하는 일에 대강 임해서는 결코, 안 됩니다. 부패한 성향들을 남김없이 완전히 처리해야 하며, 죄악된 정욕들을 단호히 배격하고, 악한 생각들을 처절하게 거부해야 합니다.

위험한 대적들은 부드럽게 다루어서는 안 되며, 마찬가지로 죄에 대해서도 자비를 보여서는 안 되고 최선의 노력을 경주하여 그것을 확실히 죽이기를 힘써야 합니다. "죽이라"는 것은 완전히 없애라는 뜻입니다. 그리스도 안에서 우리가 누리는 영적이며 천상적인 생명을 대적하는 이 땅에 속한 것들과 육신적인 것들에게로 향하는 모든 정욕을 제거해야 합니다.

그러나 이는 절대적인 의미로—곧, 죄의 존재 자체를 완전히 제거하도록 그렇게 죽인다는 의미로—이해할 것이 아닙니다. 다만 소용이 없게 만든다는 뜻입니다. 로마서 4:19은 아브라함이 "자기 몸이 죽은 것 같음"을 알았다고 말씀하는데, 이는 절대적인 의미가 아니라, 그의 본성적인 체력이 완전히 사라졌다는 의미입니다. 그러므로 히브리서 11:12은 그가 "죽은 자와 같았다"고 말씀합니다.

오웬(John Owen: 1616-1683, 잉글랜드의 청교도 신학자. 역주)은 이에 대해 다음과 같이 설명했습니다.

> 죽인다는 것은 어떤 사물이 특정한 목적과 관련해서 아무런 역할을 하지 못하도록 능력과 힘을 없애는 지속적인 행위를 뜻한다.

우리가 육체의 애착거리들을 제거하지 않으면 육체를 억누를 수가 없습니다. 그러므로 "죽이는 일"이라는 비유적인 표현은 그 일이 고통스럽고 온갖 괴로움이 수반되는 것임을 나타내는 것입니다.

그러나 그 일이 괴롭다고 해서 그 일을 소홀히 하면, 우리 자신이 더 큰 고통을 당하게 될 뿐입니다. 그 일을 소홀히 하면 우리 속에 내재하는 은혜가 약화되고 낭비됩니다. 죄와 은혜가 동시에 영혼 속에서 강하게 역사한다는 것은 불가능한 일이니 말입니다.

자, 여호수아 10:17-27에서 바로 우리의 영적 싸움의 이러한 면을 보게 됩니다. 이 다섯 왕을 죽이는 일은 그의 정욕을 죽이고 그의 속에 거하는 죄를 무력하게 해야 할 의무가 그리스도인에게 있음을 모형으로 보여 줍니다. 이 왕들은 여러 면에서 신자의 부패성의 모형이라 하겠습니다.

첫째, 그들은 아모리 족속들로서 이방 민족에 속한 자들이었습니다. 이와 마찬가지로 육체의 정욕은 사람의 고유한 본성의 일부가 아닙니다

둘째, 그 왕들은 기브온 사람들을 살육하고자 했는데, 그들은 어린 회심자들의 그림자였습니다. 이와 마찬가지로 육체는 영혼을 대적합니다.

셋째, 그들은 이스라엘 사람들에게 패퇴했습니다. 성도 역시 그에게 밀려오는 유혹거리들에 대해 자주 승리를 거둡니다.

넷째, 그들은 굴 속에 몸을 숨겼습니다. 일시적인 패배 이후 우리의 정욕들은 그 미친 활동을 중지하고 그리하여 우리는 잠시 휴지기를 갖게 됩니다.
다섯째, 여호수아의 명령으로 인해(18절) 그들이 무기력해졌는데, 그리스도께서 책망하시고 잠잠하게 하실 때에 우리의 탐심도 그런 상태가 됩니다.
여섯째, 그들이 은신처에서 끌려나와 여호수아 앞에 서게 되었는데, 이는 오직 그리스도만이 우리의 원수들을 효과적으로 처리하실 수 있음을 가르쳐 줍니다.
일곱째, 이스라엘의 장군들이 이 왕들의 목을 발로 밟으라는 명령을 받았고, 그 이후 그들이 죽임을 당했습니다.

위의 일곱 가지 사실 중에 처음 다섯 가지에 대해서는 이미 다룬 바 있고, 이제는 그 모형적 의의에 대해 좀 더 구체적으로 말씀드리고 이어서 여섯째와 일곱째의 사실들을 다루기로 하겠습니다. 하나님이 그분의 백성에게 명하시는 바 죄를 죽이는 큰 임무는 그분을 섬기고 그분을 영화롭게 하기 위해 그들의 속에 내주하는 죄의 발호를 가라앉히기를 끊임없이 힘쓰는 데 있습니다.

죄는 언제나 우리를 악에게로 기울어지게 만드는—새로운 본성과 "싸워"(롬 7:23), 선한 일을 하지 못하도록 방해하고, 거룩한 임무들로부터 마음이 멀어지게 하고, 그런 임무들을 하는 동안 산만하게 흐트러뜨리는—하나의 능동적인 원리요, 따라서 꾸준히 그것과 싸워야 합니다. 죄의 권세에서 완전히 벗어나는 일은 이생에서는 이루어지지 않으나, 우리에게 미치는 그 영향력을 크게 감소시킬 수는 있습니다.

죄를 죽이는 일은 우리의 모든 악한 내적인 기질에도, 우리의 외부적인 행동들에까지도 확대되어야 하고, 그것들의 그릇된 작용에 귀를 기울이지 말고 그것들에게 양식을 주어 연명하게 해서도 안 되며(롬 13:14), 오히려 불길에 물을 끼얹듯이 맹렬하게 그것들을 대적해야 합니다. 사람들이 정죄하는 현저한 죄들은 물론 세상이 용인하고 심지어 흠모하기까지 하는 죄들도 완전히 박멸하는 것을 목표로 삼아야 합니다.

그 다섯 왕은 기브온에서 완전히 패퇴하자, "도망하여 막게다의 굴에 숨었습니다"(수 10:16). 주께서 뚜렷한 승리나 혹은 영혼의 복된 부흥의 시기를 베푸시면 신자도 이와 유사한 경험을 하게 됩니다. 곧 그 마음이 그리스도께 전적으로 의지하게 되고, 내적인 평안을 누리게 됩니다. 그러나 그의 원수들이 완전히 사라진 것이 아닙니다. 그러므로 신자는 자기의 내부를 면밀히 감찰하여, 자기에게 남아서 여전히 괴로움을 줄 소지가 있는 것을 처리할 필요가 있습니다.

여호수아는 "굴에 그 다섯 왕들이 숨은 것을 발견"했다는 보고를 받았는데(수 10:17), 이는 그들을 찾기 위해 부지런히 수색 작전을 벌였음을 암시해 줍니다. 그리고 여호수아는 그 굴의 입구에 큰 돌들을 굴려놓아 그들을 거기에 가두었습니다(수 10:18).

우리의 책임은 바로, 하나님이 지정해 주신 가용한 모든 수단을 사용하여 우리의 정욕을 누르고 억제하고, 그것들이 다시 튀어나와 활동을 개시하지 못하도록 막는 것입니다. 사도는 "내가 내 몸을 쳐 복종하게 한다"(고전 9:27)고 말씀하며, 또한 시편 기자는 "내가 주의 말씀을 지키려고 발을 금하여 모든 악한 길로 가지 아니하였다"(시 119:101)고 말씀합니다.

> 그 때에 여호수아가 이르되 굴 어귀를 열고 그 굴에서 그 다섯 왕들을 내게로 끌어내라 하매 그들이 그대로 하여 그 다섯 왕들 곧 예루살렘 왕과 헤브론 왕과 야르뭇 왕과 라기스 왕과 에글론 왕을 굴에서 그에게로 끌어내니라(수 10:22, 23).

이 구절의 첫 단어는 매우 중요하고 의미심장합니다. 21절과의 연결을 시사하기도 하며, 동시에 앞으로 일어날 일에 대한 하나의 예언적 묘사를 도입시키기 때문입니다.

첫째, 여호와의 원수들을 "크게 살육하는 일"이 일어났는데(수 10:20), 이와 마찬가지로 이 세상의 역사의 종말에도 그런 일이 있습니다(살후 1:1, 7-9; 계 19:11-15).

둘째, "모든 백성이 평안히 막게다 진영으로 돌아와 여호수아에게 이르렀는데"(21절), 이는 교회 전체가 그들의 영적 싸움이 끝난 후 여호수아의 원형이신 그리스도 앞에 모이게 될 것을 그림자로 보여 주는 복된 광경입니다.

셋째, "혀를 놀려 이스라엘 자손을 대적하는 자가 없었는데"(수 10:21), 이와 마찬가지로 장차 올 그날에도 그리스도의 극히 높으심과 구속함 받은 그분의 백성들의 고귀함이 인정받게 될 것입니다(고전 6:2-3; 계 2:26).

넷째, 여호수아가 몸소 이 왕들을 은신처에서 붙잡아 오지 않았고, 다른 이들을 불러서 그들을 그의 앞으로 데려왔습니다. 하지만 마지막 날에도 "거룩한 천사들"(마 25:31)과 "추수꾼"(마 13:30)이 "모든 민족을 그(그리스도) 앞에 모으(마 25:32)게" 될 것입니다.

그 왕들은 자기의 사람들의 처지는 생각하지 않고 자기들의 처지만 돌아보았습니다. 추격자들에게서 목숨을 구하기 위해 굴에 피신했으니 말입니다. 하지만 허사였습니다. 하나님의 보응의 손길을 피하는 것은 불가능한 일입니다. 그들의 은신처가 금방 발각되었고, 여호수아는 적절한 때에 그들을 소환하여 합당하게 처결했습니다. 전쟁을 공모한 자들은 최악의 결과를 피할 수 없는 법입니다. 더 이상 연기가 허용되지 않았습니다.

평화로운 기브온 주민들을 궤멸시키기로 결의했던 그 왕들이 이제 이스라엘의 대장군 앞에 모습을 드러내게 되었습니다. 정말이지 끔찍하고도 엄한 순간이었습니다. 이는 악인들이 저 위대한 여호수아 앞에 서서 심판을 받게 될 그 마지막 대 심판의 자리에서 있게 될 일을 모형으로 보여 주는 것이었습니다.

그 때에는 거짓말을 은신처로 삼았던 자들의 죄가 드러나게 되고, 입으로만 신앙을 고백하는 것을 피난처로 삼고 하나님의 백성들의 무리에 섞여 있던 자들의 정체가 백일하에 드러나게 될 것입니다. 그 누구도 전능하신 하나님의 눈을 피할 수가 없고, 그분의 심판대를 면할 수도 없습니다.

> 왕의 손이 왕의 모든 원수들을 찾아냄이여(시 21:8).

그들이 대적해온 그 "살아 계신 하나님의 손에 빠져 들어가는 것"(히 10:31)이 얼마나 무서운 일인가를 그 때에 몸소 깨닫게 될 것입니다.

그 왕들을 데려오라는 여호수아의 명령에서, 그리스도인은 그의 모든 원수를—그들 속에 있는 정욕거리이든, 바깥의 유혹거리든 간에—(기도로) 구주님께 데려가야 한다는 것을 배우게 됩니다. 그 원수들을 물리치는 것이 그 자신의 힘으로 되는 일이 아니니 말입니다. 그리고 이어서, 매우 충격적인 광경이 펼쳐집니다.

> 그 왕들을 여호수아에게로 끌어내매 여호수아가 이스라엘 모든 사람을 부르고 자기와 함께 갔던 지휘관들에게 이르되 가까이 와서 이 왕들의 목을 발로 밟으라 하매 그들이 가까이 가서 그들의 목을 밟으매(수 10:24).

여기에 매우 중요한 영적 교훈이 담겨 있습니다. 이런 대우를 받는 것을 보니, 이 왕들은 하나님의 백성들에게 완전히 굴복한 상태였습니다. 이것이야말로 우리가 모든 원수를 향해서 믿음으로 취해야 할 자세입니다. 곧 그들을 이미 패퇴한 적들로—우리들 자신에게가 아니라 승리를 거두시는 교회의 머리이신 그분에게서 패배한 것으로—여기며, 그분의 몸의 지체로서 그분의 승리를 함께 누리는 것입니다.

그리스도께서 죄와 사탄에 대해 이미 영광스럽게 승리하셨으니, 그 승리를 함께 누리는 것이야말로 그리스도인의 특권입니다.

하나님이 그에게 이렇게 약속하지 않으셨던가요?

> 네가 사자와 독사를 밟으며 젊은 사자와 뱀을 발로 누르리로다 (시 91:13).

성도가 사탄과 그의 졸개들의 악한 음모들을 멸시와 혐오로 대할 때마다 이 일이 이루어지는 것입니다. 이런 일이 신자의 일상적이며 변함없는 경험이 되어야 마땅합니다. 그렇지 못하다면 이는 신자가 날마다 시편 91:13의 약속에 호소하지 못하고, 주께서 그 약속을 더욱 충실히 이루어주실 것을 확신하지 못하기 때문이기도 합니다. 하나님은 이미 "만물을 그의 발 아래에 복종하게 하셨으며"(엡 1:22), 이는 "만물을 그 발 아래에 복종하게 하셨느니라"는 말씀(히 2:8)이 이를 설명해 줍니다.

우리는 여호수아가 그 휘하의 지휘관들에게 명하여 그 패퇴한 왕들의 목을 발로 밟게 한 사실에서, 우리 주께서 그분의 백성을 명하여 그들의 영적인 원수들을 굴복시키게 하시고 그들에 대한 승리를 함께 공유하게 하실 것임을 보게 됩니다.

그는 그들이 하나님 앞에 간구하여 그분의 희생이 효력을 발생하도록 하나님 앞에 간구하고, 그분의 죄 씻음의 공효를 더욱 깊이 체험적으로 누리게 해 주시기를 구하기를 바라십니다. "우리 형제들이 어린 양의 피로써 그[마귀]를 이겼다"고 말씀하고 계십니다(계 12:11).

그리스도의 공효의 충족성을—그로 말미암아 하나님 앞에서 우리 죄를 사함받는 것은 물론, 현재의 우리의 영적 싸움에서 죄들을 이길 수 있게 된다는 것을—신뢰한다면, 반드시 그렇게 될 것입니다. 그리스도께서는 신자들을 "그의 아버지 하나님을 위하여" "왕들과 제사장"을 삼으셨고(계 1:6. 개역개정은 "나라와 제사장"으로 번역함. 역주), 그들이 진정 왕들과 제사장답게 그들 자신과 그들의 마음을 치리하도록 은혜를 구하게 하시는 것입니다(잠 16:32; 고전 6:12).

여호수아가 그들에게 이르되 두려워하지 말며 놀라지 말고 강하고 담대하라 너희가 맞서서 싸우는 모든 대적에게 여호와께서 다 이와 같이 하시리라 하고(수 10:25).

궁극적인 완전한 승리가 신자에게 완전히 확실하게 보장되어 있습니다. "평강의 하나님께서 속히 사탄을 너희 발 아래에서 상하게 하시리라 우리 주 예수의 은혜가 너희에게 있을지어다"(롬 16:20).
여기서 두 가지 진술이 함께 병렬되고 있는 점을 주의 깊게 새겨야 합니다. 두 번째 진술("우리 주 예수의 은혜가 너희에게 있을지어다")은 첫 번째 진술("평강의 하나님께서 속히 사탄을 너희 발 아래에서 상하게 하시리라")이 우리로 하여금 믿음의 선한 싸움을 싸우도록 격려하는 분명한 목적을 위해 주어진 것임을 시사해 줍니다. 그 싸움의 결과에 대해서는 조금도 의심의 여지가 없습니다. 그리스도의 몸의 지체들은 반드시 그 머리의 승리에 함께 참여하게 될 것입니다.
창세기 3:15의 예언을 강조하는 나머지, 로마서 16:20의 약속에 대해서는 별로 관심을 두지 않는 경향이 있었습니다. 그리스도인들이 상대해야 할 원수는 십자가에서 이미 완전히 패퇴했습니다. 죽음의 세력을 잡은 자가 그리스도의 죽으심으로 말미암아 패했고(히 2:14), 통치자들과 권세들이 패퇴하여 무력화된 것입니다(골 2:15).
강하고 담대하라는 말씀은 마귀를 대적하고 그를 이미 정복된 원수로, 우리에게 아무런 위협도 주지 못하는 존재로 결국, 하나님이 우리로 하여금 발로 밟게 하실 존재로, 간주하도록 우리를 격려하기 위한 말씀입니다. 우리가 "우리 주 예수의 은혜"를 실질적으로 누리는 정도만큼 우리가 지금 현실에서 사탄을 발로 밟게 됩니다.

그 후에 여호수아가 그 왕들을 쳐죽여 다섯 나무에 매달고 저녁까지 나무에 달린 채로 두었다가 해 질 때에 여호수아가 명령하매 그들의 시체를 나무에서 내려 그들이 숨었던 굴 안에 던지고 굴 어귀를 큰 돌로 막았더니 오늘까지 그대로 있더라(수 10:26-27).

하나님을 대적하고 그분의 백성을 박해한 가장 막강한 자들이 처절한 치욕과 확실한 심판을 당하게 됩니다. 그들을 나무에 매달은 것은 그들이 하나님의 저주를 받았음을 분명히 드러내는 조치였습니다(갈 3:13). 서로 힘을 합쳤으나, 악인이 처벌받지 않을 수가 없습니다.

> 그들이 아무리 지혜롭게 처신했어도 결국, 그것이 그들을 얽어매는 올무가 되었고, 아무리 용맹스럽게 싸웠어도 결국, 치욕과 당혹 속에서 그들의 연약함이 드러나고 말았고, 아무리 훌륭한 복을 누렸어도 그것이 결국, 저주로 바뀌었으며, 은밀하게 몸을 숨겼어도 결국, 그것이 그들의 감옥이요 무덤이 되고 말았다! 하나님께 불순종하는 왕들과 장군들은 결국, 극한 반역자들로 대접받게 될 것이며, 깊고 깊은 모욕과 무겁고 무거운 보복을 당하게 될 뿐이다. 하나님의 모든 이스라엘이 그들의 구원의 대장이신 그리스도의 승리에 함께 하며 교만하기 그지없는 그들의 원수들의 목을 밟으며, '오, 주여, 주의 원수들을 모두 멸하소서'라고 외치게 될 것이다(참조. 시 149:6-9)(토마스 스코트).

6. 도전

10장 마지막 부분에 관해 한두 가지 사항들을 여기서 지적하고자 합니다. 먼저 28절 이하에 기록된 모든 사건은 25절에 언급되는 여호수아의 믿음대로 모든 일이 완전히 이루어졌음을 보여 줍니다. 거기서 그는 수하의 지휘관들에게 그 다섯 왕의 목을 발로 밟을 것을 지시하면서, 그들에게 "두려워하지 말며 놀라지 말고 강하고 담대하라 너희가 맞서서 싸우는 모든 대적에게 여호와께서 다 이와 같이 하시리라"고 담대히 말한 바 있습니다.

살아계신 하나님에 대한 무조건적인 신뢰가 거기서 놀랍게 드러나고 있습니다!

여호와께서 여호수아에게 다시 확신의 말씀을 주셨다는 것이 본문의 문맥에 전혀 나타나지 않습니다. 오히려 그는 오래 전에 모세를 통해 받은바 다음의 말씀을 온 마음으로 의지하고 있었다고 보아야 합니다.

너희의 하나님 여호와께서 이 두 왕에게 행하신 모든 일을 네 눈으로 보았거니와 네가 가는 모든 나라에도 여호와께서 이와 같이 행하시리니 (신 3:21).

이스라엘 군대의 총수의 위치에 오를 때에, 바로 그 약속이 의심의 여지없이 여호수아의 "마지막 보루"가 되었습니다. 그는 그 약속을 믿음과 결부시켰고(히 4:2), 그의 고되고 위험한 과제가 완결되기까지 그의 영혼의 버팀목이 되었습니다. 여호와께서 과연 그 말씀을 이루시리라는 명확한 "보증"을 이미 여러 차례 받은 바 있습니다. 곧 여리고와 아이 성이 무너졌고, 아모리 족속의 다섯 왕들이 완전히 무너진 것이 그것이었습니다.

그러나 그보다 더 힘겨운 싸움이 그들의 앞에 놓여 있었습니다. 아직 본격적인 싸움은 시작도 되지 않았고, 훨씬 더 큰 싸움들이 기다리고 있었습니다. 그러나 여호수아는 의심치 않았고, 결과에 대해 염려하지도 않았습니다. 그는 만군의 여호와를 신뢰했고, 전력을 기울여 싸우기를 두려워하지 않았습니다. 하나님의 신실하심을 전적으로 확신하고서 그는 형제들 앞에서 자신의 그런 확신을 담대히 공포한 것입니다. 이는 과연 그리스도인 지도자들이 본받아야 할 귀한 모범이 아닐 수 없습니다.

내 영혼이 여호와를 자랑하리니 곤고한 자들이 이를 듣고 기뻐하리로다 (시 34:2).

여호와를 익히 잘 아는 이들의 신뢰성 있는 발언이 경험이 덜한 형제들에게 큰 격려가 됩니다. 여호와의 선하심을 이미 실증한 자들은 마땅히 그것을 자유로이 표현함으로써 다른 사람들도 함께 신실하신 하나님을 신뢰하고 확증할 수 있게 해야 합니다. 여호수아가 바로 그렇게 한 것입니다.

여호와께서 라기스를 이스라엘의 손에 넘겨 주신지라 이튿날에 그 성읍을 점령하고 (수 10:32).

이러한 보도는 가나안의 다른 성읍들을 함락시킨 사건들과 한 가지 점에서 차이가 있습니다. 립나(수 10:30)와 에글론(수 10:35), 헤브론(수 10:37), 드빌(수 10:39) 등의 성읍은 단 한 번의 공격으로 정복된 것으로 보입니다. 그러나 라기스는 그렇지 않았습니다.

영적으로 이는 그리스도인의 정욕들 중에 어떤 것들은 다른 것들보다 더 강력하며 따라서 더 오랫동안 더 결연하게 노력해야만 누를 수 있다는 것을 가르쳐 줍니다. 그리고 우리의 기업에 속한 특정한 부분을 단번의 공격으로 소유하지 못했더라도 계속 공격하여 소유하도록 해야 한다는 것도 가르쳐 줍니다.

엘리콧(영국성공회의 신학자 Charles Ellicott[1819-1905]을 지칭하는 것으로 보임. 역주)은 라기스가 굉장히 막강한 요새였음이 성경의 다른 본문들에서 드러난다는 점을 지적한 바 있습니다.

앗수르 왕 산헤립이 "유다 모든 견고한 성읍을 쳐서 점령" 할 때에(왕하 18:13) "그의 온 군대를 거느리고 라기스를 쳤으나"(대하 32:9), 뜻을 이루지 못하여 포기해야 했습니다(왕하 19:7, 8). 훗날 유다의 마지막 왕의 치세에 느부갓네살이 침공했을 때에도 마지막으로 남은 성읍 중의 하나가 바로 라기스였습니다.

> 라기스와 아세가라 유다의 견고한 성읍 중에 이것들만 남았음이더라(렘 34:7).

이와 같은 역사적 사실을 여기서 다시 주목하는 이유는 두 가지입니다.

첫째, 이것이 성경의 신적 영감의 그 세밀한 정확성과 일관성을 실증해 주는 놀라운 증거를 제시하기 때문입니다. 위의 세 구절들은 서로 따로 떨어져 있으나, 라기스가 상당히 막강했고 함락시키기가 쉽지 않은 성읍이었음을 동일하게 보여 줍니다. 이는 성경의 순전함 혹은 순수함을 보여 주는 무수한 증거들 중의 하나로서, 무언의 증언을 통해 성경의 완전한 조화와 일치를 입증해 줍니다.

이러한 사실은 전혀 의도되지 않은 일치로 볼 수밖에 없는 것으로서, 증거를 저울질할 수 있는 최고의 자질을 갖춘 자들에게도 큰 무게로 다가올 증거입니다.

세 가지 독자적인 증인(여호수아, 역대하 기자, 예레미야)의 입으로, 그들이 기록한 사실이 참되다는 것이 확증됩니다. 라기스에 대한 그들 각자의 독자적인 언급들이 서로 완전히 동떨어졌음에도 상충되지 않고, 오히려 철저하게 일관성 있고 서로 조화를 이루고 있습니다.

둘째, 여호수아 10:32을 나중의 그 본문들과 비교함으로써 산헤립과 느부갓네살 등의 용맹한 장군들이 실패한 일을 이스라엘이 성공했다는 사실을 알게 되는데, 이는 하나님의 백성이 하나님께 전적으로 의지할 때에 자연인이 하지 못하는 놀라운 일을 이룰 수 있게 된다는 것을 가르쳐 줍니다.

> 이스라엘의 하나님 여호와께서 이스라엘을 위하여 싸우셨으므로 여호수아가 이 모든 왕들과 그들의 땅을 단번에 빼앗으니라(10:42).

하나님이 성경의 저자이시라는 또 하나의 암시가 본문에 나타납니다. 도구로 사용되는 인간을 높이는 것도, 나라의 영웅에게 경의를 표하는 것도 전혀 없고, 그 대신 영광을 받아야 마땅한 분께 영광을 돌리고 있기 때문입니다.

이 본문은 하나님의 존귀하심을 향한 성령의 열정을 시사해 주는 성경의 여러 본문 가운데 하나로서, 이스라엘의 성공이 여호와의 강력한 역사로 말미암았음을 확실히 밝히고 있습니다.

그는 다양한 방법으로 그 일을 행하십니다. 여호와께서 그분의 백성을 위해 싸우실 때에 그는 그 백성의 원수들을 대적하여 싸우십니다. 바로와 그의 군대의 경우, 그는 그들을 미친 영에 사로잡히게 하셨고, 그리하여 그들이 자기들의 멸망을 향해 돌진하게 하셨습니다. 다른 경우에는 여호와께서 두려움의 영을 가득 심으셔서 아무도 뒤쫓지 않는데도 두려움에 차서 도망하게 하셨고(왕하 7:6-7), 그리하여 다음의 말씀이 그대로 이루어지게 하셨습니다.

> 빨리 달음박질하는 자도 도망할 수 없으며 … 용사 가운데 그 마음이 굳센 자도 그날에는 벌거벗고 도망하리라 여호와의 말씀이니라(암 2:14-16).

오늘날 겸손한 그리스도의 종들은 그들의 수고가 실효를 거두어 번영할 때에 바로 그 동일한 원리를 깨닫고 기꺼이 인정해 마지않을 것입니다.

> 여호수아가 온 이스라엘과 더불어 길갈 진영으로 돌아왔더라(수 10:43).

이는 이스라엘이 벌인 그 긴 정복 전쟁 중에 히브리인 중에서는 아무도 죽은 자가 없고 모두가 본 진영으로 무사히 복귀했음을 암시해 주는 것 같습니다. 성령께서 여기서 그들의 진영이 위치한 지명을 언급하시는 것이 그냥 무의미한 것이 아닙니다. 이는 최소한 세 가지 지극히 중요하고도 귀한 교훈을 우리에게 제시해 줍니다.

첫째, 길갈은 이스라엘이 할례를 받은 곳으로서(수 4:9; 5:2-3), 영적으로 말해, 자기를 향한 심판과 의식적인 연약함을 나타내는 장소였습니다. 그리스도인은 모름지기 승리를 거둔 후에 언제나 그 곳으로 돌아가야 합니다. 그 자신이 아무것도 아니라는 인식을 계속 유지할 때에 비로소 그의 강함이 유지될 것입니다.

둘째, 길갈은 하나님과의 교제의 장소였습니다.

> 이스라엘 자손들이 길갈에 진 쳤고 … 유월절을 지켰으며(수 5:10).

하나님과의 교제가 유지될 때에야 비로소 우리의 믿음의 싸움에서 하나님이 우리에게 계속 성공을 주실 것을 기대할 수 있습니다.

셋째, 길갈은 성막이 세워진 곳이었고(수 6:6), 제사장 직제가 공적으로 세워진 곳이요, 희생제사가 드려진 곳이요, 또한 여호와께서 그분의 임재를 나타내신 곳이었습니다.

우리는 여호수아와 그의 모든 군대는 길갈로 돌아온 후 가족들을 만나 여호와께서 그들을 위해 행하신 놀라운 은혜의 역사를 상세히 알려 주기에 앞서서 먼저 그에게 감사의 제사를 드리고 그가 베푸신 그 뚜렷한 승리에 대해 공적으로 찬양을 드렸을 것이라고 믿습니다. 싸움을 승리하게 하신 그 분께 영광을 돌리는 것이야말로 그들이 할 수 있는 최소한의 행위였을 것입니다.

독자 여러분!

우리도 마찬가지입니다. 우리의 영적 승리를 축하하고 높이 기리기에 합당한 유일한 길은 그 모든 영광을 하나님께 돌리는 것입니다. 그것이야말로 우리 앞에 놓인 차후의 싸움을 위한 최선의 준비이기도 합니다. 원수들에게 크게 압박을 당할 때에는 주께 부지런히 진지하게 간구합니다.

하지만 주께서 구원을 베푸셨을 때에도 똑같이 그분의 앞에 충심으로 열정적으로 간구해야 마땅합니다. 그는 구할 것을 감사함으로 그에게 아뢰라고 말씀하십니다(빌 4:6). 우리의 요구사항들이 받아들여지지 않는 한 가지 주요한 이유는 바로 이미 그가 베풀어 주신 것들에 대해 우리가 제대로 감사하지 못한 때문이라는 것이 더욱 확신으로 다가옵니다. 하나님은 감사할 줄 모르는 태도를 결코, 장려하지 않으시니 말입니다.

그러나 그리스도인이 승리를 거둔 후 자기를 낮추는 자리로 되돌아와서 하나님과의 복된 교제에 들어가며 그분의 은혜를 정당하게 인정한다고 해서, 곧바로 모든 일이 손쉽게 흘러갈 것이라는 식의 기대를 가져서는 안 됩니다. 여호수아와 이스라엘의 경우도 그렇지 못했습니다. 그들이 길갈로 돌아왔다는 기록 바로 뒤에 다음과 같은 사실이 보도되고 있기 때문입니다.

> 하솔 왕 야빈이 이 소식을 듣고 마돈 왕 요밥과 시므론 왕과 악삽 왕 … 에게 사람을 보내매 그들이 그 모든 군대를 거느리고 나왔으니 백성이 많아 해변의 수많은 모래 같고 말과 병거도 심히 많았으며 이 왕들이 모두 모여 나아와서 이스라엘과 싸우려고 메롬 물 가에 함께 진 쳤더라 (수 11:1-5).

복수심에 불타오르는 도전을 여기서 보게 됩니다. 지금까지는 가나안 족속들이 방어적인 태도로 처신했었습니다. 여리고와 아이를 공략한 것이 이스라엘이었고, 또한 다섯 왕들의 공격 또한, 여호수아가 아니라 기브온 주민들을 향한 것이었습니다. 그런데 이제 그들이 공세적인 조치를 취하고서, 가나안 땅에서의 이스라엘의 생존권을 맹렬하게 위협하고 있었습니다.

"돈을 모으는 일은 바보도 할 수 있으나, 돈을 지키려면 지혜가 있어야 한다"라는 옛말이 있습니다. 영적으로 얻은 유익을 지탱시키고, 현재까지 이룬 진보를 유지하고, 지금 누리게 된 유산의 분깃을 확고히 지키기 위해서는 그리스도인이 더욱 부지런히 힘쓰고 조심해야 합니다.

영혼의 큰 원수가 그것들을 빼앗기 위해 온 힘을 기울이기 때문입니다. 사탄은 에덴동산에서 무죄한 상태에 있던 우리의 첫 조상에게 도전했습니다. 그로서는 그들이 복을 누리는 것을 보는 것이야말로 도무지 감내할 수 없이 비참한 일이었기 때문입니다. 이런 원리가 창세기 전체를 관통합니다.

하나님이 가나안에서 아브라함에게 복 주셔서 양떼가 번성하게 해 주시자, 그의 일꾼들과 롯의 일꾼들 사이에 분쟁이 일어나 더 이상 그들이 평화로이 함께 거주할 수가 없게 되었습니다. 훗날, 그의 종들이 파놓은 우물들을 블레셋 사람들이 흙으로 메워버렸고(창 26:15), 또한 이삭의 사람들이 새로 우물을 파자 그랄 사람들이 그것에 반대하고 그들과 분쟁했습니다(창 26:20, 21).

여호와께서 리브가의 장자가 그 동생을 섬기리라는 뜻을 알려 주시자, 리브가는 뻔뻔하게도 그의 뜻을 거스르려 했습니다(창 25:23; 27:6, 등). 자기들이 요셉에게 굴복하고 그에게 절할 것이라는 것을 꿈을 통해 알려 주시자, 요셉의 형제들은 그 일이 이루어지지 못하도록 막으려 했습니다.

심지어 요셉조차도 임종을 앞둔 그의 아버지가 에브라임에게 우선적으로 축복하려는 것에 도전했습니다(창 48:17). 히브리인들이 고센 땅에 평화로이 정착해 있을 때에 "요셉을 알지 못하는 새 왕이 일어나"(출 1:8), 그들을 맹렬하게 박해했습니다. 그런데 이런 모든 일이 기록된 것은 우리에게 교훈을 주기 위함이여, 우리의 정당한 분깃을 빼앗으려는 시도들이 있을 것을 예상하고 대비할 것을 가르치기 위함입니다.

그렇습니다. 사탄이 뻔뻔스럽고도 불경스럽게 거룩한 자를 공격하고, 그분의 신성에 대해 증거를 보이라고—네가 하나님의 아들이라면 "이 돌들을 명하여 떡이 되게 하라"고—도전한 것을 봅니다. 그분의 공생애 사역에서도 마찬가지입니다. 그는 거듭거듭 제사장들과 바리새인들을 부추겨 그가 무슨 권세로 이런 저런 일을 행하는지를 요구했습니다. 이러한 반대는 알곡과 가라지 비유에서 잘 정리됩니다. 곧 그리스도께서 좋은 씨를 밭에 심자마자 사탄이 가라지를 거기에 뿌려서 그분의 권세에 도전을 제기한 것입니다.

그리스도의 다음의 말씀에서 분명히 드러나듯이, 마귀는 사도들의 분깃을 빼앗고자 애를 썼습니다.

> 시몬아, 보라 사탄이 너희를 밀 까부르듯 하려고 요구하였으나(눅 22:31).

여기서 "너희"라는 복수형 대명사를 사용하시므로, 시몬 이외에 다른 사도들도 이에 해당되는 것이 드러납니다. 그 원수가 다소 사람 사울을 부추겨 초기의 그리스도인들을 박해하고 스데반의 죽음을 승인하게 했던 것이 오순절 이후 불과 얼마 지나지 않은 시점이었습니다.

하나님의 섭리로 베드로가 고넬료에게 보내심 받아 은혜의 복된 역사가 이방인들 가운데 시작되자마자, 예루살렘 교회 안에는 이 일에 대한 결연한 반대가 일어났고 이방인에게 전도하는 베드로의 권한을 부인하여 그 목적을 이루고자 하는 시도가 있었습니다.

사도행전은 교회의 평화와 번영을 가로막는 공격의 사례들을 연이어 기록하고 있습니다. 이러한 모든 실례로 볼 때에, 우리는 "좋은 것을 취하라"(살전 5:21)는 권면을 귀담아 듣고 새겨야만 합니다. 왜냐하면, 육체와 세상과 마귀가 연합하여 우리를 공격하여 그것을 버리게 만들려 하기 때문입니다.

우리 마음의 부패와 사탄의 시험과 세상의 유혹 때문에, 금보다 더 귀한 것을 내던져버리게 될 실질적인 위험이 우리에게 닥치고 있습니다. 그러므로 "진리를 … 팔지 말아야"(잠 23:23)한다는 것을 결연히 준수해야 합니다.

주께서 그분의 백성에게 "믿는 도리의 소망을 움직이지 말며 굳게 잡을 것"(히 10:23)을 명하신 데는 그럴만한 이유가 반드시 있습니다. 그러니 우리로서는 그러한 명령에 따라 처신하는 것이 그 무엇보다 중요한 일입니다.

그 어떠한 반대와 박해가 있더라도, 생명으로 인도하는 좁은 길을 따라 계속 힘차게 걸어가야 합니다. 마지막까지 견디는 자만이 구원을 얻을 것이기 때문입니다. 아무리 맹렬하게 공격을 당해도, 거기에 굴복하지 말고 믿음의 길을 끈질기게 걸어가야겠습니다. "굳게 잡으라"는 말씀은 타협하고 포기하게 만드는 유혹이 언제나 있다는 것을 보여 줍니다.

> 네가 가진 것을 굳게 잡아 아무도 네 면류관을 빼앗지 못하게 하라(계 3:11).

믿음과 선한 양심으로 그것을 견고히 붙잡아야 합니다. 이 일이 그 어느 때보다 더 절실해졌습니다. 이 시대를 사는 오늘날의 제자들에게는 그리스도와 그가 우리에게 맡겨주신 모든 이에 대해 변함없는 충성과 지칠 줄 모르는 헌신이 요구됩니다.

> 운동장에서 달음질하는 자들이 다 달릴지라도 오직 상을 받는 사람은 한 사람인 줄을 너희가 알지 못하느냐 너희도 상을 받도록 이와 같이 달음질하라(고전 9:24).

출발점이 아니라 마지막 종착점에 가야만 비로소 면류관을 얻기에 합당한 자격이 결정됩니다. 그러므로 본문에는 그리스도인을 위해 깊은 중요성을 지닌 교훈들이—특히 영적 싸움과 그분의 유산을 현재에 누리는 일에 관한—포함되어 있습니다. 이스라엘 자손은 가나안 정복에서 이제 겨우 조금 전진했을 뿐이었는데도, 그 땅을 소유하지 못하도록 가로막는 심각한 도전을 이미 받았습니다. 그 땅을 소유하지 못하게 하는 아니, 그들을 완전히 몰아내고자 하는 엄청난 도전이 그들을 엄습하고 있었습니다.

10장에서는 겨우 다섯 왕이 연합하여 기브온을 향한 공격을 감행했으나, 여기서는 팔레스타인의 나머지 왕들이 모두 동맹을 맺고 있습니다. 그들이 보낸 군대가 어찌나 막강했든지, "해변의 수많은 모래 같고 말과 병거도 심히 많았"(수 11:4)습니다.

아아, 독자 여러분!

사탄은 쉽사리 패배를 인정하지 않습니다!

욥의 경우에도 사탄은 굽힐 줄 모르고 거듭거듭 공격을 감행했습니다.

> 더러운 귀신이 사람에게서 나갔을 때에 물 없는 곳으로 다니며 쉬기를 구하되 쉴 곳을 얻지 못하고 이에 이르되, 내가 나온 내 집으로 돌아가리라 하고 … 이에 가서 저보다 더 악한 귀신 일곱을 데리고 들어가서 거하니, 그 사람의 나중 형편이 전보다 더욱 심하게 되느니라 이 악한 세대가 또한, 이렇게 되리라(마 12:43-45).

신자는 그런 도전이 올 것을 대비해야 합니다. 사탄이 그 완전하신 머리이신 주님을 공격했다면, 그분의 몸의 지체인 연약한 우리를 그냥 버려둘 리가 없으니 말입니다. 그리스도의 명령에 사탄이 그에게서 떠나갔으나 그저 "얼마 동안" 떠나 있었을 뿐입니다(눅 4:13). 우리도 마찬가지입니다.

은혜로 말미암아 우리가 마귀를 대적하여 그가 우리에게서 도망하게 될 수도 있으나(약 4:7), 얼마 지나지 않아서 다시 돌아와 공격을 재개할 것임을 분명히 알아야 합니다. 비단 성도 개개인만을 공격하는 것도 아닙니다 성도의 모임들도 공격합니다. 신약성경과 교회의 역사 전체가 이를 입증하고 있습니다.

교회들이 깨어 있지 못하거나 혹은 방비를 든든히 하지 못했다가 그의 공격으로 촛불이 꺼져버린 예가 얼마나 많습니까!

에베소의 교회 직분자들에게 사도께서 주신 다음의 말씀은 오늘날 우리에게도 그대로 적용됩니다.

> 여러분은 자기를 위하여 또는 온 양 떼를 위하여 삼가라 성령이 그들 가운데 여러분을 감독자로 삼고 하나님이 자기 피로 사신 교회를 보살피게 하셨느니라. 내가 떠난 후에 사나운 이리가 여러분에게 들어와서 그 양 떼를 아끼지 아니하며 또한, 여러분 중에서도 제자들을 끌어 자기를 따르게 하려고 어그러진 말을 하는 사람들이 일어날 줄을 내가 아노라. 그러므로 여러분이 일깨어 … 기억하라(행 20:28-31).

이런 말씀을 드리는 것은 그저 분량을 채우기 위해서가 아니라, 어린 신자들에게 시의적절한 경고를 주고, 원수 마귀의 공격에 든든히 대비할 수 있도록 돕기 위함입니다. 미리 경고를 받는 것이야말로 미리 방비하는 길이요, 또한 사탄의 책략에 대해 우리가 이미 알고 있을 수도 있지만, 그런데도 자주 그것들을 상기할 필요가 있습니다.

　그의 공격 목적 중에, 우리가 소유한 것을 우리들에게서 빼앗아가고자 하는 것만큼 흔한 것은 없습니다. 마태복음 13:19에서 주님은 우리 마음에 심겨진 것을 악한 자가 빼앗아갈 수 있다는 점을 엄히 지적하신 바 있습니다. 하지만 그런데도 우리가 그것을 빼앗긴다면 잘못은 우리에게 있습니다. 사탄은 우리가 의지하고자 애쓰는 하나님의 약속을 우리에게서 빼앗아가려고 혈안이 되어 있습니다.

　그는 목사님의 설교 중에 특별히 도움이 되는 부분을 우리가 소유하고 새기지 못하게 만들고, 그것이 우리에게 해당되는 것이 아니라고 말합니다. 양심의 평안과 마음의 기쁨이 우리의 소유라는 것에 의문을 제기합니다. 말씀을 읽을 때에나 기도할 때에 우리를 대적합니다. 요컨대, 우리는 어느 때에나 사탄이 우리에게 도전한다는 것을 예상하고서 끊임없이 그를 대적할 은혜를 구해야 합니다.

　이 단락에 대한 논의를 종결하면서, 여호수아 11장이 "그리하여"라는 단어로 시작된다는 점을 주목하고자 합니다(개역개정에는 나타나지 않음. 역주). 이는 이스라엘이 길갈에 있는 동안(수 10:43) 가나안 족속들이 그들을 대적하여 대대적으로 연합했음을 암시해 줍니다. 그래서 우리가 이 단락의 논의에 "도전"이라는 제목을 붙인 것입니다. 성도가 여호와 앞에서 자신의 연약함을 의식하는 자리에 있거나 혹은 어린 양과 더불어 잔치를 하며 하나님과 복된 교제를 누리는 것만큼 사탄을 격분하게 하는 것은 없습니다.

　그러나 그 때보다 사탄이 성도를 향한 그의 적개심이 성공을 거둘 가능성이 전혀 없는 때는 없습니다. "지존자의 은밀한 곳에 거주하는 자"에게는 사탄이 해를 끼치는 것이 불가능합니다. 왜냐하면, 그런 자는 "전능자의 그늘 아래에" 살며, 따라서 "나는 여호와를 향해 말하기를 그는 나의 피난처요 나의 요새요 내가 의뢰하는 하나님이라 하리니"라고 확신 있게 선포하기 때문입니다 (시 91:1-3).

하나님과 교제하는 삶을 사는 자들은 그가 보호하심을 확신하게 되며, 그가 그들의 원수들을 물리치시고 보호해 주실 것을 확신하고서 마음의 거룩한 평정심을 유지할 수 있게 됩니다.

토마스 스코트가 다음과 같이 적절히 지적한 바와 같습니다

신자는 죽음으로 인해 눈을 감기까지 절대로 자신의 전신갑주를 벗어버려서도, 견고한 평안에 대한 기대를 포기해서도 안 된다.

제14장

최후의 정복

(여호수아 11:1-12:24)

1. 도전에 대한 대응

이 본문에서 나타나는 중심 주제에 대해 논의하기에 앞서서 그 정황에 대해 몇 가지 말씀드리겠습니다.

> 하솔 왕 야빈이 이 소식을 듣고(수 11:1).

인근의 여러 부족들의 왕들에게 메시지를 보내어, 그들이 군대들을 동원하여 이스라엘과 싸우기 위해 함께모였습니다(수 11:1-5). 어떤 분은 "예루살렘 왕 아도니세덱이 팔레스타인 남부에서 세력을 형성하고 영향을 발휘했듯이, 야빈은 북부 지역에서 동일한 영향력을 행사하고 있었다"고 지적했습니다.

여호수아 10:1-5을 보면 아도니세덱의 공격이 직접 이스라엘을 향한 것이 아니었고 그들과 동맹을 맺은 기브온 주민들을 향한 것이었다는 점만 다를 뿐, 그의 처신이 여기 야빈의 처신과 정확히 일치합니다. "역사는 반복된다"는 말을 거론한다는 것은 상투적인 일일 것입니다. 하지만 이 말은 타락한 인간 본성의 유쾌하지 않은 면을 생각하게 합니다.

한 세대가 과거 세대의 과오에서 전혀 유익을 얻지 못하고, 그들이 빠졌던 치명적인 함정에 다시 빠지는 일이 늘 반복되기 때문입니다. 모든 사람이 동일한 진흙 덩어리요(롬 9:21), 또한 "물에 비치면 얼굴이 서로 같은 것 같이 사람의 마음도 서로 비치느니라"(잠 27:19)라는 것이 여실히 드러납니다.

> 하솔 왕 야빈이 이 소식을 듣고(수 11:1).

이 중요한 단어를 여기서 다시 만나게 됩니다. 이를 여호수아 2:10; 5:1; 9:1, 9 등과 비교하고, 그런 소식을 접한 자들의 다양한 반응들을 주목하기 바랍니다. "믿음은 들음에서 나며 들음은 그리스도의 말씀으로 말미암는다는 것"은 과연 사실입니다(롬 10:17). 그러나 동시에 "듣는 귀와 보는 눈은 다 여호와께서 지으신 것"이라는 것도 사실입니다(잠 20:12). 물리적으로도, 영적으로도 이는 사실입니다.

사람은 도덕적으로 사람은 하나님의 일에 대해 귀와 눈이 멀었기 때문이요(마 13:13-14), 그러므로 죄인이 자비의 음성을 무시하며, 또한 그리스도에게서 아름다움을 전혀 지각하지 못하여 그분을 사모하지 못합니다. 자기의 필요에 대해서도 그 해결책에 대해서도 전혀 무감각합니다. 은혜의 이적이 그의 속에서 일어나기까지, 그의 상상력이 어두워져 있고 그의 마음이 하나님을 향해 닫혀 있습니다. 그렇기 때문에 귀로 복음을 듣는 이들 중에 수많은 이들이 아무런 유익을 얻지 못합니다.

복음을 듣고 마음으로 받아들여 구원을 얻는 자들은 오로지 하나님이 그들에게 변화를 일으키사 다른 믿지 않는 자들과 달리 반응하게 만드셨기 때문입니다. 야빈은 여리고와 아이의 함락 소식을 들었으나, 두려워 떨기는커녕 오히려 그 마음이 완악해졌습니다. 믿음 없는 동료들이 죽어가는 데에서 반복해서 경고를 받음에도 불구하고, 죄인들은 이처럼 멸망을 향해 미친 듯이 돌진합니다.

여호수아 11장의 서두에 기록된 내용은 여호수아 9:2에서 간략하게 주목한 바 있는 내용을 다시 바라보는 것이요 그 귀결입니다. 여호수아 9:2의 내용은 서막으로서 각 왕이 함께 논의한 사실과 각 왕이 연합 작전을 위해 얼마나 강력한 전력을 투입하기로 결정했는지를 보여 주며, 여호수아 11장 서두의 내용은 그들의 계획이 실제로 시행되고 있음을 보여 줍니다.

전에는 가나안 족속들이 방어적인 자체를 취했었으나, 아이성이 함락되고 불에 탔다는 소식이 전해지면서 공격을 취하기로 결의했습니다.

첫째, 여호수아 11:1-3에 언급된 여러 왕들은 이제 자기들 자신의 안위가 심각하게 위협받게 된 상황에서 이제야말로 힘을 합쳐서 이스라엘에 대해 대대적인 공격을 감행할 때가 왔다고 본 것입니다.

둘째, 예루살렘 왕과 그의 연합 세력이 기브온 주민들을 무너뜨리기로 동의하여 실행에 옮겼으나, 기브온 공략은 완전히 실패하고 말았습니다. 하지만 야빈을 비롯한 동맹 세력들(가나안의 서부와 북부 지방의 모든 부족들이 다 여기에 포함된 것으로 보입니다)은 이에 모든 것을 포기하고 이스라엘에게 자비를 구한 것이 아니라, 전쟁을 통해 그들을 완전히 몰아내기로 결의했습니다.

이처럼 여러 왕들이 공통의 목적을 위해 서로 동맹을 맺어 연합하는 일은 이것이 처음은 아닙니다. 이보다 여러 세기 전에 이미 "서방 민족 연합"의 "동방의 세력" 공격이라 할 만한 일이 있었다는 것이 창세기 14:1-3에서 나타나니 말입니다. 그러나 여기의 이 움직임은 아도니세덱이 주도했던 시도와 마찬가지로 전혀 성공을 거두지 못하고 맙니다.

> 그들이 그 모든 군대를 거느리고 나왔으니 백성이 많아 해변의 수많은 모래 같고 말과 병거도 심히 많았으며(수 11:4).

이제 이스라엘이 가나안을 정복하는 일에 큰 도전이 제기되고 있고, 그 광경은 자연인이 보기에는 과연 무시무시한 광경이 아닐 수 없습니다. 이 방대한 군대는 이스라엘이 전에 대면했던 그 어떠한 군대보다 훨씬 숫자가 많았을 뿐 아니라 훨씬 더 막강했습니다. 그들은 심히 많은 말과 병거로 무장하고 있었으나, 이스라엘 군은 그런 것이 전혀 없었습니다(신 17:16). 창세기 24:35; 26:14; 욥기 1:3에는 말(馬)에 대한 언급이 없다는 점을 주목하기 바랍니다. 말은 애굽에서 처음 등장합니다(창 47:17).

특정한 그룹들이 무조건적인 문자적 해석을 주장하고 있고, 또한 요한계시록 7:9의 "아무도 능히 셀 수 없는 큰 무리"라는 말씀을 문자 그대로 그런 의미로 보아야 한다고 주장하는 자들이 있는데, 그런 입장을 반대하는 의미에서, "해변의 수많은 모래 같고 말과 병거도 심히 많았다"는 본문의 진술에 대해 몇 말씀 드려야 할 것 같습니다.

그저 평균적인 지능과 교육을 소유한 사람이라면 누구든지 그런 식의 언어가 과장된 것이요 따라서 문자 그대로 이해해서는 안 된다는 것을 즉시 알 수 있습니다. 생생한 감동을 주고자 하는 목적으로 성경에서 그런 수사적인 표현이 사용되는 경우가 흔합니다.

모세 시대에 여호와께서는 이스라엘을 "하늘의 별 같이 많게 하셨다"고 선포하셨습니다(신 1:10). 미디안 족속들이 이스라엘을 공격했을 때에, 그들이 "메뚜기 떼 같이 많이 들어오니 그 사람과 낙타가 무수함이라"(삿 6:5), "해변의 모래가 많음 같았다"(삿 7:12)고 기록하고 있습니다. 그리고 사울을 치기 위해 모인 블레셋의 군대가 "해변의 모래 같이 많더라"고 보도합니다(삼상 13:5). 하나님의 심판이 이스라엘에게 임할 때에, "그들의 과부가 내 앞에 바다 모래보다 더 많아졌다"고 말씀합니다(렘 15:8). 그리고 니느웨의 상인이 "하늘의 별보다 많게 늘어났다"고 말씀합니다(나 3:16).

그러므로 "해변의 모래 같이"는 큰 무리를 의미하는 하나의 금언적인 표현입니다. 그렇게 큰 군대 앞에서 이스라엘은 얼마든지 공포에 사로잡혔을지도 모릅니다. 특히 맨발로 그들을 상대해야 하는 극히 불리한 처지에 있었으니 더욱 그러했을 것입니다.

사사기 4:3에 비추어보면 야빈이 철로 된 병거를 지휘했을 가능성이 높고, 고대인들이 전쟁터에서 사용한 사례에 흔히 나타나는 대로 그 병거들은 날이 서 있어서 휘몰아가면서 사람들을 베어 죽게 하는 무서운 병기였을 것으로 보입니다. 그러니 야빈의 대군은 손쉽게 승리를 얻을 것이라 확신했을 것입니다. 그러나 과거에도, 또한 그 후로도, 많은 이들이 깨닫게 되었던 것처럼, 그들은 결국, "빠른 경주자들이라고 선착하는 것이 아니며 용사들이라고 전쟁에 승리하는 것이 아니 라는 것"(전 9:11)을 알게 될 것이었습니다.

그 군대의 규모와 막강함은 그 무너짐을 더욱 참혹하게 만들뿐이요, 이스라엘을 위해 싸우시는 것이 전능하신 하나님이심을 더욱 확실하게 증명해 줄 뿐이었습니다. 더욱이 그들이 먼저 공격을 해 왔으므로, 이스라엘로서는 그들을 멸망시키는 일이 지극히 정의로운 일이었습니다. 마지막 심판의 날에도 이와 마찬가지로 하나님으로서는 그분을 반역하고, 전능자에게 힘을 과시한 자들(욥 15:25)을 지옥에 던지실 사유가 풍족한 것입니다.

앞의 내용에서 우리는 "도전"이라는 제목을 붙이고, 여호수아 10장의 마지막 절이 길갈—이스라엘이 자기의 연약함과 하나님과의 교제를 의식한 장소—의 이스라엘의 모습을 보여 준다는 점을 지적했고, 또한 그 곳에 있는 동안 원수가 그들을 해칠 수 없었다는 사실을 지적했고, 또한 그 진술에 대한 증거로서 시편 91편 서두의 몇 절을 인용했었습니다.

> 지존자의 은밀한 곳에 거주하는 자는 전능자의 그늘 아래에 거하리로다(시 91:1. 개역개정은 "지존자의 은밀한 곳에 거주하며 전능자의 그늘 아래에 사는 자여"로 번역함. 역주).

이 비유적인 언어가 모형적으로 지칭하는 바를 암시하거나 그에 대한 아주 적절한 설명을 구태여 시도하지 않아도, 그저 이것이 영적으로 하나님과 긴밀한 교제 속에 사는 자들은 안전하고도 안정된 곳에 거한다는 뜻임을 지적하는 것으로 족합니다. 그들에게는 그 어떠한 악도 침범할 수 없습니다. 스펄전의 말처럼, "여호와의 사랑과 권능의 날개가 활짝 펴져서 그들을 모든 해악에서 막아주는 것"입니다.

> 나는 여호와를 향해 말하기를 그는 나의 피난처요 나의 요새요 내가 의뢰하는 하나님이라 하리니 (시 91:2).

이는 바로 앞에서 진술한 사실에서 이끌어 내는 추론이요, 시편 기자가 그 복된 약속을 자기 자신에게 적용시킨 것입니다. 그는 여호와를 신뢰하며 그분의 말씀을 붙잡고서, 인생의 모든 폭풍우와 원수들의 악한 기도들로부터 완전히 보호하심을 받음을 잘 알고 있었습니다. 그의 원수들이 아무리 숫자가 많고 아무리 강력하고 아무리 끈질기다 할지라도, 그는 그의 언약의 하나님을 그의 만왕의 왕이신 여호와를, 신뢰하기로 결심한 것입니다.

> 이는 그가 너를 새 사냥꾼의 올무에서와 심한 전염병에서 건지실 것임이로다. 그가 너를 그의 깃으로 덮으시리니 네가 그의 날개 아래에 피하리로다. 그의 진실함은 방패와 손 방패가 되시나니, 너는 밤에 찾아오는 공포와 낮에 날아드는 화살과 어두울 때 퍼지는 전염병과 밝을 때 닥쳐오는 재앙을 두려워하지 아니하리로다 (시 91:3-6).

이 말씀에서 우리는 시편 기자의 거룩한 독백을 대하게 됩니다. 원수의 공격이 어떠한 형태로 임하고 언제 임하든, 여호와께서 그의 방패가 되시므로 아무것도 두려워할 것이 없음을 고백합니다.

독자 여러분!
3천 년 전이나 오늘날이나 마찬가지입니다. 하나님의 손에 모든 것을 맡기는 사람은 온갖 위험한 처지에서도 완전한 안정을 누리며—그의 영혼에 대해서는 과연 그렇고, 그의 육체와 관련해서는 대체로 그렇습니다—따라서 주위의 불경한 친지들이 깜짝 놀라 두려움에 휩싸일 때에도 마음의 완전한 평정을 유지하는 법입니다.

그러나 여기서 조심스럽게 유념해야 할 것은 1절이 그 다음에 이어지는 모든 내용의 기초가 된다는 점입니다. 하나님과의 긴밀한 교제가 유지될 때에 비로소 환난과 위험의 때에 그 영혼이 하나님을 신뢰하고 그분을 의지할 수 있게 된다는 것입니다. 우리가 지존자의 은밀한 곳에 거주하는 동안에는 아무리 기술이 좋은 사기꾼도 우리를 속일 수 없고 아무리 막강한 원수도 우리에게 해를 끼칠 수 없는 것입니다.

하나님의 백성을 엄습하는 위험이 클수록, 하나님께로부터 더 큰 지원을 구하고 기대할 수 있습니다. 우리의 힘이요 구원자이신 하나님께 온전히 마음을 둘수록, 그만큼 더 분명하게 영적인 원수들을 물리치게 될 것입니다. 이러한 사실에 대한 놀라운 실례를 바로 여기 여호수아 11장에서 접하게 됩니다.

> 이 왕들이 모두 모여 나아와서 이스라엘과 싸우려고 메롬 물 가에 함께 진 쳤더라. 여호와께서 여호수아에게 이르시되 그들로 말미암아 두려워하지 말라 내일 이맘때에 내가 그들을 이스라엘 앞에 넘겨 주어 몰살시키리니 너는 그들의 말 뒷발의 힘줄을 끊고 그들의 병거를 불사르라 하시니라(수 11:5-6).

첫째, 여호와께서 과거에 모세를 통해 주셨던 말씀을 여기서 그대로 이루시는 것을 보게 됩니다.

> 네가 나가서 적군과 싸우려 할 때에 말과 병거와 백성이 너보다 많음을 볼지라도 그들을 두려워하지 말라 애굽 땅에서 너를 인도하여 내신 네 하나님 여호와께서 너와 함께 하시느니라 … . 너희 하나님 여호와는 너희와 함께 행하시며 너희를 위하여 너희 적군과 싸우시고 구원하실 것이라 할 것이며(신 20:1-4).

이 말씀은 다음의 선언을 떠올리게 해 줍니다.

> … 약속하신 이는 미쁘시니 …(히 10:23).

신실하신 하나님이 그가 스스로 취하신 이름 중의 하나입니다(신 7:9).
그러니 그분을 의지하는 것이 얼마나 안전하겠습니까!
지금까지 그 누구도 그분을 신뢰했다가 실패한 적이 없습니다.

> 여호와께서 여호수아에게 이르시되 그들로 말미암아 두려워하지 말라 내일 이맘때에 내가 그들을 이스라엘 앞에 넘겨주어 몰살시키리니(수 11:6).

이 말씀은 정말 놀랍고도 지극히 복된 말씀이 아닐 수 없습니다. 바로 그 앞의 내용과 견주어보면 그 힘을 생생하게 알 수 있습니다. 가나안 족속들의 도전은 그저 이스라엘만이 아니요 이스라엘의 하나님을 향한 것이었습니다! 이는 욥기의 처음 몇 장에서 접하는 사탄의 연이은 구체적인 공격들과 비슷합니다. 악한 자는 감히 여호와 자신을 공격했습니다.

여호와께서 사탄에게 "네가 내 종 욥을 주의하여 보았느냐 그와 같이 온전하고 정직하여 하나님을 경외하며 악에서 떠난 자는 세상에 없느니라"고 말씀하시자, 사탄은 그에게 이렇게 대답합니다.

> 욥이 어찌 까닭 없이 하나님을 경외하리이까 주께서 그와 그의 집과 그의 모든 소유물을 울타리로 두르심 때문이 아니니이까 주께서 그의 손으로 하는 바를 복되게 하사 그의 소유물이 땅에 넘치게 하셨음이니이다(욥 1:8-10).

이는 하나님의 성품을 욕되게 하는 발언이었습니다. 욥이 하나님을 섬긴 것이 그분 자신 때문이 아니라 그분이 그에게 베푸신 것들 때문이라는 것이었습니다.

방금 지적한 내용은 사탄의 다음 진술에서 더 분명히 드러납니다.

> 이제 주의 손을 펴서 그의 모든 소유물을 치소서 그리하시면 틀림없이 주를 향해 욕하지 않겠나이까(욥 1:11).

다음과 같은 뜻이 여기에 담겨 있습니다.

"욥이 주를 높이 기리는 것은 주의 완전하심 때문이 아니라, 주께 얻는 것이 많기 때문에 자기 이익을 생각하여 섬기는 것 뿐입니다."

이는 하나님의 성품을 비난하는 것이요, 하나님 자신의 무한히 높으심에 대한 모독적인 도전이었습니다. 이어지는 내용에서 드러나듯이, 여호와께서는 그 도전을 가납하셨고, 그리하여 사탄의 말이 거짓임이 확실히 입증되게 하셨습니다.

욥의 아들들이 살해당하고 재물이 다 빼앗기게 하도록 허용하신 이후에도 여호와께서는 다음과 같이 변함없이 욥을 칭찬하셨기 때문입니다.

> 네가 내 종 욥을 주의하여 보았느냐 그와 같이 온전하고 정직하여 하나님을 경외하며 악에서 떠난 자가 세상에 없느니라. 네가 나를 충동하여 까닭 없이 그를 치게 하였어도 그가 여전히 자기의 온전함을 굳게 지켰느니라(욥 2:3).

욥은 풍족할 때에나 환난 중에나 변함없이 여호와께 충성했습니다. 이렇게 해서 사탄은 당혹해하고 여호와께서는 영광을 받으셨고, 그의 실패에 대해 책망하셨습니다. 그러나 사탄은 아직도 만족해하지 않았습니다.

> 가죽으로 가죽을 바꾸오니 사람이 그의 모든 소유물로 자기의 생명을 바꾸올지라. 이제 주의 손을 펴서 그의 뼈와 살을 치소서 그리하시면 틀림없이 주를 향해 욕하지 않겠나이까(욥 2:4-5).

그러나 사탄의 거짓이 다시 한 번 드러났습니다. 욥이 환난 중에도, "그가 나를 죽이시리니 나는 그를 의뢰하리니"라고 외쳤기 때문입니다(13:15. 참조. 개역개정 난외주).

물론 정황은 달랐으나, 여기 여호수아 11장에서도 동일한 원리가 개입되었습니다. 곧 하나님을 향한 마귀의 적개심과 반대, 그리고 도전이 나타나는 것입니다. 가나안을 아브라함과 그의 후손에게 주신 분이 여호와이셨고, 또한 그가 친히 그들을 그 땅으로 들어가게 하셨습니다. 팔레스타인을 이처럼 하나님께로부터 직접 받았으니, 그 소유권이 이스라엘에게 있었습니다.

그런데 그 기업을 실제로 점령하는 일에 큰 도전이 제기되었습니다. 그 땅의 모든 왕들이 그들을 멸하기로 결심하고 군대를 동원하고 도전했습니다. 여호와께서는 즉시 그들의 도전을 받아들이셨고, "너희를 범하는 자는 그의 눈동자를 범하는 것이라"(슥 2:8)는 것을 이스라엘에게 분명히 알게 하셨습니다. 곧 주의 백성들 스스로 연약하고 미약한 자들이지만 동시에 그들이 하나님 자신과 가까이 거하며 그분의 사랑을 받는 자들임을 암시합니다.

그러므로 누구든 그들을 욕되게 하는 자들은 하나님이 강력하게 진노하시며, 그들을 해치려 하는 자들은 혹독하게 벌하십니다.

그러므로 여호와께서는 즉시 여호수아에게 그 원수들의 공격에 두려워할 이유가 없다는 확신을 주십니다. 그들은 "얼굴에는 살이 찌고 허리에는 기름이 엉겨 붙어 있는 자"들로서(욥 15:26), 스스로 멸망의 길을 재촉하고 있다는 것입니다. 이처럼 마귀가 행하는 모든 일은 결국, 완전히 망하고 마는 법입니다.

위에서 지적한 모든 사실에서 지극히 중요한—동시에 오늘날 하나님의 백성이 별로 인식하지 못하는—한 가지 진리가 드러납니다. 곧 그들을 향한 사탄의 공격은 사실 그들의 하나님을 향한 공격이요, 그들을 공격하는 것은 오로지 그들이 그 분과 관계된 자들이기 때문입니다. 사도행전 9장에서도 그 실례를 볼 수 있습니다.

다소 사람 사울이 "주의 제자들에 대하여 여전히 위협과 살기가 등등하여" 다메섹으로 향하던 중에, 주께서 "네가 어찌하여 나를 박해하느냐"라고 그에게 물으셨습니다. 사울을 부추겨 그 일을 하게 한 것은 마귀였고, 그의 적개심의 대상은 그리스도의 제자들만이 아니라 바로 그리스도 자신이었습니다.

지금도 마찬가지입니다. 욥이 극심한 환난을 겪어야 할 빌미를 제공한 것이 아닌데도 하나님은 사탄으로 하여금 욥을 그렇게 쓰리게 괴롭히도록 허용하셨는데, 이는 그의 순전함이 더 선명히 드러나게 하심으로 하나님의 성품이 입증되도록 하기 위함이었습니다.

하지만 이와 마찬가지로 하나님은 여전히 원수 마귀가 그의 백성을 시험하고 때리도록 허용하셔서 그들의 끈질김이 드러나(물론 경우마다 정도는 차이가 있으나, 완전히 배도하는 경우는 전혀 없습니다) 그 자신의 영광이 되도록 하십니다. 베드로전서 1:7에서 이렇게 말씀합니다.

> 너희 믿음의 확실함은 불로 연단하여도 없어질 금보다 더 귀하여 예수 그리스도께서 나타나실 때에 칭찬과 영광과 존귀를 얻게 할 것이니라(벧전 1:7).

여기서 "칭찬과 영광과 존귀"는 성도의 것이기도 하지만, 그보다는 우선적으로, 가장 중요하게, 하나님의 것입니다.

이 중요한 진리의 실천적 가치에 대해서는 구태여 지적할 필요조차 없습니다. 뱀의 맹독이 궁극적으로 목표하는 것이 하나님의 백성이 아니라 하나님 자신이니, 그분의 손 안에 있는 성도가 얼마나 안전하겠습니까!

예, 과연 안전합니다.

그들이 보존받는 여부에 하나님 자신의 존귀가 달려 있으니 그렇습니다! 그는 다음과 같은 명확한 확신을 주신바 있습니다.

> 나를 보내신 이의 뜻은 내게 주신 자 중에 내가 하나도 잃어버리지 아니하고 마지막 날에 다시 살리는 이것이니라(요 6:39).

> 내가 그들에게 영생을 주노니 영원히 멸망하지 아니할 것이요 또 그들을 내 손에서 빼앗을 자가 없느니라(요 10:28).

그러므로 마귀가 그들 중 단 한 사람만 영원히 멸망시킨다 해도 그리스도께서는 영원히 치욕을 당하실 것입니다. 그러나 그런 재난은 완전히 불가능합니다. 사탄이 강력하기는 하지만, 하나님의 아들은 전능하시니 말입니다. 그러므로, 주 예수님을 피난처로 삼고 그에게 피하는 영혼은 누구나 영원토록 보존 받는다는 사실을 확신하고서, 신자는 전폭적인 신뢰를 가져야 합니다.

그래서 신자는 여호수아서에서 자신의 영적 싸움에 대해 한 가지 중요한 교훈을 얻게 되니, 곧 그 싸움이 궁극적으로 사탄과 그의 주님 사이의 싸움이요, 따라서 그 마지막 결과에 대해 조금도 의심이 있을 수 없다는 사실입니다. 여호수아와 이스라엘 자손이 그들을 공격해오는 모든 가나안 족속들을 물리치고 멸망시킨 것처럼, 그리스도와 그분의 교회도 마귀와 그의 수족들에 대해 영광스러운 승리를 거두게 될 것입니다.

그러나 여기서 더 나아갑시다. 특히 원수에게서 맹렬히 공격당하고 심각하게 압박을 당할 때에, 그 싸움의 결과가 그에게 달려 있지 않고, 그의 구원의 대장되신 그리스도께 달려 있다는 사실을 직시할 특권이 신자에게 있습니다. 그러므로 그는 언제나 어떤 상황에서나 구원과 승리를 위해 그리스도께로 달려가는 것입니다.

> 그들로 말미암아 두려워하지 말라(수 11:6).

지금 그리스도인을 멸망시키려고 그를 대적하여 진을 치고 있지만, 곧바로 그들 스스로 망할 것이니 말입니다.

"평강의 하나님께서 속히 사탄을 너희 발 아래에서 상하게 하시리니"(롬 16:20),

그 동안, 사도가 곧바로 덧붙여 말씀하듯이, "우리 주 예수의 은혜가 너희에게 있을지어다." 그러나 여호수아에게 주신 그 확신의 말씀이 그의 믿음에게 주어졌으므로, 그 말씀이 성취되기까지는 그 믿음이라는 은혜를 발휘함으로써만 그 확신을 누릴 수가 있듯이, 원수들이 날뛰는 동안 마음의 평안을 얻는 일도 오직 그가 믿음으로 그 약속을 자기 것으로 삼을 때에만 이룰 수 있습니다.

그럴 때에 그는 이렇게 노래할 수 있습니다.

> 보라 하나님은 나의 구원이시라 내가 신뢰하고 두려움이 없으리라(사 12:2).

그처럼 믿음으로 그 약속을 자기 것으로 삼는 정도만큼 그는 다음과 같은 선언에 의지할 권리를 갖게 됩니다.

> 이는 그가 너를 새 사냥꾼의 올무에서와 심한 전염병에서 건지실 것임이로다 그가 너를 그의 깃으로 덮으시리니 네가 그의 날개 아래에 피하리로다(시 91:3, 4).

앞에서 우리는 야빈과 그의 동료들이 시도한 엄청난 움직임에 대한 신적인 반응을 살펴보았습니다. 여호와께서는 위협받는 그의 백성들을 위해 즉시 몽둥이를 드셨습니다. 그리고 그의 종 여호수아에게 아무것도 두려워할 필요가 없다는 확신을 주시고, 그에게 약속하셨습니다.

> 내가 그들을 이스라엘 앞에 넘겨주어 몰살시키리니(수 11:6).

이와 마찬가지로 그리스도인도 확신을 가져야 합니다. 그러므로 하나님의 그 확실한 약속에 의지하여 결국, 승리할 것을 확신하고서, 믿음의 선한 싸움을 계속 싸워나가는 것이야말로 그분의 거룩한 특권입니다.

> 또 약속하신 이는 미쁘시니(히 10:23).

약속하신 하나님의 신실하심에 대해 묵상하면 할수록, 믿음이 더 강건해질 것입니다. 우리가 상대하는 하나님이 거짓말을 하실 수 없는 분이심을 진실로 깨달을수록 그분의 말씀에 대해 더 크게 신뢰하게 될 것입니다.

중도에 만나는 어려움에 지나치게 억눌리지 말고(이는 의심만 더 키울 뿐이므로), 우리에게 "그 보배롭고 지극히 큰 약속"들을 주신 그분을 바라보며, 마음을 굳게 하고, 기쁨으로 나아가야 합니다(벧후 1:4). 그 약속들을 우리 마음에 간직해야 하겠습니다. 그 약속들이야말로 믿음에 양분을 주어 강하게 하는 양식이요, 믿음에 활력을 주어 힘 있게 나아가게 하는 연료이기 때문입니다.

그렇지 못하면 믿음의 활동에 필수적인 요소가 결핍될 것입니다. 땔나무나 석탄이 없이는 불이 타오르지 않는 것처럼 말입니다. 그러니 믿음이 연료가 사라지면 마음이 냉랭해질 수밖에 없는 것입니다.

하나님의 약속들을 잘 활용하지 않으면, 더욱이 그런 약속을 주신 하나님 자신을 더욱 의지하지 않으면, 우리의 영적 싸움이 성공을 거둘 수가 없습니다. 우리가 상대해야 할 원수들은 우리 자신의 힘으로 이기기에는 너무도 강력하며, 따라서 우리의 대장이신 그분을 바라보고 의지해야만 합니다.

그분을 의지하면, 우리가 아무리 연약하고 또 우리에게 맡겨진 임무가 아무리 과중할지라도, 주님은 우리가 실패하도록 내버려두지 않으십니다.

> 믿음으로 사라 자신도 나이가 많아 단산하였으나 잉태할 수 있는 힘을 얻었으니 이는 약속하신 이를 미쁘신 줄 알았음이라 (히 11:11).

믿음이 나아가는 길에 엄청난 장애가 있었고, 처음에는 머뭇거렸으나, 그 약속을 주신 분의 불변하심과 신실하심을 의지하여 의심을 물리쳤고, 그 믿음대로 힘을 얻었습니다.

맨튼(Thomas Manton: 1620-1677. 잉글랜드의 청교도 설교자, 역주)이 훌륭하게 말씀했듯이, "하나님의 약속 하나하나마다 도전이 붙어 있는 것"입니다.

하나님께 불가능이 있겠습니까?

사라의 경우도, 우리의 경우도, 흔히 믿음이 약속 위에 든든히 세워지기 전에 흔히 불신앙과의 싸움이 있는 법입니다. 그러나 장애물 때문에 믿음이 방해를 받지 말고, 오히려 그것으로 믿음을 돕게 해야 합니다. '자, 나의 하나님 한 분으로 족하다는 것을 나 스스로 증명할 위대한 기회가 왔다'고 여기는 것입니다. 그분은 절대로 자신이 이루실 수 있는 것 이상을 약속하시지 않습니다. 절대로 그분의 말씀이 그분의 능력을 넘어서지 않습니다.

> 너희를 부르시는 이는 미쁘시니 그가 또한 이루시리라 (살전 5:24).

가나안 족속들의 군대가 이스라엘을 치기 위해 대대적으로 모여 있는 일이 그들이 가나안을 들어선 뒤에 곧바로 일어난 일이 아니었으며, 또한 여리고와 아이에서도 그런 대규모의 세력을 접하지 않았었다는 점을 잘 생각해야 합니다. 아닙니다. 그들이 약속된 기업을 소유하는 싸움에 상당히 진보를 거둔 이후에 이러한 시험이 닥쳐온 것입니다. 모든 믿는 자들의 조상 아브라함의 경우도 그랬습니다. 그는 갈수록 더 힘겨운 시련을 당했습니다.

그러므로 "두려워하지 말라"는 말씀은 성숙하고 연륜 있는 용사에게 지극히 합당한 말씀입니다.

여호수아가 왜 두려워하겠습니까?

하나님이 기왕에 바로와 그의 병거들을 홍해에서 몰살시키사 이스라엘을 애굽의 종노릇하던 상태에서 놀랍게 구원하셨고, 광야의 여정을 통틀어 그들을 먹이셨고, 이적적으로 요단 강을 건너 가나안에 들어가게 하셨는데, 이제 그들을 그냥 버려두시고 야빈과 그의 군대의 손에 멸망당하게 하시겠습니까?

절대로 그렇지 않습니다. 하나님이 어떤 일을 시작하시면 절대로 중도에 그만 두시는 법이 없고, 언제나 그 일을 완전히 이루십니다(빌 1:6). 여호수아의 통치 아래에 있는 이스라엘의 경우도 그랬고, 택함을 받은 그릇인 우리 역시 그렇습니다.

> 의롭다 하신 그들을 또한, 영화롭게 하셨느니라 (롬 8:30).

의롭다 하심과 영화롭게 하심 사이에 많은 일들이 일어납니다. 하지만 죽음 그 자체가 일어난다 할지라도(지난 육천년 동안 그분의 백성들에게 그 일이 일어났듯이), 의롭다 하심을 받은 자들에게는 영화롭게 하심도 반드시 보장되어 있습니다.

그러므로 시험을 받아온 나이든 순례자는 여호와께서 이스라엘을 다루신 일에서 위로를 받고, 하나님이 지치셨다는 식의 사탄의 거짓말에 결코, 속아 넘어가지 않습니다. 사악한 마귀는 우리가 갖가지 정황에 짓눌려 있거나 병들어 육신이 쇠약해 있을 때에 가장 맹렬하게 공격을 가해옵니다.

본성적인 기력이 쇠해지고 세월의 무게를 느껴갈 때에, 마귀는 하나님의 백성들의 마음속에 하나님을 깎아내리게 만드는 극심한 의심들을 심어 놓고자 애쓰는 법입니다. 그런 유혹을 끔찍하게 여겨 단호히 물리치고, "내가 결코, 너희를 버리지 아니하고 너희를 떠나지 아니하리라"(히 13:5)고 하신 하나님의 말씀을 확신하고 나아가야 합니다.

지난 세월 동안 그분의 자녀를 그토록 돌보아 오신 분이시니, 나이가 든 자녀를 버리신다는 것은 어불성설입니다. 과거에 여러분의 부르짖음에 응답하신 분이시니, 늙고 쇠약해진 여러분의 음성에도 여전히 귀를 기울여 들으실 것입니다.

> 여섯 가지 환난에서 너를 구원하시며[과연 그가 그리하지 않으셨던가요?] 일곱 가지 환난[마지막 환난]이라도 그 재앙이 네게 미치지 않게 하실 터인즉(욥 5:19).

지난 과거에 그가 행하신 구원의 역사들이 미래에 있을 구원의 역사를 보증해 줍니다.

> 너희가 노년에 이르기까지 내가 그리하겠고 백발이 되기까지 내가 너희를 품을 것이라 내가 지었은즉 내가 업을 것이요 내가 품고 구하여 내리라(사 46:4).

"내가 그리하겠고"라고 하시니, 진리이신 하나님이 그것을 보증하시는 것입니다. 그 약속들을 전적으로 의지하기 바랍니다. 그러나 그 약속들에 의지한다고 해서, 성도가 임무를 대충대충 해도 괜찮다거나 혹은 그저 한가한 자세로 임무를 행해도 괜찮다는 뜻은 아닙니다. 오히려 그런 신적 확신에는 그에 합당한 의무들이 포함되어 있습니다. 이는 앞에서 인용한 히브리서의 본문에서 분명히 드러납니다.

> 약속하신 이는 미쁘시니 우리가 믿는 도리의 소망을 움직이지 말며 굳게 잡고 (히 10:23).

약속하신 하나님이 미쁘시다는 사실이 강조되고 있습니다. 그 사실이야말로 끈질기게 부지런히 행할 강력한 동기를 부여합니다. 하나님이 우리에게 신실하시므로, 우리 역시 그에게 신실해야 마땅합니다.

우리가 믿는 도리의 소망을 굳게 잡는다는 것은 그리스도인의 삶의 모든 면을 다 아우르는 것이요, 또한 하나님이 그분의 말씀을 그대로 다 우리에게 이루셔서 우리로 하여금 그 말씀의 내용을 신실하게 지켜가게 하신다는 사실까지 포함하는 하나의 포괄적인 표현입니다.

하나님의 약속들은 우리의 지친 머리를 쉬는 편안한 베개만이 아니라, 힘을 내게 해 주는 달콤한 음료요, 우리를 움직이게 하는 채찍이요, 계속 전진하도록 돕는 격려요, 기도에서 활용할 근거입니다

하나님의 약속들은 믿음의 양식이며, 믿음은 선한 행실을 일구어내기 위한 것입니다. 이것이 사도 바울이 고린도전서 15:54-57에서 주는 신적 확신을 실천적으로 적용하는 길입니다.

> 그러므로 내 사랑하는 형제들아 견실하며 흔들리지 말고 항상 주의 일에 더욱 힘쓰는 자들이 되라 이는 너희 수고가 주 안에서 헛되지 않은 줄 앎이라(고전 15:58).

영적인 특권을 누린다고 해서 신자의 책임이 사라지거나 그 책임을 이행하는 데에 게으름을 피워도 괜찮은 것이 결코, 아닙니다. 오히려 영적 특권을 누리므로 의무가 추가됩니다. 하지만 정말 안타깝게도, 사람은 극단으로 치우치는 존재여서 심지어 그리스도인조차도 진리의 어느 한 면에 깊이 감동을 받으면 거기에만 몰입되어 그것과 균형을 맞추는 반대의 면을 보지 못하고 간과해 버리기가 매우 쉽습니다.

하나님이 우리를 위해 모든 일을 다 행하신다고 해서 우리가 할 일이 하나도 없는 것이 아닙니다. 오직 영광을 받으시기에 합당하신 하나님께 영광을 돌린다면, 모든 일을 그분의 덕분으로 여길 것입니다.

> 주께서 우리의 모든 일도 우리를 위하여 이루심이니이다(사 26:12).

그러나 그렇다고 해서 그가 우리에게 명령하신 다음의 사실이 무효가 되는 것이 아닙니다.

> … 두렵고 떨림으로 너희 구원을 이루라(빌 2:12).

그러나 이 말씀 역시 바로 뒤에 "너희 안에서 행하시는 이는 하나님이시니 자기의 기쁘신 뜻을 위하여 너희에게 소원을 두고 행하게 하시나니"(13절)라는 말씀이 이어지는 것입니다. 여기서 진리의 양면이 함께 나타나는데, 그 순서를 주목하기 바랍니다. 먼저 우리의 임무를 강조하고 그 다음에 그 일을 위해 동기를 부여하는 격려가 이어집니다. 그런 격려는 나태함을 부추기기 위함이 아니라 노력을 격려하기 위함입니다.

우리가 하나님의 명령들을 이행하고 그가 지정하신 수단을 사용하지 않으면, 그가 우리를 위해 강력히 역사하시기를 기대할 수도 없습니다. 우리의 양식을 하나님이 보장해 주셨지만(사 33:16), 그런데도 우리가 그것을 위해 수고해야 하는 것입니다(요 6:27).

빌립보서 2:12사이의 관계는 이중적인데, 이는 우리를 격려하고 동시에 우리를 낮추기 위함입니다. 하나님의 자녀는 자신의 연약함을 절실히 의식하며, 또한 세상과 육체와 마귀가 그를 대적하여 진치고 있음을 알고 있고, 또한 그의 앞에 놓인 과제들—자연의 범위를 훨씬 뛰어넘는 영적인 과제들—을 바라보면서, '과연 이 일들을 어떻게 이룰 수 있을까?'라고 묻습니다.

이에 대한 대답은 하나님의 도우심이 보장되어 있다는 것입니다. 신자는 홀로 내버려진 것이 아니라 전능하신 하나님이 그를 위해 그의 속에서 역사하십니다. 그러므로 하나님의 은혜가 그 자신에게 충족하다는 확신을 갖고 전진해야 합니다. 그에게 도움이 반드시 필요하지만, 그가 올바로 처신하면 반드시 도움이 그에게 베풀어집니다. 그러나 반면에 신자는 "두렵고 떨림으로", 즉 자기를 낮추는 겸손의 자세로, 그 자신의 구원을 스스로 이루어가야 합니다.

그러니 교만하고 독립적인 자들에게 그런 일이 어떻게 가능하겠습니까?

우리는 모두 본성적으로 바리새인들이어서, 자기를 자랑하고 높이기 십상입니다.

그러니 어떻게 하면 그런 자세를 벗어버릴 수 있을까요?

여기서도 빌립보서 2:13이 답을 제시해 줍니다. 우리 속에서 찬송 받을 만한 모든 일을 행하시는 분이 하나님이시니, 나 자신은 아무것도 자랑할 것이 없습니다. 나를 홀로 내버려지는 다른 사람들과 다르게 만들어주시는 것이 바로 하나님이시라는 사실을 끊임없이 마음에 새겨야 합니다. 자기를 낮추는 자세를 갖게 해 주는 가장 강력한 요인은 바로 그리스도를 떠나서는 우리가 아무것도 할 수 없다는 깨달음입니다(요 15:3).

앞에서 우리는 하나님의 약속들을 의지하지 않고서는 우리의 영적 싸움에서 성공을 거둘 가망이 거의 혹은 전혀 없다는 점을 지적했습니다. 하지만 이제는 하나님의 계명들에 대해서도 똑같다는 점을 덧붙여야겠습니다. 여호수아 11:6에서도 이것을 가르치고 있습니다. "그들로 말미암아 두려워하지 말라 내일 이맘때에 내가 그들을 이스라엘 앞에 넘겨주어 몰살시키리니"라고 말씀하셔서 그분의 종에게 확신을 주신 직후에, 여호와께서는 이렇게 덧붙이셨습니다.

> 너는 그들의 말 뒷발의 힘줄을 끊고 그들의 병거를 불사르라 (수 11:6).

하나님이 약속들을 주신 의도는 게으름을 조장하기 위한 것이 아니라, 임무의 이행을 자극하기 위함입니다. 하나님이 우리 속에서 일하시는 것은 병적인 처지를 촉진시키기 위함이 아니라, 하나님의 선한 뜻을 행하도록 하기 위함입니다. 하나님이 소나기로 땅을 부드럽게 만드시면, 농부는 이것을 보고서 밭을 갈고 곡식을 심을 생각을 갖게 됩니다.

하나님이 가벼운 바람을 일으키시는 것을 감지하면, 뱃사공이 돛을 올릴 마음을 갖게 됩니다. 영적인 문제에서도 마찬가지입니다. 중생한 자들에게 은혜가 베풀어지는 것은 그것을 사용하도록 하기 위함입니다.

> 네 속에 있는 하나님의 은사를 다시 불일듯 하게 하기 위하여 (딤후 1:6).

하나님이 우리 안에서 이루어 놓으신 것을 우리가 이루어가야 합니다. 그러나 그분을 완전히 의지하는 중에 그렇게 해야 합니다. 하나님이 역사하신다는 진리를 오용하지 않도록 조심하고, 받은 달란트를 땅에 묻은 게으른 종에 대한 경고를 마음에 새겨야 합니다.

성공을 거두는 용사가 되기 위해서는 다윗과 더불어(다윗만큼 군사작전에서 승리를 거둔 이가 없었습니다!) 다음과 같이 말할 수 있어야 합니다.

> 주의 증거들로 내가 영원히 나의 기업을 삼았사오니 이는 내 마음의 즐거움이 됨이니이다 (시 119:111).

찰스 브리지스(Charles Bridges: 1794-1869. 19세기 영국의 복음적 지도자, 역주)는 "증거"가 단수형으로 언급될 경우에는 성경 전체—인류를 향한 하나님의 계시 전체—를 지칭하지만, 복수형으로 언급될 경우는 주로 성경 중에서 "명령"에 해당하는 부분을 지칭한다고 보는데, 우리도 이에 동의합니다. 이는 138절과 168절에서 드러납니다.

"주께서 명령하신 증거들", "내가 주의 법도들과 증거들을 지켰사오니." 다윗은 하나님의 율례나 계명들을 그의 삶의 근간이 되는 "기업"으로 받아들였습니다(111절). 그는 자신의 행복을 위해 세상을 택하지 않고, 시간이 지나도 사라지지 않고 영원히 있을 거룩과 지혜의 기업을 택했습니다.

그가 그것을 선택한 것은 그 가치를 알았기 때문이었고—그 기업은 그 주인을 닮아서 "의롭고 지극히 성실"(138절)했습니다—그가 그 기업을 지극히 사랑했기 때문이었습니다(167절). 사도 바울 역시 다음과 같이 증언합니다.

> 내 속사람으로는 하나님의 법을 즐거워하되(롬 7:22).

그분의 법을 즐거워할 때에야 비로소 우리의 순종을 하나님이 받으십니다. "내가 주의 법도들과 증거들을 지켰사오니."

스펄전의 진술처럼, "우리가 하나님의 증거들을 지키면 그것들이 우리를 지켜주니, 판단이 올바르게 되고, 심령이 편안해지고, 거룩하게 처신하게 되며, 소망이 가득 차게 되는 것"입니다.

하나님의 증거들도 그분의 확신들과 똑같이 신자의 영적 싸움에 필수적입니다. 우리가 싸우도록 부르심 받은 것은 믿음의 싸움이요, 또한 하나님의 약속들이 그 양식이듯이, 그분의 증거들은 그 안내자들입니다. 믿음이 행해야 할 큰 세 가지 임무가 있는데, 곧 하나님을 전적으로 신뢰하는 것, 그분의 계시된 뜻에 순종하는 것, 그리고 그것을 대적하는 모든 것에 꾸준히 저항하는 것이 그것입니다.

첫 번째 임무에 대해서는 약속들이 격려해 주며,
두 번째 임무에 대해서는 명령들이 빛을 비추어주고,
세 번째 힘을 얻기 위해서는 하나님 자신을 바라보아야 합니다.

제14장 최후의 정복 607

여호수아 11:6에서도 그랬습니다. 하나님의 약속 바로 다음에 명령이 뒤이어졌습니다. 여호수아는 가나안 족속의 말들의 뒷발의 힘줄을 끊고 그들의 병거를 불사르라는 명령을 그대로 지켜야 했습니다.

헨리(Henry)는 여호수아가 감당하게 되는 이 새로운 싸움에 대해 다음과 같이 지적한바 있습니다.

> [그 싸움은] 영광스러운 싸움이었으니, 전공 면에서는 그 이전의 싸움보다 못하지 않았으나, 이적의 면에서는 그 이전의 싸움보다 못했다. 그 때에 그들을 위해 하나님이 일으키신 놀라운 역사는 그들 스스로 용맹스럽게 처신하도록 격려하기 위해 베풀어진 것이었다.
>
> 복음을 전하는 일로써 사탄의 왕국을 상대로 치르는 전쟁도 이와 마찬가지로 처음에는 이적들을 통해 이루어지지만, 그 후의 전쟁의 경우는 이미 그것이 하나님께 속한 것임이 충분히 입증되었으므로, 이제는 그 일을 행하는 자들이 우박이나 태양이 멈추어 서는 따위의 일을 기대하지 않고, 하나님의 은혜의 일상적인 도움에 의지하여 성령의 검을 사용하여 전쟁을 치르도록 하시는 것이다.

가나안 족속의 말들의 힘줄을 끊고 그들의 병거들을 불태우라는 명령이, 그것들이 전쟁터에서 사용되지 못하게 만들기 위함이었음은 물론입니다. 그리하여, 여호수아는 "모든 군사와 함께 메롬 물 가로 가서 갑자기 습격"했습니다 (7절).

여호와께서 친히 야빈과 그의 동맹군의 도전을 받아들이셨고 그가 그들을 이스라엘 앞에서 살육되게 하실 것임을 그분의 종에게 분명히 약속하셨으나, 그렇다고 해서 여호수아와 그의 군대가 그저 가만히 그가 하시는 일을 보고만 있어도 된다는 뜻은 아니었습니다. 과연 여호와께서 그들을 위해 능력으로 역사하실 것이었습니다. 그러나 그들을 통해 그 일이 이루어질 것이었습니다.

오늘날 특정한 부류의 그리스도인들에게 이 점이 분명히 강조되어야 마땅합니다. 유사 칼빈주의(hyper-Calvinism)혹은 일종의 운명론이 휩쓸고 있고, 또한 특정한 타입의 "승리하는 생활"(victorious life)이라는 가르침이 영혼들을 호도하고 있는데, 이 모두 치명적인 결과를 초래합니다.

오늘날 그리스도인에게 다음과 같은 가르침이 행해지는 경우가 있습니다. 곧 신자가 외형적인 시험거리에 넘어가고 내주하는 죄에게 져서 넘어지는 경우가 그렇게 잦은 이유는 다음과 같습니다.

그가 개인적으로 자기 원수들과 싸우려 하는 큰 잘못을 범하기 때문이라고 가르치고 신자가 "믿음으로" 그 원수들을 그리스도께 넘겨드려서 그로 하여금 신자를 대신하여 그들을 무너뜨리시게 하지 않으면 절대로 그 원수들이 무너지지 않는다고 가르치며, 그 싸움은 신자의 싸움이 아니라 그리스도의 싸움이라고 가르치며, 그가 십자가에서 이미 사탄과 그의 졸개들에 대해 승리하셨다고 가르치며, 또한 우리가 완전히 그리스도께 우리 자신을 굴복시키면, 우리가 아무런 노력을 기울이지 않아도 그의 승리가 우리의 것이 될 것이라는 식으로 가르치는 것입니다.

이런 식의 가르침은 겉모양이 아주 그럴듯해 보일만큼 외형적으로 진리의 모습을 하고 있습니다. 그러나 성경에는 하나님의 말씀에 굴복하는 모든 이들이 그 오류를 납득하고도 남을 만큼 충분한 반대의 증거들이 있습니다. 그리스도인의 삶에서 닥치는 가장 괴로운 문제점을 아주 복스럽게 해결해 주는 것처럼 보이고, 동시에 그리스도를 존귀하게 높이는 것처럼 보이기도 합니다.

그러나 사실 그런 식의 가르침은 인간의 책무를 부인하고, 우리 주님의 가르침을 거짓 것으로 만들어버립니다. 믿음이란 그저 하나님의 약속들에 의지하고 그리스도께서 그분의 백성을 위해 행하신 일에 의존하는 것만이 아닙니다. 믿음은 선행을 이루고, 계명을 지키는 길로 달려가며, 그가 우리에게 남기신 모범을 따라가는 것이기도 합니다.

이 현대의 운동의 지도자 중 한 분은 이렇게 선언합니다.

> 내가 그리스도를 신뢰하고 그에게 항복하면 죄를 대적하여 싸울 필요가 전혀 없고, 다만 죄의 권세와 욕망으로부터 완전한 자유를 누리게 된다.

그러나 그는 모든 시대의 하나님의 백성들의 기록된 경험과 반대되는 것을 제시하는 것은 물론이요, 성경 자체에도 정면으로 배치되는 것을 주장합니다. 성경은 "죄와 싸우고", "대항하는 일"(히 12:4)을 말씀하고, 통치자들과 권세들과 싸우는 것(엡 6:12)을 말씀하며, 신자들에게 "믿음의 선한 싸움을 싸우라"고 명령하며(딤전 6:12), "그리스도 예수의 좋은 병사로 … 고난을 받고", "병사로 모집한 자를 기쁘게 하라"고 말씀하며(딤후 2:3-4), 또한 "마귀의 간계를 능히 대적하기 위하여 하나님의 전신 갑주를 입으라"고 당부합니다(엡 6:11).

아무것도 하지 않고 그저 수동적으로 보고만 있는 것이, 그리고 그 대변자들의 표어처럼 "우리는 가만히 있고, 하나님이 다 행하시게 하는 자세"(Let go, let God)가, 과연 그리스도인의 삶의 이상적인 자세라면, 위에서 제시한 성경의 가르침들이나 그 비슷한 다른 가르침들은 전혀 소용이 없고, 무의미한 것이 되고 말 것입니다. 신자가 자기 자신의 힘으로는 결코, 승리를 얻을 수 없는 것은 분명한 사실입니다. 그러므로 주께서 힘을 주시기를 구해야 하고, 또한 그 힘을 능동적으로 전력을 기울여 사용해야 합니다.

수동적인 "승리자"를 논한다는 것은 무의미한 말장난에 불과합니다. 신자를 주의 전공(戰功)을 바라보기만 하는 방관자로 만든다는 것은 그들을 도덕적인 행위자 이하로 비하시키는 것입니다.

"가만히 서서 여호와께서 오늘 너희를 위하여 행하시는 구원을 보라"(출 14:13)라는 말씀을 "인내로써 우리 앞에 당한 경주를 하자"(히 12:1)라는 권면을 무효화시키는 것으로 오해하여 잘못 적용시켜서는 안 될 것입니다. '달리는 것'은 '씨름하는 것'이나 '싸우는 것'처럼, 맹렬한 수고와 노력을 경주하는 것을 나타내는 비유적인 표현입니다. 그렇게 열심히 노력하는 중에 "예수를 바라보아야 하는 것"은 사실입니다. 하지만 그와 동시에 "경주하여야 합니다."

구주께서 사탄을 이기고 승리하셨다는 복된 사실을 귀중하게 기려야 합니다. 그러나 그렇다고 해서 신자 역시 "마귀를 대적"해야 한다는 사실이 뒤바뀌는 것이 아닙니다. 하나님이 곧 사탄을 우리 발 아래에서 밟으시리라고 약속하신 것은 사실입니다. 하지만 그 약속은 아직 미래에 있는 것이요, 그리스도의 원수들이 그분의 발등상이 되는 일도 아직 미래에 속한 것입니다(히 10:13).

궁극적인 최후의 승리는 확실합니다. 그러나 우리 각자가 그 승리를 위해 싸워야 합니다. 여호수아 11장에서도 그랬습니다. 야빈과 그의 군대가 내일 몰살될 것이라는 신적인 확신이 주어졌지만, 그렇다고 해서 이스라엘이 임무 수행에서 면제받은 것이 아니었습니다. 전에 평지의 성읍들의 경우(창 19장)처럼 하나님이 그 가나안 족속들을 하늘로부터 불이 내리게 하여 멸하시겠다고 선언하신 것도 아니요, 고라와 그 일당의 경우처럼(민 16장) 땅이 입을 벌려 삼키도록 하시겠다고 선언하신 것도 아니었습니다.

그는 다만 "그들을 이스라엘 앞에 넘겨주어 몰살시키시겠다"고 약속하셨습니다. 곧 전투에서 죽임을 당하게 하시겠다고 하신 것입니다. 그분의 종 여호수아가 그런 의미로 받아들였다는 것이 분명합니다. 그를 비롯하여 그와 함께한 모든 용사들이 "습격"했다고 말씀하니 말입니다(수 11:7).

여호수아는 방어적인 위치를 고수하거나, 자신의 군대를 보호하기 위해 구덩이를 파고, 여호와께서 하시는 것을 가만히 앉아서 구경하려 하지 않았습니다. 그는 여호와의 약속을 완전히 신뢰하고서, 행동을 개시했고, 맹렬하게 돌진하여 원수들에게 기습 공격을 감행했습니다.

하나님은 "내일 이맘때에 내가 그들을 이스라엘 앞에 넘겨주겠다"고 말씀하셨고, 여호수아는 이 말씀을 그대로 받아들여 지체하지 않고 행동을 개시했습니다. 아마도 야빈은 여호수아의 그런 행동을 거의 예상하지 못했을 것입니다. 결국, 그들은 첫 공격에 완전한 혼란에 빠졌습니다.

2. 도전자들이 몰살당함

이 논고에서 우리가 의도해온 것은 여호수아서에 대한 단순한 해설 그 이상의 무엇을 제공합니다. 즉, 그 내용이 오늘날 우리에게 주는 의미와 교훈을 지적합니다. 물론 하나님의 말씀을 참되게 이해하는 것이 가장 중요한 일입니다.

말씀의 의미를 올바로 깨닫지 못한다면 과연 그것이 우리에게 무슨 도움을 주겠습니까?

그러나 반면에 그 말씀의 진의와 거기에 담긴 원리들과 명령들을 우리의 일상생활에 얼마나 적용시키느냐 하는 것 역시 그와 똑같이 중요합니다.

너희가 이것을 알고 행하면 복이 있으리라(요 13:17).

바로 이것이 관건입니다. 그러므로 하나님의 말씀의 올바른 의미를 깨닫는 데에 모든 수고를 기울이는 것은 복음 사역자에게 특히 하나님의 백성을 가르치는 자에게 주어진 임무의 일부에 불과합니다. 그와 똑같이 필수적이고 엄밀한 또 하나의 임무는 그가 다루는 각 본문에 대한 해명을 듣는 자들에게 실질적으로 적용시키는 일이요, 갖가지 교훈들을 제시하고, 본문의 말씀을 현재의 상태와 정황 속에 적응시켜 제시합니다.

그렇게 할 때에만 비로소 교회의 스승이신 그리스도께서 남기신 모범을 따르게 될 것이요, 그렇게 할 때에만 비로소 핍절한 중에 시험받아 혼란을 겪는 그분의 백성에게 크게 유익을 끼치게 될 것입니다.

그들에게 절실하게 필요한 것은 신비한 일들을 해명하거나 예언에 빛을 던져주는 것이 아니라, 그들을 위로하고 힘을 주며 자극을 줍니다. 그렇게 하기 위해서는 성경의 어느 한 책이나 그중 어느 한 장을 조직적으로 죽 다루어가는 속도가 늦추어지게 될 것입니다. 그러나 현재인의 생활에서 치명적으로 드러나거니와, 속도는 결코, 미덕이 아니라 오히려 많은 경우 악행입니다. "믿는 이는 다급하게 되지 아니하리로다"(사 28:16)라는 말씀은 하나님의 말씀을 해명하는 데에도 그대로 적용됩니다.

따라서 영혼들에게 진정 유익을 끼치려면 이 점을 깊이 생각해야 마땅합니다. 그런 방식이 신속하지는 않아도, 하나님의 복주심으로 말미암아(기도와 함께하는 많은 묵상을 통해) 현재 교회의 강단과 기독교 언론 등에 널리 퍼져 있는 대로 그저 표면만 핥고 지나가는 일반적인 방식보다는 훨씬 더 본질적이고 더욱 만족스러운 효과를 얻게 해 줄 것입니다.

옛 사람들의 말처럼, "천천히 확실히 하는 것이 확실히 잘 하는 것"입니다. 우리는 여호수아서 전체를 얼마나 신속하게 다 다룰 수 있는가에 관심 갖기보다는 그 내용들을 정확하게 해명하고 그것을 우리 자신과 독자들에게 실질적으로 적용시키고자 힘써왔습니다.

특히, 여호수아서의 내용 가운데 그리스도인의 영적 싸움의 갖가지 면들을 실례로 보여 주는 많은 것들— 사역의 성공을 위해 여호수아가 피해야 했던 함정들, 그가 준수해야 했던 원칙들, 그가 채용해야 했던 수단들—을 소상하게 다루어왔습니다. 이 책에서 제시하는 바 "믿음의 선한 싸움을 싸우도록 하기" 위한 큰 자극들과 실질적인 격려 등에 관심을 기울여왔고, 또한 어떻게 하면 그렇게 싸울 수 있는 힘을 얻을 수 있는지를 제시해 왔습니다.

거기에 덧붙여서 우리는 그리스도의 용사들이 나아가는 길에 놓인 갖가지 오류들, 곧 "거치는 것"(사 57:14)들을 제거하고자 힘써왔습니다. 앞에서 소위 "승리하는 생활" 운동이라 불리는 특정한 부류의 그릇된 가르침을 다룬바 있습니다. 하지만 이제 이에 대해 몇 마디를 덧붙이고자 합니다.

한편으로 우리는 그리스도인이라 고백하는 일반 사람들의 육신적이며 세상적인 삶의 행태에 대해 탄식하는 마음을 갖고, 하나님의 백성 가운데 많은 이들이 그들이 그리스도 안에서 누리는 특권들에 훨씬 못 미치는 삶을 살고 있다는 것을 십분 인정합니다.

그러나 다른 한편으로는 그들이 쓰는 언어에도 동의할 수 없고, 그들이 제시하는 치유책이 과연 참된 것이라고 믿지도 않습니다. 그 지도자들은 모두 명백한 알미니안주의자들이요, 이 사실만으로도 그들이 아주 안전하지 못한 안내자들이라는 것이 분명히 드러납니다. 일부 신자들이 그리스도를 욕되게 하는 삶을 살며 하나님의 계시하신 뜻에 역행하고 있다는 것은 성경적으로 입증 가능한 사실입니다.

그러나 그렇다고 해서 흔히 볼 수 있는 대로 하나님이 그들을 위해서 그들 속에서 이런저런 일을 행하기를 원하시지만 하나님이 그렇게 하시지 못하도록 그들이 가로막고 있다는 식의 주장이 정당한 것은 결코, 아닙니다.

그런 주장은 뜻을 이루지 못한 그리스도를 상정하는 것이요, 그렇게 실패한 그리스도라면 결코, "승리하는" 추종자들의 지도자가 되실 수 없는 것이 아닙니까!

그러나 그런 "그리스도"는 "전능하신 하나님"(사 9:6)이신 그 분과는 전혀 다릅니다. "저는 자의 다리는 힘없이 달려 있을 뿐이요"(잠 26:7), 자기들의 일관성을 지극히 자랑스러워하는 자들이 흔히 그들의 믿음과 행실에서 가장 일관성이 없는 모습을 보이는 경우가 많은 법입니다.

거룩한 생활을 주장하고 이를 위해 싸우는 것은 과연 칭찬할만한 일이요, 또한 그들의 소유가 된 것들을 소유하고 그리스도 안에서 그들의 것이 된 그 풍성한 기업을 누리라고 하나님의 백성을 독려하는 일도 지극히 필수적입니다. 하지만 올바른 지식을 통해 열정을 길들여 그것이 정도를 지키도록 만들어야 합니다.

열광주의적 자세를 피하고 모든 것을 성경 말씀을 통해 점검해야 마땅합니다. 빛의 사자의 모습으로 나타날 때만큼 사탄이 위험한 때가 없습니다. 육신적인 이성의 판단에는 성전 꼭대기에서 뛰어내리라는 마귀의 도전을 받아들이는 것이야말로 하나님이 보호하사 전혀 해를 당하지 않게 하실 것임을 믿는 뛰어난 믿음의 행위처럼 보일 것입니다. 그러나 그런 시도가 주제 넘는 행동이요 성경에 반대되는 것임이 그리스도의 답변에서 분명히 드러납니다.

이와 마찬가지로 우리가 그리스도의 다스리심에 전적으로 굴복하면 그가 우리를 위해 모든 일을 다 하실 것이라는 식의 발언이 그리스도를 지극히 높이는 것처럼 보일 수도 있습니다. 그러나 사실은 우리를 구원하시기 위해 그가 우리 대신 회개해 주시고 믿어주신다는 것이 어불성설인 것처럼, 우리 각자가 싸워야 할 일을 그가 대신 싸워주신다는 것도 결코, 온당한 발언이 아닌 것입니다. 우리가 그분의 은혜를 올바로 구하면 과연 그가 우리를 강건하게 하십니다. 그러나 그렇게 강건하게 하시는 것은 우리를 온전히 구비시키셔서 믿음의 선한 싸움을 싸우도록 하시기 위함인 것입니다.

사도께서는 "이를 위하여 나도 내 속에서 능력으로 역사하시는 이의 역사를 따라 힘을 다하여 수고하노라"(골 1:29)라고 선포합니다. 이 진술에는 하나님의 영광을 깎아내리는 것이 하나도 없습니다. 오히려 그 정반대입니다.

여호수아 11장에 대한 논의로 다시 돌아갑시다. 이스라엘에 비해 자신의 군사력이 월등히 우세하다는 점과 자신은 수많은 말과 병거를 소유하고 있는데 반해서 이스라엘 군은 보병 밖에 없다는 사실을 보고서, 야빈은 승리를 자신하고 있었을 뿐 아니라 자기들이 선제공격을 감행할 계획을 세우고 준비하고 있었고, 이스라엘 편에서 선제공격을 하리라고는 결코, 예측하지 못했습니다. 그러나 전혀 뜻밖에도 이스라엘이 선제공격을 시도했습니다.

이에 여호수아가 모든 군사와 함께 메롬 물 가로 가서 갑자기 습격할 때에(수 11:7).

여기서 우리는 믿음의 순종과 담대함과 신속한 처신을 보게 됩니다. 여호수아는 자신의 군사적 기술이나 병사들의 용맹함이 아니라, 그가 섬기는 하나님의 확실한 약속을 확신했습니다. 그가 지금 가나안 족속들을 공격하기로 결정한 것은 변덕스러운 자신의 감상이나 육신적인 이성에 의한 것이 아니었고, 여호와께로부터 받은바 명령에 의한 것이었습니다.

그가 갑자기 야빈과 그의 군대를 습격한 것은 즉시 결말을 보고 싶어 하는 조급함이나 걱정 때문이 아니라, 바로 앞 절에 나타나는 대로 "내일"이라는 여호와의 말씀을 그대로 붙잡은 결과였습니다. 그의 행동은 모험을 무릅쓰는 것도, 무턱대고 저질러 보는 것도 아니었습니다. 오직 소망이 전혀 없어 보이는 상황에서 담대히 그의 하나님께 의지하는 것이었습니다. 훗날 다니엘서에서 히브리인들이 바벨론 왕의 칙령을 두려워하지 않고 저항했던 것처럼 말입니다.

여호와께서 그들을 이스라엘의 손에 넘겨 주셨기 때문에 그들을 격파하고 큰 시돈과 미스르봇 마임까지 추격하고 동쪽으로는 미스바 골짜기까지 추격하여 한 사람도 남기지 아니하고 쳐죽이고(수 11:8).

이렇듯 이스라엘의 하나님은 모세를 통해 주신 그분의 말씀을 그대로 이루셨고(신 20:1), 그분의 종에게 하신 약속을 성취하셨고, 여호수아의 믿음대로 응답하셨습니다. 이는 모든 세대에서 하나님의 백성의 믿음이 의지해온 그 기초가 얼마나 견고한가를 보여 주는 또 하나의 증거였습니다.

그리고 하나님은 이를 통해 야빈과 그의 동료들의 불경한 도전을 받아 주시고, "지혜로도 못하고, 명철로도 못하고 모략으로도 여호와를 당하지 못하느니라"(잠 21:30)라는 사실을 분명히 입증하셨습니다. 사실 사탄의 모든 지혜와 중생하지 못한 자들의 모든 책략은 직간접적으로 여호와를 상대로 제기되는 것들이지만, 모두 허사가 되고 맙니다.

그와 그의 기름 부으신 자를 대적하여 아무리 사람들이 공격한다 할지라도 하늘에 앉으신 자께서 그들을 비웃으시고 그들을 망하게 하시는 것입니다(시 2:1-6). 태양이 빛을 비추지 못하게 막거나 대양이 움직이지 못하게 하려는 시도가 허망한 것이듯, 전능자의 뜻을 헛되게 하려는 시도 역시 그런 것입니다. 어린 양을 대적하여 싸우는 모든 자들은 반드시 그가 물리치실 것입니다(계 17:14).

야빈이 오랫동안 계획했던 싸움이 완전히 실패로 돌아간 사실은 아무리 지혜롭게 계획하더라도 그 어떤 "모략"도 "여호와를 당하지 못한다"는 것을 분명히 보여 줍니다. 그분을 대적하여 아무리 훌륭하게 계획을 세우더라도 결국, 어리석은 짓이 되고 맙니다. "지혜로운 자가 자기의 계략에["어리석음"이 아니라!] 빠지게 하시며 간교한 자의 계략을 무너뜨리시는 것"(욥 5:13)입니다. 바로가 히브리 사람들을 억제하기 위해 꾀를 냈으나 그들의 숫자가 늘어날 뿐이었습니다(출 1:8-12).

아히도벨의 계략은 "사람이 하나님께 물어서 받은 말씀과 같은 것"처럼 보였으나 결국, 어그러지고 말았습니다(삼하 16:23; 17:7, 14, 23; 15:31). 아합왕은 자기의 목숨을 노리지 못하도록 막고자 하여 하나님의 말씀을 거짓 것으로 만들고자 했고(왕상 22:30-34), 아달랴는 다윗의 가문을 멸절시켜 하나님의 약속을 무효화시키려 은밀하게 계획했으며(왕하 11:1), 산헤립은 교만하고도 사악하게 유다를 멸망시키고자 했습니다(대하 31:21; 사 30:31).

유다와 베냐민 지파를 대적하는 자들이 그들의 성전 건축을 가로막고자 거듭하여 강하게 노력했고(스 4:6), 산발랏이 예루살렘 성벽을 쌓는 일을 간교하게 반대했으며(느헤미야), 하만이 모든 유대인들을 살육하기로 결심했으며(에 3장), 헤롯이 아기 예수를 죽이려 했으나(마 2장)—이 모든 시도들은 하늘의 작정하심을 대적하는 것으로 반드시 허사로 돌아갈 수밖에 없었습니다.

여호와께서 그들을 이스라엘의 손에 넘겨 주셨기 때문에 …(수 11:8).

다른 많은 구절에서나 여기서나, 악인이 의인과 마찬가지로 그들을 지으신 하나님의 손 안에 있고 그분의 주권적인 처분에 전적으로 맡겨져 있다는 복된 사실을 배우게 됩니다. 성경의 주요한 의도 가운데 하나는 바로 하나님이 그가 지으신 피조물들과 유지하시는 갖가지 관계들을 우리에게 계시해 줍니다. 그는 창조주이실 뿐 아니라 법 제정자(Lawgiver)이시요, 그들의 왕이시요 통치자이시며, 또한 궁극적으로 그들의 모든 행실 하나하나를 심판하실 심판주이십니다.

택함 받은 자들은 물론 버림을 받은 자들도 그들의 영원한 운명을 결정하시는 신적인 토기장이의 손에 있는 진흙 덩이로 묘사되고 있으므로(롬 9:21-24), 그들이 시간에 속해 있는 동안 그들과 그들의 처신을 완전히 통제하시는 것이 확실합니다.

그러므로, 그 하나님이 "땅의 모든 사람을 없는 것 같이 여기시며 하늘의 군대에게든지 땅의 사람에게든지 그는 자기 뜻대로 행하시나니 그의 손을 금하든지 혹시 이르기를 네가 무엇을 하느냐고 할 자가 아무도 없고"(단 4:35), 또한 사탄도 그 졸개도, 하나님의 분명한 허락이 없이는 그분의 백성을 대적하여 움직일 수도, 그분의 섭리의 간섭하심을 제거할 수가 없다는 것이야말로 신자가 누리는 위로의 가장 중요하고도 본질적인 부분입니다.

… 그들을 이스라엘의 손에 넘겨주셨기 때문에 …(수 11:8).

이것이야말로 "여호와께서 나라들의 계획을 폐하시며 민족들의 사상을 무효하게 하시도다"(시 33:10)라는 말씀의 실례가 아닐 수 없습니다!

악인들이 하나님의 통치 아래 있는 신복들인 것은 물론이요, 그들의 모든 처신이 그분의 통제를 받고 그분의 영원한 목적에 복종하지만, 정작 하나님은 그들의 악과는 조금도 관계가 없으십니다.

바로와 유다의 경우들이 그렇지 않았습니까?

그보다 더 극단적인 사례들도 있을까요?

만일 그렇다면 모든 반역도들 중에 가장 큰 자도 전능하신 하나님의 목적을 이루는 것이 되니(물론 그들 자신은 전혀 그럴 의도가 없겠지만), 그보다 작은 반역도들의 경우는 당연히 그렇다고 보아도 무리가 없을 것입니다.

니므롯과 그의 동료들은 하늘에까지 이르는 탑을 세울 생각을 가졌으나, 하나님이 그 기도를 무산시키셨습니다. 그랄 왕 아비멜렉이 사라를 취하려 했으나, 하나님이 막으셔서 그녀를 손대지 못하게 하셨습니다(창 20:6). 발람이 불의의 삯을 탐하여 스스로 발락에게 매수되어 이스라엘을 저주하려 했으나, 여호와께서 개입하셔서 그로 하여금 발락에게 "내가 축복할 것을 받았으니 그가 주신 복을 내가 돌이키지 않으리라"(민 23:20)라고 고백하게 하셨습니다.

> 진실로 사람의 노여움은 주를 찬송하게 될 것이요 그 남은 노여움은 주께서 금하시리이다(시 76:10).

> 여호와께서 그의 보좌를 하늘에 세우시고 그의 왕권으로 만유를 [악인과 선인을 마귀들과 참으로 그의 교회에 속한 자들을] 다스리시도다(시 103:19).

하나님은 바다의 요동하는 물결은 물론, 위정자들의 결정에도, 백성들의 봉기들에도, 맹렬한 전쟁에도, 개입하셔서 다스리십니다. 왕들의 음모나, 반역자들의 야망이나, 정복자들의 횡포나 모두 지극히 높으신 하나님이 완전히 통제하십니다. 그는 자신의 영원하신 작정에 부합되도록 그들의 도모를 주재하시고, 그들의 결단을 결정하시고, 그들이 공격할 나라들을 정하시고, 그들의 생각을 기울게 하십니다.

이것이야말로 틀림없이 반복되어 나타나는 성경의 가르침입니다. 정복에 대한 야망으로 가득 차 있는 이방의 군주에 대해 여호와께서 무어라 말씀하시는지를 유념하기 바랍니다.

> 앗수르 사람은 화 있을진저 그는 내 진노의 막대기요 그 손의 몽둥이는 내 분노라 … . 그의 뜻은 이같지 아니하며 그의 마음의 생각도 이같지 아니하고 다만 그의 마음은 허다한 나라를 파괴하며 멸절하려 하는도다 (사 10:5-7).

앗수르 사람들은 보다 더 큰 야망을 갖고 다른 계획들을 도모했으나, 하나님이 그 생각의 방향을 바꾸시고, 그분의 진노를 극도로 촉발시켜온 백성에게 심판을 가하는 도구가 되게 하셨습니다. 그 자신도 모르는 사이에 하나님이 그를 그분의 "진노의 막대기"로 사용하셨고, 그리하여 그는 하나님의 손 안에 있었고, 그분의 처신도 하나님이 결정하신 것입니다.

> 여호와께서 그들을 이스라엘의 손에 넘겨 주셨기 때문에 … 한 사람도 남기지 아니하고 쳐죽이고 (수 11:8).

여기서 전능하신 하나님을 상대로 싸운다는 것이 얼마나 허망하고 미친 짓인지를 잘 보게 됩니다.

그가 그들 자신이 받아 마땅한 대로 그들을 죽음에 "넘겨주시면", 그들이 과연 무엇을 할 수 있었겠습니까?

아무것도 없습니다. 그저 속수무책으로 당할 뿐이요, 그들의 악행에 대한 보상을 결코, 피할 수가 없었습니다.

> 악인은 피차 손을 잡을지라도 벌을 면하지 못할 것이나 의인의 자손은 구원을 얻으리라 (잠 11:21).

야빈과 그의 일당들이 바로 그랬습니다. 악을 위해 서로 동맹을 맺었으나 모든 것이 수포로 돌아가고 말았습니다. 그들의 숫자도, 힘도, 그들의 일치된 의지도, 하나님의 복수의 순간이 오자 아무런 소용이 없었습니다. 불경한 자들의 세상을 기다리고 있는 그 심판에 대한 엄숙한 예고가 바로 여기에 있습니다. 여호와께서는 "그를 미워하는 자에게는 당장에 보응하여 멸하신다는 것"(신 7:10)을 엄히 선언하십니다.

그뿐만 아니라, 이렇게도 말씀하십니다.

> 왕의 손이 왕의 모든 원수들을 찾아냄이여 왕의 오른손이 왕을 미워하는 자들을 찾아내리로다 왕이 노하실 때에 그들을 풀무불 같게 할 것이라 여호와께서 진노하사 그들을 삼키시리니 불이 그들을 소멸하리로다(시 21:8-9).

그리스도 외에는 하나님의 공의의 심판에서 보호해 줄 것이 아무것도 없는 것입니다. 그가 임하셔서 세상을 심판하실 때에는 제아무리 강한 마음을 가진 자도 공포에 녹아내리고 아무리 완악한 자도 반석에게 이렇게 소리칠 것입니다.

> 우리 위에 떨어져 보좌에 앉으신 이의 얼굴에서와 그 어린 양의 진노에서 우리를 가리라. 그들의 진노의 큰 날이 이르렀으니 누가 능히 서리요(계 6:16-17).

> 여호수아가 여호와께서 자기에게 명령하신 대로 행하여 그들의 말 뒷발의 힘줄을 끊고 그들의 병거를 불로 살랐더라(수 11:9).

승리에 취하여 얼굴이 붉어진 상태에서도 이스라엘의 지도자는 여호와께로부터 받은 명령을 잊지 않고 그대로 이행했습니다. 성령께서는 그 사실을 놓치지 않고 언급하심으로, 하나님이 순종을 얼마나 귀히 여기시는지를 여실히 보여 주십니다.

뿐만 아니라, 여기 상세한 사실들을 기록하고 계시는 것은 우리에게 영적인 교훈을 주시기 위함입니다. 곧 하나님의 뜻에 온전히 복종한 상태를 유지하지 않는 한, 계속해서 승리를 얻기를 기대할 수가 없다는 사실입니다. 우리의 원수들을 이기기 위해 우리가 힘쓰지만, 그 일에 하나님이 계속 복을 주시기를 기대하려면 우리 자신을 낮추고 그 분께 굴복해야만 합니다. 교만이나 자기 뜻이 허용되면, 성령께서 근심하시기 때문입니다. 겸손은 언제나 하나님을 향한 순종으로 표현되는 법입니다.

여기 9절에 기록된 내용은 11장 마지막까지 이어지는 내용을—곧, 여호수아의 전진이 전혀 지체되지 않고 이어진 사실을—설명해 줍니다. 구체적으로 어떻게 말의 힘줄을 끊었는지는 나타나지 않으므로, 그저 말의 기능을 무력화시킨 것인지 아니면 완전히 죽인 것인지는 알 수 없습니다. 병거들을 불태운 것을 볼 때에, 다른 가나안 사람들이 사용하지 못하도록 말들을 죽였을 개연성이 더 큽니다. 이스라엘에게는 말이 소용없었을 것이니 더욱 그럴 가능성이 높습니다.

> 여호수아가 여호와께서 자기에게 명령하신 대로 행하여 그들의 말 뒷발의 힘줄을 끊고 그들의 병거를 불로 살랐더라 (수 11:9).

이는 다음의 말씀을 여실히 증명해 줍니다.

> 많은 군대로 구원 얻은 왕이 없으며 용사가 힘이 세어도 스스로 구원하지 못하는도다. 구원하는 데에 군마는 헛되며 군대가 많다 하여도 능히 구하지 못하는도다 (시 33:16-17).

하나님은 군대가 없는 자들도 구원하실 수 있는 분이십니다. 그러므로 홍해의 사건에서 분명히 드러나듯이, 그가 대적하시면 군대가 있는 자들도 그분앞에서 속수무책일 수밖에 없습니다.

신명기 17:16의 금지명령을 철저히 준수했을 때에 이스라엘이 가장 영광스러운 승리를 거두었다는 것은 정말 충격적인 사실입니다. 여호수아 시대에 그들이 얻은 놀라운 공적 이외에도, 우리는 시혼과 옥을 상대로 얻는 승리들(민 21:23-26, 33-35)과, 시스라와 구백 대의 철 병거를 무찌른 일(삿 4:3-16)과, 다윗이 이 천의 병거들을 자랑하던 소바왕에 대해 승리를 거둔 일(삼하 8장)을 실례로 들 수 있습니다.

반면에, 신명기 17:16에서 그들이 범죄한 이후 이스라엘의 쇠퇴가 뚜렷하게 나타나며(왕상 4:26; 10:26), 그들이 어리석게 신뢰하던 바로 그것에서부터 패배가 임했음을 보게 됩니다(대하 12:29; 또한, 참조. 사 31:1).

이 모든 일이 다음과 같은 말씀이 참임을 증명해 줍니다.

> 싸울 날을 위하여 마병을 예비하거니와 이김은 여호와께 있느니라 (잠 21:31).

그리고 이스라엘이 이런 헛된 신뢰를 버릴 때에 하나님이 그들의 잘못을 치유하셨다는 사실을 지적할 수 있습니다(호 14:3-4).

3. 하나님과 전쟁

어쩌면, 독자들 중에는 이런 제목보다는 "사탄과 전쟁"이 더 적절하고 정확한 제목이 아닐지 생각하는 분들이 있을지도 모르겠습니다. 오늘날 교인들 가운데 하나님이 계획적으로 직접 조수(潮水)나 지진, 혹은 전쟁에 관여하신다는 사고를 부인하는 자들의 숫자가 늘어나고 있습니다.

그러나 그런 것들이 존재하므로, 이 사람들은 그것들이 마귀의 탓이라고 여깁니다. 이런 사고는 고대의 페르시아인들과 현대의 파시교도들(Parsees)의 종교적 신념과 거의 흡사합니다. 조로아스터교(Zoroastrianism)는 선신(善神)과 악신(惡神)이 현세를 주관하고 복은 선신에게서 오고 모든 화는 악신에게서 온다고 가르칩니다.

그 고대의 철학체계와 종교체계에 서로 대적하는 그 두 신들 중에 어떤 신이 궁극적으로 승리하게 될지에 대해 명확한 진술이 없는 것처럼, 이 현대의 이원론자들 역시 참되고 살아계신 하나님에 대한 신뢰가 거의 없어 그분을 이 현상세계의 일들에게서 분리시키고서, 이 땅이 모종의 마귀적인 폭탄에 의해 산산조각 날 가망이 크다는 식으로 이야기하고 심지어 그렇게 글을 쓰기도 합니다. 창조주께서 그분의 목적을 다 이루신 후에 이 세상을 불로써 멸하실 것(시 50:3)—홍수 이전의 세상을 그가 물로써 멸하신 것처럼—이라는 사실은 전혀 인정하지 않는 것입니다.

믿음이 없는 이 세대를 향해 , 이 세상을 지으신 이가 지금도 세상을 다스리고 계시다는—그것도 그저 모호하고 애매한 방식이 아니라 지극히 확실하고도 특정적인 방식으로—사실을 끊임없이 강조해야 합니다. 여호와 하나님은 세상의 모든 일들을 주관하시며, 그 모든 사건들을 지도하시고, 그 모든 거민들을 이끄십니다.

만일 그가 그렇게 하지 않으신다면, 만일 무언가 그분의 통제를 벗어나 있는 피조물들이 있거나 그분의 통치권 바깥에서 무언가가 발생한다면, 하늘과 땅에 있는 모든 것이 그분의 영광을 위한다는 것도, 그분을 사랑하는 자들에게 모든 일이 합력하여 선을 이룬다는 것도, 전혀 보장할 수가 없습니다.

오히려 미래에 대한 모든 확신이 사라질 것이요, 마음의 평안과 고요함이 헛된 꿈이 되어 버릴 것입니다. 그러나 성경의 가르침은 이 문제에 대해 너무도 확실하므로 도무지 오해의 여지가 없습니다.

여호와께서 그의 보좌를 하늘에 세우시고 그의 왕권으로 만유를 다스리시도다 (시 103:19).

모든 일을 그의 뜻의 결정대로 일하시는 이(엡 1:11).

이는 만물이 주에게서 나오고 주로 말미암고 주에게로 돌아감이라 그에게 영광이 세세에 있을지어다 아멘(롬 11:36).

사탄이 하나님의 뜻을 거스르기는커녕 그의 허락이 없이는 욥에게나 그의 재물에게 손도 댈 수 없었고, 그리스도의 허락이 없이는 귀신들이 돼지 떼에게 들어갈 수가 없었습니다(막 5:12, 13). 하나님의 허락이 없이는 마귀가 성도를 조금도 해칠 수 없고, 성도가 믿음으로 꾸준히 대적하면 마귀가 그에게서 물러갈 수밖에 없는 것입니다(약 4:7).
"모든 일"이 하나님께 속해 있으니, 전쟁도 예외가 될 수 없습니다. 하나님의 말씀이 "여호와는 용사"이시라고 선포합니다만(출 15:3), 이는 과연 진리입니다. 그렇기 때문에 하나님은 주저함 없이 친히 군사적인 칭호를 자기 자신에게 돌리시는 것입니다. 그리고 그는 "전쟁에 능한 여호와시로다"(시 24:8)라고 선포하시는데, 이러한 사실이 이스라엘의 역사에서 거듭 거듭 입증되고 있습니다. 그가 친히 그들을 위해 강하게 역사하사 그들의 원수들을 무찌르시기 때문입니다.

만군의 여호와께서 싸움을 위하여 군대를 검열하심이로다. 무리가 먼 나라에서, 하늘 끝에서 왔음이여, 곧 여호와와 그의 진노의 병기라 온 땅을 멸하려 함이로다 (사 13:4-5).

이 본문들은 모두 구약에 속한 것들이고, 신약의 정신은 모든 전쟁을 불법한 것으로 배격한다고 반론을 제기할 수도 있습니다. 그러나 신약도 결코, 그렇지 않습니다. 신약의 가르침 역시 구약과 완전히 일치합니다.
군인들이 와서 "우리는 무엇을 하리이까?"
이렇게 물었을 때에 세례 요한은 더 이상 싸움을 하지 말고 너희 직업을 버리라고 하지 않고, 오히려 그들이 현재의 위치에서 어떻게 처신할지를 일러주었습니다(참조. 눅 3:14). 백부장이 예수님께 나아와 자신의 군인 신분에 근거해서 발언할 때에, 그는 그의 직업을 정죄하거나 백부장이라는 직책을 지닌 것을 책망하지 않으셨고, 오히려 그의 믿음을 크게 칭찬하셨습니다(눅 7:8, 9).

예루살렘의 멸망을 예언하시면서, 그리스도께서는 하나님이 그분의 군대를 보내실 것을 선언하셨고(마 22:7), 이로써 로마의 군단이 그분의 심판을 시행하기 위해 그에게서 쓰임 받는 도구에 불과하다는 사실을 말씀하셨습니다. 빌라도에게 심문받으실 때에 우리 주님은 이렇게 말씀하셨습니다.

> 내 나라는 이 세상에 속한 것이 아니니라 만일 내 나라가 이 세상에 속한 것이었더라면 내 종들이 싸워 나로 유대인들에게 넘겨지지 않게 하였으리라 이제 내 나라는 여기에 속한 것이 아니니라(요 18:36).

이 말씀은 그 당시에는 육신적인 수단이 그분의 영적인 나라를 전진시키는 데에 합당치 않았으나, 그가 낮아지심의 상태에 계셔서 왕의 권좌에 친히 오르실 수 없는 처지가 아니셨더라면 그분을 따르는 자들이 그분의 권좌를 위해 정당하게 싸웠을 것임을 분명히 암시하는 것이었습니다.

더욱이 그가 "이제"라는 단서를 붙이셨다는 것은 요한계시록 19:11의 예언의 말씀처럼 훗날 그럴 때가 반드시 올 것임을 분명히 확증합니다. 열 왕이 음녀를 망하게 하고 불로 태워 죽이기로 작정할 때에, 요한은 이렇게 말씀합니다.

> 이는 하나님이 자기 뜻대로 할 마음을 그들에게 주사 한 뜻을 이루게 하심이라 (계 17:16-17).

이처럼 성경의 하나님은 이 덧없는 시대에 감상적인 몽상가들이 헛되게 꾸며내는 하나님과는 철저하게 다른 분이십니다!

앞에서 가나안에서의 이스라엘의 전쟁에 대해 말씀하는 중에, 우리는 그리스도인이 싸워야 할 영적 전쟁에 대한 적용 부문을 주로 강조했습니다. 하지만 문자적인 면에 대해 다루지 않는다면 이 역시 합당치 않을 것입니다. 인류의 역사의 상당 부분이 전쟁에 대한 기술이므로, 이에 대한 성경의 가르침에로 관심을 돌려 하나님과 전쟁의 관계를 확실히 하는 것이 적지 않게 중요합니다.

하나님은 전쟁을 멀리서 지켜보기만 하고 싸움터의 그 끔찍한 현실에 직접 관여하지 않는 방관자이실까요, 아니면 직접 전쟁에 개입하셔서 주관하시는 분이실까요?

이런 문제에 대해 이리저리 사색한다는 것은 쓸 데 없는 일이요 불경한 일입니다. 전쟁은 언제나 끔찍한 재난이요, 한 부류의 사람들이 미친 듯이 다른 부류의 사람들과 싸우는 내전(內戰)의 경우나, 혹은 여러 나라들이 개입될 경우는 더 그렇습니다.

그런 시기에는 극심한 고통과 고뇌로 인해서, 그 모든 일 전체를 주관하는 하나의 섭리에 대해 많은 이들의 믿음이 흔들립니다. 진리에 견고히 뿌리를 박고 있지 못하면, 심지어 하나님의 백성조차도 우주를 다스리시는 분에 대한 생각을 그대로 유지하고 하나님의 선하심과 지혜를 신뢰하기가 힘든 것이 사실입니다.

인류 역사를 잘 아는 사람들은 인간이 정글의 맹수들보다 더 잔인하다는 서글픈 증거들이 가득하다는 것을 잘 압니다. 사자와 호랑이는 굶주림을 채우기 위해 먹이들을 죽이지만, 사람들은 자기들의 끝없는 탐욕과 야망을 채우기 위해 동료들을 제거합니다. 지난 여러 세기 동안 야생 짐승들이 수천 명의 사람들을 죽였지만, 불과 지난 몇 년 동안 사람이 사람을 죽인 숫자는 수백만을 넘습니다.

자기들의 탐욕을 채우기 위해 무수한 사람들을 희생시키기를 주저하지 않는 자들의 무지막지한 사악함으로 인해 그렇게 많은 사람이 희생된 것입니다. 사람을 먹이를 찾아 헤매는 짐승으로 만들어버린, 아니 서로에게 마귀가 되게 만든, 그 인간 본성의 부패성은 아무리 탄식해도 모자랍니다.

이 '개화된' 세기[즉, 20세기]에 일어난 사건들만으로도 타락한 인간 본성의 전면적인 부패성에 대한 성경의 가르침이 분명히 확증되고도 남습니다. 중생하지 않은 상태의 사람들은 "가증스러운 자요 피차 미워한 자"일 뿐입니다 (딛 3:3).

그러나 스스로 의로운 체하는 자세로 동료들의 무자비함과 사악함을 정죄해서는 안 되고, 오히려 우리 역시도 그들과 똑같은 진흙 덩이임을 겸손히 인정해야 합니다. 혹 자비의 마음이 우리를 다스린다 해도 그것은 바로 우리를 변화시키시는 하나님의 주권적인 은혜 덕분이기 때문입니다.

그러나 우리와 똑같이 악한 본성을 지닌 사람들이 벌이는 사악한 일들을 슬픔과 수치와 공포로 바라보는 한편, 그 모든 사건들 속에 하나님의 섭리가 차지하는 위치를 간과하거나 무시해서는 절대로 안 됩니다. 하나님이 최고의 운행자이시며 그 밑의 모든 대리자들은 그분의 통제 아래 있으며, 그가 없이는 그들이 아무 일도 할 수 없도록 그가 효과적으로 그들을 다스리시는 것입니다.

그들이 아무리 엄청난 악행을 저지르더라도, 그들은 하나님의 복수의 사역자들입니다. 온 나라 전체가 파괴될 때조차도, 무슨 수단이 사용된다 해도 결국, 하나님의 손이 심판의 역사를 행하시는 것입니다.

앞에서 간단히 이에 대해 언급한 바 있으나, 거기서 지적한 내용에 다음과 같은 내용을 보충할 필요가 있을 것 같습니다.

> 내가 애굽인을 격동하여 애굽인을 치리니 그들이 각기 형제를 치며 각기 이웃을 칠 것이요 성읍이 성읍을 치며 나라가 나라를 칠 것이며 애굽인의 정신[용기]이 그 속에서 쇠약할 것이요 그의 계획을 내가 깨뜨리리니 … 내가 애굽인을 잔인한 주인의 손에 붙이리니 포학한 왕이 그들을 다스리라 주 만군의 여호와의 말씀이니라(사 19:2-4).

이 말씀에 근거하여, 이 문제에 대에 기존에 생각해오던 바를 바꾸어야 할 사람들이 적지 않을 것입니다. 성읍이 무너져 돌무더기가 되고, 내전이 일어나 한 나라가 괴로움에 빠지고, 나라들이 망할 때에, 거기서 하나님의 역사하심을 인정해야 한다는 것입니다.

아무리 악한 폭군들이 악독하기 그지없는 짓들을 저지른다 해도, 그들은 하나님의 도구들로서 그분의 뜻을 이행합니다. 예레미야 25:9에서 우리는 여호와께서 느부갓네살을 "내 종"으로—"내 종 모세"(민 12:7), "내 종 다윗"(시 89:3) 등의 경우처럼—언급하시는 것을 봅니다.

바벨론 왕 느부갓네살은 징벌하시고 파괴하시는 역사에 쓰임받고, 그들은 구원하시고 세우시는 역사에 쓰임받은 자들로서 똑같이 하나님의 목적을 이루는 도구들이라는 것입니다.

> 이스라엘 집이여 보라. 내가 한 나라를 먼 곳에서 너희에게로 오게 하리니 곧 강하고 오랜 민족이라 … 그들이 네 자녀들이 먹을 추수 곡물과 양식을 먹으며 네 양 떼와 소 떼를 먹으며 네 포도나무와 무화과나무 열매를 먹으며 네가 믿는 견고한 성들을 칼로 파멸하리라(렘 5:15-17).

하나님은 나라들에게 복을 주기도 하시지만, 심판을 내리기도 하시며, 심기도 하시지만 뽑기도 하십니다.

> 보라 내가 사납고 성급한 백성 곧 땅이 넓은 곳으로 다니며 자기의 소유가 아닌 거처들을 점령하는 갈대아 사람을 일으켰나니, 그들은 두렵고 무서우며 당당함과 위엄이 자기들에게서 나오며(합 1:6-7).

이교도 국가들이 하나님의 통제 아래 있으며 그분의 목적을 이루기 위해 그가 사용하시는 존재라는 것이 이 말씀들에서 얼마나 선명하게 나타나는지 모릅니다. 바벨론 사람들은 이 세상의 통치자께서 그분의 백성을 징계하시기 위해 쓰임 받았고, 유대인들을 포로로 끌어가도록 그에게서 명령을 받았습니다. 그러나 그 과정에서 그들은 큰 잘못을 저질렀고, 따라서 뿌린 대로 거두게 되었습니다.

육신적인 사고에서는 그런 일이 전혀 일관성이 없어 보일 수도 있지만, 실상은 그렇지 않습니다. 느부갓네살은 하나님의 작정하심을 이룬다는 생각이 전혀 없이 오히려 자기 자신의 탐욕을 충족시키고자 행동했으며, 따라서 여호와께서는 섭리로써 그분의 나라를 유례없이 무너뜨리셨습니다.

하나님은 다른 사람들을 보내셔서 바벨론에 대한 그분의 보복을 시행하십니다. 그러므로 그들은 자기들 자신의 열정에 부추김을 받았으나, 그런데도 그들을 불러일으키시고 그들에게 승리를 주신 것은 바로 하나님 자신이셨습니다.

> 보라, 은을 돌아보지 아니하며 금을 기뻐하지 아니하는 메대 사람을 내가 충동하여 그들을 치게 하리니, 메대 사람이 활로 청년을 쏘아 죽이며 태의 열매를 긍휼히 여기지 아니하며 아이를 애석하게 보지 아니하리라(사 13:17, 18).

여기서 섭리가 얼마나 끔찍한 모습으로 나타나는지 모릅니다!

야만적인 우상 숭배자들이 인간성의 모든 명령을 다 거역하며 횡포를 부리는 일조차도 결국, 전능자의 심판을 수행합니다. 그들의 행실이 지극히 끔찍하고 죄악된 것이지만, 그것은 하나님의 주권적인 섭리 가운데서 그분의 뜻을 이루는 것입니다.

> 만군의 여호와께서 그것을 정하신 것이라 모든 누리던 영화를 욕되게 하시며 세상의 모든 교만하던 자가 멸시를 받게 하려 하심이라 … . 여호와께서 … 열방을 흔드시며 … 그 견고한 성들을 무너뜨리게 하시고 (사 23:9-11).

갈대아인들이 두로를 무너뜨린 일은 예언의 성취이며 동시에 하나님의 역사하심으로 이루어진 일이었습니다. 하나님이 그 일을 행하셨고, 동시에 사람이 그 일을 행한 것입니다. 사람은 여호와의 일을 행한다는 의식이 전혀 없이 지극히 자유로이 행하는 것이요, 따라서 영원 전부터 예정된 그 일을 자기들이 행하는 것에 대해 공의로운 책임을 질 수밖에 없습니다. 철학으로는 이런 방향에서 깊이 있게 파들어 갈 수가 없지만, 성경은 그 신비로움을 깨끗이 정리해 줍니다.

고레스에 대해 하나님은 이렇게 선포하셨습니다.

> 너는 나의 철퇴 곧 무기라 나는 네가 나라들을 분쇄하며 네가 국가들을 멸하며 (렘 51:20).

그 강력한 군주에 대해 거기서 말씀하는 바는 역사상 존재했거나, 현재 존재하거나, 앞으로 존재하게 될 모든 군주들에게 그대로 적용됩니다. 전제 군주들은 자기들을 거의 신(神)처럼 여깁니다. 하지만 차라리 사람들이 나무를 쪼개거나 자르는 데에 쓰는 도끼와 톱이 자기들을 인간의 반열에 올려놓는 것이 오히려 훨씬 더 이성적이라 합니다.

오래 전에 하나님이 작정하신 일 외에 다른 일을 행할 수 있는 사람은 아무도 없습니다. 그러므로 그들을 통해 행해지는 모든 심판들에 대해 우리는 하나님께 영광을 돌리고, 죄악된 나라들에 가해지는 모든 비참한 일들 속에서 그분의 무서운 섭리를 보고 높이 찬송하는 것이야말로 우리의 임무인 것입니다.

이스라엘의 가나안 정복 전쟁은 지금까지 말씀드린 모든 사실에 비추어 바라보아야 합니다. 여호수아 10:30, 42에서는 여호수아의 "칼"이 여호와의 칼이었음이 매우 분명히 드러납니다.

"여호와와 기드온의 칼"(삿 7:20)과 비교해 보기 바랍니다. 모세오경의 여러 구절들에 비추어 볼 때에, 여호와의 종이 명령을 받아 사람들을 죽이는 경우 그것이 여호와의 극한 징벌로 간주해야 합니다.

가나안의 원주민들은 비단 노골적인 우상 숭배자들이라는 점만이 아니라 도덕성과 인간성의 원리들을 발로 짓밟는 데에서도 극히 파렴치한 범법자들이었습니다. 레위기 18:3, 27, 28로 돌아가서, 3절과 27절 사이에 기록된 내용을 잘 살펴보면 아모리 족속에게서 드러난 끔찍한 부패성을 감지하게 될 것입니다. 그들이 저지른 처절하게 망령된 짓들이 세세히 열거되어 있기 때문입니다.

그 이교도 부족들은 마치 몸이 입혀진 해로운 쓰라린 상처와도 같아서, 주변의 나라들을 오염시키는 존재요, 따라서 하나님이 여호수아를 명하여 그들을 뿌리째 뽑아버리도록 하신 것은 그 주변의 나라들에게는 하나의 자비로운 행위였고, 그 부족들 자신에게는 공의로운 심판이었습니다.

여호와께서는 오랫동안 그들을 참아오셨습니다. 그러나 이제 아모리 족속의 불의가 가득 찼다는 사실(창 15:16)이야말로 그들의 경우에 정확히 들어맞는 심판의 요점인 것입니다. 엄하고 혹독한 심판의 역사에 대해 여호와께서는 아무런 변명도 하실 필요가 없으며, 오히려 그는 그 심판의 역사에서 높임과 영광을 받으셔야 마땅합니다.

> 여호와여 주는 나의 하나님이시라. 내가 주를 높이고 주의 이름을 찬송하오리니, 주는 기사를 옛적에 정하신 뜻대로 성실함과 진실함으로 행하셨음이라. 주께서 성읍을 돌무더기로 만드시며 견고한 성읍을 황폐하게 하시며 외인의 궁성을 성읍이 되지 못하게 하사 영원히 건설되지 못하게 하셨으므로 강한 민족이 주를 영화롭게 하며 포학한 나라들의 성읍이 주를 경외하리이다(사 25:1-3).

바로와 그의 군대가 홍해에 잠길 때에 이스라엘이 여호와를 찬양했던 것처럼, 또한 하늘에 속한 무리들이 다음과 같이 찬송하는 것처럼 말입니다.

> 할렐루야, 구원과 영광과 능력이 우리 하나님께 있도다. 그의 심판은 참되고 의로운지라 음행으로 땅을 더럽게 한 큰 음녀를 심판하사 자기 종들의 피를 그 음녀의 손에 갚으셨도다(계 19:1-2).

하나님은 창조의 역사에서는 물론 섭리의 일에서도 영광과 찬송을 받으시기에 합당하신 분이십니다. 세상을 창조하실 때에 만물을 선하게 지으셨듯이, 세상을 다스리시는 데에서도 그는 모든 일을 선히 행하십니다. 하나님은 피조물의 손을 통해 행하시는 일들에 대해서도 높임을 받고 찬송 받으셔야 마땅합니다. 그는 성도는 물론 악인을 통해 행하시는 일에서도, 그의 은혜의 역사는 물론 그의 보복의 역사에서도, 영광을 받으시는 것입니다.

그러나 이 문제에서 진리의 균형을 유지하려면, 하나님의 심판의 역사를 보여 주는 다른 부류의 본문들에 대해서도 정당한 지위를 부여해야만 합니다. 곧 개인이든 나라든 그가 심판하시는 것은 사람의 죄악성이 심판을 초래하기 때문이지 그가 그것을 기뻐하시기 때문이 아니라는 사실입니다. 이는 에스겔 14장에서 선명하게 나타납니다.

거기서 여호와 하나님은 예루살렘을 향해 심판을 선언하신 다음 이렇게 말씀하십니다.

> 내가 예루살렘에서 행한 모든 일이 이유 없이 한 것이 아닌 줄을 알리라(겔 14:21-23).

예레미야 22:8-9에서 드러나듯이, "여러 민족들이 이 성읍으로 지나가며 서로 말하기를 여호와가 이 큰 성읍에 이같이 행함은 어찌 됨인고 하겠고, 그들이 대답하기는 이는 그들이 자기 하나님 여호와의 언약을 버리고 다른 신들에게 절하고 그를 섬긴 까닭이라 하셨다 할지니라"(렘 22:8, 9). 애가서의 다음의 증언이 얼마나 명확한지 모릅니다.

> 이것들이 아침마다 새로우니 주의 성실하심이 크시도소이다(애 3:23).

에스겔서의 다음 말씀 역시 명확합니다.

> 주 여호와의 말씀이니라. 나의 삶을 두고 맹세하노니, 나는 악인이 죽는 것을 기뻐하지 아니하고 악인이 그의 길에서 돌이켜 떠나 사는 것을 기뻐하노라(겔 33:11).

그러므로 심판은 여호와의 "비상한 일"이요 그분의 "기이한 사역"(사 28:21)입니다. 심판의 사역은 그분의 자비의 사역만큼 그에게 어울리는 것이 아니기 때문입니다. 하나님은 어디서든 의를 인정하시고 그것에 대해 일시적인 복으로 상을 베푸십니다.

그러나 죄는 언제나 인정하지 않으시고, 조만간 그분의 진노로 화답하십니다 (잠 14:34). 그러나 심지어 그분의 심판의 검은 구름이 한 나라에나 혹은 악한 체제에 드리워질 때에, 국가적으로 하나님 앞에서 자기를 낮추며 행실을 바꾸는 일을 통해 재난을 피하기도 합니다(출 9:27-29; 눅 19:41-44; 계 2:21, 22).

예레미야 18:8의 여호와의 말씀이 얼마나 적절한지 모릅니다.

> 만일 내가 말한 그 민족이 그의 악에서 돌이키면 내가 그에게 내리기로 생각하였던 재앙에 대하여 뜻을 돌이키겠고(렘 18:8).

니느웨에서 일어난 일이 그 지극히 확실한 실례입니다. 물론 이 본문은 하나님의 영원한 작정이 변경되는 것을 가리키는 것이 아니요, 오히려 이 세상을 다스리시는 하나님의 갖가지 원리 중의 하나를—나라들도 개인들과 똑같이 그들의 행실에 따라 심은 대로 거두게 하심으로 대하신다는 것을—보여 줍니다. 언제나 자비하심이 베풀어짐으로써 그분의 심판이 부드럽게 되니 말입니다(삿 3:8-10).

자, 앞에서 지적한 이 두 가지 면이 여호수아 11장에서 실례로 나타납니다. 한편으로 본문은 이렇게 말씀합니다.

> 그들의 마음이 완악하여 이스라엘을 대적하여 싸우러 온 것은 여호와께서 그리하게 하신 것이라 그들을 진멸하여 바치게 하여 은혜를 입지 못하게 하시고 여호와께서 모세에게 명령하신 대로 그들을 멸하려 하심이었더라(수 11:20).

이는 심판의 때가 무르익었을 만큼 그들에게 불의가 가득 차 있었기 때문입니다(마 23:32; 살전 2:16; 계 14:7, 18). 그러나 반면에 이렇게도 말씀합니다.

> 여호수아가 하솔만 불살랐고 산 위에 세운 성읍들은 이스라엘이 불사르지 아니하였으며(수 11:13).

곧, 이스라엘과 싸우지 않고 가만히 있었던 성읍들은 불사르지 않았다는 뜻입니다. 그러므로 진노 중에도 하나님이 자비를 기억하심이 여기서도 드러납니다. 이것은 저항하지 않는 가나안 족속들의 경우는 이스라엘이 도륙하지 않았음을 보여 주는 여러 본문 중의 하나입니다(참조. 신 20:10-11). 여리고의 주민들이 이스라엘에 대해 적대적인 자세를 취했다는 것이 여호수아 24:11에서 드러납니다. 그러므로 아이 역시 동일한 자세를 취했을 것으로 결론지을 수 있습니다.

4. 요약 정리

여호수아서의 다음 단원(13-18장)에서는 가나안을 이스라엘 지파들에게 분배하는 과정과 그들이 실제로 그들의 기업에 들어가는 과정을 다루고 있습니다. 하지만 그리로 넘어가기 전에 이스라엘의 가나안 정복 과정을 정리해 주는 11장과 12장에 대해 몇 가지 보충해서 말씀드리고자 합니다. 여기서는 가나안 땅을 완전히 접수하는 긴 싸움에 대해 보도하고, 또한 여호수아가 궤멸시킨 서른 한 명의 왕의 명단이 기록되어 있습니다.

11장에 대해 앞에서 상세히 다룬바 있으나 아직 다루지 못한 몇 가지 세부적인 사항들이 남아있는데, 이것들은 그리스도인들이 싸워야 할 선한 싸움에 갖가지 면들을 묘사하고 예증해 주는 것으로 그냥 지나치기에는 너무도 중요한 사항들입니다. 그것들은 우리의 수고가 성공을 거두기 위해서는 반드시 마음에 새겨야 할 소중한 내용들입니다. 그것들은 과연 "우리의 교훈을 위하여 기록된 것이니"(롬 15:4), 그냥 무시하고 지나갈 수가 없습니다.

우리 주님은 보리떡 다섯 개와 물고기 두 마리로 무리들을 먹이는 놀라운 이적을 행하시면서, 제자들에게 "남은 조각을 거두고 버리는 것이 없게 하라"고 명하셨는데(요 6:12), 이는 오늘날 하나님의 백성들이 깊이 새겨야 할 말씀 중의 하나입니다. 왜냐하면, 오늘날 얼마든지 사용할 수 있거나 다시 사용할 수 있는 것들을 내던져버리는 잘못을 저질러서, 낭비를 일삼는 이 방자한 세대의 악한 모범을 본받는 사람들이 있기 때문입니다.

우리도 그리스도의 그런 명령에 포함되어 있는 일반적인 정신과 원리를 좇아서, 여호수아 11장으로 다시 돌아가고자 합니다. 전반적으로 그 부분을 살펴서 그 내용을 새겼지만, 아직 주목하지 못했던 몇몇 "남은 조각"이 있으므로, 이제 그것들을 "거두고"자 합니다. 우리가 사도들처럼 행할 수도 없고, "열두 바구니"를 가득 채울 능력도 없지만, 하나님이 우리를 도우셔서 주린 영혼의 필요를 충분히 채울 수 있으리라 믿습니다. 주께서 은혜로 그 일을 이루시기를 바랍니다.

여호수아가 그 왕들의 모든 성읍과 그 모든 왕을 붙잡아 칼날로 쳐서 진멸하여 바쳤으니 여호와의 종 모세가 명령한 것과 같이 하였으되(수 11:12).

여호수아는 이 일에 대해 그의 전임자 모세로부터 지극히 명확한 명령을 받은 바 있었으며(신 7:2; 20:16, 178), 그는 이 일에서 자비를 베풀어서는 안 되고 아무도 남겨두지 말아야 했습니다. 그들은 마치 헝겊이 물을 빨아들이듯이 악을 완전히 다 마시는 자들이었기 때문입니다. 그리고 모세는 여호와 하나님께로부터 직접 그 명령을 받았습니다.

그러므로 여호수아와 그의 군사들이 그 우상 숭배로 가득한 부도덕한 아모리 족속을 살육한 것은 그들이 피에 목마른 자세나 악의에 사로잡혀서 행한 것이 아니었고, 하나님의 명령에 순종하기 위해 행한 일이었습니다. 이런 사실을 우리의 실생활에 어떻게 적용시켜야 하는지는 분명합니다. 하나님의 명령 중에는 혈육에게 고통스러운 것들도 있습니다(마 16:24; 빌 3:10).

그렇습니다. 우리의 타락한 본성에 전혀 어긋납니다(마 5:29, 30). 그러나 우리에게 알맞은 것만 골라서 취해서는 안 되고, 지극히 힘들고 어울리지 않는 것들까지도 다 지켜야 합니다. 심지어 우리와 가장 가깝고 사랑스러운 자들을 버리기까지도 마다해서는 안 됩니다(마 10:34, 35; 눅 14:26). 다윗처럼 "주의 모든 계명에 주의"(시 119:6)를 기울여 행해야 마땅합니다.

여호와께서 그의 종 모세에게 명령하신 것을 모세는 여호수아에게 명령하였고 여호수아는 그대로 행하여 여호와께서 모세에게 명하신 모든 것을 하나도 행하지 아니한 것이 없었더라(수 11:15).

이것은 우선 하나의 일반적인 진술로서, 여호수아가 모세를 통해 주신 여호와의 명령들(출 23:24; 34:11-13; 민 33:52; 신 12:3)을 정확하게 그대로 이행했음을 요약해 주는 것으로 보아야 합니다. 여호와께서는 가나안 석상과 부어 만든 우상을 다 깨뜨리며, 산당을 다 헐고, 제단을 헐며, 조각한 신상들을 찍어 낼 것을 명하셨습니다.

요컨대, 가나안 족속의 종교와 관계되는 모든 것들을 완전히 끊어내고, 그 거짓 신들의 이름 자체를 "그곳에서 멸하라"는 것이었습니다(신 12:3). 여호수아는 자기의 뜻을 따를 자유도 없었고, 자기 판단대로 시행할 수도 없었으며,

오직 모세를 통해 여호와께로부터 받은 상세한 명령을 그대로 시행하는 것밖에는 없었습니다. 그가 얼마나 열의를 다해 시종일관 그 명령을 준수했는지를 성령께서 감동하신 이 기록에서 볼 수 있습니다.

> 여호수아는 … 여호와께서 … 명하신 모든 것을 하나도 행하지 아니한 것이 없었더라 (수 11:5-6).

우리의 올바름을 우리 스스로 입증하려면, 주께서 명령하신 바를 하나도 남김없이 다 행해야 한다. 세상에서나 교회에서나, 행할 일을 빠뜨리고 행하지 않는 것은 행하지 말아야 할 일을 행하는 것만큼 위중하지는 않으나, 그것 역시 분명한 불순종의 행위요, 하나님의 권위에 굴복하지 않는 의지에게서 나타나는 결과다(토마스 스코트).

박하와 근채의 십일조까지 극히 꼼꼼하게 따지면서도 그보다 더 중한 율법의 강령—곧, 정의와 긍휼과 믿음—은 행하지 않는 바리새인들을 향해 주님이 말씀하셨듯이, "이것도 행하고 저것도 버리지 말아야 할"(마 23:23) 것입니다. 신실한 순종은 편파성이 없습니다. 하나님의 계명 중 어느 하나를 올바른 원리에 따라 순종하는 자는 그 모든 계명에 대해서도 높이 기릴 것입니다.

은혜를 누리는 심령과 헛된 이름뿐인 자들 사이의 극명한 차이 중의 하나가 바로 이것입니다. 이름뿐인 신자는 하나님이 아니라 자기들 자신을 위해 행하며, 자기들의 이익에 도움이 되거나 자기들의 명성이 동료들보다 높아지는 데에 이바지하는 것만 행하려 하며, 따라서 바리새인들처럼 지극히 작은 계명들을 강조하면서도 도덕적인 임무들에 관한 계명들은 무시해버리고, 손을 씻는 따위의 외형적인 임무들은 철저히 지키면서도 마음을 깨끗하게 하는 데에는 별로 관심을 두지 않는 것입니다.

그러므로 여호수아가 "여호와께서 … 명하신 모든 것을 하나도 행하지 아니한 것이 없었다"는 말씀은 필자나 독자들이나 자기 자신을 살피는 기준으로 삼아야 할 극히 예리한 말씀입니다!

그는 과연, "내가 너희에게 명령하는 이 모든 말을 너희는 지켜 행하고 그것에 가감하지 말지니라"(신 12:32)라는 근본적인 교훈을 철저히 준수했습니다. 하나님의 계명에 무언가를 양심을 얽어매고 개인의 경건에 필수적인 요인으로 첨가하는 것은 하나님의 지혜를 깎아내리는 것입니다. 왜냐하면, 하나님이 그 부분을 간과하신 것으로 만드는 처사이기 때문입니다.

그뿐만 아니라 하나님의 계명에서 무언가를 삭제하는 것도 그것들 모두를 무시하거나 헛되게 만드는 것으로 하나님의 권위와 선하심을 욕되게 합니다. 우리가 진정 지혜롭기를 바라면—심지어 우리 자신의 유익을 위해 처신하려 하더라도—무조건적인 순종을 드리게 될 것입니다. 하나님이 오로지 우리의 유익이 되는 것만을 명령하셨고, 따라서 그분의 계명 중에 하나라도 소홀히 하면 고스란히 우리에게 해(害)가 되기 때문입니다.

설교자에게도 이것이 얼마나 엄숙한 말씀인지 모릅니다!

오오, 여러분! 목회 사역을 마치면서 회중의 면전에서, "유익한 것은 무엇이든지 … 여러분에게 전하여 가르쳤다"(행 20:20)고 진실로 증언할 수 있게 되기를 소원합니다.

여호수아가 그 모든 왕들과 싸운 지가 오랫동안이라 (수 11:18).

여호수아의 가나안 정복에 대한 기록이 매우 간결하고 그가 얻은 무수한 승리들이 아주 짧게 기록되어 있으나, 그 모든 것이 여리고 전투나 10장에 묘사된 싸움의 경우처럼 며칠 혹은 몇 주 내에 얻은 것처럼 생각해서는 안 됩니다. 그 승리들은 오랜 기간에 걸쳐서 얻어진 것들입니다.

그러나 "오랫동안"이라는 표현은 상대적인 의미를 지닙니다. 시간이 흘러가는 속도의 더디고 빠름은 반드시 시계로만 가늠되는 것이 아니기 때문입니다. 괴로움과 압박이 가득한 상태에서는 시간이 매우 느리게 지나가는 것처럼 느껴집니다.

그러므로 전쟁터에서 싸우는 이스라엘의 용사들보다는 어머니들과 아내들이 더 그렇게 느꼈을 것입니다. 그래서 히브리어로는 "많은 날들"로 되어 있습니다.

그러나 여호수아 14:1-10을 신명기 2:14과 비교해 보면 사실 그 전체 기간은 7년 정도였습니다. 여호수아의 본문에 근거하면, 가나안을 정복했을 때에 갈렙이 85세였으나 모세가 그를 가나안 정탐을 위해 그를 보냈을 당시는 그의 나이가 40세였습니다. 그런데 신명기의 본문에서는 이스라엘이 요단 강을 건너기까지 광야에서 38년을 보냈음을 알 수 있습니다.

그러므로 이스라엘이 가나안 전체를 항복시키고 점령하기까지 7년이 소요되었음을 알 수 있습니다.

"여호수아가 그 모든 왕들과 싸운 지가 오랫동안이라"는 말씀은 여호수아의 시종여일함과 그의 아래에서 섬긴 사람들의 안정된 꾸준함을 잘 보여 줍니다. 그들은 여리고와 아이성을 함락한 후에 쉬면서 가볍게 전쟁에 임하지 않았고, 그들에게 주어진 임무를 다 완수하기까지 꾸준하게 싸움을 계속했습니다. 영적 전쟁에 임하는 그리스도인들에게 이 얼마나 고귀한 모범인지 모릅니다! 눈앞에 놓인 장애물에 질겁해서도, 무찔러야 할 원수의 규모에 압도당해서도, 중도에 당하는 실패들로 인해 낙심해서도 안 됩니다.

위로부터 임하는 인내와 단호한 결단을 진지하게 구해야 합니다. 믿음의 싸움이 "오랫동안" 이어지지만, 현세에 사는 동안 우리에게 휴식기는 없습니다. 그러나 "때가 이르매 거두리라"는 것을 확신하고, 낙심하지 말고 꾸준히 선을 행해나가야 합니다(갈 6:9). 이 권면이 데살로니가후서 3:13에서도 반복해서 우리에게 주어지는데, 이는 우리가 주어진 임무를 이행하는 동안 수고를 게을리 할 소지가 그만큼 많다는 것입니다. 그러므로 이런 악한 성향을 살피고 제어하여 마지막까지 인내해야 합니다.

> 그 때에 여호수아가 가서 산지와 헤브론과 드빌과 아납과 유다 온 산지와 이스라엘의 온 산지에서 아낙 사람들을 멸절하고 그가 또 그들의 성읍들을 진멸하여 바쳤으므로 (수 11:21).

이들을 대적하여 특별한 싸움을 벌인 것으로 보이며, 여기서 그 일에 대해 언급하고 있습니다. 이에 대한 이유를 어렵지 않게 찾을 수 있습니다. 모세가 열두 정탐꾼을 가나안 땅에 보냈을 때에, 그중 열 사람은 돌아와서 이스라엘의 점령 가능성에 대해 찬물을 끼얹었습니다. 그들은 가나안의 성읍들의 견고함을 강조했고, 아낙 자손이 "신장이 장대한 자"들이며, 이들에 비하면 이스라엘 사람은 "메뚜기" 같다고 보고했습니다(민 13:28-33).

그러나 그들이 그처럼 장대했고 더욱이 자기들의 견고한 성채에 숨어 있었으나, 여호수아와 그의 사람들은—산지의 험준한 지형과 그 장대한 자들을 무찌르기에 엄청난 어려움이 있었으나—그들을 무찔렀고, 불신앙적인 그들의 선조들이 그렇게도 두려워했었던 그들을 완전히 쓸어버린 것입니다.

도저히 불가능해 보였던 그 공격이 마무리되었다. 아낙 자손들이 하나님의 이스라엘에게 전혀 공포를 주지 못했다. 그들조차도 때가 이르러 무너진 것이다. 전능하신 하나님께는 거인들도 난쟁이에 불과하다.

그러나 아낙 자손들과의 싸움은 후반부로—이스라엘이 전쟁의 기술을 좀 더 연마하고 하나님의 권능과 그분의 선하심을 더 경험한 후로—미루어졌다. 때로 하나님은 환난과 시험으로 그분의 백성을 극히 예리하게 다루는 일을 뒤로 미루어두기도 하신다. 그러므로, '고삐를 붙잡은 자는 고삐를 놓은 자처럼 자랑해서는 안 된다. 사망이야말로 저 무지막지한 아낙 자손처럼 반드시 상대하여 무찔러야 할 마지막 원수다(고전 15:26). 우리에게 승리를 주시는 하나님께 감사하리로다(헨리[Henry]).

"그가 또 그들의 성읍들을 진멸하여 바쳤으므로"는 절대적인 의미로 이해해서는 안 됩니다. 뒤에 사무엘상하에서 분명히 드러나듯이, 이 거인들의 후손이 완전히 박멸된 것이 아니었고, 그중 일부가 싸움에서 피신하여 이스라엘로부터 몸을 숨기거나 인근 지역에서 피난하고 있었기 때문입니다. 이 점은 그 뒤에 이어지는 구절에서 좀 더 선명히 드러납니다.

> 이스라엘 자손의 땅에는 아낙 사람들이 하나도 남지 아니하였고 가사와 가드와 아스돗에만 남았더라(수 11:22).

블런트(J. J. Blunt: 1794-1855. 영국성공회의 사제. 역주)는 그의 충격적인 책 [계획되지 않은 우연](Undesigned Coincidences)에서 이 본문을 하나의 실례로 제시합니다. 그는 사무엘상 17:4이 다윗이 죽인 블레셋의 장군 "가드 사람 골리앗"은 키가 여섯 규빗 한 뼘이나 되는 거인이었음을 언급한다는 점을 지적하면서, 독자들에게 그 표현의 가치를 주목할 것을 촉구합니다.

그는 이어서 민수기 13:32, 33의 모세의 증언을 토대로 가나안의 원주민이 "신장이 장대한 자들이며 … 네피림 후손인 아낙 자손의 거인들"이었음을 상기시킵니다. 여호수아가 마지막으로 거둔 승리와 관련해서 이런 상세한 내용을 조심스럽게 주목할 필요가 있습니다. 그 때에 그가 "온 산지에서 아낙 사람들을 멸절하여", 이스라엘 땅에는 하나도 남지 않았고, "가사와 가드와 아스돗에만 남았다"는 것입니다.

그러므로, 사무엘서의 기록에서 가드가 골리앗의 출신지로 언급된다는 사실은 모세와 여호수아 등 다른 두 저자가 독자적으로 기록하고 있는 두 가지 다른 사실들―즉, 아낙 자손들이 장대한 자들이라는 것과, 거의 사라진 그 족속이 여호수아의 칼을 피해 살아남아서 실제로 가드에서 계속 거주하게 되었다는 것―과 분명하게 일치합니다.

그러므로 이 세 증인들의 기록 속에서 하나님의 말씀의 확실함이 성립되며, 이는 이스라엘의 목동 다윗의 놀라운 전과와도 지극히 만족스럽게 일치합니다. 마치 모든 사건을 푸는 열쇠와도 같은 이 사건―즉, 다윗이 골리앗을 죽인 일―이 의심의 여지가 전혀 없는 사실임이 확실하며, 또한 그 반대의 증거가 전혀 없으므로, 그와 동일한 역사에 속한 다른 구체적인 사실들 역시도 신빙성 있는 사실임을 인정하지 않을 이유가 없습니다. 그리고 다윗이 그의 원수를 죽이게 된 것이 보이지 않는 하나님의 손길에 의한 것이었음을 여러 가지 섭리적인 정황들이 입증해 줍니다.

그가 싸움터에 나갔다가 골리앗의 교만한 도전을 받고 수락한 일, 군복과 놋투구와 창을 버려두고 매끄러운 돌 다섯을 주머니에 넣고 싸움터에 나간 일, 물매를 던져 단번에 그를 죽인 일, 그리고 모든 블레셋 사람들의 무리가 공포에 질려 무너진 일, 등을 모두 종합할 때에, 그 일은 결코, 일상적인 사건이 아니었고 "여호와의 구원하심이 칼과 창에 있지 아니"하며, 전쟁은 여호와께 속한 것이며 그가 이스라엘에게 승리를 주셨다는 것을 분명히 증언해 주는 것이었습니다(삼상 17:47).

> 이와 같이 여호수아가 여호와께서 모세에게 말씀하신 대로 그 온 땅을 점령하여 이스라엘 지파의 구분에 따라 기업으로 주매 그 땅에 전쟁이 그쳤더라 (수 11:23).

여호수아 13장과 사사기의 보도로 볼 때에, 이 말씀은 전체적인 진술로서, 아마도 "그가 공격한 성읍 가운데 함락되지 않은 것이 하나도 없었고, 모든 성읍이 다 그에게 굴복했다"(존 길: John Gill)는 의미일 것입니다. 하나님은 이렇게 해서 족장들에게와(신 1:8), 모세와(신 3:18), 여호수아에게(수 1:6) 주셨던 그분의 약속들을 그대로 이루셨습니다. 이제 한 동안 "그 땅에 전쟁이 그쳤습니다."

도피한 가나안 족속들은 공격이 두려워 조용히 있었고, 인근의 나라들도 그들을 침공하지 않았습니다. 이 사실을 어떻게 영적으로 적용시킬지는 분명합니다. 그리스도인의 영적 전쟁이 아무리 유쾌하지 못하고 괴롭더라도, 기쁨으로 소망을 갖고서 미래를 바라봄으로써 환난 중에 인내해야 합니다(롬 12:12). 그러면 머지않아 위로부터 오는 완전한—그저 잠시 동안만이 아니라 영원한—안식이 성도의 몫이 될 것입니다.

여호수아 12장은 여호수아의 군사 작전의 적절한 결말을 이루는 것으로, 그가 얻은 무수한 승리들을 요약하며 그가 제거한 서른 한 명의 왕들의 목록을 제시합니다. 모세의 시대와 여호수아의 시대에 이스라엘이 거둔 정복에 대해 짧게 보도합니다. 여호와께서 이스라엘에게 주신 땅은 요단 강을 중심으로 두 부분으로 나뉘어 있습니다. 그러므로 가나안 정복은 단일 사업이었으나 실제로 두 단계로 시행되었습니다. 요단 강 동편의 땅은 모세가 점령하여 두 지파와 반 지파가 소유하게 되었으나, 서편 땅의 절반 이상은 여호수아를 통해 점령되어 아홉 지파와 반 지파에게 할당되었습니다.

모형적으로 볼 때에 이것은 세 가지 의미가 있고 혹은 세 가지로 적용할 수 있습니다.

첫째, 구속의 의미로, 그리스도의 중보 사역의 열매들을 그려줍니다. 그분의 죽으심(요단 강) 이후에 그분의 중보 사역을 통해 은혜를 입은 자들이 그분의 공생애 기간 동안 구원받은 자들보다 훨씬 많았습니다

둘째, 세대적으로, 교회와 및 그 구성원과 관련하여: 그 이전에 유대인들 중에서 구원받은 사람들보다, 그 후에 이방인들 중에서 구원받은 죄인들의 숫자가 훨씬 더 많았을 것으로 보입니다.

셋째, 영적으로, 신자의 구원과 관련하여: 요단 강을 건너기 전에도 신자가 일부의 기업을 얻고 누리지만, 그 주요한 부분은 죽음 이후에 누리게 됩니다. 그러나 그 기업의 신비한 의미를 추구하는 동안에도 그 실천적인 교훈을 간과해서는 안 될 것입니다.

> 여호와의 종 모세와 이스라엘 자손이 그들을 치고 여호와의 종 모세가 그 땅을 르우벤 사람과 갓 사람과 므낫세 반 지파에게 기업으로 주었더라. 여호수아와 이스라엘 자손이 … 쳐서 멸한 그 땅의 왕들은 이러하니라. 그 땅을 여호수아가 이스라엘의 지파들에게 구분에 따라 소유로 주었으니(수 12:6-7).

가나안 땅을 점령한 일과 그 땅을 지파들에게 분배한 일이 이처럼 연결된다는 것은 큰 교훈을 줍니다.

> 성도는 현재에 축복을 누리는 중에, 과거에 받은 바 긍휼을 감사함으로 기억해야 한다. 현재 살아 있는 주의 종들의 수고를 통해 유익을 얻고 있으니, 과거 시대에 그분을 섬겼던 종들도 기억하고 기리는 것이 마땅하다. 모세를 통해 세워진 민족적인 언약을 통해 이스라엘이 많은 세상적인 유익을 얻었던 것이다(토마스 스코트).

> 여호수아와 이스라엘 자손이 요단 이편 곧 서쪽 레바논 골짜기의 바알갓에서부터 세일로 올라가는 곳 할락 산까지 쳐서 멸한 그 땅의 왕들은 이러하니라 … . 모두 서른한 왕이었더라 (수 12:7, 24).

그처럼 작은 땅에 그렇게 많은 왕들이 있었다는 것이 이상스럽게 보일 수도 있습니다. 그러나 이것은 성경의 역사적 기록의 정확성과 진실성을 보여 주는 증거입니다. 고대에는 주요한 성읍들마다 각기 별도의 왕들이 있었는데, 이런 관습과 성경의 기록이 정확히 일치하기 때문입니다. 역사가들에 의하면, 율리우스 케사르(Julius Caesar)는 브리튼 섬에 상륙하여 켄트(Kent) 지방에서만 네 명의 왕을 만났다고 합니다.

그러니 그 섬 전체에는 왕이 총 몇 명이나 있었겠습니까?

여호수아가 그 모든 왕들을 정복했다는 복된 사실은 우리 마음이 우리의 힘 되신 여호와를 온전히 붙잡을수록(수 11:6-7), 우리의 원수들이—아무리 막강하고 수가 많더라도—더욱 확실하게 우리 앞에서 함락된다는 진리를 잘 보여 줍니다. 숫자 대신 문자를 사용하는 옛 방식으로(고대인들은 오늘날 현대의 숫자들을 알지 못했으므로) 치면 서른하나는 "엘"—하나님의 이름—과 같습니다.

그러니 하나님이 우리를 위하시면 과연 누가 우리를 대적할 수 있겠습니까?

제15장

승리의 전리품

(여호수아 13:1-33)

    여호수아 13장 역시 주석가에게 설명할 여지를 별로 남겨두지 않습니다. 지리적인 상세한 사실들이 주요 내용을 이루기 때문입니다. 여호와께서 여호수아 자신에게 주신 간결하면서도 복스러운 말씀에 뒤이어, 첫 여섯 절에는 이스라엘이 소유하지 못한 가나안의 남은 땅의 목록과 아울러 하나님이 그 땅의 거민들도 그분의 백성 앞에서 쫓아내시리라는 확신이 제시됩니다.

    그 다음 여섯 절에서는 가나안 땅의 분배에 관한 여호와의 명령과, 일부 지명들과 그 경계가 제시됩니다. 그리고 이어서 모세가 두 지파와 반 지파에게 분배한 요단 강 동편의 기업들이 상세히 언급됩니다. 그리고 중간에 이스라엘이 발람을 죽인 일이 언급되고, 또한 모세가 레위지파에게 기업을 주지 않은 사실이 두 차례 언급됩니다. 그러므로 그 내용에 대해 획일적으로 다룰 수는 없습니다. 그러나 그 중심 주제는 아마도 이스라엘이 누린 승리의 전리품, 그리고 각 지파에게 할당된 몫이라 할 수 있습니다.

    앞에서 지적한 바와 같이 가나안 땅은 하나님의 선물이었습니다. 그러나 동시에 이스라엘은 그 자신의 수고의 결과로 그 땅을 차지했습니다. 하나님은 그 땅을 값없는 선물로 그들에게 베푸셨지만, 그런데도 그들이 싸움을 통해 그 땅을 정복해야 했습니다. 이는 그리스도인의 기업을 정확히 그림자로 보여 주는 것이었습니다. 그리스도인의 기업 역시 그 전체가 하나님의 은혜요 중보자께서 그 값을 치르셨습니다.

    그러나 기업을 약속으로 받은 상속자들은 친히 수고를 통해 그 기업을 누리게 됩니다. 바로 이 문제에 대해 신학자들이 그릇된 길로 빠지는 경우가 허다합니다. 사람의 수고에 대해 너무 많은 의미를 부여하거나 너무 적은 의미를 부여하는 것이지요. 하나님의 말씀 전체를 면밀히 살펴야만—이런저런 단편들만 꼬집어 지목하지 않고—심각한 오류를 방지할 수 있습니다.

먼저 우리는 다음 질문에 올바로 답해야만 합니다.

> 누가 너를 남달리 구별하였느냐 네게 있는 것 중에 받지 아니한 것이 무엇이냐 네가 받았은즉 어찌하여 받지 아니한 것 같이 자랑하느냐(고전 4:7).

동시에 다른 한편으로, "좁은 문으로 들어가기를 힘쓰라"(눅 13:24); "우리가 저 안식에 들어가기를 힘쓸지니"(히 4:11) 등의 권고 역시 정당하게 대해야 하고, 그러면서도 "이는 기업의 상을 주께 받을 줄 아나니"(골 3:24) 등의 말씀도 무시하지 말아야 합니다. 그렇게 해야만 비로소 진리의 균형이 유지될 것이니 말입니다. 주께서 값없이 베풀어 주신 것 이외에는 하나님의 자녀에게 선한 것도 신령한 것도 없습니다. 정말로 그렇습니다.

그러나 과연 신자가, 마치 하늘에서 소나기와 따뜻한 햇볕을 받아 땅이 비옥해지는 것처럼, 그냥 수동적으로 "받기만 하는 것"이라는 뜻일까요?

진리의 말씀과 모순을 일으키지 않으려면 매우 조심하여 이 질문에 대해 답해야 합니다.

"우리가 우리의 몫을 잘 감당하면 하나님이 그분의 몫을 행하실 것이다"라는 식의 발언은 전혀 타당하지 않습니다. 존귀를 하나님과 우리가 나눠 가질 수가 없습니다. 영광은 오직 하나님께만 있고, 우리에게는 자랑할 근거가 전혀 없습니다. 택함 받은 자들 자신은 그들이 택함 받은 사실에 전혀 개입한 적이 없습니다. 하나님이 만세전에 그리스도 안에서 그들을 택하셨기 때문입니다.

그들에게 무언가 칭찬할만한 점이 있기 때문에 하나님이 그 점을 미리 보시고서 그들을 택하기로 결정하신 것이 결코, 아닙니다. 귀히 쓸 그릇이 될 자들이나 천히 쓸 그릇이 될 자들이나 동일한 "진흙 한 덩이"에 속한 것이었습니다(참조. 롬 9:21).

그리고 그들이 자기들의 구원에 관해서 해야 할 일이 있지도 않았습니다. 그들의 죄에 대해 속량하고 하나님과 화목되게 하는 데에 필요한 모든 일을 벌써 여러 세기 전 그들이 나지도 않은 때에 그리스도께서 다 이행해놓으셨기 때문입니다. 그들의 중생을 위해서도 그들이 기여한 바가 전혀 없었습니다. 그들이 허물과 죄로 죽어 있던 처지에서 성령께서 그들을 살리셔서 새 생명을 누리게 하셨기 때문입니다.

그러나 그렇다고 해서, 중생한 영혼이 오로지 수동적인 입장에만 머무는 것처럼 생각한다면 이 역시 큰 잘못입니다. 이제 그가 스스로 충족한 상태에 있다거나, 이 새로운 본성이 그로 하여금 임무를 다하도록 힘을 준다는 식으로 생각하는 것도 잘못입니다. 포도나무의 살아 있는 가지가 되었으나, 여전히 그는 포도나무에게서 자양분을 받아야 하고 그에게 전적으로 의존하여 열매를 맺습니다.

그러나 이런 포도나무와 가지와의 관계로만 우리 자신을 바라보아서는 안 됩니다. 그리스도인은 도덕적인 행동자이며, 그에게 은혜가 베풀어진 것은 그것을 선히 사용하게 하기 위함입니다. 은혜의 수단이 베풀어졌으니, 이제 그것을 사용할 책임이 그에게 있습니다.

싸워야 할 싸움이 있고, 달려가야 할 경주가 그에게 있습니다. 극복해야 할 세상이 있고, 저항해야 할 마귀가 있고, 두렵고 떨림으로 이루어가야 할 구원이 그에게 있습니다. 예, 과연 그렇습니다. 그 자신으로는 그런 임무를 이행할 능력이 전혀 없습니다.

그러나 그리스도로 말미암아 "모든 것을 할 수 있습니다"(빌 4:13). 생명을 충만히 누리기 위해서는 좁은 길을 걸어가야 하고, 마지막 구원을 얻기 위해서는 마지막까지 견뎌야 합니다. 영원한 기업에 들어가기 위해서는 믿음의 선한 싸움을 싸워야 합니다. 앞의 단락에서 언급한 사실들과 똑같이 이 점들 역시 참되고 확실한 사실들인 것입니다.

성경 자체가 정죄나 비판이 조금도 없이 다음과 같은 말씀을 기록하고 있다는 점을 잊지 말아야 합니다.

> 나는 주의 입술의 말씀을 따라 스스로 삼가서 포악한 자의 길을 가지 아니하였사오며 (시 17:4).

> 내가 주의 말씀을 지키려고 발을 금하여 모든 악한 길로 가지 아니하였사오며 (시 119:101).

> 내가 내 몸을 쳐 복종하게 함이로다 (고전 9:27).

> 나는 선한 싸움을 싸우고 나의 달려갈 길을 마치고 믿음을 지켰으니 (딤후 4:7).

이 진술들은 육신을 자랑하는 것이 아니고 사실을 있는 그대로 진술하는 것들이며, 따라서 우리의 신학 체계에서 이 진술들에게 정당한 위치를 부여해야 마땅합니다. 그렇지 않으면 우리의 교리적인 확신들이 크게 결함이 있을 수밖에 없습니다. 그 사람들이 스스로 그렇게 처신하는 것은 하나님의 은혜로 말미암아서 된 일입니다. 그러나 그들은 그런 처신에서 수동적인 기계 장치 같은 것이 아니라 스스로 능동적인 도덕적 행위자로서 임합니다.

이와 마찬가지로 가나안은 아브라함과 그의 자손들에게 베푸신 하나님의 선물이었지만, 그들 자신이 그 땅을 소유하기 위해서 오랜 기간 동안 맹렬히 싸워야 했습니다. 여호와께서 그들을 위해 싸우신 것이요, 따라서 그들을 위해 그렇게 놀랍게 역사하신 그 분께 모든 승리의 공을 돌려야 하는 것이 사실입니다. 하지만 그들이 싸웠고 원수들을 무찌른 것도 사실입니다. 하나님 편의 역사와 인간 편의 노력 모두를 다 인정하고 받아들여야 합니다.

이와 마찬가지로 우리의 구원 역시 양면이 있습니다. 하나님은 과연 우리 구원의 알파요 오메가이십니다. 그러나 그는 우리를 이성적인 피조물로 다루시며 구원과 관련하여 우리에게 책임을 부여하십니다. 우리가 발견하는 한, 정원의 식물들과 과수원의 나무들이 자라고 열매를 맺는 것은 전적으로 창조주께 달려 있습니다.

그러나 신자들의 경우는 다릅니다. 하나님이 지정하신 은혜의 수단을 사용하고, 또한 그 일에서 하나님이 베푸시는 복을 바라보아야 할 책임이 그들에게 있습니다. 식물들과 나무들은 전염병이나 폭풍 같은 것에 대비할 능력이 전혀 없습니다. 하지만 우리는 악을 피하고, 유혹과 싸우며, 폭풍을 피해 피난처를 찾을 의무가 있습니다. 영생은 하나님의 선물입니다(롬 6:23). 그러나 우리가 "영생을 취하여"(딤전 6:12)야 합니다.

하늘의 기업은 그리스도께서 그분의 백성을 위해 "값주고 사신 소유"("the purchased possession": 엡 1:14, 개역개정은 "기업의 보증"으로 번역함. 역주)이지만 동시에 주를 향한 섬김에 대한 "상"(賞)이기도 합니다(골 3:24). 값없이 은혜가 베풀어지지만, 더 많이 받으려면 우리가 그것을 사용해야 하고 또 선용해야 합니다(눅 8:18; 마 25:16).

여호와와 그의 능력을 구할지어다. 그의 얼굴을 항상 구할지어다(시 105:4).

그 두 가지 면이 만나는 지점이 바로 여기입니다! 우리 자신이 전혀 충족하지 못하나, 은혜를 정당하게 구하면(히 4:16) 그때에 우리의 충족함이 하나님께 있게 됩니다(고후 3:5).

> 여호수아가 나이가 많아 늙으매 여호와께서 그에게 이르시되 너는 나이가 많아 늙었고 얻을 땅이 매우 많이 남아 있도다(수 13:1).

모세의 경우는 더 나이가 많았을 때에도 눈이 흐리거나 기력이 쇠하지 않았다고 기록되어 있습니다만(신 34:7), 여호수아는 고된 삶으로 인해 무거운 짐을 지게 되었고, 노년의 쇠약함이 그에게 찾아왔습니다. 아마도 이 당시 그는 백세가 되었을 것으로 보입니다.

그는 모세가 가나안을 정탐하기 위해 보낸 열두 정탐꾼 중의 한 사람이었고, 따라서 85세였던 갈렙(14:10)과 최소한 비슷한 또래였을 것이며, 110세에 죽었으니(24:29) 십중팔구 그보다 나이가 몇 년 더 많았을 것입니다. 그러나 정말 복스러운 사실은 날로 육체가 쇠약해짐에도 불구하고 여호와께서는 노년의 여호수아를 버려두지 않으시고 특별히 그를 찾으시고 지극한 은혜의 말씀을 주셨다는 것입니다.

독자 여러분!

이 사실이 기록되어 있는 것은 나이든 노년의 순례자들을 위로하고 격려하기 위함입니다. 그들을 향해서 여호와께서 다음과 같은 확실한 약속을 주셨습니다.

> 너희가 노년에 이르기까지 내가 그리하겠고 백발이 되기까지 내가 너희를 품을 것이라 내가 지었은즉 내가 업을 것이요 내가 품고 구하여 내리라(사 46:4).

이 복된 확신이야말로 그들이 날마다 어린아이 같은 믿음으로 붙잡고 나아가야 할 거룩한 특권인 것입니다.

주목해야 할 점은 주의 종이 나이 많아 늙었다는 점을 말씀하신 다음—여호와는 절대로 사람에게 아첨하시거나 진실을 유보하시는 법이 없으시므로(심판 이외에는)—"그러나 얻을 땅이 매우 많이 남아 있도다"라고 하지 않으셨고, 오히려 "너는 나이가 많아 늙었고 얻을 땅이 매우 많이 남아 있도다"라고 말씀하셨다는 점입니다. 그 말씀은 책망의 의미가 아닙니다.

하나님은 이때에 여호수아에게 다음과 같은 뜻으로 말씀하신 것 같습니다.

첫째, 그를 교훈하기 위함이었습니다.

하나님은 마치 애굽의 노예감독관처럼 감당하지도 못할 과도한 임무를 주시는 분이 아니시며, 여기서 그는 여호수아로 하여금 그 자신이 그저 티끌에 불과하다는 것을 기억하도록 부드럽게 말씀하시는 것이었습니다. 그는 나이가 들어 연약해졌으므로, 가나안 땅 전체를—상당 부분이 아직 미정복 상태였습니다—정복하는 방대한 임무를 감당하기에는 적절치 못했습니다.

둘째, 그를 낮추기 위함이었습니다.

여호수아로서는 여호와께서 자신의 수고에 복을 주셔서 상당한 성공을 거둔 데 대해 감사할 충분한 근거가 있었으나, 그렇다고 해서 우쭐해져서는 안 되는 처지였습니다. 이스라엘의 기업 중 멀리 떨어진 지역은 아직도 원수가 점령하고 있었으니 말입니다.

셋째, 다음 구절들이 분명히 밝혀주듯이, 그분의 당면한 과제를 알려 주시기 위함이었습니다.

여호와께서는 그분의 종이 기력이 쇠해지는 것을 잘 알고 계셨지만, 그렇다고 해서 그냥 한가하게 지내도록 그를 내버려두지 않으셨습니다. 오히려 그 반대로, 전보다 상당히 가벼운 새로운 임무를 그에게 맡기셨습니다. 그분의 백성으로 하여금 노년의 때를 게으름으로 보내도록 하는 것은 결코, 계시된 하나님의 뜻이 아닙니다.

그들이 유년기의 온갖 위험요소들과 청년기의 갖은 시험거리들을 통과하도록 하나님이 보살피신 것은 그저 땅의 귀찮은 존재가 되게 하시기 위함이 아닙니다. 갈수록 비틀거리고, 병상에 누워 있고, 전적으로 타인에게 의존하는 삶을 살도록 하나님이 그렇게 그들을 인도하실 수도 있습니다. 그러나 그렇더라도, 다음의 귀중한 말씀이 그대로 이루어지게 해 주시기를 간구하는 것은 과연 그들의 특권이자 의무인 것입니다.

그는 늙어도 여전히 결실하며 진액이 풍족하고 빛이 청청하니 (시 92:14).

늙어도 여전히 여호와와 교통하며 그런 효과들을 겉으로 드러낼 수가 있습니다. 육신이 쇠해진다고 해서 은혜도 사그라질 이유는 없습니다. 전혀 어쩔 수 없는 처지에서도 인내와 온유와 감사의 열매들을 맺을 수 있고, 하나님의 선하심의 기념물들과 그분의 신실하심에 대한 증언들을 그들 스스로 지님으로써 그분의 "아름다운 덕을 선포"(벧전 2:9)할 수 있는 법입니다. 젊을 때처럼 강인하게 노력하고 수고하는 일은 불가능하지만, 기도의 사역은 마지막까지 가능합니다.

기도의 사역만큼 영원을 위해 많은 것을 이루는 영적인 활동이 과연 있겠습니까?

위에서 언급한 대로, 여호와께서 여호수아에게 나타나시는 한 가지 의도는 그에게 임무를 알려 주시기 위함이었습니다. 예, 이것이야말로 여호와의 주된 목적이었을 것으로 보입니다.

그 임무가 무엇인지를 7절에서 보게 됩니다. 곧 아홉 지파와 반 지파에게—나머지 두 지파와 반 지파는 이미 모세에게서 기업을 분배받은 바 있으므로—땅을 할당하는 일을 감독하는 것이었습니다.

반드시 그가 그 임무를 행하는 것이 필수적이었습니다. 그가 신적인 권위를 입고 있었고, 하나님으로부터 이스라엘의 족장으로 부르심 받았으며, 아모리 족속들의 군대들을 물리치고 그들의 요새들을 함락시키는 일에 혁혁히 쓰임 받았으므로, 승리의 전리품인 그 땅을 분배하는 일에 그만큼 적절한 인물이 없었던 것입니다.

회중 전체의 신뢰가 그에게 있었으니, 그 중차대한 과제를 후대에까지 미루어두는 것보다는 그에게 충족한 기력이 남아 있는 동안 그 자신이 그 일을 처리하는 것이 훨씬 더 합당한 일이었습니다. 백성들이 듣는 데서 태양과 달에게 명령하여 멈추게 했던 그 분의 결정이라면 그 어떤 지파도 도전을 제기하지 못할 것이었습니다. 반면에 만일 다른 인물이 그 문제를 결정할 경우에는 그들이 순순히 받아들일 가능성이 그렇게 많지 않았을 것입니다. 그러므로 여호수아가 그 임무를 시행해야만 했던 것입니다.

이 남은 땅은 이러하니 블레셋 사람의 모든 지역과 그술 족속의 모든 지역 (수 13:2).

여기서부터 시작하여 6절 마지막까지 아직 이방인들이 점령하고 있던 팔레스타인의 원방 지역의 목록이 이어집니다. 그러므로 여기서 여호수아에게 또 다른 임무, 즉 가나안 정복 사업을 계속 이어가도록 이스라엘 백성을 격려하는 임무가, 주어졌음이 선명하게 암시됩니다. 여호수아 자신은 더 이상 그 일을 감당할 수 없으나, 이제 그 일을 이스라엘에게 주지시켜 그 일이 계속되도록 할 임무가 그에게 주어졌습니다.

이스라엘은 이미 확보한 기업을 자기들의 몫으로 받아 그것으로 만족하고 편안히 지낼 것이 아니었고, 그들의 기업을 실제로 소유하고 그들을 위해 하나님이 베푸신 최선의 것을 놓치지 않기 위해 계속 싸워나가야 했던 것입니다. 이스라엘의 대다수는 십중팔구 그 땅의 범위에 대해 상당히 무지했을 것이고, 여호와께서 창세기 15:18-21 등에서 아브라함에게 주신 약속의 조항들에 대해 잘 모르고 있었을 것입니다.

오랜 기간 애굽에서 거주하는 동안 그들의 조상들은 우상 숭배에 빠졌었고(레위 17:7; 겔 20:7, 8; 23:3), 따라서 그 동안 그들은 여호와 자신을 잘 몰랐을 것입니다. 여호와께서 그분의 백성을 종노릇하는 상태에서 구원해내시기 위해 모세를 부르실 때에 그는 여호와께 다음과 같이 물었으니 말입니다.

> 내가 이스라엘 자손에게 가서 이르기를 너희의 조상의 하나님이 나를 너희에게 보내셨다 하면, 그들이 내게 묻기를 그의 이름이 무엇이냐하리니 내가 무엇이라고 그들에게 말하리이까 (출 3:13).

방금 지적한 이 문제에 대해 지금껏 충분히 주목하지 못했었습니다. 모세의 영도 아래에서 이스라엘이 보여 준 처신에 대해—여호와께서 그들을 위해 행하신 그 놀라운 구원과 홍해와 시내산과 그 이후 사십 년 동안 그들에게 보여주신 그 특별한 은혜에 비추어볼 때에—핑계거리를 제시하는 것이 결코, 아니지만, 그런데도 이는 달리 해명할 수 없는 문제를 상당히 명쾌하게 해명해 주는 열쇠가 됩니다.

이스라엘 자손은 광야에서 자라났고, 이제 여호수아의 영도 아래 가나안으로 들어왔으니, 그 땅의 경계에 대해 거의 혹은 전혀 몰랐을 가능성이 많습니다. 그렇기 때문에 이제 여호와께서 13:2-5에 제시되는 세세한 내용을 여호수아에게 알려 주실 필요가 있었을 것이라 봅니다.

여호수아는 이런 가르침을 받아 이스라엘이 받은바 그 땅의 완전한 영토에 대해 그 백성들에게 알려 줄 수 있었을 것입니다. 이것을 우리 자신에게 영적으로 어떻게 적용시킬지는 어렵지 않게 가늠할 수 있습니다. 심지어 중생한 이후에도 하나님의 백성은 성경을 통해 알게 되기 전에는 그리스도 안에서 그들의 소유가 된 그 한량없는 풍성한 복들에 대해 전혀 무지합니다.

> 하나님이 자기를 사랑하는 자들을 위하여 예비하신 모든 것은 눈으로 보지 못하고 귀로 듣지 못하고 사람의 마음으로 생각하지도 못하였다 (고전 2:9).

그러나 이 말씀 뒤에 곧바로 다음과 같은 내용이 이어집니다. "오직 하나님이 성령으로 이것을"—그분의 말씀 속에서—"우리에게 보이셨으니" 우리가 부지런히 그 말씀을 살필 때에 그것을 알게 된다는 뜻입니다.

헨리(Henry)는 여호와께서 여호수아를 명하사 이스라엘에게 "얻을 땅이 매우 많이 남아 있다"는 사실을 알리시고 이어서 2-5절에서 그 지리적인 세부 사항을 제시하신 이유를 세 가지로 설명합니다.

첫째, 그렇게 방대한 몫을 그들에게 주시는 하나님의 선하심에 더욱 감동하게 하시고, 그리하여 더욱 그를 사랑하고 섬기도록 하시기 위함이었습니다. 그는 그들이 하나님이 베푸신 그 몫을 차지하기를 바라셨고, 노예적인 두려움이 아니라 감사하는 마음을 통해 그에게 순종하게 되기를 원하셨습니다. 오늘날의 하나님의 백성의 경우도 마찬가지입니다. 그분의 은혜와 선하심을 깊이 깨달음으로써 그분의 계명들을 순종하는 길로 달려가게 되도록 하시는 것입니다.

둘째, 그 인근의 부족들과 동맹이나 협약을 맺어 화친하는 위험천만한 일을 행할 유혹에 빠지지 않도록 하고, 오히려 그들을 이스라엘이 소유해야 마땅한 적법한 유산을 탈취한 자들로 보고 그들에 대해 혐오감을 갖게 하시기 위함이었습니다. 그리스도인 역시 마찬가지로 그리스도께서 그들을 위해 값주고 사신 기업을 생각하여, 이 땅에서 외부인이나 나그네로서 처신하도록 하고, 세상의 더러운 오점을 의복에 묻히지 않고 그들과 분리되어 하나님과 함께 동행해야 마땅합니다.

셋째, 그들이 소유해야 할 땅이 남아 있는 한 고삐를 늦추지 않고 계속해서 전쟁의 자세를 유지하도록 하기 위함이었습니다.

이제, 마지막으로 1-5절의 내용을 노년의 순례자들에게 적용시키는 말씀을 드리고자 합니다.

독자 여러분!

오랜 세월 동안 여러분이 갖가지 고난으로 지쳤을 수도 있습니다. 하지만 "얻을 땅이 매우 많이 남아 있다"는 사실을 그대로 직시해야 합니다.

여러분이 은혜 안에서 얼마나 성장했든지, 아니면 영적인 일들에서 얼마나 진보했든지 간에, 여러분은 마땅히 그리스도의 형상으로 완전히 화합해야 하는 만큼 화합하지 못했고, 기업을 완전히 소유하는 것이 여러분의 특권인데도 불구하고(욥 17) 거기에는 이르지 못했습니다. 사도의 모범을 따르시기 바랍니다. 그는 자신의 생애의 막바지에 이르러 이렇게 선언한 바 있습니다.

> 형제들아 나는 아직 내가 잡은 줄로 여기지 아니하고 오직 한 일 즉 뒤에 있는 것은 잊어버리고 앞에 있는 것을 잡으려고 푯대를 향해 그리스도 예수 안에서 하나님이 위에서 부르신 부름의 상을 위하여 달려가노라(빌 3:13-14).

여러분도 그렇게 하시기 바랍니다. 2-5절에 대해서 우리도 앉아서 우리의 기업 가운데 아직 체험적으로 소유하지 못한 부분들의 목록을 작성해야 합니다. 그리고 2절에서 가장 힘든 부분이 가장 먼저 열거된다는 점을 주목하기 바랍니다. 이스라엘이 블레셋 사람들에게서 가장 큰 괴로움을 당했다는 사실을 나중의 성경들에서 알 수 있으니 말입니다. 그런 괴로움을 당하여 얻는 유익이 무엇이냐고 물으실 수도 있습니다. 하지만 그로 말미암아 우리가 낮아지게 됩니다. 그리고 더욱 확고하게 기도할 마음을 갖게 됩니다.

"그리스도의 온유와 관용"(고후 10:1)에 대해 말씀합니다.

하지만 그런 은혜들이 여러분 속에서 역사하고 있습니까?

여호수아가 나이가 많아 늙어 기력이 쇠해졌을 때에, 여호와께서 그에게 나타나사, 아직도 차지해야 할 많은 땅이 남아 있다고 말씀하신 후에 그들이 정복해야 할 지역들과 사람들의 일부를 거명하셨습니다. 그는 이렇게 선포하셨습니다.

> 내가 그들을 이스라엘 자손 앞에서 쫓아내리니 너는 내가 명령한 대로 그 땅을 이스라엘에게 분배하여 기업이 되게 하되(수 13:6).

모세의 경우도 그랬습니다. 하나님의 역사하심에 따라 그는 가나안(즉, 요단 강 동편에 위치한 일부 지역)을 점령하는 과업을 시작했으나, 그저 작은 시작만 이루었을 뿐입니다. 여호수아는 그 과업을 상당히 진척시켰으나, 완결까지는 아직 갈 길이 멀었습니다. 후에 다른 이들이 일어나 그런 하나님의 목적을 이루게 될 것이었습니다. 그 이후에도 언제나 동일했습니다. 이방인들을 복음화하는 일에서 사도들은 그저 시작만 했을 뿐입니다. 마지막 사도가 떠나간 후에도 소유해야 할 많은 땅이 남아 있었습니다.

칼빈과 루터가 로마교회의 치명적인 족쇄들에서 하나님의 백성을 구원해내는 일에 힘 있게 쓰임 받았습니다. 그러나 마지막 종교개혁자가 하늘로 부르심 받을 때에도 아직 완수해야 할 많은 부분이 남아 있었습니다.

지금도 마찬가지입니다. 그리스도의 사역자가 그리스도를 섬기는 가장 능동적이고 자기희생적인 삶을 마칠 때에, 그 일을 계승하는 사역자마다 여전히 세상의 많은 부분을 원수가 점령하고 있는 상황과 마주치는 것입니다. 그러나 이제 여호와께서 여호수아에게 주신 복된 위로를 보시기 바랍니다.

··· 내가 그들을 이스라엘 자손 앞에서 쫓아내리니 ···(수 13:6).

"네 앞에서"가 아니라—여호수아는 생전에 그 일이 완성되는 것을 보지 못할 것이므로—"이스라엘 자손 앞에서"라고 말씀합니다. 여호수아가 모세가 시작해 놓은 일을 계속 이어간 것처럼, 하나님이 다른 사람들을 지명하시고 구비시켜서 그 일을 진전시키실 것입니다. 그 일에 종지부를 찍는 영광은 여러 세기 후에 올 다윗에게로 돌아갈 것이었습니다.

나이 많은 모든 복음 사역자들마다 이 비슷한 확신을 가져야 마땅합니다. 땅 위의 모든 사람이 구원받게 될, 혹은 심지어 말로만으로라도 진리를 받아들이게 될 그 때가 언제 오게 될지에 대해서는 필자가 아는 한 성경에 아무런 진술도 없습니다. 그러나 하나님의 약속은 분명합니다.

대대로 주께서 행하시는 일을 크게 찬양하리로다 (시 145:4).

그렇습니다.

> 그들이 해가 있을 동안에도 주를 두려워하며 달이 있을 동안에도 대대로 그리하리로다 (시 72:5).

마태복음 28:20의 그리스도의 말씀은 마지막까지 땅 위에 그분의 백성이 있을 것임을 분명히 하며, 또한 "아버지께서 내게 주시는 자는 다 내게로 올 것"(요 6:37)이라는 말씀은 사람도 마귀도 은혜로 택함 받은 자들 전체가 구원 받게 되는 일을 가로막지 못하리라는 것을 증명해 줍니다. "하나님의 견고한 터는 섰으니 … 주께서 자기 백성을 아신다"(딤후 2:19)라는 말씀은 걱정하는 사람들에게 위대한 안식처가 될 것입니다.

> 내가 그들을 이스라엘 자손 앞에서 쫓아내리니 너는 내가 명령한 대로 그 땅을 이스라엘에게 분배하여 기업이 되게 하되(수 13:6).

우리는 이 진술에 이스라엘 편에서 동시에 책임을 다해야 할 것을 말씀하는 한 가지 단서가 붙어 있음을 분명히 암시하고 있다고 봅니다. 그러므로 우리는 헨리(Henry)의 다음과 같은 설명에 동의합니다.

> 여호와께서 이스라엘 자손들 앞에서 그들을 쫓아내실 것이라는 약속은 이스라엘 자손들이 그들을 쫓아내는 일에 힘써야 하고, 그들을 대적하여 나가 싸워야 한다는 조건을 전제로 하는 것임이 분명하다. 그렇지 않다면, 여호와께서 그 원수들을 쫓아내시겠다는 말씀을 하시지 않았을 것이다. 혹시 후에 이스라엘이 게으름 피우거나 변덕을 부리거나 혹은 그 우상 숭배자들을 애처롭게 여기거나 하여 아무 일도 하지 않고 그들을 그냥 내버려 둘 경우에 그들이 쫓겨나지 않는다면, 그것은 하나님이 아니라 그들 자신의 탓이었던 것이다.

고 칼빈주의자(high Calvinist)였던 존 길(John Gill)도 이에 대해 이렇게 논평한 바 있습니다.

> 주께서는 그들이 그분의 뜻에 순종한다는 조건 하에서 그것을 그들의 손에 쥐어주고자 하셨다. 그 많은 지역들이 비록 제비를 뽑아 그들에게 분배가 되었음에도, 그들이 순종하지 않았기 때문에 그들의 소유가 되지 못했던 것이다.

그리고 뒤에 그는 다시 이렇게 진술합니다.

> 그들의 순종이라는 단서가 거기에 붙어 있었던 것이 분명하다. 왜냐하면, 시돈 사람들은 물론, 가장 큰 부족을 비롯해서 다른 여러 부족들이, 그리고 본문에 언급된 대부분의 부족들이 결국, 그들의 소유가 되지 못했다.

그리스도인과 그들의 영원한 기업의 경우도 이와 같습니다. 그들이 반드시 부응해야만 하는 특정한 조건들이 있습니다. 예, "조건들"입니다. 그러나 로마교회가 주장하는 식으로 성부의 선택하심과 성자의 속죄와 동등한 원인이 된다는 그런 의미의 조건들도 아니고, 또한 알미니안주의자들의 주장처럼 거기에 부응할 절대적인 능력이 그리스도인들 자신의 의지와 힘에 있는 것도 아닙니다.

오히려 하나님이 세우신 순서에 따라서 그리스도인들의 도덕적 행위가 뒤따라오는 것입니다. 추수하기 전에 씨를 뿌리는 일이, 면류관을 얻기 전에 십자가가, 반드시 먼저 있어야 하는 것처럼 말입니다.

주된 원인들(하나님의 은혜와 그리스도의 공로)이 필수적인 수단을 배제시키는 것이 아닙니다. 은혜를 방종의 기회로 삼아서도 안 되고, 그리스도를 죄를 부추기는 사역자로 삼아서도 안 됩니다. 성경은 이 점에 대해 너무도 분명합니다.

> 우리가 시작할 때에 확신한 것을 끝까지 견고히 잡고 있으면 그리스도와 함께 참여한 자가 되리라(히 3:14, 또한 요 8:51; 고전 15:2; 골 1:23 등에 나타나는 조건적인 어법을 보라).

죄 사함의 약속이 오로지 회개하고(눅 24:47; 행 3:19) 믿는 자(마 24:13)에게만 주어지듯이, 마지막까지 견디는 자만이 구원을 얻을 것입니다(마 24:13).

> 그러므로 우리가 저 안식[가나안의 원형]에 들어가기를 힘쓸지니 이는 누구든지 저 순종하지 아니하는 본[광야의 이스라엘처럼]에 빠지지 않게 하려 함이라(히 4:11).

이 경고는 진짜 경고요, 이를 무시하면 영원히 망하게 될 것입니다.

> 내가 그들을 이스라엘 자손 앞에서 쫓아내리니 너는 내가 명령한 대로 그 땅을 이스라엘에게 분배하여 기업이 되게 하되(수 13:6).

이 일은 여호수아가 감당해야 할 임무였습니다. 곧 이미 정복한 땅과 아직 정복해야 할 땅을 포함한 가나안 영토 전체를 분배하는 일이 그것이었습니다.

> 너는 이 땅을 아홉 지파와 므낫세 반 지파에게 나누어 기업이 되게 하라 … . 므낫세 반 지파와 함께 르우벤 족속과 갓 족속은 요단 저편 동쪽에서 그들의 기업을 모세에게 받았는데 여호와의 종 모세가 그들에게 준 것은 이러하니(수 13:7-8).

하나님께로부터 명령과 권위를 부여 받았으니, 이제 여호수아는 즉시 이 임무를 부지런히 수행해야 했습니다. 모든 지파들이 자기들의 기업을 실제로 확보하기까지 기다리는 것이 아니라, 각 지파에게 할당된 부분을 먼저 명확히 규정해놓음으로써 각 지파가 그들이 하나님의 권위로 부여 받은 지역이 어디인지를 알고 전진하고 싸워 그것을 취하도록 해야 했던 것입니다.

그리하여 여호수아는 하나님을 전적으로 신뢰하고 처신해야 했습니다. 그는 실제로 싸움터에서 떠나 안식에 들어가도록 부르심을 받으나, 다른 이들이 일어나 하나님의 목적이 이루어지기까지 그 싸움을 이어갈 것이었습니다. 다시 말씀드립니다.

하지만 주의 백성들은 세대를 막론하고 이 점을 염두에 두어야 합니다. 주께서 크게 쓰시던 종이 이 세상을 떠나갈 때에 슬픔과 더불어 상당한 불신앙이—마치 그 죽음으로 인해 그리스도의 대의가 위험에 빠지기라도 하는 것처럼—뒤섞여 표출되는 경우가 많기 때문입니다.

여호수아는 다시 한 번 여호와를 무조건 의지해야 했습니다. 아직 낮이 있는 동안에 일하고, 그 결과를 주께 맡겨야 했습니다. 아마도 이 당시 가나안 땅의 주요 부분은 가나안 족속이 점령하고 있었을 것이지만, 그는 그 땅 전체를 이스라엘에게 분배하는 일을 직접 감독해야 했습니다. 그는 마음을 다하여 여호와를 신뢰하고 네 명철을 의지하지 말아야 했습니다(잠 3:5).

그의 조상 노아와 아브라함도 그렇게 했던 것처럼 말입니다(히 11:7, 8). 바로 이것이 하나님의 종의 행동 원칙입니다. 사도 바울이 선언한 것처럼, "이는 우리가 믿음으로 행하고 보는 것으로 행하지 아니함이기"(고후 5:7) 때문입니다.

사도와 그의 동료들은 믿음으로 살고 수고했으며, 눈에 보이지 않는 것들에 온 마음을 기울임으로써 용기와 힘을 얻었습니다. 그저 한두 번 그렇게 한 것이 아니라 지속적으로 신뢰의 삶을 산 것입니다.

믿음으로 행한다는 것은 눈에 보이지 않는 것들에 대한 견고한 믿음에 근거하여 처신하는 것이요, 하나님의 확실한 말씀에 의지하고 실제로 그것으로부터 영향력을 받는 것입니다. 그것은 다가올 일들—하늘의 실체와 영광—을 꾸준히 기대하며 사는 것입니다. 이는 우리의 감각에 지배를 받고, 눈에 보이는 사물들에 의지하는 것과 정반대되는 삶입니다. "믿음은 바라는 것들의 실상이요 보이지 않는 것들의 증거"(히 11:1)로서, 심령이 그것들을 실제로 고귀하게 바라보게 만드는 것입니다.

여호수아의 전임자는 바로 이 점에서 실패했었습니다. 민수기 13:1-3의 병행 구절들과 연결시키지 못하여, 많은 이들이 이를 감지하지 못하고 지나쳤습니다. 성경을 성경과 비교해야만 완전한 그림을 얻을 수 있다는 것이 여기서도 입증됩니다.

> 너희가 다 내 앞으로 나아와 말하기를 우리가 사람을 우리보다 먼저 보내어 우리를 위하여 그 땅을 정탐하고 어느 길로 올라가야 할 것과 어느 성읍으로 들어가야 할 것을 우리에게 알리게 하자 하기에, 내가 그 말을 좋게 여겨 너희 중 각 지파에서 한 사람씩 열둘을 택하매(신 1:22-23).

이 말씀에서 두 가지가 분명해지는 것 같습니다.

첫째, 이 계획이 애초에 이스라엘 백성에게서 나온 것이었다는 것입니다,
둘째, 백성들의 그런 제안 뒤에 그들의 불신이 있음을 모세가 분별하지 못했다는 것입니다. 여기서 그가 그 제안을 승인한 사실은 악한 의사소통으로 인해 선의가 악하게 된다는 것을 보여 주는 한 가지 사례라 하겠습니다.

훗날 모세는 갓과 르우벤 지파를 향해 다음과 같이 책망하는데, 여기서 그들이 그리로 올라가기를 마음으로 원치 않았음을 볼 수 있습니다.

너희가 어찌하여 이스라엘 자손에게 낙심하게 하여서 여호와께서 그들에게 주신 땅으로 건너갈 수 없게 하려 하느냐 너희 조상들도 내가 가데스바네아에서 그 땅을 보라고 보냈을 때에 그리 하였었나니(민 32:7-8).

이스라엘 백성이 약속의 기업의 가치에 대해 의문을 품었다는 것은 민수기 13:17-20의 보도에서도 알 수 있습니다. "그 땅이 어떠한지 정탐하라 … . 그들이 사는 땅이 좋은지 나쁜지와 … 토지가 비옥한지 메마른지 나무가 있는지 없는지를 탐지하라"의 어법이 이를 잘 보여 줍니다. 그러므로 이스라엘의 계획 이면에 여호와의 말씀에 대한 고약한 불신앙이 있었습니다.

그리고 신명기 1:22의 "어느 길로 올라가야 할 것"이라는 표현에서도, 그들이 길을 택하는 문제에 있어서도 하나님의 인도하심에 대해 신뢰가 없었음이 잘 드러납니다.

그 땅이 여호와께서 그들을 위해 택해 주신 땅이요, 또한 그곳이 "젖과 꿀이 흐르는 땅"(출 3:8)이라는 것을 여호와께서 이미 알려 주신 바 있는데, 구태여 그들이 나서서 그 땅이 어떤지를 정탐하는 일이 무슨 필요가 있었겠습니까?

구름기둥과 불기둥이 있어 나아갈 길을 알려 줄 텐데, 어느 길로 가야 할지를 구태여 조사할 이유가 어디 있었겠습니까?

우리 역시 마찬가지입니다. 하나님이 이미 우리를 향한 그분의 뜻을 알고 계시니, 구태여 우리가 그것을 알 필요가 없습니다. 그리고 그분의 말씀이 우리 발을 비추는 빛이 되므로, 우리가 나아가야 할 길을 궁금해 할 필요가 없습니다. 그러나 안타깝게도, 이스라엘은 하나님의 계획보다 자기들 자신의 계획과 판단을 더 낫게 여겼습니다.

우리 역시 그런 경우가 많지 않습니까?

이스라엘 백성의 육신적인 제안을 수락했으나, 모세는 그 제안을 행동에 옮기기 전에 여호와께 확인 받고자 했습니다. 여호와께서는 "사람을 보내어 내가 이스라엘 자손에게 주는 가나안 땅을 정탐하게 하"(민 13:2)라고 말씀하셨습니다. 그렇게 허락하셨으나, 거기에는 하나님의 심판이 담겨 있었습니다. 신명기 1:6-8은 1년 전에 이미 이스라엘은 올라가 그 조상들에게 주신 그 땅을 소유하라는 명령을 하나님에게서 받은 사실이 신명기 1:6-8에서 분명히 드러납니다.

그런데, 호렙 산을 떠나자마자 그들이 계속해서 죄를 범했습니다(민 11-12장). 하나님은 그들의 변덕스러움에 진노하셨고, 그들의 마음의 완악함이 더욱 드러나도록 하시고자 이제 그들 자신의 정욕에 그들을 내어 놓으신 것입니다. 그 이후에 일어난 일들에서 그들의 불신앙과 사악함이 그대로 드러났습니다.

하나님은 또한 모든 세대의 그분의 백성을 엄숙히 경계하시고자 그들의 소원대로 이루어지도록 하셨습니다. 성경에 기록된 다른 사람들의 죄와 그에 대한 징벌에서 아무런 유익도 얻지 못하면, 우리는 정말 용서할 수 없는 처지에 있습니다.

하나님이 우리 자신의 뜻을 만족시키시고 우리 자신의 계획대로 따르도록 내버려두실 때에는 우리가 값비싼 비용을 치르게 될 수밖에 없습니다. 하나님의 뜻보다도 우리 자신의 지혜나 우리의 감각적인 판단을 더 신뢰하게 되면, 우리 자신의 어리석음에서 비롯되는 쓰라린 결과들을 맛볼 수밖에 없는 것입니다.

이미 민수기 32장 마지막 부분과 신명기 3장 중간 부분, 그리고 신명기 29장과 여호수아 12:4-6에서 이미 두 지파와 반 지파에게 주어진 영토를 상세히 기술한 바 있는데, 다시 그 내용을 여기서 반복해서 기술한다는 것이 다소 이상스럽게 여겨질 수도 있습니다.

헨리(Henry)는 다음과 같이 설명합니다.

첫째, 아홉 지파와 반 지파가 이제 그들의 기업을 할당받는 이유를 제시하는 것이었습니다. 그 형제들이 이미 기업을 받았으니 이제 그들이 받는 것이 당연하고 합당한 일이었습니다.

둘째, 여호수아가 따라야 할 모범을 제시하는 것이었습니다. 그는 전에 유례가 없던 일을 새롭게 행하도록 명령받은 것이 아니었습니다. 모세가 요단강 동편의 땅을 두 지파와 반 지파에게 분배했을 때에 그 자신이 거기에 있었으니, 그 모범을 따라 이제 그 자신이 조치를 취하는 것이었습니다.

셋째, 기업을 분배하는 일을 지체하여 나머지 지파들이 그들의 기업을 누리지 못하는 일이 없도록, 여호수아를 독려하고자 함이었습니다. 요단 동편의 지파들에 대해 기업을 주신 여호와께서는 나머지 지파들에 대해서도 똑같이 배려하신 것입니다.

넷째, 여러 해 전 두 지파와 반 지파에게 주어진 몫을 지금에 와서 명확히 기술하는 것은 처음에 주신 그 기업의 권리를 확증함으로써 경계에 대해 논쟁이 없도록 하기 위함이었습니다. 여호수아로서도 기존의 권리를 마음대로 변경시킬 수는 없었던 것입니다.

두 지파와 반 지파에게 할당된 기업이 열거된 후에 다음과 같은 암울한 진술이 덧붙여져 있습니다.

> 그술 족속과 마아갓 족속은 이스라엘 자손이 쫓아내지 아니하였으므로 그술과 마아갓이 오늘까지 이스라엘 가운데에서 거주하니라 (수 13:13).

이스라엘에 대해 이런 성격의 내용이 기록되는 것이 여기가 처음입니다. 그리고 사사기 전체를 살펴보면 훗날 다른 지파들의 경우도 동일한 것을 보게 되는 것은 물론입니다. 이와 관련하여 우리는 엘리자베스 여왕과 그를 계승한 자들의 비슷하면서도 정말 돌이킬 수 없는 실패를 생각하게 됩니다.

루터와 칼빈의 시대에 일어난 종교개혁 아래에서, 유럽의 개신교도들은 미사와 마리아 숭배와 우상 숭배에서 구원받았으나, 그 이후의 세대들은 다른 교황주의의 폐해와 미신들을 제거하는 문제에서 크게 모자랐습니다.

두 지파와 반 지파가 다른 동료 지파들보다 먼저 기업을 소유하고 누렸듯이, (여러 세기 후에) 그들이 다른 동료 지파들보다 먼저 기업에서 쫓겨나 앗수르에 포로로 끌려갔는데, 이것이 그들이 "그 땅 백성의 신들을 간음하듯 섬긴"(대상 5:25-26)것 때문이었다는 것은 정말 주의를 기울여 새길 만한 사실입니다.

하나님의 섭리의 그런 모습이 번영과 처절한 곤경이 일어나는 일에서 흔히 나타납니다.

> 이스라엘 자손이 그들을 살륙하는 중에 브올의 아들 점술가 발람도 칼날로 죽였더라 (수 13:22).

이 베일에 싸인 인물의 초년의 삶에 대해서는 아무것도 알려진 바가 없습니다. 발람은 민수기 22:5에서 처음 갑자기 등장합니다. "점술가"란 악의 세력을 수단으로 미래를 예언하는 등 남다른 능력을 소유한 사람을 일컫습니다. 발람은 유명한 마술사였고, 참되신 하나님에 대해 얼마간의 지식을 가졌음—아마도 하나님이 애굽과 홍해에서 일으키신 일에 대해 풍문을 들음으로써(참조. 수 2:10)—이 드러납니다. 당시 이스라엘은 광야를 통과했었고, 요단 강 인근의 모압 땅에 이르러 있었습니다.

모압 왕 발락은 이스라엘이 자기 백성을 멸하지 않을까 하여 두려워했고, 그리하여 그의 주술을 이용해 이스라엘을 저주하고자 발람을 불러왔습니다. 발락의 종들이 "복채"를 가지고 발람을 찾아와, 이스라엘에게 저주를 선포하여 모압 사람들이 그들을 무너뜨릴 수 있게 해달라고 요청했습니다(민 22:5-7). 이런 유혹에 대한 그의 응답에서 발람의 성격이 곧바로 드러났습니다.

그는 수락도 거절도 하지 않았습니다. 그들을 책망하는 대신, 그 이튿날 답을 주겠다고 하며 그들을 집에 들여 함께 유숙했습니다.

그날 밤 하나님이 그에게 나타나셔서, "너는 그들과 함께 가지도 말고 그 백성을 저주하지도 말라"고 말씀하셨습니다. 이튿날 발람은 발락의 종들에게 "여호와께서 내가 너희와 함께 가기를 허락하지 아니하시느니라"고 말했고, 그들은 홀로 떠나갔습니다. 그러나 어째서 자신이 그들의 청을 들어주지 못하는지는 그들에게 알려 주지 않았습니다.

발락은 발람의 그런 반응에 굴하지 않고 다시 그에게 사람을 보내어, 만일 그가 와서 이스라엘을 저주해 주면 크게 존귀한 것으로 갚아주겠다고 약속했습니다. 발람은 여호와의 뜻을 알면서도 발락의 종들을 불러들여 밤을 함께 지내도록 했습니다. 손에 들어올 이득이 탐나서 그는 마치 여호와께 허락을 구하는 것처럼 행동하여 그를 조롱했습니다. 마치 여호와께서 뜻을 바꾸시기라도 할 것처럼 말입니다.

그런데 하나님이 그를 조롱하셨습니다. 발람이 그 종들을 따라가도록 허락하시면서도, 오로지 그가 주시는 말만을 할 것을 명하신 것입니다. 이는 "그가 감으로 말미암아 하나님이 진노하시므로 여호와의 사자가 그를 막으려고 길에 서니라"는 보도에서 분명히 드러납니다(민 22:22).

발람은 나귀를 통해 책망을 받고 여호와의 사자로부터 "보라 내 앞에서 네 길이 사악하므로 내가 너를 막으려고 나왔도다"라는 말씀을 듣고서야 비로소 자기의 죄를 깨달았습니다. 그러나 그를 다시 시험하기 위해 "일어나 함께 가라"는 말씀을 주셨을 당시에는 발람 자신의 정욕의 격렬한 충동으로 인해 모든 올바른 판단을 물리치고 그릇 휩쓸려간 것입니다. 목적지에 도착하자, 하나님의 영이 발람으로 하여금 이스라엘을 저주하지 않고 오히려 축복하게 하셨습니다.

그러나 "불의의 삯"(벧후 2:15)이 너무도 탐나서 그것을 얻고자 하여, 그는 이스라엘을 확실하게 패망하게 하는 한 가지 방법을 고안했고(민 31:16; 또한,

참조. 계 2:14), 만일 하나님이 개입하지 않으셨더라면 그것이 완전히 성공했을 것이었습니다(시 106:28, 29). 이처럼 그는 이스라엘을 대적하고 여호와를 능멸하기 위해 결연하게 처신했습니다.

그러나 곧바로 그는 자신이 심은 것을 그대로 거두었습니다. 모압 족속과 미디안 족속들의 편에 섰다가 그들과 함께 죽었습니다(민 22:7; 31:8). 이것이 바로 두 마음을 품은 자들과 탐심에 사로잡힌 자들의 말로입니다. 아무도 하나님과 재물을 겸하여 섬길 수 없는 것입니다.

제16장

가나안 땅의 분배

(여호수아 14:1-16:10)

1. 가나안 땅을 분배함

이것은 이스라엘 자손이 가나안 땅에서 받은 기업 곧 제사장 엘르아살과 눈의 아들 여호수아와 이스라엘 자손 지파의 족장들이 분배한 것이니라. 여호와께서 모세에게 명령하신 대로 그들의 기업을 제비 뽑아 아홉 지파와 반 지파에게 주었으니 (수 14:1-2).

여호수아는 이제 늙었고 기력이 쇠해진 상태였습니다. 사람이 아무 일도 할 수 없는 시기가 오기 전에, 여호와께서는 그에게 명하여 이스라엘의 기업을 분배하는 일을 감독하는 지극히 중요한 임무를 맡게 하셨습니다(13:1, 6, 7). 그는 이스라엘의 우두머리로서 행할 신적인 권위를 부여 받았고, 여호와의 사랑을 눈에 띄게 누리며, 백성들에게서 신실한 지도자로 충만한 신뢰를 받는 자였으니, 그 임무를 맡기에 그만큼 적합한 사람이 달리 없었습니다.

그러나 그가 맡아온 갖가지 다른 임무들과 마찬가지로 이 임무에 있어서도 믿음을 시행해야 했습니다. 여호수아는 이제 요단 강 서편에 위치한 가나안 땅 전체를—이스라엘이 이미 정복하여 취한 지역은 물론, 아직도 가나안 족속들이 점령하고 있던 광활한 지역들까지도—분배해야 했으니 말입니다. 이는 여호와를 향한 무조건적인 신뢰를 요하는 일이었습니다. 그가 이스라엘 지파들에게 그 땅들까지도 소유하게 해 주시리라는 것을 믿고 나아가야 했던 것입니다.

가나안 땅은 이미 정복되었고, 주요 거점들과 요새들이 완전히 파괴되었고, 그 왕들이 죽임을 당했습니다. 그러나 실제로 그 영토의 상당 부분이 여전히 가나안 주민들의 손에 있었으니, 그들을 거기서 쫓아내는 임무가 아직 남아 있었습니다. 여호수아가 이미 행한 일과 이스라엘이 아직 행하도록 남아 있는 일을 구분하는 것이 중요합니다. 여호수아가 이미 주요 세력들을 무너뜨렸고,

그들의 요새들을 함락시켰고, 이스라엘이 그 지역에서 확고한 교두보를 확보했을 만큼 가나안 족속들을 진압했습니다. 그러나 그 모든 지역에서 가나안 족속들을 완전히 몰아내지는 못했습니다.

그렇습니다. 사사기 2:20-23과 3:1-4에서 명확히 드러나듯이, 여전히 막강한 민족들이 요소요소에 남아 거주하고 있었습니다. 그러므로 이스라엘로서는 아직도 많은 과제가 남아 있었습니다. 여기서 우리는 성경적 모형의 정확성을 다시 한 번 보게 됩니다.

여호수아의 원형이신 그리스도께서는 그분의 백성을 위하여 하늘의 가나안에 대한 변함없는 소유권을 확보하셨습니다. 하지만 그분의 백성이 그들의 영원한 안식에 들어가기 위해서는 아직도 싸워야 할 막강한 원수들이 남아 있으므로 그들과 맹렬히 싸워야 합니다. 하늘의 안식을 현재에 누리는 일도 마찬가지입니다. 그리스도께서 그분의 백성을 위해 확보하신 그 경건한 기업에 실질적으로 참여하기에 앞서서 수많은 난관과 반대를 믿음과 소망으로 이겨야만 합니다.

그 땅을 분배하기 위해 지정된 방식이 매우 흥미롭고 교훈적입니다. 두 가지 확실한 원칙이 적용되었으나, 그중 한 가지에 치중하면 나머지가 배제되는 것처럼 보입니다.

첫 번째 원칙은 여호와께서 모세를 통해 다음과 같이 제시하셨습니다. "이 명수대로 땅을 나눠 주어 기업을 삼게 하라. 수가 많은 자에게는 기업을 많이 줄 것이요 수가 적은 자에게는 기업을 적게 줄 것이니 그들이 계수된 수대로 각기 기업을 주되"(민 26:53, 54. 33:54에서 반복됨). 가나안 땅을 분배하여 백성들에게 나누는 일에 대해 따라야 할 일반적인 법칙이 있었으니, 곧 분배되는 땅의 크기를 그 땅을 분배받는 지파의 규모에 따라 정하는 것이 그것이었습니다.

두 번째 원칙은 민수기 26:54 바로 다음에 제시됩니다.

> 오직 그 땅을 제비 뽑아 나누어 그들의 조상 지파의 이름을 따라 얻게 할지니라. 그 다소를 막론하고 그들의 기업을 제비 뽑아 나눌지니라(민 26:55-56).

다시 말해서, 기업을 할당하는 일이 하나님의 주권적인 뜻에 따라 결정된다는 것입니다. 제비는 하나님이 주관하시는 것으로 그분의 뜻을 알게 해 주는 방식이었으니 말입니다.

이 두 가지 원칙들은 서로 공존할 수 없는 것처럼 보입니다. 그러므로 이 두 가지가 서로 일치한다는 것을 입증하고자 시도한 일도 지금껏 보지 못했습니다. 신적인 요소와 인간적인 요소—각 지파들을 그 규모에 따라 구별하는 인간적인 요소와, 각 지파들의 몫을 하나님이 결정하시는 신적인 요소—를 서로 연결시키는 오랜 문제점이 여기에 결부되어 있습니다.

그러나 현재의 이 경우에는 실제로 아무런 난제가 없습니다. 규모가 큰 지파들이 더 큰 땅을 할당 받게 되어 있었고, 다만 가나안의 땅 가운데 구체적으로 어떤 땅이 해당 지파의 기업이 되는가를 정하는 데에 "제비"가 사용되는 것뿐이었습니다.

여호수아도, 엘르아살도, 각 지파의 족장들도 자기들의 생각이나 의향에 따라 땅을 택할 자유가 없었습니다. 각 지파가 받을 기업의 최종적인 위치는 오직 하나님의 섭리에 맡겨져 있었고, 그 결과가 혹 그들의 생각이나 바람에 어긋난다 해도 그 결정을 그대로 따르게 되어 있었습니다.

이런 식의 방식은 그 과정에서 하나님의 합당한 위치를 그대로 인정하는 한편, 이스라엘의 각 지도자들의 편에서 편파성이나 치우침이 전혀 배제되도록 하는 것이었고, 따라서 백성들이 전혀 불평의 말을 할 수 없도록 만드는 결과를 낳게 되었습니다.

이처럼 서로 모순되는 이 두 가지 원칙들을 깊이 생각하면 할수록, 그 원칙들을 지정해 주신 하나님의 지혜를 높이 찬송하게 됩니다. 규모가 큰 지파들이 작은 지파들보다 더 넓은 지역을 할당받아야 한다는 원칙은 지극히 공평하고도 현명하다 하겠습니다.

그러나 타락한 인간 본성을 고려하면, 그 문제가 전적으로 이스라엘 자신에게 맡겨졌을 경우에는 약한 지파들이 그들의 정당한 몫을 할당받지 못하게 되었을 것이라는 것이 너무도 자명합니다. 그들만의 몫을 전혀 할당받지 못하는 일은 없었겠지만, 십중팔구는 그들이 가장 선호도가 낮은 땅을 할당받게 되었을 것입니다.

그러므로 신적인 감독이 반드시 필요했습니다. 할당받는 각 땅의 정확한 경계를 정하는 일은 물론 그 위치를 정하는 문제에 대해서도 그렇거니와, 산악지대와 비옥한 골짜기 지대를 각기 공정하게 분배되도록 하기 위해서도 그러했습니다. 여러 경우에 하나님의 법이 약한 자들의 복지를 보호하며, 또한 여호와께서 항상 가난한 자들과 핍절한 자들에 대해 항상 큰 관심을 기울이시는

데, 이 경우에도 과연 그랬습니다.

여호수아 14:1-2과 아울러 다음의 레위기 25:23-28을 함께 놓고 보아야 합니다.

> 토지를 영구히 팔지 말 것은 토지는 다 내 것임이니라 너희는 거류민이요 동거하는 자로서 나와 함께 있느니라. 너희 기업의 온 땅에서 그 토지 무르기를 허락할지니, 만일 네 형제가 가난하여 그의 기업 중에서 얼마를 팔았으면 그에게 가까운 기업 무를 자가 와서 그의 형제가 판 것을 무를 것이요, 만일 그것을 무를 사람이 없고 자기가 부유하게 되어 무를 힘이 있으면, 그 판 해를 계수하여 그 남은 값을 산 자에게 주고 자기의 소유지로 돌릴 것이니라. 그러나 자기가 무를 힘이 없으면 그 판 것이 희년에 이르기까지 산 자의 손에 있다가 희년에 이르러 돌아올지니 그것이 곧 그의 기업으로 돌아갈 것이니라(레 25:23-28).

이것이 히브리인들의 부동산과 부동산의 전매에 관한 하나님의 율법이었는데, 이 법은 과연 부자들과 가난한 자들의 권리들을 똑같이 충실하고도 공평하게 보호하는 것이었습니다. 필요할 경우 부동산을 조건부로 매매할 수 있었으나, 소유권이 완전히 이전되어 원래의 소유주에게 다시는 돌아갈 수 없게 되는 일이 절대로 없게 되어 있었습니다.

위의 본문은 특별하고도 유일무이한 재산법을 제시해 주며, 거기에 의와 자비가 복스럽게 뒤섞여지도록 하며, 개인의 재산권을 권장하는 동시에 탐욕을 억제하는 놀라운 지혜가 돋보입니다. 이러한 토지 분배는 "국가 소유권"과 정반대되는 것이었습니다.

열두 지파들에게 각기 땅이 분배되었고, 또한 각 지파의 영토 내에서 다시 그 가문들 사이에 땅이 할당되었기 때문입니다. 혹 어려움과 빈곤 때문에 한 가족이 그 땅을 저당 잡히거나 매매할 경우, 근검절약하며 더 갖고자 하는 자들이 자기들의 소유를 늘릴 기회를 잡게 되었습니다. 그러나 희년이 되면 그 소유권이 다시 원 주인의 소유로 되돌아갔고, 그리하여 "자본가들"의 탐욕이 억제되었으며, 이로써 다른 사람들의 괴로움을 부당하게 이용하여 재산을 영구히 소유하는 일이 원천적으로 방지되었습니다.

이처럼 성경은 개인이 자기 집을 소유하고(참조. 요 19:27) 부동산을 보유할 권리를(행 4:34) 가르치면서도, 동시에 개인의 권리와 자유를 침해하는 국가 소유권을 분명하고도 필연적인 암시를 통해 정죄합니다. 성경의 가르침이 얼마나 다면적이며 포괄적인지 모릅니다!

> 이스라엘 사람들이 스스로 정복하여 그 땅을 얻었으나, 자기들이 원하는 땅을 마음대로 차지할 수도, 그것을 모두의 공동 소유로 삼을 수도, 혹은 동의에 의해서나 강제에 의해서 그 땅을 공유할 수도 없었고, 오히려 하나님 자신에게 엄숙히 호소하여 제비를 통해 그 땅을 분배받았다. 가나안은 여호와의 땅이요 이스라엘은 그의 백성이었기 때문이다. 이것은 그리고 모든 당사자들을 만족시키고 불화와 다툼을 방지하는 가장 합당한 방식이었다(토마스 스코트).

그러나 여기서 작동되는 기본 법칙은 인간의 모든 역사를 통해서도 확보되는 것이었음을 지적해야 합니다. 여호와 하나님은 하늘과 땅의 지배자시요 주인이시며, 사람들의 만사를 운행하시는 주권자이십니다. 그 분이야말로 제국들의 흥망성쇠를 통제하시며 왕조의 생사를 결정지으시는 분이시요, 각 사람의 영토의 한계를 결정하신 분이십니다.

이 원리는 신명기 32:8에서 명확히 드러납니다.

> 지극히 높으신 자가 민족들에게 기업을 주실 때에, 인종을 나누실 때에 이스라엘 자손의 수효대로 백성들의 경계를 정하셨도다(신 32:8).

그러므로 그 민족들 중 어느 하나도 전능하신 하나님이 애초에 지정해 주신 그 "경계"를 넘어섰거나 넘어서지 못합니다.

이스라엘의 각 지파들이 소유하게 될 특정한 땅들이 신적인 "제비"를 통해 할당된 것처럼, 하나님은 각 민족이 차지할 정확한 땅의 몫을 예정해 놓으셨습니다. 여호와께서 "바다의 한계를 정하여 물이 명령을 거스르지 못하게 하시며 또 땅의 기초를 정하신 것"(잠 8:29)입니다.

그는 민족들에게도 비슷한 명령을 하달하셨습니다. 군사 지도자들이 정복에 대한 탐욕에 사로잡힌 군사 지도자들과, 세상을 지배하고픈 야망에 가득 찬 무자비한 폭군들은 그들이 "지나치지 못하도록" 하나님이 마치 불안정한 바다(이는 민족과 나라들을 지칭하는 성경의 상징입니다. 단 7:2; 참조. 계 17:15)와도 같이 경계를 정해놓으셨으므로, "파도가 거세게 이나 그것을 이기지 못하며 뛰노나 그것을 넘지 못한다는 것"(렘 5:22. 또한, 참조. 욥 38:11)을 깨달아온 것입니다.

나폴레옹이나 카이저, 혹은 히틀러 같은 사람들은 이러한 섭리에 만족하지 못하고, 자기들의 탐욕을 가로막는 억제의 섭리에 대해 안달하고, 이웃들을 대적하여 분노를 일으키고 으르렁거리며, 하나님이 부여하신 자기들의 몫을 얻기 위해 애썼겠지만, 그들의 수고는 결국, 헛된 것일 뿐이었습니다. 현재나 미래의 야망가들은 누구나 그런 사실을 결국, 깨닫게 될 것입니다.

신명기 32:8은 민족들에게 그들의 몫을 분배하실 때에 이스라엘 자손을 염두에 두셨음을 알려 줍니다. 사도께서 그의 성도에게 말씀한 바와 같이 "모든 것이 너희를 위함"(고후 4:15)입니다. 이렇게 해서 당시 가나안을 점령하고 있던 일곱 족속들에 대한 부분적인 언급이 나타납니다. 하지만 히브리 사람들은 결국, 땅들이 아주 고도로 경작된 상태였고, 성읍과 집들이 있으며, 모든 것이 사용하기에 좋도록 준비를 갖추고 있는 상태에서 기업을 분배받은 것이었습니다!

이와 마찬가지로 필자와 독자들이 사는 좋은 땅 역시, 그 모든 자연적이며 국가적인 유리한 점들과 더불어 물질적인 공급을 원활히 누릴 수 있는 처지 등 이 모든 것들이—마치 가나안이 이스라엘에게 베풀어진 값진 선물이었듯이—우리에게 베푸신 하나님의 특별한 섭리의 선물이요, 따라서 참된 감사가 우리에게 있어야 마땅합니다.

이 땅의 삶과 이 세상의 관심사들을 오직 하나님이 홀로 분배하시듯이, 다가올 미래의 삶 또한, 그가 분배하시는 것입니다. 완전히 지혜로우신 하나님의 섭리로 지정된 땅 이외에는 아무도 한 발자국도 더 누릴 수 없습니다. 이 세상에서 그 어떠한 것을 얻든지 간에 우리는 항상 다음의 말씀을 유념해야 하겠습니다.

> 네 하나님 여호와를 기억하라 그가 네게 재물 얻을 능력을 주셨음이라 (신 8:18).

이 세상을 지배하는 것은 눈먼 우연(偶然)이 아니라 하나님의 지혜입니다. 우리가 그 어떠한 소유물을 누리든지 간에, 그것들은 제 일의 원인이신 하나님께로부터 오는 것입니다.

하나님이 "인류의 모든 족속을 한 혈통으로 만드사 온 땅에 살게 하시고 그들의 연대를 정하시며 거주의 경계를 한정하셨습니다"(행 17:26). 톱레이디(Augustus Montague Toplady: 1740-1778. 영국성공회의 찬송가 작가. 역주)는 이에 대해 다음과 같이 말씀한 바 있습니다.

> 하나님이 사람들이 거주할 곳들을 미리 지정하시고 결정하셨다는 사실이 여기서 명확히 제시된다. 그렇게 되는 것이 지극히 옳다. 그렇지 않았더라면 어떤 곳은 거주민이 과도하게 많고 다른 곳은 거의 주민이 없어 버려졌을 것이다 …. 그러나 하나님이 우리의 거주의 한계를 미리 정하셨으므로, 우리가 지면에 널리 적절히 퍼지게 되어 갖가지 사회적 요구와 보다 높은 하나님의 지혜의 목적들에 부응하게 된 것이다.

각 사람이 어디에 거주할지, 어느 나라에서 출생할지, 또한 어느 성읍, 마을 집에서 거주하게 될지, 또한 거기서 얼마 동안 살게 될지(우리의 앞날이 그분의 손에 달려 있으므로, 시 31:15) 등, 모든 것을 하나님이 지정하셨습니다. 이 점을 충격적으로 드러내주는 실례를 우리 구주의 탄생 장소와 그 이후의 거주지에서 보게 됩니다.

그가 베들레헴에서 나실 것이 지정되었는데, 갖가지 정황으로 인해 그 일이 이루어지지 않을 것처럼 보였으나, 하나님은 때마침 로마 제국 전역에서 인구조사를 시행하도록 정하셔서, 이로 인해 요셉과 마리아가 베들레헴으로 돌아가게 되어 결국, 거기서 구주가 나시게 되었으며(눅 2:1-6), 그 후 그들은 지정된 나사렛에 거주하였습니다(마 2:23).

가나안 땅을 분배하는 일은 제비를 통해 시행되었습니다. 그것이 정확히 어떻게 하는 것인지, 또한 그것을 통해 하나님의 뜻을 어떻게 알게 되는지, 등에 대해서는 성경을 성경과 조심스럽게 비교해 보아야 하고, 그런 다음에도 그 정확한 방법에 대해서는 분명하게 확정지을 수가 없습니다. 제비뽑기가 처음 언급되는 것은(첫 사례가 언제나 가장 중요합니다) 레위기 16:8입니다.

> 두 염소를 위하여 제비 뽑되 한 제비는 여호와를 위하고 한 제비는 아사셀을 위하여 할지며 (레 16:8).

즉, 두 염소 중 어떤 것을 하나님 편에서의 속죄를 위해(진노를 가라앉히는 용도로) 사용하고, 또 어떤 것을 사람을 위해(죄를 제거하는 용도로) 사용할지를 결정하는 데에 제비를 사용했다는 뜻입니다. 이처럼 "제비"가 처음 언급되는 본문에서는 그것이 이스라엘의 대제사장과 연관되며, 그것이 하나님의 뜻을 결정하는 데에 사용되었다는 것이 드러납니다. 그리고 민수기 34:17에서도, 또한 지금 우리가 살피고 있는 이 일과 관련하여 여호수아 14:1에서도, "제사장 엘르아살"이 명확히 언급되고 있습니다.

이와 비슷하게, 슬로브핫의 딸들이 가나안 땅의 일부에 대한 권리를 주장했을 때에도, 그 문제를 제사장 엘르아살과 여호수아와 각 지파들의 족장들 앞에 제기했는데(수 17:3-6), "돌아갔으니"(5절)라는 표현이 암시하듯이, 그 때에도 제비가 사용된 것으로 보입니다.

우리는 개인적으로 "제비"로 하나님의 뜻을 얻을 때에 저 신비한 "우림과 둠밈"이 사용되었을 것으로 보는 견해가 상당히 개연성이 높다고 봅니다. "우림과 둠밈"은 아마도 두 개의 보석이었을 것입니다.

왜냐하면, 그것들을 "만들라"는 명령이 전혀 없고, 또한 그것들을 대제사장의 "판결 흉패 안에 넣게 되어 있었기" 때문입니다(출 28:30). 아마도 그것들을 대제사장의 "에봇" 혹은 예복 안의 주머니 속에 "넣어 두었을 것"으로 보이는데, 그 주머니는 예복의 안쪽을 겹으로 짜서 만들어졌을 것입니다(참조. 출 23:16의 "두겹", 그리고 26절의 "안쪽").

잠언 16:33은 "제비는 품[이는 가슴을 가리는 의복을 뜻함- 참조. 출 4:6, 7]에 넣으나 모든 일을 작정하기는 여호와께 있느니라"(개역개정은 "제비는 사람이 뽑으나"로 번역함. 역주)라고 말씀합니다. 그러므로 "제비"는 판단을 내리거나 틀림없는 결정을 제시하기 위한 목적이었고, 따라서 흉배를 가리켜 "판결 흉배"(출 28:15)라 불렀는데, 이는 하나님의 심판 혹은 판결이 그것을 통해 제시되었기 때문입니다. 사무엘상 28:6에서는 배도한 왕 사울의 물음에 대해 전혀 응답하시지 않습니다.

그러므로 제비가 필요할 때에 대제사장이 그의 손을 흉배 뒤에 있는 주머니에 손을 집어 넣고 우림이나 둠밈 중의 하나를 꺼내어 "예" 혹은 "아니오"를 결정한 것 같습니다. 여호수아 19:51에서는 이 중요한 의사결정이 하나님의 집 입구에서 행해진 것으로 보도하고 있습니다.

제사장 엘르아살과 눈의 아들 여호수아와 이스라엘 자손의 지파의 족장들이 실로에 있는 회막 문 여호와 앞에서 제비 뽑아 나눈 기업이 이러하니라 (수 19:51).

이 사실은 이스라엘의 후기 역사에서 일어난 갖가지 사건들을 다루는 여러 본문을 이해하는 데에 빛을 비추어 줍니다. 훗날 베냐민 지파를 치러 다시 올라가야 할지에 대해 확신이 없자, 그들은 하나님의 집으로 나아가 여호와께 문의했고, 대제사장 비느하스가 그들을 위해 답을 얻어 주었습니다(삿 20:26-28). 에스라 2:61-63에서는 대제사장이 판결 흉배와 유죄 혹은 무죄에 대해 여호와의 결정을 제시해 주는 "제비", 곧 우림과 둠밈을 갖고서 임석해 있지 않으면 판결을 얻을 수가 없었음이 나타납니다.

동시에 여기서 주목할 것은 가나안 땅을 공식적으로 분배할 때에 제사장 엘르아살과 여호수아 외에 "이스라엘 자손 지파의 족장들"(수 14:1)이 배석해 있었다는 사실입니다. 이는 "각 지파에 한 지휘관씩"(민 34:18)을 택하여 각 지파를 대리하여 그 일에 참여하게 하라는 모세를 통한 하나님의 명령에 순종해서 그리한 것입니다.

그들은 각 지파의 규모에 따라, 그리고 제비를 뽑은 대로, 땅 분배가 이루어지도록 모든 상황을 감독하고, 또한 그 모든 일이 공정하고도 정당하게 시행되었음을 증언하는 임무를 부여 받았습니다. 그렇게 함으로써 그들이 지파들의 권리를 보호하고, 편파성에 대한 의혹을 방지하고, 혹시 후에 논란이 일어날 경우 문제를 권위 있게 결정지을 수 있게 한 것입니다.

> 공적인 일들은 모두의 권리를 보장할 뿐 아니라 가능하다면 권리가 있는 모든 사람이 만족하도록 그렇게 시행되어야 한다 (헨리[Henry]).

매우 충격적인 사실은 하나님이 모세의 생전에도 그런 대표자들을 선임하실 뿐 아니라 실제로 그들 모두의 이름을 기록하게 하셨다는 것(민 34:19-29)입니다. 그렇게 함으로써 그 긴 기간 동안 그들이 자연적인 원인으로나 혹은 가나안의 싸움으로 인해 죽지 않고 보존되도록 보장하신 것입니다.

2. 기업

앞에서 우리는 사실상 가나안 땅을 이스라엘 각 지파들—레위지파는 제외하고—에게 분배하는 일을 위해 하나님이 지정하신 방법을 주로 살펴보았습니다. 그 방법은 "제비"였는데, 사람이 보기에는 우연의 결정에 맡기는 것 같아 보일지 모르지만, 그것이야말로 명확한 방법이었습니다.

> 제비는 사람이 뽑으나 모든 일을 작정하기는 여호와께 있느니라(잠 16:33).

따라서 그 방법을 통해 그분의 뜻이 명확하게 드러났기 때문입니다. 신정정치 하에서 질서를 세우는 모든 중요한 사안들이 그 방법을 통해 결정되었습니다.

사울 왕은 여호와 하나님께 "완전한 제비를 주소서"(삼상 14:41. 개역개정은 "실상을 보이소서"로 번역함. 역주)라고 아뢰었습니다. 아론의 자손들과 그 가족들이 거주할 성읍이 제비로 결정되었고(대상 6:63), 예배를 위해 노래하는 임무를 맡은 자들의 경우도 그러했습니다(대상 25:7, 8). 느헤미야의 시대에도 마찬가지로 예루살렘에 거주할 자들을 제비를 뽑아 선택했습니다(느 11:1). 서로 배치되는 주장들이 있을 경우, 제비를 뽑은 결과에 쌍방이 모두 동의했고, 그리하여

> 제비 뽑는 것은 다툼을 그치게 하여 강한 자 사이에 해결하게 하느니라(잠 18:18).

이러한 원리를 우리들 자신에게 실제로 어떻게 적용해야 할까요?

하나님은 제 이차적인 원인들을 그저 방관자로 내버려두지 않으시고 우리 삶의 모든 문제들에 관여하시고 질서 있게 운행하십니다. 옛날 한 저술가가 아주 훌륭하게 표현했듯이, "우리가 아무리 바람을 불어넣는다 해도, 하나님이 없이는 불이 붙지 않는 법"입니다.

> 여호와께서 집을 세우지 아니하시면 세우는 자의 수고가 헛되며 여호와께서 성을 지키지 아니하시면 파수꾼의 깨어 있음이 헛되도다(시 127:1).

가나안 땅을 분배하는 일이 전적으로 하나님의 결정에 의한 것이었듯이 우리의 거주의 한계도 그분의 결정에 따라 정해지는 것이요, 따라서 이 세상에서 우리의 소유와 몫이 어떤 식으로 주어지든지 그것이 여호와께로부터 온 것임을 인정해야 하고, 또한 그것에 대해 감사하고 그것으로 만족해야 합니다.

하나님이 그분의 지혜로 거두어 가시는 것들에 대해 탐욕을 갖거나 불평하지 않고, 오히려 하나님이 은혜로 베풀어 주신 것에 대해 감사하고 기뻐하는 것이야말로 마음의 평안을 얻고 행복을 누리는 비결 중의 하나입니다.

> 자족하는 마음이 있으면 경건은 큰 이익이 되느니라 … . 우리가 먹을 것과 입을 것이 있은즉 족한 줄로 알 것이니라 (딤전 6:6, 8).

여호와께서 아브라함과 그의 자손들에게 지정하시고 약속하시고 주신 기업인 가나안 땅은 이 기독교 시대를 통틀어 하늘의 가나안, 곧 그리스도의 지체들이 이 죄와 시험의 현장을 통과하여 지금 나아가고 있는 목표를, 그림자로 보여 주는 것으로 올바로 인식해 왔습니다. 이는 바른 관점입니다.

첫째, 신약성경이 흔히 하나님의 백성의 영원한 복락을 기업으로 묘사합니다.

바울이 이방인들을 향해 주께로부터 받은 사명은 바로 "그 눈을 뜨게 하여 어둠에서 빛으로, 사탄의 권세에서 하나님께로 돌아오게 하고 죄 사함과 나를 믿어 거룩하게 된 무리 가운데서 기업을 얻게 하는 것"(행 26:18)이었습니다. 그러므로 그는 골로새 교인들에게 "우리로 하여금 빛 가운데서 성도의 기업의 부분을 얻기에 합당하게 하신 아버지께 감사하"(골 1:12)라고 명령했습니다.

히브리서 9:15에서는 그것을 "영원한 기업"이라 부르고, 베드로는 성도가 거듭난 것이 "썩지 않고 더럽지 않고 쇠하지 아니하는 유업" 곧 그들을 위해 "하늘에 간직하신 것"을 누리게 하기 위함(벧전 1:4)임을 말씀합니다.

둘째, 여호와께서 아브라함과 맺으신 언약에 근거하여 가나안을 이스라엘에게 주셨습니다(출 6:4; 시 105:9-11).

마찬가지로 우리 역시 영원한 은혜 언약의 결과로 복과 영광의 유산을 부여 받습니다. 하나님과 중보자 그리스도께서는 경륜 가운데서 공동의 목표를 이루는 데에 합의하셨으니, 곧 하나님의 영광을 더욱 드러내며 그분의 백성의 구원을 보장하는 것이 그것이었습니다.

스가랴 6:13은 "이 둘 사이에 평화의 의논이 있으리라"고 말씀하는데, 여기서 "이 둘"이란 바로 그 앞 절에 언급되는 대로 여호와와 "싹이라 이름하는 사람"을 지칭합니다. 그 "평화의 의논"이란 그 두 분 사이의 약정(約定)을 뜻합니다. 혹은 중보자께서 특정한 조건들을 이행하시면 하나님이 그와 그의 후손에게 상급을 베푸실 것을 명문화하셨음을 뜻합니다. 그 영원한 언약이 바로 하나님이 그분의 백성에게 행하시는 모든 선한 일들의 기초입니다(눅 1:68-72; 히 13:20, 21).

그들을 향한 그분의 약속들이 그 백성의 보증자이신 그리스도께 행해졌고, 그가 그 백성을 대신하여 약정을 맺으신 것입니다. 이 사실에 대한 놀라운 증거가 디도서 1:2에 나타납니다. "영생의 소망을 위함이라. 이 영생은 거짓이 없으신 하나님이 영원 전부터 약속하신 것[그저 "목적하신 것"만이 아니라]인데 …" 곧, 하나님이 그분의 모든 후손에게 영생("기업"의 또 다른 명칭, 마 7:14)을 베푸실 것을 그리스도께 약속하셨다는 뜻입니다.

셋째, 그리스도인의 영원한 분깃은 "기업"일 뿐 아니라 분배된 기업입니다. 이 점은 에베소서 1:11에서 분명히 가르칩니다. 이 구절의 의미와 의의를 올바로 분별하기 위해서는 이를 다른 구절들과 조심스럽게 비교해 보아야 합니다. 주의 백성들 대부분이 그렇게 해 보지 않았으므로, 이 문제를 좀 상세히 다룰 필요가 있습니다. 3-9절에서 사도는 이미 선택, 영광에로의 입양(혹은 기업), 구속(救贖. 혹은 속량), 그리고 부르심에 대해 말씀한바 있습니다.

그리고 10절에서 그는 그 앞에서 다룬 모든 사실들의 목적이 바로 하나님이 그리스도 안에서 모든 것을—하늘에 있는 것(천사들)과 땅에 있는 것(구속함 받은 자들)을—하나로 모으시는 데 있었음을 말씀합니다. 11-13절에서는 이 내용을 확충시키고 설명합니다.

그는 먼저 유대인 신자들을 지칭하며, "우리가 예정을 입어 그[곧, 머리이신 그리스도] 안에서 기업이 되었으니"라고 말씀하는데, 이는 그리스도 안에서 하나로 모으시는 그 위대한 역사의 한 부분이 되었다는 뜻이기도 합니다.

그리고 13절에서 그는 이방인 신자들에 대해, "그[그리스도] 안에서 너희도 진리의 말씀 곧 너희의 구원의 복음을 듣고 그 안에서, 또한 믿어 약속의 성령으로 인치심을 받았으니"라고 말씀합니다. 왜냐하면, 그 어떠한 사람도 회심해야만 비로소 실제 그 기업에 대해 관심을 갖거나 그 기업을 얻을 자격을 얻게 되기 때문입니다.

우리가 기업을 얻었으니는 원문에서 클레로스에서 파생된 하나의 단어로 되어 있는데, 이에 대해 저명한 헬라어 학자요 주석가인 찰스 하지(Charles Hodge: 1797-1878. 미국의 개혁주의 신학자. 역주)는 이에 대해 이렇게 설명합니다.

> 클레로스는 '제비를 뽑다,' '제비로 분배하다,' '제비로 선택하다' 라는 의미이며, 중간태로는 '제비로 얻다,' 혹은 '기업을 얻다,' 혹은 그냥 '얻다' 라는 의미이다.

우리의 연구 결과도 이를 확증해 줍니다.

첫째, '클레로스'는 물건의 한 부분이나 한 몫을 뜻하며, 또한 사도행전 1:17, 25에서 나타나듯이 다른 이들과 함께 한 몫을 나누는 자가 되는 것을 뜻합니다. 그러므로 성도가 그리스도 안에서 만물이 하나로 모이는 중에 한 몫이 됩니다.

둘째, '클레로스'는 기업을 뜻하며, 히브리서 1:4에서 그렇게 번역됩니다.

셋째, '클레로스'는 제비를 뜻하며, 그렇게 번역되는 경우가 일곱 차례 나타납니다(마 27:35 등; 행 1:26).

그러므로 이 세 가지 의미를 종합하면, 한 부분이나 몫, 즉 기업의 한 부분이나 몫을 얻게 되며, 또한 이 히브리인들의 경우처럼 그 기업은 제비를 통해 얻어진다고 하겠습니다.

> 너희의 종족을 따라 그 땅을 제비 뽑아 나눌 것이니(민 33:54, 또한 참조. 겔 45:1).

그러므로 그것을 가리켜 "제비 뽑은 기업"이라 부르는 것입니다(민 36:3).

그리고 에베소서 1:11의 동명사가 수동태로서, 그 기업이 우리가 능동적으로 획득한 것이 아니라 우리에게 베풀어진 것임을 나타낸다는 점을 주목해야 합니다. 사람이 상속권을 박탈당한다고 말할 때에는 그 단어의 수동태가 사용되는데, 그러나 사람이 상속 당한다는 뜻에 해당하는 영어 단어가 없으므로 알맞은 단어를 덧붙여 기업을 부여받는다는 식으로 말합니다.

그리스도인의 기업은 자기 자신의 노력으로 벌어들인 것도 아니고, 그가 추구하여 얻은 것도 아니며, 오히려 값없이 그에게 증여된 것입니다. 우리가 알기도 전에 우리가 그리스도 안에서 기업을 얻었고, 그와 더불어 상속자들이 되었습니다. 영혼의 복지 문제에 대해 전혀 관심이 없는데도 불구하고 갑자기 전혀 예기치 않게 그리스도께 사로잡히는 경우에는—다소 사람 사울이 그러했습니다만—다른 사람들의 경우보다 이 점이 더 선명하게 드러납니다.

그러나 사실은 모든 사람의 경우가 다 그렇습니다. 그리스도를 열심히 따르고 찾는 사람들이 되는 경우에도 먼저 그리스도께서 그들을 찾아가시고 그들에게 역사하셨기 때문에 그런 변화가 생기는 것입니다. 죄 가운데 죽은 자를 하나님이 먼저 살려주시지 않으면, 아무도 그에게로 방향을 전환하는 법이 없기 때문입니다.

그러나 잠자는 사람이 자기에게 증여된 기업을 얻게 된다는 것을 알지 못하듯이, 그 당사자들도 영적으로 살리심을 받는 그런 일에 대해 전혀 알지 못합니다. 선포되는 복음 메시지를 들을 때에, 그 듣는 자들 중에 어떤 이들은 그렇게 돌아서고 어떤 이들은 그냥 지나칩니다. 한가하게 호기심으로 거기에 참여했다가 첫 설교에서 하나님께 사로잡힐 수도 있습니다.

키가 작은 삭개오는 이적을 행하는 자가 지나가는 것을 보기 위해 나무에 올라가 있었는데, 그리스도께서 그에게 "속히 내려오라 … . 오늘 구원이 이 집에 이르렀다"고 말씀하셨으나(눅 19:5, 9), 주위에 함께 있던 다른 이들은 그냥 지나치셨습니다.

> 네거리 길에 가서 사람을 만나는 대로 혼인 잔치에 청하여 오라(마 22:9).

성도는 누구나 하나님이 작정하신 자들이지만, 인간의 지각에는 그 일이 우연히 일어나는 것처럼 보입니다. 마치 은혜가 제비뽑기를 통해 그들에게 임하기라도 하듯이 말입니다. 심지어 사울은 그저 아버지의 나귀를 찾으러 갔을 뿐이었는데, 이스라엘의 왕으로 기름부음 받은 후에 집으로 돌아왔습니다.

그리스도의 선구자인 세례 요한의 말씀을 들은 자들은 기이한 광경을 구경하러 간 것뿐이었으나(눅 7:24, 25), 회개하라는 그분의 부름을 받고 그중 많은 이들이 하나님께로 돌아왔습니다.

이러한 사실은 베드로후서 1:1에서 분명히 확증됩니다. 거기서 사도는 "보배로운 믿음을 우리와 함께 받은 자들"에게 말씀합니다. 거기 사용되는 헬라어 단어는 "제비를 뽑아 주의 성전에 들어가 분향하고"(눅 1:9)에 나타나는 것과 동일한 단어로서, "제비를 통해 얻다"라는 의미이기도 합니다.

그런 단어를 사용함으로써 베드로는 독자들에게 그들이 믿어 영혼의 구원을 진정 얻었다면 그들의 믿음은 절대로 그들의 총명함이 뛰어난 덕분이 아니고 오로지 하나님이 주권적으로 은혜로이 그들에게 그 믿음을 분배하신 덕분임을 상기시키고 있습니다. 그분의 은혜가 분배되는 과정에서, 그 복된 분깃이 그들의 몫으로 떨어진 것입니다.

그러므로 베드로후서 1:1은 구원 얻는 믿음이 피조물의 의지의 산물이 아니요, 하나님께로부터 오는 선물임을 가르쳐 주는 여러 본문 중의 하나라 하겠습니다. 그러므로 자랑할 여지가 전혀 없습니다(고전 4:7). 신자를 불신자와 다른 존재가 되게 하는 것은 바로 하나님의 신적인 제비인 것입니다.

한 영혼에게 신적인 기업을 누릴 권리를 베풀어 주는 것은 비단 예정만이 아니고, 하나님의 역사하심, 즉 마음에 임하는 은혜의 역사도 있는데, 이는 예정의 결과입니다. 사도는 에베소서 1:12-14에서 그렇게 가르칩니다.

그들이 그들의 "기업의 보증"이 되시는 약속의 성령으로 인치심을 받는 것은 그들이 복음을 들은 후의 일입니다.

"믿어 약속의 성령으로 인치심을 받았으니."

우리가 회심한 후에야 비로소 우리 개인이 기업에 대한 권리를 얻는 것입니다. 이 점은 사도행전 26:18에서 분명히 드러납니다. 그리스도께서는 바울을 보내셔서 복음을 선호하게 하사 사람들로 하여금 "그 눈을 뜨게 하여 어둠에서 빛으로 … 돌아오게 하고, 죄 사함과 나를 믿어 거룩하게 된[불신자들로부터 구별된] 무리 가운데서 기업을 얻게 하고"자 하셨습니다.

마술사 시몬은 "이 도에는 네가 관계도 없고 분깃 될 것도 없느니라"는 말을 들었습니다.

왜요?

그는 회개하지 않는 자요 따라서 죄사함을 받지 못한 자였기 때문입니다(행 8:21, 22). 성령의 은혜의 역사로 말미암아 합당하게 되어야만 비로소 기업의 부분을 얻게 됩니다(골 1:12). 마찬가지로 베드로전서 1:3, 4 역시 하나님께로부터 나야만 구원을 얻고 하늘의 기업을 누리게 된다는 사실을 분명히 제시해 줍니다.

회심한 자들이 그리스도 안에서 모든 것이 하나로 모아들여지는 중에 얻게 될 기업이나 그 몫을 보장받았음을 진술한 다음, 사도는 그 말할 수 없는 복을 그 근원에까지 거꾸로 추적해 들어갑니다.

> 모든 일을 그의 뜻의 결정대로 일하시는 이의 계획을 따라 우리가 예정을 입었으니 (엡 1:11).

하나님은 복음에게 확실한 사명을 부여하여 내어 보내셨습니다. 그러나 복음이 어디서 누구에게 선포되든지 간에 결코, 헛되이 돌아오지 않고, 그가 기뻐하시는 일을 이루며 그가 그것을 보내시는 목적―모든 악의 세력이 그것을 가로막지 못하게 하는―을 이루는 것입니다.

그 일은 결코, 인간의 변덕에나 혹은 복음을 듣는 자들의 뜻에 맡겨진 것이 아니며, 비록 그것이 사람들에게 "제비"를 통해 우연히 다가오지만(사람의 눈에는 그 일이 전적으로 우연에 속한 것처럼 보이지만), 그러나 그 "제비"는 하나님의 영원한 예정에 의해 주도됩니다. 제비를 통해 뽑히는 자들이 뽑히지 않는 자들과 똑같이 본질상 하나님께로부터 소외되어 있고 죄 가운데 죽어 있지만, 그들의 효력 있는 부르심과 회심은 그 자신의 뜻에 따라 모든 일을 이루시는 그 분에 의해 전적으로 이루어지는 것입니다.

하나님의 백성 가운데, 하나님이 그들을 죽음에서 생명으로 인도하시고 그들 속에서 회개와 믿음을 이루시고 그리스도 안에서 구원을 누리게 하신 일에 대해 기뻐하며 그에게 감사를 올리면서도, 그런 신적인 자비의 역사하심이 그들을 영생과 영광에 이르게 하시기 위해 그가 그들을 영원 전에 선택하시고 미리 정하신 결과요 열매라는 사실(행 13:48; 살후 2:13, 14)을 지각하지 못하는 이들이 많습니다.

그 신적인 과정의 순서가 로마서 8장에 선명하게 진술되어 있습니다. "하나님이 미리 아신 자들을 또한, 그 아들의 형상을 본받게 하기 위하여 미리 정하셨으니 이는 그로 많은 형제 중에서 맏아들이 되게 하려 하심이니라"(29절). 여기서 '미리 아심'은 다음의 실례들에서 드러나듯이, 인정한다는 의미의 앎입니다.

> 의인들의 길은 여호와께서 인정하시나 (시 1:6).

> 내가 땅의 모든 족속 가운데 너희만을 알았나니(암 3:2. 또한, 참조. 롬 11:2).

미리 아심과 예정의 차이는 이렇습니다. 곧 하나님의 미리 아심은 택함 받고 인정받는 사람들에 관한 것이고, 예정은 그들에게 의도되는 복들을 지정합니다. 하나님의 그 광대한 목적이 어떻게 이루어지는지를 그 다음 절이 잘 보여 줍니다.

> 미리 정하신 그들을 또한, 부르시고 부르신 그들을 또한, 의롭다 하시고 의롭다 하신 그들을 또한, 영화롭게 하셨느니라(롬 8:30).

그러므로, 하나님의 택하시는 은혜와 주권적인 목적이 그 이후에 이어지는 모든 일의 근거요 뿌리입니다. 다른 여러 본문들이 동일한 사실을 가르칩니다.

> 내가 영원한 사랑으로 너를 사랑하기에 인자함으로 너를 이끌었다(렘 31:3).

그분의 백성들을 다루시는 모든 하나님의 역사하심은 영원 전에 그들에 관해 정해 놓으신 그분의 작정을 이루어 가시는 것입니다

> 하나님이 처음부터 너희를 택하사 성령의 거룩하게 하심과 진리를 믿음으로 구원을 받게 하심이니(살후 2:13).

마지막 결과를 정하신 그분이 거기에까지 이르는 수단도 지정하시고 베푸셨습니다.

> 하나님이 우리를 구원하사 거룩하신 소명으로 부르심은 우리의 행위대로 하심이 아니요 오직 자기의 뜻과 영원 전부터 그리스도 예수 안에서 우리에게 주신 은혜대로 하심이라(딤후 1:9).

이제 에베소서 1:11의 언어가 얼마나 힘 있고 강한지를 잘 보시기 바랍니다.

> 모든 일을 그의 뜻의 결정대로 일하시는 이의 계획을 따라 우리가 예정을 입어 그 안에서 기업이 되었으니(엡 1:11).

우리가 그 기업이 되도록 예정되었을 뿐 아니라, 그 예정의 확실함과 불변함을 명확히 표현해 주는 신적인 목적에 따라서, 또한 모든 일을 그 자신의 기뻐하시는 계획을 따라 효과적으로 일하시는 그 분의 작정에 따라서, 그 일이 이루어지므로 아무도 그를 막을 자가 없는 것입니다.

넷째, 이스라엘의 기업을 분배하는 일이 제사장 직분의 시행을 통해 이루어졌습니다.

> 이것은 이스라엘 자손이 가나안 땅에서 받은 기업 곧 제사장 엘르아살과 눈의 아들 여호수아와 이스라엘 자손 지파의 족장들이 분배한 것이니라(수 14:1).

하나님의 뜻을 알게 해 주시기를 위해 하나님께 엄숙히 아뢰어야 하므로, 대제사장이 반드시 그의 우림과 둠밈과 함께 임석해 있어야 했습니다. 따라서, 아론의 아들이자 후계자인 엘르아살(신 10:6)이 여기서 언급되고, 그것도 여호수아보다 먼저 언급됩니다. 이처럼 그를 앞에 언급함으로써, 제사장 직분의 고유한 존귀를 드러내었다 하겠습니다. 여기서 우리는 다시 한 번 모형의 아름다움과 정확성을 보게 됩니다.

우리 시대가 영적 무지의 시대이므로 오늘날 이를 감지할 사람이 거의 없지만 말입니다. 신약성경을 주의 깊게 공부해 보면 그리스도의 제사장 직분이 그분의 선지자 직분이나 그분의 왕 직분보다도 월등하게 두드러지는 것을 관찰할 수 있습니다. 그러나 그것은 조금도 놀랄 일이 아닙니다. 그분의 성육신의 목적이 바로 "하나님의 일에 자비하고 신실한 대제사장이 되어 백성의 죄를 속량하려 하심"(히 2:17)이었기 때문입니다.

만일 인간의 이성의 노력으로 전혀 발견할 수 없는 진리들을 반포하고, 또한 하나님의 권위로 부여된 율법을 공포하는 등이 목적이었다면, 구태여 하나님의 아들이 인성(人性)을 취하실 필요가 전혀 없었을 것입니다. 선지자들과 사도들이 하나님의 도우심으로 충실히 그런 직무를 감당할 수 있었으니 말입니다.

그러나 그리스도의 중보 사역으로 인해서 그는 반드시 고유한 제사장 직분의 형태를 취하셔야만 했고, 그리하여 그분의 죽으심으로 정의를 만족시키는 것은 물론, 그 죽음이 향기로운 제사—하나님께 자의로 드리는 제물—가 되게 해야만 했던 것입니다. 그리스도의 구속 사역이 제사장적인 것이었음을 깨닫는 것이 지극히 중요합니다. 소치니파들(Socinians)은 이를 부인해 왔습니다.

그리고 그리스도의 신성을 믿으면서도, 구주께서 드리신 제사의 제사장적 본질에 대해 "단성론자들"(Unitarians)의 헛된 추리를 취하는 자들이 있다는 것은 참으로 안타까운 일입니다. 신약성경은 그리스도를 제사장으로는 물론이고 하나님의 백성의 큰 대제사장으로 제시합니다. 그러므로, 제사장 직분의 성격과 목적과 범위를 구약의 모형들에 비추어(반드시 그래야 합니다만) 해석하면, 그 원형의 의미에 대해 조금도 의심의 여지가 없는 것입니다.

그리스도의 제사장직의 기능들을 가장 충실히 가르치는 것은 히브리서입니다. 거기서 우리는 그 갖가지 면들을 완전하게 모형적으로 제시하기 위해 아론과 멜기세덱이 필요했다는 것을 알 수 있습니다. 아론을 지명하신 하나님의 의도는 그리스도의 위격과 사역을 모형으로 제시하기 위함이었습니다.

이는 "아론과 같이 … 또한, 이와 같이 그리스도께서"(5:4, 5)라는 묘사에서 너무도 분명히 드러납니다. 이는 히브리서 2:17과 분명하게 병행을 이루는 것으로, 그리스도께서 이 땅에서 제사장으로 행하셨음을 분명히 제시해 줍니다.

왜냐하면, 그가 "백성의 죄를 속량"하셨기 때문입니다. 그리스도께서 지성소에 들어가시기 전에 아론이 제사장이었듯이, 그리스도도 제사장이셨습니다.

히브리서 7:26은 그리스도께서 제사장직을 수행하시기에 합당하셨음을 보여 주는 자격 요건들과 위대하심을 보여 주며, "이러한 대제사장은 우리에게 합당하니"라는 묘사를 통해, 죄와 죄인들과 접촉하러 오셨을 때의 그분의 모습을 그려줍니다. 그는 과연 타락한 피조물들에게 반드시 필요하고 적합하신 분이셨습니다. 우리의 죄를 속량하고, 우리로 하여금 하나님이 받으시게 하며, 영원한 구속을 값 주고 살 수 있는 분이 그분 이외에 아무도 없었습니다.

히브리서 8:3; 9:11-15, 25-28; 10:10-12는 그리스도께서 자기 자신을 하나님께 제물로 드리심으로 이 땅에서 그분의 제사장 직무를 행하셨음을 입증해 줍니다. 이 사실에 대한 결정적인 증거는 하나님이 성소의 휘장을 찢으심으로써 레위 직분의 체제 전체를 뒤로 물리셨고 그리하여 그리스도의 제사장 직분으로 그 과거의 체제를 대체시키셨다는 데에서 볼 수 있습니다.

성경에서 차지하는 상대적인 위치에서 충분히 예상할 수 있는 일이지만, 하나님의 각색의 지혜를 드러내고 그분의 놀라운 은혜를 밝혀주는 면에서 히브리서는 로마서보다(물론 로마서도 굉장하지만) 한 걸음 더 나아갑니다.

로마서에서는 법정에서의 장면에 치중하나, 히브리서는 성전의 장면을 다룹니다. 전자에서는 하나님의 의가 나타나나, 후자에서는 하나님의 거룩하심이 환히 비칩니다. 전자에서는 칭의(稱義: 혹은 의롭다 하심)가 복음이 제시하는 탁월한 사실로 등장하나, 후자에서는 성화(聖化: 혹은 거룩하게 하심)가 그리스도의 희생 제사의 산물로 등장합니다.

로마서에서는 그리스도께서 언약의 머리요 그분의 백성의 언약적 대표로 제시되나, 히브리서에서는 그 백성의 대제사장으로 제시됩니다. 전자의 경우는 신자들이 하나님의 보좌 앞에서 확실한 지위를 얻는데 반해서, 후자에서는 신자들이 예배자들로서 은혜의 보좌 앞에 나아가는 특권을 누립니다.

그리스도의 제사장직의 제사장적 기능과 왕적인 기능을 제시하기 위해서 아론과 멜기세덱이 모두 필요했던 것처럼, 그리스도께서 우리에게 기업을 베푸시는 분이심을 나타내기 위해 비느하스와 여호수아(14:1)가 필요했습니다.

요한계시록 5:5-6에서는 이를 어린 양이시요 동시에 사자(獅子)이신 분으로 그립니다. 그리스도께서는 제사장(또한, 어린 양)으로서 "영원한 기업"(히 9:11-15)을 값주고 사셨고, 또한 여호수아의 원형(또한, 사자)으로서 권능으로 그 상속자들을 그 기업으로 이끄시는 것입니다.

앞에서 우리는 가나안 땅을 이스라엘 지파들에게 분배한 사실의 주요 요점 몇 가지를 지적하면서, 그 사실이 그리스도 안에서, 또한 그로 말미암아, 영적 이스라엘이 얻게 되는 복과 영광을 그려준다는 점을 살펴보았습니다.

거기서 우리는 다음 몇 가지를 말씀한 바 있습니다.

첫째, 우리의 영원한 분깃이 명확하게 "기업"이라는 용어로 묘사된다는 점입니다(벧전 1:4).

둘째, 우리의 기업이 언약에 근거하여 우리에게 베풀어진다는 점입니다(눅 1:72).

셋째, 우리의 기업도 제비로 분배되는 것이라는 점(엡 1:11)이요, 또한 개개인이 구원을 얻어 그 기업을 누리기 위해 필수적인 믿음 그 자체가 하나님의 제비를 통해 우리에게 베풀어진다는 점입니다(벧전 1:2).

넷째, 우리가 받는 그 영광스러운 유산이 그리스도의 제사장직의 시행을 통해 우리에게 전해진다는 점입니다(히 9:11-15).

다섯째, 모형과 그 원형 사이의 유비점들을 계속 살펴보면서, 이스라엘 지파의 족장들이 가나안 땅의 분배 과정에 배석했다는 점입니다.

제사장 엘르아살과 여호수아와 "이스라엘 자손 지파의 족장들"이 그 자리에 참석했으니 말입니다(수 14:1). 그 중요한 절차에서 그들이 구체적으로 어떤 역할을 했는지에 대해서는 아무런 언급이 없으나, 아마도 그들은 감독자들의 기능을 발휘했을 것으로 보입니다.

> 예수께서 이르시되 내가 진실로 너희에게 이르노니 세상이 새롭게 되어 인자가 자기 영광의 보좌에 앉을 때에 나를 따르는 너희도 열두 보좌에 앉아 이스라엘 열두 지파를 심판하리라(마 19:28).

우리는 이것이 바로 여호수아 14:1의 구체적인 내용과 상응하는 말씀이라 봅니다. 만일 "성도가 세상을 판단할 것"이, "우리가 천사를 판단할 것"(고전 6:2, 3)이 사실이라면, 열두 사도가 보좌에 앉아 이스라엘 열두 지파를 심판(판단)하리라는 것에 놀랄 필요가 없을 것입니다.

사도들은 그리스도와 가장 가까운 분들이요 그분의 낮아지심을 대부분 공유한 분들이므로, 그리스도의 영광이 나타나는 그날에 그들이 모든 형제들과 구별되고 그들보다 뛰어난 존귀를 얻게 될 것입니다. 그들이 유대인들에게서 그토록 맹렬하게 박해를 받았으므로, 그들을 심판하는 일에서도 그리스도의 배석자들이 될 것입니다.

어린 양의 열두 사도들의 이름이 새 예루살렘의 열두 문에 기록됨으로써 그들에게 한층 더 존귀가 베풀어집니다(계 21:12). 각 본문—여호수아 14:1; 마태복음 19:28; 고린도전서 6:2, 3—에서는 아무런 설명이나 보충 진술이 전혀 없이 순전한 사실만 언급되고 있으므로, 이에 근거해서 갖가지 사색을 시도하는 것은 쓸데없는 일이요 불경한 일일 것입니다.

여섯째, 우리의 기업은 상(賞)입니다. 여러 차례 지적한 바와 같이 가나안은 약속의 땅이었으나 이스라엘은 그 땅을 얻기 위해 싸워야 했습니다. 심지어 야곱도, "내가 내 칼과 활로 아모리 족속의 손에서 빼앗"았으므로 자신도 그 땅의 한 몫이 자기 것이라고 말씀한 바 있습니다(창 48:22).

가나안 땅은 아브라함과 그의 후손에게 유산으로 주어졌으나, 그들 자신의 역량을 발휘하고서야 비로소 그 땅을 소유하게 되었습니다. 하나님이 선물로 주셨으므로 그 땅이 그들의 것이었지만, 실제로 그 땅에 들어가 소유하는 일은 그들 자신의 노력의 결과였던 것입니다.

이런 서로 다른 원리들 사이의 "일관성"과 조화를 감지하든 하지 못하든, 그것들은 서로 완전히 조화를 이루는 것입니다. 이 원리들은 우리에게 전혀 난제가 되지 않습니다. 왜냐하면, 그 둘이 서로 모순이 아니라, 서로 보완해 주기 때문입니다. 하나님의 주권이 모든 일의 기저에 있으나, 사람들을—그분의 백성도 예외가 아닙니다—다루시는 하나님의 역사에서는 언제나 그들을 도덕적인 행동자들로 대하시며, 그들에게 책임을 지우시고, 선한 씨든 악한 씨든 심은 대로 거두도록 하시는 것입니다.

자!

지상의 가나안을 분배하고 얻은 일에 관한 문제는 하늘의 가나안과도 직접 연결됩니다. 그렇지 않을 수가 없습니다. 하나님이 모형으로 하여금 그 원형을 정확히 그림자로 투영하도록 만드셨기 때문입니다. 그러므로, 골로새서는 이렇게 말씀합니다.

> 무슨 일을 하든지 마음을 다하여 주께 하듯 하고 사람에게 하듯 하지 말라 이는 기업의 상을 주께 받을 줄 아나니 너희는 주 그리스도를 섬기느니라(골 3:23-24).

기업만큼 값없이 호의로 베풀어지는 것이 없습니다.

그런데 그것이 기업이라면, 그것을 "상"이라 부르는 것은 과연 어떤 의미입니까?

상이라면, 어떻게 그것이 동시에 "기업"이 될 수가 있습니까?

이 둘은 서로 전혀 양립할 수 없을 것 같아 보입니다. 특히 기업을 가리켜 "값 주고 산 소유"("the purchased possession", 엡 1:14. 개역개정은 이를 "그 얻으신 것"으로 번역함. 역주)—그리스도의 피로 값 주고 산 것—라고 칭하니 말입니다. 그러나 그런 어법은 전혀 모순이 아닙니다.

구주께서는 유대인들에게 교훈하시면서, "썩을 양식을 위하여 일하지 말고 영생하도록 있는 양식을 위하여 하라"고 말씀하신 후에 다시 "이 양식은 인자가 너희에게 주리라"고 덧붙이셨습니다(요 6:27). 그리고 히브리서에서도, "이미 믿는 우리들은 저 안식에 들어가는도다"라고 말씀한 후에, 후에 다시 "우리가 저 안식에 들어가기를 힘쓸지니"라고 권고하는 것을 봅니다(히 4:3, 11).

성경에는 불신자들의 눈에 서로 모순인 것처럼 보이는 내용이 많습니다. "우리 하나님 여호와는 오직 유일한 여호와이시지만"(신 6:4), 동시에 서로 구별되는 삼위가 계십니다. 여호와의 "인자하심이 영원"하지만(시 136:1), 그는 수많은 피조물들을 영원한 형벌에 처하십니다.

그리스도께서는 "나와 아버지는 하나이니라"(요 10:30)라고 말씀하시면서도, 다시 "아버지는 나보다 크심이라"(요 14:28)라고도 말씀하셨습니다. 그리스도인은 이런 진술들의 완전한 조화를 깨닫지만, 동시에 고개를 갸우뚱하게 만드는 것들도 있습니다.

예를 들어서, 일어날 모든 일을 하나님이 예정하셨으니, 인간의 자유 행위와 책임의 시행의 여지가 어디 있습니까?

인간이 타락으로 인해 모든 영적 힘을 다 빼앗겼다면, 영적인 임무들을 행하지 못한다고 그분을 탓하는 것이 과연 공정한 일이겠습니까?

그리스도께서 오직 택한 자들만을 위해 죽으셨다면, 어떻게 그가 모든 사람에게 값없이 베풀어질 수 있습니까?

신자가 그리스도의 "자유인"이라면, 어째서 그분의 멍에를 지라고 요구합니까?

신자가 자유를 얻었다면(갈 5:1), 그가 어떻게 "율법 아래"에 있을 수 있습니까?(고전 9:21)

하나님이 신자를 끝까지 보존하시는 것이라면, 어떻게 해서 신자가 영적인 복락에 이르기까지 스스로 끝까지 인내해야 한단 말입니까?

죄가 신자를 주장하지 못한다면(롬 6:14), "죄악이 이기는 일이 어떻게 그렇게 자주 일어납니까?(시 65:3)

어떠한 난제가 개입되어 있다 할지라도, 순종하는 자에게 하나님이 상 주시고 이기는 자에게 면류관을 베푸신다는 말씀이 성경에 적지 않게 나타난다는 사실은 변함이 없습니다.

> 주의 종이 이것으로 경고를 받고 이것을 지킴으로 상이 크니이다(시 19:11).

> 공의를 뿌린 자의 상은 확실하니라(잠 11:18).

그 때에 각 사람이 행한 대로 갚으리라(마 16:27).

잘하였도다 착하고 충성된 종아 네가 적은 일에 충성하였으매 내가 많은 것을 네게 맡기리니 네 주인의 즐거움에 참여할지어다(마 25:23).

그들[가난한 자들]이 갚을 것이 없으므로 네게 복이 되리니 이는 의인들의 부활시에 네가 갚음을 받겠음이라(눅 14:14).

그리고 하나님이 그분 종들의 충성을 특별히 주목하시고 그들이 그분을 위해 당하는 고난에 대해 합당하게 보상하실 것이라는 선언들도 있습니다.

나로 말미암아 너희를 욕하고 박해하고 거짓으로 너희를 거슬러 모든 악한 말을 할 때에는 너희에게 복이 있나니 기뻐하고 즐거워하라 하늘에서 너희의 상이 큼이라 (마 5:11, 12).

네가 죽도록 충성하라 그리하면 내가 생명의 관을 네게 주리라(계 2:10).

자, 이 모든 본문들을 그 분명하고도 정당한 의미대로 받아들여야 하고, 우리 마음에 합당하게 새겨야 합니다. 칼빈은 다음과 같은 간결한 진술에서 이 문제에 대해 극히 균형 잡힌 시각을 보여줍니다.

성경은 우리의 행위가 온통 부정함으로 가득 차 있기 때문에 하나님 앞에 도저히 설 수가 없음을 진술함으로써 우리의 모든 행위의 진면목을 보여 주고 있다. 성경은 율법을 완전히 지켰을 경우에는—혹시 그런 경우가 있다고 가정하면— 어떠한지도 말씀해 주고 있다. 곧 우리에게 요구되는 바를 다 행한 후에도 우리 자신을 무익한 종으로 여겨야 한다는 것이다(눅 17:10).
율법을 다 지켰다 할지라도 주님께서 요구하신 것 이외에 다른 무엇을 더 행한 것이 아니라 오직 우리가 해야 마땅한 일을 했을 뿐이므로, 하나님 편에서는 그것에 대해서 별달리 감사해야 할 이유가 없다는 것이다. 그런데 하나님은 우리에게 베풀어 주신 그 선행들을 우리 것이라 부르시며, 그것들이 주님께 합당할 뿐 아니라 그것들에 대해 상급이 주어질 것임을 증거하신다.

이에 대해서 우리는 그토록 큰 약속에 힘입어 선을 행하다가 낙심치 않도록 용기를 가지며, 또한 하나님의 크신 자비하심을 참된 감사의 마음으로 받을 의무가 있는 것이다 … . 선행은 하나님을 기쁘시게 하는 것이요 그것을 행하는 자들에게도 열매를 내는 것이다. 선을 행하는 자들은 하나님의 가장 귀한 은혜들을 상급으로 받는데, 이는 그들이 그럴 만한 자격이 있기 때문이 아니라 하나님이 그분의 자비하심으로 그러한 가치를 그들에게 부여하시기 때문인 것이다 (『기독교강요』 3권 15장).

하나님이 그리스도를 위해서(그분의 공로에 근거하여), 또한 그분의 백성들의 순종으로 인해(새 언약의 조건과 하나님의 통치 원리에 따라), 그 백성들에게 미래에 상급을 베푸실 것인데, 만일 이것이 그분의 완전하심과 견주어 "일관성이 없는 것"이라면, 그가 그들에게 현재에 상급을 베푸시는 것도 똑같이 일관성이 없습니다. 왜냐하면, 시간이나 장소가 달라진다고 해서 그 일의 근본적인 본질에 변화가 있을 수 없기 때문입니다. 그가 이 세상에서 그들을 풍성하게 보상하신다는 사실은 여러 본문들에서 분명히 드러납니다.

주의 법을 사랑하는 자에게는 큰 평안이 있으니 (시 119:165, 참조. 사 58:13-14).

신자가 현재에 누리는 평안과 기쁨은 본래 그리스도의 중보로부터 흘러내리는 것이지만, 신자 자신의 순종과 충성에 종속됩니다—만일 불순종의 길을 걷는다면 양심의 평안이 없을 것입니다. 그리스도와 복음을 위해 자기를 부인하는 자들에게는 반드시 큰 상이 있습니다. 그들은 현세에도 "백 배나 받고" 그리고 "내세에 영생"을 받을 것입니다 (막 10:30).

경건은 범사에 유익하니 금생과 내생에 약속이 있느니라 (딤전 4:8).

은혜를 두드러지게 강조한 사도였던 바울은 다음과 같이 선포했습니다.

푯대를 향해 그리스도 예수 안에서 하나님이 위에서 부르신 부름의 상을 위하여 달려가노라 (빌 3:14).

그 "상"이 구체적으로 무엇이든 간에, 성령께서 그를 감동하사 그 용어를 사용하게 하셨다는 사실은 분명합니다. 그러나 우리의 상은—현재의 상이든 미래의 상이든—고용된 품꾼이 임무를 이행한 대가로 지불받는 품삯으로 우리에게 지불되는 것이 아닙니다. 오히려 그것들은 전적으로 하나님 편에서 은혜로이 베풀어 주시는 것입니다

이 점은 다음에서 분명히 드러납니다. 우리의 선행을 산출해내는 것은 오직 하나님의 은혜입니다.

주께서 우리의 모든 일도 우리를 위하여 이루심이니이다(사 26:12).

우리의 선행이 오점이 있음에도 불구하고 그것들을 인정하는 것도 하나님의 은혜입니다. 우리의 선물이나 자비로운 베풂(빌 4:18)과 우리의 예배가 "예수 그리스도로 말미암아"(벧전 2:5) 하나님이 받으실 만하게 됩니다.

그렇습니다. 우리의 기도를 하나님이 들으시는 것도 오직 그리스도의 공로의 "향연"이 그 기도에 더해지기 때문입니다(계 8:3, 4). 우리가 행하는 행위들이나 우리가 당하는 고난이, 장차 우리가 누릴 "지극히 크고 영원한 영광"(고후 4:17)의 분량과 서로 정비례하는 것이 아니라는 점입니다. 상이란 결코, 개인의 값어치를 인정하는 의미가 아닙니다.

우리는 하나님께 그 어떠한 선한 것도 받을 자격이 없기 때문입니다. 하나님이 베푸시는 상과 버림받은 자들에게 있게 될 형벌과의 근본적인 차이가 바로 여기에 있습니다. 악인에게 부과되는 형벌은 철저한 정의의 행위요, 죄의 삯을 그들에게 갚아줍니다.

그러나 의인에게 베풀어지는 상은 전적으로 하나님의 은혜의 역사요 따라서 자랑할 여지가 전혀 배제됩니다. 피조물이 하나님을 빚진 자의 처지에 계시게 만든다는 것은 전혀 불가능한 일입니다.

그런데도, 하나님은 피조물이 그분의 영광을 위하여 행하는 모든 일에 대해 은혜로이 인정하시고 갚아주시기를 기뻐하십니다. 부지런한 수고에 대한 격려로(시 126:6), 충성에 대한 격려로(히 11:26), 선을 행하는 중에 낙심하지 않도록 동기를 부여하는 방도로(갈 6:9), 상에 대한 약속들이 제시됩니다. 주 예수께서 십자가를 참으신 것이 "그 앞에 있는 기쁨"(히 12:2)을 위함이었습니다.

마지막으로 지적할 것은 하나님은 성도의 섬김에 대해 그분의 인정하심을 나타내시기 위해, 성령으로 하여금 동시에 그들 속에서 역사하시도록 하신다는 점을—그들의 섬김은 성령의 은혜로운 역사하심의 "열매들"이기 때문에—지적해야겠습니다.

　일곱째, 성도가 마지막 기업에 들어갈 때에 각자가 받을 영광에 차이가 있습니다. 물론 이 점에 대해 의문을 제기하는 이들도 있습니다. 그들은 모든 신자들이 그리스도의 의로 옷 입는다는 점에서 모두 동등하므로, 모두가 동등한 기업을 받는 것이라고 반론을 제기합니다. 그러나 이는 설득력이 없습니다. 이 땅의 삶에서도 성도마다 받는 은혜의 정도나 양상이 다릅니다.

　그러나 그들 모두가 하나님과 동일한 관계 속에 있고, 모두가 그분의 사랑하는 자녀라고 해서, 존귀와 위엄도 동일하게 누리게 될까요?

　반드시 그렇지는 않습니다. 왜냐하면, 이 세상에서조차도 영적인 분량이 모두 동일하지 않기 때문입니다. 어떤 이들은 그리스도 안의 어린아이인 반면에, 어떤 이들은 청년이기도 하고 아버지 같기도 합니다(요일 2:12-14). 그러므로 어린아이에 속하는 이들은 이 세상에 아무리 오래 남아 있어도 결코, 다른 이들의 수준에까지 이를 수가 없을 것입니다.

　어떤 이들은 모든 것이 은혜에 속하기 때문에 이런 구별은 있을 수 없다고 주장합니다. 그렇습니다. 모든 것이 은혜에 속합니다. 그렇기 때문에 모든 성도가 그 면류관을 그리스도의 발 아래에 던질 것입니다. 하지만 그렇다고 해서 그들이 모든 점에서 다 동일하게 되지는 않을 것입니다. 바울이 기뻐하는 그의 면류관은 그의 수고를 기울여 얻은 사람들의 구원에 있습니다(살전 2:19). 그러나 하늘에 거주하게 될 모든 성도가 다 그런 것은 아닐 것입니다.

　또 어떤 이들은 영생에 대한 성도의 권리는 중보자 되신 그리스도의 중보 사역에 있다고 주장합니다. 영생이 그리스도 예수 우리 주로 말미암는 하나님의 선물이므로(롬 6:23), 또한 구속함 받은 그리스도의 백성 모두에게 그리스도의 순종이 전가되었으므로, 영광에 있어서도 모두 동등해야 마땅하다는 것입니다.

　그러나 그렇지 않습니다. 요한계시록 14:13은 "지금 이후로 주 안에서 죽는 자들은 복이 있도다 …. 그들이 수고를 그치고 쉬리니"라고 말씀한 다음, 곧바로 "이는 그들의 행한 일이 따름이라"고 덧붙이고 있습니다. 주목하십시오.

　"그들의 행한 일이" 그들의 의롭다 하심의 근거로서 "선행(先行)한다"고 하지 않고, 그들의 복락의 부차적인 원인들로서 '뒤따른다'("따름이라"고 말씀한다는 점입니다. 그들의 행위의 정도가 각기 다르므로, 복락을 얻는 데에 그들이 기여한 정도도 각기 다를 것입니다. 그러나 모두가 동일한 사랑으로 사랑받으며, 동일한 부르심으로 부르심 받고, 또한 동일한 기업의 상속자들이므로 결국, 모두가 그 기업을 동등하게 소유하게 될 것이라고 결론지어야 합니다.

그러나 이런 식의 추론이 무언가를 입증해 준다 해도, 너무 많은 것을 입증해 준다고 해야 옳을 것입니다. 만일 그런 추론이 사실이라면, 모두가 현재에도 영적으로 동등한 위치에 있어야 마땅합니다. 그러나 하나님이 그분의 은사들과 은혜들을 그분의 백성에게 차등적으로 분배하신다는 것은 결코, 반박할 수 없는 사실인 것입니다.

구속함 받은 모든 사람은 하늘에서 전적으로 만족하며 완전한 행복을 누리며, 말할 수 없는 기쁨과 충만한 영광으로 즐거워합니다. 그러나 각자 축복의 잔이 가득 차게 될 것이지만, 그 잔의 사이즈가 모두 똑같지는 않을 것입니다. 모든 성도가 천상의 영원한 복락에 참여할 것이지만, 모든 것이 동등하지는 않을 것입니다.

> 그렇지 않다면 하나님의 분배에 적합성이 없어질 것이다 … . 가장 많이 고난을 당하고 수고한 자들에게 높은 영광이 돌아갈 것이다(헨리[Henry]).

이러한 사실 역시 가나안의 땅 분배에서 명확하게 그림자로 나타난 바 있습니다. 여호수아는 열두 지파에게 모두 동일한 몫을 분배하지 않았습니다.

여호와께서 그에게 "수가 많은 자에게는 기업을 많이 줄 것이요 수가 적은 자에게는 기업을 적게 줄 것이니 그들이 계수된 수대로 각기 기업을 주라"고 명하셨고(민 26:54), 그는 그대로 시행했습니다. 이 점 역시 영적인 의미가 있고, 또한 우리에게 적용됩니다.

> 신자의 행복의 지위는 그의 믿음으로 결정되지만, 그 지위에서 그가 누리게 될 행복의 분량은 그의 믿음의 열매에 달려 있다. 오직 믿음만이 그리스도인을 구원시켜준다. 그러나 그의 믿음이 사랑으로 말미암아 풍성하게 역사하는 정도만큼 그의 면류관의 밝기가 결정되는 것이다(존 베리지[John Berridge: 1716-1793], 1774).

위에서 살펴보았듯이, 성경은 성도의 섬김과 고난들에 대해 장차 올 그날에 상이 베풀어질 것임을 거듭거듭 말씀합니다. 그 상이 빛이 아니라 은혜이지만, 그럼에도 그것은 "상"입니다. 그러므로 장차 오는 삶에서 누리게 될 상이, 이 세상의 삶에서 행한 바와 전혀 관계가 없을 수가 없습니다. 이스라엘 지파들의 규모에 따라서 그들이 분배받은 기업이 달리 결정되었듯이, 성도가 받을 상급 역시 그들의 선행의 규모에 따라, 그들이 달란트를 사용한 정도에 따라, 정해질 것입니다.

> 각각 자기가 일한 대로 자기의 상을 받으리라 (고전 3:8).

곧, 그가 이 땅에서 행사한 은혜와 거룩의 정도에 따라서 상을 받게 된다는 것입니다. 어떤 이들은 삼십 배, 어떤 이들은 육십 배, 어떤 이들은 백 배(막 4:8) 등, 신자들 가운데 열매를 맺는 분량에 차이가 있듯이, 그들이 받을 상에도 차이가 있습니다. 회개하는 강도나 사도 바울이 똑같이 영원한 복락을 누리게 될 것이지만, 사도 바울이 강도보다 그리스도께로부터 더 많은 것을 받지 못하리라는 것은 상상할 수조차 없습니다.

> 영광에 차등이 있음을 부인하는 것은 하나님이 사람의 품삯 지불의 원칙에 부합되지 못하신다고 말하는 것과도 같다 (토마스 브룩스[Thomas Brooks: 1606-1680]).

> 이것이 곧 적게 심는 자는 적게 거두고 많이 심는 자는 많이 거둔다 하는 말이로다 (고후 9:6).

> 씨앗의 종류에 따라 곡식의 종류에 차이가 나듯이(갈 6:7, 8), 정도에 따라서도 차이가 난다. 어떤 이들은 잘 하고 또 다른 이들은 더 잘하며, 따라서 어떤 이들은 잘 받고 다른 이들은 더 풍성하게 받는다. 하나님은 더 부지런히 선행에 매진하는 자들에게 더 풍성하게, 행위에 비례하여, 대할 것이다 (토마스 맨튼).

> 각 사람이 무슨 선을 행하든지 종이나 자유인이나 주께로부터 그대로 받을 줄을 앎이라 (엡 6:8).

즉, 하나님이 그 일에 대해 특정적으로 정확하고도 엄밀하게 고려하실 것을 안다는 뜻이다. 각 사람은 그대로―같은 종류가 아니라, 같은 양(量)과 비율로―받을 것이다(맨튼).

그리하여 하나님의 도덕적인 경영이 높이 기림을 받을 것이며, 또한 그 과정에서 그분의 공평하심이 드러날 것입니다. 모든 것이 은혜로 말미암으나, 그 은혜가 "의로 말미암아" 역사한다는 것 역시 드러날 것입니다(롬 5:21).

[너희가] 기업의 상을 주께 받을 줄 아나니 너희는 주 그리스도를 섬기느니라 (골 3:24).

그리스도는 풍성한 주인이시며 동시에 신실한 주인이십니다.

하나님은 불의하지 아니하사 너희 행위와 그의 이름을 위하여 나타낸 사랑으로 이미 성도를 섬긴 것과 이제도 섬기고 있는 것을 잊어버리지 아니하시느니라(히 6:10).

주께서는 도덕적인 통치자의 자격으로 다가올 그날에 행하실 것이므로, 그 때에 그분의 자비하심은 물론 그분의 의로우심이 드러날 것입니다. 그 자신이 거룩을 인정하시고, 덕에 존귀를 베푸시고, 신실함에 면류관을 주시는 분이심을 드러내는 것이 그에게 합당합니다.

하늘의 복락이 현재의 삶 속에서 그리스도를 위해 하는 수고와 고난과 관계가 있다면―성경이 분명히 관계가 있다고 가르치는데―그것들이 그리스도인마다 각기 다른 만큼 복락도 그에 따라 베풀어질 것이다(앤드류 풀러[Andrew Fuller: 1754-1815]).

사람마다 누리게 될 영광이 다르다는 견해가 창조에 나타나는 하나님의 역사하심에 가장 잘 부합됩니다. 창조세계 어디서나 통일성보다는 다양성이 두드러지니 말입니다. 지혜나 계급, 능력이나 빈부 등, 사람들의 모든 면에서 차이와 불균형이 나타납니다.

천사들 사이에도 "왕권들이나 주권들이나 통치자들이나 권세들"(골 1:16)이 있습니다. 하나님이 이 땅에서 그분의 성도를 대하실 때에도, 그분을 지극히 영화롭게 하는 자들에게 가장 큰 영적 축복을 주십니다. 악인에 대한 형벌의 정도가 각기 다른 것처럼, 영광의 분량도 각기 다릅니다(마 11:22; 눅 12:47, 48; 히 10:29).

> 하늘의 복락은 하나님과 어린 양께 영광을 돌리는 데 있으나, 우리에게 있는 분량에 따라 영광을 돌리게 될 것이다. 바울이 '내가 나 된 것은 하나님의 은혜로 된 것'(고전 15:10)임을 시인하는데, 다른 사람들이 진정 경건한 자세로 똑같은 말을 할 경우보다 그의 이 말에 수천 배나 많은 의미와 수천 배의 영광이 있는 것이다(앤드류 풀러).

3. 개인의 몫

지금까지는 가나안 땅의 분배와 관련하여 거의 그 모형적인 면—하나님이 작정하시고 그리스도께서 그분의 백성을 위해 값 주고 사신 그 복된 유산을 그려주는 면—에 대해서만 말씀드렸습니다. 이제는 그 동일한 사건의 문자적인 요소들을 간단히 살펴보겠습니다. 그 땅을 질서 있게 나눈 일은 지혜로운 처사였을 뿐 아니라, 각 지파의 구체적인 경계를 명확히 정리하기 위해 필수적인 일이기도 했습니다. 각 지파의 경계가 여호수아 14-19장에 상세히 기록되어 있습니다.

인간의 지혜나 영민함이 그 일에 전혀 개입되지 않았고, 오직 하나님의 직접적인 지명하심과 지정하심으로 이루어졌습니다. 또한 편파성이나 탐욕이 개입될 여지가 전무했습니다. 모든 일이 "제비"를 통해 이루어졌습니다.

이 일은 이스라엘이 실제로 가나안 땅 전체를 정복하여 소유하기 훨씬 전에 이루어졌습니다. 모든 지파들이 자기들의 몫을 다 확보하기까지 기다리지 않았고, 미리 그들이 하나님께로부터 받은 몫이 구체적으로 어느 곳인지를 먼저 앎으로써, 이제 그 몫을 향해 전진하여 그것들을 소유할 수 있게 되었습니다. 그리하여 그들은 자기들의 임무를 행하고자 할 때에 하나님을 향한 온전한 신뢰와 믿음을 발휘하도록 부르심 받은 것입니다.

앞에서 우리는 하나님이 이스라엘에게 가나안 땅의 분배를 위해 택하신 방법이 은혜와, 주권과, 의(義)의 원리들을 종합한 것임을 살펴보았습니다. 이스라엘의 기업이 하나님의 선물이었으므로 은혜의 원리가 개입된 것이요, 모든 일이 제비, 혹은 하나님의 뜻에 의해 행해졌으므로 주권의 원리가 개입된 것이며, 각 지파의 규모를 감안하여 거기에 맞는 몫이 배당되었으므로 의의 원리가 개입된 것이었습니다.

이 방식은 오늘날 소위 "복지 국가"의 원리라 부르는 것과 정반대되는 것이었습니다. 가나안 땅을 똑같이 열두 부분으로 나누어 각 지파에게 하나씩 배당한 것이 아니기 때문입니다. 각 민족마다 차지하는 영토가 서로 다르고, 또한 개인이 소유하는 재산에 있어서도 각기 차이가 있도록 하는 것이 하나님의 뜻이라는 것이 성경 전체에서 명확히 드러납니다.

따라서 각 민족과 개인마다 주께서 지정해 주신 것에 만족하는 것이 합당합니다. "탐내지 말라"는 명령이 "살인하지 말라"와 똑같이 하나님의 계명의 일부입니다.

여호수아의 원형이신 그리스도는 두 제자들을 그분의 나라에서 가장 존귀한 위치에 세워 주십사 하는 요청을 받으시고, "내 좌우편에 앉는 것은 내가 주는 것이 아니라 내 아버지께서 누구를 위하여 예비하셨든지 그들이 얻을 것이니라"(마 20:23)라고 답하셨고, 그리하여 아버지의 주권을 인정하셨습니다.

제비를 통해 가나안 땅을 이스라엘에게 분배한 사실이 우리에게 주는 유익은 너무도 분명합니다. 그런 절차를 통해 인간의 탐욕과 불의가 행사되지 않도록 한 것은 물론, 각 지파의 영토의 정확한 위치와 경계를 명확히 함으로써, 영토 문제로 인해서 지파들 사이에 질투와 오해가 생겨 법적 분쟁과 논란이 일어날 여지가 전혀 없게 된 것입니다.

그러나 이보다 더한 유익이 있었으니, 이로써 이스라엘이 하나님이 기뻐하심에 자신을 굴복할 것을 가르침 받은 것입니다. 우리가 이 사건에서 취해야 할 주된 실천적 교훈이 바로 이것이니, 곧 우리 자신이 전적으로 하나님의 뜻에 굴복하며, 또한 하나님이 우리를 위해 택해 주시기를—우리의 세상적인 직업의 문제든지, 평생의 반려자를 택하는 문제든지, 혹은 재물의 문제든지 하나님의 영광과 우리의 유익을 위해 최선으로 행하시기를—구합니다.

한 옛 저술가는 다음과 같이 진실하게 말씀합니다.

하나님이 택해 주시기를 바라고 그에게 온전히 맡기는 자들은 절대로 그들의 몫에 대해 불평할 이유가 없을 것이다.

각 지파들의 몫을 결정하는 제비가 시행되기 전에, 갈렙이 그 일을 주관하는 자들 앞에 나서서 헤브론에 대한 자신의 소유권을 인정해 주기를 구합니다. 1951년 10월 말 그 일에 대해 간략하게 다룬 바 있으나, 이제 좀 더 면밀히 그 문제를 검토할 필요가 있으리라 봅니다. 그 문제를 다루기 전에 먼저 지적해야 할 것은 여호수아 14:5은 그저 개략적인 진술이며—15:1 이하에서 좀 더 상세히 다룹니다—그 다음에 다음의 내용이 이어진다는 점입니다.

그 때에 유다 자손이 길갈에 있는 여호수아에게 나아오고 그니스 사람 여분네의 아들 갈렙이 여호수아에게 말하되 여호와께서 가데스 바네아에서 나와 당신에게 대하여 하나님의 사람 모세에게 이르신 일을 당신이 아시는 바라(수 14:6).

여기서 갈렙의 은혜로운 겸손함을 보십시오. 갈렙 자신은 땅 분배 과정을 감독하기 위한 지휘관으로 지명받은 사람 중의 하나였습니다(민 34:17-19). 그러나 그가 자신의 지위를 부당하게 이용하여 개인적인 이익을 탐한다는 오해를 받지 않기 위해 그 형제 중 몇 명을 증인으로 제시했습니다. "악은 어떤 모양이라도 버리라"(살전 5:22)고 했는데, 그가 얼마나 조심스럽게 이를 실천했는지 모릅니다! 우리도 마찬가지로 모든 공적인 일에서 그렇게 조심해야 합니다.

내 나이 사십 세에 여호와의 종 모세가 가데스 바네아에서 나를 보내어 이 땅을 정탐하게 하였으므로 내가 성실한 마음으로 그에게 보고하였고(수 14:7. 참조. 민 13:30).

여기서 마지막 발언들은 매우 확실하고도 복스럽습니다. 하나님은 그가 약속하신 바를 충실히 이행하실 수 있는 분이라는 것이, 철 병거를 모는 거대한 아모리 족속들은 하나님께 아무것도 아니라는 확신이, 갈렙의 마음에 있었습니다. 갈렙은 강한 믿음을 소유했고, 따라서 여호와께서 그분의 말씀대로 행하시리라는 것을 확신하고 있었습니다. 그의 마음속에 그런 견고한 확신을 주신 분이 바로 여호와 하나님 자신이셨습니다.

먼 훗날 느헤미야는 사람으로서는 결코, 감당할 수 없는 엄청난 과제가 주어졌을 때에, "내 하나님께서 예루살렘을 위해 무엇을 할 것인지 내 마음에 주신 것을 내가 아무에게도 말하지 아니하"(느 2:12)였다고 선언했습니다. 하지만 그런 것이 온갖 무거운 시련들을 통해 그의 속에서 불타올랐고, 또한 그를 지탱시켰던 것입니다. 다윗 역시 여호와의 전을 짓고자 하는 마음을 가졌었습니다.

갈렙의 마음이 약속받은 땅에 가 있었다는 것이 그의 그런 언사에서 너무도 분명히 드러납니다. 그의 "보물"이 거기에 있었고, 따라서 그의 마음 역시 거기에 있었습니다. 지나간 사십 년 동안 내내 믿지 않는 동료들과 광야에서 지내는 상황에서 그를 지탱시켜온 소망이 바로 그것이었습니다.

그리스도인 역시 그래야 합니다. 이 세상을 통과하여 저 가나안의 원형인 하늘을 향해 여정을 계속하는 동안 위에 있는 것들에 애착을 두어야 합니다.

> 나와 함께 올라갔던 내 형제들은 백성의 간담을 녹게 하였으나 나는 내 하나님 여호와께 충성하였으므로(수 14:8).

갈렙의 동료들은 믿음으로가 아니라 눈에 보이는 것으로 행했고, 결국 중간에 가로놓인 장애물들에 질겁하여 넘어졌습니다. 그들 스스로 불신이 가득 찼으니, 이스라엘 온 회중을 부추겨 그들 역시 불신에 가득 차게 했고, 그들을 겁박하고 실망시켜서 마음이 완전히 가라앉게 만들었습니다.

그러나 갈렙은 그들의 그런 영향을 전면 부인했고 담대히 그들과 맞섰습니다. "나는 내 하나님 여호와께 충성하였다"는 그의 말은 과장이 아니라, 원수의 권세에 굴하지도, 형제들의 회의적인 생각에도 휩쓸리지 않았다는 명확한 선언이었습니다. 그 말은 갈렙이 가나안 정탐 당시 자기의 임무를 신실하게 수행했고, 하나님을 믿는 믿음을 견지했으며, 하나님이 그분의 백성으로 하여금 저 용맹한 아낙 자손을 이기게 하실 것을 확신했다는 뜻이었습니다.

"나는 내 하나님 여호와께 충성하였다"는 말이 바로 그런 의미라는 것이, 믿음이 없는 이스라엘에 대해 여호와께서 민수기 32:11-12에서 "그들이 나를 온전히 따르지 아니하였음이니라"고 말씀하시며 동시에 이들의 행태를 여호수아와 갈렙의 충성과 인내와 대비시키시는 데에서 명확히 드러납니다.

하나님이 그분의 종 갈렙의 변함없는 충성을 크게 존귀하게 여기신다는 사실은 그분의 말씀에서 그것에 대해 무려 여섯 차례나 기록하고 계시다는 데서 잘 드러냅니다(민 14:6-9; 32:12; 신 1:36; 수 14:6, 9, 14).

> 그날에 모세가 맹세하여 이르되 네가 내 하나님 여호와께 충성하였은즉 네 발로 밟는 땅은 영원히 너와 네 자손의 기업이 되리라 하였나이다(수 14:9).

확실한 예언의 말씀을 그는 그 기나긴 세월동안 그의마음에 간직해온 것입니다. 아마도 그 당시 이스라엘 사람들은 하나님이 갈렙과 그 후손에게 이미 오래 전에 그런 약속을 하신 일에 대해 무지했을 것입니다. 그러므로 갈렙은 여호수아보다는 이스라엘 백성들의 유익을 위해 여호와의 약속을 인용하며, 그렇게 함으로써 자신이 지금 이기적이거나 혹은 불합리한 요구를 하고 있는 것이 아님을 드러내 보이는 것입니다.

그 신적인 약속은 신명기 1:36에 기록되어 있고, 또한 갈렙의 뇌리에 박혀 있었습니다. 그의 목적은 그 특정한 땅이 제비를 통해 다른 땅들과 함께 배당되지 않도록 하는 데 있었습니다. 그는 그 땅에 대해 명확하고도 정당한 소유권이 있었고, 여기서 그런 자신의 권리를 주장했습니다. 하나님이 친히 그 땅에 대한 뜻을 이미 밝히신바 있으므로, 또다시 제비를 통해 그 땅에 대한 하나님의 뜻을 다시 확인할 필요가 없었던 것입니다.

> 이제 보소서 여호와께서 이 말씀을 모세에게 이르신 때로부터 이스라엘이 광야에서 방황한 이 사십오 년 동안을 여호와께서 말씀하신 대로 나를 생존하게 하셨나이다. 오늘 내가 팔십오 세로되(수 14:10).

이 얼마나 하나님을 존귀하게 하는 증언입니까!

이스라엘의 광야 시절의 굽이를 지나오면서 그의 동료들 중 수많은 이들이 그 현장에서 사라졌고, 또한 가나안에서 5년 동안 전쟁에 참여했으니, 이제 죽음이 얼마 남지 않았음이 분명한 그 시점에서 갈렙은 그가 생존한 것이 "운수"나 "운명"(이는 이교도들의 용어입니다)이 아니라 "우리 영혼을 살려 두시"는(시 66:9) 그 분의 덕분임을 고백합니다.

갈렙의 진술은 자신의 때가 하나님의 손에 달려 있다는 일반적인 진술(시 31:15) 이상의 의미를 지니는 것이었습니다. 믿음으로 그는 자기에게 주어진 특별한 약속을 견고히 붙잡았습니다. 그의 "여호와께서 말씀하신 대로"

가 이를 잘 보여 줍니다.

그는 거짓말을 하실 수 없는 그 분의 말씀을 의지했습니다. 훗날 다윗이 하나님의 변함없으신 진실성에 의지했던 것처럼 말입니다.

> 여호와 하나님이여 … 말씀하신 대로 행하소서(삼하 7:25).

독자 여러분!

하나님의 약속의 성취를 기대하고 그 위에 서있을 때에, 우리는 확실하고도 편안한 기반 위에 서 있습니다. "이제 보소서"라는 갈렙의 언사는 결국, 이런 뜻과도 같습니다.

"주께서 그분의 약속을 이루실 때가 드디어 이르렀나이다."

> 모세가 나를 보내던 날과 같이 오늘도 내가 여전히 강건하니 내 힘이 그 때나 지금이나 같아서 싸움에나 출입에 감당할 수 있으니(수 14:11).

여기서 그는 그의 호소에 반대하여 제기될 수 있는 반론을 미리 제압하고 있습니다. "하지만 갈렙 당신은 너무 늙었으니, 헤브론 같은 산악 지역의 거인들을 물리치고 그 땅을 빼앗는 힘겹고 위험하고 고된 일은 훨씬 젊은이들이나 맡을 일이오."라는 반대 논리를 미리 선제공격으로 막는 것이었습니다.

갈렙은 여기서 자신의 육체적인 강인함이 여전함을 강조합니다. 평생토록 지금까지 생명이 보존되었으니, 마치 독수리처럼 새로운 젊음을 소유했다는 것입니다(시 103:5).

아, 독자 여러분!

하나님은 그 어떤 일도 절반만 행하시지는 않습니다. 한 사람을 지정하사 특정한 사명을 주실 때에는 그 사명을 감당할 능력을 주시며 거기에 필요한 모든 것을 베푸십니다.

그뿐만 아니라 그 사명을 위한 마음도 그대로 유지시키시고 항상 새롭게 하시는 것입니다. 믿음이 결단과 용기를 갖게 하는 법입니다. 여호와께서 그분의 종으로 하여금 그렇게 오랫동안 그분의 약속을 마음에 품고 전진하도록 하시고 모든 주저와 두려움을 이기게 하셨으므로, 갈렙은 그의 전성기 시절 못지않게 자기 앞에 놓인 임무를 시행할 준비와 역량을 갖추고 있었습니다.

> 그날에 여호와께서 말씀하신 이 산지를 지금 내게 주소서 당신도 그날에 들으셨거니와 그 곳에는 아낙 사람이 있고 그 성읍들은 크고 견고할지라도 여호와께서 나와 함께 하시면 내가 여호와께서 말씀하신 대로 그들을 쫓아내리이다 하니 (수 14:12).

이 절의 후반부가 매우 귀한데, 그 의미를 상당히 오해하는 경우도 있습니다. 갈렙이 자신의 기력을 그대로 유지하고 있었으나, 그가 의지한 것은 그런 자신의 기력도, 군사적인 능력과 경험도 아니었고, 오직 여호와 하나님이었습니다. 그러므로 "여호와께서 나와 함께 하시면"이라는 발언은 의심의 언사가 아니라, 자기를 부인하는 언사였습니다. 그는 육체를 신뢰하지 않았고 자기 자신의 부족함을 잘 깨닫고 있었습니다.

독자 여러분!

우리 자신을 신뢰하는 것이 우리에게 있으면, 하나님을 믿는 믿음도, 심지어 그분을 신실하게 바라는 것도 없는 것입니다. 여호와를 신뢰한다면 언제나 반드시 자기 자신에 대한 불신이 뒤따르는 법입니다.

예, 그렇습니다!

갈렙은 그의 앞에 놓인 과제를 성공적으로 이루는 것이 그 자신의 힘으로는 결코, 불가능하다는 것을 의식하고 있었습니다. 그러나 그는 하나님의 신실하심에 그를 위해 그 일을 이루실 것을 믿었습니다. 하나님의 약속은 그에게 그저 허망한 하나의 이론이 결코, 아니었고, 보배로운 현실이었습니다.

이 점에서 그는 믿음이 없는 동료들과 완전히 달랐습니다. 그들은 적의 강력한 위력과 그들 자신의 무능력에 사로잡혀 있었으나, 그는 전능하신 하나님과 그분의 말씀의 확실성에 사로잡혀 있었습니다.

> 여호수아가 여분네의 아들 갈렙을 위하여 축복하고 헤브론을 그에게 주어 기업을 삼게 하매 (수 14:13).

이렇게 해서 모세를 통해 주신 하나님의 약속이 여호수아를 통해 그대로 이루어졌습니다. 이는 지극히 복스러운 광경입니다. 그림자 이면에 있는 실체를 바라보게 하기 때문입니다. 하나님의 모든 약속들의 성취는 여호수아의 원형이신 그리스도 안에서, 또한 그리스도로 말미암아, 이루어집니다.

> 하나님의 약속은 얼마든지 그리스도 안에서 예가 되니 그런즉 그로 말미암아 우리가 아멘 하여 하나님께 영광을 돌리게 되느니라(고후 1:20).

그리스도께서 친히 모든 약속들의 종결이요 주요 목표이므로, 그분은 그분의 중보자적 성격으로 말미암아 진리 안에서 하나님의 은혜를 받는 모든 자들에게 공급해 주는 통로가 되셨고, 또한 이에 대한 찬송의 중보자가 되셨습니다.

그분의 아들 안에서 하나님의 택하신 자들에게 그렇게 선포된 그 확실한 약속들을 교회가 이제 "아멘"으로 화답하여 인치고, 그리스도께서 친히 그분의 입술로 교회에게 말씀하신 그것을 시인함으로써, 아버지께 영광을 돌리는 것입니다. 영원한 은혜의 언약으로 말미암아, 이제 우리는 과거에 하나님이 말씀하신 모든 선한 것들을 그리스도 안에서 누리게 되었습니다.

주 예수님 안에, 그리고 그가 우리를 위해 친히 입으신 그 거룩한 인성 속에, 하나님의 충만하심 그 자체가 거합니다. 하나님의 약속들을 효과적으로 이루시는 살아계신 중보자—"아멘이시요 충성되고 참된 증인이 … 신 이"(계 3:14)—안에 하나님의 자비하심이 집중되어 있으므로, 이것이 바로 "우리가 하나님께 영광을 돌리는 것"이라고 선포됩니다.

그분의 백성들이, 하나님의 사랑하시는 자이시요 동시에 그들의 사랑하는 분이신 그리스도 안에서 모든 것이 그들을 위해 통일된다는 것을 인식하며(엡 1:10, 역주) 올려드리는 찬송을 하나님이 받으시는 것이니 말입니다.

> 헤브론이 그니스 사람 여분네의 아들 갈렙의 기업이 되어 오늘까지 이르렀으니 이는 그가 이스라엘의 하나님 여호와를 온전히 좇았음이라 헤브론의 옛 이름은 기럇 아르바라 아르바는 아낙 사람 가운데에서 가장 큰 사람이었더라 그리고 그 땅에 전쟁이 그쳤더라(수 14:14-15).

헤브론은 "교제"를 뜻하며, 아브라함이 거기서 하나님과 가졌던 놀라운 교제 때문에 그렇게 이름 붙여진 것일지도 모릅니다(창 13:18에 처음 언급됨). 이곳은 다른 어느 곳보다도 하나님의 백성이 차지하지 못하도록 영혼의 원수가 가로막고자 하는 곳입니다.

갈렙에게 헤브론이 얼마나 합당한 곳이었는지요!

이스라엘의 하나님 여호와께 충성한 자에게—열 명의 동료의 반대를 받아온 회중에게 매도당했음에도 그의 임무를 다하여 끝까지 인내한 자에게(이는 오직 하나님을 위해 충성하는 한 두 사람은 심지어 형제들에게서도, 인기를 얻기를 기대해서는 안 된다는 것을 잘 보여 줍니다!) —그 얼마나 적절한 기업이었는지 모릅니다. 헤브론, 혹은 하나님과의 친밀한 교제의 장소는 언제나 그런 자의 몫입니다.

마지막으로 여기서 매우 주의 깊게 살펴야 할 것은 갈렙이 가장 힘겨운 임무를 수행하는 존귀를—그 용맹한 아낙 자손을 물리치는—부여 받았다는 사실입니다. 그 다음 장에서 이를 볼 수 있습니다.

> 갈렙이 거기서 아낙의 소생 그 세 아들 … 을 쫓아내었고(수 15:14).

예, 물론입니다!
하나님은 결코, 그런 사람을 실패하게 두시지 않으시니 말입니다.
여호수아 17:3, 4에는 개인의 몫에 대해 소유권을 여호수아에게 요구한 또 다른 사례가 기록되어 있는데, 이 역시 몇 가지 점에서 갈렙의 경우와 유사합니다. 므낫세 지파에 속한 슬로브핫의 다섯 딸들이 이를 제기했습니다.
그 여인들은 가나안 땅이 이스라엘 중에 분배될 때에 그들에게 기업이 돌아갈 것이라는 약속을 모세를 통해 받았었고, 이제 그들이 제비를 담당한 자들 앞에 와서 그 약속대로 이행할 것을 요구한 것입니다.
이와 관련한 하나님의 명령과 모세의 약속은 민수기 27:1-11에 기록되어 있습니다. 이 여인들은 대법원이라 할 만한 자리에 나타나서, 그들의 아버지가 아들이 없이 사망했음을 증언했습니다.
그 당시까지는 남자 상속자가 없을 경우에 대한 법적인 조치가 전혀 없었고, 따라서 이 슬로브핫의 딸들은 아버지도 없고 남자 형제도 없었으므로 기업을 전혀 받을 수가 없는 처지였습니다. 그들은 자기들의 고달픈 신세를 한탄하며 투덜거리지 않고 지혜롭게도 하나님의 종들 앞에 나아가, 자기들의 지파의 몫 중에서 자기들을 위해 별도로 몫을 떼어줄 것을 요청했습니다.
모세는 그 여인들의 요청에 대답하지 않고 그 문제를 여호와 앞에 내어 놓았고, 여호와는 "그들의 아버지의 기업을 그들에게 돌릴지니라"(민 27:7)라고 명령하셨습니다.

민수기 36장에서 그 다섯 여인들이 다시 이스라엘의 법정에 출두한 사실을 보게 됩니다. 이 번에는 슬로브핫이 속한 길르앗 가문의 족장이 법정에 나타났습니다. 한 가지 난제가 예상되었습니다.

이 다섯 여인이 다른 지파들과 통혼할 경우, 그들의 몫이 므낫세의 소유로부터 다른 지파로 이전될 것이고, 그렇게 되면 장차 분쟁과 혼란이 생기게 될 소지가 다분했습니다.

이에 대해 좀 더 구체적인 법이 제정되었습니다.

> 슬로브핫의 딸들은 마음대로 시집가려니와 오직 그 조상 지파의 종족에게로만 시집갈지니, 그리하면 이스라엘 자손의 기업이 이 지파에서 저 지파로 옮기지 않고 이스라엘 자손이 다 각기 조상 지파의 기업을 지킬 것이니라(민 36:6-7).

여호와께서 이 여인들의 권리를 보호하사 그들의 믿음을 존귀하게 하셨으니 참으로 복된 일이었습니다. 그들이 처음 모세에게 호소했을 당시, 이스라엘은 광야에 있었습니다! 가나안으로 아직 들어가지도 않았고, 그 땅을 정복하고 소유하는 일은 더더욱 먼 미래의 일이었습니다.

그러나 이 여인들은 여호와께서 그 땅을 그분의 백성에게 주시겠다는 자신의 약속을 반드시 이루실 것을 확신했고, 그리하여 아직 먼 미래의 일인데도 불구하고 그 때에 이미 그 땅의 몫에 대해 소유권을 주장했던 것입니다. 헨리(Henry)는 재치 있게 이들에 대해, "그들은 과연 슬기로운 다섯 처녀들이었다"고 논평했습니다.

1918년에 동정녀 탄생에 대해 행한 충격적인 강연에서 스코필드 박사(A. T. Schofield: 1846-1929, 스코필드 성경의 편집자와는 별개의 인물)는 위의 본문들이 없었더라면 그리스도께서 "유대인의 왕"이시라는 사실이 굉장한 난제가 제기되었을 것임을 지적한 바 있습니다.

> 그러므로 우리 주님은 요셉을 통해서도(그는 요셉에게서 나지 않으셨으니), 혹은 마리아를 통해서도(여자는 그것을 상속받을 수가 없었으니), 다윗의 보좌의 상속자이실 수가 없었을 것으로 보인다. 한 가지 놀라운 정황이 없었다면 그는 유대인의 왕이실 수가 없었을 것이다. 사실, 동정녀 탄생 그 자체가 그분을 보좌로부터 가로막는 요인이었을 것이다.

스코필드 박사는 이어서 그 모든 난제가 사라지게 만든 그 "놀라운 정황"이 민수기 27:8("너는 이스라엘 자손에게 말하여 이르기를 사람이 죽고 아들이 없으면[마리아의 부친 헬리의 경우처럼] 그의 기업을 그의 딸에게 돌릴 것이요")에 나타난다는 것을 입증했습니다.

이렇게 해서 우리 주님은 육체적으로 다윗의 보좌를 상속할 법적 권한을 지니셨으며, 또한 민수기 36:6은 마리아가 어째서 요셉과 정혼해야만 했는지를 보여 줍니다. 이로써 우리는 의식법에 있어서는 물론 이스라엘의 시민법에 있어서도, 하나님은 언제나 그분앞에 그리스도를 두고 계셨음을 볼 수 있습니다.

3. 각 지파들의 몫

이제 15-19장으로 넘어가겠습니다. 하지만 이 부분은 강해자에게 상세히 다룰 여지를 거의 주지 않으므로, 여호수아서에 대해 일관성 있는 주석을 쓰고자 하는 분들이 이 부분에서 적지 않게 어려움을 겪습니다. 이 장들은 대부분 이스라엘 지파들에게 분배된 가나안 땅의 각기 다른 지역들에 대한 지리적인 묘사로 가득 차 있습니다.

주로 장소들의 목록이 등장하는데, 그중 많은 것들이 성경에서 전혀 다시 언급되지 않으므로 정확한 소재를 파악할 수가 없고, 또한 대부분의 경우 그 성읍들과 마을들의 이름의 정확한 의미도 확인할 수가 없습니다. 그러나 그런 것을 확보할 수 있는 경우에는 그 모형적이며 도덕적인 의미들이 다소간 드러나기도 합니다.

경건한 사람은 성경에 기록된 내용 가운데 하나님의 의도가 없는 것은 하나도 없다는 것을 믿어야 합니다. 역대상 1-9장의 계보 역시 예외가 아닙니다. 성경의 모든 내용이 하나님의 백성에게 진정 가치가 있는 것들임을 의심해서는 안 됩니다.

그러나 우리가 아는 한, 성령께서 아직 교회에게 그 의도와 영적 내용들을 "열어주시지" 않았습니다. 우리의 무지를 인정하고, 그것들에 대해 이리저리 사색하는 것을 거부하지만, 그런데도 몇 가지 두드러지는 내용들에 대해서는 잠시 거론하는 것이 좋겠다 싶습니다.

유다 자손의 지파가 그들의 가족대로 제비 뽑은 땅(수 15:1).

제비를 뽑아 처음으로 기업을 얻은 두 지파는 유다와 요셉 지파였는데, 유다 지파에 관한 내용은 15장에 상세히 기록되어 있고, 요셉 지파에 대해서는 다음 장에서 다루어집니다. 이에 대해 헨리(Henry)는 이렇게 말합니다.

유다와 요셉은 야곱의 두 아들로서, 르우벤이 포기한 장자권을 양도받은 자들이었다. 유다는 통치권을 받았고, 요셉은 두 배의 몫을 받았으므로 그 두 지파가 첫 자리를 차지한 것이다. 유다는 가나안 땅의 남부 지역을 요셉은 북부 지역을 받았고, 이 두 지파들의 기업에 다른 일곱 지파들의 기업이 연계되어 있었다. 베냐민, 시므온, 단 지파의 기업은 유다 지파의 기업에, 또한 잇사갈, 스불론, 납달리, 아셀 지파의 기업은 요셉 지파의 기업과 연계되어 있었다. 이 두 지파의 기업을 먼저 설정하고 난 후에, 그 땅을 정확히 살피고서 그 일곱 지파에게 분배했을 것으로 보인다(수 18:9).

가나안 북부와 남부의 가장 넓은 지역들과 길갈에 가장 가까이 걸쳐 있어서 이스라엘 백성이 가장 잘 알고 있는 땅들을 먼저 두 부분으로 분할하여, 갈렙이 속한 유다 지파와 여호수아가 속한 요셉 지파 중에서 제비를 뽑아 하나씩 기업으로 받게 했는데, 남부 지역은 유다 지파에게 떨어졌고(이에 대해서는 이 장에 상세히 기록되어 있다), 북부 지역은 요셉 지파에게 떨어졌는데, 이에 대해서는 다음 두 장에서 상세한 내용이 기록되어 있다.
이 일이 완결되고 난 후 나머지 땅을 좀 더 균등하게 분할하여 일곱 지파들에게 분배했다. 이는 아마도 땅 분할에 관하여 제시된 다음의 일반적인 법칙을 준수하여 그렇게 했을 것이다. '수가 많으면 많은 기업을 주고 적으면 적은 기업을 주되 각기 제비 뽑은 대로 그 소유가 될 것인즉'(민 33:54). 곧 두 개의 큰 땅을 지정하여 숫자가 많은 유다와 요셉 지파들 사이에 제비를 뽑아 분배하고, 그 나머지는 더 작게 분할하여 숫자가 작은 지파들에게 분배하라는 뜻이었다. 큰 땅을 분배하는 일은 길갈에서 행해졌고, 작은 땅들을 분배하는 일은 실로에서 행해졌다.

여기서 또 한 가지 지적할 것은 이스라엘이 행진할 때에 유다 지파의 군대가 "제 일대로 행진"하도록 명령을 받은 것처럼(민 2:9), 유다 지파가 가장 먼저 기업을 분배받은 것은 미래에 이 지파가 지극히 존귀해질 것에 대한 하나의 예언적인 암시였다는 점입니다.

여호수아 15:13에서 갈렙이 헤브론을 개인의 몫으로 받은 사실이 언급되면서 유다 지파의 기업에 대한 기사가 중간에 끊기는 것을 보게 됩니다. 본문에 기록되어 있는 갈렙에 관한 좀 더 상세한 내용이 우리의 주목을 끕니다. 그가 아낙의 세 아들들을 몰아낸 기사 다음에, "갈렙이 말하기를 기럇 세벨을 쳐서 그것을 점령하는 자에게는 내가 내 딸 악사를 아내로 주리라 하였더니"(16절)라고 기록되어 있습니다.

갈렙의 이러한 행동을 그 자신의 나태함이나 두려움을 드러낸 것으로 이해해서는 안 됩니다. 오히려 그의 처신은 다른 사람에게 자기 자신과 똑같이 공적을 쌓도록 기회를 주기 위한 것이었다 하겠습니다. 여기서 염두에 두어야 할 것은 동방에서는 딸을 내어줄 권한이 아버지에게 있는 것으로 간주된다는 점이며, 또한 아버지가 딸의 의지와는 관계없이 그의 배우자를 선택하는 것이 일상적인 관습이라는 점입니다(참조. 삼상 17:25).

기럇 세벨은 아낙 사람들의 요새로서 산지에 위치하여 접근이 매우 어려운 곳이었습니다(참조. 15절의 "올라가서"). 갈렙의 그런 제안은 용맹한 자들에게 하나의 큰 자극제였습니다. 믿음과 용기의 사람만이 그 곳을 공격하리라는 것을 그는 잘 알고 있었습니다.

위의 본문에서 우리는 갈렙의 성품에 대해 좀 더 알게 되고, 그가 얼마나 균형 잡힌 사람이었는지를 보게 됩니다. 그는 강한 믿음의 소유자요 용맹한 군인이었을 뿐 아니라, 책임감 있는 아버지이기도 했습니다.

그는 이스라엘을 전체적으로 자극하여 아직 이행해야 할 임무를 위해 일어서게 하고자 했고(수 16:10은 일부 사람들이 이미 그 임무에 나태해져 있었음을 보여 줍니다), 동시에 그의 딸에게 합당한 남편감을 주는 일을 확실히 매듭짓고자 했습니다.

갈렙의 조카가 그의 제의를 받았습니다.

> 갈렙의 아우 그나스의 아들인 옷니엘이 그것을 점령함으로 갈렙이 자기 딸 악사를 그에게 아내로 주었더라 (수 15:17).

이때에 용맹스럽게 훌륭한 업적을 이룬 옷니엘은 훗날 이스라엘의 구원자요 사사가 되었고(삿 3:9), 사실상 여호수아의 사망 후 그 나라 전체를 이끈 첫 인물이 되었습니다.

> 적절한 때에 크고 선한 일을 행하여 세상에 모습을 드러내는 자들은 청년의 때에도 출중한 면모를 보이고, 늙어서도 뛰어난 존귀를 얻는 법이다(헨리[Henry]).

"갈렙이 자기 딸 악사를 그에게 아내로 주었더라"(수 15:17).

여기서 모세의 율법이 사촌 간의 결혼을 금지한 바가 없다는 것을 염두에 두어야 합니다. 우리보다 먼저 다른 이들이 추정해 왔듯이, 악사의 아버지 갈렙이 그런 제안을 하기 전에 옷니엘이 그녀를 사모하고 있었을 가능성이 높습니다. 그리고 갈렙 역시 그 사실을 알고 내심 그를 좋게 여기고 있었으나, 최종적으로 그를 시험해 보고자 했을 것으로 보입니다.

옷니엘로서는 자기 지파의 수령의 딸과 혼인을 맺는다는 것은 큰 영광이었고, 믿음과 경건에 뛰어난 가문의 사위가 되고 더욱이 틀림없이 주의 훈계와 양육 속에서 자라났을 여자와 혼인하게 된다는 것은 큰 특권이었습니다. 그런 여자야말로, 이 세상의 부귀로 치장했거나 아름다운 미모 외에는 가진 것이 거의 없는 여자보다도 훨씬 더 사모할만한 법입니다.

> 악사가 출가할 때에 그에게 청하여 자기 아버지에게 밭을 구하자 하고 나귀에서 내리매 갈렙이 그에게 묻되 네가 무엇을 원하느냐 하니(수 15:18).

여기서 갈렙의 딸의 성품을 보여 주는 훌륭한 면모의 일부를 보게 됩니다. "악사가 출가할 때에"는 문자적으로는 "악사가 그에게로(남편에게로) 올 때에"라는 뜻입니다. 그 때에 혼인 예식을 마치고 아버지가 그의 집에서부터 그들을 따라 갔습니다.

첫째, 옷니엘을 자기의 머리로 여긴 데서 나타나는 그녀의 온유함입니다. 그녀는 아버지에게 드릴 자기의 요구사항을 남편을 통해 제기했습니다. 옷니엘로서는 딸이 직접 아버지에게 청하는 것이 더 좋겠다고 여겼을지도 모릅니다. 그러나 악사는 그 일을 남편과 상의하여 남편의 결정에 맡긴 것입니다.

둘째, 나귀에서 내림으로써 아버지에 대한 존경과 효심을 보였습니다(창세기 24:64에서, 이삭이 다가올 때에 리브가도 똑같이 행했습니다). 이제 혼인을 했으니 안면을 바꾸는 식의 자세가 전혀 아니었고, 예나 지금이나 똑같이 부모에 존경을 표시한 것입니다.

딸이 자기에게 무언가 청을 하려는 것을 감지하고서, 갈렙은 "네가 무엇을 원하느냐"라고 물었습니다. 그러자 그녀는 이렇게 대답했습니다.

> 내게 복을 주소서. 아버지께서 나를 네겝(남방) 땅으로 보내시오니 샘물도 내게 주소서(수 15:19).

"내게 복을 주소서"라는 악사의 발언의 진의가 무엇이었는지가—아버지의 축복을 원하는 것인지, 아니면 자신을 위해 여호와께 복을 빌어달라는 뜻인지—분명치 않습니다.

그러나 그보다는 오히려 이미 받은 유산 외에 더 많은 유산을 구한 것으로 보아야 합니다. 악사는 자신이 안정된 삶을 살 수 있도록 더 많은 것을 구했습니다. 이로써 우리는 정직하고도 존귀한 방식으로 삶의 편의와 위로를 추구하는 것이 "탐하지 말라"는 계명을 어기는 것이 아님을 알 수 있습니다.

갈렙은 이미 일부의 땅을 그녀에게 주었으나, 그 땅은 태양 빛으로 메말라 있었고 물이 별로 없었습니다. 아버지의 명에 따라 혼인했으니, 이제 간청하는 바를 아버지가 기꺼이 주리라고 여겼습니다. 악사의 청은 매우 단순하여 그저 샘이 있는 일부의 땅을 구했고, 거기서 그녀의 검소함이 드러납니다. 몸을 치장할 보석이나 종을 구할 수도 있었으나, 그 대신 정말 필요한 것만을 구한 것입니다. 물이 없는 땅에서는 아무것도 수확할 수가 없었으니 말입니다.

"갈렙이 윗샘과 아랫샘을 그에게 주었더라"(수 15:19).

아버지는 아마도 악사가 청한 것 이상을 주었을 것입니다. 여기 우리에게 주는 훌륭한 교훈이 있습니다. 땅의 부모가 그 자녀에게 유익한 것을 기꺼이 베풀어준다면, 하물며 하늘 아버지께서는 믿음으로 구할 때에 영적인 복과 육신적인 복을 더욱 기꺼이 주시지 않겠느냐는 것입니다. 이는 정말 사랑스런 가정의 모습이요, 그 모습 하나하나를 흠모하고 묵상해야 합니다.

여기서 우리는 남편에게 복종하는 아내를 보며, 자기 권위를 이용하기를 마다하는 남편의 모습을 봅니다. 가정의 공통적인 유익을 위한 일에 남편과 아내가 서로 조언하며 하나된 생각을 가질 때에, 가정의 대소사가 부드럽게 진행될 것입니다. 그리고 여기서 혼인한 여자가 나이 많은 아버지를 멸시하지 않는 모습이 드러납니다. 하지만 그녀는 아버지를 그렇게 존귀히 대함으로써 아무것도 잃는 것이 없습니다.

그리고 지혜로운 부모가 자녀에게 진정 유익한 것을—특히 정말 없어서는 안 될 것을—그들에게 기꺼이 베풀어 주면서도 그것을 전혀 손해로 여기지 않는 모습을 봅니다.

> 부모의 성격과 자녀들의 교육, 그리고 그 결과로 나타나는 자녀의 지혜로움과 경건한 행실이 모두 합쳐질 때에, 그 모든 당사자들에게 위로와 유익이 되는 아름답고도 안정된 삶을 예상하게 된다(토마스 스코트).

여기서 유다 지파에 관해서 또 하나의 상세한 내용이 기록되어 있는데, 이는 위의 사례와 뚜렷하게 대비됩니다.

> 예루살렘 주민 여부스 족속을 유다 자손이 쫓아내지 못하였으므로 여부스 족속이 오늘까지 유다 자손과 함께 예루살렘에 거주하니라(수 15:63).

10장에서 예루살렘 왕이 인근의 네 왕과 합류하여 기브온(이스라엘과 동맹을 맺고 있던)에 대해 공격을 감행했을 당시, 여호수아가 그들의 연합군을 완전히 궤멸시키고 그 다섯 왕을 모두 죽이고(26절), 그 모든 땅을 취한 사실(42절)을 기억합니다. 사사기 1:8은 그 때의 상황을 이렇게 묘사합니다.

> 유다 자손이 예루살렘을 쳐서 점령하여 칼날로 치고 그 성을 불살랐으며(삿 1:8).

그러나 그 다음 몇 년 동안 이스라엘이 다른 지역을 정복하는 데에 힘을 쏟는 사이에 최소한 시온산은 여부스 족속이 다시 회복했고, 다윗의 시대에 이르기까지 그곳이 그들의 손에 남아 있게 되었던 것으로 보입니다(삼하 5:7).

헨리(Henry)는 다음과 같이 말합니다.

그러므로 그들이 그렇게 오랫동안 이를[여부스 족속을 쫓아내는 일을] 이루지 못한 것은 그들이 하나님이 주신 다른 성읍들을 정복하기를 소홀히 한 일에 대한 합당한 벌로 보아야 할 것이다(헨리[Henry]).

오늘날도 마찬가지입니다. 주의 백성들이 그들의 임무를 게을리 하게 되면, 기독교의 중요한 중심지들이 원수의 산하에 들어가고, 중요한 기관들이—각 교단의 이사회나 신학교 등이—현대의 여부스 족속들에게 지배당한다 해도, 전혀 놀랄 일이 아닐 것입니다!

요셉 자손이 제비 뽑은 것은 여리고 샘 동쪽 곧 여리고 곁 요단으로부터 광야로 들어가 여리고로부터 벧엘 산지로 올라가고(수 16:1).

이스라엘 지파들의 절차는 언제나 유다가 첫째고, 그 다음 요셉의 아들들이 둘째였는데, 이는 역대상 5:1, 2의 중요한 진술과 완전히 일치합니다.

이스라엘의 장자 르우벤의 아들들은 이러하니라. (르우벤은 장자라도 그의 아버지의 침상을 더럽혔으므로 장자의 명분이 이스라엘의 아들 요셉의 자손에게로 돌아가서 족보에 장자의 명분대로 기록되지 못하였느니라. 유다는 형제보다 뛰어나고 주권자가 유다에게서 났으나 장자의 명분은 요셉에게 있으니라).

엘리컷(찰스 엘리컷[Charles John Ellicott: 1819-1905]: 영국 영국성공회의 신학자. 역주)이 다음과 같이 지적하였듯이 여호수아의 영도 아래 이루어진 가나안 땅의 분배와 정착 과정은 세 단계로 이루어졌습니다.

첫째, 팔레스타인 남부의 요새들에 유다 지파가 정착했고,
둘째, 에브라임과 므낫세 지파들이 가나안 중앙부와 북방의 몇몇 중요한 거점들에 정착했으며,
셋째, 나머지 지파들이 유다와 요셉 지파들 사이의 간격들과 그 영토의 외곽 지역들에 정착했으니, 이를테면, 마치 두 지파의 날개 아래 보금자리를 편 것과도 같았다.

르우벤 지파의 몫이 요셉 지파들의 몫에 비해 현저히 열악했습니다. 그들은 요단 강 동편의 광야 지대에 정착했는데, 이 지역은 요단 강으로 인해 그 서안의 지파들로부터 분리되어 원수들의 공격에 매우 취약했습니다.

사실 이 지파는 갓 지파(바로 그 옆에 위치한)와 더불어 하사엘에게 극심한 공격을 받았고(왕하 10:32, 33), 후에는 앗수르 왕에게 열 지파가 모두 사로잡히기 이십 년 전에 포로로 끌려갔습니다(대상 5:26). 반면에 요셉 지파와 그 후손들은 가나안 땅의 중심부에—동쪽의 요단 강과 서쪽의 지중해에 이르기까지—자리 잡고 있어서 훨씬 더 나은 삶을 누렸습니다.

그러므로 르우벤 지파의 유산과 그 역사에서는 하나님이 그를 "미워하는 자의 죄를 갚되 아버지로부터 아들에게로 삼사 대까지 이르게 하신다는 사실"이 엄숙하게 입증되고 있음을 보게 되고, 반면에 요셉의 후손들의 경우에는 "나를 사랑하고 내 계명을 지키는 자에게는 천 대까지 은혜를 베푸시리라"는 신적인 약속이 복되게 이루어지는 것을 보게 됩니다(출 20:5, 6).

하나님의 섭리의 역사하심은 변덕스럽거나 임의적인 것이 아니라, 씨를 뿌리고 거두는 원리에 따르는 도덕적이며 영적인 고려에 의해 이루어지는 것입니다.

> 그 외에 므낫세 자손의 기업 중에서 에브라임 자손을 위하여 구분한 모든 성읍과 그 마을들도 있었더라(수 16:9).

이는 에브라임 지파가 므낫세 지파보다 숫자가 훨씬 많았기 때문이었습니다. 헨리(Henry)는 이와 관련해서 다음과 같은 사실을 지적합니다. "모압 평지에서 계수했을 당시 므낫세 지파가 에브라임 지파보다 숫자가 많았다. 당시 므낫세의 인구는 오만 이천 명이었고 에브라임의 인구는 삼만 이천 명이었다(민 26:34, 37).

그러나 가나안에 정착할 당시에는 다시 팔이 엇바꾸어 얹혀진 상태가 되었고(참조. 창 48:13, 14), 그리하여 다음과 같은 모세의 축복이 확증되었다. '에브라임의 자손은 만만이요 므낫세의 자손은 천천이리로다'(신 33:17)." 에브라임 자손이 므낫세 자손보다 훨씬 더 숫자가 많았으므로, 그들에게 돌아간 "몫" 외에 추가로 성읍들이 그들의 소유가 되었습니다.

그 성읍들은 므낫세의 유산에 속해 있었으나, 하나님은 그들의 필요 이상으로 그것들을 베푸셨던 것입니다. 그들에게는 그것이 분명 시험거리였을 것입니다. 빈곤한 형제들에게 자기들의 풍족한 것을 나누어 줌으로써 자비를 베풀 기회를 주는 것이었으니 말입니다.

하나님의 섭리로 인해 "가난한 자들이 항상 너희와 함께 있"(마 26:11)도록 되는 한 가지 이유가 바로 여기에 있습니다. 여기서 "항상"을 유념하십시오. 이는 사회주의나 복지 국가 등이 절대로 보편적으로 영구히 세워지지 않는다는 확실한 암시인 것입니다.

> 그들이 게셀에 거주하는 가나안 족속을 쫓아내지 아니하였으므로 (수 16:10).

게셀은 이 지파의 경계선으로 바다와 가까웠습니다(3절). 그들이 게셀의 가나안 족속을 쫓아내지 못한 것은 유다가 예루살렘을 함락시키지 못한 것(15:63)보다 훨씬 나빴습니다. 왜냐하면, 유다는 그 일을 시도했으나, 그들은 그 일을 시도조차 하지 않았기 때문입니다. 그들이 그 임무를 행하지 않은 구체적인 이유는 기록되어 있지 않습니다. 어쩌면 비겁함, 게으름, 혹은 다른 특별한 이유였을지도 모릅니다.

그러나 그들이 신명기 20:16의 명령에 불순종했다는 사실은 분명합니다. 이 가나안 족속이 우상 숭배를 버리고 여호와를 섬기게 되었다는 암시도 없습니다. 그러나 이 절 후반부의 기록에서는 그들이 불순종한 것이 탐욕 때문이었음이 분명히 암시되는 것 같습니다.

> 가나안 족속이 오늘까지 에브라임 가운데에 거주하며 노역하는 종이 되니라 (수 17:13).

에브라임 지파는 가나안 족속들을 굴복시키고 노역을 하게 할 만큼 강했으니, 그런 자들을 살려두어 함께 거주하도록 한 일은 변명의 여지가 없었습니다. 그들은 하나님께 복종하는 것보다, 혹은 이스라엘의 유익—이스라엘의 일반적인 성격을 그대로 유지하는 것(참조. 호 12:8)—보다 그들의 경제적 이득을 더 우선시했습니다.

그들은 머지않아 그 이교도들의 길을 따랐고 그들 스스로 우상 숭배자들이 되고 말았습니다(삿 17:1-5). 가나안 족속들은 솔로몬의 시대까지도 게셀에 계속 거주했는데, 그 시대에 애굽 왕이 그 곳을 탈취하여 솔로몬과 혼인한 자기 딸에게 예물로 주었습니다(왕상 9:16, 17).

제17장

기업의 완전한 소유와 나태함

(여호수아 17:1-19:51)

1. 부분적 승리의 위험성

다음 장으로 넘어가기 전에 여호수아 17장에 기록된 한 가지 사건에 주의를 기울여야겠습니다. 14장 마지막에 다음과 같은 말씀이 있음을 기억할 수 있습니다. "그리고 그 땅에 전쟁이 그쳤더라." 언뜻 보면 이는 아주 복스러운 진술 같아 보이지만, 그 뒤에 오는 여러 진술들을 감안하면, 이것은 오히려 불길한 예감을 갖게 하는 것으로 보아야 합니다. 사실은 이스라엘이 싸움을 지속하는 과정에서 지쳐서, 최소한 일시적으로, 그 일을 쉬었고, 그리하여 하나님이 명하신 임무를 완수하지 못했었습니다.

아직 함락시키지 못한 곳들이 많이 있었고, 가나안 족속들 중 많은 이들이 정복되지 않은 채로 남아 있었습니다. 전쟁을 멈추자 악한 결과들이 나타났습니다. 곧바로 "예루살렘 주민 여부스 족속을 유다 자손이 쫓아내지 못하였으므로"(수 15:63)라고 기록하니 말입니다.

그리고 에브라임 지파에 대해서도, "그들이 게셀에 거주하는 가나안 족속을 쫓아내지 아니하였으므로 가나안 족속이 오늘까지 에브라임 가운데에 거주하며 노역하는 종이 되니라"(수 16:10)라고 기록되어 있고, 또 다시, "그러나 므낫세 자손이 그 성읍들의 주민을 쫓아내지 못하매 가나안 족속이 결심하고 그 땅에 거주하였더니"(수 17:12)라고 기록되어 있습니다. 이스라엘의 전체적인 성공 중에 이런 안타까운 오점들이 있었습니다.

위의 실패들은 하나님이 그들의 수고에서 그분의 능력과 복을 거두어들이셨기 때문이었습니다.

그런데 하나님은 어째서 그들을 위해 강하게 역사하지 않으셨을까요?

그들이 자기들의 임무를 제대로 행하지 않았었기 때문입니다. 여호와께서 행하라고 명하신 일을 완수하지 않고 오히려 게을러지고 안락함을 좇았고, 그리하여 마치 저 가련한 삼손이 잠에서 깨어나 "내가 전과 같이 나가서 몸을 떨치리라" 했으나 "여호와께서 이미 자기를 떠나신 줄을 깨닫지 못했던 것"처럼 (삿 16:20), 그들 역시도 힘을 잃어버리고 말았던 것입니다. 그런 이스라엘 백성에게 성공을 주셨다면, 이는 하나님이 스스로 그들의 나태함을 용인하시는 모양새가 되었을 것입니다.

그는 절대로 게으름에 대해 프리미엄을 두지 않고, 오히려 게으른 자들에게 고통스러운 결과를 당하게 하십니다. 이 사실이 우리에게 주는 교훈들은 분명합니다. 하나님은 그분의 백성이 "믿음의 선한 싸움"(딤전 6:12)을 하는 중에 휴가를 주시지 않고, 그들의 구원의 창시자께서도 그들의 싸움을 대신 싸워 주시지 않습니다.

우리의 임무는 "깨어 믿음에 굳게 서서 남자답게 강건히 하는 것"(고전 16:13)인데, 그렇게 하지 못하면 지극히 불쾌한 결과를 얻게 될 것입니다.

이 네 가지 강령의 순서를 조심스럽게 주목하는 것이 매우 중요합니다. 처음 세 가지에 대해 순종해야만 비로소 네 번째 강령을 이룰 수 있기 때문입니다.

사방의 유혹과 위험에 대비하여 부지런히 경계하지 않으면, 교리적으로나 실천적으로 복음 진리를 신실하게 붙들고 그 대적하는 세력들로 당황하거나 굴하지 않고—우리 스스로 담대하고도 용감하게 처신하며—그 대적들을 이길 힘이 전혀 없게 될 것입니다.

그 임무들을 행하는 데에 중단이 있어서도 안 됩니다. 하나님의 명령은 "항상 주의 일에 더욱 힘쓰는 자들이 되라"(고전 15:58)는 것입니다. 즉, 죄를 대항하여 싸우고, 마귀를 대적하고, 거룩의 열매를 내라는 것입니다. 그러나 여호수아 14:15의 큰 실패가 정확히 어떤 점에서 발생했는지를 잘 살피기 바랍니다. 그 실패는 그들이 가장 괄목할만한 성공을 얻은 직후에, 곧 이제는 쉬어도 되겠다고 생각했을 법한 시기에, 일어났습니다.

여기서 우리가 얻어야 할 교훈도 분명합니다. 곧, 은혜를 통해 우리의 정욕들에 대해 놀라운 승리를 거둔 직후야말로 가장 위험한 때요, 그 때야말로 우리의 수고를 누그러뜨리고 잠시 멈추고픈 유혹에 넘어갈 소지가 크다는 것입니다.

아, 독자 여러분!

하나님은 우리에게 "네 손을 늘어뜨리지 말라"(습 3:16)고 명하시는데, 오히려 "평안히 쉬고 먹고 마시고 즐거워하자"(눅 12:19)라고 말한다면 이는 어리석은 자라는 사실을 잊어서는 안 될 것입니다.

17:14-18에는 여호수아가 다시 한 번 자신의 성품의 놀라운 특질을 드러내 보이는 한 가지 사례를 기록하고 있습니다. 곧 요셉 자손들이 그에게 나아와 다음과 같이 원망합니다.

> 여호와께서 지금까지 내게 복을 주시므로 내가 큰 민족이 되었거늘 당신이 나의 기업을 위하여 한 제비, 한 분깃으로만 내게 주심은 어찌함이니이까(수 17:14).

요셉 지파는 물론 에브라임과 므낫세의 두 지파로 나뉘어 있었습니다. 그들 스스로 크다고 단언하는 것은 그저 숫자적으로만 크다는 뜻이 아니라, 그들의 출신이 존귀하다는 뜻을 담은 것으로 보입니다.

그들은 바로에 의해 애굽의 총리가 된 인물의 후손들이었으므로, 그 사실이 교만의 빌미를 제공했을 것입니다. 이는 그 후의 이 지파의 역사에서도 잘 드러납니다.

그런 점에 비추어 볼 때에 그들이 여호수아게 원망을 늘어 놓은 사실이야말로 그들의 교만한 자세를 특징적으로 잘 보여 줍니다. 그들의 이런 교만은 기드온을 향해 투덜거린 데에서도(삿 8:1), 입다의 처실에서도(삿 11:9, 30, 31), 또한 그 후 다윗의 시대에도 여전히 그들이 전혀 자질을 드러내지 못하면서도 이스라엘 중에서 우월한 지위를 주장하는 데에서도 드러납니다.

> 여호수아가 그들에게 이르되 네가 큰 민족이 되므로 에브라임 산지가 네게 너무 좁을진대 브리스 족속과 르바임 족속의 땅 삼림에 올라가서 스스로 개척하라 하니라(수 17:15).

여호수아는 그들의 주장을 그들 자신의 책임으로 돌리고, 그들의 교만과 불만, 그리고 그들의 불신앙과 나태함을 책망합니다. 용기와 의욕이 있었다면 그들 자신이 영토를 확장할 여지가 얼마든지 있었기 때문입니다. 엘리컷은 이와 관련해 여기서 진술하는 바에 근거하면 당시 팔레스타인의 대부분은 수풀로 뒤덮여 있었고 그 지역의 가나안 거주민의 규모도 에스드랄론 골짜기와 남부 유다의 경계 지역에 사는 주민들보다 훨씬 적었다고 지적합니다.

그는 이스라엘이 가나안 중심부를 공략함으로써 가나안 족속들의 세력을 분리시킨 다음, 남부의 군대 전체로 먼저 공격하고 그 다음 북방의 원수들에게로 향하는 전략을 취한 것도 이와 잘 맞아 떨어진다고 진술합니다. 이는 그들이 공격을 시작할 무렵 편안히 에발 산에서 율법을 반포한 사실과 후에 실로를 그들의 수도로 택한 사실을 잘 설명해 줍니다.

> 요셉 자손이 이르되 그 산지는 우리에게 넉넉하지도 못하고 골짜기 땅에 거주하는 모든 가나안 족속에게는 벧 스안과 그 마을들에 거주하는 자이든지 이스르엘 골짜기에 거주하는 자이든지 다 철 병거가 있나이다 하니(수 17:16).

여기서 우리는 그들의 탐욕을 보게 됩니다. 형제 에브라임 지파에게는 하나의 분깃이 별도로 돌아갔던 반면에, 17:5에서는 "요단 동쪽 길르앗과 바산 외에 므낫세에게 열 분깃이 돌아갔다"고 보도하기 때문입니다. 그들이 가나안 땅 중에서 가장 큰 몫을 차지했음에도 불구하고 이에 만족하지 못했고, 더욱이 인근의 골짜기에 거주하는 가나안 족속들이 "철 병거"를 소유하고 있다는 것을 언급함으로써 그들의 불신앙과 마음의 유약함을 드러내어, "큰 민족"인 체하는 그들의 태도를 무색하게 만들었습니다.

여러분, 여기서 그리스도인이 마땅히 싸워야 할 싸움을 중단하게 되면 악한 결과가 생기게 된다는 점을 다시 한 번 보게 됩니다. 싸움을 중지하고 안일하게 되는 것만큼 그 자신의 몫에 대한 불만의 자세가 생기게 되고, 그리하여 원수들의 강력한 무기에 대한 두려움과 불신앙이 가득하게 되는 법입니다.

> 여호수아가 다시 요셉의 족속 곧 에브라임과 므낫세에게 말하여 이르되 너는 큰 민족이요 큰 권능이 있은즉 한 분깃만 가질 것이 아니라 그 산지도 네 것이 되리니, 비록 삼림이라도 네가 개척하라. 그 끝까지 네 것이 되리라. 가나안 족속이 비록 철 병거를 가졌고 강할지라도 네가 능히 그를 쫓아내리라 하였더라(수 17:17-18).

우리는 이를 비꼬는 말이 아니라, 여호와를 신뢰하고 그분의 이름으로 싸워 책무를 다하라고 독려하는 뜻으로 봅니다. 여호수아는 농토를 위해 개간할 넓은 삼림이 거기에 있으니 나아가 싸우면 그 산지가 그들의 것이 되리라고 말씀했습니다. 가나안 족속들의 막강한 군대가 중간을 가로막고 있는 것은 사실이었습니다.

그러나 그들이 마음을 가다듬고 여호와의 보호하심과 도우심에 의지하여 임무를 다하면, 그가 힘을 주사 아브라함의 후손들에게 주신 그 땅을 점유하고 있는 자들을 반드시 몰아내게 하시고, 그 모든 원수를 쓸어버릴 힘을 주시리라는 것이었습니다. 이런 여호수아의 대답에서 그들이 지금껏 부지런히 사명을 다하는 일에 매진하지 않았음이 분명히 드러납니다.

에브라임과 므낫세 사람들은 틀림없이 여호수아에게서 자기들에게 좀 유리한 조치를 기대했을 것입니다. 여호수아 자신이 에브라임 지파의 소속이었으니 말입니다(민 13:8). 그러나 여호수아는 형제들에게 편파적으로 처신하기를 거부했고, 그리하여 여호와께서 부여하신 직무에 대한 충성을 입증해 보였습니다.

이런 여호수아의 자세는 그의 원형이신 그리스도의 성품에서도 드러납니다. 그는 그에게 가장 가까운 측근(야고보와 요한)이 그의 좌우편에 앉게 해달라는 부탁을 받으셨을 때에, 그들에 대한 편애의 자세를 전혀 보이지 않으셨습니다(마 20:20-23). 토마스 스코트는 이 구절에 대해 다음과 같이 훌륭하게 논평한 바 있습니다.

> 안타깝게도, 그리스도인이라 칭하는 자들이 만족하고 감사하고 기꺼이 나누기보다는 불평하고 투기하고 투덜거리기를 더 잘하는 경우가 허다하다. 사실 우리는 우리 자신의 소유를 운용하여 최고의 유익을 얻는 것 보다는 다른 이들의 소유에 시선이 사로잡히기 일쑤다. 가난을 불평하고, 다른 이들에게 호의를 구걸하는 경우가 많은데, 이는 다음과 같은 하나님의 정의로운 선고를 거부하고 반항하기 때문이다.
>
> 네가 흙으로 돌아갈 때까지 얼굴에 땀을 흘려야 먹을 것을 먹으리니(창 3:19).
>
> 사람들은 어떤 핑계를 대고서라도 일을 하지 않으려 하고, 이때에 부유하고 막강한 인척보다 이용하기 좋은 대상이 없다. 그들의 쓸 것을 공급해 주기 위해 공공의 유익을 위해 맡겨진 자금들을 편파적으로 불성실하게 분배하는 경

> 우가 많다. 그러나 그들의 나태함과 사치를 만족시켜 주는 것보다, 수고하면 얼마든지 누릴 수 있는 유익거리들을 사람들에게 알려 주어 그들 스스로 분발하여 그것들을 얻게 하는 것이 진정 친절을 베푸는 것이다. 참된 신앙은 이런 악행에 대해 절대로 용인하지 않는다. 사도는 '누구든지 일하기 싫어하거든 먹지도 말게 하라'고 말씀한다(살후 3:10).
>
> 우리가 흔히 내뱉는 '할 수 없다'는 식의 말은 어려운 일이 생기면 불가능하다고 하고 위험한 일마다 반드시 무너진다고 치부하는 그저 게으름의 언어일 뿐이다. 특히 우리의 영적인 일과 영적 싸움의 경우에 이런 일이 흔히 나타난다. 그러나 우리가 나태하고 자기 멋대로 처신한다면 여호와의 군대장관과의 관계를 아무리 자랑해도 소용이 없을 것이다. 위로가 가로막혔다는 우리의 불평 그 자체가 십자가를 소홀히 하고 그것을 두려워하는 데서 연유하는 경우가 허다하다. 아무것도 할 수 없다고 믿게 되면, 가만히 앉아 아무 일도 시도하지 않게 되기 십상이다.

이런 것이 고금을 통틀어 나타나는 초라한 인간 본성의 모습이었습니다. 육체의 맹렬한 에너지의 부추김으로 인해, 보내심을 받지 않았는데도 무턱대고 달려가거나, 혹은 하나님이 행하라고 명하신 일을 힘을 다해 행하지 않고 게으름 피우며 투덜대는 것입니다.

> 이스라엘 자손의 온 회중이 실로에 모여서 거기에 회막을 세웠으며 그 땅은 그들 앞에서 돌아와 정복되었더라(수 18:1).

주석가들은 모두 이스라엘 본진이 이렇게 이동한 것이 하나님의 정하심에 의한 일이었다는 데에 동의합니다. 그들은 여호수아가 장막을 길갈에서 실로로 옮기라는 모종의 메시지를 여호와께로부터 받았을 것으로—직접 말씀을 받았거나 혹은 대제사장의 우림과 둠밈을 통해서나—추정합니다.

그리고 그들은 이러한 새로운 위치의 이점들도 지적합니다. 길갈은 요단 강가에 위치하여 팔레스타인의 변방에 속해 있었으나 실로는 그 땅의 중심부에 있었고, 그리하여 각 지파가 분리되어 각기 자기들의 지역으로 흩어진 후에 남자들이 방문하기가 훨씬 용이했습니다(신 16:16).

그러나 우리는 개인적으로 그것이 너무 지나친 상상이라 봅니다. 이스라엘은 가나안에 들어온 이후 줄곧 길갈에 진을 치고 있었으나, 하나님이 그곳을 떠나라는 명령을 주셨다는 힌트가 조금도 없습니다. 우리는 하나님이 그들에게 그분의 뜻을 계시하셨다는 기록이 전혀 나타나지 않는 것을 불길한 징조로 봅니다. 오히려 그들이 "사려 깊은 고려"—그들 자신의 편의에 의한 결정—에 따라서 옮긴 것으로 보는 것이 훨씬 더 개연성이 높은 것 같습니다.

> 실로는 여호수아가 소속되어 있던 에브라임 지파의 기업에 속한 곳이었고, 따라서 성소가 통치자의 거주지 가까이에 있는 것이 편리했다(스코트).

그러나 만일 그런 연유로 여호수아가 그렇게 조치한 것이라면, 그는 여호와께서 지시하신 길로 나아가기보다는 자기 자신의 명철에 의지한 것일 것입니다(잠 3:5, 6).

길갈은 할례를 시행한 곳(수 5:9)—모형적으로 육체를 죽이며 세상으로부터 분리된 것을 의미합니다만—이었고, 이스라엘이 매 전투를 끝내고 그리로 돌아올 때마다 여호와의 권능과 축복이 그들에게 임했습니다. 그러므로 길갈을 떠나는 일에 매우 신중을 기했어야 옳았습니다. 심지어 그 영적인 의미가 인간의 본성에게 매우 유쾌하지 못했다 할지라도 말입니다.

그들이 여호와의 인도하심을 구했다는 언급이 전혀 없고, 대제사장을 통해 주의 뜻을 알고자 했다는 암시도 전혀 나타나지 않습니다. 18:1의 진술이 안타까운 갖가지 실패의 기록 바로 다음에 이어진다는 점을 조심스럽게 새겨야 합니다.

그리고 성령께서 여기서 성막을 6:24처럼 "여호와의 집"이라고, 혹은 22:19처럼 "여호와의 성막"이라고 칭하지 않으시고, 그저 "회막"이라고만 부르신다는 점을 관찰하기 바랍니다—"여호와의 유월절"(출 12:11)과 "여호와의 절기"(레 23:2)라 하지 않고, "유대인의 유월절"과 "유대인의 명절"(요 2:13; 5:1)이라 칭하는 점을 참조하십시오.

극히 의미심장한 것은 사사기의 첫 부분(여호수아가 죽은 후 이스라엘의 실패들을 기록하는)에서, "그 후에 일어난 다른 세대는 여호와를 알지 못하며 여호와께서 이스라엘을 위하여 행하신 일도 알지 못하였더라"(삿 2:10)라고 기록하고 있다는 점입니다. 그러므로 그들은 그들의 진정한 본부에 계셨던 여호와의 임재의 사자를 이미 저버린 상태였던 것으로 보입니다.

이스라엘이 영적 빈곤과 무기력 상태에 있던 여러 세대에 걸쳐서 성막은 실로에 머물러 있었습니다(삼상 4:3). 그러나 수세기 후 하나님은 엘리야와 엘리사를 통해 이스라엘에 영적 부흥을 허락하셨고, 그 선지자들은 실로가 아니라 길갈을 그들의 본부로 삼았습니다(왕하 2:1).

이로써 성령께서는 영적 쇠락의 어두운 시기에 우리가 할례의(하나님을 향한 헌신의) 장소를 우리의 본진 혹은 중심으로 삼으면 주의 축복이 우리에게 있을 것임을 암시하신다 하겠습니다. 그러나 길갈은 혈과 육에게는 전혀 반갑지 않은 헌신을 요구하며, 따라서 전혀 인기가 없습니다.

모형 그 자체도 그렇습니다. 길갈은 가나안의 한쪽 모퉁이 끝에 위치한 곳으로, 용사들이 진으로 복귀하기 위해 길고 힘든 여정을 거쳐야 하는 곳이었고, 따라서 좀 더 편리한—육체적으로 손쉬운—곳에 본부가 있는 것이 훨씬 더 용이했을 것입니다. 주석가들은 "실로"가 메시야를 미리 선포한 이름 중의 하나(창 49:10)라는 사실을 중시하여, 이스라엘이 성막이 있을 곳으로 그 곳을 지명한 것이 바로 메시야를 염두에 두고 한 일이었다고 결론짓습니다.

그러나 우리는 그런 견해에 이의를 제기합니다. 왜냐하면, 18:1은 그들이 그 곳의 이름을 "실로"라고 붙인 것이 아니라, 그들이 그 곳에 도착했을 때에 이미 그곳이 실로로 알려져 있었던 것으로 읽히기 때문입니다. "실로"라는 이름 자체는 "안식"이라는 뜻이며, 이제 가나안 땅의 상당 부분이 정복된 터였으므로 그 이름이 그들에게 와 닿았을 것입니다.

앞에서 우리는 18:1의 기록이 이스라엘의 세 지파들이 저지른 몇 가지 두드러진 실패 뒤에 곧바로 이어진다는 점을 지적했는데, 이제 그 뒤에 곧바로 이어 여호수아가 다른 일곱 지파들에게 책망하는 것을 보게 됩니다.

> 너희가 너희 조상의 하나님 여호와께서 너희에게 주신 땅을 점령하러 가기를 어느 때까지 지체하겠느냐(수 18:3).

그러므로 전후의 문맥은 이스라엘이 실로로 본진을 옮긴 사실에 대해 좋은 의미로 이해하는 것과 정면으로 배치됩니다. 오히려 우리는 그들이 성급하게 처신했고, 믿음으로가 아니라 눈에 보이는 것으로 행했으며, 그들 자신의 편의만을 지나치게 고려했다고 봅니다. 이렇게 본다면, 우리가 마음에 두어야 할 또 한 가지 실천적인 교훈이 여기에 있습니다.

"믿는 이는 다급하게 되지 아니하리로다"(사 28:16)라는 하나님의 교훈을 귀담아 듣는 것이 우리의 필수적인 의무이며 동시에 영적으로나 육체적으로나 우리의 유익을 위한 길이라는 것입니다. 이성적인 피조물로서는 충동적으로나 정욕적으로 처신하는 것은 합당치 않습니다.

그러나 빨리빨리 서두는 것을 신(神)으로 삼는 이 어리석은 세대의 광기어린 사고로부터 보존되기 위해서는 확실한 기도와 끊임없는 경계와 철저한 자기 통제밖에는 길이 없을 것입니다.

좀 더 구체적으로, 위의 사건을 통해 우리는 장소의 변경을 고려할 때에 천천히 행할 것을 교훈해 줍니다. 주의 백성들이 이 문제에서 영적인 고려보다는 물질적인 고려에 의해 좌우되고, 하나님을 영화롭게 하는 길보다는 그들의 지위를 더 낫게 하는 것에 관심을 두다가 스스로 고통을 초래하는 경우가 너무도 많습니다.

"네 모든 길을 든든히 하라"(잠 4:26)는 것이 지혜가 주는 교훈이요, 그렇게 하지 못함으로 많은 이들이 무너지는 것을 봅니다. 성급하게 처신하는 자들은 필경 뒤에 한가할 때에 후회하게 됩니다.

> 슬기로운 자는 자기의 행동을 삼가느니라(잠 14:15).

그리스도인은 그보다 더 나아가, "네 길을 여호와께 맡기"고 "그를 의지"해야 합니다. 그러면 "그가 이루"십니다.

그러나 그것이 전부가 아닙니다. 여호와께서 그분의 길을 여러분에게 선명하게 보이시기까지 "여호와 앞에 잠잠하고 참고 기다리고"(시 37:5, 7), 또한 그가 단번에 우리의 길을 통째로 다 선명히 알려 주시는 것이 아니라, 한 번에 한 걸음씩 인도하신다는 것을 기억해야 합니다.

여러분 자신의 명철을 의지하지 말고, 혈과 육과 의논하지 말고, 오히려 주께서 여러분 속에 인내를 갖게 하시기를 구하고, 여러분의 자세가 다음과 같은 다윗의 자세가 되게 해 주시기를 구하기 바랍니다.

> 나의 영혼아 잠잠히 하나님만 바라라 무릇 나의 소망이 그로부터 나오는도다 (시 62:5).

정직한 자[마음이 하나님께 합당한 자]의 길은 대로니라(잠 15:19).

그렇게 되기까지, 움직이지 말고 있는 곳에 그대로 남아 있기 바랍니다.

2. 나태함

이는 전혀 호소력이 없는 제목입니다!

과연 그렇습니다. 하지만 성경은 결코, 인간의 본성에 아첨하지 않으니, 하나님의 종 역시 그래야 합니다. 아무리 불쾌하더라도 진상을 똑바로 대면해야 하고, 그것을 모면하려 하거나 부인해서는 안 됩니다. 이런 주제가 전혀 매력이 없기는 하지만, 분명 시의적절하다 여깁니다.

사방에서 나태함이 우리를 똑바로 노려보고 있지 않습니까?

모든 계층마다 게으름과 무정함의 자세가 드러나지 않습니까?

오늘날 우리 세대만큼 일을 싫어하고 쾌락을 사랑한 세대가 있었던가요?

"조직된 노동"이라는 표현이 "임무 회피"와 거의 동의어가 되었습니다. 최소한의 정력을 소비하여 최대한의 돈을 거두기 위해 국가에 보상을 요구합니다. 반면에, 지난 한 세기 동안 지배했던 사회적 경제적 상황을 정상적인 시각으로 바라본다면, 너무도 많은 고용주들의 무자비한 탐욕으로 인해 노동자들이 자신들의 권익 보장을 위해 스스로 조직을 구성할 수밖에 없었다는 것을 인정합니다.

그러나 인간의 본성적인 부패로 인해, 지금에 와서는 그 반대의 극단으로 치우쳐서, 많은 고용주들이 그들이 지급하는 일당에 상당하는 만큼의 노동력을 얻지 못하는 경우가 허다한 실정입니다.

태초에 여호와 하나님이 사람에게 말씀하신 대로, 사람이 죄 가운데로 타락한 결과 중의 하나는 "네가 흙으로 돌아갈 때까지 얼굴에 땀을 흘려야 먹을 것을 먹으리니"(창 3:19)라는 것이었습니다. 그런데 사람들은 "노동을 단축하는" 기법들로써 그러한 하나님의 선고를 피하려고 노력해 왔고, 이는 전반적으로 나태함을 조장하고 건강을 저해시키며 때로는 생명을 잃게까지 만드는 데로 이어졌습니다.

그렇다고 해서 모든 일이 다 타락 때문에 생긴 것이라 여기는 것은 잘못입니다. 그렇지 않습니다. 무죄한 상태에서도 사람은 에덴동산에 있으면서 "그것을 경작하며 지키는 일"(창 2:15)을 담당했습니다. 그때에는 일이 즐거움이요 안락함이었으나, 지금은 그것이 혐오스런 부담이 되었습니다.

오늘날처럼 도가 심했던 적이 없습니다. 보다 짧게 일하고 보다 많은 임금을 요구하는—임금의 상당 부분이 건전한 여가가 아니라 해로운 유흥에 사용되는—시대가 되어 버렸습니다. 그런데 이런 노동과 산업상의 폐해의 원인이 영적이며 종교적인 악에 있다는 것을 깨닫고 인정하는 경우가 거의 없습니다. 여러 번 지적했습니다.

하지만, 사회의 상황은 교회의 상황의 여파로 일어나는 것입니다. 세상의 상태는 주로 교회들의 상태를 반영합니다. 가정에서 부모의 권위가 무너지기 전에 먼저 교회의 회중 가운데 징계가 사라졌고, 국가의 법을 무시하는 것에 앞서 강단에서 하나님의 법을 내던져버렸고, 따라서 기능공들의 무정한 모습은 그리스도인이라 자부하는 대다수의 나태함의 그림자에 지나지 않는 것입니다.

주의 백성들 가운데서 완전한 모습은 절대로 볼 수가 없습니다. 하지만 상대적인 건전함과 강건함은 자주 볼 수 있었습니다. 그러나 지난 세기 동안 영적인 부패의 모습과 실천적인 경건의 안타까운 쇠퇴의 현상이 뚜렷이 드러났습니다. 권능이 사라져가고, 사랑이 식었고, 성령의 열매와 의의 행위들이 점점 줄어들었습니다.

그리스도의 이름을 지닌 대다수의 사람들이 "항상 주의 일에 더욱 힘쓰는"(고전 15:58)—전적으로 주께 순종하는—것이 아니라, "시온에서 편안히 있습니다"(암 6:1. 개역개정은 "시온에서 교만한"으로 번역함. 역주). 슬기로운 처녀들이 기름을 준비하고 등불을 켜고서 신랑을 맞으러 나가는 것이 아니라, 어리석은 처녀들과 똑같이 나태함에 빠져 잠들어 버렸습니다.

하나님의 계명의 길로 달려가는 것(시 119:32)이 아니라, 하나님이 그 약속들을 자기들의 마음에 "적용"시켜 주시기를 기다리며 가만히 앉아 있는 사람들이 너무 많습니다. 도전적으로 전도에 나서는 대신 대다수의 교회들은 자체 교인들로 만족합니다. 믿음을 위해 세상에서 순전히 싸우는 대신, 교회 안에서 서로 쓰라리게 으르렁거리고 싸웁니다. 주의 대의(大義)는 시들어가고 사탄이 기뻐하는 형국입니다.

영적 게으름뱅이의 세대를 만들어내고 조장해온 여러 원인들 가운데 다음과 같은 것들을 지적할 수 있습니다.

첫째, 설교자들의 나태함입니다.
부드럽고 편안한 직업을 구해온 사람들이 목회 사역에 매력을 느끼는 경우가 날로 증가하고 있으며, 한밤중까지 등불을 밝히며 연구하고 그리스도를 섬기는 일에 전념하는 이들을 찾아보기가 힘듭니다.

둘째, 신실하지 못한 설교입니다.
거의 한쪽으로 편중된 내용이 태반입니다. 곧 축복과 특권들에만 집중하고 임무와 의무들은 소홀히 하며, 하나님의 은혜의 선물들은 극대화시키면서 하나님의 거룩하심의 요구 사항들은 최소한으로 줄이는 것입니다.

셋째, 운명론적 사고를 조장하고 격려합니다.
하나님의 주권과 인간의 책임, 그리고 인간의 능력과 책임 사이의 진리의 균형을 유지하지 못하여, 하나님이 이미 베푸신 은혜를 사용하기보다는 아무 것도 하지 않고 그저 하나님이 더 많은 은혜를 주시기만을 기다리는 무리들을 양산해 놓았습니다.

넷째, 하나님이 부여하신 임무들을 행하는 중에 어려움을 만나 곧바로 좌절해버리는 것입니다.
이는 믿음으로가 아니고 눈에 보이는 것으로 행하는 것이요, 수고의 열매가 너무 작아보여서 그것에 대한 열정이 식어버리는 것입니다. 그러나 성령께서 데살로니가후서 3:13의 권면을 갈라디아서 6:9에서 반복하여 주시는 것이 결코, 무의미한 것이 아닙니다.

> 선을 행하다가 낙심하지 말라 (갈 6:9).

> 그러나 이스라엘 자손 중에 그 기업의 분배를 받지 못한 자가 아직도 일곱 지파라 (수 18:2).

어째서 이런 일이 일어났을까요?
무언가 하나님의 작정이 가로막았나요?
그들을 위한 "하나님의 때"가 아직 오지 않았기 때문인가요?

아닙니다. 원인은 전혀 다른 데에 있었습니다. 곧 그들 자신의 무관심 때문이었습니다. 바로 그 다음에서 분명히 드러납니다. 하지만 하나님의 편에서 의지가 없으셨던 것이 아니었습니다. 그들 자신이 의향이 없었던 것입니다.

그러므로 이 진술은 그저 설명하는 의미 이상의 것으로, 질책의 성격을 지닌 말씀이었습니다. 여호수아 15:63과 16:9-10에 기록된 내용에 비추어 보면 나태함의 자세가 얼마나 전염성이 강한가를 알 수 있습니다.

유다와 에브라임 지파들에게 영향을 미쳤던 악이 이제 나머지 지파들에까지 퍼져 있었습니다. "적은 누룩이 온 덩이에 퍼지며"(갈 5:9), 특히 지도자들이 개입되면 더욱 그런 법입니다. 주요 지파의 사람들이 꾸물거리면, 더 낮은 부류의 사람들이 곧바로 그들을 본받으니 말입니다. 이 지파들은 그들의 권리에 대해 생각이 없었고, 그들의 유리한 점들을 활용할 생각이 전혀 없었습니다.

> 여호수아가 이스라엘 자손에게 이르되 너희가 너희 조상의 하나님 여호와께서 너희에게 주신 땅을 점령하러 가기를 어느 때까지 지체하겠느냐(수 18:3).

여호수아는 그들이 머뭇거리며 가나안 땅 중 자기들의 몫을 취하려 하지 않는 것에 대해 책망했습니다. 앞 절에 대한 우리의 논의가 이런 책망을 통해 확인됩니다. 그들이 아직 자기들의 기업을 소유하지 못하고 있는 것은 하나님 탓이 아니라 전적으로 그들 자신의 게으름 때문이었습니다.

여호수아의 발언은 그 지파들이 제비로 그 땅을 받기 전부터라도 그들의 몫을 차지할 수 있었다는 뜻은 아니고, 오히려 이스라엘의 대법정에 그것을 신청하지 않은 잘못을 저질렀다는 뜻입니다. 그들은 다른 두 지파와 반 지파에게 몫이 배당되는 것을 보았으나, 정작 자기들의 몫을 요구하는 데에는 전혀 관심이 없었습니다.

이러한 이완된 자세는 어느 한 지파에 국한 된 것이 아니라, 마치 쇠가 녹이 슬듯 온 지파들 전체에 퍼져 있었습니다. 그런 악은 전염성이 강할 뿐 아니라, 여호수아의 "어느 때까지 지체하겠느냐"라는 말에서 드러나듯이, 한 개인이나 사람들을 사로잡게 되면 쉽사리 떨쳐낼 수가 없습니다.

현대 교회의 구성원들 대다수가 그 이스라엘 사람들과 얼마나 흡사한지 모릅니다!

이스라엘 백성들은 요단 강을 건너 가나안 땅에 발을 들여놓았으나 나태해져서 그들 앞에 놓인 좋은 기회를 자기들의 것으로 삼지 못했습니다.

이와 마찬가지로 오늘날 무수한 사람들이 신앙을 고백하고 교회에 합류하며, 그들 자신이 죄 사함을 받았고 다가올 진노로부터 영혼이 구원받았다고 상상하여 그것으로 만족하고 안일하게 처신합니다. 그들의 정욕들을 죽이는 일을 양심적으로 행하지도 않고, 여호와를 두려워하는 중에 완전한 거룩에 이르고자 하는 진지한 열심도 보이지 않고, 그리스도인의 삶에서 진보하려는 의지도 없습니다.

그렇습니다. 그들은 게으름뱅이들이요, 주의 부르심과 택하심을 확실히 하고자 부지런히 힘쓰는 자들을 가로막는 장애거리들입니다. 사탄에게 속고 있습니다. 과거에 이미 구원받았으니, 마귀를 대적하고 세상을 이기는 일에 아무리 게으름을 피우더라도 영원이 보장되어 있다는 식의 그릇된 사고로 자신을 속이고 있습니다.

그들은 십자가를 회피하면서도 면류관이 확실하다고 상상합니다. 믿음의 선한 싸움을 싸우지 않으면서, 영생을 이미 손에 쥐고 있다고 생각합니다. 하나님을 기쁘시게 하고 그에게 순종하는 것을 일상적으로 행하지 않으면서, 하늘의 기업을 상으로 받을 것이라 생각합니다.

오늘날 수많은 이들이 저지르는 치명적인 실수는 그들의 이름이 하늘에 기록되었다는 확신을 한 번 얻으면 완전히 무관심한 상태에 떨어진다 해도 그들에게 안전이 영원토록 보장되어 있다는 식으로 생각합니다.

그러나 그리스도인은 이 세상에 남아 있는 한, "믿음에 거하고 터 위에 굳게 서서 너희 들은 바 복음의 소망에서 흔들리지 아니"(골 1:23)해야 하고, 살아계신 하나님께로부터 떠나 불신앙의 악한 마음에 사로잡히지 않도록 조심해야 하고, 죄의 속임수로 인해 완악해지지 않도록 경계를 게을리하지 말아야 하며(히 6:12, 13), 두려움과 떨림으로 자기의 구원을 이루어가야 하며(빌 3:12), 또한 "손에 쟁기를 잡고 뒤를 돌아보는 자는 하나님의 나라에 합당하지 아니하니라"(눅 9:62)라는 그리스도의 엄숙한 경계를 마음에 새겨야 합니다.

자기의 정욕에 사로잡혀 그리스도를 시험하는 자들(고전 10:7, 9,-10)이 아니라, "끝까지 견디는 자"라야 구원을 얻을 것입니다(마 24:13). 그리스도인들은 지극히 거룩한 믿음 위에 스스로를 세우도록 부르심을 받으며(유 1:20), 그 일에는 수고와 근면이 요구됩니다.

너희가 육신대로 살면 반드시 죽을 것이로되 영으로써 몸의 행실을 죽이면 살리니 (롬 8:13).

"너희에게 주신 땅을 점령하러 가기를 어느 때까지 지체하겠느냐?"

노골적인 반대와 마주치지 않았으므로, 그들은 이스라엘의 절반 이상이 아직 기업을 얻지 못했는데도 편안히 휴식하는 상태에 있었습니다. 그 이스라엘 사람들은 "그들의 현재의 상태에 너무나 만족했고, 한데 묶여서 사는 것을 좋아한 나머지 흩어지는 데에 신경을 쓰지 않았다. 이미 전리품으로 얻은 성읍들만으로도 당장 풍족하게 살 수 있었고, 따라서 다가올 미래에 대해서는 생각하지 않았다.

그들은 게을렀다. 기업을 차지하는 일을 바라기는 했을지 모르나, 구체적으로 그 일을 시작할 생각도 계획도 없었다. 그 일이 그들에게 크나 큰 유익이 될 것이었는데도 말이다. 분배받아야 할 땅들이 멀리 있었고, 일부는 가나안 족속의 손에 있었다.

그것들을 소유하러 나아가려면, 성읍들을 건설하거나 보수해야 했고, 양떼들을 데리고 먼 길을 가야 했고, 아내들과 자녀들을 낯선 곳으로 데려가야 했는데, 그런 일은 극히 조심스럽고 고통이 수반되는 일이었으며, 난관을 헤치고 나아가야만 하는 일이었다"(헨리[Henry]의 논평을 정리하였음).

우리가 그들의 종교적 후손의 모습과 얼마나 흡사한지 모릅니다. 오늘날 그리스도인이라 칭하는 자들 중에, 위의 것을 바라보지도 않고, 그것들을 점유하고 누리기 위해 계속 수고하지도 않는 이들이 오십 퍼센트가 넘습니다.

여호수아는 이렇게 말했습니다.

너희는 각 지파에 세 사람씩 선정하라 내가 그들을 보내리니 그들은 일어나서 그 땅에 두루 다니며 그들의 기업에 따라 그 땅을 그려 가지고 내게로 돌아올 것이라 (수 18:4).

여기서 우리는 다시 한 번 신적인 면과 인간적인 면이 함께 개입되어 있음을 보게 됩니다. 이러한 내용은 하나님의 주권의 사실(각 지파의 "분깃")로 인해서 인간이 책임을 다하는 것이 무시되지 않는다는 중요한 진리를 명확하게 드러내줍니다. 그들은 도덕적인 행위자로서 지성적으로 행동해야 합니다.

안타깝게도, 하나님의 작정하심을 왜곡시키고 그 뒤에 숨어 자기들의 매정함의 핑계로 삼는 유사 칼빈주의자들(hyper-Calvinists)이 얼마나 많은지 모릅니다!

행동하기 전에 앞서 "하나님의 때를 기다린다"고 하면서 겸손과 온유의 훌륭한 자세를 드러내는 체하지만, 사실상 자기들의 임무를 저버리는 우를 범하고 있으니, 사람의 마음이 얼마나 무섭게 간사한지 모릅니다. 겉으로는 경건한 체하면서 눈속임을 하는 끔찍한 경우가 많습니다.

하나님 편에서는 베풀기를 꺼려하시는 것이 전혀 없습니다. 구하고 취하기를 꺼려하는 것은 언제나 우리입니다. 그러니 정직해집시다. 그리고 마땅히 탓해야 할 자를 탓하도록 합시다.

여호수아는 "어느 때까지 지체하겠느냐?"

이런 그의 질책성 질문에 대해 사람들의 답을 기다리지 않고, 즉시 그들에게 임무를 부여합니다. 그의 이러한 명령에서 우리는 하나님의 모든 역사하심과, 또한 그의 종들이 그에게서 지시를 받아 행하는 모든 역사에 두드러지게 나타나는 그 복된 균형을 감지할 수 있습니다. 그들이 자유로이 일하며 자기들의 임무를 이행하지만(이는 "각 지파에 세 사람씩 선정하"는 데에서 나타납니다), 동시에 그들은 하나님의 권위를 시행하는 것입니다("내가 그들을 보내리니").

여기서 우리에게 주는 영적 교훈은 그리스도인은 자기 스스로 임무를 지정할 것이 아니라 여호수아의 원형이신 그리스도의 권위 있는 지침을 받아 임무를 시행해야 한다는 것입니다.

여호수아가 그 임무를 행할 개인들을 지명한 것이 아니라, 각 지파들이 각기 사람들을 택하도록 했고, 그들이 선정된 다음 그가 그들에게 임무를 부여한 것입니다. 그리스도 이후에도 동일한 원리가 시행되는 것을 봅니다.

> 형제들아 너희 가운데서 성령과 지혜가 충만하여 칭찬 받는 사람 일곱을 택하라 우리가 이 일을 그들에게 맡기고(행 6:3).

여호수아가 이 사람들에게 일을 맡겼지만, 그 일은 결코, 어렵거나 불쾌한 일이 아니었습니다.

그들은 일어나서 그 땅에 두루 다니며 그들의 기업에 따라 그 땅을 그려 가지고 내게로 돌아올 것이라. 그들이 그 땅을 일곱 부분으로 나누되 유다는 남쪽 자기 지역에 있고 요셉의 족속은 북쪽에 있는 그들의 지역에 있으니, 그 땅을 일곱 부분으로 그려서 이 곳 내게로 가져오라 그러면 내가 여기서 너희를 위하여 우리 하나님 여호와 앞에서 제비를 뽑으리라. 레위 사람은 너희 중에 분깃이 없나니 여호와의 제사장 직분이 그들의 기업이 됨이며 갓과 르우벤과 므낫세 반 지파는 요단 저편 동쪽에서 이미 기업을 받았나니 이는 여호와의 종 모세가 그들에게 준 것이니라(수 18:4-7).

이는 사실상 그들의 욕심에 호소하는 것이요, 그들을 자극하여 그들 자신의 이득과 특권들을 직시하고, 하나님이 얼마나 귀한 기업을 그들에게 주셨는지를 깨우치도록 하는 것이었습니다. 그렇게 직접 그 땅을 살핌으로써, 그들 앞에 놓인 기업이 어떤지를 더 잘 알게 되고, 그것을 얻고자 하는 의욕이 생기고, 나아가 그것을 소유하게 될 것이었습니다.

신자의 믿음이 "지극히 크고 영원한 영광의 중한 것"에 사로잡힐수록 "잠시 받는 환난의 경한 것"으로 인해 좌절할 여지가 줄어드는 법입니다(고후 4:17). 그들은 유다와 요셉 지파의 분깃을 잠식해서는 안 되고, 그들에게 베풀어진 기업에 계속 주의를 기울여야 했던 것입니다.

> 그 사람들이 가서 그 땅으로 두루 다니며 성읍들을 따라서 일곱 부분으로 책에 그려서 실로 진영에 돌아와 여호수아에게 나아오니, 여호수아가 그들을 위하여 실로의 여호와 앞에서 제비를 뽑고 그가 거기서 이스라엘 자손의 분파대로 그 땅을 분배하였더라(수 18:9-10).

어리석음으로 항의했다가 지도자의 책망에 부끄러움을 느끼고, 그들은 그의 명대로 행했습니다. 그가 명령한대로(수 18:4, 8) 그들은 그가 지시한 결과들을 자기들의 지파가 아니라 그에게 내어 놓았습니다. 마치 제자들이 그리스도께 보고했듯이(눅 10:17), 또한 우리 각자가 하나님께 직고해야 하듯이(롬 14:12) 말입니다.

이 사건에서 드러나듯이, 각 지파들의 상대적인 위치는 "제비"를 통해 결정되었으나, 각 지파에 할당된 땅의 비율은 다른 고려 사항에 준하여 결정된 것이 분명한 것으로 보입니다. 17:17-18에서 보듯이, 각 지파가 자기 몫을 받았지만, 각기 개별적으로 수고하고 싸워서 그 몫을 소유해야 했습니다. 구속받은 모든 이에게 영원한 영광이 확실히 보장되어 있지만, 그 영광의 차서(次序)는 그들 자신의 열정과 충성에 따라 정해지는 것처럼 말입니다.

3. 최종적 소유

앞에서 우리는 여호와 하나님이 조상들에게 주신 그 땅을 소유하러 올라가는 데에 나태함을 보인 일곱 지파들에게 여호수아가 책망하는 장면을 다루었습니다. 그는 각 지파마다 세 사람을 택하여 그들이 아직 분배받지 못한 가나안 땅을 철저히 조사하게 하도록 명령했습니다. 그들은 여호수아에게 그 지역의 상세한 설명을 제시하고 보고해야 했고, 그 임무를 성실히 수행했습니다.

> 그 사람들이 가서 그 땅으로 두루 다니며 성읍들을 따라서 일곱 부분으로 책에 그려서 실로 진영에 돌아와 여호수아에게 나아오니, 여호수아가 그들을 위하여 실로의 여호와 앞에서 제비를 뽑고 그가 거기서 이스라엘 자손의 분파대로 그 땅을 분배하였더라 (수 18:9-10).

그들의 몫은 지파별 서열이나 숫자에 준하여 결정된 것이 아닙니다.

두 지파와 반 지파—르우벤 지파와 갓 지파와, 므낫세 반 지파—는 요단 강 동편에서 이미 모세에게 몫을 받은 바 있고(민 32:33), 여호수아 13장에서 그 경계들을 명확히 기록한 바 있음을 염두에 두어야 합니다.

이미 살펴본 대로, 갈렙이 헤브론 산지에 대한 자신의 권리를 주장하여 허락받은 후, 유다 지파와 요셉 지파와 므낫세 반 지파가 각각 기업을 받았고, 그들이 나아가 소유해야 할 곳들의 명단이 여호수아 15, 16, 17장에 제시되어 있습니다. 엘르아살과 여호수아가 길갈에서 그들을 위해 행한 일이 이제 실로에서 그들의 동료들을 위해 행해진 것입니다.

그들의 개별적인 영토에 대해서는 상세히 검토하지 않겠습니다. 지리적인 묘사에서는 우리에게 유익한 설명을 할 거리가 별로 없으니 말입니다. 그렇다고 해서 그것을 아예 무시해버리는 것은 온당치 못한 처사일 것입니다. 그러므로 이따금씩 그 내용들을 다루고 지나가도록 하겠습니다.

> 베냐민 자손 지파를 위하여 그들의 가족대로 제비를 뽑았으니 그 제비 뽑은 땅의 경계는 유다 자손과 요셉 자손의 중간이라(수 18:11).

이 지파에 대해 두 가지 충격적인 예언이 있었는데, 그 둘이 서로 거의 상충되는 것처럼 보이나 그것들이 성취되었음이 지금 이 구절과 이후의 이 지파의 역사에서 드러납니다. 그 전에 이미 야곱이 임종 전에 한 예언 중에 베냐민에 관한 내용이 있습니다.

> 베냐민은 물어뜯는 이리라 아침에는 빼앗은 것을 먹고 저녁에는 움킨 것을 나누리로다 (창 49:27).

족장 야곱이 이때에 자신의 본성적인 이끌림을 따르지 않은 것이 이런 언어에서 분명히 드러납니다. 베냐민은 그의 막내아들이요 극히 사랑했던 아들이기 때문입니다. 아닙니다. 그가 이런 놀라운 예언을 입으로 발설한 것은 하나님의 감동하심으로 된 일이었습니다.

그러나 여기서 주목해야 할 것은 늑대가 비록 극히 사납지만 강인함과 용기도 두드러지는 동물이라는 점입니다. 베냐민은 과연 모든 지파 중에 가장 사납고 호전적이었습니다. "아침"과 "저녁"에 그가 할 일에 대한 언급은 이 지파의 초기 역사와 후기 역사를 각각 구별하여 말씀하는 것임을 암시합니다.

이 지파에 속한 사람들의 사나움과 잔인함은 레위인의 첩에게 저지른 끔찍한 일에서도 두드러집니다. 그들의 호전적인 성격과 전투력과 강인함은 그들이 2만의 병력으로 다른 지파들의 연합군 40만 명을 상대한 일과 그 후 거의 완전히 전멸하기까지 항복하기를 거부한 예에서 잘 드러납니다(삿 19:14-30; 20:12-14). 다윗을 맹렬하게 박해했던 사울 왕도 이 지파 출신이었습니다.

그들의 사나움과 용맹함에 대해 사무엘하 2:15, 16; 역대상 8:40; 10:2; 역대하 17:17 등에서 다른 실례들을 찾아볼 수 있습니다. 후기 역사에서 베냐민 지파는 유다 지파와 제휴하였고, 그리하여 "움킨 것" 함께 나누고 그 특권들을 공유했습니다.

이 지파 출신인 에스더와 모르드개를 통해 이스라엘의 원수들이 궤멸되었습니다. 그러나 이 지파 출신 중 가장 유명하고 존귀한 이는 다소 사람 사울이었습니다(빌 3:5). 야곱이 예언한 내용 중에 가장 놀라운 것이 그에게서 이루어졌습니다. 그의 생애의 아침, 즉 초기 그리스도인들을 박해할 당시에는 노략질하는 늑대였으나, 그의 생애의 저녁에는 전도의 수고를 통해 마귀의 먹이가 된 자들을 구원해냈습니다.

이 지파에 대한 또 한 가지 예언이 모세를 통해 베풀어졌습니다.

> 베냐민에 대하여는 일렀으되 여호와의 사랑을 입은 자는 그 곁에 안전히 살리로다. 여호와께서 그를 날이 마치도록 보호하시고 그를 자기 어깨 사이에 있게 하시리로다 (신 33:12).

이는 주로 이 지파가 차지하게 될 높고 존귀한 위치 혹은 몫을 지칭하는 것이었습니다. 다른 이들도 지적한 바 있거니와, 여호와께서 거하실 성전이 이 지파의 영토 내에 있게 되리라는 것이 여기서 암시되고 있습니다. 과연 그렇습니다. 거룩한 성 예루살렘이 베냐민의 몫 가운데 있었습니다(수 18:28).

> 다윗 성 시온이 유대의 영토에 속했으나, 성전이 세워진 모리아산은 베냐민의 몫이었다. 하나님이 친히 '그 어깨 사이에' 거하신다고 말씀하시는데, 이는 마치 사람의 머리가 그 어깨 위에 있듯이 성전이 그 산 위에 있을 것이기 때문이었다(헨리[Henry]).

그리하여 베냐민은 하나님의 성소의 보호 아래 있게 되는데, 이는 "산들이 예루살렘을 두름과 같이 여호와께서 그분의 백성을 지금부터 영원까지 두르시리로다"(시 125:2)라는 위대한 진리를 예고한다 하겠습니다.

> 베냐민 자손 지파를 위하여 그들의 가족대로 제비를 뽑았으니 그 제비 뽑은 땅의 경계는 유다 자손과 요셉 자손의 중간이라 (수 18:11).

여기서 우리는 하나님의 섭리가 "작은 베냐민"(시 68:27)을 위해 은혜로이 역사하여 가장 강력한 두 지파 사이에 위치하도록 하셨음을 봅니다. 모세가 행한 예언적인 축복 중에 베냐민에 관한 내용이 유다에 관한 내용 바로 다음에, 그리고 요셉 지파에 관한 내용 바로 앞에—레위지파는 가나안에서 별도의 몫이나 분깃이 없습니다—나타나며(신 33:7-17), 따라서 "그를 자기 어깨 사이에 있게 하리로다"(12절)라는 말씀이 이중적인 의미—권세의 장소(사 9:6)요 동시에 안정의 장소(눅 15:5)—일 수도 있습니다.

이러한 배정은 매우 적절한 것이기도 했습니다. 베냐민은 요셉의 친 동생이었고, 또한 훗날 그 지파가 유다와 연합하여 다윗의 보좌와 예루살렘 성전을 지키게 되니 말입니다. 마지막으로 이렇게 정리된 사실에서 하나님의 지혜를 봅니다. 베냐민을 이스라엘의 가장 강력하면서도 서로 경쟁 관계에 있는 두 지파 사이에 두어 둘 사이를 연결시키는 것보다 통일된 이스라엘의 안녕을 위해 중요한 것이 없었을 것이기 때문입니다.

창세기 44:18-45:24에서 형제들이 서로 화합하게 된 것은 유다와 요셉이 둘 다 베냐민을 아끼고 사랑한 덕분이었습니다.

> 둘째로 시므온 곧 시므온 자손의 지파를 위하여 그들의 가족대로 제비를 뽑았으니 그들의 기업은 유다 자손의 기업 중에서라 (수 19:1).

유다 지파에게 주어진 기업은 그들에게 필요한 것보다 더 넓었습니다.

> 유다 지파는 여호수아를 비롯해서 땅 분배를 위해 지명된 자들의 제의에 따라서 불평 없이 자기의 주장을 철회한 것으로 보인다 (스코트).

이는 9절에 기록된 내용에서 잘 드러납니다.

> 시므온 자손의 이 기업은 유다 자손의 기업 중에서 취하였으니 이는 유다 자손의 분깃이 자기들에게 너무 많으므로 시므온 자손이 자기의 기업을 그들의 기업 중에서 받음이었더라 (수 19:9).

성읍도 유다 자손이 채울 수 있는 것보다 숫자가 많았고, 토지도 그들이 경작할 수 있는 것보다 많았습니다. 이스라엘 지파들 중 감당할 수 있는 것보다 더 많은 땅을 받은 것은 유다지파 뿐이었습니다. 그러므로 장차 우리 주님이 육체로 나실 유다 지파가 홀로 예외였다는 것은 정말 의미심장합니다. 그러므로 그리스도의 충만하심이라는 위대한 진리가—그에게는 은혜가 충만하며 다함이 없는 부요함이 있다는 사실이—여기서 그려지고 있다 하겠습니다.

이 두 번째 제비를 통해 야곱의 예언이 성취되었다는 사실은 정말 충격적입니다. 시므온과 레위는 악행에 함께 가담했었고(창 34:25), 야곱은 하나님의 대언자로서 이들을 징계하여 말씀하기를, "내가 그들을 야곱 중에서 나누며 이스라엘 중에서 흩으리로다"라고 말씀한 바 있습니다(창 49:5-7).

레위의 경우는 훗날 덕스러운 행실로 그에게 드리워졌던 저주가 철회되어 여호와의 축복으로 바뀌었고, 형제와 더불어 죄와 잔혹한 행위에 가담했으나 결국, 여호와께로부터 은혜와 존귀의 지위를 부여 받아, 그의 후손들에게 다음과 같은 특권이 베풀어졌습니다.

> 내가 그에게 내 평화의 언약을 주리니, 그와 그의 후손에게 영원한 제사장 직분의 언약이라 그가 그의 하나님을 위하여 질투하여 이스라엘 자손을 속죄하였음이니라 (민 25:6-13).

그런데도, 족장 야곱이 예언한 내용은 그대로 성취되었습니다. 레위지파는 가나안 땅에 48개의 성읍을 몫으로 가졌는데, 그 성읍들이 모두 다른 지파들의 기업 가운데 흩어져 있었으니 말입니다(민 35:8; 수 19:4; 21:2). 시므온의 경우도 마찬가지입니다. 그의 후손들은 약속의 땅에서 별도의 영토를 받지 못하고 유다 지파의 기업 내에서 그들의 몫을 할당 받았고, 그리하여 여호수아 19:2-8에서 나타나는 대로 그들 역시 여러 다른 성읍들에 흩어졌습니다.

> 셋째로 스불론 자손을 위하여 그들의 가족대로 제비를 뽑았으니 그들의 기업의 경계는 사릿까지이며(수 19:10).

이스라엘의 역사에서 스불론이 행한 일은 뚜렷하게 나타나지 않습니다. 지파로서 언급되는 경우가 드물지만, 그들이 언급될 때마다 매우 존귀한 묘사가 뒤따릅니다. 먼저, 사사기 5장에서는 드보라가 야빈과 시스라를 죽인 후 노래로 그 일을 축하하면서 여러 다른 지파들의 역할을 그립니다. 18절에서 그녀는 이렇게 말씀합니다.

> 스불론은 죽음을 무릅쓰고 목숨을 아끼지 아니한 백성이요 납달리도 들의 높은 곳에서 그러하도다(삿 5:18).

역대상 12장에서는 "헤브론에 이르러 다윗에게로 나아 온 자"들을 열거하는 중에, "스불론 중에서 모든 무기를 가지고 전열을 갖추고 두 마음을 품지 아니하고 능히 진영에 나아가서 싸움을 잘하는 자가 오만 명이요"라고 기록합니다(23, 33절). 그들 역시 그날의 잔치를 위해 풍성한 것들을 공급한 자들 중 하나였습니다.

그러나 이 지파의 주요한 특질은 바로 바닷사람의 특징이었습니다. 야곱은 "스불론은 해변에 거주하리니 그 곳은 배 매는 해변이라 그의 경계가 시돈까지리로다"라고 예언한 바 있습니다(창 49:13). 모세 역시도 이렇게 예언했습니다.

> 스불론에 대하여는 일렀으되, 스불론이여 너는 밖으로 나감을 기뻐하라. 잇사갈이여 너는 장막에 있음을 즐거워하라. 그들이 백성들을 불러 산에 이르게 하고 거기에서 의로운 제사를 드릴 것이며 바다의 풍부한 것과 모래에 감추어진 보배를 흡수하리로다 (신 33:18, 19).

이 예언들 역시 그대로 이루어졌습니다. 여호수아 19장은 스불론의 분깃에 대해, "해변을 향해 올라가서"(11절. 개역개정은 "서쪽으로 올라가서"로 번역함. 역주)라고 기록하고 있기 때문입니다.

이 진술은 별로 중요하지 않아 보여서 쉽게 흘려버릴 수도 있으나 여러 세기 전에 행해진 예언이 문자 그대로 성취되었음을 보여 줍니다. "밖으로 나감"과 "바다의 풍부한 것과 모래에 감추어진 보배를 흡수하리로다"라는 표현들이, 그 지파의 해양 생활과 원방과의 교역에서 그대로 이루어졌습니다.

스불론의 기업과 관련해서 그리스도인이 관심 가져야 할 것은 그 지파가 신약에서 존귀한 위치를 점하는 것으로 나타난다는 점입니다. 그 사람들의 성격이 찬송 받을 만한 것이었다면, 그들이 팔레스타인에서 차지한 **위치**는 더욱 존귀했다 하겠습니다.

마태복음 4:15에 의하면 "스불론 땅과 납달리 땅"이 다름 아닌 "이방의 갈릴리"였으며, 또한 16절은 그 땅에 대해 "흑암에 앉은 백성이 큰 빛을 보았고 사망의 땅과 그늘에 앉은 자들에게 빛이 비치었도다"라고 말씀합니다. 구주께서 지상 생애에서 그렇게도 많은 시간을 보내신 나사렛이 바로 그 경계에 위치했고, 그 해변가에서 그가 수없이 설교하시고 온갖 이적들을 행하신 것입니다. "기뻐하라"는 예언의 말씀(신 33:18)이 꼭 들어맞습니다.

그리고 여기서 우리는 "밖으로 나감을 기뻐하라 … . 그들이 백성들을 불러 산(즉, 메시아의 나라[사 2:2])에 이르게 … 하리로다"라는 말씀의 깊은 영적 의미를 감지할 수 있습니다. 그 일이 그리스도와 그분의 사도들(이는 밖으로 나가는 자들이라는 뜻입니다)의 전도를 통해 이루어진 것입니다. 열두 제자들 중에 유다만 제외하고 모두 갈릴리 사람들이었다는 것도 매우 의미심장합니다.

요셉과 마리아가 아기 예수와 함께 애굽에서 돌아온 후 보금자리로 삼은 곳이 스불론의 경계 지역이었으며, 유대인들이 유대 지방에서 그분을 죽이려 할 때에 그에게 거처가 된 것도 바로 그 지역이었습니다(요 7:1).

> 넷째로 잇사갈 곧 잇사갈 자손을 위하여 그들의 가족대로 제비를 뽑았으니(수 19:17).

이 지파는 모세의 축복에서 스불론 지파와 하나가 되었으므로(신 33:18, 19), 그에 대해 별도로 논평할 필요가 적습니다. "장막"이라는 표현은 그들이 바다로 나가거나 땅을 경작하는 자들이 아니라 양 치는 자들이었음을 시사합니다. 그들이 받은 기업은 비옥한 이스르엘 평야와 인근의 산과 골짜기들로서 갈멜 산으로부터 요단 강까지, 그리고 다볼산까지 이어졌고, 훗날 그 지역은 갈릴리 저지대로 알려졌습니다.

수넴(왕상 4:8, 등)이 그 성읍 중의 하나였고, 나봇의 포도원이 그 경내에 있었습니다. 헨리(Henry)는 이러한 하나님의 섭리에서 그분의 주권과 지혜가 나타난다는 점을 지적하며 다음과 같이 말씀합니다.

> 그는 사람의 거주의 한계를 정하실 뿐 아니라 공공의 유익을 위해 갖가지 직업들을 정해 주심으로, 그 몸의 각 지체가 전체를 섬기도록 상황과 자질을 부여하신다. 일부 사람들은 성읍에서 살도록 하시고, 일부는 시골에서, 또 다른 이들은 항구에서 살게 하신다. 일부 사람들은 글을 쓰는 재주를 부여 받고, 일부는 상업에, 또 다른 이들은 각종 물건을 만드는 일에 종사하게 하신다.

만일 온 몸이 듣는 곳이면 냄새 맡는 곳은 어디냐(고전 12:17).

> 다섯째로 아셀 자손의 지파를 위하여 그 가족대로 제비를 뽑았으니(수 19:24).

이 부분을 다루면서 여기에 언급되는 지파들의 순서가 서열이 아니고, 창세기에 나타나는 그 이름들의 의미에 따르는 영적인 의미의 순서라는 점을 지적했었습니다. 베냐민은 "오른손의 아들"(35:18)을 뜻하며, 시므온은 "들으심"(29:33)을 스불론은 "거주"(30:20)를, 잇사갈은 "삯" 혹은 "상급"(30:18)을 아셀은 "복됨"(30:23)을 납달리는 "씨름함"(30:8)을 단은 "판단함"(30:16)을 뜻합니다.

이를 종합하면, 오른손(존귀와 권세의 지위)의 아들은 듣는 자(중생이 믿음에 선행합니다!)요, 그리스도 안에 거하는 자(더 이상 바다 물결처럼 흔들리지 않습니다)이며, 그는 복되고 상급이 큽니다. 그런 자는 악의 권세를 상대로 싸우는(그것에 굴복하지 않고) 특징을 보이며, 자기 자신을 철저히 판단합니다.

영적 아셀의 복은 과연 어디에 있을까요?

19:25, 26에 언급된 성읍들의 의미들(두 번째 "할리"는 의미가 불분명하므로 제외하고)은 다음과 같습니다. "몫, 높음, 바쳐짐, 왕의 상수리나무(힘과 견고함), 거주지, 우울함(죄를 슬퍼함), 비옥한 곳, 유리 강"(계 22:1).

여섯째로 납달리 자손을 위하여 납달리 자손의 가족대로 제비를 뽑았으니 (수19:32).

이는 신약과 연결되므로 우리에게 가장 흥미롭습니다. 그 경계는 스불론의 경계와 닿아 있었으나(마 4:13), 이 두 지파는 각기 고유한 관심사를 지녔습니다. 야곱은 납달리를 "놓인 암사슴"에 비유했고, 그가 "아름다운 소리를 발" 할 것이라고 예언합니다(창 49:21). 반면에 모세는 그를 "여호와의 복이 가득"한 자로 묘사합니다(신 33:23).

시편 22편의 표제에서 우리 주님이 "새벽 암사슴"(개역개정은 히브리어 원문을 음역하여 "아얠렛샤할"로 읽음. 역주)으로 묘사되는데, 이는 그가 아버지의 뜻을 행하기에 민첩하시기 때문입니다. 가버나움과 벳새다 등의 성읍이 납달리의 경계에 위치하였고, 주의 축복을 가득 받았습니다. 거기서 그리스도와 사도들이 거의 대부분의 설교와 가르침을 주셨으니 말입니다.

일곱째로 단 자손의 지파를 위하여 그들의 가족대로 제비를 뽑았으니 (수 19:40).

창세기 30:1-6은 단의 비천한 출신을 기록하고 있습니다. 이 지파는 이스라엘이 행진할 때에 회중의 맨 끝에 위치했던 것처럼, 기업도 맨 나중에 받았습니다. 야곱은 단을 뱀에 비했고, 모세는 "사자의 새끼"에 비했습니다. 삼손이 이 지파 출신이었고, 그는 그 두 가지 성격을 다 지니고 있었습니다.

단은 이스라엘 지파들 중 가장 먼저 우상 숭배에 빠졌고(삿 18:30), 또한 배도한 왕 여로보암이 벧엘과 단에 금송아지를 세우는 것을 볼 때에(왕상 12:28, 29, 참조. 왕하 10:29), 여러 세기 동안 그런 끔찍한 상태 속에 있게 되는 것으로 보입니다.

> 이스라엘 자손이 그들의 경계를 따라서 기업의 땅 나누기를 마치고 자기들 중에서 눈의 아들 여호수아에게 기업을 주었으니 곧 여호와의 명령대로 여호수아가 요구한 성읍 에브라임 산지 딤낫 세라를 주매 여호수아가 그 성읍을 건설하고 거기 거주하였더라 (수 19:49-50).

여호수아는 이스라엘 중 가장 위대하고 담대한 인물이요 가나안 정복 과정을 통틀어 이스라엘의 지도자인 자인데도, 자기 자신의 몫을 구하지 않고 모든 지파가 제 몫을 다 받기까지 기다렸으니, 이는 정말 복스러운 일이었습니다. 그는 자신의 사사로운 유익보다 공적인 선을 우선시했고, 자기의 이익이 아니라 그들의 유익을 구한 것입니다.

> 우리 주 예수님도 이 땅에서 그런 모습으로 우리 가운데 거하셨다. 그는 사치가 아니라 빈곤 중에 사셨고, 우리에게 안식을 베푸시며 사으나, 정작 그 자신은 머리 둘 곳도 없으셨다(헨리[Henry]).

여호수아는 자기의 몫을 권리로 여겨 강제로 탈취하지 않았고, 그의 위대한 원형이신 그리스도처럼 그것을 "구하"였습니다(시 2:8). 그리스도께서 교회를 세우시고 그 안에 내주하시듯이, 여호수아도 그의 성을 세운 것입니다.

제18장

도피성

(여호수아 20:1-9)

> 여호와께서 여호수아에게 말씀하여 이르시되, 이스라엘 자손에게 말하여 이르기를 내가 모세를 통해 너희에게 말한 도피성들을 너희를 위해 정하여, 부지중에 실수로 사람을 죽인 자를 그리로 도망하게 하라 이는 너희를 위해 피의 보복자를 피할 곳이니라. 이 성읍들 중의 하나에 도피하는 자는 그 성읍에 들어가는 문 어귀에 서서 그 성읍의 장로들의 귀에 자기의 사건을 말할 것이요 그들은 그를 성읍에 받아들여 한 곳을 주어 자기들 중에 거주하게 하고, 피의 보복자가 그의 뒤를 따라온다 할지라도 그들은 그 살인자를 그의 손에 내주지 말지니 이는 본래 미워함이 없이 부지중에 그의 이웃을 죽였음이라. 그 살인자는 회중 앞에 서서 재판을 받기까지 또는 그 당시 대제사장이 죽기까지 그 성읍에 거주하다가 그 후에 그 살인자는 그 성읍 곧 자기가 도망하여 나온 자기 성읍 자기 집으로 돌아갈지니라 하라 하시니라 (수 20:1-6).

　이 구절은 여호와께서 이스라엘 중에 의를 유지하게 하시기 위해 그들에게 주신 살인에 관한 법규를 압축시켜 놓은 것입니다. 한편으로는 정의를 철저하게 구현해야 하나, 동시에 다른 한편으로는 긍휼이 시행되어야 합니다. 죄 지은 자들을 방면해서도 안 되고, 무죄한 자들에게 형을 집행해서도 안 됩니다. 정당하고도 질서 있는 조사가 이루어져야 하고, 각 사안마다 법정에서 시시비비를 가려야 합니다.

　죄책이 성립되고, 악의가 증인을 통해 입증되면, 살인자에게 사형을 선고하게 되어 있었습니다. 그러나 이웃이 예기치 않게 죽임을 당했을 경우는 그렇게 살인을 저지른 자에게 극형을 가하지 않도록 되어 있었습니다. 뿐만 아니라 죽임을 당한 자의 가장 가까운 친족이 그 문제에 개입하여, 의도치 않게 살인을 저지른 그 당사자를 죽여 원수를 갚아서도 안 되는 일이었습니다. 그럴 경우 그 무고한 살인자가 도피할 수 있도록 피난처가 마련되어 있었습니다.

이 문제에 대한 최초의 근원적인 강령은 다음과 같았습니다.

> 다른 사람의 피를 흘리면 그 사람의 피도 흘릴 것이니 이는 하나님이 자기 형상대로 사람을 지으셨음이니라(창 9:6).

이 강령에는 "유대적"인 특색이 전혀 없습니다. 이스라엘 민족이 생겨나기 여러 세기 전에 주어졌기 때문입니다. 모세의 율법을 주시기 이미 오래 전에 하나님이 친히 살인에 대한 형벌로서 사형을 제정해 놓으셨고, 그가 그것을 철회하신 일이 없으니 마지막 종말까지 그 강령이 효력을 발생한다는 점을 오늘날 강조할 필요가 있습니다.

여기서 중요한 점은 이 법이 여기서 제정되는 이유가 인간 사회의 복지에 근거한 것이 아니고, 오히려 사람이 "하나님의 형상으로" 지음 받았다는 사실에 근거한다는 사실입니다.

"하나님의 형상으로"라는 표현은 두 가지 의미가 있습니다. 본성적인 의미와 도덕적인 의미인데, 도덕적인 의미의 하나님의 형상(타고난 거룩함)은 타락 시에 잃어버렸으나, 본성적인 의미의 하나님의 형상은 고린도전서 11:7과 야고보서 3:9에서 분명히 드러나는 대로, 여전히 존재하고 있습니다. 그러므로, 사람을 죽이는 일이 죄가 되는 주된 이유는 그가 하나님의 형상으로 지음 받았다는 데 있습니다.

> 왕의 형상을 일그러뜨리는 것은 그분을 향한 혐오를 암시하는 것으로, 할 수 있다면 그에게 그처럼 행하겠다는 자세요, 일종의 반역 행위다. 하물며 왕 중의 왕이신 분의 형상을 파괴하고 저주하고 억누르고, 욕되게 하는 것이야 얼마나 더 사악한 일이겠는가(앤드류 풀러).

이러한 하나님의 근원적인 강령이 철회된 일이 전혀 없고, 오히려 그 이후의 본문들에서 더 충실하게 설명되고, 확대되고, 보증되었는데, 이제 그 본문들을 살펴 보겠습니다. 이 주제에 대해 직접적으로 언급하는 첫째 본문은 출애굽기 21:12-14입니다.

"사람을 쳐죽인 자는 반드시 죽일 것이나"라는 일반적인 원칙이 제시되고, 여기에 다음과 같은 단서가 뒤따라옵니다.

> 만일 사람이 고의적으로 한 것이 아니라 나 하나님이 사람을 그의 손에 넘긴 것이면 내가 그를 위하여 한 곳을 정하리니 그 사람이 그리로 도망할 것이며 (출 21:13).

이렇게 해서 고의적인 살인과 의도하지 않은 살인을 서로 명확하게 구분합니다. 전자의 경우에는 사람이 계획적으로든 아니면 갑작스러운 감정에 의해서든 동료를 쳐서 그로 인해 상대방이 목숨을 잃었을 경우, 그 행위는 살인으로 간주되어 사형이 부과되었습니다.

그러나 전혀 고의가 아닌 상태에서 우연히 상대방에게 해를 입혔을 경우에는 치명적인 결과로 이어진다 해도, 그로 인해 사형을 당하지 않았습니다. 그 대신 하나님이 지정하신 장소로 도피할 수가 있었고, 거기로 피하면 그에게 복수하고자 뒤를 좇는 자에게서 보호를 받을 수 있었습니다.

위의 본문이 십계명을 기록하는 본문의 바로 다음 장에 나타난다는 사실은 매우 인상적입니다. 옛 언약에 속한 내용과 새 언약에 속한 내용을 서로 몹시 차별하는 식으로 대조시키는 그런 취미를 가진 분들은 이런 은혜로운 배려가 세대주의자들이 흔히 "가차 없이 금지하는 가혹한 율법의 통치"라고 부르는 바로 그 경륜 아래에서 하나님이 베푸신 것이라는 점을 주의 깊게 새겨야 합니다.

편파성이 없이 공정하게 말씀을 대하는 이들은 다 알겠지만, 이것은 결코, 그런 유의 것이 아닙니다. 모든 시대마다 하나님은 긍휼로 그분의 정의를 부드럽게 하셨고, 의를 통해 그분의 은혜가 왕 노릇하도록 하셨습니다. 구약 성경에 다음과 같은 선언들이 나타난다는 사실을 간과해서는 안 될 것입니다.

> 아버지가 자식을 긍휼히 여김 같이 여호와께서는 자기를 경외하는 자를 긍휼히 여기시나니 (시 103:13).

> 여호와여 주의 긍휼이 많사오니 주의 규례들에 따라 나를 살리소서 (시 119:156).

그분의 진노를 발하시는 것을 가리켜 "비상한 일"(사 28:21)로 말씀합니다.

> 주께서는 용서하시는 하나님이시라 은혜로우시며 긍휼히 여기시며 더디 노하시며 인자가 풍부하시므로 … (느 9:17).

"주께서는 죄악과 그 기업에 남은 자의 허물을 사유하시며 인애를 기뻐하시므로 진노를 오래 품지 아니하시"(미 7:18)며, 도피성들이 바로 그 사실을 가장 명확히 입증했습니다.

출애굽기 21:13-14을 지나가기 전에, 13절의 말씀을 주목해야겠습니다. "만일 사람이 고의적으로 한 것이 아니라 사고로 사람을 죽인 것이면"이라고 하지 않고, "만일 사람이 고의적으로 한 것이 아니라 나 하나님이 사람을 그의 손에 넘긴 것이면"이라고 말씀합니다.

모든 사건에 하나님이 관여하신다는 성경 전체의 한 결 같은 가르침과 완전히 일치하여, 여기 언급되는 그런 재난을 "우연"이나 "재수 없음"의 탓으로 돌리지 않고(하나님이 통치하시는 세상에는 우연한 일이란 없으므로), 하나님이 하신 일로—즉, 주께서 그가 주셨던 목숨을 그런 식으로 취해가기를 기뻐하셨다는 뜻으로—간주한다는 사실입니다.

> 하나님은 우리에게 구원의 하나님이시라 사망에서 벗어남은 주 여호와로 말미암거니와(시 68:20).

무덤 문은 지극히 높으신 자의 명령 이외에는 그 누구에게도 열리지 않으며, 그가 명령하시면 아무도 거역할 수가 없습니다.

> 나의 앞날이['날 때가 있고 죽을 때가 있으며': 전 3:2] 주의 손[나의 손이 아니라]에 있사오니(시 31:15).

> 그의 날을 정하셨고 그의 달 수도 주께 있으므로 그의 규례를 정하여 넘어가지 못하게 하셨사온즉(욥 14:5).

하나님은 죽는 시각을 정해놓으셨을 뿐 아니라, 죽음의 방식도 정해놓으셨습니다. "유대인들이 다시 돌을 들어 치려 하거늘"(요 10:31), 허사였습니다. 그리스도께서 십자가에 달려 돌아가시도록 하나님이 정해놓으셨기 때문입니다. 어떤 방식으로 죽음이 오든 간에, 죽이시고 "스올에 내리게"(삼상 2:6)하시는 것은 바로 하나님이십니다.

여호와께서 또 모세에게 말씀하여 이르시되 이스라엘 자손에게 말하여 그들에게 이르라 너희가 요단 강을 건너 가나안 땅에 들어가거든 너희를 위하여 성읍을 도피성으로 정하여 부지중에 살인한 자가 그리로 피하게 하라(민 35:9-11).

출애굽기 21장에 언급된 내용은 이스라엘이 광야에 머물고 있을 동안에 그들을 위해 하나님이 베푸신 자비로운 배려였습니다. 그 당시에도 그런 살인자가 도피하도록 여호와께서 정해 주신 "한 곳"이 있었습니다. 그곳이 어디였는지에 대해서는 말씀이 없습니다.

일부 고대의 유대인 저술가들은 그 곳이 "진영 밖"에 위치해 있었다고 추정하기도 하나, 모든 도피성이 레위인들에게 할당된 성읍들이었으므로 오히려 그 "곳"은 이스라엘 진영 가운데 제사장들에게 주어진 곳 안에 있었다고 결론 짓는 것이 믿음의 유비(analogy of faith)와 더 어울린다고 봅니다. 이스라엘 자손이 그들의 기업에 들어가 정착하게 된 이후에는 임시적인 조치가 사라지고 좀 더 영구한 조치가 주어졌습니다.

너희가 줄 성읍 중에 여섯을 도피성이 되게 하되 세 성읍은 요단 이쪽에 두고 세 성읍은 가나안 땅에 두어 도피성이 되게 하라(민 35:13-14).

두 지파와 반 지파, 즉 갓 지파와 르우벤 지파, 그리고 므낫세 반 지파는 요단 강 동편의 비옥한 지역에 기업을 받았습니다(민 32:33). 그 지역은 과거에 아모리 왕 시혼과 바산 왕 옥이 점유했었는데, 그 지역을 통과하게 해달라는 이스라엘의 청을 거부하여 결국, 전쟁 중에 두 왕이 사망하고 그 영토가 이스라엘의 소유가 되었습니다(민 21:21-31). 나머지 세 성읍은 필요한 사람들이 언제든 손쉽게 이용할 수 있도록 팔레스타인의 편리한 지역에 위치했습니다. 그리고 아브라함의 후손인 자들만 그 성읍들을 이용할 수 있었던 것이 아닙니다.

이 여섯 성읍은 이스라엘 자손과 타국인과 이스라엘 중에 거류하는 자의 도피성이 되리니 부지중에 살인한 모든 자가 그리로 도피할 수 있으리라(민 35:15).

이렇게 볼 때에, 모세의 경륜 아래에서도 하나님의 자비하심이 하나님의 백성에 합류하게 된 이방인들에게까지 베풀어진 것입니다!

그 다음에 이어지는 본문들에서는 관리들이 판정할 때에 정의를 잘못 시행하는 일이 없도록 각종 사례들을 상세하게 묘사합니다.

> 만일 사람을 죽일 만한 돌을 손에 들고 사람을 쳐죽이면 이는 살인한 자니 그 살인자는 반드시 죽일 것이요, 만일 사람을 죽일 만한 나무 연장을 손에 들고 사람을 쳐죽이면 그는 살인한 자니 그 살인자는 반드시 죽일 것이니라. 피를 보복하는 자는 그 살인한 자를 자신이 죽일 것이니 그를 만나면 죽일 것이요, 만일 미워하는 까닭에 밀쳐 죽이거나 기회를 엿보아 무엇을 던져 죽이거나, 악의를 가지고 손으로 쳐죽이면 그 친 자는 반드시 죽일 것이니 이는 살인하였음이라 피를 보복하는 자는 살인자를 만나면 죽일 것이니라(민 35:17-21).

그러므로 이 도피성들은 일반 살인자들에게 피난처를 제공하기 위한 것이 아니었습니다. 이 조치들은 이교도의 신들의 신전 경내에서 폭도들이나 악인들에 대해서도 안전한 피난처를 제공하는 것과는 뚜렷하게 다릅니다. 하나님의 강령은 생명의 존귀함과 의에 대한 철저한 유지를 강조하는 것이었습니다. 뿐만 아니라 다른 쪽에 대한 지침들도 분명히 드러나 있습니다.

> 악의가 없이 우연히 사람을 밀치거나 기회를 엿봄이 없이 무엇을 던지거나 보지 못하고 사람을 죽일 만한 돌을 던져서 죽였을 때에 이는 악의도 없고 해하려 한 것도 아닌즉, 회중이 친 자와 피를 보복하는 자 간에 이 규례대로 판결하여 피를 보복하는 자의 손에서 살인자를 건져내어 그가 피하였던 도피성으로 돌려보낼 것이요, 그는 거룩한 기름 부음을 받은 대제사장이 죽기까지 거기 거주할 것이니라(민 35:22-25).

의도적인 계획이 없이—그렇습니다, 상해를 가할 의도가 전혀 없이—사람을 죽인 자들에 대해서만 피난처와 안전이 제공되었고, 살인은 엄밀히 말해서 단순히 사람을 죽이는 행위만이 아니라 그 행위 이면의 자세와 그 동기까지도 포함합니다. 그 행위가 "적의가 없이" 그리고 사람을 해치고자 하는 열의가 없이 행해진 경우에는 살의(殺意)가 없는 살인이요 일상적인 살인이 아닙니다.

죄책이 있는 자가 이처럼 무고한 자를 위해 마련된 강령을 이용하는 것을 방지하기 위해, 살인의 혐의를 지닌 자는 반드시 "회중 앞에 서서 판결을 받아야만"(민 35:12) 했습니다. 즉, 재판정 앞에 서서 관리들의 공정한 재판을 받아야 했습니다. 완전하고도 형식을 갖춘 조사가 수행되고, 피혐의자가 자신의 무고함을 증명할 기회가 베풀어졌습니다. 그런 다음 "회중이 친 자와 피를 보복하는 자 간에 이 규례대로 판결하였습니다"(24절).

사람을 죽인 자가 일단 도피성에 받아들여지고 나면, 피의 보수자는 오로지 고발자로서만 처신할 수 있었고(전에는 그가 사형집행인의 권리를 지녔었으나—19절), 하나님이 지정하신 법규들에 의해서 처결이 정해졌습니다. 만일 그 죽음이 목숨을 빼앗으려는 악의적인 시도가 개입되지 않았고 그저 우발적으로, 의도와는 달리, 사람이 죽게 되었다는 것이 입증되면, 그 가해자는 사형을 면하게 되어 있었습니다.

무고한 사람이 고통을 당하지 않아야 하는 것은 물론, 이와 똑같이 죄의 책임이 있는 자가 그 악행에 대한 정당한 벌을 면하게 되어서도 안 되는 것이, 법을 시행하는 데에 극히 중요합니다. 살인 사건이 있을 경우, 하나님의 법은 범행 이전에 악의가 있었고, 피해자를 살해하려고 기다리고 있었고, 살해하기 위한 고의적인 수단이 사용되었고, 무언가 폭력적인 무기로 공격하여 죽음에 이르게 한 사실에 대해 증거를 요구했습니다.

> 사람을 죽인 모든 자 곧 살인한 자는 증인들의 말을 따라서 죽일 것이나 한 증인의 증거만 따라서 죽이지 말 것이요 고의로 살인죄를 범한 살인자는 생명의 속전을 받지 말고 반드시 죽일 것이며(민 35:30-31).

이리하여 여호와께서는 이런 범죄를 그가 혐오하심을 분명히 드러내 보이셨습니다. 그러므로 이 경우에 대해서는 속죄의 희생 제사가 아무런 소용이 없었고, 가해자에게서 속량금을 받고서 사건을 무마시킬 수도 없었습니다. 공정하게 정의가 시행되어야 했고, 그 어떠한 두려움이나 호의가 개입되지 않고 철저하게 법을 집행해야 했습니다. 그 다음에 이어지는 내용은 지극히 엄숙하면서도 감동적입니다.

> 너희는 너희가 거주하는 땅을 더럽히지 말라 피는 땅을 더럽히나니 피 흘림을 받은 땅은 그 피를 흘리게 한 자의 피가 아니면 속함을 받을 수 없느니라 너희는 너희가 거주하는 땅 곧 내가 거주하는 땅을 더럽히지 말라 나 여호와는 이스라엘 자손 중에 있음이니라(민 35:33-34).

그렇게 피를 흘리게 되면 그 살인자는 자신에게 영생이 없음을 스스로 증명하는 것이요(요일 3:15), 그 자신의 양심이 더러워지는 것은 물론, 그 범죄가 저질러진 그 땅이 더러워져서 하나님과 모든 선한 사람에게 가증스럽게 됩니다. 그 살인자 자신에게 합당한 심판을 시행하는 것 외에는 그 땅을 살인의 피에서 정결할 수가 없습니다.

그러므로 이런 규례들을 시행하는 일은 사람들끼리 의를 유지하는 것을 훨씬 뛰어넘는 중대한 문제였습니다. 어느 분이 지적한 바와 같이 "하나님의 영광이, 그분의 땅의 순결이, 그리고 그분의 통치의 진실성이 정당하게 유지되어야 했다. 그것들이 저해되면, 그 누구의 안전도 보장할 수 없었"습니다.

신약에서도 원리상 동일한 가르침이 제시됩니다. 특히 로마서 13:1-4에서 이를 보게 됩니다.

> 각 사람은 위에 있는 권세들에게 복종하라 권세는 하나님으로부터 나지 않음이 없나니 모든 권세는 다 하나님께서 정하신 바라. 그러므로 권세를 거스르는 자는 하나님의 명을 거스름이니 거스르는 자들은 심판을 자취하리라. 다스리는 자들은 선한 일에 대하여 두려움이 되지 않고 악한 일에 대하여 되나니 네가 권세를 두려워하지 아니하려느냐 선을 행하라 그리하면 그에게 칭찬을 받으리라. 그는 하나님의 사역자가 되어 네게 선을 베푸는 자니라 그러나 네가 악을 행하거든 두려워하라 그가 공연히 칼을 가지지 아니하였으니 곧 하나님의 사역자가 되어 악을 행하는 자에게 진노하심을 따라 보응하는 자니라(롬 13:1-4).

국가의 통치자나 관리를 가리켜 두 번이나—법의 준수를 보호하는 점에서, 또한 법을 어기는 자에게 형벌을 시행하는 점에서—"하나님의 사역자"라 규정합니다. 그는 공공의 의를 유지하도록 신적으로 지명받은 자입니다. 통치의 제어 기능이 제거되면, 무정부 상태와 혼란이 뒤따르게 되기 때문입니다.

"칼"은 생사를 결정짓는 궁극적인 권리의 상징이며(창 3:24; 슥 13:7), "그가 공연히 칼을 가지지 아니하였으니"란 하나님이 그에게 사형을 가할 권세—옛 시대에는 일상적인 사형의 방법이 칼로 목을 치는 것이었음—를 부여하셨음을 의미합니다. 통치자의 직임의 필수적인 부분은 "악을 행하는 자에게 [하나님의] 진노하심을 따라 보응하는 것"입니다. 범죄자들을 갱신시키는 것이 그의 임무라는 말씀은 없습니다. 그의 임무는 오히려 잘못을 배상하게 하고 악행을 생각하는 이들에게 두려움을 갖도록 합니다.

로마서 13:1-4은 고질적인 행악자를 교화하는 노력을 기울이는 문제에 대해서는 침묵하고, 오히려 그들로 하여금 경각심을 갖게 하고 법의 충만한 형벌을 부과하는 것을 강조합니다(참조. 벧전 2:14).

사형 제도가 폐지되거나 혹은 이를 집행하는 관리들이 느슨해져서 감상에 빠질 경우, 그것은 그 나라의 도덕적 부패성과 하나님을 욕되게 함, 그리고 그로 인한 하나님의 불쾌하심의 확실한 증표인 것입니다.

고의적인 살인의 죄가 없는 사람의 경우로 돌아가면, 주목해야 할 다른 상세한 네 가지 사실이 있습니다.

첫째, 살의가 없이 우연히 살인을 했을 경우, 대개 책임을 물을 수 있을 정도의 부주의함이 개입되어 있을 수밖에 없고, 따라서 그의 목숨은 거두지 않으나 무제한의 자유는 누릴 수 없었습니다.

둘째, 따라서 그 사람은 집과 가족을 떠나 도피성에 거주해야 했습니다.

셋째, 그 성을 임의로 떠나면, 그에 대한 법적 보호가 사라지게 되고, 피의 보수자가 그 성의 경계 바깥에서 그를 발견할 경우 그를 죽여도 무방하게 되어 있었습니다(민 35:27).

넷째, 그 사람은 대제사장이 죽을 때까지 도피성에 있어야 했고, 그 후에 방면되어 비로소 집으로 돌아가 자유로이 살 수 있게 되었습니다. 그 사람의 유배 기간을 대제사장의 사망 시까지로 한정지은 것은 제사장직에 대한 존중의 일환이었으며—도피성을 택하는 일 역시 그랬습니다—무엇보다 그 성읍들이 모두 레위인들에게 속했기 때문입니다.

> 대제사장은 그 나라에 너무도 큰 복으로 우러러보아야 마땅한 존재였으므로, 그의 죽음은 다른 모든 원한을 다 삼켜버릴 만큼 그 백성에게 큰 슬픔이었다
> (헨리[Henry]).

신명기 4:41-43에도 이 주제에 대한 언급이 나오는데, 거기서는 점진적인 발전의 법칙의 실례를 보게 됩니다.

특정하지 않은 "한 곳"(출 21:13)을 언급했습니다. 그 다음, 여섯 개의 도피성을 지정하는 지침이 제시되는데, 요단 강 동편에 세 개, 가나안 땅 내부에

세 개를 지정한다는 진술 외에는 다른 내용이 없습니다(민 35:14, 15). 그 다음에는 처음 세 개의 성의 이름이 실제로 지목되고(신 4:43), 여호수아 20:7, 8에서는 여섯 개의 성 모두가 지정됩니다.

신명기 19장에서는 그 성들의 정확한 상황에 대해 좀 더 구체적인 지침이 나옵니다. 그 땅을 세 구역으로 분할하여, 한 구역마다 하나씩 도피성을 두어 그 구역에 속한 자들이 쉽게 접근할 수 있도록 했습니다(2-3절)

각 도피성으로 이어지는 "길"을 닦아 놓아(3절), 도피하는 자들이 잘 안내를 받도록 했습니다. 여호수아 20:4은 추가적인 정보를 제공해 줍니다. 곧 살인의 혐의를 받아 도피하는 자가 도피성의 문에 이르면 성읍의 장로들이 예비 심문을 한 후에 그를 받아들이고, 후에 법정에서 형식을 갖춘 더 완전한 심문 절차를 진행하도록 한 것입니다(수 20:6).

토마스 스코트는 민수기 35장을 설명하면서 다음과 같이 훌륭하게 논평합니다.

> 이 놀라운 법은 살인에 대한 극한 혐오를 드러내면서도 무고한 자가 죄책을 지고 형벌받지 않도록 극히 효과적인 대책을 제시해 주는 것으로, 복음의 구원을 모형적으로 제시하는 교훈적인 면을 지닌다. '하나님의 진노가 불의로 진리를 막는 사람들의 모든 경건하지 않음과 불의에 대하여 하늘로부터 나타나나니'(롬 1:18). 한 번 죽는 것이 사람에게 정해진 일이요 죽은 후에 심판이 있고, 그 후에 영원한 결과들이 이어진다면, 그 동안 그리스도 예수 안에서 피난처가 제시되고 계시된다.
>
> 다가올 진노를 피하도록 그리스도의 사역자들이 죄인들을 경계하며, 또한 "앞에 있는 소망을 얻으려고 피난처를 찾"(히 6:18)도록 가르치고 독려하는 것이다. 이 부르심에 순종하는 자들을 영접하도록 모든 것이 준비되어 있다. 그들은 믿음으로 그들에게 닥친 위험과 피난처를 분별할 수 있다. 그러므로 두려움과 경고와 소망으로 일깨움을 얻는다. 만일 피의 보수자와도 같은 죽음을 그 성 바깥에서 만난다면, 반드시 멸망하고 마는 것이다.

도피성이 구약의 네 권의 책에서—출애굽기, 민수기, 신명기, 여호수아—다소 상세히 묘사된다는 사실은 그 중요성을 드러냄과 동시에, 네 권의 복음서에서 구체적으로 그려주는 피난처의 원형이신 그 분의 중요성을 잘 보여 줍니다.

성령께서 구약에서 주 예수님을 그림자와 모형으로 보여주기를 얼마나 기뻐하셨는지를 염두에 두면, 그리고 도피성에 관한 갖가지 것들이 얼마나 면밀하고도 충격적으로 주님을 지시해 주는가를 간파하게 되면, 그것들이 그리스도를 그림자로 그려주도록 하나님이 계획하신 것이라고 결론지어야 마땅합니다.

그 모형들을 이해하고 해석함에 있어서, 두 가지 위험 요소를 경계해야 하리라 봅니다.

첫째, 무절제한 상상에 휩쓸릴 위험과,
둘째, 지나치게 조심하는 나머지 상상을 제한시킬 위험이 그것입니다.

오리겐의 상상에 가득 찬 알레고리식 이해의 위험에 빠져서도 안 되고, 반대로 고등 비평가들의 합리화하는 식의 이해도 삼가야겠습니다. 과거에는 첫 번째의 경우에 빠진 사람들이 너무 많았습니다. 하지만 오늘날에는 신적인 요소를 부인하거나 뒤로 제쳐두어 정반대의 극단으로 치우치는 경향이 나타나고 있습니다.

신약에 명시되어 있지 않는 이상 구약의 내용에 무언가 영적 의미가 담겨 있다고 보는 것은 전혀 합당치 않다는 식의 사고는 신약에 명시적으로 나타나 있는 경우—예컨대 창세기 3:15 처럼—를 제외하고는 구약에 전혀 예언이 없다는 주장만큼이나 터무니없는 것입니다.

지금 우리 앞에 놓인 주제에 대해서도, 필자의 판단으로는 최소한 서신서의 두 구절들이 도피성이 영적 의미를 갖는다는 견해를 확증해 준다고 봅니다.

첫째, 빌립보서 3:9인데, 거기서 사도는 히브리인으로서 자신이 누리는 모든 유익한 점들을 제시하고 이어서 그것들을 그의 주 그리스도 예수를 아는 지식의 고상함에 비해 해로 여긴다고 진술한 다음, 그의 강한 바람을 이렇게 표현합니다.

> 그[그리스도] 안에서 발견되려 함이니 내가 가진 의는 율법에서 난 것이 아니요 오직 그리스도를 믿음으로 말미암은 것이니 곧 믿음으로 하나님께로부터 난 의라 (빌 3:9).

교만한 바리새인이었던 그가 율법의 정죄를 받는 자기 자신의 의를 버리고—마치 살인자가 피의 보수자에게서 도망했듯이—스스로 그리스도의 의를 취한다는 것(마치 그 도피자가 도피성 내에서 정의의 칼로부터 보호함을 입었던 것처럼)입니다.

둘째, 본문은 히브리서 6:18인데, 거기서는 이런 구약의 그림이 좀 더 선명하게 드러납니다. "앞에 있는 소망을 얻으려고 피난처를 찾은 우리에게 큰 안위를 받게 하려 하심이라." 즉, 복음에서 피난처를 찾았다는 뜻입니다. 이는 다윗의 다음과 같은 기도를 상기시켜줍니다.

> 여호와여 나를 내 원수들에게서 건지소서 내가 주께 피하여 숨었나이다 (시 143:9).

살인을 저지른 자는 죄인의 모습을 적절히 그려 주는 표현입니다. 죄인은 영혼을 죽인 자이기 때문입니다. "네가 패망하였나니"(호 13:9). 그러나 좀 더 구체적으로 말하면, 각성한 죄인을 그리는 것이라 하겠습니다. 전에는 그 사람이 평안과 위로 가운데 살았었으나, 비록 예기치 않았으나 다른 사람을 죽인 후에는 평안이 깨어져버렸습니다. 갑자기 모든 것이 바뀌었습니다. 밖으로는 위험이 있고, 안으로는 두려움이 가득하게 되었습니다. 이제 그는 자신의 처지가 극히 비참하다는 것을 알게 되었습니다. 자신의 부주의로 인해 죽은 사람의 시체가 널려 있습니다.

그에게 가득한 그 놀라움과 괴로움을 누가 짐작이나 하겠습니까?

그는 그 죽은 사람의 가장 가까운 친족이 자신에게 복수하여 살해할 권리가 있는 것을 잘 알고 있습니다. 그러니 자기의 집은 더 이상 안전하지 못합니다. 자기 손으로 지은 집에서도 안정을 찾을 수가 없습니다. 목숨을 위해 도피해야만 합니다. 회심하지 않는 자들의 처지가 바로 이와 같습니다. 자신의 본성의 상태에서 거짓된 안정과 평안을 누립니다.

그리고 이 세상의 것들과 죄가 주는 쾌락 가운데서 만족을 찾습니다. 그러다가 전혀 예기치 않은 상태에서 성령께서 영적 죽음의 잠에서 그를 일깨우시고, 죄를 깨닫게 하시고, 하나님의 진노가 그에게 드리워져 있으며 그의 영혼이 영원한 죽음에 노출되어 있음을 각성하게 하십니다.

오오, 그렇게 자신이 지극히 높으신 하나님을 대적하여 반역한 처지에 있음을 알게 되었으니, 그 영혼의 고뇌는 가히 말할 수가 없습니다. 자신이 완전히 버려졌고 망한 처지에 있음을 깨달았으니 말입니다.

심령 속에서 지옥 불이 느껴지고, 죽지 않는 벌레가 양심에 느껴지니 견딜 수 없는 공포가 가득 찹니다.

어쩌면 좋을까?

어떻게 하면 여기서 피할까?

이런 질문들이 시급하게 제기됩니다. 교만한 이성은 전혀 답을 주지 못합니다. 이성의 시각으로는 소망이 없어 보이고, 자신의 경우 자비를 기대할 범위를 넘어섰으니 말입니다. 그런데 복음의 메시지가 눈에 들어옵니다. 전에도 여러 번 그 메시지를 들어왔으나 전혀 개인적으로 관심도 없었고 깊은 주목도 하지 않았습니다. 사람을 죽인 자도 마찬가지입니다.

지금까지 그는 도피성에 대해 읽었거나 들었던 내용에 대해 거의 혹은 전혀 생각하지 않았었습니다. 그럴 필요도 없었고, 특별한 관심도 끌지 못했었습니다. 하지만 이제는 사정이 전혀 달라졌습니다. 살인자가 되었으니 그 성들이야말로 자신에게 가장 중요한 곳이 되었고, 보수자에게서 피할 수 있는 피난처가 베풀어져있으니 그 자신의 절박한 처지에 대해 하나님이 자비로이 배려하셨다는 사실에 크게 안도하게 됩니다. 죄인이 바로 그렇습니다.

구원을 베푸시는 하나님의 길에 대해 들을 수도 있습니다. 하지만 그 자신의 절박한 처지를 지각하게 되기까지 그는 그런 것에 마음을 쓰지도 않고, 그것을 선명히 깨닫고자 애를 쓰지도 않으며, 자신의 깊은 필요를 채우는 일에 그런 지식을 사용하지도 않는 법입니다.

괴로움이 없을 때에는 사람들이 피난처로 도망하지 않습니다. 바람과 파도가 모두 부드러울 때에는 배가 항구로 대피하지 않는 법입니다. 성이 무너질 것이고 자신이 그 속에서 죽을 수 있다는 것이 납득되지 않으면, 마치 롯이 소돔을 떠난 것처럼, 사람이 성을 벗어나 피하지 않습니다.

아, 과연 그렇습니다. 우리 구원받은 사람들은 우리를 구원하신 하나님께 감사하는 중에, 우리가 과거에 위험 속에 있었음을 고백합니다. 형제 여러분, 위험입니다. 이 단어가 약하다고요? 영원한 불에 탈 위험입니다! 아니 그것보다 더 심합니다. 우리는 불길에서 건져낸 마른 막대기들이니 말입니다. 우리는 이미 죄의 불에, 곧 지옥 불에, 타버린 존재입니다(찰스 스펄전).

치명적인 위험 속에 있는 것과—하나님의 율법을 위반한 것에 대한 정죄와 저주 아래 있는 모든 사람이 그렇습니다만—우리 영혼이 그런 사실을 느끼고 지각하는 것과는 완전히 별개의 문제입니다. 하나님의 거룩하심의 빛 속에서 자신의 추함을 보기까지 사람은 자기의 처지에 대해 만족을 느낍니다.

하나님의 역사로 말미암아 그의 눈이 떠져서 자신이 도덕적인 나병환자라는 사실을 지각하기 전에는 사람이 자기 자신의 성품과 의로움에 대해 자부심을 버리지 않습니다. 하나님의 진노가 그 자신이 지은 죄들로 인해 자신을 추격하고 있으며 따라서 자신이 영원한 죽음에 빠지기 직전의 상황에 있다는 끔찍한 사실을 생생하게 깨닫기 전에는 자기 자신을 의지하는 안일한 처지에 있는 법입니다.

그러나 여러분, 주목하시기 바랍니다. 살인한 사람이 자기 자신의 위험을 인지하는 것만으로는 혹은 하나님이 그를 위해 문제 해결을 해 주셨다는 것을 아는 것만으로는 안 되고, 반드시 도피성으로 피해야 하고, 그 곳을 보금자리로 삼아야 합니다. 실제로 도피성의 문을 통과하기까지는 피의 보수자로부터 안전한 것이 아니었습니다. 그의 사정이 너무도 절박하므로, 그 성은 지체하지 않고 즉시 받아 주었습니다.

자기의 목숨을 아낀다면, 속히 그 곳으로 피해야 합니다. 꾸물거리거나 한가한 생각을 갖는다면, 이는 아직 자신의 위험을 진정 느끼지 못한다는 증거입니다. 죄인의 경우도 마찬가지입니다. 죄에 대한 깨달음이 아무리 깊고 오랫동안 이어졌다 해도, 진정으로 자신을 그리스도께 맡기고 그분의 은혜로운 베푸심을 받아들이기까지 그는 버려진 영혼입니다. 사람이 하나님의 진노 아래 있든지, 아니면 그리스도의 속죄의 피 아래 있든지, 둘 중의 하나밖에는 없습니다. 둘 사이의 중간은 없습니다.

바로 지금 "벌써 심판을 받아"(요 3:18) 형 집행을 기다리고 있는 것이든지, 사면을 받아서 결코, 복수 당하지 않게 되었든지, 둘 중의 하나입니다. 살인한 사람을 사로잡은 괴로움이 그저 쉽사리 떨쳐버릴 수 있는 일순간의 공포를 훨씬 넘어서는 것—생각하면 할수록 더욱 괴로움이 깊어지는 것—이었던 것처럼, 금방 사라지는 일시적인 공포보다 훨씬 더한 괴로움이 있어야만 죄인이 그리스도께로 나아오게 됩니다.

살인자는 그의 집과 아내와 자녀들과 모든 것을 떠나, 도피성으로 피했습니다. 은혜로 구원을 받기로 결심할 때에 사람이 하는 일이 바로 그것입니다. 그는 자기 것이라 부르는 모든 것을 떠나고, 자기가 본성적으로 소유해온 모든 권리와 특권들을 다 내려놓습니다. 그렇습니다. 자신이 본성적으로 받은 살아갈 권리를 잃어버렸고, 이제 그리스도 예수 안에서 하나님의 은혜로 말미암아 삶을 얻기 위해 피합니다. 살인자는 도피성 내에 있는 것 외에는 삶을 얻을 방법이 없었습니다.

그러므로 우리도 우리의 공로에서 비롯되었다고 여기는 모든 관념들을 마음으로 철저하게 영원토록 버려야 합니다. 우리 자신으로부터 속히 벗어나서 그리스도께서 우리의 모든 것이 되도록 해야 합니다. 피난처로 도피한다는 것은 곧 사람이 자기 죄로부터 도피하는 것을 의미합니다. 그는 자기의 죄를 바라보며, 그것을 회개하는 것입니다(스펄전).

자기 자신을 기쁘게 하던 과거의 삶과의 완전한 결별이 있어야 합니다. 그리스도를 감미롭고 달콤하게 만나기 전에 죄의 쓴 맛을 알아야 합니다. 피난처를 찾아 도망한다는 것은 진지함을 시사합니다. 왜냐하면, 목숨을 구하기 위해 도망하는 살인자는 감히 꾸물거리거나 어슬렁거릴 수가 없기 때문입니다. 이는 지칠 줄 모르는 부지런함을 시사합니다. 피난처에 도달하여 안전을 보장받기 전에는 결코, 꾸물거릴 여유가 없으니 말입니다.

죄를 깨달은 죄인은 바로 이 점에서 극히 조심해야 합니다. 사람에게 역사해서 그리스도께로 피해야 하는 절명의 임무를 거부하도록 만드는 데에 전혀 성공하지 못하면, 그 다음에 사탄은 최소한 그리스도께로 피하는 일을 최소한 뒤로 미루게 만들어 그 영혼을 망가뜨리려 합니다.

심각한 질병에 걸리거나 나이 들어 유약해지고 세상을 떠날 때가 가까워질 때에 회개하면 되니 최소한 그 때까지 그리스도를 전심으로 좇는 일을 뒤로 미루어 두고 이 세상의 것들을 가득 누리라는 식의 유혹에는 많은 사람들이—영적 무관심에서 일깨움 받은 자들 중에서도—쉽사리 넘어가니 말입니다. 그러나 그처럼 결단을 뒤로 미룬다는 것은 어쩔 수 없이 떠밀리기까지는 회개하거나 믿기를 원치 않는다는 것을 보여 주는 것이요, 또한 그들이 그리스도보다는 세상을 더 좋아한다는 뜻입니다.

그러므로 그들은 죄 가운데 있는 삶을 계속하며 그들에게 주어진 시간을 허비함으로써, 그들 스스로 이런 절박한 임무에 합당치 않은 자들이라는 것을 더욱 드러내 보이는 것입니다.

또 어떤 이들은 자기들이 아직 충분히 죄를 깨닫지 못했으니 복음이 그들에게 합당하다는 것을 하나님이 더 충실히 확인시켜 주시기까지 기다려야 한다고 스스로 생각하고, 또한 그들 자신을 "구도자"(求道者: seekers)라는 잘못된 용어로 칭하면서 그들에게 주어진 은혜의 날을 잘못 허비하고 있습니다.

지금 우리가 대하고 있는 이 내용에서 분명히 드러나거니와, 이 도피성이라는 모형에는 죄인의 책임을 강조하는 면이 있습니다. 살인자의 절박한 필요에 맞도록 자비로운 혜택이 주어졌습니다. 그러나 그 혜택을 누리려면 그 자신이 스스로 힘써야 했습니다.

도피성이 그를 위해 은혜로이 베풀어져 있으나, 자신이 안전하기를 바라면 그 스스로 그리로 도피해야 하고 그리로 들어가야 합니다. 만일 어떤 핑계로든 그리로 가지 않았다가 피의 보수자에게 살해당한다면, 그의 피는 그 자신의 머리로 돌아가게 되어 있었습니다.

다른 한 분의 다음과 같은 말씀처럼 말입니다.

> 팔장끼고 앉아 냉담하게 다음과 같이 말하리만큼 그렇게 눈이 멀었거나 얼빠진 사람은 없으리라 본다.
> '내가 피할 운명이면 피할 것이니, 내 노력은 필요가 없다. 피할 운명이 아니라면 어차피 피할 수가 없을 것이니, 내 노력은 아무 소용이 없다.'
> 살인을 저지른 사람이 이런 어리석은 언사를 내뱉거나 이런 식의 눈먼 어리석음에 빠져 있다는 것은 상상조차 할 수 없다. 보수자가 자신에게 손을 뻗을 수 있는 상황이라는 것을 알고 있다면, 결코 그런 식의 탁상공론에 빠져 있을 여유가 전혀 없는 것이다. 그가 해야 할 일은 오직 한 가지 목숨을 위해 도피하는 것뿐이다. 임박한 심판으로부터 피하는 것이요, 도피성 문 안에서 안전히 거하는 방도를 찾는 것뿐이다.

도피성은 복음에서 죄인들에게 제시되는 바 그리스도의 명확한 모형이었습니다.

첫째, 도피성은 하나님이 친히 지정하셨습니다.

복음이 인간의 창작이 아니듯, 도피성도 사람이 고안해 낸 것이 아닙니다. 그것들은 하나님의 자비의 표현이었습니다.

그것들을 통해 은혜의 풍성함이 얼마나 놀랍게 드러났는지요!

하나가 아니라 무려 여섯 개의 성이 마련되었으니 말입니다. 도피성은 절박한 상황을 대비하여 마련되었습니다. 주께서는 이스라엘 사람이 부주의로 동료를 죽이는 일이 발생하기까지 기다리셨다가, 그때서야 부랴부랴 그 사람을 정의의 칼에서 구원시키도록 조치를 취하신 것이 아닙니다. 언제나 그는 필요를 채우는 일을 미리 사전에 마련하시는 것입니다. 도피성들이 실제로 필요해지기 전에 이미 그것들을 마련해 두셨습니다.

마찬가지로 하나님이 그리스도를 죄인들의 구주로 지정하신 것은 갑작스런 비상사태를 해결하기 위해 사후에 하신 조치가 아니었습니다. 하나님의 목적과 계획 속에서는 그리스도께서 "창세로부터 죽임을 당한"(계 13:8) 어린 양이셨던 것입니다.

둘째, 도피성은 보수자를 피할 피난처가 되었습니다.

이 점은 이 아름다운 복음적인 모형에서 아주 두드러지는 특질이었습니다. 살인자가 그에게 심판을 시행하기로 결심한 자에게서 추격을 받아 이 평안의 항구로 도피한 것입니다. 태연히 그 일에 대처한다는 것은 헛된 일이었습니다. 마찬가지로 하나님의 정의가 뒤를 추격하는 처지에서 죄인이 그것을 아무 일 없이 물리칠 수 있다고 상상한들 아무런 소용이 없습니다.

죽음 이외에는 대안이 없었습니다. 마찬가지로 "다른 이로써는 구원을 받을 수 없나니 천하 사람 중에 구원을 받을 만한 다른 이름을 우리에게 주신 일이 없음"(행 4:12)입니다. 도피를 미룬다는 것은 미친 짓이었습니다.

> 그 성읍 중 하나로 도피하여 생명을 보존할 것이니라 (신 19:5).

이것이 불상사를 막을 유일한 예비 조치였습니다. 불과 유황이 쏟아지는 소돔에서 머뭇거리는 일은 롯에게 위험천만한 일이었습니다(창 19:17). 이와 마찬가지로 하나님은 우리에게 명하십니다.

> 오늘 너희가 그의 음성을 듣거든 … 너희 마음을 완고하게 하지 말라 (히 3:7, 8).

셋째, 도피성은 산이나 언덕 등, 뚜렷이 보이는 곳에 위치했습니다.

도피성들의 이름과 위치들이 이 점을 명확히 암시해 줍니다. 그리로 도피하는 자들이 쉽게 알아볼 수 있도록 되어 있었습니다. 도피성의 이러한 특질 역시 그리스도를 놀랍게 예시하는 것이었습니다.

> [하나님이] 이스라엘에게 회개함과 죄 사함을 주시려고 그를 오른손으로 높이사 임금과 구주로 삼으셨느니라(행 5:31).

복음이 신실하게 선포될 때에도 도피성의 원형이신 그리스도께서 밝히 드러나며, 듣는 이들에게 "예수 그리스도께서 십자가에 못 박히신 것이 너희 눈 앞에 밝히 보이"(갈 3:1)도록 그렇게 그분을 선포합니다. 같은 이유로, 그리스도를 회중 앞에 높이 세우는 그의 사역자들을 가리켜 "산 위에 있는 동네"(마 5:14)에 비합니다.

넷째, 도피성으로 향하는 길이 명확히 표시되었습니다.

> 길을 닦고 모든 살인자를 그 성읍으로 도피하게 하라(신 19:3).

유대인 저술가들에 의하면, 매년 하루를 지정하여 사람들을 보내어 도피성으로 향하는 길들을 보수하고, 길가의 거치는 돌들을 모두 제거하고, 중간 중간에 세워놓은 표지판들을 보수하여 미클락(즉, 도피)이라는 이름이 뚜렷하게 보이게 해놓도록 하는 법이 이스라엘에 있었다고 합니다.

이것이 사실이었든 아니었든, 하나님이 복음에서 구원의 길이 완전하고도 선명히 보이도록 해 놓으셔서, "우매한 행인이라도 잘못 가지 않"(사 35:8, 개역개정은 "우매한 행인은 그 길로 다니지 못할 것이며"로 번역함. 역주)" 하셨다는 것은 분명한 사실입니다.

다섯째, 도피성은 들어가기가 쉬웠습니다.

도피성은 접근이 용이한 곳에 위치해 있어서, 사람이 도피성으로 피할 일이 생기면 곧바로 그리로 향할 수 있었습니다. 그 성들이 접근이 어려운 먼 한쪽 모퉁이가 아니라 "땅 가운데에" 위치했습니다(신 19:2, 3). 가나안 "땅 전체를 세 구역으로 나누어" 한 구역마다 도피성 하나를 지정하여, 어디서든 하루 만에 거기에 닿을 수 있도록 했습니다.

하나님의 극한 긍휼을 보여 주는 가슴 뭉클한 증거가 아닐 수 없습니다!
살인자의 도피가 용이하도록 모든 것을 배려한 것입니다. 이에 대한 적용은 너무도 분명합니다.

> 여호와는 마음이 상한 자를 가까이 하시고 충심으로 통회하는 자를 구원하시는도다
> (시 34:18).

이런 자들에게 하나님은 "내 공의가 가깝다"(사 51:5)고 말씀하십니다. 그리스도께로 나아가는 길은 아주 단거리입니다. 단순히 자기 자신을 버리고, 그리스도를 우리의 모든 것으로 붙잡기만 하면 됩니다.

여섯째, 도피성은 오로지 살인자만 피의 보수자로부터 보호했습니다.

고의로 살인을 저지른 자는 제외되었는데, 이는 고의로 죄와 허물 중에 행하면서 죄인인 체하는 자들에게는 그리스도 안의 구원이 없다는 것을 가르쳐 줍니다. 고의로 죄를 짓고 계속해서 하나님을 욕되게 하고 그분의 법을 짓밟는 자들은 그들 스스로 하나님의 자비를 가로막는 것입니다.

죄를 사랑하는 자들에게는 거룩하신 그리스도 안에 피난처가 없고, 오로지 죄를 버리고 그에게 피하는 자들에게만 "풍성한 구속"이 있습니다. 회개하고 믿는 죄인이야말로 그리스도 안에서 율법의 저주와 하나님의 진노로부터 안전합니다.

주 예수께서 그를 대신하여 그 저주와 진노를 당하셨기 때문입니다. 그리고 그리스도 안에서 그는 마귀의 격렬한 공작으로부터도 안전하며, 죄책에 젖은 양심의 참소로부터도 구원받습니다.

일곱째, 그러나 그 성에 피하는 자는 반드시 거기에 남아 있어야 했습니다.

살인자가 어리석게도 그 경계를 벗어나면, 어느 때든 피의 보수자가 그를 죽일 권리가 있었습니다(민 35:26, 27). 그 성 안으로 도피하는 것이 그의 의무이듯이, 그 속에 계속 남아 있는 것도 그의 의무였습니다.

이는 신자가 회심 때뿐 아니라 그 이후 평생토록 그리스도를 좇아야 할 책임이 있음을 말씀해 줍니다. 성경은 그리스도께 나아오는 것에 대해서는 물론, 지속적으로 그리스도 안에 거하는 일에 대해서도 그만큼 강조하고 있습니다(요 8:31; 골 1:23; 히 2:6, 14; 요일 2:28).

여덟째, 도피성은 유대인에게는 물론 이방인들에게도 열려 있었습니다 (민 35:15).

"유대인이나 헬라인이나 차별이 없음이라 한 분이신 주께서 모든 사람의 주가 되사 그를 부르는 모든 사람에게 부요하시도다"(롬 10:12)라는 사실에 대해 우리는 진정 감사해야 옳을 것입니다.

아홉째, 대제사장의 죽음으로 완전하고 최종적인 구원이 확정되었습니다 (수 20:6).

일부 주석가들은 이에 대해 스스로 난제를 만들어내기도 하지만, 신자의 구속의 원인이 이 여러 가지 면을 지닌 모형 속에서 그림자로 제시되고 있다는 사실은 정말 충격적입니다. 이스라엘의 대제사장이 살아 있고 살인자가 그 성내에 거주하는 모든 날 동안, 그에게 그 어떠한 정죄도 있을 수 없었습니다.

그런데 그리스도인의 대제사장이신 그리스도는 "영원히 살아계시니", 그리스도인들은 영원토록 안전한 것입니다. 그리고 살인자는 아론 혹은 그의 후계자의 죽음에 즈음하여 자유함을 얻었습니다.

이처럼 우리 역시 그리스도의 죽으심으로 말미암아 자유함을 얻었습니다. 이처럼 도피성(안전)과 대제사장의 죽음(속죄)이라는 이중의 모형이—레위기 16:7, 8의 두 염소가 그랬던 것처럼—그 두 가지 면을 제시하는 데에 필수적이었습니다. 여기에는 하나님의 경륜을 드러내는 의도가 있을 수도 있습니다. 과거의 성도도 구원받았으나, 그리스도께서 죽으신 후에야 비로소 아들의 충만한 자유를 누리게 된 것입니다(갈 4:1-7).

열째, 도피성들의 이름(수 20:7, 8)은 신자가 그리스도 안에서 누리는 바를 뜻하는 것들이었습니다.

게데스는 "거룩"을 뜻합니다. 하나님의 거룩하신 자 예수 그리스도께서 신자에게 의와 거룩함이 되셨으니(고전 1:30), 이것이 맨 처음 언급되는 것이 얼마나 깊은 의미가 있는지 모릅니다. 구속자 그리스도 안에 거룩의 처소가 있습니다. 세겜은 "어깨"라는 뜻으로, 힘(사 9:7)과 안전(눅 15:5)의 장소입니다.

그리스도의 통치 아래에서 신자는 안전을 누립니다. 헤브론은 "교제"를 뜻하는데, 그리스도로 말미암아 그분의 백성들이 아버지와 거룩한 천사들과의 교제 속에 들어갑니다. 베셀은 "산성"을 뜻합니다.

여호와는 선하시며 환난 날에 산성이시라 (나 1:7).

그러므로 "나는 여호와를 향해 말하기를 그는 나의 피난처요 나의 요새요 내가 의뢰하는 하나님이라 하리니"(시 91:2). 라못은 "높음" 혹은 "높이 오름"을 뜻합니다. 그리스도 안에서 우리는 세상의 위로 올려지고 하늘의 처소에 앉게 됩니다(엡 2:6). 골란은 "환희" 혹은 "즐거움"을 뜻합니다.,

> 우리 주 예수 그리스도로 말미암아 하나님 안에서 또한, 즐거워하느니라(롬 5:11).

제19장

레위지파의 성읍들

(여호수아 21:1-45)

    레위지파의 사람들이 거주할 성읍들입니다. 여기서는 하나님이 레위지파의 거주지로 지정하신 성읍들을 주목하고자 합니다. 여호와께서 이 문제에 대해 한 장 전체를 할애하여 길게 다루기를 기뻐하셨으므로, 이 문제는 오늘날 우리를 위해 그만큼 영적으로 중요하고 실천적인 가치를 지닌 내용이라고 하겠습니다.
    복음 사역자들이 옛 레위인들에 해당한다는 점을 염두에 두면, 그 중심 메시지가 무엇인지를 어렵지 않게 알 수 있습니다. 레위지파의 족장들이 이스라엘이 모인 법정에 나아와 그들의 가족과 소유들이 정착할 적절한 곳을 요구하는 것이 이 장에 기록되어 있습니다.
    그들의 요청이 수락되어, 그들의 요구 사항들이 관철되었습니다. 다른 모든 지파의 경우와 마찬가지로 "제비"를 통해 마흔 여덟 개의 성읍과 인근 지역이 그들에게 지정되었습니다.

> 그 때에 레위 사람의 족장들이 제사장 엘르아살과 눈의 아들 여호수아와 이스라엘 자손의 지파 족장들에게 나아와 가나안 땅 실로에서 그들에게 말하여 이르되 여호와께서 모세에게 명령하사 우리가 거주할 성읍들과 우리 가축을 위해 그 목초지들을 우리에게 주라 하셨나이다 하매, 이스라엘 자손이 여호와의 명령을 따라 자기의 기업에서 이 성읍들과 그 목초지들을 레위 사람에게 주니라(수 21:1-3).

    아론은 레위지파의 후손으로서 이스라엘의 대제사장이라는 공적인 직능 상 그는 주 예수님을 예표하는 그림자였습니다. 예수님은 영원토록 하나님의 아들이시며, 사람이 세운 것이 아니라 주께서 세우신 "성소와 참 장막에서 섬기는 이"(히 7:28-8:2. 또한, 참조. 계 15:3-5)십니다.

아론의 자손들(민 3:2-4)은 그리스도를 섬기도록 그에게 주신 바 된 그리스도인들—왕이시요 제사장이신 그리스도의 이중적인 칭호를 은혜로 그리스도와 함께 나누는 그의 형제들(계 1:5, 6)—의 모형입니다. 아론의 아들들과 그들을 수종드는 레위인들 역시 신약의 경륜에 속한 공적인 주의 종들의 모형이었으니, 이는 고린도전서 9장에서 선명히 드러납니다.

> 성전의 일을 하는 이들은 성전에서 나는 것을 먹으며 제단에서 섬기는 이들은 제단과 함께 나누는 것을 너희가 알지 못하느냐 이와 같이 주께서도 복음 전하는 자들이 복음으로 말미암아 살리라 명하셨느니라(고후 9:13-14).

복음 사역자들이 오늘날 이스라엘의 제사장들과 레위인들과 동등한 자들이라는 진술에서 조심스럽게 염두에 두어야 할 것은—옛 언약과 새 언약의 성격이 서로 현격하게 차이가 있다는 사실에 발맞추어—둘 사이에 유사점도 있으나 뚜렷한 차이점도 있다는 사실입니다.

이 사실을 인정하지 못하거나 혹은 인정하기를 거부하는 것이야말로 공적인 기독교를 유대화시키고 이교도화시키는 자세의 초석이요, 제사장과 관련한 온갖 특권과 의식적인 허례허식을 좇아 "미스테리한 바벨론"을 세우고 전개하는 원인이라 하겠습니다.

고린도전서 9:13-14에서 드러나듯이 사역자들을 뒷받침하기 위해 제시되는 요건들에서는 구약과 신약 사이에 서로 유사점이 있지만, 그들이 각각 행하는 봉사에 있어서는 전혀 유사점이 없습니다. 제사장들은 나아가 전도할 사명이 주어져 있지 않았고(그런 사명은 선지자들의 몫이었습니다- 욘 1:2, 등), 오늘날의 설교자가 다른 사람들의 중보자로 행하거나, 혹은 다른 사람들의 죄들에 대해 보상하도록 하나님께 부르심 받지도 않았습니다.

다만 자신이 그리스도인이라는 본질적인 근거 위에서만(성직자로서의 공적인 성격에서가 아니라) 형제를 위해 간구하거나 그들을 위해 감사의 제사를 드릴 수 있습니다.

이스라엘의 제사장들과 레위인들은 그들의 출생과 소명에 의해 일반 회중보다 하나님께 더 가까웠고, 또한 그들의 직분 덕분에 일반 백성보다 더 거룩했습니다. 그러나 하나님께 가까이 나아감과 거룩하게 하심은 그 어떠한 차별도 없이, 그분의 아들의 교제 속으로 하나님의 부르심을 받는 모든 이에게 그리스도 안에서 베풀어지는 것입니다.

그러므로, 구원받은 사역자들과 그들의 사역을 받는 신자들은 하나님 앞에서 근본적으로 동등합니다.

> 너희는 유대인이나 헬라인이나 종이나 자유인이나 남자나 여자나 다 그리스도 예수 안에서 하나이니라(갈 3:28).

그리스도께서는 모든 본질적인 특권과 영적 위엄을 값주고 사셔서 구속함 받은 모든 그분의 백성을 위해 확보하셨습니다. 이 문제에 대해 분명히 하는 것이 지극히 중요합니다. 왜냐하면, 이것이 사제직과 관련된 모든 것(all priest-craft)에 치명적인 타격을 가하기 때문입니다.

참된 기독교 사역은 사제직의 성격과는 절대적으로 아무런 관계가 없으며, 따라서 로마교회의 체제는 완전히 반그리스도적인 것입니다. 뿐만 아니라, 유대인의 제사장 제도는 한 가문—아론의 가문—만이 제한적으로 누렸던 반면에, 하나님의 아들의 복음을 전하도록 사람을 택하시고 부르실 때에 그는 사람을 보시지 않고 그분의 주권적인 은혜와 권세에 따라 행하시는 것입니다.

여호수아 21장은 여호와께서 레위인들의 육신적인 필요를 채우기 위해 베푸신 은혜로운 배려를 지극히 단순한 형식으로 제시합니다. 레위인들은 성막에서 여호와를 섬기며 거룩한 일들에서 이스라엘 회중을 섬기는 자들이었고, 따라서 그리스도와 그분의 교회들을 위해 헌신의 삶을 살도록 하나님께 부르심 받은 복음 사역자들을 적절히 그려줍니다.

다른 모든 지파와는 달리, 레위지파는 가나안 땅을 분배할 때에 별도의 몫을 부여받지 못했습니다(신 10:8, 9; 수 13:14). 이와 비슷하게, 예수 그리스도의 선한 병사도 이 생의 갖가지 문제들에 얽매이는 것이 금지됩니다(딤후 2:3, 4). 하늘의 사자인 자가 이 땅의 것들에 마음을 사로잡히는 것은 전혀 합당치 않기 때문입니다.

그는 자신이 선포하는 그대로 실천하고, 그의 설교들의 살아 있는 실례가 되도록 살며, 육신적이며 세상적인 모든 정욕을 버리고, "오직 말과 행실과 사랑과 믿음과 정절에 있어서 믿는 자에게 본이 되도록" 부르심 받습니다. 이 세상으로부터 완전히 분리되어 행해야 하고, 하나님의 일들에 "전심 전력"하여 모든 사람에게 성숙함을 나타내 보여야 합니다(딤전 4:12, 15).

설교자가 과연 그리스도의 이름으로 사역하는 것이라면, 부패한 육체의 애착거리들과 세상의 것들에 대한 무절제한 욕망을 얼마나 죽여가고 얼마나 영적인 자세를 가다듬어야 그리스도를 정당하게 대변하는 것이 되겠습니까!

그러나 레위인들이 가나안 땅에서 별도의 몫을 받지 못했다고 해서, 그들이 자기들에게 필요한 것을 알아서 공급해야 하거나 혹은 형제 지파들의 변덕스런 보살핌에 전적으로 의지하게 된 것은 결코, 아니었습니다. 그들로 하여금 땀을 흘리거나 일용할 양식을 구걸하여 생계를 유지하게 하는 것은 하나님의 뜻이 아니었습니다.

오늘날의 그분의 사랑하시는 종들도 주께서 그렇게 대하시지 않습니다. 하나님은 애굽의 십장들처럼 지푸라기를 전혀 주지도 않고 벽돌을 만들라고 요구하는 분이 아니십니다. 오히려 그는 그들의 모든 필요를 공급하실 것을 약속하신 "모든 은혜의 하나님"이십니다. 레위인들에 대해서도 그는 그렇게 베푸셨습니다. 그들의 육신적인 삶의 유지를 위해 충만히 공급하셨습니다.

여호와께서는 거제물과 요제물의 상당 부분을 그들의 양식으로 지정하셨고, 이스라엘 자손이 드리는 최상품의 기름과 포도주와 첫 열매들과 십일조들을 그들이 취하도록 하셨으며(민 18:9-19, 24), 뿐만 아니라 다른 지파들에게 그들의 기업에서 성읍들과 인근의 토지들을 레위지파에게 주도록 명령하셨습니다(민 35:2-5). 이와 마찬가지로 하나님은 그분의 종들의 영적 사역에 혜택을 부리는 그분의 백성에게 그들의 육신적인 쓸 것들을 공급할 것을 명하셨습니다. 이는 고린도전서 9:13-14에서 선명하게 드러납니다.

본래의 문맥에서 다소 벗어나기는 하나, 이 본문에 대해 좀 더 면밀히 살펴보도록 하겠습니다. 고린도전서 9장에서 바울은 그의 대적들이 부인하는 자신의 사도직의 정당성을 변론했습니다(고전 9:3). 그들은 열두 사도들이 예수 그리스도를 개인적으로 만났으나 그는 그렇지 못하다고 주장했고(고전 9:1), 다른 사람들과는 달리 일상적인 삶의 안락함을 버린 상태로 살며(고전 9:4), 결혼도 하지 않았다고 주장했습니다(고전 9:5).

그와 그의 동료 바나바는 친히 수고하여 쓸 것을 공급해야 한다고 했고(고전 9:6), 그러므로 신자들의 도움으로 삶을 유지할 권리가 없다는 것을 그도 알고 있다고 했습니다(고전 9:12). 바울의 반론의 요지는 자신이 자기 부인의 원리에서 자발적으로 처신했으나 그렇다고 해서 자신이 하나님께로부터 보내심 받지 않은 것이 결코, 아니요, 성도의 도움으로 삶을 유지할 권리가 없는 것도 아니라는 것이었습니다.

　오히려 반대로, 그는 성도의 보조를 주장할 정당한 권리가 있음이 분명했습니다. 그는 이 점을 분명하고도 반박이 불가능한 갖가지 논지들을 통해 증명했습니다. 그의 논지들은 모든 세대의 그리스도의 종들에게 적용 가능한 원리들을 제시합니다. 이는 이 실질적인 문제에 대한 하나님의 계시된 뜻을 알려주는 것으로, 오늘날에도 여전히 타당합니다. 그러므로 주의 백성들은 그 원리들을 조심스럽게 따져보아야 하고 그것들을 실천해야 마땅한 것입니다.

　　　그는 먼저 어찌 나와 바나바만 일하지 아니할 권리가 없겠느냐(고전 9:6).

　이런 질문으로 논의를 시작합니다. "권리"란 단어는 권한 혹은 권세를 의지하는 것으로 요한복음 1:12에서와 같은 의미입니다. 의문문의 형식을 취하고 있으나, 이는 강조의 의미를 지니는 긍정문입니다. 우리가 스스로 생계를 위해 돈을 버는 일을 중단하고 성도가 우리의 육신적인 필요를 위해 사역해 주는 것에 의존하는 일을 하기로 한다면, 당연히 이런 질문을 해야 합니다. 그는 세 가지 명백한 유비점들을 통해 이를 증명합니다.

　첫째, 이는 보편적으로 인정 받는 법칙과 일치한다는 것입니다.
　"누가 자기 비용으로 군 복무를 하겠느냐?"(고전 9:7)
　국가를 지키는 자들의 쓸 것을 감당하는 것이 국가의 당연한 의무이듯이, 교회들도 당연히 그리스도의 병사들을 보살펴야 한다는 것입니다.
　둘째, 이는 일꾼이 삯을 받을 권리가 있다는 확고한 원리와도 일치한다는 것입니다.
　"누가 포도를 심고 그 열매를 먹지 않겠느냐?"
　셋째, 이 원리는 자연법에서도 그대로 볼 수 있다는 것입니다.
　"누가 양 떼를 기르고 그 양 떼의 젖을 먹지 않겠느냐?"
　양 치는 자는 그의 직업 덕분에 그 일에 의존해서 생계를 이어갈 권리가 있다는 것입니다. 그러나 이런 것이 지극히 이성적인 결론이지만, 사도는 여기서 그렇게 결론을 짓지 않았습니다.

이어서 바울은 자신이 변증하고 있는 임무—그리스도의 종들의 육신적인 필요를 공급하는 일—가 국가의 법에서 요구하는 지극히 자연스런 것만이 아니라, 하나님의 법이 강조한 사항이기도 했음을 증명합니다.

> 모세의 율법에 곡식을 밟아 떠는 소에게 망을 씌우지 말라 기록하였으니 …
> (고전 9:9. 참조. 신 25:4).

이는 하나님이 이스라엘에게 주신 강령들에서 특징적으로 나타나는 자비로움의 한 가지 실례입니다(참조. 출 23:19; 신 22:6). 그 주인을 위해 수고하는 소는 그 양식을 먹을 자격이 있고, 따라서 그 자격을 빼앗아서는 안 된다는 것입니다. 이에 대해 사도 바울은 이렇게 반문합니다.

> 하나님께서 어찌 소들을 위하여 염려하심이냐 오로지[즉, 확실히] 우리를 위하여 말씀하심이 아니냐(고전 9:9-10).

하나님이 짐승의 복지에 대해 그렇게 신경을 쓰시고 그것들이 정당하고도 친절하게 대우받도록 하셨다면, 그분의 존귀한 종들이 받는 처우에 대해 그가 무관심하시겠느냐는 것입니다.

절대로 그렇지 않습니다.

> 과연 우리를 위하여 기록된 것이니 밭 가는 자는 소망을 가지고 갈며 곡식 떠는 자는 함께 얻을 소망을 가지고 떠는 것이라(고전 9:10).

모세의 강령은 궁극적으로 노동에 합당한 대가를 반드시 지불해야 한다는 원칙을 확실히 적용시켜서 사람들이 더 기꺼운 자세로 일하게 하고자 하는 의도로 주어진 것입니다. 사도는 이어서 그 다음 절에서 명백한 결론을 내립니다.

> 우리가 너희에게 신령한 것을 뿌렸은즉 너희의 육적인 것을 거두기로 과하다 하겠느냐
> (고전 9:11).

땅을 경작하는 농부가 그들의 수고의 열매를 그들이 누리게 될 것이라는 확신을 가짐으로써 부지런히 일할 의욕을 갖는 것이 옳고 합당하다면, 그리스도의 포도원에서 그분의 대의를 증진시키며, 그분의 복음을 선포하고, 그분의 양떼를 먹이는 훨씬 더 중차대하고 엄밀한 임무를 맡은 자들이 그에 합당한 인정을 받고 적절한 보상을 받는 것이야 더할 나위 없이 당연한 일이 아니냐는 것입니다. 동일한 강령이 디모데후서 2:6에서 다시 확실히 제시됩니다.

> 수고하는 농부가 곡식을 먼저 받는 것이 마땅하니라(딤후 2:6).

그리고 다음의 권면은 이보다 더 선명합니다.

> 가르침을 받는 자는 말씀을 가르치는 자와 모든 좋은 것을 함께 하라. 스스로 속이지 말라 하나님은 업신여김을 받지 아니하시나니 사람이 무엇으로 심든지 그대로 거두리라(갈 6:6-7).

이처럼 영적인 혜택에 대해 물질적인 보상이 요구된다는 것을 변함없는 원리로 제시합니다.

복음을 위한 고귀한 사역에 대해 값을 매길 수는 없습니다. 그러나 복음을 선포하고 가르치도록 하나님이 구별하여 세우신 자들은 그에 대한 너그러운 보상을 주장할 정당한 권리가 있습니다. 구제금이나 선물로서가 아니라, 신성한 빚으로—갚지 않으면 그리스도인이라 칭하는 자들이 그들의 영혼을 잃어버릴 위험이 있는 그런 빚으로—여겨야 마땅합니다.

여러분, 결코 속지 말아야 합니다. 복음 사역을 후원하지 않으면, 하나님이 그들을 극심하게 징계하실 것입니다. 고린도전서 9:11과 같은 진술은 복음의 특권을 누리면서도 그것을 위해 자신들의 정당한 몫을 담당하지 않는 자들의 인색함에 대해 여지없이 책망하고 수치를 줍니다.

하나님의 종들이 하나님의 사용하심을 받아 한 종류의 혜택을 베풀었다면, 그들이 다른 종류의 혜택을 돌려받는 것이 합당하고 공평한 일 아니겠습니까?

그들이 베푸는 혜택과 받는 혜택은 서로 비교 자체가 불가능합니다. 그들은 영혼의 영원한 유익에 관계되는 영적인 것을 베푸는 반면에, 여러분은 그저 육체에게 필요한 물질적인 것만을 베풀면 됩니다.

그들이 그들의 직무를 신실하게 행해 왔다면, 과연 여러분이 여러분의 의무임이 분명한 그 일을 행하는 것을 부담스러워해야겠습니까?

그렇게 느낀다면, 정말 수치스러운 줄을 알아야 합니다. 오히려 그 일을 거룩한 특권으로 여겨야 마땅합니다.

> 정의를 교환하는 원칙에서 볼 때에도 보수를 받을 사역자의 권리는 반드시 인정받아야 한다(찰스 하지[Charles Hodge]).

그러나 사도는 이것으로도 그의 논의를 결말짓지 않고, 하나님이 그 일을 정하셨음을 입증해 주는 성경의 증거를 인용하여 그의 논지에 쐐기를 박습니다.

> 성전의 일을 하는 이들은 성전에서 나는 것을 먹으며 제단에서 섬기는 이들은 제단과 함께 나누는 것을 너희가 알지 못하느냐(수 21:13).

사도는 여기서 하나님이 친히 세우신 제도의 증거를 인용함으로써, 고린도전서 9장의 모든 내용을 여호수아 21장의 주제와 연결시키며, 여호와께서 이스라엘의 제사장들과 레위인들의 유지를 위해 제시하신 조치들을 직접적으로 거론합니다. 그들은 백성들의 헌금을 통해 그들의 일에 후원을 받았고, 제물로 하나님께 드려진 짐승의 한 몫을 먹도록 하나님의 허락을 받았다는 것입니다.

> 레위 사람 제사장과 레위의 온 지파는 이스라엘 중에 분깃도 없고 기업도 없을지니 그들은 여호와의 화제물과 그 기업을 먹을 것이라(신 18:1, 또한 참조. 민 5:9-10).

> 제물로 드려진 짐승의 일부는 하나님께 드려진 제물로서 불태워지며, 일부는 제사장의 몫이 되었다. 이렇게 해서 제단과 제사장이 희생 제사에 함께 참여했고, 이 제물들을 통해 제사장들이 그들의 삶을 유지하였다(알버트 반즈[Albert Barnes], 위의 내용 가운데 적지 않은 부분이 그에게서 빌어온 것입니다).

그러므로, 사도가 항변하고 있는 그 문제는 신적인 권위로 재가된 것이라 하겠습니다.

> 이와 같이 주께서도 복음 전하는 자들이 복음으로 말미암아 살리라 명하셨느니라 (고전 9:14).

여기서 사도는 신적 영감으로, 그리스도께서 신약의 교회를 위해서도 구약 시대와 동일한 규례를 적용시키셨음을 선포합니다. 이 땅의 성소에서 섬기며 제단의 일에 참여한 자들의 쓸 것을 공급하신 하나님이 그분의 복음을 위해 일하는 자들에 대해서도 동일한 것을 배려하신 것입니다.

이것은 선택 사항이 아니라 의무 사항입니다. 이는 하나님의 명령이요 따라서 순종해야만 합니다. 사역자가 그렇게 지원받을 권리가 있다면, 반대로 회중들 역시 그 권리를 보류시킬 자유가 없습니다. 그 권리를 존중하고 따르는 것은 의무이자 특권입니다. 설교자가 그의 수고에 대해 보상받아야 하는 것은 자선을 베푸는 문제가 아니고, 권리의 문제입니다.

> 사역자들의 생활 유지 문제는 그저 교인들의 선의에만 맡겨져 있는 임의적인 사안이 아니다. 레위인들을 잘 보살피도록 이스라엘의 하나님이 명령하신 것처럼, 교회의 왕이신 주 예수께서도 그것을 항구적인 규례로 정해 놓으신 것이다(헨리[Henry]).

주께 헌신하는 일이나, 감사의 마음을 갖는 일이나, 사랑을 주장하는 일이나, 은혜를 행하는 일은 당연히 즐거움으로 해야 할 의무입니다. 그리스도의 대의의 존귀함과 그분의 종들의 신실한 사역과, 성도의 행복(행 20:35)이 이 문제와 직결됩니다.

하나님이 베푸신 요건에 충실히 따르는 문제에 대한 한 가지 아름다운 실례가 빌립보서 4장에 나타납니다. 사도는 거기서 성도가 그를 향한 사랑과 복음 안에서의 교제를 실질적인 방식으로 드러낸 일에 대해 감사를 표시하고 있습니다.

> 내가 주 안에서 크게 기뻐함은 너희가 나를 생각하던 것이 이제 다시 싹이 남이니 너희가 또한, 이를 위하여 생각은 하였으나 기회가 없었느니라(빌 4:10).

이들은 복음 사역을 통해 유익을 얻기를 바라면서도 그리스도의 종들의 복지에 대해서는 거의 관심이 없는 대다수의 명목적인 그리스도인들의 부류와는 전혀 달랐습니다. 이들은 그리스도의 사역자에 대해 구체적으로 관심을 가졌고, 기회가 생기고 여건이 마련되자 그가 다른 지역에서 사역하느라 떠난 처지인데도 그의 쓸 것을 공급한 것입니다. 이는 그들이 수년 전에도 그에게 보였던 비슷한 친절을 다시 떠올리게 했습니다.

> 빌립보 사람들아 너희도 알거니와 복음의 시초에 내가 마게도냐를 떠날 때에 주고 받는 내 일에 참여한 교회가 너희 외에 아무도 없었느니라. 데살로니가에 있을 때에도 너희가 한 번뿐 아니라 두 번이나 나의 쓸 것을 보내었도다(빌 4:15-16).

"눈에서 멀어지면 생각에서도 멀어진다"는 말은 그들에게는 해당되지 않았습니다. 그가 그들의 생각 속에 언제나 자리 잡고 있었습니다.

바울이 여기저기를 여행하는 동안 빌립보 사람들은 그와 연락이 끊어졌으나, 그에 대한 그들의 염려와 관심은 끊어지지 않았습니다. "너희가 또한, 이를 위하여 생각은 하였으나 기회가 없었느니라"는 말에서 드러나듯이, 다만 사도와의 연락이 끊어져서 그를 공궤할 기회가 없었을 뿐입니다.

그러나 이제 그가 진리를 위해 로마의 감옥에 갇힌 것을 알고서, 그들은 에바브로디도 편에 그들의 애정과 존경의 증표를 다시 그에게 보냈습니다(빌 4:18). 사도가 그들의 선물을 받고서 얼마나 기뻐했는지를 보면 정말 복스럽기 그지없습니다.

첫째, 그들의 선물을 감사함으로 받으면서(빌 4:14), 그를 돌보고자 하는 마음을 그들에게 심어주신 주를 바라보았습니다.

> 내가 주 안에서 크게 기뻐함은(빌 4:10).

둘째, 그는 그들에 대해서도 복스럽고 감사한 마음이었습니다.

> 내가 선물을 구함이 아니요 오직 너희에게 유익하도록 풍성한 열매를 구함이라(빌 4:17).

그들이 그런 선물을 보냈다는 사실은 그들의 속에서 은혜의 역사가 일어났으며 그들이 영적으로 건강한 상태에 있음을 보여 주는 증표였습니다.

셋째, 그는 그들의 선물이 주님의 인정을 받았고 그것이 "받으실 만한 향기로운 제물이요 하나님을 기쁘시게 한 것"임을 선포했습니다(18절).

넷째, 그는 그들이 그를 그렇게 돌봄으로써 결코, 손해를 보게 되지 않을 것임을 선포했습니다.

> 나의 하나님이 그리스도 예수 안에서 영광 가운데 그 풍성한 대로 너희 모든 쓸 것을 채우시리라(빌 4:19).

> 그 때에 레위 사람의 족장들이 제사장 엘르아살과 눈의 아들 여호수아와 이스라엘 자손의 지파 족장들에게 나아와(수 21:1).

여기서 한두 가지 세부적인 내용에 대해 간략하게나마 설명하고 지나가야 합니다.

첫째, 각 지파들이 주요 가문들로 나뉘었습니다.

둘째, "제비"를 사용한 사실과 관련하여 엘르아살이 언급되는데, 그는 하나님의 뜻을 아는 데 필요한 우림과 둠밈이 들어 있는 주머니를 품에 지닌 자였습니다. 여호수아 역시 이스라엘이 군대장관으로서 모든 일을 질서 있게 행해지도록 관할한 자로 현장에 있었습니다.

셋째, "이스라엘 자손의 지파 족장들"에 대한 추가적인 언급에서는 이들이 레위 사람들의 청원을 심사하고 처결하기 위해 공식적인 법정을 구성하여 있었음을 분명히 암시한다 하겠습니다.

조심성 있는 독자라면 이 장이 "그 때에"라는 단어로 시작한다는 점을 주목합니다. 시점을 지칭하는 이 표현은 그저 역사적인 언급 이상의 의미를 지니는 것으로, 우리가 잘 새겨야 할 한 가지 중요한 실천적인 교훈을 제시합니다.

역사적으로 보면 여기에 기록된 사건은 "이스라엘 자손이 그들의 경계를 따라서 기업의 땅 나누기를 마치고 자기들 중에서 눈의 아들 여호수아에게 기업을 주"(수 19:49)고 난 다음에 발생했습니다. 그 때에 여호수아는 여호와께로부터, "이스라엘 자손에게 말하여 이르기를 내가 모세를 통해 너희에게 말한 도피성들을 너희를 위해 정하라"(수 20:2)는 명령을 받았습니다.

여호와는 명령하시기를, 그 도피성들(총 여섯 개)을 "너희가 레위인에게 줄 성읍" 중에서 택하고, 거기에 "사십이 성읍"을 더하여 "레위인에게 모두 사십팔 성읍을 주고 그 초장도 함께"(민 35:6-7)주도록 하셨습니다. 그 도피성들이 이제 정해졌으나(수 21:7-8), 나머지 사십이 성읍이 아직 그들에게 분배되지 않았던 것입니다.

가나안 땅 실로에서 그들에게 말하여(수 21:2).

그 당시 성막이 실로에 있었고, 따라서 그곳이 여호와의 뜻을 권위 있게 확증할 수 있는 곳이었기 때문입니다. 다른 모든 지파가 땅을 분배받고 나서야 비로소 레위인들이 그들에게 지정된 성읍들에 대해 청원한 사실은 참 복스러운 일입니다. 이로써 그들은 탐심으로 비쳐질만한 모든 일을 스스로 삼가며 기다림으로써 하나님의 공식적인 종들 앞에 훌륭한 모범을 제시한 것입니다.

은혜와 진리의 사역자들이라 자처하는 자들이 탐욕스러운 처신을 드러낸다면 이 얼마나 앞뒤가 맞지 않는 역겨운 일이겠습니까!

그들의 문제를 기꺼이 맨 마지막까지 미룸으로써, 그들은 겸손, 검소함, 그리고 인내(레위인들은 이런 덕성의 모범이어야 했습니다만)를 드러내 보였고, 결국 그로 인해 절대로 손해를 보지 않았다. 하나님의 사역자들은 사람들의 생각과 보살핌에서 그들이 뒤로 밀리는 경우에도 불평해서는 안 되고, 오히려 은혜와 존귀가 하나님께로부터 온다는 것을 확신하고서 사람들의 무관심과 홀대를 기꺼이 견디는 것이 합당할 것이다(헨리[Henry]).

하나님을 존귀하게 하는 이 레위인들이 그들의 주장을 은밀하고도 사사로이 하지 않고 공개적이고도 공적으로 제기했다는 점을 조심스럽게 주목해야겠습니다. 그들은 "중상 운동"을 전개하면서 여호수아를 비방하며 자기들이 불이익을 당한다며―그들의 가족들과 가축들이 거주할 곳을 아직 배당받지 못했으므로―원망하여 형제들 사이에 불화의 씨를 심으며 두루 다니지 않았습니다. 아닙니다. 오히려 그들은 하나님이 지정하신 법정에서 질서정연하고도 정직하게 문제를 제기했습니다.

> 이르되 여호와께서 모세에게 명령하사 우리가 거주할 성읍들과 우리 가축을 위해 그 목초지들을 우리에게 주라 하셨나이다(수 2:12).

그들의 청원은 간결하면서도 정곡을 찔렀고, 그 언어는 단호하면서도 하나님을 높이는 것이었습니다. 그들은 걸인들처럼 나아와 자비를 구걸한 것이 아닙니다. 형평성에 호소한 것도 아닙니다. 자기들의 가치나 임무에 대한 충성을 빌미로 삼지도 않았습니다. 오히려 그들은 하나님이 모세를 통해 명하신 그분의 말씀을 청원의 근거로 삼았습니다. 그들은 "여호와께서 말씀하시기를"을 근거로 처신한 것입니다.

그러므로 레위인들은 이때에 불편함이나 투기의 동기로 처신한 것이 아니었음이 분명합니다. 만일 탐욕을 가졌다면, 그때까지 기다리지 않고, 그들 자신의 손으로 그 문제를 해결하려 하거나 아니면 훨씬 일찍 자기들의 권리를 주장했을 것입니다. 그러나 그들은 그렇게 하지 않았습니다. 그들은 지금 하나님이 허락해 주신 그것을 이제 받도록 해달라는 청원을 질서를 좇아 제기한 것입니다. 그들의 온유함과 인내가 극히 돋보였습니다.

기독교 시대에 그렇게도 많은 교회의 인사들의 성품과 처신은 이것과 얼마나 다른지 모릅니다.

돈에 대한 사랑과 권세에 대한 탐욕이 끝을 모르고, 지극히 악의적인 수단과 무자비한 방법들을 사용하여 교회원들을 수탈하여 자기들은 사치 속에 살고 "궁궐"에 거주하는 자들이 허다하니 말입니다!

모든 설교자가 본질상 같은 사고를 갖고 있고, 따라서 그것에 탐닉하지 않도록 극히 경계해야 마땅합니다. 자주 인용되는 "돈을 사랑함이 일만 악의 뿌리가 되나니 이것을 탐내는 자들은 미혹을 받아 믿음에서 떠나 많은 근심으로써 자기를 찔렀도다"라는 말씀이 목회서신에 등장한다는 사실이 얼마나 엄숙한지 모릅니다. 그리고 곧바로 이어서, 이렇게 말씀합니다.

> 오직 너 하나님의 사람[즉, 그리스도의 종]아 이것들을 피하고 의와 경건과 믿음과 사랑과 인내와 온유를 따르며(딤전 6:10-11).

그리고 "먹을 것과 입을 것이 있은즉 족한 줄로 알 것이니라"는 교훈이 동일한 서신에, 또한 위의 경고와 교훈 바로 앞에, 나타나는 것이 전혀 이유 없는 것이 아닙니다(딤전 6:8). 불만이 얼마나 죄악된 것인지 깨닫는 이가 별로 없습니다. 그것은 일종의 자기 의지요 하나님의 섭리를 거역하며 하나님이 우리에게 주신 몫에 대한 불만족과 은밀한 불평 이외에 아무것도 아닙니다.

반대로, 만족하는 것이야말로 거룩한 마음의 자세요, 주 안에서 누리는 안식의 자세요, 그가 은혜로 주신 것들을 감사함으로 누리는 자세입니다. 그러므로 만족하는 것이야말로 탐식을 막는 영적인 방책입니다.

돈을 사랑하지 말고 있는 바를 족한 줄로 알라(히 13:5).

과거의 악행을 피하는 길은 그와 정반대되는 덕을 힘써 배양하는 것밖에 없습니다. 설교자가 자신의 직분에 신실하고 주를 영화롭게 하고자 하면, 자신의 육신적인 욕망과 야망들을 죽이고, 모든 사치를 금하고 검소한 삶을 통해 그 자신이 이 땅의 것이 아니라 위의 것들을 사모하며 그것에 애착을 갖는다는 것을 증명해야 합니다.

이교도 철학자인 소크라테스(Socrates)는 값비싸고 세련된 물품을 늘어 놓고 판매하는 것을 보고서 이렇게 외쳤다고 합니다.

내게 필요 없는 것들이 여기에 얼마나 많은지 모르겠구나!

이것이야말로 하나님의 모든 자녀가 이 "허영의 시장"(Vanity Fair: 잉글랜드의 청교도인 존 번연[John Bunyan]의 『천로역정』 중에 나오는 도시로 이 세상을 지칭함. 역주)을 사는 동안 가져야 할 자세와 언어요, 그분의 종들의 경우는 두말할 것도 없습니다.

우리가 이 직분이 비방을 받지 않게 하려고 무엇에든지 아무에게도 거리끼지 않게 하고 오직 모든 일에 하나님의 일꾼으로 자천하여(고후 6:3-4).

이 얼마나 고귀한 경건의 기준인지 모릅니다!

하지만 모름지기 하나님이 그리스도를 대변하는 자들에게서 요구하시는 것이 바로 그런 수준입니다. 믿지 않는 이들은 언제나, 너무도 많은 명목상의 신자들을 욕되게 하고 정욕을 조장하는 경향이 복음 그 자체에서 강하게 드러난

다며 바판하고 있고, 실제로 복음을 전하는 자들의 삶에서 그런 면이 보일 때에는 특히 더욱 그렇게 비판합니다.

이런 현상이 놀랄만한 것도 아닙니다!

하나님의 일들을 체험적으로 접해 보지 않은 사람들의 편에서야, 예수 그리스도로 말미암아 은혜로 얻는 구원을 선포하는 자들이 마땅히 그 구원의 모습을 드러내 보여야 하리라고 결론짓는 것밖에 무엇을 더 할 수 있겠습니까?

그들의 판단으로는 설교자의 일상생활이 그 자신이 전하는 메시지를 귀하게 만들거나 그것을 깎아내리거나 둘 중의 하나밖에 없을 것입니다. 그렇기 때문에, 갖가지 다른 이유들도 있지만, 그리스도의 사역자에게 다음과 같이 명하고 있습니다.

> 범사에 네 자신이 선한 일의 본을 보이며 교훈에 부패하지 아니함과 단정함과 책망할 것이 없는 바른 말을 하게 하라 이는 대적하는 자로 하여금 부끄러워 우리를 악하다 할 것이 없게 하려 함이라 (딛 2:7-8).

여호수아 21장에 기록된 레위지파와 관련한 내용으로 다시 돌아갑니다.

그들은 "여호와께서 모세에게 명령하사 우리가 거주할 성읍들과 우리 가축을 위해 그 목초지들을 우리에게 주라 하셨나이다"라고 하여, 사실상 하나님이 약속하셨음을 탄원합니다!

그런 취지의 명령을 여호와께서 명확히 주셨다는 내용이 민수기 35:1-8에 기록되어 있습니다. 그러므로 그들은 신적 권위에 의해 그들의 권리가 된 그것만을 요구한 것입니다. 여기서도 그들은 하나님의 종들뿐 아니라 하나님의 백성 모두가 따라야 할 귀한 모범을 보였습니다. 하나님의 약속들을 우리가 어찌 적용하느냐에 따라 우리의 영적 번영과 마음의 평안과 기쁨이 달려 있습니다.

첫째, 그 약속들을 잘 숙지하도록 힘써야 합니다. 그것들에 무지하면 그것들에게서 아무런 유익도 얻을 수가 없으니 말입니다. 레위인들은 그들이 받을 분깃에 대한 내용을 잘 숙지하고 있었습니다. 우리 역시 그래야 합니다. 날마다 그 약속들을 성경에서 찾아야 하고, 그것들을 우리의 영적인 재산 목록으로 삼아야겠습니다. 하나님의 약속들은 성도에게 특별한 보배입니다. 믿음의 유산의 골자가 그 속에 담겨 있으니 말입니다.

둘째, 그것들을 우리의 뇌리에 조심스럽게 저장해놓고, 끊임없이 묵상하고, 그것들을 빼앗아가려고 애쓰는 사탄의 노력을 끈질기게 저지해야 합니다.

셋째, 하나님의 약속들을 개인적으로 전용해야 하고 그분의 은혜의 보좌 앞에 청구해야 합니다. 그가 그 약속들을 우리에게 주신 한 가지 이유는 그분의 은혜로우신 의도를 알리사 그분의 신실하심을 드러내시기 위함이며, 동시에 우리 마음에 위로를 주시기 위함입니다.

하나님이 기뻐하셨다면, 그분의 선하신 뜻을 알리시지 않고서도 복들을 베풀어 주셨을 것입니다. 그러나 그는 우리로 하여금 그 복들을 두 번 누리도록 ―먼저는 믿음으로, 그리고 그 다음에는 그 결실로― 정하셨습니다.

이로써 그는 우리로 하여금 눈에 보이는 세상의 것들로부터 영적이며 영원한 것들에로 시선을 향하고 거기에 마음을 두도록 하시는 것입니다. 그렇게 해서 그분의 약속들을 우리의 영혼을 뒷받침하는 든든한 도구로 사용해야 합니다. 진정한 기도는 하나님이 주시겠다고 약속하신 것들을 구합니다.

> 그를 향해 우리가 가진 바 담대함이 이것이니 그의 뜻대로 무엇을 구하면 들으심이라 (요일 5:14).

한편으로는 하나님이 주시겠다고 약속하셨으나, 다른 한편으로는 우리가 그에게 구해야 합니다―우리가 그에게 의존하고 있음을 그렇게 표현함으로써 그가 당연히 받으셔야 할 존귀와 영광을 그에게 돌리는 것입니다. "구하라 그리하면 너희에게 주실 것이요"가 하나님이 정하신 길입니다. 에스겔 36:36에서 하나님은 그분의 백성에게 지극히 명확한 약속을 주시면서,"나 여호와가 말하였으니 [내가] 이루리라"고 덧붙이십니다.

그러나 바로 이어서 그는 이렇게 선언하십니다.

> 주 여호와께서 이같이 말씀하셨느니라 그래도 이스라엘 족속이 이같이 자기들에게 이루어 주기를 내게 구해야 할지라 (겔 36:37).

그렇게 구하라고 하시는 것은 우리의 믿음을 강건하게 하고, 우리의 소망을 살아있게 하고, 우리의 인내를 자라게 하기 위함입니다.

레위인들에게 하나님이 성읍들을 주시겠다고 확실히 약속하셨지만, 그들은 모세를 통해 주신 하나님의 말씀에 근거하여 청원하고서야 그것들을 받았습니다. 이런 사실이 기록되어 있는 것은 우리를 교훈하기 위함입니다.

"너희가 얻지 못함은 구하지 아니하기 때문이요"(약 4:2)라는 말씀이 그대로 드러나는 경우가 얼마나 많습니까! 믿음으로 행하지 않을 때에는 언제나 그럴 수밖에 없습니다(약 1:6-7). 창세기 32:18에서 야곱이, 출애굽기 32:13에서 모세가, 시편 119:58에서 다윗이, 열왕기상 8:25에서 솔로몬이, 각각 어떻게 하나님의 약속에 호소했는지를 잘 보고, 가서 여러분도 그대로 하기 바랍니다.

> 이스라엘 자손이 여호와의 명령을 따라 자기의 기업에서 이 성읍들과 그 목초지들을 레위 사람에게 주니라(수 21:3).

이렇게 해서 제사장 지파가 여호와의 명령에 따라 형제들을 통해 거주지를 분배받았습니다. 여기서 두드러지는 복된 사실은 이스라엘이 이 임무를 하나님을 향한 순종의 행위로 이행했다는 사실을 성령께서 거기에 기록해놓으셨다는 점입니다. 이스라엘의 각 지파들은 자기들이 희생을 치르며 싸워서 얻은 자기들의 기업의 일부를 내어 놓아야 한다는 것에 대해 불평할 수도 있었으나, 그것이 하나님의 뜻임을 깨닫자 전혀 반론을 제기하지 않고 정당하게 자기들의 임무를 시행한 것입니다.

이와 마찬가지로 그리스도인들도 그들의 영적 안위를 위해 힘쓰는 자들과 소통하고 하나님의 명령대로 행해야 할 책임이 있습니다. 이와 똑같이 충격적인 사실은 각 지파가 레위지파의 몫을 그들에게 선물로 주었다는 점입니다. 본문 2, 3절에서 그렇게 언급되어 있습니다(참조. "레위 사람에게 주니라", 3절). 이처럼 여호와께서 레위지파에게 자기의 것들을 주도록 하신 것은 이기적인 자세를 버리게 하고, 세상에 속한 것들에 대한 애착을 막기 위함이었습니다. 로마서 15:27에도 동일한 원리가 나타나고 있습니다.

> 저희가 기뻐서 하였거니와 또한, 저희는 그들에게 빚진 자니 만일 이방인들이 그들[이스라엘]의 영적인 것을 나눠 가졌으면 육적인 것으로 그들을 섬기는 것이 마땅하니라(롬 15:27).

제19장 레위지파의 성읍들

레위지파가 형제들로부터 성읍을 분배받도록 한 원칙은 민수기 35:8에 명시되어 있습니다.

> 너희가 이스라엘 자손의 소유에서 레위인에게 너희가 성읍을 줄 때에 많이 받은 자에게서는 많이 떼어서 주고 적게 받은 자에게서는 적게 떼어 줄 것이라. 각기 받은 기업을 따라서 그 성읍들을 레위인에게 줄지니라 (민 35:8).

각 지파는 그것을 여호와께서 은혜로 그들에게 베풀어 주신 것들에 대해 그 사실을 감사함으로 인정할 기회로 삼았습니다. 그들은 레위지파에게 주는 것을 여호와께 드리는 것으로 받아들였고, 그리하여 그들의 소유들—가장 좋고 큰 성읍들—을 자유로이 그들에게 내어주었습니다. 일률적인 방식으로가 아니라 그들의 소유의 정도에 맞추어 그리한 것입니다.

이 조치가 공평한 것이었음이 곧바로 드러납니다. 유다와 시므온의 몫(가장 넓었습니다)에서 아홉 개의 성을 내어준 반면에, 다른 지파들에서는 각 지파마다 네 개의 성읍만 내어주었습니다(수 21장). 이와 마찬가지로 신약의 성도에게도 다음과 같이 가르침 받습니다.

> 매주 첫날에 너희 각 사람이 수입에 따라 모아 두게 하라 (고전 16:2).

즉, 수입에 준하여 베풀라는 것입니다. 한편으로 재물과 세상적인 권세에 대한 탐욕으로 악명 높은 삯꾼 제사장들이 있는 것이 사실이라면, 반대로 자기를 희생하는 지극히 헌신적인 수많은 그리스도의 종들이 극히 미미한 대접으로 연명하는 경우가 허다한 것도 사실입니다.

반즈(Barnes)는 다음과 같이 논평합니다.

> 불쌍한 짐승은 전성기에 사람과 그의 가족을 힘써 섬긴 후에 그냥 늙어 죽는데, 복음 사역자들에게도 비슷한 일이 일어나는 경우가 많다. 다른 많은 점에서 너그러우면서도 목회자들을 대하는 데에서는 전혀 너그럽지 못한 처신을 하는 이들이 많으며, 그리하여 주님이 그러셨듯이 사역자들도 수고와 기도와 눈물로 섬겨온 사람들로부터 배은망덕함의 쓰라림을 경험하는 경우가 허다하다 (반즈).

그러나 필자가 감사함으로 증언할 수 있거니와, 언제나 그렇기만 한 것은 결코, 아닙니다. 지난 사십 년 이상 주께서는 그분의 청지기들을 감동하셔서 필자의 육신적인 필요를 자유롭고도 풍성하게 공급해오셨습니다. 그러므로 우리 역시도 주님의 다음과 같은 질문에 똑같이 대답할 수 있습니다.

… 부족한 것이 있더냐 이르되 없었나이다(눅 22:35).

모든 선한 것에 부족함이 없었습니다.

이스라엘은 대략 다음과 같은 방식을 좇아 레위지파의 성읍을 선정한 것으로 보입니다. 가장 먼저, 각 지파가 받은 기업의 규모를 면밀히 고려하여, 각 지파로부터 몇 개의 성읍을 취해야 할지를 정했습니다.

그 다음에는 "지파들의 족장들"이 각각 어느 성읍이 가장 적절할지를 스스로 정했습니다. 그렇게 성읍들을 정한 다음, 마흔 여덟 개의 성읍들을 레위지파의 네 가문에 맞추어 네 그룹으로 나누고, 그것들을 제비로 각 그룹에 분배했습니다. 레위의 아들은 게르손, 그핫, 므라리였습니다. 모세와 아론과 미리암이 그핫 자손에 속했습니다(대상 6:1-3). 그런데 "아론의 자손들"(수 21:4)은 레위지파에 속하면서도 동시에 제단 봉사를 위해 직접적으로 일하는 제사장들이기도 했습니다.

여기서 주목해야 할 사실은 네 그룹 중에서 이 제사장 그룹이 가장 숫자가 적었으나, 여호수아서 전체를 통틀어 제사장직이 두드러지는 특징에 부응하여, 이들이 "첫째로 제비"를 뽑았고(10절), 이로써 하나님이 세우신 제도의 존귀함이 다시 한 번 드러난다는 점입니다. 다시 주목할 사실은 이들이 레위지파의 다른 모든 그룹보다 더 많은 성읍을 배정받았다는 점입니다.

어쩌면 여기서 성경에서 "성읍"이라는 용어는 오늘날과는 달리 집단 거주지가 있는 큰 마을이 아니라 그저 "둘러싸인 공간"—창세기 4:17에서 처음 언급되는 대로—을 뜻한다는 점을 지적해야 할 것 같습니다. "목초지"는 가축을 위한 들판으로 사방으로 거의 1마일 정도 되는 토지였습니다(민 35:5). 아론의 자손들에게 더 많은 성읍이 배정되었다는 사실에서 우리는 하나님의 예지(豫知: 미리 아심)의 증거를 봅니다.

이런 세부적인 사항을 철저히 연구한 이들은 아론의 자손들이 나머지 세 그룹보다 인구가 더 많이 늘어나서 장차 그 후손들을 위해 더 큰 거주지가 필요하게 될 것이라고 판단하니 말입니다. 그들의 성읍이 유다와 시므온과 베냐민 지파들에게 주었던 땅에서 취한 것들이라는 점(수 21:4) 역시 깊은 의미를 지니는 것이었습니다.

그 지역이 훗날 성전이 자리잡게 되고 유대교의 본부가 될 예루살렘에서 가장 가까웠기 때문입니다. 예루살렘은 하나님이 그분의 작정 가운데 그분의 이름을 두실 곳으로 택하신 곳이었습니다.

> 예로부터 이것을 알게 하시는 주의 말씀이라 함과 같으니라 (행 15:18).

8절에서 다음과 같이 진술합니다.

> 여호와께서 모세에게 명령하신 대로 이스라엘 자손이 제비 뽑아 레위 사람에게 준 성읍들과 그 목초지들이 이러하니라 (수 21:8).

이는 모든 일이 하나님이 정하신대로, 또한 하나님의 뜻에 순종하여, 이루어졌음을 말씀합니다. 11절에 그냥 지나쳐서는 안 될 한 가지 감동적인 내용이 기록되어 있습니다. 헤브론이 아론 자손의 소유가 되었다는 언급이 나타나기 때문입니다. 헤브론은 본디 여호와의 명령에 의해 갈렙에게 주어졌던 성읍이었습니다(수 15:13).

그러니, 갈렙이 그 성읍을 자발적으로 제사장들에게 드린 것으로 보입니다. 이로써 갈렙은 동료 이스라엘 앞에 고상한 자비로움과 여호와의 대의를 위한 헌신의 모범을 세운 것이라 하겠습니다. 갈렙의 고귀한 처신이 과연 오늘날 그리스도의 종들을 선대하기를 소홀히 하는 많은 교회원들을 얼마나 부끄럽게 하는지 모릅니다!

그리스도의 사역자들의 육신적인 복지에 무관심한 자들은 하나님과 하나된 교제 가운데 있다 할 수가 없습니다. 그는 과연 참새 한 마리가 땅에 떨어지는 것까지 관심을 가지시며, 더욱이 "진리를 위하여 함께 일하는 자"(요삼 1:8)가 되는 거룩한 특권을 인정하는 분이시니 말입니다.

필자는 물론, 독자 여러분이 언제나 "여호와께서 명령하신" 그러한 자세로 행하시기를 바랍니다!

제20장

각 지파들의 해산

(여호수아 22:1-34)

1. 맹세를 지킴

> 그 때에 여호수아가 르우벤 사람과 갓 사람과 므낫세 반 지파를 불러서(수 22:1).

서두의 "그 때에"는 21:43-45과 연결되는데, 거기서는 앞 장들에 기록된 모든 내용을 간결하면서도 복스럽게 정리하고 있습니다.

> 여호와께서 이스라엘의 조상들에게 맹세하사 주리라 하신 온 땅을 이와 같이 이스라엘에게 다 주셨으므로 그들이 그것을 차지하여 거기에 거주하였으니, 여호와께서 그들의 주위에 안식을 주셨으되 그 조상들에게 맹세하신 대로 하셨으므로 그들의 모든 원수들 중에 그들과 맞선 자가 하나도 없었으니 이는 여호와께서 그들의 모든 원수들을 그들의 손에 넘겨주셨음이니라. 여호와께서 이스라엘 족속에게 말씀하신 선한 말씀이 하나도 남음이 없이 다 응하였더라(수 21:43-45).

여기서 여호와의 변함없는 신실하심을 보게 됩니다. 그들이 광야에서 진노를 촉발했음에도 불구하고, 그는 그들을 가나안으로 인도하셨습니다. 여기서 우리는 하나님의 말씀과 그분의 행위가 서로 완전히 일치하는 것을 볼 수 있습니다.

말씀만으로도 놀라운데 그 말씀 그대로 시행하셨으니, 이 얼마나 놀라운 일입니까!

하나님의 예언의 성취가 얼마나 확실한가? 하는 것이 드러납니다. 모든 세세한 내용 하나하나가 문자 그대로 성취된 것입니다.

여호와께서는 가나안 땅을 아브라함의 후손에게 소유로 주시겠다고 약속하셨었고(창 12:7), 그들이 "더욱 번성하여 퍼져나가"(출 1:12), 한 가족이었던 그들이 애굽을 떠날 때에는 "유아 외에 보행하는 장정이 육십만 가량"(출 12:37)이 되었습니다.

여호와는 그들이 어디로 가든지 그들을 보존시키시겠다고 약속하셨고(창 28:15), 애굽에서, 홍해에서, 그리고 이스라엘의 광야 여정 전체를 통틀어, 이를 그대로 이행하신 바 있습니다. 그는 아브라함의 후손이 애굽에 거류한지 사 대만에 그들을 가나안에 들어가게 하시겠다고 약속하셨고(창 15:16), 출애굽기 6:16-28을 면밀히 검토해 보면 그 약속이 그대로 이루어졌음이 입증됩니다. 여호와께서는 그들에게 전쟁의 승리를 약속하셨습니다.

> 내가 내 위엄을 네 앞서 보내어(참조. 수 2:9) 네가 이를 곳의 모든 백성을 물리치고 네 모든 원수들이 네게 등을 돌려 도망하게 할 것이며 … 내가 네 경계를 홍해에서부터 블레셋 바다까지, 광야에서부터 강까지 정하고 그 땅의 주민을 네 손에 넘기리니 네가 그들을 네 앞에서 쫓아낼지라(출 23:27-31).

그는 "왕들"을 그들의 손에 붙이시겠다고 약속하셨고(신 7:24), 그가 그렇게 하셨음을 여호수아 10:24, 40이 입증해 줍니다. 그는 그들에게 그 땅에서 "안식"을 주시겠다고 약속하셨고(신 12:10), "여호와께서 그들의 주위에 안식을 주셨다"(수 21:44)고 보도합니다.

사실 가나안 땅에 원주민들이 일부 남아 있었던 것은 하나님의 백성을 시험하기 위함이었습니다. 그러나 7년의 전쟁 끝에 모든 본격적인 전쟁이 중지되었습니다. 가나안 전체가 이제 신적인 제비를 통해 아브라함의 후손에게 주어졌습니다.

여러 지파들이 그 땅의 큰 부분을 점령하였고, 이제 그들은 기업으로 받은 땅에서 평화로이 정착했습니다. 여호와를 계속 순종하고 가능케 하시는 그분의 역사하심을 신뢰한다면, 그들은 그들이 받은 바 소유지를 더 완전하게 소유해야 했습니다.

> 여호와께서 이스라엘 족속에게 말씀하신 선한 말씀이 하나도 남음이 없이 다 응하였더라(수 21:45).

이런 승리의 증언이야말로 교회 전체를 통틀어서도, 또한 모든 그리스도인 개개인에게서도, 나타날 것입니다. 정한 때가 되면 하나님이 영적 이스라엘에게 하신 모든 약속이 이루어질 것이요, 그리하여 그들이 현재에 위로를 받고 미래에 복을 누리게 될 것입니다. 모든 일이 정확하고도 완전하게 이루어질 것입니다. 그분의 약속들은 그리스도 안에서 예와 아멘이 되니 말입니다(고후 1:20).

마지막에 구속함 받은 모든 무리가 영원한 안식과 기업에 들어가게 될 때에, "그가 모든 것을 잘하셨도다"(참조. 막 7:37)라고 기쁨으로 증언하게 될 것입니다.

> 그 때에 여호수아가 르우벤 사람과 갓 사람과 므낫세 반 지파를 불러서(수 22:1).

이 말씀으로 시작되는 본문은 민수기 32장에 길게 기록되어 있는 내용의 후속편입니다. 거기서는 이렇게 기록하고 있습니다.

> 르우벤 자손과 갓 자손은 심히 많은 가축 떼를 가졌더라 그들이 야셀 땅과 길르앗 땅을 본즉 그 곳은 목축할 만한 장소인지라. 갓 자손과 르우벤 자손이 와서 모세와 제사장 엘르아살과 회중 지휘관들에게 말하여 이르되, 아다롯과 디본과 야셀과 니므라와 헤스본과 엘르알레와 스밤과 느보와 브온, 곧 여호와께서 이스라엘 회중 앞에서 쳐서 멸하신 땅은 목축할 만한 장소요 당신의 종들에게는 가축이 있나이다. 또 이르되 우리가 만일 당신에게 은혜를 입었으면 이 땅을 당신의 종들에게 그들의 소유로 주시고 우리에게 요단 강을 건너지 않게 하소서(민 32:1-5).

그들은 과거에 시혼과 옥이 점령하고 있었으나 하나님의 역사하심으로 이스라엘이 그들을 완전히 멸망시키고서 탈취한 땅을 지칭하는 것이었습니다(민 21:21-35). 그 땅은 요단 강 골짜기에 걸쳐 있어서, 땅이 비옥하여 목초지로서 이상적인 곳이었습니다. 이스라엘 진영은 여러 달 동안 모압 평지에 주둔하고 있었습니다.

그들은 이미 떠나온 애굽의 종노릇하던 집을 뒤돌아보고, 앞으로는 여호와께서 그들의 기업으로 약속하신 가나안 땅을 바라보는 처지였습니다. 뒤로는 황량한 사막이 있었고, 앞으로는 요단 강이 놓여 있었습니다. 엘르아살 외에 "회중 지휘관들"을 언급하는 것으로 보아, 최근의 승리를 통해 확보된 영토를 분배하는 문제를 처결하기 위해 산헤드린이, 혹은 이스라엘의 대법정의 공식적인 회합이 열린 것으로 보입니다. 두 지파와 반 지파의 대변인들이 사용한 언어로 볼 때에, 그들의 요청은 형식을 갖춘 청원의 성격이었다는 인상을 줍니다.

결과적으로 그들은 야샬과 길르앗 골짜기의 풍요한 지역에 정착할 권한을 부여 받았습니다. 그들이 제기한 청원에 무슨 은밀한 의도 같은 것은 없었고, 실권자들에게 정정당당하고도 공개적으로, 또한 "우리가 만일 당신에게 은혜를 입었으면"이라는 그들의 언사에서 드러나듯이 온유하고 너그러운 자세로 의사를 전한 것이었습니다. 그런데도 주석가들은 전반적으로 그들의 처신을 정죄합니다.

어떤 이들은 그들의 처신이 매우 잘못된 것이었다고 결론짓습니다. 그들은 가나안에 대한 혐오를 보여 주었고, 만일 그것이 아니었다면, 당시의 그들의 위치에 그대로 머물러서 저항을 최소화하고 그리하여 구태여 요단 강을 건넜다가 당할 괴로움과 전쟁을 피하는 방향을 따랐다는 것입니다.

다른 이들은 그들의 제안을 탐심에서, 그 비옥한 땅을 자기들의 것으로 만들고자 하는 탐욕에서 비롯된 것으로 봅니다. 또 어떤 이들은 공적인 가치를 중요시하는 자세가 그들에게 결핍되어 있었다고 주장합니다. 민족 전체의 공통의 유익보다는 자기들의 사사로운 이득을 앞세웠다는 것입니다.

우리는 개인적으로 이런 견해들을 뒷받침해 줄만한 명확한 증거가 본문에 나타나 있지 않고 오히려 그 반대의 증거가 일부 나타난다고 봅니다. 이 비평가들이 지적하듯이 그들의 요청이 합당한 것이 아니었다면, 즉시 그것이 부당하다는 답변을 받았을 것이고, 그것으로 그 문제가 종결되었을 것입니다.

여호와께서 그들의 청을 절대로 가납하지 않으셨을 것입니다!

하나님은 이미 그 땅을 이스라엘의 손에 붙이셨으니, 누군가는 반드시 그 땅을 기업으로 받아 거기에 거주해야 했습니다. 목초지를 위해서도 그렇게 하는 것이 필요했고, 특히 가축이 많은 이 지파들에게 절실히 필요한 것이 바로 그것이었습니다. 그들이 여호와께서 주시는 기업을 무시한 것도 아니었습니다.

가나안의 경계는 요단 강이 아니라 길르앗의 산지였고, 그곳이 사막 지대와의 경계를 이루고 있었으니 말입니다. 그러므로 여호수아 12:9에서 드러나듯이, 이 지파들이 원한 지역은 요단 강 서편 지역과 마찬가지로 분명 가나안 땅의 경내에 속하는 것이었습니다.

모세는 그들의 제안을 매우 불쾌하게 여겼고, 최악의 판단을 내렸습니다. 그는 그들의 요청이 비겁함과 게으름의 자세에서 비롯된 것으로 여겼고, 그들이 불신앙에 빠져 하나님의 권능을 불신하여 그들의 책무를 저버리려 한다고 생각했습니다(민 35:6). 그들의 청원을 받아들이면 전체의 인구 중 5분의 1이 줄어들어 이스라엘 군대의 약화로 이어질 것이었습니다.

더욱이 그들의 요청을 들어주면 결국, 이스라엘 백성 전체에 나쁜 영향을 주게 될 아주 위험한 선례를 남기게 될 것이었습니다(7절). 그는 그들의 조상들의 미지근한 자세와 그로 인한 비극적인 결과를 떠올렸습니다(8-9절). 그는 그들의 태도로 인해 여호와께서 온 이스라엘에게 진노를 내리실까 두려워했습니다(14절). 그러나 그의 그런 의혹은 근거가 없는 것이었고, 그의 우려 역시 불필요한 것이었습니다.

> 그들이 모세에게 가까이 나아와 이르되 우리가 이 곳에 우리 가축을 위하여 우리를 짓고 우리 어린 아이들을 위하여 성읍을 건축하고, 이 땅의 원주민이 있으므로 우리 어린 아이들을 그 견고한 성읍에 거주하게 한 후에 우리는 무장하고 이스라엘 자손을 그 곳으로 인도하기까지 그들의 앞에서 가고 이스라엘 자손이 각기 기업을 받기까지 우리 집으로 돌아오지 아니하겠사오며, 우리는 요단 이쪽 곧 동쪽에서 기업을 받았사오니 그들과 함께 요단 저쪽에서는 기업을 받지 아니하겠나이다(민 32:16-19).

이렇게 해서 그들은 모세가 그들을 심히 오해했으며 그의 추측이 전혀 근거가 없는 것임을 토로했습니다. 그들은 다른 지파들이 전쟁에 나가는데 자기들만 가만히 앉아 있을 의향이 전혀 없었고, 불평이나 불만이 전혀 없이 기꺼이 형제들의 짐을 나누겠다는 의사를 표명했습니다.

원수들과 싸우는 전쟁터를 두려워하기는커녕, 그들은 이스라엘 자손의 선봉에 설 준비가 되어 있었습니다. 그리고 다른 지파들이 모두 그 땅에 정착할 때까지 그들과 함께 있겠다고 했으며, 게다가 보상을 요구하거나 탈취물들에 대한 권리를 주장하지 않겠다고 했습니다.

모세는 그들의 해명과 호소를 듣고 만족하여, 그들의 청원을 조건부로 허락했습니다. 그는 그들이 약속한 조건을 그대로 지킬 것을 당부했습니다. 그들이 그들 편에서의 조건을 다 지키면 야셀과 길르앗 땅이 "여호와 앞에서 너희[그들]의 소유"(민 32:22)가 될 것이었습니다.

그러나 만일 그들이 그들의 약속을 지키지 않으면, 그것은 하나님 자신을 거스르는 것이 되며, 그들의 죄가 반드시 그들을 찾아내어(23절) 그들이 쓰라린 결과를 얻게 될 것이며 빛을 보지 못할 것이었습니다.

"주의 종들인 우리는 우리 주의 명령대로 행할 것이라"(25절)라는 것이 그들의 기꺼운 답변이요 엄숙한 맹세였습니다. 이에 이스라엘의 최고 법정에서 공적인 합의가 이루어졌고, 그 조건에 따라 시혼과 옥이 관할하던 땅과 성읍들이 두 지파와 반 지파의 소유가 되었습니다(33절). 그리고 그 내용이 모세의 후계자인 여호수아에게 통보되었습니다(28절). 이렇게 해서 그들은 모세의 경륜 하에서 영적인 기업을 얻은 구약의 성도의 모형이 되었습니다.

여호수아가 지도자가 되었을 때에 그는 두 지파와 반지파에게 "여호와의 종 모세가 너희에게 명령하여 이르기를 너희의 하나님 여호와께서 너희에게 안식을 주시며 이 땅을 너희에게 주시리라 하였나니 너희는 그 말을 기억하라"고 한 다음 이런 합의 사항들의 조건들을 상세하게 말씀했습니다(수 1:12-15).

앞에서 지적한 바와 같이 여호수아가 여기서 그렇게 한 것은 그 자신의 영민함 때문이 아니라 여호와의 뜻에 순종하기 위함이었습니다. 여호와께서는 그에게 "나의 종 모세가 네게 명령한 그 율법을 다 지켜 행하라"(수 1:7)고 말씀하신바 있는데, 이것이 그 가운데 하나였던 것입니다(민 32:28).

그러므로, 이스라엘의 새로운 영도자 여호수아는 두 지파와 반지파가 당연히 자기들의 약속대로 이행할 것이라고 안일하게 생각하지 않고, 그 사항들을 그들에게 다시 명확히 되새기고 그것들을 확실히 준수할 것을 다짐받은 것입니다. 그리고 그가 그들에게 당부한 근거 역시 극히 복스러운 것이었습니다. 자기 자신을 위해 선의를 베풀라거나 협력해달라거나 다른 형제들을 격려해달라고 한 것이 아니라, 그것이 여호와의 명령에 순종하는 길임을 강조한 것입니다.

여호와의 종 모세가 너희에게 명령한 … 그 말을 기억하라(수 1:1-7).

이에 대한 그들의 응답을 다시 들어보는 것도 똑같이 복스러운 일입니다.

그들이 여호수아에게 대답하여 이르되 당신이 우리에게 명령하신 것은 우리가 다 행할 것이요 당신이 우리를 보내시는 곳에는 우리가 가리이다. 우리는 범사에 모세에게 순종한 것 같이 당신에게 순종하려니와 오직 당신의 하나님 여호와께서 모세와 함께 계시던 것 같이 당신과 함께 계시기를 원하나이다(수 1:16-17).

이렇게 해서 그들은 그들의 합의 사항을 엄숙하고도 분명하게 재확인했습니다. 그리고 그 뒤의 사실에서 드러나듯이, 그들은 그저 말만 그렇게 한 것이 아니었습니다. 그분을 존귀하게 하는 자들을 존귀하게 하시는 것이 언제나 하나님의 방식입니다. 여호수아는 여호와의 명령을 준수하고 그분의 말씀을 존귀하게 함으로써 그분을 지극히 높여드렸고, 이제 여호와께서는 은혜로이 이 두 지파와 반지파에게 기꺼이 그의 휘하에서 섬길 마음을 갖게 하셨습니다.

"너희의 형제도 안식하며 그들도 … 그 땅을 차지하기까지"(15절)라는 그의 언사에서 가나안 전쟁의 성공적인 결과에 대한 자신의 흔들림 없는 믿음을 표현했고, 그리하여 여기서 주께서는 이 사람들을 감동하셔서 그에게 온전히 충성하도록 하신 것입니다. 여호수아를 그들의 대장군으로 받아들였고, 그의 권위에 굴복하고 충만히 순종하게 된 것입니다.

그들은 그들의 합의 사항을 신실하게 이행했습니다.

> 르우벤 자손과 갓 자손과 므낫세 반 지파는 모세가 그들에게 이른 것 같이 무장하고 이스라엘 자손들보다 앞서 건너갔으니, 무장한 사만 명 가량이 여호와 앞에서 건너가 싸우려고 여리고 평지에 이르니라(수 4:12-13).

성도의 순종을 성령께서 얼마나 기쁘게 기록하고 계신지요!
이제 우리는 위의 모든 내용에 대한 복된 결말을 보는 단계에 이르렀습니다.

> 그들에게 이르되 여호와의 종 모세가 너희에게 명령한 것을 너희가 다 지키며 또 내가 너희에게 명령한 모든 일에 너희가 내 말을 순종하여 오늘까지 날이 오래도록 너희가 너희 형제를 떠나지 아니하고 오직 너희의 하나님 여호와께서 명령하신 그 책임을 지키도다(수 22:2-3).

그들의 행위에 대한 진정한 찬송과 감사의 찬사가 아닐 수 없습니다.
그들은 약속한 대로 자기들의 임무를 수행하고 조건을 지킨 것뿐이었으나, 여호수아는 그들의 신실함과 그들의 순종을 그토록 귀하게 칭송한 것이요, 더욱이 이스라엘의 군대장관에게서 그런 말을 들었으니 그들은 크게 감격했을 것입니다.

그들은 여호수아의 권위에 복종함으로써 그들의 진면목을 한층 더 증명한 것이었습니다. 그들로서는 자기들의 합의는 모세와 했던 것이었고 그가 죽음으로써 모든 계약이 무효가 되었으니 자기들로서는 합의 사항을 이행할 의무가 없다고 항변할 수도 있었습니다. 그러나 그들은 쟁기를 잡고 뒤를 돌아보는 따위의 일은 하지 않았습니다(눅 9:62). 혹은 다른 말로하면, 훗날의 에브라임 지파 사람들과 모든 면에서 정반대로 처신했습니다. 그들에 대해 시편은 이렇게 기록하고 있습니다.

> 에브라임 자손은 무기를 갖추며 활을 가졌으나 전쟁의 날에 물러갔도다. 그들이 하나님의 언약을 지키지 아니하고 그의 율법 준행을 거절하며(시 78:9-10).

안타깝게도 오늘날 그리스도의 깃발 아래 병사로 용기있게 지원한 많은 이들이 시험의 날에 넘어져서 원수 앞에서 도망해버리는 예가 얼마나 많은지 모릅니다! 시험의 시각이 다가오면 그들의 선한 결단도, 엄숙한 약속과 맹세도, 다 헛것이 되어 버리는 것입니다.

이 르우벤 지파와 갓 지파 사람들은 전혀 달랐습니다. 시작도 잘 했지만, 끝까지 인내했습니다. 하나님과 그분의 백성의 대의를 향한 그들의 마음을 다한 헌신이 날로 늘어났습니다. 여호수아 1:16과 민수기 32:31을 비교해 보면 그들이 여호수아에게 한 약속이 모세에게 했던 과거의 맹세의 범위를 훨씬 넘어섰다는 것을 알 수 있습니다.

칠년 동안 그들은 여호수아의 휘하에서 순종하며 섬겼었고, 이스라엘 전체의 복지를 그들 자신의 사사로운 안위보다 앞세워 처신했고, 가족들에게로 돌아가려 하지 않고 가나안이 정복되기까지 다른 지파들과 함께 요단 강 서편에 그대로 남아 있었습니다.

정말 칭찬할만한 것은 해산 명령을 받기까지 그들이 묵묵히 기다려왔다는 사실입니다. 여호수아에게 나아가 이제 가족들이 있는 곳으로 돌아갈 때가 되었다며 불평을 늘어 놓은 것이 아니라, 여호와께서 그 문제를 해결해 주실 때까지 조용히 기다린 것입니다.

헨리(Henry)는 이에 대해 이렇게 말씀합니다.

선한 병사들답게 그들은 장군에게서 명령이 떨어질 때까지는 움직이려하지 않았다. 그들은 여호와와 이스라엘에게만 임무를 다한 것이 아니라, 하나님을 향해서 양심을 지켜 마지막까지 임무를 완수했고, 이것이야말로 가장 훌륭한 점이다. '너희의 하나님 여호와께서 명령하신 그 책임을 지켰도다'라는 말씀은 전쟁이 끝나기까지 이스라엘을 섬기는 일을 계속했다는 이 특정한 사례에서만이 아니라, 전반적으로 이스라엘 진중에서 책무를 계속 믿음으로 감당해 왔다는 뜻이다. 이는 병사들 사이에서 희귀하고도 훌륭한 일이요, 마땅히 칭찬받아야 할 일이었다.

이제는 너희의 하나님 여호와께서 이미 말씀하신 대로 너희 형제에게 안식을 주셨으니 그런즉 이제 너희는 여호와의 종 모세가 요단 저쪽에서 너희에게 준 소유지로 가서 너희의 장막으로 돌아가되(수 22:4).

여호수아는 그들에게 존귀의 면류관을 씌우고, 승리의 영광을 그들에게 돌립니다. 동시에, 그는 지금까지 자신을 도와 전쟁에서 수고한 그들의 노고에 찬사를 보냅니다.

가장 먼저 하나님을 찬송하는 것이 합당하나, 동시에 도구로 쓰임 받은 자들도 잊어서는 안 된다(헨리[Henry]).

동시에 여호수아는 여호와의 신실하심에 대해서도 높이 찬송하며, 이스라엘의 모든 군사적인 노력이 성공을 거두어 온 민족이 안식하게 된 것이 여호와의 확실한 말씀의 성취임을 상기시켰습니다. 이제 그 두 지파와 반 지파가 형제들과 더불어 온갖 난관과 위험을 나누며 약속을 신실하게 이행했으므로, 여호수아는 모세가 그들에게 한 약속대로, 그들을 이스라엘 군대로부터 엄숙하고도 명예롭게 해산시키고 그들을 가족들에게로 돌려보냈습니다.

오직 여호와의 종 모세가 너희에게 명령한 명령과 율법을 반드시 행하여 너희의 하나님 여호와를 사랑하고 그의 모든 길로 행하여 그의 계명을 지켜 그에게 친근히 하고 너희 마음을 다하며 성품을 다하여 그를 섬길지니라(수 22:5).

두 지파와 반 지파를 해산하기 전에 여호수아는 그들에게 당부합니다. 그들의 성읍을 든든히 방비하라거나 땅을 잘 경작하라거나 하는 것에 대해서는 전혀 지침이 없고, 오로지 그들의 영적 삶에 대한 내용만을 강조합니다. 그리고 그들의 "도덕적인 무능력"의 기준에 맞추어 법규를 낮추어 주는 것도 없었고, 오직 철저하게 하나님의 명하신 대로 행할 것을 당부했습니다.

> 하나님의 율법을 완전히 순종하는 일은 지금이나 여호수아 당시나 실행이 불가능했으나, 이 권고는 그 점을 주목하지 않는다. 순종의 표준은 그렇게 높을 수가 없고(마 5:43-48) 우리의 목표도 그렇게 높을 수가 없으니, 우리 스스로 목표로 삼는 그 기준에 우리가 모자란다는 것이 확실하다. 그러나 우리가 불완전하다는 것을 의식하게 되어 스스로 낮아지게 되고, 우리의 삶이 충족하지 못하다는 것을 느끼게 되어 죄 사함과 주의 도우심을 위해 기도하게 되는 것이다(토마스 스코트).

하나님의 율법을 아는 것만으로는 안 됩니다. 그것을 행해야 합니다. 순종하기 위해서는 그것을 부지런히 새겨야 합니다. 전심으로 그분을 섬기는 만큼만 하나님의 길에서 행하게 되는 법입니다. 그분을 향한 사랑이야말로 그가 받으실 만한 모든 순종과 예배의 근원이기 때문입니다.

2. 해산

앞에서 르우벤 지파와 갓 지파와 므낫세 반 지파가 요단 강 동편에서 기업을 얻기 위해 취했던 처신에 관해서 서로 상충되는 견해들이 제시되었다는 점을 주목했습니다. 어떤 이들은 그들의 행위가 잘못된 것이었다고 보나, 그 반대의 견해를 제시하는 이들도 있습니다. 그 문제에 대한 우리의 견해는 두 번째 견해가 합당하다는 것이었습니다.

성경에는 이 문제를 명확히 정리해 주는 직접적인 진술이 없으니, 이 문제에 대해 독단적인 주장을 할 것이 아니라 형제를 사랑하고 존중하는 자세를 취해야 마땅합니다(벧전 3:8).

그러나 한 가지 분명한 것은 그들이 여호수아의 칭찬과 축복을 받고서 요단강 동편의 그들의 기업에로 돌아갔다는 사실입니다. 여호수아가 두 지파와 반 지파에게 그랬던 것처럼, 사도 바울도 흔히 교회들에 보내는 서신서를 칭찬의 말로 시작합니다. 빌립보의 감독들과 집사들과 성도에게 그는 다음과 같이 쓰고 있습니다.

> 내가 너희를 생각할 때마다 나의 하나님께 감사하며 간구할 때마다 너희 무리를 위하여 기쁨으로 항상 간구함은 너희가 첫날부터 이제까지 복음을 위한 일에 참여하고 있기 때문이라(빌 1:3-5).

그리스도인은 모름지기 "존경할 자를 존경하고"(롬 13:7) 모든 영광을 하나님께 돌리는 자세를 유지하기를 힘써야 합니다. 여호수아는 그들을 군사적인 의무들로부터 해방시켰으나, 영적이며 물질적인 성격을 다 지닌 다른 의무들을 맡겼습니다. 그들은 여호와를 유념해야 하고 동시에 형제들을 돌아보아야 했습니다.

여호수아는 하나님의 계명의 내용을 다섯 가지 중요한 진술로 정리했으니, 곧 여호와를 사랑하고, 그분의 모든 길로 행하며, 그분의 계명을 지키며, 그분에게 친근히 하고, 그분을 섬기는 것입니다. 이는 인격 전체를 통해 전 존재를 통해 하나님의 명령에 남김없이 부응해야 한다는 것입니다. 이 말씀이 두 지파와 반 지파에게 의도했던 의미는 사도께서 고린도의 성도에게와 오늘날 우리에게 준 말씀의 의미와 매우 유사합니다.

> 너희 몸은 너희가 하나님께로부터 받은 바 너희 가운데 계신 성령의 전인 줄을 알지 못하느냐 너희는 너희 자신의 것이 아니라 값으로 산 것이 되었으니 그런즉 너희 몸으로 하나님께 영광을 돌리라(고전 6:19-20).

이 신실한 전쟁 용사들은 그들의 전공에 대해 교만한 마음을 느끼지 않기가 매우 힘들었을 것입니다. 특히 여호수아에게서 그렇게 칭찬받았고, 또한 상당한 재물, 가축, 은 금, 동, 철, 그리고 많은 의복을 비롯해서, 그들이 보상으로 받은 탈취물들이 이제 그들의 소유가 되었다는 것을 실감했을 것입니다.

그런데도, 여호수아는 그들에게 "너희의 원수들에게서 탈취한 것을 너희의 형제와 나눌지니라"(수 22:8)고 명했습니다. 가정에 남아 지키고 있는 자들과 그 모든 것을 함께 나누라는 것이었습니다.

모세는 여러 해 전 미디안 족속에게 이스라엘 자손의 원수를 갚을 때에 하나의 전례를 세운 일이 있습니다. 여호와께서는 다음과 같이 그에게 말씀하셨습니다.

> 너는 제사장 엘르아살과 회중의 수령들과 더불어 이 사로잡은 사람들과 짐승들을 계수하고 그 얻은 물건을 반분하여 그 절반은 전쟁에 나갔던 군인들에게 주고 절반은 회중에게 주고(민 31:26-27).

그리고 여러 세기 후, 다윗도 이 원리에 근거하여 그의 사람들에게 다음과 같이 명했습니다.

> 전장에 내려갔던 자의 분깃이나 소유물 곁에 머물렀던 자의 분깃이 동일할지니 같이 분배할 것이니라(삼상 30:24).

이것이 시편 68편의 다윗의 승리의 노래의 이면에 깔려 있는 유일한 원리는 아니지만, 그중의 하나인 것은 분명합니다. 승리한 자가 과거에 사로잡은 자를 사로잡고서 그의 사람들에게 선물로 전쟁에서 얻은 탈취물(18절)을 주고 승리를 다른 이들과 함께 나누었다는 것입니다. 하나님의 성령께서는 에베소서 4:8, 11에서 이러한 관념을 주 예수님께 적용시키십니다.

> 그러므로 이르기를 그가 위로 올라가실 때에 사로잡혔던 자들을 사로잡으시고 사람들에게 선물을 주셨다 하였도다 …그가 어떤 사람은 사도로, 어떤 사람은 선지자로, 어떤 사람은 복음 전하는 자로, 어떤 사람은 목사와 교사로 삼으셨으니(엡 4:8).

요단 강 동편에 남아 있던 사람들이 그 형제들이 싸워 얻은 탈취물로 부요하게 되었듯이, 교회도 그리스도께서 "통치자들과 권세들을 무력화하여[발가벗겨] 드러내어 구경거리로 삼으시고 … 그들을 이기"(골 2:15)신 갈보리의 탈취물로 부요하게 된 것입니다. 복되신 우리 주께서 그분의 영광의 승리를 그분의 교회에게 나누어주시는 것입니다.

3. 기념 제단

> 그런즉 선 줄로 생각하는 자는 넘어질까 조심하라 (고전 10:12).

하나님의 백성이라면, "내가 종신토록 부드럽게 행하리이다"(사 38:15. 개역개정은 "내가 종신토록 방황하리이다"로 번역함. 역주)라고 말씀한 히스기야의 자세를 본받아 행해야 마땅합니다. 칭찬을 받은 다음, 무분별하게 부주의하여 처신함으로써 우리 자신에게와 다른 이들에게 불필요한 문젯거리들을 일으키지 않도록 항상 조심할 필요가 있습니다. 하나님은 그분의 백성이 악의 모든 모양을 삼가기를 바라십니다(살전 5:22). 우리가 세우고 시행하는 계획들이 마음속의 진정한 의도를 가려서 오해를 불러일으킬 수도 있기 때문입니다.

실로가 여호수아 진영의 본부가 되었습니다(수 18:8-9). 길갈은 가나안 땅의 정복과 연관된 장소였고(수 5장), 여호수아는 거기서 그의 군사적 위치에서 가나안 침공을 지휘했습니다. 가나안 정복을 확신하자 그는 실로로 옮긴 것으로 보입니다. 이는 실로의 중심적인 위치로 볼 때에 바람직한 선택이었고, 그는 거기서 영토를 분배하는 일을 감독했습니다. 바로 거기서 이 영웅적인 병사들이 해산하여 그 가족들에게로 돌아간 것입니다.

요단 강을 건너는 이스라엘의 놀라운 역사적 사건을 기념하기 위해 기념비가 세워졌습니다. 처음 그 땅에 들어섰을 때에 모세가 그것을 세웠었습니다. 이스라엘 지파의 대표들이 강가에서 가져온 돌을 져다가 강변에 돌무덤처럼 쌓아놓은 것입니다. 그들은 다음과 같은 여호와의 교훈을 그대로 시행했었습니다.

> 이것이 너희 중에 표징이 되리라 후일에 너희의 자손들이 물어 이르되 이 돌들은 무슨 뜻이냐 하거든 그들에게 이르기를, 요단 물이 여호와의 언약궤 앞에서 끊어졌나니 곧 언약궤가 요단을 건널 때에 요단 물이 끊어졌으므로 이 돌들이 이스라엘 자손에게 영원히 기념이 되리라 하라 (수 4:6-7).

르우벤 지파와 갓 지파와 므낫세 반 지파의 사람들은 과거에 기념비를 통해 그들이 이적적으로 가나안으로 들어간 일을 그들의 후손 앞에 증거하게 되었듯이, 지금도 그들이 어째서 다시 요단 강을 건넜으며 어째서 그들이 요단 강 동편에 기업을 받았는지를 자녀들에게 증거해 줄 기념비가 필요하다고 느꼈을 것으로 보입니다.

제단이 필요하다는 그들의 논지가 아무리 일리 있는 것처럼 보였다 해도, 그들이 임의로 세운 돌무더기 제단과 과거에 여호와의 명령으로 세워진 요단 강변의 제단은 서로 엄청난 차이가 있었습니다. 후자는 하나님의 말씀에 순종한 결과로 거기에 있는 것이었고, 전자는 인간의 생각과 계획 때문에 있게 된 것이었습니다. 하나님의 뜻으로부터 이탈하게 되면, 이미 계시된 바 있거니와, 그 뜻에다 덧붙이든, 그 뜻에서 삭제시키든 결국, 문제를 일으키게 되어 있습니다.

두 지파와 반 지파의 의도는 분명 순전한 것이었을 것입니다. 그러나 제단을 세운다는 것은 모세를 통해 주신 다음의 하나님의 말씀에 위배되는 것임이 분명했습니다.

> 너희가 요단을 건너 네 하나님 여호와께서 네게 주시는 땅에 들어가는 날에 … 네 하나님 여호와의 제단을 쌓고 (신 27:1-10).

다른 형제들은 그들의 행위를 바로 그런 시각에서 바라보았습니다. 그들의 동기는 순전했을지 모르나 방법이 옳지 않았던 것입니다.

여호수아 22:11에서는 사실 그 두 제단이 서로 가까이에 있었는지는 알 수 없습니다. 두 번째 제단의 실제의 위치를 제시하지 않고, 그저 "가나안 땅의 맨 앞쪽 요단 언덕 가 이스라엘 자손에게 속한 쪽에 제단을 쌓았다"고만 기록하고 있으니 말입니다.

신성한 외양을 갖춘 기념물은 미래의 세대들에게 증거가 되기보다는 오히려 함정이 되었을 소지가 컸습니다. 놋뱀이 이스라엘에서 많은 죽어가는 이들의 목숨을 구했으나(민 21장) 결국, 그것이 올무가 되어 그 백성이 그 놋뱀을 섬기게 되었습니다. 선한 왕 히스기야는 유다 백성을 개혁할 때에 다른 우상들과 더불어 그것도 파괴해버렸습니다(왕하 18:4).

그것은 사람들이 "보기에 큰 제단"(10절)이었다고 합니다. 사람들의 주목을 끌만큼 컸습니다. 이 얼마나 인간적입니까!

사람들의 공적은 일반적으로 크게 기념하고 화려하게 그것을 드러내는 결과로 이어집니다. 이에 대한 고전적인 실례는 느부갓네살과 그의 거대한 우상에서 볼 수 있습니다. 그는 그것에다 예배하도록 했습니다. 그는 교만에 가득 차서, "이 큰 바벨론은 내가 능력과 권세로 건설하여 나의 도성으로 삼고 이것으로 내 위엄의 영광을 나타낸 것이 아니냐?"라고 외쳤고, 그 말이 끝나기도 전에 하나님의 심판이 그에게 선포되었습니다(단 4:30-31). 과연 그렇습니다.

> 사람이 교만하면 낮아지게 되겠고 … (잠 29:23).

> 누구든지 자기를 높이는 자는 낮아지고 누구든지 자기를 낮추는 자는 높아지리라 (마 23:12).

그 깜짝 놀랄 소식이 다른 지파에게 곧바로 전해졌습니다.

> 이스라엘 자손이 이[제단을 세운다는 일]를 듣자 곧 이스라엘 자손의 온 회중이 실로에 모여서 그들과 싸우러 가려 하니라(수 22:12).

이미 주지한 바와 같이 실로는 통치의 중심이었습니다. 이스라엘은 거기에서 엄숙한 전체 회합을 가졌습니다. 이는 군중심리에 의해서 생겨난 움직임이 아니었고, 폭도들의 폭력을 불러일으키는 성급한 행동도 아니었습니다. 배도(背道)에 대해 어떻게 벌할지에 대해 여호와께서는 모세를 통해 이미 법령을 반포하신 바 있습니다.

그러므로 이스라엘은 그 문제를 논의하고 조사하기 위해 공식적인 회합을 가진 것입니다. 이처럼 지혜롭고도 견고한 행동은 사만 이천 명의 에브라임 지파 사람들을 무차별적으로 죽인 길르앗 사람들의 처신(삿 12장)과 생생한 대조를 보여 줍니다. 이 당시 에브라임 지파 사람들이 내뱉은 성급한 말들은 분명 분노를 촉발시키는 것이었으나, 그렇다고 입다와 그의 추종자들의 거칠고도 잔인한 처신이 정당화되는 것은 아니었습니다.

하나님의 성령은 의로운 분노와 잔인한 화와 악의를 서로 구별지으십니다. 전자에 대해서는 "분을 내어도 죄를 짓지 말며 해가 지도록 분을 품지 말고"라고 말씀하시지만, 후자에 대해서는 "모든 악독과 노함과 분냄과 떠드는 것과 비방하는 것을 모든 악의와 함께 버리라"고 말씀하십니다(엡 4:26, 31).

이스라엘의 통치자들―아마도 산헤드린―이 그 문제를 철저하게 연구한 것은 정말 바람직한 일이었습니다. 그들은 특정한 사람들이 일어나 그 백성들로

하여금 우상을 섬기도록 이끌려 할 경우에 어떻게 해야 할지를 지시하신 여호와의 지침대로 조사를 진행했습니다.

> 너는 자세히 묻고 살펴 보아서 이런 가증한 일이 너희 가운데에 있다는 것이 확실한 사실로 드러나면 … 너는 마땅히 그 성읍 주민을 칼날로 죽이고 그 성읍과 그 가운데에 거주하는 모든 것과 그 가축을 칼날로 진멸하고(신 13:12-18).

그들이 따라야 했던 절차는 신중함과 인내를 요하는 것이었습니다. 우선 그들은 심문해야 했습니다. 즉, 해당 문제점에 대해 답을 구해야 했습니다. 그 다음에는 살펴보아야 했습니다. 즉, 좀 더 주어진 증거를 검토해야 했습니다. 그리고 부지런히 물어야 했습니다. 곧 직접적인 심문을 일컫는 것입니다.

정의로운 결단에 이르기 위해서는 과정도 공정해야 했습니다. 영적인 분별과 사려 깊은 절차를 통해야만 "범사에 헤아려 좋은 것을 취하게 될 것"(살전 5:21)입니다. 에베소 교회는 "자칭 사도라 하되 아닌 자들을 시험하여 그의 거짓된 것을 네가 드러낸 것"(계 2:2)으로 주님께 칭찬을 받았습니다.

고린도교회는 법적으로 신중을 기하지 못했고 특정한 오류들을 제대로 조사하지 못함으로써 극심한 책망을 자초했습니다.

> 성도가 세상을 판단할 것을 너희가 알지 못하느냐 세상도 너희에게 판단을 받겠거든 지극히 작은 일 판단하기를 감당하지 못하겠느냐 …내가 너희를 부끄럽게 하려 하여 이 말을 하노니 너희 가운데 그 형제간의 일을 판단할 만한 지혜 있는 자가 이같이 하나도 없느냐(고전 6:2-5).

이스라엘에서 일어난 이 조사는 해를 끼치는 풍문을 처리할 때에 준수해야 할 몇 가지 근본적인 원칙들을 보여 주는데, 조사, 진술, 선언, 권고가 그것입니다. 이 원칙들을 철저히 준수하면, 무죄 선언이나 정죄로 귀결될 것입니다. 엄숙한 회합에서 이스라엘의 장로들은 형제들에게 다음과 같이 결정 사항을 공포했습니다.

> 이스라엘 자손이 제사장 엘르아살의 아들 비느하스를 길르앗 땅으로 보내어 르우벤 자손과 갓 자손과 므낫세 반 지파를 보게 하되 이스라엘 각 지파에서 한 지도자씩 열 지도자들을 그와 함께 하게 하니 그들은 각기 그들의 조상들의 가문의 수령으로서 이

스라엘 중에서 천부장들이라(수 22:13-14).

비느하스를 택한 데에서 상당한 지혜가 드러납니다. 그는 안타까운 배도의 시기에 처음 자신의 모습을 드러냈습니다. 여호와께서는 친히 그에 대해 다음과 같이 말씀하신바 있습니다.

제사장 아론의 손자 엘르아살의 아들 비느하스가 내 질투심으로 질투하여 이스라엘 자손 중에서 내 노를 돌이켜서 내 질투심으로 그들을 소멸하지 않게 하였도다. 그러므로 말하라 내가 그에게 내 평화의 언약을 주리니(민 25:11-12).

그들이 비느하스를 보내기로 결정한 것은 그가 배도를 강력히 저지함으로써 형제들의 뇌리에 깊은 신뢰를 준 결과였습니다. 비느하스라면 반드시 여호와의 이름의 존귀를 지키며 이스라엘의 유일신 신앙을 수호할 것임을 누구도 믿어 의심치 않았던 것입니다.

더욱이, 두 지파와 반 지파를 위해서도 비느하스보다 더 바람직한 인물은 없었습니다. 비느하스처럼 여호와를 위해 열정적인 인물에게서 무죄 판정을 받는다면 그들의 무고함이 완전히 입증될 것이요 결국, 신뢰를 회복하고 이스라엘의 하나됨이 곧바로 이어질 것이었으니 말입니다. 이러한 문제의 처리 과정에서 다음과 같은 세 차례나 반복되는 진리가 여실히 입증됩니다.

지략이 많으면 평안을 누리느니라(잠 11:14; 15:22; 24:6).

비느하스와 그를 수행한 이들은 우상 숭배와 반역에 대한 그들의 의혹을 진솔하게 진술했고, 브올에서 일어났던 그 쓰라린 민족적 참사를 근거로 실로에 모인 이스라엘 지파들의 견해를 피력했습니다. 만일 그런 죄를 용인한다면, 이스라엘 회중 전체가 고난을 당할 것이었습니다.

"적은 누룩이 온 덩어리에 퍼지는 것"(고전 5:6)이요, 또한 아직도 거기에 물든 자들이 그들 중에 있었으므로(수 22:17) 결국, 모두가 하나님의 진노를 촉발시키게 되리라는 것이었습니다.

르우벤 지파와 갓 지파와 므낫세 반 지파의 사람들이 그것을 잊었단 말입니까?

세라의 아들 아간이 온전히 바친 물건에 대하여 범죄하므로 이스라엘 온 회중에 진노가 임하지 아니하였느냐 그의 죄악으로 멸망한 자가 그 한 사람만이 아니었느니라 (수 22:20).

그런데도, 그들은 혹독한 책망과 더불어 문제의 평화로운 해결을 위해 은혜로운 제안을 제시했습니다.

그런데 너희의 소유지가 만일 깨끗하지 아니하거든 여호와의 성막이 있는 여호와의 소유지로 건너와 우리 중에서 소유지를 나누어 가질 것이니라. 오직 우리 하나님 여호와의 제단 외에 다른 제단을 쌓음으로 여호와를 거역하지 말며 우리에게도 거역하지 말라 (수 22:19).

이러한 그들의 호소가 요단 강 동편에 남기로 한 두 지파와 반 지파의 처신이 무분별한 것이었음을 빗대어 말한 것이라고 보는 이들도 있습니다. 그들은 그 제단을 이기적이고 탐욕적인 자세로부터 나온 무분별한 처신의 또 한 가지 사례로 봅니다.

이스라엘의 두령들이 제시한 권고를 실행하는 데에는 그들의 거주지를 옮기는 문제와 요단 강 서쪽의 경내에 인구가 과밀하게 되는 문제 등, 상당한 불편함이 뒤따를 것이었습니다. 요단 강을 다시 건너 이주하는 문제가 아무리 크다 해도, 분열을 없애고 민족을 유지시키는 문제에 비하면, 그것은 그저 사소한 고려사항에 지나지 않았을 것입니다. 그들의 말에는 은혜와 진리가 담겨 있었습니다. 그들은 사랑으로 진리를 말씀한 것입니다(엡 4:15).

진리 하나만 있다면 사람이 지나치게 아집만 부리게 되고, 사랑만 있게 되면 너무 관용만 남발하게 됩니다. 진리와 사랑이 적절히 하나가 될 때에 거기서 성숙함이 드러납니다. 성숙함이란 힘과 부드러움, 분별과 너그러움, 의로움과 연민, 안정성과 신축성으로 표현됩니다. 그들이 길르앗 사람들을 견고하면서도 부드러운 자세로 대하였으므로, 그들도 역시 이스라엘의 장로들을 예의바르고 겸손하게 대응하게 되었을 것입니다.

이렇듯 이스라엘의 초기 역사에 내부적인 심각한 난제들이 있었듯이, 교회역시 그 초기 역사에 내부적인 문제점들이 있었습니다. 이스라엘 역사에서 견고하고도 은혜로운 원리들을 통해 문제점을 해결했던 사실이 교회에서도 그대로 적용된 것입니다. 안디옥에서 전파된 것들처럼 실천적인 오류들로 인해 예루살렘에서 공의회가 열리게 되었고, 거기서 문제점들을 성령의 인도하심 아래 조심스럽게 기도와 더불어 조사하여 이방인 신자들에게 적절한 지침들이 제시되었고, 유력한 대표들을 통해 전달되었습니다(행 15장).

르우벤 지파와 갓 지파와 므낫세 반 지파 편에서 제시한 답변과 부인 역시 간결하면서도 진정성 있는 것이었습니다. 그들은 하나님이 증인이심에 호소하여(수 22:22) 그들의 무고함을 강력히 변론했습니다. 여기서 그들은 세 가지 하나님의 이름을 사용했습니다. 엘, 엘로힘, 그리고 여호와가 그것인데, 이는 각기 능력의 하나님, 삼위일체의 본성을 지니신 하나님, 그리고 영원한 본체이신 하나님을 나타내는 것이었습니다.

더 나아가, 그들은 이런 호소를 통해 자기들이 오직 하나님 자신이 계시하신 대로 한 분 하나님만을 믿으며, 오직 그분만이 언약을 지키시는 그들의 하나님이심을 고백한다는 것을 확고히 밝혔습니다. 하나님이 그들의 증인이시니, 그들의 주장처럼 자기들이 거짓말을 하는 것이면, 하나님이 그들을 살려두지 않으실 것이라고 단언했습니다. 그들은 악의가 전혀 없었음을 주장하면서, 그들이 그렇게 처신하게 된 것은 그들 나름의 염려 때문이었음을 언급했습니다.

> 우리가 목적이 있어서 주의하고 이같이 하였노라 곧 생각하기를 후일에 너희의 자손이 우리 자손에게 말하여 이르기를 너희가 이스라엘 하나님 여호와와 무슨 상관이 있느냐(수 22:24).

과연 그들이 그렇게 처신하게 되었을 만큼 이스라엘 사람 중에 우려스러운 정황이 있었는지는 알 수 없습니다. 그들의 편에서 악의적인 추측이 생겨나서 그렇게 처신하게 되었을지도 모릅니다. 인간의 마음에서 나오는 염려 중의 많은 부분이 스스로 만들어낸 것들입니다. 모세와 그들 자신이 서로 훌륭하게 합의했음에도 불구하고(민 32장) 그들은 본래의 계획에서 이탈하는 문제로 인해 죄책감을 갖게 되었을 수도 있습니다.

그들이 두려워한 것은 그들의 후손들의 자세가 아니라 다른 사람들의 자세였습니다. 그들이 다른 지파의 후손들의 행동에 대해 의심을 가졌다면, 그것은 지나친 걱정이었던 것으로 보입니다. 두 지파와 반 지파의 미래의 역사(대상 5:25-25)를 보면 다른 지파들의 자세와 처신에 대해 상상하기보다는 그들 자신의 안일함을 더 두려워했어야 옳았다고 결론짓게 됩니다.

> 만물보다 거짓되고 심히 부패한 것은 마음이라 누가 능히 이를 알리요 (렘 17:9).

아마도 자기들의 안일함에 대해서는 전혀 의식하지 못하고서, 이 길르앗의 사람들은 순전하고도 선명하게 해명했습니다. 그렇습니다. 그들은 성막의 놋 제단을 본 따서 더 크게 제단을 세웠었습니다. 그들은 그런 모양 자체가 그들과 요단 강 서편의 동족들을 서로 연결짓는 하나의 고리가 될 것이라고 생각했을 수도 있습니다. 그리고 그런 모양의 제단에서 하나님의 요구 사항들, 곧 오직 한 분이신 참되신 하나님의 요구 사항들을 떠올리게 되리라고 생각했을 수도 있습니다.

뿐만 아니라, 그 제단이 있음으로써, 그들의 생전에, 그리고 미래 세대들의 생전에, 오직 속죄를 근거로 해서 하나님께 나아갈 수 있다는 사실이 확고해질 것이라고 생각했을 수도 있습니다. 한 가지 확실한 사실은 그 제단이 짐승을 드리는 제사의 용도로 사용되는 것이 아니었다는 점입니다. 그들은 자기들의 계획을 분명히 밝혔습니다.

> 우리가 말하기를 우리가 이제 한 제단 쌓기를 준비하자 하였노니 이는 번제를 위함도 아니요 다른 제사를 위함도 아니라 …우리와 너희 사이와 우리의 후대 사이에 증거가 되게 할 뿐이라 (수 22:26-27).

그처럼 해명한 다음, 그들은 여호와를 반역하거나 실로의 성막 봉사로부터 이탈하거나 하는 의도가 전혀 아님을 천명했습니다. 비느하스는 이에 만족하여 답변했습니다. 그들이 제단을 세웠다는 사실이 아니라, 그들이 여호와를 향해 범죄한 것이 아니며 결국, 이스라엘이 배도로 인한 하나님의 진노로부터 구원받게 되었다는 사실에 만족한 것입니다.

비느하스가 여기서 제단에 대해 전혀 언급하지 않은 것을 그것에 대한 하나의 반대로 해석할 수도 있습니다. 여하튼 비느하스와 그의 수행자들이 돌아와 그 문제에 대해 보고했을 때에, 이스라엘은 두 지파와 반 지파가 범죄한 것이 아니라는 사실로 인해 기뻐했습니다. 이스라엘 회중으로부터 악을 척결하기 위해 내란이 일어나는 사태가 해결된 것입니다. 이처럼 명확한 이해를 얻음으로써 이스라엘 회중은 즐거워했고, 이는 곧바로 예배로 표현되었습니다.

> … 이스라엘 자손이 하나님을 찬송하고 …(수 22:33).

노골적인 분쟁과 내란이 방지되었고, 그리하여 여호와께 찬송을 올린 것입니다.

> 르우벤 자손과 갓 자손이 그 제단을 엣이라 불렀으니 우리 사이에 이 제단은 여호와께서 하나님이 되시는 증거라 함이었더라(수 22:34).

엣이라 불리는 그 제단이 얼마나 오래 남아 있었는지는 알 수 없으나, 사 세기 후에는 그들이 하나님을 잊어버렸습니다. 성경은 다음과 같이 보도합니다.

> 그들이 그들의 조상들의 하나님께 범죄하여 하나님이 그들 앞에서 멸하신 그 땅 백성의 신들을 간음하듯 섬긴지라 그러므로 이스라엘 하나님이 앗수르 왕 불의 마음을 일으키시며 앗수르 왕 디글랏빌레셀의 마음을 일으키시매 곧 르우벤과 갓과 므낫세 반 지파를 사로잡아 할라와 하볼과 하라와 고산 강 가에 옮긴지라 그들이 오늘까지 거기에 있으니라(대상 5:25-26).

사람들의 선한 의도는 그렇습니다. 그 선한 결심을 실천할 힘이 없고, 언제나 쇠락하는 경향을 보입니다. 그 제단이 자기들을 위해 세워졌건만, 후 세대들은 그 제단이 증거하는 바를 무시하고 우상 숭배에 빠졌습니다. 하나님의 은혜와 능력이 아니고서는 모든 인간의 계획들에 부패가 새겨지는 법입니다.

4. 새 제사장

신자의 삶을 지칭하는 성경의 언급은 어느 것이든 그의 삶의 공적인 습관을 곧, 무엇에게서 영향을 받든지 간에 사람들 앞에서 드러나는 삶의 양태를, 지칭합니다. 신약성경에 따르면 하나님의 자녀의 삶에는 갖가지 영향력들이 작용합니다. 육체를 좇아 행하여(롬 8:4) 감각적인 정욕에 이끌릴 수도 있고, 어둠에 행하여(요일 1:6-7) 무지에 이끌릴 수도 있습니다. 그리고 성령을 좇아 행하고(롬 8:4) 성령 하나님의 내적 충동들을 좇고(고후 5:7), 믿음으로 행하며(고후 5:7), 주를 의지하며 살 수도 있습니다.

더 나아가서, 빛 가운데 행할 수도 있고(요일 1:6-7), 순결함과 거룩함의 분위기를 즐거이 누릴 수도 있으며, 진리 안에서 행할 수도 있고(요이 3; 요삼 4), 하나님의 계시의 인도함을 받을 수도 있습니다. 때때로 불 가운데로 지나가도록 부르심을 받아(사 43:2) 저 히브리 청년 세 사람처럼(단 3장) 환난 중에 하나님의 아들의 임재를 경험할 수도 있습니다. 공적인 삶의 가장 최고의 양태는 바로 언제나 주와 동행하는 결과들을 드러내 보이는 것입니다.

하나님과 동행한다는 것은 그분과의 교제를 유지하는 것이요, 또한 그런 교제는 인격적으로 그분을 기쁘시게 하며 공적으로 그분을 영화롭게 하는 결과를 낳게 되는 법입니다.

이처럼 고상한 영적인 삶의 모습은 사람들 사이에서 아주 희귀한 일입니다. 실제의 성경 기록에 관한한, 이러한 긴밀한 영적인 삶의 모습과 관련해서 칭찬을 받는 사람들이 아주 적습니다. 에녹의 삶은 다음의 말씀으로 정리됩니다. "에녹이 하나님과 동행하더니 하나님이 그를 데려가시므로 세상에 있지 아니하였더라"(창 5:24). 노아도 비슷한 칭찬을 받았습니다.

> 노아는 의인이요 당대에 완전한 자라 그는 하나님과 동행하였으며(창 6:9).

다윗은 여호와 앞에서 행한 사실로 칭찬을 받았으나(왕상 3:14), 차이가 있는 것으로 보입니다. 여호와 앞에서 행한다는 것에는 그분의 살피심을 받고 그분의 임재 안에서 행하며 그분의 뜻을 이행한다는 관념이 내포됩니다. 그러나 "동행"이라는 관념에서 나타나는 가까이 사귐(companionship)과 즐거움이라는 사상은 거기에 없습니다.

말라기 2:6에서는 여호와께서 레위의 후손에 대해, "그가 화평함과 정직함으로 나와 동행하며 많은 사람을 돌이켜 죄악에서 떠나게 하였느니라"고 선포하셨습니다. 이어지는 문맥에서 선지자는 그 당시의 제사장들의 타락한 상태를 탄식했습니다. 그들이야말로 율법의 살아 있는 증인들이 되어야 마땅했으나, 그들의 죄로 인해 하나님의 저주가 그들에게 임했다는 것입니다.

그런 그들의 모습과는 대조적으로 그들의 조상 중의 한 사람, 즉 비느하스에 대해 언급합니다(말 2:5; 참조. 민 25:12). 많은 이들은 여호와께서 여기서 시므리와 고스비의 문제에서 비느하스가 보인 열정(민 25장)을 뜻하시는 것이라고 봅니다.

비느하스는 평안과 공평으로 하나님과 동행한 사람이었고, 그 결과로 그에게 내적인 갈등이 없었다는 것이 그의 올바른 행실에서 잘 드러났습니다. 평안과 공평으로 하나님과 동행하는 이 사람은 하나님의 백성들과의 관계에서 징계에 철저했고, 분별에는 예리했습니다. 그는 아마도 그의 두 삼촌 나답과 아비후의 죄로 인해 그들에게 임했던 하나님의 징계(레 10:1-7)에 대해 잘 알고 있었고, 그 사건으로 크게 경고를 받았을 것으로 보입니다.

여하튼 그는 주저하지 않고 창을 던져 하나님의 거룩하심을 높였습니다(민 25:7). 그가 보기에 죄의 삯은 사망이었습니다. 악에 대한 형벌과, 죄 지은 자에 대한 처단을 공의와 정의가 요구하는 것이요, 그는 열정적으로 하나님의 의로우심을 정당하게 드러낸 것입니다.

비느하스는 극심하게 징계하기만 한 것이 아니라 사려 깊은 협상가이기도 했습니다. 그의 그런 모습은 그가 이스라엘의 전권대사로서, 큰 제단을 세운 두 지파와 반 지파를 상대하는 데에서 여실히 드러납니다. 잠언의 다음과 같은 말씀이 과연 참되다 하겠습니다.

> 많은 사람이 각기 자기의 인자함을 자랑하나니 충성된 자를 누가 만날 수 있으랴 온전하게 행하는 자가 의인이라 그의 후손에게 복이 있느니라(잠 20:6-7).

비느하스는 겸손하고도 신실하며 유능한 사람이었습니다.

비느하스라는 이름은 담대한 모습을 떠올리게 합니다. 이런 그의 성품에다 방금 지적한 특질을 첨가하면, 그는 용기와 평안과 공명정대함의 사람이었다 하겠습니다.

오늘날 교회에 이런 타입의 사람들이 얼마나 절실한지요!

그는 아론의 직계 손으로 이스라엘의 세 번째 대제사장이었고, 일부 역사가들은 그가 19년 동안 그 직분을 감당했다고 주장합니다. 우리는 열정을 흠모하지만, 그런데도 영적인 열정과 육신적인 열정을 구분할 필요가 있습니다. 비느하스는 창을 던졌고, 하나님이 그 일을 인정하셨습니다. 베드로는 검을 빼들고 육신적으로 주님을 방어하고자 했으나 그분의 책망을 받았습니다 (요 18:10-11).

여호수아서는 엘르아살의 죽음과 장례에 대한 언급으로 끝을 맺습니다. 자연히 그의 후계자는 비느하스였습니다. 성경은 다음과 같이 기록하고 있습니다.

> 이스라엘이 여호수아가 사는 날 동안과 여호수아 뒤에 생존한 장로들 곧 여호와께서 이스라엘을 위하여 행하신 모든 일을 아는 자들이 사는 날 동안 여호와를 섬겼더라(수 24:31).

비느하스가 이 장로들의 대제사장이었을 것입니다. 앞에서 본 그의 성품과 처신들로 보아, 그는 매우 유익한 영향을 끼쳤을 것입니다.

특정한 가문에서 점진적인 영적 쇠락이 분명히 드러나는 사실에 대해 흔히 주목하게 됩니다. 그러나 엘르아살과 그의 아들 비느하스의 경우는 그 반대입니다. 그들의 부친이요 조부인 아론은 이스라엘 백성에게서 악영향을 받았으나(출 32:19-24), 비느하스는 반대로 그 백성에게 선한 영향을 끼친 것입니다(수 22:32-34).

제21장

실로에서의 작별

(여호수아 23:1-16)

1. 이스라엘의 장로들을 소집함

앞 장에 기록된 타협이 실로로부터 받은 지시에 의해 이루어졌기 때문에, 비록 정확한 위치는 알 수 없으나, 여기서 이스라엘의 장로들을 함께 부른 것도 역시 거기에 모이도록 하기 위함이었을 것이라고 보는 것이 합당한 것 같습니다. 길갈은 애굽의 수치를 벗어버린 곳이요, 또한 군대의 본진이 있던 곳으로, 거기서 가나안 침공이 시행되었습니다.

세겜은 이스라엘의 민족적인 모임을 위한 중심이었습니다. 그러나 실로는 성막이 세워진 곳으로 여호수아 시대의 통치의 중심을 이룬 곳이었습니다(수 19:51).

23장과 24장에 각기 기록된 사건들 사이에 뚜렷한 차이점들이 나타납니다. 그 모인 장소도 동일하지 않았고, 모인 청중 역시도 서로 다른 것 같습니다.

여호수아는 먼저 이스라엘을 대표하는 장로들과 수령들과 재판장들과 관리들을 불러 모았습니다. 장로들은 모세가 택한 칠십 명(출 18:13-26; 24:1-11)의 후계자들로서, 마카비 시대에 세워지는 산헤드린의 선구자격이었습니다. 장로라는 명칭은 이 대표자들을 모두 일컫는 명칭이었고, 다른 명칭들은 이들이 담당한 직책들을 상위부터 하위까지 순서대로 열거한 것으로 보입니다. 출애굽기 18:13-26에 언급되는 "천부장과 백부장과 오십부장과 십부장"에서도 비슷한 사례가 나타납니다.

당시 이스라엘은 시내산 주위에 진을 치고 있었고, 모세의 시종 여호수아는 "젊은 수종자"(출 33:11)라 불렸습니다. 약 18개월 후 이스라엘은 가데스바네아에 이르렀고, 거기서 여호수아를 비롯한 정탐꾼들이 가나안 땅을 살피기 위해 보냄을 받았습니다(민 13장).

다른 10명에게서 나쁜 보고를 듣고서 백성들이 애굽으로 돌아가자고 할 때에, "눈의 아들 여호수아와 여분네의 아들 갈렙이 자기들의 옷을 찢고 이스라엘 자손의 온 회중에게 말하여 이르되, 우리가 두루 다니며 정탐한 땅은 심히 아름다운 땅이라. 여호와께서 우리를 기뻐하시면 우리를 그 땅으로 인도하여 들이시고 그 땅을 우리에게 주시리라 이는 과연 젖과 꿀이 흐르는 땅이니라"고 했습니다(민 14:6-8). 갈렙은 그 때의 일에 대해 다음과 같이 언급한 바 있습니다.

> 내 나이 사십 세에 여호와의 종 모세가 가데스 바네아에서 나를 보내어 이 땅을 정탐하게 하였으므로 내가 성실한 마음으로 그에게 보고하였고(수 14:7).

이 구체적인 진술들로 보아, 갈렙은 아마도 여호수아보다 몇 살이 더 많았을 것으로 추정하게 됩니다. 이런 추론에 근거해 보면 13장에 묘사되는 여호수아의 육체적인 상태와 14장의 갈렙의 상태 사이에 아주 흥미로운 대조를 보게 됩니다.

> 여호수아가 나이가 많아 늙으매 여호와께서 그에게 이르시되 너는 나이가 많아 늙었고 얻을 땅이 매우 많이 남아 있도다(수 13:1).

> 그니스 사람 여분네의 아들 갈렙이 여호수아에게 말하되 … 오늘 내가 팔십오 세로되 모세가 나를 보내던 날과 같이 오늘도 내가 여전히 강건하니 내 힘이 그 때나 지금이나 같아서 싸움에나 출입에 감당할 수 있으니(수 14:6-11).

이 두 사람의 외모가 어떻게 해서 서로 이처럼 달라졌을까요?
어째서 젊은 여호수아가 더 늙어 보이고, 늙은 갈렙이 더 젊어 보일까요?
하나님이 갈렙을 생존하게 하시겠다고 약속하신 것은 분명합니다(수 14:10). 그러나 그는 그저 생존해 있기만 한 것이 아니었습니다.
혹시 책임의 무게와 통치의 짐, 경영의 임무들 때문에 여호수아가 그렇게 늙어버린 것은 아니었을까요?
스데반이 순교당할 당시 사도 바울은 "청년"이라 불렸으나(행 7:58), 기원후 64년 형제 빌레몬에게 쓴 편지에서 그는 자신을 가리켜 "나이가 많은 나 바울"

이라 불렀습니다(몬 1:9). 그 당시 그는 60세가 넘었을 리가 없었으나, 주를 섬기며 온갖 풍상과 고난을 당하여, 또한 외로움, 그리고 성도의 교회들에 대한 근심 등으로 인해 그 자신의 표현처럼 "나이가 많은" 사람처럼 느끼고 그렇게 보이게 되었을 수도 있습니다.

주를 위해 고난을 당하며, 그분을 섬기는 중에 책무를 다하고, 하나님의 성도를 보살피며, 그리스도를 세상에 증언하는 을 위해 전력투구하며, 온갖 시험과 실망과 인생의 좌절을 맛보는 중에 육체적인 건강이 쇠약해지고 따라서 겉모습도 그렇게 변했을 것입니다. 주의 일을 위해 온 힘을 기울여 수고한 사람들이, 인간적으로 말해서, 이른 나이에 무덤에 들어갈 지경이 되는 것도 무리가 아닐 것입니다.

여호수아 13:1에 나타나는 여호와의 말씀과 23장 서두에서 여호수아가 그 사실을 인정하는 시점 사이에 얼마만큼의 세월이 흘렀는지는 우리가 알 수 없습니다. 그러나 분명한 것은 나이가 많아 죽을 때가 다가오자 그가 이스라엘의 장로들을 실로에 부르게 되었다는 점입니다.

이 나이 많은 용사가 이스라엘의 대표자들에게 자기 자신의 신상에 대해 말하고자 했다면, 사무엘의 다음과 같은 언어를 채용했을 수도 있습니다.

> 내가 여기 있나니 여호와 앞과 그의 기름 부음을 받은 자 앞에서 내게 대하여 증언하라 내가 누구의 소를 빼앗았느냐 누구의 나귀를 빼앗았느냐 누구를 속였느냐 누구를 압제하였느냐 내 눈을 흐리게 하는 뇌물을 누구의 손에서 받았느냐 그리하였으면 내가 그것을 너희에게 갚으리라 하니 그들이 이르되 당신이 우리를 속이지 아니하였고 압제하지 아니하였고 누구의 손에서든지 아무것도 빼앗은 것이 없나이다 하니라 (삼상 12:3-4).

여호수아가 이스라엘의 대표들을 실로에 불러 모은 목적은 나이 많은 베드로가 그 고귀한 믿음에 대해 성도에게 쓸 때에 가졌던 의도와 여러 면에서 비슷하다 합니다.

> 그러므로 너희가 이것을 알고 이미 있는 진리에 서 있으나 내가 항상 너희에게 생각나게 하려 하노라 내가 이 장막에 있을 동안에 너희를 일깨워 생각나게 함이 옳은 줄로 여기노니, 이는 우리 주 예수 그리스도께서 내게 지시하신 것 같이 나도 나의 장막을

벗어날 것이 임박한 줄을 앎이라. 내가 힘써 너희로 하여금 내가 떠난 후에라도 어느 때나 이런 것을 생각나게 하려 하노라(벧후 1:12-15).

여호수아의 주요 관심사는 하나님의 백성들이었고 그들의 안전이었습니다. 장로들을 부른 시점이 지극히 흥미롭습니다.

여호와께서 주위의 모든 원수들로부터 이스라엘을 쉬게 하신 지 오랜 후에(수 23:1).

여호수아가 쉬는 기간을 허락받았다는 것이, 곧 하나님이 주시는 안식을 누렸다는 것이, 매우 고무적입니다. 그는 많은 전투에 참여하여 싸웠고 이겼습니다. 가나안 땅을 분배하면서 어려움도 당했습니다. 아간 같은 범죄자를 사형에 처하는 일을 담당하기도 했고, 패배의 괴로움도 겪었고, 승리의 환희도 맛보았습니다. 그러나 드디어 하나님은 이 신실한 종에게 안식을 주셨고, 그와 더불어 온 민족에게도 안식을 주셨습니다.

히브리서에서 우리는 이 안식이 신자가 장차 하늘에서 누릴 안식이 아니라, 그리스도 안에서 누리는 현재의 안식을 상징하는 것임을 배우게 됩니다.

그런즉 안식할 때가 하나님의 백성에게 남아 있도다(히 4:6-9).

그러므로 신약성경에 비추어 이 가나안 땅에서의 안식의 사실들과 특징들을 살펴보는 것이 좋으리라 봅니다. 가나안 땅에서 이스라엘이 누린 이 안식이 하나님이 베푸신 것이라는 사실이 선명하게 나타나며(수 23:1), 또한 하나님이 여호수아를 도구로 사용하셔서 그 민족을 그 안식에로 인도하셨다는 사실 또한, 선명하게 나타납니다(히 4:8).

더 나아가, 여호수아의 고별사와 그 이후의 이스라엘 역사의 상세한 사항들을 조심스럽게 읽어보면 이 안식이 그저 일시적이며 조건적인 것이었으며, 그 안식을 방해할 수 있는 여러 요인들이 있었음을 알 수 있습니다. 가나안 땅의 여러 부분들에 아직도 그들을 대적하며 우상 숭배하는 가나안 족속들이 남아 있었습니다.

더욱이, 언제든 속히 발동하여 그 민족의 평화를 어지럽힐 수 있는 악들이 이스라엘 속에 뿌리 깊게 박혀 있다는 것을 비느하스 자신이 염려하고 있었습니다. 히브리서에 의하면, 가장 염려스러운 요소는 그들의 원수나 다른 인근의 부족들이 아니라 오히려 그들 자신에게 있었습니다.

> [그들은] 순종하지 아니함으로 말미암아 들어가지 못하였으므로(히 4:6).

그리스도는 오늘날 모든 이에게 안식이시며 동시에 안식으로 인도하는 분이십니다. 그는 죄인에게 안식을 베푸십니다.

> 수고하고 무거운 짐 진 자들아 다 내게로 오라 내가 너희를 쉬게 하리라(마 11:28).

그는 성도에게도 안식을 베푸십니다.

> 나는 마음이 온유하고 겸손하니 나의 멍에를 메고 내게 배우라 그리하면 너희 마음이 쉼을 얻으리니, 이는 내 멍에는 쉽고 내 짐은 가벼움이라(마 11:29-30).

죄인에게는 회심을 통해 안식을 베푸시고, 성도에게는 거룩히 구별하심으로써 안식을 베푸십니다. 전자에 대해서는 "이미 믿는 우리들은 저 안식에 들어가는도다"(히 4:3)라고 말씀하며, 후자에 대해서는 "그러므로 우리가 저 안식에 들어가기를 힘쓸지니 이는 누구든지 저 순종하지 아니하는 본에 빠지지 않게 하려 함이라"(히 4:11)라고 말씀합니다.

히브리서 4장에 대한 해석이 강해자들마다 달라서, 어떤 이들은 거기서 말씀하는 안식이 현재에 경험하는 안식이라고 주장하고, 다른 이들은 그것이 충만하고도 최종적인 안식이요 영원한 안식을 지키는 것을 뜻한다고 주장하지만, 그 두 가지 면이 모두 회심 때에 시작된다는 것은 의심의 여지가 없습니다.

9절에서는 그리스도인의 안식을 일곱째 날에 하나님이 안식하신 것(창 2:2)과 동일시하기 위해 그것을 헬라어로 "싸바티스모스"(안식)라 부릅니다. 그 안식은 무활동을 의미하지 않고 오히려 노력의 완성, 수고의 중지를 의미합니다.

기억해야 할 것은 그 첫 안식일의 하나님의 안식조차도 사람의 죄로 인해 깨뜨려졌다는 사실입니다. 그러므로 그것이 영원한 안식의 모형일 수는 없습니다. 신자의 편에서 불순종하면 영혼의 고요함이 망가지는 것은 물론, 영혼의 고요함 대신 내적인 갈등과 고뇌가 생기게 됩니다.

2. 여호수아의 호소

이스라엘의 대표자들이 모인 자리에서 행한 여호수아의 말씀의 자세와 그 내용은 바울이 에베소 교회의 장로들 앞에서 베푼 말씀을 떠올리게 합니다.

> 여러분은 자기를 위하여 또는 온 양 떼를 위하여 삼가라 성령이 그들 가운데 여러분을 감독자로 삼고 하나님이 자기 피로 사신 교회를 보살피게 하셨느니라. 내가 떠난 후에 사나운 이리가 여러분에게 들어와서 그 양 떼를 아끼지 아니하며, 또한 여러분 중에서도 제자들을 끌어 자기를 따르게 하려고 어그러진 말을 하는 사람들이 일어날 줄을 내가 아노라. 그러므로 여러분이 일깨어 내가 삼 년이나 밤낮 쉬지 않고 눈물로 각 사람을 훈계하던 것을 기억하라. 지금 내가 여러분을 주와 및 그 은혜의 말씀에 부탁하노니 그 말씀이 여러분을 능히 든든히 세우사 거룩하게 하심을 입은 모든 자 가운데 기업이 있게 하시리라 (행 20:28-32).

이스라엘의 위대한 군대장관의 경고와 훈계와 다짐이 교회의 위대한 사도의 말씀에서 메아리치는 것 같습니다. 여호수아는 이제 곧 작별하게 될 그 백성의 우두머리들을 하나님께 의탁했습니다. 이 마지막 말씀에서 여호수아는 "여호와"와 "엘로힘"(하나님)이라는 두 가지 호칭을 12회나 사용했습니다. 여호수아가 이 마지막 고별사에서 강조하고자 한 것이 무엇이었는지를 확실히 하기 위해서 이 두 이름들을 간단히 살펴보기로 합시다.

여호와라는 이름은 히브리어 동사 "존재하다"(혹은 "있다", "이다")에서 파생된 것으로 하나님이 바로 "존재하시는 분"("I Am")이심을 언제나 계시고 절대적으로 존재하시는 분이심을(출 3:14) 암시합니다. 그것은 특별히 그분의 옛 백성들에게 친히 알려 주신 이름이었습니다.

> 하나님이 모세에게 말씀하여 이르시되 나는 여호와이니라. 내가 아브라함과 이삭과 야곱에게 전능의 하나님으로 나타났으나 나의 이름을 여호와로는 그들에게 알리지 아니하였고, 가나안 땅 곧 그들이 거류하는 땅을 그들에게 주기로 그들과 언약하였더니, 이제 애굽 사람이 종으로 삼은 이스라엘 자손의 신음 소리를 내가 듣고 나의 언약을 기억하노라. 그러므로 이스라엘 자손에게 말하기를 나는 여호와라 내가 애굽 사람의 무거운 짐 밑에서 너희를 빼내며 그들의 노역에서 너희를 건지며 편 팔과 여러 큰 심

판들로써 너희를 속량하여 너희를 내 백성으로 삼고 나는 너희의 하나님이 되리니 나는 애굽 사람의 무거운 짐 밑에서 너희를 빼낸 너희의 하나님 여호와인 줄 너희가 알지라(출 6:2-7).

하나님은 여호와로서, 그가 그들의 조상들과 맺으신 언약들을 그들에게 지키신 것입니다. 훗날, 유대인들은 성경을 공적으로 낭독할 때에 입으로 발설할 수 없을 만큼 이 이름이 신성하다고 여겼습니다. 결국, 성경 낭독자는 이 이름을 읽어야 하는 곳에서 다른 이름으로 대체하거나 아니면 침묵으로 대신했습니다.

엘로힘이라는 이름은 하나님을 뜻하는 히브리어 단어 엘로아의 복수형입니다. 단수형 동사와 함께 나타날 경우, 이 단어는 하나님의 위대하심과 지극히 높으심은 물론 그분의 삼위일체를 표현합니다. 더 나아가, 그런 구문에서는 그것이 하나님이 신적 단일성 안에 성부, 성자 성령, 삼위의 구별성이 있음을 강조합니다(참조. 신 6:4; 막 12:29). 이 하나님의 이름은 창세기 1장에서 30회 가량이나 나타납니다. 그것은 창조의 권능과 무한한 지혜를 지니신 여호와를 지칭합니다.

여호수아는 임박하고도 불가피한 신상의 변화를 의식하고서 지도자의 역할을 감당하게 될 모든 이에게 여호와, 즉 그의 언약들을 지키시는 "스스로 존재하시는" 위대하신 하나님이시요, 동시에 역사를 이루시는 하나님에 대해 주의를 환기시켰습니다. 그가 사용한 이 이름들 그 자체가 하나님의 은혜와 권능을 상기시켜 주는 것이었습니다.

이 중요한 메시지에서 여호수아는 듣는 이들의 마음을 그들의 하나님 여호와께 집중하게 하는 한편, 하나님이 그들을 위해 행하신 많은 일들을 기억하게 합니다. 그는 과거에 하나님이 행하신 큰 일들을 언급했고(3절), 미래에 하나님이 행하실 역사들을 예언했으며(5절), 현재 그가 행하시는 역사들을 주목했습니다(9-11절).

여호수아는 과거를 통틀어 하나님이 그 민족에게 은혜를 베푸신 사실을 그 장로들이 친히 목격했음을 강조했습니다.

"너희의 하나님 여호와께서 너희를 위하여 이 모든 나라에 행하신 일을 너희가 다 보았거니와."

"너희를 위하여"라는 문구가 관심을 끌지 않을 수 없습니다. 이 본문을 "너희의 하나님 여호와께서 이 모든 나라의 악함으로 인하여 그들에게 행하신 일을 너희가 다 보았거니와"라는 의미가 되어야 되지 않을까? 하고 생각할 수도 있습니다.

여호와께서 장차 아모리 족속의 죄악이 가득 차면 그들을 멸하실 것을 이미 오래 전에 아브라함에게 약속하지 않으셨습니까?(창 15:16)

이스라엘이 그 땅에 존재한다는 사실 그 자체가 그 전의 가나안 주민들의 죄악이 가득 찼다는 증거가 아니었습니까?

예, 분명 그렇습니다.

가나안 주민들을 어떻게 처결할지에 대한 명령은 분명했습니다.

> 네 하나님 여호와께서 너를 인도하사 네가 가서 차지할 땅으로 들이시고 네 앞에서 여러 민족 헷 족속과 기르가스 족속과 아모리 족속과 가나안 족속과 브리스 족속과 히위 족속과 여부스 족속 곧 너보다 많고 힘이 센 일곱 족속을 쫓아내실 때에, 네 하나님 여호와께서 그들을 네게 넘겨 네게 치게 하시리니 그 때에 너는 그들을 진멸할 것이라. 그들과 어떤 언약도 하지 말 것이요 그들을 불쌍히 여기지도 말 것이며, 또 그들과 혼인하지도 말지니 네 딸을 그들의 아들에게 주지 말 것이요 그들의 딸도 네 며느리로 삼지 말 것은 그가 네 아들을 유혹하여 그가 여호와를 떠나고 다른 신들을 섬기게 하므로 여호와께서 너희에게 진노하사 갑자기 너희를 멸하실 것임이니라. 오직 너희가 그들에게 행할 것은 이러하니 그들의 제단을 헐며 주상을 깨뜨리며 아세라 목상을 찍으며 조각한 우상들을 불사를 것이니라(신 7:1-5).

전면적인 전쟁과 그 사람들을 완전히 멸절시키는 일은 그들의 극심한 죄 때문이었습니다. 그 일은 하나님의 징벌적 통치를 시행하는 차원의 일이었습니다. 나라들을 다스리는 하나님의 통치에 대한 증거만이 아니라(단 4:32), 그분의 오래 참으심과 은혜의 증거도 있습니다. 그는 우상 숭배의 죄악이 가득 찬 백성들을 가나안으로부터 쫓아내시고, 오직 여호와만을 섬기는 이스라엘에게 주시고 그들이 거기에 거주하도록 하셨습니다. 여호수아는 민족들을 향하신 하나님의 통치와 하나님의 은혜를 회상하게 하는 것이었습니다.

여호수아는 미래를 바라보고 하나님의 약속의 확실한 성취를 생각하면서, 한 구절에서 그 자신의 여러 해 동안의 섬김을 회상합니다.

자화자찬에 빠진 것도, 사람들의 칭찬을 구하는 것도 아니었습니다. 그 땅을 분배하는 일에 빗대어 그는 "남아 있는 나라들"과 "이미 멸한 모든 나라"를 언급합니다. 곧 "내가 멸한 모든 나라들"이란, 아직도 남아 있는 나라들과 이미 멸한 나라들 모두를 뜻합니다.

모든 나라가 멸해졌고, 나라로서의 지위를 다 잃어버렸습니다. 일부 저항 세력들이 여기저기 남아 있지만, 국가적인 수준에서의 모든 저항은 사라졌다는 것입니다. 결국, 정복된 곳이든 아직 정복되지 않은 곳이든 상관없이 가나안 온 땅이 여호와께서 주신 기업이었습니다. 그들의 책임은 여호와께서 약속하신 이 기업을 완전히 소유하는 것이었습니다.

> 내가 네 경계를 홍해에서부터 블레셋 바다까지, 광야에서부터 강까지 정하고 그 땅의 주민을 네 손에 넘기리니 네가 그들을 네 앞에서 쫓아낼지라. 너는 그들과 그들의 신들과 언약하지 말라. 그들이 네 땅에 머무르지 못할 것은 그들이 너를 내게 범죄하게 할까 두려움이라 네가 그 신들을 섬기면 그것이 너의 올무가 되리라 (출 23:31-33).

하나님은 조금씩 조금씩 원수들을 몰아내고 쫓아냄으로써 그 모든 영토를 소유하여 하나님의 약속이 완전히 성취되게 하고자 하셨습니다. 그것이 그들 앞에 놓인 미래였습니다. 그들이 과거에 목격한 하나님의 권능으로도 미래에 대한 믿음을 강건하게 하기에 충족했던 것입니다.

과거는 되돌릴 수가 없고 미래 역시 사람이 알 수가 없으므로, 현재가 극히 중요합니다. 과거의 실수들을 수정할 수도 있고 미래의 처신들을 조정할 수 있기 때문입니다. 여호수아의 발언은 그 당시 현재에 당면한 과제들에 큰 비중이 쏠려 있었습니다. 그의 호소는 각급 장로들 개개인에게 해당되는 것이었습니다.

그것은 마치 바울이 디모데에게 한 말씀처럼, "네가 네 자신과 가르침을 살펴 이 일을 계속하라 이것을 행함으로 네 자신과 네게 듣는 자를 구원하리라"(딤전 4:16)라고 말씀하는 것과도 같았습니다.

개개인이 하나님의 말씀에 충실하면 그 개인이 보존되는 것은 물론 그 개인이 보살피는 모든 이에게 유익한 영향을 미치게 됩니다. 더욱이 장로는 그리고 각급의 그리스도인 지도자는 하나님의 말씀의 살아 있는 모범이 되어야 하는 법입니다.

여호수아는 그의 앞에 모인 장로들에게 호소하면서, 세 가지를 강력하게 권고했습니다.

첫째, "그러므로 너희는 매우 담대하게 모세의 율법 책에 기록된 것을 다 지켜 행하라"는 것입니다(6절). 본문의 "매우 담대하게"(개역개정은 "크게 힘써"로 번역함. 역주)란 그저 담대한 것 이상의 의미가 있습니다. 이는 사람을 담대하게 만드는 그것을 시사합니다. 그 단어의 다양한 용법들을 보면 확신을 강하게 해 주는 바진실의 확증을 암시합니다. 이 장로들이 모세의 율법에 기록된 모든 것—즉, 오늘날 모세오경이라 불리는 그것—을 지키고 행함으로써 힘을 얻어야 함을 말씀합니다.

사람들은 흔히 위험에 직면하여 두려움이 없는 상태를 담대함으로 생각합니다. 또 어떤 이들은 두려움을 직감함에도 불구하고 용기 있게 처신하는 것을 담대함으로 봅니다. 이 여호수아의 훈계에서 담대함이란 하나님의 법을 지키는 데에서 비롯되는 강한 힘을 뜻합니다. 하나님의 말씀을 지키고 순종할 때에 영적 담대함이 길러져 사람의 성품이 됩니다.

둘째, 다음 권고는 8절에 나타납니다.

오직 너희의 하나님 여호와께 가까이 하기를 오늘까지 행한 것 같이 하라(수 23:8).

여기의 "가까이 하다"라는 동사는 집착하는 것이 아니라 붙잡는 것을 의미합니다. 신자가 연약하여 여호와께 도움을 요청하고 그것에 집착할 경우도 있습니다. 그러나 여기서는 그런 의미가 아닙니다. 8절에서 여호수아는 장로들에게 여호와를 붙잡을 것을 권고하며, 12절에서는 우상을 숭배하는 주변의 민족들의 잔당들을 붙잡을 경우 일어날 결과에 대해 경고합니다.

여호수아가 장로들에게 준 교훈은 여호와께 기꺼이 실천적으로 순종하는 자세를 굳건히 하며 아직 그 땅에서 쫓겨나지 않은 부도덕한 우상 숭배자들과의 관계를 절연해야 한다는 호소였다 합니다.

셋째, 애착에 관한 것이었습니다.

그러므로 스스로 조심하여 너희의 하나님 여호와를 사랑하라(수 23:11).

> 이는 곧 너희의 하나님 여호와께서 너희에게 가르치라고 명하신 명령과 규례와 법도라 … . 이스라엘아 들으라 우리 하나님 여호와는 오직 유일한 여호와이시니 너는 마음을 다하고 뜻을 다하고 힘을 다하여 네 하나님 여호와를 사랑하라(신 6:1, 4-5).

여호와는 그분의 백성의 마음속에 가장 높은 위치에 그를 둘 것을 요구하셨고, 여호수아 역시 여호와의 백성의 장로들에게 그것을 주문합니다.

솔로몬의 아가서에서, 신랑은 자신이 신부의 마음에 도장(印)을 찍어 외부에서 침입하는 모든 것으부터 신부를 보호하게 해 달라고 주문합니다(아 8:6-7). 신랑이 이렇게 요구하는 이유는 바로 신부를 향한 그 자신의 사랑의 성격에 있었습니다.

그는 자신의 사랑이 죽음 만큼이나 강하여 모든 장애물을 다 극복할 정도임을 시사합니다. 그의 질투(아내를 향한 남편의 열렬한 애정)는 한 번 소유했던 것을 절대로 내어 놓지 않는다는 점에서 무덤과도 같습니다. 더 나아가 그의 사랑이 여호와의 불꽃으로 인해 불같이 타오르므로 그것을 꺼뜨릴 수가 없다고 덧붙입니다.

마음을 다해 여호와를 사랑한다는 것은 상호적입니다.

> 우리가 사랑함은 그가 먼저 우리를 사랑하셨음이라(요일 4:19).

주 예수께 합당치 않은 모든 대상에 대해 마음을 닫게 될 정도로, 주를 향한 우리의 사랑의 성격이 그렇게 올곧아야 합니다. 이 권면에서 여호수아는 이 이스라엘의 장로들에게 그들이 왜 율법을 붙잡아야 하고 여호와를 사랑해야 하는지에 대해 부드럽고 따뜻하게 설명합니다. 거기에는 최소한 네 가지 이유가 있습니다. 그 첫째는 원수의 올무라 할 수 있습니다.

> 그것[모세의 율법]을 떠나 우로나 좌로나 치우치지 말라. 너희 중에 남아 있는 이 민족들 중에 들어가지 말라 그들의 신들의 이름을 부르지 말라 그것들을 가리켜 맹세하지 말라 또 그것을 섬겨서 그것들에게 절하지 말라(수 23:6-7).

우상 숭배는 물질적인 형상을 초인간적인 인격성의 지위를 갖는 것으로 간주하여 그것을 경배하는 것이라 정의해 왔습니다. 이 세상의 지혜는 우상 숭배가 종교가 진화과정을 거치는 여러 단계 중의 하나였다고 주장합니다.

그러나 하나님의 말씀은 우상 숭배를 그 결과로 나타나는 부도덕과 함께 사람이 하나님께로부터 이탈하여 타락한 증거로 간주합니다.

> 하나님을 알되 하나님을 영화롭게도 아니하며 감사하지도 아니하고 오히려 그 생각이 허망하여지며 미련한 마음이 어두워졌나니 스스로 지혜 있다 하나 어리석게 되어 썩어지지 아니하는 하나님의 영광을 썩어질 사람과 새와 짐승과 기어다니는 동물 모양의 우상으로 바꾸었느니라(롬 1:21-23).

하나님은 아브라함을 그런 우상 숭배로부터 부르셨습니다. 여호수아는 이스라엘에게 이렇게 말씀합니다.

> 이스라엘의 하나님 여호와께서 이같이 말씀하시기를 옛적에 너희의 조상들 곧 아브라함의 아버지, 나홀의 아버지 데라가 강 저쪽에 거주하여 다른 신들을 섬겼으나(수 24:2).

하나님은 아브라함을 부르사 유일하시고 참되신 그 하나님에 대한 증거가 되게 하셨습니다. 그러나 인간의 마음의 부패가 극심하여 이교도신앙의 올무에 사로잡히고 맙니다. 초기 역사를 통틀어 이스라엘은 끊임없이 이교도신앙의 올무에 사로잡혔고, 사실상 바벨론 포로기까지 그런 경향에서 결국, 벗어나지 못했습니다.

그 이후 유대인들은 우상 숭배에 얽히는 모든 것을 배격했고, 그들의 집이 깨끗하게 청소되었으나(마 12:43-45), 짐승이 미래의 성전에 그의 형상을 세우면 대다수가 고개를 숙여 그것을 예배하게 될 것이며(계 13:14-15), 그 민족의 마지막 형편이 처음보다 더 나빠질 것입니다.

여호수아는 그런 악으로부터 보존되는 유일한 길이 하나님의 율법을 순종하는 데에 달려있음을 인식하고 있었습니다.

> 너는 나 외에는 다른 신들을 네게 두지 말라. 너를 위하여 새긴 우상을 만들지 말고 또 위로 하늘에 있는 것이나 아래로 땅에 있는 것이나 땅 아래 물 속에 있는 것의 어떤 형상도 만들지 말며, 그것들에게 절하지 말며 그것들을 섬기지 말라 나 네 하나님 여

호와는 질투하는 하나님인즉 나를 미워하는 자의 죄를 갚되 아버지로부터 아들에게로 삼사 대까지 이르게 하거니와(출 20:3-5).

사도 요한은 하나님이 예수 그리스도 안에서 완전히 계시된다고 선포했습니다. 그는 요한일서 맨 마지막 부분에서, 그리스도께서 계시하신 하나님이 참 하나님이심을 강력하게 선포합니다. 그리고 이어서 믿음의 자녀들에게 모든 미신과 하나님에 관한 모든 육신적인 생각들을 거부할 것을 권고합니다. 그렇습니다. 마음과 정신을 하나님과 그분의 아들 우리 주 예수 그리스도로부터 떠나게 할 수 있는 모든 것을 다 배격하라는 것입니다. 그리고 다음과 같은 단호한 명령으로 끝을 맺습니다.

자녀들아 너희 자신을 지켜 우상에서 멀리하라(요일 5:21).

여호수아가 하나님을 사랑하고 그에게 충성을 다할 것을 강조하는 두 번째 이유는 인간 본성의 악한 성향에 때문입니다.

그러므로 스스로 조심하여 너희의 하나님 여호와를 사랑하라. 너희가 만일 돌아서서 너희 중에 남아 있는 이 민족들을 가까이 하여 더불어 혼인하며 서로 왕래하면 확실히 알라. 너희의 하나님 여호와께서 이 민족들을 너희 목전에서 다시는 쫓아내지 아니하시리니 그들이 너희에게 올무가 되며 덫이 되며 너희의 옆구리에 채찍이 되며 너희의 눈에 가시가 되어서 너희가 마침내 너희의 하나님 여호와께서 너희에게 주신 이 아름다운 땅에서 멸하리라(수 23:11-13).

어떤 이들은 천한 자아와 고상한 자아 사이에 끊임없는 갈등이 있는데 의의 편이 승리를 거두는 경우가 거의 없기 때문에 좌절하게 된다고 느끼기도 합니다. 사실 사람이 자기 자신의 도덕적인 상태를 있는 그대로 대면하기가 어렵습니다. 그저 이따금씩 절망 가운데서, "여자에게서 난 자가 어찌 깨끗하다 하랴"(욥 25:4)라고 되뇌이기도 하고, 진솔하게 "내 속 곧 내 육신에 선한 것이 거하지 아니하는 줄을 아노니"(롬 7:18)라고 말하기도 할 뿐입니다.

살아계신 하나님을 언제나 떠나는 악한 불신앙의 마음이 각 사람에게 있습니다(히 3:12). 사람이 속히 이것을 인정하고 그 자신의 연약함을 받아들일수록 축복과 안정을 누릴 소망을 속히 갖게 됩니다. 이처럼 하나님께로부터 멀어져 방황하는 성향을 막는 방법은 오로지 하나밖에 없으니, 곧 하나님과 그분의 말씀에 사로잡히는 것이 그것입니다.

시편 기자는 이것을 인식하고 이렇게 쓰고 있습니다.

> 내가 주께 범죄하지 아니하려 하여 주의 말씀을 내 마음에 두었나이다 (시 119:11).

오늘날 하나님의 자녀는 하나님의 말씀이 "교훈과 책망과 바르게 함과 의로 교육하기에 유익하니 이는 하나님의 사람으로 온전하게 하며 모든 선한 일을 행할 능력을 갖추게 하려 함"(딤후 3:16-17)이라는 것을 반드시 인식해야 합니다.

그리고 기억해야 할 것은 성경의 가치와 유익에 관한 이 진술들이 직접적으로 구약 성경을 지칭한다는 점입니다. 그 말씀이 베풀어질 당시에는 아직 신약 정경이 존재하지 않았으니 말입니다. 여호수아는 하나님의 신실하심을 근거로 그분을 사랑하고 섬겨야 할 또 하나의 이유로 제시합니다.

그들이 어떻게 하나님을 저버리고, 여기저기 남아 있는 이방인들의 헛된 우상들에게로 기웃거릴 수 있단 말입니까?

여호수아는 이렇게 선언합니다.

> 너희의 하나님 여호와께서 너희에게 대하여 말씀하신 모든 선한 말씀이 하나도 틀리지 아니하고 다 너희에게 응하여 그중에 하나도 어김이 없음을 너희 모든 사람은 마음과 뜻으로 아는 바라 (수 23:14).

그는 그 다음 장에서 이스라엘 전체를 향해 말씀하면서 하나님의 자비하심을 언급합니다. 그리고 여호와께서 은혜로이 이스라엘 각 지파들에게 베푸셨던 자비로우신 역사들을 조감합니다. 그들이 형벌을 받아 마땅했으나 그는 번번이 긍휼을 베푸셔서 그들을 살려두셨고, 아무런 자격이 없는 그들에게 자비를 쏟아 부으셨습니다. 이스라엘의 역사 전체를 통틀어 고린도전서 13:4의 말씀을 적용시킬 수 있습니다.

> 사랑은 오래 참고 온유하며 … (고전 13:4).

여호수아의 진술은 하나님의 신실하심을 강조했습니다. "너희의 하나님 여호와께서 너희에게 말씀하신 모든 선한 말씀이 하나도 틀리지 아니하고 다 너희에게 응하여."

"주의 성실하심이 크시도소이다"(애 3:23)라고 예레미야는 쓰고 있습니다. 그리고 다윗은 이렇게 노래합니다.

> 여호와여 주의 인자하심이 하늘에 있고 주의 진실하심이 공중에 사무쳤으며 (시 36:5).

하나님의 자비와 그분의 신실하심은 그분의 능력 때문에 충만히 입증됩니다.

> 약속하신 그것을 또한, 능히 이루실 줄을 확신하였으니 (롬 4:21).

그런데 그들이 하나님께 등을 돌리고, 눈으로 보지도 못하고 귀로 듣지도 못하며 입으로 말하지도 못하는 우상들에게로 향하다니, 어떻게 그런 일이 있을 수 있단 말입니까!

오오, 인간의 마음의 사악함이여!

사람이 어떻게 그렇게도 속히 잊어버리는지요!

> 여호와의 종 눈의 아들 여호수아가 백십 세에 죽으매 … 그 세대의 사람도 다 그 조상들에게로 돌아갔고 그 후에 일어난 다른 세대는 여호와를 알지 못하며 여호와께서 이스라엘을 위하여 행하신 일도 알지 못하였더라. 이스라엘 자손이 여호와의 목전에 악을 행하여 바알들을 섬기며 (삿 2:8-11).

여호수아가 하나님의 율법과 그분의 신실하심을 올곧게 붙잡으라고 권면하면서 네 번째로 제시하는 포괄적인 이유는 바로 하나님의 징계였습니다.

"주께서 그 사랑하시는 자를 징계하시고"(히 12:6)라고 말씀하지 않습니까?

모세는 그의 생애의 마지막에 이스라엘을 축복하면서, 그 민족을 대하시는 하나님의 자세와 관련하여 이렇게 말씀한 바 있습니다.

> 여호와께서 백성을 사랑하시나니 모든 성도가 그의 수중에 있으며 주의 발 아래에 앉아서 주의 말씀을 받는도다(신 33:3).

과거에 사역하던 중에 그는 이렇게 말씀한 적도 있습니다.

> 여호와께서 너희를 기뻐하시고 너희를 택하심은 너희가 다른 민족보다 수효가 많기 때문이 아니니라 너희는 오히려 모든 민족 중에 가장 적으니라. 여호와께서 다만 너희를 사랑하심으로 말미암아 … 속량하셨나니(신 7:7-8).

하나님은 이스라엘을 극진히 사랑하셔서 그들이 그 자신에게서 벗어나 방황하는 것을 도무지 내버려두실 수가 없었습니다. 여러 세기 후 하나님은 그들을 향해, "너희가 어찌하여 매를 더 맞으려고 패역을 거듭하느냐"(사 1:5)라고 탄식하셨습니다. 그들이 그분의 징계의 손길을 강하게 저항했기 때문입니다. 그러나 여호와께서는 그 백성에게 다음과 같이 호소하셨습니다.

> 오라 우리가 서로 변론하자 너희의 죄가 주홍 같을지라도 눈과 같이 희어질 것이요 진홍 같이 붉을지라도 양털 같이 희게 되리라(사 1:18).

그런 것이 이스라엘을 향하신 하나님의 사랑이었습니다. 그는 심지어 징계를 해서라도 그들을 그 자신에게로 다시 돌려놓고자 하시는 것입니다.

> 내가 그들의 반역을 고치고 기쁘게 그들을 사랑하리니 나의 진노가 그에게서 떠났음이니라. 내가 이스라엘에게 이슬과 같으리니 그가 백합화같이 피겠고 레바논 백향목 같이 뿌리가 박힐 것이라(호 14:4-5).

여호수아가 장로들에게 한 말씀이 얼마나 엄숙한지 모릅니다!
여호수아가 죽은 후에도 이 장로들이 살아서 그 경계의 말씀들에 부응했다는 것이 얼마나 감사한 일인지요!
여호수아는 이스라엘의 장로들에게 권면했습니다. 그들을 격려했고, 그들을 조언했고, 그들을 훈계했으니, 이는 그들 스스로 보존될 뿐 아니라 그들을 통해 온 백성이 저 악한 영향에서 보호하심을 받아 거룩하게 서기를 바랐기 때문입니다.

제22장

여호수아의 고별사

(여호수아 24:1-33)

1. 세겜

길갈, 실로, 그리고 세겜—이 세 곳은 약속의 땅의 정착 초기의 이스라엘에게 대단히 중요했습니다. 길갈은 가나안 침공 시의 군사적 본부였고, 실로는 이스라엘의 종교적 중심지였으며, 세겜은 이스라엘의 정치적 요람이었습니다—이 세 곳은 그리스도인의 삶의 서로 다른 단계들을 예증하는 것으로 볼 수도 있습니다.

물론 이 단계들이 반드시 서로 연이어지는 것은 아니고, 서로 겹칠 수도 있습니다. 이 세 곳은 영적 준비 단계, 헌신의 부흥의 단계, 점진적인 통합의 단계를 예증한다 하겠습니다.

1) 길갈

열두 개의 돌로 기념비를 세운 곳으로 여리고 근처에 위치했고 이스라엘의 군사적 교두보였습니다. 이곳은 초기에 여호수아가 본부로 사용했고, 그 후 350년 동안 행정의 중심지가 되었으며, 사무엘도 이를 그렇게 사용했습니다. 그는 "해마다 벧엘과 길갈과 미스바로 순회하여 그 모든 곳에서 이스라엘을 다스렸다"고 합니다(삼상 7:16). 사무엘이 사울 왕을 기름 부은 곳도(삼상 10:1), 아각을 죽인 것도(삼상 15:33), 바로 그곳이었습니다.

그리스도인은 가나안 침공 당시, 여호수아는 길갈로 돌아와 군사력을 재정비했고, 보급품을 조달하고 병사들을 훈련시켰습니다. 이 곳은 우리에게 하늘의 처소에 속한 하나님의 자녀의 많은 특권들과 경험들을 실례로 보여 준다 할 수 있습니다.

> 하나님이 … 허물로 죽은 우리를 그리스도와 함께 살리셨고 … 또 함께 일으키사 그리스도 예수 안에서 함께 하늘에 앉히시니(엡 2:4-6).

이스라엘은 요단 강으로 내려갔다가 다시 올라옴으로써 그들에게 약속된 소유로 이미 들어와 있었습니다. 그러므로 비유적으로 말해서, 길갈은 부활의 장소로서 그리스도와 함께 살리심을 받아 하늘에 앉아 있는 신자의 현재의 영적 위치를 예증하는 것이었습니다.

길갈은 부활의 장소였고, 동시에 책임의 장소이기도 했습니다. 원수가 가까이에 있었고, 힘이 모자라 보이는 상황은 그저 일시적일 뿐이었습니다(수 5:1). 원수는 금방이라도 군사력을 동원하여 이스라엘을 공격해올 것처럼 보였습니다(수 11:1-5).

그리스도인은 눈에 보이지 않는 세력의 총력 공격에 직면하고 있습니다.

> 우리의 씨름은 혈과 육을 상대하는 것이 아니요 통치자들과 권세들과 이 어둠의 세상 주관자들과 하늘에 있는 악의 영들을 상대함이라(엡 6:12).

그러므로 우리는 하나님의 전신갑주를 입고 악한 날에 굳게 서서 싸워야 합니다. 애굽의 수치가 길갈에서 벗겨졌으니, 그것은 이스라엘에게 회복의 장소였습니다. 거기서 이스라엘은 다시 아브라함의 언약의 증표인 할례를 받아들였습니다(창 17:10-14; 레 12:3). 할례의 예식이 이스라엘의 특징이 되었고, 그리하여 압제자들은 그것을 시행하지 않으려 했습니다.

마카비의 기록에는 안티오쿠스 에피파네스(Antiochus Epiphanes)의 악행에 대한 언급이 있습니다. 그는 칙령을 내려서 그의 영토 내의 모든 사람에게 과거의 율법을 버리도록 했습니다. 율법이 그 백성을 구별되게 했고, 또한 구별된 백성으로 처신하게 했기 때문입니다. 그는 성전에서 번제와 각종 희생제물을 드릴 권리도 유대인에게서 빼앗았습니다.

그는 안식일과 절기를 욕되게 하도록 하고, 자녀들에게 할례를 베푸는 것도 금하는 법령을 반포했습니다. 아마도 애굽 사람들도 이스라엘에게 똑같이 행했을 것이고, 그런 수치가 이스라엘의 본부인 길갈에서 벗겨진 것입니다.

광야에서 보낸 기간 동안, 이런저런 이유로 할례가 시행되지 않았습니다. 그러므로 하나님의 약속과 그분의 임재를 구하기 위해서는 그분의 율법에 더 충실하게 준수해야 했습니다. 그리하여, "여호수아가 부싯돌로 칼을 만들어 … 이스라엘 자손들에게 할례를 행하니라"(수 5:3). 유대인의 전승에 따르면 이 칼들은 여호수아와 함께 묻혔다고 합니다. 어떤 이들은 할례의 고귀한 영적 모형적 의의를 고려하여(신 10:16; 롬 2:27), 이 칼들을 파묻은 일을 사사기에 기록되어 있는 영적인 쇠퇴와 무법 상태의 상징적인 원인이라고 보기도 합니다.

2) 실로

실로라는 이름을 언급하기만 해도 얼마나 깊은 감동이 일어나는지 모릅니다! 이 성읍은 예루살렘으로부터 벧엘로 가는 주 도로의 동편, 곧 벧엘에서 북쪽으로 약 9마일 정도에 위치한 곳으로 성소로 택한 곳이었습니다. 가나안을 점령한 후 줄곧, 사사들의 시대를 통틀어, 이스라엘의 종교적 삶이 바로 이곳을 중심으로 이루어졌습니다. 바로 이곳에서 이스라엘이 영적 힘을 확충했고, 또한 바로 이곳에서 결국, 그것을 상실한 것으로 보입니다.

성소가 실로에 있었으므로, 하나님의 백성들은 거기서 하나님의 임재를 누렸습니다. 경건한 엘가나는 "매년 자기 성읍에서 나와서 실로에 올라가서 만군의 여호와께 예배하며 제사를 드렸습니다"(삼상 1:3). 그리고 이스라엘의 정착 초기에 어려움을 만날 때에 이스라엘은 거기서 여호와의 뜻을 구했습니다(수 22장). 여호수아가 자신의 죽음이 임박한 것을 예상하고 장로들과 수령들과 관원들에게 말씀한 것도 바로 실로에서 일어났을 수도 있습니다(수 23:1).

어린 사무엘이 실로에서 여호와께 드려졌고, 젊은 시절 거기서 그분을 섬겼고, 또한 그의 선지자 사역이 실제로 거기서 시작되었습니다.

아마도 이스라엘이 가나안을 정복한 직후 언약궤가 거기에 모셔졌을 것이고, 후에 이스라엘 진영으로 운반되어 결국, 블레셋 사람들에게 빼앗기기 전까지 그 곳에 있었을 것으로 보입니다. 엘리 제사장의 악한 아들들이 실로에 살았고, 그들은 여호와께서 그분의 이름을 두신 그 곳을 온갖 악행들로 더럽혔습니다.

고고학자들이 실로의 옛터를 발굴한 결과에 따르면, 블레셋 사람들이 언약궤를 빼앗아갔을 당시 실로와 성소를 파괴했다는 주장이 사실로 입증되었습니다. 언약궤가 다시 이스라엘로 돌아왔을 때에 다시 실로에 세워지지 않은 이유를 그런 증거가 잘 설명해 줍니다. 실로가 파괴된 것은—아마도 블레셋 사람들에 의해서—이스라엘의 죄와 탈선으로 인한 하나님의 징계의 역사였습니다. 여러 세기 후 시편 기자는 이에 대해 다음과 같이 기록하고 있습니다

> 하나님이 들으시고 분내어 이스라엘을 크게 미워하사 사람 가운데 세우신 장막 곧 실로의 성막을 떠나시고, 그가 그의 능력을 포로에게 넘겨 주시며 그의 영광을 대적의 손에 붙이시고(시 78:59-61).

예레미야를 통해 주신 여호와의 말씀은 엘리 제사장의 유약함, 그의 아들들의 가증한 죄들, 그리고 그 결과로 이스라엘 전체에, 그리고 언약궤와 성막의 처소인 실로에 임한 하나님의 진노 등, 사무엘의 초년 시절 이스라엘에게서 나타난 영적 쇠퇴를 다시 떠올리게 합니다.

더 나아가, 이렇게 해서 여호와께서는 그런 형편에 예레미야 시대에 다시 나타나는 것으로 규정하시고, 실로의 파괴를 임박한 패망에 대한 하나의 경고로 제시하십니다(렘 7:12-15; 26:6-7).

실로는 과연 이스라엘의 삶의 영적인 중심이었습니다. 하나님의 은혜와 인도하심과 능력이 모두 거기서 드러났었습니다. 경건한 이스라엘 사람은 누구나 그 성스러운 성으로 순례를 행했고, 이스라엘의 지도자들은 그 경내에 있는 성소에서 하나님의 뜻을 지시받았었습니다. 그런데 안타깝게도 하나님을 저버리는 엄청난 일이 실로에서 일어났고, 일곱 세기 후 그 일을 기억함으로써 배도한 하나님의 백성을 경고했습니다.

소위 신자라 칭하는 여러 사람들이 삶 속에서도 이와 비슷한 영적 상황들과 그에 따른 징벌의 현실들이 드러난 바 있습니다. 은혜가 풍성하게 베풀어지면 그에 따라 책임도 늘어납니다. 이 책임을 겸손하게 감당하지 못하면, 안일함과 소홀히 함으로써 현재의 악한 시대와 야합하는 결과가 일어나게 되면, 하나님의 진노의 역사하심 이외에 아무것도 기대할 수가 없는 것입니다.

3) 세겜

이 고대의 성읍은 가나안 땅 입구에서 가까운 골짜기에 위치했습니다. 그리심산과 에발산이 벽을 형성하고 있었습니다. 이러한 지형적 특성상, 그 곳은 천연의 극장을 이루고 있었고, 흠향 효과가 너무도 좋아서 사람의 음성이 극

히 멀리까지 전달되었습니다. 세겜은 가나안의 지리적 중심이었을 뿐 아니라, 여러 가지 면에서 이스라엘의 도덕적 중심이기도 했습니다.

아브라함이 가나안 경내에서는 최초로 여호와께 제단을 쌓은 곳이 바로 이곳이었고, 하나님이 그에게 나타나 "내가 이 땅을 네 자손에게 주리라"(창 12:7)고 말씀하신 것도 바로 이곳에서 일어난 일입니다.

족장 야곱은 이 성 근처에서 밭을 샀고(창 33:18-20), 아버지의 집으로 돌아오는 길에 한 동안 거기에 정착해 있었습니다. 그의 두 아들 시므온과 레위가 잔인한 일을 저지른 후에 수치와 두려움으로 거기서 물러나게 된 곳도 바로 그곳이었습니다.

이스라엘의 위대한 두 족장들만이 그곳에 있었던 것이고, 이스라엘 백성이 전에 그 인근에 있은 적도 있습니다. 여호수아는 아이 성에서 승리한 후, 모세의 예언에 부응하여 믿음으로 이스라엘을 함께 불러 모았습니다. 그중 여섯 지파는 그리심 산에, 여섯 지파는 에발 산에 섰고, 그때에 그는 돌무덤을 쌓고 그 위에 율법을 기록했습니다.

더 나아가, 그는 이스라엘 민족에게 율법의 저주와 축복을 낭독하고 그들은 "아멘"이라고 응답했습니다. 그렇게 해서 그는 이스라엘이 맺은 하나님과의 언약을 갱신했습니다. 이제 인생의 막바지에 이르러, 여호수아는 모든 지파를 다시 세겜에 불러서 거기서 여호와 앞에 서게 했습니다. 실로에서 이스라엘의 대표자들이 함께 모인 그 모임은 정규적인 대표 회의였을 수도 있고, 여호수아는 이를 기회로 삼아 이스라엘의 지도자들에게 마지막 발언을 한 것일지도 모릅니다.

그러나 세겜에서 하나님 앞에 지도자들이 모였다는 것은 매우 이례적이었습니다. 삼십년 전, 동일한 사람들이 같은 장소에 모여 하나님과의 언약을 갱신했었습니다. 그리고 이제 그 유능하고 고귀한 지도자 여호수아에게 작별을 고하고 그의 마지막 격려와 훈계의 말씀을 듣고자 다시 거기에 모였습니다. 그리심 산과 에발 산 기슭에 좌정한 이스라엘 지파들에게 말씀하는 여호수아의 모습을 그려보면 그와 비슷한 다른 장면들이 생각납니다.

그중 하나는 노년의 사무엘이 그 아들들의 처신에 실망하고, 이스라엘이 왕을 요구하는 것에 불쾌해 하며, 이스라엘의 장로들 가운데 서서 그들을 위해 여호와께 기도하며, 그들이 듣는 데에서 하나님의 메시지를 그들에게 전하는 장면입니다(삼상 8:1-10).

신약성경에서도 이와 비슷한 장면이 나타납니다. 늙은 베드로는 멀리 떨어진 바벨론 성의 한 방에서 성도에게 보내는 편지를 써서, 자신이 주께로부터 받은 명령을 젊은 지도자들에게 전수합니다.

> 너희 중에 있는 하나님의 양 무리를 치되 억지로 하지 말고 하나님의 뜻을 따라 자원함으로 하며 (벧전 5:2).

여호수아는 군인이었고 통치자였으며, 사무엘은 사사요 선지자였고, 베드로는 주 예수님의 종이요 사도였습니다. 그러나 이들 모두의 공통적인 관심사는 하나님의 백성들이 잘 되는 것이었습니다. 여호수아의 경우, 적대 세력의 영향력은 대개 외적인 것이었고, 사무엘의 경우는 주로 내적인 것이었습니다. 그러나 베드로의 경우는 외적이며 동시에 내적인 것이었습니다.

여호수아의 음성이 그리심 산과 에발 산의 산기슭과 골짜기 전체에 울려 퍼졌는데, 그런 광경은 그것이 마지막이 아니었습니다. 요담이 그리심 산 꼭대기에 서서 세겜 사람들에게 비유를 말했습니다. 그의 태도는 무례하고 공포를 유발시키는 것이었고, 그리하여 성경은 "요담이 그의 형제 아비멜렉 앞에서 도망하여 피해서 브엘로 가서 거기에 거주했다"(삿 9:21)고 기록합니다.

여호수아가 세겜에서 한 발언은 전혀 무례하지 않았고 하나님 의지하는 것이었고, 공포가 아니라 고요함이, 유약함이 아니라 권위가, 의미가 불분명한 비유가 아니라 선명한 교훈이 있었습니다. 여호수아는 권위를 갖고 행했습니다.

> 이스라엘 모든 지파를 세겜에 모으매 그들이 하나님 앞에 나와 선지라 (수 24:1).

오오, 이스라엘은 하나님의 권위에 여전히 굴복했고, 하나님의 말씀을 들을 준비가 되어 있었습니다. 이스라엘은 여호수아의 죽음 이후에도 그 장로들이 살아 있는 동안 줄곧 그런 자세를 견지했습니다(수 24:31). 그러나 그 후 무법과 우상 숭배가 그들의 마음에 침투해버렸습니다. 그리하여 성경은 이렇게 기록하고 있습니다.

> 그 때에는 이스라엘에 왕이 없었으므로 사람마다 자기 소견에 옳은 대로 행하였더라 (삿 17:6; 21:25).

하나님의 권위를 무시하고 그분의 계시를 가벼이 여기는 자세가 팽배해짐으로써 신정정치에 대한 소망이 이스라엘에게서 사라져버린 것입니다. 하나님의 교회는 사사기에 기록된 서글픈 역사에서 교훈을 얻어야 합니다.

탈선은 징계로 이어지고, 징계는 부분적인 교정을 가져왔을 뿐입니다. 방지 장치들이 개입되긴 했으나 영적 쇠퇴가 계속 되풀이 되어갔고, 급기야 엘리 제사장의 며느리가, "영광이 이스라엘에서 떠났다."(삼상 4:21)라고 외치는 지경까지 이르렀습니다. 여호와께서 그분의 임재를 물리시고 그분의 백성으로 하여금 그들 자신의 어리석음의 결과를 직접 당하게 하신 것입니다.

교회 역사상 라오디게아의 시기와도 같은 이때에, 주께서 문밖에 서서 개개인에게 호소하시는 것 같은 이런 때에, 사람들의 의지가 움직여 하나님의 권위에 굴복하고 마음이 진리의 성경을 받아들이게 되기를 바라는 마음 간절합니다!

일부 그리스도인들 가운데, 사도와 선지자의 은사는 영원히 지나갔으며 그 직분들이 오늘날 하나님의 교회에 전혀 중요한 영향을 주지 못한다는 믿음이 있습니다. 사실입니다. 그런 은사를 받은 사람들은 영원히 영광에로 들어갔고, 따라서 다른 세 가지 공적인 은사들—복음 전도자, 목사, 그리고 교사—과는 달리 한 세대에서 그 다음 세대로 전수되는 것이 아니었습니다. 위대한 전도자가 죽으면, 하나님은 또 다른 전도자를 일으키십니다. 한 목사나 교사가 소천하면, 이 은사들은 다른 이들에게 베풀어집니다.

그러나 사도와 선지자의 두 중요한 은사는 그렇지 않았습니다. 초기 교회에서 이 사람들은 특별한 사역에 합당했고, 그 사역이 완수되자, 그들은 교체된 것이 아니라 사라졌습니다. 전도자와 목사와 교사는 분명히 계속 계승되었으나, 사도와 선지자는 그렇지 않았습니다.

이것이 사실이지만, 우리는 성경적인 명확한 안목을 견지해야겠습니다. 사도들 자신은 영원한 상급에로 들어갔으나, 그들이 남긴 권위 있는 글들이 우리에게 있습니다. 이 글들 속에서 사도들이 능력으로 권위 있게 말씀하는 바를 여전히 듣습니다. 오늘날에는 예컨대 사도 바울처럼 권위를 지닌 사람은 아무도 없습니다. 그처럼 권위를 지닌 사람만이 고린도 교회를 향해 이렇게 말씀할 수 있었습니다.

> 너희가 무엇을 원하느냐 내가 매[권위의 상징]를 가지고 너희에게 나아가랴 사랑과 온유한 마음으로 나아가랴(고전 4:21).

바울에게(물론 다른 모든 사도의 경우도 마찬가지입니다만) 부여된 신적인 권위는 그의 죽음과 함께 종결된 것입니다.

사도들이 일시적인 권위를 소유했던 것과는 달리, 그들을 통해 영감으로 말미암아 기록된 성경은 영구한 권위를 소유합니다.

> 예언은 언제든지 사람의 뜻으로 낸 것이 아니요 오직 성령의 감동하심을 받은 사람들이 하나님께 받아 말한 것임이라(벧후 1:21).

신약성경의 말씀은 하나님의 교회에게 그 옛날 사도 시대의 모든 권위를 지닙니다.

사도의 글들에는 신약성경의 신적 권위를 강조하는 네 가지 중요한 동사들이 있습니다. 곧 "명령하다"(to command), "당부하다"(to charge), "정하다"(to ordain), "뜻하다"(to will)가 그것입니다. 물론 다른 동사들도 있으나, 이것들만으로도 우리의 논의를 위해 족합니다. 이 동사들이 모두 똑같은 의미와 힘을 지니는 것은 아닙니다. 사실 그 힘은 위에 언급된 순서로 점점 약해집니다. "명령하다"는 복종을 요구합니다.

이 동사는 그리스도의 말씀과 그의 사도들의 말씀과 연관되어 사용됩니다. 바울과 베드로 모두 이 동사를 사용합니다. 바울의 명령들은 가정 내의 문제들(고전 7:10), 공적인 사역(고전 14:37), 교회의 교제(골 4:10), 그리고 개인의 거룩한 처신(살전 4:2) 등에 관해서 베풀어집니다. 베드로는 모든 사도의 사역 전체와 관련해서 이 단어를 사용합니다(벧후 3:2).

세상에 만연되어 있는 무법한 자세가 흔히 주의 백성들의 회중에게 침투합니다. 그런 자세는 권위에 대해 분개하고 모든 명령을 거부합니다. "당부하다"라는 동사가 앞의 것보다 힘이 약하기는 하나, 그럼에도 이 역시 책임을 부과하는 의미를 지닙니다. 바울은 그 스스로 이를 행한 것은 물론, 디모데에게도 똑같이 행할 것을 위임했습니다.

바울은 데살로니가의 장로들에게 그의 서신을 교회 전체에게 읽어줄 것을 당부했습니다(살전 5:27. 개역개정은 이를 "명하다"로 번역. 역주). 그는 디모데에게 장로의 자격요건들에 관한 자신의 교훈을 지킬 것(딤전 5:21)과, 도덕적인 표준에 관한 하나님의 명령을 지킬 것(딤전 6:13-14)과, 그리고 주께로부터 받은 바 사역을 행할 것(딤후 4:1) 등을 당부했습니다(개역개정은 이 본문들에서도 "명하다"로 번역함. 역주).

"정하다"는 일정한 권위로 어떤 일을 지정하거나 조정한다는 의미를 지닙니다. 정하거나 지정한다는 뜻을 지닌 이 동사는 주께서, 그분의 사도들이, 그리고 특정한 사도의 특정한 대리자들이 사용했습니다.

바울은 혼인 관계(고전 7:17), 고린도 교회 내에 존재하는 특정한 악행들(고전 11:34), 그리고 감독들(딛 1:5)과 관련해서 이 단어를 사용했습니다. 그리고 바울과 바나바가 갈라디아에서 이 단어를 사용했고(행 14:23), 예루살렘에서 장로들과 사도들도 그리스도인의 자유와 관련해서 이 단어를 사용했습니다(행 15:4).

마지막 동사인 "뜻하다"는 네 동사 중 의미가 가장 약하나, 확신의 결과로 어느 쪽을 선택한다는 관념을 표현합니다. 바울은 남자들이 공적으로 기도해야 하며(딤전 2:8), 젊은 여자가 혼인해야 하며(딤전 5:14), 또한 신자들이 선한 일을 힘써야 한다는 것(딛 3:8)을 단정적으로 제시할 때에 이 단어를 사용합니다.

예수님은 로마 백부장이 다음과 같이 겸손히 말하는 것에 놀라셨습니다.

> 나도 남의 수하에 든 사람이요 내 아래에도 병사가 있으니 이더러 가라 하면 가고 저더러 오라 하면 오고 내 종더러 이것을 하라 하면 하나이다(눅 7:8).

다른 이들에게 명령할 수 있는 권위가 그에게 있었으나, 그 역시 더 높은 권위에 굴복하는 처지였던 것입니다. 신약성경을 읽으면서, 우리는 사도들이 권위로 명령하고, 당부하고, 정하고, 뜻했으나, 그들 역시 그리스도의 지극한 권위 아래 있었다는 점을 언제나 기억해야 합니다.

로마 백부장의 권위가 그의 상관의 권위의 표현에 불과했듯이, 이 거룩한 사람들의 글들에서 표현되는 신적인 권위도 마찬가지로 부활하신 그리스도 우리 주님의 절대적인 권위가 그들을 통해 우리에게 전해지는 것입니다. 그러므로 우리는 그 권위를 최고의 권위로 알아 순종해야 합니다.

주의 사랑하는 백성들이 이스라엘의 역사로부터, "순종이 제사보다 낫고 듣는 것이 숫양의 기름보다 나으니"(삼상 15:22)라는 교훈을 배우기를 바라마지 않습니다.

2. 여호수아가 이스라엘 역사를 조감함

우리는 세겜의 이 모임의 실제적인 상황에 대해서는 그다지 관심이 없습니다. 여호수아가 과연 그의 말이 모두에게 들리게 할 수 있었는지, 아니면 그가 장로들을 통해 자신의 메시지를 각 지파에게 전달하게 했는지는 우리의 목적상 별로 중요하지 않습니다. 골짜기의 음향 효과는 상당히 좋기 때문에, 사람의 음성이 좋은 환경에서 놀라운 효과를 낼 수도 있습니다.

한 번은 조지 휫필드(George Whitefield)가 이만 명 정도로 추산되는 군중들 앞에서 노천 설교를 했는데, 벤자민 프랭클린(Benjamin Franklin)이 그의 음성을 편안하게 들었다고 진술한 바 있습니다.

우리의 주요한 관심사는 거기서 말씀한 여호수아 자신에게 있습니다. 그의 첫 마디는 매우 중요합니다. 왜냐하면, 그 메시지의 실질적인 근원이 거기서 암시되기 때문입니다. 우리는 흔히 이 장을 여호수아의 고별사라 부르지만, 문자 그대로 이것은 하나님이 직접 주신 말씀이었습니다.

> 여호수아가 모든 백성에게 이르되 이스라엘의 하나님 여호와께서 이같이 말씀하시기를 (수 24:2).

이 위대한 이스라엘의 지도자는 그저 하나님의 입술일 뿐이었습니다. 여기서 여호수아의 전임자인 모세의 주저하는 모습을 기억하게 됩니다. 그는 자신이 대중 앞에서 말할 능력이 없음을 호소합니다.

> 모세가 여호와께 아뢰되, 오 주여 나는 본래 말을 잘 하지 못하는 자니이다. 주께서 주의 종에게 명령하신 후에도 역시 그러하니 나는 입이 뻣뻣하고 혀가 둔한 자니이다. 여호와께서 그에게 이르시되 누가 사람의 입을 지었느냐 누가 말 못 하는 자나 못 듣는 자나 눈 밝은 자나 맹인이 되게 하였느냐 나 여호와가 아니냐 이제 가라. 내가 네 입과 함께 있어서 할 말을 가르치리라 (출 4:10-12).

그로부터 사십 년 전, 모세는 자신의 설득력이 도무지 효과가 없음을 배운 바 있습니다. 그는 분명, "누가 너를 우리를 다스리는 자와 재판관으로 삼았느냐?"(출 2:14)라는 동료 히브리 사람의 대꾸를 떠올렸을 것입니다. 모세는 하나님의 허락하심이 없이는 인간이 기울이는 수고와 노력이 허사라는 것을 깨닫고 있었습니다.

그러나 여호와께서 그분의 종에게 얼마나 은혜를 베푸셨는지요!

무엇보다도 그가 입으로 말하는 것이나 눈으로 보는 것이나 귀로 듣는 것 등, 인간의 감각의 모든 기능과 역량을 다 알고 계심을 모세에게 확실히 알려 주셨습니다. 여호와께서는 그분의 마음에 가득한 두려움을 가라앉히시며, "내가 네 입과 함께 있어서 할 말을 가르치리라"고 말씀하셨습니다.

여호수아는 십중팔구 그런 두려움과 소심함을 경험한 일이 없었을 것입니다. 그의 첫 마디에서 우리는 여호수아가 하나님이 그분의 목적을 이루시고자 그 자신을 그저 입술로 사용하실 뿐임을 잘 알고 있었음을 알 수 있습니다. 모세는 무기력한 느낌에 사로잡혔고, 예레미야는 자신이 어리다는 의식에 빠져 있었습니다.

예레미야는 이렇게 말했습니다.

> 슬프도소이다 주 여호와여 보소서 나는 아이라 말할 줄을 알지 못하나이다(렘 1:6).

아마도 이미 사십오 세가 되었을 것인데도, 예레미야는 자신의 부족함과 무경험을 슬퍼했습니다. 모세의 경우 능력이 이미 그에게 있었으나 아마도 그 능력을 일깨울 필요가 있었던 것으로 보입니다. 모세는 하나님이 이미 그에게 주셨던 능력을 사용하도록 부추김을 받았습니다.

그러나 예레미야의 경우는 여호와께서 손을 뻗으사 그의 입에 대시고, "보라 내가 내 말을 네 입에 두었노라"(렘 1:9)라고 말씀하셨습니다. 이는 하나님이 능력을 베푸신 사실을 암시하는 것으로 보입니다. 다니엘에 대해서도 비슷한 언어가 사용됩니다. 그는 입이 닫히고 입술에 인을 받는 경험을 했습니다.

다니엘은 이렇게 쓰고 있습니다.

> 인자와 같은 이가 있어 내 입술을 만진지라 내가 곧 입을 열어 내 앞에 서 있는 자에게 말하여(단 10:16).

주의 종이 모세의 경우처럼 무언가 잠재된 능력이 거룩히 일깨움을 받든지, 예레미야의 경우처럼 특별한 능력을 부여 받든지, 혹은 다니엘의 경우처럼 잃어버린 능력이 회복되는지 간에, 그 모든 것은 하나님의 간섭과 개입의 결과인 것입니다. 그렇게 능력을 힘입을 때에야 비로소 선지자가 "여호와께서 말씀하시기를"이라고 쓸 수 있었습니다. 뿐만 아니라 사도 바울의 경우도, 주께로부터 그런 역사하심을 경험한 후에야 비로소, "내가 명하노니, 명하는 자는 내가 아니요 주시라"(고전 7:10)라고 쓸 수 있었습니다.

이 과거의 거룩한 사람들이 입술과 인격에 신적인 영향력이 가해지는 것이 필수적이었다면, 오늘날에는 그런 일이 얼마나 더 필요하겠습니까!

> 만일 누가 말하려면 하나님의 말씀을 하는 것 같이 하고(벧전 4:11).

구약성경을 가리켜 하나님이 입으로 발설하신 말씀(oracles of God)이라 부르며(행 7:38; 롬 3:2), 물론 신약성경도 그렇게 부를 수 있습니다. 그리고 그것을 가리켜 "성경"(즉, "신성한 글"[sacred writing], 벧후 3:16)이라 부르기도 합니다. 오늘날 그리스도의 종이라 자처하는 사람들은 "하나님이 입으로 발설하신 말씀"이라 인정받는 그 글들 속에 기록된 바와 완전하게 일치하는 내용을 말씀해야 합니다.

여호수아처럼 주의 회중을 대면하고서 "여호와 하나님이 말씀하시기를"이라고 엄숙히 단언할 수 있는 사람들이 교회 안에 절실하게 필요한 것입니다.

여호수아는 이스라엘의 여러 훌륭한 하나님의 종들이 그렇듯, 이스라엘 민족의 역사, 즉 하나님의 부르심, 보존하심, 정착, 소망 등을 다시 돌아보는 것으로 말씀을 시작했습니다. 모세는 이스라엘 백성이 약속의 땅에 들어가는 것을 예견하고서 그들의 역사를 조감했고, 그리하여 극히 비천한 처지로부터 그들을 높이 올려주신 하나님의 은혜를 생각하게 해 주었습니다(신 26장).

여기서 여호수아는 이 일상적인 방법을 따르면서도, 이스라엘을 가나안 땅에 한 민족으로 견고히 심고자 하시는 하나님의 결연한 의도를 드러내는 것입니다. 시편 기자 역시 비슷하게 이스라엘의 역사를 상세히 살핌으로써 하나님이 그분의 백성에게 주신 약속들을 성취하심으로써 그분의 불변하심을 증명합니다(시 78편).

느헤미야 시대에는 율법 낭독과 기도를 위한 크고 거룩한 모임이 있었습니다. 그 때에 이스라엘의 역사 전체를 그 시초부터 살피며 하나님의 자비하심을 증명합니다. 이스라엘은 쇠락하여 여호와께로부터 이탈했고 이런 영적이며 도덕적인 타락 때문에 하나님의 징계를 당했었습니다. 여호와의 백성들은 이렇게 고백할 수밖에 없었습니다.

> 주의 크신 긍휼로 그들을 아주 멸하지 아니하시며 버리지도 아니하셨사오니 주는 은혜로우시고 불쌍히 여기시는 하나님이심이니이다(느 9:31).

스데반이 산헤드린 앞에서 행한 놀라운 발언을 돌아보지 않고서는 이스라엘 역사에 대해 생각하기가 어려울 것입니다. 피고의 입장이던 스데반이 그런 자신의 발언을 통해 재판관이 되었고, 재판관들은 피고가 되었습니다.

스데반은 이스라엘의 역사의 여러 다른 단계들을 그 시초부터 조감하며, 여호와를 대적하는 반역의 자세가 언제나 이스라엘의 특징이었고 결국, 그런 반역이 메시야를 거부하고 그분을 십자가에 달아 죽이는 일에서 절정에 이르렀음을 통렬하게 지적했습니다(행 7장).

역사로부터 얼마나 굉장한 교훈들—하나님의 신실하심에 대한 교훈들과 인간의 완전한 실패에 대한 교훈들—을 얻을 수 있는지요!

이스라엘을 대하시던 초기부터 여호와께서 행하신 많은 활동들이 여기에 순서대로 제시되어 있습니다. 하나님이 과연 그분의 의도대로 이루실 수 있는 능력이 있으신 분이심을 다음과 같은 문구들에서 잘 볼 수 있습니다.

> 내가 … 이끌어내어, 주었으며, 보내었고, 인도하여 내었노라, 이르게 한즉, 멸절시켰으며(수 24:3-8).

바로와 그의 부하들이 이스라엘 사람들의 짐을 더 무겁게 하고 노역을 더 어렵게 하자, 하나님은 그분의 백성에게 다음과 같이 약속하셨습니다.

> 나는 여호와라 내가 … 너희를 빼내며, 너희를 건지며, 너희를 속량하여, 내가 … 너희를 인도하리라(출 6:6-8).

하나님은 우리의 문법에서 말하는 그냥 단순 미래를 사용하시는 것이 아닙니다. 이 약속들은 하나님의 주권적인 명령에 의해 미리 예정된 것들입니다. 하나님은 여호수아를 통해 그가 그 민족을 위해 행하고자 목적하신 바를 그대로 행하셨음을 말씀하시는 것입니다. 이스라엘은 이제 가나안 땅을 소유했습니다.

그러나 이는 그들의 힘 덕분도, 그들의 지혜로운 지도자 덕분도 아니었습니다. 여호와께서는 그 엄청난 일들을 그 자신의 공로로 돌리십니다. "내가 또 너희를 인도하여 … 아모리 족속의 땅으로 들어가게 하매 … 내가 그들을 너희 손에 넘겨 주매 … 나는 그들을 너희 앞에서 멸절시켰으며"(수 24:8).

이드로가 모세에게 한 말들과 사도 바울이 한 말씀에서 서로 대조점들이 나타납니다. 이드로는 "네가 혼자 할 수 없으리라"(출 18:18)라고 말씀했습니다. 그리고 사도 바울은 여호와를 향한 아브라함의 태도에 대해 쓰면서, 그가 하나님이 "약속하신 그것을 또한, 능히 이루실 줄을 확신하였다"(롬 4:21)고 말씀합니다. 바울은 빌립보의 성도에게 편지할 때에도 이 점을 염두에 두었습니다.

> [10년 전에] 너희 안에서 착한 일을 시작하신 이가 그리스도 예수의 날까지 이루실 줄을 우리는 확신하노라(빌 1:6).

이스라엘의 역사를 조감하면서 여호와께서는 아브라함의 자손인 그들을 부르신 일과 그들을 홍해에서 구원하신 일과, 광야에서 그들을 보존하신 일, 그리고 그 땅을 기업으로 받게 하신 일을 말씀하십니다.

여호와께서 자신이 우상의 땅으로부터 불러내신 그들의 조상 아브라함을 주목하게 하신 것은 사악한 우상 숭배를 그가 극히 혐오하신다는 것과 그들의 조상들이 그런 우상 숭배의 환경으로부터 스스로를 분리시킨 사실을 그들의 마음에 심어주셔서, 그들 역시도 우상 숭배를 멀리하게 하시고자 함이었습니다.

> 우리 조상 아브라함이 하란에 있기 전 메소보다미아에 있을 때에 영광의 하나님이 그에게 보여(행 7:2).

아브라함은 다신론으로부터 유일신론으로 완전히 전향했습니다. 과거에 우상 숭배자였던 그가 이제 유일하시고 참되신 살아계신 하나님을 예배하는 자가 된 것입니다. 그는 달신(月神)을 섬기는 정치적 종교적 중심지였던 갈대아 우르를 떠나, "하나님이 계획하시고 지으실 터가 있는 성"(히 11:10)을 찾아 나아간 것입니다.

아브라함은 이 두 개의 성(城) 사이에서 나그네로 사는 동안 하나님은 그에게 땅을 주셨고, 그에게 이삭을 주셨습니다. 그리고 이삭에게 하나님은 야곱을 주시고 그의 후손을 번창하게 하셨습니다. 이렇게 해서 하나님이 아브라함을 부르신 일에서, 그리고 이삭과 야곱을 주신 일에서, 이스라엘의 초석이 다져진 것입니다. 여기에는 우연히 일어난 일은 하나도 없었고, 모든 일이 하나님의 주권적인 뜻에 따라 이루어졌습니다.

여호수아의 이 말씀에서는 이스라엘의 역사에 일어난 많은 사건들이 언급되지 않습니다. 여호와께서는 여호수아의 고별사에서 그중 매우 중요한 것들만을 언급하십니다.

하나님은 모세와 아론의 손을 통해 애굽에 재앙을 내리셨습니다. 여호와께서는 여기서도 그가 이교도들의 신들을 경멸하심을 그 백성들에게 상기시키십니다. 그 신들은 하나님 자신으로부터 이탈했다는 증거들입니다.

> 스스로 지혜 있다 하나 어리석게 되어 썩어지지 아니하는 하나님의 영광을 썩어질 사람과 새와 짐승과 기어다니는 동물 모양의 우상으로 바꾸었느니라(롬 1:22-23).

유월절과 관련한 모세의 메시지 중에서 그는 "애굽의 모든 신을 내가 심판하리라 나는 여호와"(출 12:12)라고 말씀합니다. 이스라엘을 압제하던 자들이 섬긴 물건들이 하나님의 심판 아래 넘어졌습니다. 그가 그것들을 하나씩 파괴하신 것입니다. 우상 숭배는 이스라엘이 빠질 소지가 많은 함정이었습니다.

하나님은 그것에 대해 경고하심으로써 그것이 심각한 죄로서 하나님의 극심한 심판을 받게 되리라는 것을 알게 하셨습니다. 이와 관련해서 여호수아는 우상 숭배자들과 그들이 신격화시킨 왕 바로까지도 멸하신 사실을 언급합니다.

> 너희의 조상들이 나 여호와께 부르짖기로 내가 너희와 애굽 사람들 사이에 흑암을 두고 바다를 이끌어 그들을 덮었나니 내가 애굽에서 행한 일을 너희의 눈이 보았으며(수 24:7).

애굽 사람들은 파충류나 벌레나, 짐승이나 새나, 사람 등, 생명이 있는 거의 모든 존재를 신격화시켰습니다. 그들은 그들의 여러 바로들을 그들의 신들 중의 하나의 현신(現身)으로 여겼습니다.

> 여호와께서 그들의 신들에게도 벌을 주셨더라 (민 33:4).

　광야에서 보낸 오랜 기간에 대해서는 침묵하고 넘어갑니다. 여호와께서는 인간의 실패한 사건들, "광야에서 마음을 완악하게 한 일"(참조. 시 95:8)들은 다루지 않고, 여호와 자신의 영광스러운 역사들을 진술하십니다. 히브리서 11장에서는 믿음의 영웅들의 삶의 죄와 실패를 대부분 삭제하고, 하나님을 신뢰하는 그들의 믿음에 부응하여 베풀어진 그분의 은혜를 집중적으로 묘사합니다. 이로써 역사의 중요한 사건들에 나타나는 하나님의 권능의 역사를 증명하고자 합니다.

　그 다음으로 아모리 족속을 멸하신 일과 모압왕 발락과 발람의 사건을 회상합니다. 민수기 22-24장에 기록된 사건을 전쟁으로 간주하지 않으려는 분들이 있을 수도 있습니다. 그러나 하나님은 "모압 왕 십볼의 아들 발락이 일어나 이스라엘과 싸우더니"(수 24:9)라고 선언하십니다.

　전쟁을 수행하는 방식은 여러 가지입니다. 우리는 "냉전"(冷戰)이라는 표현을 잘 사용하는데, 이는 군사력의 충돌이 아니라 신경의 충돌입니다. 발락의 전략은 귀신의 힘을 수단으로 주술을 사용하는 것이었습니다. 하나님은 율법에서 강력하게 선언하신 바 있습니다.

> 점쟁이나 길흉을 말하는 자나 요술하는 자나 무당이나 진언자나 신접자나 박수나 초혼자를 너희 가운데에 용납하지 말라 (신 18:10-11).

　발락은 바로 이 수단들을 사용하여 이스라엘과 싸우려 했습니다. 여호와께서는 여호수아를 통해, "나는 너희를 그의 손에서 건져내었으며"(수 24:9)라고 말씀하십니다.

　이스라엘의 과거사에 대한 조감을 마무리하면서, 여호수아는 약속의 땅으로 건너온 일과 그 당시 마주쳤던 저항을 다룹니다. 일곱 민족이 연합하여 대적한 사실이 언급되는데, 이는 그들이 마주친 저항의 막강한 세력은 물론 그들이 그 대적들을 상대로 거둔 승리가 결코, 그들 자신의 무력 덕분이 아니었음을 상기시키고자 함이었습니다. 바로 앞에서 이스라엘의 지도자들과 만났을 때에 여호수아가 한 말씀이 그야말로 진실이었습니다.

> 너희의 하나님 여호와께서 너희를 위하여 이 모든 나라에 행하신 일을 너희가 다 보았 거니와 너희의 하나님 여호와 그는 너희를 위하여 싸우신 이시니라(수 23:3).

그리스도인에게 이 얼마나 격려가 되는 말씀인지 모릅니다! 원수들이 총동원 되어 공격하므로 그리스도인이 방해를 받아 그리스도 안에 있는 자신의 기업을 제대로 누리지 못합니다. "통치자들과 권세들과 이 어둠의 세상 주관자들과 하늘에 있는 악의 영들"(엡 6:12)이 그리스도인의 전진을 가로막기 때문입니다. 이스라엘은 순종과 믿음으로 무장하고 여호와의 명령을 따랐고, 그 결과 하나님이 이 가나안의 원수들을 그들의 손에 맡기셨습니다. 이스라엘은 자기의 무력과 전력이 아니라 오직 하나님의 능력에 의지했던 것입니다.

하늘에 있는 적대 세력을 상대로 싸움하는 중에, 이 권세들이 그리스도인의 영적인 기업들을 빼앗으려 합니다. 그러므로 하나님의 능력으로 강해지고, 그가 은혜로 베푸시는 전신갑주를 입어야 합니다.

그것은 처음부터 마지막까지 우리 주 예수 그리스도를 드러내는 것이며, 그리스도께서 전가시키신 것이요(Christ-imputed), 또한 그리스도께서 주입시키신 것입니다(Christ-infused). 우리의 원수 마귀가 사자처럼 으르렁대며 삼킬 자를 찾아 두루 다닌다는 것을 항상 잊지 말아야겠습니다. 믿음으로 그를 대적해야 합니다(벧전 5:8-9).

> 마귀를 대적하라 그리하면 너희를 피하리라(약 4:7).

하나님이 확고히 말씀하십니다.

여호수아가 언급하는 왕벌(수 24:12)은 가나안 족속들과의 맹렬한 전투에서 여호와께서 사용하신 여러 수단들 중 하나였습니다. 이것에 대해서는 각기 다른 시각들이 존재합니다. 일부 성경 학도들은 왕벌은 문자 그대로 쏘는 성질을 가진 재앙거리들이었는데, 팔레스타인에서는 종류가 다른 왕벌이 있었을 것이라고 봅니다.

이 쓰라린 재앙거리들이 특정한 지역들에 있어서 가나안 사람들을 공격했다고 믿는 것입니다. 이것들을 문자적으로 취하면, 여호와께서 비슷한 공격들로부터 이스라엘 백성을 보호하시기 위해서 이적을 일으키셨다고 믿어야 합니다.

다른 성경 학도들은 똑같이 성경 해석에 신중을 기하는 가운데, 본문과 출애굽기 23:28과 신명기 7:20의 경우 왕벌이 비유적인 의미를 담고 있다고 봅니다. 즉, 여호와께서는 이스라엘 자손이 자기들의 영토 내로 밀려들어오는 모습을 보면서 가나안 사람들이 가슴을 찌르는 공포에 사로잡히는 모습을 지칭하는 은유적인 표현이라는 것입니다. 출애굽기의 본문에 나타나는 여호와의 다음과 같은 약속을 볼 때에 이런 주장이 설득력이 있다 하겠습니다.

> 내가 왕벌을 네 앞에 보내리니 그 벌이 히위 족속과 가나안 족속과 헷 족속을 네 앞에서 쫓아내리라(출 23:28).

하나님은 그가 예언하신대로 가나안 족속을 쫓아내셨습니다. 문자 그대로 왕벌을 통해 하셨느냐, 아니면 비유적인 의미의 왕벌을 통해 하셨느냐는 중요하지 않습니다. 승리가 바로 여호와의 것이었으니 말입니다. 이 직접적인 문맥의 마지막 진술은 예레미야의 다음과 같은 말씀을 생각하게 합니다.

> 여호와께서 이와 같이 말씀하시되 지혜로운 자는 그의 지혜를 자랑하지 말라 용사는 그의 용맹을 자랑하지 말라 부자는 그의 부함을 자랑하지 말라. 자랑하는 자는 이것으로 자랑할지니 곧 명철하여 나를 아는 것과 나 여호와는 사랑과 정의와 공의를 땅에 행하는 자인 줄 깨닫는 것이라 나는 이 일을 기뻐하노라 여호와의 말씀이니라(렘 9:23-24).

이스라엘은 자신의 군사력을 자랑할 수 없었고, 자기들이 그 땅을 정복했다고 말할 수도 없었습니다. 오로지 그들에게 이 모든 것을—그 아름다운 땅을 막강한 성읍들을 그리고 그들이 경작한 일이 전혀 없는데도 풍성한 열매를 내는 포도원과 감람나무들을—풍성하게 주시고 누리게 해 주신 하나님께 영광을 돌릴 뿐이었습니다.

3. 여호수아의 권고

사도 바울은 그의 서신들에서 대개 앞에서 먼저 교리를 가르치고, 뒤에서 거기에 합당한 임무들을 교훈하는 것이 상례입니다. 먼저 그리스도인의 행실에 대한 이유를 제시하고, 그 다음에 논리적으로 합당한 행실을 강조합니다. 그런데 여기서도 비슷한 면을 봅니다. 여호수아가 교리를 가르친 것은 아니나, 그는 먼저 이스라엘의 과거 역사를 통틀어 나타난 하나님의 은혜와 선하심을 조감하고, 그 다음에 하나님을 향한 거룩함과 경외와 사랑의 자세를 가질 것을 그 백성의 마음에 호소합니다.

필요한 때에 임하는 하나님의 은혜, 환난 중의 하나님의 인도하심, 승리를 주시는 하나님의 권능, 연약하여 시험을 받을 때의 하나님의 오래 참으심 등, 이런 것들만큼 사람의 마음과 의지를 움직이는 것이 없습니다. 이런 것들은 그 자체로 우리에게 제시되는 하나님의 요구 사항들에 반응하도록 하는 데에 충족합니다. 하나님의 성령은 로마의 성도에게와 우리에게 강력히 촉구하십니다.

> 그러므로 형제들아 내가 하나님의 모든 자비하심으로 너희를 권하노니 너희 몸을 하나님이 기뻐하시는 거룩한 산 제물로 드리라 이는 너희가 드릴 영적 예배니라 (롬 12:1).

이 강력한 호소는 앞의 장들에서 하나님의 자비하신 역사들을 추적해온 데에 기초합니다. 앞의 장들에서는 하나님이 얼마나 오래 참으심으로 자비롭게 사람을—그가 하나님을 영화롭게 하는 데에 턱없이 모자람에도 불구하고—대하시는지, 또한 이 중생하지 못한 사람 그가 어떻게 변화시키시고 결국, 그분을 영화롭게 하게 만드시는지를 증명합니다. 사람이 그의 부패함으로 인해 하나님을 영화롭게 하지 못하나, 하나님의 자비하심으로 말미암아 결국, 영화롭게 됩니다.

이 얼마나 애틋한 자비인지요!

의롭다 하시고 영화롭게 하시는 그 은혜를 근거로, 하나님을 향한 다함없는 헌신과 주를 위한 희생적인 삶을 호소하시는 성령의 처사가 극히 당연합니다. 이와 비슷하게 여호와께서는 여호수아를 통해, 그의 놀라운 역사하심과 자비로우심을 근거로 이스라엘에게 요구하시는 것입니다.

여호수아의 호소는 주로 우상 숭배에 관한 것이었습니다. 그는 이스라엘의 부패상이 더욱 깊어질 것을 우려했는데, 충분히 그럴 만 했습니다. 그들 중에는 아브라함이 유브라데 강 건너편에서 섬겼었던 우상 신들을 섬긴 이들도, 애굽 사람들의 신들을 여전히 섬기는 이들도, 또한 가나안 족속들의 신들을 섬긴다는 의혹이 짙은 이들도 있었습니다. 이교도의 우상 숭배의 누룩이 이미 활동하고 있었습니다.

여호수아의 이러한 호소에 대해 생각할 때에, 몇 세기 후 엘리야가 행하게 되는 다음과 같은 진지한 호소를 떠올리지 않을 수 없습니다.

> 너희가 어느 때까지 둘 사이에서 머뭇머뭇 하려느냐 여호와가 만일 하나님이면 그를 따르라 하니 백성이 말 한마디도 대답하지 아니하는지라 (왕상 18:21).

이어서 바알이란 존재하지 않으며 여호와야말로 진정 살아계시고 참되신 하나님이시라는 증거가 극적으로 드러나자, 그 백성은 얼굴을 땅에 대고 엎드려 외치기를, "여호와 그는 하나님이시로다 여호와 그는 하나님이시로다"(왕상 18:21-39)라고 했습니다.

칠십 년 동안의 바벨론 포로기가 오기까지 이스라엘과 유다의 편에서 우상 숭배 쪽으로 기우는 경향이 있었습니다. 그리고 그 때 이후 집이 깨끗이 청소되었으나, 미래의 적그리스도의 날에, 우상 숭배의 악이 일곱 배나 더 강하게 다시 나타날 것이요, 그 마지막 형편이 처음 형편보다 악하게 될 것입니다(마 12:43-45). 그러나 감사하게도, 참되신 메시야의 은혜의 통치 아래 있게 되어 에브라임이 다음과 같이 말하게 될 날이 올 것입니다.

> 내가 다시 우상과 무슨 상관이 있으리요? 내가 그에게 듣고 그를 보았느니라 (호 14:8).

나이 든 사도 요한은 살아계신 하나님으로부터 이탈하려는 성향이 인간의 마음에 있음을 알고 있었습니다. 그는 그의 첫 서신서를 다음과 같은 권면으로 끝맺습니다.

> 자녀들아 너희 자신을 지켜 우상에게서 멀리하라 (요일 5:21).

하나님의 성령께서 내주하시는 그리스도인에게는 이교도의 우상 숭배의 악행에 빠져들 위험은 없습니다. 그러나 자신이 애착을 갖는 대상을 너무나 높이 우러르고 아끼는 나머지, 주께서 오직 그에게만 드릴 것을 요구하시는 그런 자리에 그것들을 올려놓을 위험이 언제나 도사리고 있습니다.

이스라엘이 모든 이방 신을 제거하고 오직 여호와를 경외하고 그분을 섬기라는 훈계를 받았듯이, 그리스도인도 그 마음에서 모든 육신적인 우상 숭배와도 같은 사랑과 애착을 던져버리고, 자신을 지켜 우상에게서 멀리하고(요일 5:21), 하나님의 사랑 안에서 자신을 지키며 영생에 이르도록 우리 주 예수 그리스도의 긍휼을 기다릴(유 1:21) 책임이 있습니다.

이스라엘의 연약함과 우상 숭배 쪽으로 기우는 경향을 배경으로 하여, 여호수아는 그 자신의 결단을 단호히 제시합니다.

> 만일 여호와를 섬기는 것이 너희에게 좋지 않게 보이거든 너희 조상들이 강[유브라데] 저쪽에서 섬기던 신들이든지 또는 너희가 거주하는 땅에 있는 아모리 족속의 신들이든지 너희가 섬길 자를 오늘 택하라 오직 나와 내 집은 여호와를 섬기겠노라 (수 24:15).

이는 지식과 지혜의 말씀이었습니다. 여호수아는 우상 숭배의 허망함과 패역함을 잘 알고 있었고, 더 나아가 하나님의 실체와 그분의 지극히 위대하심을 잘 알고 있었습니다. 오랜 세월 동안의 관찰과 경험을 통해 그는 이스라엘에게 그렇게 도전할만한 자격이 충족했습니다. 우상 숭배는 그에게 역겨운 것이었으나, 반면에 하나님은 지극히 인격적이시요 참되신 분이었습니다.

이스라엘 전체가 이 말씀에 큰 찔림을 받았다는 것이 그들의 대답에서 분명히 드러났습니다. 그리고 마지막 해산하기까지 그들은 여호수아의 다른 권고들로부터도 큰 감동을 받았습니다. 하나님이 실제로 계셔서 역사하신다는 사실에 기반한 이런 여호수아의 도전에 대해 백성들은 이렇게 응답했습니다.

> 백성이 대답하여 이르되 우리가 결단코 여호와를 버리고 다른 신들을 섬기기를 하지 아니하오리니 … 그러므로 우리도 여호와를 섬기리니 그는 우리 하나님이심이니이다 (수 24:16-18).

그들은 자기들의 마음이 얼마나 악한지를 거의 알지 못했습니다!
그들은 자기들의 세대 동안에는 여호수아의 모범과 그의 능력을 통해 선한 영향을 받고자 했습니다.

> 이스라엘이 여호수아가 사는 날 동안과 여호수아 뒤에 생존한 장로들 … 이 사는 날 동안 여호와를 섬겼더라(수 24:31).

그러나 훗날 참으로 안타까운 변화가 일어나게 됩니다.

> 그 세대의 사람도 다 그 조상들에게로 돌아갔고 그 후에 일어난 다른 세대는 여호와를 알지 못하며 여호와께서 이스라엘을 위하여 행하신 일도 알지 못하였더라(삿 2:10).

그 첫 세대부터 얼마나 비참하게 실패했는지요!
여호와를 섬겼더라면, 모세의 명령을 순종했더라면, 그런 무지가 만연되는 끔찍한 일은 없었을 것입니다. 이스라엘이 가나안의 경내로 들어가기 전에 모세는 그들에게 경고한 바 있습니다.

> 오직 너는 스스로 삼가며 네 마음을 힘써 지키라 그리하여 네가 눈으로 본 그 일을 잊어버리지 말라 네가 생존하는 날 동안에 그 일들이 네 마음에서 떠나지 않도록 조심하라. 너는 그 일들을 네 아들들과 네 손자들에게 알게 하라 … . 여호와께서 내게 이르시기를 나에게 백성을 모으라 내가 그들에게 내 말을 들려주어 그들이 세상에 사는 날 동안 나를 경외함을 배우게 하며 그 자녀에게 가르치게 하리라(신 4:9-10).

여호수아는 그들의 대답을 받아들였으나, 이 교활한 악을 익히 잘 알고 있던 그는 하나님이 무한히 거룩하시므로 그들이 죄를 범할 경우 반드시 비참한 결과가 이어질 것임을 선포했습니다. 다윗은 우상 숭배를 "큰 범죄"로 규정했는데, 그런 범죄는 하나님이 그냥 두지 않으시리라는 것이었습니다.
그런 악행에 더 깊이 빠지게 되면 결국, 하나님의 진노의 극심한 형벌을 받고야 말 것이었습니다. 뻔뻔한 죄에 대해서는 치유가 없으니 말입니다. 하나님의 거룩하심에 대한 이런 엄숙한 단언은 깊이 고려해야 마땅했습니다.

> 그는 거룩하신 하나님이시요 질투하시는 하나님이시니 (수 24:19).

사도 베드로는 흩어진 나그네들에게와 그리고 우리에게 다음과 같이 호소했습니다.

> 오직 너희를 부르신 거룩한 이처럼 너희도 모든 행실에 거룩한 자가 되라. 기록되었으되, '내가 거룩하니 너희도 거룩할지어다' 하셨느니라. 외모로 보시지 않고 각 사람의 행위대로 심판하시는 이를 너희가 아버지라 부른즉 너희가 나그네로 있을 때를 두려움으로 지내라 (벧전 1:15-17).

백성들의 두 번째 대답은 그들 스스로 얼마나 헛된 생각을 갖고 있었고, 동시에 하나님의 참된 성품에 대해 얼마나 무지한지를 잘 보여 줍니다.
십계명의 말씀이 그들에게 깊이 각인되지 않았던 것입니다.

> 그것들에게 절하지 말며 그것들을 섬기지 말라. 나 네 하나님 여호와는 질투하는 하나님인즉, 나를 미워하는 자의 죄를 갚되 아버지로부터 아들에게로 삼사 대까지 이르게 하거니와 (출 20:5).

이때의 여호수아의 말씀은 바울이 이스라엘이 광야에서 보인 처신을 교훈 삼아 고린도의 교인들에게 준 말씀을 생각나게 합니다. 그는 죄로 인해 하나님의 징계의 손길 아래 떨어진 자들이 얼마나 많은지를 말씀하고, "그들에게 일어난 이런 일은 본보기가" 된다고 단언하고, 이어서 경고의 말씀을 줍니다.

> 그런즉 선 줄로 생각하는 자는 넘어질까 조심하라 (고전 10:11-12).

즉, 하나님의 징계 아래 떨어지지 않도록 주의해야 한다는 것입니다. 여호수아 앞에 모인 이스라엘 회중은 자기들이 잘 하고 있다고 생각했으나, 정작 지도자인 그는 그들을 너무도 잘 알고 있었고, 그리하여 그들이 결국, 여호와의 징계를 당하지 않을까를 염려한 것입니다.
그들의 조상 야곱의 생애 중에도 그가 그의 가솔들에게 다음과 같이 말한 적이 있습니다.

> 너희 중에 있는 이방 신상들을 버리고 자신을 정결하게 하고 너희들의 의복을 바꾸어 입으라. 우리가 일어나 벧엘로 올라가자 내 환난 날에 내게 응답하시며 내가 가는 길에서 나와 함께 하신 하나님께 내가 거기서 제단을 쌓으려 하노라 하매 그들이 자기 손에 있는 모든 이방 신상과 자기 귀에 있는 귀고리들을 야곱에게 주는지라 야곱이 그것들을 세겜 근처 상수리나무 아래에 묻고 (창 35:2-4).

그러나 그의 후손들은 이때에 야곱의 모범을 따르지 않았습니다. 여호수아의 호소와 경고와 훈계에 대해 그런 실천적인 반응이 전혀 없었습니다. 그러므로 그는 그들의 말을 그대로 취하여 그날 언약을 맺었습니다.

안타깝게도 그들은 자기를 신뢰하고 있었습니다!

여호수아는 실제로 그 백성을 위해 언약을 맺은 것이지, 그 백성들과 언약을 맺은 것이 아니었다는 지적이 제기되어왔습니다. 그가 당시 율법책(수 24:26)에 기록한 내용은 분명치 않으나, 그가 그날에 있은 일들—교훈, 간청, 경고, 그리고 백성들의 담대한 대답들—을 기록했다고 가정할 수 있습니다. 더욱이 그는 돌을 세워 그날의 모든 일의 증거로 삼았습니다.

돌을 세워 증거를 보존하는 방식은 족장시대에 매우 흔했습니다. 야곱은 돌 무더기를 쌓아 그와 그의 삼촌 라반과의 합의의 증거로 삼았습니다(창 31:43-55). 22장에서 우리는 르우벤 지파와 갓 지파가 제단을 쌓아서 그들과 다른 지파들 사이의 증인으로 삼은 사실을 봅니다. 여기서 여호수아는 큰 돌을 이스라엘이 하나님께 약속했다는 증거로 사용합니다.

한 가지 흥미로운 사실은 여호수아가 아말렉과의 전투 중에 모세를 섬기는 자로 처음 등장했다는 사실입니다. 그 전투가 끝난 후에 다음과 같이 기록하고 있습니다.

> 여호와께서 모세에게 이르시되 이것을 책에 기록하여 기념하게 하고 여호수아의 귀에 외워 들리라 내가 아말렉을 없이하여 천하에서 기억도 못 하게 하리라. 모세가 제단을 쌓고 그 이름을 여호와 닛시라 하고 (출 17:14-15).

이 탁월한 군인이자 행정가의 공적인 사역이, 처음 시작할 때와 똑같이 돌로 영구한 증인을 삼아 그 모든 사실을 기록하고 공증하는 것으로 끝을 맺는 것입니다.

이처럼 여호수아의 생애와 섬김의 처음부터 마지막까지 모세의 영향을 추적할 수 있습니다. 모형적으로는 몇 가지 대조점들도 있습니다. 모세는 율법을 대표하는데, 율법은 신자에게 그리스도 안의 자유를 주지 못합니다. 그것은 오직 믿음으로 말미암아 얻어지기 때문입니다. 그러나 여호수아는 우리 주 예수 그리스도를 모형으로 그려줍니다. 우리는 그리스도 안에서 하늘에 앉으며 그로 말미암아 우리의 기업에 들어가는 것입니다.

그러나 역사적인 인물들로서, 선배인 모세가 어떻게 후배인 여호수아에게 영향을 미쳤는지를 봅니다. 여호수아는 그의 훌륭한 선배처럼 매우 겸손한 사람이었고, 자기 자신은 거의 추구하지 않았습니다. 그는 신실한 사람이었고 그가 이해한 대로 하나님의 뜻을 실행에 옮겼고, 전폭적으로 여호와를 신뢰했습니다.

더 나아가서 그는 모세처럼 기록들을 유지했고, 언약을 맺었고, 이를 백성의 마음 속에 영구히 심어주고자 수단을 사용했습니다. 하나님은 나이 든 선배와의 관계를 통해 젊은 사람을 구비시키시는 것 같습니다. 이는 디모데에게서도 드러납니다. 사도 바울은 그에게 보내는 편지에서 이렇게 말씀합니다.

> 너는 그리스도 예수 안에 있는 믿음과 사랑으로써 내게 들은 바 바른 말을 본받아 지키고(딤후 1:13)

> 너는 배우고 확신한 일에 거하라 너는 네가 누구에게서 배운 것을 알며(딤후 3:14).

여호수아가 그렇게도 훌륭하게 훈련받고 자격을 갖추어 감당한 사역이, 하나님을 위해 신실하게 애써온 그의 섬김이 이제 끝을 맺었습니다.

> [여호수아가] 백성을 보내어 각기 기업으로 돌아가게 하였더라(수 24:28).

제23장

회고하며

　여호수아가 하나님의 율법책에 기록한 내용에 대해 갖가지 추측들이 있어왔습니다. 어떤 이들은 그가 모세가 이미 마련해 놓은 모세오경에다 여호수아서를 덧붙여서, 여호수아서가 모세오경과 구약의 역사서들을 연결 짓는 필수적인 고리가 되도록 했다고 추정합니다. 최소한 어떤 점에서 여호수아서는 모세오경을 보충해 줍니다. 이스라엘 자손을 애굽에서 건지실 때에 약속하신 대로 하나님의 권능이 그들을 가나안 땅에 들어가게 하셨음을 여실히 보여 주니 말입니다.

　여호수아의 이 책은 히브리서 기자를 통해 신적인 보증을 받았습니다. 히브리서에는 여호수아 자신에 대한 직접적인 언급이 있고(히 4:8), 그의 책에 기록된 역사도 언급하고 있습니다(히 11:30-31).

　여호수아를 이 책의 저자로 보는 것이 논리적인 것 같습니다. 많은 군사 지도자들과 많은 통치자들이 미래 세대들을 위해 그들이 지휘한 사건들과 전투의 상세한 내용들을 스케치하곤 했습니다. 그러나 여호수아가 이 마지막 장에서 언급된 그 일 후에 여호수아서 전체를 기록했다는 것은 의심의 여지가 충분히 있습니다. 모든 세세한 내용을 취합하고, 자료를 조직화하고 구성하는 일은 그보다 훨씬 긴 시간을 요했을 것이기 때문입니다.

　여호수아서를 기록하는 일은 어쩌면 세겜에서 시작되고 여호수아가 하늘의 부르심을 받은 후에 완결되었을지도 모릅니다. 이 역사서야말로 여호와와 그분의 사랑하시는 백성을 위해 그가 행한 마지막 봉사였을 수도 있습니다.

　그의 성품과 봉사로 인해서 하나님의 종 모세는 "하나님의 사람 모세"라는 특별한 칭호를 얻었습니다(시 90편의 표제). 여호수아 역시 비슷하게 "여호와의 종"(수 24:29; 삿 2:8)이라는 칭호를 얻은 것으로 보입니다. 이 놀라운 두 사람은 하나님 중심의 삶을 살았습니다.

사실 여호와께서 그들의 삶의 중심이요, 또한 경계였습니다. 모든 일상적인 경험의 영역을 여호와께서 통제하신 것입니다. 두 사람 모두 사도 바울이 이렇게 말했을 수도 있다 하겠습니다.

> 내가 그리스도를 본받는 자가 된 것 같이 너희는 나를 본받는 자가 되라(고전 11:1).

여호수아서의 마지막 두 문단은 여호수아 자신이 기록한 것이 분명 아니었습니다. 여호수아의 죽음과 장례의 기사를 누가 작성했는지는 우리가 알 수 없습니다. 하지만 그 내용이 반드시 필수적인 결말인 것은 분명한 것 같습니다.

여호수아는 그의 전임자 모세보다 10년 젊은 나이에 사망했습니다. 그러나 모세의 경우에는 그가 죽을 당시까지 "그의 눈이 흐리지 아니하였고 기력이 쇠하지 아니하였더라"(신 34:7)라고 기록되어 있습니다.

그러나 여호수아에 대해서는 "여호수아가 나이 많아 늙은지라"(수 23:1)라고 기록되어 있습니다. 사람이 모세의 경우처럼 사명을 완수하기까지 이적적으로 건강하게 보존되든지, 아니면 여호수아의 경우처럼 자연스럽게 늙어가게 되든지, 그것은 전적으로 여호와의 지혜와 권능에 속한 일입니다.

우리로서는 야고보의 말씀을 본받아 말하기를 배우면 좋겠습니다.

> 너희가 도리어 말하기를 주의 뜻이면 우리가 살기도 하고 이것이나 저것을 하리라 할 것이거늘(약 4:15).

이스라엘 전체가 모여 그들의 위대한 통치자를 기리며 장사를 지낸 그날은 그들에게 정말 슬픈 날이었습니다. 그들은 과거에 그가 요구하여 그들이 하나님의 말씀에 따라 그에게 주었던 성읍 딤낫 세라(수 19:50)에 모였습니다. 우리는 여호수아가 평생토록 끼친 영향을 주목한 바 있습니다. 그런데 그 은혜로운 영향력이 그 세대에게 남아 있었다는 것은 정말 감사한 일입니다.

> 또 내가 들으니 하늘에서 음성이 나서 이르되 기록하라 지금 이후로 주 안에서 죽는 자들은 복이 있도다 하시매 성령이 이르시되 그러하다 그들이 수고를 그치고 쉬리니 이는 그들의 행한 일이 따름이라 하시더라(계 14:13).

> 의인은 영원히 기념하게 되리로다 (시 112:6).

여호수아가 이스라엘 백성에게 존귀를 받았으며, 또한 그가 가르쳤고 그가 보인 모범을 친히 본 그 백성이 여호와의 길로 행했으리라는 것에는 모두 동의합니다.

그러나 과연 모두가 이처럼 올바른 자세로 행하고 있습니까?

오늘날 성도의 회중에도 지도자들이 있습니다. 히브리서 기자는 현재는 물론 과거의 지도자들을 기억할 것을 권고합니다.

> 하나님의 말씀을 너희에게 일러 주고 너희를 인도하던 자들을 생각하며 그들의 행실의 결말을 주의하여 보고 그들의 믿음을 본받으라 …너희를 인도하는 자들에게 순종하고 복종하라. 그들은 너희 영혼을 위하여 경성하기를 자신들이 청산할 자인 것 같이 하느니라. 그들로 하여금 즐거움으로 이것을 하게 하고 근심으로 하게 하지 말라 그렇지 않으면 너희에게 유익이 없느니라 (히 13:7, 17).

여기서 두 가지 다른 매장이 언급됩니다.

첫째, 요셉의 매장이요,
둘째, 엘르아살의 매장입니다.

요셉은 애굽에서 죽었으나, 맹세에 따라서 이스라엘 자손이 그의 뼈를 애굽에서부터 지니고 나왔습니다. 요셉은 그의 백성이 약속의 땅에서 영구한 안식을 얻기까지는 스스로 영구한 무덤에 있기를 원치 않았습니다. 그는 그의 아버지 야곱이 하란으로부터 돌아온 후 세겜의 아버지에게서 은 일백 개를 값으로 주고 사서 단을 세운 곳(창 33:19-20)에 묻혔습니다(수 24:32).

많은 이들은 요셉의 뼈들을 묻은 일은 사실 이 장의 사건들이 일어나기 훨씬 전에, 아마도 8:30-35에 언급된 언약 갱신의 시기에, 일어났을 것으로 추정합니다. 요셉의 뼈들은 그의 할아버지 아브라함이 처음 그 땅에 들어와 처음 단을 세웠고, 또한 하나님이 그에게 나타나신 곳—세겜 땅 모레—가까이에 묻혔습니다.

이 장에 언급되는 또 다른 매장은 대제사장 엘르아살의 매장입니다. 그는 그의 아버지 아론이 죽은 후 그의 직분을 계승하여 가나안 정복 기간 동안 여호수아를 긴밀하게 보필하며 이스라엘 지파들을 관장했습니다. 사실 그는 여호수아의 임직식을 집례하기도 했습니다. 더 나아가 그는 여호수아를 도와 이스라엘 지파들에게 땅을 분배하는 일에 참여하기도 했습니다. 그의 죽은 시점에 대해 성경은 침묵하고 있습니다. 유대인 역사가 요세푸스(Josephus)는 그가 여호수아가 죽은 그 어간에 죽었다고 말합니다.

이 세 사람의 훌륭한 지도자들의 매장 기사는 여호수아서를 마감하는 것으로 매우 적절합니다. 한 사람 한 사람이 해당 세대를 섬긴 후 잠들었습니다. 여호수아라는 이름은 "여호와가 구원이시다"라는 뜻이며, 요셉은 "여호와가 도우시리라"요, 엘르아살은 "하나님이 도움이시라"는 뜻입니다. 역사는 계속 진행되고 있습니다.

환경도 사람도 시대도 변합니다. 이처럼 모든 변하는 것에 둘러싸여 있는 처지에서, 절대로 변치 않으시는 분이 계시다는 사실이, "나 여호와는 변하지 아니하나니"(말 3:6)라는 그 분 자신의 말씀과 "예수 그리스도는 어제나 오늘이나 영원토록 동일하시니라"(히 13:8)라는 신약의 말씀을 듣는다는 사실이, 얼마나 우리에게 위로와 힘이 되는지 모릅니다.

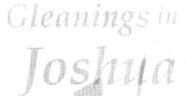